中国民族统计年鉴 2015

CHINA'S ETHNIC STATISTICAL YEARBOOK 2015

国家民族事务委员会经济发展司
国家统计局国民经济综合统计司 编

中国统计出版社
China Statistics Press

图书在版编目（CIP）数据

中国民族统计年鉴 = China’s Ethnic Statistical Yearbook. 2015 / 国家民族事务委员会经济发展司，国家统计局国民经济综合统计司编. -- 北京 : 中国统计出版社, 2017.2

ISBN 978-7-5037-8055-4

Ⅰ. ①中… Ⅱ. ①国… ②国… Ⅲ. ①民族地区－统计资料－中国－2015－年鉴 Ⅳ. ①D633-54

中国版本图书馆 CIP 数据核字(2017)第 003623 号

中国民族统计年鉴—2015

作　　者/国家民族事务委员会经济发展司　国家统计局国民经济综合统计司
责任编辑/郭　栋
封面设计/李雪燕　李　静
出版发行/中国统计出版社
通信地址/北京市丰台区西三环南路甲 6 号　邮政编码/100073
电　　话/邮购（010）63376907　书店（010）68783172
网　　址/http://www.zgtjcbs.com
印　　刷/河北鑫宏源印刷包装有限责任公司
经　　销/新华书店
开　　本/880×1230mm　1/16
印　　张/64.5
字　　数/2000 千字
版　　别/2017 年 2 月第 1 版
版　　次/2017 年 2 月第 1 次印刷
定　　价/360.00 元

中国统计版图书，如有印装错误，本社发行部负责调换。

《中国民族统计年鉴—2015》

编辑委员会名单

高　键　　山西省民族事务委员会主任
孟智军　　内蒙古民族事务委员会副主任
施光磊　　辽宁省民族事务委员会副主任
包力军　　吉林省民族事务委员会副主任
刘　明　　黑龙江省民族事务委员会主任
花　蓓　　上海民族和宗教事务委员会主任
成　坚　　江苏省民族事务委员会副主任
吴彩星　　浙江省民族宗教事务委员会副主任
白和平　　安徽省民族事务委员会副主任
杨志英　　福建省民族与宗教事务厅厅长
王希贤　　江西省民族宗教事务局副局长
马文艺　　山东省民族事务委员会主任
贾瑞琴　　河南省民族事务委员会主任
邓汉光　　湖北省民族宗教事务委员会副主任
胡令明　　湖南省民族事务委员会副主任
李秀英　　广东省民族宗教事务委员会副主任
卢献匾　　广西民族事务委员会主任
黄明荣　　海南省民族宗教事务委员会主任
唐步新　　重庆市民族宗教事务委员会主任
甘映平　　四川省民族事务委员会副主任
徐　飞　　贵州省民族宗教事务委员会副主任
徐畅江　　云南省民族事务委员会副主任
多吉次仁　西藏民族宗教事务委员会副主任
张宁岗　　陕西省民族事务委员会主任
沙拜次力　甘肃省民族事务委员会主任
开　哇　　青海省民族事务委员会副主任
丁卫东　　宁夏民族事务委员会主任
吐尔干•皮达　新疆民族事务委员会主任
穆坦里甫•买提托合提　新疆生产建设兵团民族宗教局局长

《中国民族统计年鉴—2015》

编者说明

一、由国家民族事务委员会主办的《中国民族统计年鉴》（2015），是一部全面反映中国政府民族经济工作以及全国少数民族和民族自治地方国民经济社会发展情况统计资料的大型资料性工具书。

二、本书由“专文”、“综述篇”、“政策法规篇”、“统计资料篇”、“附录”共5部分组成。

1.专文。收录了国家民委主要领导在2014年有关民族工作的部分文章和讲话。

2.综述篇。分“民族自治地方发展综述”、“民族乡镇发展综述”、“民族经济工作综述”等3个类目，收录了2014年全国、各省（自治区、直辖市）民族自治地方和民族乡镇经济社会发展情况及2014年全国和各省区市及兵团民族经济工作情况的综合性文稿。

3.政策法规篇。收集了2014年国务院、国家民委及有关部委和各省（自治区、直辖市）颁发的关于民族工作方面的文件、制度、法规、规划等文献。

4.统计资料篇。分“民族自治地方”、“陆地边境县”、“牧区半牧区县”、“民族乡镇”、“全国少数民族发展情况”、“其他资料”等6部分。涉及到的全国性统计数据均不包括台湾省和香港特别行政区、澳门特别行政区的资料。统计资料主要来源于国家政府主管部门、各级统计和民族工作部门。部分数据合计数或相对数由于单位取舍不同而产生的计算误差均未作机械调整。全部统计资料均经国家统计局国民经济综合统计司审核。

5.附录。收编了各类民族方面的资料。

目　录

专　文

综述篇

民族自治地方发展综述

政策法规篇

统计资料篇

民族自治地方

陆地边境县

牧区半牧区县

民族乡镇

全国少数民族发展情况

一、人口

其他资料

附　录

专文

收录了国家民委主要领导在2014年有关民族工作的部分讲话。

国家民委主任王正伟同志在全国民委主任会议上的讲话

（2014 年 12 月 24 日）

同志们：

今天，我们召开中央民族工作会议后的第一次全国民委主任会议。刚才，我们隆重表彰了 2014 年度全国民委系统信息工作先进集体和先进个人。今天下午，要召开国家民委委员全体会议，中共中央政治局委员、国务院副总理刘延东将出席会议并发表重要讲话，就深入学习贯彻中央民族工作会议精神，做好新形势下的民族工作进行全面部署。我们一定要深入学习领会，切实抓好贯彻落实。

在这里，我首先要代表国家民委，向全国民委系统的同志们一年来的辛勤工作表示衷心的感谢！向一年来关心和支持民委工作的各委员单位、各有关方面，表示崇高的敬意！

下面，我围绕深入学习贯彻中央民族工作会议精神，切实做好新形势下的民族工作，谈几点意见。

一、关于 2014 年工作的回顾

即将过去的 2014 年，是党和国家工作适应经济新常态、开创事业新局面的重要一年。一年来，以习近平同志为总书记的党中央，面对错综复杂的国内外形势和艰巨繁重的改革发展稳定任务，高举中国特色社会主义伟大旗帜，保持定力、把握大势，励精图治、稳中求进，更加注重顶层设计、全面深化改革，更加注重辩证施政、抓深抓细抓落实，更加注重依法治国、发挥法治引领和规范作用，更加注重善作善成、不断释放正能量，团结带领全党全国各族人民，在全面建成小康社会、实现中华民族伟大复兴中国梦的征途上，迈出了坚实步伐，取得了新的成就。

2014 年对民族工作来说，是起承转合、继往开来的一年。可以说，我们这一年，大事要事多、好事喜事多，工作突破大、社会影响大，实现了新跨越，取得了大丰收。特别是我们举全国民委系统之力，办了两件“大事”：一件是成功筹备召开了第二次中央新疆工作座谈会，总书记的重要讲话从战略上审视、谋划新疆工作，把新疆今后工作的着眼点、着力点和总目标放在社会稳定和长治久安上，强调要坚持依法治疆，团结稳疆，长期建疆，要将就业、教育、扶贫、民生作为发展的重点。新疆会下发的文件，对南疆单独施策，制定了符合南疆地区特点的特殊政策，产生了很大的影响。二是成功筹备召开了中央民族工作会议暨国务院第六次全国民族团结进步表彰大会。这两个大会，都是新一届党中央召开的第一次，习近平总书记、李克强总理和俞正声主席都出席会议并发表重要讲话，都出台了中央文件。两个大会规格之高、规模之大、含金量之高、效果之好，都超出了预期。

办成这两件“大事”，首要的是党中央、国务院的科学决策和正确领导。习近平总书记亲自拍板决定召开会议，并两次召开中央政治局常委会议，专门研究两个会议的文件；两次召开专题会议，听取调研情况汇报；亲自深入民族地区开展调研，听取各方面意见，多次作出重要指示，对起草会议讲话和文件提出明确要求。李克强总理两次召开国务院常务会议，审议会议文件；多次深入民族地区调研，多次对开好会议、解决相关问题作出重要批示。俞正声主席亲自抓会议筹备，深入一线调研，研究文件起草，协调解决政策问题。王沪宁、刘延东、栗战书、杜青林、杨晶同志都为会议召开倾注了大量的智慧和心血。这些充分表明了以习近平同志为总书记的党中央，对民族问题的高度重视，对民族工作的实事求是，对少数民族和民族地区的深情厚谊。高度重视、实事求是、深情厚谊，这是贯穿我们党处理民族问题、做好民族工作历史的一大鲜明主线、一大历史传统、一大优良作风。

办成这两件“大事”，关键是调查研究搞得扎实深入。2014 年是全国民委系统名副其实的“调查研究年”。筹备新疆会，我们成立了 10 个调研组赴全疆调研，开展一对一谈话，掌握了最真实的材料。筹备民族工作会，组成4个调研组赴16个省区市调研，召开了120场座谈会，写了40多份专报，形成了一系列有分量的报告。调研中，我们树立鲜明的问题导向，对准问题开刀，提出了许多有针对性、操作性的意见和建议。这些成果，直接转化、进入中央领导讲话和会议文件。

办成两件“大事”，离不开各地区各部门的大力支持。为开好两个会议，新疆工作协调小组各成员单位、国家民委各委员单位、各省自治区直辖市也都调动起来了。今天和明天下午，有16个委员单位和10个地方民委要做交流发言。我感到，今年各委员单位和全国民委系统，围绕筹备和召开两个会议，学习和贯彻会议精神，投入了大量的人力、物力和心血，可以说，大家各有各的工作重点，各有各的成绩亮点，各有各的经验特点。

回顾这一年，我们抓住办好两件“大事”这个牛鼻子，协调推动民委工作创新发展，形成了好戏连台、亮点纷呈的好局面。突出的有“十大亮点”。

一是民族地区经济发展呈现新气象。发展仍然是第一要务，解决民族地区各种矛盾困难，还是要靠发展。近年来，民族地区发展成绩喜人，今年继续保持良好势头。前三季度，全国GDP增速排在前5位的，西部和民族地区省份有4个，分别是重庆、贵州、新疆、陕西，民族地区国内生产总值同比增长8.6%，比全国平均水平高1.2个百分点。新疆发展快，主要是新疆工作座谈会确定的政策发了力。西藏、广西、新疆、青海的固定资产投资增速都在20%以上，包揽全国的前4名。进出口十分抢眼，民族地区进出口总额同比增长21.8%,全国不到2%。在当前经济形势复杂多变、下行压力加大的情况下，民族地区能有这样的发展局面，很不容易，为发展大局作了贡献。

二是金融支持民族地区发展有了新探索。现在，金融市场融资难、融资贵，成为大家反应强烈的问题。民族地区资本市场建设滞后，发展长期面临严重的资金瓶颈。我们与中国证监会合作，在5个自治区设立资本市场培训基金，募集捐助资金1个亿，用于金融证券人才培养；为民族地区企业打开新三板和上市的绿色通道，一年来有65家民族地区企业进入新三板市场融资，在审的还有63家。有30家西部企业实现融资和再融资300多亿。我们与国家开发银行合作，推动开发性金融支持武陵山片区区域发展与扶贫攻坚，实现重大突破。国开行全年为片区四省市71个县市贷款1500亿元，有效破解了规划项目落地难、见效慢的难题。引来资金就是注入活水，就是对民族地区发展的最大支持。

三是民族团结进步创建活动有了新推进。怎么把创建活动做得更有操作性？这是我们认真思考解决的问题。我们制定了民族团结进步创建示范州（地、市、盟）创建的总体方案，积极在政策、资金等方面加大对13个州（市、盟）试点的支持，效果逐步显现。为便于各地相互学习、取长补短，我们组织了两次示范州（市、盟）的互观互检。通过观摩学习和实地考察，各试点州（市、盟）的同志既学到了经验，也检查了不足，明确了今后努力方向，达到了互学互比、互促互进的效果。我们制定了《关于推进民族团结进步创建活动进机关、企业、社区、乡镇、学校、寺庙的实施意见》，明确“六进”测评指标，构建长效机制，推动创建不断向基层推进。

四是运用监督检查手段实现新突破。政策再好，不抓落实就等于零。我们把督促检查摆在突出位置，敢于动真碰硬，今年对国务院促进贵州、云南、宁夏、甘肃以及牧区发展的政策文件执行情况，进行了监督检查。提交的督查报告，全部得到中央政治局常委的批示，帮助民族地区解决了许多实际问题。比如，由民委牵头的国务院联合督查组赴云南，对贯彻《国务院关于支持云南省加快建设面向西南开放重要桥头堡的意见》情况，进行监督检查，张高丽副总理、刘延东副总理都对督查报告作出批示。国家发改委及时将我们的报告转请外交部、交通运输部、商务部等22个部门，研究提出解决方案，并组织召开“面向西南开放重要桥头堡部际联席会议”第三次会议，共同研究解决督查报告反映的问题，推动了有关政策落地开花。

五是支持民贸民品企业发展有了新载体。支持民贸民品企业发展，是民族经济工作的“老政策”，怎么让这棵“老树”发新芽、开新花、结新果？我们经过筹划，在传统民贸民品政策的基础上，启动了“千家培育百家壮大”工程，计划3年内重点培育1000家民贸民品企业，并从中选出100家进行重点扶持。民贸民品企业小打小闹是不行的，必须运用好政府“这只手”，推动民贸民品企业增强市场竞争能力，实现上规模、上层次、上效益。令人高兴的是，已经有一批民贸企业成功上市。在这方面，我们一定要有战略眼光，把这项工作做好了，假以时日，民贸企业中一定能够成长出一批大企业、大集团。

六是推进民族地区城镇化有了新抓手。少数民族特色村寨保护和发展，是我们闯出的一条新路。规划实施两年来，民族地区依托优美的自然风光、丰富的民族文化资源，大力发展民族文化生态旅游，既保护了民族文化，又帮助群众致了富。今年，我们启动“中国少数民族特色村寨”命名工作，首批 340 个村寨已经挂牌，品牌效应日益凸显。经过努力争取，中央民族工作会议明确将“特色村寨”扩大为“特色村镇”，这已经写到领导讲话和相关文件里了，虽然只改动了一个字，但影响不可同日而语，为推进民族地区城镇化提供了新的抓手。只要加强规划引导，走各具特色的城镇化之路，将会有越来越多的特色村镇，成为“最美的村落”和“最美的小镇”，望得见青山，看得见绿水，记得住乡愁，承载得了文化，回忆得了历史。目前，民族地区旅游业发展呈现出强劲势头，西藏的旅游业占全区生产总值的 20%，已经成为支柱产业。贵州黄丝江边民族特色村寨人口不到 2 千户，每年接待游客 30 万人次，还将成倍增长。

七是加快扶贫开发有了新进展。武陵山片区区域发展与扶贫攻坚试点，是我们的“责任田”，必须精耕细作。我们在湖北恩施州召开试点联系工作领导小组全体会议，总结亮点、突破难点、部署重点，汇聚起各领导小组成员单位和片区四省市集中攻坚的合力，各部委都对这项工作非常支持，为民族地区办成了大事。我们大力协调国家发改委、交通运输部，推动黔张常铁路开工建设、安张衡铁路立项批复。这两条铁路建成通车后，将为武陵山片区插上腾飞的翅膀。我们建议国务院在甘肃临夏、四川凉山、云南怒江三个贫困自治州建立全面建成小康社会试验区，得到中央领导同志批示认可。目前，相关工作正在积极推进，有望实现突破。

八是推进民族区域自治有了新力度。今年是民族区域自治法颁布实施 30 周年。我们抓住契机，会同有关部门召开纪念座谈会，在民族文化宫举办系列大型主题展览，在中央主要媒体上开展了系列宣传，生动展示了我国民族自治地方发展取得的辉煌成就、积累的宝贵经验。通过这些活动，进一步促进了社会各界对民族区域自治这一基本政治制度的了解、理解和支持，在全社会形成了学习贯彻民族区域自治法的良好氛围。宪法和民族区域自治法都规定：自治州享有地级市同等的权力；但由于城市相关法律只规定：地级市享有规划权、管理权和土地审批权，因此自治州的权力并没有得到完全落实，这也导致自治州的城镇化进程严重受阻。我们抓住全面深化改革的机遇，会同民政部等有关部门，积极推动民族自治地方行政体制改革，成功举办了相关座谈会，使自治州享有地级市权力事宜取得重大进展，目前相关工作正在积极推进。

九是民族文化和宣传上了新台阶。中央民族歌舞团成功承办了今年 APEC 领导人非正式会议的系列文艺演出，为出席会议的世界各国政要呈现了多姿多彩的文艺盛宴，为民族文化扬了名、争了光。近日，文化部给民族歌舞团发来了感谢信。近年来，全社会对民族工作高度关注，这是压力，也是动力，更是加强宣传的大好机遇。我们围绕两个大会的筹备召开，加强与中央主要媒体、新媒体的合作，积极主动发声，及时回应社会重大关切，把握了舆论引导的主动权。比如，以中央民族工作会议为主题，中央 16 家主要新闻媒体累计发稿 800 余篇，全国各类网站、新媒体平台报道超过 261 万条，点击量超过 3 亿人次，在全社会唱响了中华民族大团结的主旋律，为民族地区与全国一道全面建成小康社会营造了良好氛围。

十是维护团结稳定有了新成效。我们根据中央部署，参与了指导处置云南昆明“3・01”、新疆莎车“7・28”等暴恐事件。事件发生后，我们及时协调国家反恐办下发通知，强调在严密防范和严厉打击暴恐活动的同时，要严格执行党的民族政策，切实保障新疆少数民族群众的合法权益。起草的《关于“3・01”暴恐事件有关工作情况的报告》，得到习近平和俞正声、孟建柱、郭声琨等中央领导同志的重要批示。我们按照中央领导同志的重要批示，协调建立健全防止和纠正歧视性安检的措施，研究出台《进一步加强内地涉疆少数民族群众服务管理工作的意见》、《关于加强和改进少数民族流动人口服务管理工作的若干意见》。加强民族关系监测、预警、评估，指导地方妥善处置涉及民族因素的突发事件，做好重要时间节点的矛盾排查和维稳工作。

“两件大事、十大亮点”只是一个全貌式的概括。其他方面的成绩，包括地方民委的工作亮点还有很多，由于时间关系，我就不列举了。这些成绩的取得，是党中央、国务院正确领导的结果，是民族地区各族干部群众团结奋斗的结果，更凝聚着全国民族工作战线上的各族干部职工的智慧和汗水。这些成绩的取得，标志着我们谋划、推动民族团结进步事业的能力和水平有了显著提高，对做好新形势下民族工作的规律有了更加深刻的把握，归纳起来主要有：民族工作要干大事，必须把握大局；民族工作要有突破，必须抓住机遇；民族工作要有地位，必须搞好调研；民族工作要出亮点，必须抓好特色；民族工作要打开局面，必须善于协调；民族工作要赢得支持，必须搞好服务。这些体会和经验难能可贵，值得我们倍加珍惜。

二、关于做好当前民族工作的总体思路和基本要求

现在中央民族工作会议已经召开 3 个月了，上上下下、方方面面都说这次会议开得好。好在哪里？我们体会好就好在：习近平总书记、李克强总理、俞正声主席的重要讲话讲得好、中央文件制定得好！好就好在：会议直面“3•14”和“7•5”事件之后民族工作领域的杂音和噪音，澄清了党内外、理论界、社会上的一些模糊认识和错误看法，明确了当前和今后一个时期民族工作的大政方针。

特别是习近平总书记的重要讲话，以纵览中外、贯通古今的宏大视野，直面问题、正本清源的理论勇气，承前启后、继往开来的政治智慧，提出了一系列新思想、新论断、新认识，作出了一系列新决策、新部署、新要求。概括起来，主要有“九个第一次”：第一次集中阐述了我国的基本国情，第一次深刻阐明了中国特色解决民族问题正确道路“八个坚持”的科学内涵，第一次深刻阐明了民族工作“五个并存”的阶段性特征，第一次从文明自觉的高度阐释了民族区域自治制度，第一次系统提出了新时期加强民族团结工作的新思路，第一次深刻阐明了民族地区全面建成小康社会的总体思路和工作重点，第一次提出构建各民族共有精神家园的战略任务，第一次对城市民族工作做了集中阐述，第一次提出了“三个特别”的民族地区好干部新标准。归结起来，就是进一步集中回答了在我们这个统一的多民族大国，“如何正确看待民族问题，怎样正确处理民族问题”这个重大问题，开辟了马克思主义民族理论中国化的新境界。

当前和今后一个时期，民族工作最主要、最核心的任务，就是深入学习领会、全面贯彻落实中央民族工作会议精神。我们一定要高举中国特色社会主义伟大旗帜，以邓小平理论、“三个代表”重要思想、科学发展观为指导，深入学习贯彻习近平总书记系列重要讲话精神，以学习贯彻中央民族工作会议精神为主线，以坚持中国特色解决民族问题正确道路为方向，以确保民族地区与全国一道全面建成小康社会为目标，加快民族地区经济社会发展步伐，切实维护民族团结和社会稳定，重在平时、抓好平常，重在交心、以心换心，凝聚起各民族的智慧和力量，圆好团结梦、实现发展梦、共筑中国梦。

根据这个总体思路，做好当前民族工作，必须牢牢把握以下几点要求：

第一，把握“五个并存”的新常态，进一步明确我国民族工作的形势和方位。习近平总书记在中央经济工作会议上，从九个方面概括了我国经济的“新常态”。有人问，民族工作的“新常态”是什么？我们认为就是总书记在中央民族工作会议上讲的“五个并存”。“五个并存”继 2005 年中央民族工作会议概括民族问题具有“五性”的特点，也就是“普遍性、长期性、复杂性、国际性、重要性”之后，精辟概括了新形势下的民族工作阶段性特征，精确勾画了现阶段我国民族工作的历史方位。具体说，从民族工作环境条件看，是“改革开放和社会主义市场经济带来的机遇和挑战并存”；从经济发展水平看，是“民族地区经济加快发展势头和发展低水平并存”；从社会事业进步看，是“国家对民族地区支持力度持续加大和民族地区基本公共服务能力建设仍然薄弱并存”；从各民族相互关系看，是“各民族交往交流交融趋势增强和涉及民族因素的矛盾纠纷上升并存”；从维护团结统一看，是“反对民族分裂、宗教极端、暴力恐怖斗争成效显著和局部地区暴力

恐怖活动活跃多发并存”。近年来，各方面对民族理论政策之所以众说纷纭，关键是对形势看得不清。把握了“五个并存”的“新常态”，也就把握了民族工作的“大形势”。认识新常态、适应新常态、引领新常态，是当前和今后一个时期我国民族工作的大逻辑。在新常态下，民族工作与以往相比，面临的挑战更多了，肩上的担子更重了，工作的要求更高了。治而不忘乱、安而不忘危。面对新常态，我们既要坚定信心，又要增强忧患意识，做到观念上适应，认识上到位，方法上对路，工作上得力，推动民族工作创新发展，不断增强各族群众对伟大祖国、对中华民族、对中华文化、对中国特色社会主义道路的认同。

第二，增强“三个自信”的底气，开辟中国特色解决民族问题正确道路更加广阔的前景。习近平总书记强调，我国民族工作做得是最成功的，不要妄自菲薄，并用“八个坚持”揭示了中国特色解决民族问题的正确道路的科学内涵。这一重大论断，廓清了近年来民族领域的种种杂音和迷雾，坚定了走中国特色解决民族问题正确道路的信心决心和底气，可以说是一锤定音、振聋发聩。这个自信来自中华民族历史的深处，是全面对比古今中外事实而得来的客观结论；这个自信来自中华文明的自觉，是坚持发展马克思主义民族理论、推动中华政治文明内生性演化而得来的必然结果；这个自信来自中国民族工作的实践，是坚持实事求是、独立探索、自主创新而得来的宝贵成果。中国特色解决民族问题的正确道路、中国特色社会主义民族理论、民族区域自治制度，是中国特色社会主义道路、理论、制度“三位一体”在民族领域的具体体现，是民族工作开拓创新的实现途径、行动指南、根本保障。加强和改进新形势下的民族工作，关键是坚持这条正确道路不动摇、坚持这种正确理论不含糊、坚持这个制度不折腾。要引导各族干部群众正确看待当前民族理论政策领域的争论，正确看待民族关系的主流和支流，正确看待西方和国外民族工作的做法。我们要以习近平总书记提出的“八个坚持”为根本遵循，进一步增强道路自信，牢牢把握中国特色社会主义的正确方向，坚定不移贯彻党的民族政策，使中国特色解决民族问题的正确道路越走越宽广。要进一步增强理论自信，毫不动摇地坚持民族理论政策的基本原则，与时俱进地推进民族政策的具体举措，着力构建具有世界视野、中国气派的新话语体系。要进一步增强制度自信，坚持统一和自治相结合、民族因素和区域因素相结合，全面贯彻落实民族区域自治法，加强对规范和完善这一制度相关问题的研究，充分发挥这一制度的优越性。

第三，充分发挥“三个积极性”相结合的优势，确保民族地区如期全面建成小康社会。在全面建成小康社会的征程上，不让一个兄弟民族掉队、不让一个民族地区落伍，是党中央、国务院的庄严承诺。同步小康不是同一水平的小康，发达地区水平可以更高一些，但民族地区全面建成小康是基本要求，最主要的是实现人均国内生产总值比 2010 年翻一番，基本公共服务实现均等化。确保民族地区如期全面建成小康社会，总的方针是按照习近平总书记提出的“四个方面、八个重点”，紧扣民生抓发展，重点抓好就业和教育；发挥资源优势，重点抓好惠及当地和保护生态；搞好扶贫开发，重点抓好特困地区和特困群体脱贫；加强边疆建设，重点抓好基础设施和对外开放。在这个过程中，要发挥好中央、发达地区、民族地区“三个积极性”，把政策动力和内生潜力有机结合起来。中央要对边疆地区、贫困地区、生态保护区实行差别化的区域政策，优化转移支付和对口支援体制机制，加大政策支持力度。发达地区要创新支援方式，拓宽支援领域，提高帮扶实效，加大支援力度，使对口支援的过程成为促进各民族交往交流交融、实现区域合作共赢的过程。民族地区要实事求是确定发展目标，因地制宜确定发展模式，激发内生潜力，增强自我“造血”能力，把中央支持、发达地区支援转变为实现跨越式发展的强大动力和实际行动。“三个积极性”联合发力，立足于打基础、谋长远、见实效，民族地区各族群众就能够和全国人民一道，过上全面小康的好日子。

第四，大力践行手足相亲、守望相助这一新理念，做深做实这个民族团结的战略性、基础性、长远性工程。习近平总书记强调，“做好民族工作，最关键的是搞好民族团结、最管用的是争取人心”，并提出了手足相亲、守望相助的新理念，揭示了绵绵用力、久久为功的方法论，为我们加强民族团结工作提供了新思路。我们一定要按照百年奠基的人心工程来做民族团结工作，要像阳光普照那样，在全社会不留死角地搞好民族团结宣传教育；像净化空气那样，坚决反对一切不利于民族团结的言行；像保护水源那样，维护中华民族大团结的根基。要科学把握民族关系发展变化的新趋势，积极引导干部群众正确认识我国民族关系的主流，多看民族团结的光明面。要发挥民族工作的优良传统，重在平时，重在交心，坚持物质精神两手齐抓共管，切实改变物质和专政一手硬、精神和团结一手软的问题。要尊重差异、包容多样、增强共性，切忌急于求成，加强各民族交往交流交融，实现各民族和睦相处、和衷共济、和谐发展。当今时代，媒体技术发展一日千里，人们接受信息的方式千变万化。老年人更习惯听广播、看电视、翻报纸，年轻人更喜欢看微博、微信、微电影，小朋友则更接受卡通、动漫、游戏。要大力推进理念、手段、载体、方式的创新，注重人文化、大众化、实体化，以人们喜闻乐见的方式推进民族团结宣传教育和民族团结进步创建活动。文化认同是最深层次的认同，文化认同战是21世纪的人心争夺战。要把增强文化认同放到更加重要的位置，繁荣发展各民族文化，建设各民族共有精神家园，积极培育中华民族共同体意识，打赢这场世界范围内的人心争夺战。

第五，贯彻全面推进依法治国这一基本方略，推动民族事务治理法治化。十八届四中全会对全面推进依法治国作出重大部署，标志着我国法治建设进入历史新阶段，这对民族工作提出了新的更高要求。习近平总书记在中央民族工作会议上强调，坚持中国特色解决民族问题的正确道路，就必须坚持依法治国，用法律来保障民族团结。我们要按照中央部署，把加强法治建设摆在民族工作的突出位置，进一步用法治精神引领、用法治思维谋划、用法治方式实施和推进各项工作，大力推进民族事务治理的法治化。推进民族事务治理法治化，要把握好三个着力点：一是健全配套法规，建立完备的民族法治体系。坚持以宪法相关规定为核心、以民族区域自治法为主干的民族法律法规体系。对民族区域自治法落实中的重大问题要加强研究，按照“统筹规划，先易后难”的原则逐步加以解决。抓住立法质量这个关键，以公正、公平、公开为基本原则，健全配套法规，为推动民族事务治理法治化提供良法基础。二是坚持严格执法，建立高效的民族法治实施体系。推进各级政府民族事务治理权力的规范化、法律化，确保政府在法治轨道上开展民族工作，着力加强少数民族流动人口的服务和管理。坚持各族公民在法律面前人人平等，是什么问题就按什么问题处理，一切以法律为准绳，决不搞法外的从宽从严，为推动民族事务治理法治化提供坚实路径。三是强化宣传和监督检查，建立严密的民族法治监督体系。加强对民族区域自治法及相关法律法规的宣传教育，增强各单位、各部门、各族干部群众自觉遵守民族法律法规的意识。做好有关法律和民族政策执行情况监督检查，增强监督检查的权威性，把法律的精神落到实处，为推动民族事务治理法治化提供良好外部环境。在实践中，我们既要从政治高度把握民族关系、看待民族问题，又要依法保障民族关系、处理民族问题，做到讲政治原则、讲政策策略、讲法治规范的有机统一。

第六，坚持“三个特别”的重要标准，着力培养适应民族工作形势发展的“四支队伍”。毛主席曾经讲过，政治路线确定之后，干部就是决定性因素。党中央已经确定了当前和今后一个时期民族工作的大政方针，现在的关键是加强党对民族工作的领导，造就一支过硬的干部队伍来抓好贯彻落实。要按照总书记提出的“三个特别”的好干部标准，大力培养和造就少数民族干部、民族地区各族干部、少数民族知识分子和代表人士、民族工作部门干部“四支队伍”，模范地贯彻执行中央关于民族工作的大政方针，模范地推进民族团结进步事业。要制定总体规划，扩大到内地、中央和国家机关交流挂职和任职规模，大力培养和选拔一批符合“三严三实”、“三个特别”标准的民族地区各族干部队伍、少数民族干部队伍。少数民族代表人士、少数民族知识分子是一支特殊的队伍，要把这项工作当作一件大事急事赶快抓起来，建立健全领导干部直接联系制度，引导他们发挥在联系群众、维护团结稳定等方面的积极作用。在处理民族关系、化解涉及民族因素的矛盾和纠纷中，民族工作部门的干部队伍担负着繁重的任务，要格外关心爱护，表现突出的，要创造条件提拔重用。目前，地方政府正在搞机构改革，省市两级政府和民族工作任务重的县级政府，要保留民族工作机构，其他县级政府的民族工作机构即使与其他部门合署办公，也要在政府序列中保留名称。要格外关心在民族地区基层一线奋战的各族干部队伍，坚持工作重点下移、力量下沉，引导人财物向基层流动，持续改进干部作风，确保基层组织和广大干部有意愿、有资源、有能力为各族群众服务。

三、关于2015年的重点工作

关于明年的主要任务，《国家民委2015年工作要点》已经作了部署，我就不面面俱到地讲了。要强调的是，整个2015年工作，要把学习贯彻中央民族工作会议精神作为一条红线。如果说今年是会议的谋划筹备年、调查研究年，特点是轰轰烈烈；那么明年就是深入宣传年、狠抓落实年，必须要扎扎实实。所有任务都要体现这条红线，所有工作都要贯穿这条红线，所有部署都要围绕这条红线。

抓住这条红线、做好明年工作，关键是围绕四个重点，以点带面，推动整个民族工作上新台阶。

第一，坚持以学促进，精心办好省部级领导干部学习贯彻中央民族工作会议精神专题研讨班。抓好贯彻落实，学习宣传是前提。会议召开之后，党内外、学术界、社会上都很关注，各种媒体上有关的解读也很多。从大家反映情况看，真正吃透精神、正确解读理解，还有一定差距。我们正在与中办积极协调，争取将三个讲话和一个文件公开，传达到县团级，以保证原汁原味地学习领会中央精神。要乘势而上，趁热打铁，抓好编写辅导读本、撰写专栏文章、巡回宣讲等系列举措，发挥国家主流媒体和新媒体主渠道作用，持续报道、深度解读，掀起宣传波次，让更多人全面正确了解和把握会议精神，传播正能量，把思想认识统一到中央精神上来，统一到习近平总书记重要讲话精神上来。重点要抓两头，一头是广大青少年，抓好了是利在长远；另一头是各级领导干部，抓好了是功在当前。经与中央组织部协调，明年学习宣传会议精神的重头戏，是办好省部级领导干部学习贯彻中央民族工作会议精神专题研讨班，请中央领导同志发表重要讲话，解读会议精神，提出贯彻要求。届时，还要请有关部委的领导同志来，这是一个创新，我们的想法是，一来请他们讲课，讲各部门如何贯彻落实会议精神；二来请他们现场办公，与民族地区同志对接，共同解决问题和困难。我们要充分发挥中央民族干部学院民族干部培训的“国家队”、“主渠道”作用，着力办好州县一级领导干部和民委主任培训班，为从事民族工作的各族干部提供学习最新精神的机会。明年，我们将在中央民族干部学院举办国家民委委员单位联络员专题培训班。

要强调的是，面对近年来民族理论政策上的杂音和噪音，这次会议特别是总书记重要讲话已经一锤定音。各级党员干部要从思想和行动上自觉与党中央保持一致，各类教材要根据中央最新精神修改，各级讲堂要按照中央最新精神授课，确保用最新精神统一思想，增强各族干部群众辨别大是大非、抵御国内外敌对势力思想渗透的能力。在民族工作领域，这是最重要的政治纪律和政治规矩。

第二，办好重大会议活动，推动民族团结进步事业创新发展。明年，我们的会议活动比较集中，要办好新疆维吾尔自治区成立60周年、西藏自治区成立50周年两个大庆，开好全国民族教育工作会议、全国少数民族传统体育运动会、全国民族团结进步创建活动经验交流会、全国城市民族工作会议、自治州全面建成小康社会经验交流会5个会议。开会议、搞活动本身不是目的，关键是研究和解决问题，多为民族工作和民族地区办些实事、好事。

举办民族自治地方逢十周年庆祝活动，是民族工作的好经验、好做法。新疆、西藏大庆将揭开新一轮的自治区逢十周年大庆的序幕。在当前反分裂、反渗透、反暴恐形势依然严峻的情况下，办好两个大庆，意义很重要。西藏大庆我们做好协调配合，新疆大庆我们要搞好牵头负责。筹备大庆要做好三方面工作。一是组织好媒体采访活动，向国内外广泛宣传新疆、西藏的发展成就，像库尔班大叔的孙子今年坐上了高铁这样生动的故事，要多挖掘多宣传。二是以问题为导向，解决一些影响当地发展、制约民生改善的重点难点问题。三是加强对民族区域自治相关问题的研究，拿出实实在在的成果。

五个会议中，全国民族教育工作会议，是历史上的第六次，筹备了多年，要加强与教育部的配合，制定好文件，解决深层次问题和特殊困难，推动民族教育更好更快发展。全国少数民族传统体育运动会，是国家法定的重大文化活动，全世界独一无二，马上就是第十届了。这个运动会是竞技和交流的舞台，也是传承和展示民族文化的平台，要办出特色，展示风采。创建活动经验交流会，这是第三次了，要挖掘基层创建的鲜活经验，评选好创建模范县和模范乡，推进创建活动向基层延伸。全国城市民族工作会议，这是第一次。2010 年开过一个全国城市民族工作座谈会，这几年少数民族进城规模越来越大，形势发生了很大变化。要总结好近年来的新经验，研究提出新思路、新举措，抓住这个民族工作的未来。自治州全面建成小康社会经验交流会，这是第一次。这些年自治州发展成就喜人，但总体上还是相对落后，30 个州经济总量加起来还比不过一个苏州。自治区层面，国家已经量身订做了文件；自治县层面，我们已经举办了三届科学发展经验交流会。目前，唯独自治州层面缺个抓手，自治州之间的交流也比较有限。开这么一个会，希望自治州能在总结自我“造血”经验、探索对口支援途径以及解决区域发展突出问题方面，有一个推动。

这七个会议活动，总的考虑是抓住契机，乘好东风，营造关心和支持民族工作的良好氛围，推动民族团结进步事业开拓创新。在筹办过程中，要注意贯彻中央最新精神，推动实践创新发展，把好事办新；注意合理摆布，统筹安排时间、力量和资源，把好事办稳；注意整合全国民委系统之力，加强与有关部门和地方的协同联动，把好事办好；注意找准问题、搞好调研，帮助解决突出问题和特殊困难，把好事办实。

第三，握紧发展“总钥匙”，加快民族地区发展转型升级。这些年，民族地区自己跟自己比，发展很快，但由于总量小、占比低、差距大，跟东部发达地区的发展差距总体上呈扩大之势。今年前三季度，民族 8 省区的地区生产总值 45850.8 亿元，仅相当于广东一个省的 95.3%。可以说，发展不足问题仍然是民族地区的主要问题，加快发展、改善民生，是各族干部群众的根本愿望。

习近平总书记在中央民族工作会议上强调：“发展是解决民族地区各种问题的总钥匙。”这是一个重要的战略判断，也是一个重要的战略部署。我们要深刻领会总书记的重要讲话精神，握紧“总钥匙”，把少数民族和民族地区的发展大事办好。当前，我国经济发展进入新常态，要按照中央经济工作会议“八个更加”的新要求，坚持发展、主动作为，抓住机遇、化危为机，推动民族地区在适应新常态中加快发展、科学发展、实现跨越式发展。

一要注重培育新的增长点。我国存在大量新的增长点，潜力巨大。民族地区在发展新能源、旅游文化、特色种植养殖等产业方面，有得天独厚的优势；在物流快递、电子商务、创意产业等新业态方面，同东部地区总体站在同一起跑线上，完全可以大有作为。要在全球科技创新和产业革命中找到先机，在全国改革发展大局中找准定位，在全国大市场大开放中找准突破口，通过搞活市场、抓实创新、放宽政策，激发潜在的需求并拉动供给，善于发现和精心培育新的增长点。

二是加紧谋划新的大项目。民族地区的发展要想再上台阶，必须要有大项目支撑。基础设施建设、扶贫开发、新型城镇化和生态保护高度相关，是民族地区发展的最大“瓶颈”，也蕴含着巨大的内需潜力，要突出重点、科学论证、统筹推进，谋划和上马一些新的大项目，为民族地区长远发展夯实综合发展基础。在进一步完善资源开发利益分配机制方面，中央提出了一些重大改革，比如率先在民族地区实行资源有偿使用制度和生态补偿制度，加快自然资源及其产品价格改革，加快资源税改革等。这不仅是惠及当地的大事，也是保护生态的大事，要抓紧推进，使民族地区切实从开发中受益。

三要争取差别化的区域支持政策。这是中央民族工作会议赋予民族地区的重大政策导向，必须用足用好。产业、金融、土地等政策不能“一刀切”，要制定和完善差别化的区域支持政策，支持民族地区资源优势产业做大做强，支持重大产业项目向民族地区优先布局，提高民族地区自我发展能力。与东部地区相比，民族地区的经济差距大，民生差距更大。要坚持守住底线、突出重点、完善制度、引导舆论的基本思路，多做雪中送炭的事，更加注重保障基本民生，更加关注低收入群众生活，更加重视社会稳定大局，特别重视就业和扶贫，确保 2020 年实现基本公共服务均等化的目标。

四要抓住“一带一路”建设机遇。当前，民族地区加快发展面临许多难得的历史机遇，特别是实施“一带一路”战略，一旦同周边国家实现了互联互通，西部地区、民族地区就会从过去的边缘地区一跃而成为辐射中心，发展机遇很大。中共中央、国务院关于丝绸之路经济带和 21 世纪海上丝绸之路的战略规划已经印发。要按照总书记讲的，真正从欧亚大舞台、世界大棋局的视野来思考和谋划，把西部地区、民族地区开发开放放到更加重要的位置，培育形成民族地区新的发展优势，为国家发展提供新支撑、拓展新空间。民族地区要不等不靠，赶快行动起来，搞好与中央各部委的对接，赢得参与“一带一路”的先机。很多地方都已经围绕“一带一路”规划动起来。要大力促进基础设施互联互通，提升经贸合作水平，扩大旅游、中医药、文化艺术交流，加大核电、发电输电、汽车制造、电子信息等产业投资，深化能源资源合作，拓宽金融合作，切实抓住用好这一难得历史机遇。

五要搞好“十三五”规划编制。明年是“十二五”规划收官之年，也是“十三五”规划编制之年。行百里者半九十。“十二五”最后一年，要实施好三个专项规划，确保完成任务。还要着眼长远，加强调研和协调，争取两个大会提出的支持优惠政策进入各级各类规划，争取更多重大政策、重大工程、重大项目进入国家“十三五”规划的总盘子。重点是编制好我们的四个“十三五”规划，争取各有各的突破。兴边富民行动规划要争取“量”的突破，争取投入规模一如既往保持较大幅度增长。少数民族特色村镇保护和发展规划要争取“格”的突破，力争上升为国家级专项规划。少数民族事业规划要争取“实”的突破，协调推动有关地方和部门把这一规划落地生根。扶持人口较少民族发展规划要争取“面”的突破。这一规划实施了近 10 年，原来覆盖的是人口较少民族聚居的 2119 个行政村。现在，我们推动扶持重点从行政村转向县乡区域，覆盖面扩展到人口较少民族主要分布的 26 个县和 348 个乡镇。这也符合中央民族工作会议关于改进扶持人口较少民族发展政策规划的明确要求，也符合制定差别化区域政策、“尽可能减少同一地区中民族之间的公共服务政策差异”的正确导向。

第四，强化督促检查手段，确保各类支持政策落地开花结果。督促检查把利剑，一定要用好。特别是要在“勤”、“常”二字上下功夫，做到勤督促、常检查。第二次中央新疆工作座谈会文件的任务分解方案已经开始实施，中央民族工作会议文件的任务分解方案也即将批准。拿到方案后，还要进一步细化分解，明确责任、明确人员、明确期限、明确要求，推动各地各部门出台具体办法，让各项工作尽快落实。当前的重点是两个，一个是盯着各省区市搞督促。没有开会的要搞好调研，出台贯彻中央精神、加强民族工作的文件，制定含金量高的政策举措，开好民族工作会议。已开了会的地方要抓好落实，中央的政策和自己制定的政策都要落实到位，同时协助解决政策落实中出现的新情况、新问题。目前，广西、辽宁、西藏、内蒙古、天津、贵州等地都召开了民族工作会议，出台了含金量很高的文件。没有开会的也都在深入调研，制定贯彻落实会议精神的具体意见和方案，积极为开好会打基础、作准备。要结合自身实际，捞出干货，拿出真金白银，开好会，推动民族工作大大前进一步。另一个是盯着各部委搞督促。部委要结合自身职能，加大倾斜和支持力度，把中央文件细化、实化，确保中央政令畅通、决策落地生根。特别是坚持和完善民委委员制度，督促 32 个委员单位为民族地区办实事，形成做好民族工作的强大合力。

搞好监督检查，关键是要敢动真格、碰硬茬。既然搞督查，就要真督查，不能走过场、做样子；就要硬督查，不能搞变通、“软”督查。我们要切实履行好督查职责，创新督查办法，加大督查力度，提高督查水平，发挥督查的威力。要创新方式方法，既要用好民委自己的力量，也要积极借助党委政府督查室和统战部、人大、政协等方面的力量。明年，我们要联合中办、国办进行监督检查。各省区市民委可以与国家民委多沟通，如果一些工作在本地自下而上推动有困难，我们可以有针对性地搞督查，用自上而下的办法来推动。对各地各部门贯彻落实的具体情况，以及督查中发现的典型经验、突出问题，我们会及时向党中央、国务院及有关部门报告。督查的重点也是两个，一是国家部委，一个是各省区市。谁没贯彻执行，就督查谁。有的政策没落实，原因可能不在部委而在地方。政策给了，有的自己不研究，不落实，等待观望，就错过了时机。要通过督查，确保会议和文件提出的政策和项目一一落实到位，使各族干部群众切实感受到中央的关心和社会主义大家庭的温暖。

四、以务实精神和扎实作风确保各项任务完成

2015 年是贯彻落实两个会议精神的关键之年、

开局之年。贯彻落实好会议精神，是我们最大的使命、最大的机遇、最大的责任。能不能肩负这个使命、抓住这个机遇、担起这个责任，决战在 2015，关键看我们。这里，我提几点要求：

第一，敢于担当。大事难事看担当。这是检验和考验干部的关键一条。圆好团结梦，追寻发展梦，为实现中国梦贡献正能量，是时代赋予我们的历史使命。当前，全面建成小康社会正处在关键时期，民族工作进入任务更加艰巨的新常态，新事多、大事多、难事多、急事多。我们要增强使命意识、政治意识、大局意识，自觉接过接力棒、担起新责任，开创民族团结进步事业的新局面。要有那么一种"宁肯累死牛，不能误了车"的拼劲，既抬头看路，又埋头苦干，难事不退缩，急事不忙乱，迎难而上，敢打硬仗，敢于胜利，不辜负党的重托、人民的厚望。

第二，善于谋划。万事谋为先。这是干部特别是领导干部的关键素质。善谋者胜，远谋者兴。要加强顶层设计和整体谋划，更加注重改革创新的系统性、整体性、协同性，建立更加完善的民族工作体制机制。善谋和远谋必须在深入调查研究的基础上进行，必须同基层干部群众的实践探索相结合。我们要练好调研这个看家本领，加强战略性、前瞻性、对策性研究，及时总结基层的鲜活经验，为加强顶层设计提供源源不断的智慧之库和活力之源。民族工作千头万绪，必须统筹兼顾；民族事务无论巨细，都要设计预案。要坚持谋定而后动，既要画好路线图，又要做好施工图；既要列明"任务书"，又要订下"时间表"；既要坚决执行既定方案，又要根据实际情况变化及时加以调整。这样，才能有条不紊、稳步推进。要增强底线思维和细节意识，着力培养和提高预见能力，力求科学周密，各项事务不办则已、办则必成。

第三，勇于开拓。开拓，是一种智慧，但首先是一种勇气。面对未来，要破解各种难题，化解来自各方面的风险和挑战，更好地发挥党的民族理论政策的优越性，除了开拓创新，别无他途。当前，对民族工作如何创新发展，党内外、国内外都很关注，全党上下和社会各方面期待都很高。民族工作到了一个新的重要关头。我们要牢牢把握正确方向，以更大的政治勇气和智慧、更有力的举措和办法，推进民族工作的开拓创新。要以坐不住的紧迫感，以舍我其谁的气概，紧紧咬住民族工作方面的重点、难点、热点问题，敢于涉险滩、夺难关，闯出新路，为民族团结进步事业注入正能量。要小心论证、大胆实践，创新方法手段，延长工作手臂，不断创造新机遇、开辟新领域、取得新突破。

第四，果于执行。实干是第一品德，执行力是第一能力。要像总书记强调的那样"崇尚实干、狠抓落实"，坚决打倒懒、散、庸、拖，树立"三严三实"标准。行动最有说服力。全国民委系统的各族干部要走出大楼、走出办公室，走向工作一线。明年，国家民委各司局要各自联系一个县、区帮助解决困难问题；地方民委也要行动起来，一个处可以联系一个乡、镇帮助解决困难问题。世界最怕认真二字。要抓具体，具体抓，抓细抓小，抓住不放、一抓到底，不达目的决不收兵。各项工作都要有部署、有落实、有督查、有评估，避免大而化之，克服不了了之。

第五，娴于协作。协作出成果，协作出效率。民族工作头绪多，牵涉面广，加强协作十分重要。既需要全国民委系统上下联动，团结协作，形成合力；又需要加强与各部门、各地区的沟通与协作，积极争取他们的支持。协作两字，"协"在"作"前。对权力不大、资金项目不多的民委来说，要为少数民族和民族地区办实事、服好务，某种程度上讲，协调意识就是服务意识，协调能力就是办事能力，协调水平就是工作水平。我们的每项工作几乎都需要经过反复协调，现在我们狠抓落实的成效很大程度上也取决于协调的成效。不去协调，一切等于零。协调是一种职责，也是一门学问。搞好协调，要抓住关键问题，抓住关键时机，抓住关键部门。搞好协调，要讲原则、讲政策，讲责任、讲能力，但最根本的要讲感情。对少数民族群众要有真情，对民族地区要有感情，对民族工作要有深情，才能动脑筋、动真格，才能赢得支持、实现突破。

同志们！2014 年，我们奋战，我们胜利。2015 年，新局已经铺开，号角已经吹响，全社会关注的目光在看着我们，新的更大的胜利在等着我们。形势喜人，形势逼人。我们要紧密团结在以习近平同志为总书记的党中央周围，高举中国特色社会主义伟大旗帜，抓住机遇、乘势而上，切实把中央民族工作会议和第二次中央新疆工作会议精神落到实处，奋力开拓民族团结进步事业新局面，为实现伟大的中国梦作出更大贡献！

年年岁岁花相似，岁岁年年人不同。充满希望和期待、大有可为和作为的2015年就要到了，借此机会，恭祝大家：身心顺畅、家庭顺欢，工作顺利、生活顺美，事业顺达、万事顺意！

国家民委副主任罗黎明同志在全国民族经济工作暨民族地区经济形势分析会议上的讲话

（2014 年 4 月 24 日）

同志们：

这次会议的主要任务是：全面贯彻落实党的十八大和十八届二中、三中全会精神，按照中央经济工作会议、中央城镇化工作会议和习近平总书记系列讲话精神的要求，总结交流 2013 年民族地区经济运行和民族经济工作情况，分析当前民族地区经济形势和任务，研究部署 2014 年民族经济工作。

今天上午，云南、内蒙古等 10 个省区民委的同志作了大会交流发言，介绍了各自的做法、经验和今后的打算，大家讲得都很好，既讲了成绩，也讲了责任，更讲了信心，听了深受教育、倍感振奋、很受启发。昨天大家还进行了实地考察。云南省是一个集边疆、民族、山区、贫困为一体的欠发达省份,也是一个多民族聚居省份，在我国民族工作中占有特殊重要的地位。近年来，在云南省委、省政府的正确领导下，全省认真贯彻实施《国务院关于支持云南加快建设面向西南开放重要桥头堡的意见》等一系列中央重大决策部署，采取了一系列有力措施，大力推进民族团结、边疆繁荣稳定示范区建设，民族工作取得了显著成绩，全省保持了民族团结、边疆稳定、经济发展、社会进步、各族人民生活不断改善的良好局面。德宏州委、州政府同样也历来高度重视民族工作，把民族工作和民族团结进步事业摆在全局的重要位置，认真贯彻落实党的各项民族政策，坚决维护边疆稳定，促进民族团结，采取一系列有效措施，带领各民族共同团结奋斗、共同繁荣发展，全州呈现出边疆稳定，民族团结，经济社会和谐发展的良好局面，为全国和云南省民族工作和民族团结进步事业做出了积极贡献。同时，也积累了很多好经验、好做法，值得全国各省（区）市学习和借鉴。希望大家珍惜这次机会，结合各自实际，互相学习，互相借鉴，进一步推动民族地区加快发展。

下面，我就做好 2014 年民族地区经济运行和民族经济工作谈几点意见。

一、正确认识民族地区经济形势，把思想统一到中央关于当前经济形势的科学判断和决策部署上来

（一）正确认识当前国际国内经济形势

2013 年下半年以来，中央先后召开了党的十八届三中全会、中央城镇化工作会议、中央农村工作会议等一系列重要会议，对当前全国经济形势和下一步全面推进各项重大改革措施作出战略部署。特别是 2013 年 12 月，中央召开中央经济工作会议，分析了当前国内外经济形势，提出了 2014 年经济工作的总体要求和主要任务。

中央经济工作会议总结了 2013 年经济工作，指出 2013 年以来，在极为错综复杂的形势下，我国经济社会发展稳中有进、稳中向好，实现了良好开局，经济运行总体平稳，农业生产再获丰收，结构调整取得新进展，改革开放力度加大，人民生活继续改善，社会大局和谐稳定。

会议深入分析了当前国际经济形势，指出 2014 年世界经济仍将延续缓慢复苏态势，但也存在不稳定不确定因素，新的增长动力源尚不明朗，大国货币政策、贸易投资格局、大宗商品价格的变化方向都存在不确定性。要充分考虑 2014 年世界经济形势的不确定性和复杂性，努力抓住机遇，从容应对各类风险和挑战。对当前国内经济形势判断上，会议在肯定形势稳中有进、稳中向好的同时，提出要清醒认识到，我国经济运行存在下行压力，部分行业产能过剩问题严重，保障粮食安全难度加大，宏观债务水平持续上升，结构性就业矛盾突出，生态环

境恶化、食品药品质量堪忧、社会治安状况不佳等突出问题仍没有缓解。

会议提出，做好 2014 年经济工作的总体要求是：全面贯彻落实党的十八大和十八届二中、三中全会精神，坚持稳中求进工作总基调，把改革创新贯穿于经济社会发展各个领域各个环节，保持宏观经济政策连续性和稳定性，着力激发市场活力，加快转方式调结构，加强基本公共服务体系建设，着力改善民生，切实提高经济发展质量和效益，促进经济持续健康发展、社会和谐稳定。

会议指出，做好 2014 年经济工作，最核心的是要坚持“稳中求进、改革创新”，可以说，“稳中求进、改革创新”是 2014 年经济工作的总纲领、总基调。围绕“稳中求进、改革创新”的工作总基调，会议部署了今年经济工作的六项主要任务：一是切实保障国家粮食安全；二是大力调整产业结构；三是着力防控债务风险；四是积极促进区域协调发展；五是着力做好保障和改善民生工作；六是不断提高对外开放水平。

我们一定要按照中央要求，紧密结合少数民族、民族地区和民族工作的实际，把思想和行动统一到中央对经济形势的科学判断上来，统一到中央对今年经济工作的决策部署上来，深入学习和全面贯彻落实党的十八届三中全会、中央经济工作会议和 2014 年全国“两会”精神，牢牢把握“稳中求进、改革创新”的经济工作总基调，牢固树立“民族工作重在平时、抓好平常，民族团结重在交心、以心换心”的理念，认真履行职能，切实抓好促发展的各项工作；要推动党中央、国务院关于促进少数民族和民族地区一系列文件、规划的贯彻落实；要重点研究和推进民族地区各项改革，加快转变经济发展方式，增强经济发展的内生活力和动力；要着力保障和改善民生，保持物价总水平基本稳定，实现经济持续健康发展和社会和谐稳定；要加强对民族地区经济运行中热点问题的跟踪分析研究，更加注重对宏观经济运行情况和发展趋势的监测，更加注重对民族地区经济发展重大问题的研究，有针对性地提出促进民族地区加快发展的政策建议。

（二）科学分析当前民族地区经济运行情况

在党中央、国务院的正确领导下，2013 年民族地区各级干部群众认真贯彻落实中央全面深化改革的各项政策措施，积极转变经济发展方式，加快经济结构战略性调整，民族地区经济社会发展取得了可喜的成绩。

从全国情况看，经济实现平稳增长，2013 年国内生产总值（GDP）568845 亿元，比上年增长 7.7%，超过年初确定的 7.5%的预期目标；农业保持稳定发展，粮食产量实现“十连增”，全年总产量达到 1.2 万亿斤；结构调整取得新成效，内需继续成为增长主动力，对经济增长的贡献率达到 104.4%；区域发展协调性进一步增强，中西部地区主要发展指标占全国比重上升，其中西部地区固定资产投资占比为 24.3%，比上年提高 0.6 个百分点；城乡居民收入相对差距继续缩小，农村居民人均纯收入 8896 元，实际增长 9.3%，增速连续四年快于城镇；重点领域改革取得新进展；对外开放迈出新步伐，出口和进口降幅逐步缩小；人民生活继续改善，就业形势稳定向好，1 至 11 月全国城镇新增就业 1242 万人，城镇登记失业率控制在 4.6%以内。

从民族地区情况看，据初步核算，2013 年民族地区国内生产总值（GDP）达到 64772 亿元，比上年增长 10.6%，高于全国加总 1.1 个百分点，除内蒙古、宁夏外都实现两位数增长，其中贵州 GDP 增速达到 12.5%，位居全国首位。地方财政收支稳步增长。2013 年，民族地区公共财政预算收入完成 8435 亿元，同比增长 13.1%；公共财政预算支出 20639 亿元，同比增长 12.2%。固定资产投资较快增长。2013 年，民族地区规模以上固定资产投资 55282 亿元，增长 23.8%，高于全国 3.3 个百分点。农业加快发展，粮食实现丰收。2013 年，民族地区粮食总产量达到 9098 万吨，同比增长 4.7%，其中内蒙古粮食总产量达到 2773 万吨，同比增长 9.7%，增幅居全国第一；新疆棉花总产量达到 351.8 万吨，占全国比重一半以上。工业生产缓中趋稳。2013 年，民族地区规模以上工业增加值增速均超过 12%，其中贵州实现 13.6%的增速，位居全国第二位；非公有制经济对经济增长的贡献进一步提升，其中广西非公有制经济对全部工业增长的贡献率超过 80%。市场销售和对外贸易稳步增长。2013 年，民族地区社会消费品零售总额 20134 亿元，增长 16%，增速比全国快 2.8 个百分点。虽受世界经济低迷、回升缓慢影响，民族地区对外贸易仍好于全国水平。2013

年，民族地区全年进出口总额达到1144.5亿美元，比上年增长14.0%，比全国快6.4个百分点。民族地区以旅游业为代表的服务业发展提质增速。2013年民族地区共接待境内外游客9.17亿人次，实现旅游收入8894.3亿元。城乡居民收入平稳较快增长。2013年，民族地区城镇居民可支配收入和农牧民人均纯收入分别达到22699元和6579元，比上年增长10.5%和13.9%，城乡居民收入差距继续缩小。

以上充分说明，2013年以来，在国际金融危机延续缓慢复苏，国内经济下行压力较大的情况下，民族地区认真贯彻落实中央一系列深化改革的政策措施，扎实做好各项工作，民族地区与全国一样经济运行比预期的要好，呈现稳步增长的良好态势。这些成绩来之不易，是党中央、国务院科学决策、正确领导的结果，是民族地区各族干部群众艰苦奋斗、共同努力的结果，既坚定了我们继续发展的信心，又为民族地区加快发展奠定了基础。

(三)要充分认识民族地区发展面临的挑战，结构调整和民生改善的任务比全国更艰巨、更繁重

总的来看，民族地区基础设施落后，产业支撑不强，人才匮乏成为制约民族地区发展的瓶颈因素。同时，民族地区社会事业发展总体滞后，基本公共服务能力不足；区域发展不平衡，经济企稳向好的基础还不牢固；生态环境脆弱，保护与建设任务繁重。民族地区面临的发展任务极其繁重，既面临着解决温饱和全面建设小康的双重任务，又面临着保护生态环境和发展经济的双重矛盾，还面临维护稳定和加快发展的双重压力。可以说，实现党的十七大提出的确保2020年实现全面建设小康社会的奋斗目标，重点在民族地区，难点也在民族地区。我们一定要按中央要求，按照习近平总书记强调指出的："做好民族工作，关键是促进民族地区的发展，从根本上改变落后面貌。要围绕"共同团结奋斗，共同繁荣发展"的主题切实做好民族工作，推动实现各族人民和睦共处、和衷共济、和谐发展"的总要求，增强必胜信心，增强忧患意识，把民族地区发展和稳定的各项任务认真做好。

二、以全面深化改革为统领，认真研究促进民族地区加快发展的重大问题

党的十八届三中全会通过的《决定》，对经济、政治、文化、社会、生态以及国防和军队改革进行了全面部署，是全面深化改革的又一次总部署、总动员，是新的历史起点上全面推进中国特色社会主义伟大事业的行动纲领。《决定》明确提出了"经济体制改革是全面深化改革的重点"的重要论断，从坚持和完善基本经济制度、加快完善现代市场体系、加快转变政府职能、深化财税体制改革、健全城乡发展一体化体制机制、构建开放型经济新体制等6个方面提出了22项经济体制改革的具体任务，体现了改革的系统性、整体性、协同性，更描绘了新蓝图、新愿景、新目标，为我们全面深化经济体制改革指明了方向。

（一）全面深化改革，释放民族地区"改革红利"

今年3月4日，习近平总书记在参加全国政协十二届二次会议少数民族界委员联组讨论时的讲话中，明确要求"加快推进民族地区全面建设小康社会进程"，提出"小康不小康，关键看老乡。看老乡，千万别忽视了分布在农村牧区、边疆广大地区的少数民族群众"。总书记的殷殷叮嘱，寄托了党中央对民族地区广大少数民族群众的特殊关怀，也是对我们民族经济工作者提出的更高要求，我们深感责任重大、使命光荣！

按照中央部署，改革开放以来民族地区不断深化各项改革，取得明显成效，为民族地区经济社会发展注入强大动力。但我们也要清醒看到：与发达地区相比、与自身发展要求相比，民族地区体制机制改革相对滞后，市场配置资源作用不凸显，竞争意识、开放意识、创新意识仍不足；部分基础产业和服务业价格尚未理顺，统筹城乡发展的社会管理体制尚未建立；政策融合能力不强，习惯于移植发达地区现成经验，对上级部门的资金项目依赖性强，一定程度上存在攀比心理。

我们要按照党的十八届三中全会要求，用好改革这个中国最大的红利，以更大的政治勇气和智慧，坚决破除一切妨碍科学发展的思想观念和体制机制弊端，加快推进重点领域和关键环节改革，进一步完善民族地区现代市场体系，健全城乡发展一体化发展的体制机制。按照中央要求，民族地区既要进一步加强改革的顶层设计，又要尊重基层和群众的首创精神，大胆探索，先行先试，积累经验；既要

尊重市场规律，充分发挥市场在资源配置中的决定性作用，又要全面实行科学管理，更好发挥政府作用，发挥好政府和市场“两只手”的作用。要把发展非公有制经济作为改革发展的战略性任务，积极扶持引导，充分释放全社会的活力和创造力。

（二）瞄准薄弱环节，加快推进民族地区全面建设小康社会进程

去年，我们委托国家统计局开展了民族地区全面建设小康进程监测。根据国家最新确定的39项指标监测结果，2000年以来民族八省区小康指数逐年上升，2012年达到70.84%，比2000年提高了26.37个百分点。自己与自己比，取得很大成绩。但横向比较分析，民族地区全面建设小康社会的总体发展情况一直落后于全国平均水平。2012年，民族地区小康指数比全国平均水平低 12.71 个百分点，比东部低19.58个百分点，比中部低7.43个百分点，比西部还低3.91个百分点。大体上我们可以说，2012年民族地区全面建设小康社会进程大约比全国平均水平滞后3年，比东部滞后6年，比中部滞后2年。

加快推进民族地区全面建设小康社会进程，必须要瞄准薄弱环节，突出重点，补短板、接长板。从监测的5个大项看，经济发展依然是制约民族地区发展的最大薄弱环节和短板，2012年，民族地区经济发展指数比全国平均水平低 18.21 个百分点，比东部甚至低 24.75 个百分点；民主法制指数比全国低 5.25 个百分点；文化建设指数比全国低 12.05 百分点；人民生活指数比全国低 11.06 个百分点；资源环境指数比全国低 13.29 个百分点。我们要按照习近平总书记的要求，积极创造条件，千方百计加快少数民族和民族地区经济社会发展，促进各民族共同繁荣发展。要优化转移支付和对口支援的体制机制，贯彻落实扶持集中连片特殊困难地区、牧区、边境地区、人口较少民族地区发展政策举措，加大基础设施建设力度，推进基本公共服务均等化，增强民族地区自我发展的“造血”能力。

（三）不断加大基础设施建设力度，夯实民族地区长远发展基础

民族地区多数地处山区、高原、边疆，发展经济首先要解决通路、通信、通电等问题。“十二五”以来，民族地区基础设施有较大改善，但仍然是今后一个时期加快发展的主要制约因素，必须进一步加强基础设施建设，才能打牢长远发展的基础。

今年中央仍将继续实施积极的财政政策和稳健的货币政策，强调要保持货币信贷及社会融资规模合理增长，提高直接融资比例，增强金融运行效率和服务实体经济能力。民族地区要抓住机遇，把做好今年工作和做好“十三五”规划前期工作结合起来，在具体工作中，注重“抓两头”，一头是抓关系全局的重大项目，集中力量办大事。要继续加大民族地区铁路网规模、干线公路网和水运基础设施建设，加快枢纽机场和支线机场建设；大力推进实施重点水利工程，推进能源基础设施建设，加强城镇、信息等基础设施建设。另一头是抓好关系群众切身利益的中小项目，实施一批民生工程建设。在国家安排扩大内需的资金中，重点向基层和农村倾斜，安排病险水库除险加固、农村饮水安全、乡村道路、城乡安居保障房、农村危房改造等项目。

（四）扎实推进民族地区扶贫开发，实现扶贫模式向“精准扶贫”转变

2013年4月，国务院副总理汪洋同志赴甘肃积石山县调研民族地区扶贫开发工作，首次提出“建立精准扶贫工作机制”。去年 12 月，中办、国办下发《关于创新机制扎实推进农村扶贫开发工作的意见》（中办发【2013】25号），明确提出“国家制定统一的扶贫对象识别办法。各省（自治区、直辖市）在已有工作基础上，按照县为单位、规模控制、分级负责、精准识别、动态管理的原则，对每个贫困村、贫困户建档立卡”。今年3月4日，习近平总书记在参加全国政协十二届二次会议少数民族界委员联组讨论时的讲话中，提出“建立精准扶贫工作机制，集中力量解决突出问题”。李克强总理在《政府工作报告》中提出“地方要优化整合扶贫资源，实行精准扶贫，确保扶贫到村到户”。

精准扶贫的思想，根本要求就是对贫困村、贫困户精准化识别、针对性扶持、动态化管理，扶真贫、真扶贫。我们要按照中央要求，认真研究建立精准扶贫工作机制，突出重点，瞄准贫困村、贫困户，一家一户摸情况，逐村逐户搞帮扶，把党和政府关于扶贫的政策、措施、资金、项目落实好，确保做到精准扶贫到村到户。要集中力量解决突出问题，在打基础、谋长远、见成效上下功夫，让民族地区群众不断得到实实在在的实惠。要进一步加大财政扶贫资金和信贷扶贫资金投入力度，为精准扶贫提供更大资金保障；要进一步抓好武陵山等片区规划实施，为精准扶贫创造良好条件和环境；要广泛动员社会各界参与民族地区扶贫开发工作，为精准扶贫注入新的力量和活力。

（五）研究制定差别化产业政策，推动民族地区各项事业加快发展

众所周知，少数民族和民族地区与发达地区相比，存在着无法更改的区位限性：一是特定区域自然条件恶劣，基础设施落后；二是边远山区交通不便，行政与建设成本高；三是边境地区长期处于“一线”，各种投入受限，缺乏发展后劲；四是贫困地区经济落后，财富与资本积累少。同时，民族地区还存在着明显的区位特征：从分布区域上看，处于市场经济发育不全，城镇化、工业化、信息化、农业现代化程度低的地区；从自然条件看，处在高原、沙漠化、黄土和大石山区等地区；从政治地理看，多为革命老区、边疆地区；从经济发展水平看，多是经济结构单一、发展方式粗放等欠发达地区。

民族地区的这种区位限性和区位特征，决定了民族地区经济发展面临先天劣势：第一，产业比例不协调，第一产业比重过大，且处于传统经营状态；第二，产业结构单一，抵御自然和市场风险的能力弱，且处于简单再生产状态；第三，原始生产产品、资源性产品输出，且处于初级产品输出状态；第四，劳动生产率低，且处于人工劳作、机械化生产成本高的状态。

因此，针对当前少数民族和民族地区的区位特征、经济发展特点，必须研究、制定和实施差别化政策。列宁讲，只有用“不平等”的原则才能消除各民族经济文化事实上的不平等。这当中的“不平等”原则，我理解也就是差别化原则、差别化政策。今年 3 月 4 日，习近平总书记在参加全国政协民族界别联组会时强调，民族地区“在发展时要实事求是、因地制宜、分类指导”。可以说，这为我们研究、制定差别化政策提供了明确的指导思想。

民族地区差别化产业政策是一个完整、系统、科学的体系，涉及方方面面，需要大家共同研究。这里我结合多年的调研和分析，对民族地区制定差别化政策体系提出一些思路，供大家研究思考：

一是基础设施加快政策。加快少数民族和民族地区的基础设施建设，对于带动相关产业和行业发展，推动经济发展具有极为重要的作用，可以说怎么强调都不过分。二是项目安排倾斜政策。国家在项目安排上，要采取特殊政策，向少数民族和民族地区倾斜。三是改善民生优惠政策。自 2012 年开始的全国农村危房改造工程，国家对于民族地区是优先的。同样，推进农村医疗保障、养老保险等，也都可以在民族地区先行实施。四是支柱产业培育政策。国家在制定产业扶持发展目录时，应该把少数民族和民族地区特殊的支柱产业列入其中，优先扶持。五是公共服务厚予政策。3 月 5 日，李克强总理在政府工作报告中提出“加强基本公共服务体系建设”、“促进基本公共文化服务标准化均等化”，少数民族和民族地区的公共服务建设更要给予厚予和优予政策。六是消除贫困扶持政策。目前我国少数民族和民族地区的贫困现象仍然比较突出，贫困人口占了全国较大比例，消除贫困扶持政策应进一步强化。七是金融信贷优惠政策。在少数民族和民族地区，要降低贷款的准入门槛。八是人力资源开发政策。要改变少数民族和民族地区经济的落后面貌，关键在于要进行人力资源开发，大力培养人才。九是政绩考核特殊政策。考虑民族地区本身有其特殊性，应调整以 GDP、工业化、城镇化等为主要考核指标的考核标准和考核方法，促进民族地区科学发展。希望大家围绕上述题目开展相关调研，提出差别化政策体系的意见建议，加快少数民族和民族地区发展。

（六）认真谋划丝绸之路经济带、海上丝绸之路建设，着力提升民族地区对外开放水平

近年来，民族地区不断扩大对外开放，积极参与国际区域经济合作，不断提升外向型经济发展水平，在我国全方位对外开放格局中发挥了越来越重要的作用。十八届三中全会《决定》明确提出要“推进丝绸之路经济带、海上丝绸之路建设”战略构想。李克强总理在省部级专题研讨班上明确指出：今后一个时期扩大开放的最大潜力和回旋余地在中西部地区。今年要抓紧制定丝绸之路经济带、海上丝绸之路的相关规划和具体方案，重点推进与周边国家基础设施的互联互通，打造孟中印缅走廊和中巴经济走廊。同时要求沿线各地要找准定位、密切配合。

民族地区要抓住国家构建丝绸之路经济带、海上丝绸之路的历史机遇，找准定位，发挥优势，科学谋划，当好建设丝绸之路经济带、海上丝绸之路的主力军和排头兵。充分利用上海合作组织、中国—东盟自由贸易区、大湄公河次区域和中亚国际区域合作平台，将新疆建设成丝绸之路经济带上的“交通枢纽中心、商贸物流中心、文化科技中心和医疗服务中心”；青海要充分发挥民族文化优势，加强与西亚、南亚地区的贸易与合作，把青海打造成丝绸之路经济带的战略基地和重要支点；宁夏要依托中阿博览会、“沿黄经济带”、内陆开放型试验区、银川综合保税区建设，打造面向阿拉伯国家、穆斯林地区重要的清真食品、穆斯林用品生产服务基地和中阿特色产业对接基地；努力把云南建成我国西南海上丝绸之路的桥头堡；把广西建设成面向东盟、带动西南中南发展的海上丝绸之路的战略支点。

上述六个方面都是贯彻党的十八届三中全会精神，推动和促进民族地区经济社会协调发展的重大理论问题和现实问题，希望大家认真研究，提出有情况、有分析、有可操作性的对策建议，当好各级党委政府的参谋助手。

三、围绕中心，服务大局，努力做好2014年民族经济工作

今年是全面贯彻落实党的十八届三中全会精神、全面深化改革的开局之年，是实施“十二五”规划的关键一年，也是全面推进民族经济工作的重要一年。谋划好今年的民族经济工作，服务好少数民族和民族地区加快发展这个大局，意义十分重大。李克强总理在今年政府工作报告提出要“优先推进西部大开发”，“加大对革命老区、民族地区、边疆地区、贫困地区支持力度”，“加快推进集中连片特殊困难地区区域发展和扶贫攻坚”，“认真落实中央支持少数民族和民族地区发展的政策措施”，“扶持人口较少民族发展，继续实施兴边富民行动”。这些都为我们深入谋划今年民族经济工作指明了方向，更对我们做好今年民族经济工作提出了新的更高的要求。

关于今年的民族经济工作，乐长虹同志还将作具体的部署，这里，我先讲几点意见：

（一）以学习习近平总书记系列重要讲话作为首要政治任务，进一步用讲话精神武装头脑、指导工作

党的十八大以来，习近平总书记发表了一系列重要讲话，深刻回答了党和国家事业发展的重大理论和实践问题，深入阐释了党的十八大精神，丰富发展了党的科学理论，进一步升华了我们党对中国特色社会主义规律和马克思主义执政党建设规律的认识。深入学习贯彻讲话精神是统一思想认识、明确前进方向的迫切需要，是赢得发展新优势、开创事业新局面的迫切需要，是提高党员干部队伍素养、增强驾驭复杂局面能力的迫切需要。

习近平总书记系列重要讲话内容十分丰富。我们要在全面把握基础上加深对基本内涵的理解，要深入领会关于坚持和发展中国特色社会主义的论述，坚定道路自信、理论自信、制度自信；深入领会关于实现中华民族伟大复兴的中国梦的论述，为国家富强、民族振兴、人民幸福不懈奋斗；深入领会关于全面深化改革开放的论述，激发全社会的发展动力和创造活力；深入领会关于推动科学发展的论述，促进经济社会持续健康发展；深入领会关于社会主义民主政治和依法治国的论述，坚持中国特色社会主义政治发展道路；深入领会关于宣传思想工作的论述，掌握意识形态工作的领导权管理权话语权；深入领会关于国际关系和我国外交战略的论述，坚持开放、合作、共赢的发展；深入领会关于党的建设的论述，提高从严管党治党的水平。同时，还要认真领会关于加强国防和军队建设，贯彻“一国两制”、推进祖国统一大业等方面的重要论述。

学习贯彻习近平总书记系列重要讲话精神，关键是掌握思想精髓，把握讲话贯穿的坚定信仰追求、历史担当意识、真挚为民情怀、务实思想作风和科学思想方法，更好用讲话精神武装头脑、指导工作，始终与党中央保持高度一致。我们要把学习贯彻讲话精神同学习马克思列宁主义、毛泽东思想结合起来，同学习邓小平理论、“三个代表”重要思想、科学发展观结合起来，融会贯通、全面把握。我们要把学习总书记一系列重要讲话贯穿民族工作始终，贯穿民族经济工作始终，带着真感情，带着使命担当，做到学在深处，谋在心处，干在实处，用讲话精神指导解决少数民族和民族地区经济社会发展实际问题、推动改革发展实践。

（二）以中央民族工作会议、中央新疆工作座谈会的筹备召开为主线，进一步服务中心、抓好亮点

今年是民族工作大事多、喜事多的一年。中央将召开中央民族工作会议、中央新疆工作座谈会，全面研究部署加强民族工作、新疆工作的战略举措。2014 年民族经济工作，要服务两个中央级会议的召开这个中心工作，认真研究推动民族经济工作再上新台阶、实现新突破！比如多年来地方反映的民族政策落实问题、以及在新的条件下出台更加贴近民族地区实际的优惠扶持政策等，这些都需要我们做大量深入细致的调研，针对民族地区当前发展的阶段和实际，提出针对性更强、更具有可操作性的政策建议，为中央决策提供参考和依据；比如少数民族特色村寨保护与发展，工作开展几年来，取得明显成效，受到地方的欢迎，今年要认真研究借助此次中央民族工作会议，将少数民族特色村寨的保护与发展上升为国家战略，进一步提升工作水平、做大做强；比如对口支援工作，是我们国家多年来一项优良传统，体现了社会主义大家庭的温暖和制度优势，也要思考在原有工作的基础上，进一步研究完善民族地区对口支援的体制机制；再比如自治州发展问题，这些年中央对民族八省区分别出台了政策文件，一区一策，体现了分类指导的原则，大家反应很好。目前，自治州的发展已成为民族地区发展的政策“短板”，特别是像怒江、凉山、临夏这样的自治州，底子薄、基础差、发展滞后，亟需国家出台专项特殊扶持政策予以支持。我们要认真研究相关问题，拿出切实可行的政策措施，争取上述方面能在今年的中央民族工作会议上实现政策上的新突破。

（三）以改革创新的思维来思考和研究当前民族经济各项工作，进一步统筹谋划、细化各项政策措施

十八届三中全会作出了全面深化改革的重要决定，特别是经济体制改革，是今年改革的重头戏，目前涉及财税体制和金融体制等一批重大改革措施已次第展开，这些改革很多都与我们民族经济工作息息相关。这就要求我们要用改革创新的思维来研究、思考 2014 年民族经济工作，做到统筹谋划、整体推进。比如财税改革中的完善转移支付问题，中央已明确提出下一步要“增一般、减专项、提绩效”，其中“减专项”就是清理、整合、规范专项转移，今年中央专项转移支付要从 220 项减少到 150 项；此外财政专项扶贫资金管理体制也要改革，具体项目审批权要下放到县，这些都对我们少数民族发展资金的管理使用提出了新要求，如何适应新的扶贫资金管理模式、用好少数民族发展资金，需要我们在深入调研的基础上拿出切实可行的办法，要切实在加强事中监管、事后检查上下功夫，确保少数民族发展资金用得好、用得活！比如研究制定差别化产业政策支持武陵山片区、牧区发展问题，去年我们和国家开发银行在武陵山片区联合出台政策，开展开发性金融支持区域发展和扶贫攻坚试点，各方反映很好，就是用改革思维、创新思维解决问题的一个示范，今后我们要更多地从改革上找思路、从创新上找出路。再比如民贸民品政策，作为建国以来一直延续的一项民族政策，体现了党中央对少数民族群众的特殊关怀。当前正在推进的金融改革也对我们贯彻落实民贸民品政策提出了新要求：一是利率市场化条件下如何落实好流动资金优惠利率贷款；二是审批制度改革背景下如何将民贸民品工作进一步抓实抓好抓出成效；三是“千家培育百家壮大工程”，正伟主任高度关注，如何进一步抓好落实，出台有关实施方案、启动工程实施，这些都要认真研究、扎实推进。做好上述各项工作，都需要我们进一步拓展工作思路、创新工作方法，用改革的办法解决前进中的问题，在改革中发展，在发展中改革。

（四）以启动编制民族工作“十三五”国家级专项规划为重点，进一步推进规划实施、做好总结，超前谋划十三五工作

“十一五”以来，国家民委会同有关部门牵头编制了民族工作三个国家级专项规划，分别是《少数民族事业规划》、《兴边富民行动规划》和《扶持人口较少民族发展规划》。《规划》的实施，有力推进了民族地区、边境地区、人口较少民族聚居地区经济社会发展，已成为民族工作的三个响亮的品牌。目前，“十二五”规划实施时间已经过半，要着力抓好规划主要目标、重点任务、重大工程的落实，在规划中期评估的基础上，着手启动“十三五”规划编制工作。我们要早谋划、早研究、早动手，争取主动。要着眼十三五规划的编制，认真做好“十二五”规划实施的阶段总结，提炼好的经验和做法、使“十三五”规划的编制更加科学、合理。十三五规划前期工作，要紧紧围绕到 2020 年全面建成小康社会的战略目标，抓住加快发展这条主线，筹谋划“十三五”规划的主攻方向、目标任务、工程布局、体制机制和重大举措，在促进民族地区、边境地区、人口较少民族聚居地区加快发展上研究新问题，出台新政策，实现新突破，不断打造“十三五”民族经济工作新亮点，为少数民族和民族地区更好更快发展提供科学依据。

（五）以改进工作作风为抓手，进一步加强民族经济干部队伍建设

我们要深入学习贯彻党的十八届三中全会和习近平总书记系列讲话精神，切实增强政治意识、“看齐”意识、保持一致意识。认真贯彻中央八项规定和党政机关厉行节约反对浪费条例，推动作风建设制度化、常态化、长效化。一要进一步加强学习。有计划、有重点、有针对性地更新和完善知识结构，不断增强战略思维能力、政策把握能力、统筹谋划能力、沟通协调能力、改革创新能力、破解难题能力。要坚持重在落实、重在效果，扎实做好民族经济的基础性工作，提高科学化管理水平。二要进一步改进作风。要按照中央关于改进工作作风、密切联系群众的“八项规定”，深入基层，加强调研，摸实情、讲真话、谏真言，为领导决策当好参谋。三要进一步牢固树立过紧日子的思想，做到勤俭办一切事业，严肃财经纪律，强化监督管理，全面规范少数民族发展资金监管，把钱用到刀刃上。四要进一步强化对权力运行的制约和监督。讲纪律、讲廉洁、讲奉献，自觉遵守廉政准则，筑牢拒腐防变的思想防线，正确行使国家和人民赋予的权力。五要统筹抓好民族经济宣传工作，为少数民族和民族地区发展提供良好舆论环境和强大精神动力。

同志们，实现民族地区全面建设小康社会的奋斗目标，实现中华民族伟大复兴的中国梦，需要进一步推动少数民族和民族地区加快发展。让我们更加紧密团结在以习近平同志为总书记的党中央周围，全面贯彻落实党的十八大精神，以邓小平理论、“三个代表”重要思想、科学发展观为指导，始终谦虚谨慎、艰苦奋斗，始终埋头苦干、锐意进取，不断开创民族团结进步事业新局面！

最后，我代表国家民委党组和王正伟主任，感谢云南省委、省政府和德宏州委、州政府对本次会议的大力支持，感谢云南省民委和会务组同志们所付出的辛勤努力！同时，也向多年来关心支持民族经济工作的兄弟部门、地方的领导和同志们，表示衷心的感谢！

最后，祝同志们身体健康，工作顺利，事业有成！

谢谢大家！

综述篇

分“民族自治地方发展综述”、“民族乡镇发展综述”、“民族经济工作综述”3个类目，收录了2014年全国、各省区市民族自治地方、民族乡镇经济社会发展情况及2014年全国和各省区市及新疆生产建设兵团民族经济工作情况的综合性文稿。

民族自治地方
发展综述

全国民族自治地方经济社会发展综述

2014 年，在党中央和国务院的正确领导下，在各族干部群众的共同努力下，民族自治地方各族干部群众认真贯彻落实党的十八大以来的方针政策和中央民族工作会议精神，全面落实科学发展观，民族自治地方经济社会保持了稳定发展的良好势头。

一、民族自治地方经济发展

（一）经济总量占全国比重保持稳定增长

2014 年全国民族自治地方经济实现稳中有落，经济总量保持稳定快速发展。初步核算，生产总值完成 64369 亿元，按可比价格计算，比上年增长 8.6%。民族自治地方生产总值占全国各地区加总生产总值 9.3%。其中，西藏自治区生产总值增长速度达到 14%，居于 5 个自治区首位。第一产业增加值完成 583 亿元，比上年增长 6.5%；第二产业增加值完成 1108 亿元，比上年增长 3.9%；第三产业增加值完成 3413 亿元，比上年增长 15.7%。

（二）农业生产持续稳定增长

2014 年，民族自治地方农业生产稳中有升，农产品产量增长，农业生产条件进一步改善，畜牧业产品产量出现小幅平稳可控回落。全年完成农林牧渔副业总产值 11352 亿元，比上年增长 5.4%。

农作物总播种面积实现稳步增长，农作物总产量增长。2014 年农作物总播种面积为 3289 万公顷，比上年降低 0.8%。其中粮食播种面积达到 1987 万公顷，比上年降低 2%；油料播种面积达到 247 万公顷，与上年相比降低 9.9%；棉花播种面积达到 196 万公顷，与上年增长 13.3%。全年粮食产量 9780 万吨，比上年增长 2%；棉花产量 368 万吨，比上年增长 4.5%；油料产量 486 万吨，比上年增长 1.5%；烟叶产量 109 万吨；糖类产量 10497 万吨，比上年增长 1.1%。

2014 年民族自治地方大牲畜、猪、羊年末存栏头（只）数分别为 5769 万头、8743 万只和 16339 万只，分别占全国总量的 66.3%、18.8%和 53.9%。全年肉类总产量达到 1667 万吨，其中猪肉、牛肉、羊肉产量分别为 912 万吨、211 万吨、207 万吨，其中羊产量相比上年基本持平，猪肉增长 5.2%，牛肉产量出现小幅回落，比上年下降 4.2%；牛羊奶产量 1365 万吨，比上年增长了 5.4%；羊毛产量 29 万吨，比上年降低 2.2%。

农业生产条件进一步持续有效改善。2014 年末，民族自治地方农业机械总动力 16637 万千瓦，比上年增长 3.8%；全年农村用电量 409 亿千瓦小时，增长 10.8%；农田有效灌溉面积 1064 万公顷，降低 21.3%。

民族自治地方农产品人均占有量均有不同程度增长，其中粮食、油料等农作物增长态势明显突出。2014 年粮食人均占有量达 521 公斤，比上年增长 3.0%；棉花人均占有量 19.64 公斤，与上年增长 5.4%；油料人均占有量 25.89 公斤，较上年增长 23%；大牲畜人均占有量为 0.31 头/人，与上年增长 10.7%。

（三）工业生产平稳发展，总体效益水平加速下滑

全年工业生产稳步增长，工业总产值及工业品总产量保持平稳增长趋势，对经济发展仍然发挥着重要的支撑主导作用。工业企业效益水平明显下滑。

2014 年，民族自治地方年产品销售收入 2000 万元以上工业企业（以下简称规模以上工业企业）有 15967 个，合计完成工业总产值 72820 亿元。

主要工业产品纱产量 66 万吨，增长 9.3%；机制纸及纸板产量 469 万吨，比上年降低 7.9%；成品糖产量 1571 万吨，增长 22.5%；卷烟产量 2752 亿支，增长 9.7%；原煤产量 13.1 亿吨，下降 2.4%；原油产量 3756 万吨，增长 12.3%；发电量 11693 亿千瓦时，增长 12%；生铁产量 4285 万吨，降低 36%，粗钢产量 5092 万吨，增长 13.9%；水泥产量 35768 万吨，增长 0.7%；木材产量 452 万立方米，增长 1.1%。

工业生产产销衔接保持稳定，经济效益总体水平下滑势头得到遏制。全年规模以上工业企业实现利润总额 4101 元，相比上年下降 6.7%，下降幅度比上年降低了接近 35.6 个百分点。

（四）固定资产投资持续增长，建筑业平稳发展

2014 年民族自治地方全社会固定资产投资完成 58759 亿元，比上年增长 10.9%。其中城镇固定资产投资 52403 亿元，农村固定资产投资 6356 亿元；国有单位固定资产投资完成 22693 亿元，比上年增长 24%。从资金来源看，仍以国内贷款和国家预算内资金为主，对外商投资的吸引力降低。国家预算内资金 6631 亿元，比上年增长 35.6%，国内贷款 6201 亿元，比上年增长 10.8%，利用外资 236 亿元，比上年下降 36.5%。

建筑业实现平稳增长，企业资产规模总额实现新跨越，利润总额小幅回落。全年建筑业总产值完成 6434.9 亿元，比上年降低 21.7%；房屋竣工面积 19421 万平方米，降低 4.5%。企业资产总额达 9570 亿元，增长 42.5%；全年建筑企业实现利润总额 314 亿元，比上年降低 4.1%。建筑业增加值 4585 亿元，增长 37.4%。

（五）内需市场强劲增长，服务业贡献明显加强

2014 年民族自治地方消费市场活力持续释放，消费能力进一步提升，餐饮住宿业销售额明显上升，销售企业库存压力上升较明显。全年社会消费品零售总额完成 20996 亿元，比上年增长 16.7%。其中批发零售贸易业 18014 亿元，增长 15.2%；餐饮住宿业 2507 亿元，增长 62%；其他服务业营业总额 338 亿元，降低 58%。企业库存压力有所增加，限额以上批发零售贸易企业年末库存总额 2033 亿元，增长 6.6%。

（六）对外贸易继续保持高位增长，增速有所放缓

2014 年，民族自治地方对外贸易维持高位增速，增幅有所增加，外资利用情况继续下降。全年进出口贸易总额完成 1081 亿美元，比上年增长 15.5%，增速增长 2.7 个百分点。其中，出口额 725 亿美元，增长 19.4%，增幅减少 2.3 个百分点；进口额 356 亿美元，比上年增长 12.7%，增幅降低 6 个百分点。民族自治地方年末实有外商投资企业 4080 个，全年实际利用外资 71 亿美元，比上年降低 25.1%，增幅减少了 8.5 个百分点。

（七）交通运输业稳步发展，邮电通信业持续回升

2014 年民族自治地方国有铁路营业里程 2.39 万公里，比上年同期降低 6.6%，增幅增长 1.4 个百分点；公路线路里程达到 112 万公里，增长 8.7%。民族自治地方铁路和公路完成货物运输周转量 12944 亿吨公里，相比上年增长 4.3%；完成旅客运输周转量 2715 亿人公里，增长 4.0%。

邮电通信业全年完成邮电业务总量 1204 亿元，比上年降低 21.4%。固定电话用户 2185 万户，移动电话用户达到 14332 万户，比上年增长 2.7%；互联网接入用户达到 3679 万户，比上年增长 84.2%。

（八）旅游业强劲增长，旅游收入再创新高

民族自治地方旅游资源丰富，对海内外游客形成了持续增强的吸引力。全年国内外旅游产业走势强劲，维持高位增速，旅游收入再创新高。截至 2014 年底，民族自治地方共有世界自然遗产 5 处、文化遗产 2 处、人类口述和非物质遗产 2 处；国家级重点风景名胜区 47 处；国家历史文化名城、名镇、名村分别为 18 个、32 个和 29 个；国家重点文物保护单位 373 个；国家 5A 级旅游区 12 个，4A 级旅游区 180 个，3A 级 146 个，2A 级 212 个，1A 级 43 个；国家重点自然保护区 125 个，保护区面积达 8158 万公顷。

2014 年民族自治地方共有旅行社 2603 个。国内旅游人次达到 10 亿人次，比上年增长 22%；实现国内旅游收入 10405 亿元，增长 38.2%。国际旅游人次 2607.8 万人次，增长 71%；实现国际旅游外汇收入 77 亿美元，增长 32.8%，增幅提高 5.1 个百分点。

（九）财政收入持续增长，金融业运行健康平稳，上市公司效益下降

2014 年民族自治地方财政收支保持高位增长，财政赤字余额持续拉大，但增速均明显放缓。全年完成财政总收入 6371 亿元，其中地方公共财政预算收入 6630 亿元；地方公共财政预算支出 19395 亿元。

金融业运行稳中有增，金融机构存贷款年末余额稳定增加，上市公司利润水平降低，发展后劲不足。2013 年民族自治地方金融机构各项存款年末余额 72957 亿元，比年初增加 8838 亿元，增长 13.8%。其中，城乡居民储蓄存款余额 35290 亿元，比年初增加 4601 亿元。全部金融机构各项贷款余额 52451

亿元，比年初增加 7934 亿元，增幅达 17.8%；上市公司利润总额 309 亿元，下降 5.0%；全年实现净利润 255 亿元，比上年降低 5.5 个百分点。

（十）城乡居民收入稳定增长，就业民生持续改善

2014 年民族自治地方城乡居民收入稳定增长，增速高于全国平均水平，人民生活持续明显改善。城镇居民人均可支配收入为 23806 元，名义值比上年增长 7.6%；全年城镇居民人均生活费支出为 16323 元，增长 6.7%。农牧民人均纯收入为 7883 元，比上年增长 18.9%，比全国平均水平高 7.7 个百分点；农村居民人均生活费支出为 6378 元，增长 22.3%。城镇居民家庭恩格尔系数 31.7%，下降 3.4 个百分点。农村居民家庭恩格尔系数 35.6%，下降 4.2 个百分点。

就业和民生工作持续取得新进展，就业人员劳动报酬水平稳步提高，私营企业对拉动就业和民生改善的贡献日益突出。2014 年末民族自治地方从业人员 1573 万人，比上年增长 7.2%。，其中国有单位提供近 59.8%的就业岗位，仍占大多数比重，其他单位创造近 38%的就业岗位，增速位列第一。2014 年民族自治地方就业人员年平均工资为 50748 元，比上年增长 2%，增速下降 17.6 个百分点。其中其他单位就业人员年均工资涨幅最快，高达 13.45%，国有单位的增速是 6.07%和城镇集体单位增速是 8.36%。

二、民族自治地方社会发展

（一）科学研究与技术进一步稳定发展

2014 年末，民族自治地方研究与开发机构及情报文献机构 658 个，从业人员 4.7 万人，从事科技活动人员 3.3 万人。科技活动经费收入 81 亿元，支出 82 亿元。科学研究与技术开发成果数量继续增长。拥有有效发明专利总数 1435 件；专利申请量 1307 件，比上年增加 113 件；专利授权量 679 件，比上年增加 46 件。发表科技论文 9469 篇；出版科技著作 334 种。

（二）教育事业健康稳步发展

2014 年末，民族自治地方共有普通高等院校 221 所，比上年增加 9 所；招生 50 万人，比上年减少3.8%；在校本、专科生 180 万人，比上年增长4.0%。普通中学 9510 所，招生 313 万人，在校学生 1025 万人。普通小学 41885 所，招生 221 万人，在校学生 1472 万人。

（三）文化事业继续推进

至 2014 年末，民族自治地方有各种艺术表演团体 975 个，公共图书馆 758 个，文化馆 795 个，博物馆 475 个。全年报纸出版 24.03 亿份，各类杂志出版 22165.4 万册，图书出版 6.9 亿册（张）。共有广播电视台 542 个、广播电台 26 个，电视台 34 个。民族自治地方广播综合人口覆盖率 95.27%，电视人口综合覆盖率 97.37%。

（四）卫生事业进一步改进

2014 年末，民族自治地方卫生事业条件均得到不同程度改善。其中共有卫生机构（其中包括医院、卫生院、门诊部、疗养院所、专科防治所站、卫生防疫站、妇幼保健所站）5.2 万个，卫生机构床位 82.4 万张，比上年增长 7.3%；卫生技术人员 89 万人，增长 6.0%。民族自治地方卫生机构万元以上设备改进工作得到进一步贯彻落实，价值 50 万元以下的设备共有 50.9 万台，增长 16.5%；价值 50 万元至 100 万元的设备有 14968 台，增长 20.0%；价值 100 万元以上的设备有 12055 台，增长 22.4%。

（撰稿　万晓璐　审稿　乐长虹　朱卫东）

河北省

一、人口及基层组织情况

截至 2014 年底，河北省共有 6 个自治县（丰宁满族自治县、围场满族蒙古族自治县、宽城满族自治县、青龙满族自治县、大厂回族自治县、孟村回族自治县）、3 个民族县（滦平、隆化、平泉），总人口为 3360605 人，其中少数民族人口为 1919518 人，占总人口的 57.12%；乡镇总数为 181 个，占河北省乡镇总数的 9.28%，村委会 2253 个。共有共产党员 150320 人，占总人口的 4.47%。

二、经济及财政情况

截至 2014 年底，河北省自治县（民族县）实现地区总值 10720667 万元，比上年增加 342910 万元；人均国内生产总值 31901 元，为全省平均水平的 80.06%，比上年增加 6 个百分点。

全省自治县（民族县）城镇居民可支配收入为 21622 元，是河北省平均水平的 89.86%。其中，大厂回族自治县城镇居民可支配收入为 30010 元，高出河北省平均水平 5869 元；城镇居民可支配收入最少的是丰宁满族自治县，为 16883 元，比全省平均水平低 7258 元；城镇居民消费性支出为 14438 元，是全省平均水平的 89.10%，比上年增加 0.74 个百分点。

全省自治县（民族县）农民人均纯收入为 7532 元，是全省平均水平的 73.94%，比上年增加 7.4 个百分点。其中，农民人均纯收入最高的县是大厂回族自治县，为 12910 元，高出全省平均水平 2724 元；最少的是丰宁满族自治县，为 5544 元，比全省平均水平低 4642 元。

全省自治县（民族县）财政总收入为 1417953 万元，比去年增加 100682 万元。其中增量最多的是大厂回族自治县，比上年增加 106020 万元，青龙满族自治县、孟村回族自治县、隆化县负增长，其中青龙满族自治县减少最多，比去年减少 17409 万元；人均财政收入 4219 元，比上年增加 322 元，是全省平均水平的 82.76%，比上年增加 4.26 个百分点。

全省自治县（民族县）地方财政支出为 1875123 万元，人均财政支出 5985 元，是全省平均水平的 94.48%。

三、教育、医疗卫生情况

河北省自治县（民族县）共有 9 所农业中等技校，在校人数 18914 人；高中 19 所，在校学生 50739 人；初中 97 所，在校学生 91101 人；小学 488 所，在校生总数为 236421 人。教师总数为 31384 人。

全省自治县（民族县）县、乡、村三级医疗卫生机构共有 2971 个，医务人员 12162 人，具有高级职称的有 881 人，占总人数的 7.24%；具有中级职称的有 2780 人，占总人数的 22.86%。

（撰稿　靳　磊　审稿 王雪萍）

内蒙古自治区

2014 年，在自治区党委、政府的正确领导下，全区经济主动适应“新常态”、引领“新常态”，认真贯彻落实党的十八大、十八届三中、四中全会和习近平总书记系列重要讲话以及考察内蒙古重要讲话精神，经济实现了稳中有进，运行在合理区间，结构调整出现积极变化，深化改革开放取得重大进展，人民生活水平和民生福祉进一步提高，打造祖国北疆亮丽风景线取得了累累硕果。同时，经济运行遇到的困难和挑战也不少，下行压力加大，结构调整阵痛显现，企业生产经营困难增多，部分重点行业和产业受冲击较大，创新能力仍较弱，城市建设及民生改善的“短板”仍不少等问题。

一、2014 年全区经济运行的基本情况

2014 年，全区经济在“新常态”下呈现出“新亮点”，下面将从十二个方面的维度进行概括。

（一）整体经济实现了稳中有进，运行在合理区间

2014 年，自治区宏观经济进入到“新常态”中，虽然增速由中高速逐步转入到了常速的区间内，但运行的质量和效益明显提高，经济正向着形态更高级、分工更复杂、结构更合理的阶段演进。初步核算，2014 年，全区生产总值完成 17769.51 亿元，比上年增长 7.8%，高于全国平均增速 0.4 个百分点。分三次产业看，第一产业增加值完成 1627.17 亿元，增长 3.1%；第二产业增加值完成 9219.79 亿元，增长 9.1%；其中工业增加值 8004.4 亿元，增长 9.5%；第三产业增加值 6922.55 亿元，增长 6.7%。三次产业结构由上年的 9.5：54.0：36.5 演化为 9.1：51.9：39.0，第三产业比重明显上升，体现出了全区结构

的优化升级。人均生产总值突破7万元。2014年，全区人均生产总值达71044元，首次突破7万元大关，按年均汇率折算为11565美元，增长7.5%。

（二）农牧业发展形势基本良好，粮食产量再获丰收

农牧业总体发展形势良好。表现为：粮食产量再获丰收。2014年自治区粮食生产再获丰收，全年粮食产量达到550.6亿斤，继续保持全国第10位，在大旱之年粮食生产实现“十一连丰”，是历史上第二个高产年，单位面积产量达到了4871.7公斤/公顷。农牧区实用人才培训基地覆盖大部分旗县。截至目前，全区农村牧区实用人才培训基地达到89家，其中国家级2家、自治区级5家，已经覆盖全区85个旗县区，少数未覆盖的地区正在积极申请设立机构。主要畜禽产品产量增多降少。生猪存栏出栏均有减少。截至2014年底，全区生猪存栏669.4万头，下降2.2%；全年生猪出栏930.1万头，下降0.2%；猪肉产量73.3万吨，下降0.1%。养牛业发展迅速。截至2014年底，全区牛存栏630.6万头，增长3%；全年牛出栏336.8万头，增长5.2%；牛肉产量54.5万吨，增长5.3%；牛奶产量788万吨，增长2.7%。肉羊生产规模进一步扩大。截至2014年底，全区羊存栏5569.3万只，增长6.3%；全年羊出栏5665.7万只，增长4.9%；羊肉产量93.3万吨，增长5.1%。家禽生产进一步恢复。截至2014年底，全区家禽存栏5033.7万只，增长1.9%；全年家禽出栏11534.9万只，增长1.5%；禽肉产量22.6万吨，增长1.2%；禽蛋产量53.5万吨，下降2.8%。

2012年-2014年各季全国与内蒙古GDP累计增速（%）

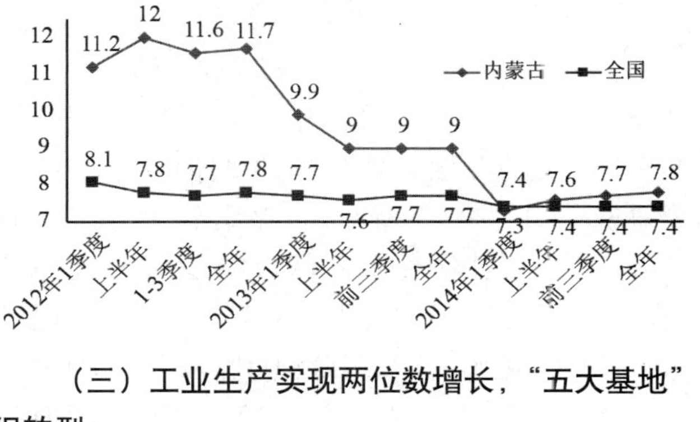

（三）工业生产实现两位数增长，“五大基地”促转型

在各方共同努力下，全区工业生产增长全年总体实现了低开高走、稳步回升的势头。2014年，全区规模以上工业增加值比上年增长10%，重新回到了两位数，高于全国平均增速1.7个百分点。分行业看，在41个行业大类中，有36个行业保持增长；其中增长最快的行业是化学纤维制造业，增长72%。工业的集中度不断提高，逐步向园区集中。目前全区各类产业园区总数已达到117个。从产品产量看，铝材等产品产量保持了较高增长。2014年，铝材、聚氯乙烯树脂、铁合金产量分别增长51.5%、36.7%和35.4%。此外，当前，全国以尿素为代表的化肥产能过剩严重，造成化肥企业普遍亏损，受此影响，全区化肥产量也下降明显。12月份，全区化肥产量同比下降14.4%，2014年增长仅为4.8%。从转型升级看，“五大基地”促转型。围绕“五大基地”建设，自治区党委、政府先后制定了10余项产业发展规划，以大投入推动大项目、大基地建设，传统产业新型化、新兴产业规模化、支柱产业多元化发展势头强劲，到目前新开工清洁能源、有色装备、农畜产品加工、煤化工等亿元以上工业项目达到1250个。

（四）固定资产投资稳定增长，房地产投资下降

全年固定资产投资保持稳定增长，成为“稳增长”的重要支撑点。2014年，全区500万元以上项目固定资产投资完成11900亿元，比上年增长15.7%，与全国平均增速持平。分行业看，信息产业、科技服务业、建筑业等行业投资增长较快，信息传输、软件和信息技术服务业投资增长97.1%，科学研究和技术服务业投资增长86.9%，建筑业投资增长72.4%。基础设施建设扎实推进。2014年，全区住建领域完成固定资产投资约2700亿元，城镇基础设施建设投资700亿元，增长5%。项目个数均创新高。全年施工项目21987个，增长11.4%；其中新开工项目数17702个，增长9.1%；有17871个项目在2014年投产达效，增长17.3%。

全国和内蒙古规模以上工业增加值累计增速

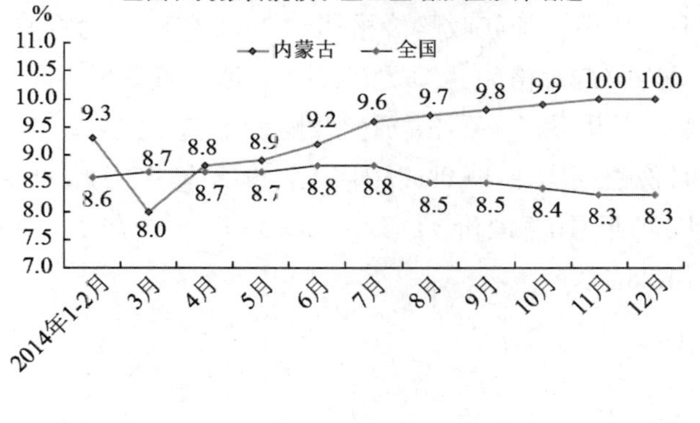

全年房地产业面临着需求萎缩、消化库存等多重压力。2014 年，全区房地产开发投资 1370.88 亿元，比上年下降 7.3%。商品房销售全面下滑。2014 年，全区商品房销售面积 2457.18 万平方米，下降 10.3%；商品房销售额 1064.82 亿元，下降 9.6%。与此同时，保障房建设蓬勃开展。2014 年，全区开工建设各类保障性住房 24 万套，投资 484.4 亿元，增长 38.4%；完成农村牧区危房改造 17 万户，投资 85 亿元。包头市北梁棚户区圆满完成房屋征拆任务。在“百日攻坚”“春季会战”“秋季会战”三大“战役”中，包头市圆满完成了 2014 年北梁棚户区 5.36 万户、10.9 万人、430 万平方米的房屋征拆任务。目前，北梁棚改工作已经转入居民安置和建设发展的新阶段。

（五）市场销售稳定增长，消费价格平缓上涨

市场销售稳定增长，消费方式、层次都已进入新阶段。2014 年，全区实现社会消费品零售总额 5619.94 亿元，比上年增长 10.6%，低于全国平均增速 1.4 个百分点。

2014 年，全区居民消费价格上涨 1.6%，远低于年初控制在 3.5%左右的调控目标，低于全国平均涨幅 0.4 个百分点，排在全国 31 个省区市倒数第 2 位。其中，城市上涨 1.7%，农村牧区上涨 1.2%；食品价格上涨 2.9%，非食品价格上涨 0.9%；消费品价格上涨 1.4%，服务项目价格上涨 1.8%。从八大类别看，呈现“七升一降”的格局。其中涨幅排前 3 位的分别是食品类、衣着类、娱乐教育文化用品及服务类，涨幅分别为 2.9%、2.1%、1.2%。工业企业生产价格呈下降态势。2014 年，全区工业生产者购进价格下降 1.6%，出厂价格下降 2.7%。羊肉、原奶价格持续低迷。2014 年 7 月以来羊肉价格持续下降，随着春节临近，市场依然低迷。内蒙古羊肉最低时跌到每斤收购价 18 元，降价幅度最高达 30%。2014 年 1 月，内蒙古原奶收购价格达到 2008 年以来的峰值，平均收购价格为 4.33 元/公斤。之后一直呈现下降走势，其中除 5—7 月，原奶收购价加速下跌外，其余月份跌幅均在 1.00%以内。至 2014 年 12 月，全区原奶平均收购价为 3.69 元/公斤，较年初下降 14.78%。

全国和内蒙古居民消费价格涨幅（当月同比）

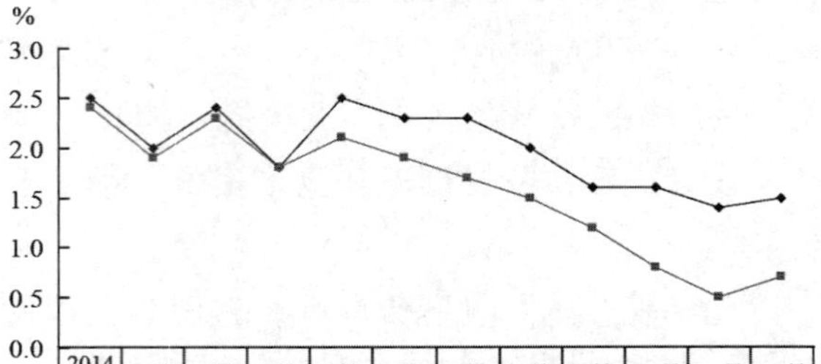

	2014年1月	2月	3月	4月	5月	6月	7月	8月	9月	10月	11月	12月
全国	2.5	2.0	2.4	1.8	2.5	2.3	2.3	2.0	1.6	1.6	1.4	1.5
内蒙古	2.4	1.9	2.3	1.8	2.1	1.9	1.7	1.5	1.2	0.8	0.5	0.7

（六）对外贸易保持良好增势，外贸秩序得到切实维护

2014 年，在世界经济深度调整、我国外贸增长乏力的背景下，全区充分利用地缘优势，积极开拓与俄蒙的贸易交流，外贸实现了良好的增长势头。2014 年，全区实现进出口总值 145.54 亿美元，创历史新高，比上年增长 21.4%，高于全国平均增速 18 个百分点。其中，出口值 63.94 亿美元，增长 56.2%；进口值 81.59 亿美元，增长 3.3%；贸易逆差 17.65 亿美元。与蒙俄贸易超过了 70 亿美元，其中，与蒙古的贸易值为 40.97 亿美元，增长 29.8%；与俄罗斯的贸易值为 30.54 亿美元，增长 16.2%。打击走私力度不断加大，外贸秩序得到切实维护。目前，满洲里海关在中俄边境黑山头口岸查获一起走私珍贵石料案件，共截获琥珀石料 24.25 公斤、玉矿石 142 公斤，价值 76.59 万元，涉嫌偷逃税款 11.55 万元。这是满洲里海关首次查获琥珀走私入境案。

（七）财政收入顺利完成全年预期目标，民生支出资金得到保障

面对着经济下行压力加大的不利局面，自治区攻坚克难，积极作为，顺利完成了全年财政收入增长预期目标。2014 年，全区公共财政预算收入完成 1843.18 亿元，完成预算任务的 100.2%；比上年增长 7.1%，超全年预期增长 7%的目标 0.1 个百分点。分盟市看，除鄂尔多斯外，其余盟市均完成了目标任务。其中，鄂尔多斯市（430.08 亿元）、包头市（234.32 亿元）、呼和浩特市（211.54 亿元）和通辽市（113.06 亿元）公共财政预算收入均超过了百亿元。分旗县（市区）看，全区 102 个旗县（市区）中，有 100 个旗县公共财政预算收入超过了亿元，只有突泉县（9344 万元）和阿尔山市（8975 万元）

不足亿元；其中东胜区（89.17 亿元）、准格尔旗（76.71 亿元）和伊金霍洛旗（75.21 亿元）位居前三位。支出方面。2014 年，全区公共财政预算支出 3884.25 亿元，比上年增长 5.4%。民生和重点社会事业支出增长较快。其中，扶贫项目资金得到保障。2014 年，自治区启动实施了“三到村三到户”精准扶贫工作，即规划到村到户、项目到村到户、干部到村到户。截至目前，共下拨资金 12.75 亿元，为全区 2834 个贫困嘎查村每个投入 45 万元扶贫资金。

（八）金融机构存贷款余额保持较好增长，金融扶贫取得新突破

金融业健康发展，有力地支撑了全区实体经济的发展。12 月末，全区金融机构人民币存款余额 16217.57 亿元，全年新增 1011.87 亿元，比上年末增长 6.7%。金融机构人民币贷款余额 14947.07 亿元，比上年末增长 15.5%；全年新增 1916.73 亿元，比上年多增 281.14 亿元。金融扶贫富民工程贷款突破 60 亿。截至 12 月 11 日，自治区“金融扶贫富民工程”已发放贷款 60.09 亿元。其中到户贷款 50 亿元，农牧民专业合作组织和扶贫龙头企业贷款 10.09 亿元，共覆盖 415 个乡镇 4322 个行政村，支持 93 户扶贫龙头企业和 10.6 万户农牧民发展产业，12.2 万贫困群众直接受益。

（九）居民收入增势较好，圆满完成了全年预期目标

在自治区保民生、促增收系列政策措施的作用下，全区居民收入保持了良好的增长势头，圆满完成了全年预期目标。2014 年，全区居民人均可支配收入 20559 元，高于全国水平 392 元，居全国各省区市第 10 位；比上年增长 10%，略低于全国增速 0.1 个百分点。其中，全区城镇常住居民人均可支配收入达 28350 元，低于全国水平 494 元，居全国各省区市第 10 位；增长 9%，与全国增速持平。农村牧区常住居民人均可支配收入达 9976 元，低于全国水平 513 元，居全国各省区市第 16 位；增长 11%，低于全国增速 0.2 个百分点，但超全年增速预期目标 1 个百分点。此外，农牧民工的职业技能也不断提升，“春潮行动”提升 14.8 万农牧民工职业技能。为了进一步提高农村牧区转移就业劳动者就业创业能力，自治区农牧民工职业技能的提升计划——“春潮行动”2014 年惠及 14.8 万农牧民。

（十）就业工作稳步推进，人才市场供求相对稳定

全区就业工作稳步推进，就业形势保持基本稳定。2014 年，全区实现城镇新增就业 27.2 万人，帮助 6.2 万名城镇失业人员实现了再就业。全年全区适度开发公共服务、社会管理等公益性岗位，通过重点帮扶等形式帮助 962 户零就业家庭中的 1067 人就业，实现零就业家庭动态为零的目标。人才市场供求相对稳定。2014 年，全区本级人才市场共举办各类人才现场招聘会 23 次，组织用人单位 2863 家，提供就业岗位 68579 个，参会求职人数 110005 人次；办理网络招聘 1602 家，提供就业岗位 136540 个；现场、网络招聘合计 4465 家单位，共提供就业岗位 205119 个。全年平均供求比例为 1：3.01（1 个岗位 3.01 人竞争），供求相对稳定。

（十一）人口保持稳定，城镇化率进一步提高

全区人口数保持总体稳定、小幅增加的态势。2014 年末，全区常住人口首超 2500 万人，达 2504.81 万人，比上年增加 7.2 万人。虽然从 2014 年 3 月 31 日起自治区开始实施“单独二孩”政策，但全区的人口出生率并未有显著增长，2014 年人口出生率为 9.31‰，与近几年的出生率差别不大，也低于全年全国人口出生率（12.37‰）。自治区大力推进新型城镇化建设。2014 年末，全区城镇化率达 59.5%，比上年提高 0.8 个百分点，也比全国平均水平高 4.7 个百分点。

（十二）生态环境保护和建设取得明显效果，努力打造“生态文明”风景线

2014 年全区在环境保护和生态建设领域取得的重要成绩有：排污权有偿使用和交易的作用初现端倪。自 2011 年 8 月试点启动以来，内蒙古地区排污权交易量逐年上升。截至 2014 年底，全区共有 407 家企业购买了主要污染物排污权指标，其中，二氧化硫 3.4 万吨，氮氧化物 6.8 万吨，化学需氧量 2518 吨，氨氮 214 吨，总成交金额 8527 万元。成交资金全部用于内蒙古污染减排工程、污染源监控能力建设和排污权指标回购储备，排污权有偿使用和交易作为环境经济政策的作用初现端倪。淘汰黄标车老旧车超额完成任务。淘汰黄标车老旧车是改善大气质量、保护环境的重要措施，是党和政府的一项重要民生工程，是一项利国利民的事情。2014 年在全区部署开展淘汰黄标车老旧车专项工作开展以来，各地在黄标车老旧车排查清理、宣传教育引导、淘汰法律流程、区域限行等方面积极开展工作，淘汰黄标车老旧车超额完成任务。截至2014年12月底，内蒙古已淘汰黄标车老旧车183728辆，完成16.8万辆任务的111.58%。环保综合执法成效突出。2014年，全区在环保综合执法大检查和大整治活动全面排查阶段，共出动执法人员10435人次，检查企业3182家，责令停产或停止建设58家，下达限期整改516家，实施行政处罚142家，关停取缔110家。通过全面排查、集中整治，解决了一批社会关注、百姓关心的突出问题，切实维护了群众的环境权益。全区各级环保部门共向公安机关移送涉嫌环境污染犯罪案件7起，公安机关受理7起。

二、2014年全区经济发展存在的主要问题和矛盾

在取得较好发展成绩的同时，问题和矛盾也同样伴随，需要切实加以解决。概括起来主要有：

（一）经济下行压力较大，部分经济指标未能完成全年预期目标

总体看，内蒙古经济已实现了从中高速到常速增长的“换挡”，“常速”增长已是内蒙古经济“新常态”的一部分。2014年全区生产总值增长7.8%，未能达到全年9%的预期增长目标。从当前情势分析，2015年全区经济增长的前景也不容乐观，下行压力仍不小，拉动下行的因素仍未消除，强力支撑因素仍显不足。另一个重要指标—社会消费品零售总额，2014年，全区社会消费品零售总额增长10.6%，也未完成全年12%的预期增长目标。

（二）企业效益持续下滑，盈利能力弱化

今年以来，受部分支柱行业低迷和工业品出厂价格指数下降的影响，全区企业效益整体状况持续下滑。数据显示，2014年1-11月份，全区规模以上工业企业利润总额为1168.47亿元，同比下降12.8%，是2014年1月份以来的累计最大降幅。从企业类型看，国有企业与外商投资企业效益明显偏差，利润降幅较大。国有企业实现利润68.16亿元，同比下降30.2%；外商及港澳台投资企业实现利润93.9亿元，同比下降20.5%。与此同时，企业亏损情况较严重，亏损面扩大，亏损额大幅上升。2014年1-11月，在全区4353户规模以上工业企业中，亏损企业1001户，比上年同期增加154户，亏损面为23%；亏损企业亏损额287.51亿元，同比增长46.3%。不少企业存在经营风险，一些大型企业特别是国有企业保值增值压力较大。

（三）部分重点行业和支柱产业仍不景气，传统“经济增长点”支撑力下降

直观看，全区经济之所以下滑明显，最直接的原因就是依靠的几大重点行业和支柱产业出现了整体低迷，如煤炭行业、房地产业、钢铁行业和一些产能过剩行业，特别是煤炭行业和房地产业。从煤炭行业看，目前，原煤开采洗选行业增加值占规模以上工业增加值的比重为四分之一多，对规模以上工业增加值的贡献率近20%。随着京津冀及周边地区治理大气污染措施的深入推进等，国内市场对原煤的需求呈相对减少趋势，加之近年从国外进口煤数量的明显增加，供给源逐步多元化，煤炭行业的“黄金期”已经过去，前景并不乐观。从房地产业看，同全国类似，目前全区的房地产业也正处于深度调整中。从2014年的数据看，无论是房地产的投资额还是房屋施工、竣工面积、商品房的销售等，同比均处于全面下降中，由此关联的土地财政及多个相关行业也处于低迷中。而全区经济“新的增长点”还未充分形成及发挥出支撑作用，需要尽快培育。

（四）创新能力仍较弱，城市建设及民生改善的“短板”仍不少

在经济进入新常态后，创新驱动是其中的重要方面。而全区目前的总体创新能力仍偏弱，大众创业、万众创新的氛围还不浓厚，保障鼓励创新的体制机制还未完全形成，创新人才严重不足等。在城市建设方面，由于全区城市总体规模不大，建设发展起步较晚，历史欠帐较多，管理经验也不足，如道路交通拥挤问题、公共服务不足问题、城市布局欠合理问题等都有待加强与解决。此外，在民生领域的问题也还不少，如全区城乡居民收入仍低于全国平均水平，生态环境问题时有发生，棚户区集中问题、贫困问题，教育医疗水平较低等问题，都需要今后不断地改善与提高。

（撰稿　李日树　审稿　云　冰）

辽宁省

2014 年面对新形势、新任务和新要求，辽宁省民族自治地方以群众路线教育实践活动所取得的成果和整改落实为动力，按照围绕省委、省政府关于民族工作的决策部署经济工作的基本要求，坚持不懈、不折不扣抓好落实，全省民族自治地方经济社会取得长足发展，少数民族群众民生得到改善。

一、基本情况

辽宁省共有岫岩满族自治县、清原满族自治县、新宾满族自治县、本溪满族自治县、桓仁满族自治县、宽甸满族自治县、阜新蒙古族自治县、喀左蒙古族自治县 8 个自治县，行政区域共计 34171 平方公里，占全省总面积的 23.3%，共有 31 个乡（其中民族乡 2 个），120 个镇，11 个街道办事处，94 个居民委员会，1514 个村民委员会。

二、经济总量

2014 年全年生产总值 1228 亿元，按可比价格计算，比上年下降 9.7%。其中，第一产业 252.9 亿元，下降 3.8%；第二产业 550.6 亿元，下降 18.8%；第三产业 424.1.6 亿元，增长 1.6%。生产总值三次产业构成为 20：45：35。

三、农林牧渔业

2014 年农林牧渔业总产值 519 亿元，按可比价格计算，比上年增长 3.2%。其中，农业产值 206.9 亿元，下降 8.7%；林业产值 58.1 亿元，增长 14.8%；牧业产值 177.1 亿元，增长 4.4%；渔业产值 32.7 亿元，增长 3.5%。

2014 年全省农作物总播种面积 617.3 千公顷，比上年增长 0.7%。粮食作物播种面积 451.4 千公顷，比上年增长 4.7%。受旱灾影响，2014 年粮食总产量 216.5 万吨，比上年减产 110.3 万吨，下降 33.8%。油料播种面积 139.1 千公顷，比上年增加 16.3%。烟叶产量 9923 吨，比上年增长 0.3%。水果产量 33.5 万吨，比上年下降 10.7%。年末农业机械总动力 386.1 万千瓦，比上年末增长 14.4%。农村用电量 18.9 亿千瓦小时，比上年增长 8.5 亿千瓦小时。农用化肥施用量 14.4 万吨，比上年下降 60.1%。地膜使用量 3400 吨，比上年下降 10.6%。农药使用量 5840.2 吨，比上年增长 6.4%。

全年大牲畜存栏 88.6 万头，比上年下降 6.1%。猪存栏 210.0 万头，比上年下降 10.7%。羊存栏 244.1 万头，比上年下降 0.5%。全年大牲畜出栏 63.3 万头，比上年下降 4.8%。猪出栏 368.2 万头，比上年下降 20.7%。羊出栏 359.5 万头，比上年下降 6.4%。全年肉类总产量 72.7 万吨，比上年下降 13.2%。其中，猪肉产量 30.6 万吨，下降 20.1%；牛肉产量 7.6 万吨，比上年下降 8.4%；羊肉产量 5.6 万吨，下降 9.7%；奶类产量 22.0 万吨，下降 40.2%；羊绒产量 370.0 吨，比上年下降 4.7%。全年造林面积 48.7 千公顷，比上年减少 22.9 千公顷。

四、工业和建筑业

2014 年规模以上工业企业 1112 家，比上年增加 11 家：其中国有企业 8 个，同上年持平；集体企业 59 个，比上年减少 12 家；股份合作企业 13 个，比上年增加 6 家；港澳台商投资企业 18 家，同上年持平；外商投资企业 27 个，规模以上工业企业销售产值 2058.4 亿元，比上年增长 9.3%。本年应交增值税 64.2 亿元，比上年增长 20.5%。资产总计 788.4 亿元，比上年增长 8.4%。主营业务收入 2038.8 亿元，比上年增长 7.2%。利润总额 98.9 亿元，比上年下降 8.7%。

全年建筑企业 34 家，比上年增加 8 家。建筑业增加值 62.3 亿元，比上年增长 0.72%。房屋建筑施工面积 1007.7 万平方米，比上年减少 1329.7 万平方米；房屋建筑竣工面积 841.9 万平方米，比上年降低 5.3%；资产总计 85.6 亿元，比上年增长 4.8%；实现利润 8.1 亿元，比上年下降 8.0%。

五、贸易

全年社会消费品零售总额 410.7 亿元，比上年增长 11.9%。按行业分，批发和零售业 302.1 亿元，比上年增长 11.7%；住宿和餐饮业 38.1 亿元，比上年增长 12.1%。

当年新利用外资协议（合同）项目 11 个，比上年减少 6 个。全年实际利用外资额 40666 万美元，比上年增长 0.6%。年末实有外商投资企业 85 个，比上年增加 8 个。

六、交通运输、邮电和旅游

全年客运量总计 4582 万人，比上年下降 17.2%。货运总量 14183 万吨，比上年增加 16.9%。旅客周转量 29.0 亿人公里，比上年增长 12.8%。

全年完成邮电业务总量 8.7 亿元，比上年增长 7.4%。移动电话用户 130.1 万户，比上年增长 11.0%；固定电话用户 91.7 万户，比上年末减少 2.9%，国际互联网络用户 32.0 万户，比上年减少 3.3%。邮政局所 186 处，比上年减少 5 处。邮路总长度 1.4 万公里，同上年基本保持不变。农村投递路线总长度 1.9 万公里，比上年增长 0.2 万公里。

全省民族自治地方旅行社总数为 45 家，比上年减少 1 家。全年接待国内外旅游者 3572.0 万人次，比上年减少 7.2%。其中，接待国内旅游者 3552.5 万人次，比上年减少 7.1%；接待国际旅游者 19.5 万人次，比上年减少 18.8%。国内旅游收入 310.3 亿元，比上年下降 15.5%；旅游外汇收入 8866.5 万美元，比上年下降 13.0%。

七、财政

全年地方财政一般预算收入 164.5 亿元，比上年下降 15.7%。其中，各项税收 75.7 亿元，比上年增长 3.8%。在各项税收中，国内增值税 6.4 亿元，与上年基本持平；营业税 11.4 亿元，比上年下降 8.1%；企业所得税 4.0 亿元，比上年下降 18.4%；个人所得税 1.4 元，比上年下降 6.7%。

全年地方财政一般预算支出 219.8 亿元，比上年减少 4.9%。其中，一般公共服务支出 25.9 亿元，比上年减少 2.3%；教育支出 32.2 亿元，比上年下降 6.9%；科学技术支出 1.4 亿元，比上年减少 22.3%；文化体育与传媒支出 3.3 亿元，比上年增长 10%。

八、金融

全年各个金融机构各项存款 927.8 亿元，比上年增长 4.9%。其中全部金融机构各项贷款 513.0 亿元，比上年增长 16.2%；城乡居民储蓄存款年末余额 659.6 亿元，比上年减少 14.1%。

九、教育

普通中学 146 所，在校生 12.7 万人，招生 3.9 万人，毕业生 4.1 万人，教职工 1.4 万人，专任教师 1.0 万人。中等职业学校 9 所，在校生 0.95 万人，招生 0.26 万人，毕业生 0.4 万人，教职工 856 人。普通小学 477 所，在校生 15.1 万人，招生 2.3 万人，毕业生 2.8 万人，教职工 1.5 万人。教育经费支出 30.7 亿元。

十、文化、卫生

年末有艺术表演团体 59 个，艺术表演场所 11 个，群众艺术馆 2 个，文化馆 8 个，公共图书馆 8 个，博物馆 8 个。全年出版图书 2 种，印数 5 万册，出版报纸 7 种，出版量 233.6 万册；期刊 8 种，出版量 0.3086 万册。

年末有各类卫生机构 2487 个。其中，医院、卫生院 207 个，卫生院 164 个。各类卫生机构拥有病床 10505 张。其中医院、卫生院有病床 10479 张。卫生机构人员 15556 人，其中卫生技术人员 12505 人，执业医师 4769 人。

十一、人民生活和社会保障

全年农村居民人均纯收入 11268 元，平均每人消费性支出 7392 元，比上年增长 3.4%。年末城镇居民最低生活保障 4.8 万人，比上年降低 6.5%；支出 1.7 亿元，同上年基本持平。农村最低生活保障 10.9 万人，比上年减少 12.8%；支出 2.0 亿元，比上年减少 4.8%。新型农村合作医疗参加 273.3 万人，比上年增长 15.9%，费用支出 8.5 亿元，比上年增长 13.3%。新型农村合作医疗参合率达到 98.13%。

十二、环境保护和安全生产

全年工业废水排放总量 1407.3 万吨，比上年增长 1.1%。工业废水中化学需氧量排放 COD 量 0.11 万吨，比上年减少 50%。工业固体产生量 1377.2 万吨，比上年下降 14.19%。工业固体废物综合利用量 1155.2 万吨。

（撰稿　赵经纬　审稿　施光磊）

吉林省

吉林省民族自治地方在省委、省政府的正确领导下，深入贯彻落实党的十八大、十八届三中全会精神，开拓创新，积极推进经济发展方式转变，经济发展质量继续提高，人民生活水平持续改善，各项社会事业取得新成果。

一、民族自治地方经济发展

据初步核算，2014 年，全省民族自治地方实现地区生产总值 1383.03 亿元，按可比价格计算，比上年增长 4.1%，其中，第一产业增加值 199.2 亿元，增长 4.0%；第二产业增加值 635.13 亿元，增长 3.4%；第三产业增加值 548.72 亿元，增长 5.7%。三次产业的构成为 14.4：45.9：39.7。

财政收支实现较快增长。全年地方财政收入 108.2 亿元，增长 11%，其中，各项税收 64.9 亿元；全年完成地方财政支出 321.1 亿元，比上年增长 5%。其中，一般公共服务支出 33.44 亿元，比上年增长 3%；教育支出 44.9 亿；科学技术支出 2.03 亿；文化体育与传媒 8.12 亿元。

农业继续保持稳步发展。民族自治地方农林牧渔业总产值 358.89 亿元，其中，农业产值 203.86 亿元，林业产值 24.53 亿元，牧业产值 117.95 亿元，粮食作物播种面积 743.9 千公顷，粮食总产量 437.6 万吨。

畜牧业发展势头良好。大牲畜、猪、羊年末存栏头（只）数分别为 96.08 万头、104.65 万只和 84.27 只。全年肉类总产量达到 26.45 万吨，其中猪肉、牛肉和羊肉产量分别为 14.16 万吨、7.56 万吨和 1.21 万吨。牛羊奶产量为 7.14 万吨。

民族自治地方保持了工业经济较快发展态势。全年规模以上工业总产值 1768.21 亿元，比上年增长 8%。实现主营业务收入 1659.7 亿元，比上年增长 6%；实现利润总额 70.2 亿元。

建筑业增长较快。全年民族自治地方建筑业企业完成总产值 186.4 亿元，比上年增长 16%；实现利润总额 7.35 亿元，比上年增长 33%。房屋建筑施工面积 1232.38 万平方米，房屋建筑竣工面积 687.43 万平方米。

全年民族自治地方完成全社会固定资产投资额（不含农户）1038 亿元，比上年增长 9%。从经济类型看，国有单位固定资产投资 366.1 亿元，占 35.1%。从资金来源看，国家预算内资金 123.5 亿元，国内贷款 51.5 亿元，利用外资 3.7 亿元。全社会固定资产投资新增固定资产 828 亿元。

国内贸易发展较快。2014 年民族自治地方社会消费品零售总额完成 645.38 亿元，比上年增长 10%。其中，批发和零售贸易业 521.2 亿元，比上年增长 15%。

对外贸易发展势头良好。2014 年民族自治地方全年累计实现外贸进出口总值 22.8 亿美元。其中，实现出口总额 16.3 亿美元。民族自治地方年末实有外商投资企业 450 个，实际利用外资额 2.2 亿美元，比上年增长略有增长。

交通运输和邮电通信业保持良好发展势头。2014 年，全省民族自治地方货运总量 7335 万吨。公路总里程 1.66 万公里，其中，等级公路总里程 1.2 万公里，占公路总里程的 72.2%；高速公路 626 公里，占公路总里程的 3.8%。

旅游业大幅增长。截至 2014 年末，全省民族自治地方有旅行社 166 家。全省民族自治地方接待国内外旅游者 1734.7 万人次，比上年增长 12%。其中，接待国内旅游者 1671.9 万人次，比上年增长 13%；接待入境旅游者 62.9 万人次，比上年增长 8%。全年民族自治地方国内旅游收入 203.1 亿元，比上年增长 25%；旅游外汇收入 2.7 亿美元，比上年增长 17%。

人民生活水平稳步发展。2014 年全省民族自治地方城镇居民人均可支配收入达到 19731 元；城镇居民人均消费性支出为 22503 元。农村居民人均纯收入达到 8521 元，农村居民人均生活消费支出 6352 元。

二、全省民族自治地方社会发展

教育事业发展平稳。2014 年末，全省民族自治地方小学 494 所，招生 2.26 万人，在校生 14.84 万人。普通中学 231 所，招生 3.88 万人，在校生 11.68 万人。中等职业学校 28 所，招生 0.45 万人，在校生 1.35 万人，毕业生 0.95 万人。 普通高等学校 2 所，招生 0.65 万人，在校研究生 0.36 万人，在校本科、专科学生 2.01 万人，毕业生 0.54 万人。

文化事业保持稳步发展。截至 2014 年末，全省民族自治地方拥有文化馆 12 个，艺术表演场所 5 个；公共图书馆 12 个；博物馆 13 个。全省民族自治地方出版图书 7466 种，图书印数 6614 万册；期刊 21 种；报纸类 14 种，年总印发量近 2537 万份。

卫生事业快速发展。截至 2014 年末，全省民族自治地方有卫生机构数 3007 个；卫生机构床位 1.46 万张；卫生机构人员 2.52 万人，其中卫生技术人员 1.9 万人，其中执业医师和执业助理医师 0.74 万人。

环境保护治理力度持续加大。2014 年，全省民族自治地方工业废水排放总量 6156.5 万吨；工业固体废物产生量 1408.7 万吨，工业固体废物综合利用量 506.1 万吨。

（撰稿　翟文斌　审稿　王喜年）

黑龙江省

2014 年，在省委、省政府的方向指引下，杜尔伯特蒙古族自治县紧紧围绕龙江“三县”建设战略，稳增长、调结构、促改革、惠民生，较好地完成了各项发展任务。

一、以质量引领发展速度，各项经济指标实现了稳步增长

持续提升综合实力，全年地区生产总值、地方财政收入分别实现 133.4 亿元、5.1 亿元，同比分别增长 10.5%、0.2%；社会消费品零售总额实现 17 亿元，同比增长 13.2%，城乡消费市场呈现出日趋繁荣、同步增长的良好局面。

深挖固定资产投资潜力，六大类 31 个千万元以上重点项目全部开复工建设，投资率达到 100.3%，拉动全县固定资产投资完成 52.3 亿元，经济运行质量进一步优化。

狠抓人民生活改善，机关事业在职、离退休职工平均调资 552 元，城镇居民人均可支配收入、农村居民人均纯收入分别达到 20128 元、18190 元，同比分别增长 10.7%和 10.8%；各项存款余额 55 亿元，实现了历史性突破。

二、以产业引领投资方向，立足长远，积攒后劲，产业结构调整步伐不断加快

稳步推进多元牧业转型升级，建成投用奶牛规范化牧场 64 处、家庭牧场 6 处，伊利 5000 头奶牛示范牧场启动建设，乌力吉图 1200 头省级示范牧场如期完工，全县牧场日出售鲜奶达到商品奶总量的 30%，奶牛最高单产突破 9 吨。新建千只肉羊育肥基地 5 处，鹅鸭、狐貉饲养总量达到 390 万只。牧业服务体系不断健全，疫病防控能力日趋强化，奶源基地保持安全稳定。牧业产值实现 39.8 亿元，同比增长 10.6%。

示范带动现代农业加快发展，21 处示范区核心面积达到 70 万亩，“三大粮食产业带”生产能力不断提升，水田总面积达到 48 万亩，粮食总产实现 30 亿斤，全县被评为 2014 年度“全国产粮大县”。严格落实国家惠农政策，改造升级国有粮库基础设施，两年政策性粮食收储突破 50 万吨。土地流转等农业领域改革初见成效，规模经营面积达到 40 万亩，新组建现代农机专业合作社 7 家，农作物耕种收综合机械化水平达到 87%。

力促工业经济扩量提质增效，招商引进拉弹泡风电场等项目 6 个，实际到位资金 9.47 亿元，远景科技风力发电机组装、华茂饲料加工等项目如期推进，达尔罕酒业、馋神食品等企业成功盘活，全县规模以上工业增加值 25.9 亿元，同比增长 4.8%。投资 2167 万元，新建园区路 4.55 公里，“五纵两横”路网布局更加科学合理，省级园区承载能力不断增强。

着力扶持旅游产业发展壮大，唐宫温泉、哈萨尔祭祀宫等正式对外营业，启动《蒙医药温泉养生

规划》编制工作，成功举办中国首届连环湖杯雪地风筝赛、龙广唐宫温泉体验之旅、中俄友谊嘉年华等冰雪狂欢季系列活动，深化与大连半岛晨报等主流媒体合作，吸引俄罗斯、韩国等境外旅游团 22 个，全年接待游客 115 万人次，实现旅游收入 4.6 亿元。

三、以需求引领民生投向，聚焦重点，精准发力，全县人民共享改革发展成果

持续推进生态建设，造林 4.5 万亩，绿化村屯 60 个，发展大果榛子 3000 株、樟子松嫁接红松 830 亩；恢复治理“三化”及水淹草原 16.8 万亩，优质牧草、水产品产量分别达到 50 万吨和 3.3 万吨。扎实推进生态治理，建成国家级环境空气区域自动监测站，大力开展关停限产、秸秆禁烧综合整治，全年空气质量 2 级以上天数达到 340 天，被评为国家级草原防火先进县。有序推进生态创建，森林覆盖率、单位 GDP 能耗等 27 项国家级生态县创建指标全部达标。

倾力推进城乡一体化发展，完成城乡开发建设面积 31 万平方米，改造农村泥草房 1200 户，新建因灾倒塌房屋 347 户，完成农村安全饮水工程 61 处。铺装城市道路 3 公里，修复水毁公路 65.7 公里，硬化社区、村屯巷道 78 公里。实施主街路两侧楼宇建筑节能综合改造 13 栋、3.6 万平方米，泰康镇给水扩建工程完成基础施工，城市森林公园一期对外开放。泰康火车站投入使用，集中供热向城南、城西加速扩容。着重治理乱堆乱放等城市顽疾，大力推进农村环境连片整治，实现城乡统筹建设、协调发展。

不断提高社会保障标准，城镇新增就业 2700 人，各项社会保险扩面 5046 人，城乡低保标准分别上调 17%和 24%，新农合人均筹资标准提高到 390 元，贫困重度残疾人护理补贴发放到位，城乡群众得到了更多实惠。

大力提升公共服务能力，新建公办幼儿园 3 所，红旗小学主体完工，省级义务教育标准化学校达到 14 所，全县普惠性幼儿园比例达到 78%，基础教育“班班通”达到 94%，中小学宽带接入率达到 92%，优质教育资源覆盖面持续扩大；中医医院、蒙医医院移址新建工程启动建设，村卫生所全部实行基本药物制度，招录医护人员 103 名，人民医院、中医医院、蒙医医院晋升二级甲等，公共卫生服务能力全面提高。文体事业蓬勃发展，启动县文化体育广场改造、市民休闲广场建设，扩建村级文体广场 32 处；大型原创蒙古音乐专辑《女神湖》人民大会堂首发，广泛开展激情之夏、广场舞等群众性文体活动，组织农村电影放映等“文化下乡”971 场。公共安全有效保障，投资 4.1 亿元，修建国堤 38 公里，完成水毁工程 7 处，国堤防洪能力达到 50 年一遇标准；公安司法大楼即将投用，乡镇专职消防队试点组建，新购置消防车 4 台，配备标准校车 24 台，农村集体聚餐、校外托餐机构有效监管，人民调解、社区矫正和社区禁毒工作走在省市前列，社会大局安定有序。

四、以制度引领行为约束，锤炼作风，秉公用权，为民务实形象有效树立

转变行风政风，狠抓“四风”问题整改，全面治理“吃空饷”行为，大型会议同比减少 60%，文件简报缩减 34.4%。规范公务用车、办公用房，启用行政服务中心，取消 177 项行政审批事项，有序推进“先照后证”登记制度改革，行政效能和政府执行力有效提升。

推进科学管控，预算编制、项目启动、资金拨付全程实行专题会议研究讨论，所有工程项目严格执行招投标等法定程序。财政资金安排使用、工程项目决算等专项审计稳步开展，政府性债务实行动态监管，年度偿还历史性债务 1.5 亿元，存量债务全市五区四县最低。

密切联系群众，自觉接受县人大、县政协和社会各界的广泛监督，人大代表建议和政协委员提案办复率达到 100%。村委会换届选举顺利完成，城市新型社区成功组建。大力畅通群众信访诉求渠道，县乡两级每周三同步接访，调处信访案件 216 件。与人民利益紧密相关的民族宗教、人口计生、网络通信等工作切实加强，妇女儿童、老龄残联、金融保险等各项事业健康发展。

（撰稿　李彦龙　审稿　刘烈军）

浙江省

2014年，面对复杂多变的国内外形势，全县上下认真践行“绿水青山就是金山银山”的发展理念，主动认识新常态、适应“新常态”，以加快转变经济发展方式为核心，以“四个新区”建设为载体，着力推动县域经济跨越发展，加快打造“中国畲乡·小县名城”。总体来看，全年经济发展保持平稳运行态势。

一、全年经济社会发展情况

（一）主要指标喜忧参半

2014年，实现地区生产总值41.5亿元，同比增长6.6%，一、二、三产增加值分别实现6.54亿元、15.57亿元、19.39亿元，分别同比增长1.9%、9.4%、5.9%。三次产业结构优化调整为15.8：37.5：46.7。

完成情况较好的主要指标：（详见附件2）

服务业增加值占GDP比重（46.7%）居全市第2位；

固定资产投资增速（17.9%）和房地产开发投资增速（59.1%）均居全市第3位；基础设施投资增速（58.4%）居全市首位；民间投资增速（23.3%）居全市第4位；

进出口总额增速（120.5%）和自营出口增速（123.6%）均居全市首位；

本外币存款余额增速（18.8%）、贷款余额增速（19.5%）分别居全市首位和第3位；

规上工业总产值增速（5%）和规上工业增加值增速（5.7%）增速均居全市第5位；

完成情况不太理想的指标：

工业投资增速（-15.9%）和制造业投资增速（-58.2%）均居全市末位；

社会消费品零售总额增速（12.4%）居全市末位；

财政总收入增速（2.4%）和公共财政预算收入增速（0.3%）分别居全市第8位和全市末位；

城镇居民人均可支配收入增速（8.1%）和农村居民人均可支配收入增速（11.7%）分别居全市第7位和全市末位。

2013-2014年地区生产总值增长情况

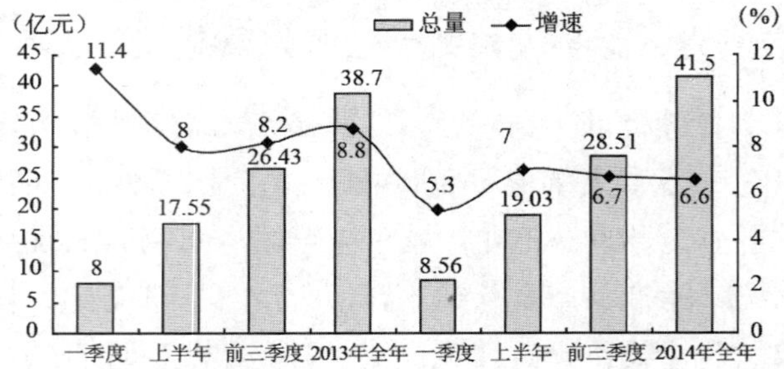

（二）生态产业培育加快

现代服务业快速发展。以畲乡风情旅游业、生态休闲养生（养老）产业、民族总部经济为重点的特色现代服务业加快发展。全年共接待国内外游客556.45万人次，实现旅游总收入23.75亿元，分别增长28.5%，30%。完成服务业投资32.93亿元，同比增长29.7%，超额完成年度目标任务（20%）。2个省服务业重点项目完成投资7282万元，完成年度计划的182.1%；11个市服务业重点项目完成投资10.9亿元，完成年度计划的221.3%；4个市级重点养生项目完成投资1.46亿元，完成年度计划的215.4%。飞云峡度假区成功签约，鹤溪大酒店投入使用，外舍凤凰古镇项目部分商铺主体结顶，外舍五星级大酒店项目启动建设，畲乡滨水休闲养生基地—休闲长廊项目部分标段基本完成建设。大力发展金融、商贸、现代物流业，新引进总部经济企业6家，实现总部经济销售额105.8亿元，完成税收5.2亿元。

生态农业发展态势良好。全年完成农业生产总值10.12亿元，同比增长4.7%。召开“新山区”经济发展大会，积极探索山区现代农业发展新路径，出台加快山区经济发展“新十条”。农业“两区”建设有序推进，全年新建粮食生产功能区4050亩，粮食播种面积12.14万亩；现代农业园区加快推进，九龙蔬菜精品园通过省级验收，完成沙川、千峡湖现代农业综合区的规划编制；落实农产品加工园区供地150亩。农业主体培育初显成效，全年新增市级农业龙头企业3家、农产品电商企业25家、国家级标准化生态养殖场1家。“金奖惠明”品牌资源整合取得新突破，成功入驻中国茶业品牌馆，香菇、黑木耳等农产品深入对接大宗商品交易平台。

工业经济运行总体平稳。全年实现规上工业产值19.44亿元，同比增长5.01%。县内外工业平台有序推进，澄照佃源农民创业园完成投资1.66亿元，一期场地平整基本完成，边坡防护工程加快推进，万人下山搬迁安置小区、佃源污水处理工程等项目前期工作扎实推进，编制完成《澄照区块控制性详细规划和澄照区块城市设计规划方案》；丽景民族工业园全年完成基础设施投资完成1.29亿元，二期-III工程进入竣工验收阶段，娃哈哈、富莱仕冷暖科技等4家企业实现工业产值2.01亿元；城北110工业区块和王金垟复合产业区14家入园企业中投产5家。

（三）三驾马车稳步增长

有效投资平稳扩大。全年累计完成固定资产投资39.7亿元，同比增长17.9%，其中，民间投资完成18.83亿元，同比增长23.2%，占全社会固定资产投资总额的47.4%，投资结构进一步优化；基础设施投资完成22.92亿元，同比增长58.4%；工业投资完成5.95亿元，同比回落15.9%；制造业投资完成2.66亿元，同比回落58.2%。110个基建项目总体进展有序。新建项目共完成投资20.11亿元，其中外舍凤凰古镇、人民路道路改扩建工程、规划展览馆布展工程等29个项目顺利完成年度建设任务；续建项目中，人民北路延伸、交通客运中心等28个项目完成年度建设任务。重大前期项目有序推进，龙丽温高速公路景宁至瑞安段、52省道过境线、澄照创业园学校等11个项目进展较快。

消费出口平稳运行。全年完成社会消费品零售总额22.3亿元，同比增长12.4%，其中，批发业完成2.56亿元，同比增长13.4%；零售业完成17.28亿元，同比增长11.9%；住宿业完成0.1亿元，同比增长15.4%；餐饮业完成2.4亿元，同比增长15.4%。全年共完成进出口总额7558万美元，同比增长120.5%；出口完成7257万美元，同比增长123.6%，均超额完成全年目标任务。

（四）三大收入持续增长

财政收入保持稳定增长。全年实现财政总收入9.78亿元，同比增长2.4%。实现地方财政收入4.79亿元，同比增长0.3%，其中实现税收收入4.37亿元，同比增长9%，占地方财政收入的比重为91.2%，较上年同期提升7.4个百分点，收入结构进一步优化。

金融存贷运行平稳。全年本外币各项存款余额77.03亿元，同比增长18. 8%；全县各项本外币贷款余额56.88亿元，同比增长19.5%；存贷比为73.99%。城乡一体化信用体系建设成效显著，被列为全国普惠金融指标体系建设试点县，成功创建“信用县”。

农民增收致富步伐不断加快。全年城镇常住居民人均可支配收入达26152元，同比增长8.1%，农村常住居民人均可支配收入达12432元，同比增长11.7%。农家乐休闲旅游业、农村电子商务、来料加工业等新兴产业加快培育，完成“云中大漈”农家乐综合体创建，建成农家乐民宿聚集区3个，全年农家乐接待游客132万人次，同比增长30%，实现营业收入4100万元，同比增长38%；农村电子商务销售额实现1.47亿元，同比增长49.7%；发放来料加工费9462万元，同比增长22.7%。

2014年固定资产投资情况表

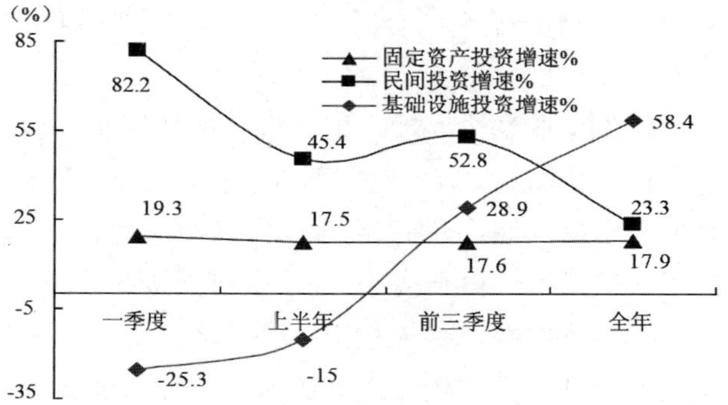

（五）新型城镇化全面推进

规划引领城乡发展。启动“十三五”规划编制前期工作，成立规划编制领导小组，制定规划编制工作方案，积极开展前期重大课题研究，总体思路完成送审稿编制，初步提出全县“十三五”时期“两轴三圈”发展格局，其他10个重点专项课题完成初稿编制。年度规划编制有序开展，全年下达编制计划39项，安排经费1914万元，畲乡风情旅游发展规划、社会养老服务设施专项规划等系列规划发布实施，县域经济社会发展的规划体系进一步完善。

城市品位不断彰显。成功列入省级生态功能区小城市培育试点，研究制定实施意见，完成三年行动计划编制，成功争取到每年 2500 万元小城市培育专项资金。成功举办全市美丽城乡建设工作推进会，制定出台《关于全力打造“中国畲乡、小县名城”的决定》。鹤溪老城品质不断提升，公共自行车租赁系统、城市展览馆等投入使用，完成永定桥、晋仙桥、永安桥改造，人民中路及环城西路立面改造、鹤溪河桥系改造提升等基础设施建设有序推进，外舍新区和澄照副城建设步伐加快，“一新一老一副城”的城市空间格局全面拉开。

（六）社会事业全面发展

民生保障不断增强。民生支出不断加大，全年公共财政预算支出 20.68 亿元，同比增长 8.9%，其中，民生类支出 15.24 亿元，同比增长 16.6%，占财政总支出的比重达 73.7%。就业再就业工作稳步推进，全年新增就业岗位 1958 人，完成农村劳动力转移就业技能培训 1063 人，帮扶 452 名下岗失业人员实现再就业，城镇登记失业率控制在 3.07%，五保、“三无”人员集中供养率达 92%，城乡居民养老和医疗保险参保率分别在 90%和 95.1%以上。保障房建设超额完成，全年完成新开工保障性住房 72 套，竣工保障性住房 70 套，已完成保障房分配 60 套，新增公共租赁住房租赁补贴发放 15 户。

民生事业加快发展。国家级义务教育基本均衡县通过评估验收，启文中学正式运营，张村小学、鹤溪小学投入使用，有效缓解县城小学入学难问题，高考文理科第一批上线 49 人，本科上线率 60.2%。医疗卫生体制改革深入推进，县、乡、村三级卫生体系不断健全，积极推进县民族医院项目建设，浙一医院与县医院、省妇产医院和儿童医院与县妇保所、省疾控中心与县疾控中心的合作进一步落实，医疗服务能力稳步提升。文化产业加快发展，发布实施全国首部畲族文化总部规划、文化产业发展规划，《印象山哈》等畲族文化精品市场化运作加快推进，畲族婚俗列为国家级非遗保护名录，第 3 次荣膺“中国民间艺术之乡”称号。召开全县民族工作大会，出台民族工作“新十条”，明确新时期民族工作的发展路径。

（七）体制改革不断深化

《景宁国家主体功能区建设试点示范方案》完成编制并上报国家发改委、环境保护部审定，积极开展生态补偿机制的研究工作，争取纳入省级重点生态功能区试点。农村产权制度改革暨金融创新工作全面推进，颁发全国首本水利工程产权证，超额完成市级下达的宅基地使用权证和房屋所有权证各项指标任务，继续深化第二轮“政银保”工程，完成农村产权交易平台建设。“四张清单一张网”工作有序推进，发布“政府权力清单”，部门权利事项精简比例达到 50.1%；浙江政务服务网——景宁县分站正式上线运行；公务用车制度改革正式启动。

（八）生态环境优良宜居

积极争创国家级生态县，完成技术评估等前期工作，积极迎接上级验收。“五水共治”工作深入推进，全面落实河长制，深入实施涵盖城镇污水处理、骨干防洪排涝、农村生活污水治理等十大系统工程 39 个 1000 万元以上重点项目，全年累计完成投资 6.3 亿元；提前半年完成“清三河”任务，通过省首批“清三河”达标县市级初验。环境质量全面提升，全年优良天数为 330 天，良好率为 92.4%。19 个水质监测断面均满足相应的水环境功能区要求，地表水水质达标率达 100%，生态环境质量公众满意度居全省第 7 位。

二、2015 年全县经济社会发展展望

（一）发展环境和趋势分析

2015 年是“十二五”规划收官之年，总体判断 2015 年全县发展的机遇与挑战并存。从国际看，全球经济将继续保持复苏态势，但全球经济增速普遍缓慢的趋势短期内仍难扭转。从国内看，当前经济社会发展处于增速下移、动力转换和结构调整的“新常态”阶段，国家继续实施一系列稳定经济增长的宏观调控政策，改革红利和发展动力有望激发，但调结构、防风险压力突出。从县情看，省委省政府淡化对丽水地区 GDP 和工业总产值指标考核，县域经济发展重心逐步向“新山区”经济和现代服务业发展调整；全县成功列入国家主体功能区建设试点示范、省重点生态功能区小城市培育试点，全县上下发展生态经济的热情更加高涨；浙委〔2012〕115 号文件、全省重点欠发达县特扶政策等一系列政策叠加，强力助推景宁发展；县内外各工业平台产能开始释放，助推县域经济提速发展。但是全县经济

底子薄、抗风险能力弱等县情实际仍需要较长时间的建设发展才能突破，面对复杂的大环境，2015 年经济保持快速发展压力较大。

（二）总体思路与预期目标

综合考虑国内外经济发展环境和县情实际，初步考虑，2015 年经济社会发展总体思路是：坚持以党的十八大、十八届三中、四中全会精神为引领，认真贯彻落实中央、省、市关于做好 2015 年工作的相关决策部署，紧扣“三个走在前列”目标，保持践行景宁特色科学发展路径的定力，继续以“工作落实年”为主基调，突出内生动力培育和文化引领，努力在美丽城乡建设、生态产业培育、生态文明建设、扩大有效投资、保民生促和谐和党的建设上取得更大的突破，全力打造“中国畲乡·小县名城”。

全县 2015 年经济社会发展主要指标建议安排如下：

地区生产总值增长 7.5%；

规上工业增加值增长 5%；

全社会固定资产投资增长 15%；

社会消费品零售总额增长 13%；

财政总收入增长 5%；

地方财政收入增长 5%；

城镇常住居民人均可支配收入增长 8%；

农村常住居民人均可支配收入增长 10%；

旅游总收入增长 20%。

三、2015 年经济社会发展工作措施建议

（一）突出生态产业培育，深入推进产业结构调整优化

加快发展现代农业。深入贯彻落实新山区建设工作大会精神，突出惠明茶、毛竹、香榧等特色产业培育，进一步壮大休闲观光农业等新兴业态。稳步推进农业“两区”建设及农产品加工园区建设，全年建成粮食生产功能区 3650 亩，粮食播种面积稳定在 12 万亩以上，力争大东景省级现代农业综合区、沙湾蔬菜精品园通过验收，不断提升农业产业化水平。加大对家庭农场、农民专业合作社和农业龙头企业等新型经营主体的扶持力度，加快农业的专业化、规模化和标准化生产。大力实施品牌战略，全面建成县级农产品质量安全检测中心并投入使用，加大“三品一标”认证力度，不断提升生态农产品品牌知名度和美誉度。

着力推进生态工业发展。继续深入推进县内外工业平台建设，加快澄照农民创业园一期道路等基础设施及自来水厂、安置小区等建设，谋划推进（二期）场地平整工作；继续推进丽景民族工业园二期-Ⅳ场地平整工程，进一步完善企业入园服务，着力促进园区向规模化、特色化、高端化方向发展。继续实施“四换三名”、“腾笼换鸟”等工程，推动竹木制品、来料加工等传统产业转型升级，加快培育节能环保、高新技术等战略性新兴产业，实施企业帮扶工程，建立企业应急转贷平台，促进工业经济加速发展、转型发展、创新发展、绿色发展。

积极推进现代服务业加快发展。以打造中国畲族风情旅游目的地为目标，加快推进旅游与文化、休闲养生深度融合，着力做好畲族风情省级旅游度假区、千峡湖景区等重点景区开发及云中大漈、中国畲乡之窗等 2 个国家 4A 级旅游景区品质提升，大力发展乡村旅游，着重培育环敕木山民族风情环线和大东景生态环线旅游产品，完成畲乡滨水休闲养生基地--休闲长廊并投入使用，加快梦幻畲乡养生度假园、畲乡体育健身中心等项目前期工作，全面提升全县旅游综合服务功能、接待能力和服务质量，力争全年旅游接待总人数达到 600 万人次，旅游总收入 24 亿元。

（二）突出项目支撑作用，着力加快重大投资项目建设

不断扩大有效投资。围绕国家、省、市投资方向，强化养老健康家政、信息、节能环保、旅游休闲、住房、文化教育体育等 6 大领域消费工程的包装谋划，争取更多项目列入“十三五”国家和省市项目盘子，努力培育新的投资增长点。外舍区块重点加快凤凰古镇、外舍大酒店等已开工项目建设进度，力争早日出形象，尽早完成三月三广场、外舍小学等项目前期工作并开工建设；老城区着力推进人民路、环城西路、鹤溪河桥系的景观带改造、立面工程，抓紧完成客运中心站前广场、城市综合体等项目前期工作；澄照副城健全完善道路等基础配套设施，加快完成自来水厂、安置小区项目前期工作。不断优化民间投融资环境，积极引导社会资本进入养生养老、教育、医疗、市政基础设施等领域，着力解决项目建设资金需求。

着力抓好招商引资。围绕招大引强，牢固树立大项目决定大发展的招商理念，进一步强化项目储备，着力引进一批现代物流、科技信息、文化传媒、休闲旅游等新兴产业项目。积极创造优质的服务环境，进一步简化办事程序，实施县领导“挂图作战”、重大项目“领衔破难”工程，继续推行招商项目“一站式受理”、“并联式审批”和“保姆式服务”，切实为投资者提供快速、高效、便捷的政务服务。

（三）突出社会民生改善，加快提升公共服务管理水平

着力提升民生保障水平。积极落实各项就业扶持政策，优化创业环境，着力做好高校毕业生、农村转移劳动力和城镇困难人员就业工作，健全以需求为导向的就业培训机制，充分发挥政府促进就业、市场调节就业、劳动者自主就业三者作用，千方百计扩大就业。继续推进大社保体系建设，强化扩面征缴力度，着力做好社会保险全民参保登记和就业社保基层服务网点建设工作，着力构建覆盖城乡的社会保障体系。

加快发展社会事业。坚持教育优先发展，加快推进省级教育现代化县创建工作，进一步深化教育体制改革，全面实施素质教育，加快外舍小学、澄照农民创业园学校等项目建设，不断满足群众教育需求。全面开展省级卫生强县、省级卫生应急示范县创建工作，加强公共卫生服务体系建设，大力推进县级公立医院综合改革试点，力争民族医院（一期）项目完成主体工程建设，努力为城乡居民提供优质医疗服务。深入实施《全国畲族文化总部规划》，着力创建全国畲族文化总部，加快推进公共文化惠民工程建设，继续大力培育“凤舞畲山大舞台”、“文化预报”等幸福文化品牌，加快完成“一综一区一示”省市公共文化服务体系创建工作。

（四）突出体制机制改革，不断增强经济内生动力

着重加快国家及省级试点建设。深入推进国家主体功能区建设试点示范工作，及时做好试点方案分解落实，按照“点上开发、面上保护”的要求，分解落实“三类空间、九类功能区”建设任务，加快形成节约能源资源和保护生态环境的产业结构、增长方式和消费模式，争取省政府出台具有景宁特色的生态补偿机制，着力为试点工作提供政策、机制和资金保障。继续推进省级生态功能区小城市培育试点，贯彻落实小城市培育试点三年行动计划，积极探索建立城市管理综合执法机制，不断提升城市综合管理服务水平。

扎实推进重点领域和关键环节改革。继续在重点领域和关键环节改革方面先行先试，深入实施扩权强镇政策，着力增强中心镇统筹协调、自主决策、依法行政和公共服务的能力，加快建立“小政府、大服务”中心镇行政管理体制和运行机制，统筹城乡一体发展。深入推进农村产权制度改革暨金融创新工作，加快农村金融基础服务平台和农村产权交易平台建设，进一步拓宽“三农”融资渠道，不断扩面农房、林权、土地流转经营权、山塘水库抵押贷款增量。以行政审批制度改革为突破口，以政府机构及事业单位改革、行政审批制度改革为重点，巩固提升“四张清单一张网”改革成效，推动行政审批再提速再增效，抓紧完成公务用车制度改革。着力建设服务型政府。

（五）突出规划引领作用，不断明晰经济社会发展方向

着力做好“十二五”规划终期评估，对照“十二五”规划目标加大力度做好查漏补缺工作，确保更好完成“十二五”发展各项目标任务。在认真总结“十二五”规划的实施情况、深入分析国内外环境变化的基础上，准确把握全县“十三五”时期经济社会发展的阶段性特征，进一步深化“十三五”规划前期研究，下达“十三五”规划编制目录体系，研究形成规划纲要框架草案，围绕“多规合一”理念，强化总体规划与上位规划、相关专项规划的衔接，提升规划的科学性、前瞻性、战略性，进一步推动县域经济实现转型发展、科学发展和可持续发展。

（撰稿　潘　晶　审稿　钟建文）

湖北省

2014 年，湖北省民族自治地方“一州两县”（即恩施土家族苗族自治州、五峰土家族自治县和长阳土家族自治县）在省委、省政府的正确领导下，以《中共中央、国务院关于进一步加强民族工作，加快少数民族和民族地区经济社会发展的决定》和《国务院实施〈中华人民共和国民族区域自治法〉若干规定》为依据，按照《中共湖北省委、湖北省人民政府关于加强和改进新形势下全省民族工作的意见》（鄂发〔2014〕25 号）文件的要求，深化改革，开拓创新，使全省民族地区经济保持了稳定、协调、健康、持续发展的良好态势，国民经济稳定增长。据统计，2014 年，民族自治地方“一州两县”完成生产总值 777.17 亿元。其中，第一产业 109.88 亿元，第二产业 55.28 亿元，第三产业 612.01 亿元。

一、农业生产稳定发展

农业有效灌溉面积 72.6 千公顷。农业机械总动力 292.02 万千瓦，比上年增长 6.2%。农村用电量 59079 万千瓦小时，比上年增长 2.9%。粮食总产量 1843221 吨，比上年增长 1.4%。油料产量 121469 吨。

二、工业经济发展迅速

规模以上工业企业工业销售总产值（当年价）479.6 亿元，比上年增长 6.8%。主营业务收入 451.86 亿元，比上年增长 11.9%。全年规模以上工业企业达到 547 个。

三、固定资产投资保持快速增长

全年全社会固定资产投资完成额达到 746.54 亿元，比上年增长 23.1%。按资金来源分，国家预算内资金 113.5 亿元，增长 56.4%；国内贷款 139.6 亿元，增长 16.2%。

四、国内贸易市场稳定，对外贸易繁荣活跃

国内贸易全年实现社会消费品零售总额 298.99 亿元，比上年增长 15.7%，其中：批发和零售业总额 263.99 亿元，增长 16.2%；住宿和餐饮业总额 34.99 亿元，增长 11.9%。进出口总额 52213.4 万美元，比上年增长 18.2%。

五、财政收入稳步增加

全年完成财政总收入 131.48 亿元，比上年增长 11.9%。其中：公共财政预算收入 68.01 亿元，增长 16.9%。公共财政预算支出 291.23 亿元，比上年增长 6.2%。全部金融机构各项存款 1104.46 万元，比上年增长 15.9%，全部金融机构各项贷款 637.13 万元，比上年增长 23.3%，城乡居民储蓄存款年末余额 652.4 万元，比上年增长 15.9%。

六、城乡居民收入稳定增长

全年城镇居民人均可支配收入 20203 元，比上年增加 3686 元；城镇居民人均消费支出 13784 元，比上年增加 2039 元，增长 17.3%。全年农民人均纯收入 7215 元，比上年增加 1970 元，增长 37.5%。

七、旅游业发展较快

全年旅行社总数达到 77 个。旅游人数突破 3790 万人次。其中，国际旅游 35.5 万人次，国内旅游 3755 万人次。国际旅游收入 7402.78 万美元，国内旅游收入 37553029 万元。

八、教育事业快速发展

湖北民族地区认真落实农村义务教育保障新机制，努力改善办学条件，扎实推进素质教育，加强师资队伍建设，不断规范学校管理，各类教育长足发展，专任教师有所增加，教师队伍质量明显提高。2014 年，九年制义务教育成果得到巩固，小学适龄

儿童入学率达到 100%。教育经费共支出 556185 万元，比上年增长 11.7%。

九、文化、卫生事业蓬勃发展

截至 2014 年末，共有艺术表演团体 12 个，艺术表演场所 14 个，文化馆 11 个，公共图书馆 11 个，博物馆 9 个。全年卫生机构数 3730 个，医疗机构床位数 22784 张，比上年增长 9.3%；卫生机构人员数 26441 人，比上年增长 16.4%。

（撰稿 周 巍 审稿 李爱旻）

湖南省

2014 年，面对复杂多变的国内外经济运行环境，全省民族自治地方在省委、省政府的正确领导下，认真贯彻落实中央各项决策部署，主动适应新常态，积极作为，大力推进“四化两型”，全面深化改革，全面推进小康社会建设，民族自治地方经济社会发展稳步前进。

一、国民经济逆势上扬，固定资产投资加快

2014 年，湖南省民族自治地方完成地区生产总值（GDP）11291071 万元，按可比价格计算，同比增长 9.97%。其中，第一产业增加值 1850438 万元，增长 9.02%；第二产业增加值 3590394 万元，增长 4.88%；第三产业增加值 5850239 万元，增长 13.68%。按常住人口计算，人均地区生产总值 20100 元，首次突破两万元大关，同比增长 9.34%。全年全社会固定资产投资完成额为 7908648 万元，同比增长 18.67%。其中，固定资产投资（不含农户）7188449 万元，增长 19.82%。国有经济投资 3786279 万元，集体经济投资 107685 万，外商、港澳台经济投资 21047 万元。全社会固定资产投资新增固定资产 3364703.9 万元。

二、农业生产能力提升，主要经济作物丰收

全省民族自治地方完成农林牧渔业总产值 3103893.6 万元，按可比价格计算，同比增长 4.4%。其中，农业总产值 1855985.1 万元，增长 5.09%；林业总产值 299421.6 万元，增长 4.23%；牧业总产值 840737.5 万元，增长 2.95%；渔业总产值 65103.9 万元，增长 11.55%。农业基础设施不断完善，生产条件进一步改善。全省民族自治地方年末实有耕地面积 417.94 千公顷，农作物总播种面积 818.56 千公顷。民族自治地方全年农村用电量 58129.81 万千瓦小时，比上年增长 2.81%；地膜使用量 5326 吨，增长 4.12%；农药使用量 8163 吨，比上年增长 4.15%。全年主要农产品大部分获得丰收，粮食总产量 2049687 吨，比上年增长 2.51%；油料总产量 202737 吨，比上年增长 85.29%；棉花产量 521.65 吨，比上年增长 8.58%；糖料产量 25390 吨，比上年增长 20.9%；麻类产量 353 吨，下降 6.86%；烟叶产量 51758.8 吨，下降 21.52%；茶叶产量 3389.4 吨，增长 15.32%；水果产量 1695516 吨，增长 134.86%。全年存栏大牲畜 113.552 万头，比上年增加 18.71%；出栏大牲畜 15.09 万头，同比下降 46.38%；出栏肉猪 354.44 万只，同比增长 3.63%；出栏羊 72.5 万只，比上年增加 3.76%；肉类产量 337883 吨，比上年下降 0.32%；奶类产量 45656 吨，比上年增加 4.16%；全年水产品产量达 52678 吨，同比增长 4.84%。

三、工业经济持续低迷，主要产品生产滑坡

2014 年，受国内外市场需求疲软、国内经济下行压力持续加大等众多不利因素影响，全省民族自治地方工业经济迎来了艰难曲折的一年。全省民族自治地方规模以上工业企业单位数 544 个，比上年减少 46 个；规模以上工业企业销售产值 5745370.21 万元，下降 3.78%；主营业务收入 5120274.16 万元，下降 5.98%；利润总额 191735.94 万元，同比下降 0.14%。主要工业产品大部呈减产态势，原煤产量

210131.8 吨，同比下降 46.17%；生铁产量 202655 吨，同比下降 25.29%；木材产量 120458 立方米，同比下降 10.74%；粗钢产量 37287，同比增长 3.85%；发电量 484869.71 万千瓦时，同比增长 9.76%。

四、财政收支大幅增长，金融信贷规模壮大

全年财政总收入 1131633 万元，增长 20.23%；公共财政预算收入 706679 万元，增长 12.30%。公共财政预算支出 3861022 万元，增长 19.03%。全年全部金融机构各项存款达 14630067 万元，同比增长 14.43%；贷款投放力度明显加大，全部金融机构各项贷款达 7667002 万元，同比增长 20.98%；城乡居民储蓄存款年末余额 8514291.16 万元，比上年减少 68483.84 万元。

五、内外贸易日趋繁荣，旅游产业提质升级

全年社会消费品零售总额 4358325.3 万元，增长 11.73%。其中，批发和零售额达 3005719.3 万元；住宿和餐饮业达 487975 万元。全年进出口总额 40077 万美元，同比增长 103.99%。其中，出口 35035 万美元，增长 99.70%；进口 5042 万美元，增长 139.86%。全年实际利用外资额 17929 万美元，增长 12.44%。年末实有外商投资企业 23 个。2014 年，全省民族自治地方共有旅行社 120 个，比上年增加了 54 个。全年共接待游客 67947920 人次，增长 16.25%。其中，国际旅游 2106291 人次，增长 14.17%；国内旅游 65646615 人次，增长 15.97%。国内旅游收入达 4379647 万元，增长 22.28%。

六、社会事业全面发展，民生福祉不断改善

2014 年，全省民族自治地方有普通高等学校 5 所，在校研究生 816 人；在校本科、专科学生 42649 人，毕业生 12612 人，教职工 2341 人，其中专任教师 1545 人；有普通中学 396 所，在校学生 284823 人，毕业生 82472 人，教职工 24264 人，其中专任教师 21945 人；有中等职业学校 48 所，在校学生 39508 人，毕业生 12385 人，教职工 2717 人，其中专任教师 2107 人；有小学 924 所，在校学生 413923 人，教职工 26417 人，其中专任教师 25248 人。全年教育经费支出 593497 万元。截至 2014 年末，全省民族自治地方拥有卫生机构 5258 个，有医院、卫生院 539 个，村卫生室 4586 个。共有卫生技术人员 30117 人，其中，执业（助理）医师 9682 人。卫生机构床位数 30033 张。新型农村合作医疗制度覆盖全省所有民族地区，参保人数达 477.85 万人，比上年增加 8.1 万人，平均参合率 98.6%。城镇居民最低生活保障人数达 131344 人；保障支出达 38278.75 万元。农村居民最低生活保障人数达 462809 人；保障支出达 52261.68 万元，比上年增长 7.25%。群众生活水平不断提高，城镇居民人均可支配收入 17035 元，同比增长 6.88%；农村居民人均纯收入 5818 元，同比增长 16.94%。

（撰稿　伍雄智　审稿　曹承明）

广东省

2014 年，在国家民委和省委、省政府的正确领导下，广东民族地区认真贯彻落实中央民族工作会议和全省民族工作会议精神，采取一系列积极举措，经济运行基本平稳，结构继续优化，全年经济增长处在预期目标区间。

一、主要经济指标稳定增长

2014 年，连南瑶族自治县、连山壮族瑶族自治县和乳源瑶族自治县实现地区生产总值 124.97 亿元，比上年增长 9.88%，增长速度高于全省 2.08 个百分点。其中，连南 32.57 亿元，连山 28.34 亿元，乳源 64.06 亿元，分别比去年增长 7.8%、6.5%、11.5%。分产业看，第一产业增加值 18.83 亿元，增长 5.07%；第二产业增加值 54.45 亿元，增长 9.83%；第三产业增加值 51.68 亿元，增长 10.78%。各项经济监测指标与 2013 年相比，基本保持了上升的态

势。2014 年全省 3 个自治县三次产业结构为 15.07：43.57：41.36，产业结构仍然保持“三一二”。尽管 3 个自治县当年主要经济指标呈现稳定增长态势，但在经济发展中仍然面临诸多问题，经济总量少，财政收支矛盾日益突出，经济缺乏增长亮点，后劲不足，企业规模不大，自主创新能力不强，三大产业发展失衡的局面没有得到根本性改观，农民持续增收难度加大，区域发展不协调等。

二、农业生产增长保持平稳

2014 年，3 个自治县继续推进农村综合改革，积极完善各项扶持政策，培育壮大绿色特色农业产业带长廊和休闲产业基地建设，促进了农业生产稳定增长，农民收入有较大幅度提高。经统计，3 个自治县全年完成农林牧渔业总产值达 28.50 亿元，同比增长 14.4%。其中，农业产值 163993.13 万元，比上年增长 23.9%；林业产值 52777.41 万元，同比增长 1.46%；畜牧业产值 47622.43 万元，比上年增长 5.39%；渔业产值 5339.16 万元，比上年增长 20.9%。农作物总播种面积 57.07 千公顷，比上年增长 3.8%；粮食作物播种面积 30.18 千公顷，与去年基本持平；粮食总产量 136021 吨，比去年增加 2743 吨；油料播种面积 5.51 千公顷，比上年增长 2.80%；油料产量达到 13941 吨，比去年增加 1655 吨；畜牧业生产稳定增长。大牲畜年末存栏头（只）为 3.76 万头，与去年基本持平。猪、羊年末存栏头（只）分别为 12.52 万只和 0.78 万只，同比减少 3.47%和增长 100%。肉类总产量达到 18178 吨，同比增长 17.63%，其中牛肉、羊肉和猪肉产量分别为 644 吨、99 吨和 13386 吨，同比增加 265 吨、68 吨和 5326 吨。

三、工业和建筑业生产缓中趋稳

2014 年，受雨水减少和经济低迷影响，工业总产值增速于当年 6 月才转入正增长。规模以上工业总产值 118.78 亿元，比去年增长 9.10%。工业增加值 38.78 亿元，比上年增长 10.11%。规模以上工业产品销售情况在连续两年下滑后止跌上涨，全年规模以上工业完成销售产值 116.00 亿元，同比增长 16.79%；实现利润总额 7.44 元，与去年相比增加 1.27 亿元。建筑业增长明显。全年建筑业总产值完成 8.40 亿元，同比增长 20.34%。全社会完成建筑业增加值 10.29 亿元，同比增长 172.22%。

四、固定资产投资高位运行

2014 年，在工业企业扩能、教育卫生、道路交通、旅游服务基础设施、城乡供电和供水基础设施完善改造、房地产开发等主要项目推动下，3 个自治县固定资产投资保持高增长。全社会固定资产投资完成额 74.71 亿元，同比增长 19.31%。其中，连南 7.88 亿元，比上年增长 25%，连山 11.04 亿元，比上年增长 25.03%，乳源 55.79 亿元，比上年增加 17.48%。分投资主体看，国有经济投资 26.99 亿元，同比增长 27.73%，集体经济投资 35.27 亿元，同比增长 8.46%，外商、港澳台经济投 6.54 亿元，同比增长 7.21%。总体上看，2014 年 3 个自治县全社会新增固定资产投资 40.58 亿元，同比增长 12.20%，一些大的固定资产投资施工项目和传统的重点项目，不仅对当地经济的稳定增长做出了重要贡献，而且增强了对外的市场竞争能力和人民的生活水平。如“二广”高速公路的顺利建成和通车，改善了连山自治县的交通基础设施，增强了该县对外的市场竞争能力。

五、财政收入运行稳健

2014 年，3 个自治县继续实施积极财政政策和适时放宽的货币政策，财政收入实现预期目标。3 个自治县完成地方财政总收入 35.40 亿元，比上年增长 26.02%。公共财政预算收入 7.89 亿元，比去年增长 10.97%。其中，连南 1.57 亿元，与去年持平，连山 1.32 亿元，乳源 5.01 亿元，分别比去年增长 8.20%和 16.51%。连南自治县公共财政预算收入增速不变的原因主要是该县税收增速下降，当年税收收入 8483 万元，比上年同期减少 360 万元，累计下降 4.07%。公共财政预算支出为 32.24 亿元，同比增长 21.34%。其中，一般公共服务和教育领域支出成为政府财政支出的大项，支出额分别达 4.55 亿元和 7.31 亿元，分别比上年增长 2.94%和 4.13%。金融流通运行平稳。3 个自治县全部金融机构年末各项存款余额 129.81 亿元，比上年增长 20.73%。

六、物价水平涨幅较大

2014 年，农民人均消费支出 7505 元，比上年增长28.82%。其中，食品类支出3047元，增长6.95%；衣着类支出301元，同比下降24.38%；家庭设备用品及服务类支出473元，增长53.07%；医疗保健支出498元，增长41.08%；交通和通讯类支出1108元，增长96.45%；娱乐、教育、文化用品及服务类支出498元，增长125.34%；居住类支出1033元，增长2.28%。城镇居民人均消费性支出12203元，比上年增长13.42%。其中，食品类支出4889元，增长6.28%；衣着类支出699元，下降3.72%；家庭设备用品及服务类支出756元，下降9.46%；医疗保健支出599元，增长3.63%；交通和通讯类支出2133元，增长38.51%；娱乐、教育、文化用品及服务类支出1221元，下降2.63%；居住类支出1443元，增长22.18%。

七、文化体育事业取得新成绩

2014年，全省3个自治县文化体育事业取得新突破。连南自治县瑶族千人长鼓舞成功挑战上海大世界基尼斯纪录，连山自治县原生态民族歌舞剧《连山大哥》获得广东第四届岭南舞蹈大赛小舞剧组专业组最佳作曲奖、表演银奖和创作银奖，乳源自治县《盘王歌》获评广东鲁迅文学艺术奖。同时，为进一步推动全民健身运动的开展，提升全民身体素质，民族地区增加了体育基础设施和群众活动场所，截至2013年末，广东省民族自治地方有各种艺术表演团体12个，公共图书馆3个，文化馆3个，博物馆3个，群众表演场所4个，群众艺术馆1个。

八、教育事业持续发展

2014年3个自治县继续调整优化教育资源，努力提高教育教学质量，城乡、民族、各级各类教育均衡发展，教育整体水平再上新台阶。3个自治县学龄儿童入学率100%，小学毕业生升学率100%，职业教育学生推荐就业率98%。2014年末，民族自治地方共有普通中学28所，招生数6471人，在校学生20392人。普通小学52所，招生数6004人，在校学生32612人。中等职业学校3所，招生数1062人，在校学生数2521人。

九、民生改善步伐加快

2014年，各自治县在改善民生方面继续增加投入力度，人民生活有所改善，继续呈现城乡居民收入增速高于GDP增速、农村居民纯收入增速高于城镇居民可支配收入的可喜现象。全年城镇居民可支配收入17561元，比上年增长7.20%。农民人均纯收入9268元，比去年增长24.49%。城乡居民收入差距进一步缩小。城市人均住房面积31平方米，比上年增加2平方米，农村人均住房面积35平方米，与上年持平。

十、社会保障机制和福利事业更加完善

2014年，3个自治县医疗卫生投入持续提高，医疗卫生网络进一步完善。民族自治地方卫生机构236个，医疗机构床位数1291张，卫生机构人员1939人。医疗卫生基础设施得到进一步完善，医疗技术人员能力不断提高，处置突发性公共卫生事件的能力进一步增强。同时，全年3个自治县社会保障受益人群持续增加，共有1373名城镇居民和22618名农村居民得到政府最低生活保障，城镇居民及农村居民最低生活保障支出达到563.57万元和4031.26万元。

（撰稿　方　莉　审稿　李秀英）

广西壮族自治区

2014年，面对复杂严峻的国际国内形势和艰巨繁重的改革发展稳定任务，自治区党委、政府团结带领全区各族人民，认真贯彻落实党中央、国务院关于稳增长、促改革、调结构、惠民生、防风险的决策部署，主动作为，综合施策，攻坚克难，经济运行在新常态下稳中向好，各项社会事业取得新进展。

一、综合

初步核算，全年地区生产总值[2]（GDP）15672.97

亿元，比上年增长 8.5%。其中，第一产业增加值 2412.21 亿元，增长 3.8%；第二产业增加值 7335.60 亿元，增长 10.1%；第三产业增加值 5925.16 亿元，增长 8.1%。第一、二、三产业增加值占地区生产总值的比重分别为 15.4%、46.8%和 37.8%，对经济增长的贡献率分别为 6.4%、60.2%和 33.4%。按常住人口计算，人均地区生产总值 33090 元。

全年居民消费价格比上年上涨 2.1%，其中食品价格上涨 4.3%。固定资产投资价格上涨 1.6%。工业生产者出厂价格下降 1.6%。工业生产者购进价格下降 1.8%。农产品生产者价格下降 1.9%。农业生产资料价格下降 1.1%。

表 1　2014 年居民消费价格比上年涨跌幅度

指　　标	广西	城市	农村
居民消费价格	2.1	2.2	1.9
其中：食　品	4.3	4.7	3.7
烟　酒	-0.8	-0.8	-0.8
衣　着	0.4	0.2	0.9
家庭设备用品及维修服务	0.3	-0.1	1.1
医疗保健和个人用品	1.0	1.2	0.8
交通和通信	-0.1	0.1	-0.4
娱乐教育文化用品及服务	1.5	1.7	1.1
居　住	1.5	1.4	1.7

年末全区常住人口就业人员 2795.35 万人，比上年增长 0.47%，其中城镇就业人数 1145.81 万人。城镇新增就业 47.7 万人，比上年减少 3.35 万人，下降 6.56%。年末城镇登记失业率 3.15%，比上年末下降 0.15 个百分点。

全年财政收入 2162.4 亿元，比上年增长 8.1%。公共财政预算收入 1422.05 亿元，增长 7.9%，其中，税收收入 977.79 亿元，增长 11.7%。公共财政预算支出 3475.92 亿元，增长 8.3%。

二、农业

全年粮食种植面积 3067.7 千公顷，比上年减少 8.3 千公顷；油料种植面积 237.09 千公顷，增加 15.08 千公顷；甘蔗种植面积 1081.54 千公顷，减少 43.55 千公顷；蔬菜种植面积 1162.47 千公顷，增加 57.89 千公顷；木薯种植面积 224.09 千公顷，减少 5.02 千公顷；果园面积 1089.05 千公顷，增加 49.58 千公顷；桑园面积 192.63 千公顷，增加 6.38 千公顷。

全年粮食产量 1534.4 万吨，比上年增加 12.6 万吨，增长 0.8%。其中，夏粮产量 36.9 万吨，增长 2.5%；早稻产量 543.3 万吨，下降 2.1%；秋粮产量 954.2 万吨，增长 2.5%。油料产量 61.30 万吨，增长 7.2%；甘蔗产量 7952.57 万吨，下降 1.9%；蔬菜产量（含食用菌）2610.08 万吨，增长 7.2%；园林水果产量 1233.30 万吨，增长 9.9%。

表 2　2014 年主要农产品产量及其增长速度

单位：万吨

产品名称	产量	比上年增长%
粮食	1534.4	0.8
其中：稻谷	1166.12	0.85
其中：早稻	543.30	-2.1
晚稻	525.31	3.4
玉米	266.40	0.17
大豆	13.65	1.04
油料	61.30	7.16
其中：花生	57.57	6.42
甘蔗	7952.57	-1.87
蔬菜(含菌类)	2610.08	7.16
烤烟	2.74	-11.99
木薯	182.82	-0.05
园林水果	1233.30	9.86
其中：柑橘类	472.18	11.69
香蕉	259.23	4.57
菠萝	3.43	4.71
荔枝	61.86	12.74
龙眼	55.81	8.15
芒果	40.84	19.91
茶叶	5.88	8.99
蚕茧	33.96	5.0

年末生猪存栏 2360.3 万头，比上年末下降 4.5%。全年生猪出栏 3518 万头，增长 1.8%。全年猪、牛、羊、禽肉类总产量 412.1 万吨，比上年下降 0.5%。其中，猪肉产量 266.3 万吨，增长 1.9%；牛肉产量 14.4 万吨，增长 0.3%；羊肉产量 3.2 万吨，下降 0.01%；禽肉产量 128.2 万吨，下降 5.3 %。全年禽蛋产量 22.2 万吨，减少 2.4%。牛奶产量 9.65 万吨，增长 1.0%。蚕茧产量 33.96 万吨，增长 5%。水产品产量 332.12 万吨，增长 4.09%，其中海水产

品产量 174.15 万吨，增长 2.02%。

全年木材采伐量 2550 万立方米，比上年增长 2.8%。松脂产量 61.7 万吨，增长 4.5%。

三、工业和建筑业

全年全部工业增加值 6065.3 亿元，比上年增长 10.1%。

全年规模以上工业增加值增长 10.7%。在规模以上工业中，国有企业增长 2.5%，集体企业增长 12.4%，股份制企业增长 12.0 %，外商及港澳台商投资企业增长 9.0%，其他经济类型企业增长 5.6%。轻工业增长 8.6%，重工业增长 11.6%。分门类看，采矿业增长 11.7%，制造业增长 11.3%，电力热力燃气及水生产和供应业增长 2.9%。

表 3　2014 年规模以上工业主要产品产量及其增长速度

产品名称	单位	产量	比上年增长%
成品糖	万吨	1077.15	6.6
发酵酒精	千升	85.81	2.9
卷烟	万箱	156.8	2.0
机制纸及纸板	万吨	319.62	-14.4
原煤	万吨	582.52	-6.5
发电量	亿千瓦小时	1247.33	4.6
其中：火电	亿千瓦小时	647.32	-12.0
水电	亿千瓦小时	566.96	33.7
粗钢	万吨	2084.32	-3.4
钢材	万吨	3262.6	9.4
十种有色金属	万吨	137.34	11.2
其中：电解铝	万吨	51.53	-21.8
氧化铝	万吨	796.8	9.5
水泥	万吨	10645.77	0.0
显示器	万台	1702.83	89.0
电子元件	亿只	109.94	-54.8
化肥（折 100%）	万吨	108.62	3.3
发动机	万千瓦	16973.37	1.5
汽车	万辆	209.23	11.9
铁合金	万吨	488.39	3.3

全年规模以上工业中，农副食品加工业增加值比上年增长 9.8%；木材加工和木竹藤棕草制品业增长 19.6%；通用设备制造业增长 2.9%；专用设备制造业增长 3.4%；计算机通信和其他电子设备制造业增长 30.4%；电气机械及器材制造业增长 10.7%；汽车制造业增长 12.6%。六大高耗能行业增加值比上年增长 9.3%。其中，非金属矿物制品业增长 9.9%；化学原料及化学制品制造业增长 7.8%；有色金属冶炼及压延加工业增长 15.3%；黑色金属冶炼及压延加工业增长 13.3%；电力热力生产和供应业增长 2.5%；石油加工炼焦及核燃料加工业增长 0.3%。

全年规模以上工业经济效益综合指数 361.6，比上年提高 9.9 点；主营业务收入 18455.1 亿元，增长 10.1%；利税总额 1874.9 亿元，增长 8.7%，其中利润总额 963.8 亿元，增长 9.9%。

表 4　2014 年规模以上工业企业利润总额及其增长速度

单位：亿元

指　　标	利润总额	比上年增长%
规模以上工业企业	963.8	9.9
其中：国有控股企业	191.3	17.6
其中：大中型企业	606.4	6.8
其中：国有企业	19.3	-14.7
集体企业	13.8	-8.2
股份合作企业	5.4	7.8
股份制企业	632.9	14.7
外商及港澳台投资企业	227.4	3.5
其他经济类型企业	65.0	2.9
其中：轻工业	306.3	-5.5
重工业	657.4	18.9

分行业看，农副食品加工业实现利润 98 亿元，比上年下降 4.5%；汽车制造业实现利润 94.2 亿元，增长 18.7%；非金属矿物制品业实现利润 23 亿元，增长 14.6%；电力热力行业实现利润 75.8 亿元，增长 63.6%；专用设备制造业实现利润 26.5 亿元，增长 32.3%；有色金属冶炼及压延加工业亏损 0.6 亿元，减亏 43.27%；化学原料及化学制品制造业实现利润 62.8 亿元，增长 12.5%；黑色金属冶炼业实现利润 69.6 亿元，增长 32.6%。

全年全社会建筑业增加值 1274.56 亿元，比上年增长 10.0%。

全区具有资质等级的总承包和专业承包建筑业企业实现利润 44.84 亿元，比上年增长 0.9%；上缴税金 84.72 亿元，增长 17.7%

四、固定资产投资

全年全社会固定资产投资 13843.21 亿元，比上年增长 16.3 %，扣除价格因素，实际增长 14.5%。其中，固定资产投资（不含农户）13287.60 亿元，比上年增长 16.7 %；农户投资 555.61 亿元，比上年增长 6.1%。

在固定资产投资（不含农户）中，分管理渠道看，基本建设投资 5418.23 亿元，比上年增长 20.4%；更新改造投资 5038.93 亿元，增长 16.7%；房地产开发投资 1838.49 亿元，增长 13.9%；其他投资 304.48 亿元，下降 2.9%。分投资主体看，国有投资 4287.33 亿元，比上年增长 11.3 %；非国有投资 9000.27 亿元，增长 19.5%，其中民间投资 8707.29 亿元，增长 19.9%。分产业看，第一产业投资 520.16 亿元，比上年增长 12.7%；第二产业投资 5721.65 亿元，增长 18.7%，其中工业投资 5460.79 亿元，增长 14.2%；第三产业投资 7045.79 亿元，增长 15.5%。

全年房地产开发投资 1838.49 亿元，比上年增长 13.9%。其中，住宅投资 1292.63 亿元，增长 10.8%；办公楼投资 70.90 亿元，增长 37.2%；商业营业用房投资 254.00 亿元，增长 45.2%。商品房施工面积 17472.15 万平方米，增长 8.9%，其中住宅 13065.65 万平方米，增长 5.2%。商品房竣工面积 1865.98 万平方米，增长 9.0%，其中住宅 1441.84 万平方米，增长 4.1%。商品房销售面积 3156.55 万平方米，增长 5.4%，其中住宅 2869.32 万平方米，增长 3.8%。

表 5　2014 年分行业固定资产投资（不含农户）及其增长速度

单位：亿元

行　　业	投资额	比上年增长%
总　　计	**13287.60**	**16.7**
农、林、牧、渔业	520.16	12.7
采矿业	338.03	-1.6
制造业	4518.09	16.3
其中：农副食品加工业	286.21	5.9
造纸及纸制品业	115.07	2.6
石油加工、炼焦及核燃料加工业	48.51	-43
化学原料及化学制品制造业	237.20	3.6
非金属矿物制品业	761.03	26.8
黑色金属冶炼及压延加工业	175.24	-4.4
有色金属冶炼及压延加工业	146.93	-15
金属制品业	185.84	34.1
通用设备制造业	153.53	22.2
专用设备制造业	222.85	27.6
交通运输设备制造业	306.81	16.9
电气机械及器材制造业	170.55	26.8
通信设备计算机及其他电子设备制造业	143.50	43.3
电力、燃气及水的生产和供应业	604.67	10.0
其中：电力、热力的生产与供应业	410.26	18.2
建筑业	260.86	536.8
交通运输、仓储和邮政业	1274.14	16.1

续表

行　　业	投资额	比上年增长%
信息传输、计算机服务和软件业	134.42	21.6
批发和零售业	469.87	23.8
住宿和餐饮业	228.47	-1.8
金融业	45.20	15.5
房地产业[3]	551.37	18.6
租赁和商务服务业	230.00	51.9
科学研究、技术服务和地质勘查业	68.32	35.9
水利、环境和公共设施管理业	1394.97	12.7
居民服务和其他服务业	64.28	24.3
教育	288.13	14.8
卫生、社会保障和社会福利业	132.45	13.6
文化、体育和娱乐业	150.65	18.0
公共管理和社会组织	175.01	-0.4
国际组织		

表 6　2014 年房地产开发和销售主要指标完成情况及其增长速度

指　　标	单 位	绝对数	比上年增长%
投资额	亿元	1838.49	13.9
其中：住宅	亿元	1292.63	10.8
其中：90平方米及以下	亿元	408.20	14.1
房屋施工面积	万平方米	17472.15	8.9
其中：住宅	万平方米	13065.65	5.2
房屋新开工面积	万平方米	4138.43	11.4
其中：住宅	万平方米	2958.26	1.9
房屋竣工面积	万平方米	1865.98	9.0
其中：住宅	万平方米	1441.84	4.1
商品房销售面积	万平方米	3156.55	5.4
其中：住宅	万平方米	2869.32	3.8
本年资金来源	亿元	2410.75	11.9
其中：国内贷款	亿元	340.03	4.8
其中：个人按揭贷款	亿元	360.22	7.9
本年购置土地面积	万平方米	610.01	41.2
土地成交价款	亿元	160.94	41.4

五、国内贸易

全年社会消费品零售总额 5716.6 亿元，比上年增长 12.5%，扣除价格因素，实际增长 10.9%。按经营地统计，城镇消费品零售额 5033.11 亿元，增长 12.5%；乡村消费品零售额 683.49 亿元，增长 12.4%。

在限额以上企业商品零售额中，汽车类零售额比上年增长 8.6%，家用电器和音像器材类增长 0.9%，通讯器材类下降 11.6%，体育娱乐用品类下降 11.3%，文化办公用品类下降 0.3%，家具类增长 23.9%，建筑及装潢材料类增长 6.7%，日用品类增长 7.5%，粮油、食品、饮料、烟酒类增长 8.8%，服装、鞋帽、针纺织品类增长 0.7%，化妆品类增长 17.9%，金银珠宝类下降 7.2%。

六、对外经济

全年货物进出口总额 405.53 亿美元，比上年增长 23.5%。其中，货物出口 243.30 亿美元，比上年增长 30.2%；货物进口 162.23 亿美元，增长 14.8%。进出口差额（出口减进口）81.07 亿美元。从出口企业性质看，国有企业出口 30.95 亿美元，比上年增长 29.7%；外商投资企业出口 43.71 亿美元，增长 19.2%；私营企业出口 167.37 亿美元，增长 33.6%。

表 7　2014 年货物进出口总额及其增长速度

单位：亿美元

指　　标	绝对数	比上年增长%
货物进出口总额	405.53	23.5
其中：一般贸易	146.62	-1.6
其中：货物出口额	243.3	30.2
其中：一般贸易	49.82	-0.4
来料加工	14.83	195.7
进料加工	30	24.1
边境小额贸易	140.09	33.8
货物进口额	162.23	14.8

表 8　2014 年对主要国家和地区货物进出口总额及其增长速度

单位：亿美元

国家和地区	货物出口额	比上年增长%	货物进口额	比上年增长%
亚洲	208.96	36.6	65.04	13.6
其中：东盟	170.73	35.7	28.13	-15.6
其中：越南	152.99	33.8	10.39	-17.7
其中：中国香港	25.82	57.8	0.64	-49.3
日本	3.41	4.6	2.77	24.1
韩国	2.29	35.2	2.21	1.3
非洲	3.78	2.8	17.13	114.5
欧洲	9.73	-3.9	9.58	-35.5
其中：欧盟	7.89	5.7	6.26	-37.9
拉丁美洲	3.72	-21.1	38.98	61.1
北美洲	14.97	16.2	18.38	-14.6
其中：美国	14.05	18.5	10.73	-16.8
大洋洲	2.13	-16.1	13.12	-15.7

全年批准项目合同外资额（商务部口径，下同）19.17 亿美元，比上年下降 11.2%；外商直接投资额 10.01 亿美元，比上年增长 43.0%。

全年对外承包工程和劳务合作完成营业额 8.77 亿美元，比上年增长 5.7%。

七、交通、邮电和旅游

全年交通运输、仓储和邮政业增加值 714.37 亿元，比上年增长 4.9%。

表 9　2014 年旅客、货物运输量及其增长速度

指　　标	单位	绝对数	比上年增长%
旅客运输总量	万　人	53880	4.5
旅客运输周转量	亿人公里	652.68	6.8
货物运输总量	万　吨	163040	7.9
货物运输周转量	亿吨公里	4089.65	6.0

全年港口完成货物吞吐量 3.11 亿吨，比上年增长 5.9 %，其中外贸货物吞吐量 1.29 亿吨，增长 10.1%。港口集装箱吞吐量 173.01 万标准箱，增长 16.8%。

全年新增公路里程 3516 公里，公路总里程达 114900 公里。其中，高速公路里程 3722 公里，比上年新增 417 公里。全年新增铁路营业里程 728 公里，铁路营业总里程达 4711 公里，其中，高速铁路营业里程 715 公里，比上年新增 492 公里。

2014 年末全区民用汽车保有量 319.48 万辆，比上年末增长 14.2%，其中轿车 151.52 万辆，增长 19.4%。年末私人汽车保有量 269.64 万辆，增长 19.2%。

全年完成邮电业务总量 503.24 亿元，比上年增长 15.5%。其中，邮政业务总量 36.23 亿元，增长 22.5%；电信业务总量 467.01 亿元，增长 15.0%。全年局用交换机（含接入网设备）总容量 1765.30 万门。年末固定电话用户达到 499.85 万户。其中，城市电话用户 336.91 万户，农村电话用户 162.95 万户。新增移动电话用户 268.19 万户，年末达到 3553.78 万户。年末全区固定及移动电话用户总数达到 4053.63 万户，比上年末增加 221.79 万户。电话普及率达到 85.9 部/百人。

全年入境过夜游客 421.18 万人次，比上年增长 7.6%；国际旅游（外汇）收入 17.28 亿美元，增长 11.7%。接待国内旅客 28564.93 万人次，增长 17.7%，国内旅游收入 2494.99 亿元，增长 27.2%。旅游总收入 2601.99 亿元，增长 26.5%。

八、金融

全年金融业增加值 876.73 亿元，比上年增长 14.9%。

年末金融机构本外币各项存款余额20298.54亿元，比年初增加1898.06亿元，其中人民币各项存款余额20078.97亿元，增加1811.72亿元。年末金融机构本外币各项贷款余额16070.95亿元，比年初增加1954.93亿元，其中人民币各项贷款余额15585.46亿元，增加1897.15亿元。

表10 2014年金融机构本外币存贷款余额及其增长速度

单位：亿元

指　　标	年末数	比上年末增长%
各项存款余额	20298.54	10.3
其中：单位存款	9152.65	9.2
个人存款	10532.76	10.5
各项贷款余额	16070.95	14.1
其中：短期贷款	4689.54	9.7
中长期贷款	10803.27	13.9

年末上市公司（A股）数量32家，市价总值2345.9亿元，比上年末增长71.6%。

全年保险公司原保险保费收入[4]313.3亿元，比上年增长13.7%。其中，财产险业务原保险保费收入130.62亿元，增长16.5%；寿险业务原保险保费收入143.79亿元，增长6.2%；健康险和意外险业务原保险保费收入38.89亿元，增长39.4%。支付各类赔款及给付109.15亿元，增长20%。其中，财产险业务赔款67.53亿元，增长23.4%；寿险业务给付31.47亿元，增长8.7%；健康险和意外险业务赔款及给付10.14亿元，增长39.7%。

九、教育和科学技术

全年研究生教育招生0.92万人，在校研究生2.59万人，毕业生0.8万人。普通高等教育招生22.77万人，在校生70.19万人，毕业生17.41万人。各类中等职业教育（含技工）招生32.31万人，在校生89.66万人，毕业生26.06万人。普通高中招生30.46万人，在校生83.82万人，毕业生25.33万人。普通初中招生66.44万人，在校生195.08万人，毕业生61.86万人。普通小学招生74.97万人，在校生431.81万人，毕业生67.54万人。特殊教育招生0.13万人，在校生1.32万人，毕业生0.04万人。幼儿园在园幼儿197.34万人。

表11 2014年各类教育发展情况

单位：万人

指　　标	招生人数	在校生人数	毕业生人数
研究生	0.92	2.59	0.8
普通高等教育	22.77	70.19	17.41
中等职业教育	32.31	89.66	26.06
普通高中	30.46	83.82	25.33
普通初中	66.44	195.08	61.86
普通小学	74.97	431.81	67.54
特殊教育	0.13	1.32	0.04

全年自治区安排科学研究与技术开发计划项目1890项，资助经费5.31亿元。其中，技术研究与开发经费35900万元；科技成果转化资金10200万元；自然科学基金6500万元；自治区主席科技资金500万元。取得省部级以上登记科技成果666项，其中，应用技术成果617项；软科学研究成果20项；基础理论成果29项。全年获广西科技进步奖项目160项，其中，特别贡献奖2项；自然科学奖10项；技术发明奖10项；科学技术进步奖138项。全年专利申请量32294件，同比增长38.9%，其中发明专利申请量22235件，同比增长54.6%。全年授权专利9664件，同比增长22.6%，其中授权发明专利1933件，同比增长49.3%。2014年末全区拥有有效发明专利5655件，每万人口发明专利拥有量为1.21件，同比增长52.0%。全年共签订技术合同2348项，技术合同成交金额11.58亿元。

年末全区共有产品检测实验室（指全区获得省级实验室资质认定的检验检测实验室）897个，国家级质检中心10个，自治区级质检中心30个。全区现有产品质量、体系认证机构3个，累计完成产品认证企业个数（有效期内）480个。全区共有法定计量技术机构87个，全年强制检定计量器具118.26万台（件）。累计制、修订地方标准1165个，有效期内广西名牌产品数265个，地理标志保护产品42个。全区共有地震台站137个，地震监测台网7个。全年全区各级气象台共发布气象预警信号7110次，全年自治区气象台发布预警136次。全区共有海洋观测站5个。

十、文化、卫生和体育

年末全区共有县级以上公共图书馆 112 个，文化馆 123 个，博物馆 112 个，国有艺术表演团体 16 个，娱乐场所 3374 个，互联网上网服务营业场所(网吧) 4478 个。年末全区共有 49 个项目列入国家级非物质文化遗产名录，424 个项目列入自治区级非物质文化遗产名录。文化产业示范（试验）园区和产业示范基地国家级 8 个、省级 103 个。按机构分，年末全区共有广播电台 8 座，电视台 7 座，广播电视台 83 座。有线广播电视用户 638.74 万户，有线数字电视用户 429.03 万户。年末广播综合人口覆盖率为 96.6%；电视综合人口覆盖率为 98.2%。全年出版各类报纸 6.6 亿份，各类期刊 0.5 亿册，图书 3.38 亿册。年末全区共有档案馆 126 个，已开放各类档案 82.3 万卷又 150.3 万件。

年末全区共有医疗卫生机构（含村卫生室和计生机构）34669 个，其中，医院 486 个，乡镇卫生院 1270 个，社区卫生服务中心 269 个，诊所（卫生所、医务室）8933 个，村卫生室 21917 个，疾病预防控制中心 113 个，卫生监督所（中心）112 个，妇幼保健院（所、站）104 个。卫生技术人员 25.86 万人，其中执业医师和执业助理医师 8.65 万人，注册护士 10.40 万人。医疗卫生机构床位 20.19 万张，其中医院 12.94 万张，乡镇卫生院 5.83 万张。全年全区甲乙丙类法定报告传染病 52.08 万例，报告发病率 1103.62/10 万，报告死亡率 6.43/10 万。

2014 年全年运动员在世界三大赛中获金银铜牌 12 枚，其中金牌 3 枚，银牌 4 枚，铜牌 5 枚。有 1 人创 1 项世界青少年纪录，有 1 人创 1 项亚洲运动会纪录。

十一、人口、人民生活和社会保障

年末全区户籍总人口 5475 万人，比上年末增加 53 万人。年末常住人口[5]4754 万人，比上年末增加 35 万人，其中城镇人口 2187 万人。全年出生人口 72 万人，出生率 14.07‰；死亡人口 30 万人，死亡率 6.21‰；自然增长率 7.86‰。

表 12　2014 年常住人口及其主要构成

单位：万人

指　　标	年末数	比重%
全区常住人口	4754	
其中：城镇	2187	46.01
乡村	2567	53.99
其中：男性	2470	51.95
女性	2284	48.05
其中：0-14 岁	1026	21.58
15-64 岁	3268	68.75
65 岁及以上	460	9.67

城乡居民收入继续增加。全年全区居民人均可支配收入 15557 元，比上年增长 10.5%，扣除价格因素，实际增长 8.2%。按常住地分，城镇居民人均可支配收入 24669 元，比上年增长 8.7%，扣除价格因素，实际增长 6.5%；城镇居民人均可支配收入中位数[6]为 23263 元，增长 11.7%。农村居民人均可支配收入 8683 元，比上年增长 11.4%，扣除价格因素，实际增长 9.3%；农村居民人均可支配收入中位数为 8447 元，增长 14.4%。全年农村居民人均纯收入为 7565 元。

全区居民人均消费支出 10247 元，比上年增长 7.1%，扣除价格因素，实际增长 4.9%。按常住地分，城镇居民人均消费支出 15045 元，增长 4.0%，扣除价格因素，实际增长 1.9%；农村居民人均消费支出 6675 元，增长 10.6%，扣除价格因素，实际增长 8.5%。农村居民家庭食品消费支出占消费总支出的比重（即恩格尔系数）为 36.9%，城镇为 35.2%。

表 13　2013-2014 年城乡居民生活改善情况

指　　标	2013 年	2014 年
城镇居民人均可支配收入(元)	23305	24669
农村居民人均纯收入(元)	6791	7565
城镇居民家庭恩格尔系数(%)	37.9	35.2
农村居民家庭恩格尔系数(%)	40	36.9
城镇职工基本养老保险人数(万人)	538.37	557.59
城乡居民基本养老保险人数(万人)	—	1720.98
新型农村合作医疗参合率(%)	98.9	99.03

按常住地分，农村居民人均居住住房面积 43.25 平方米，比上年增加 2.76 平方米，增长 6.8%。城镇

居民人均住房建筑面积 37.72 平方米，比上年增加 1.64 平方米，增长 4.6%。

年末全区参加城镇职工基本养老保险人数 557.59 万人，比上年末增加 19.22 万人。其中，参保职工 377.31 万人，参保离退休人员 180.28 万人。参加城镇基本医疗保险的人数 1067.35 万人，增加 36.37 万人。其中，参加城镇职工基本医疗保险人数 482.62 万人，参加城镇居民基本医疗保险人数 584.73 万人。参加城镇基本医疗保险的农民工 21.34 万人，减少 5.24 万人。参加失业保险的人数 258.98 万人，增加 6.72 万人。参加工伤保险的人数 338.22 万人，增加 12.6 万人，其中参加工伤保险的农民工 52.78 万人，减少 3.63 万人。参加生育保险的人数 280.25 万人，增加 10.01 万人。

参加城乡居民基本养老保险的人数 1720.98 万人，增加 40.29 万人。年末领取失业保险金人数为 6.07 万人。

年末全区共有 111 个县（市、区）开展了新型农村合作医疗试点工作，新型农村合作医疗参合率 99.03%；新型农村合作医疗基金支出总额为 162.38 亿元，受益人数 5915.75 万人。城乡居民基本养老保险参保人数 1720.98 万人，其中城镇居民参保人数 40.68 万人，农村居民参保人数 1680.30 万人。年末领取失业保险金人数为 6.07 万人。

年末全区共有提供住宿社会服务机构 564 个，床位 4.02 万张，年末在院（站）人天数 632.45 万人/天。全区孤儿收养数 23509 人，其中集中供养孤儿 2592 人，社会散居孤儿 20917 人。儿童收养登记 1692 件，其中涉外收养 120 件。各类社区服务机构（含五保村）9714 个，其中社区服务中心 174 个，社区服务站 511 个。全区共有 44.80 万城镇居民得到政府最低生活保障，329.80 万农村居民得到政府最低生活保障，28.95 万农村居民得到政府五保救济。全年民政部资助参保人数 21.32 万人，资助参合人数 243.05 万人，直接医疗救助人次数 38.59 万人次。在残疾人群体中，纳入城镇最低生活保障范围的有 6.79 万人，纳入农村最低生活保障范围的有 39.90 万人，纳入五保供养的有 4.43 万人。

十二、资源、环境和安全生产

全年全区国有建设用地供应总量 1.98 万公顷，比上年下降 13.2%。其中，工矿仓储用地 0.29 万公顷，下降 29.5%；住宅用地 0.23 万公顷，下降 11.4%；基础设施等其他用地 1.35 万公顷，下降 6.3%。

全年平均降水量 1422 毫米。全年总用水量 290.9 亿立方米，比上年下降 5.6%。其中，生活用水增长 2.4%，工业用水减少 30.2%，农业用水下降 0.1%，生态补水下降 23.0%。万元地区生产总值用水量[7]185.6 立方米，万元工业增加值用水量 64.3 立方米，人均用水量 611 立方米。

全年完成造林面积 299 万公顷，其中人工造林 146 万公顷。全区已获批准的国家级生态示范区 25 个。全区建成自然保护区达到 77 个，其中国家级自然保护区 22 个。自然保护区面积 135.27 万公顷。森林覆盖率 62.1%。活立木蓄积量 6.8 亿立方米。森林蓄积量 6.47 亿立方米。新增水土流失治理面积 329.65 平方公里。

全年平均气温为 21.0℃，共有 4 个热带气旋直接影响广西。

初步核算，全年能源消费总量比上年增长 4.6%。万元地区生产总值能源消耗[8]比上年下降 3.7%。规模以上万元工业增加值综合能源消耗比上年下降 9.3%。

285 个水质监测断面中，Ⅰ～Ⅲ类水质断面比例占 95%，劣Ⅴ类水质断面比例占 2%。

在监测的 14 个城市中，空气质量均达到二级以上（含二级）标准。在监测的 14 个城市中，城市区域声环境质量较好的有 8 个，占 57.1%，轻度污染的有 6 个，占 42.9%。

年末城市污水处理厂日处理能力达 405.5 万立方米，比上年末增长 6.0%；城市污水处理率达到 86.5%，提高 2.1 个百分点。建成区绿地覆盖率达到 35.7%，提高 1.1 个百分点。

全年各类生产安全事故共死亡 2641 人，比上年下降 3.4%。亿元地区生产总值生产安全事故死亡人数为 0.17 人，下降 0.1%；工矿商贸企业生产安全事故死亡人数为 318 人，下降 12.6%；道路交通万车死亡人数为 2.07 人，下降 3.7%；煤矿百万吨死亡人数为 1.62 人。

注释：

[1]本公报中 2014 年数据均为初步统计数。部分数据因四舍五入的原因，存在与分项合计不等的情

况。

[2]地区生产总值、各产业增加值绝对数按现价计算，增长速度按不变价格计算。

[3]房地产业投资除房地产开发投资外，还包括建设单位自建房屋以及物业管理、中介服务和其他房地产投资。

[4]原保费收入主要是与再保险保费收入进行区分的，国家规定保险公司必须按照一定比例进行分保，接受保险分出的公司收取的保费就是再保费收入，而由公司自己做的业务得到保费收入就是原保费收入。

[5]常住人口指在广西居住半年以上的人口，以及户口在广西、外出广西不满半年或在境外工作学习的人口。

[6]人均收入中位数是指将所有调查户按人均收入水平从低到高顺序排列，处于最中间位置的调查户的人均收入。

[7]万元地区生产总值用水量、万元工业增加值用水量按现价计算。

[8]万元地区生产总值能耗和规模以上万元工业增加值能耗增速按2010年不变价格计算。

资料来源：本公报中城镇新增就业、登记失业率、社会保障数据来自自治区人力资源和社会保障厅；户籍总人口数据来自自治区公安厅；财政数据来自自治区财政厅；物价、城乡居民收入和支出、恩格尔系数、部分农业数据来自国家统计局广西调查总队；进出口数据来自南宁海关；外商直接投资、对外承包工程和劳务合作等数据来自自治区商务厅；金融数据来自中国人民银行南宁中心支行；保险数据来自中国保险监督委员会广西监管局；旅游数据来自自治区旅游局；公路里程，港口数据来自自治区交通运输厅；旅客、货物运输量和周转量、高速铁路数据来自自治区交通运输厅、南宁铁路局和广西机场集团；汽车保有量数据来自自治区交警总队；邮政业务数据来自自治区邮政管理局；电信业务数据来自自治区通信管理局；教育数据来自自治区教育厅；安排科技计划课题、专利数据、技术合同等数据来自自治区科技厅；质量检验、标准制定修订数据来自自治区质量技术监督局；地震数据来自自治区地震局；艺术表演团体、博物馆、公共图书馆、文化馆、娱乐场所、互联网上网服务营业场所（网吧）、非物质文化遗产、文化产业示范（试验）园区和产业示范基地数据来自自治区文化厅；广播电视数据来自自治区广播电影电视局；报纸、期刊、图书数据来自自治区新闻出版局；档案数据来自自治区档案局；卫生、新农合数据来自自治区卫生厅；体育数据来自自治区体育局；社会服务、孤儿情况、低保和五保供养数据来自自治区民政厅；残疾人数据来自自治区残疾人联合会；安全生产数据来自自治区安全生产监督管理局；交通事故数据来自自治区公安厅；气象预警、平均气温、登陆台风数据来自自治区气象局；国有建设用地供应数据来自自治区国土资源厅；水资源、新增水土流失治理面积数据来自自治区水利厅；林业数据来自自治区林业厅；自然保护区、环境监测数据来自自治区环境保护厅；城市污水处理、建成区绿地覆盖率来自自治区住房和城乡建设厅；其他数据均来自自治区统计局。

（撰稿　王　珊　审稿　覃汉华）

海南省

一、概况

海南省有6个民族自治县，分别是白沙黎族自治县、乐东黎族自治县、昌江黎族自治县、陵水黎族自治县、保亭黎族苗族自治县、琼中黎族苗族自治县。民族自治地区陆地面积约11497.96平方公里，占全省陆地面积33.9%。民族自治地区总人口180.04万，其中少数民族人口92.65万，主要以黎、苗族为主。2014年，海南省民族自治地方生产总值379.87亿元，增长6.66%，保持较快的增长速度。其中第一、第二、第三产业增加值分别为167.48亿元、92.68亿元和119.69亿元，增长5.16%、8.09%和12.49%。

人均地区生产总值 25059.64 元，增长 8.65%。

二、农业

海南省民族自治地方加强对热带特色农业和产业园区的政策支持，落实强农惠农富农补贴资金，实施“菜篮子”工程等财政扶持政策，成功克服“威马逊”、“海鸥”等超强台风的影响，扎实推进农业传统产业和特色产业发展，农业发展基础进一步增强，农业产业结构进一步优化调整，农业产业化、规模化进一步发展，农业生产效益明显提高，保持了农业稳定发展、农民快速增收的好势头。

（一）继续实施新一轮中部市县农民增收行动计划。通过安排专项资金 1.6 亿元支持中部市县发展特色产业项目，挖掘中部特色资源潜力，巩固以项目带动农民增收的良性机制，新建一批绿色优质瓜果菜基地和标准化畜禽养殖小区，大力发展休闲农业旅游业，规划农村休闲旅游线路，不断发展桑蚕、蜂蜜、竹笋、花卉等特色种植业等，打造出了“保亭什玲鸡”、“五指山猪”、“琼中绿橙”、“琼中蜂蜜”、“白沙竹笋”等一系列地方特色农产品品牌，成为农民增收的新亮点。

（二）推进标准化示范区和农产品加工园区建设。继续加强对乐东香蕉栽培标准化示范区、昌江斑节对虾健康养殖标准化示范区、白沙绿茶栽培标准化示范区、琼中绿橙栽培标准化示范区等 4 个国家级农业标准化示范区的政策扶持力度。推动农产品加工园区建设，多家企业落户琼中黎族苗族自治县湾岭、昌江黎族自治县太坡两大农产品加工园区和白沙邦溪农林产品加工基地。

（三）加快南繁育制种基地建设。南繁育制种基地列入国家确保粮食安全战略，基地规划编制工作、保护区划定工作和政策设计工作基本完成，重点建设 5.3 万亩核心区。

（四）海洋经济稳步发展。昌江海尾、乐东岭头一级渔港施工顺利，夯实海洋渔业基础。

（五）完善乡镇农技推广服务体系建设。全省民族自治地方建立三级农技推广服务网络，支持建设农业科技 110 示范基地，带动农业科技 1103G 农庄建设，农业科技 110 和手机服务系统服务实现全覆盖。落实农机购置补贴资金近亿元，农业机械化水平大大提升。加强农村实用人才队伍建设，各级民族工作部门投入少数民族发展资金 273.3 万元，共培训农民 1 万多人次，全省农村实用人才逐年增多，带动少数民族群众发展生产、发家致富。全年民族自治地方农林牧渔业总产值 257.64 亿元，增长 5.5%。

三、工业

海南省民族自治地方全力推进工业企业生产发展和工业项目建设，王业经济增速明显加快，规模以上工业运行呈现较快增长的良好态势，为民族自治地方经济增长提供了有力支撑。海南原油商业储备、海南炼化聚酯原料一期等一批新型工业重点项目建成投产。电子信息、生物医药等高新技术产业快速发展。昌江工业园区和陵水清水湾国际信息产业园基础设施建设加快推进，园区面貌明显改善，园区基础设施和产业集聚水平得到提升。推进工业项目建设，昌江核电、西南电厂等一批重点能源工业项目部分建成投产，形成新的经济增长点。工业质量效益不断提高。全年民族自治地方规模以上工业销售产值 92.75 亿元，比上年回落 13.3%。

四、旅游业

海南省民族加速推动旅游业转型升级步伐，出台《海南省旅游条例》，完成《海南省民俗旅游发展总体规划》，持续整治旅游市场秩序，民族自治地方旅游业出现新的亮点，取得新的成绩。（1）大力推介旅游线路和产品。各自治县实施“请进来，走出去”旅游营销措施，组织赴重点旅游客源城市推介旅游线路和产品，参加中国国际旅游交易会等具有较高影响力的旅游交易会，旅游新业态蓬勃发展。（2）大力推进乡村旅游特色化发展。开展乡村旅游示范单位创建工作，对乡村旅游点（区）进行等级评定，通过标准引导、以评促进，推动乡村入流健康发展。加快少数民族特色村寨建设，引导乡村旅游对接市场，推动乡村旅游科学发展，“美丽乡村”、“天涯驿站”、琼中“奔格内”、保亭“农家乐”等乡村旅游产品，以及保亭布隆赛乡村文化旅游区、白沙罗帅村等乡村旅游得到快速发展。（3）加快旅游景区及配套服务设施建设。陵水清水湾、香水湾、土福湾旅游度假区不断完善重大设施建设，国际旅游岛黎安风情小镇、长影海南国际影视基地、海洋主题公园以及白沙、陵水、保亭等一批特色风情小镇建设快速推进，全面推进以景点、景区为节点的旅游公路和环岛滨海旅游公路体系建设，奠定了旅游业发展的基础。(4) 推进旅游产业发展。成功举办环岛公路自行车赛、大帆船赛、黎族苗族传统节日“三月三”等会展赛事节庆活动。全面启动婚庆旅游产业，打造时尚婚庆经济，成功塑造海南作为婚庆旅游目的地的新形象，催生了一批主题婚庆旅游产品。2014 年，接待国内外旅客总人数 1055 万人次，增长 35.48%，增速大幅度上升；旅游总收入 23.23 亿元，增长 15.62%。

五、固定资产投资

海南省民族自治地方固定资产投资保持平稳增长，兴边富民政策在海南省 6 个民族自治县继续实施，基础设施项目建设进展良好，一批重大基础设施项目建成投入使用。重点项目建设步伐加快，西环高铁、昌江核电等项目处于主体施工阶段，屯昌至琼中高速公路、西南部电厂、琼中抽水蓄能电站等项目加快建设。一批重大项目的前期工作取得较好进展，中线高速琼中—五指山—乐东段的可行性研究报告已报国家发改委审批；红岭灌区工程获国家发改委核定概算总投资 57.7 亿元，可争取中央补助投资 26.6 亿元，是海南省获得中央补助投资最多的单个项目，已开始下闸蓄水。提前一年完成一般小 II 型病险水库除险加固。改建县道砂土路，民族地区县道全部实现硬化。实施民族地区农村道路“最后一公里”工程，建设 160 多公里的农村道路，除岛屿村庄以外的全部建制村和 62%的自然村实现通畅。农村电网改造步伐加快，通电率 99.9%。全年民族自治地方全社会固定资产投资完成 420.42 亿元，增长 4.67%，低于全省平均水平，增速较上年大幅度下降。

六、财政金融

海南民族自治地方公共财政预算收入保持较快增长，财政支出有效保障重点领域发展需要。地方公共财政收入 58.68 亿元，比上年增长 15.15%；地方公共财政支出 159.11 亿元，增长 5.08%。财政支出结构继续优化，各项民生保障力度进一步加大。金融业发展取得新成绩，积极创新财政引导金融机制，优化财政资金配置，进一步加大对小微企业的信贷支持力度等方式，引导金融支持地方经济发展。2 家银行建成开业，1 家银行获批筹建，新增村镇银行 5 家。海南矿业成功上市，琼中农信等 3 家企业在新三板挂牌。农村金融改革综合试点进展顺利，农业保险补贴实现全省覆盖，农信社助农取款服务覆盖所有行政村。

七、人民生活

民族自治地方城乡居民收入较快增长，居民消费支出继续增加，城乡居民生活水平继续提高。城镇居民人均可支配收入 21543.43 元，增长 7.82%；农村居民人均纯收入 8777.82 元，增长 19.1%。城乡居民收入增速继续高于生产总值增速，农村居民收入增速持续快于城镇。消费品市场保持较快发展，全社会消费品零售总额实现 68.29 亿元、增长 6.1%。物价涨幅控制在年度目标之内，居民消费价格同比上涨 2.4%，其中食品、居住类价格上涨是主要因素。陵水、昌江等地为城乡低保、优抚对象、领取失业保险金人员等对象发放物价临时补贴。落实强农惠农富农补贴资金 15.1 亿元，发放农民小额贷款和农民专业合作社贷款 46.24 亿元。建设行政村邮站 1708 个，覆盖全省行政村，村民足不出村可享受多种便利服务。各自治县大力实施保障性安居工程，居民居住条件极大改善。大力创建一批基础设施完善、人居环境优美的文明生态村、美丽乡村和少数民族特色村寨，农村环境极大改善，农民生产生活条件不断提升。

八、教育

海南省民族自治地方进一步深化民族教育改革，坚持优先发展教育，加大投入力度，促进教育公平、优化教育结构、提高教育质量，不断改善民族自治地方办学条件，“两基”工作成果得到巩固和提高，学龄儿童入学率达到 99.8%，小学毕业生升学率达到 98.29%，有力促进民族教育事业快速发展。

(一) 启动实施第二期学前教育三年行动计划。新建、改扩建 10 所公办乡镇中心幼儿园，新增学前教育学位 5000 多个，同时利用农村闲置校舍改建幼儿园，或者在农村小学增设附属幼儿园项目，为农村孩子提供更多的学前教育学位，学前三年毛入园率提高到 68%；大力扶持普惠性幼儿园，让更多的孩子有园上、方便上、上好园。

（二）推进义务教育均衡发展。提高义务教育生均公用经费拨款标准，小学从 560 元提高到 600 元、初中从 760 元提高到 800 元。实施“全面改薄”工程、中小学校舍安全工程、中西部农村初中校舍改造工程、农村教师周转宿舍等，改造一批体育场馆，新建、改建学生宿舍、食堂、图书馆、教学仪器和远程设备，进一步改善了义务教育学校办学条件。

（三）发展高中和职业教育。积极采取合作办学、对口帮扶、委托管理等方式，大力引进北京、湖北等地优质普通高中办学资源，促进本地普通高中办学能力和办学水平。依托省内优质高中培养少数民族学生，实行“三免一补”政策。试行中职、高职、应用型本科贯通的多种办学模式，搭建职教人才培养“立交桥”。加强县级职教中心的基础设施建设、基础能力项目建设和实训基地建设。中职毕业生就业率达到 97.7%。

（四）继续实施教育扶贫移民工程。在建成 24 所思源实验学校，改建、扩建 14 所农村中小学校的基础上，新建 6 所学校，新增学位 3000 多个，全面覆盖了海南全部民族市县和国家、省扶贫开发工作重点县，为贫困地区中小学生提供优质学位 5 万多个，其中少数民族学生占 60%以上，使民族地区和贫困山区的孩子享受到与城市孩子一样的优质教育资源。所有来自贫困地区的孩子，按照小学生每人每年 600 元，初中生每人每年 750 元，交通费每人每年 160 元的标准补助，全部享受到政府生活补助，自治地方在省财政补助的基础上再增加贫困生生活费补助标准。

（五）加强教师队伍建设。坚持引进和培养相结合，面向全国为农村地区招聘优秀特岗教师 50 多名。积极引入国内优质教育资源，开展多种方式教育合作，从教育发达省市继续引进一批优秀校长、教师来全省挂职交流等，有力推动了办学水平地提高。继续实施教育人才智力扶持中西部市县项目，组织多名骨干教师、优秀校长和教育行政干部对口支援各自治县教育工作。积极改善教师待遇，建立偏远贫困地区行政村以下农村小学教师生活补助制度，艰苦边远地区农村教师享受每月 300 元生活补助。对农村教师开展全员专项培训，改善边远贫困地区教师教学与生活条件，促进边远贫困地区教师留得住、教得好。

（六）继续推进义务教育学生营养改善计划试点工作。营养餐补助标准从 3 元提高到 4 元，投入 4000 多万元在琼中、白沙等 3 个民族地区国定贫困县试点推进农村义务教育学生营养计划，5 万余名农村在校学生将享受到免费营养餐。陵水为 45000 多名公办学校的中小学生提供免费营养餐，着力改善少数民族学生的营养状况。

九、文化

海南民族自治地方加强公共文化服务体系保障建设，加大资金投入力度，继续实施乡镇宣传文化站建设工程、文化信息资源共享工程、农村电影放映工程、农家书屋工程、广播电视村村通工程、农民体育健身工程等六大农村文化惠民工程，基本建起县、乡、村三级文化网络，文化产业经营收入稳中有升，文化事业取得长足发展。

（一）完善公共文化服务网络建设。立足乡镇综合文化站和全国文化信息资源共享工程，完成 10 多个公共电子阅览室的安装，基本完成 100 多个行政村文化活动室建设。在保亭县开展省级公共文化服务标准化试点工作。推动村邮站和农家书屋共建，创建 10 多个省级农家书屋示范点。全省民族自治地方建成文化馆 6 个、图书馆 6 个、乡镇综合文化站 60 个，100 多个行政村文体活动室，能满足群众基本文体需求的省、市县、乡镇（街道）、行政村（社区）四个层级的公共文化服务体系。

（二）非物质文化遗产保护取得重大成效。开展文化遗产日宣传推广活动，成功举办第五届黎族织锦大赛和黎族传统纺染织绣技艺保护成果展，对四年来的保护成果进行了集中系统展示。黎族传统纺染织绣技艺四年工作情况报告通过文化部审核。启动“海南省黎族服饰系列地方标准”制定工作。全省确定黎锦技艺代表性传承人 105 人，其中国家级 3 人，省级 11 人、市县级 91 人，真正掌握黎锦技艺的人数已达到 1 万人，促进黎族优秀传统文化的传承和发展。苗族民歌入选国家第四批非物质文化遗产名录。命名公布第三批省级非遗代表性传承人。海南合田旅业有限公司、海南锦绣织贝实业有限公司入选第二批国家级非物质文化遗产生产性保护示范基地。自治县建设多所黎族传统纺染织绣技艺传习馆；在各民族市县部分中小学、职业学校开设黎锦班，编印校本教材，聘请了传承人传授技艺。举办多期黎锦培训班，培训人数达2000多人。实施海南黎族苗族民歌传唱工程，举办省级、市县级培训班10多期，培训人次达1000多人，较好地挖掘和培养少数民族民间优秀音乐艺术人才。

（三）开展大中型文艺汇演活动。丰富拓展公共文化活动的形式与内容，成功举办海南黎族苗族传统节日“三月三”节庆活动、东西南北中广场文艺会演等大中型文化活动，观众20多万人次。省群艺馆、琼中县歌舞团、保亭县民族歌舞团积极参与文化部“春雨工程”文化志愿服务活动，带动城乡文化活动的广泛开展。

（四）文化惠民工程取得进展。持续推进直播卫星户户通工程，广播电视节目传输覆盖范围不断扩大、信号质量大大提高，广播、电视综合人口覆盖率均超过96%，基本实现全覆盖。实现农村电影数字覆盖全省民族自治地方的目标，农村公益性电影放映1万多场。完善覆盖全岛、有线和无线相结合的高速宽带基础网络，推动在全省公共场所、景点景区、星级酒店向公众免费开放无线宽带上网工程，实现全省行政村100%通宽带的目标。

（五）推进文化体育产业发展和项目建设。新兴文化产业、体育休闲产业呈现良好发展势头，国家南海水下文化遗产保护中心、国家南海水下考古基地等重点文体项目开工建设，省民族博物馆一期改造工程完成了项目方案设计调整、馆舍拆除等工作，正式动工建设，积极开展国家南海博物馆筹建工作，提升了全省文化发展的产业化程度。举办第五届海南岛国际大帆船赛、环海南岛国际公路自行车赛、世界沙排巡回赛等赛事，全民体育健身活动深入开展，极大地丰富了少数民族群众的文体生活。

十、卫生

海南省民族自治地方积极建立公共卫生和基层医疗服务体系，医药卫生体制改革和区域医疗中心建设有力推进，医疗卫生事业取得长足发展，6个民族自治县有116家医院、85家乡镇卫生院、642个村卫生室，县、乡、村三级医疗卫生服务体系进一步完善，覆盖城乡、可持续的基本医疗卫生公共服务体系基本形成。2014年累计投入资金1.40亿元，改扩建县级医疗机构业务用房1.73万平方米，扩建民族地区乡镇卫生院4050平方米，新建民族地区乡镇卫生院周转房2765平方米，大大改善了民族地区医疗机构的基础建设。继续推进县级公立医院改革，探索建立长效补偿机制和法人治理、人事分配等制度，取消药品加成，控制医药费用不合理增长。全面推行大病医保，保障对象为城镇居民医保、新农合的所有参保（合）人员，按照“统一购买大病保险、统一报销政策、统一资金使用、统一经办管理”原则，全省城乡居民享受平等大病医疗保险待遇和服务。2014年，海南全省城乡居民大病保险起付线为8000元，最高（封顶线）支付限额为22万元。依托解放军总医院海南分院和海医附院建成了覆盖全省的远程会诊和远程病理会诊系统，实现远程医疗“县县通”。建立疾病应急救助制度，通过设立省、市两级疾病应急救助基金，于3月1日起对需紧急救助但身份不明、无负担能力的群众实施应急医疗救助。提高新型农村合作医疗保障水平，新农合人均筹资标准提高到450元，其中各级财政对新农合的补助标准提高到360元/人，农民个人缴费标准提高到90元/人，全年新型农村合作医疗参合率达到99%，政策范围内住院费用报销比例从50%提高到70%左右，惠及广大城乡少数民族群众。给符合条件的老年乡村医生发放每人每月300元的管理科学补助。6月，顺利实施“单独二孩”政策，低生育水平保持稳定。12月1日起，全部公立医疗机构实施“先看病后付费”的支付制度，缓解“看病贵、看病难”的状况。

十一、社会保障

海南民族自治地方社会保障工作全面推进，社会保障体系不断健全。全面实施新型农村社会养老保险和城镇居民社会养老保险制度，提高城乡低保补助标准和补助水平，2014年，新农保基础养老金由每月100元提高到120元，城镇居民养老保险实现全覆盖，城镇居民养老保险金全面发放，60岁以上城镇居民每月领取基础养老金130元。提高城市低保标准，将城市低保标准由每月不低于280元提高平均保障标准为 365 元；农村低保月人均保障标准为 250 元，城乡低保标准继续高于全国平均水平，农村低保保障标准和补助水平在全国中西部地区居首位。连续第 10 年提高企业退休人员基本养老金，月人均增加养老金 164 元。80 岁以上老人津贴制度实现全省覆盖，每月给达到标准的老年人发放长寿补助，保障了老年人的基本生活。

十二、环境保护

海南省民族自治地方扎实推进环境保护工作，坚持“增绿”、“护蓝”并举，扎实推进“绿化宝岛”大行动，生态环境质量持续保持全国一流水平。

（一）大力开展节能减排。海南省出台《大气污染防治行动计划实施细则》，大力发展循环经济和节能环保产业，实施燃煤电厂和水泥厂脱硫脱硝改造，加大对昌江循环经济示范园区支持力度，推进实施了热电联产、垃圾焚烧发电等一批重大节能减排项目。加大污水垃圾处理项目建设力度，污水处理量比上年提高 6%。城乡生活垃圾无害化处理率达 75%以上，化学需氧量、二氧化碳排放量等主要污染物排放总量控制在国家规定的减排目标内。

（二）开展生态保护和试点工作。落实森林生态效益补偿基金 1.88 万元，生态补偿资金增长 11.9%。文明生态村和美丽乡村建设步伐加快。取消中部民族地区 4 个市县的生产总值考核。鹦哥岭升格为国家级自然保护区，海南岛中部山区热带雨林生态功能区列入国家主体功能区建设试点示范地区名单。

（三）环境、大气、水体质量继续保持在全国一流水平。城市（镇）环境空气质量总体优良。全年城镇环境空气质量优良天数比例为 99%，环境空气中主要污染物二氧化硫、二氧化氮浓度符合国家环境空气质量一级标准，地表水环境质量总体优良，近岸海域水质达标率为 90%，绝大部分监测海域水质处于清洁状态。

（撰稿　熊中华　审稿　王　艳）

重庆市

一、民族自治地方经济发展

2014 年，在重庆市委、市政府的正确领导下，在国家民委的指导下，重庆民族自治地方坚持科学发展观为指导，以“314”总体部署为总纲，把加快少数民族和民族地区经济社会发展切实摆到更加突出的位置，着力实施五大功能区战略，着力推进武陵山特色经济示范区建设，构建渝东南民族地区对外开放和招商引资平台，加快民族地区基础设施建设和公共服务体系建设，民族自治地方经济社会得到快速发展，人民生活水平进一步提高。

2014 年，民族自治地方地区生产总值（当年价格）达到 4656714 万元。其中：第一产业增加值 80.23 亿元，增长 5%；第二产业增加值 225.3 亿元，增长 14.1%；第三产业增加值 160.13 亿元，增长 9.6%。

（一）农村经济全面发展

2014 年，实现农林牧渔业总产值 1268685 万元。其中：农业产值 695919 万元，林业 68568 万元，牧业 474565 万元，渔业 14840 万元。农作物总播种面积为 461.791 千公顷，粮食作物播种面积 282.264 千公顷，油料播种面积 51.348 千公顷。全年粮食总产量为 1254637 吨；油料产量 96182 吨；烟叶产量 32218 吨。全年肉类总产量达到 210515 吨，其中猪肉 157188 吨，牛肉 28011 吨，羊肉 5858 吨。

（二）工业稳步推进

2014 年，民族自治地方规模以上工业企业 188 个，实现工业总产值 2350476 万元，同比增长 17.76%。

（三）固定资产投资力度加强

2014 年，民族自治地方完成全社会固定资产投资达 5510879 万元，同比增长 11.9%。其中：城镇固定资产投资 5372835 万元，同比增长 21.6%；农村固定资产投资 138044 万元。全社会固定资产投资新增固定资产 2747764 万元，同比增长 28.4%。

（四）地方财政收收入大幅增加，金融机构贷款余额有所减少

2014 年底，民族自治地方财政总收入达到 965253 万元。地方财政一般预算收入 460802 万元，地方财政支出 1648076 万元。

民族自治地方金融机构存贷款额有所减少。全部金融机构各项存款总额 5426745 万元，全部金融机构各项贷款总额 3519036 万元，城乡居民储蓄存款年末余额 3852400 万元 。

（五）城乡贸易市场活跃

2014 年，民族自治地方全年实现社会消费品零售总额 1845031.4 万元。其中：批发零售贸易业实现 1608314.2 万元；住宿和餐饮业实现 236717.2 万元。进出口总额 25883.15 万美元。其中：进口总额 1899.26 万元，出口总额 23985.89 万元。

（六）城乡居民生活不断改善

2014 年，城镇居民可支配收入 21306 元。平均人均消费支出 13787 元。城市人均住房建筑面积 43 平米。农村居民人均纯收入达到 7344 元，农村人均住房面积 44 平方米。

（七）交通运输快速发展

重庆民族自治地方加大基础设施建设力度，交通运输条件进一步改善。2014 年民族自治地方公路线路里程总计 12555.75 公里。其中：等级公路 11222.3 公里，高速公路 271.3 公里。完成客运量总计 4234 万人次。完成货运量总计 1507.4 万吨。

（八）旅游业健康发展

黔江小南海、酉阳桃花源、乌江画廊、黄水国家森林等一批旅游资源的进一步开发，旅游业快速发展 。2014 年共接待游客 17713400 人次，创造旅游收入 928172 万元。

二、社会发展

2014 年重庆民族自治地方社会事业得到进一步发展，取得了可喜的成绩。

（一）教育事业稳步发展

2014 年，民族自治地方加大教育投入，教育事业得到进一步发展。共有普通中学 69 所，职业中学 5 所，小学 577 所。年末在校学生：普通中学 117120 人；职业中学 13783 人；小学 200659 人。专任教师：普通中学 8309 人；职业中学 1029 人；小学 13119 人。教育经费支出 359165 万元，同比增长 33.2 %。

（二）卫生事业进一步发展

2014 年末，民族自治地方拥有医院、卫生院 170 个，村卫生室 1076 个，拥有医院、卫生院病床 8183 张，卫生技术人员 6318 人。其中：执业（助理）医生 3397 人。医疗卫生基础设施和医疗器械设备得到进一步完善，医疗技术人员能力不断提高，处置突发性公共卫生事件的能力进一步增强。

（三）社会保障体系进一步健全和完善，新型农村合作医疗覆盖面加大

2014 年，城镇居民最低生活保障支出资金 11779.8 万元，农村居民最低生活保障支出资金 12668.4 万元。

2014 年民族自治地方参加新型农村合作医疗计 235.1 万人，新型农村合作医疗费用支出 87594.24 万元，新型农村合作医疗参合率达到 92.7%以上。

（四）生态环境保护和建设工作不断加强

在发展经济的同时，民族自治地方更加注重生态环境的保护和综合治理，水环境质量、声环境质量、大气环境质量有了明显改善，有力地促进了生态环境质量的改善和经济、社会、环境的协调发展。

（撰稿　吴　涛　审稿　向远道）

四川省

2014 年，全国、全省经济增长进入新常态，中央民族工作会议召开，指出支持民族地区加快经济社会发展，是中央的一项基本方针，将进一步发挥民族地区特殊优势，提高自我发展能力。同时，国家出台了《发达省（市）对口支援四川云南甘肃省藏区经济社会发展工作方案》，明确由广东省对口支援甘孜州，浙江省对口支援阿坝州和凉山州木里县，为促进四川藏区跨越式发展和长治久安注入了新的活力。2 月，四川省委召开民族工作会议。省委、省政府积极采取一系列“稳增长、促发展”的政策措施，出台了《关于支持攀西国家级战略资源创新开发试验区建设的政策意见》，为攀西地区特色优势产业发展和基础设施建设提供强有力的支持。在经济增速有所放缓的情况下，四川民族自治地方认真落实中央民族工作会议精神，抓住国家和省委、省政府支持民族地区跨越发展的有利机遇，牢牢把握省委、省政府“稳增长，促发展”的各项方针政策，集中力量解决“发展、民生、稳定”重大问题，加快农业、工业及旅游业等产业发展，积极推进藏区六项民生工程计划和彝区十项扶贫工程，大力发展中小学寄宿制教育，抓好彝区新居、彝家新寨建设，民族自治地方表现出“三次产业平稳增长，投资和消费需求增势稳定，民生持续改善”的运行特点，经济发展呈现缓中趋稳的特征。

2014 年四川民族自治地方年末人口 776.5 万人，其中少数民族人口 476.6 万人。辖区面积 30.2 万平方公里，占全省土地面积 62.1%。

2014 年，民族自治地方经济发展小幅波动，经济运行总体平稳。全年实现地区生产总值（GDP）1869.3 亿元，增长 7.6%，增速比全省平均水平低 0.9 个百分点。其中，第一产业增加值 361.9 亿元，增长 4.5%，增速比全省平均水平高 0.7 个百分点；第二产业增加值 943.8 亿元，增长 9.1%，增速比全省平均水平低 0.2 个百分点；第三产业增加值 563.6 亿元，增长 6.7%，增速比全省平均水平低 2.1 个百分点。三次产业结构由 2013 年的 19.3：51.0：29.7 调整为 19.4：50.5：30.1。

一、农业平稳增长

2014 年，四川加大对民族自治地方特色种植业基地建设的扶持力度，农业稳定增长。全年民族自治地方实现第一产业增加值 361.9 亿元，比上年增长 4.5%，比全省平均水平高 0.7 个百分点。实现农林牧渔总产值 575.5 亿元。农作物总播种面积 932.9 千公顷，其中粮食作物播种面积 647.2 千公顷，占农作物总播种面积 69.4%。粮食总产量 263.4 万吨，增长 1.4%。油料播种面积 40.6 千公顷，产量 7.2 万吨，增长 1.4%。全年肉类产量 64.3 万吨，增长 3.9%，其中猪牛羊肉产量 60.9 万吨，增长 3.8%；年末大生畜存栏 645.1 万头，下降 17.4%。农业基础设施不断改善。农田有效灌溉面积 209.7 千公顷，增长 0.8%。农用化肥施用量（折纯）17.1 万吨。完成造林面积 41.0 千公顷。

二、工业经济保持较快增长，投资稳步扩大

2014 年，民族自治地方工业保持了较快增长。全年实现全部工业增加值 717.8 亿元，比上年增长 9.8%，高于全省平均增速 0.4 个百分点。

全社会固定资产投资 1983.4 亿元，增长 6.3%，增幅比上年下降 4.8 个百分点。

三、基础设施条件不断改善

交通方面：坚持用大交通促大开放、大物流、大发展。2014 年阿坝红原机场正式通航，成兰铁路进展顺利，川藏铁路成都（朝阳湖）至雅安段开工建设，成昆铁路扩能改造峨眉至米易段正式获批，川藏铁路雅安至康定（新都桥）段、甘孜机场前期工作有序推进.雅安至康定、汶川至马尔康高速公路开工建设，国道 317、省道 216 等重点国省干道加快推进，凉山港雷波作业区开工建设，综合交通运输网络构建进一步加快。能源方面：川藏电力联网工程竣工投运，锦屏一、二级、溪洛渡、官地电站竣工投产，斜卡、乡城电站实现发电目标，黄金坪、溪古电站已启动蓄水验收工作，苏洼龙、硬梁包电站有望 2015 年实现核准。凉山州风电、光伏发电等新能源项目取得重大进展。2014 年民族自治地方新增装机容量约 898 万千瓦。水利方面：石渠洛须、甘孜打火沟、泸定顺河堰、金川崇化、米易马鞍山水库、会东新马灌区、北川开茂水库等一批水利工程加快建设，冕宁大桥水库灌区二期工程、盐源龙塘水库枢纽及灌区工程等项目前期工作进展顺利，农牧业发展基础进一步夯实。城镇公共设施方面：供水基础设施、城镇道路桥梁、污水垃圾处理等市政工程加快建设，石渠县被确定为全省唯一高寒县城供暖试点县，城镇市政功能进一步完善。

四、消费增长，旅游业加快发展

2014 年，全年实现社会消费品零售总额 616 亿元，比上年增长 18.1%。接待游客 7393.5 万人次，增长 18.1%。其中，接待国内游客 6356 万人次，增长 1.2%；接待入境游客 10.4 万人次，下降 47%。实现旅游外汇收入 4997.3 万美元，增长 21.4%；实现国内旅游收入 545.7 亿元，增长 51.1%。

五、财政收入小幅增长，城乡居民收入持续增加

2014 年，民族自治地方实现地方公共财政收入 176.6 亿元，增长 7.2%；实现地方公共财政支出 853.6 亿元，增长 3.5%。城乡居民储蓄存款余额 1117.3 亿元，增长 10.8%。

2014 年，四川省全面实施高原藏区、乌蒙山片区（四川部分）区域发展与扶贫攻坚实施规划，启动建设一大批整村推进、贫困群众易地搬迁、以工代赈、农村小型基础设施项目，民族地区减少农村贫困人口 14.2 万人。自治地方农牧民人均纯收入 7730 元，比上年增加 886 元，增长 13.0%，增幅比全省平均水平高 1.5 个百分点。其中，甘孜州农牧民人均纯收入达到 6307 元，增长 16.0%；阿坝州农牧民人均纯收入 7866 元，增长 15.8%；凉山州农民人均纯收入 8264 元，增长 12.3%。甘阿凉三州农牧民人均纯收入增幅从 2012 年到 2014 年三年均分别居全省第一、二、三位。自治地方城镇居民人均可支配收入 23610 元，增长 8.3%。

六、文化教育卫生事业健康发展

2014 年，民族自治地方有普通高等学校 3 所，普通中学 352 所，中等职业学校 27 所，普通小学 2377 所。普通高等学校在校本科、专科学生 3.1 万人，普通中学在校学生 36.2 万人，中等职业学校在校学生 4.1 万人，普通小学在校学生 74.4 万人。各级各类学校教职工人数 7.9 万人，其中：专任教师 7.0 万人。深入实施第二个民族地区教育发展十年行动计划，2011 级藏区“9+3”毕业生初次就业率达 99.2%，2014 级共计招生 4245 名。扎实推进免费师范生培养等惠民政策，农村义务教育学生营养改善计划实现全覆盖。

深入实施民族地区卫生发展十年行动计划，县、乡、村三级医疗卫生网络初具雏形，年末拥有医院、卫生院 1407 个，床位 3.1 万张。村卫生室 4315 个。有卫生技术人员 3.0 万人，其中：执业（助理）医师 10766 人。新型农村合作医疗制度不断推进，参合农民 597.6 万人。新农合参合率、健康档案建档率达到 95%以上。完成包虫病筛查 33.3 万人，艾滋病等重大传染病防控和突发公共卫生事件应急处置能力不断增强。基本医疗保险、失业保险、工伤保险、生育保险等实现应保尽保。城乡养老保险覆盖率达到 60%以上，城镇登记失业率均控制在 4.2%以内。城乡低保实现了动态下的应保尽保，敬老院、福利院等建设投入进一步加大。

公共文化设施不断完善，有艺术表演团体 17 个，群众艺术馆 1 个，文化馆 54 个，博物馆 22 个，公共图书馆 47 个。文化馆、图书馆、博物馆、文化站实现免费开放，成功创建一批国家级、省级公共文化服务体系示范区。深入实施广播电视“村村通”、农村电影放映等文化惠民工程，已放映 93983 场，完成全年任务的 100.6%。

（撰稿　刘康蓉　审稿　荣跃泽仁）

贵州省

贵州省民族自治地方共辖黔东南、黔南、黔西南 3 个自治州；道真、务川等 11 个自治县，599 个乡镇（26 个民族乡），总面积 9.8 万平方公里，占全省总面积的 55.5%。年末总人口 1802.17 万人，占全省总人口的 50%，其中少数民族人口 1101.86 万人，占民族自治地方总人口的 63.56%。

2014 年，贵州民族自治地方在省委、省政府坚强领导下，坚持主基调主战略，坚持发展为要、民

生为本、企业为基、环境为重的工作理念，牢牢守住发展和生态两条底线，牢牢抓住改革开放关键一招，积极主动适应新常态，统筹做好稳增长、促改革、调结构、惠民生、防风险各项工作，经济社会发展稳中有进、稳中向好，多项工作取得重大突破，呈现新的亮点。全省各族人民发挥当家作主的积极性，努力发展和谐的社会主义民族关系，促进了民族自治地方经济社会又好又快发展。

一、经济运行基本情况

2014 年，全省民族自治地方生产总值 2897.2 亿元，比上年增长 14.7%。其中，第一产业增加值 585.44 亿元，增长 7.08%；第二产业增加值 944.14 亿元，增长 16.78%；第三产业增加值 1367.63 亿元，增长 16.29%。

（一）三次产业稳步发展

农业形势较好。2014 年是贵州近年来利于农业生产的较好年景，农业实现增产丰收。种植业较快发展，民族自治地方全年粮食总产量 524.84 万吨，比上年增长 9.38%，产量为近五年最高。农林牧渔业总产值（按现行价计算）847.86 亿元，比上年增长 6.79%。全年猪牛羊禽肉产量为 72.35 万吨，比上年增长 3.85%。

工业较快增长。民族自治地方全年规模以上工业销售产值 2450.57 亿元，比上年增长 34%，各月累计增速均保持在 10%以上。

服务业平稳发展。服务业发展大会召开，以及先后出台的一系列支持服务业发展的政策措施，促进服务业稳步发展。一是旅游业继续较快发展。民族自治地方全年接待旅游总人数 2.52 亿人次，比上年增长 20.1%；实现旅游总收入 1895.98 亿元，增长 22.2%。二是交通运输业发展加快。全年旅客周转量比上年增长 9.9%，公路货物周转量增长 27.2%，水运货物周转量增长 20.8%，民航货邮吞吐量由上年下降 2.6%转为增长 7.1%。

（二）三大需求较快增长

投资规模继续扩大。民族自治地方全省全年固定资产投资完成 4465.95 亿元，比上年增长 30%。

市场消费总体平稳。民族自治地方全年全省限额以上商业企业 952 家，比上年增加 244 家。在限额以上商业企业数量较快增长带动下，消费品市场实现平稳增长，全年社会消费品零售总额 705.57 亿元，比上年增长 23.13%。按经营单位所在地分，城镇消费品零售额 691.67 亿元，比上年增长 12.8%；乡村消费品零售额 14.1 亿元，增长 13.2%。按行业分，批发业零售额 638.35 亿元，比上年增长 23.5%；住宿业零售额 58 亿元，增长 16.9%；其他行业零售额 5.27 亿元。

出口贸易增幅较大。对外贸易呈“低开高走”发展态势，一季度全省进出口总额为负增长，上半年由负转正，前三季度速度提高，民族自治地方全年进出口总额 8.6 亿美元，比上年增长 10.94%，增速比上年加快 5.5 个百分点。其中，出口总额 7.5 亿美元，比上年增长 15.07%；进口总额 1.12 亿美元，与上年有所下降。

（三）财政金融稳定运行

财政收支稳定增长。全省财政总收入 499.99 亿元，比上年增长 15.23%。其中，一般公共预算收入 314.39 亿元，增长 13.3%。一般公共预算支出 1078.86 亿元，比上年增长 15.07%。其中，教育支出 230.78 亿元，增长 20.8%；住房保障支出 74.04 亿元，增长 39.83%；社会保障和就业支出 98.52 亿元，增长 16.94%；医疗卫生支出 115.12 亿元，增长 34.64%。

金融运行平稳。年末民族自治地方金融机构人民币各项存款余额、贷款余额分别为 3208.88 亿元和 2225.05 亿元，比上年末增长 13.29%和 23.82%。城乡居民储蓄存款年末余额为 1913.5 亿元，比上年增长 14.34%。

（四）民生进一步改善

就业形势总体稳定。在全省“5 个 100 工程”等发展平台建设带动下，就业人数继续增加。全年城镇单位就业人员 100 万人，比上年增长 58.86%。民族自治地方继续把扩大就业摆在经济社会发展更加突出的位置，实施有利于促进就业的财税和金融政策，并针对国际金融危机影响出现的农民工返乡回流增加的问题，积极开展培训，强化返乡农民工劳动技能，加强其再就业能力。

居民收入继续增加。根据城乡一体化住户调查，全省居民人均可支配收入 12371 元，比上年名义增长 11.6%，扣除价格因素实际增长 9.0%。按常住地分，城镇居民人均可支配收入 20827 元，比上年增加 1435 元，比上年增长 7.4%；农村居民人均可支配收入 6962 元，比上年增加 1522 元，比全省水平高出 311 元，比上年增长 27.9%。

医保社保全面覆盖。民族自治地方城镇职工基本养老、基本医疗、失业、工伤、生育保险参保人数继续增加，覆盖面进一步扩大。民族自治地方新型农村合作医疗参合率达到 98.38%，基本实现了应保尽保；城镇居民最低生活保障人数达 82.38 万人，比上年末增加 5.2 万人，农村居民最低生活保障人数达 361.66 万人，比上年增加 75.1 万人，参加新型农村合作医疗人数达 1453.83 万人，全年新型农村合作医疗费用支出为 54.48 亿元，比上年增长 25.17%。

扶贫力度继续加大。中央和省不断加大投入财政扶贫资金，使绝对贫困人口逐步减少。2014 年民族地区脱贫摘帽的重点县有 15 个；全省共有 934 个贫困乡镇，其中民族地区贫困乡镇 520 个，2014 年民族地区脱贫摘帽的贫困乡镇 118 个。省直各部门对少数民族特色村寨扶持力度不断加大，2014 年共投入各类资金 244484.94 万元，基础设施得到了明显地改善、特色产业得到了较快地发展、特色民居得到了合理地保护、民族文化得到了有效地传承、公共服务得到了逐步地完善、民族团结得到了更加地巩固。

二、社会事业全面进步

2014 年，通过制定并实施一系列发展民族教育的政策措施，对民族教育的扶持力度加大，民族自治地方教育事业全面发展，教育经费支出达 270.84 亿元，比上年增长 83.96%。全省“普九”人口覆盖率继续巩固 100%的成果。全省小学适龄儿童入学率、初中阶段毛入学率、高中阶段毛入学率、高等教育毛入学率分别达到 99.3%、97.4%、62.2%和 25.5%。

民族自治地方共有普通高等学校 10 所，在校本科、专科学生 67488 人，比上年增长 9.62%；中等职业学校 73 所，普通中学 1054 所，中等学校在校学生 14.73 万人；小学校 4645 所，在校学生 150.52 万人。民族自治地方普通高等学校拥有专任教师 4095 人，中等职业学校拥有专任教师 4861 人，小学教师 8.1 万人。

各民族自治地方积极发展文化事业和文化产业，切实加强基层文化重点工程建设，实施广播电视无线覆盖工程，不断扩大广播、电视综合人口覆盖率。重视开展具有民族特色的文化艺术活动，注重挖掘和弘扬民族优秀文化。群众性民族传统体育运动蓬勃开展。医疗卫生事业不断发展。加大了对卫生事业的投入，卫生基础设施得到改善，卫生医疗机构和医护人员队伍已初具规模。2014 年，全省民族自治地方有各类医院、卫生院共 1348 所，村卫生室 9579 个，各类医务人员 5.49 万人；各类卫生机构床位数 5.97 万张，其中，医院、卫生院床位数 4.97 万张。农村公共卫生和基本医疗服务能力得到提高，居民看病难、住院难的现象有所缓解。同时，各地全力抓好突发公共卫生事件的应急处置与救援工作，加强了食品药品安全监管力度，妇幼保健与社区卫生工作稳步推进。

三、存在的困难及建议

2014 年，全省民族自治地方经济继续平稳较快发展，社会各项事业取得全面进步，但与全省民族自治地方与省内经济发达地区相比较，还存在一定差距。民族自治地方在经济社会发展过程中还存在不少困难和问题，主要是：受国际国内急剧变化的经济形势影响，部分行业增长放缓；自发增长的内在动力不强，经济持续增长的基础还不稳固；经济结构不尽合理，传统产业升级困难，结构性矛盾仍然存在并制约着经济发展；基础设施建设仍然滞后，工、农业基础设施依然脆弱，仍有不少民族村寨的生产生活条件较差，民族地区居民收入绝对水平仍较低；影响社会稳定的因素仍然较多，等等。

解决这些困难、问题，缩小发展差距，需要全省各级党委政府和各族人民团结奋斗，同时也是进一步贯彻实施民族区域自治制度的关键所在。充分发挥“看不见的手”的作用，加大政府服务力度。一是继续开展“百千万”和“双服务”行动，加大对重点行业、企业的调研力度，协调解决企业生产经营过程中出现的困难和问题，落实好相关产业扶持政策措施，帮助企业开拓市场，扩大需求，提高企业产销水平。二是进一步取消和下放审批权限，理顺好政府与市场的关系，营造低门槛进入、低成本运行、高效益回报的投资环境，进一步释放改革红利。三是充分用好用活民贸政策带动民贸县工业项目的建成投产，新增产能进一步释放，将会为全省经济发展提供强有力的后劲。

（撰稿　张发刚　审稿　潘　选）

云南省

2014年，面对国际错综复杂的发展环境和国内日益加大的经济下行压力以及自然灾害频发的困难局面，云南省委、省政府带领全省各族人民团结一心，坚定围绕民族团结进步示范区建设目标，坚持稳中求进的总基调，把改革创新贯穿经济社会发展各个领域，以提高经济增长质量和效益为中心，以保障和改善民生为目的，全力以赴统筹做好促进民族地区经济社会和谐发展各项工作，全省民族地区经济社会发展呈现稳中有进、稳中提质、社会事业全面进步、民生改善、民族团结、边疆稳定的良好局面。

一、民族团结进步示范区建设稳步推进

云南省委、省政府把示范区建设作为推动云南少数民族和民族地区全面发展的战略机遇，出台了一系列差别化政策措施，因地制宜、因族施策，以点带面、示范引领，同步推动民族地区全面建成小康社会和示范区建设进程。实行示范区建设领导小组成员单位年度任务承诺制，2014年整合省级各部门项目资金1050亿元投入到民族地区，加大了对民族地区的投入支持力度。实施加快少数民族和民族地区发展、兴边富民、扶持人口较少民族发展等系列专项规划，实施民贸民品“十强百企”三年行动计划，政策、项目和资金投入持续向少数民族和民族地区倾斜，民族地区经济加快发展、社会民生持续改善、民族大团结局面更加巩固、平等团结互助和谐的社会主义民族关系日益深化，示范区建设取得了阶段性成效。

二、国民经济持续稳定增长

云南省委、省政府高度重视少数民族和民族地区发展，坚持“各民族都是一家人，一家人都要过上好日子”的信念，努力促进民族地区加快发展，民族地区主要经济指标增幅高于全省平均水平。据统计，2014年，民族自治地方实现生产总值5067.2亿元，比上年增长9.7%，高于全省平均水平1.6个百分点，其中：第一产业增加值1157.0亿元，第二产业增加值2119.0亿元，第三产业增加值1791.2亿元，分别比上年增长 6.5%、11.4%、9.1%，增幅分别高于全省平均0.3、2.3、1.7个百分点；人均GDP达到22004元，比上年增长9.1%，高于全省平均水平1.6个百分点；实现全部工业增加值1607.9亿元，比上年增长10.2%，高于全省平均水平3个百分点；社会消费品零售总额 1586.2 亿元，比上年增长13.3%，高于全省平均水平0.7个百分点；城镇居民人均可支配收入23242元，增长率略高于全省平均水平；农村居民人均可支配收入达到7390元，略低于全省平均水平，比上年增长15%，高于全省平均增速4.1个百分点。

三、农业经济保持良好发展态势

农村土地制度、集体林权、统筹城乡发展、水价水权、供销社等改革取得进展，农业产业结构不断优化，产业特色逐步显现，农业经济进一步发展。2014年农林牧渔业总产值达到1983.0亿元，比上年增长6.4%，高于全省0.2个百分点。粮食总产量达到1047.3万吨，比上年增产21万吨，增长2%，实现了连年增产；人均粮食产量455千克，比上年同期人均粮食产量增加8千克，比全省多59千克。特色农业健康发展，2014年水果产量484.8万吨，比上年同期增长4.9%，人均水果产量211千克，比上年增长9千克，比全省多82千克；蔬菜产量866.4万吨，比上年增长9.1%，人均蔬菜产量376千克，比去年同期增加29千克；烤烟产量49.9万吨，比上年同期减少7.8%；茶叶产量20.1万吨，比上年同期增长19.6%；油料产量27.7万吨，比上年同期增

长 2.6%；甘蔗产量 1587.4 万吨，比上年同期减少 1.1%；猪牛羊肉总产量 292.4 万吨，比上年同期增长 6.9%，人均猪牛羊肉产量 127 千克，比上年同期增加 8 千克。年末大牲畜存栏数 872.2 万头，比上年同期增加 15.8%。农产品质量安全水平稳定，没有发生重特大农产品质量安全事故。农业机械总动力达 1927.91816.4 万千瓦，比上年增长 6.1%。

四、基础设施建设步伐加快

2014 年，民族自治地方完成固定资产投资（不含农户）4719.2 亿元，比上年增长 27.2%，通过引入战略合作伙伴、设立铁路建设基金、组建港航投资公司等方式，多渠道筹措资金，有效改善了交通、水利、通信等基础设施条件。民族地区公路里程达 15.9 万公里，其中：高速公路达 0.2 万公里，等级公路达 10 万公里。乡镇通达率达 100%，通畅率达到 97%；建制村通达率达到 99%，通畅率达到 50% 以上。玉磨、祥临、弥蒙、叙毕（云南段）铁路项目建议书获得国家批复，丽香、保瑞铁路开工建设，蒙河铁路投入运营。楚广等高速公路建成通车，蒙文砚等 20 多条高速公路建设全面启动。泸沽湖、沧源、澜沧机场建设加快推进。金沙江中游库区航运基础综合建设项目开工。新开工建设一批骨干水源工程、“五小水利”工程，德厚、阿岗大型水库获国家立项。梨园、观音岩等在建重大水电项目进展顺利，骨干网架及送电通道建设加快。新增石油天然气干支管道 2200 多公里，五个州市开始通气用气。科技网络通讯加快发展，邮电业务总量达 156 亿元，比上年增长 7.6%，移动电话年末用户达 1657.6 万户，国际互联网络用户达 33.9 万户，比上年增加 3.9 万户。

五、民生进一步改善

财政支出重点向民生领域倾斜，推进社会保障扩面提标，城乡居民医保政府补助标准提高到每人每年 320 元，新型农村合作医疗参保人数 1827.3 万人，新农合参合率达 99%，比上年提高 1.8 个百分点，新型农村合作医疗费用支出 60.7 亿元，比上年增长 21.4%。初步建立统一的城乡居民基本养老保险制度，城乡养老服务设施建设加快。社会救助体系逐步完善，城镇居民最低生活保障人数 52.6 万人，城镇居民最低生活保障支出 16.8 亿元，比上年增长 15.8%；农村居民最低生活保障人数 285.6 万人，农村居民最低生活保障支出 42.1 亿元，比上年增长 14.7%；盈江、鲁甸、景谷地震发生后，落实“八包八保”等措施，全力保障群众基本生活，灾区生产生活秩序良好，恢复重建工作全面展开，群众生活安定、人心稳定。推进以人为核心的新型城镇化，有序转移农业人口，加快区域扶贫开发步伐，实施整村、整乡、整县、整州推进工程，减少农村扶贫对象。2014 年，民族地区贫困人口由 2013 年的 340 万人减少至 293.9 万人，贫困发生率由 2013 年的 17.8%下降为 15.6%，降低了 2.2 个百分点。

六、外向型经济快速发展

2014 年民族地区引进省外到位资金 2517.33 亿元，比上年同期增长 44.8%；实现进出口总额 115.7 亿美元，比上年同期增长 43.5%；接待国内外游客 1.5 亿人次，比上年同期增长 15.4%；实现国际旅游收入 14.8 亿美元，与上年同期持平，实现国内旅游收入 1245.2 亿元，比上年同期增长 27.7%。

七、财政金融运行持续向好

2014 年民族自治地方完成地方公共财政预算收入 423.3 亿元，比上年增长 19.0%，人均地方公共财政预算收入 1847 元，比上年同期增长 18.6%；完成地方公共财政预算支出 1597.8 亿元，比上年同期增长 15.9%，人均地方财政支出 6973 元，比上年同期增长 15.3%。民族自治地方金融机构各项存款余额为 5927.4 亿元，比年初增长 13.1%，其中：城乡居民储蓄存款年末余额 3215.6 亿元，比年初增长 14.3%；金融机构各项贷款余额 3562.3 亿元，比年初增长 11.2%。

（撰稿　易永红　审查　陈新华）

西藏自治区

2014 年是全区实施“十二五”规划的关键之年，自治区党委、政府团结带领各族人民，认真贯彻落实党的十八大、十八届三中、四中全会精神，深入贯彻落实科学发展观，贯彻落实习近平总书记系列重要讲话精神，坚持稳中求进的工作总基调，统筹推进，稳增长、调结构、促改革、惠民生，统筹做好改革发展稳定各项工作，经济运行呈现出“总体平稳、稳中有增、增中提质”的良好态势。

一、经济发展方面

全区生产总值达到 920.83 亿元，比上年增长 10.8%。全社会完成固定资产投资总额 1119.73 亿元，比上年增长 21.9%。城镇居民可支配收入达 22016 元，农牧民人均可支配收入达 7359 元，分别增长 7.9%和 12.3%。

农牧业形势持续向好。全年农作物种植面积 250.87 千公顷，比上年增加 2.3 千公顷。其中：青稞面积 125.19 千公顷，比上年增加 1.34 公顷；小麦面积 36.92 千公顷，减少 0.89 千公顷；油菜籽面积 24.36 千公顷，增加 0.02 千公顷；蔬菜面积 23.77 千公顷，减少 0.09 千公顷。全年实现粮食总产量 97.97 万吨，比上年增长 1.9%；油菜籽 6.34 万吨，增长 0.1%；蔬菜 68.21 万吨，增长 1.8%。

年末牲畜存栏总数 1861.44 万头（只、匹），比上年末减少 86.87 万头（只、匹）。其中：牛 594.16 万头，减少比上年 4.70 万头；羊 1189.51 万只，比上年减少 82.91 万只。全年猪牛羊肉产量达 28.62 万吨，比上年下降 2.0%；奶类产量 34.06 万吨，增长 4.8%。

基础设施建设取得新进展。主动作为、积极争取，狠抓项目前期工作和落地。全年全社会完成固定资产投资 1119.73 亿元，比上年增长 21.9%，落实中央投资 353 亿元、增长 30.3%，中央企业投资 100 亿元、增长 58.7%，民间投资 300 亿元、增长 30.6%，项目带动成效显著。“十二五”规划投资累计完成 74.1%，项目完工 63 个、在建 148 个。拉日铁路通车运营，拉林铁路控制性工程开工建设，标志着全区步入铁路建设的新时代。拉林高等级公路开工路段完成工程总量的 75%以上，米林机场至八一镇专用公路、嘎拉山隧道和雅江特大桥改扩建工程加快实施，新增通油路县 3 个、通油路乡镇 36 个。全区公路建设完成投资 161 亿元、增长 24%，新增公路通车里程 4332 公里。川藏电力联网工程建成投运，结束了昌都缺点和电网孤网运行的历史，为国家清洁能源基地建设打下了基础。藏木水电站 2 台机组、旁多水利枢纽 4 台机组发电，多布、果多、羊易电站加快建设。无电地区电力建设、农网升级改造稳步推进。全区电力装机总容量达 169.7 万千万、增长 32.4%。雅鲁藏布江中游书店规划和环评通过国家审查，拉洛水利枢纽和雅砻、恰央等重点水库开工建设。

民生持续改善。把保障和改善民生放在突出位置，强化民生先动，以民生“十件实事”为抓手，用真心、动真情、出真招，围绕提标扩面，投入 71 亿元，全面落实 18 项民生政策，新增 11 项惠民举措。全年新增就业 4.3 万人，农牧区转移就业 98.5 万人次。城乡居民基本养老制度合并实施，各项社会保险参保人员达 260.6 万人次。先后两次提高城乡居民最低生活保障标准，近 37 万城乡低收入居民基本生活得到有效保障。“双集中”爱心工程顺利推进，72%有意愿的五保对象实现集中供养，5900 多名孤儿得到有效救助。利寺惠僧政策全面落实，基本解决了寺庙饮水安全问题，维修改造僧舍 2.93 万间。新开工保障性安居工程 7.2 万套，9.47 万人住房条件得到改善。第三批强基惠民活动投入资金 7.4 亿元，实施项目 8685 个。拉萨城市供暖工程基本完成。

工业经济平稳。全年工业实现增加值 66.16 亿元，比上年增长 9.3%。规模以上工业企业实现增加值 48.87 亿元，比上年增长 6.0%。其中：轻工业实现增加值 18.87 亿元，增长 18.3%；重工业实现增加值 30.00 亿元，与上年持平。全年规模以上工业企业实现利润总额 12.44 亿元，比上年增长 89.2%。国有控股企业全年亏损 4.70 亿元，比上年下降 4.2%。全年规模以上工业企业完成水泥产量 342.25 万吨，闭上年增长 15.7%；发电量 20.05 亿千瓦时，下降 9.0%；中成药（藏医药）1515 吨，下降 10.1%；自来水 12257 万吨，增长 8.7%；瓶（罐）装饮用水 11.45 万吨，增长 38.0%；铬矿石 9.11 万吨，下降 23.0%。全年建筑业实现增加值 270.68 亿元，比上年增长 16.8%。

以旅游业为龙头的服务业加快发展。经国务院批准，文化部、国家旅游局和自治区政府共同举办首届中国西藏旅游文化国际博览会，打响了“人间圣地•天上西藏”品牌，搭建了西藏旅游文化开放合作交流的综合性高端国际平台。

全年接待游客 1553.14 万人次，实现旅游总收入 204 亿元，分别增长 20.3%和 23.5%。全年公路完成客运量 1408 万人次、货运总量 1871 万吨，分别增长 6.2%、5.2%；铁路客运量 211.41 万人次，增长 1.3%，货运量 508.71 万吨，下降 2.1%；航空旅客吞吐量 315.14 万人次、货运量 2.46 万吨，分别增长 14.2%、9.8%。通信业务总量 45 亿元，邮政业务收入 4 亿元。房地产市场健康发展。电子商务等现代服务业不断发展壮大。社会消费品零售总额完成 364.51 亿元，增长 13.1%。

生态环境保护力度不断加大。广泛开展生态文明宣讲活动，开展以涉矿企业、城镇生活垃圾、农村公路建设为重点的环保专项行动。出台实施自治区大气污染防治行动计划和水资源管理、县域环境保护考核等制度，落实环境保护与财政转移支付挂钩的奖惩机制。编制完成“两江四河”流域造林绿化工程规划，植树造林 124 万亩。国家级重点生态功能区增至 18 个县。启动雅鲁藏布江、拉萨河源头国家重要生态功能保护区项目。落实草原生态保护补助奖励、森林生态效益补偿资金 28.8 亿元。新建城镇垃圾填埋场、污水处理厂、医废集中处置中心等项目。淘汰黄标车、老旧车 3824 辆，圆满完成国家下达任务。实施最严格的环境保护制度，主要污染物排放控制在国家核定范围内，全区生态环境持续良好，水和空气质量处于全国前列。林芝、山南被批准为国家生态文明先行示范区，拉萨市被评为国家环境保护模范城市。

改革开放不断推进。加大简政放权力度，减少区中直部门审批项目 54%。扎实推进商事登记制度改革，实施“先照后证”，全区市场主体达 14.6 万户、增长 8.7%。白朗等 4 个自治区农村改革试验区全面启动。开展农村宅基地和集体土地所有权确权登记发证试点。深化电价、燃气价格改革。“营改增”扩面、资源税从价计征和社会领域各项改革全面推进。

年末全区存贷款余额分别突破 3000 亿元、1600 亿元，比年初增长 23.5%、50.2%。涉农、中小微企业贷款超额完成目标任务，扶贫贴息贷款增长一倍以上。灵康药业、华钰矿业首发上市进入审核阶段。保险业稳步发展。

对口支援和招商引资成效明显。中央对口支援西藏工作 20 周年电视电话会议进一步明确了援藏工作的新举措，20 年累计落实援藏资金 260 亿元、项目 7615 个，援藏干部和专业技术人员达 6000 多名，为全区改革发展稳定作出了重要贡献。全年完成援藏投资 36 亿元，建设项目 695 个，援藏力度和效益不断提升。

出台特色优势产业目录，招商引资到位资金 284 亿元，项目 540 个。首届藏博会签约项目 33 个、合同总额 387 亿元。吉隆口岸实现中尼双边开放，中国西藏—尼泊尔经贸洽谈会升格为国家级。自治区政府代表团成功出访尼泊尔，签约项目资金 5 亿美元。全区与尼泊尔合作成立喜马拉雅航空公司，为西藏航空业进入国际市场开辟了广阔空间。涉藏外事外宣工作取得积极成果。

二、社会发展发面

教育、医疗卫生事业优先发展。义务教育均衡发展步伐加快，新增幼儿园 109 所，改扩建义务教育薄弱学校 350 所，拉萨教育城投入使用，类乌齐、普兰等 6 县通过县域义务教育均衡发展评估验收，农牧民子女高考和内地班录取比例分别达到 71.8%、70%。卫生计生服务能力不断提高，自治区第三人民医院等一批重点项目建成启用，新增卫生计生人员 1009 名，出生缺陷一级干预试点县扩大到 24 个，孕产妇住院分娩率达 85%，藏医药发展大会的成功召开有力推动了藏医药事业发展。文化事业繁荣发展，692 个乡镇综合文化站和 39 个民间艺术团排练场全面建成，广播电视人口综合覆盖率分别达 94.78%、95.91%，第一次可移动文物普查成效显著。第十一届全区运动会成功举办。

科技文化体育事业加快发展。科技应用能力逐步增强，建设重点实验室、科技试验示范基地、科技示范园区 45 个，青稞育种和牦牛改良国家重点实验室培育基地建成，行政村科技特派员覆盖率达 90%，青稞牧草害虫防控技术获国家科技进步二等奖。人才强区战略深入实施，扎实推进中央支持西藏的 12 项重点工程，为基层补充各类人才 1.1 万名，接收 20 名博士服务团成员和 2000 名西部计划志愿者进藏服务，西藏大学招收首届博士研究生，首次评选表彰 25 名自治区工艺美术大师、20 名自治区名藏医，1 人获评第二届"国医大师"。

社会保障力度加大。全年新增就业 4.3 万人，农牧区转移就业 98.5 万人次。城乡居民基本养老制度合并实施，各项社会保险参保人员达 260.6 万人次。先后两次提高城乡居民最低生活保障标准，近 37 万城乡低收入居民基本生活得到有效保障。"双集中"爱心工程顺利推进，72%有意愿的五保对象实现集中供养，5900 多名孤儿得到有效救助。利寺惠僧政策全面落实，基本解决了寺庙饮水安全问题，维修改造僧舍 2.93 万间。新开工保障性安居工程 7.2 万套，9.47 万人住房条件得到改善。第三批强基惠民活动投入资金 7.4 亿元，实施项目 8685 个。拉萨城市供暖工程基本完成。

完善社会治理体系。着力推动社会治理体系和治理能力现代化，平安西藏建设扎实推进。深入开展反分裂斗争，全面落实十项维稳措施，严密防范、严厉打击十四世达赖集团渗透破坏活动。城镇网格化管理水平不断提高，先进双联户创建评选工作进一步深化，干部驻村驻寺深入推进。创新寺庙管理，平安和谐寺庙创建活动深入开展，"塔尔钦"等大型宗教活动安全圆满。全面贯彻党的民族政策，扎实开展民族团结宣传教育，22 个单位、33 名个人被评为全国民族团结进步模范。实施兴边富民项目 870 个，加快了人口较少民族聚居区发展。各民族交往交流交融日益深入，平等、团结、互助、和谐的社会主义民族关系进一步巩固。社区矫正工作全面推开，信访、调解、仲裁等排查调处工作不断加强。刑事案件、治安案件发案数持续下降，综治考评首次进入全国优秀行列，西藏各族群众的安全感、拉萨市公共安全感位居全国前列。国防动员工作得到加强，军政军民团结，军民共建共创共保活动扎实推进。统计、社科、地勘、地震、气象、测绘、人防等工作又有新进展。经国务院批准，日喀则、昌都撤地设市。

三、民族工作方面

认真贯彻执行党的民族政策，全面贯彻落实党的十八大和十八届三中、四中全会精神，贯彻落实中央第五次西藏工作座谈会精神，坚持以邓小平理论、"三个代表"重要思想、科学发展观为指导，贯彻落实习近平总书记系列重要讲话精神、关于西藏工作的重要指示精神、特别是"治国必治边、治边先稳藏"的重要战略思想，贯彻落实俞正声主席"依法治藏、长期建藏"的指示要求，坚持走有中国特色、西藏特点的发展路子，认真执行中央的宏观经济政策，按照区党委八届五次全委会和全区经济工作会议的部署，坚持稳中求进工作总基调，把改革创新贯穿于经济社会发展各个领域各个环节，统筹稳增长、调结构、促改革，着力激发市场活力，加强基本公共服务，切实保障和改善民生，促进经济持续健康发展，保持社会大局持续和谐稳定，确保生态环境持续良好。

（一）始终坚持把发展作为民族工作的出发点和落脚点。发展是解决西藏所有问题的关键。坚决贯彻中央关于西藏工作的指导思想，着力围绕经济建设这个中心，抓好发展稳定这两件大事；坚决贯彻自治区党委的决策部署，积极推动跨越式发展和长治久安，着力建设富裕、和谐、法制、文明、美丽的新西藏；坚决执行人民代表大会的各项决议，坚持民族区域自治制度，坚持走有中国特色、西藏特点的发展路子，着力让各族人民过上更加幸福的生活；坚持以实施强边固边、兴边富民战略为核心，着力抓好边境地区的发展稳定。

（二）始终坚持把改善民生作为民族工作的着力点和关键点。在发展经济的基础上不断提高人民生活水平，是西藏各项工作的出发点和落脚点。坚持富民兴藏战略，积极推进社会事业全面发展，着力提高公共服务水平；坚持树立群众观念，积极为群众办好十个方面实事，着力解决各族群众最关心、最直接、最现实的利益问题；大力开展扶贫工作、兴边富民行动，扶持人口较少民族发展，着力解决边境地区、贫困农牧民群众、人口较少民族等特殊群体的特殊困难，着力让改革开放成果惠及全区各族群众。

（三）始终坚持把稳定作为民族工作的根本基础。社会稳定是西藏发展的前提和保障。牢固树立稳定压倒一切的思想，始终把维护稳定作为硬任务和第一责任，立足抓早抓小抓快抓好，全面落实好自治区党委出台的一系列维稳措施，构建维护稳定的长效机制，坚决防范和抵制西方敌对势力的渗透破坏活动，深入开展反对达赖集团分裂祖国活动的斗争，彻底粉碎一切破坏西藏稳定、危害祖国统一的图谋；深入开展爱国主义、社会主义和民族团结进步等教育，进一步筑牢反对分裂、维护稳定的社会根基；积极做好新形势下的群众工作，最大限度地团结一切可以团结的力量，努力从源头预防和减少社会矛盾；大力开展形式多样的双拥共建活动，不断巩固和发展军政军民团结。

（四）始终坚持把团结作为民族工作的重大主题。民族团结是西藏各族人民的生命线，始终把团结作为民族工作的重大主题，大力推进民族团结进步事业，着力把西藏建设成为各民族共同团结进步、共同繁荣发展的典范，以各民族的大团结确保实现西藏的跨越式发展和长治久安；始终坚持和完善党的民族理论政策，坚持完善民族区域自治制度，坚持各民族共同团结奋斗、共同繁荣发展，大力推进各民族交往交流，积极促进各族人民和睦相处、和衷共济、和谐发展。广泛开展民族团结宣传教育活动，扎实推进民族团结教育进机关、进学校、进企业、进乡村、进单位、进社区、进寺庙、进军营，不断夯实民族团结思想基础；大力推进民族团结进步创建活动，扎实开展试点工作，从 2012 年起每年开展一次民族团结进步模范表彰大会，工作推进的力度全国罕见。

（五）始终坚持把宗教作为民族工作的重要内容。宗教和睦是西藏发展的关键，是民族团结的重要内容。全面贯彻党的宗教工作基本方针和国家管理宗教事务的法律法规，依法保护正常宗教活动，依法管理宗教事务，维护宗教团体、宗教活动场所以及宗教界人士和信教群众的合法权益；把寺庙作为基本的社会组织，建立健全寺庙管理长效机制，实现了寺庙管理组织全覆盖和干部驻寺常态化，把寺庙管理权牢牢掌握在党和政府手中；把广大僧尼作为公民和朋友，加强利寺惠僧措施的落实，使寺庙僧尼一同享有社会公共保障服务，进一步密切寺庙僧尼与党和政府的关系；进一步深化“一个创建”，强化“一个教育”，实施“一个工程”，充分调动广大僧尼爱国守法的积极性；深入开展寺庙爱国主义教育，推动教规教义阐释工作，积极引导宗教与社会主义社会相适应，充分发挥宗教界人士和群众建设社会主义的积极性。

（六）始终坚持把法制作为民族工作的重要保障。民主法治是民族和谐的基础和保障。严格按照法定权限和程序行使职权、履行职责，自觉接受人大的监督，及时办理好人大代表议案；严格规范执法行为，严格行政执法责任制和过错追究制；积极接受司法监督、舆论监督和社会监督，加强行政监督和行政问责，确保行政权力阳光运行；进一步健全政务服务平台，不断提升政务服务规范化、信息化、高效化水平；以“六五”普法为契机，大力加强法制宣传教育，不断提高广大公务员特别是领导干部的法律素养，坚决做到依法决策、依法行政、依法管理。

我们始终坚持高举民族团结的旗帜，把民族工作作为事关全区大局的大事来抓，正确处理发展改革稳定的关系，紧紧围绕发展稳定两件大事，开拓创新，真抓实干，加快推进跨越式发展和长治久安，确保完成攻坚之年各项任务，为到 2020 年同全国一道全面实现小康社会的宏伟目标奠定更加坚实的基础。

（撰稿　洛桑群佩　审稿　金　美）

甘肃省

2014 年，在省委、省政府的正确领导下，甘肃民族自治地方以党的十八大、十八届三中、四中全会精神为指导，认真贯彻落实党中央和省委、省政府关于民族工作的一系列重大决策部署，始终把加快民族自治地方经济社会发展作为工作的重中之重，民族自治地方保持了经济快速增长、固定资产投资大幅增加、农业经济健康发展、社会事业长足进步的良好势态，有力地助推了民族自治地方经济持续健康发展。

一、经济保持快速增长势头

全年民族自治地方实现生产总值 475 亿元，比上年增长 12.4%。其中，第一产业完成增加值 78 亿元，比上年增长 6.6%；第二产业完成增加值 161 亿元，比上年下降 4.7%；第三产业完成增加值 237 亿元，比上年增长 27%。人均生产总值达到 15369 元。

二、农业经济稳步增长

全年民族自治地方实现农业总产值 119 亿元，较上年增长 7%。农作物总播种面积达到 290 千公顷，粮食总产量为 109.6 万吨，比上年增长 8.6%。油料产量为 8.9 万吨，比上年下降 4.3%。年底大牲畜存栏数达到 206 万头，比上年增长 36%；羊存栏达到 586 万只，猪存栏达到 57.8 万只，肉类总产量达到 16 万吨。

三、固定资产投资大幅增加

全年民族自治地方全社会固定资产投资完成额达到 744 亿元，比上年增长 24%。其中：固定资产投资（不含农户）达到 550 亿元，全社会固定资产投资新增固定资产达到 373 亿元，固定资产大幅增加，有力主推了民族自治地方经济加快发展。

四、地方财政收入不断增加

全年民族自治地方财政总收入达到 63.4 亿元，公共财政预算收入达到 36 亿元，比上年增长 14%；地方财政支出达到 342 亿元，比上年增长 5.2%。其中：一般公共服务支出达到 74.9 亿元，教育、科学技术、社会保障等方面支出均大幅增加。

五、地方贸易平稳发展

全年完成社会消费品零售总额 136 亿元，比上年增长 18.9%。其中：批发和零售业达到 99.3 亿元，比上年增长 2.2%；住宿和餐饮业零售额 30.6 亿元，下降 38%。总体而言，消费品市场能够在宏观经济下行压力影响下稳中有增，实现平稳发展。

六、人民生活水平稳步提高

全年城镇居民可支配收入达到 15132 元，比上年增加 426 元，增长 2.9%；平均每人消费支出达到 12203 元。农牧民人均纯收入 4676 元，比上年增加 646，增长 16%。民族自治地方城镇居民可支配和农牧民人均纯收入虽有增长，但总体上仍低于全省平均水平。

七、教育事业全面发展

2014 年，，民族自治地方共有普通高等学校 1 所，全年招收本科、专科学生生 10802 人，在校教职人数达到 637 人，其中，专任教师 490 人。普通中学达到 193 所，比上年增加 3 所，在校学生人数达到 18.3 万人。中等职业学校达到 19 所，在校学生人数 9083 人。普通小学 1941 所，在校学生达到 28.4 万人，民族自治地方全年教育经费支出 53 亿元。

八、医疗卫生水平显著提高

2014 年，民族自治地方卫生机构数达到 3370 个，医院、卫生院总数达到 368 个，其中，卫生院数达到 296 个，增加 83 个；村卫生室达到 2305 所，比上年增加 534 所。卫生机构床位数达到 13238 张，医院、卫生院床位数达到 11881 张，其中，卫生院床位数达到 3407 张。卫生机构人数 20790 人，比上年增长 45%；其中，卫生技术人员数 12739 人，比上年增长 14.8%；执业（助理）医生数达到 6161 人，比上年增长 7.8%。民族自治地方医疗基础设施建设明显加快，医疗水平不断提高，医疗服务体系进一步完善。

九、社会保障体系逐步完善

2014 年，民族自治地方城镇居民最低生活保障人数达到 19.6 万人，城镇居民最低生活保障支出达到 4.8 亿元；农村居民最低生活保障人数达到 77.2 万人，农村居民最低生活保障支出达到 7.9 亿元。建立城镇社区服务设施 26 个。新型农村合作医疗参加人数达到 260 万人，新型农村合作医疗费用支出达到 10 亿元，实现了新型农村合作医疗全覆盖。

（撰稿　孔庆斌　审稿　王宇卫）

青海省

2014 年，面对经济下行压力增大、市场需求持续走弱的不利局面，省委、省政府准确研判，积极作为，主动适应经济发展新常态，抓好国家重大决策部署的贯彻落实，针对全省经济发展实际，实施一系列改革政策和配套措施，着力解决经济运行中出现的新问题、新矛盾。全年全省经济呈现出增长平稳、结构优化、质量提升、民生改善的良好态势。

一、综合

全年自治州县生产总值（当年价格）1227.23 亿元，按可比价格计算，比上年增长 5.8%。分产业看，第一产业 175.78 亿元，增长 7.0%；第二产业 738.36 亿元，增长 4.7%；第三产业 313.09 亿元，增长 8.2%。

全年全省公共财政预算收入 385.47 亿元，比上年增长 4.6%。其中，地方公共财政预算收入 252.03 亿元，增长 12.3%。全省公共财政预算支出 1365.98 亿元，比上年增长 9.2%。其中，教育支出增长 28.3%，科学技术支出增长 22.8%，文化体育与传媒支出增长 32.0%，医疗卫生与计划生育支出增长 16.9%，农林水支出增长 19.1%，城乡社区支出增长 9.2%，住房保障支出增长 8.1%，交通运输支出增长 3.4%，一般公共服务支出增长 3.2%，资源勘探信息等支出增长 16.6%。

全年全省居民消费价格总水平比上年上涨 2.8%。其中，城市上涨 2.9%，农村上涨 2.6%。

农业生产资料价格比上年下降 0.2%。工业生产者出厂价格下降 3.9%，工业生产者购进价格下降 2.4%。固定资产投资价格上涨 0.9%。

二、种植业和畜牧业

全年农作物总播种面积 553.70 千公顷，比上年减少 2.07 千公顷。粮食作物播种面积 280.10 千公顷，比上年增加 0.13 千公顷。其中，小麦 88.58 千公顷，减少 6.84 千公顷；马铃薯 92.90 千公顷，减少 0.78 千公顷；玉米 27.00 千公顷，增加 3.71 千公顷；青稞 43.48 千公顷，增加 4.15 千公顷；豆类 27.03 千公顷，减少 0.11 千公顷。经济作物播种面积 174.97 千公顷，比上年减少 6.45 千公顷。其中，油料 150.88 千公顷，减少 7.48 千公顷；枸杞 22.57 千公顷，增加 0.87 千公顷。蔬菜及食用菌播种面积 48.30 千公顷，比上年减少 2.25 千公顷。全年粮食产量 104.81 万吨，比上年增长 2.4%，2008 年以来连续七年超过百万吨。

全年全省育活仔畜 758.82 万头（只），比上年增长 1.5%；成幼畜死亡 26.20 万头（只），比上年下降 38.3%，成幼畜死亡率 1.4%，比上年下降 0.9 个百分点。年末草食畜存栏 1941.81 万头（只），比上年末下降 0.2%；全年肉用畜出栏 750.23 万头（只），增长 2.5%；牲畜出栏率 43.0%，提高 1.6 个百分点；牲畜商品率 36.1%，提高 1.4 个百分点。

三、工业和建筑业

全年全省全部工业增加值 953.88 亿元，按可比价格计算，比上年增长 8.8%。规模以上工业增加值比上年增长 9.1%，其中，非公有工业增加值增长 12.5%。按轻、重工业分，轻工业增加值增长 30%，重工业增加值增长 5.9%。按经济类型分，国有企业增加值下降 15.5%，集体企业增加值下降 23.3%，股份制企业增加值增长 9.7%，外商及港澳台投资企业增加值增长 19.9%。按门类分，采矿业增加值下降 8.9%，制造业增加值增长 17.2%，电力、燃气及水的生产和供应业增加值增长 5.5%。

全年全省规模以上工业 36 个行业中，26 个行业增加值比上年增长。

工业十大优势产业中，新能源产业增加值比上年增长 82.8%、生物产业增长 44.0%、装备制造业增长 30%、新材料产业增长 21.1%、盐湖化工产业增长 18.4%、有色金属产业增长 16.4%、轻工纺织业增长 14.9%、油气化工产业增长 9.5%、钢铁产业下降 0.4%、煤化工产业下降 27.5%。

高技术产业增加值比上年增长 36.8%，占规模以上工业增加值的 4.7%，比重比上年提高 1.1 个百分点。

资源类行业增加值比上年下降 8.9%，占规模以上工业增加值的 23.5%，比重比上年下降 4.7 个百分点。

全年规模以上工业企业产品销售率为 94.9%，比上年提高 2.6 个百分点。规模以上工业企业实现利润 98.91 亿元，比上年下降 31.2%。其中，股份制企业实现利润 89.55 亿元，下降 29.2%；国有企业实现利润 0.71 亿元，下降 93.5%；外商及港澳台投资企业实现利润 8.18 亿元，增长 56.9%。

全年全省建筑业增加值 278.23 亿元，按可比价格计算，比上年增长 15.2%。注册地在省内的具有资质等级的总承包和专业承包建筑企业 429 个，实现利润 8.33 亿元。

四、固定资产投资

全年全省完成全社会固定资产投资 2908.71 亿元，比上年增长 21.0%。按投资类型分，国有及国有控股投资 1639.93 亿元，增长 21.5%；民间投资 1240.12 亿元，增长 21.5%；港澳台及外商投资 28.67 亿元，下降 12.2%。按产业分，第一产业投资 139.46 亿元，增长 27.6%；第二产业投资 1283.56 亿元，增长 10.4%，其中工业投资 1205.30 亿元，增长 12.0%；第三产业投资 1485.69 亿元，增长 31.3%。全年基础设施投资 1021.41 亿元，增长 47.5%。

全年全省房地产开发投资 308.27 亿元，比上年增长 24.5%。其中，商品住宅投资 190.67 亿元，增长 19.4%（其中 90 平米以下住宅投资增长 74.8%）；商业营业用房投资 64.28 亿元，增长 44.5%。

五、国内外贸易

全年全省社会消费品零售总额 614.61 亿元，比上年增长 13.0%。按经营地分，城镇消费品零售额 534.09 亿元，增长 13.1%；乡村消费品零售额 80.52 亿元，增长 12.1%。

在限额以上批发零售企业商品零售额中，粮油、食品、饮料、烟酒类零售额比上年增长 4.0%（其中，服装、鞋帽、针纺织品类增长 12.1%，化妆品类增长 13.8%，中西药品类增长 21.2%，石油及制品类增长 7.2%，汽车类增长 13.6%；金银珠宝类下降 2.8%，电子出版物及音像制品类下降 5.9%）。

全年全省货物进出口总额 171896 万美元，比上年增长 22.5%。其中，出口额 112833 万美元，增长 33.2%；进口额 59063 万美元，增长 6.3%。

六、交通、邮电和旅游

年末全省铁路营运里程 2074 公里，比上年末增加 218 公里，其中高速铁路 218 公里；公路通车里程 72703 公里，比上年末增加 2586 公里，其中高速公路 1719 公里，增加 491 公里；民航通航里程 92536 公里，增加 29716 公里。

年末全省民用汽车保有量 69.67 万辆，比上年末增长 13.9%，其中私人汽车保有量 55.89 万辆，增长 19.0%。民用轿车保有量 34.15 万辆，增长 23.2%，其中私人轿车 29.08 万辆，增长 25.8%。

全年邮电业务总量 80.80 亿元，比上年增长 21.5%。其中，邮政业务量 3.54 亿元，增长 20.3%；电信业务量 77.26 亿元，增长 21.5%。全年快递业务量 579.82 万件，比上年增长 38.9%；快递业务收入 1.54 亿元，增长 29.7%。年末移动电话用户 543.99 万户，比上年末增长 0.3%，其中 3G 移动电话用户 244.70 万户，增长 32.8%；固定电话用户 100.15 万户，下降 1.6%。电话普及率 111.48 部/百人。互联网上网人数 388.64 万人，比上年末增长 3.1%，其中手机上网人数 310.66 万人，增长 0.9%。互联网普及率 67.3%，比上年提高 1.5 个百分点。

全年接待国内外游客 2005.58 万人次，比上年增长 12.6%。其中，国内游客 2000.43 万人次，增长 12.6%；入境游客 5.15 万人次，增长 10.7%。旅游总收入 201.9 亿元，增长 27.3%。其中，国内旅游收入 200.31 亿元，增长 27.3%；旅游外汇收入 2574.35 万美元，增长 32.6%。

七、金融

年末全省金融机构人民币各项存款余额 4529.87 亿元，比年初增加 427.32 亿元，同比少增加 146.84 亿元，同比增长 10.4%。金融机构人民币各项贷款余额 4171.73 亿元，比年初增加 769.06 亿元，同比多增加 165.97 亿元，同比增长 22.8%。其中中长期贷款余额 3035.96 亿元，增长 25.7%。消费贷款余额 192.36 亿元，同比增长 33.6%。

八、人民生活和社会保障

全年全省城镇常住居民人均可支配收入 22306.57 元，比上年增长 9.6%。其中，人均工资性收入 15283.47 元，比上年增长 7.1%；人均经营净收入 1699.38 元，增长 40.8%；人均财产净收入 1159.63 元，增长 10.3%；人均转移净收入 4164.10 元，增长 8.8%。城镇常住居民人均生活消费支出 17492.89 元，比上年增长 7.8%。

全年全省农村常住居民人均可支配收入 7282.73 元，比上年增长 12.7%。其中，人均工资性收入 2041.42 元，增长 15.1%；人均经营净收入 3021.39 元，增长 8.4%；人均财产净收入 287.78 元，增长 1.2 倍；人均转移净收入 1932.13 元，增长 9.4%。农村常住居民人均生活消费支出 8235.14 元，比上年增长 9.7%。

年末全省养老保险参保人数 319.19 万人。其中，企业职工及离退休人员养老保险参保人数 94.57 万人，比上年末增加 4.27 万人；城乡居民基本养老保险参保人数 224.62 万人。全省医疗保险参保人数 559.41 万人，比上年末增加 15.43 万人。其中，单位职工及离退休人员医疗保险参保人数 93.3 万人，增加 3.6 万人；城镇居民基本医疗保险参保人数 97.15 万人，增加 5.54 万人；参加农村新型合作医疗人数 368.96 万人，增加 6.29 万人。全省失业保险参保人数 39.31 万人，比上年末增加 0.8 万人，其中农民工参保人数 0.37 万人。全省工伤保险参保人数 54.69 万人，比上年末增加 2.43 万人，其中农民工参保人数 6.13 万人。全省生育保险参保人数 45.95 万人，比上年末增加 3.13 万人。

年末全省享受城市最低生活保障的居民 20.3 万人，享受农村最低生活保障的农牧民 37.2 万人。

年末全省实有贫困人口 53.97 万人，当年减少贫困人口 20.9 万人。

九、教育和科学技术

全年全省学龄儿童入学率 99. 7%，与上年持平；普通初中毛入学率 110.6%，比上年下降 1.6 个百分点。全年全省研究生教育招生 1083 人，在学研究生 3035 人，毕业生 821 人。普通高等教育招生 2.28 万人，在校生 6.75 万人，毕业生 1.77 万人。中等职业教育招生 2.73 万人，在校生 7.72 万人，毕业生 2.01 万人。普通高中招生 3.92 万人，在校生 11.35 万人，毕业生 3.24 万人。初中学校招生 7.36 万人，在校生 21.20 万人，毕业生 6.17 万人。普通小学招生 7.63 万人，在校生 46.11 万人，毕业生 7.81 万人。特殊教育招生 397 人，在校生 2250 人，毕业生 190 人。幼儿园在园幼儿 17.50 万人。

全年全省取得省部级以上科技成果 402 项，比上年增加 67 项，其中，基础理论成果 50 项，应用技术成果 338 项，软科学成果 14 项。专利申请 1534 件，比上年增加 435 件，其中发明专利申请 660 件，增加 140 件。专利授权 619 件，比上年增加 117 件，其中发明专利授权 110 件，增加 19 件。签订技术合同 805 项，成交金额 35.4 亿元，比上年增长 31.6%。全省共有天气雷达观测站点 11 个，县级以上卫星云图接收站点 52 个，地震遥测台网 3 个。

十、文化、卫生和体育

年末全省有艺术表演团体 13 个；文化馆 46 个，公共图书馆 49 个，博物馆 22 个，档案馆 55 个；广播电台 3 座，广播综合人口覆盖率 97.0%，比上年末提高 1.3 个百分点；电视台 8 座，有线电视用户 70 万户，电视综合人口覆盖率 97.5%，比上年末提高 0.6 个百分点。全年出版杂志 384 万册、报纸 12251 万份、图书 1213 万册（张），其中少数民族文字图书 384 万册（张）。

年末全省有卫生机构 1721 个，床位 3.30 万张。

其中，医院 185 个，床位 2.69 万张；卫生院 404 个，床位 4234 张；社区卫生服务中心（站）167 个；疾病预防控制中心（防疫站）56 个；妇幼保健院（所、站）52 个。卫生人员 3.84 万人，其中，执业医师 1.21 万人，注册护士 1.24 万人。

年末全省有等级运动员 149 人，其中，国际级运动健将 1 人，国家级运动健将 4 人，一级运动员 65 人，二级运动员 79 人。全年销售体育彩票 9.85 亿元。

十一、资源、环境和安全生产

年末全省自然保护区 11 个，面积 2177 万公顷，其中，国家级自然保护区 7 个，面积 2074 万公顷。森林面积 441.23 万公顷，森林覆盖率 6.1%。湿地面积 814.36 万公顷，其中自然湿地面积 800.1 万公顷。国家重点公益林管护面积 496.09 万公顷，天然林保护面积 367.8 万公顷。全年全民义务植树 1500 万株。当年治理水土流失面积 25.55 千公顷。

全年全省各类生产安全事故死亡 311 人，比上年减少 53 人。交通事故 1029 起，比上年减少 36 起，死亡 532 人。

（撰稿　赵雁兴　　审稿　董富海）

宁夏回族自治区

2014 年，面对错综复杂的形势和不断加大的经济下行压力，宁夏自治区党委、政府团结带领全区回汉各族干部群众，认真贯彻中央决策部署，坚持稳中求进工作总基调，着力稳增长、促改革、调结构、惠民生各项工作，积极应对、化解各种不利因素，狠抓产业发展、项目建设和民生改善，稳步推进各项改革，经济社会发展实现了“缓中趋稳、逐步回升”的态势。

一、全年经济运行情况

（一）经济运行总体平稳

2014 年全区实现生产总值 2752.1 亿元，比上年增长 8%。其中，第一产业增加值 216.84 亿元，增长 5.4%；第二产业增加值 1343.13 亿元，增长 9.2%；第三产业增加值 1192.13 亿元，增长 6.9%。地方公共财政预算收入 339.81 亿元，增长 10.2%。全社会固定资产投资 3220.98 亿元，增长 19.4%。社会消费品零售总额 673.22 亿元，增长 10.3%。城镇登记失业率 4.02%，居民消费价格总水平比上年上涨 1.9%。

（二）结构调整加快推进

1.工业向“高轻新”方向发展。打造宁东升级版，努力延伸煤化工产业链，宁东基地成为全国最大的煤基烯烃生产基地。深入推进新能源综合示范区建设，新增风电装机 120 万千瓦、光伏发电装机 60 万千瓦，新能源装机比重比上年提高 5.4 个百分点。轻工业生产和效益“双增长”，加快建设宁夏生态纺织示范园、吴忠清真产业园。六大高耗能行业比重下降到 54.4%，轻工业比重提高到 14.6%；万元生产总值能耗下降 3.4%，主要污染物排放完成国家下达任务。实现工业增加值 973.5 亿元，增长 8.3%。

2.现代服务业加快发展。银川市信息消费城市试点全面启动，西部云计算基地、银川中兴大数据中心开工建设；智慧政务、智慧民生和智慧城市建设深入推进。多元化融资成果丰硕，新引进和组建金融机构 16 家，有 68 家企业在“新三板”和区域性股权交易中心挂牌。发行各类债券融资 199 亿元，中银绒业等 4 家上市公司实现再融资 42.4 亿元。金融机构人民币存款余额 4209.06 亿元，贷款余额 4578.49 亿元，分别增长 8.8%和 17.1%。旅游业发展势头良好，接待国内外游客 1675 万人次，增长 9%，实现旅游总收入 142.7 亿元，增长 14.7%。房地产销售面积和销售额分别增长 7.7%和 4.8%。实现社会消费品零售总额 673.22 亿元，增长 10.3%。

3.特色农业不断壮大。银北地区百万亩盐碱地改良完成 20 万亩，新增高效节水灌溉 30 万亩、旱作基本农田 20 万亩，建设高标准农田 50 万亩。粮食播种面积 1157 万亩，总产 377.9 万吨，实现“十一连丰”。葡萄、枸杞、草畜、瓜菜园艺四大产业集约化、规模化水平进一步提高。酿酒葡萄、枸杞、瓜菜种植面积分别达到 51 万亩、85 万亩和 305 万亩；新建奶牛、肉牛、肉羊标准化养殖场 71 个、90 个和 247 个，畜牧业增加值比重提高 1.3 个百分点。全区家庭农场达到 1230 家，农民合作社达到 4200 家，农产品加工龙头企业达到 650 家。特色产业占农业总产值比重达到 85.5%，农产品加工转化率 58%，农业科技进步贡献率 56%。

（三）投资保持较快增长

神华宁煤 400 万吨煤制油、河东国际机场三期扩建、干武铁路增建二线、西吉至毛家沟公路、中南部城乡饮水水源及连通工程等项目加快实施；宁东至浙江特高压直流输电及其配套电源点、青银高速宁东至银川段改扩建等项目获得国家批复，部分开工建设；银西高铁前期工作取得重大进展，国家原则同意按照客运专线技术标准建设，并调整设计方案；神华宁煤煤制油二期，太中银铁路、宝中铁路增建二线，京藏高速石嘴山至中宁段改扩建，城际铁路等项目前期工作正抓紧进行；黄河宁蒙河段治理、黄河黑山峡河段开发 2 项重大水利工程列入国务院部署加快推进的重大水利工程项目包。自治区确定的 50 个重点项目全部开工，五市 625 个重点项目开工 611 个，开工率 97.8%，比上年高 21.4 个百分点。完成固定资产投资 3201 亿元，增长 19.4%。

（四）划定发展空间格局

编制完成了《宁夏空间发展战略规划》，明确了“一主三副、核心带动，两轴两带、统筹城乡，山河为脉、保护生态”的总体空间格局，颁布《宁夏回族自治区空间发展战略规划条例》。加快城市基础设施建设，实施各类重点项目 439 个，建设美丽小城镇 34 个，美丽村庄 103 个，固原被列为国家新型城镇化综合试点城市，全区城镇化率提高到 53.6%。切实加强生态建设，完成营造林面积 132 万亩，完成移民区生态修复 72.7 万亩，开工建设市民休闲森林公园 25 个，森林覆盖率提高到 13.8%。实施自治区环境保护、大气污染防治和宁东基地环境保护三项行动计划，环境质量稳中有升。深入推进循环经济发展，石嘴山列入国家第二批资源综合利用“双百工程”示范基地，平罗、中宁工业园区列入国家第三批循环化改造试点园区。

（五）发展环境不断优化

取消和调整自治区级行政审批事项 422 项，降幅 39.2%，压缩投资领域审批时限 50%，清理减少行政事业性收费 3.6 亿元。实施工商登记制度改革，新增企业 2.1 万家，增长 52%。开工建设市民休闲森林公园 25 个，完成移民生态修复 72.7 万亩，治理水土流失 1000 平方公里，森林覆盖率提高到 13.8%。抓好营改增试点，为相关企业减税 3.8 亿元。围绕打造丝绸之路经济带战略支点和中阿合作桥头堡，深入推进内陆开放型经济试验区建设。新开 7 条国内航线和 5 条国际航线，与外界联系的空中通道进一步拓宽。银川综合保税区注册企业达到 88 家，实现贸易额 17.3 亿美元。宁夏清真食品认证机构获国家批准，与 12 个国家和地区签署清真食品标准互认合作协议。浦发银行在银川设立离岸业务创新中心，搭建了外资进入宁夏的新通道。实现进出口总额 54.36 亿美元，增长 69%，其中出口 43.03 亿美元，增长 68.6%。

（六）民生事业持续改善

城镇居民和农村常住居民人均可支配收入分别达 23285 元和 8410 元，分别增长 8.4%和 10.7%。新建移民住房 1.16 万套，搬迁安置 7 万人。全力实施农村和中南部城乡饮水安全工程，解决了 41.5 万人的饮水安全问题。转移农村富余劳动力 70.9 万人，新增城镇就业 7.5 万人。新建保障性住房 3 万套，改造棚户区 9.3 万户、农村危窑危房 4.7 万户。

二、全年经济运行中存在的主要问题

一是实体经济经营困难。受市场需求不足影响，全区工业生产者出厂价格指数连续 33 个月负增长，企业产销衔接不畅，用工和融资成本居高不下，企业盈利下降，一些重点行业和部分重点企业困难较大。

二是投资增长后劲不足。企业投资意愿下降，民间投资增速放缓，房地产投资持续回落。前期推进的大部分重大项目已陆续开工建设，新的重大项目储备不够，项目接续断档的问题开始显现。

三是服务业发展仍然较慢。新的消费热点不多，消费环境有待改善，消费潜力难以充分释放。现代物流、电子商务、健康养老等新业态发展不够。房地产销售增速放缓，对相关产业的负面影响日益加大。财政一般公共服务支出对服务业增长的拉动力减弱。

四是产业转型升级任务艰巨。科技创新能力较弱，高耗能产业比重仍然较大，资源环境对经济增长的约束日益加大。战略性新兴产业尚未形成规模，新的经济增长点青黄不接。

五是城乡居民收入依然较低。城乡居民收入绝对值和增速在全国的排位有所下降，部分中低收入群体的生活还比较困难。

（撰稿　金晓玲　审稿　杨浩）

新疆维吾尔自治区

2014 年，在党中央、国务院亲切关怀和自治区党委坚强领导下，我们紧紧围绕党的十八大，十八届三中、四中全会和第二次中央新疆工作座谈会精神，坚决按照自治区党委八届六次、七次、八次全委（扩大）会议部署，牢牢把握社会稳定和长治久安总目标，抓住共建丝绸之路经济带重大历史机遇，围绕“深化改革创新、聚力长治久安”系列活动，坚持稳中求进、改革创新总基调，以稳增长、促改革、调结构、惠民生、防风险为重点，以访民情、惠民生、聚民心为载体，果断实施一系列既利当前、更惠长远的重大举措，团结一致，攻坚克难，实现了各项工作稳中有为，稳中有进，进中增效！

——经济增速全国前列。完成地区生产总值 9200 亿元，增长 10%，增幅高于全国平均水平 2.6 个百分点；公共财政预算收入 1282.6 亿元，增长 13.7%；社会消费品零售总额 2279.65 亿元，增长 11.8%。居民消费品价格涨幅 2.1%。

——结构不断优化升级。非石油工业增长 12.6%，高于石油工业增幅 5.4 个百分点。地方工业增长 14.9%，高于央企增幅 7.5 个百分点。非石油工业占比 54%。地方工业占比 38%。非公有制经济活力持续增强，非公有制工业经济增速高于整个工业 5.4 个百分点，对规模以上工业增长的贡献率为 33.8%。新登记注册企业和注册资本分别增长 62.1% 和 87.5%。市场活力、发展动力、社会创造力进一步被激发。

——投资规模首超万亿。全社会固定资产投资首次突破万亿大关，达 10185 亿元、增长 25%，总额为 2009 年的 3.6 倍。投资结构不断优化。民间投资积极活跃。投资贡献率为 43.9%。一批事关全局发展的水利、交通重大基础设施和重点基础产业开工建设。兰新铁路第二双线全线贯通，新疆跨入高铁运营新时代。

——农业保障能力增强。粮食生产连续七年丰收，总产 1435 万吨；棉花总产 451 万吨；特色林果总产 650 万吨；肉蛋奶禽为重点的畜牧业发展取得新成效。特色农业竞争力增强，设施农业质量和效益稳步提高。

——新的增长点不断涌现。混合所有制经济、非公有制经济、园区经济快速发展，战略性新兴产业加快推进。地方参股油气合作开发和油气大项目建设取得成功，克拉玛依云计算产业园区建设和电子商务平台发展步伐加快，新疆西行货运班列开通，喀什综合保税区通过国家验收、封关运行，丝绸之路经济带核心区建设开局良好。

——民生改善成效显著。第五个民生年建设深得民心，自治区公共财政用于民生建设支出占总支出的 70.3%。政府承诺的 25 类 150 项重点民生工程全部兑现。农民人均纯收入、城镇居民人均可支配收入为 8296 元、22160 元，分别增长 13.7%、11.5%，增速连续三年居全国前列。新增就业 47 万人。贫困人口减少 41 万人。

一年来，我们围绕总目标，以全面深化改革为动力，以经济建设为中心，着力保障和改善民生，突出抓了以下方面工作：

一、狠抓全面深化改革部署落实

我们坚决贯彻十八届三中全会精神，按照自治区党委八届六次全委（扩大）会议关于全面深化改革的部署，锐意推进改革。强化顶层设计，以深化国资国企改革、加快混合所有制经济发展、推进政府职能转变、强化财税体制改革、推动生态文明建设为重点，推出系列重大改革举措。实施注册资本登记制度改革。自治区国资委直管 15 家企业的 353 家子公司 60%以上实现了混合所有制经营。央企与地方企业、国企与民企合作取得明显成效。央企属地注册、油气资源自主开发取得实质进展。取消调整自治区本级审批事项 735 项，压减率超过 40%，提前实现压减 35%以上的改革目标。积极开展农村土地承包经营确权登记颁证试点。水权水价改革取得突破。棉花目标价格改革试点平稳推进。投融资改革不断深化，西北第一家股权交易中心开市，天山农商银行运营良好。政府机构和事业单位改革不断深化。就业、教育、科技、社保、户籍制度等改革有序推进。

二、强化形势研判加速经济发展

我们面对不断增大的经济下行压力，保持定力，以稳增长保就业为重点，集中精力调结构转方式，促进了经济平稳快速发展。

新型工业化稳步推进。完成规模以上工业增加值 3078.97 亿元，增长 10%，高于全国平均增速。传统产业持续保持优势，电子信息、新材料、装备制造业、新能源等战略性新兴产业快速发展。风力光伏发电、石油石化等国家新型工业化产业示范基地建设加快。疆电外送 118.7 亿千瓦时，增长 1.8 倍。风电、光伏发电累计装机分别达 803 万千瓦、326 万千瓦，均居全国第三位。

农业现代化加快发展。围绕促进农业转型升级，农业基地建设能力、加工转化能力、市场开拓能力和科技支撑能力继续提升。农业区域化、产业化、组织化水平不断提升。建成一批农产品产地初加工、精深加工项目。农产品营销模式不断创新，电子商务、农超对接、现代物流配送等新型业态加快发展。农业综合生产能力不断增强。

新型城镇化扎实推进。新疆城镇体系规划不断健全。乡镇总体规划、村庄规划编制基本实现全覆盖。市政基础设施建设日趋完善，城市燃气普及率、生活垃圾无害化处理率、绿化覆盖率分别达 90.5%、84.2%和 33.8%。绿色建筑、节能建筑不断推进。城乡人居环境持续改善。

基础设施现代化步伐加快。完成重点项目投资 3759.6 亿元，190 个在建重点项目和 51 个新开工重点项目进展顺利。大通道建设迈出实质性步伐。阿克苏至喀什等 6 条高速公路建成通车，新增里程 1588 公里。乌鲁木齐绕城高速公路建设加快。哈密至额济纳、库尔勒至格尔木等多条铁路开工建设。吸纳 90 亿元社会资本参与铁路建设。莎车、若羌等机场建设前期工作积极推进。哈密至郑州 ±800 千伏特高压直流输电工程竣工投运。准东至华东 ±1100 千伏特高压直流输电工程配套 1320 万千瓦装机电源项目建设规划获批。

对内对外开放不断扩大。出台丝绸之路经济带核心区建设实施意见和行动计划。完善规划编制，推动交通枢纽、商贸物流、金融、文化科教和医疗服务五大中心，十大进出口产业聚集区建设进程。喀什、霍尔果斯经济开发区、中哈霍尔果斯边境经济合作中心和口岸基础设施建设全面加快。丝绸之路经济带国际研讨会成功举办。第四届中国—亚欧博览会成果丰硕。进出口总额 276.7 亿美元，增长 0.4%。合同利用外资 5.26 亿美元，增长 46%；完成对外承包工程营业额 21.73 亿美元，增长 9.2%；非金融类实际对外直接投资 5.89 亿美元，增长 47.3%。旅游精品建设加快，出台了 20 余项振兴旅游业发展举措。

对口援疆工作成效显著。以安居富民、定居兴牧等民生建设为重点，19 省市援建项目开工 1106 个，到位资金 110.1 亿元。产业援疆、智力援疆成效明显。柔性引进各类人才 9282 名，培训受援地干部人才 23.12 万人次。科技、卫生、文化、金融援疆取得积极进展。

三、狠抓保障和改善民生工作

我们始终把保障和改善民生作为工作的着眼点和着力点，全力推动第五个民生年建设，有效解决了涉及人民群众切身利益的一系列问题，深得各族群众的赞扬和支持。

民生工程进展顺利。投入 231 亿元，开工建设安居富民工程 31.39 万户。投入 165.4 亿元，开工建设保障性住房 25.96 万套。投入 15.8 亿元，开工建设牧民定居房 3.01 万套，提前一年完成“十二五”规划建设任务。新建农村饮水安全工程 134 处，解决了 60 万农村人口饮水安全问题。投入 34.2 亿元，新建、改建农村公路 6087 公里，解决了 85 万农牧民出行问题。科学及时有效处置于田地震，帮助灾区恢复重建，1.38 万户房屋建设全部竣工，最大限度保障了人民群众生命财产安全。

大力推进社会就业。始终把就业作为最大的民生工程紧抓不放。出台了纺织服装产业百万人就业"一揽子"支持政策。应届高校毕业生就业率 88.7%，零就业家庭实现 24 小时动态清零。南疆三地州农产品加工短平快扶持项目带动就业 4.1 万人。农业富余劳动力转移就业 260 万人次。在经济下行压力加大、就业形势严峻的情况下，保持了城乡就业的稳定增长。

全面提升社会保障能力。建立了城乡统一的居民基本养老保险制度，提高了各类社会保险待遇。调整了城镇个体工商户和灵活就业人员基本养老保险费缴纳基数，解决了断保、续保问题。完善了省级统筹制度。健全了社会救助体系。提高了低保补助标准，向 216 万低保对象发放生活补助 50 多亿元。启动城乡居民大病医疗保险。做好优抚安置和军队离退休人员工作。支持养老服务业发展。

四、努力推进社会事业发展

我们始终坚持经济与社会协调发展，把教育放在优先发展战略地位，把科技创新驱动作为重要支撑，把医药卫生事业作为保障民生的重要条件，充分发挥文化引领作用，取得各项社会事业建设的全面进步。

教育优先战略不断推进。中小学标准化建设和质量提升工程全面推进。学前教育和特殊教育加快发展。部分县市基本实现义务教育均衡发展目标。职业教育基础能力和办学水平稳步提升。高等教育质量稳步提高，学科专业不断优化。双语教育有效推进。内地新疆籍学生教育管理服务不断加强。新招聘学前和中小学教师 1.1 万名，选派 3072 名双语教师赴疆内外培训，教师队伍整体水平持续提高。南疆各级各类学校教育教学质量明显提升。围绕爱国主义开展校园"三史"教育，有效抵制了宗教极端思想渗透。

创新驱动发展成效明显。重点领域一批自主核心技术取得突破。高新技术产业、现代农业科技和产学研协同创新快速发展。先进适用科技成果转化有力支撑了产业转型和农牧民增收。基础资源数据库和大型仪器共用协作网加快建立，大型科学仪器设备、科技文献、科学数据平台向社会开放。专利申请 6064 件、授权 3746 件。中国—中亚科技合作中心成为国家国际科技合作基地。

医药卫生事业加快发展。公立医院改革面不断扩大。国家基本药物制度切实落实。重大疾病防治工作得到进一步加强。乡镇卫生院和村卫生室标准化建设不断加快。新农合人均筹资水平达 425.85 元。人均公共卫生服务经费提高到 35 元。农牧区妇女特殊疾病筛查、儿童先天性心脏病救治，22 类 54 种重大疾病医疗保障试点工作全面推开。计划生育工作进一步加强。中医民族医药加快发展。食品药品安全专项整治不断深入。

全力加快文化事业发展。不断加强基层公共文化服务体系、文化惠民工程建设。以百日广场文化活动竞赛、乡村百日文体活动竞赛等为载体，丰富群众生活。实施文化艺术人才定向培养工程。丝绸之路"长安-天山廊道路网"项目成功申遗，北庭故城等 6 处入选世界文化遗产。以政策形势报告会、理论宣讲、知识竞赛、电教片播放、编印通俗理论读物等方式，做好群众思想工作，巩固团结奋斗的共同思想基础。深入开展文明创建活动。认真做好二轮修志工作。强化文化市场监管治理。依法加强网络管理，封堵网上宗教极端思想和暴恐犯罪音视频，加大网上正能量传播。反映新疆时代精神的电影《真爱》等六部作品荣获中宣部"五个一工程"奖。成功举办自治区第十三届运动会、第八届少数民族传统体育运动会、第六届残疾人运动会。

五、大力推进生态文明建设

我们始终坚持"两个可持续"发展道路，严格控制主要污染物排放量，坚决落实脱硝、除尘电价等减排政策。强制火电、水泥、钢铁等新标准实施和棉浆粕企业提标改造。对 24 家重点废气排放企业、10 家棉浆粕、粘胶纤维企业限时完成减排任务。对重点行业和重点减排工程加强现场督查。实行总量减排政绩考核。对上市公司开展排污许可证试点。化学需氧量和氨氮排放量严控在年度目标内。严格执行环境影响评价制度。严格金属矿、非金属矿、煤炭采选，化工、电力、纺织等主要行业环境准入门槛。加强水污染防治、固体废物管理、重金属污染防治和危险废物管理督查工作，推进湖泊生态环境保护试点和自然保护区综合管理。乌鲁木齐大气污染治理取得实质性进展。

严格落实水资源三条红线，加强重大项目水资源论证，提高水资源利用效率。切实加强塔里木盆地周边防沙治沙、天山北坡森林植被保护与恢复、叶尔羌河防洪治理等工程建设。大力推进和田、喀什等城市沙尘污染综合治理。强化农村环境保护，整治农村环境，整治农业面源污染，加强农膜残留回收。完成造林 250 万亩，封禁沙化土地 154 万亩，保护天然林 3.2 亿亩、公益林 1.4 亿亩，禁牧草场 1.5 亿亩。对塔里木河下游开展第 15 次生态输水，巩固了治理成果。

（撰稿　木妮拉　审稿　姜国利）

民族乡镇发展综述

北京市

北京市有 5 个民族乡，其中 2 个回族乡、2 个满族乡和 1 个满族蒙古族乡，共涉及 62 个行政村，人口 73839 人，其中少数民族人口为 20900 人，占 28.3%。北京市的 5 个民族乡城市进程较快，其中，密云县檀营满族蒙古族乡已完成城市化，农民已全部转为城镇居民；朝阳区常营回族乡也已完成了农民上楼工程，农民转居正在进行当中，预计今年全部完成。

一、区域经济健康发展，产业规模持续壮大

全市 4 个民族乡（因密云县檀营满族蒙古族乡已城市化，无统计数据）实现乡镇企业总产值 63.51 亿元，其中工业企业总产值达 32.29 亿元，占 50.1%。5 个民族乡地方财政收入 6.72 亿元，较去年增长 18.9%；农民人均纯收入达 21324 元，增长 21.7%，高于全市郊区居民人均纯收入 20226 元。但平均数下掩盖了不平衡，4 个民族乡中，怀柔区喇叭沟门和长哨营两个满族乡因位于北部山区，经济发展水平较低，农民人均纯收入均为 18000 元左右。4 个民族乡农村经济总收入达到 44.18 亿元，主营业务收入占 40.63 亿元，其中一产收入 3.64 亿元，占 9.0%；二产收入 17.29 亿元，占 42.6%；三产收入 19.61 亿元，占 48.3%。4 个民族乡三产收入所占比例呈上升趋势，较上年增加了 16.5%，已逐渐成为民族乡农民增收致富的主渠道。

二、基础设施建设成效显著，人民生活不断改善

5 个民族乡的 62 个行政村全面实现“通路、通自来水、通电、通电话、通邮”，且自然村与自然村也全部实现了通油路。随着首都城乡一体化进程的加快，常营回族乡和檀营满族蒙古族乡已经纳入城市范围，特别是常营回族乡随着地铁六号线贯通，区域内设有 3 个地铁站，极大方便了居民的出行问题。111 国道是北京到河北丰宁、滦平、赤城等地交通联系的主要通道，也是连接北京与河北、内蒙古东部等省市区的重要通道。向北经长哨营和喇叭沟门两个满族乡，与河北省丰宁相接。111 国道二期改扩建工程从 2012 年进入长哨营段施工，到目前已全部实现通行。111 国道改造工程的完成，对两个民族乡群众的出行带来极大便利，也能更好地推动两个民族乡民俗旅游接待的较快发展。2014 年，通过对喇叭沟门满族乡实施山区搬迁工程，共集成各项资金 2.7 亿元，建设新村 11 个，彻底改善了农村面貌，提升了产业水平和农民生活质量，有效地改善了山区农民群众的生活条件。

三、产业发展突显民族特色，都市农业发展迅速

怀柔区长哨营满族乡和喇叭沟门满族乡位于北部山区，近年来，深入挖掘和发扬满族特色，逐步推进满族特色村庄建设，通过每年举办“汤河川满族民俗风情节”，建设集文化展示、山货贸易、原生态展示以及服务接待等为一体的汤河川满族风情文化园，大力推广休闲游、体验游、民俗游等措施吸引了首都市民，汤河川满族风情旅游接待已成为北京的一个旅游品牌。2014 年长哨营满族乡、喇叭沟门满族乡去年共接待游客 42 万人次，同比增加 35%，实现旅游收入 2880 万元，同比增加 36%，民族乡村民俗旅游、休闲农业得到进一步发展。于家务回族乡依托自身资源优势和北京打造种业之都的政策优势，积极推进国际种业科技园区建设，是国内首家由科技部挂牌的种业科技园区，也是目前唯一一家纳入中关村国家自主创新示范区的种业园区。目前园区已成功聚集国内外高端种业科技企业及科研院所 60 余家，各企业投入资金已累计达到 28.31 亿元。

（撰稿　沙海涛　审稿　范　宝）

天津市

2014 年，孙各庄满族乡政府在县委、县政府和乡党委的正确领导下，以扎实开展党的群众路线教育实践活动为动力，在市、县有关部门和社会各界的大力支持下，紧紧围绕县委、县政府的总体部署，抢抓京津冀协同发展历史机遇，按照创建全国少数民族示范乡的奋斗目标，进一步深化改革、调整结构、保护生态、保障民生，经济社会发展取得新成绩。

一、主要经济指标圆满完成

预计全年地区生产总值完成 32900 万元，同比增长 25%；固定资产投资完成 75000 万元，同比增长 46%；招商引资完成 25000 万元，同比增长 19%；乡级税收收入完成 450 万元，同比增长 130.4%；农民人均可支配收入完成 14470 元，同比增长 15%。乡总体规划和满族风情园博览区规划经过多次论证，各个项目已纳入规划之中，全乡规划蓝图变得更加合理、更加科学。

二、招商引资工作成效明显

一方面，在招商引资工作过程中，该乡依靠资源优势，突出文化特色，通过整合乡域内招商资源，制定并进一步完善招商引资相关规定和政策等措施，借助京津冀协同发展机遇，积极洽谈项目。截止 2014 年底，已成功引进落地的项目 3 个，拟定签约项目 10 个，正在洽谈的项目 2 个，另有储备项目 2 个正在对外招商之中。另一方面，商务中心楼宇企业入驻踊跃，高标准的办公用房，完善的配套服务设施，“保姆式”跟踪服务，吸引着多方企业落户孙各庄满族乡。全年共有 18 家企业相继入驻，入驻企业总数已达到 22 家，实现楼宇税收 400 万元。

三、“促惠上”活动开展扎实有效

通过走访调研，摸清需要帮扶解决的问题底数，针对各村各企业和项目的不同问题，制定了相应的帮扶计划，自活动开展以来，涉及企业经营、项目建设以及安全生产等方面的 73 个问题，已全部得到解决，解决率达到 100%。有效促进了乡域发展环境的优化，保障了经济社会的健康持续发展。

四、美丽乡村建设推动有力

投资 10 万元，按要求做好防渗过滤设施，建成乡生态垃圾填埋点；13 个村全部制定规划，明确了整治重点，已清理主干街道 25 条、村内沟渠和边沟 6000 米，河道 1500 米，坑塘 6 个，绿化街道 4500 米；各村成立专职保洁队伍，聘任保洁员 34 名，负责村内日常清理，将垃圾运送至转运池，由乡 3 辆垃圾车统一清运。聘任 23 名卫生巡查监督员，随时随手清除主干道路两侧垃圾和漂浮物。

五、社会事业和谐发展

以市派驻村工作组帮扶村为重点，不断加大农村基础设施建设投入，以典型示范村带动其他村发展，使农村基础设施得到进一步改善，形成了村村有项目、户户有动作的整体建设格局，完成硬化村内街道 6000 米，绿化 10000 平方米，安装路灯 150 盏，新建健身广场、街心花园四处。乡文体中心和 13 个村农家书屋的高效运转，极大丰富了群众业余文化生活。各村卫生服务站已全部开始正常运作，在农村卫生医疗方面发挥重要作用，使得农村卫生服务水平稳步提升，社会保障事业做到了高质量、全覆盖，计生工作有了新的发展和进步，一系列惠农政策得到充分落实。积极创新社会治理，安全生产大检查深入开展，平安示范村创建工程圆满完成，“六五”普法有效推进，平安法制孙各庄建设取得新成绩。成功创建并荣获“国务院第六次全国民族团结模范集体称号”。

六、重点项目顺利推进

一是，加快推进中华文明孝道园项目建设。项目总投资 9 亿元，占地面积 1150 亩，包括东帝龙山生命纪念公园和东帝龙山堪舆文化园两个子项目。

目前，土地收储工作全面完成，正与有关部门和公司对接，做好收储地块的管理工作；二是，万亩核桃川示范项目。已投资 400 万元，新打机井两眼，铺设管道 1500 米，架设高低压线路 1000 米，新建和修复破损防渗渠道 6000 米，新增优质核桃 500 亩，嫁接优质核桃 1000 亩。基础设施的不断完善，为核桃种植面积发展到两万亩打下坚实基础，继续做大做强孙各庄满族乡主导产业；三是，建设核桃农业产业科技文化创意示范园。项目投资 3000 万元，占地 40 亩。宜垦集团针对孙各庄满族乡的核桃生产基地以及有机核桃，取得了欧盟（EU）国际有机认证和美国（USDA）国际有机认证。目前已经完成项目规划设计、土地收储，水、电、路等基础设施建设，预计明年正式投入使用；四是，民心工程进展顺利。孙各庄农贸市场提升工程，按照方案正在紧张施工，在原市场内硬化地面 4000 平方米，搭建商贸大棚 3600 平方米，容纳各类商贩、摊位 100 余个，发展成为集农副产品批发、零售、旅游商贸经营于一体的综合集贸市场，增加农副产品销售渠道，提高果品附加值，辐射带动周边农民增加收入。

（撰稿　刘　飞　审稿　李景林　从秀荣）

河北省

河北省 50 个民族乡共有 655 个行政村。其中 650 个村通公路、540 个村通自来水、654 个村已经安装了电话，654 个村通邮，全部通电，分别占行政村总数的 99.23%、82.44%、99.84%、99.84%、100%；行政区划面积为 5109.3 平方公里，占河北省总面积的 2.72%，总人口 888955 人，其中少数民族人口 358205 人，占全省少数民族总人口的 10.58%。

全省民族乡乡镇企业总产值 494.17 亿元、比去年增加 19.42 亿元，农林牧渔业总产值 87.34 亿元；农作物总播种面积为 1497491 亩，其中粮食总播种面积为 1200439.7 亩，其中粮食产量为 550232 吨，肉类产量为 130337.29 吨。财政收入 80555 万元，其中滦平县小营满族乡完成财政收入 23591 万元，居全省 50 个民族乡之首，人均财政收入最多的是沧州黄骅市羊二庄回族乡，为 11267 元；财政支出 46723.26 万元；全省民族乡平均农民人均纯收入为 6178 元，同比增长 10.47%，是全省平均水平（全省为 10186 元）的 60.65%，比去年减少 0.79 个百分点。

全省民族乡学校总数为 313 所，在校学生总数为 69875 人，教师 5474 人，建有 128 个图书馆、文化站，69 个医院、卫生院（所），医务人员 872 人，病床 1464 张，医生与病床数倒置问题基本得到解决。

（撰稿　靳　磊　审稿　王雪萍）

内蒙古自治区

内蒙古自治区有 18 个民族乡，其中鄂温克族民族乡 7 个、达斡尔族民族乡 2 个、达斡尔鄂温克民族乡 1 个、鄂伦春族民族乡 1 个、朝鲜族民族乡 1 个、回族民族乡 1 个、满族民族乡 4 个、俄罗斯族民族乡 1 个。2014 年底，18 个民族乡总人口为 21 万人，总面积 2.8 万平方公里。民族乡工作在全区工作中特别是民族工作中占有重要地位。近年来，特别是进入新世纪以来，随着自治区经济社会又好又快发展，各级党委、政府也加大了对民族乡的扶持力度，民族乡人民群众在各级党委、政府的领导下，因地制宜，发挥优势，发展特色经济富民强乡，经济社会事业有了长足的发展，人民生活水平有了较大提高。

农牧业基础地位不断增强。各民族乡因地制宜，大力发展奶牛、玉米、大豆、马铃薯柞蚕等支柱产业。奶牛养殖业向规模化、集约化、产业化迈进。

积极发展设施农业，建立现代农业园区，推广公司加基地加农户生产模式，发展集农业生产、科技示范、农业观光和生态保护功能于一体，形成集生产、销售、加工、旅游观光为一体的农业产业群，带动农牧民发展生产，增加收入。

旅游业迅速发展。各民族乡依托丰富的自然资源和民族文化优势，积极发展旅游产业，势头十分迅猛，成为支持民族乡经济社会发展的新支持和朝阳产业。内蒙古自治区呼伦贝尔市额尔古纳市恩和俄罗斯族民族乡利用国家扶持人口较少民族政策，依托俄罗斯族民俗风情积极发展俄罗斯族家庭游项目，目前家庭游户年均旅游收入 5 万元以上，已成为当地经济发展的支柱产业。根河市投入资金 1 亿多元，聘请芬兰—贝利集团专家对敖鲁古雅乡旅游景区基础设施进行整体设计改造，打造具有民族风格的敖鲁古雅景区，旅游收入近 8000 万元。

社会各项事业全面发展。国家、自治区和地方政府不断加大对民族乡的支持力度，在项目安排和资金扶持上优先倾斜，民族乡基础设施建设和农牧民生产生活条件得到很大改善。各民族乡坚持教育优先发展，整合教育资源，改善办学条件，不断提高教学质量，实现了“两基”达标。加大科技投入，重视科技人才培养，积极示范推广农牧业新品种，不断改良牲畜质量。努力改善乡村医疗服务条件，全面推行新型农村合作医疗，新农合参合率达 96%以上。文化、体育、广播电视事业快速发展，民生等社会事业不断改善，乡乡通油路和村村通广播电视工程基本完成。全面加强民主法制建设，强化村务公开制度，加强社会治安综合治理，有力维护了农村牧区社会稳定。

优秀民族文化得到保护和传承。大部分民族乡都有了民族博物馆。各民族乡积极开展民族语言传承工作，积极培养本民族语言教师，开展民族语言教学课程。有的民族乡有了自己的文化名片，如新发乡组建了朝鲜族专业文化团体；几个鄂温克民族乡在传统节日“瑟宾节”开展具有鲜明民族特色的文体活动；恩和俄罗斯民族乡利用俄罗斯族“巴斯克”节列入国家级非物质文化遗产、俄罗斯族民间舞蹈列入自治区首批非物质文化遗产的优势，将保护和弘扬民族文化与家庭旅游相结合，全力发展民俗旅游业，实现了双赢。

民族团结进步事业蓬勃发展。民族团结、社会稳定是国家长治久安、兴旺发达的保证，也是加快少数民族和民族地区发展的重要前提。各民族乡广泛深入开展民族团结宣传教育和民族团结进步创建活动，切实保障少数民族合法权益，涌现出一大批各级民族团结模范集体和模范个人，营造了民族团结的良好社会环境，为民族乡加快发展提供了坚强保证。民族乡发展面临的困难和问题主要有：一是发展不够平衡。由于自然、历史、区位等多方面的原因，各民族乡相互间差距明显。二是产业发展不充分。农牧业一头独大而不强，且基础薄弱，竞争力和抗风险能力较弱；除个别民族乡外，工业几乎是民族乡的空白；服务业发展严重不足。三是相对经济发展，社会事业发展差距大。教育、卫生等事业经费投入不足，运转保障性经费不足，面临诸多困难。特别是民族乡村、嘎查集体经济缺位、财力太弱，事业经费严重不足，发展事业和服务群众的能力非常有限。四是基础设施薄弱，成为制约经济社会加快发展的瓶颈。应加大扶持力度，为民族乡经济社会发展提供政策倾斜。针对少数民族特点，出台更多的少数民族群众创业的优惠政策，在资金方面给予必要的支持，在劳务输出及贷款方面给予大力支持。积极进行产业结构调整，拓展少数民族群众增收致富空间。紧紧围绕农牧民增收这一目标，帮助民族乡村发展产业和项目。帮助民族乡村制定致富规划，突出投资拉动，培育主导产业，积极发展有地域特色、民族特色、资源特色、生态特色的种植业、养殖业，加工业和餐饮服务业。建立扶持机制，动员社会力量对少数民族给予特殊帮扶，优先选择帮扶能力较强的单位与民族乡村对接，帮助民族乡村经济加快发展。

应进一步加强基础设施建设，不断改善发展的硬环境。紧紧抓住新农村、新牧区建设的有利契机，尽可能多的优先考虑民族乡镇和民族村，加大各级政策投入，改善民族村的交通条件、办学条件和医疗卫生条件，解决民生方面存在的突出问题和实际困难，改善少数民族群众的生产条件和生活环境，修复和建设民族特色的活动场所，丰富少数民族群众的文化生活，更好地为经济发展服务。应提升群众自身素质，为民族乡繁荣发展筑牢基石。加快民族乡的发展，重点在启动内力改变人，当务之急是要提高人口素质和劳动者的科技素质以及思想道德素质，应立足现实，着眼长远，建好学校，办好教育，同时要解放思想，更新观念，克服畏难情绪和小农意识，破除满足现状不想改变现状的思想，不断增强发展的紧迫性和责任感。同时要抓好青年农民的培训工作，把先进实用技术培训与技能培训结合起来，通过实施科技培训、转产转业培训、农牧民工培训、新型农牧民创业培训等工程和科技进村入户活动，扩大农牧民获取知识和科技信息的渠道，依靠科技进步，促进农牧民增收。

（撰稿　李日树　审稿　云　冰）

辽宁省

2014 年，辽宁省有 56 个民族乡，其中：满族乡 39 个，蒙古族乡 10 个，朝鲜族乡 2 个，民族联合乡 5 个。民族乡行政区划总面积为 7627.7 平方公里，年末总人口达到 92.5 万人，其中少数民族人口达到 54.3 万人，占民族乡总人口的 58.7%。

2014 年，全省民族乡镇经济社会得到进一步发展，基础设施不断改善，人民生活水平不断提高。全省民族乡共有 525 个村民委员会，已通自来水的村有 352 个，占 67.0%；525 个村全部通公路、通电、通邮、通电话。

2014 年，全省民族乡乡镇企业从业人员 65170 人，乡镇企业总产值 581.6 亿元，其中工业总产值 430.4 亿元，乡镇企业年净利润总额 30.0 亿元。

2014 年，全省民族乡农作物总播种面积 259.8 万亩，其中粮食播种面积 199.3 万亩。2014 年，由于气候干旱，民族乡粮食产量大幅度减产，仅为 76.8 万吨，肉类总产量达到 29.3 万吨。民族乡实现农林牧渔业总产值 117.4 亿元。

2014 年，全省民族乡财政收入为 9.6 亿元，财政支出为 9.1 亿元；农民人均纯收入达到 9186 元，比上年增加 436 元。

2014 年，全省民族乡共有学校 233 所，在校学生总数 6.4 万人，教师总数 6345 人；图书馆 69 个，文化站 56 个，村文化活动室 476 个。医院卫生院 59 个，其中医生 580 人，病床 1463 张；村卫生室 593 个，医生 706 人。

（撰稿　赵经纬　审稿　施光磊）

吉林省

2014 年，在各级党委、政府的正确领导下，各民族乡（镇）同心同德，以科学发展观为统领，团结进取，攻坚克难，积极应对复杂多变的经济环境，着力推进经济持续健康发展，各项社会事业取得新进步，人民生活质量和水平显著提高。

一、全省民族乡（镇）经济发展

2014 年底，全省有民族乡（镇）33 个，其中：村民委民会 395 个。民族乡（镇）总人口数 64.4 万人，其中少数民族人口 19.2 万人，少数民族人口占人口的 29.8%。财政收入 5.2 亿元，财政支出 4.8 亿元。

（一）乡镇企业生产稳步运行

2014 年，全省民族乡镇企业实现总值 99.67 亿元，其中，工业企业实现工业总产值 80.6 亿元，工业总产值占民族乡镇企业总产值的 80.9%。乡镇企业全年实现净利润 13.6 亿元，从业人员达 4.1 万人。

（二）农业生产发展平稳

2014 年，全省民族乡镇实现农林牧渔业总产值 63.7 亿元，略高于上年；农作物总播种面积 243.5 万亩，其中粮食播种面积 218 万亩。粮食总产量达到 129.7 万吨，肉类总产量 10.2 万吨，基本于上年持平。

（三）人民生活水平进一步改善

2014 年，全省民族乡镇农民人均纯收入 9473 元，比上年增长 9.5%。全省 395 个民族乡镇行政村全部通电、通邮，其中有 291 个村通上自来水，比上年增加 4 个村。

二、全省民族乡社会发展

2014 年，全省民族乡（镇）拥有各类学校 165 个，在校学生 3.7 万人；教师 5000 人。图书馆 40 个，文化站 33 个，村文化活动室 344 个，医院、卫生院 38 个，拥有医生 527 人。拥有病床 721 张。村卫生室 398 个，拥有医生 578 人。

（撰稿　翟文斌　审稿　王喜年）

黑龙江省

一、基本情况

（一）少数民族乡(镇)的基本情况

黑龙江省现有少数民族乡(镇)65 个，其中，54 个少数民族乡，11 个少数民族建制镇。按地区分，65 个少数民族乡(镇)分布在 13 个市(地)，其中，哈尔滨 16 个，齐齐哈尔 9 个，牡丹江 6 个，佳木斯 4 个，大庆 3 个，鸡西 4 个，双鸭山 2 个，鹤岗 2 个，伊春 1 个，七台河 2 个，绥化 7 个，黑河 7 个，大兴安岭地区 2 个；按民族分，满族和朝鲜族最多，各有 20 个乡镇，蒙古族 6 个，鄂伦春族 5 个，达斡尔族 3 个，赫哲族 3 个，鄂温克族 1 个，还有 3 个朝鲜族满族乡（江南朝鲜族满族乡、成富朝鲜族满族乡、吉兴朝鲜族满族乡），2 个达斡尔族满族乡（坤河达斡尔族满族乡、沿江满族达斡尔族乡），1 个满族锡伯族镇（农丰满族锡伯族镇），1 个达满柯族乡（友谊达满柯族乡）。全省少数民族乡（镇）数量占全省乡镇数量（2011 年全省 863 个乡镇）的 7.5%。少数民族乡（镇）总户数 29.2 万户，其中少数民族户数 12 万户，占总户数的 41.2%；总人口 104.8 万人，其中，少数民族人口 40.5 万人，占少数民族乡镇总人口的 38.7%。有 43 个乡镇有明显民族特色，占少数民族乡镇总数的 66.2%。

（二）少数民族村基本情况

黑龙江省现有少数民族村 722 个，按地区分，哈尔滨 220 个，齐齐哈尔 86 个，牡丹江 89 个，佳木斯 36 个，大庆 45 个，鸡西 44 个，双鸭山 10 个，鹤岗 11 个，伊春 13 个，七台河 10 个，绥化 67 个，黑河 77 个，大兴安岭地区 8 个，抚远县 6 个；按民族分，朝鲜族村最多，有 312 个，满族村 243 个，蒙古族 67 个，达斡尔族 45 个，俄罗斯族 16 个，回族 15 个，鄂伦春族 8 个，赫哲族 7 个，鄂温克族 4 个。全省少数民族村数量占全省行政村（2011 年全省村民委员会 8997 个）的 8%。少数民族村总户数 34.7 万户，其中少数民族户数 20.5 万户，占总户数的 59%；总人口 122.9 万人，其中，少数民族人口 72.3 万人，占少数民族乡镇总人口的 58.8%。有 258 个民族村有明显民族特色，占少数民族村总数的 35.7%。有 545 位村长(村主任)民族成份是建村民族，占全部民族村的 75.5%。

二、少数民族乡（镇）经济发展特点

（一）民族政策没有落实到位

一是部分民族乡（镇）长不是建立民族乡（镇）的少数民族公民。全省民族乡（镇）长由建乡（镇）主体民族担任的个数有 59 个，占全省民族乡（镇）90.7%。双城市幸福满族乡、希勤满族乡、青岭满族乡，泰来县江桥蒙古族镇，友谊县成富朝鲜族满族乡和勃利县吉兴朝鲜族满族乡 6 个少数民族乡（镇）长的民族成份不是建乡（镇）主体民族。二是省对含有民族乡的市（地）、县（市、区）增加的均衡性转移支付没有完全落实到民族乡（镇）。按照均衡性转移支付资金分配原则，全省有 47 个民族乡所在的市（地）、县（市、区）纳入均衡性转移支付范围内，自 2013 年起，每个民族乡增加标准支出需求补助 70 万元。目前，全省只有 5 个民族乡（镇）直接享受到这个政策。

（二）少数民族乡（镇）经济实力与财力较低

2014年，全省少数民族乡（镇）地区生产总值249亿元，同比增长3.3%，比2010年增长25.4%；南岗区红旗满族乡最高，2014年达到429193万元，占全省少数民族乡（镇）地区生产总值的18.2%；爱辉区新生鄂伦春族乡最低，仅为1180万元。2014年少数民族乡（镇）人均地区生产总值23759元。2012年进入全省百强乡镇的只有2个少数民族乡（镇），分别是南岗区红旗满族乡（排在第25位），东宁县三岔口镇（排到第48位）。2014年少数民族乡（镇）财政收入46530.31万元，财政支出46631.31万元，支出大于收入，绝大多数少数民族乡（镇）为吃饭财政。

（三）三次产业比重得到进一步调整

2014年全省少数民族乡（镇）第一产业(农林牧渔)收入109.6亿元，第二产业(工业、建筑业）收入88.2亿元，第三产业(商业、饮食业、服务业、交通运输业)收入38.34亿元。三次产业比为46.5：37.3：16.2，与全省2011年三次产业50.3：36.2：13.5相比较，少数民族乡（镇）一产占比小，二、三产业占比高。全省少数民族乡（镇）民族旅游景点个数63个，2014年民族旅游收入28991万元，占全省少数民族乡（镇）地区生产总值的1.2%，2013年全省旅游业总收入相当于全省GDP的9.64%，民族旅游收入具有较大上升空间。2014年全省少数民族乡（镇)中龙头企业共有186个,2014年总产值242548万元。其中哈尔滨市少数民族乡（镇）有龙头企业98个，占全省少数民族乡（镇）中龙头企业个数的52.7%。

（四）少数民族乡（镇）收入水平大幅度增长

2014年，全省少数民族乡镇农村居民人均纯收入11892元，比2010年（8213元）增加3678元，比2010年增长49.3%。比2013年（10378元）增加1514元，同比增长14.6%。其中，以东宁县三岔口朝鲜族镇收入最高，2014年农村居民人均纯收入达到26151元；泰来县宁姜蒙古族乡人均收入最低，为5520元最低，还不到东宁县三岔口朝鲜族镇的五分之一。

（五）人均耕地少，农业科技贡献率达到一定比例

2014年，全省少数民族乡（镇）耕地面积684.78万亩，人均耕地6.53亩。2010年全省农村居民家庭平均每人经营耕地11.68亩，2011年增加到12.85亩，大大高于少数民族乡镇人均耕地面积。少数民族乡镇中需低产田改造面积104.4万亩，占少数民族乡（镇）耕地面积的15.3%；农作物良种使用面积511.27万亩，占74.7%，与全省农作物良种覆盖率连续多年达到98%以上相比，还有较大差距；农作物耕种收机械化面积488万亩，占71.3%，高于全省农作物耕种收机械化率60%，达11.3个百分点；需农田路建设长度5124.6公里，农业科技人员1021人。

（六）少数民族乡（镇）基础设施建设进一步完善

全省少数民族乡（镇）中含有行政村505个，自然村屯1409个。其中未通自来水村屯数量367个，占自然村屯总数的26%；未通公交车的11个，占0.8%；未通硬化道路村屯数量157个，占11.2%，到“十二五”末，黑龙江省行政村将全部实现村村有公路，通达率达100%。比这个目标，全省少数民族乡（镇）村屯道路硬化任务艰巨。未通邮村屯数量5个，占0.4%；未通电话村屯数量11个，占0.8%；未通有线电视村屯数量73个，占5.2%。村屯内未硬化巷道长度2419.93公里，泥草房户数23644户，占总户数的8.1%；危房户数9808户，占总户数的3.4%。2011年—2014年全省少数民族乡（镇）建设项目705个，其中少数民族发展资金279个，占项目总数的39.6%。总投资74.7万元，其中少数民族发展资金3.7亿元，占总投资的5%。

三、少数民族村经济发展的特点

（一）少数民族发展资金使用相对分散

2011年-2014年全省民族村建设项目1233个，其中少数民族发展资金项目760个，占全部项目数的61.64%；总投资198833.59万元，其中少数民族发展资金投入70569万元，占全部投资的35.5%。相比其它资金，2010年到2014年，少数民族发展资金投资项目多，规模小，资金使用额度不够集中。和全省少数民族乡（镇）项目建设情况比较，民族村的项目建设和资金投入对少数民族发展资金的依赖度更高。

（二）民族村基础设施建设任务还很艰巨

全省少数民族村中含有自然村屯数 1868 个。其中未通自来水村屯 392 个，占自然村屯总数的 21%；未通硬化道路村屯 322 个，占 17.2%；未通邮村屯 111 个，占 6%；未通电话村屯 54 个，占 2.9%；未通有线电视村屯 90 个，占 4.8%；有 534 个村屯通公交车，只占自然村屯总数的 28.6%；村屯内未硬化巷道总长度 3252.98 公里。有泥草房 48758 户，占总户数的 14.1%；危房 15111 户，占总户数的 4.4%。

（三）民族村一产比重过大

2014 年全省民族村农村经济总收入 184.0 亿元，其中种植业和林果业 1172645 万元，养殖业 260244 万元，农副产品加工业 25989 万元，工业和建筑业 70188 万元，交通运输业 45019.6 万元，商业、饮食业、服务业 71745.6 万元，少数民族传统手工艺 5640.92 万元，民族旅游 15391 万元，其他 172178 万元。一、二、三产比为 77.9：5.2：16.9，农业收入仍然是民族村收入的主要来源，二产比重低。2014 年全省民族村内有企业 699 个，2014 年总产值 137825.6 万元，和少数民族乡（镇）情况相同，哈尔滨民族村有企业 358 个，占企业总数的一半。民族村内有旅游景点 104 个。

（四）农业生产状况良好

全省民族村有耕地 9214691.5 亩，人均耕地 7.5 亩，高于全省少数民族乡（镇）人均耕地面积。全省民族村需低产田改造耕地 1326721 亩，占民族村耕地总数的 14.4%；农作物良种使用面积 7193039.36 亩，占 78.1%；农作物耕种收机械化面积 7177568.35 亩，占 77.9%；农田路需要建设长度 28207.3 公里，农业科技人员数量 2738 人。全省民族村有农业合作社 1907 个，入社社员 59327 户，占民族村总户数的 17.1%。

（五）人均收入增长较快

2014 年全省民族村人均收入 11218 元，比 2010 年（人均收入 7416 元）增加 3802 元，增长 51.3%。比 2013 年（人均收入 10390 元）增加 828 元，同比增长 8.0%。2014 年牡丹江市阳明区四道村人均收入最高，达到 33053 元，哈尔滨市延寿县中和镇先锋村收入最低，仅为 3000 元。贫困人口仍然占有一定比例，2014 年全省民族村中人均收入低于 2800 元的 32814 户，占总户数的 9.5%。

（六）民族村集体经济薄弱

2014 年全省有 302 个民族村有欠债，占民族村总数的 41.8%；有 242 个民族村有积累，占民族村总数的 33.7%，积累总额 12632.18 万元；有 178 个民族村既无欠债，也无积累，占民族村总数的 24.5%。

（撰稿　李彦龙　审稿　刘烈军）

江苏省

高邮市菱塘回族乡是江苏省唯一的民族乡。2014 年，全年实现 GDP28.51 亿元，增长 12.1%；财政收入 1.94 亿元，增长 6.15%；农民人均纯收入 2.37 万元，增长 12%。2014 年被国家民委命名为“全国民族团结进步创建活动示范乡镇”，连续三次被国务院表彰为“全国民族团结进步模范集体”。

一、工业经济平稳增长

新申报规模企业 2 家，实现全部工业开票销售 43.52 亿元、入库税收 1.14 亿元，同比略有增长。全年实现开工项目 5 亿元 1 个、1 亿元 4 个、5000 万元 5 个，实现竣工项目亿元 2 个、5000 万元 5 个。建筑业实现产值 31.3 亿元，建筑面积 150 万平方米。大力抓好工业集中区整合提升，园区内企业开票销售 36.1 亿元，同比增长 8%。工业集中区被认定为“扬州市重点发展型工业集中区”和扬州首批、高邮首个“扬州市生态工业园”。大力提高招商引资实效，注册外资实际到账 347 万美元。财政收入规模不断加大，实现国税 1.27 亿元，增长 8.4%，地税 0.67 亿元，增长 2.1%。

二、转型升级不断加快

全社会固定资产投资 24.88 亿元，增长 9.9%。新增高效设施农（渔）业 1500 亩、农业适度规模经营 2400 亩。新注册 4 家家庭农场。完成 5000 万元农业项目 1 个，机插秧籼改粳 1.2 万亩，同比增长 20%。实现村级集体经济收入 765 万元，同比增长 13%，被评为扬州市“四有一责”建设达标乡镇。组建菱塘餐饮行业协会发展清真产业。召开了全乡旅游业发展大会，开通了“扬州直通菱塘乡村一日游”专线，实现服务业增加值 4.61 亿元。清真村创成“中国少数民族特色村寨”“江苏省最具魅力休闲乡村”。加大科技创新力度，实现高新技术产业产值 9 亿元。

三、重点工程扎实推进

认真落实国家新型城镇化规划（2014-2020 年）和江苏省新型城镇化与城乡发展一体化规划（2014-2020 年），稳健提升城镇化推进质态，被列为“全国重点镇”，成功申报“国家园林城镇”。投入 1350 万元的“四路两苑”整治提升工程、投入 850 万元的纬五路一期工程、投入 2400 万元的工业集中区道路绿化亮化工程、争取投入 1400 万元的中型灌区改造和水价综合改革工程、争取投入 1.2 亿元的环湖大堤达标建设工程等项目均有效推进落实。全年城镇化建设乡级财政投入共计约 6500 万元。

四、生态环境持续改善

积极倡导生态文明理念，召开了全乡生态文明建设大会，启动了创建全国生态文明乡镇工作。投入 100 多万元，对老镇区及工业集中区的污水进行了治理。加大农村基础设施投入力度，投入近 200 万元，进一步改善了水利、照明、桥梁、绿化、环卫等方面设施。做好 10 公里“美丽乡路”创建工作，加强通达道路管理，继续保持全市一流水平。投入近 23 万元，建成畜禽无害化处理收集点，并被作为全省动物卫生监督工作推进会现场。夏秋两季秸秆禁烧成效显著，全乡秸秆综合利用率在 98%以上。菱塘乡被命名为“江苏省水美乡镇”，菱塘、清真、骑龙三个村被命名为“江苏省水美乡村”。

五、社会保障更加全面

全年乡财政安排发放城乡低保、残疾救助、孤儿救助、五保供养、大病救助和优抚安置等资金 250 多万元，发放“惠民十金”60 多万元。落实清真食品补贴政策。强化教育精致管理，回民幼儿园顺利通过江苏省绿色学校的创建验收。民族初中实施了环境提升工程。新农合参保率 100%，报销补偿 421.3 万元，为近 2000 名参加生育保险和育龄妇女免费体检，为 200 名 0—3 周岁婴幼儿免费智力发育筛查。完成农村危房改造 22 户。加强电网建设，投入 3000 多万元，新增 4 条出线、28 台变压器。

六、文体事业繁荣发展

开设了 8 期“专家讲堂”，认真开展了第十三届农民艺术节系列活动，充分发挥民族文化宫和民族广场的阵地作用。加强群众文艺骨干队伍建设，做好文体骨干的培训工作。积极宣传推介菱塘，全年累计在各级报刊、杂志、网络、电台、电视台用稿近 700 篇，其中省级以上 20 多篇。积极推进“中华诗词之乡”创建并顺利通过验收。开展了首届“回乡好人”评选颁奖活动，设立了“回乡好人”展示馆。顺利通过“全国文明村镇”复查。继续加强训练，积极参加全省少数民族传统体育运动会并取得优异成绩。

（撰稿　张凯丰　审稿　刘克元）

安徽省

安徽省现有 9 个民族乡（定远县二龙回族乡、凤台县李冲回族乡、寿县陶店回族乡、宁国市云梯畲族乡、淮南市谢家集区孤堆回族乡、肥东县牌坊回族满族乡、淮南市潘集区古沟回族乡、五河县临北回族乡、颍上县赛涧回族乡），1 个回民农场和 1 个回民街道（皖河农场三益回民分场、亳州市谯城区花戏楼街道，均享受民族乡待遇）。2014 年，全省各民族乡围绕“确保到 2020 年少数民族聚居地区与全省同步实现小康”的工作任务，发挥资源优势，突出民族特色，积极探索加快发展新途径。民族乡在基础设施、特色产业、基本公共服务、人居环境等方面实现长足进步。

一、少数民族聚居地区发展加快，与全省差距明显缩小

2014 年，通过全省民族乡干部群众共同努力，多项主要经济指标快速增长，民族乡综合实力明显提升。2014 年，全省 9 个民族乡经济运行平稳，地区农林牧渔总产值达 21.27 亿元，比上年增加 10.84%，粮食总产达 186096 吨，比上年增加 3.94%，公共财政收入达到 7759.6 万元，比上年增加 1512.42 万元，增长 24.21%，较好的完成了预定目标。全省 9 个民族乡人均纯收入连续 6 年总体上双双超过全省平均水平，2014 年全省民族乡常住居民人均可支配收入首次突破万元大关。

二、基础设施建设明显加强，生产生活条件显著改善

一是道路交通条件改善。五河县临北回族乡实施总长约 12 公里的浍临路拓宽改造工程，建成后的道路宽度由原来的 5 米拓展为 9 米，有力促进当地经济发展，方便群众生产生活。肥东县牌坊回族满族乡实施投入 50 万元扶贫开发整村推进项目，在尖庙村新修砂石路 3 千米、水泥路 0.5 千米、加固机耕桥 17 座。孤堆乡实施“村庄整治”项目，硬化了杨镇中心村至潘湖村民组 445 米村村通道路，二是农田水利建设步伐加快。肥东县牌坊回族满族乡开挖大中型塘坝 137 口，清淤灌溉渠道 5 条共 15 千米，新建 4 个提水泵站 4 个，增加旱涝保收面积 3100 亩。临北乡投资近 1000 万元，开展冬修水利工程、建设八小水利工程，实施段庄片及沫冲引河水利治理，有效解决了农田的灌溉问题。凤台县李冲回族乡完成土地开发整理项目 5 个，新增耕地 574.4 亩，耕地保护工作卓有成效。定远县二龙回族乡完成 2 座电灌站架电工程，完成蔡桥南干渠清淤和相关配套工程建设，启动一座小二型水库除险加固工程，在 2 个村实施高标准农田建设。寿县陶店回族乡完成湖滨、陶店两村沿湖泵站改造提升和 2 口当家塘增容扩建，清淤疏浚渠道 22 公里，依托全程化社会化服务项目完成衬砌渠道 4 公里，进一步夯实水利基础地位。三是农村用电得到有效保障。五河县临北回族乡投入 200 余万元，整改维修电路设施，更新变压设施，改善供电基础设施，惠及 1600 户群众。寿县陶店回族乡投资 400 多万元，完成对高压主线路和中心村低压线路的升级改造。

三、农业产业结构调整步伐加快，特色产业快速发展

民族乡坚持以农民增收为目标，积极培育具有鲜明民族特色的种养业产业基地、少数民族农业产业化龙头企业和各类少数民族农民专业合作组织，大力推进“一乡一业”、“一村一品”富民工程建设，实施农业产业结构调整。肥东县牌坊回族满族乡大棚蔬菜种植持续发展，设施栽培不断扩大，规模化、集约生产显著提高，引来多家龙头企业踊跃入驻，新建钢架大棚 1200 多亩，全乡设施栽培累计面积 8000 多亩，总产量 7 万吨，蔬菜业总产值 2 亿，产品检测合格率 100%。同时加快畜牧业发展方式转变，以农牧结合、适度规模为基础，推进生态健康养殖，提高畜牧业综合生产能力，出栏瘦品型商品猪 6.1 万头，存栏奶牛 1000 多头，养殖业综合效益明显提高。五河县临北回族乡培育新型职业农民近 100 余人，新成立农业专业合作社 5 个、家庭农场 2 个，新增 500 亩以上种植大户 4 个，全乡土地流转面积达 1.4 万亩，初步形成以设施蔬菜、经果林、良种繁育为主导的现代农业体系。定远县二龙回族乡建成了存栏 300 头以上的高栏养羊基地 6 个，存栏 100 头以上的养羊大户 10 多户。寿县陶店回族乡大力调整产业结构，流转 7000 亩土地，发展生态有机农业。宁国市云梯畲族乡千秋畲族文化园成功创建“3A”景区，千秋畲族村被国家旅游局和农业部命名为“最美休闲乡村”和“全国休闲农业和乡村旅游示范点”，2014 年接待游客 10 万人次，实现旅游收入 3000 余万元。

四、社会事业全面进步，民生工程稳步推进

坚持以保障和改善民生为重点，统筹经济发展和社会进步，民族乡民生工程更加完善，社会事业稳步推进。一是改善民族学校办学条件。五河县临

北回族乡配套投入 120 余万元，在官塘铺小学新建教学楼一栋、新建停车棚一处以及开展校园环境整治；在中心校开展教学楼、下水道维修；对临北中学塑胶毽球训练场进行维修。2014 年临北中学、中心小学成绩显著，临北中学内涵发展评价为县级先进单位、临北小学教学质量校本部全县第一名。凤台县李冲回族乡淮磷村山金小学和李冲回民中学塑胶体育广场建成投入使用。定远县二龙回族乡积极向上级教育部门争取加大基础设施投入，完成 1400 平方米标准幼儿园和体育活动场所建设，实现公办幼儿园、专业幼儿教师“零”的突破。二是提升医疗卫生水平。五河县临北回族乡政府通过争取项目资金支持，投资 50 万元新建医生周转房 390 ㎡；投入 30 万元购置彩超一台，改善医生办公条件和群众就医环境，医疗服务水平得到进一步加强。定远县二龙回族乡不断加强卫生院软、硬件建设，医疗人员数量技术有所提高，基本满足广大群众优质医疗服务需求。三是丰富群众文化生活。凤台县李冲回族乡开展全乡首届广场舞大赛等各类文体活动 10 余场次，各村农家书屋正常运行，民族村文化广场建成投入使用。寿县陶店回族乡新建马店、陶店群众活动广场，完善湖滨村、乡文化活动中心广场设施。淮南市潘集区古沟回族乡新建省级农民健身广场一座，在全区率先完成 2014 年度农民健身广场健身任务，覆盖全乡 10 个村。四是扎实推进社会保障和民生工程。肥东县牌坊回族满族乡实施江淮分水岭沿线的张岗、草庙、尖庙、新丰、三王等村自来水管网延伸工程，目前主供水管网已建设完工，极大地方便了群众生产生活用水。淮南市谢家集区孤堆回族乡稳步推进 5 个老村庄的移民建房工程，兑现了 313 户建房补助资金共计 1195.66 万元，完成了孤堆新村二期 100 户农房改造。争取民政部门支持，在乡原敬老院旧址上新建了老年公寓 1 座，主体结构顺利封顶，2015 年即可入住。定远县二龙回族乡落实 30 户危房改造任务，顺利通过县级验收。寿县陶店回族乡完成贫困户危房改造 60 多户，改善回、汉两所敬老院 90 位老人的人居环境和生活条件。颍上县赛涧回族乡 4 个行政村近 2600 户群众实现集中供水，各族群众饮水安全得到有力保证。

五、美好乡村建设有效推进，乡容村貌焕然一新

肥东县牌坊回族满族乡整合了小城镇基础设施资金、“一事一议”以及相关项目资金共 3000 多万元，对牌坊民族社区、丰岗中心村集镇面貌以及群众的人居环境进行改造，目前两个中心村的道排设施、景观绿化、污水治理、房屋立面改造等项目工程已基本完成，乡容村貌焕然一新。五河县临北回族乡依托特色村寨建设项目，投资 400 多万元，新建伊斯兰风格的门楼牌坊、25 亩民族文化广场，重建缕堤原南清真寺，打造回族特色美好乡村。淮南市谢家集区孤堆回族乡完成了孤堆村玉兰大道两侧长 200 米的文化长廊绘制，同步推进了道路硬化、彩砖道路铺设、水渠硬化等配套工程。利用“一事一议”奖补资金，实施四个村的村内干道亮化工程。基本实现了垃圾户集、村收、乡处理的运转模式，使人居生活环境进一步改善。定远县二龙回族乡以集镇和 X046 线道路为重点，开展了破旧房屋拆除，刷白树木、房屋，兴修沿路污水塘 10 口等环境综合整治。寿县陶店回族乡整合各项资金 860 万元，完成中心村活动场所，中心村南片道路、环卫设施、老街拓宽、下水道改造等项目建设，打造环境优美、宜居宜业的生态环境。淮南市潘集区古沟回族乡设立环境卫生整治专项资金库，每年乡财政注入资金 150 万元，用于改善环境，连续第二年被评为市级卫生乡镇。

六、新型社会主义民族关系不断巩固和发展

民族乡坚持以民族团结宣传月、民族团结进步创建活动等工作为载体，组织形式多样、群众喜闻乐见的文艺演出、民族知识竞赛等活动，营造宣传民族政策、落实民族政策、促进民族团结进步、经济社会发展的良好氛围，各民族间平等、团结、互助、和谐的新型民族关系已经基本稳固。肥东县牌坊回族满族乡以开斋节、民族团结宣传月、全民文化月等活动为抓手，大力营造各民族共同团结进步、共同繁荣发展的主题氛围。五河县临北回族乡加大狮子舞、毽球的培育和传承人培养，举办以“适应新常态，争当排头兵”为主题的狮闹元宵暨广场舞

比赛，丰富群众的精神文化生活。淮南市谢家集区孤堆回族乡政府领导班子在每年开斋节期间，都深入到乡域内的三座清真寺向穆斯林群众进行慰问，回汉两族群众关系更加和谐。寿县陶店回族乡认真落实民族政策、维护少数民族合法权益，加大对民族干部的选拔培养力度，尊重少数民族风俗，利用民族乡政策扶持优势，努力构建平安团结互助和谐的社会主义民族关系。宁国市云梯畲族乡扎实开展民族团结进步创建活动，编印《畲乡文化集锦》、《畲族文化教材》等读物，建成千秋畲族文化礼堂和畲族民俗博物馆，有效传承和弘扬畲族民歌和婚嫁习俗等省级非遗项目。

（撰稿　刘　炜　审稿　白和平）

福建省

福建省有 19 个民族乡，其中 18 个畲族乡，1 个回族乡。行政区域面积为 2145.2 平方公里，共辖 321 个村民委员会和 2870 个村民小组。全省民族乡总人口 44.83 万人，其中，少数民族人口 14.66 万人，占民族乡总人口 32.7%；乡镇从业人员 23.02 万人，其中少数民族从业人员 7.46 万人，占从业人员的 32.4%。从事第一、二、三产业的人数占比为 44.5：28.4：27.1。民族乡所辖行政村全部实现通电、通邮、通电话和通公路。有 310 个行政村通自来水，316 个村通电视，254 个村通有线广播。移动电话用户和互联网用户达 14.10 万户和 2.10 万户，同比分别增长 7.8%和 39.27%。

一、民族乡综合经济实力不断增强

2014 年，民族乡实现农、林、牧、渔业总产值 33.01 亿元，按现价计算同比增长 5.2%。其中农业产值 17.71 亿元，林业产值 2.65 亿元，牧业产值 5.79 亿元，渔业产值 6.19 亿元，农业、林业和牧业产值分别增长 10.6%、2.8%和 3.5%。乡镇企业总产值 234.93 亿元，其中工业企业总产值为 216.96 亿元，营业收入 215.08 亿元，净利润总额 9.09 亿元，实交税金总额为 4.81 亿元。工业企业总产值基本与上年持平，营业收入和净利润同比分别增长 1.5%和 3.7%。

二、少数民族农民收入稳步增长

2014 年，全省民族乡农民人均纯收入较大幅度得到提高。民族乡农民人均纯收入达 10901 元，同比增长 15.1%；其中少数民族农民人均纯收入 9995 元，同比增长 14.4%。民族乡农民人均纯收入增长幅度高于全省平均水平 13.1%，有 14 个民族乡农民人均纯收入超万元。全省民族乡的居民储蓄存款余额达 15.79 亿元，同比增长 20.2%。

三、民族文化教育事业持续发展

2014 年，全省民族乡完小学校 57 所，其中民族完小学校 24 所，完小教师数 1529 人，少数民族教师 470 人；中学 19 所，中学教师 1156 人，其中少数民族教师 194 人。民族乡初中生入学率、巩固率和毕业率均达 98%以上，民族乡初中生升学率为 87.8%。民族乡建有图书馆、文化站 24 个，文化站面积 8314 平方米，同比增长 13.2%，文化站图书资料册数 7.87 万册，民族村共有文化站 366 个，同比增加 23 个，增长 6.7%，文化站面积达 2.01 万平方米，同比增长 2.2%。图书资料 54.20 万册，同比增加 1.6 万册，增长 3.1%。

四、医疗条件不断改善，制度建设稳妥推进

至 2014 年底，民族乡 18 所乡卫生院总建筑面积达 3.77 万平方米，同比增长 3.0%。病床数增加，医疗设备条件也有较大改善，2014 年民族乡医疗设备价值 1767 万元，同比增加 149.4 万元，增长 9.2%。全省民族村共有医疗站（室）649 个，卫生技术人员 813 人。2014 年，新型农村合作医疗制度建设积极稳妥推进，民族乡参加合作医疗的人数有 36.81 万人，其中少数民族参保人数为 13.70 万人。全省民族村共有 65.85 万农民参加新型农村合作医疗，其中有 38.81 万少数民族人口，参合率分别达 79.4%和 89.5%。

（撰稿　赖龙娣　审稿　兰铁军）

江西省

2014年，江西省委、省政府深入贯彻落实党的十八届三中全会精神，扎实践行“两个共同”的时代主题，坚持“山上办银行、产业兴畲乡、文化促认同、同步奔小康”的发展思路，积极制定实施优惠民族乡政策措施，狠抓基础设施建设，确保落实民生工程，努力保护生态环境，大力发展特色产业，不断推动民族乡经济社会发展。

一、支持民族乡发展有新举措

2014年，为了深入贯彻中央民族工作会议精神，开展了全省民族地区经济发展大调研。组织省委、省直有关部门分赴各民族乡进行综合和专项调研。并在调研的基础上，拟定了《关于加强和改进新形势下民族工作的意见（草案)》，提出了加大扶持力度、强化服务管理等19条意见，旨在加强和改进新形势下的民族工作。

二、帮扶民族乡发展有新力度

按照“只加强、不削弱”的原则，进一步加大对民族乡的帮扶力度。争取中央财政安排少数民族发展资金2277万元，较上年增加400万元；争取省财政安排少数民族扶持资金546万元，较上年增加96万元。2014年8个民族乡农民人均纯收入9981元，同比增长16.29%；财政总收入2.7亿元，同比增长11.2%。

三、对口支援民族乡有新突破

省、市、县三级积极开展对口支援，实现了所有民族乡、村全覆盖，并取得好成绩。吉安市争取省、市、县三级对口支援单位共落实项目117个，帮扶资金8354万元，极大地改善了当地民族乡村的生产生活条件；赣州市争取对口支援资金1133.66万元，对口支援工作扎实推进。

四、推动民族乡发展有新思路

江西省不断创新民族乡村科学发展思路，创造性地开展“特色产业、特色村寨、特色文化、特色人才”建设。因乡因村推进赣南特色果业、赣中特色油茶、赣东北特色毛竹三大产业板块发展。2014年，江西8个民族乡特色果业7万亩，油茶19万亩，毛竹23万亩，特色产业销售收入1.8亿元；建设少数民族特色村寨示范点36个。南康区赤土畲族乡大岭背村、青原区东固畲族乡蔡家垅村、峡江县金坪民族乡新民村被国家民委授予“中国少数民族特色村寨”；支持返乡人才和在乡人才结合创业、培养党员干部典型人才示范带动群众互动创业、扶助田间地头“草根”人才与信息网络人才共享市场创业，一大批有能力、有闯劲、有积累的外出务工人员纷纷回到民族乡自主创业，为民族乡经济发展增添了新鲜力量。

五、社会各项事业有新进步

江西省重视少数民族文化发展和传承。积极筹办江西省第二届畲族文化艺术节、筹备成立江西省少数民族文化艺术促进会。推动改善民族乡教育、医疗卫生和养老条件。2014年省财政投入1000万民族教育发展资金继续支持民族乡学校标准化建设，逐步改善民族乡教育条件。积极落实省委省政府民生工程项目，逐步改善民族乡医疗卫生条件，完善民族乡村敬老院建设。

六、民族乡发展仍受制约

江西省8个民族乡中就有4个民族乡处于原赣南中央苏区县范围。山高、路远、地理位置呈半封闭状态，基础设施建设难度大，建设成本高。联通赣东北三个民族乡的樟—太—篁公路，多处路基已严重塌陷、掏空，存在严重安全隐患；民族乡产业结构单一、产品附加值低、自我发展能力不强，经济社会发展水平依旧滞后；由于部分民族乡历史欠账太多，与实际需求仍存在差距，扶持投入仍显不足。

（撰稿　茅　黎　审稿　马徽江）

山东省

2014 年，面对经济下行压力增大的严峻形势，在国家民委和各级党委、政府的大力支持下，在各级有关部门的关心和帮助下，全省民族乡镇着力稳增长、调结构、惠民生的各项工作，经济社会在科学发展的道路上稳健前行。

一、全省民族乡（镇）经济发展情况

山东省全共有 4 个民族镇，2014 年底，民族镇总人口 15.1717 万人，其中少数民族人口 3.0769 万人，少数民族人口占总人口的 20.2%。2014 年财政收入 20252 万元，同比减少 5243 万元；财政支出 17122 万元，同比增加 1868 万元。

（一）乡镇企业生产稳步增长

2014 年，民族镇企业生产总值 21.3 亿元，比去年增长 8.8%，其中，工业企业实现 19.45 亿元，比去年增长 9.8%；乡镇企业年净利润总额 3.14 亿元，比去年增长 10.8%，从业人员 1.8 万人。

（二）农业生产平稳发展

2014 年，全省 4 个民族镇实现农林牧渔业总产值 14.1 亿元，农作物总播种面积 28.2 万亩，比去年增长 1.6%，其中粮食播种面积 22.8 万亩，比去年增长 1.2%；粮食总产量 14.89 万吨，肉类总产量 4.8 万吨。2014 年农民专业合作社 186 个，比去年增长 12.9%，农民专业合作社成员 3899 户，比去年增长 14.5%。

(三)人民生活水平进一步改善

2014 年，全省 4 个民族镇，实现村村通路、通电（包括电话）、通邮、通自来水。农民人均纯收入 1.17 万元，比上年增长 10.2%。

二、全省民族乡（镇）社会发展情况

2014 年，全省 4 个民族镇拥有各类学校 35 个，在校学生 1.47 万人，教师 1102 人。图书馆 9 个，文化站 11 个，村文化活动室 152 个，比去年增加 53 个。拥有农业技术服务机构 37 个，农业技术服务机构从业人员 133 人。医院、卫生院 5 个，医生 132 人，拥有病床 300 张；村卫生室 81 个，医生 191 人。

至 2014 年底，4 个民族镇农村低保等各项惠农政策落实到位，新农合、新农保参合入保率达到 100%；适龄儿童入学率、小学初中毕业率均达到 100%，城乡文化、医疗设施逐步完善，已建立起了与经济发展水平相适应、全覆盖的社会保障体系。

（撰稿　李瑞海　审稿　马　辉）

河南省

河南省有 21 个民族乡（镇），其中有 12 个回族乡、9 个回族镇。2014 年，民族乡（镇）总行政区划面积 437.39 平方公里，辖 206 个行政村，年末总人口 78.26 万，其中少数民族 18.66 万人，少数民族人口比例为 23.84%。在当地党委、政府的领导下，在各级民族工作部门的大力支持下，21 个民族乡（镇）紧紧围绕中原经济区全面建设和中原崛起、河南振兴的奋斗目标，各族群众同心同德、团结奋斗、开拓进取，经济社会持续健康发展。

一、经济总量和农民人均纯收入保持增长

截止到 2014 年底，全省民族乡一、二、三产业总值达到 490.96 亿元，其中第一产业 23.67 亿元，第二产业 259 亿元，第三产业 208.3 万元；2014 年农林牧渔业总产值 21.97 亿元，粮食产量 20.64 万吨，亩均单产达到 849.64 斤；肉类总产量 4.2 万吨；有各类乡镇企业 11216 家，实现乡镇企业总产值 305.24 亿元，其中工业企业总产值 149.41 亿元，增长 15%。

21 个民族乡（镇）公共财政收入 4 亿元；公共财政支出 4.08 亿元；农民人均纯收入达到 8935 元，比 2013 年增加 276 元，增长 3.2%。其中有 8 个超过所在县（市）区平均水平，有 6 个超过全省平均水平，有 7 个接近全省平均水平。

二、农业综合生产能力不断提高

民族乡落实完善种粮直补、良种补贴、农资综合补贴、农机具购置补贴等，实施农田水利基本建设、农业综合开发、土地整理等项目，鼓励土地有序流转，推进机、电、水、路、林等生产设施和服务设施建设，年末实有耕地面积 35.68 万亩，农作物总播种面积达到 78.33 万亩。民族乡（镇）大力培育特色农业企业、专业大户、家庭农场、农民合作社等新型生产经营主体，建有农业技术服务机构 110 个，从业人员 571 人；有各类农民合作社 231 家，成员 3374 人。宁陵县城关回族镇以专业经济合作组织建设为依托，大力发展林果业和养殖业，南环路两侧果树种植面积达到 2000 多亩，金博肉牛养殖场现存栏肉牛 280 头。全镇现有养殖大户 30 户，散养户 320 多户，新发展农业专业合作组织 10 多个，实现了农业的增产增收。郭庄回族乡做大做强蔬菜产业，种植面积 6000 亩，实现产值 1.76 亿元；大力发展烟叶生产，实现产值 109 万元。袁店回族乡围绕确立的“烟叶强乡”的发展战略，全乡种植烟叶近 8000 亩，烟税收入 410 万元，培育职业烟农 100 户，建立专业合作社 10 个，组建专业服务队伍 50 余支。伯党回族乡新成立花木专业种植合作社 3 个，果蔬家庭农场 3 个，新发展花木种植面积 2000 余亩，使全乡花木种植总面积达 7000 亩，产业年产值达 2000 多万元以上，新蔡县李桥回族镇发展畜牧养殖专业村，群众收入近 40%以上来自于畜牧养殖业。西平县蔡寨回族乡新增种植及农机合作社 17 个，发展粮食种植。

三、民营经济持续健康发展

全省民营经济通过强化领导，加大投入，优化环境，政策驱动，积极引导等措施，民营经济在民族乡（镇）迅速发展，呈现出了皮革制品、交通运输、饮食服务、食品加工、畜牧养殖等产业格局。21 个民族乡（镇）有企业 11216 家，乡镇企业从业人员 11.52 万人。2014 年各民族乡（镇）克服经济下乡压力，工业经济持续发展，乡镇企业总产值 305.24 亿元，年净利润总额　22.13 亿元。其中，工业企业总产值达到 149.41 亿元，比上年度增长 14.98%。禹州市山货回族乡把项目建设作为机械制造工业转型发展的重要抓手，多措并举，强力推进，签约项目 3 个，签约资金 15240 万元，其中省外资金 11000 万元，壮大和提升机械配件生产。郏县姚庄回族乡以三郎庙回族村为中心发展清真特色餐饮，被授予“河南省豫菜基地”和“中原特色饮食文化之乡”，在全省乡镇中唯一获此殊荣。太康县城关回族镇个体经营户近 7000 户，其中少数民族群众经营的饭店、宾馆、早点小吃、地摊夜市等达 3000 多户。

四、持续招商引资和开展项目建设带动地区经济发展

2014 年民族乡通过改善招商引资环境，创新招商引资方式，开拓招商引资渠道，实现招商引资新突破，固定资产投资和项目建设拉动民族乡（镇）经济社会发展。郏县姚庄乡强力推进招商选资，建设“项目姚庄”，2014 年以来，完成固定资产投资 6 亿元，入驻产业聚集区项目 1 个，投资 3.6 亿元。新开工项目 1 个，续建项目 3 个，签约项目 1 个，在洽项目 6 个；睢县城关回族镇以产业集聚区为载体，积极围绕制鞋制衣和电子信息两大主导产业开展大招商活动，引资落地亿元项目达 2 个；宁陵县城关回族镇紧紧围绕家居、农资等主导产业，新上投资 1 亿元以上项目 3 个，其中 4 亿元项目 1 个，全年完成招商引资额 9.2 亿元，实际到位资金 4 亿元；沈丘槐店回族镇启动 3 个上亿元的综合开发项目，分别是总投资 2.3 亿元的金岭世衡广场古道改造工程建设项目、总投资 3.2 亿元的富高园城中村二期改造项目，投资 1.2 亿元的原刘楼油厂领秀城开发建设项目，助力镇域经济发展实现新突破；临颍县繁城回族镇“借梯上楼、借力发展”的方式建设集镇，2014 年完成招商引资 1.2 亿元。被列入全县重点项目的襄城县联兴容大仓储物流项目，总投资 4.3 亿元，用于建设加工车间、仓库、交易大厅及配套设施。目前已完成规划编制，正在进行围墙建设。

五、有序推进基础设施条件改善和城镇化建设

21 个民族乡（镇）实现了乡乡通水泥路，所辖206 个行政村全面完成道路“村村通”工程，电力、广播电视、邮政、电话“村村通”。有 179 个行政村吃上安全卫生自来水，占行政村总数的 86.89%，其余已全部列入计划，正在分批实施。21 个民族乡（镇）都建有乡级客运站。6 个位于县城的回族镇，进一步铺修城镇化道路，加强沿街门面布局规划，实施亮化、绿化、硬化和供、排水等附属设施建设。睢县城关回族镇开展“整洁村镇”活动，按照徽派风格对示范村西门里村加大资金投入，新修街道 1500 米，街道实施绿化、美化、亮化、净化、文明化。共投入资金 300 多万元，各村基本实现“三无一规范一眼净”的整治目标，郭庄回族乡加大集镇建设，筹资 190 万元，在振兴路两侧新开挖下水道 1200 米，铺设彩砖 7300m2，对集镇范围的 1.2 万平方米路面进行沥青铺设，对民族广场、乡政府大门及院内进行立面改造；伯党回族乡对镇区内的商铺、摊位等进行统一规划，新修了道路。少数民族特色村镇建设不断加强。民族乡（镇）立足自身情况，坚持“因地制宜、突出特色、科学规划”的原则，着力发展民族生态旅游、特色餐饮、特色种养殖等特色产业，有效整治了村寨人居环境，开发了特色资源、打造特色产业，受到各族群众欢迎，起到积极的示范引导作用。郏县姚庄回族乡依托特色村寨建设，当地政府筹措投入 3000 万元，发展清真茶食文化、休闲旅游、民族手工艺品，打造伊斯兰风情小镇，创建国家生态乡镇和国家特色景观旅游名镇；叶县马庄回族乡政府自筹 600 万元，建设开发清真食品特色村街；洛宁县王范回族镇以建设穆斯林民族风情餐饮一条街为龙头，投资近 360 万元建设中原村民族文化广场。

六、社会事业取得进步和民族团结进一步加强

21 个民族乡（镇）内建有学校 203 所，增加 8 所；教师 9727 人，在校学生 18.35 万人。21 个民族乡（镇）全部实现“基本普及九年义务教育”和“基本扫除青壮年文盲”，少数民族适龄儿童入学率达到 99%以上。21 个民族乡（镇）卫生院条件持续改善，民族乡（镇）所在地有各类医院、卫生院 48 所，有村级卫生室 206 个。21 个民族乡（镇）实现新型农村合作医疗制度全覆盖。敬老院、文化科技大院等一批少数民族公益事业在民族乡（镇）兴建。21 个民族乡（镇）建有图书馆 49 个，文化站 24 个、村文化活动室 151 个。太康县回族镇综合文化站建筑面积 920 平方米，活动场地 2000 多平方米，设有六大功能室，配备了电脑、投影机、棋牌、球类等必要的文体器材。文学艺术界联合会，下设有书画协会、作家协会、武术协会、舞蹈协会、戏曲协会、民间艺术家协会，会员 1000 余人。2013 年，许昌县艾庄回族乡天宝宫成功申报国家级文物保护单位，太康县城关回族镇荣获“河南省先进基层综合文化站”。21 个民族乡（镇）加大民族宗教政策法规宣传力度，积极开展“民族宗教政策法规宣传月”活动，引导清真寺等创建和谐寺观教堂，开展共建“民族团结进步友好村”活动。2014 年，21 个民族乡（镇）在民族关系方面未发生矛盾纠纷，保持了长期的团结稳定。

（撰稿　王　霞　审稿　郭瑞疆）

湖北省

2014 年，湖北省 12 个民族乡（镇）在地方各级党委、政府的正确领导下，坚持以邓小平理论、“三个代表”重要思想为指导，全面贯彻落实科学发展观，紧紧围绕“农业、农村、农民”和建设社会主义新农村的各项要求，改善民生等一系列支农惠农的重大政策和措施，坚持统筹城乡发展，深化农村改革，强化支农惠农政策，稳定粮食生产，努力改善经济发展环境，加快农村劳动力转移就业，促进了农村经济稳定发展，农民收入实现稳定增长。截止 2014 年底，全省 12 个民族乡（镇）下辖 192 个村委会，人口共计 284384 人，其中少数民族人口 155588 人。

一、乡镇经济发展迅速

各民族乡（镇）围绕迅速壮大乡镇经济规模、增强财税收入目标，坚持以工业化为龙头，以招商引资和发展民营经济为突破口，以发展资源型工业、培育特色经济和发展壮大园区经济为主要途径，因地制宜、分类指导、多管齐下，努力提高工业化、城镇化和农业产业化水平。截止 2014 年底，全省 12 个民族乡（镇）财政总收入为 21978 万元，比上年增长 12.8%；财政支出 24953 万元，比上年增长 30.8%。乡镇企业从业人员 40754 人，乡镇企业总产值 570786 万元，比上年增长 7.3%，其中工业企业产值 509083 万元，比上年增长 6.9%，乡镇企业年净利润总额达到 74328 万元，比上年增长 6.9%。

二、农业基础得到巩固

各民族乡（镇）大力推进农业结构战略性调整，积极树立人与自然和谐发展的观念，将农业结构调整同生态城市建设相融合，大力推进生态型现代农业的快速发展，为增加农民收入开拓了新的渠道。同时，在努力维持现有粮食产量，确保粮食安全的前提下，通过充分发挥地域比较优势，进一步发展壮大特色农产品基地，发展高附加值农作物，推进农业标准化生产，农产品品质和农民收入大幅提高。截止 2014 年底，全省 12 个民族乡（镇）年末农林牧渔业总产值 312153 万元，增长 9%，农作物总播种面积 636895 亩，其中粮食播种面积 381030 亩，粮食产量 148380 吨。

三、基础设施逐步改善

各民族乡（镇）争取整合开发、交通、国土、水利、电力、财政、民政、烟草等各部门项目资金，大力推进农村基础设施建设，城乡面貌发生了显著变化。尤其在村庄建设过程中，坚持“能依山的不占良田，能集中的不分散，能体现民族特色的不建洋房”三项原则，注重落实“规划、宣传、示范、引导、协调”五个环节，以调整区域村庄布局、集中建设中心村、改造农民住房、建设特色民居、治理村庄环境、改善村容村貌、完善公共基础设施、建立长效管理机制等为主要内容，积极探索集中建设居民点的新农村模式。截止 2014 年底，全省 12 个民族乡（镇）192 个行政村中，已通公路的有 192 个，已通自来水的有 146 个，已通电的有 192 个，已通电话的有 191 个，已通邮的有 191 个。

四、教育事业蓬勃发展

各民族乡（镇）把教育放在优先发展的战略地位，加大投入，改善办学条件，认真落实教育经费保障机制和“两免一补”政策，创新管理机制，实施教育综合改革，加强教师队伍建设，推行素质教育，教育教学质量稳步提高。截止 2014 年底，全省 12 个民族乡（镇）共有学校 75 所，在校生 22968 人，教师 1636 人。

五、卫生防疫工作成绩明显

各民族乡（镇）完善了镇村两级卫生体系，农村卫生基础设施进一步改善。截止 2014 年底，全省 12 个民族乡（镇）共有医院、卫生院 13 个，医生 441 名，526 个病床；村卫生室 184 个，医生 222 名；全面推行新型农村合作医疗工作，参合率达 98%以上，农民因病返贫、因病致贫的现象得到遏制.扎实开展疾病预防控制、妇幼保健、爱国卫生运动、艾滋病预防等工作，群众健康得到保障，卫生工作成绩明显。

六、民主法制建设进一步健全

各民族乡（镇）自觉接受人大的法律监督和工作监督，认真办理人大代表提出的建议、批评和意见，使人大代表在“三个文明”建设中的桥梁、纽带和模范带头作用得到较好发挥。积极推进村级财务管理体制改革，全面推行政务、村务、财务“三公开”，村民的“四权”得到全面落实，村民自治的民主化、法治化建设得到进一步加强。深入开展普法工作，不断增强干部群众的法律意识和依法行政能力。加大社会矛盾纠纷的排查调处力度，保障工作经费投入。认真开展社会治安综合治理工作，积极开展创建无毒社区活动，严厉打击邪教组织，维护了社会的稳定。

（撰稿　周　巍　审稿　李爱旻）

湖南省

2014 年，湖南省 99 个散居民族乡（镇）干部群众，在当地党委、政府的坚强领导下，紧扣中心工作，抢抓发展机遇，攻坚克难，锐意进取，全省民族乡（镇）经济社会发展取得了显著成绩，综合实力不断增强。

截至 2014 年末，湖南省 99 个民族乡（镇）总面积 9704.6 平方公里，有 1250 个村民委员会。总人口 1181264 人，比上年增长 1.67%，其中少数民族人口 827142 人，比上年增长 9.35‰；少数民族人口占民族乡（镇）总人口达 70.02%。

一、经济实力持续增强

2014 年，全省 99 个民族乡（镇）实现农林牧渔业总产值 808393.17 万元，同比增长 3.57%；公共财政收入 41543.23 万元，公共财政支出 41576.23 万元，同比分别增长 17.25%、14.54%。全省民族乡（镇）企业有从业人员 40955 人，乡（镇）企业总产值 344916.74 万元，其中工业企业总产值 216358.31 万元，乡（镇）企业年净利润总额 46638.11 万元。全省民族乡（镇）农作物总播种面积 1810854.38 亩，粮食产量 540783.52 吨，同比增长 0.14%；肉类总产量 95756.61 吨，同比减少 3.59%。农民人均纯收入 3365 元，同比增长 8.48%。

二、基础设施不断完善

到 2014 年末，全省 99 个民族乡（镇）的 1250 个行政村中，已通公路的村有 1234 个，已通自来水的村有 732 个，已通电的村有 1250 个，已通电话的村有 1217 个，已通邮的村有 1190 个，基础设施建设稳步推进，人民生产生活条件进一步改善。

三、民生事业全面发展

2014 年，全省 99 个民族乡（镇）有农民合作社 766 个，农民合作社成员 18693 户；有农业技术服务机构 125 个，农业技术服务机构从业人员 376 人。全省民族乡（镇）共有学校 390 个，在校学生 84930 人，教师 6495 人；有图书馆 110 个，文化站 98 个，村文化活动室 1116 个；有医院、卫生院和村卫生室 1007 个，医生 2114 人，病床 2017 张。

（撰稿　伍雄智　审稿　曹承明）

广东省

广东省有 7 个民族乡，其中瑶族乡 5 个，壮族瑶族乡 1 个，畲族乡 1 个。行政区划面积为 1377.2 平方公里，占广东省总面积的 0.77%，年末人口 82487 人，其中少数民族人口 37418 人，占广东省少数民族总人口的 1.12%。

2014 年，全省 7 个民族乡深入贯彻中央民族工作会议精神，紧紧围绕“大力推动美丽乡村全覆盖”的主题，以生态资源为依托，以发展民族特色产业为抓手，经济社会继续保持平稳快速发展，群众生产生活条件得到进一步改善。

一、经济实力显著增长

近年来，全省民族乡得到长足发展，经济实力迅速提升。2014 年，民族乡完成农林牧渔业总值 60709 万元，同比增长 8.97%；人均生产总值 136161 元，同比增长 20.48%；公共财政收入 3724.65 万元，比去年减少 7.9%；农民人均纯收入 7418 元，同比增长 14.28%。

二、基础设施不断改善

各民族乡多渠道整合资金，大力推进农村基础设施建设，城乡面貌发生显著变化。截止 2014 年底，全省 7 个民族乡 50 个行政村已全部通公路，已通自来水的村有 49 个，已通电的村有 50 个，已通电话的村有 50 个。特别是近年来，随着乡镇人口日益增多，一些民族乡还积极筹措资金，实施自来水扩容工程，有效缓解了群众饮水不足问题。如阳山县秤架瑶族乡投入 70 多万元完成圩镇周边食水安全工程升级改造建设，惠及群众 1 万多名。

三、工业发展形势喜人

怀集县下帅壮族瑶族乡利用水资源优势，发展小水电业，全乡共有水电站 9 个，总装机容量 3500 千瓦。东源县漳溪畲族乡新型旋窑水泥聚集区建设顺利推进。市、县重点项目—河源市金杰环保建材有限公司投资 1.89 亿元年产 180 万吨水泥粉磨站项目已顺利通过环评、能评、社会稳定性评审。辉科建材发展有限公司特种水泥生产线技改完成，白水泥年产能力提升至 30 万吨，年产值达到 32680 万元，企业产品已成为广东省著名商标和名牌产品。

四、农业经济效益继续提高

2014 年，各民族乡大力发展现代农业，注重培育特色产业。全年完成农林牧渔业总产值达 60709 万元，比上年增长 8.96%。农作物总播种面积 135203 亩，与上年基本持平；粮食作物播种面积 73199 亩，粮食产量 24980 吨。阳山县秤架瑶族乡依托山区优势资源，种植反季节蔬菜、水果、药材，发展特色生态农业，并利用高寒气候发展广东第一峰万亩高山云雾茶、灵芝、冬菇、木耳等名优土特产。始兴县深渡水瑶族乡积极引导群众大力发展土鸡、蚕桑、竹鼠、灵芝养殖，以“支部+合作社+农户”的经营模式，组建了养蜂、杨梅、西瓜、竹鼠等林下特色种养业在内的 6 个专业合作社。东源县漳溪畲族乡的板栗、沙糖桔、五指毛桃等特色产业保持良好的发展态势，畲族风情特色旅游业蓬勃发展，农民收入显著提高。连州市三水瑶族乡着力调整农业产业结构，大力发展优质、高产、高效的经济性养殖业，建立 250 多亩高山绿稻示范基地，产生了良好的经济效益。

五、社会事业稳步推进

一是巩固教育创强成果，继续改善中小学教学环境。2014 年末，民族乡共有学校 17 个，在校学生 4265 人。各乡规范化学校覆盖率达 100%，各中小学校体育卫生和艺术教育基本条件达标率均达到 100%，学前教育入园率达 90%以上，小学学龄儿童入学率达 100%，初中毛入学率达 99%以上，龙门、蓝田等 5 个民族乡还被评为全省教育强镇（乡）。二是积极挖掘保护少数民族文化。各民族乡注重培养年轻一辈学习瑶族刺绣、纺织等瑶族手工艺，传承并弘扬瑶族文化。蓝田“瑶族舞火狗”、漳溪“畲族招兵节”、下帅“春牛舞”、三水“瑶族布袋木狮舞”和漳溪畲族“蓝大将军出巡”、下帅壮族“壮狮舞”分别被列入省级和市级非物质文化遗产名录；漳溪“黄龙岩畲族风情景区”被授予“全省民族团结进步教育基地”，三水瑶族乡被评为“广东最美丽乡村”。截至 2014 年末，民族乡有公共图书馆 5 个，文化站 7 个，村文化活动室 37 个。三是建立健全公共卫生和医疗服务等卫生监督体系。医疗卫生网络进一步完善。民族乡共有医院和卫生院 7 个，村卫生室 48 个，病床 127 张。继续巩固全覆盖式新型农村合作医疗和城镇居民医疗保险，切实解决农民看病贵的困难，民族乡医疗卫生服务网络进一步健全，医疗救护保障功能进一步提高。四是大力推进民生保障工程。各民族乡关注社会弱势群体，将农村家庭人均收入 2508 元以下、居民家庭人均收入 3300 元以下的贫困户以及五保对象全部纳入低保救济范围并办理了居民医疗保险，积极为群众办理城乡居民养老保险，基本实现老有所养。

（撰稿　方　莉　审稿　李秀英）

广西壮族自治区

2014 年，广西壮族自治区民族乡经济社会事业进一步发展，基础设施建设进一步加强，人民生活条件得到进一步改善。2014 年，广西壮族自治区所辖 59 个民族乡 594 个村民委员会，其中，已通公路的行政村有 574 个，占 96.63%；已通自来水的行政村有 458 个，占 77.1%；已通电的行政村有 593 个，占 99.83%；已通电话的行政村有 556 个，占 93.6%；已通邮的行政村有 509 个，占 85.69%。民族乡行政区划面积 1.56 万平方公里，人口 113.82 万人，占全区总人口的 2.39%，其中少数民族人口 77.56 万人，占民族乡总人口的 68.14%。年末农作物总播种面积(实有耕地面积)210.46 万亩。财政收入 3.77 亿元，财政支出 5.1 亿元。学校 631 所，在校学生 10.52 万人，教师 6620 名，图书馆、文化站 138 个，医院卫生院 69 所，村卫生室 605 个，村文化活动室 443 个。

（撰稿　王　珊　审稿　覃汉华）

重庆市

2014 年，民族乡经济进一步发展，基础设施建设进一步加强，人民生活进一步得到改善，社会事业有了长足进步。

2014 年，重庆市辖有民族乡 14 个，112 个村民委员会。已通电的村 98 个；已通公路的村 98 个；已通电话的村 98 个；已通邮的村 74 个；已通自来水的村 78 个；民族乡行政区划面积 1419.5 平方公里。年末总人口 166387 人，其中少数民族人口 73219 人。

2014 年，重庆市民族乡农林牧渔业总产值 102886.5 万元；农作物总播种面积为 482701 亩；全年粮食总产量为 103209.4 吨；全年肉类总产量达到 15918.9 吨；人均纯收入 7924 元。

2013 年，重庆市民族乡有学校 42 个，在校学生总数 10652 人，教师总数 820 人；图书馆、文化站共 29 个；医院、卫生院 16 个，医生 120 人，病床 267 张；农业科技与服务单位 16 个，中高级农业技术人员 95 人。

（撰稿　吴涛　审稿　向远道）

四川省

1984 年以来，四川省先后建立过 128 个民族乡。由于行政区划调整和城镇化步伐加快，有 30 个民族乡相继撤乡建镇或两乡合并，截止 2014 年，全省共有 98 个民族乡，行政区划面积 1.67 万平方公里。民族乡总人口 75.3 万人，其中少数民族人口 34.8 万人，占民族乡总人口 46.2%。

四川民族乡分布在全省 12 个市（州）的 29 个县（市、区），几乎全部位于于盆地边缘或高原向盆地过渡的高山峡谷地带，其中，叙永、古蔺、阆中、屏山、宣汉、越西、木里、盐源 8 县（市）为全国扶贫开发重点县，占全省 36 个扶贫开发重点县总数的 22.2%，散杂居地方的民族乡还与云南、贵州、重庆、湖北、陕西等省市的民族地方毗邻。

2014 年民族乡经济不断发展，基础设施进一步改善。有村民委员会 638 个。其中，已通公路的村 627 个，占 98.3%；已通自来水的村 450 个，占 70.5%；已通电的村 630 个，占 98.8%；已通电话的村 587 个，占 92.0%；已通邮的村 515 个，占 80.7%。

全省民族乡农作物总播种面积 180.9 万亩，其中粮食播种面积 125.9 万亩。粮食产量 34.9 万吨，肉类总产量 8.9 万吨。实现农林牧渔业总产值 49.1 亿元。乡镇企业从业人员 2.5 万人，乡镇企业总产值 48.8 亿元，其中工业总产值 41.3 亿元，乡镇企业年净利润 5.3 亿元。

2014 年，全省民族乡财政收入 6.25 亿元，财政支出 6.29 亿元。农民人均纯收入 7745 元，比上年增加 669 元，增长 9.5%。农民合作社 585 个，合作社成员 2 万多户。

2014 年，全省民族乡共有 216 所学校，在校学生 7.5 万人，教师 4611 人。图书馆 68 个，文化站 124 个，村文化活动室 568 个。医院、卫生院 98 个，医生 741 人，病床 1113 个。村卫生室 453 个，医生 608 人。农业技术服务机构 107 个，从业人员 228 人。

（撰稿　刘康蓉　审稿　荣跃泽仁）

贵州省

2014 年贵州省各民族乡在各级党委、政府的领导下，坚持主基调主战略，坚持发展为要、民生为本、企业为基、环境为重的工作理念，牢牢守住发展和生态两条底线，牢牢抓住改革开放关键一招，认真贯彻国务院颁布的《民族乡工作条例》，积极争取上级各部门大力支持，努力增强自我发展能力，促进了民族乡经济社会又好又快发展。

一、基本情况

2014 年，全省民族乡由原来的 231 个减少到 208 个，占全省 1396 个乡镇（办事处）的 14.9%，占全国民族乡总数的 20.4%，居全国第一，共有 2306 个村民委员会，占全省 16859 个村民委员会的 13.68%，行政区划面积 2.41 万平方公里，占全省行政区划面积的 13.7%。年末总人口 454.58 万人，占全省年末常住人口的 14%，少数民族人口 233.4 万人，占民族乡总人口的 51.3%。民族乡大多分布在较偏远地区，因劳动力外出和返回比较频繁，常住人口总量受此影响变动幅度较大，2014 年末民族乡年末总人口较上年有所下降。

二、2014 年民族乡经济社会发展状况

（一）农民人均纯收入大幅上升

全省 208 个民族乡中，农民人均纯收入在 2000 元以下的乡有 0 个，比上年减少 1 个；2000—3000 元的乡 2 个，比上年减少 12 个；3000—4000 元的乡 4 个，比上年减少 14 个；4000—5000 元的乡 29 个，比上年减少 46 个；5000－6000 元以上的乡 93 个，比上年减少 3 个，6000-7000 元以上的乡有 57 个，比上年增加 28 个，7000 元以上上的乡有 26 个，比上年增加 26 个。2014 年全省农民人均纯收入为 6651 元，170 个民族乡在全省平均水平以下，占民族乡的 80%；42 个民族乡在全省平均水平以上，占民族乡的 20%;1 个民族乡处在现行贫困标准线以下，比去年减少 7 个。

民族乡农民人均纯收入增长变动情况表

农民人均纯收入（元）	2013 年	2014 年	2014 比 2013 增长（%）
2000 以下	1	0	-100
2000-3000	14	2	-85.71
3000-4000	17	4	-76.47
4000-5000	75	29	-61.33
5000－6000	96	93	-3.13
6000-7000	28	57	103.57
高于 7000	0	26	
省平均水平以下	171	170	-0.58

（二）科教文卫事业发展加快

2014 年，全省民族乡 1893 个中小学拥有在校学生 51.39 万人，拥有教师 3.23 万人，在校生比上年减少 5.5 万人，教师数比上年减少 2557 人。师生比为 1：16。平均每个教师负担的学生人数比全省少 6 人，比民族地方少 0.3 人。

民族乡拥有医院、卫生院 231 个，村级卫生室 2341 个，各类病床 3867 张，各类医生 2197 人。以上数据与 2012 年相比因撤销 20 个民族乡原因均有减少。民族乡每 1176 人拥有一张床位，每 2069 人拥有一名医生。

农村基层科技文化事业主要表现为农技机构、人员和文化场所的的建设。 2014 年，民族乡农技推广服务机构 249 个，从业人员 1686 人，乡均服务机构 1.18 个，平均农技服务机构从业人员 8 人。服务机构比上年减少 14 个，从业人员比上年减少 55 人。乡级图书馆、文化站及村办文化室分别增至 119

个、252 个和 1921 个。平均每 1.77 个民族乡拥有 1 个图书馆，每个民族乡拥有 1 个文化站，每个民族乡拥有 9 个村级文化室。

（三）基础设施建设大幅提升

截止 2014 年末，民族乡共设 2306 个行政村，其中：已通公路的村 2198 个、已通自来水的村 1820 个、已通电的村 2235 个、已通电话的村 1343 个、已通邮的村 828 个。分别占民族乡行政村总数的 95.3%、78.9%、96.9%、58.2%、35.9%。

（四）农业产业化发展加快

农林牧渔业总产值为 156.51 亿元，比 2013 年增加 10.13%，农作物播种面积 861.86 万亩，粮食总产量 146.65 万吨，比上年略有增长，农民合作社 1620 个，比上年增加 个，农民合作社成员达 27991 户，为民族乡今后的跨越发展打下良好的基础。

三、存在的主要问题

（一）农村贫困问题依然严峻

与 2013 年数据相比，在总数减少 20 个民族乡的基础了，"五通"村的通路、通水、通电村数相对有所增加，通电话、通邮村数相对有所减少，虽然数据反应基础设施投入大幅度提升，但相比城镇化交通建设速度发展较慢，农村自来水饮水工程投入较弱，通讯事业发展较快，群众拥有手机数量增加，书信投递业务减少。纵向比较，民族乡的发展虽然取得了较好的成绩，但与全省及民族地方平均水平相比仍然存在明显差距。有些民族乡虽然已经解决了温饱问题，但基础不牢，极易返贫。民族乡生产生活基础设施建设落后，由于起点低，仍未从根本上得到改善，民族乡"五通工程"（通电、通路、通水、通电话、通广播电视）任务十分艰巨。

（二）民族乡师资力量不足

从民族乡统计数据看，在校学生减少是计划生育国策的周期性影响，与全省全国的大趋势一致；民族乡居民居住分散，教学点或学校相应设立分散，师生比在 1∶10 左右比较理想，目前的师生比例反映了民族乡仍缺乏师资的现状。

（三）民族乡公共医疗资源不足

民族乡因撤乡变镇人口不降反增，但医生数、病床数却较大下降，公共资源投入不足，民族乡医疗卫生发展速度虽在大幅度提高，但与全省比较差距仍然很大。

（四）对民族乡关注力度不够

部分干部对民族乡的整体情况深入调查不够，分析研究不够，情况摸不清、底数搞不明、问题吃不透的现象还比较严重。有的还只停留在民族乡的数量、人口情况上，而对民族乡的经济发展、文化建设情况的分析不够，对地方之间和民族之间的比较研究不够，特别是对民族贫困状况了解不够，加上客观上近年民族乡撤乡变镇较为频繁，对统计工作带来不便，统计数据粗，分析对比浅，致使对民族乡工作分类指导不够，工作力度不够。

（撰稿　张发刚　审稿　潘　选）

云南省

2014 年云南省纳入统计范围的民族乡（镇）有 145 个，国土总面积 4.3 万平方公里，辖 1111 个建制村，总人口为 292.7 万人，比上年同期增长 7.1‰，其中少数民族人口 177.8 万人，占总人口的 60.7%。2014 年全省民族乡（镇）在各级党委、政府的带领下，围绕民族团结进步示范区建设，抓住国家一系列重大战略在云南叠加以及加大对西部地区发展政策支持等难得的机遇，以提高农民收入水平和生活质量为中心，以调整农业农村经济结构为重点，大力推进农业产业化、农民知识化、城乡一体化，夯实基础设施，完善社会保障和公共服务，深入开展民族团结示范创建活动，继续保持了经济发展、农业丰产、农民增收、社会稳定的良好局面。

一、综合经济保持良好发展态势

民族乡镇主要经济指标都呈稳定增长态势。2014 年，实现农林牧渔总产值 221.8 亿元，比上年同期增长 11.5%，（不剔除物价因素，下同）；实现乡镇企业总产值 160.4 亿元，比上年增长 8.3%。其中：工业企业实现总产值 115.3 亿元，比上年增长

9.9%。完成财政支出16.6亿元，比上年增长9.9%；实现农村居民人均可支配收入5702元，比上年增长17.2%。粮食生产继续丰收，畜产品、水产品、蔬菜生产保持稳定。

二、基础设施不断加强

2014年，纳入统计范围的145个民族乡（镇）的1111个建制村，其中通公路村数1111个，占村委会总个数的100%；自来水受益村1064个，占95.7%，比上年提高了2.7个百分点；通电村数1108个，还有3个建制村少部分农户没通电；通电话村数1108个，占99.7%，与上年持平；通邮村数1102个，占99.2%，比上年提高了0.5个百分点。乡镇公路通达率达100%，通畅率95%以上；建制村公路通达率为99%，通畅率50%以上。

三、高原特色农业快速发展

各民族乡因地制宜，始终坚持农业的基础地位不动摇，在巩固粮食生产基础的同时，大力发展核桃、甘蔗、茶叶等特色优势产业及经济作物生产。同时，加大科技投入，加强技术服务，2014年拥有农业技术服务机构218个，农业技术服务机构从业人员数1735人，积极开展种养业农民技术人才培养，示范推广农牧业新品种，不断改良牲畜质量，农牧业基础地位不断加强。2014年农作物播种面积达913.7万亩，其中粮食播种面积554.6万亩，粮食产量达156.3万吨，比上年增产6.9万吨，比上年增长4.6%，人均粮食产量534千克，比上年增加20千克，比全省人均粮食产量多138千克，粮食生产实现了连年增产。肉类总产量达42.5万吨，比上年同期增长7.9%，人均肉类总产量145千克，比上年增加10千克，高于全省人均肉类总产量；同时大力发展茶叶、橡胶、咖啡等支柱产业，形成了一批产业基地和产业组织，2014年末有农民合作社1790个，比上年增加401个，社员81918人，比上年增加了14520人，为民族乡农牧业生产科学发展提供了有力支撑。

四、农村民生持续改善

各级党委、政府不断加大对民族乡社会事业发展的扶持力度，在项目安排和资金扶持上优先倾斜，民族乡教育、文化、卫生、科技等各项社会事业不断进步。2014年145个民族乡镇有学校1408所，在校学生35.7万人，教师2.3万人，教育资源进一步优化，办学条件进一步改善，教学质量进一步提高。持续推进农村精神文明建设，现有文化站145个，所有民族乡镇都有文化站，有图书馆（规模较大的图书室）71个，有村（行政村或自然村）文化活动室1655个，比上年新增210个，正在努力推进村文化活动室尽可能地覆盖到有条件的自然村。医疗卫生条件不断改善，所有民族乡都有卫生院，共有医院、卫生院152所，医生2201人，比上年增加288人，病床3862张，比上年增加278张，有村卫生室1134个，乡村医生2360人。新型农村合作医疗和新型农村养老保险政策已实现全覆盖。

五、民族团结宗教和谐

民族团结、社会稳定是加快少数民族和民族地区发展的重要前提和保证。2014年民族乡党的群众路线教育实践活动取得明显成效，党群干群关系更为融洽。各民族乡广泛深入开展民族团结宣传教育和民族团结进步创建活动，在宗教活动场所开展和谐寺观教堂创建活动，全面加强民主法制建设，切实保障少数民族合法权益，近年来没有发生过破坏民族团结稳定的事件，营造了民族团结、宗教和睦的良好社会环境，为民族乡加快发展提供了坚强保证。

（撰稿　易永红　审稿　陈新华）

陕西省

2014年，面对国内外错综复杂的发展环境，陕西省委、省政府坚持实施“稳中有为、提质增效”发展战略，主动适应经济发展新常态，以产业结构调整与增强自主创新为抓手，积极培育新的增长点，全年经济呈现“总体平稳、稳中向好、结构向优”的良好态势。全年生产总值 17689.94 亿元，比上年增长 9.7%。

陕西省是一个少数民族散杂居省份，有回、满、壮、苗、蒙古族等少数民族成份 54 个，少数民族人口近 20 万，具有大分散、小聚居的特点。陕西省有三个民族乡镇，均为回族乡镇，分别是商洛市镇安县西口回族镇、茅坪回族镇和安康市宁陕县江口回族镇。三个回族镇总人口 3.8 万，总面积 746 平方公里。民族乡工作是民族经济工作的一项重要内容，抓好民族乡工作是陕西省民族工作的一项重要任务，在每年的少数民族发展资金项目的安排上予以优先考虑。

三个回族镇均成立于 1984 年，安康市宁陕县江口回族乡 1996 年 12 月撤区并乡中改设为江口回族镇，商洛市镇安县西口回族乡和茅坪回族乡于 1997 年 6 月撤乡并镇后改设为西口回族镇和茅坪回族镇。

一、商洛市镇安县西口回族镇

西口回族镇位于镇安县东南部，距县城 52 公里，史有“秦楚咽喉”之称，辖青树村、岭沟村、农丰村、聂家沟、上河村、长发村、石景村、东庄村、宝石村、石门村 10 个行政村 52 个村民小组，4420 户 16669 人，其中回族 920 户 3520 人，全镇总面积 168 平方公里，耕地面积 3.1 万亩。全镇有中小学校 7 座，教职员工 118 人，在校学生 1612 人，适龄儿童入学率达 100%，小学六年级升学率 100%。全镇有卫生院 2 座，村级卫生所 15 个。该镇聂家沟村被国家民委命名为“中国少数民族特色村寨”。

近年来，西口镇坚持“外靠劳务，内抓畜禽，内产外销，长短结合”的思路，立足资源，科学规划，突出特色，加大产业投入力度，全力增加农民收入。一是大力发展养殖业，养殖牛羊鸡鱼等；二是发展农蔬瓜、果种植业，培育贡米、蔬菜、魔芋和脱毒土豆等；三是大力发展林果业，种植板栗园、核桃园、华山松和金银花等；四是发展第三产业，以镇安“安业”清真餐饮店为平台，实施技能创业培训，输出转移劳动力，实现创收。截止 2014 年底，全镇农民人均纯收入为 6318 元。

二、商洛市镇安县茅坪回族镇

茅坪回族镇地处镇安县东南部，与湖北省湖北口回族乡接壤，距镇安县城 80 公里。辖茅坪、元坪、红光、腰庄河、五福、五星和峰景 7 个村、37 个村民小组，共 2842 户 11316 人，其中回族 1333 户 5184 人，是陕西省三个回族镇中回族人口最多、所占比例最高的镇。总面积 105 平方公里，耕地面积 2.4 万亩。有中心医院 1 所，民族中小学 6 所，在校学生 1123 人。该镇村村有党员活动室，60%村有群众活动广场。适龄儿童入学率为 100%。该镇新建中心卫生院安心工程 770 平方米、门诊综合楼及住院楼各 500 平方米，农村合作医疗农民参合率 100%。该镇茅坪村被国家民委命名为“中国少数民族特色村寨”。

全镇紧扣“移民搬迁大镇、民族风情重镇、经济发展强镇”这一主线，采取“资金捆绑使用、大户带动辐射”和“公司+协会+基地+农户”等模式，扎实推进农民倍增工程，新建核桃园和板栗园，种植地膜玉米、发展魔芋和脱毒洋芋基地技能培训，努力培育增收支柱点。强势推进乡村循环产业，拉长产业链条，增加产业附加值。充分利用镇村人口学校作用，加大技能培训力度，提高农民就地发展产业能力。该镇被商洛市委、市政府命名为安全生产“三无乡镇”、连续两年被评为市级“平安镇”、“十大核桃示范乡镇”，县级“新农村建设先进集体”。截止 2014 年底，全镇农民人均纯收入为 7385 元。

三、安康市宁陕县江口回族镇

江口回族镇地处秦岭南麓中段，宁陕县东北部，距西安 102 公里。辖江镇、江河、高桥、冷水沟、新庄、沙坪、竹山 7 个行政村 34 个村民小组，1 个社区 3 个居民小组，总面积 473 平方公里。总人口 2556 户 9233 人，其中，回族 637 户 2484 人。

全镇有中小学 7 所，教职员工 138 人。有中心卫生院 1 所，村卫生室 11 个。普遍实施了农村新型合作医疗，参保率达到 99%；该镇实现了村村通电话、组组通公路、家家用网电、户户用上自来水。江口回族镇 2014 年被国务院命名为“全国民族团结进步模范集体”。该镇高桥村被国家民委命名为“中国少数民族特色村寨”。

江口回族镇资源丰富，有羚牛、金丝猴、大鲵（娃娃鱼）等国家级珍稀动物；木耳、香菇、生漆、魔芋等土特产品量大质优。在农业上发展“果、药、畜”三大产业。果以板栗、核桃为主；中药材以猪苓和天麻为主，还有五味子、金银花、桔梗等野生药材；畜牧养殖以牛羊为主。全镇有工业企业 14 家，年产值约 6 亿元。截止 2014 年底，全镇农民人均纯收入为 9032 元。

全省各级党委政府都十分重视民族镇的发展工作，按照“一年一个样，三年大变样，五年基本富裕”的工作目标，采取有力措施，整合资金，充分发挥民族镇资源优势和少数民族传统优势，积极调整和优化产业结构，经济发展明显加快，基础设施建设稳步推进，群众生产和生活条件有了很大改善。“共同团结奋斗，共同繁荣发展”已成为当地回汉群众的共识，党群关系密切，民族关系融洽。

三个民族镇建设虽然取得了显著成效。但是，由于三镇基础差、底子薄，当地的经济发展与少数民族的需要，与全省和全国的平均水平相比还有一定的差距，还存在发展后劲不足、人均收入偏低、基础设施建设难度较大、民族教育文化卫生事业发展相对较慢、缺乏人才、留不住人才等一些亟待解决的问题。

今后陕西省将进一步加大民族镇基础设施建设和社会事业发展的支持力度，健全结对帮扶工作机制，进一步做好培养选拔少数民族干部工作，努力推进民族镇经济社会各项事业全面健康发展。

（撰稿　马　震　审稿　马克尔）

甘肃省

甘肃省有 34 个民族乡，民族乡面积 16648 平方公里，占民族地区总面积的 9.04%，辖 306 个村民委员会，总人口 32.3 万人，比上年增加 3.8%，占民族地区总人口的 9.3%，其中少数民族人口 20.9 万人，占民族乡总人口的 64.7%。34 个民族乡中，有 16 个回族乡，7 个藏族乡，7 个东乡族乡，1 个土族乡，2 个蒙古族乡，1 个裕固族乡。从区域分布看，有 11 个民族乡分布在自治州（县）内，有 23 个民族乡分布在散杂居地区。平凉市分布民族乡最多，共有 9 个民族乡，陇南市和张掖市各有 4 个民族乡，临夏州和甘南州各有 4 个民族乡，酒泉市有 7 个民族乡，白银市、庆阳市各有 1 个民族乡。从发展现状来看，以畜牧业为主的民族乡农牧民收入普遍较高，张掖 3 个民族乡农民人均纯收入均在 10000 元以上，部分已达到小康水平，而以农业或半农半牧为主的民族乡群众生活水平和农民人均收入水平普遍较低，制约了民族乡加快发展。2014 年，全省民族乡乡镇企业总产值，17.9 亿元，较上年下降 1.4%。乡镇企业年净利润总额 1.67 亿元，较上年增长 38%。农林牧渔业总产值 10 亿元，粮食产量 21.3 万吨。财政收入达到 1.5 亿元，财政支出 1.67 亿元。学校 245 所，在校学生总数 3.23 万人，图书馆、文化站各 30 个，医院、卫生院 42 个，医生人数达到 356 人。在 306 个村民委员会中，其中已通公路的村 296 个，占 96.7%；已通自来水的村 283 个，占 92.5%；已通电的村 306 个，实现了全覆盖；已通电话的村 300 个，占 98%。民族乡农牧民人均纯收入最高的为张掖市肃南县祁丰藏族乡，达到 13178 元，最低的为酒泉市瓜州县广至藏族乡，仅为 3048 元，收入差距较大，总体来看，全省民族乡在面对错综复杂的经济形势下，能够克服困难，迎难而上，始终保持了农村经济发展的良好态势。

（撰稿　孔庆斌　　审稿　王宇卫）

新疆维吾尔自治区

民族乡的发展是民族经济工作中的一项重要内容，自治区民委历来重视民族乡工作，把抓好民族乡工作作为一项重要内容，常抓不懈，在每年少数民族发展资金项目的安排上予以优先考虑，帮助扶持农牧民改善生产生活条件，支持民族乡文化产业的发展，帮助农牧民走致富之路。一年来在国家民委的大力支持下，在自治区党委、政府的坚强领导下，民族乡的社会经济各项事业取得了较快发展，民族乡农牧民收入水平和生活质量得到提高，民族乡的持续发展能力普遍增强，有力地促进了民族团结进步事业和边疆和谐稳定。

一、基本情况

新疆维吾尔自治区有42个民族乡，其中哈萨克民族乡13个、回族民族乡5个、塔吉克民族乡4个、塔塔尔族民族乡1个、克尔克孜民族乡6个，蒙古族民族乡10个、乌孜别克民族乡1个、达斡尔族民族乡1个、锡伯族民族乡1个，42个民族乡大多分布在少数民族聚居的贫困地区，其中有24个民族乡分布在17个边境县市里。2014年底，42个民族乡总人口为35.48万人（其中少数民族人口28.44万人），占全区总人口的1.63%。总面积4.817万平方公里，占自治区总面积的3.1%。随着中央新疆工作座谈会和19个省区援疆工作的深入落实和开展，各级党委政府引领当地群众团结一心谋发展，进一步推动了民族乡的发展，截止2014年底，全区42个民族乡农民人均收入达10989元，高于自治区农村居民人均纯收入。人均收入超过10000元的26个民族乡，其中塔城地区乌苏市塔布勒合特蒙古族乡农民人均纯收入达到14082元。

2014年，全区42个民族乡，共有247个行政村，其中已通公路的村244个、已通自来水的村213个、已通电的村240个、已通电话的村237个，共实现财政收入60835.17万元，农民纯收入10989元，分别较上一年度增长了13.14%和12.24%。全年实现农林牧渔业总产值615498万元，较上一年增长6.5%；农作物总播种面积1291883、2028437亩，较上年增长4.4%%。

二、民族乡工作实效

（一）牢牢把握“各民族共同团结奋斗，共同繁荣发展”这一新时期民族工作的主题，一面以民族乡为民族团结创建的窗口，一面积极创造条件帮助民族乡发展经济。2014年是全区第32个民族团结教育月，我们以民族乡为重点，切实唱响“让民族团结一家亲，像阳光一样照耀在各民族心中。”的主旋律，全面贯彻党的民族政策，认真落实中央新疆工作座谈会精神，2014年投入民族乡少数民族发展资金6210万元，农业、林业、水利、畜牧等各类项目74个。

（二）依托全区民族文化的多样性，通过少数民族发展资金项目的支持，对少数民族文化的保护和传承进行支持，建立小型民族民俗文化博物馆对各民族文化进行保护，同时通过民族乡当地党委、政府的精心组织，开展农牧民喜闻乐见的传统体育运动会。如塔布勒合特蒙古民族乡每年6月份组织举办了农牧民运动会和传统的蒙古族赛马会，赛马会上举行了传统的赛马、蒙古族摔跤、鹿棋比赛及丰富多彩的牧民风采文艺汇演，节目内容有蒙古族长调、江格尔说唱及马头琴演奏等。一方面弘扬了民族文化，丰富了农牧民群众的业余生活，同时也于无形中促进了各民族的团结。

（三）通过少数民族发展资金的支持，帮助民族乡加速发展，一方面是在项目资金的投入上予以倾斜，另一方面是把国家相关政策和民族乡自身建设想结合，如吐鲁番地区鄯善县东巴扎回族乡被定为特色村寨保护试点，通过国家民委资金的定向扶持，帮助当地少数民族群众保护和发展自身文化，结合民族乡特点，突出民族歌舞，适时发展旅游业，进一步促进农牧民增收。木垒哈萨克自治县大南沟乌孜别克乡地处天山北麓东端，是全国唯一的乌孜别克族民族乡。过去那里的牧民为了生活无论冬夏都需要赶着羊群在天山中放牧，现在通过当地党委、政府的努力，通过兴边富民资金的带动，定居下来的牧民开始种植蔬菜大棚，生活条件得到了显著的改善，农民纯收入由 2013 年的 8693，增长到 2014 年的 10588 元，涨幅达 21.79%。

随着国家综合实力的不断增强，不断加大对民族乡的扶持力度，在各级党委、政府的带领下，民族乡的社会经济各项事业得到了全面的发展，但同时全区是多民族聚居的边疆地区，经济和社会发展相对滞后，民族乡的建设还面临着这样那样问题和困难。因此，建议国家民委进行专项调研，针对民族乡发展中的问题和困难制定专门的政策进行扶持，增强民族乡自我发展的能力，加速民族乡经济社会各方面发展，促进全区的民族团结，社会和谐。

（撰稿　木妮拉　审稿　姜国利）

民族经济工作综述

北京市

2014 年，在市委、市政府的坚强领导和高度重视下，北京市认真贯彻落实党的十八届三中、四中全会和中央民族工作会议精神，紧紧围绕《北京市“十二五”时期少数民族事业发展规划》，积极努力，开拓进取，务求实效，圆满完成了各项工作。

一、积极促进民族乡村经济发展

一是组织领导力度不断加强。以市委、市政府的名义连续第六年召开了全市少数民族乡村经济工作会，以现场会的形式总结工作、表彰先进、部署工作，市委常委、统战部部长牛有成及副市长戴均良同志出席会议并讲话。在市领导的关心和委领导的直接领导下，在办公室、宣传处等相关处室和怀柔区政府的大力支持下，由于会议准备充分、典型事迹突出、材料丰富有特色、组织周密细致，会议取得圆满成功，得到市领导和参会同志的充分肯定。特别是根据领导要求，加大了总结宣传力度，在近年来工作积累的基础上，经过四天连续奋战，于会前在《中国民族报》上专刊对近年来全市积极探索实践差别化政策，加快促进民族乡村经济发展的工作和成效进行了巡礼式的全面回顾和集中展示，推广了经验、宣传了典型，并作为会议材料发放，达到了良好的宣传效果，成为今年会议的亮点，《北京日报》也对全市加快促进民族乡村经济发展的工作和成效进行了整版的宣传。

二是工作机制进一步完善。市民委、农委和财政局连续第五年顺利完成了以奖代补考评工作。考评工作着力突出对全市达标率贡献的奖励，着力杜绝政策漏洞，进一步明确了激励先进、鞭策后进的政策导向。从考核结果看，年度达标任务超额完成，区县、乡镇和民族村重视程度、主体积极性不断提高，全市有 9 个区县设立了专项资金，区县、乡镇两级专项资金共计 4000 万元，较 2012 年同比增长 53%，首次超过市级专项资金额度；朝阳、大兴区难点攻坚工作取得明显进展；有 4 个民族村获得国家民委首批命名的全国少数民族特色村寨等等，达到了预期工作目标，发展成效明显。

三是进一步规范资金管理。认真贯彻落实全市财政体制改革有关工作要求和全市民族乡村经济工作会议精神。市民委、财政局等相关部门共同研究确定 2014 年度专项资金使用管理相关工作要求，指导区县开展项目组织、审核、确定和资金监管等工作。主管领导带队先后深入怀柔、密云、顺义、昌平等区县，加强督导检查。各相关区县专项资金扶持项目均已圆满完成，部分项目已经发挥了较好的经济和社会效益。

四是民族乡村经济得到快速发展。2014 年，全市民族乡、村农民人均劳动所得均超过 1.9 万元，同比增长 10.9%，分别较全市平均水平高 2000 余元和 2 个百分点，连续第 6 年数额、增幅高于全市平均水平。89.5%的民族村达到全市或所在区县人均劳动所得平均水平，基本实现提前一年完成“十二五”规划目标。少数民族村低收入群众人均收入同比增长 17.3%，达到 9604 元，提前一年完成翻一番目标。

二、努力加强清真食品服务保障工作

一是注重加强清真饮副食网点建设。围绕“十二五”规划，组织开展了全市规范化清真食品经营专柜、规范化清真特色餐厅、清真牛羊肉直销店（点）的复核、评审、申报工作。2014 年，规范化清真食品经营专柜达到 182 个，比 2013 年新增 12 个，35 个清真牛羊肉直营直销店（点）得到巩固。通过区县初评和市级复核评审，100 多家清真特色餐厅被授予“北京市规范化清真特色餐厅”。

二是加强项目资金后期监管和绩效跟踪。在组织区县开展自查的基础上，市民委、商务委、财政局共同完成了对 2013 年度 1800 万元清真专项资金绩效检查工作。在对清真专项资金使用管理工作进行审查的基础上，聘请第三方会计师事务所抽查了 2013 年度清真专项资金扶持部分项目。从绩效检查和专项资金抽查的结果看，2013 年度北京市清真专项资金的使用管理工作和清真专项资金扶持项目的社会经济效益情况均得到了好评。

三是注重加强业务培训。为更好地应对清真食品管理工作中的难点和热点问题，加大市区民族部门的业务交流与研讨，提高依法行政的能力和水平，市民委会同商务委、财政局等部门共同举办清真食品工作专题研讨培训班。市民委就少数民族经济发展专项资金使用管理工作的重大调整、“十二五”规划目标及年度重点任务、民族知识及清真食品政策法规等内容进行了专题辅导。市商务委、中天永信会计师事务所有关负责同志对专项资金项目组织、审核、验收及资金管理等工作流程和要求进行了说明。东城、海淀、通州、大兴、昌平等 5 个区县民族工作部门进行了经验交流。

四是积极服务全市整体工作。切实贯彻落实市政府关注少数民族群众特殊民生需求有关工作部署，完成了春节清真食品展卖和特殊群众补助发放工作。依托北京月盛斋清真食品公司、北京卓宸畜牧有限公司等一批有影响力的清真食品企业，采取直营直销形式，在东城区、西城区、朝阳区、大兴区、通州区等 5 个区 12 个街道 29 个社区，组织开展了春节期间清真食品社区展卖活动。春节前，连续第二年使用市价格调节资金对涉及 14 个区县的 2959 名有清真饮食习惯的少数民族低保群众发放了 300 元的一次性临时生活补助，累计发放 88.77 万元。参与了 2014 年 APEC 会议清真餐饮服务保障工作。多次前往香格里拉酒店、中国大饭店、北京饭店、凯宾斯基酒店 北京会议中心、国家会议中心等会议用餐场所实地检查、指导培训清真餐饮工作，配合解决全聚德清真鸭屠宰问题，并在会议期间全程参与清真餐饮的服务保障工作。

三、认真做好对口支援等相关工作

一是积极推进对口支援工作。认真贯彻落实国家民委关于进一步做好民委系统援疆工作的精神，主动与全市对口支援地的民族工作部门进行了联系和对接，了解了需要支援的项目和需求，组织对征集的 17 个支援项目进行了专题分析研究。积极了解了部分兄弟省市贯彻落实的情况和支持受援地开展民族团结创建活动、加强民族宗教系统能力建设及改善民生等工作情况。按照国家民委要求，借鉴兄弟省区做法，根据受援地需求，研究制定了对口支援工作方案。并向市政府报送了工作请示，积极推进对口支援工作。8 月 3 日至 6 日，参与了市支援合作办组织的赴和田地区联合考察团，对和田地区的民族宗教工作进行调研。

二是努力促进定点企业发展工作。完成定点按照财政部和国家民委要求，配合市财政局、中国人民银行营业管理部完成了 2014 年度北京市全国民族特需商品定点生产企业流动资金贷款需求调查、申报工作。认真贯彻落实国家相关优惠政策，会同市财政局、中国人民银行营业管理部，严格按照《北京市民族贸易和民族特需商品生产贷款优惠利率管理实施细则》，前三季度共审核民族特需商品定点生产企业流动资金贷款额度 16 笔共 5.12 亿元，帮助企业申请流动资金贷款贴息 1475 万元，有力地促进了定点企业的发展。及时研究总结工作中出现的新情况、新问题，认真做好对账工作。组织开展了定点企业技术改造贷款贴息申报工作。

（撰稿　沙海涛　审稿　范　宝）

天津市

2014 年，天津市民族经济工作在委（局）党组的正确领导下，牢牢把握市委、市政府“加快美丽天津建设、深化改革扩大开放、促进群众生活改善”的工作总基调，紧紧围绕委（局）中心工作，坚持以科学发展观作为谋划和开展工作的出发点，以贯彻落实中央和市民族工作会议精神为主线，以依法加强监管和提升服务水平作为着力点，以巩固群众路线教育活动成果为落脚点，自觉推动各项工作的开展，努力推进民族经济工作取得新进展。

一、落实特色村寨发展规划、争取帮扶政策，推进民族乡村经济社会加快进展

（一）积极推进民族村特色村寨建设

一是，制定规划，完成申报。按照市委常委、市委统战部部长刘长喜同志对蓟县孙各庄满族乡提出的建设“全国少数民族示范乡”的目标要求，结合孙各庄满族乡隆福满族寺村文明生态村建设发展规划，经过反复研究论证，制定了《天津市蓟县孙各庄满族乡隆福寺村少数民族特色村寨保护与发展的规划》，并按照国家下发的《少数民族特色村寨保护与发展纲要》进行了特色村寨申报；二是，组织考察，开阔思路。为了帮助民族乡村干部进一步拓宽做好少数民族特色村寨保护和建设的工作思路，落实孙各庄满族乡满族风情游览区规划和隆福寺满族村特色村寨保护和发展规划，在北京和河北省民委的大力支持下，市民委分管领导带队，分别组织孙各庄满族乡、隆福寺村党员骨干及村民代表 40 余人和蓟县规划局、孙各庄满族乡党委、隆福寺村主要负责同志 7 人到河北省易县及北京市密云县古北镇古北口满族村等地进行学习考察；三是，深入调研，落实规划。多次与县、乡负责同志共同深入隆福寺满族村实地调研，就该村关于特色村寨的建设规划、保护与发展等具体工作进行指导、座谈和研究。同时，加快推进隆福寺满族特色农家院改造建设。

（二）积极协调落实帮扶困难村工作

一是，为落实中央和市民族工作会议精神，推动民族乡村经济和社会事业加快发展，2014 年对全市 53 个民族村基本情况进行了调研，经过积极的协调、争取，市委、市政府高度重视少数民族乡村经济发展，将 26 个发展相对滞后、人均收入低于全市农村平均水平的少数民族村全部纳入全市结对帮扶困难村的范围，借各帮扶单位的优势和力量促进民族村经济发展，使少数民族群众生活得到显著改善。二是，加强特色村寨的基础设施建设。市民委派出驻村工作组，根据委（局）2014 年工作安排，按照国家民委关于少数民族特色村寨保护与发展的有关要求，紧密结合隆福寺村实际，一年来，共投入资金 28.7 万元。分别是 13.5 万元在村南新安装了一台 80KVA 变压器，并完善了高、低压输电线路，解决了村南核桃、板栗果园的灌溉用电；2 万元为村里更新了已经老化的灌溉管道，保证了果树的灌溉质量和效率；13.2 万元修建果园观光环形路 1.2 公里。这些基础设施建设既可以方便群众的生产生活，又为开发农家果园采摘、打造满族特色旅游项目和增加村民收入等奠定基础。

（三）继续开展暖心工程

委党组高度重视和关怀少数民族困难群众生活，春节和中秋、国庆前夕，筹资 7.1 万元对全市少数民族村的 108 户特困低保户家庭，特别是蓟县孙各庄满族乡困难少数民族群众进行了走访和慰问。此外，为展示少数民族传统文化、民族食品和民族风情，推动全市少数民族乡村经济和各项社会事业繁荣发展，市民委分管领导还出席了北辰区天穆村举办的“第四届天津天穆古尔邦文化节”系列活动开幕式，并拨付节日慰问金 2 万元。

二、加强监管和引导，促进清真食品市场稳定繁荣

（一）做好关于规范清真食品生产经营活动的落实工作

为贯彻落实好国家五部委《关于规范清真食品生产经营活动的通知》精神（下称《通知》），一是主动会同市食安办在重点区县开展专题调研和座谈，统一思想、提高认识，明确工作重点，研究贯彻方案。二是分别和市食安办向区县食药、民族工作部门转发相关文件，部署具体工作。并于中秋、国庆前深入全市 6 个重点区县，进行实地督查和走访座谈，了解全市清真食品市场生产经营和管理中的难点和问题，听取一线工作人员的意见和建议，并以文字形式上报。三是，与市人大民宗侨委共同走访市商务委、发改委、市场监管委、民政局、出入境检验检疫局等相关部门，就全市清真牛羊肉的市场供需、价格变化、实物储备、食品安全、进口情况、市场监管以及回族等清真饮食习惯的少数民族特困救助等方面工作，与分管负责同志进行工作交流和研讨，共同推进天津市清真食品市场规范管理、维护少数民族群众合法权益。四是，继续做好清真食品市场日常和重大节日、活动期间依法监管工作。重大节庆和活动前，着重排查涉及清真食品领域的隐患，有针对性的做好部署，指导区县开展

好清真食品市场的自查和集中检查工作，切实保护合法、打击非法，进一步加强和规范天津清真食品市场的繁荣和稳定。日常，着重指导区县做好清真食品生产经营企业依法备案工作，做好涉及清真食品的信访投诉接待和处理工作，并对信访投诉接待记录进行了完善。此外，还积极配合市食安办等有关部门妥善处理了涉及清真食品的食品安全事件。五是，做好生产经营清真食品备案企业和个人信用信息归集工作，规范市场主体信息公示行为，改进监管方式，推动市场主体信用体系建设。市民委作为第二批进入全市市场主体信用信息公示系统的单位，及时研究确定入网信息和数据指标项目，组织区县学习相关管理办法、指导区县进行信息录入，并统一归集上传，保证了清真食品生产经营备案的市场主体信息及时准确地呈现在系统中，为今后备案信息公示工作打下良好的基础。

（二）规范清真食品进出口检验检疫和认证工作

天津港作为我国北方第一大综合性港口，近几年，清真食品特别是清真牛羊肉的吞吐量在不断增加，其产品辐射华北、东北，特别是西北民族地区，为了保障有清真饮食习惯的少数民族的合法权益，维护民族团结和社会稳定，我们积极探索，不断推进清真食品进出口市场的规范管理。一是，积极协调市出入境检验检疫局，针对天津口岸进口清真牛羊肉的依法监管以及确保在查验、存储、运输等环节符合清真饮食习惯等方面工作进行反复研商，建立工作机制，并在全国各出入境口岸中率先开设了进口清真牛羊肉的独立专用储存查验库，得到国家质监总局的充分肯定。二是，积极摸索和推动清真认证工作，组织天津知名清真食品企业与宁夏清真食品认证中心召开专题对接会，借鉴兄弟省区工作经验，结合天津实际，开展清真认证地方联盟的前期调研工作，并与市质监认证部门共同研究和规范本市清真食品认证工作，以促进天津进口清真肉类监管的法制化、规范化、标准化。

（三）加强清真食品政策法规和常识的宣传

始终坚持把清真食品政策法规和常识的宣传工作与相关协调工作、信访接待工作和谈心谈话工作相结合，并不断尝试新的宣传方式。今年，又进一步完善了“清真食品市场监管”的课件，指导并协助红桥区民宗办举办了清真食品义务监督员培训班，并就清真食品概况与管理为该区清真食品义务监督员、各街道、社区负责同志、区人大代表、政协委员 60 余人做了辅导培训。同时，还深入部分清真食品企业，依法规范清真食品生产经营活动，对企业负责人及相关部门的管理人员进行政策法规及相关民族常识的宣传培训约 40 余人次。

（四）服务引导清真食品企业发展

为积极引导天津民族企业融入建设“丝绸之路经济带”和“21 世纪海上丝绸之路”的国家战略，不断扩大天津民族企业与西部省区的交流合作，市民委组织天津部分知名清真食品生产经营企业负责同志，赴宁夏回族自治区参加“2014 中国（宁夏）国际清真食品穆斯林用品交易会”，参观考察了 7 家清真食品生产企业及吴忠清真产业创新发展服务中心，分别与宁夏回族自治区民委和宁夏清真食品国际贸易认证中心进行了工作交流。通过考察和交流，进一步学习了兄弟省市清真食品市场管理和认证工作先进的管理经验，少数民族企业家也开阔了眼界、拓宽了经营思路，不仅增进了本市清真食品企业相互间的交流与合作，同时促进了与宁夏清真食品企业间的交流与合作，部分企业间就一些具体项目达成了合作共识，更为今后本市和两地企业间交流合作搭建了平台。

三、落实国家优惠政策，加强宣传和服务，推动民族特需商品企业健康发展

（一）积极宣传，推进政策落实

一是，以制发《流动资金贷款贴息流程图》、《政策文件汇编》以及深入走访和电话咨询等方式做好政策宣传工作，使定点企业熟知政策，明确责任；二是，建立健全与市人行、市财政局落实民品政策协调机制，定期、不定期召开碰头会，共同做好核实额度、预算统计及银行调整等工作，保证国家政策落实到位。

（二）主动服务，助推企业发展

一是，针对全市定点企业执行流动资金贷款优惠利率政策中出现的不同问题，积极协调相关金融机构，多次深入落实政策有困难的企业，进行分类指导；二是，联系并做好人大代表、政协委员到定点企业视察考察工作，加大民族政策的宣传力度，增强民族企业的影响力，促进了民族特需商品生产

企业发展。

（三）做好自查，强化企业社会责任

全国民贸工作会后，及时进行了专项学习和研讨，并结合天津工作实际，为落实国家民品工作会议的精神和要求，研究制定工作思路、工作重点，并将进一步抓好民族特需商品生产和供应工作作为近期的重点工作，于12月份开展了为期一个月的调研，组织全市民品企业进行了特需商品生产、销售、纳税、少数民族员工情况以及扶贫助善等方面的自查，强化了企业保障特需商品生产和供应和为少数民族群众和社会服务的责任意识。

（撰稿　刘　飞　审稿　李景林　从秀荣）

河北省

2014年，河北省民族经济工作在国家民委的帮助和省委、省政府的高度重视下，河北省民族宗教厅解放思想、团结进取，深入研究新时期民族工作的新特点，现场办公、特色村镇建设、发展资金管理等工作取得新突破，民族经济工作开创新局面。

一、赴民族地区现场办公成果丰硕。帮扶资金再创新高

组织52个省民委委员单位和省直有关部门，赴宽城、围场两个自治县现场办公，共承诺支持两县项目572个，资金182.9亿元。帮扶项目和资金再次实现历史突破。

强力助推项目承诺。加强项目对接调度，对急需解决的问题实行专报和具体督办，对两县重点项目和重大事项，专门致函有关部门和单位，必要时提请省政府给予重点推动。

跟踪问效推动落实。截至2014年12月底，两县落实项目485个，资金70.27亿元，其中贷款项目41个，贷款额度42.59亿元。无偿资金到位率高，共落实承诺2014年支持的项目338个，资金24.1亿元，分别占承诺年内落实项目、资金的83.7%和90.4%。

加强宣传争取关注。在《中国民族报》上分别刊登两县现场办公纪实，并在《河北经济日报》刊登《齐心协力 创新机制 助推全省民族地区加快发展》专版，宣传近几年的现场办公成绩经验。向国家民委报送现场办公专题报告，得到主要领导的重视，在全国民委主任会议上，全省典型发言介绍现场办公经验。

二、示范村和特色村寨建设创新推进

组织召开全省民族工作示范村（特色村寨）推进会，总结第二批民族工作示范村（特色村寨）创建成果，安排部署工作任务，并为国家民委命名的首批9个“中国少数民族特色村寨”挂牌。会议印发了《特色村寨画册》，指导试点村借鉴经验提高建设质量。国家民委经济司统计处全体应邀到会，对全省工作给予高度评价。我们谋划环京津特色村寨示范带新亮点，研究制定《环京津少数民族特色村寨示范带发展规划》，明确实施步骤和目标任务，通过实地考察筛选，42个民族村纳入环京津特色村寨建设范围。赵勇副书记对示范带建设作出批示，省提升办将51个特色村寨试点全部纳入2015年全省农村面貌改造提升行动重点村，省住建厅将帮助每村制定建设规划。

三、少数民族发展资金管理科学规范

2014年财政管理体制发生很大变化，我们顺应新形势，着力推动资金管理科学化和规范化，顺利完成资金分配和下拨工作。

一是规范资金管理。我们按照财政体制改革要求，修订资金管理办法，下放审批权限，项目由设区市、省直管县（市）和有关省财政直管县审核确定，省级实行备案管理，并严格按照因素法测算资金分配方案。

二是合理安排资金投向。发挥资金引领作用，推动重点工作落实。启动“百村帮困工程”，制定工作方案，筛选355个贫困民族村纳入扶持范围，按照每村10万元的标准支持第一批118个贫困村改善

面貌；深入推进民族工作示范村和特色村寨建设，分档次安排65个试点村建设资金2200万元。

三是积极争取支持。通过加强沟通，展示建设成果，争取认可和支持，国家民委增加全省发展资金600万元，总规模达到4578万元。积极协调省财政厅，单列援疆援藏资金预算，资金使用更加规范合理。

四、援疆援藏工作机制进一步完善

一是建立人员交流机制，巩固工作基础。与前来衔接工作的阿里地区和日土、札达、改则、革吉4县民族宗教局负责人座谈交流，了解受援需求，丰富帮扶手段，制定了民族宗教干部培训、市县民委间对口援助、解决工作经费、协调重点项目等四个方面的援助方案。

二是完善资金帮扶机制，解决实际困难。协调省财政厅，拨付阿里地区民族宗教局工作经费20万元，巴州民族宗教委工作经费25万元，农二师民族宗教局工作经费15万元。

三是细化结对帮扶机制，明确任务分工。安排石家庄、承德、唐山、保定4个设区市民族宗教局与阿里地区日土、札礼、改则、革吉4县民族宗教局建立结对关系，邀请日土等4县民族宗教局负责人考察对接，4个市民族宗教局分别筹资8万元，帮助对口单位改善办公条件。

（撰稿　靳　磊　审稿　王雪萍）

山西省

2014年，山西省民族经济工作以贯彻落实中央民族工作会议精神为主线，以服务少数民族群众、加快少数民族聚居村脱贫致富步伐为宗旨，紧密围绕“两个共同”，服务服从山西转型发展主战略，在促进民族团结、推动经济建设方面发挥了积极作用。

一、少数民族聚居村扶贫开发成效明显

山西省现有42个少数民族聚居村，分布在大同、晋城、运城、长治、临汾、阳泉等6市22县。全省少数民族聚居村总人数为9.3806万人，其中少数民族1.3299万人，占总人数的14.17%。除阳泉盂县东白水村为蒙古族聚居村外，其余都是回族聚居村。通过几年连续扶持，42个聚居村的基础设施得到显著改善，“一村一品”产业格局初步形成，科技培训机制更加完善，少数民族群众生活水平明显提高。2014年，遵照中央“扶贫项目责任主体到县”的要求，山西省民委会同财政等部门认真做好少数民族发展资金项目的选项、申报、审核、监管工作，共投入国家少数民族发展资金及省级财政配套资金761万元，聚居村人均年收入7329.3元，较上年增长39.3%，首次全部超过国家贫困村2300元的标准，全省消除了少数民族特困村，有8个村人均年收入达到万元以上，但依然有23个村人均年收入低于2014年山西省农村人均年收入7926元标准，有4个村人均年收入在3500元以下。2014年9月，山西省民委在临汾市吉县召开全省少数民族聚居村经济发展现场会暨少数民族贫困村支书（村长）政策培训会，举办少数民族聚居村种养殖技术培训班，以进一步推动少数民族聚居村经济建设全面发展。

二、少数民族企业发展态势良好

山西省现有少数民族企业84家，涉及种养殖、农产品加工、餐饮、运输、服装纺织、民族工艺品等行业，以第一产业和第三产业为主。2014年，山西省少数民族企业实现营业额144.27亿元，利润11.44亿元，纳税1.48亿元，安排就业人口26139人（少数民族1736人），其中，29家少数民族特需商品定点生产企业（以下简称民品企业）实现销售总额119.36亿元，纳税1.24亿元，安排就业岗位近2万个。民品企业中有16家享受国家民品优惠政策，共享受优惠利率贴息额7845.4万元。

三、清真产业健康发展

山西省民委认真贯彻《国务院食安办等部门关于规范清真食品生产经营活动的通知》精神，在全省开展清真食品安全周宣传活动，组织清真食品监

管工作培训，坚持在重大节假日对清真食品生产经营场所大检查，不断规范清真食品市场，有效促进了清真食品领域的和谐稳定。组织清真食品及用品企业参加中国（青海）国际清真食品及用品展览会，积极帮助清真企业拓宽市场，取得良好的社会效益和经济效益。

四、民品企业贴息资金监管加强

2014 年底，为更好地用实用好国家对民品企业的优惠政策，财政部驻山西省财监办、中国人民银行太原支行、山西省财政厅、山西省民委联合对全省 2013、2014 年度民族特需商品生产贷款贴息资金申请使用情况进行了核查。对核查中发现的问题进行了通报，对不符合贷款规范的民品企业暂停享受优惠政策，就进一步加强民族特需商品生产贷款贴息资金使用情况的监管工作进行了初步研讨。

五、少数民族企业积极服务社会

山西省少数民族企业始终与少数民族群众同呼吸、共命运、心连心，为少数民族群众干真事、办实事，以实际行动回馈社会，报效社会，在维护社会稳定、增强民族团结等方面发挥了积极作用。如山西华晟果蔬饮品有限公司，积极安置城市失业人员、大中专毕业生和农村富余劳动力就业，按照公司加农户的方式，种植基地遍布大同、朔州市周边区县，惠及种植户 1.2 万户，其中有 8000 多户贫困户在企业的带动下走上了脱贫致富的道路；山西中德塑钢型材有限责任公司在“十二五”期间吸收下岗职工 800 余名，为贫困地区中小学、贫困群体、残疾人、福利院等捐款捐物 830 余万元。山西卓里集团有限公司每年投入 200 余万元，不间断派巡回售后服务车队前往内蒙古、贵州、宁夏等地区进行售后服务，所有销售给少数民族群众的产品均免费维护、免费更换配件，得到少数民族群众的好评。2014 年 11 月，卓里集团向宁夏固原市彭阳县红河镇黑牛沟村捐赠了价值 91 万元的 50 辆农用车和 1 辆垃圾清运车，为贫困少数民族群众脱贫致富创造了良好条件。

（撰稿　刘晋辉　审稿　白　源）

内蒙古自治区

2014 年是“十二五”规划的攻坚年，是规划进入全面落实的关键一年，内蒙古自治区认真抓好规划实施，民族经济工作取得新进展。

一、兴边富民行动工作

认真贯彻实施国家及自治区兴边富民行动“十二五”规划。不断加强兴边富民行动项目的指导和检查力度，强化工作手段及责任制。在兴边富民行动特色优势产业工作上结合全区实际，认真组织实施，使其得到不断完善。对开展相关工作的重点旗市加大检查力度，根据国家要求，对兴边富民行动特色优势产业工作进行了系统总结。配合国家民委完成了兴边富民行动“十三五”规划编制工作在全区的调研任务，并开展编制自治区兴边富民行动“十三五”规划的前期准备工作。

二、扶持人口较少民族发展工作

认真贯彻实施国家及自治区扶持人口较少民族发展“十二五”规划。重点抓好内蒙古自治区人口较少民族聚居的 192 个嘎查（村）扶持工作，对去年开展的扶持人口较少民族发展进行总结。年初组织部分人口较少民族旗（市）工作人员参加国家民委、中联办和香港总商会举办的香港工商业培训班，取得了较好的效果。根据国家民委的部署，对扶持人口较少民族发展“十二五”规划落实情况进行中期评估，通过数据收集、实地调研考查等方式，最终形成中期评估报告并上报了国家民委。根据扶持实际情况，编制了内蒙古自治区扶持人口较少民族发展“十二五”规划的考核验收方案和标准。开展编制自治区扶持人口较少民族发展“十三五”规划的前期准备工作。

三、民贸民品工作

按照民族贸易企业网点改造和民族特需品定点生产企业技术改造贷款财政贴息资金管理的有关办法，配合自治区财政厅、中国人民银行呼和浩特中心支行开展有关贴息工作。会同自治区财政厅、中国人民银行呼和浩特中心支行制定了《内蒙古自治区民族贸易旗县民族贸易企业认定办法》并完成了全区民贸企业认定工作。会同自治区财政厅完成2014年度民族贸易企业网点建设和民族特需商品定点生产企业技术改造专项资金项目下达工作。完成2014年度国家民委少数民族企业能力建设研讨班培训任务。

四、少数民族发展资金的使用管理工作

少数民族发展资金是中央为支持少数民族和民族地区发展由中央财政设立、自治区财政本级按比例配套，用于支持少数民族贫困地区推进兴边富民行动、扶持人口较少民族发展、开展特色村寨保护与建设、改善少数民族群众生产生活条件的专项资金。2014年，内蒙古自治区将资金管理模式由审批制转变为备案制，这是自治区民委贯彻落实国务院和自治区政府深化行政审批制度改革的首创之举，赋予旗县更大的自主权，更好地发挥资金的经济效益和社会效益。2014年，分两批将项目资金下达，其中中央下达资金35929万元，自治区本级下达资金7800万元，共43729万元（含项目管理费704万元）。旗（县、市、区）根据自治区下达的资金额将项目通过盟（市）上报到自治区民委进行了备案。

五、帮扶工作

2014年，认真做好三块帮扶工作，一是定点帮扶兴安盟扎赉特旗阿拉达尔吐苏木沙日格台嘎查，根据帮扶规划要求，重点对沙日格台嘎查村容村貌、肉羊产业进行扶持，累计实施项目5个，投入资金203万元；二是对莫力达瓦达斡尔族自治旗、鄂伦春自治旗、额尔古纳市的区域帮扶工作。结合扶持人口较少民族发展工作，对上述地区在项目上给予倾斜和支持，2014年累计向三旗（市）投入资金6619万元，与此同时，协助完成了对鄂伦春旗、莫旗和额尔古纳市区域重点帮扶规划的编制工作；三是配合国家民委帮扶赤峰市巴林右旗，累计向该旗投入资金140万元。

根据国家民委的相关要求，及时上报了内蒙古自治区2013年扶贫开发工作总结。

六、少数民族特色村寨保护与发展工作

2014年，安排好国家下达的少数民族特色村寨保护与发展专项资金，共在26个嘎查（村）开展了项目。此外，国家民委对内蒙古自治区的三个特色村寨给予了命名“中国少数民族特色村寨”。

七、其他工作

配合完成促进内蒙古自治区少数民族聚居地区经济社会发展专题调研以及其他调研任务。完成民族地区统计报表填报任务，编撰中国民族统计年鉴中应承担的稿件任务。

（撰稿　李日树　审稿　云　冰）

辽宁省

2014年，面对新形势、新任务和新要求，以群众路线教育实践活动所取得的成果和整改落实为动力，以目标绩效为主线推动各项重点工作，按照围绕省委、省政府关于民族工作的决策部署和党组关于经济工作的基本要求，坚持不懈、不折不扣抓好落实。在全年工作中，经济处全体同志以高度责任感，认真履行职责，勤奋努力工作，结合实际，突出重点，狠抓绩效，工作扎实。总的看：全面完成了既定目标任务，工作质量效果好，有些工作取得了重点突破，有些工作超出了预期。

一、争取专项资金有新突破

针对少数民族、民族地区发展和民族工作中亟待解决的一些问题，撰写专题报告，主动向国家民委和省有关部门汇报、反映情况，争取理解和支持，不断扩大专项资金规模。2014 年专项资金达到 15684 万元，创历史新高，比上年的 14159 万元增加 1525 万元，增幅 10.77%。其中，国家少数民族发展资金增加 825 万元，省少数民族发展资金增加 200 万元，省少数民族地区补助费增加 500 万元。这项工作，对于服务少数民族和民族地区发展，改善少数民族群众生产生活，强化各级民族工作部门服务手段作用明显。

二、少数民族特色新村建设有新成果

根据国家文件精神，结合全省实际，扎实开展少数民族特色村寨保护与发展试点工作，2009 年以来投入民族专项资金 4400 万元（2014 年 1450 万元），整合其他资金 2 亿多元，取得明显成效。各试点村从特色民居改造、村容村貌整治和完善水、电、路等方面的基础设施入手，加大投入，少数民族群众生活条件得到改善；大力发展特色产业，群众收入有较大提高；注重少数民族优秀文化的挖掘、整理、传承和发展，少数民族优秀文化得到弘扬；把少数民族特色新村建设作为民族团结进步创建活动的重要载体，创新活动形式，拓展民族团结宣传教育阵地，民族团结进步创建活动形式得到创新。新宾满族自治县赫图阿拉满族村、凤城市大梨树满族村、盘山县红岩朝鲜族村、喀左蒙古族自治县白音爱里蒙古族村等 4 个村被国家民委确定为首批“中国少数民族特色村寨”。

三、服务民贸民品企业有新发展

着力落实国家和省民贸民品优惠政策，按照国家要求实施了“培养壮大”工程，协调落实技术改造、生产补助和流动资金贷款贴息等优惠政策资金 4244 万元，扶持民贸民品企业加快壮大发展。全省 139 家民贸民品企业职工人数到达 3 万多人，促进了就业；纳税总额 6 亿多元，增加了地方财政收入。经申报，全省岫岩满族自治县万金润玉雕有限公司、鞍山市九股河食品有限责任公司、阜新振隆特产股份有限公司、辽宁超懿工贸集团有限公司等 4 家企业，被国家民委确定为全国民贸民品百强企业。

四、民族资金项目管理有创新

会同财政厅重新修订了《辽宁省少数民族发展资金管理办法》，下放了项目审核权限，明确了资金分配与使用、资金项目的管理与监督等要求。解决了扶持对象范围界限不清，部门之间职责不明析、监督检查考核主体不明确、资金扶持范围偏窄、资金下摆滞后和项目库建设不受重视等六个问题；改进少数民族地区补助费管理。主要是在增强使用的计划性、突出民族特色、注重使用效果上和强化备案考核等方面进行了改进。起到了保障重点工作、理顺整合工作、缓解基础民族工作部门开展民族工作经费不足、加快资金下摆进度等四个作用。

五、服务少数民族和民族地区发展有实效

2014 年，加大民族发展资金和少数民族地区补助费投入力度，实施发展生产、改善民生项目 348 个，涵盖全省 61 个县（市、区）、141 个乡镇和 109 个村，15.4 万户受益。其中，实施兴边富民行动，向边境县（市、区）投入 4975 万元，安排项目 124 个；向 10 个民族县投入 4040 万元，安排项目 122 个；向民族乡投入 988 万元，安排项目 40 个；实施扶持锡伯族聚居村发展规划，投入 3540 万元，实施项目 49 个；开展少数民族特色村寨保护与发展试点工作，为 19 个试点村 1450 万元。民族资金的投入和发展项目的实施，对于少数民族和民族地区发展生产、改善生活起到了重要作用，受到少数民族和民族地区干部群众的欢迎。

此外，还完成了向中央民族工作调研组、各省调研组提供相关材料、撰写中央涉疆服务管理工作座谈会全省经验材料、提案办理、定点扶贫、省直厅局征求意见反馈等工作。

（撰稿　赵经纬　审稿　施光磊）

吉林省

一年来，我们坚持从省情实际出发，认真贯彻执行中央和省委、省政府的决策部署，突出团结、和谐、发展主题，注重打基础、抓实事、求实效，各项工作取得新的进展。

一、民族团结进步创建成果丰硕

深入开展“双百”创建工程，重点培育100个示范点、100名先进个人典型，投入150万元支持示范单位和教育基地建设，实现了由指导推进向实质性推动的转变。精心承办全国自治州(盟)“互观互检”在全省的观摩任务，延边州创建成果给全体与会人员留下了深刻印象。前郭县、长春市朝鲜族中学、延吉市丹英社区被国家民委命名为创建示范单位。做好国务院第六次全国民族团结进步表彰太会模范的评选推荐工作，全省有19个集体、24名个人受到表彰。延边州成功实现全国模范集体“五连冠”，是这次表彰中唯一的厅级单位。经过积极培育，一个涵盖方方面面、引领社会风尚的模范群体逐步形成。这是全省民族团结进步事业的一笔宝贵财富。

创建工作重在宣传。我们会同省政府新闻办举办了“吉林省民族团结进步创建情况新闻发布会”。会同延边州在民族文化宫成功举办纪念《民族区域自治法》颁布30周年成就展，集中展示自治州发展历程和辉煌成就，张德江、杜青林、王正伟等中央领导同志参观了展览。在长春市连续举办了3场、共有1500余人参加的民族团结进步模范事迹报告会，引起良好反响。省委党校高校厅级进修班学员会后为宣讲人朴海玉捐款5000余元。依托国家民委“一报两刊”、吉林电视台、吉林日报等主流媒体，以及“吉林民族宗教网”和《北方民族》这两个机关宣传载体9对民族工作成果进行大强度宣传。在民族画报汉文版编发了《吉林朝鲜族》专刊;在《中国民族》杂志刊发民族团结创建系列深度报道;在中国民族报头版连发10篇“模范延边是怎样炼成的”专题报道，并在中国民族宗教网开设相应专题;在吉林电视台公共新闻频道联合制作12期《吉林民族》专题节目;在吉林日报用5个专版多角度对全省民族工作进行宣传。还通过编印民族团结进步典型事迹汇编9拍摄兴边富民专题片，集中展示了全省创建活动和兴边富民行动成果。

二、支持少数民族和民族地区发展取得新成效

加大资金投入，落实国家少数民族发展资金和省配套资金1.7亿元;经过积极争取，省少数民族发展专项资金由上年的1275万元提高到2500万元，共实施各类项目470个。完善项目管理机制，全面下放少数民族发展资金项目审批权限。会同省财政厅制定下发了《吉林省少数民族发展专项资金管理办法》和《吉林省民贸企业网点建设和民族特需商品定点生产企业技改资金管理办法》，进一步强化了资金监管。组织召开了全省兴边富民行动现场会，推动兴边富民行动深入实施。扎实开展“百村万户”致富工程，向105个重点村投放项目资金5978万元，受益人口近5万人。积极推进少数民族特色村寨建设，有9个试点村寨纳入国家民委首批挂牌范围。去年t1月份，国家民委副主任罗黎明到延边调研并为和龙市金达莱村、安图县茶条村授牌，对全省特色村寨建设工作给予充分肯定。加大对人口较少民族的扶持力度，将扶余县的东达户、西达户两个锡伯族村纳入全省整村推进扶持范围。抓好民贸民品优惠政策落实，对191户民族贸易企业进行重新认定，全年落实民贸民品企业流动资金贷款贴息和民品企业技改资金4亿多元，长春皓月集团等4户民品企业列入国家“千家培育百家壮大”工程。

三、民族文化工作有了新发展

加强民族文化传承，制定出台吉林省民族文化体育传承基地管理(暂行)办法和考核标准，召开了传承基地建设经验交流会，统一为17个基地进行挂牌。组织参加全国少数民族优秀舞蹈作品展演活动，《盛世长鼓》、《情系乡俗》获得银奖。配合国家民

委开展了“中华一家亲”文化下基层活动，到边境地区送戏、送医、送书，受到各族群众欢迎。加强民族语言文字工作，召开了六省区朝鲜语文协作工作协调会议、东北三省朝鲜语文协作工作联席会议、吉林省蒙古语文学会第五届会员大会暨第十一次学术年会。建立了东北三省朝鲜语文 5 个协作小组。在延边大学挂牌成立了中国朝鲜语文信息化基地和双语人才培训基地。开展民族历史文化研究，编纂完成了《吉林省少数民族古籍总目提要(满族卷)》，启动《吉林少数民族》丛书、《吉林省民族宗教机构志》编写工作。

四、城市民族工作扎实推进

配合省人大开展了制定《吉林省实施〈民族区域自治法〉办法》和修订《吉林省散居少数民族权益保障条例》的调研论证工作。总结推广长春市为回族群众提供“一条龙”服务、吉林市充分发挥社团组织作用等先进经验，打造吉林城市民族工作品牌。推进民族工作进社区，对于成绩突出的“示范社区”和“重点社区”给予经费支持。协调省政府和物价、财政等部门，解决了农村具有清真饮食习惯少数民族群众的肉食补贴问题，补助范围实现城乡全覆盖。开展了全省城市少数民族人口调查统计。健全少数民族代表人士联系制度，建立了 294 名少数民族代表人士信息档案，并为每个代表人士免费订阅《中国民族报》、《中国民族》、《民族画报》、《北方民族》等报刊。认真落实中央第二次新疆工作座谈会精神，研究制定《关于加强在全省新疆少数民族服务管理工作方案》，切实加强了对新疆籍少数民族群众的服务和管理。

（撰稿　翟文斌　审稿　王喜年）

黑龙江省

2014 年，黑龙江省民族经济工作在全国民族经济中心工作指导下，按照加快发展、创新发展、科学发展的要求，转变少数民族发展资金使用思路，创新发展方式，全省少数民族和民族地区经济社会呈现良好发展势头，少数民族群众生活水平得到大幅提高。2014 年全省 65 个民族乡农民人均纯收入 11892 元，722 个民族村农民人均纯收入 11218 元，同比分别增长 14.6%和 8.0%；杜尔伯特蒙古族自治县农村居民人均纯收入 18928 元，同比增长 15.3%；齐齐哈尔市梅里斯达斡尔族区农民人均纯收入 8904 元，同比增长 13.3%。

一、转变思路，提高民族经济工作科学化水平

按照我委倡导的以问题为导向的工作思路，我们在工作中注重查找制约民族经济发展的问题，寻找解决问题的办法，指导工作的开展。一是 2014 年，在全省少数民族地区先后开展了少数民族农民专业合作社发展情况，全省少数民族传统手工艺品基本情况，少数民族发展资金使用管理情况和全省民族乡发展现状等多个专项调研，梳理了全省少数民族经济发展现状，分析全省当前民族经济发展中存在的问题和面临的形势。二是在调研基础上，我们将 2014 年少数民族发展资金分配使用思路调整到转变少数民族发展资金以“输血为主”为以“造血为主”，以各类农民合作组织为依托，发展少数民族地区特色优势产业，创新启动了特色农业产业项目试点建设。2014 年，安排到特色优势产业的项目资金占少数民族发展资金总额的 68.8%，比 2011 年增长了 9.5 个百分点，比 2005 年增长了 53.8 个百分点。三是制定了民族经济工作分片联系制度。将全省地市按照方位分成 5 个部分，由经济处 5 名同志分别联系片区内民族经济工作，了解掌握片区内民族经济发展情况和发展动态，推进全省民族经济工作的开展。

二、加强监管，提高少数民族发展资金使用效率

进一步完善了黑龙江省少数民族发展资金管理制度，创新少数民族发展资金管理理念，重新制定了项目资金分配原则和方案，严格规定了项目的

申报程序、审批流程，并在产业项目资金监管、绩效考评和奖惩措施方面作出了相关规定。2014 年，我们实施了强有力的资金监管措施，强化了省民委的监管权，充分发挥分片联系制度的作用，对项目建设实施事前、事中、事后全程监管。项目申报前，由各片区联系人，实地对储备项目进行检查、考察论证和摸底，对储备项目中可行性相对较差的项目要求进行重新论证。项目实施中，我们建立了项目实时监管制度，通过项目建设单位定时报送的项目进度信息，掌握项目进展情况。年末，我们开展了项目监督检查工作，要求各项目单位开展自检自查，总结当年项目建设和少数民族发展资金使用情况。通过这些措施，严格监管项目实施的各个阶段，保证了少数民族发展资金的合理使用和安全高效运行。

三、提前谋划，启动“十三五”规划编制工作

为提前谋划好“十三五”少数民族专项规划，我委将启动“十三五”规划编制工作列为 2014 年全委重点工作之一，做了大量规划编制前期工作。一是成立了以委主任为组长、委（局）副厅级领导为副组长的全省“十三五”少数民族专项规划编制领导小组。领导小组下设四个规划编制组，具体负责规划起草编制工作。开创性的吸纳省民研所工作人员和委（局）机关工作人员共同组成规划起草编制组，将理论深度和实际工作经验相结合，务求制订科学可行的“十三五”规划。二是规划起草编制组多次召开会议，共同研究规划编制工作，研究规划发展思路，分配编制工作任务，并在全省范围内展开规划编制前期的调研摸底工作。三是经多次讨论研究，初步确定了全省“十三五”少数民族专项规划发展思路、重点任务和《全省“十三五”少数民族专项规划编制工作方案》。全省“十三五”兴边富民行动规划（2016－2020 年）列入全省 15 个“十三五”省级重点专项规划之一。

四、产业牵动，推动兴边富民行动再上新台阶

经过多年的扶持和发展，全省边境地区民族乡镇基础设施薄弱问题已经得到改善，近些年，我们将扶持重点逐步转移到产业项目建设上，以“政策投资、市场运作、自我积累、滚动发展”为指导原则，在边境民族地区重点扶持一批特色优势产业项目，增强了民族地区经济发展的内生动力。让兴边富民资金投资产业项目的收益再反哺于民族事业，从而形成“投资—收益—再投资”的良性循环发展之路，为边境民族地区的发展注入持久动力。2014 年我委围绕绿色食品生产、冷链加工和物流、特色村镇保护与发展等内容，确定了逊克冷库、同江肉牛养殖、饶河精洁米加工、哈拉新村综合旅游开发、安达伊斯兰堡社区、萝北马铃薯冷库建设 6 个项目为 2014 年重点推进的产业试点建设项目，其中有 4 个在边境地区。罗黎明副主任带队在全省开展兴边富民行动调研时，对全省兴边富民行动工作给予充分肯定，认为黑龙江省各级党委、政府非常重视边境地区的发展问题；边境老百姓精神面貌好，幸福指数高；黑龙江省通过探索积累了很多弥足珍贵的经验，尤其对产业扶持工作有亮点。

五、对照指标，完成人口较少民族村发展规划任务

2013 年全省遭受百年不遇的特大洪灾，使一部分人口较少民族聚居村粮田绝产，房屋毁坏，村内基础设施受损严重，全省人口较少民族村农民人均收入偏低，一些村民由于水灾致贫、返贫，增加了全省人口较少民族聚居村按时完成规划任务的难度。针对这一情况，我们多次到人口较少民族村调研，了解实际困难，根据发展情况对人口较少民族村进行分类指导。2014 年，为人口较少民族村安排少数民族发展资金 7583 万元，扶持 38 个项目，按照“一提升、二减少、三达到”和“五通十有”的具体要求，全省已有 40 多个人口较少民族聚居村提前完成规划任务，占全部任务的 52.6%。

六、扶持发展，民贸民品工作实现历史性突破

2013 年以前，全省民贸民品工作一直处于低水平阶段，为了更好的为全省民贸民品企业服务，扶强扶壮民贸民品企业，2014 年，我委开展了“民品企业服务年”工作，多次到民族特需商品定点生产企业进行实地调研和服务，为企业介绍政策、讲解

贷款贴息流程，让全省民品企业都能了解、熟悉、掌握和利用国家政策，帮助享受流动资金贷款的企业节约生产成本。2014 年，全省共审批通过 6 家民族特需商品定点生产企业的流动资金贷款贴息申请，企业流动资金贷款额较之往年实现大幅增长，流贷总额超过 10 亿元，比 2013 年增长 500%。同时，我们鼓励、引导民贸民品企业到少数民族乡村投资建厂，探索民贸民品企业与民族乡村的相互促进、相互发展的合作方式，搭建了民贸民品企业与民族乡村发展的对接桥梁。现已有集贤县晨光牧业有限公司到杜蒙自治县进行养殖牧场建设、饶河脉动珍稀动物繁育有限公司在四排赫哲族村进行养殖厂建设等。

七、分类指导，逐步打造具有龙江风情的少数民族特色村镇

在特色村镇保护与发展工作上，我们采取结合实际，分类指导的原则，针对发展程度不同的民族村，提出不同的指导意见。一是针对全省 4 个首批中国少数民族特色村寨，提出在现有规模上提档升级，要求不断丰富民族文化内涵，增加民族文化厚重感，赋予特色村镇灵动感，打造成为全省的精品村。二是对刚刚起步建设的特色村镇进行重点打造。2014 年共安排少数民族发展资金 1372 万元，用于特色村镇建设工作。重点推进了佳木斯市桦川县星火朝鲜族乡星火村、黑河市爱辉区爱辉镇外四道沟俄罗斯族村、哈尔滨市南岗区红旗满族乡东升村和安达市安达镇光明回族村的少数民族特色村镇建设，争取两到三年的时间将这 4 个村建设成具有龙江特色的国家级少数民族特色村镇。2014 年，这 4 个民族村在村内景观、街路和民居建筑上，已初步具备了建村主体民族的特色。

八、多措并举，发挥好行业扶贫作用

以全面拓展少数民族贫困群众的增收渠道为核心，推进扶贫开发工作方式创新、理念创新、思路创新，积极开展全省少数民族和民族地区扶贫开发工作。一是扎实做好连片特困地区少数民族乡村扶贫攻坚工作。把划入大兴安岭南麓山区 11 个县的民族地区作为扶贫攻坚的主战场，组织编制少数民族和民族地区区域发展与扶贫攻坚规划，2014 年为大兴安岭南麓山区 11 个县的民族地区安排 16 个项目，投入扶持资金 2193 万元。二是大力扶持少数民族特色产业扶贫项目。以产业发展为重点，扶持发展少数民族特色增收产业。积极推进民族地区产业结构调整，加强少数民族贫困村富民产业建设，积极推进少数民族贫困村农业产业化经营。三是积极做好定点驻村扶贫工作。2014 年，全省开展了定点驻村扶贫工作。我委作为第 22 组组长牵头单位，与省公安厅、省旅游局、哈师大、省农村信用社联合社共同组成工作队帮建杜蒙自治县。省民委高度重视这项工作，多次带领工作队去杜蒙自治县进行调研和对接工作，了解自治县好尔陶村发展中存在的困难，帮助其谋划发展思路，工作队成员单位结合各自的职能，各尽所能地为杜蒙县解决一些实际困难和问题。全年共协调安排资金 194 万元，为帮建村硬化了村内巷道。

九、积极配合，做好新农村帮建工作

齐齐哈尔市梅里斯区四间房村是我委新农村帮建村，我委多次到帮建村调研，为帮建村解决实际困难和问题。一是帮助帮建村做好备春耕生产。指导帮建村农户紧紧抓住今春墒情好、气温偏高等春耕生产有利形势，抢前抓早，抢进度、抢积温、抢产量、抢农时，早谋划、早筹备、早启动，确保了帮建村春耕生产有序开展。二是谋划 2014 年帮建工作。我委帮建工作领导小组有关人员多次赴帮建村，与该村所在地的区、乡村相关人员共同研究谋划了今年的帮建工作重点，进一步补充完善了今年帮建工作方案。三是实实在在的为帮建村解决实际问题。在落实好 2013 年帮建项目，修建 3.2 公里村内道路的基础上，村里自筹资金 10 多万元对修后的道路两侧绿化和修葺路边沟。2014 年，安排 110 万元少数民族发展资金，扶持四间房村 5 万亩水田给排水农用供电线路建设。通过我委的帮建，该村的村容村貌得到了彻底改善，推进了新农村建设进程。

（撰稿　李彦龙　审稿　刘烈军）

上海市

2014年，在市委、市政府的高度重视下，在国家民委的关心指导和支持帮助下，上海市的民族经济工作坚持以提升服务水平和依法加强监管作为工作的突破点与着力点，积极努力、狠抓落实，有力地促进了上海民族经济的健康发展，较好地满足了少数民族群众的特殊生活需求。

2014年上海市民族经济工作情况：

一、充分发挥上海民族宗教系统特点和优势，继续做好少数民族地区对口帮扶工作

（一）继续做好对口帮扶独龙族发展工作和云南其它对口帮扶工作

1.认真推进5个民族文化旅游特色村建设项目。根据上海与云南两省市签署的《上海参与帮扶怒江贡山县独龙江乡独龙族加快发展合作协议》，以及编制的《上海对口帮扶独龙族发展项目规划（2010-2014年）》，在两省市民（宗）委会同云南省旅游局认真审定的基础上，基本完成龙元、迪政当、巴坡、钦兰当、普卡娃5个民族文化旅游特色村建设项目。10月11日至17日，由市委统战部副部长、市民宗委党组书记、主任赵卫星同志带队率领我委相关处室负责人参加的上海民宗委调研组到云南检查独龙族援建项目落实情况并进行了调研。

2.继续实施德昂族帮扶项目。按照上海与云南两省市2009年在德宏州召开的上海帮扶德昂族发展工作总结暨经验座谈会议精神，2014年度上海继续安排资金50万元，实施帮扶普洱市澜沧县糯扎渡镇南现村吸引河民族团结示范村建设项目。

3.开展帮扶云南其它地区的工作。开展帮扶红河州个旧市贾沙乡阿邦傣族特色村寨项目，划拨资金100万元，开展帮扶红河州屏边县撇枝村项目，划拨资金50万元，开展帮扶普洱市宁洱县宁洱镇裕和村委会大板组哈尼特色村寨项目，划拨资金150万元，共拨资金300万元。

（二）积极主动开展援疆工作

继续开展对口支援喀什地区叶城、莎车、泽普、巴楚等四县工作。2014年度完成在叶城县乌吉热克乡阿亚格乌吉热克村实施新农村建设示范点项目。开展资助在上海就读困难大学生数量50人，投入资金10万元；4月初，我委有关干部赴新疆喀什地区开展有关对口帮扶工作，赴莎车、泽普、叶城等县检查了对口帮扶项目，同时与喀什地区民宗委，莎车、泽普、叶城等县民宗局商谈了有关对口帮扶工作。

（三）积极主动开展援藏工作

参加了《上海对口支援日喀则地区工作会议》，接待西藏自治区日喀则地区民宗局。初步确定三年300万元对口支援的工作方案，8月20日至27日，金梅副主任率领五大宗教团体负责人及委相关处室负责人一行共 11 人赴西藏日喀则等地区开展对口支援工作，在日喀则举行了上海民族宗教界向日喀则地区民宗系统捐赠 80 万元用以改善日喀则地区民宗系统办公条件的仪式。金梅副主任、扎西局长分别代表上海市民宗委与日喀则地区民宗局签订了合作帮扶协议书。第十一世班禅大师在日喀则接见了上海民宗系统考察团一行。在西藏期间，上海市民宗委与西藏自治区民宗委、日喀则地区民宗委进行了座谈，同时慰问了在西藏工作的上海援藏干部。

（四）积极主动开展支援青海果洛的工作

较圆满地完成了５０名青海果洛统战干部在沪为期十五天培训任务（由市合作交流办投入资金23万元）。。类似青海果洛统战干部培训班是我委第一次举办，受训的绝大多数干部也第一次来上海，我委筹备酝酿时间较长，在课程设置、考察安排及日常管理等方面面临着许多困难和挑战，但在兄弟处室和明珠饭店的支持和配合下，较圆满地完成了任务。

二、认真贯彻落实《上海市清真食品管理条例》

（一）加强政府监管，充分发挥上海市清真食品工作联席会议的协调机制作用。按六部门联合发

文的通知精神，按职能分工以分级负责、属地管理为原则，一是对已挂牌的清真食品生产经营单位，在春节前及中秋国庆节前依法进行监督检查，重点检查“四专”、从业人员上岗培训及单位内部清真监督员的责任落实。二是依法从严审批新增清真企业，没有食用清真食品少数民族的单位不发牌。三是发挥六部门联动协作作用，亚信峰会期间相关政府职能部门加强了对生产经营清真的单位的监管。未发现违反《上海市清真食品管理条例》的现象

（二）推动全市清真食品网点科学合理地规划布局。网点设置是政府来做还是市场来定，按照三中全会精神，使市场在资源配置中起决定作用，更好的发挥政府监管作用。我委与商务委、市财政等相关部门多次协商，并由市商务委请二家第三方商业研究机构制定清真行业的发展规划方案，准备工作已基本完成。目的是让规划起一个引领作用。逐步地有效缓解来沪少数民族大量增加区域少数民族群众的对清真食品的需求。通过调研、评估对《上海市清真食品办法基本供应点专项资金管理办法》行进调整。并根据国务院食安办等五部门要求对清真食品管理的总体形势、突出问题和安全状况组织科研单位和专家学者开展评估。

（三）加强法制宣传、强化社会监督。上半年我委已对上海清真食品公司等企业、徐汇、普陀、黄浦、闸北、奉贤、杨浦等区义务监督员及街道统战干部及高校后勤保卫处长进行了清真条例的法制宣传。按照分级负责、属地管理原则各区县民宗部门通过已组建的清真食品义务监督员队伍和形成的清真食品监督网络能充分发挥作用，对辖区内的清真食品生产经营单位进行实时社会监督，对监督执行情况要定期进行检查和不定期进行抽查。确保已制定的制度贯彻落实。

（四）把握好政策导向，使用好财政优惠政策。财政和商务委对清真工作很重视也很支持，对经营好的、有发展前景的企业要大力支持，对环境卫生不达标、无法维持生存的企业只能关停并转。同时，我们要对不断出现的新情况新问题要进行探索研究。如自贸区清真物流企业、由市场自发形成的连锁经营企业、少数民族认可的合法经营三年以上的企业是否可以享受优惠政策？对装修改造的补贴标准、范围、期限如何进行相应的调整？推动相关部门要进行专题调研。要探索一条新的思路。

（五）全力以赴配合做好亚信峰会等相关接待工作。为认真配合做好 2014 年亚信峰会外方代表团的接待工作，我处协助市旅游局，对有接待任务的各宾馆（饭店）餐饮部、客户部、厨房的中方负责人及联络员进行了民族饮食习惯和清真食品知识的培训。要求各宾馆（饭店）在接待有清真饮食习惯的外方代表团时，要严格按照《上海市清真食品管理条例》的规定，畜禽等原材料必须从清真食品生产企业进货，所用的辅料和调料不能含有禁忌食品，厨房、餐厅、炊具、餐具等物品都必须保证专用并有明显的标识，清真餐厅及其通道内不能有禁忌的装饰品及物品。为确保所需的原材料符合清真要求和食品卫生标准，建议各宾馆（饭店）到上海牛羊肉公司和上海圣华副食品公司采购所需的牛羊肉及家禽。为配合做好相关接待工作，我委还应上海大酒店等接待宾馆的要求，专门到宾馆对相关人员进行了工作培训和现场指导。为保证亚信峰会期间本市清真食品的供应，做好清真食品安全工作，我委与相关部门还对二家重点清真食品企业进行了监督检查，要求各清真食品企业在思想上高度重视，确保亚信峰会期间的清真食品供应，确保产品符合清真要求和食品卫生要求。配合市教委认真做好哈萨斯坦纳扎尔巴耶夫大学师生代表团在沪期间的接待工作。

（六）抓好清真行业的学习交流。我委在耶里夏丽南京东路店和洪长兴云南路店组织了二次本市清真食品企业交流学习会，洪长兴、杨同兴、鸿宾楼、伊斯兰、一心斋、碧真清真饭店、国麟清真饭店、明珠大饭店、和甸清真食府、上海牛羊肉公司、上海圣华副食品公司、豫海清真牛羊肉公司、新伊清真食品公司等近 20 多家本市主要清真食品企业的负责人参加了会议。洪长兴总经理马宗礼、耶里夏丽实业有限公司总经理杨剑在会上作了主题发言，向大家介绍了企业的发展过程，并从清真企业的市场定位、内部清真监督、关心少数民族员工和民族团结、品质管理、品牌推广、员工培训、企业文化、考核激励等方面介绍了各自一些具体做法和经验体会。与会的各清真企业负责人就清真企业的发展规划、产品研发、市场营销、内部管理、电商经济等展开了热烈讨论，并就在目前大的经济形势

背景下，本市清真食品企业如何生存、发展发表了各自的观点。与会人员一致认为，类似这样的学习交流形式非常好，大家可以相互沟通交流、学习借鉴，取长补短，对本市的清真食品行业发展起到推动作用。

（七）按照国务院食品安全办等部门关于规范清真食品生产经营活动的通知要求，积极协调配合市食安办等相关部门，依据职责分工加强对本市清真食品生产经营的监管力度。加强对各类学校清真食堂的监督管理，重点“四专”、清真货源、清真监督员、政策法规培训。杜绝清真不清问题的发生。

（八）配合市商务委、市财政等单位完成清真行业基本供应点的装修改造政策扶持。

三、把民族经济工作作为满足少数民族特殊生活需求和上海服务全国的大事来抓

按照中央的要求，上海要做好自身发展和服务全国这两篇大文章。在上海市委、市政府领导下，认真贯彻落实党的民族政策，把做好少数民族特需用品生产工作作为民族工作的重要内容，作为上海主动服务全国的一个重要抓手。经国家民委等五部委确定的“十二五”期间全市少数民族特需用品生产定点企业共有八家单位（其中清真食品生产企业5家）。他们积极响应党中央提出的“西部大开发”的战略决策，加强与民族地区的联系，发展与民族地区的贸易。完成对定点企业财政补贴和贷款贴息，召开民族用品定点企业工作座谈会。

（撰稿　宾　伟　审稿　张继富）

江苏省

2014年，江苏省民委在国家民委的指导和省委、省政府的正确领导下，以党的十八届三中、四中全会和习近平总书记系列重要讲话精神为指导，紧扣民族工作主题，全面落实“迈上新台阶、建设新江苏”的总要求，立足于江苏省民族工作实际，坚持服务大局、突出特色、注重实效，全省民族经济工作取得了新的成绩。

一、以迎接学习宣传贯彻中央民族工作会议为主线，推进全省民族工作迈上新台阶

江苏省民委将迎接中央民族工作会议的召开以及学习宣传贯彻中央民族工作会议精神作为年度重点工作，大力宣传民族团结进步活动中涌现出的模范集体和个人的感人事迹。经层层推选，共评选出受到国务院表彰的模范集体11个、模范个人11名。中央民族工作会议召开后，通过召开党组会议、党组（扩大）会议和机关全体干部大会等形式，传达学习中央民族工作会议精神，专题研究部署全省民族工作系统学习宣传贯彻中央民族工作会议精神，以会议精神统一思想、提高认识，进一步增强做好民族工作的责任感和紧迫感。全省各地党委和各级民族工作部门也都分别召开常委（扩大）会及各类专门会议传达学习中央民族工作会议精神。通过举办“两个建设”主题征文演讲比赛、先进模范事迹报告会、少数民族传统体育项目运动会、清真食品烹饪比赛及展示、民族政策法规文艺三下乡、江苏民族团结最美人物评选等“六个活动”，在全社会唱响民族团结的主旋律。积极做好全省民族工作会议的筹备工作。从10月开始，积极做好全省民族工作会议筹备工作，深入基层开展调研，并召开全省民族工作座谈会，充分听取基层民族工作部门的意见建议，起草完成《江苏省委省政府关于进一步加强民族工作的意见》（草案），对全省民族工作和加快少数民族和民族地方发展进行全面部署。

二、以全面建设小康社会为目标，加快民族聚居地方建设步伐

2014年，江苏省民委把贯彻落实省政府《关于推动民族乡（镇）村全面建设小康社会的意见》作为推进全省民族乡（镇）村全面建设小康社会抓手，有力促进了全省民族乡（镇）村经济社会事业的发展。

（一）全力推动“十二五”期间全省民族乡（镇）村经济和社会事业扶持项目的落实。2014 年是“十二五”期间全省民族乡（镇）村经济和社会事业项目的落实冲刺阶段，江苏省民委把扶持项目的落实工作作为年度重点工作纳入省委省政府年度绩效目标考核，把强化监督检查作为推进工作的重要手段。组织召开了 2 次省民委兼职委员单位联络员会议，现场调研民族乡（镇）村“十二五”经济社会事业发展项目进展情况，督促各委员单位加大扶持力度。积极协调省人大、省政协分别组织省人大代表和省政协委员赴项目落实薄弱地区开展督查和视察，通过听取汇报、实地考察等措施，切实推动有关地方党委政府做好项目落实工作。截至 2014 年底，全省“十二五”期间民族乡（镇）村经济和社会事业扶持项目资金投入 1.74 亿元，完成总投入的 77.6%，部分省辖市已经提前一年完成。

（二）及时部署“十三五”期间民族乡镇经济社会发展项目编制工作。着力推进全省民族聚居地方特别是两个民族乡镇全面建设小康社会，江苏省民委专门下发通知要求高邮市菱塘回族乡、南京市六合区竹镇镇在深入调研的基础上，根据地方发展现状和实际需求，梳理、上报“十三五”期间经济社会事业发展扶持项目，并将此项工作作为贯彻落实中央民族工作会议精神的具体举措。对两个民族乡镇上报的项目，省民委将按照实事求是、民生优先、规模适度的原则对有关项目进行了初步审核、筛选并汇总成建议方案，提交省民委兼职委员单位审核后报省政府。

（三）加大扶持力度，切实增加少数民族群众收入和改善民族乡村环境面貌。通过项目扶持、能力培养、技能培训、创业引导等方法，不断提高民族乡（镇）村少数民族群众的劳动生产技能和综合素质，提升民族乡（镇）村的综合实力。2014 年，江苏省民委在民族乡（镇）村累计投入少数民族发展资金 2300 多万元，对 11 个民族村少数民族特色村寨建设项目以及 88 个种植、养殖、加工、安置就业项目予以了扶持，带动 4000 多名少数民族群众发家致富。举办了全省少数民族特色村寨建设培训班并组织市、县民宗局和民族村负责人赴兄弟省实地考察学习，提高全省少数民族特色村寨建设水平。高邮市菱塘回族乡和享受民族乡待遇的南京市六合区竹镇镇均被住建部、国家发改委等七部委认定为“全国重点镇”，菱塘回族乡清真村入选“中国少数民族特色村寨”名录。

三、以抓管理促规范为重点，推动全省清真及民贸企业发展

（一）推动清真食品和民品企业发展。江苏省认真贯彻落实国务院《城市民族工作条例》和《江苏省少数民族权益保障条例》等法律法规要求，全力维护少数民族群众的合法权益。加大省民委等四部门《关于妥善解决回族等 10 个少数民族群众清真饮食问题的意见》督办力度，截至 2014 年底，全省 13 个省辖市全部出台清真食品补贴意见，各级财政每年为有清真饮食习俗的少数民族群众发放清真食品补贴 1500 多万元。安排 200 万元的省清真饮食网点建设补助费扶持省辖市和重点县（市）的 27 个清真网点建设，并加强执法检查，确保少数民族群众的清真饮食供应和食品安全。成功举办江苏省第二届清真烹饪技能比赛暨首届清真拉面技能比赛及清真食品展示活动。圆满完成亚青会和青奥会的清真食品保障工作。全省 59 家少数民族特需商品定点生产企业年产值 100 多亿元，保障了少数民族群众特殊生产生活用品的供给，2104 年享受国家贷款贴息 6000 多万元。

（二）举办企业民族工作研讨班。4 月 28 日-29 日，江苏企业民族工作研讨班在常州举办，来自全省 13 个市民宗局分管副局长、民族处处长以及部分县（市、区）民宗局负责人、民族工作示范企业代表参加了研讨，并现场考察了江苏省民族工作示范企业，交流了推进企业民族工作经验做法。国家民委监督检查司司长陈乐齐到会指导并对江苏创建“民族工作示范企业”工作进行了调研，省民委副主任成坚出席会议并讲话。会议全面总结了江苏开展企业民族工作的经验做法，并就深化全省创建活动，广泛开展企业民族工作提出了明确要求。会议希望各级民族工作部门进一步加大工作力度，全力促进企业民族工作再上新台阶，努力将企业民族工作打造成江苏城市民族工作的新亮点和新品牌，为推进全省民族领域和谐稳定、服务经济发展大局作出新的贡献。

四、以促进交流交往交融为着力点，认真做好民委系统对口支援工作

近年来，江苏省民委一直把做好民委系统的对口援藏援疆工作作为一项重要政治任务抓好抓实。中央第二次新疆工作座谈会召开后，专门召开党组会议，传达学习会议精神，研究部署对口支援新疆、西藏民族工作部门工作，决定拿出 40 万元援助新疆克州民宗委、西藏拉萨市民委系统和四川黑水县，帮助当地民族工作部门改善办公条件。积极做好新疆自治区民族团结进步模范参观团和伊犁州民族团结进步模范参观团的来江苏培训接待工作。各地民宗局也积极做好对口援助工作，通过捐赠电脑等各类办公用品、提供建设资金、加强人员培训、互动交流等举措，有力推动了对口援助工作的开展。

五、以保持安全稳定为前提，全力维护民族领域团结和谐

江苏省民委结合当前民族宗教领域维稳工作面临的新形势和新任务，坚持把加强民族团结和维护社会稳定放在民族工作的首要位置，提出了“提高认识，找准维稳应急工作新定位；突出重点，明确维稳应急工作新内涵；综合施策，落实维稳应急工作新举措；常抓不懈，确保维稳应急工作见成效”的工作目标，重点部署了青奥会安全保障、摸排处置重点问题、少数民族流动人员服务管理等任务。采取教育疏导、依法行政、法律援助、加快发展等措施和办法，主动预防和妥善处理了涉及少数民族方面的矛盾纠纷，有力维护全省民族领域的和谐稳定。

（撰稿　张凯丰　审稿　刘克元）

浙江省

2014 年，浙江省民族经济工作在国家民委的指导下，在省委、省政府的正确领导下，深入贯彻落实中央民族工作会议精神，紧紧围绕“八八”战略和干好“一三五”，实现“四翻番”的目标要求，始终坚持以区域统筹有效带动少数民族和民族地区加快发展，以精准发力切实改善民生，以改革创新充分激发内生动力，努力使少数民族和民族地区与全省同步实现小康，让少数民族群众共享现代化浙江建设成果。2014 年，景宁畲族自治县和 18 个民族乡镇全年工农业总产值达到了 108.45 亿元，同比增 9.7%；全省少数民族农村居民人均纯收入达到 9752 元，比上年增长了 11.6%。

一、以筹备全省民族工作会议为契机，在理清少数民族和民族地区的发展目标上下功夫

深入贯彻落实中央民族工作会议精神，结合本省实际，筹备召开全省民族工作会议。会前，省民宗委会同省人大民侨委、省政协民宗委多次深入少数民族和民族地区开展深入调研，了解当前少数民族和民族地区发展中存在的困难和建议，进一步形成了共识，明确了加快推进少数民族和民族地区发展的目标和方向。针对少数民族和民族地区的发展，提出目标到 2017 年，景宁畲族自治县综合实力在全国 120 个民族自治县继续向前移位；莪山民族乡创建“中国畲族第一乡”，民族乡（镇）总体发展不低于所在县（市、区）的平均水平，有更多的民族乡（镇）主要经济社会发展指标进入全国民族乡（镇）100 强；少数民族低收入农户人均纯收入达到 10000 元以上，70%少数民族低收入家庭人均纯收入达到 8000 元以上。到 2020 年，少数民族和民族地区提前全面实现“四翻番”目标，人均国内生产总值和农民人均纯收入占全省平均水平的百分比逐年提高。

二、以召开全省民族乡（镇）工作会议为重点，在政策贯彻落实上下功夫

围绕省政府办公厅《关于进一步帮扶民族乡（镇）加快发展的意见》（浙政办函〔2013〕98 号）

文件的贯彻落实，做了大量工作。2014 年 3 月，省政府在杭州市桐庐县召开全省历史上首次民族乡（镇）工作现场会，就加快民族乡（镇）发展进行专题研究部署。全省民族乡（镇）与省级有关单位及对口结对的经济发达县（市、区）签署了结对帮扶协议书。从 6 月份起，在省政协专题协商活动的推动下，我委每两个月开展一次文件落实情况调研。重点就财政转移支付到位情况及各结对单位帮扶措施落实情况进行调查了解，并形成情况汇报，分别向省人大、省政府、省政协有关领导进行汇报。在省政协等共同推动下，省财政从 2014 年开始安排给民族乡（镇）的 200 万转移支付由“存量分配”转变为“增量转移”，从源头上解决了资金到位问题。与此同时，经济发达县（市、区）和省级有关单位的帮扶资金也陆续到位，据初步统计，2014 年已达 2100 多万元。

三、以少数民族发展资金使用为导向，在产业发展上下功夫

2014 年，在我委前期调研和协商推动的基础上，省财政安排的少数民族发展资金由 2000 万元增加到 2500 万元。中央财政拨付的少数民族发展资金也加大了支持力度。在项目安排上，全省共计安排重点项目 63 个，其中特色村寨项目 36 个，安排资金 1804 万元 ；种养类项目 25 个，安排资金 990 万元；农业综合开发类项目 2 个，安排资金 90 万元。另外省级少数民族发展资金 1500 万元，安排一般项目近 300 个。在项目的安排上，重点做到三个“推动”。推动民族乡村增强自我发展的能力，在资金的考评中改变以往我们对项目要什么给什么的现象，而是充分发挥民族乡村的资源优势、生态优势、环境优势，有目的地去发展具有区域特色、民族特色的支柱产业和产品。推动民族村集体经济的发展，培育一大批特色鲜明，有较强竞争力的专业村、专业户和少数民族经济合作组织，从而由被动的“输血型”向“造血型”转变 。推动民族乡村的可持续发展，在绩效考评中对共享性较高的基础设施建设项目、示范性较好的农业综合开发项目和少数民族群众急需的发展项目予以重点评估。

四、以少数民族特色村寨建设为抓手，在畲寨“两美”上下功夫

省委十三届五次全会提出了“建设美丽浙江、创造美好生活”的新的战略部署。全省将少数民族特色村寨建设融入“两美”创建活动。一方面将特色村寨建设项目作为项目安排的重点予以倾斜，加大投入和扶持；另一方面出台《浙江特色畲寨建设规范指导意见》，加大规范和引导。截至目前，全省共有 15 个少数民族村列入《 “十二五”时期全国少数民族特色村寨保护与发展名录》，其中杭州市桐庐县莪山畲族乡中门民族村、温州市平阳县南雁镇堂基村、湖州市安吉县章村镇郎村村、丽水市莲都区大港头镇利山村、景宁畲族自治县东坑镇深垟民族村和大均乡李宝民族村等 6 个畲族村被国家民委命名挂牌为“中国少数民族特色村寨”。与此同时，市、县（市、区）根据各地工作实际，也分别有重点、有计划地确定本区域的重点项目，分层次、有梯度地推动了当地少数民族特色畲寨建设。

五、以“五水共治•五教同行”为载体，在推动民族村水环境改善上下功夫

为贯彻省委省政府治污水、防洪水、排涝水、保供水、抓节水的“五水共治”的决策部署，省民宗委引导全省佛教、道教、伊斯兰教、基督教、天主教各宗教团体与宗教活动场所与民族村结对，创造性开展了“五水共治•五教同行”公益慈善活动，宗教界共捐资 1300 多万元在 50 个民族村共同开展治水工程，有力地推动了民族村水环境的改善。7 月 25 日，省委书记夏宝龙在《全省宗教界捐资 1300 万元帮扶民族村治水》的专报信息上批示，要求省民宗委和农办向宗教界发信致谢并给予表扬。副省长黄旭明也专门作出批示，充分肯定了宗教界的善举。

一是深入挖掘宗教生态文化理念，提高宗教界参与“五水共治”的热情。在宗教界开展的“寻梦中国 • 正言正行”主题教育实践活动中，深入宣传“五水共治”的决策部署。省级五大宗教团体共同发出倡议，引导全省宗教界结对治水共建美好家园。

二是充分利用民宗部门工作资源，推动宗教界与民族村的对接帮扶。民宗部门重点引导省级宗教

团体、星级宗教活动场所和创建和谐寺观教堂先进集体率先做好示范， 杭州市佛协和灵隐寺共捐款250万元，普陀山佛协捐款150万元，省伊协马玉婷会长个人捐款1万元，全省宗教界总计捐资1300多万元。同时，民宗部门在全省400多个民族村中，选择生态保护区、饮用水水源保护区、重点污染治理区域所在地的50个民族村，遴选确定治水项目，重点开展污水治理与水源地保护。每个捐款单位与治水民族村结成帮扶对子，由宗教团体和场所向治水民族村捐赠20—50万元不等的治水帮扶资金。

三是建立完善工作激励机制，确保宗教公益慈善活动取得实效。为确保民族村治水工作真正取得成效，民宗部门建立完善了领导协调、督查落实、表彰命名等一系列工作和激励机制。通过近一年来的实施，50个民族村，除个别由于规划原因暂推迟实施外，大部分民族村“五水共治”取得了明显成效，环境得到了改善，污水得到了处理，得到了少数民族群众的一致好评和充分肯定。

（撰稿　潘晶　审稿　钟建文）

安徽省

2014年，安徽省民族事务委员会（以下简称“省民委”） 深入学习贯彻中央民族工作会议精神，按照国家民委的总体要求和部署，紧紧围绕省委省政府中心工作，扎实推进少数民族和民族聚居地区“共同发展”提升行动，全省少数民族聚居地区经济社会发展继续保持良好态势，少数民族群众的生产生活条件得到明显改善，为如期实现“到2015年力争使全省少数民族聚居地区经济社会发展主要指标稳定赶上或超过全省平均水平”的目标打下坚实基础。2014年，全省民族乡、村常住居民人均可支配收入分别为10552元、10037元，增幅分别达到12.3%、12.1%，双双超过全省平均水平。

一、认真贯彻落实中央民族工作会议精神

积极争取省委省政府高度重视，省四大班子领导全部参加了中央民族工作会议电视电话会议，省委迅速召开常委（扩大）会议暨中心组理论学习会议，传达学习会议精神，研究全省贯彻落实工作，张宝顺、王学军、王明方、李锦斌等省领导作了重要讲话。省民委及时部署会议精神学习宣传贯彻工作，举办党政领导干部民族宗教工作专题培训班，并专门成立领导小组和工作小组，起草全省贯彻中发〔2014〕9号文件的若干意见，为省委省政府提供决策参考。

二、加快少数民族聚居地区特色产业发展

一是省民委加大对民族乡新型农业经营扶持力度。与工商、农委等部门密切配合，宣讲有关优惠政策，搭建交流平台，引导民族乡村进一步优化农业产业结构，壮大特色种植、养殖业规模，辐射带动少数民族群众提效增收。二是加大资金支持力度。共下达少数民族发展资金1670万元，安排生产发展类项目65个，帮助民族乡村推进“一乡一业”、“一村一品”富民工程建设，推动农业产业结构调整。全省民族乡村现有少数民族农民合作社近600家，家庭农场近150个，农业生产经营集约化、专业化、组织化程度进一步增强。省民委组织综合评定第二批10家少数民族农民合作社示范社，10家少数民族种植、养殖业示范基地，引导少数民族农民合作社提升发展水平。6家少数民族农民合作社获评“国家级示范社”，宁国市千秋畲族休闲园区被认定为全国休闲农业与乡村旅游示范点，4个民族村入选第六批省级一村一品专业示范村，3个民族村获评“安徽省特色景观旅游名村”。

三、推动民族企业不断发展壮大

一是积极协调落实中央关于扶持民品企业优惠政策。按照财政部门要求，收集近年民品企业享受技改贴息和生产补助资金项目信息，并录入涉企项目资金管理信息系统，对申报流动资金优惠利率贷

款贴息发生预警的企业进行审核。指导全省民族特需商品定点生产企业享受流动资金优惠利率贷款贴息总额 1407.89 万元，比去年增长 19%。二是举办全省民族企业负责人培训班。邀请省发改委、省经信委、省质监局等部门，针对民族企业关心的问题解读有关优惠政策，服务企业加快发展。三是为定点企业搭建发展平台。积极推荐定点企业参与国家民委“千家培育百家壮大”工程，宣城华卫集团被国家民委确定为“百家壮大企业”，获得国家民委重点扶持。协调推荐有关企业参加第一期全国少数民族企业能力建设专题研究班，第 2 期全国清真食品生产专题研讨班，并参加第六届少数民族企业采购峰会。民族企业市场竞争力显著提升，18 家定点企业 2014 年生产总值达 69.86 亿元，比 2012 增加 1.7 倍，从业人员 5282 人，比 2013 年增加 1694 人。民族企业在发展民族特需商品生产，服务少数民族群众的同时，也带动近 2000 名少数民族职工增收。安庆市清怡针纺织品有限责任公司、安徽中祝农业有限公司产品获得 2013 年“安徽名牌产品”荣誉称号。

四、加快少数民族聚居地区人才培养步伐

根据省政府分管领导指示精神，省民委编制了少数民族农村实用人才“千百培训计划”（计划培训 100 名少数民族创业带头人和 1000 名少数民族群众），旨在帮助少数民族群众掌握各项种植养殖业实用技能，引领少数民族群众创业，努力在民族乡村培养一支善经营、会管理、懂技术的少数民族农民骨干队伍，不断提升少数民族群众增收致富能力，推动少数民族和民族聚居地区经济经济又好又快发展。2014 年，省民委依托安徽农业大学举办少数民族农民创业带头人培训班 2 期，省市民委举办少数民族农村实用技术培训班 34 期，完成了 108 名创业带头人、2300 多名少数民族群众的培训任务。在组织开展培训的同时，省民委着力强化跟踪问效，提供后续服务。每期培训班都由民族工作部门建立真实、完整、规范的学员和培训档案，通过建立电话咨询、手机短信和 QQ 群服务平台等形式及时开展跟踪回访，帮助学员解决生产过程中的技术难题。同时省民委还根据少数民族群众需求，安排技术专家主动上门提供“个性化服务”，对有创业行动意愿的学员，酌情予以资金支持。“千百培训计划”的实施，带动少数民族群众近 4000 人，人均增收近 6000 元，少数民族聚居地区自我发展能力得到有效提升。

五、深化民委委员单位帮扶工作

一是做好省民委委员单位 2014 年帮扶少数民族聚居地区项目对接工作。协调 30 家委员单位投入资金 1600 余万元，落实帮扶少数民族聚居地区项目 36 个。主动跟踪项目实施情况，及时编发专题简报函送各委员单位，并报省委省政府分管领导。二是推动解决重点问题。以办理省人大代表建议为契机，解决民族乡村集中反映的建设规划问题。协调省住房和城乡建设厅联合开展民族乡村规划工作调研，并以实现民族乡村建设规划全覆盖为目标，采取分类指导、学习宣传、举办培训等措施，切实推动民族乡村规划完善、人居环境提升、民族特色传承。三是指导各地民族工作部门加大沟通协调，推进委员单位帮扶工作向纵深拓展。2014 年，市级委员单位投入资金 6600 多万元，实施 109 个帮扶项目，县级委员单位 9300 多万元，实施 117 个帮扶项目，惠及少数民族聚居地区道路交通、农田水利、环境整治、民生改善等方方面面。

六、加强少数民族发展资金使用管理

一是继续下放项目审批权限。进一步完善少数民族发展资金项目市级民委负责制和省民委备案制，所有项目均由市民委统筹，省民委备案，并在省民委网站进行公示。二是完善项目库建设。为确保少数民族发展资金使用效益，省民委组织调整、补充和更新“十二五”省级少数民族发展资金项目储备库，并督促各市完成项目库建设。三是开展监督检查。组织各市对 2011 年以来少数民族发展资金项目实施情况开展自查自纠工作，选取部分项目进行实地检查，确保资金使用安全有效。四是推进少数民族特色村寨保护与发展工作。省民委对列入的全国少数民族特色村寨保护与发展名录的民族村，组织编制有关实施计划和工作规划，并择优选取 10 个村，安排 800 万元专项资金予以支持。同时，立足于全省少数民族村寨的现状以及现有自然资源，加大指导工作力度，确保项目建设如期通过国家民委验收。2 个村被国家民委命名为首批“中国少数民族特色村寨”。

七、创新举措开展扶贫工作

一是开展2014年度“民族一家亲”爱心行动。首次将少数民族大病救助对象列入帮扶范围，统筹社会捐款81.6万元，对80户少数民族贫困户、14户创业户、20名大病救助对象以及120名少数民族贫困学生，分别给予资助帮扶，获得社会各界广泛好评。二是指导各地主动与扶贫工作部门对接沟通。争取扶贫工作部门将少数民族贫困家庭、少数民族贫困群众优先纳入减贫任务和“雨露计划”等项目扶持对象，结合实际推动扶贫工作开展。三是总结定点扶贫工作成功经验，为少数民族扶贫工作提供新思路。在开展调研基础上，安排专项资金指导支持定点联系村成立农民合作社，实施食用菌种植项目，帮助当地贫困家庭提高组织化程度，增强造血功能。同时，帮助联系技术专家帮助解决种植、销售中的瓶颈问题，受帮扶的贫困家庭每户年增收近30000元。项目的实施也为深化少数民族扶贫工作提供了新路径。

（撰稿　刘　炜　审稿　白和平）

福建省

2014年，我们认真学习党的十八大、十八届三中、四中全会精神和习近平总书记系列重要讲话，深刻领会中央民族工作会议精神实质，在省委、省政府的正确领导和国家民委的精心指导下，在全省少数民族干部群众的共同努力下，福建省民族经济工作取得了良好成效。

一、民族乡村经济稳步发展

2014年民族经济工作以民族乡村农民增收为核心，以基础设施和社会事业建设为重点，继续在全省实施民族乡村特色经济发展扶持增收工程，集中1120万元资金，扶持115个民族村完成“一乡一业、一村一品”项目119个，19个民族乡和335个民族村形成了各具特色的优势产业、产品，全省民族乡村特色经济实现持续高速发展。积极落实优惠政策助推民族乡村发展，2014年全省民族乡实现农、林、牧、渔总产值33.01亿元、、农民人均纯收入10901元，少数民族人均纯收入9995元，比2013年分别增长5.2%、15.1%、14.4%。协调做好少数民族“造福工程”搬迁和基础设施建设，全年纳入“造福工程”搬迁的少数民族人口6171人，下达专项补助资金370.26万元。协调省财政厅下达民贸民品贷款中央财政贴息资金36.4112万元。

二、挂钩帮扶民族乡村工作扎实推进

深入全省19个民族乡调查了解挂钩帮扶资金到位和使用情况，加强对挂钩帮扶单位的协调、检查督促和考核通报，确保扶持资金全额落实到位。督促各挂钩帮扶单位和民族乡帮扶资金、项目向村级延伸，引导和推动行政村特色产业发展，促进增产增收，提高农民收入。推动全省8个设区市和部分县（市）出台帮扶民族村发展的优惠政策，使差别化帮扶政策在全省民族村实现全覆盖。同时加强挂钩帮扶资金及民族经费使用管理情况检查，提高资金使用效益。积极开展与省直和县（区、市）各挂钩帮扶单位和民族乡的协调监督，联动互动、确保帮扶资金早落实、早到位、早受益。2014年各挂钩帮扶单位为19个民族乡共投入帮扶资金8303万元，帮扶民族乡基础设施、民生工程、农业特色产业发展项目116个，拉动社会资金3.2亿元，为民族乡村加快发展做出积极贡献。

三、创新思路扶持人口较少民族（高山族）发展

继续深入贯彻《扶持人口较少民族发展规划（2011-2015年）》的实施意见，按照重点与普惠相结合，以重点扶持为主，相对分散（扶持到户）为次的原则，以发展经济、增产增收为目标，采取“一户一策，扶持到户”的精准扶持措施，落实高山族发展扶持资金360万元，实施精准帮扶，有效增强高山族群众的“造血”功能。争取国家发改委补助

资金 1500 万元，用于扶持 8 个高山族人口相对聚居村经济社会事业，完善基础设施建设。

四、加快推进民族特色村寨建设

经过三年的保护建设，第一轮 11 个试点村寨中有 10 个被国家民委授予首批中国少数民族特色村寨。2014 年，继续按照“突出重点、打造精品、示范带动、保护发展”和打造窗口和亮点的总体要求，落实少数民族特色村寨保护与发展专项资金 1300 万元，扶持 44 个少数民族特色村寨的保护与发展。采取多项措施，提高新一轮特色村寨建设水平，如分期举办少数民族特色村寨村主干培训班，学习各级各部门相关文件，介绍兄弟省市好的经验和做法；组织相关人员实地考察省内已验收挂牌的特色村寨，取人之长补己之短等，收到良好效果。

五、持续深化海峡两岸民族发展交流

以“加强民族乡镇交流、促进共同繁荣发展”为主题，成功举办“第三届海峡两岸民族乡镇发展交流会”，推动两岸少数民族宗亲、文化、经济贸易交流合作上新台阶。成功举办“中华一家亲•2014 海峡两岸各民族欢度‘三月三’节”，两岸三地各族群众相聚一堂，共同促进各民族交流交往交融。福鼎市成为国家民委授予的“海峡两岸民族交流与合作基地”。

（撰稿　赖龙娣　审稿　兰铁军）

江西省

2014 年，在国家民委的有力指导和大力支持下，江西省深入学习贯彻习近平总书记系列重要讲话精神，准确把握新常态下民族经济工作的新趋势、新变化，稳中求进谋发展，深入调研提新策，不断促进了全省民族经济稳步发展。

一、抓学习，不断提高民族经济工作能力水平

紧紧围绕中央关于民族工作新的重大判断和决策部署，习近平总书记关于民族工作系列重要讲话精神，争取省委召开三次常委会议，听取中央会议精神汇报，研究部署全省民族工作，并通过举办培训研讨班、开展专题讲座、召开专门会议、组织在线访谈等多种形式，把全省上下的思想统一到中央对新形势下民族工作新的重大判断和决策部署上，把工作立足点转变到重在教育引导少数民族群众、争取凝聚人心上，把工作着力点放到努力促进民族地区民生改善、产业发展上，不断提高做好新形势下全省民族经济工作的能力水平。

二、抓调研，积极谋划民族经济工作新思路新举措

适应经济发展新常态下民族经济工作的新变化新要求，开展了全省民族工作大调研、民族地区“十二五”发展调研、中央少数民族发展资金使用情况、民品生产优惠政策落实情况等系列重要调研活动。通过调研，不仅掌握了全省民族工作和民族地区发展的新情况新变化，更加深了对新常态下民族经济发展新趋势的认识，为积极谋划做好新形势下全省民族工作的新思路新举措提供了有力参考和依据。一年来，先后向省委、省政府提出了加强和改进新形势下民族工作的实施意见，向省政府提出了“十三五”时期少数民族事业发展基本思路，就发展资金审批权下放、民品生产流动贷款优惠利率落实等提出了初步方案。

三、抓协调，着力推动民族工作社会化机制深入运行

积极推动召开省少数民族地区建设工作领导小组第十五次会议，研究解决赣办发〔2010〕1 号文件优惠政策措施的延续落实问题。主动协调省直有关部门持续加大对民族地区经济社会发展的支持力度，促成省财政厅、教育厅、交通厅等部门就本系统落实民族优惠措施情况开展专题调研并提出改进措施。督促省、市、县有关部门持续开展对口支援民族乡村经济发展活动，基本覆盖所有民族乡村，

形成网络化、立体化格局，三级有关部门全年投入民族地区帮扶资金8300多万元，落实项目117多个。社会化机制稳定深入运行，为全省民族地区加快发展提供了持续强大的推动力量，成为民生改善、百姓增收、和睦和谐的加速器。

四、抓发展，努力促进民族地区经济持续稳步发展

不断加大《江西省民族地区经济和社会发展“十二五”规划》和《江西省扶持人口较少民族发展“十二五”专项建设规划》实施力度，争取整合资金2亿多元，开工建设规划重点项目100多个。始终把促进民族地区农民增收作为全省民族经济工作的重点和核心任务，突出抓好转移劳动力就业、返乡农民工自主创业、一乡一业和一村一品建设，进一步形成乡乡有产业基地、村村有一村一品、户户有致富项目的发展格局。安排少数民族特色村寨建设项目18个，进一步加强了民族传统文化的保护与发展。2014年，全省8个民族乡实现财政总收入2.7亿元，同比增长11.2%；农民人均纯收入达到9981元，同比增长16.29%。全省少数民族事业快速发展、民族关系和睦和谐、民族团结进步不断推进。

（撰稿　兰祥平　审稿　马徽江）

山东省

2014年，在省委、省政府的正确领导下，在国家民委的指导和支持下，山东省民委坚持服务全局、创新思路、突出特色、注重实效，不断加大扶持力度，有力推动了全省少数民族经济社会发展。

一、改革发展资金使用方式，合理调整资金使用方向

2014年，山东省民委配合省财政、审计等部门，开展了对少数民族发展资金的审计工作，督促调度有关市县针对发现问题制定整改措施，并会同省财政厅就整改情况及时上报省政府。二是会同省财政厅，经过认真研究和充分论证，对全省少数民族发展资金管理使用进行了改革，引入量化分析法，采取划分不同类别、赋予不同系数等方式，综合少数民族农村人口、经济社会发展水平等各种因素，力求使发展资金分配更加合理、更具效率。三是按照省委深化改革工作领导小组要求，调整少数民族发展资金使用方向，把扶持重点转向贫困乡村农业产业结构调整升级、发展规模化种植养殖项目上来，增强资金的使用效能，提高少数民族贫困乡村的造血功能，形成了《关于调整少数民族发展资金使用方向扶持促进少数民族产业发展的意见》。为使这项工作落到实处，采取了预申报和正式申报两个环节，并加强对有关市县的指导调度。经过和省财政厅联合预审、双方党组研究，2014年9月份下达了全年的少数民族发展资金3188万元（其中国家下达全省少数民族发展资金2338万元，省财政少数民族发展资金850万元）比去年增长了18.6%。共对全省12市111个项目进行了扶持，其中特色村寨项目17个，扶持资金900万元；产业发展项目47个1225万元；基础设施项目45个1033万元；其他项目2个30万元。项目覆盖少数民族群众178706人。

二、搞好民品企业服务、改革创新管理模式

一是为确保民品企业政策落实和加强对民品企业监督，进一步明确了相关标准及要求，完善、细化、规范每季度定期审核工作程序；

二是组成检查组赴部分市，对民品企业政策落实情况进行监督检查，指导企业抓好政策落实，重点检查产品展室（柜、台）、生产线、少数民族管理人员花名册；清真食品企业重点检查驻厂阿訇、清真食堂、产品包装等；

三是完成了88家民品企业每季度政策性流动资金贷款的审核工作。同时，积极与省财政厅、人民银行济南分行联系沟通，探讨民品政策实施程序的改革问题，推动权力下放工作。

三、狠抓食品安全工作、严格清真食品管理

一年来，山东省民委充分发挥省民委清真食品工作领导小组作用，积极按照国务院食品安全办、国家民委等五部委《关于规范清真食品生产经营活动的通知》（食安办【2014】7号）文件精神，加强对清真食品生产经营的监管力度。制定工作方案，安排专人承接了多批兄弟省、市、区来全省清真食品考察活动，起草相关材料，召开座谈会，介绍了全省清真食品管理方，的相关经验。应兄弟省区要求，对部分市涉嫌清真食品不“清真”问题进行了核查，通过调查，证明了相关企业不存在这方面的问题，维护了全省清真食品企业的声誉。山东省民委还以山东省政府在全省实施的“食安山东”宣传活动为契机，加大《山东省清真食品管理规定》的宣传力度，并起草了《山东省民委关于贯彻落实国务院食品安全办等部门关于规范清真食品生产经营活动的通知相关工作情况的汇报》，上报国家民委。

四、加大特色产业扶持力度、引导农民专业合作社健康发展

山东省民委按照“政策引导，科技推动，典型带动，产业拉动”的原则，以产业结构调整为主线，以促进增收为目标，充分发挥区位优势和资源优势，着力发展民族乡村优势产业和特色农业，许多民族村初步形成了“一村一品，一乡一业”的产业格局。省民委积极引导各地成立少数民族农民专业合作社，并积极争取省财政对少数民族农民专业合作社的扶持。据统计，到2014底，全省共有少数民族农民专业合作社359家，入社农户23900余户，注册资金计13.7亿元，具有民族传统特色的农产品种养殖类占比达 85.5%，入社农户收入普遍比一般农户高出 30%以上。山东省民委还不断加大少数民族特色村寨建设力度，积极培育民族乡村新的经济增长点，成为当地促进经济发展、吸纳就业、开展民族团结宣传教育的亮点工程。

（撰稿　李瑞海　审稿　马　辉）

河南省

2014年，河南省民委在国家民委的指导下，在河南省委、省政府的领导下，牢牢把握“两个共同”民族工作主题和围绕中原经济区全面建设，坚定信心，振奋精神，创新方法，提高效能，完成了年度工作目标任务，有力推动少数民族和民族聚居地区经济持续健康发展。

一、开展十三五少数民族事业规划编制前期工作

河南省民委结合河南实际，认真梳理河南省少数民族经济和社会发展规划（2015—2020年）编制工作的思路，围绕各民族共同团结奋斗，共同繁荣发展的主题编制规划，突出加快发展核心内容，逐步使少数民族经济整体发展水平和速度赶上全省平均水平，推动实现各族人民和睦共处、和衷共济、和谐发展。一是积极与省发改委沟通联系，将《河南省少数民族经济和社会发展规划（2016—2020年）》列入规划编制目录；二是认真研究和征求意见，做深做实前期研究，基本形成编制工作思路，初步拟定规划框架；三是向国家民委经济司报送河南省民委关于十三五规划编制工作思路和建议的报告；四是积极参加国家民委“十三五”专项规划专题研究班，提高规划编制工作能力。

二、提升少数民族发展资金项目管理工作

一是研究制定《河南省少数民族发展资金项目管理实施办法（试行）》。从资金使用的范围、项目扶持的对象、项目申报的要求、项目申报的程序、项目的监督管理等5个方面进行了细化和规范。进一步明确省、市、县三级民族工作部门在少数民族发展资金使用和管理工作中的职责权限，加强基层基础工作，逐步将项目审批权限下放到县。

二是管好用好少数民族发展资金。坚持“规划管理、民生优先、突出重点、兼顾一般、求实求效”

的原则，年初联合省财政厅制定下发《河南省2014年少数民族发展资金项目指南》，明确资金使用和管理基本要求，向最困难的少数民族贫困地区倾斜，体现救急救难，雪中送炭，拾遗补缺的要求，覆盖到其它部门兼顾不到的“盲点”，避免重复安排。2014年共落实项目184个，重点用于民族聚居村基础设施项目建设，改善了村内道路、人畜饮水等少数民族最关心、最急需的的基本生活生产难题。

三是开展少数民族农民技能培训。在焦作、商丘市安排了6期少数民族农民技能培训班，培训420人。其中，在焦作市举办了3期少数民族清真食品加工、畜禽养殖和皮毛加工技术培训班，培训270人；在商丘市举办3期少数民族农民种养业培训班，培训150人。指导市、县民族工作部门培训5000多人。四是加强少数民族发展资金使用情况监督检查。抽调人员组成检查组，赴有关市县监督检查项目资金落实情况。按照备案管理制度要求，及时将2014年少数民族发展资金使用情况向国家民委申报备案。

三、推进少数民族特色村镇保护与发展工作

一是出台文件。制定《河南省民委关于推进少数民族特色村镇保护与发展的意见》，明确工作的指导思想、主要任务和具体措施等，力争建设形成一批具有民族特色、中原风貌、产业支撑和较高知名度的民族特色村镇，打造成为全省特色村庄体系中的亮点。二是加大资金扶持力度。2014年，特色村镇项目重点在巩固成果、提升内涵上下功夫，以支持特色民居保护和改造、特色产业培育为主要内容，扶持栾川县城关镇大南沟村、开封县朱仙镇西大街村、郏县姚庄回族乡三郎庙村、叶县马庄回族乡李庄村、洛宁县王范回族镇中原村、沁阳市沁园办事处南关村等6个特色村镇保护项目，投入资金510万元。三是积极向国家民委推荐申报，栾川县城关镇大南沟满族村、叶县马庄回族乡李庄村、沁阳市太行办事处水南关村、开封县朱仙镇西街村、方成县袁店回族乡汉山村5个村寨命名为首批“中国少数民族特色村镇”。四是组织检查验收。制定检查验收办法，组织市县对少数民族特色村镇项目工作进行检查验收。五是搞好调研指导。聘请专家教授指导特色村镇建设。

四、积极开展行业扶贫和定点扶贫工作

河南省民委结合省少数民族贫困地区实际，努力推进少数民族贫困地方经济社会发展。2014年，省民委被省扶贫工作领导小组表彰为扶贫先进单位，还被授予“同心”实践活动先进单位。

一是作为少数民族贫困地区扶贫牵头单位，积极协调相关厅局发挥职能作用，将贫困民族乡村作为扶贫开发的重点对象和区域，列入整体规划，作为各类资金投向的重点，持续加强对少数民族贫困地区基础设施和社会事业建设。二是推动行业扶贫规划落实。推动落实《河南省少数民族行业扶贫开发规划（2013—2015年）》，加大少数民族扶贫工作力度。2014年，少数民族发展资金投入48个贫困县的资金量达2443.5万元，占资金总量的47%；实施87个扶贫项目，受益人数达26.1万。三是积极参与同心实践行动扶贫。2014年投入资金224万元，大力支持洛宁县发展。在9月份召开的全省统一战线同心实践活动联席工作会议上，省民委作为“同心”实践工作典型进行发言，被授予“同心”实践活动先进单位。四是积极与省扶贫办沟通协商，对《河南省大别山伏牛山太行山贫困地区群众脱贫工程规划》（2014-2020）《送审稿》提出修订意见，支持民族地区扶贫开发工作。

五、推动民族特需商品生产工作再上新台阶

一是完善制度措施。制定《河南省民委民族特需商品生产贷款申请贴息管理实施办法（试行）》，确保优惠利率贷款的发放和使用符合政策规定，帮助企业继续享受“十二五”期间民族特需商品定点生产优惠政策。二是积极参与“千家培育百家壮大”工程。积极争取全省中牛集团等4家定点生产企业进入全国民族贸易和民族特需商品定点生产企业“千家培育百家壮大”工程中“百家壮大”名单，被命名为全国少数民族特需商品定点生产企业“百强”企业。三是加强民贸政策及企业的宣传工作。做好《少数民族特需商品目录（2014年版）》的宣传和政策指导工作；完成定点企业宣传片上省民委官网工作；编印《十二五期间民族特需商品生产政策汇编》、《十二五民族特需商品定点生产企业发展经验选编》，免费送企业参阅借鉴。四是定点企业促

进特色产业发展。定点企业每年向社会供应各类民族特需商品超过 400 亿元，满足和丰富了全省乃至全国少数民族群众日常生产生活的特殊需要，省政府组织评选河南省 2014 年度百强和百高企业，大用集团等 9 家定点企业当选。

六、服务少数民族企业加快发展

河南省民委积极组织企业免费自愿参加经贸活动。一是组团参加 2014 中国（青海）国际清真食品及用品展览会。省民委联合省贸促会按照省政府的要求，择优选择 97 家企业参展参会，企业数量和展区面积位居参展的国内 18 个省区之首，展示推介清真食品、民族服饰、皮草皮革、工艺品 4 大类 310 种特色商品。签订产品贸易合同及项目合作意向 3.5 亿多元人民币，现场销售 650 万元，35 家企业和中东、中亚、西亚及东南亚等国家客商达成国际合作意向，全省代表团荣获展会最佳组织奖，2 家企业获得最佳展示和最佳贸易成交奖。二是参加第十二届漯河食博会。5 月 16 日—18 日，省民委组团参加第十二届中国（漯河）食品博览会。省民委作为展会支持单位组织 50 家清真食品生产企业参展，签约清真食品贸易采购额 2.39 亿元。三是参与主办 2014 郑州精品年博会。1 月 11—20 日，省民委联合中国商业联合会、省商务厅、省贸促会共同主办 2014 全国年货购物节暨郑州精品年货博览会。省民委规划设立河南省清真食品用品展区 2000 平方米，组织少数民族和民族特需商品生产企业参加，展示销售特色商品 26 大类 130 种。

七、完成年度民族统计和分析工作

一是按时完成了统计年报任务。认真填报国家民委部署的《民族乡（镇）统计报表制度》统计任务，及时完成了《中国民族统计年鉴 2013（河南卷）》文稿的编撰、宣传工作。二是对各地上报的 2013 年全省民族经济及民族区、乡（镇）等 10 余套统计年报数据进行审核汇总；指导各地开展民族经济运行分析，编印《河南省民族经济统计汇编（2014）》。三是在郑州市召开全省民族统计汇总会议。会议审核、汇总了全省少数民族经济社会发展统计报表；交流民族统计工作经验，总结安排年度全省民族统计工作；以会代训，对统计员进行业务培训，并部署了下阶段统计工作。四是会同省统计局，在郑州市召开全省民族乡（镇）统计工作会议。这是首次会同省统计局召开统计工作会议。会议重点讲解了国家民委和国家统计局共同制定的《民族乡（镇）统计报表制度》，安排部署有关民族乡（镇）统计工作。五是开展了少数民族人口在“100 人以上不足 300 人”的行政村基本情况统计，全面掌握农村少数民族分布情况。六是开展河南省少数贫困人口分布基本情况统计。七是和省统计局联系，争取将民族统计指标纳入全省统计指标范畴。

八、扎实做好援疆工作

一是积极对接纳入省援疆工作计划。2014 年年初，积极与省援疆办协调，与哈密地区民宗委对接联系，争取“哈密地区 33 名爱国宗教人士来豫参观学习”和“维吾尔宗教人士、回族宗教人士来豫培训”2 个援疆项目列入《2014 年河南省对口支援新疆哈密地区和兵团农十三师项目计划》，列支项目资金 36 万元；二是承担哈密地区民族宗教界人士来豫参观学习援疆项目，协调郑州经学院具体落实配合。三是陪同新疆哈密地区来豫学习的宗教界人士在郑州、新乡参观、考察。四是向省政府申请增加 2014 年对口支援新疆地区项目拓展经费 31 万元。五是做好新疆建设兵团第十三师首次来豫对接 2014 年对口支援新疆地区相关事宜。10 月 21 日，新疆建设兵团第十三师首次来豫考察，和省民委召开座谈会，交流工作经验，对接 2014 年对口支援相关事宜。

（撰稿　王霞　审稿 郭瑞疆）

湖北省

2014 年，湖北民族经济工作在省委、省政府的正确领导和国家民委的具体指导下，坚持以大力推进湖北武陵山试验区建设为统领，以深化“616”对口支援工程和片区扶贫攻坚、特色村寨项目建设、民贸民品优惠政策落实为抓手，以支持恩施州建设全国先进自治州为重点，大力推进少数民族和民族地区加快发展，圆满完成了全年工作任务。

一、深入实施“616”对口支援工程，大力推动武陵山试验区建设

一是按照郭生练副省长关于进一步加强武陵山试验区建设的有关指示精神，赴恩施州就“基本公共服务均等化”课题进行了深入调研。二是积极做好开发性金融支持湖北武陵山片区发展的各项工作，陪同国家民委、国家开发银行有关领导和专家专程赴恩施州深入调研，组织州政府及州直相关部门、来凤县政府及县直相关部门召开座谈会，研究提出了改进和加强金融支持工作的建议，并向国家民委和省政府上报了开发性金融支持武陵山片区区域发展与扶贫攻坚试点工作情况的专题报告。2014年开行湖北分行向武陵山地区新增授信 59.84 亿元，其中发放贷款 40.26 亿元。三是完善试验区项目数据库，完成了 2013 年“616”对口支援工程和武陵山实验区建设的项目、资金的汇总统计，2014 年项目资金数据正在收集汇总中；四是做好 “616”对口支援工程的部分牵头省领导等的调整工作，协调“616”工程省直牵头单位组织对口支援单位与受援县市进行了对接，争取牵头省领导在民族地区召开现场办公会，确定 2015 年度对口支援工作计划；上报了省武陵山建设暨“616”工程领导小组办公室申报国务院第六次全国民族团结进步表彰模范集体材料；五是筹备并配合国家民委在恩施州召开了武陵山片区区域发展与扶贫攻坚试点联系工作领导小组全体会议。

二、积极推进少数民族特色村寨保护与发展试点工作

一是分 3 批次赴省内民族地区、散居地区就少数民族特色村寨与发展试点工作进行了深入调研，摸清了底数。二是承办了国家民委经济发展司举办的少数民族特色村寨保护与发展建设示范方案设计项目国内调研及项目交流活动和项目研讨会。三是完成了《湖北省少数民族特色村寨保护与发展项目管理办法》（试行）、《少数民族特色村寨建设项目评审细则》的拟草及意见征集。四是结合我委开展的迎接中央、省委民族工作会议系列调研活动和 2014 年建设到期特色村寨的考核验收工作，对全省少数民族特色村寨保护与建设工作情况进行了阶段性全面调查总结。五是办理了国家民委经济司、民族画报社共同举办《特色村寨》专栏有关事宜，并开展了首批中国少数民族特色村寨命名挂牌的相关工作。

三、认真贯彻落实民贸民品政策，推动民族企业发展

一是就贯彻落实“十二五”期间民族贸易和民族特需商品生产定点企业优惠政策，深入恩施、宜昌、武汉、襄阳、十堰、咸宁、黄冈等地，对民贸民品企业进行了深入调研，向国家民委提出了解决落实民贸民品政策存在问题的建议。二是加强与省财政厅、人行武汉分行的沟通协调，拟定下发了《湖北省民贸民品企业流动资金贷款贴息管理办法实施细则》，并向国家民委上报了关于《规范民族贸易县内民族贸易企业认定及相关工作的指导意见》的修改意见。三是按照国家民委的要求，就全省“千家培育百家壮大”工程民品企业名单进行了摸底，提出了初步方案，并按照国家民委南宁“千百工程”会议精神，认真制定了推进工作方案。四是按照国家民委要求，扎实细致地组织了全省民贸企业重新认定相关工作，并与省财政厅、人行武汉分行联合下发了《关于确定民族贸易县民族贸易企业的通知》（鄂民宗发〔2014〕28 号）。五是与省财政厅联合做好了 2014 年民族贸易企业网点建设和民族特需商品定点生产企业技术改造专项资金的分配工作。

四、做好少数民族专项资金的分配管理工作

一是向国家民委上报了《关于 2013 年度中央少数民族发展资金项目备案的报告》。二是下达了 2014 年度中央少数民族发展资金及省级民族专项资金规模。三是完成了 2013 年度有关民族专项资金省级财政预算项目效益评估及绩效目标评审工作。四是赴有关地方就民族专项资金的管理使用情况进行了检查。

（撰稿　周　巍　审稿　李爱旻）

湖南省

2014 年，湖南省民族经济工作克服诸多困难和不利因素的影响，主动改革适应新常态，积极创新焕发新作为，交出了一份亮丽的成绩单。

一、武陵山片区联系工作稳步推进

2014 年，湖南省武陵山片区实现地区生产总值 4596.9 亿元，同比增长 9.69%；财政总收入 396.27 亿元，同比增长 4.29%；社会固定资产投资 3553.29 亿元，同比增长 17.63%；社会消费品零售总额 1745.28 亿元，同比增长 13.71%。湖南的主要做法是：一是大力开展调查研究。深入邵阳、怀化、湘西州、张家界和常德开展金融支持湖南武陵山片区调研，完成《关于湖南金融支持武陵山片区区域发展与扶贫攻坚的调研报告》，经国家民委报送后，得到了刘延东副总理等领导的指示。邀请新华社记者赴湘西州、怀化和邵阳市采访，在《湖南领导参阅》上发表《武陵山片区扶贫的金融之忧》，加大了对片区工作的宣传力度。参与省政协经济科技委员会、民族和宗教委员会组织的《湖南武陵山片区精准扶贫模式、机制与对策研究》等课题的调研，较好地展示了省民宗委开拓进取、求真务实的工作形象。二是积极反映片区试点工作情况。代湖南省政府起草《落实国家民委、国家开发银行支持武陵山片区区域发展与扶贫攻坚试点工作会议情况》、《湖南省 2014 年武陵山片区区域发展与扶贫攻坚工作情况及 2015 年工作思路》等有关材料；向国家民委报送《湖南省民宗委关于贯彻落实武陵山片区区域发展与扶贫攻坚试点联系工作领导小组全体会议精神情况的报告》；按照国家民委的要求，起草向省政府报送的关于进一步做好武陵山片区联系工作的建议和意见（省发改委综合）；向省政府研究室提供全省武陵山片区试点工作情况的相关材料；协助国开行湖南省分行组织承办开发性金融支持武陵山片区区域发展与扶贫攻坚专题研讨班的会务工作。三是认真开展联络员服务工作。组织召开国家民委派驻湖南武陵山片区联络员座谈会；按照国家民委《关于协助做好接收第三批派驻武陵山片区联络员有关工作的函》要求，组织召开国家民委第三批派驻湖南武陵山片区联络员任前座谈会。参与组织国家民委武陵山片区联络员暨干部挂职锻炼工作现场会的筹备。组织编辑了联络员 2013 年度调研报告汇编。四是加强信息及相关材料工作。编辑片区工作信息 70 多则，《三难题制约金融支持武陵山片区区域发展与扶贫攻坚深入推进》和《湖南六举措推动金融支持武陵山片区区域发展与扶贫攻坚取得良好成效》被中央办公厅和国务院办公厅采用，《湖南武陵山片区扶贫攻坚取得新进展》被省委办公厅《综合与摘报》采用，10 多篇信息被国家民委、省政府网站采用。完成武陵山片区 43 个县市区 2013 年经济社会发展主要数据汇总。

二、少数民族特色村寨工作亮点纷呈

一是根据《国家民委关于印发开展中国少数民族特色村寨挂牌工作意见的通知》和《国家民委办公厅关于开展首批中国少数民族特色村寨命名挂牌工作有关事项的通知》要求，积极组织指导各市州做好中国少数民族特色村寨命名挂牌申报工作，全省 8 个市（州）28 个村寨向国家民委进行了申报。经国家民委组织专家进行评审，湖南有 27 个少数民族特色村寨通过审定，被国家民委命名为首批中国少数民族特色村寨，入选村寨在全国排第四位。二是配合省人大民侨外委组织开展了“湖南最美少数民族特色村寨”评选活动，评定了怀化市靖州地笋苗寨、湘西州龙山捞车河等 12 个村寨为 “2014 湖南最美少数民族特色村寨”，进一步扩大了湖南少数民族特色村镇的知名度、美誉度和影响力。三是为促进湖南少数民族特色村镇建设工作，与省人大民侨外委、省财政厅、省住建厅、省文化厅、省扶贫办和省旅游局等单位组成联合调研组，深入民族地区，围绕加强少数民族特色村镇建设，加快推进全省民族地区全面建成小康社会进程开展调研，形成了《加快推进全省民族地区全面建成小康社会的重要抓手》的报告；在此基础上，起草了《关于加强少数民族特色村镇工作的意见》。

三、少数民族发展资金使用管理工作富有成效

一是为进一步规范和加强少数民族发展资金的使用管理。根据国家财政部、国家发改委和国务院扶贫办《财政专项扶贫资金管理办法》（财农[2011]412 号）、《湖南省财政专项扶贫资金管理办法》（湘财农[2012]26 号）和《湖南省省级财政专项资金分配审批办法（试行）》（湘政办发[2013]80 号）有关规定，结合全省民族工作部门和民族工作实际，制定下发了《湖南省少数民族发展资金项目申报审批办法（试行）》（湘族通[2014]8 号）。这是针对少数民族发展资金管理出台的一个重要专项文件，分十八条，对资金性质、使用范围和重点、项目申报审批程序等都作了明确具体的规定，有比较强的可操作性。二是积极争取少数民族发展资金规模，并取得良好成效。多次向国家民委和财政部农业司有关处室争取资金规模，全年国家安排湖南省少数民族发展资金规模 8696 万元，比 2013 年增加了 1250 万元，增长近 17 个百分点，加上省本级资金 2200 万元，2014 年湖南省少数民族发展资金总规模首次突破 1 亿元，达 10896 万元，具里程碑意义。同时，积极与省财政沟通，争取省增加本级少数民族发展资金规模也取得进展。三是较好完成了全年资金项目计划下达工作。全年共下达资金 10896 万元，安排项目 1333 个，其中，基础设施建设项目 517 个，资金 3928 万元，占总资金 35.7%；生产发展项目 397 个，资金 6758 万元，占总资金的 64.3%（少数民族特色村寨保护与发展项目 95 个，资金 4270 万元；少数民族传统手工艺保护与发展项目 46 个，资金 370 万元；培训项目 53 个，资金 391 万元）；项目管理项目 30 个，资金 210 万元。2014 年第一批项目计划下达时间比往年提前三个月左右，为资金项目及时实施、发挥应有的效益打下了良好的基础。

四、民贸民品工作扎实开展

一是加强管理。与省财政厅联合制定下发了《湖南省民族贸易企业网点建设和民族特需商品定点生产企业技术改造专项资金管理办法》（财建［2014］121 号）。并完成 2014 年度民族贸易企业网点建设和民族特需商品定点生产企业技术改造专项资金项目申报及评审工作，全省共有 24 家民贸民品企业受益。二是专题研究。召开了两次由省民委、省财政厅和中国人民银行长沙中心支行有关处室负责人和联络员参加的全省民贸民品工作联席会议，专题研究 2013 年以来湖南省民贸企业贷款贴息工作中的问题，并对做好 2014 年度贷款贴息工作从“落实好政策，发挥好作用，解决好问题”等三个方面提出了要求。以及研究讨论财政部驻湖南专员办对近两年民贸民品企业贷款享受 2.88%的利息补贴审核意见，并针对有关问题配合省财政厅撰写说明材料，汇报湖南省民族地区执行民贸民品政策实际情况，取得较好效果。三是组织培训。召开了 5 个市（州）和 12 个民族贸易县民委主要领导参加的“全省民贸企业优惠利率贷款贴息工作座谈会”（以会代训），邀请国家民委经济发展司民贸处处长叶青等和省财政厅、中国人民银行长沙中心支行的领导到会授课。会议就认真贯彻落实湘财金［2013］36 号文件精神，加强民贸企业管理，规范贷款贴息操作，用好用足民贸民品优惠政策，进一步做好全省民族贸易和民族特需商品定点生产企业贷款贴息工作开展座谈讨论，四是采取措施。研究制定了湖南省民贸企业认定工作有关规定，向有关市州民委下发了《湖南省民委关于认真做好民族贸易企业认定工作的通知》。从提高思想认识、把握政策界限、规范认定程序、加强监督管理、切实搞好服务等五个方面对民贸企业认定工作予以明确。五是培育企业。积极组织全省民族特需商品定点生产企业申报国家民委“千家培育百家壮大”工程项目，经国家民委评审，全省有 4 家民品企业认定为“百家壮大”企业，被命名为“全国民族贸易和民族特需商品生产百强企业”。在安排民族贸易和民族特需商品专项资金时，对 4 家企业进行了倾斜支持。六是搞好宣传。参加省人大召开的“全省民贸民品企业发展情况省直单位调研座谈会”，并作《湖南省民委关于全省民贸民品企业发展情况的汇报》发言。七是调查研究。撰写并完成《关于加大边销茶政策扶持力度，推动全省黑茶产业健康发展的调研报告》和《关于设立省级民族贸易县，促进全省民族地区经济加快发展的调研报告》等两篇调研文章。

（撰稿　伍雄智　审稿　曹承明）

广东省

2014年，广东省民族宗教委在国家民委和省委、省政府的正确领导下，坚持以邓小平理论、“三个代表”重要思想和科学发展观为指导，认真学习贯彻落实中央民族工作会议和全国民委主任会议精神，紧紧围绕筹备召开全省民族工作会议暨第六次民族团结进步表彰大会这一民族工作主线，强基固本，稳中求进，有力地推动了少数民族和民族地区经济平稳较快发展。

一、积极做好全省民族工作会议暨第六次民族团结进步表彰大会有关筹备及调研工作

为筹备开好全省民族工作会议暨第六次民族团结进步表彰大会，我委举全委之力积极开展了相关专题调研工作。今年6月，我委联合省统计局就全省民族地区建成小康社会情况赴3个自治县和有关民族乡进行专题调研，并先后在连南、乳源召开座谈会，听取多方面意见建议，形成了《广东民族地区全面建成小康社会进程明显滞后——全省民族自治地方全面建成小康社会监测结果分析报告》、《全省民族地区基础设施建设面临的主要困难和对策建议》、《打造少数民族特色村寨 带动民族地区快速发展—关于全省少数民族特色村寨建设的调研报告》等3个专项调研报告及7个个案分析，并赴浙江省景宁畲族自治县调研，还收集了湖北、湖南、江西、浙江、福建等5省近年来支持当地民族地区发展的好的政策措施供省领导决策参考。同年8月，我委又联合省政府研究室就加快全省少数民族地区发展赴3个自治县和民族工作重点地区开展专题调研，形成《关于加快全省少数民族地区发展的若干政策建议》的调研报告，受到省领导的高度重视。这些调研报告和有关材料为摸清全省对少数民族和民族地区发展的扶持情况，科学定位全省少数民族经济社会发展现状以及为制定出台政策性文件奠定了坚实基础。

二、认真起草并修改完善扶持民族地区加快发展的政策性文件

为认真贯彻落实中央民族工作会议精神，做好起草和出台扶持少数民族和民族地区经济社会发展的相关政策性文件，广东省民族宗教委会同省政府研究室认真起草了《中共广东省委 广东省人民政府关于扶持全省民族地区进一步加快发展的若干意见》，以此作为全省贯彻落实中央民族工作会议精神的具体举措。该意见对调研中收集的问题和建议进行了认真细致的梳理和吸纳，并反复征求了省发展改革委、省财政厅等23个省直相关部门和3个自治县的意见及建议。少华、林雄、少春等省领导还就修改完善该政策意见三次召开专题协调会，听取情况汇报并作出指示。春华书记也对政策文件作出重要批示，强调要出台实实在在的政策，支持民族地区加快发展。该若干意见的实施范围惠及全省3个自治县、7个民族乡和389个民族村，从加强基础设施建设、加大财政金融扶持等8个方面加大对全省民族地区经济社会发展的支持力度。特别是在加大财政税收金融等方面有重大突破，强调实施差别化的区域支持政策，确保对民族地区的转移支付在总盘子中的比重持续增加，各项专项扶持资金也要进一步向民族地区倾斜。如加大省级财政少数民族发展资金规模，每年安排发展资金3000万元，每年新增安排7个民族乡各200万元，促进少数民族和民族地区经济社会加快发展；在测算分配一般性转移支付资金、县级基本财力保障机制、生态保护补偿机制的资金分配对3个自治县适用最高档次标准和最高系数。在实施激励性转移支付中的协调发展奖时，对3个自治县的综合增长率比非民族县低50%计算；对民族地区实行免征企业所得税地方分享部分的优惠政策等。

三、严格管理专项资金，努力提高少数民族发展资金和对口扶贫资金的使用效益

我委按照省委进一步促进粤东西北振兴发展的战略部署，把民族地区促增长、保民生作为民委经济工作的重中之重。协调安排中央和省级少数民族发展资金 3422 万元，用于支持少数民族和民族地区的基础设施建设和民生工程，以及少数民族特色村寨保护与发展试点工作，取得了良好的社会效益。此外，为贯彻落实国务院关于简政放权，提高工作效率的精神，我委会同省财政厅制定印发了《广东省中央和省级少数民族发展资金管理办法》，明确将审批权下放到县。除指定少数民族特色村寨保护与发展建设项目外，根据因素法和重点工作需要，切块分配各县（区）资金额度，不再作具体的资金项目安排与审批，要求县级民族工作部门商当地党委政府根据年度民族工作重点和项目计划，从少数民族发展资金项目库中选取年度实施项目并组织实施，项目需上报省级民族、财政部门备案。采用该种资金管理模式的好处是简化了项目申报审批程序，提高了工作效率，项目安排更有针对性，更加符合当地少数民族群众的意愿和实际发展需要。另外，我们对少数民族发展资金项目实施情况进行了督查，确保了资金专款专用和项目落实到位。从检查验收情况来看，所有资金项目全面基本完成，有效改善了群众生产生活，民族乡村经济呈现加快发展的局面。

四、民族地区科学发展示范点和少数民族特色村寨保护与发展试点工作取得新进展

一是指导民族地区认真做好少数民族特色村寨保护与发展试点工作。根据《国家民委办公厅关于开展首批中国少数民族特色村寨命名挂牌工作有关事项的通知》要求，对 2009 年以来全省少数民族特色村寨建设情况进行了认真总结，并推荐了连南瑶族自治县三排镇南岗千年瑶寨、油岭村委会油岭古寨等 7 个特色村寨申报挂牌并得到国家民委批复，成功入选中国少数民族特色村寨第一批挂牌名单，品牌效应日益凸显；根据各试点村寨实际情况，精心安排特色村寨试点项目，确保切实可行、重点突出、效益明显。一年来，特色村寨建设工作取得显著成效，各试点单位的少数民族特色建筑得到有效保护与发展，特色产业和群众收入也得到了显著提升；在广泛调研的基础上，撰写了全省少数民族特色村寨保护与发展工作情况的调研报告和个案分析，为出台扶持民族地区发展政策文件提供理论依据，并在全省民族工作会议上作为参阅材料印发，受到与会代表的好评；二是指导乳源瑶族自治县、龙门县蓝田瑶族乡、连南瑶族自治县三排镇连水村进一步推进“全国民族自治县（旗）科学发展示范县”、“全省民族乡科学发展示范乡”、“全省民族村科学发展示范村”的创建工作，发挥科学发展典型示范作用。与惠州市委、市政府就推进蓝田瑶族乡加快建设省少数民族地区科学发展示范乡工作召开座谈会，决定在我委支持蓝田瑶族乡 120 万元创建资金的基础上，惠州市、县两级财政将对蓝田瑶族乡科学发展示范乡建设工作予以配套资金支持。帮助蓝田瑶族乡理清发展思路，协助该乡制定了《龙门县蓝田瑶族乡创建科学发展示范乡发展规划（2014-2018）》，该乡按照发展规划制定的工作任务，稳步推进科学发展示范乡创建工作，收到了较好成效。

五、积极协调有关部门稳步推进民族贸易和民族特需商品生产企业工作

认真贯彻落实民族贸易优惠政策，加强对少数民族特需商品定点生产企业的指导，积极帮助民贸民品企业解决政策落实中遇到的困难和问题，根据国家民委有关文件要求，指导全省民族贸易县的民族贸易企业进行重新认定工作，并对 3 个自治县上报的企业进行认真审核，确定了 43 家民族贸易县民族贸易企业报国家民委备案；推荐全省 7 家民族特需商品定点生产企业为全国民族贸易和民族特需商品定点生产企业“千家培育 百家壮大”工程企业，其中广州市江村多营禽畜肉业有限公司被认定为全国民族贸易和民族特需商品定点生产百强企业。

六、认真做好民族地区经济形势监测和统计分析

认真完成《中国民族统计年鉴》（广东部分）和《广东省年鉴》的编撰工作，按时通过“民族地区监测系统”向国家民委上报全省 3 个自治县和 7 个

民族乡《2013年度广东省民族自治地方统计报表》、《广东省民族乡镇统计报表》和《 广东省内地西藏班和新疆班统计报表》，并对2013年全省民族聚居地区经济发展情况进行了详细统计和分析，全面掌握民族地区经济运行状况和发展态势，为各级部门决策民族工作提供重要依据。

（撰稿　方　莉　审稿　李秀英）

广西壮族自治区

一、兴边富民行动工作取得新成绩

一是支持力度不断加大。2014年，筹措了1亿元资金用于推进兴边富民行动，实施了一批人畜饮水、道路等基础设施建设，有效解决了全区8个边境县（市、区）各族群众生产生活中的一些突出困难和问题。二是边境民族团结进步村屯建设扎实推进。2014年投入了900万元资金建设44个民族团结进步村屯，各项工作进展顺利，并取得初步成效。三是积极反映边境地区实际困难和问题，争取国家在政策资金项目上给予更多的支持。2014年7月14日至15日，国家民委副主任罗黎明率15个国家部委20多位同志组成的调研组，到广西开展“关于加快边境地区少数民族地区建设和发展”调研。这次调研活动规格高、参与部门多、任务重。除了承担会务、汇报材料准备、考察线路踩点等工作以外，我们还协调自治区有关部门，把广西需要国家帮助解决的问题都反映出来，为国家制定兴边富民行动“十三五”规划奠定基础。

二、扶持人口较少民族发展工作取得新成绩

一是指导4县（市）逐步建立了扶持人口较少民族发展工作台账。收集完善人口较少民族聚居行政村相关档案资料，摸清实际困难和群众迫切需求，建立了项目数据库。二是加大扶持力度，2014年，安排了7200元资金，重点扶持160个京族、毛南族、仫佬族聚居村，实施了一批人畜饮水、道路、基本农田等基础设施建设。三是部署考核验收工作。根据国家民委的要求，自治区民委会同自治区五个部门共同研究制订《广西实施扶持人口较少民族发展规划（2011—2015年）考核验收办法》，计划2015年组织自治区有关部门对160个人口较少民族聚居村落实规划情况进行考核验收。

三、民贸民品工作取得新突破

一是贷款贴息资金升幅较快。在各级民族、财政、金融部门的共同努力下，民贸民品工作不断取得新成绩。据统计，2014年全区民贸民品企业已获得贷款贴息资金4个多亿，全区33个民贸县、368家民贸民品企业受益。二是对民族贸易企业重新进行认定。根据国家民委文件要求，自治区民委牵头组织了自治区财政、人民银行等部门对全区34个民族贸易县的民族贸易企业进行认定，认定了693家企业为民族贸易企业。三是国家民委在全区召开全国民贸民品企业“千家培育百家壮大”工程启动会暨2014年民贸工作现场会。这是国家民委首次在广西召开民贸民品工作会议，全区有7家企业入选全国民贸民品“百家壮大”工程，这是国家民委对全区民贸民品工作的肯定。

四、少数民族特色村寨建设取得新成绩

一是广西有59个村被命名为首批中国少数民族特色村寨。根据国家民委文件要求，我委经过认真研究和筛选，选送了85个民族村寨申报首批“中国少数民族特色村寨”，经过专家评审，全区有59个村寨被国家民委命名为首批中国少数民族特色村寨，排全国第二位。二是按照尊重群众意愿，保护与发展相结合的原则，进一步加大资金投入。2014年安排了3000万元资金，在40多个县实施民族特色村寨保护与发展项目。三是加大宣传力度。2014年中国民族报、中国新闻网等国家级新闻媒刊登了全区少数民族特色村寨建设新闻3条。

五、少数民族发展资金使用管理工作有新进展

一是资金量逐年增多。今年共争取国家少数民族发展资金2.3亿元，比去年多了3000万元。二是印发了《关于进一步规范少数民族发展资金项目管理工作的通知》，规定了资金分配应遵循的原则和参考的主要因素，明确了资金的分配程序。三是加强项目备案工作。要求各市民委在资金下达2个月后及时将资金项目安排报我委备案。针对资金项目安排情况存在的问题，8月份对项目备案情况在全区范围进行了通报。四是加强检查指导。2014年12月，组成4个检查组对南宁、柳州、桂林、防城港、百色、河池、来宾、崇左等8个34个县（市、区），检查民族专项资金项目进度情况。会同纪检部门开展专项资金督查工作。

六、民族经济统计分析工作取得新成绩

统计数据是决策的重要依据。国家民委高度重视民族经济统计分析工作，每年都要编排中国民族统计年鉴。根据国家民委要求，对全区12个自治县、59个民族乡、8个边境县经济社会发展以及3个边销茶生产企业有关数据进行了统计，形成了统计报表，为研究制定差别化扶持政策提供数据支撑。

七、启动“十三五”规划前期研究工作

根据自治区人政府和国家民委要求，对编制兴边富民行动、扶持人口较少民族和少数民族特色村寨保护与发展等“十三五”规划进行前期研究，并按要求提供了相关意见和建议材料。

（撰稿　王　珊　审稿　覃汉华）

海南省

一、概况

2014年，海南省民族宗教事务委员会认真贯彻党的十八大和十八届三中、四中全会精神，认真学习习近平总书记在中央民族工作会议重要讲话精神，牢牢把握各民族“共同团结奋斗、共同繁荣发展”的主题，立足民族地区实际，以推进民族地区基础设施建设、大力发展民族经济、改善少数民族群众民生为主旨，以解决少数民族和民族地区经济社会发展中的突出问题和特殊困难为切入点，加快民族地区的经济社会发展，民族经济工作取得新突破。

二、少数民族发展资金项目建设稳中求进

2014年，中央、省级财政共安排海南省少数民族发展资金9206万元，较去年增长16%。其中中央少数民族发展资金7706万元（兴边富民行动资金3270万元，少数民族特色村寨保护与发展试点项目资金1300万元，解决少数民族发展特困问题资金400万元，民族地区自主统筹资金2585万元，项目管理费151万元），省财政下达中央少数民族发展资金省级配套资金1500万元。本着“改善少数民族民生，发展特色产业经济，促进农民增收”的基本原则，全年共安排民族地区基础设施、特色产业、少数民族特色村寨、社会发展及培训项目221项。其中基础设施建设项目143项，投入资金5538万元，解决民族地区31470人行路难、13594人饮水难问题，恢复和稳定农田灌溉面积250亩；特色产业项目46项，投入资金1796万元，扶持发展保亭四棱豆、昌江蜜蜂、五指山水满茶等特色种养殖业，实现产业发展带动农民增收；社会发展类项目6项，投入资金126万元，保护发展民族传统双面绣、酿酒、藤艺编制、银饰加工等手工技艺；少数民族特色村寨保护与发展项目11项，投入资金1300万元，完善特色村寨配套设施；农民实用技术培训项目15项，投入资金295万元，开办农业实用技术培训班49期，培训农民1715人。资金项目的实施切实改善了民族地区民生，推动了经济社会的全面发展。

三、少数民族特色村寨建设靓点纷呈

2014 年，遵循“建设一批民居特色突出，产业支撑有力，民族文化浓郁，人居环境优美，民族关系和谐的少数民族特色村寨”的思路，加大海南少数民族特色村寨的建设力度，共投入资金 1300 万元，用于 11 个少数民族特色村寨的建设。2014 年 9 月，万宁市文通村、保亭黎族苗族自治县什进村、白沙黎族自治县罗帅村等 3 个村寨顺利通过国家民委的检查验收，被国家民委列入首批少数民族特色村寨名单。为加快海南省少数民族特色村寨建设步伐，组织编写《海南省少数民族特色村寨图文集》，整理汇编了具有海南少数民族地方特色的特色民居设计方案，为下一步特色村寨建设工作提供了思路和方向。截止目前，共建设少数民族特色村寨 27 个，累计投入建设资金 53881.8 万元，含中央财政专项资金 2900 万元，改建、新建特色民居 2025 户，受益群众达 8477 人。

四、民族地区农村道路“最后一公里”工程稳步推进

为实现民族地区与全省、全国同步实现全面建成小康社会目标，海南省将民族地区农村道路“最后一公里”列为 2014 年度重点工作之一，制定《海南省全面完成民族地区农村道路“最后一公里”工程实施方案》下发实施。整合 2014 年少数民族发展资金 4313 万元，集中投入农村道路“最后一公里”项目，占当年资金总额的 46.8%。同时，积极协调各市县政府和改革、交通、扶贫等省直单位加大项目资金投入，整合中央财政专项资金，落实配套资金，切实推动项目建设。为确保此项工作如期完成，海南省民宗委组成多个督导组分赴各市县指导、协调工作，推动项目提速建设。陵水、保亭、昌江、东方、白沙、五指山、琼海、屯昌等 8 个市县率先完成民族地区农村道路“最后一公里”工程，共硬化道路 138.7 公里，修建小型桥梁 489 米。

五、民族地区农村扶贫工作精准实施

从“项目扶贫，产业扶贫”的思路入手，以整村推进、定点扶贫、综合发展为立足点，积极开展海南民族地区、贫困地区扶贫工作，帮扶少数民族群众脱贫。一是开展民族地区整村扶贫工作。整合 2014 年少数民族发展资金 548 万元，在琼中、保亭、昌江、陵水、乐东、五指山、万宁等 7 个市县 10 个贫困村安排整村推进扶贫项目 14 个。其中，投入资金 333 万元，安排特色产业项目 8 个，扶持 8 个整村扶贫村发展特色产业，将传统的“输血式扶贫”转变为提高自身生产能力的“造血式扶贫”，实现项目滚动发展，扩大产业实施范围，打造“一县一品”、“一乡一业”，推动县域经济发展。二是推动定点扶贫工作。按照扶贫项目规划到村、资金落实到村、帮扶责任到村的思路，选调部分干部长期驻扎琼中黎族苗族自治县什运乡便文村扶贫，深入了解当地少数民族群众发展愿望，全面掌握便文村经济发展现状，在走访借鉴各乡镇项目成功经验的基础上，决定以便文村少数民族特色村寨建设依托，实现地区旅游资源成片开发，同时发展民族乡村旅游业和山区特色产业，当年投入少数民族发展资金 589 万元，安排项目 15 个，建设黎族特色村寨 4 个，建设小型桥梁 1 座，安排粽叶种植、山鸡、桑蚕、黄牛、蜜蜂养殖等 7 个项目，多渠道多手段带动便文村群众增收致富，切实转变便文村贫困面貌。

六、民贸民品工作实现新突破

海南省民宗委积极协调财政厅、中国人民银行海口中心支行等相关单位，联合下发《海南省民族贸易企业网点改造和民族特需商品定点生产企业技术改造贷款财政贴息资金管理暂行办法》和《海南省民宗委财政厅中国人民银行海口中心支行关于申报民族贸易生产企业的通知》文件，使民贸民品工作有法可依，能够依法行政；完善了民贸企业认定程序，对海南省 8 个民贸县符合条件的民族贸易企业情况进行调研，确定了 5 家民族贸易企业；对海口马大胡子多思迪餐馆有限公司、五指山黎族织锦传习所、五指山缦达隆黎锦专业合作社等 3 家企业发放民族特需商品生产补助资金 60 万元，协助企业做好产业升级，打造少数民族品牌，促进了全省民族企业的发展壮大。

（撰稿　熊中华　审稿　王　艳）

重庆市

2014年，在重庆市委、市政府的正确领导下，在国家民委的指导下，全市深入贯彻党的民族政策和中央民族工作会议精神，以促进少数民族地区健康快速发展为工作重心，以加强资金管理、加快特色民族村寨建设为工作抓手，全力攻坚，有力推进了全市少数民族地区经济文化快速发展。

一、加强少数民族发展资金管理，助推少数民族地区经济快速发展

2014年安排少数民族发展资金10184万元，其中中央少数民族发展资金7374万元，市级2810万元，实施项目200多个，协调和帮助全市民贸民品企业获得流动资金贷款额约66.8亿元，获得贴息约10776.44万元，全市民贸民品企业发展到542家，同比增长25.7%。通过建立项目台账，全流程监管等方式，促使90%以上的拟建项目已按要求启动，确保资金到项目、项目按期启动、如期建成。2014年，渝东南民族地区GDP664.87亿元，同比增长9.6%；国定资产投资787.2亿元，同比增长11.8%；社会消费品零售总额294.75亿元，同比增长14%；区县级公共财政预算收入213.8亿元，同比增长11.4%；城镇居民人均可支配收入22388元，同比增长11.3%；农民人均纯收入7878元，同比增长13.5%。

二、加快少数民族特色村寨建设，促进民族特色乡村旅游产业发展

推进少数民族特色村寨建设，在对全市少数民族特色村寨现状全面摸底的基础上，采取严格标准、科学规划、认真评审等方式，强力推进少数民族特色村镇建设。2014年新启动了26个特色村寨建设，其中精品特色村镇6个。2014年，全市共启动和续建了39个特色村寨项目，全市目前建成和在建的特色村寨达69个。全市累计投入少数民族特色村寨保护与发展专项资金4500万元，整合其他各类资金超过5亿元，建成的特色村寨初步形成了以民族建筑、民族文化、特色产业等为特色的乡村休闲旅游新景点。2015年全市特色村寨共接待游客约160万人次，实现乡村旅游收入共约3.8亿元，初步形成了以“村”带“游”、以“游”促“村”的良好格局，有效促进了民族特色乡村旅游产业的发展。

（撰稿　吴　涛　审稿　向远道）

四川省

2014年，是党和国家工作适应经济新常态、开创事业新局面的重要一年，四川省民宗委在省委、省政府的领导和国家民委的指导支持下，始终坚持以科学发展观和党的十八大精神为指导，紧紧围绕新时期省委民族工作总体思路，全力抓好民族经济工作

一、积极主动参与做好省委省政府在民族地区实施的重大民生工程

一是协同推进藏区民生改善“六大民生工程计划”实施。2014年投入资金60余亿元。在新居建设方面，建成藏区新村聚居点117个，2万户新居开工建设。按照省委省政府领导要求，9月份组成工作组分别对阿坝、甘孜二州六大民生工程实施情况进行督促检查。二是协同实施大小凉山彝区“十项扶贫工程”，以及在雅安等四县的彝族乡开展的彝家新寨建设试点工作。2014年投入资金35.21亿元，开工建设彝家新寨21713户。组织实施彝家新生活行动“四件套”配置工程，大小凉山彝区2.2万套和2014年新增的雅安、宜宾、甘孜等地2688套已

组织运输发放。三是按照省委 1 号文件要求，做好民族地区实施的“幸福美丽新村建设”、“十项民生工程”等重大民生工程。

二、顺应新常态，召开了全省民族地区县域经济工作会，对全省民宗工作系统进行了民族经济工作业务强化培训

与省发改委县域经济学会、凉山州政府在西昌联合主办召开四川省加快民族地区县域经济科学发展座谈会，会议传达贯彻了省委省政府全省县域经济工作会议精神，围绕全省多点多极支撑、“两化”互动城乡统筹、创新驱动三大发展战略，研究和探索四川省民族地区县域经济发展方式和路径，并就民族地区县域经济发展经验进行了交流。

在甘孜州开展了全省民族经济工作业务培训，传达了全国民族经济工作暨民族地区经济形势分析会议精神，就全省少数民族发展资金管理、民贸民品管理和民族统计工作等方面进行学习和培训。培训期间组织参训人员考察学习甘孜州少数民族特色村寨和民品企业。大家一致认为培训形式多样、内容丰富，收获很大。

三、做好项目资金的审批下达和项目监管督查工作工作，促进民族地区农牧民群众生产生活条件改善

一是积极抓好年度少数民族发展资金项目分配工作。下达了两资项目资金 3.35 亿元、少数民族发展资金 7800 万元、散杂居少数民族发展资金 900 万元，推动了民族地区“四小”工程、现代农牧业增收工程、“民族团结进步新村”、少数民族特色村寨建设、教育发展十年行动计划和民族文化推进工程等项目实施，充分发挥民族资金的雪中送炭、拾遗补阙作用。今年我们严格遵循项目资金管理相关程序并按照投向要求将少数民族发展项目资金 7800 万元①用于特色村寨保护 2280 万元，安排项目 24 个；②用于民族地区农村基础设施“四小”工程 4000 万元，安排项目 130 个；③用于民族地区种养业 1520 万元，安排项目 30 个。

二是认真做好少数民族发展资金项目督查工作，严防项目资金跑冒漏滴，2014 年 3 月我们下发了《关于开展全省少数民族发展资金项目专项检查的通知》（川民宗委[2014]7 号），要求对 2011-2013 年度项目实施完成情况和内业管理情况进行检查。按照通知要求，各受援市、州对项目开展了认真仔细的督查工作，并上报了书面总结报告和项目督查汇总表。在此基础上，我们对部分市州进行了实地检查，进一步强化了项目资金的监管。

四、深入实施开展少数民族特色村寨保护与发展工作

2014 年我们经过认真组织精心筛选严把审批关，结合四川民族地区实际，分两批次共下达 24 个项目 2280 万元。按照国家民委对“中国少数民族特色村寨命”名挂牌工作的要求，我们推荐了 7 个少数民族特色村寨参加命名挂牌，其中 5 个民族特色村寨被命名挂牌“中国少数民族特色村寨”。

五、切实加强对民贸民品定点企业管理服务工作

根据国家民委办公厅《关于认定民族贸易县民族贸易企业的指导意见的通知》（民办发[2014]74 号）要求，我们结合全省民贸企业发展情况通过认真筛选重新认定 39 个民族贸易县民族贸易企业报国家民委。同时积极与省财政、银行部门沟通，安排下达民贸民品技改贴息资金 400 万元，生产补助资金 100 万元。在今年国家民委召开的全国民族贸易和民族特需商品生产工作会上，全省有三家定点企业荣获国家民委颁发的“百强企业”称号。

六、少数民族事业“十二五”规划在全省民族地区推进顺利，取得成效

按照国家民委《关于做好“十二五”规划实施情况总结和做好“十三五”规划编制工作的通知》的要求，我们对“十二五”规划从抓好规划落实、政策配套、加快发展三个方面进行了认真的总结。针对存在的问题提出了做好少数民族事业“十三五”规划的政策建议。按照国家民委经济司的安排，我委分管领导和经济处长参加了年底在北京举办的“十三五”规划研讨，对国家民委四个专项规划进行了认真研讨，提出了建议意见。

（撰稿　刘康蓉　　审稿　荣跃泽仁）

贵州省

一、扶持人口较少民族加快发展

完成贵州省省关于落实《扶持人口较少民族发展规划（2011—2015 年）》中期自查报告并上报国家民委；制定《贵州省民宗委 2014 年人口较少民族小康示范创建活动实施方案》；制定《贵州省人口较少民族率先实现全面小康行动计划》；以人口较少民族“五通”、“十有”、“三提升”为基础，结合“国家全面建设小康社会统计监测指标”和“贵州省全面建设小康社会统计监测指标”，在全国率先创造性地编制了“贵州省人口较少民族聚居行政村全面建设小康社会统计监测指标体系”；召开了扶持人口较少民族发展现场推进会；组织召开了“人口较少民族小康行动计划”论证会。

二、实施民族地区贫困乡镇扶持推进计划，改善少数民族群众生产生活条件

制定《省民宗委 2014 年民族乡贫困乡产业发展工作方案》，下发了《发展民族资金放大使用滚动使用示范实施方案》，明确思南县为民族发展资金“放大使用”示范点、六枝特区为民族发展资金“滚动使用”示范点、石阡县为民族发展资金参与武陵山“金融扶贫”示范点。以“小钱用大”“滚动发展”竞争立项模式，安排项目资金 2431.92 万元，实施项目 25 个，其中通过村支两委和专业合作组织牵头以及“公司+基地+农户”方式体现民族资金滚动发展的项目 23 个，资金 440 万元；通过贴息，体现“小钱变大”、“放大使用”的项目 2 个，资金 60 万元。合计 500 万元。

三、落实国家民族贸易和民族特需商品生产优惠政策，推动民族地区县域经济跨越发展

制定了《民贸县和民品企业示范实施方案》，印发了《省民宗委 省财政厅 中国人民银行贵阳中心支行关于民族贸易县内民族贸易企业享受民族贸易和民族特需商品优惠政策的补充通知》，举办了民贸民品企业人员业务知识培训班，做好民贸民品政策落实的统计分析，分季度编写民贸民品企业享受优惠政策情况汇报，积极组织民贸民品企业到国内外参展参会，分别参加了 2014 中国（青海）国际清真食品及用品展览会、内蒙古第八届中国民族商品交易会、澳大利亚食品博览会、多彩贵州•贵州民族民间工艺品走进加拿大展会、意大利国际食品用品展会等；召开落实优惠政策的现场推进会，进一步推动了民贸民品政策的落实。认定一批民族贸易企业。省民宗委、省财政厅、中国人民银行贵阳中心支行依据《国家民委关于认定民族贸易县民族贸易企业的指导意见》（民委发〔2014〕100 号）和《国家民委办公厅关于实施〈国家民委关于认定民族贸易县民族贸易企业的指导意见〉的通知》（民办发〔2014〕74 号）精神，认定了 2562 家民贸企业。全年全省 51 个民贸县 2562 家贸易企业，84 家民品企业享受优惠利率流动资金贷款余额为 64.67 亿元，1-3 季度享受流动资金贷款贴息 9704.58 万元。企业享受网点改造和技术改造贴息资金 420 万元、以奖代补资金 600 万元，共扶持 42 家企业、42 个项目。

四、抓好少数民族传统手工艺企业的扶持工作

根据国家民委扶持少数民族传统手工艺企业发展的有关精神，制定并印发了《贵州省民宗委扶持少数民族传统手工技艺发展方案（2014-2016 年）》，争取国家专项资金 500 万元，我委安排专项资金 100 万元，扶持传统手工艺企业和研发机构 149 家，149 个项目。

五、做好民族统计监测，为民族地区实现全面小康提供决策依据

出台了《贵州省民宗委民族统计工作管理办法》，规范全省民族统计工作；完成省十二届政府第二次民族工作联席会参阅资料数据材料；完成了民

族自治地方统计年度报表填报工作，完成了民贸民品统计任务及扶持人口较少民族发展统计报表、“双五百”等各类报表上报工作并进行了比对分析，并开展了2014年民族地区经济运行新闻发布会。

六、抓好武陵山片区区域发展与扶贫攻坚联系工作

国务院批复实施《武陵山片区区域发展与扶贫攻坚规划(2011—2020年)》后，省委、省政府坚持以“区域发展带动扶贫开发，扶贫开发促进区域发展”的总体思路，对武陵山片区等三大片区“十二五”区域发展与扶贫攻坚进行了任务分解，国家民委《国家民委、国家开发银行关于支持武陵山片区区域发展与扶贫攻坚试点的意见》(以下简称《意见》)，我委按照任务和职责，密切配合各有关部门，做好协调、沟通，认真实施《规划》，积极落实国家民委、国开行关于金融扶持武陵山片区的长沙会议精神，与省国开行共同下发了《省民宗委 国开行贵州省分行关于支持贵州武陵山片区区域发展和扶贫攻坚工作的意见》，将全省落实金融支持武陵山片区发展工作向前推进并向国家民委报送了有关总结材料。

（撰稿 张发刚 审稿 潘 选）

云南省

2014年，云南省民族宗教委认真贯彻落实党中央、国务院和省委、省政府关于云南民族工作及民族经济工作的部署要求，把促进少数民族和民族地区加快发展作为民族经济工作的根本任务，以建设民族团结进步示范区为统领，以规划为龙头，以示范点创建为抓手，以机制创新为动力，凝心聚力，积极有为，为加快少数民族和民族地区经济社会发展发挥了积极作用。

一、积极争取加大了民族地区投入

在各级各部门的共同努力和关心支持下，对少数民族和民族地区的投入持续加大。一是2014年云南省民族专项资金总量较2013年增长12.09%，其中省级民族发展资金较上年增长14.07%，新增设立了人口较少民族综合保险和人口较少民族学生助学补助专项资金2400万元。二是以示范区建设和深入实施民族地区相关专项规划为平台，整合资源加大对少数民族和民族地区的扶持力度，据初步统计，2014年省级各部门累计投入民族地区建设资金1050亿元。三是落实扶持民贸民品企业资金取得历史性突破，2014年共争取安排民贸民品企业技改贴息和生产补助资金及民贸民品企业流动资金优惠利率贷款中央贴息资金较上年增加近7000万元。有力地支持和促进了民贸民品企业的发展。

二、加快推进实施少数民族和民族地区发展相关专项规划

坚持分类指导、因地制宜、因族施策，以实施《云南省加快少数民族和民族地区经济社会发展“十二五”规划》、《云南省扶持人口较少民族发展规划（2011-2015年）》、《云南省兴边富民工程“十二五”规划》为平台，整合各级各部门资源，形成合力，以乡镇以下民生项目为重点，系统连片解决到乡到村到户的基础设施、基本公共服务和抗震安居房等民生改善项目，培育群众增收产业。为了保证规划落实，实行省级部门支持民族地区经济社会发展年度任务承诺制，省级部门通过规划编制明确了年度的任务和责任，倾斜和优先支持少数民族和民族地区发展，形成了“省抓规划、部门协作、州（市）负总责、县抓落实、整合资源、合力攻坚”的工作机制，让民族地区和少数民族群众通过实施规划实实在在感受到民族政策的温暖。截止2014年，三个规划累计投入资金2570亿元，占规划总投入的160%，均提前完成了总投资计划。专项规划的实施，使民族地区一大批对结构调整、产业升级和群众增收具有引领作用的重点项目建设不断加快，以交通、水利、安居房为重点的基础设施条件不断改善，文化、卫生等基本公共服务得到加强，民族

地区经济发展的内生动力不断增强，各族群众的生产生活水平不断提高。

三、全力推进示范区建设

围绕“各民族都是一家人，一家人都要过上好日子”的核心理念，着力推进民族团结进步示范区建设。省民族宗教委按照“重点突破、以点带面、形成经验、示范全省”的思路，实施示范区建设“十县百乡千村万户示范点创建工程”三年行动计划，即在全省范围内创建 10 个示范县市、100 个示范乡镇、1000 个民族团结进步示范村（社区）和 1 万户民族团结进步示范户。2014 年省级投入 5.4 亿元，整合各级各部门项目资金 30 亿元，实施了 10 个示范县、65 个示范乡镇、334 个民族团结进步示范村建设，打造了一批类型多样、各具特色、具有标杆性的示范典型，为新形势下民族团结进步事业注入了强大动力和活力。2014 年 10 月 19 日，省委、省政府和国家民委在北京共同召开了“贯彻中央民族工作会议精神推进云南民族团结进步边疆繁荣稳定创建工作省部联席会议”，形成了支持云南民族地区加快发展的 9 个方面、14 项政策措施，其中，专门提出了支持对近 1000 个特困民族聚居建制村进行重点扶持，形成了齐心合力创建民族团结进步示范区的格局。

四、积极参与全省扶贫攻坚工作成效显著

积极参与推进滇西边境片区、石漠化片区、乌蒙山片区和迪庆藏区 4 个连片特困地区区域发展与扶贫攻坚工作。锁定 160 万边远少数民族深度贫困人口，打好基础设施改善、产业培育、社会事业发展、生态修复攻坚战，推动民族地区和贫困地区跨越发展。启动怒江傈僳族自治州扶贫攻坚，推进宁蒗彝族自治县扶贫攻坚大会战，独龙江乡整乡推进、独龙族整族帮扶工作成效显著。脱贫致富的成效大大激发了各族干部群众团结一心建成小康社会的信心和决心。

五、着力推进扶持人口较少民族发展工作

围绕实施《云南省扶持人口较少民族发展规划（2011-2015 年）》，继续加大对人口较少民族的扶持力度。2014 年省民族宗教委牵头协调省直 33 个部门及上海对口帮扶投入资金 37 亿元，“十二五”期间累计投资达 104 亿元，完成计划总投资的 152.9%。其中，省民族宗教委投入扶持人口较少民族专项资金 1.8 亿元，比上年度增加 2200 万元，实施了 13 个示范乡镇、49 个示范村、22 个特色村寨、349 个自然村整村推进、64 个群众增收产业项目建设。另外，牵头推进实施《云南省人口较少民族综合保险和人口较少民族学生助学补助专项方案》，2014 年共落实资金 2454 万元，为人口较少民族聚居建制村中的 18.5 万户农户 77.1 万人购买农房险和人身意外伤害险，对全省农村家庭、城市低保家庭中的 9380 人人口较少民族在读高中生和大学生给予助学补助，为促进人口较少民族发展注入了新的活力。

六、继续深入推进兴边富民重点县建设

2014 年省民族宗教委围绕实施《云南省兴边富民工程“十二五”规划》，投入 25 个兴边富民行动重点县建设专项资金 3.05 亿元，实施了 293 个边境县示范点创建项目建设，以及一批边境特困民族跨越发展示范和解决边境少数民族和民族地区生产生活特殊困难项目建设，扶持发展了一批帮助群众增收致富的特色产业项目，为把云南建设成为面向西南开放的桥头堡发挥了积极作用。

七、大力推进少数民族特色村寨保护与发展工作

2014 年投入资金 1.42 亿元，实施了 136 个民族特色村寨建设，同时，认真贯彻落实《云南省人民政府关于加快推进民族特色旅游村寨建设工作的意见》，协调省旅游发展委投入资金 2500 万元，实施了 50 个民族特色旅游村寨建设。在《云南画报（人文旅游）》和《云南画报（云南祥鹏）》两个版本上开设“云南少数民族民族特色村寨”专栏，进一步加大了对民族特色村寨的宣传推介，取得良好效果。其中已建成的 41 个少数民族特色村寨被国家民委命名为“中国少数民族特色村寨”。随着对民族特色村寨扶持力度进一步加大，有效地保护和弘扬了各民族优秀传统文化，改善了群众生产生活条件，增强了民族自豪感和自信心，为云南民族团结进步示范区建设打下了良好基础。

八、落实民贸民品政策取得新进展

把贯彻落实好民贸和民族特需商品生产优惠政策作为贯彻民族政策的重要内容之一，加大培训，加强协调，强化服务，有力推进了民贸民品工作。会司省财政厅、人民银行昆明中心支行印发了《关于实施民贸民品“十强百企”三年行动计划的通知》，制定下发了《云南省民族贸易和民族特需商品生产贷款贴息资金管理办法》，开展了全省 68 个民族贸易县民贸企业重新认定工作，经县级认定、州（市）审核重新确定了 908 户民贸企业。2014 年投入民族贸易企业网点建设和民族特需商品定点生产企业技术改造专项资金 1050 万元，支持了 18 家民族特需商品定点生产企业技术改造、技术培训和技术推广项目。实现民贸民品贷款中央财政优惠利差补贴 2248 万元，省级财政投入资金 300 万元支持了 22 个民族地区企业贷款贴息项目，对民族地区企业加快发展起到助推效果。

九、其他各项经济工作顺利推进

对全省民族自治地方、民族乡、人口较少民族聚居村、边境县经济社会发展情况，以及少数民族人口比例达到 30%以上的 7012 个村委会及其所属的 69285 个自然村基本情况进行了统计，编纂了《2014 年云南民族经济工作手册》，为做好民族工作奠定了坚实基础；完成了《云南省“十三五”促进民族地区发展思路和对策研究报告》、《云南兴边富民特色优势产业发展研究报告》、《关于促进人口较少民族农民增收的调研报告》、《扶持独龙江发展模式的启示及应用》等调研报告，为各级部门制定民族地区相关政策措施提供决策参考。

（撰稿　易永红　审查　陈新华）

陕西省

2014 年，陕西省民委紧紧围绕国家民委民族工作要点开展工作，加快少数民族聚居地方的经济发展，推进省际民族经济交流合作，做大做强全省民族企业，依法加强全省清真食品管理工作，确保了民族经济工作的全面健康发展。

一、依法加强清真食品生产经营活动的监督管理

（一）加强清真食品日常管理工作

及时下发《关于切实做好清真食品管理工作的通知》，扎实细致地做好重要节日、重大活动和敏感时期清真食品管理工作。与陕西省食安委等五厅局联合转发了国务院食品安全办公室、国家民委等五部委下发的《国务院食品安全办等部门关于规范清真食品生产经营活动的通知》（食安办〔2014〕6 号），指导各市认真做好清真食品日常管理工作。

（二）召开高校清真食堂管理交流会

为规范和加强对全省高校少数民族师生的服务保障，确保全省高校按照《陕西省清真食品生产经营管理条例》要求开设清真食堂，保持清真食堂饭菜质量、价格稳定和饮食安全，我们与省委高教工委、省教育厅组成联合督导检查组，在 2014 秋季开学季，对全省目前少数民族学生较多的 18 所高校的清真食堂管理工作进行了联合督导检查，并在陕西师范大学清真食堂举行了现场经验交流和观摩活动。

（三）健全清真食品社会管理网络

为严格落实《陕西省清真食品生产经营管理条例》，省民委制定并实施了《陕西省清真食品社会监督员管理办法》，对清真食品社会监督员的选拔、聘用、职能和管理工作进行了明确的规范；组织指导各市依据《陕西省清真食品社会监督员管理办法》完成了社会监督员的聘请工作；下发了《关于进一步加强清真食品监督员队伍建设的通知》，组织了清真食品社会监督员的培训，规范了监督行为，增强了法规常识，提升了监管能力，对实现清真食品生产经营各环节的无缝隙监督和管理工作进行了有益的实践。

（四）举办全省清真食品监督员培训班

为了切实加强清真食品监督员队伍建设，规范

监督行为，充分发挥其在清真食品生产经营管理活动中的作用，省民委举办了全省各地市负责清真食品管理工作干部和清真食品社会监督员的培训班。提高了清真食品社会监督员的理论知识，使他们掌握了实施监督工作的基本技能。

二、组织少数民族发展资金项目的检查审核工作

（一）检查陕西省 2013 年少数民族发展资金项目执行情况。省民委检查组对各市 2013 年少数民族发展资金项目规划、建设和资金落实情况与效果进行了检查。并就各市少数民族村镇扶贫开发与经济发展工作与当地民族工作部门和少数民族群众进行了交流座谈，充分听取意见和建议，最大限度地确保发展资金和项目安排的科学性。

（二）审核并下达 2014 年度发展资金项目。按照国家民委 2014 年度少数民族发展资金计划，下发了《2014 年度发展资金项目申报通知》，指导各市严格按照项目申报要求申报项目资料。对全省 2014 年度申报项目认真进行梳理审核，并对部分规划项目实地进行调研论证，提出项目安排意见。积极协调省财政厅，审核完成了全省 53 个项目共计 1526 万元的少数民族发展资金的联合下达工作。其中少数民族特色村寨项目 600 万元，少数民族发展特困项目 100 万元，产业发展及水利道路建设项目 796 万元，管理费项目 30 万元。

（三）完成了国家对陕西省少数民族特色村寨评审。经县、市逐级申请，省民委审核，按照《国家民委关于印发开展中国少数民族特色村寨命名挂牌工作意见的通知》（民委发[2013]240 号）的有关要求，各试点村积极开展了少数民族特色村寨的挂牌申请工作。经国家民委专家组评审并报国家民委审核，陕西省宝鸡市陇县固关镇固关街村、汉中市镇巴县青水镇朱家岭村、安康市宁陕县江口回族镇高桥村、商洛市镇安县茅坪回族镇茅坪村、商洛市镇安县西口回族镇聂家沟村等五个村寨被国家民委命名为首批中国少数民族特色村寨，并准予挂牌。

（四）开展了 2014 年“两联一包”扶贫工作。按照省委组织部和省扶贫办的要求，向省民委负责“两联一包”的包扶村商洛市镇安县西口镇农丰村派驻两名年轻、工作能力强的干部蹲点帮扶，与当地村镇干部一起走村入户，了解并协调解决少数民族群众在生产生活遇到的困难和问题。按照省人大扶贫团的工作要求协调落实对商洛市镇安县农丰村的帮扶工作，并为商洛市农丰村拨付扶贫资金 30 万元修建引水工程。

三、落实陕西省全国民族特需商品定点生产企业优惠政策

经过对全省民品企业贷款贴息情况进行摸底，依据国家对民族特需商品定点生产企业流动资金贷款利率优惠政策，指导各市为企业出谋划策，鼓励企业依托政策优势扩大发展规模，协调省财政厅、人民银行西安分行，全年落实贴息金额 700 余万元。

四、完成了民族经济工作相关调研任务

一是完成了省委常委、省委统战部部长陈强到宁陕县江口回族镇，调研少数民族群众生产生活情况的工作，现场答疑、解惑并解决了江口回族镇反映的一些困难和问题。

二是根据筹备省委民族工作会议相关要求，省民委联合省委统战部组成六个调研组对全省各市民族工作基本情况、存在的问题、意见和建议等进行调研。与当地市、县、乡（镇）、社区政府民族工作干部、宗教界人士、少数民族群众、少数民族教育工作者进行座谈，就大家关注的民族工作热点难点问题进行了广泛的交流，现场协调当地政府解决少数民族群众的困难和问题。

五、举办了丝绸之路经济带清真食品企业合作交流会

2014 年 5 月，省民委举办了第十八届西洽会暨丝绸之路国际博览会经济合作交流项目“丝绸之路经济带清真食品企业合作交流会”。交流会邀请了哈萨克斯坦共和国、阿曼、沙特阿拉伯、马来西亚、土耳其等国家的政府代表、驻华商务参赞、贸易中心代表及驻京商务代表就丝绸之路经济带清真食品企业合作发展和交流进行了研讨。交流会上，西北五省区以及辽宁、云南、海南、四川等省有关清真食品商协会间签署了战略合作框架协议。在陕异地商会及行业商会签署了商业合作协议。

六、推荐陕西省“千家培育百家壮大”工程民品企业

根据《国家民委重点任务（2013—2017 年)》和《国家民委 2014 年工作要点》,国家民委定于 2014 年第三季度启动全国民族贸易和民族特需商品定点生产企业“千家培育百家壮大”工程（以下简称千百工程)。为确保陕西省千百工程顺利实施，依据国家产业政策，向国家民委推荐了陕西省民族特色较为明显，具有一定的规模和行业影响力，增长有后劲、成长有潜力、科技含量高等特点的 15 家民品企业，被国家民委列入少数民族“百家壮大”企业 1 家，陕西省确定全国“千家培育”企业 5 家。

七、完成对西藏阿里地区民族工作干部的培训

为落实国家民委提出的民族工作系统对口支援西藏民族工作部门的要求，9 月 15 日至 25 日，省民委举办了西藏阿里地区民族宗教干部培训班，来自阿里地区的 10 名民族宗教干部参加了培训。培训班邀请西北大学知名专家教授为大家讲解了中国传统文化、十八届三中全有关精神辅导，省民委领导在培训班上作了讲话，培训班结束后还组织学员赴陕西省民族企业及宗教活动场所进行调研交流并赴延安进行革命精神教育。

（撰稿　马　震　审稿　马克尔）

甘肃省

2014 年，在省委、省政府的正确领导下，在国家民委的指导支持下，甘肃省民族经济工作坚持以党的十八大、十八届三中、四中全会精神为指导，全面贯彻落实中央和省委、省政府对民族工作的决策部署，认真学习贯彻全国民委主任会议精神，始终把全力助推民族地区脱贫致富奔小康作为当务之急，进一步加大民族经济工作力度，转变工作作风、推动工作落实，全省民族经济工作取得了良好成效。

一、及时下达少数民族发展资金

2014 年，全省少数民族发展资金等各类专项资金达到 2.24 亿元，比上年增加了 1367 万元，增幅 6.7%。省政府增设少数民族发展配套资金 1000 万元，36 个民族乡（镇）发展资金由每乡（镇）20 万元增加到 100 万元，少数民族文化事业专项补助资金增加到 1000 万元，省级配套民族贸易企业网点建设和民族特需商品定点生产企业技改专项资金 500 万元，发挥了民族专项资金“拾遗补缺”和“四两拨千斤”的作用。2014 年，全省民族地区农牧民人均纯收入达到 4500 元，较 2013 年增加 470 元，有 26.5 万人实现稳定脱贫。

二、完成扶持人口较少民族发展规划中期评估工作

结合全省扶持人口较少民族发展工作的实际和国家民委要求，会同相关部门制定了《甘肃省落实<扶持人口较少民族发展规划（2011－2015 年）>考核验收工作实施方案》，完成了全省中期评估工作，并向国家民委报送了《甘肃省扶持人口较少民族发展规划(2011-2015)中期评估报告》。

三、少数民族特色村寨命名挂牌工作顺利完成

根据《国家民委关于印发开展中国少数民族特色村寨命名挂牌工作意见的通知》和《国家民委办公厅关于开展首批中国少数民族特色村寨命名挂牌工作有关事项的通知》精神，向国家民委报送了《甘肃省民族事务委员会关于申报首批中国少数民族特色村寨命名挂牌的请示》，经国家民委审查，全省申报的 5 个村命名为中国少数民族特色村寨，并代国家民委进行了授牌。

四、提出“十三五”兴边富民行动的意见建议

根据《国家民委办公厅关于报送兴边富民行动规划（2011—2015）贯彻落实情况的函》要求，对全省“十二五”以来实施兴边富民行动的工作情况进行了认真梳理总结，研究提出了对“十三五”兴边富民行动的意见和建议，上报了《甘肃省兴边富民行动规划（2011—2015）贯彻落实情况的报告》。

五、积极推进少数民族劳务技能特色培训“出彩工程”

为有效填补少数民族和民族地区劳动力培训中对特色技能培训的空白，突出了地方特色，开展“清真厨师”、“藏餐厨师”、“藏汉双语翻译人才”、“中藏医技师人才”、“非物质文化遗产项目代表性传承人才”等特色技能培训，联合省教育厅、省人社厅、省农牧厅、省文化厅、省卫计委、省扶贫办等七部门制定印发了《关于实施甘肃省少数民族劳务技能特色培训“出彩工程”的通知》和《2014 年度甘肃省少数民族劳务技能特色培训“出彩工程”任务分解方案》，在少数民族发展资金中安排 340 万元专门支持“出彩工程”培训工作。完成培训各类技能人才 2.2 万人。

六、积极推进甘肃民族经济产业园的建设

紧紧抓住省委、政府在兰州新区部署市州“飞地经济”的思路，委托兰州市城乡规划设计研究院编制《兰州新区甘肃民族经济产业园规划》，联合兰州新区管委会向省政府上报了请示。根据省政府安排，省发改委对《规划》提出了意见，得到了省政府领导的肯定。并积极配合省委、省政府建设市州飞地经济产业园的重大部署，及时和临夏州、甘南州政府协商，并建议省政府将两州产业园安排在兰州新区民族经济产业园，省政府分管领导已做批示。同时，还开展了企业入园的宣传，主动衔接企业入园相关工作。

七、做好“十二五”民族地区经济和社会发展规划中期评估暨编制“十三五”规划前期工作

提前谋划“十三五”规划前期工作，印发了《省民委关于印发甘肃省“十二五”民族地区经济和社会发展规划中期评估暨编制“十三五”规划前期工作的实施方案的通知》，围绕“十二五”规划中期评估的目的意义、评估方法、重点考核指标、政府部门如何进行中期评估，以及编制“十三五”规划的设想和建议等内容，组织召开了“十二五”民族地区经济和社会发展规划中期评估暨编制“十三五”规划前期工作培训会，参加了国家民委“十三五”规划研讨班。对市州民（宗）委（局）负责人及业务科室负责人、省民委机关相关处室负责人等 40 余人进行了培训。完成了对“十二五”规划的中期评估和“十三五”规划编制意见建议工作，并上报了国家民委。

八、深入做好民族贸易县民族贸易企业重新认定工作

认真开展民族贸易县民族贸易企业认定工作，印发了《关于认真组织开展民族贸易县民族贸易企业认定工作的通知》，对各市州的推荐企业材料进行了审核，提出了初步认定意见。召开了省民委、省发改委、省财政厅、省商务厅、省地税局、中国人民银行兰州中心支行等单位的分管领导和相关处室负责人参加的甘肃省民族贸易县民族贸易企业认定工作联席会议，对全省 125 民族贸易县民族贸易企业进行了评审认定，向国家民委上报了《关于甘肃省民族贸易县民族贸易企业认定备案的报告》，联合省发改委、省财政厅、省商务厅、省地税局、人民银行兰州中心支行制定印发了《关于确定甘肃省民族贸易县民族贸易企业的通知》。召开了全省民贸民品工作座谈会，总结了全省“十二五”以来民贸民品工作情况，对全省入选国家民委“百家壮大”的 4 家企业进行了授牌，征求了对全省《关于贯彻国家民委“千家培育百家壮大”工程实施方案的实施意见》（征求意见稿）的意见建议，安排部署了全省民贸民品工作。

九、全力做好相关调研工作

我们紧扣中央和全省民族工作会议筹备主题，深入民族地区开展相关调研工作，完成了双联工作调研、民族地区经济社会发展情况调研、民族贸易企业发展壮大调研、特色村寨建设情况调研，形成

调研报告 8 篇，所反映的困难问题和提出的意见建议，得到了国家民委和省委、省政府的重视。为全面贯彻落实习近平总书记重要批示和省委王三运书记在“尼江”调研时重要讲话精神及一系列批示、指示要求，我们及时深入“尼江”地区调研，研究制定了《省民委关于配合支持“尼江”两村团结发展工作方案》。牵头开展《国务院办公厅关于进一步支持甘肃经济社会发展的若干意见》贯彻落实情况的监督检查，撰写上报的情况报告，国家民委转报国务院，受到中央领导的高度重视，俞正声、张高丽、刘延东等亲自作了重要批示。并根据根据民委工作安排，完成了配合中央民族工作会议经济发展调研组和国家民委扶持人口较少民族发展工作调研组在全省的调研工作，并向调研组反映全省民族经济工作的困难和意见，以及扶持民族地区的政策和措施建议。

十、做好民族统计和经济形势分析工作

努力做好统计分析工作，及时向国家民委、省政府及相关部门提供民族经济统计数据。举办了扶持人口较少民族发展动态监测数据审核汇总培训班，对扶持人口较少民族监测数据进行了审核汇总。根据国家民委、国家统计局通知精神，与省统计局联合填报了 2013 年少数民族和民族自治地方国民经济和社会发展统计年报，2014 被评为全省统计工作先进单位。

十一、积极开展扶贫攻坚行动

根据省委、政府扶贫攻坚的重大决策部署，针对少数民族和民族地区经济发展中的特殊困难和突出问题，制定出台了省民委贯彻实施“1236”扶贫攻坚意见的方案，着力整合民委资源助推民族地区扶贫攻坚。2014 年，省民委“联村联户、为民富民”落实帮扶项目 5 个、资金 270 万元。完成联系村特困户危房改造 28 户，建立村级产业发展互助社 3 个。危房改造、扶贫互助资金等，得到了群众的积极响应，经验得到当地党委政府的重视。2014 年，三个联系村人均纯收入达到 3000 元，较 2013 年增长 16.7%。

十二、积极主动办理意见建议批件

全年共办理国家、省委、省政府和委领导批示件 28 件，办结率 100%。一是根据省政府转送省十二届人大常委会第六次会议审议〈省人大常委会调研组关于全省民族自治地方享受和落实国家优惠政策情况的调研报告（书面）〉时提出的意见建议的函和副省长的批示精神，召集省民委部分委员单位联络员座谈，征求省直部门单位的意见，代省政府对省人大《意见函》提出了具体落实措施和意见。二是结合省上丝绸之路经济带甘肃黄金段建设总体方案，对加快清真食品产业化发展、推动民族特需商品对外销售、开展合作开发和商贸活动等提出了措施建议。三是完成了省人大和省政协委员 6 件建议和提案的办理工作，特别是省人大第 109 号建议《关于加大扶持民族乡经济社会发展的建议》的现场办理和省政协副主席督办案《关于请求将东乡族自治县列入国家较少人口民族县予以重点倾斜扶持的提案》（635 号提案）的办理工作，答复办理的结果代表和委员十分满意。

（撰稿　孔庆斌　审稿　王宇卫）

青海省

2014 年，青海省民宗委以深入贯彻落实中央民族工作会议精神为主线，紧紧抓住创建民族团结进步先进区这个首要任务，突出民族地区经济社会发展、城市民族工作、宗教领域公共服务等重点工作，开拓创新，主动作为，为促进全省民族和睦、宗教和顺、社会和谐发挥了职能作用。

一、深入贯彻落实中央民族工作会议精神

中央民族工作会议召开后，省委召开常委会，及时传达学习会议精神，研究部署贯彻意见。为贯彻落实会议精神，省委常委会提出要着重做好四件事，一是深入学习宣传会议精神，二是开展民族工

作大调研，三是抓好当前重点工作，四是全面部署全省民族工作。根据省委统一部署，各级党委召开中心组专题学习会，深入学习贯彻会议精神。并通过党校培训和媒体宣传等，扩大会议精神的受众，切实提高会议的影响力。从10月中旬开始，由省委常委、省人大副主任、副省长牵头，围绕8个课题在全省范围内开展民族工作专题调研，通过调研，总结经验，找准问题，明确加强和改进民族工作的措施；全省民族工作部门及时传达学习贯彻会议精神，提出贯彻落实会议精神措施。

二、全力推进民族团结进步先进区创建工作

以落实《青海省创建民族团结进步先进区实施纲要》和先进区建设10个方面20项工作任务为目标，紧紧抓住思想引导、依法治理、寺院管理、培育先进典型等关键环节，履职尽责，强化措施，集中力量抓好落实，集中精力解决问题，全面有序推动了先进区创建工作各项措施的落实。会同省委统战部先后制定出台非公有制经济领域、窗口单位服务行业创建先进区行动方案和军（警）民共建先进区实施意见等政策文件，对非公有制经济领域、窗口服务行业创建、军警民共建工作作出全面部署。落实“一把手”负责制，建立党委常委蹲点调研制度，实行领导包干责任制，完善涉藏维稳专项制度，建立健全协调配合、共创共建、目标考核、经费保障、督促检查、评选表彰等工作机制，全方位保障了创建工作的顺利推进。

三、促进少数民族和民族地区经济社会发展

积极争取国家民委对人口较少民族发展（撒拉族、土族）、特色村寨保护与发展等工作的支持，2014年落实少数民族发展资金19305万元，其中扶持人口较少民族发展资金14680万元，特色村寨保护与发展资金1600万元，少数民族发展特困补助和自主统筹资金2646万元，项目管理费379万元。落实扶持人口较少民族中央预算内资金4000万元；落实2014年度民族贸易企业网点建设和民族特需商品生产企业技术改造专项资金600万元，对19家少数民族特需商品定点企业进行补助；会同省财政厅、中国人民银行西宁中心支行落实全省民贸民品贷款贴息资金2956万元；筛选、审核并报国家民委审批，确定少数民族特色村寨30个，对9个少数民族特色村寨进行挂牌；经申报审核公示，确定154家民族贸易企业；认真开展全国民族贸易和民族特需商品生产企业“千家培育百家壮大”工程。

四、推动宗教领域公共服务和社会保障工作

积极协调有关部门深入推动宗教活动场所公共服务，努力提升宗教教职人员社会保障水平。研究出台《关于进一步加强寺院基础设施建设和公共服务工作的意见》（青办发[2014]20号），计划通过三年的持续投入和建设，实施“六项工程”，基本实现寺院水电路畅通，基本实现寺院公共服务和宗教教职人员社会保障的覆盖，基本完成宗教教职人员危房改造，基本完成寺院文物本体建筑和危殿堂的维修加固，基本建成寺院综合服务站。目前，全省74.2%的教职人员参加养老保险，93.4%的教职人员参加医疗保险，1042人纳入农村五保户，4257人纳入低保，让广大宗教人员共享了改革发展成果；会同省水利厅，安排中央预算内资金5000万元，用于解决79座寺院安全饮水问题。牵头制定《青海省寺院危殿堂维修加固工程实施方案》，规划资金6000万元。完成青海省藏传佛教寺院基础设施建设项目可行性研究报告；进一步加强指导，协助玉树州宗教活动场所灾后重建工作领导小组完成项目的检查验收、决算、审计等收尾工作。

（撰稿　赵雁兴　审稿　董富海）

宁夏回族自治区

2014年，面对错综复杂的形势和不断加大的经济下行压力，宁夏自治区党委、政府团结带领全区回汉各族干部群众，认真贯彻中央决策部署，坚持稳中求进工作总基调，着力稳增长、促改革、调结

构、惠民生各项工作，积极应对、化解各种不利因素，狠抓产业发展、项目建设和民生改善，稳步推进各项改革，经济社会发展实现了“缓中趋稳、逐步回升”的态势。

一、全年经济运行情况

（一）经济运行总体平稳

2014 年全区实现生产总值 2752.1 亿元，比上年增长 8%。其中，第一产业增加值 216.84 亿元，增长 5.4%；第二产业增加值 1343.13 亿元，增长 9.2%；第三产业增加值 1192.13 亿元，增长 6.9%。地方公共财政预算收入 339.81 亿元，增长 10.2%。全社会固定资产投资 3220.98 亿元，增长 19.4%。社会消费品零售总额 673.22 亿元，增长 10.3%。城镇登记失业率 4.02%，居民消费价格总水平比上年上涨 1.9%。

（二）结构调整加快推进

1.工业向“高轻新”方向发展。打造宁东升级版，努力延伸煤化工产业链，宁东基地成为全国最大的煤基烯烃生产基地。深入推进新能源综合示范区建设，新增风电装机 120 万千瓦、光伏发电装机 60 万千瓦，新能源装机比重比上年提高 5.4 个百分点。轻工业生产和效益“双增长”，加快建设宁夏生态纺织示范园、吴忠清真产业园。六大高耗能行业比重下降到 54.4%，轻工业比重提高到 14.6%；万元生产总值能耗下降 3.4%，主要污染物排放完成国家下达任务。实现工业增加值 973.5 亿元，增长 8.3%。

2.现代服务业加快发展。银川市信息消费城市试点全面启动，西部云计算基地、银川中兴大数据中心开工建设；智慧政务、智慧民生和智慧城市建设深入推进。多元化融资成果丰硕，新引进和组建金融机构 16 家，有 68 家企业在“新三板”和区域性股权交易中心挂牌。发行各类债券融资 199 亿元，中银绒业等 4 家上市公司实现再融资 42.4 亿元。金融机构人民币存款余额 4209.06 亿元，贷款余额 4573.49 亿元，分别增长 8.8%和 17.1%。旅游业发展势头良好，接待国内外游客 1675 万人次，增长 9%，实现旅游总收入 142.7 亿元，增长 14.7%。房地产销售面积和销售额分别增长 7.7%和 4.8%。实现社会消费品零售总额 673.22 亿元，增长 10.3%。

3.特色农业不断壮大。银北地区百万亩盐碱地改良完成 20 万亩，新增高效节水灌溉 30 万亩、旱作基本农田 20 万亩，建设高标准农田 50 万亩。粮食播种面积 1157 万亩，总产 377.9 万吨，实现“十一连丰”。葡萄、枸杞、草畜、瓜菜园艺四大产业集约化、规模化水平进一步提高。酿酒葡萄、枸杞、瓜菜种植面积分别达到 51 万亩、85 万亩和 305 万亩；新建奶牛、肉牛、肉羊标准化养殖场 71 个、90 个和 247 个，畜牧业增加值比重提高 1.3 个百分点。全区家庭农场达到 1230 家，农民合作社达到 4200 家，农产品加工龙头企业达到 650 家。特色产业占农业总产值比重达到 85.5%，农产品加工转化率 58%，农业科技进步贡献率 56%。

（三）投资保持较快增长

神华宁煤 400 万吨煤制油、河东国际机场三期扩建、干武铁路增建二线、西吉至毛家沟公路、中南部城乡饮水水源及连通工程等项目加快实施；宁东至浙江特高压直流输电及其配套电源点、青银高速宁东至银川段改扩建等项目获得国家批复，部分开工建设；银西高铁前期工作取得重大进展，国家原则同意按照客运专线技术标准建设，并调整设计方案；神华宁煤煤制油二期，太中银铁路、宝中铁路增建二线，京藏高速石嘴山至中宁段改扩建，城际铁路等项目前期工作正抓紧进行；黄河宁蒙河段治理、黄河黑山峡河段开发 2 项重大水利工程列入国务院部署加快推进的重大水利工程项目包。自治区确定的 50 个重点项目全部开工，五市 625 个重点项目开工 611 个，开工率 97.8%，比上年高 21.4 个百分点。完成固定资产投资 3201 亿元，增长 19.4%。

（四）划定发展空间格局

编制完成了《宁夏空间发展战略规划》，明确了“一主三副、核心带动，两轴两带、统筹城乡，山河为脉、保护生态”的总体空间格局，颁布《宁夏回族自治区空间发展战略规划条例》。加快城市基础设施建设，实施各类重点项目 439 个，建设美丽小城镇 34 个，美丽村庄 103 个，固原被列为国家新型城镇化综合试点城市，全区城镇化率提高到 53.6%。切实加强生态建设，完成营造林面积 132 万亩，完成移民区生态修复 72.7 万亩，开工建设市民休闲森林公园 25 个，森林覆盖率提高到 13.8%。实施自治区环境保护、大气污染防治和宁东基地环境保护三项行动计划，环境质量稳中有升。深入推进循环经济发展，石嘴山列入国家第二批资源综合利用“双百工程”示范基地，平罗、中宁工业园区列入国家第三批循环化改造试点园区。

（五）发展环境不断优化

取消和调整自治区级行政审批事项 422 项，降幅 39.2%，压缩投资领域审批时限 50%，清理减少行政事业性收费 3.6 亿元。实施工商登记制度改革，新增企业 2.1 万家，增长 52%。开工建设市民休闲森林公园 25 个，完成移民生态修复 72.7 万亩，治理水土流失 1000 平方公里，森林覆盖率提高到 13.8%。抓好营改增试点，为相关企业减税 3.8 亿元。围绕打造丝绸之路经济带战略支点和中阿合作桥头堡，深入推进内陆开放型经济试验区建设。新开 7 条国内航线和 5 条国际航线，与外界联系的空中通道进一步拓宽。银川综合保税区注册企业达到 88 家，实现贸易额 17.3 亿美元。宁夏清真食品认证机构获国家批准，与 12 个国家和地区签署清真食品标准互认合作协议。浦发银行在银川设立离岸业务创新中心，搭建了外资进入宁夏的新通道。实现进出口总额 54.36 亿美元，增长 69%，其中出口 43.03 亿美元，增长 68.6%。

（六）民生事业持续改善

城镇居民和农村常住居民人均可支配收入分别达 23285 元和 8410 元，分别增长 8.4%和 10.7%。新建移民住房 1.16 万套，搬迁安置 7 万人。全力实施农村和中南部城乡饮水安全工程，解决了 41.5 万人的饮水安全问题。转移农村富余劳动力 70.9 万人，新增城镇就业 7.5 万人。新建保障性住房 3 万套，改造棚户区 9.3 万户、农村危窑危房 4.7 万户。

二、全年经济运行中存在的主要问题

一是实体经济经营困难。受市场需求不足影响，全区工业生产者出厂价格指数连续 33 个月负增长，企业产销衔接不畅，用工和融资成本居高不下，企业盈利下降，一些重点行业和部分重点企业困难较大。

二是投资增长后劲不足。企业投资意愿下降，民间投资增速放缓，房地产投资持续回落。前期推进的大部分重大项目已陆续开工建设，新的重大项目储备不够，项目接续断档的问题开始显现。

三是服务业发展仍然较慢。新的消费热点不多，消费环境有待改善，消费潜力难以充分释放。现代物流、电子商务、健康养老等新业态发展不够。房地产销售增速放缓，对相关产业的负面影响日益加大。财政一般公共服务支出对服务业增长的拉动力减弱。

四是产业转型升级任务艰巨。科技创新能力较弱，高耗能产业比重仍然较大，资源环境对经济增长的约束日益加大。战略性新兴产业尚未形成规模，新的经济增长点青黄不接。

五是城乡居民收入依然较低。城乡居民收入绝对值和增速在全国的排位有所下降，部分中低收入群体的生活还比较困难。

（撰稿　金晓玲　审稿　杨浩）

新疆维吾尔自治区

2014 年，在国家民委的大力支持下，在自治区党委、人民政府的正确领导下，我委深入贯彻党的十八届三中、四中全会及第二次中央新疆工作座谈会、中央民族工作会议精神，紧紧围绕社会稳定和长治久安总目标，坚持“稳中求进、改革创新”的总基调，开展“访民情、惠民生、聚民心”和“深化改革创新、聚力长治久安”活动，落实“基层重要，群众第一，民生优先”的理念，改进工作作风，密切联系群众，践行新疆效率，较好地完成了本年度工作任务。现将 2014 年民族经济工作总结及 2015 年工作要点汇报如下：

一、2014 年民族经济工作基本情况

（一）顺利完成少数民族发展资金项目申报、审核和拨付

2014 年国家民委、财政部分两批下达全区少数民族发展专项资金 61539 万元，自治区配套资金 450 万元，合计 61989 万元。其中：兴边富民行动资金

39790 万元；扶持人口较少民族发展资金 17930 万元；少数民族特色村寨保护与发展资金 1900 万元；其它扶持资金 2369 万元。实施交通、农业、畜牧、水利、培训等各类项目 670 多个，集中解决群众最关心、最急需解决生产生活中的问题和困难，受到了项目区各族干部群众的称赞。为提高项目申报质量，把好项目申报关，我委邀请自治区财政厅、发改委、扶贫办、水利厅、农业厅、林科院、畜科院等部门的项目专家分别对兴边富民项目和人口较少民族项目进行了评审，指导各地做好项目申报工作，有效提升了项目申报质量，对促进全区少数民族发展资金项目管理的科学化、规范化起到了积极的作用。

（二）扎实推进《兴边富民行动规划（2011-2015 年）》

协调有关部门加大对兴边富民行动支持力度。2014 年，落实兴边富民行动补助资金达 39790 万元，较 2013 年增长 2990 万元。2014 年伊始，自治区人民政府召开了“兴边富民暨扶持人口较少民族工作领导小组成员单位会议”，30 多个成员单位派人参加了此次会议，进一步推进了《兴边富民行动规划（2011-2015 年）》、《扶持人口较少民族发展规划（2011-2015 年）》（以下简称两个规划）的贯彻落实。全区开展了两个《规划》中期评估工作，系统总结成绩经验、查找存在问题，确保两个《规划》的各项目标任务如期完成；到 2014 年底，自治区农村公路总里程已达到 10.8 万公里，已有 99.8%的乡镇和 97.4%的建制村实现通达，有 98.2%的乡镇和 74.4%的建制村实现通畅。二是用于边境县市和人口较少民族发展聚居村各类水利工程项目总投资达 59 亿元，建成水厂 78 座，铺设输水管道 6359 公里，解决了 57.52 万人安全饮水问题。三是“十二五”以来，全区安居富民工程建设任务为 90 万户，实际开工 94.7 万户，竣工 81.7 万户，开、竣工率分别达 105.2%和 90.8%，共有 120 多万农牧民喜迁新居。四是积极服务边境地区和人口较少民族聚居区“三农”发展，实施了无电村通电工程，使农牧区 95%的农牧民用上了照明电。

（三）深入实施《扶持人口较少民族发展规划（2011-2015 年）》

2014 年，协调落实扶持人口较少民族项目资金 17930 万元，较 2013 年增长 900 万元。从保障和改善民生入手，以实现“五通十有”为目标，着力解决人口较少民族聚居区突出问题和困难。截止到 2014 年底，全区 402 个人口较少民族聚居村“五通十有”完成情况稳步推进。其中通油路完成 70.4%；通电完成 85.82%；通广播电视完成 86.07%；通信息（电话、邮、宽带）完成 86.09%；通沼气（清洁能源）完成 28.61%；有安全饮用水完成 61.19%；有卫生厕所完成 42.04%；有安居房完成 89.3%；有稳定解决温饱的基本农田（草场、经济林地、养殖水面）完成 81.4%；有卫生室完成 73.38%；有文化室完成 70.9%；有农家书屋完成 65.67%；体育健身场所完成 32.09%；有活动中心完成 44.53%；有农家超市完成 31.84%，各项指标均较往年有了较大幅度的提升。

（四）少数民族特色产业和特色村寨保护与发展工作取得新突破

全区充分发挥边境地区资源丰富的优势，大力培养和发展特色优势产业。2014 年全区实施兴边富民行动支持特色优势产业县 9 个，已经占到边境县的近三分之一，资金由“十一五”末的每县每年 400 万元增加到了 1300 万元，形成了以畜牧、林果、民族手工艺为主的特色产业，成为群众增收的重要渠道。2014 年，落实少数民族特色村寨保护与发展工作专项补助资金 1900 万元，比 2013 年增长 400 万元，全区新增建设 7 个特色村寨，共计扶持 20 个特色村寨，其中：维吾尔族村寨 10 个，哈萨克族村寨 4 个，回族村寨 2 个，蒙古族村寨 4 个。为确保项目资金发挥实效，我处积极开展少数民族特色村寨保护与发展总结和评估工作，总结特色村寨建设的特点、模式和经验，指导各地实施《少数民族特色村寨保护与发展规划纲要》。配合国家民委做好全区少数民族特色村寨保护与发展挂牌工作，今年全区共有 8 个村寨被确定为首批挂牌的中国少数民族特色村寨。分别是：吐鲁番地区鄯善县鄯善镇蒲昌村、鄯善县吐峪沟乡麻扎村；巴州焉耆县永宁镇下岔河村、和硕县乃仁克尔乡乌勒泽特村；伊犁州伊宁市都来巴格街道办事处、伊宁县愉群翁回族乡愉群翁村；阿勒泰地区布尔津县喀纳斯管委会铁热克提乡白哈巴村、禾木哈纳斯蒙古族乡禾木村。

（五）扎实做好扶贫工作

2014 年按照自治区扶贫领导小组的统一安排，

我委结合“访惠聚”活动，扎实做好定点帮扶工作，积极同我委在皮山县驻村工作组进行对接，了解当地急需解决的生产生活中的特殊困难，在2014年少数民族发展资金中优先安排科克铁热克乡央阿克勒克村、阿木特勒村、拉依喀村、库木艾日克村每村35万元的资金，用于解决四个村的耕地灌溉困难问题，受到了当地群众的好评。在兴边富民资金中安排四个村培训项目40万元、养殖项目40万元；安排央阿克勒克村大棚改造资金30万元，改造大棚12座，投资12万元，新建防渗渠6公里。积极争取澳门基金会援建资金186万元，分别用于和田地区皮山县科克铁热克乡阿木特勒克村1所“双语”幼儿园113万元；拉依喀村小学建设围墙及跑道项目73万元。

（六）全面落实民族贸易优惠政策，做好民贸民品企业流动资金贷款贴息工作

按照国家三部委《民族贸易和民族特需商品生产贷款贴息管理暂行办法》及《新疆维吾尔自治区民族贸易和民族特需商品生产贷款贴息管理实施细则（试行）》，我委积极协调自治区财政厅、人民银行乌鲁木齐中心支行做好测算编制年度民贸民品贷款贴息资金预算工作，在报送国家相关部门的资金预算报告中，将全区民贸民品工作、民贸民品企业面临的困难、问题及急需国家民贸优惠政策的大力支持等情况及时报告，争取国家的理解和帮助，经过努力2014年民贸民品贷款首批贴息资金提前下达，约占全国首批下达贴息资金的1/4；今年重新调整了“民族贸易企业网点建设和民族特需商品定点生产企业技术改造贷款财政贴息”、“民族特需商品定点生产企业生产补助资金”二项民贸优惠政策，并对新疆给予了重点扶持，资金额度是去年1.7倍。2014年中央下达全区民贸民品贷款贴息2.59亿元，2014年下半年又追加1.6亿元，全年合计4.17亿元。

（七）继续做好民族统计工作

7月15-22日，全区举办了“民族地区经济社会运行监测系统”和“财政扶贫资金管理监测信息系统”数据审核汇总会。完成了2014年第一批已下达少数民族发展资金项目的系统录入、转报、审批、转批工作，录入审批率达到99%；完成12个自治地方、32个边境县（市）、42个民族乡以及37个牧区/半牧区统计报表的数据采集、汇总、审核。会议期间采取以干促学、以干代训的方式，对与会业务人员进行数据采集、审核、录入等培训，确保“两个监测系统”正常有序运行。按期完成《中国民族统计年鉴（2014）》新疆边境县市、自治地方及民族乡统计数据采集、审核、汇总、录入及上报工作。

（八）进一步加强监督检查工作

2014年，我委联合自治区财政厅开展了全区少数民族发展资金专项整治工作，委局领导亲自挂帅，成了专门的专项整治工作小组，制定了专项整治方案，联合自治区财政厅共同下发了《关于<印发少数民族发展资金专项整治实施方案>的通知》，要求各地对2011-2013年度的少数民族发展资金项目先行开始自查，认真梳理存在问题，汇报整改措施。根据审计厅对伊犁州等6个地（州）的19个县（市）2013年度财政专项扶贫资金审计结果，我委按照努尔•白克力主席批示精神，高度重视，制定审计整改方案，要求各地根据审计结果，按照整改方案要求，限时上报整改措施和整改结果。我委会同新疆专员办、自治区财政厅对全疆2014年民贸民品流动资金贷款量进行了核查，并重点对博尔塔拉蒙古自治州和昌吉回族自治州民贸民品贷款贴息资金管理使用情况进行了抽查，同时深入部分县市对优惠政策在全区的贯彻实施进行了调研。此次联合核查是“十二五”期间首次专业性的监督审核，对于核查中出现的问题自治区民贸办及专员办的核查人员进行了现场反馈，为规范今后全区财政贴息资金管理，保障民贸民品贷款贴息政策真正落实到位起到了重要作用。

（九）积极开展国际合作项目

今年年初我委派员陪同日本驻华使馆一等秘书一行在前后前往伊犁州察布查尔锡伯自治县、巩留县、霍城县，昌吉州奇台县等地举行的“利民工程”无偿援助项目项目竣工验收仪式，并实地考察了察布查尔锡伯自治县堆齐录乡中心小学教学楼兴建设项目、霍城县加尔苏小学建设项目；巩留县塔斯托别乡先锋双语小学校舍建设项目；奇台县七户乡卫生院设备购置项目。积极同国家民委及澳门方面对接，引进澳门基金会扶持南疆三地州资金986万元。根据国家民委项目办要求，我委协调相关地州派员参加中国少数民族文化产业可持续发展项目”总结暨成果发布会，学习和交流了少数民族手工艺产品设计和销售方法。

二、2015 年工作要点

一是结合“访惠聚”活动，认真做好 2015 年度少数民族发展资金项目组织申报工作。

二是做好“十二五”规划的总结和“十三五”规划的编制工作。认真总结《兴边富民行动规划（2011-2015 年）》、《扶持人口较少民族发展规划（2011-2015 年）》的贯彻落实情况，总结经验，分析问题，并以此为基础，做好兴边富民行动、扶持人口较少民族发展和少数民族特色村寨“十三五”规划的前期研究和“十三五”规划的编制工作。

三是做好国家民委组织的首批少数民族特色村寨命名挂牌工作。

四是做好 2015 年新疆民族自治地方、边境县、牧区半牧区、民族乡等民族统计数据的收集、审核、汇总工作。

五是重新认定全区民族贸易县内民贸企业。做好 2015 年度民贸民品企业流动资金贷款财政贴息管理工作。进一步完善民贸民品企业技术改造、生产补助资金的项目审核、资金跟踪到位等管理工作。

六是做好全疆民贸民品企业负责人和干部培训工作，举办民贸民品企业负责人培训班和民贸民品专干培训班。做好全疆少数民族特需商品生产供应等情况的调研工作。深入地州县市民品企业调研，规范民贸民品企业管理，建立健全民贸民品企业档案。

七是会同自治区财政厅等相关部门加大对少数民族发展资金项目实施情况的监督检查。建立少数民族资金项目的督查工作常态化机制，对各地少数民族项目实施情况检查，确保资金项目落实到位，项目安全运行，确保资金项目的效益落到实处。

（撰稿　木妮拉　审稿　姜国利）

新疆生产建设兵团

2014 年，兵团民族经济工作紧紧围绕各民族“共同团结奋斗、共同繁荣发展”主题，以贯彻落实第二次中央新疆工作座谈会和中央民族工作会议精神为主线，立足本职、发挥优势、主动作为，较好地履行了兵团党委赋予的工作职能、完成了各项工作任务，为维护新疆社会稳定和长治久安提供了和谐稳定的有利环境和强大的力量保证。

一、稳步推进少数民族聚居团场经济社会发展目标任务落实

兵团紧紧围绕实现少数民族聚居团场经济社会发展三年攻坚目标任务，在总结以往工作的基础上，坚持多手并用、多措并举，扎实落实各项重点工作任务。

（一）加大了财政资金扶持力度

2014 年，共投入兵团本级财务加快少数民族聚居团场经济社会发展专项资金 4.97 亿元，带动师、团扶贫资金投入规模分别增长 10%左右，实施项目 59 个，其中用于各族职工群众多元增收就业的项目 49 个，占项目投资总额的 80.55%，有力地促进了各族职工群众多元增收，团场职工群众自主创收、持续增收的环境条件逐步形成，和谐稳定的社会基础得到巩固和发展。

（二）突出解决了影响少数民族贫困人口生产生活的瓶颈问题

支持少数民族单位实施了基础设施、产业发展、民生改善等一批项目建设，重点加强高标准农田、水土流失治理、教育、卫生等工程建设，建成基本农田 34 万亩，治理水土流失面积 51 平方公里，新建校舍 7.56 万平方米，建设标准化运动场 30 个。大力支持少数民族聚居团场结合实际，立足优势，因地制宜，实施原农业连队居住区转型发展，建设牛羊等草食畜养殖和果蔬园艺业基地，发展农副产品产地初加工，促进多元增收。三是按照兵团党委要求，组织各成员单位对 2012 年以来兵、师重点扶持的 19 个少数民族聚居团场经济社会发展情况进行评估调研，掌握了情况、摸清了底数，分析了原因、研究了对策，为下一步向兵团党委提出进一步

加快少数民族聚居团场经济社会发展奠定了基础。

（三）加强了对少数民族贫困人口的职业技能培训

组织实施了“少数民族职工群众技能振兴计划”，针对少数民族劳动者实际需要，大力开展特色种养殖、特色园艺、食品加工、手工制作等实用技能培训。落实和完善了以零就业家庭、高校毕业生和团场富裕劳动力为重点的就业创业扶持政策。以少数民族就业困难人员、残疾人、“零就业”家庭、家庭困难的未就业高校毕业生等为重点，在全兵团开展春风行动，通过一对一、面对面的就业帮扶，为援助对象送政策、送岗位、送服务，集中帮助一批少数民族就业困难人员实现就业。截至 2014 年底，全兵团完成少数民族示范性就业技能培训 0.55 万人次，转移少数民族聚居团场劳动力 5031 人，援助少数民族就业困难人员就业 1.24 万人。

二、深入推进兴边富民行动

按照“投资少、见效快、职工群众得实惠”的原则，全年共实施建设项目 54 个，总投资 29081.505 万元，建成温室大棚 113 座 79932 平方米，完成 4395 亩林果业种植基地和 6000 亩特色种植基地建设，建成羊圈 282.4 万平方米，扶持 2242 户养殖户发展畜禽养殖，带动 3028 人就业，项目区户均增收 3.8 万元，5.5 万人直接受益，边境团场呈现出经济发展持续增长、职工收入持续增加、基础设施建设持续推进、社会事业迅猛发展的良好势头。

三、认真做好扶持少数民族发展资金的使用管理

组织实施了 2014 年扶持少数民族发展资金项目的申报、论证、评审、实施方案的拟定、项目批复及督促检查工作，总投资 1465.96 万元，实施了涉及畜牧养殖业、温室大棚、农牧业基础设施建设等类型的 24 个项目，目前项目完成良好，受益人口基本达到了项目实施方案设定的目标。

四、加大精准扶贫工作力度

坚持把推进少数民族聚居团场经济社会发展作为扶贫攻坚的主战场，把推进精准扶贫做为兵团民族经济工作的重要方面，不断提高扶贫工作的精准性、有效性和持续性。

（一）完善精准扶贫制度基础，积极开展贫困户“建档立卡”工作

研究制定了《兵团扶贫开发建档立卡工作方案》，完善了兵师团三级少数民族职工群众贫困信息管理机制，组织开展了对贫困户识别结果的核查工作，确保了识别过程公正透明、结果真实准确。

（二）积极探索精准扶贫实现形式，推进扶贫资金到户到人

搭建带动少数民族贫困户持续稳定增收平台，重点鼓励和支持以规模化养殖、设施农业和农机服务等为主、入股入社等形式把扶贫资金变为少数民族贫困户的股份、产业，增强其造血功能和自我发展能力。通过引导和支持兵师有关部门，依托新型经营主体等平台，开展扶贫资金到户到人试点示范，探索创新精准扶贫实现形式。据初步统计，预计全年各级投入各类精准扶贫资金 2 亿多元，其中贴息资金 1.5 亿多元。

（三）培育新型经营主体，搭建职工增收平台

在结构调整和产业发展中，积极培育新型经营主体，建立完善了“产加销”、“种养加”一体化利益联结机制，增强吸纳和辐射带动职工的能力，形成了一批具有较强带动能力的专业合作社，产业化龙头企业，有力地提高了少数民族民族贫困人口参与面和参与程度。据统计，预计各类新型经营主体吸纳少数民族贫困户 6000 多户、带动 2 万多人口增收。

五、狠抓项目管理，项目建设取得良好效益

为了使项目的管理工作更加科学化、规范化，我们逐步建立和规范了项目立项、申报、审批和批复、备案等程序。一是向各师下发了通知，对专项资金项目的选定、编制、审核和报送等有关工作作了严格规定，并对专项资金的使用原则提出了明确要求。二是坚持以改善少数民族聚居团场职工群众生产生活条件、促进职工群众多元增收和就业为重点，按照保民生、促发展、各族职工群众得实惠的原则，优先安排贴近民生的项目，对项目进行认真的评审和批复。三是严格按照规定程序审批项目。由少数民族聚居团场组织申报项目，经师加快少数

民族聚居团场经济社会发展领导小组组织项目评审批复后，报兵团领导小组审定备案，再报兵团财务局拨付资金。四是在资金管理方面，要求各师团加强项目资金管理和监督，确保资金的安全运行。

六、广泛宣传报道，着力营造良好的舆论氛围

为了帮助各族职工群众了解掌握兵团党委实施加快少数民族聚居团场这一重大决策，我们积极与有关部门联系，通过媒体的广泛宣传和报道，使这一关系少数民族职工切身利益的重大政策广为人知，并引起了社会的广泛关注和积极参与。一是认真收集各师及各成员单位的工作信息，共编发了《兵团加快少数民族聚居团场经济社会发展工作简报》34 期，刊发信息 123 条，及时反映了少数民族聚居团场经济社会发展的工作动态。二是在兵团民族宗教事务局政务网上开辟兵团加快少数民族聚居团场经济社会发展专栏，提供相关信息 50 多条，随时更新网站专栏动态。三是积极主动地向各新闻媒体记者提供相关材料，在《新疆日报》、《兵团日报》、《兵团当代杂志》、人民网、天山网等各大报纸、网络上刊发了近 20 篇专题报道，广泛宣传了兵团各级加快少数民族聚居团场发展取得的成就。

（撰稿　田惠敏　审稿　王卫国）

政策法规篇

收集了2014年国务院、国家民委及有关部委和各省区市制定的关于民族工作方面的文件、制度、法规、规划等文献。

关于印发大湘西地区全面建成小康社会推进工作三年行动计划的通知

湘康〔2014〕1 号

湘西自治州、张家界市、怀化市、邵阳市、娄底市 5 市州及所辖县（市、区）人民政府，省直各有关部门：

现将《大湘西地区全面建成小康社会推进工作三年行动计划》印发给你们，请结合实际认真组织实施。

大湘西地区是全省全面建成小康社会的薄弱环节和关键区域。全面实施《大湘西地区全面建成小康社会推进工作三年行动计划》，是贯彻落实党的十八届三中全会精神和省委省政府分类指导加快推进全面建成小康社会战略决策的重大举措。各地、各部门要高度重视，把实施“三年行动计划”八大工程 28 个专项作为推进大湘西地区全面小康建设的重要抓手，建立健全组织领导和工作协调机制、目标任务分解和责任落实机制、进度报告和监督检查机制，确保三年行动计划的各项目标任务顺利完成。

附件：《大湘西地区全面建成小康社会推进工作三年行动计划》

湖南省全面建成小康社会推进工作领导小组

2014 年 4 月

附件：

大湘西地区全面建成小康社会推进工作三年行动计划

大湘西地区是全省全面建成小康社会的重点和难点地区，也是全省全面建成小康社会的关键所在。加快推进大湘西地区全面建成小康社会，不仅要继续落实现有优惠政策，而且要推出针对性强的新政策新举措；不仅要积极争取国家的大力支持，而且要充分发挥地方的积极性，引导社会力量及部门资源向大湘西地区倾斜；不仅要抓好县域经济，促进区域发展，从面上整体推进，而且要抓好扶贫攻坚，实施精准扶贫，实现重点突破；同时要保护好生态环境，在保护和开发中实现脱贫致富奔小康。根据中共中央办公厅、国务院办公厅《关于创新机制扎实推进农村扶贫开发工作的意见》和省委、省政府《关于分类指导加快推进全面建成小康社会的意见》精神，以及大湘西地区客观现状与发展需要，特制定大湘西地区全面建成小康社会推进工作三年行动计划（2013-2015 年）。

一、基本思路

贯彻落实党的十八届三中全会精神和习总书记来湘考察重要讲话精神，按照全省全面建成小康社会的总体要求，充分发挥县市区在全面建成小康社会中的主体作用，调动各方积极性，引导社会力量、整合资源向大湘西地区倾斜。以湖南武陵山片区区域发展与扶贫攻坚试点为平台，加快完善基础设施建设，突出发展特色优势产业，加强生态建设和环境保护，大力推进以改善民生为重点的社会事业建设。突出建设重点，集中力量实施，力争在事关长远、又相对薄弱的环节取得突破。突出帮扶重点，找准扶贫对象，实施精准扶贫，加快脱贫致富，为大湘西地区全面建成小康社会打下坚实基础。

二、工作目标

按照“三年打基础、五年上台阶、七年基本实现全面建成小康目标”总体部署，2013-2015 年，围绕“五位一体”的社会主义文明体系建设，加大各类财政资金投入，引导带动社会投资，全力推进“八大工程”，力争通过三年努力，建成一批基础性、示范性、长远性项目，使区域造血功能得到明显增强，群众生产生活条件得到明显改善，全面建成小康社会实现程度达到 80%。

三、基本原则

（一）多方争取，加大投入。以湖南武陵山片区区域发展与扶贫攻坚为契机，加强与国家相关部门的衔接沟通，积极争取国家在项目规划和资金安排上的投入和支持。逐步加大省级财政资金投入力度，整合各级各部门相关资金，集中财力办大事、干实事。强化政府投入的引导作用，带动信贷、外资和社会资本共同参与，形成多元化的项目建设融资格局。

（二）突出重点，滚动实施。按照明确重点、集中投入、综合开发、滚动实施的方式，确保资金优先投向重点领域建设，启动实施一批重大项目。在项目的年度计划安排上，对前期工作充分、发展思路好、群众积极性高的地区，实行重点倾斜、优先安排。

（三）加强协调，统筹推进。科学编制年度实施计划，强化资金使用管理，明确职责分工，加强年度目标考核检查，建立在全面小康建设大湘西地区指导小组统筹指导下，既各司其职又密切协作的部门联动工作机制，全力推进全面小康建设。

（四）创新机制，精准扶贫。大湘西地区是全省扶贫攻坚的主战场，必须进一步增强责任感和紧迫感，切实把扶贫工作摆到更加重要、更加突出位置；必须创新扶贫开发工作机制，增强内生动力和发展活力，集中力量实施精准扶贫，解决突出问题，加快贫困群众脱贫致富步伐，加快全面建成小康社会。

四、主要任务

围绕“五位一体”的社会主义文明体系建设，根据大湘西地区现状特点和薄弱环节，近三年，重点实施交通通达、特色产业、商贸流通、生态保护、重点城镇建设、农村公共服务、教育均衡发展、精准扶贫建设等八大工程，力争在“打基础、惠民生、做示范”方面实现突破。

（一）交通通达工程

以改善大湘西地区交通条件为重点，加快实施一批高速公路、铁路、机场等重大交通基础设施建设工程，积极推进交通主要通道连接线、省际县际断头公路和大中型水库库区公路建设，扩大乡村路网覆盖面，积极构建连通内外、安全高效的大湘西地区立体化交通网络大格局。重点实施以下专项：

——重大交通项目专项。机场方面，重点抓好邵阳武冈机场建设，加快推进张家界荷花机场扩建、芷江机场改扩建工程，推进湘西州机场前期工作。铁路方面，重点抓好沪昆客运专线、怀邵衡、渝怀复线、洛湛娄邵段等铁路建设，积极推进黔张常铁路开工建设。高速公路方面，重点抓好龙永、永吉、怀化绕城线、新化至溆浦、安化至邵阳、长邵娄、邵阳至坪上等高速公路建设，积极推进张桑、武靖、安慈等高速公路开工建设，做好涟源龙塘-新化琅塘、怀化至芷江、安化至官庄、新宁至白仓、龙山至桑植等高速公路前期工作。（牵头单位：省发改委，其中高速公路由省交通运输厅牵头；主要配合单位：省财政厅、省机场管理集团有限公司）

——通畅通达专项。实施具备条件的未通公路行政村通达，完成具备条件的行政村通水泥（沥青）路。稳步扩大路网覆盖面，不断完善路网结构，提高技术等级，完善安保设施，保障群众出行便捷安全。（牵头单位：省交通运输厅；主要配合单位：省发改委、省财政厅、省扶贫办）

——边界乡镇出省通道专项。加大省际边界乡镇交通基础设施建设，结合国省干线改造规划，加强与毗邻省份在交通建设上的合作，积极推进规划内的国省干线出省通道建设。（牵头单位：省交通运输厅；主要配合单位：省发改委、省财政厅、省住建厅）

（二）特色产业工程

以节约资源和保护环境为前提，依托大湘西地区旅游、特色农林产品等资源优势，大力发展特色优势产业。积极扶持中小企业发展，加快企业技术改造升级，鼓励自主创新，延伸产业链条，提高产品附加值。加快产业园区建设，促进生产要素集聚，打造企业发展平台。构建现代产业体系，壮大县域经济，提升自我发展能力。重点实施以下专项：

——重点产业项目专项。增强湘西地区造血功能，对湘西地区开发省规划产业项目建设实施贴息支持；通过设立专项资金，促进产业结构优化升级，强化产业科技创新和品牌建设，扶持农林产品精深加工、生物医药等特色优势产业做大做强。力争每个县（市、区）都有2-3个较大规模、较强竞争力、能支撑当地长远发展的主导产业。（牵头单位：省发改委；主要配合单位：省财政厅、省经信委）

——产业园区专项。加大对产业园区的标准化厂房、工人宿舍楼或工人廉租房、道路、给排水等基础设施建设的支持力度，加快园区公共服务平台建设，支持产业园区扩区或调区，扶持具备条件的省级园区升级为国家级园区。（牵头单位：省发改委；主要配合单位：省经信委、省财政厅、省商务厅）

——旅游发展专项。充分发挥大湘西地区民族文化特色和生态旅游资源优势，全力打造大湘西生态文化旅游圈。支持符合“十二五”旅游规划和《湖南省世界遗产与风景名胜区体系规划（2012-2030）》，前期工作手续完备、银行贷款落实的重大旅游项目建设，扶持国家级旅游度假区、特色景观旅游村镇、生态旅游示范区、自驾车营地、旅游装备制造、观光休闲农业等新业态旅游发展。完善旅游公共服务体系，扶持旅游重点县、精品旅游线路、重点景区的旅游连接公路、游客服务中心、标示标牌、安全预警、旅游信息化等公共服务项目建设。支持旅游纪念品、旅游食品、旅游工艺品、民族服装服饰等研发，培育旅游商品研发基地。加大宣传力度，提升旅游品牌。（牵头单位：省旅游局；主要配合单位：省住建厅、省发改委、省财政厅、省交通运输厅、省林业厅）

——特色农林产品基地专项。积极培育新型农业经营主体，大力发展农民合作组织，加快连片土地综合整治，加快土地流转步伐，加强水利、通达道路等基础设施建设，发展一批集中连片、面积达到一定规模的特色农林产品基地，推进农业产业化、专业化、现代化经营。重点建设一批优质稻、优质蔬菜、油茶、茶叶、中药材、水果、楠竹、优质烟叶、杂交制种、旱杂粮、肉类养殖、水产养殖等特色农林产品基地。（牵头单位：省扶贫办；主要配合单位：省发改委、省农办、省农业厅、省国土资源厅、省林业厅、省移民局）

（三）商贸流通工程

利用大湘西地区与渝、鄂、黔、桂四省市区相邻的区位优势，加强物流园区、物流中心和物流基础设施建设，改造提升传统批发市场和零售商品购物中心，加快农产品物流体系、医药物流体系和边贸物流体系建设，构筑多层次、高效便捷的物流网络。重点实施以下专项：

——物流体系建设专项。推进大湘西重点物流设施建设，加快物流信息化和标准化建设。加快实施农产品全程冷链物流工程，支持建设一批跨区域冷链物流配送中心，培育一批具有较强资源整合能力的核心冷链物流企业。重点支持发展果蔬冷链物流建设，提高肉类和水产品冷链物流水平。大力发展第三方物流，加快发展快递物流，支持流通企业发展共同配送。（牵头单位：省发改委；主要配合单位：省商务厅、省财政厅、省经信委）

——农村市场建设专项。加快实施“骨干批发市场网络建设工程”，完善以骨干批发市场和农产品集散中心为龙头、产品批发市场为基础的大湘西地区农产品批发网络。加快实施“农贸市场三年行动计划”，重点推进大湘西农贸市场标准化改造，实现“一乡镇一集贸市场”的目标，逐步消除马路市场。（牵头单位：省商务厅；主要配合单位：省发改委、省财政厅、省农业厅）

——县乡流通“再造”专项。加快实施“百城千镇县乡流通再造”工程，重点支持、引导社会资本在大湘西各乡镇建设流通综合体，逐步形成网络化、连锁化与品牌化的县乡流通格局，实现大湘西县乡流通“再造”。加快实施“农产品直销店建设三年行动计划”，推进“农超对接”、“农批对接”，打造稳定的产供销一体化流通链条。（牵头单位：省商务厅；主要配合单位：省发改委、省财政厅、省农业厅）

——边贸集镇市场建设专项。加快推进边贸促进工程，依据省际边界乡镇特点和产业优势，加大边界集镇贸易市场建设和投入力度，发展省际边界贸易，重点打造一批辐射范围广、消费吸引力强、发展前景好的边贸市场和具有地方特色的商贸物流集散中心。（牵头单位：省商务厅；主要配合单位：省发改委、省财政厅、省住建厅）

（四）生态保护工程

严格执行主体功能区规划，推进重点生态保护区建设，加强环境综合治理，开展生态文明示范试点工作，强化资源节约，探索建立生态补偿机制和生态环境共建共享机制，实施严格的保护政策和措施，守住绿水青山，建设好绿色湖南生态安全屏障。重点实施以下专项：

——重点生态工程建设专项。推进重点生态保护区建设，大力实施“绿色行动”拓展工程，对公路沿线、风景名胜区、自然保护区、城镇周边和重点流域等实施绿化造林。继续巩固退耕还林成果，争取国家尽快启动新一轮退耕还林，加大公益林建设投入，提高公益林补偿标准。加快实施石漠化治理和生态移民工程。（牵头单位：省林业厅；主要配合单位：省发改委、省财政厅、省住建厅）

——环境综合治理专项。加强水环境治理，实行严格的饮用水水源地保护。重点推进资水、沅水流域及舞水、沱江工业排放性污染与矿业采矿性污染综合治理，加大重金属污染防治力度，确保采选冶炼企业“三废”达标排放。突出解决湘西“锰三角”和沅陵、辰溪、溆浦、冷水江、新化、涟源等重点区域污染问题，加强以塌陷区、尾库矿综合整治为重点的矿山地质环境恢复治理。（牵头单位：省环保厅；主要配合单位：省发改委、省住建厅、省国土资源厅、省安监局）

——生态文明示范试点专项。积极争取将全省武陵山片区列入国家生态文明先行示范区建设，进一步推动湘西州、隆回等市、县开展生态文明示范试点建设工作，推进新宁、洪江市、绥宁、桑植等地低碳县试点示范建设，推进邵阳市、怀化市、娄底市生态文明风景区试点工作，争取怀化市、张家界市、邵阳市纳入全国生态文明示范工程试点建设。（牵头单位：省发改委；主要配合单位：省环保厅、省林业厅、省住建厅）

（五）重点城镇建设工程

加快大湘西地区县城、区域性城镇群建设，突出示范镇、中心镇建设，积极推进省际边界乡镇建设，形成层次清晰、功能互补、布局合理的新型城镇体系。加强城镇基础设施和公共服务设施建设，加大棚户区改造力度，实施城镇扩容提质，切实提高大湘西地区城镇化水平。重点实施以下专项：

——示范镇和中心镇建设专项。加强示范镇和中心镇基础设施和公共服务、住房保障体系建设，提升中心城镇综合承载能力、要素集聚能力和辐射带动能力，形成一批功能完善、特色鲜明、美丽宜居的示范镇和中心镇。（牵头单位：省住建厅；主要配合单位：省发改委、省财政厅）

——省际边界小城镇建设专项。完善省际边界小城镇基础设施和公共服务体系，切实提高边界城镇的整体规划、建设和管理水平，塑造省际边界小城镇的精品特色，因地制宜打造一批具有鲜明民族文化、商贸流通特色和产业特色的省际边界小城镇。（牵头单位：省住建厅；主要配合单位：省发改委、省财政厅）

——镇区给排水工程专项。加强城镇镇区的给排水设施规划、建设和运营管理，着重抓好供水设施提质改造工程、水质检测能力建设、污水处理设施及配套管网建设。重点建设全国重点流域重点镇和省级示范镇的污水处理设施及配套管网，省级示范镇的供水提质改造项目。（牵头单位：省住建厅；主要配合单位：省发改委、省财政厅）

（六）农村公共服务工程

结合社会主义新农村建设，引导农村统一规划建房、农民相对集中居住。积极推进农村道路、危房改造、饮水安全、环境连片整治和通信网络建设，着力解决农民出行、居住、饮水、医疗、环境、通信等问题。积极推进基本公共服务均等化，实现新型农村养老保险全覆盖，稳步提升基本医疗服务能力和新农合保障水平，完善农村最低生活保障制度。实施生态移民搬迁和大中型水库特困移民避险搬迁解困。开展乡村清洁行动，建设“美丽乡村”。重点实施以下专项：

——农村危房改造专项。对区域内现有农村危房，特别是 D、C 级危房，以及由各级政府全面识别的无房（含因灾倒房）和 D 级危房贫困农户，分步进行全面改造，积极增加财政性投入，创新融资模式，有效整合资金和项目，多措并举，切实保障农户住房安全。（牵头单位：省住建厅；主要配合单位：省扶贫办、省发改委、省财政厅、省移民局）

——农村饮水安全专项。加快农村饮水安全工程建设，加大建设资金投入，通过以城带乡、以城镇带动农村，建设一批标准化自来水厂，实现 100%

的乡镇通自来水。到2015年，全部解决列入国家“十二五”规划范围内的农村居民饮水安全问题。切实加强农村饮用水源保护和水质监测，确保供水安全；建立和完善农村饮水工程运行管护机制，进一步加大政策扶持力度，确保农村饮水安全工程良性运行，长久发挥效益。（牵头单位：省水利厅；主要配合单位：省发改委、省财政厅、省卫生厅、省环保厅、省住建厅、省移民局）

——乡村清洁工程专项。积极推进“美丽乡村”创建，开展“清洁家园、清洁水源、清洁田园、清洁能源”活动，加强农村环境连片整治、农村面源污染防治，按照“垃圾分类、就地减量”的原则，建立与当地相适宜的垃圾处理模式。通过以城带乡、城乡同治，加快推进农村垃圾处理设施建设。（牵头单位：省环保厅；主要配合单位：省住建厅、省农办、省发改委、省财政厅、省农业厅、省卫生厅）

——基本医疗服务和保障专项。加快实施医疗卫生服务体系建设项目，鼓励和支持社会资本办医，加强特色优势专科建设；提高生殖医疗保健服务水平，加大出生缺陷三级预防和健康教育力度；不断完善城乡居民医保筹资方式，巩固参保（合）率，着力推进城乡居民大病保险制度，调整优化统筹补偿政策，完善管理服务机制。到2015年，实现大湘西地区每千人口平均拥有床位数在3.6张以上、5岁以下儿童死亡率控制在12‰以下、城乡居民参保（合）率稳定在95%以上的目标。（牵头单位：省卫生厅；主要配合单位：省人社厅、省发改委、省财政厅、省人口计生委）

（七）教育均衡发展工程

积极改善办学条件，实施农村义务教育薄弱学校改造计划，加大寄宿制学校建设力度，改善教学和学生生活条件，尽可能满足适龄儿童就近入学和“上好学”的需求。加强学前和义务教育学校师资力量配备，促进教育均衡发展。加强农村中等职业学校和县级职教中心建设，统筹职业教育和培训资源，加强职业技能培训，提升就业能力。重点实施以下专项：

——薄弱学校改造专项。调整优化中小学校布局，恢复符合条件行政村的片小及教学点，全力推进现有村片小及教学点教学条件建设。加快实施农村义务教育薄弱学校改造，提质一批小学、初中、高中和中等职业学校校舍、生活用房和配套设施，提升薄弱学校办学条件。切实推进农村幼儿园建设工程，重点支持公办幼儿园和普惠性民办幼儿园发展，不断扩大学前教育资源。（牵头单位：省教育厅；主要配合单位：省发改委、省财政厅）

——师资素质提升专项。实施农村幼儿园、小学教师定向培养专项计划，重点为县以下农村幼儿园、小学定向培养本、专科层次教师。实施和完善国家和省“特岗计划”，鼓励支持市州和县市区实施本地“特岗计划”。加强职业院校教师培养培训，完善中职专业教师培训与考核制度，实施中职专业教师轮训。优化县域内师资均衡调配机制，实行城乡学校校长、骨干教师定期轮岗交流制度，鼓励校长和骨干教师坚守农村学校岗位。建立完善教师定期支教、挂职培训锻炼制度，鼓励大湘西地区与省内发达地区进行师资交流，着力提高大湘西地区师资队伍素质。（牵头单位：省教育厅；主要配合单位：省财政厅）

——职业教育与培训专项。加快构建与大湘西地区产业体系发展相适应的现代职业教育培训体系，支持建设一批优质职业院校和培训基地，加强农村中等职业学校和县级职教中心建设，为当地特色优势产业和基本公共服务提供人才保障。开展中等职业教育协作交流，对口支持大湘西地区职业院校。支持经济发达地区城市职业院校扩大招收大湘西地区学生规模，培养大湘西地区经济社会发展急需人才。有针对性地开展企业职工技能提升培训、农村实用技术培训、农村劳动力转移培训及创业培训等。加大“雨露计划”实施力度，切实提升贫困人口的就业能力。（牵头单位：省教育厅；主要配合单位：省人社厅、省扶贫办、省发改委、省农业厅、省农办、省移民局）

（八）精准扶贫建设工程

按照以人为本、服务为先、均衡配置、资源共享的原则，将新农村建设、农村特色村寨建设、农村环境综合整治和引导农民相对集中居住相结合，集中实施一批改善群众生产生活条件的基础设施项目，打造具有浓郁地方特色的示范村寨。深入分析贫困农户致贫原因，落实帮扶责任，制定差异化的扶持政策，强化帮扶措施，集中力量予以扶持，切实做到真扶贫、扶真贫。重点实施以下专项：

——“六到农家”示范村专项。按照社会主义新农村建设标准，实施水、电、路、气、房和环境改善“六到农家”工程，选择交通便利、基础条件较好、群众积极性高的行政村，结合发展休闲农业和乡村旅游，每村配套建设卫生室、农家书屋、村级活动中心，建成一批布局合理、设施配套、功能齐全、环境整洁、村貌美化的示范村。（牵头单位：省发改委；主要配合单位：省财政厅）

——特色村寨专项。加强大湘西地区传统村落和历史文化名村保护和发展，大力支持具有深厚文化底蕴和地方民俗特色的古村古寨保护性改造和修缮，实施水电路以及公共卫生设施等改造工程。培育壮大特色村寨乡村旅游，将地方、历史、民族等文化元素融入到民族村寨旅游产品开发的各个环节中，打造一批特色景观旅游名村名寨。重点扶持具有较好历史文化、民族风情、地方特色、景观资源、较高保护传承价值、较好区位条件和一定工作基础的特色村寨，特别是少数民族特色村寨。（牵头单位：省住建厅，其中少数民族特色村寨由省民委牵头；主要配合单位:省发改委、省财政厅、省农办）

——驻村扶贫专项。按照国家要求，重新认定新一轮贫困村。进一步建立和完善驻村工作队（组）制度，确保每个贫困村都有驻村工作队，规范驻村扶贫工作任务，制定驻村帮扶规划。通过财政专项扶贫资金、行业部门资金和社会资金共同投入，改善生产生活条件，发展特色产业和村级集体经济，解决群众行路、饮水、就学、就医、住房、增收等难题，努力实现贫困农户“两不愁、三保障”目标。（牵头单位：省扶贫办；配合单位：省委组织部、省发改委、省教育厅、省科技厅、省民委、省民政厅、省财政厅、省国土资源厅、省交通运输厅、省住建厅、省经信委、省水利厅、省农业厅、省林业厅、省卫生厅、省移民局、省电力公司）

——结对帮扶专项。按照县为单位、规模控制、分级负责、精准识别、分批帮扶、动态管理的原则，对每个贫困户建档立卡，实行信息化管理。制定差异化的扶持政策，分类进行帮扶。落实保障措施，实现应保尽保；帮助每个有劳动能力的贫困户编制脱贫计划和产业发展规划，探索直接帮扶、委托帮扶和股份合作等有效帮扶方式；加强贫困农户自我发展能力建设；落实帮扶责任人，开展结对帮扶，确保在规定时间内达到稳定脱贫致富奔小康目标。（牵头单位：省扶贫办；主要配合单位：省委组织部、省民政厅、省财政厅、省教育厅、省住建厅、省人社厅）

五、保障措施

（一）加强组织领导。省里成立了全面建成小康社会大湘西地区指导小组，办公室设省发改委，负责指导各市州全面小康建设，协调解决突出问题，督促项目建设。各市州、县市区相应成立全面建成小康社会推进工作机构，形成省、市、县联动的推进机制和工作格局。

（二）突出市县主体地位。突出市州和县市区在全面建成小康社会推进工作中的主体地位，充分调动市县积极性，发扬自力更生、艰苦奋斗精神，推动社会资本参与项目建设，激发内生动力，增强自我造血能力。严格执行基本建设投资管理规定，对项目资金的安排方向、项目申报程序、项目建设管理等进行严格规范。增强资金使用管理透明度，切实提高资金使用效益，确保项目建设一个成功一个。

（三）强化部门责任。各专项牵头单位要结合部门工作职能，加强部门间协调沟通和横向合作，与配合单位共同研究制定各工程专项的具体实施方案，明确投资规模和资金渠道，落实具体建设任务，并将实施情况及时报送指导小组办公室。

（四）加强督促检查。指导小组办公室根据省委、省政府《关于分类指导加快推进全面建成小康社会的意见》的有关要求和工作实际，每年度对各专项工程的具体实施情况进行综合调度，引导督促省直相关部门及大湘西地区各级政府把主要力量、主要精力、主要资源投入到全面建成小康社会中来，形成比学赶超的浓厚发展氛围。

关于支持湘西自治州推进小康社会建设有关问题的会议纪要

湘府阅〔2014〕23号

（2014年4月15日）

2014年3月29日，省长杜家毫主持召开会议，专题研究进一步贯彻落实习近平总书记考察湘西自治州时的重要讲话精神，支持湘西自治州推进小康社会建设有关问题。常务副省长陈肇雄，副省长张硕辅，省政府秘书长戴道晋，省委副秘书长、省委政研室主任曹炯芳，省政府副秘书长陈吉芳，省政府副秘书长、省政府研究室主任石谋军，省发改委、省教育厅、省经信委、省民委、省财政厅、省国土资源厅、省住房城乡建设厅、省交通运输厅、省农业厅、省林业厅、省商务厅、省文化厅、省卫生厅、省旅游厅、省扶贫办、长沙海关、湘西自治州委州人民政府、长沙市人民政府、衡阳市人民政府、株洲市人民政府、湘潭市人民政府、岳阳市人民政府、常德市人民政府、郴州市人民政府、湘投控股集团、华天实业控股集团、省烟草专卖局（公司）、湖南中烟公司等单位负责人参加了会议。会议听取了湘西自治州委、州人民政府关于湘西自治州工作情况的汇报。

会议指出，党中央、国务院高度重视民族地区发展，2013年，习近平总书记到湖南的第一站就到湘西自治州，前不久李克强总理在听取全省汇报时专门强调湘西地区发展。省委、省政府坚决贯彻落实习近平总书记视察湘西自治州时的重要讲话精神和党中央、国务院促进民族地区民展的决策部署，从资金安排、项目建设、生产发展、公共服务和对口扶持等方面，切实加大了对自治州的支持力度。湘西自治州立足自身实际，提出了“三个瞄准”工作思路，以高海拔地区为重点的面上扶贫和十八洞村示范扶贫等工作有序推进。但也要看到，虽然近年来湘西自治州的经济社会发展取得了长足进步，但与全省平均水平、与大湘西地区其他市相比，还存在较大差距。因此，加大湘西自治州扶贫攻坚力度，不仅是发展任务，更是政治责任。要进一步落实习近平总书记的重要指示精神，以迎接湘西自治州60周年州庆为契机，举全省之力加快湘西自治州扶贫开发和改革发展步伐，促进湘西自治州与全省同步建成全面小康社会。

会议强调，把湘西自治州作为全省扶贫开发的主战场，是历届省委、省政府一以贯之的扶贫工作方针。要继续加大对口扶持和工作倾斜力度，促进湘西自治州各族人民尽快脱贫致富。一要大力实施精准扶贫。要根据湘西自治州各县市、乡、村不同的基础、优势和特点，根据每个贫困地区和家庭不同的情况，实行一乡一策、一村一策，提高扶贫工作的精准度、针对性和有效性。当前要扎实抓好最低生活保障、新农合和新农保、农村教育、基层组织建设等工作，把医疗、教育、饮水、住房、交通、疾病控制、社会保障等事关老百姓切身利益的事情办好，不断提高基本公共服务水平。二要加大政策倾斜和支持力度。省直各部门在制定相关政策、措施、规划和争取中央支持时，要充分考虑湘西自治州的发展实际，有针对性地实行倾斜和照顾。要结合完善全面建成小康社会规划、研究制订“十三五”规划，对湘西自治州的基础设施、产业发展、民生事业和生态保护等方面给予重点支持。三要创新扶贫工作机制。在扶贫方式上，要以提高针对性和实效性为重点，加大对口扶持力度；在扶持方向上，要按照习近平总书记的要求，以增强自身造血功能为重点，把扶贫开发与做好农业、农村、农民工作结合起来，同发展基本公共服务结合起来，同保护生态环境结合起来，向增强农业综合生产能力和整体素质要效益。在扶贫组织上，要以调动各方积极性为重点，鼓励引导各类企业、社会组织和个人，以多种方式参与扶贫开发。

会议强调，经过近60年的发展，湘西自治州已经站在新的历史起点上。从国家层面看，国家实施

“一带一部”战略，加快推进“丝绸之路”建设，以及启动实施武陵山片区区域发展与扶贫攻坚试点等，将对湘西自治州的发展产生重要的推动作用。从省层面看，为迎接建州60周年州庆，省将在政策、项目、资金等方面进一步加大支持力度，帮助湘西自治州加快发展步伐。湘西自治州要充分利用好州庆前的3年多时间，实现全面发展和进步，力争迈出全面建成小康社会的坚实步伐。一是坚定加快发展不动摇。要始终坚持以经济建设为中心，奋楫争先，激发全面深化改革的内生动力，促进经济社会又好又快发展。要按照中央和省里深化改革的部署，全面深化各项改革。二是抓好一批带动力强、人民群众得实惠的项目。湘西自治州的发展，关键在项目。要抢抓60周年州庆的机遇，多方争取支持，多方争取资金，在认真认证、科学规划的基础上，进一步抓好一批既管当前、更利长远的大项目、好项目。要坚持产业优先、民生优先、基础设施建设优先，坚决不搞华而不实的形象工程、面子工程，一定要让人民群众实实在在感受到改革发展成果。三是始终注重保护好生态环境。任何时候都必须守住生态环境这条底红，任何时候都要把保护生态环境放在首位，把发挥好特色优势放在优先位置，绝不能为了一时的经济增长和税收收入的增加，造成生态环境的破坏。要经过全省的努力，把湘西自治州建设成为生态优良、经济发展、人民幸福的美好家园。四是大力发扬自力更生、艰苦奋斗的优良传统。湘西自治州全面建成小康事业的主体是全州各族人民。千方百计调动全州各族人民抓发展、谋发展的积极性和主动性，在用好、用活、用足国家支持政策的同时，充分激发和保护全州人民思富求快的激情和热情，最大限度凝聚起脱贫致富、共建小康的强大合力。

会议研究议定了以下事项：

一、支持重点项目建设。同意省发改委提出的重点支持项目安排等方面的建议，各有关部门要抓好落实。

二、继续落实省委、省人民政府湘发〔2012〕4号文件精神。文件中涉及的财税、金融等方面的政策，省财政厅等部门抓好落实。

三、加大资金支持力度。遵循“用途不变、分头管理、突出重点、各记其功”的原则，加大扶贫资金整合力度，省级财政扶贫专项资金用于湘西自治州的比例，不低于35%；由省财政大哥大牵头，按照5%-8%的比例切块省级有关专项资金，用于湘西自治州重点项目建设和民生事业发展。

四、加大政策支持力度。一是金融政策支持，为支持湘西自治州企业融资，由省财政厅研究提出省财政担保公司与湘西自治州共同组建担保公司的方案，报省政府审定。二是退耕还林政策支持，待国家第二轮退耕还林计划下达后，按照上一轮退耕还林支持的标准，优先安排湘西自治州。三是支持规范公务员津补贴工作，湘西自治州公务员津补贴补助缺口资金，省财政专项补助一部分，年终省财政对账后与绩效奖励资金一并支持解决，确保州本级公务员津补贴每人每年达到27000元、县市公务员津补贴每人每年达到22000元的标准。四是财政转移支付支持，由省财政厅研究提出在均衡性转移支付、民族转移支付、重点生态功能区转移支付、县级基本财力保障机制补助资金安排上给予倾斜的方案，报省政府审定。

五、加大对口帮扶力度。积极开展新一轮对口扶持，长沙市、衡阳市、株洲市、湘潭市、岳阳市、常德市对口扶持不变，新增郴州市对口扶持凤凰县，下一步统筹研究省直部门对口支持工作。2014年上半年，上述7市人民政府主要负责人要带队赴对口扶持县调研，围绕湘西自治州60周年州庆，提出三年帮扶计划，扶持方式以增强造血功能为主，加大基础设施改善力度，提升农业生产能力效益。对口帮扶工作要在州庆前取得新的成效。

六、支持60周年州庆各项工作。省政府将适时专题研究60周年州庆有关工作。湘西自治州60周年州庆专项资金安排由省民委研究提出意见报省政府审批。

七、积极争取国家支持。省直各部门要按照职责分工，积极向国家相关部委争取对湘西自治州的支持。

八、抓好其他几项具体工作。一是支持泸溪县水电公司改制工作，水电公司欠缴的养老保险费用改制后由省财政和州、县共同支持予以解决。二是支持湘西经开区标准厂房建设，首期支持建设2万平方米。三是华天集团湘西州项目启动后省里给予适当支持。

中共湖南省委办公厅湖南省人民政府办公厅印发《关于创新机制扎实推进农村扶贫开发工作的实施意见》的通知

湘办发〔2014〕8号

各市州、县市区委，各市州、县市区人民政府，省直机关各单位：

《关于创新机制扎实推进农村扶贫开发工作的实施意见》已经省委、省人民政府同意，现印发给你们，请结合实际认真贯彻执行。

中共湖南省委办公厅
湖南省人民政府办公厅
2014年2月27日

关于创新机制扎实推进农村扶贫开发工作的实施意见

全面贯彻落实党的十八大和十八届二中、三中全会以及习近平总书记视察湖南时的重要讲话精神，落实中共中央办公厅、国务院办公厅印发的《关于创新机制扎实推进农村扶贫开发工作的意见》（中办发〔2013〕25号），努力实现《湖南省农村扶贫开发实施纲要（2011—2020年）》（以下简称《纲要》）提出的各项目标任务，必须进一步增强责任感和紧迫感，切实把扶贫开发工作摆到更加重要、更加突出位置；必须以改革创新为动力，着力消除体制机制障碍，增强内生动力和发展活力，加大扶持力度，集中力量解决突出问题，加快全省贫困地区贫困群众脱贫致富、全面建成小康社会步伐。

一、深化改革，创新扶贫开发工作机制

当前和今后一个时期，扶贫开发工作要坚持解放思想，深化改革，创新机制，下沉工作重心，瞄准贫困对象，整合资源，形成扶贫工作的强大合力。

（一）改进贫困县考核机制。在国家和省扶贫开发工作重点（片区）县（以下简称重点县）进行考核机制改革。以湖南省全面建成小康社会考评指标体系为基础，按照中央组织部《关于改进地方党政领导班子和领导干部政绩考核工作的通知》和国务院扶贫开发领导小组《扶贫开发工作考核办法（试行）》的要求，进一步完善考核指标，健全考核机制，由主要考核贫困地区生产总值向主要考核扶贫开发工作成效转变，把提高贫困人口生活水平和减少贫困人口数量作为主要指标，引导贫困地区党政领导班子和领导干部把工作重点放在扶贫开发上。研究建立重点县退出机制，建立扶贫开发效果评估体系。（省委组织部、省委政研室、省扶贫办、省统计局、国家统计局湖南调查总队等。列在首位的为牵头单位，其他单位按职责分工负责，下同）

（二）建立精准扶贫工作机制。依据国家制定的扶贫对象识别办法，在已有工作基础上，坚持扶贫开发和农村最低生活保障制度有效衔接，按照县为单位、规模控制、分级负责、精准识别、动态管理的原则，对每个贫困村、贫困户建档立卡，实行信息化管理。深入分析致贫原因，落实帮扶责任，制定差异化的扶持政策，帮助贫困村、贫困户编制脱贫计划和产业发展规划，探索直接帮扶、委托帮扶和股份合作等有效帮扶方式，集中力量予以扶持，切实做到真扶贫、扶真贫，确保在规定时间内达到

稳定脱贫目标。（省扶贫办、省民政厅、省农办、省人力资源和社会保障厅、省统计局、国家统计局湖南调查总队、团省委、省残联等）

（三）健全干部驻村帮扶机制。在现有工作基础上，建立和完善驻村工作队（组）制度。分期分批安排，确保每个贫困村都有驻村工作队（组），每个贫困户都有帮扶责任人。各地要认真制定驻村帮扶规划，省直驻村工作队（组）重点帮扶国定贫困村和高寒山区村。驻村工作队（组）要协助基层组织贯彻落实党在农村的各项政策，积极参与扶贫开发各项工作，协调资金项目，提供信息技术服务，帮助贫困村、贫困户脱贫致富。落实保障措施，建立激励机制，实现驻村帮扶长期化、制度化。（省委组织部、省扶贫办、省国资委、省委政研室等）

（四）改革财政专项扶贫资金管理机制。加大财政专项扶贫资金管理改革力度，增强资金使用的针对性和实效性，项目资金要到村到户，切实使扶贫资金直接用于扶贫对象。实行财政专项扶贫资金因素法分配改革，扶贫资金分配与工作考核、资金使用绩效评价结果相结合，引入竞争机制，以扶贫成效作为资金分配导向，激发工作活力。简化资金拨付流程，项目审批权限原则上下放到县。以扶贫攻坚规划和重大扶贫项目为平台，整合扶贫资金和各类相关涉农资金，集中解决突出贫困问题。积极探索政府购买公共服务、金融机构参与扶贫开发等有效做法。省、市两级政府主要负责扶贫资金和项目监管，县级政府负责抓好扶贫项目实施。各级人大常委会要加强对资金审计结果的监督，管好用好资金。积极发挥审计、纪检、监察等部门作用，加大违纪违法行为查处力度。逐步引入社会力量，发挥社会监督作用。（省扶贫办、省财政厅、省发改委、省纪委、省监察厅、省审计厅等）

（五）完善金融服务机制。充分发挥政策性金融的导向作用，支持贫困地区基础设施建设和主导产业发展。引导和鼓励商业性金融机构创新金融产品和服务方式，增加贫困地区信贷投放。配合农村产权制度改革，推动县域农村资产评估中心建设，探索资产资源要素抵押贷款新模式。在防范风险前提下，加快推动农村合作金融发展，增强农村信用社支农服务功能，规范发展村镇银行、小额贷款公司和贫困村资金互助组织。建立健全扶贫开发工作部门与金融机构的沟通交流机制，完善扶贫贴息贷款政策，增加财政贴息资金，扩大扶贫贴息贷款规模。进一步推广小额信用贷款，推进农村青年创业小额贷款和妇女小额担保贷款工作。推动金融机构网点向贫困乡镇和社区延伸，改善农村支付环境，加快信用户、信用村、信用乡（镇）建设，发展农业担保机构，扩大农业保险覆盖面。通过创新金融服务机制，改善对农业产业化龙头企业、家庭农场、农民合作社、农村残疾人扶贫基地等经营组织的金融服务。（人民银行长沙中心支行、省财政厅、省政府金融办、省民政厅、湖南银监局、湖南保监局、省扶贫办、省人力资源和社会保障厅、团省委、省妇联、省残联等）

（六）创新社会参与机制。建立和完善广泛动员社会各方面力量参与扶贫开发制度。充分发挥定点扶贫、对口扶贫、驻村扶贫在社会扶贫中的引领作用。支持各民主党派、工商联和无党派人士参与扶贫工作，鼓励引导各类企业、社会组织和个人以多种形式参与扶贫开发。建立信息交流共享平台，形成有效协调协作和监管机制。全面落实企业扶贫捐赠税前扣除、各类市场主体到贫困地区投资兴业等相关支持政策。支持驻湘部队积极参与地方扶贫开发，实现军地优势互补。省扶贫开发领导小组按有关规定进行社会扶贫表彰，并加强扶贫经验、典型和品牌的公益性宣传。（省扶贫办、省委组织部、省委统战部、省军区政治部、省民政厅、省财政厅、省人力资源和社会保障厅、省国税局、省地税局、省残联、省工商联、省广电局等）

二、注重实效，扎实解决突出问题

针对制约贫困地区发展的瓶颈，以全省武陵山和罗霄山两大集中连片特困地区为主战场，因地制宜，分类指导，注重实效，继续做好整村推进、易地扶贫搬迁、以工代赈、就业促进、生态建设等专项扶贫工作，找准切入点，进一步整合力量、明确责任、明确分工、明确目标、明确时限，组织实施扶贫开发 10 项重点工作，全面带动和推进各项扶贫开发工作。

（一）村级道路畅通工作。按照《湖南省农村公路建设规划》确定的目标任务，结合村镇行政区划调整和易地扶贫搬迁等工作，加大对贫困地区农村公路建设支持力度。加强安全防护设施建设和中小危桥改造，提高农村公路服务水平和防灾抗灾能力。不断完善路网结构，提高技术等级，保障群众安全便捷出行。到 2015 年，提高贫困地区县城通二级及以上高等级公路比例，稳步提高贫困地区农村客运班车通达率，基本解决贫困地区路不通、车难行等问题。到 2020 年，实现所有适宜通公路的建制村通公路，实现所有具备条件的建制村通水泥（沥青）路，建制村客运班线通达率达到 80%以上。（省交通运输厅、省发改委、省财政厅等）

（二）饮水安全工作。全力推进《湖南省农村饮水安全工程“十二五”规划》的实施，优先安排贫困地区农村饮水安全工程建设，加大建设资金投入。通过以城镇带动农村，建设一批标准化自来水厂。切实加强农村饮用水源保护和水质监测，确保供水安全。建立和完善农村饮水工程运行管护机制，确保农村饮水安全工程良性运行，长久发挥效益。到 2015 年，实现 100%的乡镇通自来水，全部解决列入国家“十二五”规划范围内的农村居民和学校师生饮水安全问题。到 2020 年，农村饮水安全保障程度和自来水普及率进一步提高。（省发改委、省水利厅、省卫生厅、省环保厅等）

（三）农村电力保障工作。与易地扶贫搬迁规划相衔接，加大农村电网升级改造工作力度。落实《全面解决无电人口用电问题三年行动计划（2013—2015 年）》，因地制宜采取大电网延伸以及光伏、风电光电互补、小水电、生物质能源等可再生能源分散供电方式。到 2015 年，全面解决无电人口用电问题。（省发改委、省能源局、省电力公司、省财政厅、省水利厅等）

（四）危房改造工作。制定贫困地区危房改造计划，对区域内现有农村危房，分步进行改造。积极增加财政性投入，创新融资模式，有效整合资金和项目，多措并举，切实解决农户住房安全问题。明确建设标准，确保改造户住房达到最低建设要求。制定和实施差异化扶持政策，提高造册登记的扶贫对象户（包括五保户、低保户和贫困残疾人家庭户）农村危房改造政府补助标准。启动贫困农户危房改造“百村示范、千村联动、万户安居”重点项目建设。加强对农村危房改造的管理和监督检查。完善现有危房改造信息系统，有步骤地向社会公开，引导社会资源参与扶贫建房。到 2020 年，完成贫困地区存量农村危房改造任务，重点解决农村贫困农户的住房安全问题。（省住房和城乡建设厅、省发改委、省扶贫办、省财政厅等）

（五）特色产业增收工作。围绕省确定的优质稻、蔬菜、食用菌、油茶、茶叶、中药材、水果、楠竹、烟叶、旱杂粮、畜禽养殖、水产养殖等优势特色产业，指导连片特困地区编制县级特色产业发展规划。加强规划项目进村到户机制建设，切实提高贫困户的参与度、受益度。积极培育新型农业经营主体，大力发展农民合作组织，提高贫困农户在产业发展中的组织程度。鼓励农业产业化龙头企业、农民合作社、家庭农场与贫困农户建立利益联结机制，促进贫困农户稳步增收。积极扶持农业龙头企业发展，加快企业技术改造升级，鼓励自主创新，延伸产业链条，提高产品附加值。深入推进科技特派员农村科技创业行动，发挥科技在特色产业发展中的支撑作用，增强竞争力。大力发展生态农业，保护青山绿水，不断提高贫困地区防灾避灾能力和农业现代化水平。加快农产品物流体系和市场体系建设，推进“农超对接”“农批对接”，逐步打造稳定的产供销一体化流通链条，构筑多层次的农产品流通渠道，完善流通网络。推动县域经济发展。到 2015 年，力争每个贫困农户掌握 1—2 项实用技术，至少参与 1 项养殖、种植、林下经济、设施农业等增收项目。到 2020 年，每个重点县初步构建特色支柱产业体系。（省发改委、省财政厅、省农业厅、省扶贫办、省林业厅、省商务厅、省科技厅、省供销合作总社等）

（六）乡村旅游扶贫工作。把旅游开发与绿色湖南建设有机结合起来，加快贫困地区旅游资源开发和生态建设。结合国省干线改造规划，加强精品景区和精品旅游线路的公路建设，完善旅游交通配套设施，打造方便快捷的旅游通道。扶持贫困地区旅游特色村镇、生态旅游示范区、自驾车营地、观光休闲农业等旅游新业态发展。完善贫困地区旅游公共服务体系，扶持贫困地区重点景区的游客服务中心、安全预警、旅游信息化等公共服务项目建设。支持贫困地区旅游纪念品、旅游食品、旅游工艺品、民族服装服饰等研发，培育旅游商品研发基地。围绕美丽乡村建设，结合交通基础设施建设、农村危房改造、生态搬迁、特色景观旅游村镇、历史文化名村名镇、少数民族特色村寨和传统村落及民居保护等项目建设，加大政策、资金扶持力度，促进休闲农业与乡村旅游业发展，带动农户脱贫致富。注重加强旅游区域生态建设和环境综合治理。到2015年，扶持约100个贫困村开展乡村旅游。到2020年，扶持约300个贫困村开展乡村旅游，带动农村劳动力就业。（省发改委、省旅游局、省环保厅、省住房和城乡建设厅、省农业厅、省林业厅等）

（七）教育扶贫工作。全面实施教育扶贫工程。科学布局农村义务教育学校，保障学生就近上学。努力改善贫困地区办学条件，对农村义务教育薄弱学校优先改造提质。切实推进农村公办幼儿园建设，不断丰富学前教育资源。实施农村教师定向培养专项计划，建立完善教师定期支教、挂职培训锻炼和交流制度，提高贫困地区师资队伍素质。逐步提高农村义务教育阶段困难家庭寄宿生生活补助标准，决不能让一名学生因为贫困失学或辍学。大力发展职业教育，加快构建与贫困地区产业体系发展相适应的现代职业教育培训体系，支持建设一批优质职业院校、实训基地和特色优势专业，加强农村中等职业学校和县级职教中心建设。广泛开展职业技能培训，使未继续升学的初高中毕业生等新成长劳动力都能接受适应就业需求的职业培训，加大“雨露计划”“同心温暖工程”等培训项目实施力度，切实提升贫困人口的就业能力。继续推进面向贫困地区定向招生专项计划和支援中西部地区招生协作计划的实施，不断增加贫困地区学生接受优质高等教育机会。到2015年，贫困地区义务教育巩固率达到90%以上，学前三年教育毛入园率达到60%，高中阶段教育毛入学率达到80%。到2020年，贫困地区基本普及学前教育，义务教育水平进一步提高，普及高中阶段教育，基础教育办学质量有较大提升，职业教育体系更加完善，教育培训就业衔接更加紧密，高等教育服务区域经济社会发展能力和继续教育服务劳动者就业创业能力持续提高。（省教育厅、省发改委、省财政厅、省扶贫办、省人力资源和社会保障厅、省公安厅、省农业厅、省委统战部等）

（八）卫生和计划生育工作。进一步健全贫困地区基层卫生计生服务体系，整合基层医疗卫生和计生服务资源，加大重大疾病和地方病防控力度，采取有效措施逐步解决因病致贫、因病返贫问题。加强贫困地区计划生育工作，加大对计划生育扶贫对象的扶持力度。加快医疗卫生服务体系和特色优势专科建设。鼓励社会办医，新增卫生资源优先考虑社会资本。提高医疗保健服务水平，加大出生缺陷三级预防和健康教育力度；加大基本医疗卫生人才队伍建设力度。完善农村贫困家庭医疗优惠政策，加大医疗救助力度，逐年提高报销范围、比例和补助水平。到2015年，贫困地区县、乡、村三级卫生计生服务网基本健全，县级医院的能力和水平明显提高，基本实现每个乡镇有1所标准化卫生院，每个乡镇卫生院至少有1名专科医生，每个行政村有1所卫生室；新型农村合作医疗参合率稳定在95%以上；逐步提高儿童医疗卫生保障水平，重大传染病和地方病得到有效控制。到2020年，贫困地区群众获得公共卫生和基本医疗服务更加均等，低生育水平持续稳定，逐步实现人口均衡发展。（省卫生厅、省人口和计生委、省发改委、省财政厅等）

（九）文化建设工作。加强贫困地区公共文化服务体系建设，提高服务效能，积极推进公共数字文化建设。统筹有线电视、直播卫星、农村广播、地面数字电视等多种方式，提高广播电视覆盖率。充分利用村级组织活动场所等现有设施，积极开展群众性文化活动。到2015年，基本建成以县级公共图书馆、文化馆和乡镇综合文化站为主干的公共文化设施网络。到2020年，全面实现广播电视户户通。（省文化厅、省广电局、省新闻出版局、省发改委、省财政厅等）

（十）贫困村信息化工作。推进贫困地区建制村接通符合国家标准的互联网，努力消除城乡“数字鸿沟”带来的差距。整合开放各类信息资源，为农民提供信息服务。每个村至少确定1名有文化、懂信息、能服务的信息员，加大培训力度，充分利用有关部门现有培训项目，着力提高其信息获取和服务能力。到2015年，重点县已通电的建制村，宽带覆盖率达到100%，基本解决重点县内义务教育学校和普通高中、职业院校的宽带接入问题。到2020年，自然村基本实现通宽带。（省经信委、省通信管理局、省农业厅、省科技厅、省教育厅、省扶贫办等）

三、加强领导，确保各项措施落到实处

各级党委、政府及有关部门要进一步提高思想认识，加强组织领导，努力为扶贫开发工作提供制度保障、资金保障和人才保障，营造良好氛围，狠抓工作落实。

（一）强化工作责任。贫困地区各级党委、政府及有关部门要进一步增强责任感和紧迫感，把扶贫开发工作列入重要议事日程，摆在突出位置，主要负责人要把工作重点放在扶贫开发上，牢固树立“抓扶贫开发就是抓全面小康”的意识，特别是重点县党委、政府要对本区域内扶贫脱困负总责，建立健全扶贫开发目标责任制，采取过硬措施，帮扶到村到户到人。各级各有关部门要结合党的群众路线教育实践活动，立足本职，转变作风，协调配合，扎实推进扶贫开发工作。加大考核力度，做到有目标、有计划、有措施、有检查、有奖惩，确保各项工作真正落到实处。加快推进扶贫立法工作，确保扶贫开发工作长期化、制度化、可持续。

（二）加大扶贫投入。扶贫开发是一项重要的民生工程，必须确保扶贫投入。各级政府要建立财政专项扶贫投入稳定增长机制，在切实增加扶贫投入的基础上，认真做好涉农资金整合工作，按照“统一规划、集中使用、性质不变、渠道不乱”的原则，整合各类资金，集中力量解决突出问题。要加强资金项目的监督管理，进一步加大公开公示力度，坚持阳光操作，充分发挥好财政扶贫资金的作用。要尊重贫困地区群众的主体地位，鼓励其发扬自力更生、艰苦奋斗精神，通过自身努力增加收入，改变落后面貌。

（三）加强队伍建设。各级党委、政府要加大贫困地区干部培训力度，重视扶贫开发工作队伍建设，提供必要的工作条件和经费保障。各级扶贫开发领导小组要认真履行职责，切实改进作风，深入调查研究，加强工作指导，总结推广经验，统筹协调各方面资源，发挥牵头协调作用。重点县要加强扶贫开发能力建设，充实工作力量。任务重的乡镇要有专门干部负责扶贫开发工作，其他乡镇也要明确兼职人员负责。要选好配强村级领导班子，加强村支“两委”班子建设，鼓励和选派思想好、作风正、能力强、愿意为群众服务的优秀年轻干部、退伍军人、高校毕业生到贫困村工作。充分发挥驻村工作队（组）作用。各级扶贫开发相关部门要加强思想、作风、廉政和效能建设，提高干部素质和执行力。

（四）营造良好环境。进一步加强扶贫开发宣传工作，弘扬中华民族扶贫济困传统美德，积极宣传推广扶贫先进典型和成功经验，引导和鼓励社会各界关注、参与和支持扶贫事业，激发贫困地区干部群众脱贫致富的信心和活力。

本实施意见所确定的牵头单位和各市州、各重点县，要制定具体实施方案，认真组织实施，把各项工作落到实处，并于每年 9 月底前将贯彻落实情况报送省扶贫开发领导小组，汇总后报告省委、省政府。

湖南省发展和改革委员会湖南省财政厅关于进一步规范和加强湘西地区开发产业发展专项资金支持项目及资金管理的通知

湘发改赈〔2014〕782 号

各有关市（州）、县（市、区）发改委（局）、财政局：

为深入实施湘西地区开发战略，进一步规范和加强湘西地区开发产业发展专项资金支持项目（以下简称湘西开发支持项目）及资金管理，提高资金使用效益，更好地发挥政策扶持和引导作用，现将有关事项及要求通知如下。

一、切实加强项目管理

（一）项目申报条件

1. 产业项目申报条件

（1）符合国家产业政策和当地经济社会发展规划，符合用地政策、城市建设规划和环保等建设条件。

（2）项目投产后能形成一定的经济规模，有良好的市场前景和较高的投入产出比，有利于当地经济增长、财政增效和城乡居民增收，有利于发挥当地资源优势，有利于扩大就业，增加就业岗位。

（3）属于当地主导产业及其产业链项目，特别是能发挥当地资源优势的生态文化旅游、农林产品精深加工、边贸物流、生物医药及科技含量高的优势工业等项目。

（4）项目总投资 5000 万元以上（农林产品精深加工项目、少数民族自治地区项目可适当放宽）。

（5）项目管理比较规范，各项制度健全，社会信誉良好，项目单位及其法人代表无违法违规行为。

（6）高污染、高耗能、国家禁止类和限制类、产能过剩行业扩能类、矿产开采及粗加工类项目不得申报。

2. 产业园区及园区基础设施项目申报条件

（1）必须是县级以上产业园区，园区现有基础和发展来势较好，产出效益高、上缴税收多、安排就业量大、带动作用强，单位土地面积投资强度大、能源消耗低、环境保护好、形成一定规模和产业特色，管理机构健全，服务体系完善且运作规范。

（2）园区基础设施项目必须符合园区建设规划、土地利用规划和产业发展规划。主要包括：标准化厂房，园区道路，垃圾污水处理等环保设施，工人宿舍楼或工人廉租房，能量系统优化工程、余热余压利用工程、绿色照明工程等重点节能工程，产业研发中心、公共采购中心、公共结算中心等公共服务平台。

（3）为产业园区提供服务的市政基础设施项目以及作为商品房开发的建设项目不予支持。

3. 引导资金项目申报条件

根据湘西地区产业发展需要，引导资金的使用方向为重点支持产业提升、产业融合、科技创新、平台建设、品牌建设等领域的项目。引导资金项目的申报条件为：

（1）项目属于国家《产业结构调整指导目录》鼓励类且符合当地特色优势产业发展方向，符合相关规划、行业准入条件。

（2）项目建成后效益好，技术含量高，比较优势突出，带动、示范作用强。

（3）已列入相关规划并已开工的在建项目或已具备开工条件的新建项目。

（4）已获得国家和省其他专项资金支持的项目原则上不再支持。

（二）项目申报、审核程序

1. 项目单位申报。项目单位按要求编制项目申报书并向项目所在地发改部门提出申请。

2. 县市审核。县（市、区）、市（州）发改部门会同财政部门对申报资格及申报材料的准确性、真实性等进行审查。对符合申请条件、申报资料齐备的项目由市（州）发改委汇总行文报省发改委。

3. 现场考察。省发改委商省财政厅组织考察组赴项目现场考察。

4. 专家评审。省发改委会同省财政厅委托有资质的中介机构，组织专家对项目的市场前景、技术可行性、风险性、效益性以及项目业主单位的经营管理水平进行评审。

5. 网上公示。根据专家评审意见，省发改委会同省财政厅提出拟支持的项目方案，在省发改委、省财政厅网站公示。

6. 领导审定。根据公示情况，项目名单报省湘西地区开发领导小组审定。

（三）项目申报资料要求

1. 项目申报单位应按要求编制项目申报书，主要包括以下内容：

（1）项目业主的基本情况和财务状况（含前两年度资产负债表、银行信用等级等）。

（2）项目的基本情况，包括建设背景、建设内容、总投资及资金来源、产品技术方案、市场分析、效益分析、各项建设条件落实及项目进展情况。产业园区及基础设施项目还需附建设规划等资料。

（3）项目批复文件（含项目审批、核准或备案文件，用地预审意见等批文，环评批复等），申报项目名称应与项目批复文件一致。

（4）项目区位图（按百度地图分辨率达 200 米的标准制作），总平面布置图和立体效果图，项目建设现状照片。

（5）项目申报单位对项目申报资料真实性负责的承诺书。

2. 申请引导资金的项目除上述资料外，还须填报《湘西地区开发产业发展引导资金申报表》。

（四）项目建设管理

1. 项目变更

湘西开发支持项目必须严格执行湘西地区开发有关政策规定，不得擅自改变主要建设内容和建设标准。由于不可抗拒或不可预见的原因，需要变更项目名称，调整项目建设内容和建设规模的，应由该项目原审批（核准、备案）部门发文确认，并报省发改委（湘西办）备案；项目业主更名的须提供工商行政管理部门出具的相关证明及证照等资料，报省发改委（湘西办）备案；项目业主变更的，必须报省发改委（湘西办）批准。

2. 项目管理

（1）湘西开发支持项目必须报当地统计部门建档入库，项目单位应按照统计部门要求，如实填报项目《固定资产投资统计基层标准表》。

（2）各级发改部门要认真填制《湘西地区开发省规划项目建设进度表》，由市州发改委（湘西办）分别于每年 1 月 15 日和 7 月 15 日前汇总上报省发改委（湘西办）。项目投资完成相关指标数据要与《固定资产投资统计基层标准表》中的统计部门数据一致。

（3）切实加强项目建设管理和监督。在项目建设过程中，各项目单位应在项目施工现场安装项目建设情况公示牌；各级发改部门应建立台账，按季度对项目实施情况、存在的问题进行分析，至少每半年赴项目现场检查一次，了解项目进展情况，准确掌握项目建设进度和投资完成情况，帮助项目单位及时解决问题。在项目竣工时，县（市、区）发改部门要组织开展自查验收，将有关验收资料报省发改委（湘西办）审查。省发改委（湘西办）不定期组织项目建设情况现场检查。

（4）对项目建设进展快、效益明显、工作成效突出的市（州）、县（市、区），按有关政策规定给予适当奖励。

二、进一步规范专项资金管理

（一）贴息资金管理

1. 贴息范围

（1）已纳入湘西地区开发产业发展贴息资金支持的项目，其固定资产投资贷款可以申报贴息（含银行出具证明用于固定资产投资的流动资金贷款），申报贴息的贷款总额不能超过项目累计完成固定资产投资的 80%。申报贴息的贷款必须能在人民银行征信中心企业信用信息基础数据库或湖南省农村信用社联合社查询。考虑到湘西地区融资难的实际情况，以下贷款可酌情给予贴息：

①企业法人代表以个人资产名义抵押并用于项目固定资产投资的贷款。

②项目单位的母公司贷款，转借给项目单位用于固定资产投资并支付利息的贷款。

③经省发改委、省财政厅认可的其它特殊情况

贷款。

(2) 下列情况贷款不予贴息：

①其它非金融机构给企业转借款。

②项目单位除法人代表外其它股东个人贷款。

③未用于固定资产投资的流动资金贷款。

④未按合同规定归还的逾期贷款利息、加息、罚息。

⑤已通过其他渠道获得国家或省财政贴息资金支持的同一笔贷款。

2. 贴息资金的申报、审核程序

(1) 项目单位申报。项目单位按省发改委、省财政厅关于申报贴息资金的通知要求，向所在地县（市、区）发改、财政部门报送申请贴息相关资料。

(2) 县（市、区）审查。县（市、区）发改、财政部门对申报资格及材料的准确性、真实性等进行审查，认真核查项目贷款合同、借款借据、利息清单的原件等相关支付资料，并现场核查有关内容，审核后报市（州）发改、财政部门。

(3) 市（州）审核。市（州）发改、财政部门对县（市、区）所报送的申报项目资料进行审核，并现场抽查有关内容，将符合条件的贴息项目联合行文报省发改委、省财政厅。

(4) 省审定。省发改委、省财政厅对申报资料进行审核，共同确定审核结果，并根据年度预算安排的贴息资金规模，按具体项目逐个核定并联合下达贴息资金计划。

3. 申报贴息资料要求

按要求填制《湘西地区开发产业项目贴息资金申报表》或《湘西地区开发产业园区贴息资金申报表》，并附下列资料：

(1) 通过贷款经办金融机构签章确认的贷款合同、借款借据、利息清单复印件。

(2) 其他渠道贷款用于项目建设的，必须附该项贷款进入项目建设专门账户的资金流向凭证和支付项目建设的资金凭证。

(3) 当地统计部门出具的该项目《固定资产投资统计基层标准表》，并加盖统计部门公章。该表中项目固定资产投资完成统计数据应与市县发改部门填制的《湘西地区开发产业项目建设进度表》中的数据一致，并作为省里审核支持项目固定投资完成额的主要依据。

(4) 项目投资完成相关资料，如项目征地面积、拆迁工程量、土建工程量、设备采购量以及主要的合同、大额款项支付发票凭证等，这些凭证资料应能证明该项目固定资产投资完成情况。

(5) 申报材料应按项目分别列示，不得打捆上报。项目贷款为打捆贷款的，应详细列清该项目具体使用的贷款金额。

4. 贴息核算原则

根据年度贴息资金规模，对同类项目按统一的贴息比率，确定每个项目的贴息额，对不同类型项目采用不同的贴息比率，对贴息额少的项目实行全额贴息，对贴息额较大的项目实行限额贴息。

（二）引导资金的安排

湘西地区开发产业发展引导资金采取直接补助的方式一次性安排。省发改委、省财政厅依据引导资金项目的现场考察和专家评审结果，根据年度预算安排的引导资金规模，制定引导资金安排方案，报省湘西地区开发领导小组审定后，下达引导资金安排计划。

（三）资金的拨付

1. 湘西地区开发产业发展专项资金由省财政厅通过国库拨付到市州或省直管县财政部门，再通过市县财政部门拨付到相关项目单位。

2. 相关市州、县（市、区）财政部门在收到湘西地区开发专项资金指标文件后，应迅速办理资金拨付手续，在 15 个工作日内商发改部门将资金足额拨付，并将资金拨付情况分别报省财政厅经建处和省发改委（湘西办）。

3. 湘西地区开发产业发展专项资金必须专款专用，任何地区、任何单位不得截留、挪用，不得将其用于平衡当年财力或改变其用途。

三、进一步落实项目和资金监管责任

（一）项目单位申报贴息支持的贷款资金必须通过清晰可查的渠道全部集中到项目单位的项目建设专门账户，且一直用于项目建设，或直接用于支付该项目某项工程的建设资金，凡发现有中途抽走贷款资金的，省发改委、省财政厅取消该项目的贴息资格，并收回贴息资金。

（二）项目单位有下列行为之一的，省发改委、省财政厅可以责令其限期整改，核减、停止或收回财政贴息资金和引导资金，取消该项目单位申报湘西地区开发产业发展专项资金资格 2—5 年，并可视情节轻重提请或移交司法机关，依法追究相关责任人的责任：

（1）提供虚假情况，骗取贷款贴息和引导资金的；

（2）转移、侵占或者挪用贷款贴息和引导资金的；

（3）擅自改变主要建设内容和建设标准的；

（4）无正当理由未及时建设实施的；

（5）其他违反国家法律法规和本通知规定的行为。

（三）各级发改、财政部门应严把审核关，若推荐上报的企业违反上述规定的，省发改委、省财政厅对负有审查责任的项目所在地发改、财政部门予以通报批评，并减少项目所在县（市、区或市本级）下一轮项目申报名额和引导资金安排额度；情节严重的，停止所在县（市、区或市本级）申报湘西地区开发产业发展专项资金资格 2 年。

（四）省发改委、省财政厅将定期或不定期对湘西地区开发产业发展专项资金使用情况及资金拨付情况进行检查，对延期拨付、挤占挪用湘西地区开发产业发展专项资金的部门予以通报，并减少或暂停对该地区资金的安排与拨付，或通过预算体制扣回所拨资金。

各级发改、财政部门要认真贯彻好本通知精神，强化责任意识，加强协调配合，形成工作合力；要积极开展自查自纠工作，把湘西地区开发各环节、各步骤的工作做实、做细、做到位；要进一步加大项目建设推进力度，加强项目调度管理，不断提高资金使用效益，确保湘西地区开发工作规范有序开展。

广东省民族宗教委　广东省民政厅
关于进一步加强社区民族工作的意见

各地级以上市民族宗教局、民政局，顺德区民政宗教和外事侨务局、农业局：

2011 年 12 月国家民委、民政部《关于加强新形势下社区民族工作的意见》（民委发〔2011〕204 号）下发以来，全省各地民族、民政部门加强指导，推动社区从实际出发开展民族工作，创建了一批省、市民族团结进步模范社区，探索了方法，积累了经验，取得了显著成绩。按照中央政治局委员、省委书记胡春华近期关于安定人心、维护民族团结大局的批示要求，为切实贯彻落实中央、国家关于加强社区建设、加强民族团结等一系列文件精神，总结推广全省社区民族工作的好做法好经验，促进各民族共同团结奋斗、共同繁荣发展，推进和谐社区建设，巩固全省民族团结的良好局面，现就进一步加强新形势下全省社区民族工作提出以下意见。

一、充分认识加强社区民族工作的重要意义

（一）社区已成为全省各民族交流交往的重要平台。随着工业化、信息化、城镇化、市场化、国际化深入发展，各民族群众跨区域流动活跃，经济文化交流频繁，影响民族团结的因素增多，民族工作的重点从边疆、农村和牧区，延伸到了发达地区尤其是城市，并最终汇聚在城市社区之中。全省已成为全国少数民族流动人口增长最快、数量最多的省份。截止 2013 年底，全省共有 341 万少数民族人口，其中 291 万工作生活在城市，260 万为流动人口。聚居少数民族 50 人以上的社区有 1127 个，录用少数民族员工 100 人以上的企业有 571 个。各民族交错居住在同一社区的现象日益普遍，社区民族工作任务日趋繁重。

（二）社区民族工作初见成效，仍有不少问题亟待解决。改革开放特别是进入新世纪以来，全省社区建设和社区民族工作成效显著。近年，各地城市社区以创建民族团结进步模范社区活动为契机，将少数民族纳入社区公共服务框架，发挥外来少数民族在社区居民自治组织中的作用，激发少数民族参与社区服务积极性，妥善化解涉及民族因素的矛盾纠纷，送达党和政府的殷切关怀，不断夯实社区民族团结进步基础，大力营造社区民族团结良好氛围，有力推进了民族团结进步，促进了社区和谐幸福。但是，我们也要清醒地认识到，全省社区民族工作仍存在着基础比较薄弱、服务管理水平有待提高、方法和机制亟须创新等问题。这些问题严重制约了新形势下社区民族工作的科学发展。

（三）加强社区民族工作具有重要意义。社区民族工作是城市民族工作的重要组成部分，也是社区工作的重要方面。加强社区民族工作，是增进民族团结、促进各民族共同繁荣发展的重要着力点；是夯实城市民族工作基础、服务和保障民生的重要切入点；是巩固党的执政基础、加强和创新社会管理、维护社会稳定的重要立足点。对于维护全省和谐稳定大局、促进经济社会发展、实现“三个定位、两个率先”总目标，都具有重要意义。各级民族、民政部门必须站在全省改革发展稳定的战略高度，进一步增强责任感和紧迫感，切实把社区民族工作摆在重要位置，与时俱进地务实推进。

二、明确加强社区民族工作的基本原则和主要目标

（四）坚持社区民族工作的正确方向。社区民族工作要坚持以邓小平理论、“三个代表”重要思想、科学发展观为指导，牢牢把握各民族共同团结奋斗、共同繁荣发展的主题，以和谐社区建设为依托，以创建民族团结进步模范社区为载体，以宣传教育、保障权益、完善服务为工作重点，整合社区工作资源，形成合力，巩固和发展平等团结互助和谐的社会主义民族关系，为全省实现“三个定位、两个率

先”总目标奠定更加坚实的基础。

（五）准确把握社区民族工作的基本原则。(1) 促进民族团结。使各族群众和睦融洽相处，共建社区和谐家园。(2) 加强人文关怀。针对社区内少数民族群众的不同风俗习惯和特殊生活需要，通过社区服务逐步帮助他们解决实际困难，适应社区生活。(3) 一切从实际出发。根据社区内少数民族人口居住、生活、工作等特点，确立社区民族工作的目标与重点。(4) 整合资源、统筹兼顾。将民族工作纳入社区公共服务、卫生、文化、治安、环境美化等各方面工作统筹考虑，充分发掘少数民族居民的优势，调动他们参与社区建设的积极性。

（六）今后五到十年的工作目标。在全省范围内建立一个比较健全的社区民族工作网络，培育一批热心民族工作的少数民族社团组织和社会工作者队伍，建成 100 个全省民族团结进步模范社区，创建一批全国民族团结进步创建活动示范单位，珠三角各市分别树立数个社区民族工作品牌。努力把社区建设成为全省各族群众团结和睦、安居乐业的幸福家园。

三、丰富创新社区民族工作的内容和载体

（七）推进民族团结宣传教育。把民族团结教育纳入公民道德教育和社会主义精神文明建设全过程。扎实组织每年 9 月的广东省民族团结进步宣传月活动，通过群众喜闻乐见的形式，广泛开展民族知识竞赛、文艺表演、少数民族传统体育运动等活动，弘扬少数民族优秀传统文化，宣传党的民族政策；要设立民族图书资料阅览室或专柜，订阅民族政策和知识的图书、报刊杂志等资料，为社区群众学习了解民族政策法律法规和民族知识提供方便。通过坚持不懈的民族团结宣传教育，增强社区各族群众的国家意识、公民意识和民族团结意识，增强对伟大祖国、中华民族、中华文化和中国特色社会主义道路的认同。

（八）开展民族团结进步创建活动。结合社区实际，采取有力措施，进一步创新形式、载体和手段，不断推进民族团结进步模范社区、模范单位建设。把创建活动纳入社区发展总体规划，与发展社区经济社会事业结合起来，与解决各族群众生产生活实际困难结合起来，与和谐社区建设、文明城市创建、社会管理综合治理等活动结合起来，逐步使创建活动成为便民、利民、惠民的民心工程。

（九）夯实社区民族工作基础。建立健全社区信息平台与基础档案，动态掌握社区内少数民族常住人口、暂住人口及其家庭经济状况、工作情况、子女入学、老人赡养等情况，并健全这些基础数据台帐。加强与少数民族中热心社区工作的积极分子、志愿者，以及困难帮扶对象等人员的联系，及时掌握少数民族居民的意愿、需求和生产生活中的困难，为社区民族工作的顺利开展打下扎实基础。要完善工作会议、联谊走访、信息交流、信访接待、台账资料等制度，并确保各项制度落实到位。

（十）加强社区服务体系建设。细化少数民族服务管理举措，引导和帮助少数民族流动人口尽快适应城市和社区生活。尊重少数民族风俗习惯，积极创造条件，为少数民族生产生活提供方便。积极提供就业信息、培训指导及公共政策咨询等服务，争取工商、税务等部门采取优惠政策帮助少数民族人员创业就业；有效防范拒载、拒住、拒租、拒卖、就业歧视等歧视少数民族的现象。面向少数民族群众开展法律援助、送医送药等关怀行动；在少数民族重点社区设立少数民族办事窗口、开通服务热线、设立服务中心，为各族群众提供方便快捷的办事渠道，努力创建社区“民族之家”。

（十一）创新社区民族工作形式。充分开发利用社会、社区资源，创新形式开展社区民族工作。利用政府购买服务、设立项目资金等方式，在少数民族人口较多的重点社区聘请民族社工，提升少数民族群众服务水平。引导和鼓励社区内的企事业单位、社会团体、志愿者积极参与社区民族工作，为各族群众提供针对性更强的便捷服务。

（十二）建设高素质的社区民族工作队伍。加强对社区民族工作者的宣传教育、培养任用，打造一支政策熟悉、业务熟练、政治坚定的社区民族工作队伍。组织社区工作者进行培训，学习民族政策法规和社会工作知识等，增强社区民族工作本领，不断提高服务群众和依法办事的能力。要重视培养少数民族代表人士，注意发掘少数民族社区工作者，让他们发挥熟悉所属民族历史文化，了解民族群众心理、愿望的优势，真正成为联系各族群众的桥梁和纽带。

（十三）促进各民族交流交往交融。充分利用展示橱窗、社区网站、市民学校、文化馆站、文化广场等活动阵地，为各族群众提供交流、联谊和参与社区建设的渠道。广泛开展丰富多彩、富有民族特色的群众性文体活动，活跃社区文化生活。采取“互帮”、“共建”等形式，促进各民族在社区内交流交往交融，共促社区和谐。

（十四）妥善处理涉及民族因素的矛盾纠纷。定期排查影响民族关系的不稳定因素，及时准确地掌握有关信息，做到早发现、早部署、早处理，力争把问题解决在社区、解决在萌芽状态。在社区矛盾纠纷处置机制、突发事件处置预案、应急指挥系统中，对涉及民族因素矛盾纠纷处置工作做出明确要求，提升处置工作水平。坚持具体问题具体分析，是什么问题就按什么问题处理，既不能把与民族关系无关的问题归入民族问题；又要有政治敏感性，充分认识涉及民族因素矛盾纠纷的特殊复杂性，绝不能把民族问题当做一般的社会问题来处理，切实维护各族群众的合法权益，维护民族团结、社会和谐。

四、加强对社区民族工作的组织领导

（十五）切实把社区民族工作摆上重要位置。各级民族、民政部门要积极推动有关地区和部门把社区民族工作摆上重要议事日程，加强对民族政策法规的学习掌握，加强对社区民族工作的研究。建立健全目标责任制，逐步将社区民族工作状况作为有关地区和部门干部考核的重要内容。少数民族人口较多、民族工作任务较重的街镇，要将社区民族工作作为有关干部选拔任用的重要依据。

（十六）创新社区民族工作的体制机制。在党委政府领导下，通过加强统筹协调，加强社区资源整合，逐步推动社区建立完善民族工作机制。少数民族人口较多、社区民族工作任务较重的街镇，要明确民族工作分管领导，配备民族工作专（兼）职干部；少数民族人口较多的社区要建立民族工作协调小组，配备民族工作联络员；在社区管理、服务信息系统中，增加民族工作和少数民族居民的内容；通过政府购买服务，聘请少数民族居民担任社区民族政策宣传员，宣传民族政策，开展民族文化交流工作；引入心理干预机制。

（十七）加强社区民族工作经费保障。各地要将社区工作经费、社区工作人员薪酬待遇、社区基础设施建设及维护经费、社区信息化建设经费等纳入政府财政预算，建立稳定的财政投入机制，保障社区民族工作。要积极争取财政支持，在有条件的地区探索政府购买服务方式，为社区少数民族群众提供服务。

（十八）加强社区民族工作的监督检查。各级民族、民政部门要采取定期与不定期相结合、上级检查与自查相结合等方式，加强对社区民族工作的监督检查。重点检查民族政策和有关法律法规贯彻落实情况。对查找出的问题，要督促街镇、社区提出切实可行的整改方案，务求取得实效。

广东省民族宗教委　广东省民政厅

2014 年 7 月 1 日

统计资料篇

分“民族自治地方”、“陆地边境县”、“牧区半牧区县”、“民族乡镇”、“全国少数民族发展情况”、“其他资料”6部分。涉及到的全国性统计数据均不包括台湾省和香港特别行政区、澳门特别行政区的资料。统计资料主要来源于国家政府主管部门、各级统计和民族工作部门。部分数据合计数或相对数由于单位取舍不同而产生的计算误差均未作机械调整。全部统计资料均经国家统计局国民经济综合统计司审核。

民族自治地方

一、行政区划

1-1 民族自治地方行政区划（2014年末）

省级		地级		县级		乡级
合计	行政区划单位	合计	行政区划单位	合计	行政区划单位	行政区划单位
5	5 自治区	77	33 地级市 11 地区 30 自治州 3 盟	707	81 市辖区 74 县级市 383 县 49 旗 117 自治县 3 自治旗	8006
河　北				6	6 自治县	126
内蒙古		12	9 地级市 3 盟	102	22 市辖区 11 县级市 17 县 49 旗 3 自治旗	769
辽　宁				8	8 自治县	151
吉　林		1	1 自治州	11	6 县级市 2 县 3 自治县	111
黑龙江				1	1 自治县	11
浙　江				1	1 自治县	19
湖　北		1	1 自治州	10	2 县级市 6 县 2 自治县	102
湖　南		1	1 自治州	15	1 县级市 7 县 7 自治县	305
广　东				3	3 自治县	23
广　西		14	14 地级市	110	36 市辖区 7 县级市 55 县 12 自治县	1123

*乡级行政区划单位不包括街道办事处。

1-1 续表

省级	地级		县级		乡级
行政区划单位	合计	行政区划单位	合计	行政区划单位	行政区划单位
海　南			6	6 自治县	60
重　庆			4	4 自治县	129
四　川	3	3 自治州	51	1 县级市 46 县 4 自治县	1221
贵　州	3	3 自治州	46	4 县级市 31 县 11 自治县	599
云　南	8	8 自治州	78	11 县级市 38 县 29 自治县	859
西　藏	7	3 地级市 4 地　区	74	3 市辖区 71 县	684
甘　肃	2	2 自治州	21	2 县级市 12 县 7 自治县	309
青　海	6	6 自治州	35	3 县级市 25 县 7 自治县	347
宁　夏	5	5 地级市	22	9 市辖区 2 县级市 11 县	193
新　疆	14	2 地级市 7 地　区 5 自治州	103	11 市辖区 24 县级市 62 县 6 自治县	865

1-2 民族自治地方县(旗)、市分布(2014年末)

地区	数量	县(旗)、市名称
河　北	6 自治县	秦皇岛市：青龙满族自治县 廊坊市：大厂回族自治县 承德市：宽城满族自治县、丰宁满族自治县、围场满族蒙古族自治县 沧州市：孟村回族自治县
内蒙古	9 地级市 3 盟 22 市辖区 11 县级市 17 县 49 旗 3 自治旗	* 呼和浩特市：新城区、回民区、玉泉区、赛罕区、土默特左旗、托克托县、和林格尔县、清水河县、武川县 * 包头市：昆都仑区、东河区、青山区、石拐区、白云鄂博矿区、九原区、土默特右旗、固阳县、达尔罕茂明安联合旗 * 乌海市：海勃湾区、海南区、乌达区 * 赤峰市：红山区、元宝山区、松山区、阿鲁科尔沁旗、巴林左旗、巴林右旗、林西县、克什克腾旗、翁牛特旗、喀喇沁旗、宁城县、敖汉旗 * 通辽市：科尔沁区、霍林郭勒市、科尔沁左翼中旗、科尔沁左翼后旗、开鲁县、库伦旗、奈曼旗、扎鲁特旗 * 呼伦贝尔市：海拉尔区、扎赉诺尔区、满洲里市、扎兰屯市、牙克石市、根河市、额尔古纳市、阿荣旗、莫力达瓦达斡尔族自治旗、鄂伦春自治旗、鄂温克族自治旗、新巴尔虎右旗、新巴尔虎左旗、陈巴尔虎旗 * 鄂尔多斯市：东胜区、达拉特旗、准格尔旗、鄂托克前旗、鄂托克旗、杭锦旗、乌审旗、伊金霍洛旗 * 乌兰察布市：集宁区、丰镇市、卓资县、化德县、商都县、兴和县、凉城县、四子王旗、察哈尔右翼前旗、察哈尔右翼中旗、察哈尔右翼后旗 * 巴彦淖尔市：临河区、五原县、磴口县、乌拉特前旗、乌拉特中旗、乌拉特后旗、杭锦后旗 兴安盟：乌兰浩特市、阿尔山市、科尔沁右翼前旗、科尔沁右翼中旗、扎赉特旗、突泉县 锡林郭勒盟：二连浩特市、锡林浩特市、阿巴嘎旗、苏尼特右旗、苏尼特左旗、东乌珠穆沁旗、西乌珠穆沁旗、太仆寺旗、镶黄旗、正镶白旗、正蓝旗、多伦县 阿拉善盟：阿拉善左旗、阿拉善右旗、额济纳旗
辽　宁	8 自治县	鞍山市：岫岩满族自治县 抚顺市：新宾满族自治县、清原满族自治县 本溪市：本溪满族自治县、桓仁满族自治县 丹东市：宽甸满族自治县 朝阳市：喀喇沁左翼蒙古族自治县 阜新市：阜新蒙古族自治县
吉　林	1 自治州 6 县级市 2 县 3 自治县	四平市：伊通满族自治县 白山市：长白朝鲜族自治县 松原市：前郭尔罗斯蒙古族自治县 延边朝鲜族自治州：延吉市、图们市、敦化市、珲春市、龙井市、和龙市、汪清县、安图县
黑龙江	1 自治县	大庆市：杜尔伯特蒙古族自治县
浙　江	1 自治县	丽水市：景宁畲族自治县
湖　北	1 自治州 2 县级市 6 县 2 自治县	宜昌市：长阳土家族自治县、五峰土家族自治县 恩施土家族苗族自治州：恩施市、利川市、建始县、巴东县、宣恩县、咸丰县、来凤县、鹤峰县

1.内蒙古行政区划中的旗相当于县。
2.表中有*号的为民族自治地方所辖地级市。

1-2　续表1

地　区	数量	县（旗）、市名称
湖　南	1 自治州 1 县级市 7 县 7 自治县	邵阳市：城步苗族自治县 永州市：江华瑶族自治县 怀化市：麻阳苗族自治县、新晃侗族自治县、芷江侗族自治县、靖州苗族侗族自治县、通道侗族自治县 湘西土家族苗族自治州：吉首市、泸溪县、凤凰县、花垣县、保靖县、古丈县、永顺县、龙山县
广　东	3 自治县	韶关市：乳源瑶族自治县 清远市：连山壮族瑶族自治县、连南瑶族自治县
广　西	14 地级市 36 市辖区 7 县级市 55 县 12 自治县	* 南宁市：青秀区、兴宁区、江南区、西乡塘区、良庆区、邕宁区、武鸣县、横县、宾阳县、上林县、隆安县、马山县 * 柳州市：柳北区、城中区、鱼峰区、柳南区、柳江县、柳城县、鹿寨县、融安县、三江侗族自治县、融水苗族自治县 * 桂林市：象山区、叠彩区、秀峰区、七星区、雁山区、阳朔县、临桂区、灵川县、全州县、兴安县、永福县、灌阳县、龙胜各族自治县、资源县、平乐县、荔浦县、恭城瑶族自治县 * 梧州市：长洲区、万秀区、龙圩区、岑溪市、苍梧县、藤县、蒙山县 * 北海市：海城区、银海区、铁山港区、合浦县 * 防城港市：港口区、防城区、东兴市、上思县 * 钦州市：钦南区、钦北区、灵山县、浦北县 * 贵港市：港北区、港南区、覃塘区、桂平市、平南县 * 玉林市：玉州区、福绵区、北流市、容县、陆川县、博白县、兴业县 * 崇左市：江州区、凭祥市、扶绥县、大新县、天等县、宁明县、龙州县 * 来宾市：兴宾区、合山市、象州县、武宣县、金秀瑶族自治县、忻城县 * 贺州市：八步区、昭平县、钟山县、富川瑶族自治县 * 百色市：右江区、田阳县、田东县、平果县、德保县、靖西县、那坡县、凌云县、乐业县、田林县、隆林各族自治县、西林县 * 河池市：金城江区、宜州市、罗城仫佬族自治县、环江毛南族自治县、南丹县、天峨县、凤山县、东兰县、巴马瑶族自治县、都安瑶族自治县、大化瑶族自治县
海　南	6 自治县	白沙黎族自治县、昌江黎族自治县、乐东黎族自治县、陵水黎族自治县、保亭黎族苗族自治县、琼中黎族苗族自治县
重　庆	4 自治县	石柱土家族自治县、秀山土家族苗族自治县、酉阳土家族苗族自治县、彭水苗族土家族自治县
四　川	3 自治州 1 县级市 46 县 4 自治县	绵阳市：北川羌族自治县 乐山市：峨边彝族自治县、马边彝族自治县 阿坝藏族羌族自治州：汶川县、理县、茂县、松潘县、九寨沟县、金川县、小金县、黑水县、马尔康县、壤塘县、阿坝县、若尔盖县、红原县 甘孜藏族自治州：康定县、泸定县、丹巴县、九龙县、雅江县、道孚县、炉霍县、甘孜县、新龙县、德格县、白玉县、石渠县、色达县、理塘县、巴塘县、乡城县、稻城县、得荣县、 凉山彝族自治州：西昌市、木里藏族自治县、盐源县、德昌县、会理县、会东县、宁南县、普格县、布拖县、金阳县、昭觉县、喜德县、冕宁县、越西县、甘洛县、美姑县、雷波县

1-2 续表2

地 区	数量	县（旗）、市名称
贵 州	3 自治州 4 县级市 31 县 11 自治县	遵义市：道真仡佬族苗族自治县、务川仡佬族苗族自治县 铜仁市：玉屏侗族自治县、印江土家族苗族自治县、沿河土家族自治县、松桃苗族自治县 毕节市：威宁彝族回族苗族自治县 安顺市：关岭布依族苗族自治县、镇宁布依族苗族自治县、紫云苗族布依族自治县 黔西南布依族苗族自治州：兴义市、兴仁县、普安县、晴隆县、贞丰县、望谟县、册亨县、安龙县 黔东南苗族侗族自治州：凯里市、黄平县、施秉县、三穗县、镇远县、岑巩县、天柱县、锦屏县、剑河县、台江县、黎平县、榕江县、从江县、雷山县、麻江县、丹寨县 黔南布依族苗族自治州：都匀市、福泉市、荔波县、贵定县、瓮安县、独山县、平塘县、罗甸县、长顺县、龙里县、惠水县、三都水族自治县
云 南	8 自治州 11 县级市 38 县 29 自治县	昆明市：石林彝族自治县、禄劝彝族苗族自治县、寻甸回族彝族自治县 玉溪市：峨山彝族自治县、新平彝族傣族自治县、元江哈尼族彝族傣族自治县 丽江市：玉龙纳西族自治县、宁蒗彝族自治县 普洱市：宁洱哈尼族彝族自治县、墨江哈尼族自治县、景东彝族自治县、景谷傣族彝族自治县、镇沅彝族哈尼族拉祜族自治县、江城哈尼族彝族自治县、孟连傣族拉祜族佤族自治县、澜沧拉祜族自治县、西盟佤族自治县 临沧市：双江拉祜族佤族布朗族傣族自治县、耿马傣族佤族自治县、沧源佤族自治县 楚雄彝族自治州：楚雄市、双柏县、牟定县、南华县、姚安县、大姚县、永仁县、元谋县、武定县、禄丰县 红河哈尼族彝族自治州：个旧市、开远市、蒙自市、弥勒市、屏边苗族自治县、建水县、石屏县、泸西县、元阳县、红河县、金平苗族瑶族傣族自治县、绿春县、河口瑶族自治县 文山壮族苗族自治州：文山市、砚山县、西畴县、麻栗坡县、马关县、丘北县、广南县、富宁县 西双版纳傣族自治州：景洪市、勐海县、勐腊县 大理白族自治州：大理市、漾濞彝族自治县、祥云县、宾川县、弥渡县、南涧彝族自治县、巍山彝族回族自治县、永平县、云龙县、洱源县、剑川县、鹤庆县 德宏傣族景颇族自治州：瑞丽市、芒市、梁河县、盈江县、陇川县 怒江傈僳族自治州：泸水县、福贡县、贡山独龙族怒族自治县、兰坪白族普米族自治县 迪庆藏族自治州：香格里拉市、德钦县、维西傈僳族自治县
西 藏	3 地级市 4 地区 3 市辖区 71 县	* 拉萨市：城关区、林周县、当雄县、尼木县、曲水县、堆龙德庆县、达孜县、墨竹工卡县 昌都市：卡若区、江达县、贡觉县、类乌齐县、丁青县、察雅县、八宿县、左贡县、芒康县、洛隆县、边坝县 山南地区：乃东县、扎囊县、贡嘎县、桑日县、琼结县、曲松县、措美县、洛扎县、加查县、隆子县、错那县、浪卡子县 日喀则市：桑珠孜区、南木林县、江孜县、定日县、萨迦县、拉孜县、昂仁县、谢通门县、白朗县、仁布县、康马县、定结县、仲巴县、亚东县、吉隆县、聂拉木县、萨嘎县、岗巴县 那曲地区：那曲县、嘉黎县、比如县、聂荣县、安多县、申扎县、索县、班戈县、巴青县、尼玛县、双湖县 阿里地区：普兰县、札达县、噶尔县、日土县、革吉县、改则县、措勤县 林芝地区：林芝县、工布江达县、米林县、墨脱县、波密县、察隅县、朗县

1-2　续表3

地　区	数量	县（旗）、市名称
甘　肃	2 自治州 2 县级市 12 县 7 自治县	天水市：张家川回族自治县 酒泉市：肃北蒙古族自治县、阿克塞哈萨克族自治县 张掖市：肃南裕固族自治县 武威市：天祝藏族自治县 临夏回族自治州：临夏市、临夏县、康乐县、永靖县、广河县、和政县、东乡族自治县、积石山保安族东乡族撒拉族自治县 甘南藏族自治州：合作市、临潭县、卓尼县、舟曲县、迭部县、玛曲县、碌曲县、夏河县
青　海	6 自治州 3 县级市 25 县 7 自治县	西宁市：大通回族土族自治县 海东市：民和回族土族自治县、互助土族自治县、化隆回族自治县、循化撒拉族自治县 海北藏族自治州：门源回族自治县、祁连县、海晏县、刚察县 黄南藏族自治州：同仁县、尖扎县、泽库县、河南蒙古族自治县 海南藏族自治州：共和县、同德县、贵德县、兴海县、贵南县 果洛藏族自治州：玛沁县、班玛县、甘德县、达日县、久治县、玛多县 玉树藏族自治州：玉树市、杂多县、称多县、治多县、囊谦县、曲麻莱县 海西蒙古族藏族自治州：格尔木市、德令哈市、乌兰县、都兰县、天峻县
宁　夏	5 地级市 9 市辖区 2 县级市 11 县	* 银川市：兴庆区、金凤区、西夏区、永宁县、贺兰县、灵武市 * 石嘴山市：大武口区、惠农区、平罗县 * 吴忠市：利通区、红寺堡区、青铜峡市、盐池县、同心县 * 固原市：原州区、西吉县、隆德县、泾源县、彭阳县 * 中卫市：沙坡头区、中宁县、海原县
新　疆	2 地级市 7 地区 5 自治州 11 市辖区 24 县级市 62 县 6 自治县	* 乌鲁木齐市：天山区、沙依巴克区、新市区、水磨沟区、头屯河区、达坂城区、米东区、乌鲁木齐县 * 克拉玛依市：克拉玛依区、独山子区、白碱滩区、乌尔禾区 自治区直辖县级市：石河子市、阿拉尔市、图木舒克市、五家渠市、北屯市、铁门关市、双河市 吐鲁番地区：吐鲁番市、鄯善县、托克逊县 哈密地区：哈密市、巴里坤哈萨克自治县、伊吾县 阿克苏地区：阿克苏市、温宿县、库车县、沙雅县、新和县、拜城县、乌什县、阿瓦提县、柯坪县 喀什地区：喀什市、疏附县、疏勒县、英吉沙县、泽普县、莎车县、叶城县、麦盖提县、岳普湖县、伽师县、巴楚县、塔什库尔干塔吉克自治县 和田地区：和田市、和田县、墨玉县、皮山县、洛浦县、策勒县、于田县、民丰县 昌吉回族自治州：昌吉市、阜康市、呼图壁县、玛纳斯县、奇台县、吉木萨尔县、木垒哈萨克自治县 博尔塔拉蒙古自治州：博乐市、阿拉山口市、精河县、温泉县 巴音郭楞蒙古自治州：库尔勒市、轮台县、尉犁县、若羌县、且末县、焉耆回族自治县、和静县、和硕县、博湖县 克孜勒苏柯尔克孜自治州：阿图什市、阿克陶县、阿合奇县、乌恰县 伊犁哈萨克自治州：奎屯市、伊宁市、伊宁县、察布查尔锡伯自治县、霍城县、巩留县、新源县、昭苏县、特克斯县、尼勒克县、霍尔果斯市 塔城地区：塔城市、乌苏市、额敏县、沙湾县、托里县、裕民县、和布克赛尔蒙古自治县 阿勒泰地区：阿勒泰市、布尔津县、富蕴县、福海县、哈巴河县、青河县、吉木乃县

主要统计指标解释

行政区划　指国家对行政区域的划分。根据宪法规定，民族自治地方的行政区域划分如下：（1）自治区分为地区（市、自治州）、县、自治县、市；（2）自治州分为县、自治县、市；（3）自治县分为乡、民族乡、镇。

二、综　合

2-1 民族自治地方国民经济与社会发展主要指标

指 标	总量指标						
	1990年	1995年	2000年	2005年	2010年	2013年	2014年
人口与就业							
人口 (万人)							
年底总人口	15296	16044	16818	17311	18531	18316	18755
#少数民族人口	6880	7232	7767	8239	8814	9018	9059
就业							
单位从业人员数 (万人)	1543	1672	1733	1202	1297	1464	1583
宏观经济							
地区生产总值 (亿元)		**4901**	**7486**	**15706**	**38989**	**59266**	**64369**
第一产业		1629	2022	3300	6198	8990	9573
第二产业		1747	2834	6419	18809	28569	29677
第三产业		1526	2629	5987	13982	21708	25120
人均地区生产总值 (元)		**3055**	**4451**	**8991**	**22060**	**33732**	**34320**
固定资产 (亿元)							
全社会固定资产投资总额		1444	2477	8358	29876	52908	58759
#国有单位	259.4	983	1553	3767	12046	18516	22693
财政 (亿元)							
公共财政预算收入	166.7	248	476	1026	3257	6101	6630
公共财政预算支出	304.4	595	1173	3050	10512	17461	19395
产 业							
农业							
耕地面积 (万公顷)	1763	1508	2086	2033	2380	2590	2130
灌溉面积 (万公顷)	764	838	936	1027	1156	1653	1054
农林牧渔总产值 (亿元)		2537	3200	5349	10374	17135	11352
主要农产品产量							
粮食产量 (万吨)	5373	5801	6381	7187	8308	9580	9780
棉花产量 (万吨)	47	95	146	188	248	352	368
油料产量 (万吨)	208	264	353	372	422	479	486
大牲畜年底头数 (万头)	5286	5618	5566	6153	6068	5368	5769
羊年底头数 (万只)	11362	11906	13076	16391	14885	15149	16339
猪年底头数 (万头)	5668	7240	8201	8526	8141	8511	8743
工业							
主要工业产品产量							
布 (亿米)	7.4	6.9	5.0	3.5	3.6	1.7	1.2
机制纸及纸板 (万吨)	94	191	175	273	385	509	481
成品糖 (万吨)	223	240	498	678	907	1283	1616
原煤 (亿吨)	1.2	1.7	1.5	3.8	10.4	13.5	12.9
原油 (万吨)	1265	1610	2292	2833	3059	3345	3698
发电量 (亿千瓦小时)	739	1187	1712	3052	6730	10455	11689
粗钢 (万吨)	368	700	647	1846	4005	4472	5092
生铁 (万吨)	417	555	725	2087	4447	5839	5400
水泥 (万吨)	1958	4296	5703	10156	21653	35513	36174
建筑业							
建筑业企业人数 (万人)			132	142	194	224	132
建筑业总产值 (亿元)			754	1656	5203	8221	6435
施工房屋面积 (万平方米)			9232	15964	35052	60197	1562406
竣工房屋面积 (万平方米)			5326	8072	15418	20339	665682

速度指标(%)								
指数（2014年为以下各年）						平均增长速度		
1990年	1995年	2000年	2005年	2010年	2013年	1991–2014年	1996–2014年	2001–2014年
122.6	116.9	111.5	108.3	101.2	102.4	0.9	0.8	0.8
131.7	125.3	116.6	110.0	102.8	100.5	1.2	1.2	1.1
102.6	94.7	91.3	131.7	122.1	108.1	0.1	-0.3	-0.6
	800.2	**518.9**	**298.1**	**125.4**	**108.6**		**11.6**	**12.5**
	282.1	214.7	162.9	109.9	106.5		5.6	5.2
	1370.5	814.0	390.5	131.1	103.9		14.8	16.2
	770.1	478.9	279.0	123.5	115.7		11.3	11.8
	1123.5	**771.0**	**381.7**	**155.6**	**101.7**		**13.6**	**15.7**
	4069.2	2372.2	703.1	196.7	111.1		21.5	25.4
8748.2	2309.5	1461.6	602.3	188.4	122.6	20.5	18.0	21.1
3977.3	2672.4	1394.3	646.0	203.6	108.7	16.6	18.9	20.7
6371.7	3259.2	1653.6	635.8	184.5	111.1	18.9	20.1	22.2
120.8	141.3	102.1	104.8	89.5	82.3	0.8	1.8	0.1
137.9	125.8	112.6	102.6	91.1	63.8	1.3	1.2	0.9
4407.7	316.1	240.8	176.7	112.3	66.3	17.1	6.2	6.5
182.0	168.6	153.3	136.1	117.7	102.1	2.5	2.8	3.1
783.8	389.4	251.9	196.0	148.3	104.5	9.0	7.4	6.8
233.4	183.9	137.5	130.5	114.9	101.5	3.6	3.3	2.3
109.1	102.7	103.6	93.8	95.1	107.5			
143.8	137.2	125.0	99.7	109.8	107.9			
154.2	120.8	106.6	102.5	107.4	102.7			
16.3	17.5	24.1	34.5	33.2	69.0	-7.3	-8.8	-9.7
511.6	251.8	274.4	176.4	125.0	94.6	7.0	5.0	7.5
726.0	674.8	324.4	238.3	178.2	126.0	8.6	10.6	8.8
1068.2	778.6	883.9	340.1	124.4	96.1	10.4	11.4	16.8
292.3	229.7	161.4	130.6	120.9	110.5	4.6	4.5	3.5
1582.1	985.1	682.6	383.0	173.7	111.8	12.2	12.8	14.7
1382.7	727.9	787.0	275.8	127.2	113.9	11.6	11.0	15.9
1295.0	973.5	745.0	258.8	121.4	92.5	11.3	12.7	15.4
1847.7	842.1	634.3	356.2	167.1	101.9	12.9	11.9	14.1
		100.4	93.3	68.0	58.9			0.0
		853.1	388.6	123.7	78.3			16.5
		16924.1	9786.8	4457.4	2595.5			44.3
		12499.0	8246.7	4317.4	3272.9			41.2

2-1 续表

指　　标	总量指标						
	1990年	1995年	2000年	2005年	2010年	2013年	2014年
邮电运输							
铁路营业里程　（万公里）	1.31	1.70	1.43	1.69	2.12	2.52	2.39
公路通车里程　（万公里）	29	33	42	59	91	103	112
邮电业务总量　（亿元）	9	78	297	892	2456	1527	778
邮路及农村投递							
线路总长度　（万公里）	88	107	110	110	127	190	136
国内商业							
社会消费品零售总额（亿元）	682	1692	2570	4874	11685	17988	20996
对外经济贸易							
进出口总额　（亿美元）			86	222	533	923	1081
出口额			50	126	331	609	725
进口额			36	95	202	314	356
国际旅游							
国际旅游人数　（万人次）			269	467	820	1436	2608
旅游外汇收入　（亿美元）			8	13	30	58	77
金融							
金融机构各项存款　（亿元）			7906	16324	46622	72957	66685
金融机构各项贷款　（亿元）			6548	11300	30579	52451	51456
教育、文化、卫生							
教育							
在校学生数　（万人）							
普通高等学校	13.6	18.6	34.2	100.0	161.9	178.7	185.3
普通中学	610	632	873	1082	1050	1000	1025
普通小学	1853	1889	1886	1668	1536	1438	1472
专任教师数　（万人）							
普通高等学校	2.8	3.7	3.6	6.3	9.5	10.3	10.7
普通中学	41.5	41.5	47.9	61.1	67.4	68.7	74.3
普通小学	84.8	85.8	89.9	88.1	90.7	86.1	77.4
文化							
出版数量							
图书　（万册）	30166	42275	42310	41958	43099	64114	68877
杂志　（万册）	7866	7881	8332	10280	8276	14583	22165
报纸　（万份）	79120	94985	123277	169518	174848	191760	240263
卫生							
医院、卫生院数　（万个）	1.06	1.23	1.25	1.18	1.20	1.25	1.37
医院、卫生院床位　（万张）	33.2	35.7	36.1	38.4	55.7	71.9	78.2
社会服务							
福利类收养单位床位数(万张)					27.3	38.0	36.3
城镇社区服务设施数　（个）					6188	9298	8388
城乡最低生活保障人数(万人)					1907.4	2079.6	1901.6

注：规模以上工业企业统计范围1998年至2006年签字全部国有及年主营收入在500万元及以上非国有工业企业；
2007至2010年为年主营业务收入在500万元及以上的工业企业；
2010年以后为年主营业务收入在2000万元及以上的工业企业。

速度指标(%)								
指数（2014年为以下各年）						平均增长速度		
1990年	1995年	2000年	2005年	2010年	2013年	1991－2014年	1996－2014年	2001－2014年
		167.4	141.4	112.6	94.8			3.7
381.2	337.2	264.3	189.9	122.8	108.7	5.7	6.6	7.2
					51.0			
154.2	127.1	123.9	123.7	107.1	71.3	1.8	1.3	1.5
3079.5	1240.7	817.0	430.8	179.7	116.7	15.4	14.2	16.2
		1262.2	488.0	202.7	117.1			19.9
		1458.6	573.2	218.6	119.0			21.1
		990.6	374.6	176.5	113.5			17.8
		969.4	558.4	318.0	181.6			17.6
		1022.8	603.2	257.4	133.2			18.1
		843.5	408.5	143.0	91.4			16.5
		785.8	455.4	168.3	98.1			15.9
1362.6	996.3	541.8	185.3	114.5	103.7	11.5	12.9	12.8
168.1	162.2	117.4	94.7	97.6	102.5	2.2	2.6	1.2
79.4	77.9	78.0	88.2	95.8	102.4	-1.0	-1.3	-1.8
383.9	290.5	295.4	170.6	113.5	104.2	5.8	5.8	8.0
179.0	179.1	155.1	121.6	110.1	108.1	2.5	3.1	3.2
91.2	90.2	86.0	87.8	85.3	89.9	-0.4	-0.5	-1.1
228.3	162.9	162.8	164.2	159.8	107.4	3.5	2.6	3.5
281.8	281.3	266.0	215.6	267.8	152.0	4.4	5.6	7.2
303.7	252.9	194.9	141.7	137.4	125.3	4.7	5.0	4.9
129.9	111.4	109.9	115.9	114.8	110.3	1.1	0.6	0.7
235.6	219.1	216.5	203.5	140.4	108.8	3.6	4.2	5.7
				132.7	95.3			
				135.6	90.2			
				99.7	91.4			

2-2 民族自治地方国民经济与社会发展主要指标占全国的比重

指 标	1990年	1995年	2000年	2005年	2010年	2013年	2014年
人口与就业							
年底总人口	13.38	13.25	13.27	13.36	13.82	13.46	13.71
单位从业人员	10.98	11.22	14.29	10.79	9.94	8.09	8.66
地区生产总值		**8.52**	**7.70**	**7.94**	**8.92**	**10.42**	**10.12**
第一产业		13.68	13.62	14.35	15.29	15.78	16.41
第二产业		6.50	6.19	6.62	8.55	11.44	10.92
第三产业		8.14	7.19	7.69	7.92	8.28	8.21
人均地区生产总值		60.54	56.65	63.98	67.00	80.49	73.60
全社会固定资产投资		**7.21**	**7.52**	**9.41**	**10.74**	**11.85**	**11.48**
国有单位固定资产投资	8.70	9.02	9.41	12.70	14.46	16.86	18.15
财政							
公共财政预算收入	8.60	8.31	7.42	6.80	8.02	8.84	8.74
公共财政预算支出	14.60	12.33	11.31	12.13	14.23	12.45	15.01
农业							
农业总产值	12.80	12.47	12.84	13.56	14.97	15.48	11.11
耕地面积	18.40						
灌溉面积	16.12	17.00	17.40	18.67	19.16	2.03	1.63
主要农牧产品							
粮食	12.00	12.43	15.75	14.85	15.20	17.35	16.11
棉花	10.40	19.84	33.11	32.89	41.68	55.96	59.61
油料	12.90	11.73	11.95	12.09	13.08	13.61	13.84
大牲畜年末头数	40.60	35.40	36.74	39.09	49.58	45.29	47.98
羊年末只数	54.10	43.00	45.04	43.98	53.00	52.17	53.90
猪年末头数	15.60	16.40	18.35	16.94	17.52	17.95	18.77
工业							
工业总产值	5.40	4.60	4.59	4.23	5.51		
主要工业产品							
布(混合数)	3.90	2.70	1.81	0.74	0.45	0.20	0.13
机制纸及纸板	6.86	6.80	7.06	5.05	3.92	4.48	4.08
成品糖	38.25	42.84	71.17	75.09	81.15	80.69	98.38
原煤	11.20	12.20	14.65	17.37	32.12	36.56	33.36
原油	9.10	10.70	14.06	15.66	15.07	15.97	17.49
发电量	11.90	11.80	12.63	12.33	16.00	19.37	20.69
粗钢	5.60	7.30	5.04	5.24	6.28	5.74	6.19

2-2 续表

指 标	1990年	1995年	2000年	2005年	2010年	2013年	2014年
生铁	6.68	5.27	5.53	6.32	7.45	8.24	7.57
水泥	9.34	9.03	9.55	9.55	11.51	14.70	14.52
木材	31.60	48.10	22.28				
建筑业							
建筑业总产值			4.50	4.77	5.42	5.16	3.64
运输							
铁路营业里程	24.50	31.10	24.30	22.41	23.28	24.46	21.38
公路线路里程	28.40	28.70	30.20	17.63	22.75	23.64	25.08
国内商业							
社会消费品零售总额	9.40	8.20	7.50	7.26	7.44	7.56	7.72
对外经济贸易							
进出口贸易			1.81	1.56	1.79	2.22	2.51
出口额			1.99	1.91	2.10	2.76	3.09
进口额			1.60	1.25	1.45	1.61	1.82
国际旅游							
国际旅游人数			4.17	4.42	7.04	11.12	20.29
旅游外汇收入			4.65	4.37	6.50	11.22	13.57
教育							
在校学生							
普通高等学校	6.59	6.40	6.15	6.40	7.25	7.24	7.27
普通中学	13.29	11.76	11.85	14.88	13.64	14.54	15.11
普通小学	15.14	14.32	14.49	15.35	15.45	15.36	15.57
专任教师							
普通高等学校	7.09	9.23	7.86	6.48	7.05	6.89	7.00
普通中学	13.68	12.44	11.96	12.82	13.38	13.44	14.42
普通小学	15.19	15.15	15.35	15.75	16.15	15.41	13.73
卫生							
医院卫生院数	17.00	18.10	18.78	19.68	19.84	19.99	21.68
医院卫生院床位数	12.70	12.60	12.25	11.96	11.77	11.63	11.85
卫生技术人员	12.50	12.40	7.91	10.66	10.85	10.68	8.64

注：1.本表中涉及民族自治地方GDP占全国的比重，分母为全国31个省(区、市)相加的合计数。
2.财政收支占全国的比重是指占全国地方财政收支的比重。

2-3 按区域分的国民经济和社会发展主要指标（2014年）(一)

指 标		全国总计	民族自治地方		东部地区	
			绝对数	占全国比重(%)	绝对数	占全国比重(%)
自然资源						
土地面积	(万平方公里)	960.0	613.3	63.9	91.6	9.5
人口						
总人口(年末)	(万人)	136782.0	18755.4	13.7	52169.0	38.1
国民经济核算						
国内(地区)生产总值	(亿元)	636139.0	64369.2	10.1	350101.0	55.0
第一产业		58336.0	9512.0	16.3	20132.0	34.5
第二产业		271764.0	29676.6	10.9	159086.0	58.5
第三产业		306038.0	25120.2	8.2	170883.0	55.8
人均国内(地区)生产总值	(元)	46629.0	34320.4	73.6	67109.0	143.9
固定资产投资						
全社会固定资产投资总额	(亿元)	512021.0	58759.3	11.5	206412.0	40.3
财政						
公共财政收入	(亿元)	75877.0	6630.2	8.7	40814.0	53.8
公共财政支出	(亿元)	129215.0	19395.5	15.0	51379.0	39.8
对外贸易						
货物进出口总额	(亿美元)	43015.0	1081.0	2.5	35411.0	82.3
出口额		23423.0	724.6	3.1	18846.0	80.5
进口额		19592.0	356.3	1.8	16565.0	84.5
农业						
主要农产品产量	(万吨)					
粮食		60703.0	9780.2	16.1	14768.0	24.3
棉花		618.0	368.4	59.6	132.0	21.4
油料		3507.0	485.5	13.8	813.0	23.2

中部地区		西部地区		东北地区	
绝对数	占全国比重 (%)	绝对数	占全国比重 (%)	绝对数	占全国比重 (%)
102.8	10.7	686.7	71.5	78.8	8.2
36262.0	26.6	36839.0	27.0	10976.0	8.1
138680.0	20.3	138100.0	20.2	57469.0	8.4
15351.0	26.3	16433.0	28.2	6421.0	11.0
68771.0	21.5	65441.0	20.4	27216.0	8.5
54558.0	17.9	56227.0	18.4	23832.0	7.8
38243.9	82.0	37487.4	80.4	52358.8	112.3
124250.0	24.6	129191.0	25.5	45899.0	9.1
13490.0	17.8	15875.0	20.9	5697.0	7.5
27612.0	21.4	38797.0	30.0	11428.0	8.8
2470.0	5.7	3342.0	7.8	1793.0	4.2
1584.0	6.8	2174.0	9.3	819.0	3.5
886.0	4.5	1168.0	6.0	974.0	5.0
18248.0	30.1	16158.0	26.6	11529.0	19.0
106.0	17.1	380.0	61.5		
1528.0	43.6	1001.0	28.5	167.0	4.7

2-3 续表

指 标		全国总计	民族自治地方		东部地区	
			绝对数	占全国比重(%)	绝对数	占全国比重(%)
工业						
主要工业产品产量						
原油	(万吨)	21143.0	3698.0	17.5	7866.0	37.2
发电量	(亿千瓦小时)	56496.0	11688.5	20.7	21272.0	37.7
粗钢	(万吨)	82231.0	5092.4	6.2	44502.0	54.1
水泥	(万吨)	249207.0	36174.1	14.5	86388.0	34.7
交通运输业						
铁路营业里程	(公里)	111821.0	23901.7	21.4	26507.0	23.7
公路里程	(公里)	4463913.0	1119730.9	25.1	1102793.0	24.7
旅客周转量	(亿人公里)	30097.4	2643.2	8.8	8741.4	29.0
货物周转量	(亿吨公里)	185837.0	12860.7	6.9	85237.4	45.9
邮电通信业						
邮电业务总量	(亿元)	21834.0	778.4	3.6	11790.0	54.0
国内商业						
社会消费品零售总额	(亿元)	271896.0	20995.9	7.7	140948.0	51.8
教育						
普通高等学校						
学校数	(个)	2529.0	221.0	8.7	980.0	38.8
招生数	(万人)	721.0	50.2	7.0	280.0	38.8
在校学生数	(万人)	2548.0	185.3	7.3	998.0	39.2
毕业生数	(万人)	659.0	45.8	6.9	262.0	39.8
卫生						
医院、卫生院数	(个)	981432.0	13734.0	1.4	319062.0	32.5
卫生技术人员	(万人)	1023.4	77.0	7.5	309.2	30.2
医院、卫生院床位数	(万张)	660.1	78.2	11.8	235.5	35.7
人民生活						
城镇居民可支配收入	(元)	28843.9	23754.9	82.4	33905.0	117.5
农村居民人均纯收入	(元)	10489.0	7942.6	75.7	13145.0	125.3

中部地区		西部地区		东北地区	
绝对数	占全国比重 (%)	绝对数	占全国比重 (%)	绝对数	占全国比重 (%)
549.0	2.6	7042.0	33.3	5686.0	26.9
11980.0	21.2	19943.0	35.3	3301.0	5.8
16833.0	20.5	12647.0	15.4	8249.0	10.0
68605.0	27.5	80972.0	32.5	13242.0	5.3
26040.0	23.3	43605.0	39.0	15669.0	14.0
1193364.0	26.7	1793824.0	40.2	373935.0	8.4
7388.9	0.2	5424.1	0.2	1908.8	0.1
32169.4	0.2	25880.2	0.1	15750.6	0.1
3982.0	18.2	4656.0	21.3	1406.0	6.4
56145.0	20.6	49850.0	18.3	24953.0	9.2
668.0	26.4	627.0	24.8	254.0	10.0
199.0	27.6	178.0	24.7	64.0	8.9
695.0	27.3	621.0	24.4	235.0	9.2
185.0	28.0	154.0	23.4	58.0	8.9
273276.0	27.8	312533.0	31.8	76561.0	7.8
185.1	24.4	201.7	26.6	62.0	8.2
174.9	26.5	190.0	28.8	59.8	9.1
24733.0	85.7	24391.0	84.6	25579.0	88.7
10011.0	95.4	8295.0	79.1	10802.0	103.0

2-3 按区域分的国民经济和社会发展主要指标（2014年）(二)

指 标		全国总计	民族自治地方	
			绝对数	占全国比重 (%)
县级行政区域单位数	**(个)**	**2854**	**707**	**24.8**
土地面积	**(万平方公里)**	**960**	**613**	**63.9**
人口				
总人口(年末)	(万人)	136782.0	18755.4	13.7
国内(地区)生产总值	**(亿元)**	**636139.0**	**64369.2**	**10.1**
第一产业		58336.0	9572.9	16.4
第二产业		271764.0	29676.6	10.9
第三产业		306038.0	25120.2	8.2
人均国内(地区)生产总值	(元)	46629.0	34320.0	73.6
固定资产投资				
全社会固定资产投资总额	(亿元)	512021.0	58759.3	11.5
财政				
公共财政收入	(亿元)	75877.0	6630.2	8.7
公共财政支出	(亿元)	129215.0	19395.5	15.0
农业				
农林牧渔业总产值	(亿元)	102226.1	11352.3	11.1
粮食	(万吨)	60702.6	9780.2	16.1
肉类总产量	(万吨)	8706.7	1667.1	19.1
工业				
规模以上工业总产值	(亿元)			
教育				
普通中学				
学校数	(个)	65876.0	20591.0	31.3
在校学生数	(万人)	6785.1	1024.9	15.1
专任教师数	(万人)	515.1	74.3	14.4
普通小学				
学校数	(个)	201377.0	42286.0	21.0
在校学生数	(万人)	9451.1	1471.7	15.6
专任教师数	(万人)	563.4	77.4	13.7
卫生				
医院、卫生院数	(个)	981432.0	13734.0	1.4
卫生技术人员	(万人)	759.0	88.4	11.7
医院、卫生院床位数	(万张)	660.1	78.2	11.8
人民生活				
农村居民人均纯收入	(元)	9892.0	7942.6	80.3

牧区半牧区县		陆地边境县		青海等省藏区	
绝对数	占全国比重 (%)	绝对数	占全国比重 (%)	绝对数	占全国比重 (%)
268	**9.4**	**136**	**4.8**	**74**	**2.6**
417	**43.4**	**194**	**20.2**	**102**	**10.6**
4978.4	3.5	2369.5	1.7	550.0	0.4
20181.2	**3.4**	**8678.9**	**1.4**	**1685.7**	**0.3**
3579.0	6.5	1813.6	3.1	260.4	0.4
10147.2	3.6	3585.3	1.3	861.3	0.3
6455.0	2.4	3275.5	1.1	564.0	0.2
44944.1	109.9	36902.6	79.1	26565.9	57.0
15477.9	4.4	7500.0	1.5	2366.8	0.5
1332.3	2.0	613.2	0.4	159.9	0.2
4566.8	3.9	2318.0	1.5	1217.1	0.9
5910.0	6.3	2782.7	2.7	307.7	0.3
6689.4	12.0	2306.3	3.8	211.9	0.3
628.1	7.4	230.2	3.6	48.9	0.6
		8635.3			
2301.0	3.5	1111.0	1.7	318.0	0.5
212.6	2.9	100.0	1.5	35.3	0.5
20.6	3.9	8.4	1.6	1.7	0.3
10184.0	5.1	5338.0	2.7	1916.0	1.0
300.4	3.4	156.8	1.7	46.8	0.5
29.1	4.5	11.6	2.1	2.7	0.5
5142.0	7.3	1939.0	0.2	1117.0	0.1
18.7	2.4	9.4	1.0	2.4	0.3
16.3	2.4	8.3	1.3	1.9	0.3
8937.2	98.8	8399.8	84.9	6204.7	62.7

2-4 民族自治地方地区生产总值

年份	地区生产总值(亿元)	第一产业	第二产业	第三产业	地区生产总值构成(%)	第一产业	第二产业	第三产业
1992	2182.62	822.51	750.34	609.77	100	37.7	34.4	27.9
1993	2762.41	938.13	1072.35	751.93	100	34.0	38.8	27.2
1994	3976.93	1294.45	1450.44	1232.04	100	32.5	36.5	31.0
1995	4901.14	1628.55	1746.52	1526.07	100	33.2	35.6	31.2
1996	5658.35	1876.61	2208.18	1753.56	100	33.2	35.8	31.0
1997	6333.26	2047.92	2320.2	1965.14	100	32.3	36.6	31.1
1998	6589.84	2055.62	2381.01	2153.21	100	31.2	36.1	32.7
1999	6886.17	2007.83	2528.18	2350.16	100	29.2	36.7	34.1
2000	7486.15	2022.30	2834.43	2629.41	100	27.0	37.8	35.2
2001	8179.19	2088.98	3085.54	3004.67	100	25.5	37.7	36.8
2002	9015.06	2200.28	3438.70	3376.08	100	24.4	38.1	37.5
2003	10381.02	2455.72	4163.54	3761.76	100	23.7	40.1	36.2
2004	12518.62	2919.70	5347.60	4251.32	100	23.3	42.7	34.0
2005	15705.93	3300.20	6419.02	5986.71	100	21.0	40.9	38.1
2006	18659.12	3622.87	8089.54	6946.71	100	19.4	43.4	37.2
2007	22852.78	4311.54	10265.37	8275.88	100	18.9	44.9	36.2
2008	27940.20	5002.01	13202.16	9736.03	100	17.9	47.3	34.8
2009	32015.43	5243.11	14643.71	12128.61	100	16.4	45.7	37.9
2010	38988.79	6198.21	18808.87	13981.72	100	15.9	48.2	35.9
2011	47915.67	7242.74	23885.14	16787.79	100	15.1	49.8	35.0
2012	54078.62	8145.70	26550.14	19382.77	100	15.1	49.1	35.8
2013	59265.87	8989.72	28568.63	21707.52	100	15.2	48.2	36.6
2014	64369.23	9572.90	29676.60	25120.21	100	14.9	46.1	39.0

2-5 民族自治地方地区生产总值指数

(上年=100)

年份	地区生产总值	第一产业	第二产业	第三产业
1993	111.7	104.7	121.8	113.8
1994	113.8	107.1	118.8	114.7
1995	109.4	106.3	112.4	109.3
1996	110.6	110.1	112.3	109.1
1997	110.7	108.4	112.7	110.6
1998	108.8	105.7	111.3	109.0
1999	107.3	102.5	109.5	109.4
2000	107.9	101.7	109.2	111.8
2001	108.3	103.1	109.2	111.4
2002	110.2	105.4	112.4	111.3
2003	111.9	105.9	117.2	110.2
2004	113.4	106.7	119.0	111.7
2005	114.9	107.3	121.7	112.4
2006	114.4	106.2	119.7	113.3
2007	115.4	105.4	120.2	114.8
2008	113.8	106.4	117.1	112.9
2009	114.0	105.0	117.9	113.3
2010	114.0	105.6	118.2	112.1
2011	113.5	105.7	117.1	112.3
2012	112.0	106.1	114.5	111.0
2013	110.5	104.4	112.3	109.6
2014	108.6	105.8	110.3	109.1

2-6 民族自治地方分地区生产总值（2014年）

单位：亿元

地　区	地　区 生产总值	第一产业	第二产业			第三产业
				工　业	建筑业	
合　计	**64369.23**	**9572.90**	**29676.60**	**24226.37**	**5433.54**	**25120.21**
河　北	663.98	126.13	324.02	286.97	37.05	213.83
内蒙古	17770.19	1627.85	9119.79	7904.40	1217.62	7022.55
辽　宁	1229.64	253.13	551.73	489.76	62.45	424.78
吉　林	1444.82	201.68	667.83	616.02	51.91	575.32
黑龙江	133.41	39.83	71.80	70.69	1.11	21.79
浙　江	41.50	6.54	15.57	10.56	5.01	19.39
湖　北	777.17	192.14	271.39	224.82	46.57	313.64
湖　南	851.80	160.07	305.43	263.07	42.36	386.30
广　东	124.97	18.83	54.45	44.16	10.29	51.68
广　西	15672.89	2413.44	7324.96	6065.34	1263.87	5934.49
海　南	379.87	167.48	92.69	44.88	47.81	119.69
重　庆	465.67	80.23	225.31	163.18	62.13	160.13
四　川	1869.26	361.92	943.77	717.36	94.25	563.57
贵　州	2897.21	585.44	944.14	717.50	226.64	1367.63
云　南	5348.29	1224.84	2212.86	1658.66	557.09	1910.61
西　藏	920.83	91.64	336.84	66.16	270.68	492.35
甘　肃	475.81	77.98	161.03	138.67	29.05	236.80
青　海	1276.35	188.12	762.80	591.06	171.74	325.90
宁　夏	2752.10	216.99	1341.24	973.53	368.37	1193.87
新　疆	9273.46	1538.60	3948.96	3179.60	867.54	3785.90

2-7 民族自治地方分地区生产总值指数和人均地区生产总值（2014年）

地　区	地　区 生产总值 （以2013年为100）	第一产业	第二产业	第三产业	人均地区 生产总值 （元）
合　计	**108.6**	**105.8**	**110.3**	**109.1**	**34320**
河　北	106.3	103.3	106.1	107.5	34036
内蒙古	107.8	103.1	109.0	106.8	71044
辽　宁	106.6	101.9	109.1	105.6	38716
吉　林	103.7	103.3	102.8	105.5	41622
黑龙江	110.5	120.3	104.3	115.9	54902
浙　江	106.6	101.9	109.4	105.9	23940
湖　北	109.7	105.2	110.4	111.8	19903
湖　南	108.3	104.4	108.4	109.1	18073
广　东	109.4	105.1	109.8	110.8	30581
广　西	108.5	103.9	110.1	108.1	33090
海　南	106.7	105.2	108.1	112.5	25063
重　庆	109.7	105.1	113.1	107.6	23633
四　川	107.6	104.5	109.1	106.7	26054
贵　州	114.7	107.1	116.8	116.3	21369
云　南	115.8	113.2	117.3	115.5	23168
西　藏	110.8	104.2	114.6	109.5	29252
甘　肃	119.4	119.8	115.5	121.9	14774
青　海	114.4	112.3	109.1	112.3	39671
宁　夏	108.0	105.5	109.2	106.9	41834
新　疆	110.0	105.9	111.2	110.4	40607

2-8 民族自治地方分地区生产总值构成（2014年）

单位：%

地区	地区生产总值	第一产业	第二产业			第三产业
				工业	建筑业	
合计	**100**	**14.9**	**46.1**	**37.6**	**8.4**	**39.0**
河北	100	19.0	48.8	43.2	5.6	32.2
内蒙古	100	9.2	51.3	44.5	6.9	39.5
辽宁	100	20.6	44.9	39.8	5.1	34.5
吉林	100	14.0	46.2	42.6	3.6	39.8
黑龙江	100	29.9	53.8	53.0	0.8	16.3
浙江	100	15.8	37.5	25.4	12.1	46.7
湖北	100	24.7	34.9	28.9	6.0	40.4
湖南	100	18.8	35.9	30.9	5.0	45.4
广东	100	15.1	43.6	35.3	8.2	41.4
广西	100	15.4	46.7	38.7	8.1	37.9
海南	100	44.1	24.4	11.8	12.6	31.5
重庆	100	17.2	48.4	35.0	13.3	34.4
四川	100	19.4	50.5	38.4	5.0	30.1
贵州	100	20.2	32.6	24.8	7.8	47.2
云南	100	22.9	41.4	31.0	10.4	35.7
西藏	100	10.0	36.6	7.2	29.4	53.5
甘肃	100	16.4	33.8	29.1	6.1	49.8
青海	100	14.7	59.8	46.3	13.5	25.5
宁夏	100	7.9	48.7	35.4	13.4	43.4
新疆	100	16.6	42.6	34.3	9.4	40.8

2-9 全国民族自治区、自治州、自治县(旗)基本情况(2014年)(一)

地区	年末总人口(万人)	#少数民族	少数民族占总人口(%)	地区生产总值(亿元)	第一产业(亿元)	第二产业(亿元)
5个自治区合计	**10537.02**	**4636.90**	**44.01**	**46389.47**	**5888.52**	**22071.79**
内蒙古自治区	2505.00	552.09	22.04	17770.19	1627.85	9119.79
广西壮族自治区	4754.00	2077.00	43.69	15672.89	2413.44	7324.96
西藏自治区	317.55	303.02	95.43	920.83	91.64	336.84
宁夏回族自治区	662.00	241.75	36.52	2752.10	216.99	1341.24
新疆维吾尔自治区	2298.47	1463.04	63.65	9273.46	1538.60	3948.96
30个自治州合计	**5945.81**	**3592.30**	**60.42**	**15243.28**	**2990.23**	**6636.41**
吉林省						
延边朝鲜族自治州	214.58	86.14	40.14	846.42	73.29	426.26
湖北省						
恩施土家族苗族自治州	406.29	222.16	54.68	612.01	139.03	221.64
湖南省						
湘西土家族苗族自治州	293.99	231.52	78.75	457.00	69.02	156.84
四川省						
阿坝藏族羌族自治州	92.25	73.47	79.65	247.79	37.25	125.31
凉山彝族自治州	511.78	282.34	55.17	1314.30	253.30	693.39
甘孜藏族自治州	111.30	95.55	85.85	206.81	51.02	77.20
贵州省						
黔东南苗族侗族自治州	466.20	372.69	79.94	701.71	124.55	214.19
黔南布依族苗族自治州	406.08	237.21	58.41	801.75	151.25	294.89
黔西南布依族苗族自治州	351.87	138.64	39.40	670.96	113.42	240.55
云南省						
西双版纳傣族自治州	98.12	76.10	77.55	306.02	85.89	94.18
文山壮族苗族自治州	360.03	207.68	57.68	615.69	143.07	249.41
红河哈尼族彝族自治州	455.09	274.90	60.41	1127.09	196.79	581.36
德宏傣族景颇族自治州	126.40	60.50	47.86	248.34	72.30	78.87
怒江傈僳族自治州	54.10	50.13	92.65	100.12	17.01	32.88
迪庆藏族自治州	36.42	32.30	88.69	147.21	10.39	51.69
大理白族自治州	359.23	185.54	51.65	832.18	181.87	343.97
楚雄彝族自治州	263.63	93.49	35.46	701.78	156.28	297.33

第三产业 （亿元）	地区生产总值增长速度 （%）	人均地区生产总值 （元）	公共财政预算收入 （亿元）	公共财政 （亿元）	农民人均纯收入 （元）	规模以上工业企业数 （个）	规模以上工业企业资产总计 （亿元）
18429.16	**8.54**	**44186**	**5012.43**	**12863.52**	**8863**	**8353**	**56126.92**
7022.55	7.80	71044	1843.67	3879.98	9975	4413	27788.21
5934.49	8.50	33090	1422.28	3479.79	8683	217	14225.92
492.35	10.80	29252	124.27	1185.51	7359	76	102.24
1193.87	8.00	41834	339.86	1000.45	8410	1170	6976.46
3785.90	10.00	40607	1282.34	3317.79	8724	2477	7034.10
5616.64	**9.84**	**26566**	**1453.04**	**5417.59**	**7963**	**5401**	**18879.64**
346.87	7.00	35962	87.97	249.99	8466	461	900.04
251.34	9.50	18463	57.82	236.52	7194	455	451.35
231.14	8.30	17508	37.75	204.92	5891	230	227.49
85.23	5.60	27403	28.58	192.30	7866	102	534.05
367.61	8.50	28556	112.30	324.03	8264	360	534.05
78.58	4.20	18096	27.55	288.86	6307	48	534.05
362.97	14.40	20161	92.63	308.38	7939	367	506.11
355.61	14.50	24791	84.47	261.94	7265	473	884.85
316.99	14.60	23821	94.50	236.90	6345	376	596.04
125.95	12.20	26507	28.79	90.07	9155	70	242.53
223.20	12.00	17169	50.70	217.23	6998	158	560.66
348.94	10.00	24473	111.02	344.79	7726	245	1484.83
97.17	7.00	19796	31.00	121.72	7152	120	349.25
50.23	8.00	18540	9.33	63.36	4297	17	106.55
85.13	11.10	36187	14.49	101.14	5865	26	122.30
306.34	8.50	23182	75.28	243.57	7933	237	1009.76
248.17	11.00	25744	63.72	205.12	7570	239	593.54

2-9(一) 续表 1

地　　区	年　末总人口（万人）	#少数民族	少数民族占总人口（%）	地　区生产总值（亿元）	第一产业（亿元）	第二产业（亿元）
甘肃省						
临夏回族自治州	200.44	126.62	63.17	202.97	34.67	49.64
甘南藏族自治州	70.18	46.35	66.04	124.69	25.78	28.30
青海省						
海北藏族自治州	29.66	19.81	66.79	92.07	17.19	43.82
黄南藏族自治州	27.35	24.96	91.28	66.02	19.57	22.01
海南藏族自治州	45.90	35.02	76.30	126.32	30.67	60.78
果洛藏族自治州	19.42	18.14	93.41	36.14	5.96	15.65
玉树藏族自治州	40.46	40.15	99.23	56.49	25.93	20.27
海西蒙古族藏族自治州	41.25	12.91	31.30	512.29	25.64	380.23
新疆维吾尔自治区						
昌吉回族自治州	141.26	38.65	27.36	1060.87	241.11	517.61
巴音郭楞蒙古自治州	139.86	62.04	44.36	1118.78	184.69	684.32
克孜勒苏柯尔克孜自治州	59.64	55.30	92.72	89.24	13.11	28.66
博尔塔拉蒙古自治州	49.39	17.47	35.37	258.11	62.00	71.39
伊犁哈萨克自治州	473.64	276.89	58.46	1562.08	428.18	533.77
120个自治县(旗)合计	**3277.67**	**2125.90**	**64.86**	**8051.90**	**1865.63**	**3070.90**
河北省						
大厂回族自治县	12.68	2.64	20.82	71.14	10.94	29.99
孟村回族自治县	20.93	5.38	25.69	85.63	7.95	53.06
青龙满族自治县	56.47	39.84	70.54	108.58	25.38	41.97
丰宁满族自治县	40.86	29.09	71.19	91.62	22.88	38.32
围场满族蒙古族自治县	54.05	33.78	62.50	94.98	40.96	23.51
宽城满族自治县	25.82	17.27	66.89	212.03	18.02	137.16
内蒙古自治区						
鄂伦春自治旗	32.78	6.91	21.08	103.64	49.49	24.58
莫力达瓦达斡尔族自治旗	26.19	3.20	12.24	64.25	24.53	8.31
鄂温克族自治旗	14.30	6.04	42.27	109.03	8.33	75.46
辽宁省						
阜新蒙古族自治县	72.54	15.44	21.29	152.09	60.99	34.63
喀喇沁左翼蒙古族自治县	42.55	9.68	22.74	122.94	34.69	50.07
岫岩满族自治县	51.30	46.17	90.00	196.03	30.51	100.35

第三产业（亿元）	地区生产总值增长速度（%）	人均地区生产总值（元）	公共财政预算收入（亿元）	公共财政（亿元）	农民人均纯收入（元）	规模以上工业企业数（个）	规模以上工业企业资产总计（亿元）
118.66	10.90	10166	14.20	155.42	4127	52	
70.61	7.90	17818	10.33	124.86	4589		97.11
31.06	4.10	31250	6.15	62.05	9726	42	138.18
24.44	9.80	24915	2.53	57.23		6	
34.87	10.50	27660	7.07	85.90	8050	31	14.88
14.53	4.80	18822	2.30	58.88	4827	1	16.35
10.29	3.10	14180	3.14	69.97	4638		
106.42	1.50	101767	49.38	132.01	10294	139	2105.80
302.15	16.00	66005	100.03	194.11	14818	350	2183.91
249.78	8.10	79055	74.51	170.37	13057	193	1579.83
47.48	13.00	15222	9.68	84.31	4852	72	1579.83
124.72	14.40	52448	15.24	61.01	12326	76	117.54
600.13	10.80	32825	150.55	470.64	9825	306	1408.76
2670.40	**8.32**	**27735**	**559.39**	**2337.55**	**8237**	**3673**	**6735.26**
30.21	6.00	56727	14.98	16.19	12082	45	79.97
24.62	8.40	37408	5.30	9.25	7913	126	78.34
41.23	2.80	21400	5.47	20.11	6510	55	135.74
30.41	5.90	22424	6.62	25.94	5544	51	130.65
30.51	6.30	22268	4.32	24.85	5742	29	134.34
56.85	7.50	83475	9.04	21.02	8636	47	402.96
29.57	7.00	31489	2.82	26.16	9417	16	24.03
31.41	8.30	24438	1.66	22.38	6905	7	15.61
25.24	9.00	76144	8.11	18.06	16264	15	346.78
56.46	1.50	23044	11.85	39.75	11689	122	123.43
38.18	4.50	34938	7.85	23.64	9655	146	99.60
65.18	5.90	38052	11.50	22.95	11449	157	140.64

2-9(一) 续表 2

地区	年末总人口（万人）	#少数民族	少数民族占总人口（%）	地区生产总值（亿元）	第一产业（亿元）	第二产业（亿元）
新宾满族自治县	29.76	22.17	74.49	122.80	25.62	51.65
清原满族自治县	33.37	21.69	65.00	139.25	25.76	69.53
本溪满族自治县	28.93	19.95	68.97	178.33	21.64	100.61
桓仁满族自治县	29.82	16.60	55.65	165.94	25.66	79.05
宽甸满族自治县	43.06	23.92	55.55	152.26	28.25	65.85
吉林省						
长白朝鲜族自治县	8.19	1.46	17.87	40.86	5.86	18.05
前郭尔罗斯蒙古族自治县	57.80	7.46	12.90	400.81	74.40	164.00
伊通满族自治县	45.67	17.21	37.69	156.73	48.12	59.52
黑龙江省						
杜尔伯特蒙古族自治县	24.29	5.00	20.57	133.41	39.83	71.80
浙江省						
景宁畲族自治县	17.33	1.95	11.25	41.50	6.54	15.57
湖北省						
长阳土家族自治县	40.25	26.16	65.00	109.88	34.14	33.61
五峰土家族自治县	20.46	17.31	84.63	55.28	18.97	16.14
湖南省						
城步苗族自治县	25.91	16.17	62.41	30.15	8.62	11.02
通道侗族自治县	24.17	21.29	88.10	31.20	6.67	10.68
江华瑶族自治县	51.08	37.30	73.02	84.70	22.51	24.88
新晃侗族自治县	25.62	22.60	88.22	45.44	6.52	23.39
芷江侗族自治县	38.15	24.61	64.50	83.21	19.71	36.14
靖州苗族侗族自治县	26.86	20.07	74.72	62.01	12.56	22.91
麻阳苗族自治县	40.30	32.36	80.30	58.08	14.45	19.58
广东省						
连南瑶族自治县	16.57	9.13	55.08	32.57	5.30	13.26
连山壮族瑶族自治县	11.89	7.33	61.67	28.34	6.56	9.68
乳源瑶族自治县	21.84	2.33	10.67	64.06	6.98	31.51
广西壮族自治区						
都安瑶族自治县	69.12	65.96	95.43	35.46	12.25	7.96
融水苗族自治县	51.00	38.39	75.27	66.07	15.13	31.87

第三产业 （亿元）	地区生产总值增长速度 （%）	人均地区生产总值 （元）	公共财政预算收入 （亿元）	公共财政 （亿元）	农民人均纯收入 （元）	规模以上工业企业数 （个）	规模以上工业企业资产总计 （亿元）
45.53	6.50	41420	10.09	22.20	10255	168	44.51
43.95	9.10	41687	13.12	24.94		183	84.76
56.08	10.00	61635	20.06	28.25	11732	104	141.51
61.23	10.00	55637	15.11	26.86		77	95.37
58.17	5.00	35335	16.22	31.19	11219	155	58.56
16.95	7.20	49674	3.31	14.46	8004	34	19.68
162.41	-3.80	69345	12.49	34.95	8063	126	137.04
49.08	6.60	34267	6.77	21.73	9104	29	136.80
21.79	10.50	54902	4.31	1.87	10897	23	39.24
19.39	6.60	23940	4.80	20.68	12432	37	17.27
42.13	11.00	27298	7.28	28.49	7448	54	63.33
20.17	10.00	29477	2.91	26.22	7164	38	35.17
10.51	10.60	10734	2.60	18.09	4687	23	27.89
13.85	4.90	14871	1.95	15.35	4784	29	5.44
37.30	12.50	20033	5.84	27.73	6981	45	
15.52	6.95	18328	2.08	15.02	5393	34	21.08
27.36	5.10	24132	4.01	19.14	5838	50	18.56
26.55	9.80	25036	2.20	14.78	6435	27	10.02
24.06	8.00	16642	2.50	18.10	5373	29	7.51
14.02	7.80	24509	1.57	9.33	8929	10	11.27
12.10	6.50	30246	1.32	8.86	9079	3	5.44
25.57	11.50	35185	5.01	14.05	9706	69	113.78
15.26	4.50	6718	1.99	29.10	4701	11	
19.07	10.50	16129	3.55	24.58	5966	36	30.46

2-9(一) 续表 3

地　区	年末总人口（万人）	#少数民族	少数民族占总人口（%）	地区生产总值（亿元）	第一产业（亿元）	第二产业（亿元）
三江侗族自治县	39.33	33.82	85.99	37.31	16.01	9.44
龙胜各族自治县	18.10	14.48	80.00	52.49	10.03	28.72
金秀瑶族自治县	15.61	12.49	80.00	25.59	7.76	6.79
隆林各族自治县	41.21	33.38	81.00	45.26	9.67	19.63
巴马瑶族自治县	29.21	25.41	86.98	26.49	9.35	7.29
罗城仫佬族自治县	37.96	27.98	73.71	36.97	14.08	9.13
富川瑶族自治县	32.78	18.86	57.53	55.74	18.71	22.74
大化瑶族自治县	46.05	43.37	94.19	44.67	8.23	23.83
环江毛南族自治县	37.08	35.01	94.41	38.87	16.52	9.38
恭城瑶族自治县	30.12	18.85	62.59	76.10	22.90	35.68
海南省						
白沙黎族自治县	19.44	12.61	64.85	34.71	18.88	4.49
昌江黎族自治县	26.22	10.66	40.66	91.55	23.33	45.87
乐东黎族自治县	54.55	21.02	38.54	93.59	57.05	10.00
陵水黎族自治县	39.02	22.18	56.85	93.29	37.37	22.33
琼中黎族苗族自治县	23.44	14.33	61.13	32.76	15.96	5.46
保亭黎族苗族自治县	17.37	11.86	68.28	33.97	14.89	4.54
重庆市						
石柱土家族自治县	55.02	43.58	79.20	119.95	21.09	60.03
秀山土家族苗族自治县	66.46	39.44	59.34	126.50	17.08	65.69
酉阳土家族苗族自治县	86.04	69.59	80.88	110.42	21.82	51.55
彭水苗族土家族自治县	70.25	47.06	67.00	108.80	20.23	48.04
四川省						
北川羌族自治县	24.05	9.00	37.42	37.46	9.34	15.32
木里藏族自治县	13.88	11.29	81.34	26.12	5.07	13.62
马边彝族自治县	21.86	10.58	48.39	29.87	6.95	13.44
峨边彝族自治县	15.31	5.68	37.09	33.02	4.05	19.12
贵州省						
松桃苗族自治县	70.83	48.21	68.07	88.93	22.16	29.65
镇宁布依族苗族自治县	38.94	20.64	53.00	64.14	10.06	19.44
紫云苗族布依族自治县	38.49	24.90	64.69	45.02	13.36	8.85

第三产业 (亿元)	地区生产总值增长速度 (%)	人均地区生产总值 (元)	公共财政预算收入 (亿元)	公共财政 (亿元)	农民人均纯收入 (元)	规模以上工业企业数 (个)	规模以上工业企业资产总计 (亿元)
11.87	4.10	12282	1.71	17.03	6060	15	8.35
13.75	8.60	27489	3.01	14.34	6017	22	89.81
11.04	7.80	20255	1.44	10.83	5476	14	9.41
15.96	6.70	12921	2.33	7.66	5000	10	43.10
9.85	6.00	11624	1.24	15.83	4819	12	20.91
13.76	7.11	12137	1.71	21.18	4956	17	23.52
14.29	0.50	21215	2.46	16.22	6827	27	89.16
12.62	22.30	12164	1.58	20.20	5140	8	72.63
12.96	8.10	14052	1.66	18.84	5665	23	27.49
17.51	10.70	29866	3.25	14.58	8156	22	37.19
11.34	5.50	7	2.67	18.96	7902	7	18.03
22.35	7.90	14	10.42	28.22	9563	13	141.45
26.54	7.50	9	7.98	33.60	9243	3	13.66
33.59	4.30	3	29.39	42.58	8976	2	5.37
11.34	8.50	9	3.36	20.73	7883	8	2.52
14.53	7.10	9	4.85	15.02	7834	3	3.50
38.83	10.00	30321	11.10	37.31	8586	55	102.15
43.73	10.80	25751	14.15	41.75	7431	66	88.49
37.04	7.50	19609	10.55	44.76	6479	34	98.21
40.53	10.30	20903	10.27	40.99	7469	33	168.52
12.80	8.20	18125	3.37	20.71	7334	23	39.23
7.43	6.60	19866	4.94	15.93	5963	5	224.92
9.48	7.20	16577	2.78	12.89	5069	23	75.24
9.85	7.50	23929	2.03	14.85	4592	27	56.59
37.12	15.50	18223	4.58	31.38	5995	59	7.24
34.65	15.40	22548	4.85	19.18	5969	21	36.10
22.81	14.70	16589	3.77	20.01	5868	15	10.20

2-9(一) 续表 4

地　　区	年　末 总人口 （万人）	#少数民族	少数民族 占总人口 （%）	地　　区 生产总值 （亿元）	第一产业 （亿元）	第二产业 （亿元）
威宁彝族回族苗族自治县	147.62	34.75	23.54	152.03	47.46	43.12
关岭布依族苗族自治县	38.51	24.57	63.80	59.24	12.50	14.54
三都水族自治县	36.12	35.04	97.01	43.75	13.05	6.64
玉屏侗族自治县	15.44	13.75	89.03	55.44	10.08	29.87
道真仡佬族苗族自治县	34.56	28.73	83.13	39.75	13.76	7.49
务川仡佬族苗族自治县	46.17	44.59	96.56	42.99	15.13	8.57
印江土家族苗族自治县	44.49	33.81	76.00	58.91	18.82	12.81
沿河土家族自治县	66.84	44.34	66.34	72.60	19.86	13.53
云南省						
峨山彝族自治县	15.54	10.55	67.87	55.04	9.55	26.50
石林彝族自治县	24.55	8.73	35.56	64.79	17.26	17.22
沧源佤族自治县	18.56	16.19	87.25	32.71	8.70	15.03
耿马傣族佤族自治县	28.81	15.88	55.13	69.87	26.69	23.30
玉龙纳西族自治县	21.99	18.90	85.95	47.47	10.65	18.27
宁蒗彝族自治县	27.53	22.90	83.16	30.73	7.29	12.21
江城哈尼族彝族自治县	12.56	10.21	81.30	23.27	8.63	9.16
澜沧拉祜族自治县	49.78	39.58	79.51	51.87	16.22	20.73
孟连傣族拉祜族佤族自治县	13.88	11.16	80.42	21.27	9.05	4.81
西盟佤族自治县	9.34	8.82	94.43	9.85	2.65	2.13
河口瑶族自治县	10.71	7.40	69.10	33.75	8.60	9.06
屏边苗族自治县	15.77	10.55	66.91	22.63	5.90	9.03
贡山独龙族怒族自治县	3.57	3.44	96.33	7.15	2.00	2.46
巍山彝族回族自治县	31.80	14.51	45.63	44.47	15.24	13.83
南涧彝族自治县	22.50	11.34	50.40	41.46	11.47	14.94
寻甸回族彝族自治县	41.93	10.37	24.74	72.60	20.08	24.97
元江哈尼族彝族傣族自治县	20.74	16.88	81.35	55.39	17.20	14.25
新平彝族傣族自治县	27.57	20.05	72.72	100.53	16.25	61.25
墨江哈尼族自治县	37.27	28.67	76.92	46.67	13.75	15.06
双江拉祜族佤族布朗族傣族自治县	17.37	7.94	45.69	33.41	9.85	14.30
兰坪白族普米族自治县	21.66	20.54	94.83	40.21	6.59	20.93
维西傈僳族自治县	15.53	13.53	87.13	35.08	5.20	12.46

第三产业（亿元）	地区生产总值增长速度（%）	人均地区生产总值（元）	公共财政预算收入（亿元）	公共财政（亿元）	农民人均纯收入（元）	规模以上工业企业数（个）	规模以上工业企业资产总计（亿元）
61.45	15.00	11967	7.94	51.92	6196	87	96.83
32.20	15.20	20114	2.81	25.34	5986	26	12.89
24.05	14.20	16361	2.20	20.00	6758	11	6.66
15.49	15.80	46353	3.58	12.87	7921	95	171.61
18.50	17.80	16275	3.17	18.06	6757	24	17.05
19.29	16.50	13472	3.58	20.40	6757	15	19.90
27.28	16.10	20698	2.65	22.81	6037	44	4.27
39.21	15.50	16122	3.67	29.67	5960	33	10.21
18.99	11.20	33336	4.60	11.67	9608	21	43.28
30.30	-4.30	25406	5.13	14.09	10284	46	63.25
8.98	10.90	17675	2.18	19.25	6283	9	17.23
19.88	10.00	23007	3.54	20.05	7489	17	44.46
18.55	10.00	21648	6.80	20.04	7383	9	161.66
11.23	6.00	10823	2.39	21.81	4760	10	107.00
5.48	2.20	18588	1.50	12.80	6841	13	46.94
14.92	7.80	10435	4.63	29.42	6537	12	166.15
7.41	11.20	15347	1.33	11.04	6790	4	5.05
5.07	11.00	10588	0.65	9.33	6567	5	5.95
16.09	10.00	31662	2.23	13.50	8511	5	2.75
7.70	12.50	14564	1.14	13.26	5710	11	11.93
2.69	7.00	18671	0.60	8.51	3960	2	2.38
15.40	10.40	14368	3.39	17.31	6903	18	25.19
15.05	8.60	18070	2.57	13.08	6476	13	75.48
27.55	11.70	15579	7.62	23.05	6113	31	201.12
23.93	8.60	25005	3.40	14.63	8851	22	27.48
23.03	5.80	34708	10.95	25.82	9334	20	156.05
17.86	9.00	12773	3.66	21.31	7020	11	49.47
9.27	10.80	18449	3.14	19.89	7182	15	14.74
12.69	9.20	18681	4.25	18.98	4406	5	55.03
17.43	11.60	21483	2.71	23.43	5806	4	16.05

2-9(一) 续表 5

地区	年末总人口(万人)	#少数民族	少数民族占总人口(%)	地区生产总值(亿元)	第一产业(亿元)	第二产业(亿元)
景东彝族自治县	36.79	18.53	50.36	53.98	21.80	17.29
景谷傣族彝族自治县	31.07	14.83	47.73	79.69	28.41	34.85
宁洱哈尼族彝族自治县	19.52	10.83	55.48	39.41	10.00	15.00
漾濞彝族自治县	10.51	7.23	68.81	17.43	5.16	7.42
禄劝彝族苗族自治县	41.37	14.05	33.96	63.64	20.00	20.87
金平苗族瑶族傣族自治县	39.43	34.47	87.41	38.01	9.98	16.61
镇沅彝族哈尼族拉祜族自治县	21.41	11.96	55.86	37.51	17.08	9.22
甘肃省						
张家川回族自治县	33.42	29.12	87.12	25.02	6.13	4.30
天祝藏族自治县	21.91	17.50	79.86	43.76	5.94	22.44
肃南裕固族自治县	3.81	3.44	90.32	30.14	4.50	19.11
肃北蒙古族自治县	1.51	0.62	41.00	34.15	0.45	27.14
阿克塞哈萨克族自治县	0.90	0.36	39.25	15.07	0.51	10.10
东乡族自治县	29.82	26.87	90.14	14.69	4.10	2.77
积石山保安族东乡族撒拉族自治县	26.36	14.22	53.94	13.91	3.47	1.64
青海省						
互助土族自治县	40.00	10.99	27.48	96.62	17.72	47.11
化隆回族自治县	30.37	23.69	78.01	48.12	5.82	31.91
循化撒拉族自治县	13.20	12.35	93.60	24.32	4.21	10.41
河南蒙古族自治县	3.95	3.84	97.30	12.43	4.80	2.12
门源回族自治县	16.23	10.33	63.65	33.78	7.20	14.91
大通回族土族自治县	46.46	23.63	50.86	105.98	13.82	78.18
民和回族土族自治县	44.07	26.53	60.19	65.76	9.58	35.39
新疆维吾尔自治区						
巴里坤哈萨克自治县	10.55	4.05	38.34	47.71	9.75	24.57
塔什库尔干塔吉克自治县	4.04	3.75	92.93	10.02	1.22	5.15
木垒哈萨克自治县	8.94	3.28	36.71	26.15	12.19	4.45
焉耆回族自治县	16.27	9.72	59.76	57.11	16.20	12.85
察布查尔锡伯自治县	19.97	13.29	66.55	45.93	21.28	11.22
和布克赛尔蒙古自治县	5.49	3.51	63.99	35.23	7.40	18.42

第三产业（亿元）	地区生产总值增长速度（%）	人均地区生产总值（元）	公共财政预算收入（亿元）	公共财政（亿元）	农民人均纯收入（元）	规模以上工业企业数（个）	规模以上工业企业资产总计（亿元）
14.89	6.80	14839	4.01	23.18	7297	11	33.68
16.43	10.00	26976	4.76	31.65	7491	32	55.72
14.41	8.80	20667	3.01	14.64	7289	19	28.79
4.85	3.20	16709	0.77	9.38	7518	14	15.03
22.78	9.00	15899	6.06	21.95	5920	24	96.38
11.42	12.30	9874	2.44	20.17	5748	15	32.81
11.21	10.00	20576	3.14	18.42	7352	9	24.33
14.59	9.40	8595	1.17	16.78	4273	10	8.85
15.38	8.40	25077	3.44	27.95	5050	39	31.53
6.53	9.80	87879	3.17	12.19	11973	23	66.72
6.56	10.10	226156	2.88	7.85	18000	20	111.86
4.45	13.70	166598	0.99	4.69	19251	10	24.78
7.82	14.20	4927	0.55	18.42	3130	6	6.03
8.80	12.80	5772	1.05	18.26	3498	2	0.58
31.79	15.00	20579	3.38	32.17	7547	20	77.31
10.38	14.10	20902	1.11	20.44	6600	14	28.17
9.70	18.01	18539	0.87	15.45	6094	12	9.73
2.41	18.22	30618	0.23	10.07	7636	2	
11.67	7.90	20993	1.26	18.45	8754	15	16.05
17.55	10.20	24460	5.77	34.06	10570	33	242.60
20.79	14.50	18283	3.18	30.39	6593	20	86.25
13.39	15.00	45308	4.01	14.63	9771	18	102.43
3.64	10.28	25296	1.47	11.93	5135	4	
9.51	10.20	29381	2.27	12.64	11989	4	8.11
28.06	10.67	40079	3.22	12.51	14078	19	15.16
13.43	14.00	23236	3.80	17.37	11150	13	38.54
9.41	12.50	53788	9.46	15.04	9998	6	

2-9 全国民族自治区、自治州、自治县(旗)基本情况(2014年)(二)

地　　区	农林牧渔业总产值(亿元)	农业机械总动力(万千瓦特)	粮　食总产量(万吨)	肉　类总产量(万吨)	全社会固定资产投资(亿元)	社会消费品零售总额(亿元)	进出口总　额(亿美元)
5个自治区合计	**5289.44**	**10922.24**	**6177.80**	**876.54**	**39955.78**	**14968.62**	**904.68**
内蒙古自治区	2779.81	3632.55	2753.00	252.30	12074.24	5657.60	145.56
广西壮族自治区	258.10	3567.50	1534.41	420.03	13843.21	5772.83	405.49
西藏自治区	138.70	570.80	98.00	26.40	1119.73	364.51	22.55
宁夏回族自治区	445.47	813.02	377.89	28.51	3173.80	737.18	54.35
新疆维吾尔自治区	1667.37	2338.37	1414.50	149.30	9744.79	2436.50	276.72
30个自治州合计	**4637.65**	**4171.28**	**2986.36**	**585.29**	**16392.63**	**4286.21**	**293.30**
吉林省							
延边朝鲜族自治州	137.43	211.00	131.09	5.89	729.87	449.08	21.24
湖北省							
恩施土家族苗族自治州	237.01	252.78	164.85	48.54	613.95	243.55	4.57
湖南省							
湘西土家族苗族自治州	114.97		84.31	10.33	302.97	203.45	2.34
四川省							
阿坝藏族羌族自治州	56.56	73.74	16.48	7.77	383.34	59.21	0.48
凉山彝族自治州	416.82	310.52	208.20	45.71	1045.87	447.82	0.83
甘孜藏族自治州	67.39	94.17	24.22	6.40	465.72	69.43	0.13
贵州省							
黔东南苗族侗族自治州	210.11	290.00	118.77	19.48	1302.57	229.19	4.00
黔南布依族苗族自治州	224.37	300.08	125.72	21.02	1342.45	175.29	3.00
黔西南布依族苗族自治州	119.42		102.10	0.00	798.62	156.75	1.63
云南省							
西双版纳傣族自治州	146.76	109.45	47.50	3.88	278.64	95.16	33.84
文山壮族苗族自治州	240.86	230.70	156.69	57.67	449.66	263.63	1.08
红河哈尼族彝族自治州	329.68	317.02	180.68	83.69	1228.03	279.74	11.64
德宏傣族景颇族自治州	114.46	134.07	76.95	10.66	257.01	100.76	53.25
怒江傈僳族自治州	26.54	26.55	20.27	4.01	100.29	26.60	0.40
迪庆藏族自治州	18.49	48.27	17.73	3.14	247.06	38.45	0.07
大理白族自治州	344.30	303.10	173.10	57.80	585.50	267.49	3.38
楚雄彝族自治州	262.97	272.23	122.91	42.30	601.41	238.37	3.52

普通中学在校学生数（万人）	小学在校学生数（万人）	医院、卫生院数（个）	医院、卫生院卫生技术人员数（人）	医院、卫生院床位数（张）	文化馆（个）	图书馆（个）	城镇居民最低生活保障人数（人）	城镇居民最低生活保障支出（万元）	农村居民最低生活保障人数（人）	农村居民最低生活保障支出（万元）
593.90	**844.13**	**6711**	**619181**	**485022**	**309**	**439**	**1880994**	**829312**	**5460382**	**1021993**
115.37	129.65	1974	154483	118000	105	116	602708	332372	1164224	311842
278.91	431.81	1756	258599	187700	108	112	385308	144350	2921414	440176
18.00	29.51	790	12882	11300		78	7573	2283	52062	7508
44.18	58.87	384	39800	31300	26	26	20286	10699	5096	1475
137.44	194.29	1807	153417	136722	70	107	865119	339609	1317586	260993
322.80	**462.49**	**5311**	**271346**	**257643**	**351**	**2852**	**564382**	**236051**	**2479014**	**415527**
7.01	8.45	138	15155	10869	8	9	81465	49492	56583	13295
17.25	24.72	125	18014	20236	9	9	537	361	3505	1607
14.60	19.81	266	13375	14407	9	9	3219	1019	21197	2484
4.61	6.46	257	5060	4082	14	13	1536	480	18477	3153
25.13	53.99	708	17934	19050	18	16	28044	8557	256078	30250
4.21	9.73	374	5540	4822	19	16	49880	13031	141263	17026
29.91	33.76	306	18397	18238	17	17				
24.80	27.74	568	15992	13107	13	13	44635	16758	624301	103554
24.70	32.29	198	11005	6942		9				
5.20	9.12	73	8022	5965	4	4	56676	24906	464739	74488
19.34	32.63	172	13658	11808	104	9	10162	3797	12788	2186
23.33	38.08	253	18345	21811	13	14	98871	33258	188208	36022
6.68	10.51	84	6113	6012	6	6	5146	2010	35741	6273
2.69	4.65	35	1878	1699	5	5	42975	24221	179430	25048
2.01	2.77	39	1738	1158	4	4	5143	1968	67495	11615
19.69	25.48	190	12469	15554	14	13	8969	3506	45859	8563
14.59	17.33	188	12738	14223	11	11	5257	1850	66379	11666

2-9(二)　续表 1

地　　区	农林牧渔业总产值（亿元）	农业机械总动力（万千瓦特）	粮　食总产量（万吨）	肉　类总产量（万吨）	全社会固定资产投资（亿元）	社会消费品零售总额（亿元）	进出口总　额（亿美元）
甘肃省							
临夏回族自治州	56.59		80.50	5.62	263.73	69.66	
甘南藏族自治州		47.17	8.86	6.88	178.22	33.42	0.72
青海省							
海北藏族自治州	24.98	45.30	8.60	5.19	108.75	16.87	
黄南藏族自治州			5.19	4.43	2.75	66.62	
海南藏族自治州	43.97	46.29	13.90	5.85	185.50	22.07	
果洛藏族自治州	7.20		0.14		58.41	4.65	
玉树藏族自治州	29.19	13.10	2.53	3.73	40.12	9.12	
海西蒙古族藏族自治州	40.41	38.93	104.60	2.97	538.42	73.99	
新疆维吾尔自治区							
昌吉回族自治州	336.32	217.20	216.94	49.46	1352.57	212.93	5.93
巴音郭楞蒙古自治州	355.36	202.39	53.85	10.20	982.64	85.74	2.20
克孜勒苏柯尔克孜自治州	28.52	41.89	31.80	4.25	111.98	16.42	5.43
博尔塔拉蒙古自治州	82.76	68.36	75.14	2.53	250.69	34.46	21.87
伊犁哈萨克自治州	564.20	476.97	612.76	55.90	1597.63	296.29	103.38
120个自治县(旗)合计	**3154.18**	**3404.76**	**1919.51**	**356.32**	**7535.66**	**2107.86**	**41.15**
河北省							
大厂回族自治县	18.61	27.60	7.14	2.62	105.98	16.89	0.93
孟村回族自治县	15.64	33.10	15.92	3.74	93.60	23.01	
青龙满族自治县	46.69	27.35	12.17	6.83	73.77	31.65	
丰宁满族自治县	39.54	60.71	13.71	4.90	154.62	35.24	0.01
围场满族蒙古族自治县	67.63	74.54	24.82	5.83	102.50	38.50	0.06
宽城满族自治县	29.60	19.58	4.46	2.35	157.54	35.37	0.05
内蒙古自治区							
鄂伦春自治旗	81.06	76.97	165.95	3.36	28.03	29.32	
莫力达瓦达斡尔族自治旗	40.34	52.14		0.92	19.98		
鄂温克族自治旗	13.69	15.60	2.07	1.85	49.00	14.68	
辽宁省							
阜新蒙古族自治县	145.09	177.20	107.00	32.27	103.67	43.86	0.28
喀喇沁左翼蒙古族自治县	67.98	26.24	14.00	8.82	120.87	37.76	0.89
岫岩满族自治县	61.78	35.90	21.84	10.29	150.73	101.96	0.43

普通中学在校学生数（万人）	小学在校学生数（万人）	医院、卫生院数（个）	医院、卫生院卫生技术人员数（人）	医院、卫生院床位数（张）	文化馆（个）	图书馆（个）	城镇居民最低生活保障人数（人）	城镇居民最低生活保障支出（万元）	农村居民最低生活保障人数（人）	农村居民最低生活保障支出（万元）
10.29	18.10	154	6448	7976	9	9	8726	3589	53254	12466
11.43	6.35	130	4125	2095		9	7199	2834	79600	11558
1.78	2.46	45	1237	1281	4	5				
1.59	2.58	48	1000		1	5	7422	3098	6370	2910
2.74	4.19	51	1561	2582	5	6	1249	724	2547	1093
0.99	1.84	58	750	872		7	21953	9966	30889	9060
1.66	4.37	60	1187	1412	3	7	10616	5136	18600	4877
2.50	3.58					7	17471	10029	60948	15700
7.53	7.90	120	11652	9842	8	8	3169	1729	9206	3792
6.97	10.52	132	10828	9201	11	10	30501	8647	16861	2589
3.52	5.90	81	3619	3260	7	5	8324	3266	3396	1077
2.11	2.77	35	3793	3065	4	2	2317	787	1504	503
23.94	34.42	372	29713	26074	17	16	2920	1033	13796	2673
176.76	**269.64**	**2709**	**98136**	**100103**	**137**	**135**	**1608164**	**626759**	**7022759**	**1175902**
0.64	0.72	8	494	437	1	1	167	76	871	341
1.08	1.70	8	518	251			1647	510	4385	839
1.87	3.80	27	1061	1013	1	1	5850	2325	30538	6232
1.91	2.82	30	1380	1722	1	1	7036	3000	40784	7690
2.45	3.83	48	1167	1724	1	1	7156	2511	38971	7582
0.94	2.05	21	704	1208	1	1	4074	1209	16798	2788
0.97	1.52	25	1170	640	1	1	26640	17495	4160	1073
0.85	0.94	14	1384	654	1	1	15053	7438	29967	7064
0.39	0.49	14	895	707	1	1	8347	3795	2666	1074
3.26	3.41	38	2358	1206	1	1	3152	1667	28985	6250
2.29	2.14	35	2211	1377	1	1	4304	1480	9160	1598
1.39	2.79	28	1927	1571	1	1	1763	1613	11030	4019

2-9(二) 续表 2

地　　区	农林牧渔业总产值（亿元）	农业机械总动力（万千瓦特）	粮　食总产量（万吨）	肉　类总产量（万吨）	全社会固定资产投资（亿元）	社会消费品零售总额（亿元）	进出口总　额（亿美元）
新宾满族自治县	51.73	30.00	17.65	4.59	120.33	34.48	0.23
清原满族自治县	51.53	22.00	19.33	4.08	128.26	36.06	0.36
本溪满族自治县	43.20	21.60	8.93	3.59	148.10	49.10	0.38
桓仁满族自治县	48.27	19.56	11.50	2.85	124.00	42.27	0.30
宽甸满族自治县	49.63	53.60	16.26	6.21	152.62	65.20	0.49
吉林省							
长白朝鲜族自治县	9.77	3.17	1.97	0.22	51.11	9.70	1.20
前郭尔罗斯蒙古族自治县	129.76	164.70	202.70	13.72	228.05	184.71	0.33
伊通满族自治县	81.92	38.94	101.88	9.93	46.08	47.17	
黑龙江省							
杜尔伯特蒙古族自治县	65.80	75.00	90.75	3.46	53.25	17.04	
浙江省							
景宁畲族自治县	10.07	9.50	4.31	0.52	39.71	22.34	0.76
湖北省							
长阳土家族自治县	56.00	22.44	11.03	7.69	71.04	38.21	0.56
五峰土家族自治县	32.22	16.83	8.44	3.23	61.55	17.23	0.09
湖南省							
城步苗族自治县	15.53	15.29	7.77	1.82	34.30	15.06	0.04
通道侗族自治县	11.49	24.97	8.09	1.22	28.90	9.59	
江华瑶族自治县	39.72	37.80	21.79	4.45	79.24	30.78	0.81
新晃侗族自治县	13.22	16.03	7.89	2.43	38.19	11.21	
芷江侗族自治县	30.26	32.00	20.97	3.96	41.05	24.29	0.03
靖州苗族侗族自治县	20.78	31.65	12.45	2.30	33.99	20.67	
麻阳苗族自治县	22.57	17.38	10.95	2.30	44.69	20.24	
广东省							
连南瑶族自治县	7.75	4.57	3.54	0.48	7.88	6.25	0.23
连山壮族瑶族自治县	9.82	4.63	4.18	0.72	11.04	4.84	
乳源瑶族自治县	10.93	7.87	5.88	0.61	55.79	17.43	1.27
广西壮族自治区							
都安瑶族自治县	21.31	40.79	12.49	4.04	39.63	18.11	
融水苗族自治县	26.19	25.33	11.90	2.89	88.97	21.79	

普通中学在校学生数（万人）	小学在校学生数（万人）	医院、卫生院数（个）	医院、卫生院卫生技术人员数（人）	医院、卫生院床位数（张）	文化馆（个）	图书馆（个）	城镇居民最低生活保障人数（人）	城镇居民最低生活保障支出（万元）	农村居民最低生活保障人数（人）	农村居民最低生活保障支出（万元）
1.11	1.31	18	1112	770	1	1	5267	1948	10264	1943
1.07	1.32	21	1649	1160	1	1	6967	2977	22959	4690
1.07	1.12	16	970	1165	1	1	4943	2461	6098	1601
0.83	1.13	18	816	1028	1	1	6024	2717	5811	1470
1.67	1.94	33	1462	2202	1	1	6604	2820	14154	3115
0.34	0.31	12	408	291	1	1	7138	3134	5448	1262
2.36	3.48	27	1934	1513	2	1	7482	3427	21362	3724
1.89	2.39	24	1585	1467	1	1	5385	2141	24715	4825
1.24	1.16	14	631	657	1	1	81465	49492	56583	13295
0.55	0.91	21	605	280	1	1	6040	3066	9709	2295
1.27	1.42	13	1672	1771	1	1	566	180	5637	1230
0.49	0.66	10	790	777	1	1	3631	2182	21413	3692
0.94	2.02	19	805	748	1	1	27685	12326	161108	32494
0.95	1.51	24	905	760	1	1	5969	1756	15026	2030
2.28	3.95	32	2148	2569	1	1	7668	2437	14643	2004
0.93	0.72	27	687	1549	1	1	6374	2373	29823	3882
1.55	2.27	36	1538	672	1	3	3784	1467	17901	2285
1.12	1.60	19	1207	1058	1	1	3156	1876	18681	2947
1.67	2.37	31	1283	1649	1	1	3670	1308	39280	6072
0.82	1.13	9	430	440	1	1	264	187	6725	1926
0.31	0.66	15	459	305	1	1	433	203	5640	1331
0.91	1.48	16	936	728	1	1	66842	21839	249805	31783
3.60	5.91	25	1432	2135	1		817	575	25403	4222
2.14	3.88	4	1331	687	1	1	519	230	8260	1700

2-9(二) 续表 3

地　　区	农林牧渔业总产值（亿元）	农业机械总动力（万千瓦特）	粮　食总产量（万吨）	肉　类总产量（万吨）	全社会固定资产投资（亿元）	社会消费品零售总额（亿元）	进出口总　额（亿美元）
三江侗族自治县	25.70	21.17	6.94	1.89	71.74	17.28	
龙胜各族自治县	15.80	27.18	6.58	1.17	40.32	8.54	
金秀瑶族自治县	12.42	11.36	4.80	0.88	21.69	7.20	
隆林各族自治县	16.12	27.00	9.23	2.05	30.56	12.36	
巴马瑶族自治县	9.43	14.63	6.03	1.89	26.72	10.86	
罗城仫佬族自治县	24.09	27.05	11.44	2.16	27.56	14.58	
富川瑶族自治县	30.01	20.15	13.08	3.04	77.27	13.01	0.77
大化瑶族自治县	14.28	20.68	7.42	2.87	29.24	14.09	0.02
环江毛南族自治县	27.68	37.02	12.88	2.17	28.45	17.80	
恭城瑶族自治县	35.07	541.98	8.40	2.35	73.70	22.65	
海南省							
白沙黎族自治县	28.29	13.39	3.32	1.80	21.10	6.08	
昌江黎族自治县	35.47	17.24	5.33	1.85	101.50	11.21	
乐东黎族自治县	84.54	65.60	12.87	2.97	66.19	24.96	
陵水黎族自治县	59.55	11.70	9.28	2.44	157.81	13.80	
琼中黎族苗族自治县	26.76	28.15	4.59	1.66	35.75	5.07	
保亭黎族苗族自治县	23.03	6.85	2.96	1.51	38.08	7.17	
重庆市							
石柱土家族自治县	32.33	28.79	25.79	4.25	144.41	47.36	0.23
秀山土家族苗族自治县	27.32	31.02	30.65	4.56	146.14	50.98	0.20
酉阳土家族苗族自治县	35.07	43.30	37.92	6.72	131.65	40.41	2.00
彭水苗族土家族自治县	32.16	4.80	31.10	5.52	128.88	45.75	0.15
四川省							
北川羌族自治县	15.30	8.48	4.47	2.02	37.05	14.32	
木里藏族自治县	9.07	9.00	4.98	1.10	80.91	5.88	
马边彝族自治县	13.12	5.05	6.27	1.46	33.39	13.46	
峨边彝族自治县	6.29	10.80	3.81	0.95	18.02	11.73	0.04
贵州省							
松桃苗族自治县	33.12	43.00	22.58	3.76	123.07	16.88	
镇宁布依族苗族自治县	16.75	23.10	10.06	1.28	63.66	15.07	
紫云苗族布依族自治县	22.47	21.20	9.61	3.33	58.73	11.65	

普通中学在校学生数（万人）	小学在校学生数（万人）	医院、卫生院数（个）	医院、卫生院卫生技术人员数（人）	医院、卫生院床位数（张）	文化馆（个）	图书馆（个）	城镇居民最低生活保障人数（人）	城镇居民最低生活保障支出（万元）	农村居民最低生活保障人数（人）	农村居民最低生活保障支出（万元）
1.59	3.00	17	1106	901	1	1	4002	1260	26400	3463
0.40	0.96	13	220	433	1	1	6507	2295	31742	4766
0.51	0.97	19	581	520	1	1	7733	3670	50624	9525
2.10	4.45	20	655	815	1	1	4673	1842	27363	3966
1.45	2.88	17	967	635	1	1	1408	449	14448	1471
1.49	2.44	15	1214	1040	1	1	3756	1178	16318	2239
1.44	2.24	15	1187	898	1	1	4105	4720	104177	9554
2.24	4.19	18	1426	1492	1	1	2665	1081	62762	14400
1.55	2.55	16	976	801	1	1	3434	1117	49772	6863
1.19	2.71	13	1211	808	1	1	2006	719	13221	2277
0.84	1.67	24	778	608	1	1	808	414	14547	2041
1.31	1.88	17	1244	797	1	1	4179	1518	3741	776
2.01	3.93	18	1089	1084	1	1	6689	2249	8368	1523
1.11	2.78	23	1240	658	1	1	7149	3033	17373	4847
0.79	1.57	15	1123	949	1	1	2551	814	4582	797
0.73	1.31	19	649	566	1	1	6694	1506	11069	2076
3.09	3.86	41	1320	2168	1	1	4240	1389	3648	718
2.93	4.11	37	2153	1974	1	1	5271	1946	15698	2210
1.62	6.64	50	1221	2063	1	1	8640	4252	6934	1800
4.07	5.45	42	1624	1978	1	1	6155	2696	19821	5309
0.99	0.99	25	803	1151	1	1	6866	2487	21189	3584
0.50	1.32	34	425	485	1	1	73636	19388	571169	67487
0.80	2.20	22	504	542	1	1	1049	491	9205	1639
0.44	1.05	21	445	484	1		4833	1616	7745	1283
4.39	6.12	39	508	1980	1	1				
1.25	2.98	19	704	956	1	1	2700	766	53708	6558
2.16	3.03	18	304	410	1	1	1696	1036	13618	2172

2-9(二) 续表 4

地　　区	农林牧渔业总产值（亿元）	农业机械总动力（万千瓦特）	粮　食总产量（万吨）	肉　类总产量（万吨）	全社会固定资产投资（亿元）	社会消费品零售总额（亿元）	进出口总　额（亿美元）
威宁彝族回族苗族自治县	75.70	35.00	47.37	7.93	181.06	21.82	
关岭布依族苗族自治县	9.05	23.61	9.63	1.62	64.75	16.67	
三都水族自治县	15.74	21.60	9.71	1.74	49.36	10.14	
玉屏侗族自治县	10.08	11.10	4.08	1.01	113.27	7.29	
道真仡佬族苗族自治县	23.65	19.35	14.40	2.17	64.42	10.43	
务川仡佬族苗族自治县	25.84	28.00	17.28	2.54	82.59	10.51	
印江土家族苗族自治县	28.46	31.00	13.62	2.98	95.65	9.73	
沿河土家族自治县	33.11		19.92	3.31	125.76	13.64	
云南省							
峨山彝族自治县	14.78	41.14	6.97	2.88	41.82	12.30	0.04
石林彝族自治县	32.88	28.04	14.83	5.97	114.88	31.16	
沧源佤族自治县	16.20	7.57	7.60	1.33	51.50	7.75	1.28
耿马傣族佤族自治县	42.09	33.38	11.60	2.40	72.09	14.14	1.70
玉龙纳西族自治县	20.19	18.00	11.83	5.42	43.26	9.03	0.26
宁蒗彝族自治县	12.15	6.00	8.20	1.88	37.18	11.27	0.06
江城哈尼族彝族自治县	14.43	17.50	4.35	0.76	23.74	5.40	0.22
澜沧拉祜族自治县	27.08	31.22	24.61	2.96	36.09	14.67	0.68
孟连傣族拉祜族佤族自治县	14.41	17.30	5.92	0.85	7.13	7.68	3.44
西盟佤族自治县	4.47	11.78	4.22	0.42	8.70	2.20	0.15
河口瑶族自治县	12.66	2.20	2.91	0.75	40.40	4.96	8.99
屏边苗族自治县	9.48	4.30	7.91	3.02	38.50	8.31	
贡山独龙族怒族自治县	2.80	4.20	1.14	0.23	11.77	2.23	
巍山彝族回族自治县	26.12	19.98	16.06	4.50	20.48	14.47	0.05
南涧彝族自治县	20.49	10.03	11.72	3.54	13.35	11.87	
寻甸回族彝族自治县	35.62	30.96	24.56	7.86	102.18	24.53	0.13
元江哈尼族彝族傣族自治县	28.77	15.36	9.59	2.21	36.61	19.41	0.05
新平彝族傣族自治县	30.10	33.40	15.52	4.64	62.90	16.66	0.31
墨江哈尼族自治县	23.62	26.37	15.23	2.57	50.98	9.44	
双江拉祜族佤族布朗族傣族自治县	16.00	18.05	7.00	1.72	39.63	7.14	
兰坪白族普米族自治县	10.33	9.50	8.90	1.37	45.00	9.06	
维西傈僳族自治县	8.90	17.40	7.69	1.12	69.77	5.96	

普通中学在校学生数（万人）	小学在校学生数（万人）	医院、卫生院数（个）	医院、卫生院卫生技术人员数（人）	医院、卫生院床位数（张）	文化馆（个）	图书馆（个）	城镇居民最低生活保障人数（人）	城镇居民最低生活保障支出（万元）	农村居民最低生活保障人数（人）	农村居民最低生活保障支出（万元）
16.32	21.11	55	1928	1763	1	1	25666	11936	436370	66005
1.79	2.89	15	813	368	1	1	1518	844	42420	11068
2.42	4.10	33	695	550	1	1	39302	17689	243374	46755
0.90	1.11	12	659	598	1	1	4051	1512	49234	13992
2.44	2.45	16	353	691	1	1	3722	1229	20706	3133
2.50	3.20	21	969	1341	1		1621	594	15952	3917
2.84	3.44	24	1150	1372	1	1				
4.36	6.28	24	822	1405	1	1				
1.08	1.04	14	743	708	1	1	7172	2687	29326	5341
0.40	1.92	9	1227	1212	1	1	4098	1722	26235	5345
0.87	1.29	17	663	521	1	1	6676	954	69483	11392
1.20	2.65	19	979	980	1	1	7091	308	47987	8162
1.11	1.14	18	599	819	1	1	5438	2594	13159	2404
1.79	2.55	20	568	670	1	1	4334	997	18500	2931
0.54	0.91	9	481	437	1	1	3502	1564	23509	4246
2.09	3.08	25	491	1078	1	1	495	184	25393	4338
0.58	1.13	8	460	301	1	1	2511	976	31943	5481
0.43	0.71	8	227	279	1	1	3718	1809	172287	29822
0.40	0.72	12	648	508	1	1	4403	1449	110741	20199
0.41	0.98	11	610	500	1	1	106626	38929	500646	90221
0.16	0.28	6	152	176	1	1	13536	12665	190499	24412
1.77	2.26	14	1150	958	1	1	3987	1357	34951	5802
1.28	1.75	11	369	542	1	1	2670	975	13650	2467
2.59	3.03	29	1213	2325	1	1	2079	1601	30000	4749
1.14	1.59	16	613	817	1	1	3929	1615	12309	2470
1.45	1.97	20	1255	1223	1	1	2919	956	5205	852
1.39	2.04	18	862	890	1	1	3908	1429	16940	2901
0.55	1.09	23	328	515	1	1	2592	975	37180	6711
0.79	1.86	11	622	672	1	1	1059	312	18118	2669
0.50	1.14	13	459	305	1	1	22788	7892	116178	17618

2-9(二)　续表 5

地　区	农林牧渔业总产值（亿元）	农业机械总动力（万千瓦特）	粮　食总产量（万吨）	肉　类总产量（万吨）	全社会固定资产投资（亿元）	社会消费品零售总额（亿元）	进出口总　额（亿美元）
景东彝族自治县	36.10	32.10	18.02	3.40	27.35	13.03	
景谷傣族彝族自治县	47.31	27.16	18.00	2.05	44.85	17.05	0.17
宁洱哈尼族彝族自治县	16.70	24.60	9.20	2.64	37.87	9.88	
漾濞彝族自治县	9.28	9.69	6.65	1.89	9.87	5.32	
禄劝彝族苗族自治县	36.81	38.50	22.48	7.28	101.91	23.72	
金平苗族瑶族傣族自治县	16.68	15.29	14.20	3.66	50.40	7.78	0.16
镇沅彝族哈尼族拉祜族自治县	28.56	28.09	11.70	2.35	24.98	9.31	
甘肃省							
张家川回族自治县	10.00	13.60	12.38	0.63	42.47	6.47	
天祝藏族自治县	10.41	28.30	4.71	1.45	77.59	19.74	
肃南裕固族自治县	7.06	7.75	2.48	0.99	36.20	3.93	
肃北蒙古族自治县	0.92	3.60	0.55	0.21	74.83	1.69	
阿克塞哈萨克族自治县	0.84		0.07	0.18	32.30	1.72	
东乡族自治县	7.19	16.85	8.82	1.40	22.89	1.93	
积石山保安族东乡族撒拉族自治县	6.65	5.50	10.58	0.41	21.31	4.48	
青海省							
互助土族自治县	28.26	47.70	11.53	3.00	107.22	12.96	
化隆回族自治县	9.87	20.80	6.41	0.78	46.25	6.64	
循化撒拉族自治县	6.37	10.01	3.63	0.75	37.56	6.65	0.16
河南蒙古族自治县	8.03			1.55	12.47	0.10	
门源回族自治县	11.13	33.70	4.57	1.53	35.63	7.43	
大通回族土族自治县	27.18	44.56	8.60	3.09	75.68	17.99	
民和回族土族自治县	16.74	46.80	22.68	1.44	106.47	18.67	
新疆维吾尔自治区							
巴里坤哈萨克自治县	16.59	13.54	9.44	2.18	96.20	4.87	10.31
塔什库尔干塔吉克自治县	2.03	2.89	1.67	0.54	26.80	1.59	1.83
木垒哈萨克自治县	23.22	16.65	16.27	1.89	33.20	6.98	
焉耆回族自治县	21.10	26.69	10.68	1.42	26.38	7.46	
察布查尔锡伯自治县	27.64	22.24	48.84	2.09	103.41	3.04	0.05
和布克赛尔蒙古自治县	8.41	4.08	1.68	1.37	35.92	3.22	

普通中学在校学生数（万人）	小学在校学生数（万人）	医院、卫生院数（个）	医院、卫生院卫生技术人员数（人）	医院、卫生院床位数（张）	文化馆（个）	图书馆（个）	城镇居民最低生活保障人数（人）	城镇居民最低生活保障支出（万元）	农村居民最低生活保障人数（人）	农村居民最低生活保障支出（万元）
1.63	2.43	21	565	1083	1	1	3156	1078	62256	10496
1.36	2.26	14	574	662	1	1	4525	1865	39463	6830
0.75	1.06	14	912	577	1	1	9678	2638	60686	10413
0.49	0.74	13	319	320	1	1	73714	26739	342407	58900
2.02	2.72	23	1677	1451	1	1	1366	830	8207	1440
1.81	3.58	18	625	738	1	1	6208	2252	26200	4497
0.60	1.32	12	386	546	1	1	2263	873	24996	4777
1.67	2.50	29	690	500	1	1	46464	25870	320234	40118
1.23	1.09	21	988	674	1	1	931	283		
0.13	0.17	23	272	404	1	1	6552	1677	70199	11138
0.07	0.07	7	139	150	1	1	1165	631	4238	505
0.06	0.08	4	77	82	1	1	607	245	619	60
1.19	3.11	28	199	415	1	1	156938	39890	541346	74806
4.34	2.49	28	360	1017	1	1	13401	4806	120982	16211
1.88	2.26	23	874	918						
0.51	2.25	22	466	520	1	1				
0.57	1.46	16	516	462	1	1				
0.18	0.37	11	252	233	1		10570	6443	20073	6040
0.40	1.34	18	425	400	1	1	13748	6374	14096	5001
2.68	3.42	433	1211	1491	1	1	36278	11340	167828	30195
2.42	3.07	32	784	808	14	14	9313	3675	11026	3519
0.36	0.47	16	366	199	1	1	154272	62476	417384	94964
0.24	0.40	14	258	206	14	14	37739	13864	53421	9370
0.32	0.44	11	500	339	1	1	10725	4657	13779	4045
0.57	0.97	14	549	621	1	1	45947	16267	40458	8323
0.81	1.33	4	712	195	1	1	125102	41988	107474	20737
0.24	0.41	15	648	496	1	1	8764	2076	9087	2407

主要统计指标解释

国内（地区）生产总值 是按市场价格计算的国内生产总值的简称。它是一个国家（地区）所有常驻单位在一定时期内生产活动的最终成果。国内生产总值有三种表现形态：价值形态、收入形态和产品形态。从价值形态看，它是所有常驻单位在一定时期内生产的全部货物和服务价值超过同期投入的全部非固定资产货物和服务价值的差额，即所有常驻单位的增加值之和；从收入形态看，它是所有常驻单位在一定时期内所创造并分配给常驻单位和非常驻单位的初次分配收入之和；从产品形态看，它是最终使用的货物和服务减去进口货物和服务。在实际核算中，国内生产总值的三种表现形态表现为三种计算方法即生产法、收入法和支出法。三种方法分别从不同的方面反映国内生产总值及其构成。

当年价格 指报告期的实际价格，如工厂的出厂价格、农产品的收购价格、商业的零售价格等。使用当年价格计算的数字，是为了使国民经济各项指标互相衔接，便于考察当年社会经济效益，便于对生产和流通、生产和分配、生产和消费进行经济核算和综合平衡。

按当年价格计算的价格指标在不同年份之间进行对比时，因为包含有各年间价格的因素，不能确切地反映实物量的增减变动，必须消除价格变动因素后才能真正反映经济发展动态。因此，在计算增长速度时都使用按可比价格计算的数字。

不变价格 指用同类产品的年平均价格作为固定价格来计算各年产品价值。按不变价格计算的产品价值消除了价格变动因素，不同时期对比可以反映生产的发展速度。新中国成立后，随着工农业产品价格水平的变化，国家统计局先后五次制定了全国统一的工业产品不变价格和农业产品不变价格，1949-1957 年使用 1952 年工（农）业产品不变价格，1957-1971 年使用 1957 年不变价格，1971-1981 年使用 1970 年不变价格，1981-1990 年使用 1980 年不变价格，1990 年开始使用 1990 年不变价格。

平均每年增长速度 在我国计算平均增长速度有两种方法：一种是习惯上经常使用的“水平法”，又称几何平均法，是以间隔期最后一年的水平同基期水平对比来计算平均每年增长（或下降）速度；另一种是“累计法”，又称代数平均法或议程法，是以间隔期内各年水平的总和同基期水平对比来计算平均每年增长（或下降）速度。

三次产业 三次产业的划分是世界上较为常用的产业结构分类，但各国的划分不尽一致。我国的三次产业划分是：

第一产业是指农、林、牧、渔业。

第二产业是指采矿业，制造业，电力、煤气及水的生产和供应业，建筑业。

第三产业是指除第一、二产业以外的其他行业。

三、人　口

3-1 民族自治地方年末总人口及构成

单位：万人

年　份	民族自治地方总人口	农业人口	非农业人口	比重(以自治地方总人口为100) 农业人口	非农业人口	民族自治地方少数民族人口	少数民族人口占民族自治地方总人口的比重(%)
1952	5600.95	4967.73	633.22	88.59	11.31		
1957	6464.90	5663.04	801.86	87.60	12.40		
1965	7739.20	6618.05	1121.15	85.51	14.49		
1975	10441.43	8873.60	1567.83	84.98	15.02		
1978	11077.22	9376.34	1700.88	84.65	15.35	4342.36	39.2
1979	11333.94	9534.45	1799.49	84.12	15.88		
1980	11586.35	9717.60	1868.75	83.87	16.13	4714.31	40.7
1981	11767.29	9864.52	1902.77	83.83	16.17		
1982	12127.26	10161.43	1965.83	83.79	16.21	5007.50	41.3
1983	12659.05	10601.55	2057.50	83.75	16.25	5339.10	42.2
1984	12899.98	10769.19	2130.79	83.48	16.52	5491.20	42.6
1985	13547.71	11263.66	2284.05	83.14	16.86	5852.87	43.2
1986	13927.03	11567.63	2359.40	83.06	16.94	6072.23	43.6
1987	14246.65	11794.22	2254.43	82.79	17.21	6252.58	43.9
1988	14579.84	12037.74	2542.10	82.56	17.44	6442.79	44.2
1989	15060.57	12382.47	2678.10	82.22	17.78	6688.63	44.4
1990	15295.71	12580.41	2715.30	82.24	17.76	6879.58	45.0
1991	15462.71	12660.58	2802.13	81.88	18.12	7044.32	45.6
1992	15630.06	12768.95	2861.11	81.69	18.31	7125.20	45.6
1993	15776.06	12808.13	2967.93	81.49	18.51	7179.08	45.5
1994	15974.68	12890.12	3084.56	80.69	19.31	7286.83	45.6
1995	16044.41	12878.06	3166.35	80.27	19.73	7232.13	45.1
1996	16230.41	12941.79	3288.72	79.74	20.26	7393.99	45.6
1997	16407.92	13054.47	3353.45	79.56	20.44	7451.12	45.4
1998	16615.95	13155.42	3460.53	79.17	20.83	7577.45	45.6
1999	16678.00	13169.40	3508.60	78.96	21.04	7571.34	45.4
2000	16817.70	13246.25	3570.45	78.76	21.24	7766.76	46.2
2001	16870.10	13256.90	3613.20	78.59	21.41	7799.47	46.2
2002	17051.24	13287.33	3763.91	77.93	22.07	7930.39	46.5
2003	17214.12	13384.84	3829.28	77.75	22.25	8016.96	46.6
2004	17311.28	13407.54	3903.74	77.45	22.55	8114.66	46.9
2005	17498.65	13426.44	4072.21	76.73	23.27	8238.95	47.1
2006	17679.86	13365.71	4314.16	75.60	24.40	8367.37	47.3
2007	17947.89	13570.29	4310.46	75.61	24.02	8501.22	47.4
2008	18135.33	13723.48	4351.91	75.92	24.08	8616.02	47.5
2009	18317.90	13670.06	4647.84	74.63	25.37	8713.71	47.6
2010	18531.02	13489.35	4968.88	72.79	26.81	8813.76	47.6
2011	18656.16	13720.03	4936.13	73.54	26.46	8913.86	47.8
2012	18802.17	13689.10	4758.45	72.81	25.31	9066.54	48.2
2013	18915.97	13429.71	5147.26	71.00	27.21	9274.86	49.0
2014	18755.38	13170.32	5585.06	70.22	29.78	9059.49	48.3

注：1.本表未扣除区域变动因素，年度之间不可比。下同。
2.有些年份因部分省区农业人口与非农业人口数据不全，因此合计数不等于总人口数。

3-2 民族自治地方分地区年末总人口和少数民族人口(2014年)

地　　区	年末总人口（万人）	#少数民族人口	少数民族占总人口的比重（%）
合　　计	**18755.38**	**9059.49**	**48.30**
河　　北	210.81	127.99	60.71
内 蒙 古	2505.00	552.09	22.04
辽　　宁	331.33	175.62	53.00
吉　　林	326.23	112.27	34.41
黑 龙 江	24.29	5.00	20.57
浙　　江	17.33	1.95	11.25
湖　　北	467.00	265.64	56.88
湖　　南	526.09	405.93	77.16
广　　东	50.31	18.79	37.36
广　　西	4754.00	2077.00	43.69
海　　南	180.04	92.66	51.47
重　　庆	277.77	200.41	72.15
四　　川	776.55	476.62	61.38
贵　　州	1802.17	1101.86	61.14
云　　南	2442.08	1420.65	58.17
西　　藏	317.55	303.02	95.43
甘　　肃	388.05	323.24	83.30
青　　海	398.32	262.37	65.87
宁　　夏	662.00	241.75	36.52
新　　疆	2298.47	894.64	38.92

3-3 民族自治地方分地区人口构成(2014年)

单位：万人

地区	按性别分		按城乡分	
	男	女	城镇人口	乡村人口
合计	**10100.27**	**8654.45**	**7732.17**	**11015.15**
河北	109.83	100.98	81.73	128.71
内蒙古	1296.90	1207.90	1490.60	1014.20
辽宁	169.27	162.05	105.41	225.91
吉林	163.62	162.61	230.87	95.37
黑龙江	12.31	11.98	6.55	17.74
浙江	9.12	8.21	9.35	7.98
湖北	242.82	224.18	145.55	321.45
湖南	274.11	251.98	173.06	321.10
广东	26.08	24.23	11.09	39.22
广西	2891.00	1863.00	2187.00	2567.00
海南	94.37	85.67	60.95	119.09
重庆	146.39	131.38	71.69	206.07
四川	397.95	378.60	228.01	551.81
贵州	946.72	855.45	330.93	1471.27
云南	1255.14	1186.94	733.67	1709.65
西藏	160.99	156.56	81.77	235.78
甘肃	198.39	189.66	210.72	195.27
青海	202.82	195.50	159.66	241.08
宁夏	338.07	323.46	354.65	306.89
新疆	1164.38	1134.09	1058.91	1239.56

注：因部分省份城镇人口与乡村人口为户籍人口数，故与总人口数不等。

主要统计指标解释

人口数　指一定时点、一定地区范围内的有生命的个人的总和。年度统计的年末人口数指每年 12 月 31 日 24 时的人口数。

市镇总人口和乡村总人口　一般是按常住人口划分。

市镇总人口　指市、镇辖区的全部人口。

乡村总人口　指县（不含镇）的全部人口。

市　指经国家批准成立“市”建制的城市。

镇　指经省、自治区、直辖市批准的镇。1963 年以前为常住人口在 2000 人以上，非农业人口占 50%以上的人口聚居地。1964 年起改为常住人口在 3000 人以上，非农业人口占 70%以上或常住人口在 2500 人以上，不满 3000 人，非农业人口占 85%以上的。1984 年后又调整为凡县级地方国家机关所在地；或总人口在 20000 人以下的乡，乡政府驻地非农业人口超过 2000 人的；或总人口在 20000 人以上的乡，乡政府驻地非农业人口占全乡 10%以上；或少数民族地区、人口稀少的边远地区、山区和小型工矿区、小港口、风景旅游地、边境口岸等地，非农业人口虽不足 2000 人，都可建镇。

四、就业人员和劳动报酬

4-1 民族自治地方单位就业人员年平均工资

单位：元

年 份	合 计	国有单位	城镇集体单位	其他单位
1981	816	848	650	
1982	845	827	686	
1983	884	917	711	
1984	1026	1077	810	
1985	1142	1202	899	
1986	1320	1392	1011	
1987	1465	1535	1156	
1988	1739	1815	1396	
1989	1850	1931	1420	
1990	2040	2150	1525	2033
1991	2214	2318	1718	2284
1992	2527	3006	1949	2538
1993	3074	3210	2363	3652
1994	3970	4092	3185	4205
1995	4559	4857	3492	4801
1996	5268	5436	4033	5513
1997	5593	5799	4102	6077
1998	6243	6414	4580	6739
1999	6822	6979	5093	7234
2000	7802	7976	5716	8165
2001	9548	9839	6762	9385
2002	10990	11303	7277	11042
2003	12471	12877	8365	12164
2004	14583	15235	10161	13370
2005	15481	15869	10966	15201
2006	17756	18323	12375	17041
2007	21374	22334	15163	19603
2008	25232	26034	18600	23854
2009	28187	29351	21439	25994
2010	32218	33258	27263	30111
2011	37310	38094	32726	36033
2012	41549	41718	35705	41784
2013	49679	46671	40905	55887
2014	50435	48845	43915	53592

注：1．本表未扣除区域变动因素，年度之间不可比。下同。
2．1998年以后为人均劳动报酬。

4-2 民族自治地方分地区年末单位就业人员(2014年)

单位：万人

地 区	合 计	国有单位	城镇集体单位	其他单位
合 计	**1582.86**	**937.84**	**41.34**	**592.57**
河 北	10.99	6.87	0.27	3.81
内蒙古	301.50	168.13	6.29	127.08
辽 宁	18.24	10.60	1.85	3.52
吉 林	29.49	17.29	0.61	11.59
黑龙江	1.13	0.82	0.04	0.27
浙 江	0.99	0.71	0.01	0.26
湖 北	19.77	12.09	0.60	7.08
湖 南	24.78	18.81	1.34	4.62
广 东	3.22	2.09	0.37	0.76
广 西	401.46	206.48	15.09	179.89
海 南	9.77	6.71	0.18	0.18
重 庆	11.53	7.02	0.34	4.18
四 川	42.27	32.25	0.92	10.38
贵 州	70.74	59.63	2.57	8.55
云 南	167.93	91.98	4.48	71.46
西 藏	27.70	22.91	0.30	4.49
甘 肃	26.38	14.02	1.78	3.13
青 海	25.13	17.87	0.61	6.65
宁 夏	73.20	36.66	0.71	35.88
新 疆	316.65	204.88	2.98	108.79

4-3 民族自治地方分地区单位就业人员劳动报酬(2014年)

单位：亿元

地区	合计	国有单位	城镇集体单位	其他单位
合计	**7983.15**	**4580.89**	**181.53**	**3175.74**
河北	45.19	28.05	1.11	16.02
内蒙古	1672.30	936.34	32.53	667.43
辽宁	67.40	37.41	9.36	12.14
吉林	111.94	66.27	2.87	42.81
黑龙江	3.29	2.44	0.09	0.76
浙江	6.07	4.67	0.03	1.37
湖北	63.40	40.43	2.71	20.26
湖南	101.15	77.92	4.33	18.90
广东	14.67	10.57	1.51	2.59
广西	1800.38	946.90	53.38	800.11
海南	45.51	30.88	0.70	13.93
重庆	52.95	35.70	1.13	16.13
四川	232.86	178.42	4.22	50.22
贵州	371.71	269.84	12.61	88.73
云南	689.41	417.39	22.98	249.04
西藏	198.39	164.80	1.08	32.51
甘肃	76.69	61.39	5.89	9.41
青海	140.45	80.75	1.84	57.86
宁夏	424.30	210.08	3.87	210.35
新疆	1865.10	980.63	19.30	865.17

4-4 民族自治地方分地区单位就业人员平均劳动报酬(2014年)

单位: 元

地 区	合 计	国有单位	城镇集体单位	其他单位
合 计	**50435**	**48845**	**43915**	**53592**
河 北	41129	40815	40525	42031
内蒙古	55466	55692	51711	52520
辽 宁	36942	35283	50508	34436
吉 林	37957	38330	46683	36937
黑龙江	29200	29800	23453	28161
浙 江	61621	65420	39385	51913
湖 北	32063	33433	45298	28604
湖 南	40825	41415	32206	40935
广 东	45601	50683	40654	34079
广 西	44846	45860	35366	44478
海 南	44846	45860	35366	44478
重 庆	45919	50866	33508	38607
四 川	55094	55320	46087	48365
贵 州	52543	45251	49143	103843
云 南	41054	45376	51258	34850
西 藏	71616	71927	36290	72369
甘 肃	29068	43778	33118	30119
青 海	55892	45181	30243	87045
宁 夏	57964	57309	54796	58620
新 疆	58901	47863	64808	79528

4-5 民族自治地方分地区年末在岗职工人数(2014年)

单位：万人

地　区	合　计	国有单位	城镇集体单位	其他单位
合　计	**1442.50**	**877.18**	**34.64**	**525.87**
河　北	9.88	6.55	0.27	3.05
内蒙古	292.66	164.68	5.95	122.02
辽　宁	17.38	10.25	1.79	3.15
吉　林	26.09	15.41	0.56	10.12
黑龙江	1.08	0.81	0.04	0.23
浙　江	0.92	0.66	0.01	0.25
湖　北	19.37	10.66	0.28	5.82
湖　南	22.57	17.60	1.09	3.89
广　东	3.11	2.01	0.37	0.74
广　西	326.50	184.15	10.82	131.54
海　南	9.35	6.38	0.17	2.80
重　庆	10.06	6.44	0.32	3.30
四　川	39.86	29.79	0.72	9.35
贵　州	72.92	52.76	2.35	17.80
云　南	147.44	82.12	3.86	61.46
西　藏	27.70	22.91	0.30	4.49
甘　肃	17.70	13.55	1.68	2.47
青　海	23.95	17.10	0.54	6.31
宁　夏	68.35	33.89	0.63	33.83
新　疆	305.60	199.47	2.89	103.24

4-6 民族自治地方分地区在岗职工工资总额(2014年)

单位：亿元

地区	合计	国有单位	城镇集体单位	其他单位
合计	**7948.77**	**4591.02**	**167.76**	**2856.91**
河北	41.99	27.70	1.11	13.19
内蒙古	1672.30	936.34	32.53	667.43
辽宁	64.72	36.81	9.16	10.43
吉林	104.07	62.94	2.68	38.45
黑龙江	3.14	2.43	0.09	0.62
浙江	5.77	4.44	0.03	1.30
湖北	88.46	54.01	5.67	28.78
湖南	95.32	75.05	3.62	16.66
广东	14.41	10.37	1.50	2.54
广西	1800.40	881.05	40.72	605.29
海南	44.58	30.31	0.70	13.57
重庆	49.01	33.90	1.08	14.03
四川	221.56	172.04	3.65	45.87
贵州	360.17	263.97	12.48	83.72
云南	650.13	400.38	21.33	228.42
西藏	186.57	158.13	0.82	27.61
甘肃	74.11	60.54	5.42	8.15
青海	223.99	169.31	3.95	50.74
宁夏	424.30	202.76	3.61	202.52
新疆	1823.77	1008.54	17.62	797.62

4-7 民族自治地方分地区在岗职工平均工资(2014年)

单位：元

地 区	合 计	国有单位	城镇集体单位	其他单位
合 计	**55104**	**52338**	**48433**	**54328**
河 北	42506	42279	40792	43272
内蒙古	57142	56857	54670	54697
辽 宁	37237	35927	51051	33106
吉 林	39895	40853	47568	38007
黑龙江	29067	29891	23453	27061
浙 江	62866	67025	39688	52385
湖 北	45663	50682	205071	49451
湖 南	42224	42644	33277	42827
广 东	46299	51690	40757	34410
广 西	55142	47845	37641	46015
海 南	47669	47492	40206	48539
重 庆	48714	52635	33981	42487
四 川	55587	57758	50683	49047
贵 州	49395	50032	53027	47027
云 南	44094	48758	55230	37163
西 藏	67349	69017	27746	61455
甘 肃	41859	44682	32193	32973
青 海	93525	98982	73353	80446
宁 夏	62077	59838	57336	59855
新 疆	59678	50560	61000	77258

主要统计指标解释

单位就业人员 指在各级国家机关、政党机关、社会团体及企业、事业单位中工作，取得工资或其他形式的劳动报酬的全部人员。包括在岗职工和其他就业人员，不包括离开本单位仍保留劳动关系的职工。

乡村劳动力 指乡村人口中实际参加各种行业劳动并取得实物或货币收入的劳动力人数。包括劳动年龄内实际参加劳动的人数和不足或超过劳动年龄实际参加劳动的人数。

城镇登记失业人员 指有非农业户口，在一定的劳动年龄内，有劳动能力，无业而要求就业，并在当地就业服务机构进行求职登记的人员。

城镇登记失业率 指城镇登记失业人数同城镇就业人数与城镇登记失业人数之和的比。计算公式:

城镇登记失业率=城镇登记失业人数/（城镇就业人数+城镇登记失业人数）×100%

就业人员劳动报酬 指各单位在一定时期内直接支付给本单位就业人员的劳动报酬总额。

工资总额的计算原则应以直接支付给职工的全部劳动报酬为根据。各单位支付给职工的劳动报酬以及其他根据有关规定支付的工资，不论是计入成本的还是不计入成本的，不论是按国家规定列入计征资金税项目的还是未列入计征资金税项目的，不论是以货币形式支付的还是以实物形式支付的，均包括在工资总额内。

五、固定资产投资

5-1 民族自治地方全社会固定资产投资和新增固定资产完成情况

单位：亿元

年 份	全社会固定资产投资	#国有经济固定资产投资	新增固定资产
1980			40.03
1981		61.62	29.25
1982		74.20	45.56
1983		93.24	63.21
1984		115.00	75.72
1985		161.94	118.88
1986		171.84	131.72
1987		200.17	241.92
1988		246.86	176.40
1989		230.99	193.15
1990		259.45	226.34
1991		340.84	251.00
1992	675.39	531.01	354.29
1993	978.51	791.44	543.07
1994	1271.46	994.16	603.75
1995	1444.03	982.60	924.65
1996	1611.37	1078.76	950.21
1997	1791.29	1198.37	1000.95
1998	2077.93	1342.49	1226.82
1999	2230.47	1411.56	1445.81
2000	2477.00	1552.59	1803.97
2001	2928.36	1610.05	1718.51
2002	3542.10	2187.80	2058.52
2003	4733.93	2652.59	2582.59
2004	6259.40	2923.32	
2005	8357.69	3767.48	5006.48
2006	10564.01	4642.16	5795.57
2007	13517.34	5198.81	7729.66
2008	17285.35	6655.11	7595.31
2009	23262.59	9397.21	14512.25
2010	29875.92	12045.84	16149.52
2011	37052.16	12437.33	21110.05
2012	43674.83	15580.17	27542.49
2013	53006.70	18294.19	28379.95
2014	58759.26	22692.92	29604.66

5-2 民族自治地方分地区全社会固定资产投资和新增固定资产(2014年)

单位：亿元

地 区	全社会固定资产投资	其中：不含农户投资	新增固定资产
合 计	**58759.26**	**52403.95**	**29604.66**
河 北	688.00	658.49	317.47
内蒙古	12074.24	11230.24	8995.43
辽 宁	1048.58	1012.17	677.12
吉 林	1055.11	993.88	784.21
黑龙江	53.25	41.77	53.25
浙 江	39.71	39.71	38.37
湖 北	746.54	681.95	374.25
湖 南	603.33	587.27	328.71
广 东	74.71	74.71	40.58
广 西	13843.21	12606.80	1876.60
海 南	420.42	382.54	120.58
重 庆	551.09	537.28	274.78
四 川	1983.39	1885.59	1407.62
贵 州	4465.95	3679.48	1772.31
云 南	5012.80	4898.96	2255.93
西 藏	1119.73	1119.73	777.68
甘 肃	705.35	550.02	563.59
青 海	1355.23	602.76	448.63
宁 夏	3173.80	3093.92	2277.29
新 疆	9744.79	7726.67	6220.25

5-3 民族自治地方分地区按经济类型分的全社会固定资产投资（2014年）

单位：亿元

地　区	全社会固定资产投资	#国有经济	#集体经济	#外商港澳台经济
合　计	**58759.26**	**22692.92**	**893.71**	**761.27**
河　北	688.00	214.47	6.74	13.55
内蒙古	12074.24	5186.18	74.55	88.92
辽　宁	1048.58	256.87	16.61	7.32
吉　林	1055.11	298.20	9.80	18.69
黑龙江	53.25	41.77	11.48	
浙　江	39.71	16.83	0.26	0.18
湖　北	746.54	266.91	48.62	1.57
湖　南	603.33	318.43	5.16	1.35
广　东	74.71	27.00	35.27	6.54
广　西	13843.21	3183.70	205.10	378.80
海　南	420.42	107.19	2.66	18.28
重　庆	551.09	312.36	3.96	7.42
四　川	1983.39	1241.71	4.54	15.72
贵　州	4465.95	2018.78	56.71	11.87
云　南	5012.80	2686.65	274.94	36.66
西　藏	1119.73	770.45	4.48	0.98
甘　肃	705.35	241.17	0.56	1.62
青　海	1355.23	573.85	102.17	23.91
宁　夏	3173.80	957.90	13.70	24.00
新　疆	9744.79	3972.50	16.40	103.90

5-4 民族自治地方分地区按资金来源分的全社会固定资产投资(2014年)

单位：亿元

地　区	国家预算内资金	国内贷款	利用外资
合　计	**6631.48**	**6200.51**	**236.45**
河　北	93.01	40.39	1.78
内蒙古	684.99	1529.90	10.20
辽　宁	91.64	97.46	9.04
吉　林	123.45	51.55	3.72
黑龙江	41.77	3.59	
浙　江	8.06	2.49	0.43
湖　北	113.51	139.60	1.19
湖　南	88.45	75.03	0.85
广　东	16.46	0.93	3.63
广　西	929.43	1872.35	14.03
海　南	39.80	135.39	18.28
重　庆	117.54	33.61	85.92
四　川	250.59	416.33	2.34
贵　州	513.31	193.71	63.06
云　南	703.41	219.69	6.19
西　藏	849.31	5.80	1.40
甘　肃	82.77	62.60	
青　海	319.85	214.11	8.29
宁　夏	237.34	746.21	2.85
新　疆	1326.78	359.78	3.26

5-5 民族自治地方国有经济基本建设投资

单位：亿元

年 份	基本建设投资	年 份	基本建设投资
1950—1952	5.60	1976—1980	237.58
1953—1957	40.78	1981—1985	344.71
1958—1962	119.93	1986—1990	662.88
1963—1965	45.06	1991—1995	2399.00
1966—1970	90.05	1996—2000	4876.74
1971—1975	152.12	2001—2003	5169.67

主要统计指标解释

全社会固定资产投资 固定资产投资是社会固定资产再生产的主要手段。通过建造和购置固定资产的活动，国民经济不断采用先进技术装备，建立新兴部门，进一步调整经济结构和生产力的地区分布，增强经济实力，为改善人民物质文化生活创造物质条件。这对我国的社会主义现代化建设具有重要意义。

固定资产投资额是以货币表现的建造和购置固定资产活动的工作量，它是反映固定资产投资规模、速度、比例关系和使用方向的综合性指标。全社会固定资产投资包括国有经济单位投资、城乡集体经济单位投资、各种经济类型的单位投资和城乡居民个人投资。按照我国现行计划管理体制，国有经济单位固定投资总额分为基本建设、更新改造、商品房屋建设投资和其他固定资产投资四个部分；城乡集体经济单位投资包括城镇集体所有制单位投资和农村集体所有制单位投资；各种经济类型的单位投资包括联营经济、股份制经济、中外合资经营、中外合作经营、外资、港澳台与大陆合资经营、港澳台与大陆合作经营、港澳台独资及其他经济类型的单位投资。

基本建设投资 基本建设是企业、事业单位以扩大生产能力或工程效益为主要目的的新建、扩建工程及有关工作。包括工厂、矿山、铁路、桥梁、港口、农田水利、商店、住宅、学校、医院等工程的建造和机器设备、车辆船舶、飞机等的购置。

基本建设投资额是以货币表现的基本建设完成的量，是反映一定时期内基本建设规模和建设进度的综合性指标。它是根据工程的实际进度按预算价格（预算价格是编制施工图预算时所用的价格）计算的工作量，没有形成工程实体的建筑材料和没有开始安装的设备都不计算投资完成额。

更新改造投资 更新改造是指企业、事业单位对原有设施进行固定资产更新和技术改造，以及相应配套的工程和有关工作（不包括大修理和维护工程）。更新改造投资是以货币表现的更新改造完成的工作量。根据我国现行统计制度基本建设和更新改造的划分是:（1）列入基本建设计划的项目作为基本建设投资，列入更新改造计划的项目作为更新改造投资。（2）更新改造计划与基本建设计划结合安排的项目以及未列入计划的项目，根据工程性质作为基本建设投资或更新改造投资。属于对企业、事业单位原有设施进行技术改造或更新的项目和增建主要生产车间、分厂等，其新增生产能力或效益尚未达到大中型标准的项目，以及由于城市环境保护和安全生产的需要而进行的迁建工程，作为更新改造投资。

其他固定资产投资 是指除基本建设投资、更新改造投资和房地产投资以外的其他投资。

新增固定资产 指通过投资活动所形成的新的固定资产价值。包括已经建成投入生产或交付使用的工程价值和达到固定资产标准的设备、工具、器具的价值及有关应摊入的费用。它是以价值形式表示的固定资产投资的综合性指标，可以综合反映不同时期、不同部门、不同地区的固定资产投资成果。

六、财 政

6-1 民族自治地方财政收支情况

单位：亿元

年 份	收 入			支 出			收支差额
	合 计	五个自治区	自治州、县	合 计	五个自治区	自治州、县	
1952	4.96	3.31	1.15	4.39	3.34	1.05	0.57
1957	11.48	8.91	2.57	12.43	9.58	2.85	-0.95
1960	29.19	21.92	7.27	42.87	35.12	7.75	-13.68
1961	16.58	12.54	4.04	21.36	16.54	4.82	-4.78
1962	13.23	9.93	3.30	14.15	11.10	3.05	-0.92
1963	15.71	11.57	4.14	16.69	12.60	4.09	-0.98
1964	17.62	13.22	4.40	20.55	16.09	4.46	-2.93
1965	19.67	15.09	4.58	23.06	18.48	4.58	-3.39
1966	21.18	16.65	4.53	26.07	21.00	5.07	-4.89
1968	10.68	8.74	1.94	17.02	13.12	3.90	-6.34
1972	22.05	15.94	6.11	43.12	31.55	11.57	-21.07
1973	22.72	15.13	7.59	47.83	34.91	12.92	-25.11
1974	22.87	15.31	7.56	49.66	36.90	12.76	-26.79
1975	23.49	15.80	7.69	50.63	38.01	12.62	-27.14
1976	24.41	16.24	8.17	55.70	41.24	14.46	-31.29
1977	28.46	19.26	9.20	59.97	43.35	16.62	-31.51
1978	40.79	30.18	10.61	83.35	62.02	21.33	-42.56
1979	34.00	25.88	8.12	87.97	69.93	18.04	-53.97
1980	31.07	22.44	8.63	81.20	62.45	18.75	-50.13
1981	29.67	19.77	9.90	76.13	56.17	19.96	-46.46
1982	36.31	23.86	12.45	86.81	63.42	23.39	-50.50
1983	41.48	27.81	13.67	100.62	73.11	27.51	-59.14
1984	45.33	30.65	14.68	131.58	96.28	35.30	-86.25
1985	63.45	42.32	21.13	156.98	112.67	44.31	-93.53
1986	80.66	55.04	25.62	198.62	142.22	56.40	-117.96
1987	97.51	65.62	31.89	210.43	147.92	62.51	-112.92
1988	119.39	78.74	40.65	241.10	167.49	73.61	-121.71
1989	147.65	96.49	51.16	273.26	182.62	90.64	-125.61
1990	166.74	109.28	57.46	304.37	202.37	102.00	-137.63
1991	204.35	136.28	68.07	342.70	227.70	115.00	-138.35
1992	210.00	135.17	74.83	367.52	239.11	128.41	-157.52
1993	302.69	199.59	103.10	462.31	301.48	160.83	-159.62
1994	201.49	139.97	61.52	516.96	338.52	178.44	-315.47
1995	248.13	172.56	75.57	595.12	397.04	198.08	-346.99
1996	313.01	211.19	101.82	720.15	464.65	255.50	-407.14
1997	355.66	246.98	108.68	774.97	512.39	262.58	-419.31
1998	399.31	284.16	115.15	868.54	605.10	263.44	-469.23
1999	437.18	314.86	122.32	1003.77	693.84	309.93	-566.59
2000	475.54	347.35	128.19	1172.90	817.34	355.56	-697.36
2001	544.92	406.88	138.04	1608.60	1132.38	476.22	-1063.68
2002	594.66	449.83	144.83	1926.50	1426.71	499.79	-1331.84
2003	673.97	508.78	165.19	2109.30	1511.01	598.29	-1435.34
2004	825.78	637.72	188.06	2467.73	1749.48	718.25	-1641.95
2005	1026.35	800.56	225.79	3050.44	2158.08	892.36	-2024.08
2006	1281.04	981.34	299.70	3732.88	2613.53	1119.35	-2451.84
2007	1660.89	1297.14	363.75	4898.51	3461.27	1437.24	-3237.61
2008	2099.88	1650.05	449.83	6496.73	4635.88	1860.85	-4396.85
2009	2548.23	2002.30	545.93	8368.64	5798.07	2570.57	-5820.41
2010	3255.56	2532.74	722.82	10511.53	7088.57	3422.95	-7255.97
2011	4276.36	3299.54	976.81	13588.74	9283.00	4305.75	-9312.39
2012	5220.36	3978.32	1242.04	16070.80	10900.99	5169.81	-10850.44
2013	6013.42	4569.48	1443.95	17605.65	11891.69	5713.96	-11592.23
2014	6630.22	5012.43	1617.79	19395.46	12863.52	6531.94	-12765.24

注:表列五个自治区,系指内蒙古自治区、广西壮族自治区、西藏自治区、宁夏回族自治区和新疆维吾尔自治区。
自治州、县系指除上述五个自治区以外各省所属的民族自治州、自治县。

6-2 民族自治地方分地区财政收入情况(2014年)

单位：亿元

地区	财政总收入	#公共财政预算收入	#各项税收
合计	**9715.90**	**6630.22**	**4494.68**
河北	89.95	45.74	36.97
内蒙古	2780.32	1843.67	1251.07
辽宁	164.56	105.81	75.52
吉林	182.32	110.53	67.22
黑龙江	9.19	4.31	3.66
浙江	9.78	4.80	4.37
湖北	131.48	68.01	53.00
湖南	95.25	58.92	35.40
广东	35.40	7.89	5.13
广西	2162.40	1422.28	978.07
海南	196.04	58.68	51.64
重庆	96.53	46.08	27.75
四川	260.36	181.56	110.40
贵州	499.99	314.39	226.97
云南	942.37	486.92	303.87
西藏	164.75	124.27	85.86
甘肃	155.36	37.79	18.50
青海	469.79	86.38	21.18
宁夏	565.02	339.86	250.33
新疆	705.05	1282.34	887.79

6-3 民族自治地方分地区各项税收情况(2014年)

单位: 亿元

地 区	各项税收	#增值税	#营业税	#企业所得税	#个人所得税
合 计	**4494.68**	**643.10**	**1392.33**	**434.27**	**159.30**
河 北	36.97	5.27	15.05	2.60	0.88
内蒙古	1251.07	174.02	339.01	109.64	40.20
辽 宁	75.52	6.43	11.38	4.03	1.36
吉 林	67.22	10.17	18.79	8.24	2.22
黑龙江	3.66	1.17	0.63	0.68	0.05
浙 江	4.37	0.63	1.06	0.34	1.07
湖 北	53.00	5.20	18.27	4.33	2.22
湖 南	35.40	3.39	11.21	2.77	0.96
广 东	5.13	1.42	1.15	0.52	0.15
广 西	978.07	126.45	321.26	109.35	30.22
海 南	51.64	1.89	15.17	7.55	1.03
重 庆	27.75	4.05	10.11	2.09	0.86
四 川	110.40	20.17	33.86	11.56	3.39
贵 州	226.97	13.23	45.63	11.96	3.56
云 南	303.87	52.58	105.78	17.13	4.84
西 藏	85.86	15.91	31.98	18.14	9.44
甘 肃	18.50	3.83	8.94	1.70	0.52
青 海	21.18	2.34	15.77	3.03	0.73
宁 夏	250.33	38.56	105.03	28.33	7.46
新 疆	887.79	156.39	282.23	90.29	48.13

6-4 民族自治地方分地区财政支出情况(2014年)(一)

地 区	公共财政预算支出	#一般公共服务	#教育	#科学技术
合 计	**19395.46**	**2038.23**	**3065.92**	**185.85**
河 北	117.35	11.48	20.88	0.61
内蒙古	3879.98	297.55	477.77	32.87
辽 宁	219.79	25.94	32.24	1.44
吉 林	321.13	33.44	44.90	2.03
黑龙江	1.87	0.18	0.37	0.09
浙 江	20.68	2.47	3.24	0.21
湖 北	291.23	37.58	48.52	2.14
湖 南	333.14	37.39	57.10	1.31
广 东	32.24	4.55	7.31	0.35
广 西	3479.79	405.99	660.53	59.93
海 南	159.11	18.06	29.91	1.17
重 庆	164.81	21.74	34.96	1.03
四 川	869.56	86.01	132.25	4.93
贵 州	1078.86	188.49	230.78	7.21
云 南	1908.67	196.87	311.43	9.43
西 藏	1185.51	164.09	142.08	4.42
甘 肃	386.42	60.02	39.58	0.92
青 海	627.06	59.83	102.17	3.75
宁 夏	1000.45	61.68	122.68	11.66
新 疆	3317.79	324.88	567.20	40.34

6-4 民族自治地方分地区财政支出情况(2014年)(二)

单位: 亿元

地　区	#文化体育与传媒	#社会保障和就业	#医疗卫生	#保障住房支出
合　计	**514.07**	**2168.75**	**1485.58**	**957.67**
河　北	1.33	13.71	11.85	4.32
内蒙古	91.90	531.76	227.78	157.61
辽　宁	3.28	24.37	17.56	6.26
吉　林	8.12	50.55	22.53	22.29
黑龙江	0.18	0.13	0.13	0.76
浙　江	0.80	1.08	2.31	0.57
湖　北	6.22	29.45	29.04	9.29
湖　南	6.32	47.65	32.45	29.57
广　东	0.75	4.11	4.28	0.46
广　西	68.52	387.18	355.33	114.67
海　南	3.45	18.98	13.09	13.09
重　庆	2.01	15.69	17.00	3.51
四　川	14.83	76.68	74.67	29.04
贵　州	17.14	98.52	115.13	74.04
云　南	143.91	256.38	178.86	85.41
西　藏	34.10	85.98	48.86	70.49
甘　肃	3.17	36.91	19.03	10.21
青　海	17.69	72.33	48.10	45.36
宁　夏	16.02	116.43	65.27	81.39
新　疆	74.32	300.85	202.32	199.31

主要统计指标解释

财政收入 指国家财政参与社会产品分配所取得的收入，是实现国家职能的财力保证。财政收入所包括的内容几经变化，目前主要包括:

1. 各项税收：包括增值税、营业税、消费税、土地增值税、城市维护建设税、资源税、城市土地使用税、印花税、固定资产投资方向调节税、个人所得税、企业所得税、关税、农牧业税和耕地占用税。

2. 专项收入：包括征收排污费收入、城市水资源费收入、教育费附加收入等。

3. 其他收入：包括基本建设贷款归还收入、基本建设收入、捐赠收入等。

4. 国有企业计划亏损补贴：此项为负收入，冲减财政收入。

财政支出 指国家财政将筹集起来的资金进行分配使用，以满足经济建设和各项事业的需要。主要包括:

1. 一般公共服务：指政府提供基本公共管理与服务的支出。

2. 教育：指政府教育事务支出。

3. 科学技术：指用于科学技术方面的支出。

4. 文化体育与传媒：指政府在文化、文物、体育、广播影响、新闻出版等方面的支出。

5. 社会保障和就业：指政府在社会保障与就业方面的支出。

6. 医疗卫生：指政府医疗卫生方面的支出。

7. 环境保护：指政府环境保护支出。

8. 农林水事务：指政府农林水事务支出。

9. 交通运输：指政府交通运输和邮政业方面的支出。

10. 工业商业金融等事务：指政府对工业、商业及金融等方面的支出。

地方财政收入 指按现行分税制财政体制划分的中央本级收入和地方本级收入。属于地方财政的收入包括营业税（不含铁道部门、各银行总行、各保险公司总公司集中交纳的营业税）、地方企业上缴利润、城市维护建设税（不含铁道部门、各银行总行、各保险公司总公司集中交纳的部分）、房产税、城镇土地使用税、土地增值税、车船税、耕地占有税、契税、烟叶税、印花税、增值税 25%部分、纳入共享范围的企业所得税 40%部分、个人所得税 40%部分、证券交易印花税 3%部分、海洋石油资源税以外的其他资源税、地方非税收入等。

地方财政支出 指根据政府在经济和社会活动中的不同职责，划分中央和地方政府的责权，按照政府的责权划分确定的支出。地方财政支出包括一般公共服务支出、公共安全支出、地方统筹的各项社会事业支出等。

七、人民生活

7-1 民族自治地方农村经济收益分配

单位：万元

年 份	总收入	总费用	纯收入	农村居民人均纯收入（元）
1980	1150891	340849	810042	76
1981	1185423	306249	879174	85
1982	1469052	325352	1143700	121
1983	2365174	523817	1841357	196
1984	2934551	664198	2270353	213
1985	4374432	1197661	3176771	272
1986	4659810	1475707	3184103	282
1987	5612773	1843054	3769719	390
1988	7269734	2614861	4654873	357
1989	8384964	3310070	5074719	316
1990	9808134	3557847	6250287	402
1991	11103900	4257723	6846177	508
1992	14516956	6839613	7677343	568
1993	17647399	9213249	8434150	629
1994	26941170	15745332	12395140	820
1995	39168900	24476400	14634500	945
1996	58982800	30164200	16527500	1300
1997			19025038	1489
1998			20493461	1633
1999			21238277	1653
2000			18513508	1626
2001			18771435	1726
2002			20097149	1771
2003			21630125	1895
2004			23661775	2113
2005			26373410	2287
2006			29105425	2517
2007			33292764	2900
2008			38672130	3369
2009			22860767	3346
2010			46926039	4232
2011			56936464	4969
2012			62011078	5800
2013			71273039	6636
2014			87488994	7943

7-2 民族自治地方分地区城镇居民生活水平情况(2014年)(一)

单位：元

地区	城镇居民可支配收入	城镇居民人均生活费支出合计	#食品	#衣着	#居住
合计	**23754.91**	**16470.36**	**5214.32**	**1523.60**	**3148.11**
河北	27809.71	16356.97	4408.71	2157.13	2504.84
内蒙古	28350.00	20885.00	6003.00	2394.58	3619.29
辽宁	19655.49	12132.53	3407.18	1551.00	1569.33
吉林	19731.57	22503.56	5475.30	2724.28	4157.07
黑龙江	18312.00	13307.00	5281.00	2245.00	1275.00
浙江	26152.00	18652.00	5885.00	1619.00	906.00
湖北	20203.82	13784.00	4580.38	1298.08	2728.84
湖南	17340.57	10783.98	3596.91	887.20	1832.54
广东	17560.90	12203.07	4889.11	699.57	1443.31
广西	24669.00	15045.00	5293.00	794.00	3390.00
海南	21543.43	13310.79	6580.41	748.40	1425.80
重庆	21306.41	13787.99	5375.89	2048.09	2198.87
四川	23610.01	16217.52	6774.82	1710.66	6997.74
贵州	20797.65	14219.29	3760.21	1293.76	1884.28
云南	21937.29	13358.32	4229.39	956.81	1794.95
西藏	22015.80	15669.40	6166.60	1656.20	3397.60
甘肃	13799.86	10713.70	3622.94	1087.68	2558.51
青海	20777.82	17925.17	5482.56	2571.54	2063.32
宁夏	23285.00	17216.00	4795.00	1729.00	3028.00
新疆	23214.00	17684.50	5529.70	1912.40	3262.80

7-2 民族自治地方分地区城镇居民生活水平情况(2014年)(二)

单位: 元

地区	#家庭设备及服务	#医疗保健支出	#交通和通讯	#娱乐教育文化服务
合计	**1097.27**	**1089.31**	**2210.58**	**1713.03**
河北	1062.25	1487.08	2543.05	1648.33
内蒙古	1436.56	1470.81	3095.30	2177.78
辽宁	774.23	711.72	1080.58	1305.67
吉林	1332.15	1855.30	3602.59	2668.23
黑龙江	367.00	2204.00	882.00	536.00
浙江	2379.00	4680.00	1508.00	1152.00
湖北	1064.70	998.23	1445.09	1538.72
湖南	199.25	337.66	330.91	655.18
广东	756.40	599.30	2133.25	1220.90
广西	905.00	846.00	1846.00	1689.00
海南	635.11	803.66	1380.57	1274.96
重庆	1093.36	706.12	1134.14	1086.15
四川	1181.28	740.11	2436.39	1550.13
贵州	723.07	810.18	1339.69	1370.02
云南	1365.74	885.47	2236.86	1483.49
西藏	891.10	552.50	1730.10	727.30
甘肃	832.70	763.12	896.63	735.24
青海	1560.50	833.01	2424.76	1557.87
宁夏	1095.00	1617.00	2553.00	1958.00
新疆	1087.60	1310.90	2406.70	1741.00

7-3 民族自治地方分地区农村居民生活水平情况(2014年)(一)

单位：元

地区	农村居民人均纯收入	农村居民人均生活费支出合计	#食品	#衣着	#居住
合计	**7942.61**	**6403.49**	**2278.09**	**386.85**	**1158.95**
河北	6799.32	6814.71	2323.57	507.33	1182.41
内蒙古	9975.30	9972.20	3039.00	728.10	1657.70
辽宁	11268.10	7391.78	1872.52	386.14	1328.48
吉林	8521.27	6352.53	1954.02	491.27	1101.80
黑龙江	10897.00	6571.00	2956.00	842.00	503.00
浙江	12432.00	9656.00	4001.00	537.00	480.00
湖北	7215.37	5784.13	2311.86	389.20	1029.56
湖南	5824.43	5446.75	1890.60	289.84	790.14
广东	9268.22	7505.13	3046.90	300.57	1033.37
广西	8683.20	6675.10	2462.90	208.00	1550.80
海南	8777.82	5454.82	2742.69	180.75	521.25
重庆	7344.49	6525.97	3004.10	363.11	1048.52
四川	7730.18	5292.89	2745.59	405.86	545.55
贵州	6961.60	6178.56	2019.75	378.22	1111.65
云南	6769.45	4503.71	1594.87	250.57	587.28
西藏	7359.20	4822.10	2534.90	458.10	688.40
甘肃	3291.66	2624.41	1069.84	231.53	421.24
青海	6597.26	4966.03	1690.59	375.60	1111.44
宁夏	8410.00	7677.00	2296.00	602.00	1388.00
新疆	8723.80	7365.30	2540.20	650.70	1412.80

7-3 民族自治地方分地区农村居民生活水平情况(2014年)(二)

单位: 元

地　区	#家庭设备及服务	#医疗保健支　出	#交通和通　讯	#娱乐教育文化服务
合　计	**379.73**	**542.41**	**776.44**	**643.69**
河　北	423.20	797.87	839.45	610.14
内蒙古	427.90	1114.40	1467.50	1318.00
辽　宁	319.60	877.95	956.80	1119.87
吉　林	271.21	677.30	837.56	812.42
黑龙江	698.00	267.00	593.00	231.00
浙　江	603.00	2141.00	982.00	751.00
湖　北	474.70	539.26	513.02	521.05
湖　南	318.74	435.81	509.61	721.62
广　东	473.65	497.56	1107.90	498.37
广　西	394.80	553.50	709.70	682.50
海　南	322.98	567.08	524.93	478.17
重　庆	379.19	435.61	592.32	606.54
四　川	295.56	254.79	558.17	331.76
贵　州	363.16	355.75	663.75	586.15
云　南	439.23	342.49	649.17	481.74
西　藏	252.90	91.60	517.00	129.10
甘　肃	215.26	222.44	279.35	153.46
青　海	210.70	329.92	602.49	173.15
宁　夏	496.00	857.00	961.00	867.00
新　疆	340.80	717.20	1010.40	600.70

7-4 民族自治地方分地区居民住房情况(2014年)

地　区	城镇人均使用面积（平方米）	农村人均住房面积（平方米）
合　计	**33.7**	**33.8**
河　北	32.3	25.6
内蒙古	30.7	25.8
辽　宁	29.4	27.8
吉　林	31.6	25.7
黑龙江	37.0	34.2
浙　江	37.0	49.0
湖　北	44.3	47.3
湖　南	38.2	36.7
广　东	30.7	34.7
广　西	37.7	43.3
海　南	24.6	24.3
重　庆	43.9	44.7
四　川	35.5	32.5
贵　州	34.0	32.1
云　南	35.6	27.6
西　藏		
甘　肃	26.4	15.5
青　海	23.4	30.0
宁　夏	31.0	28.6
新　疆	33.1	40.6

7-5 民族自治地方城乡居民储蓄存款年末余额

单位：亿元

年 份	城乡居民储蓄存款	城镇储蓄	农户储蓄
1980	38.33	24.19	14.14
1981	48.87	31.68	17.19
1982	62.88	40.51	22.37
1983	82.46	60.30	22.16
1984	105.73	78.40	27.33
1985	151.03	110.92	40.11
1986	209.48	155.74	53.74
1987	282.22	217.81	64.41
1988	350.60	271.30	79.30
1989	452.80	364.29	88.51
1990	623.43	506.11	117.32
1991	791.09	644.34	146.75
1992	1007.72	819.57	188.15
1993	1316.27	1078.18	238.09
1994	1798.84	1475.18	323.66
1995	2390.94	1996.03	394.91
1996	2906.20	2439.79	466.41
1997	3473.46	1817.66	1655.80
1998	3932.65	2098.71	1833.94
1999	4351.35	2504.78	1846.57
2000	4765.37		
2001	5299.30		
2002	6131.85		
2003	7353.07		
2004	8162.68		
2005	9665.26		
2006	11180.18		
2007	12124.58		
2008	14955.75		
2009	18086.29		
2010	21538.04		
2011	23708.57		
2012	30688.72		
2013	35289.64		
2014	31782.10		

7-6 民族自治地方分地区城乡居民储蓄存款年末余额(2014年)

单位：亿元

地　区	城乡居民储蓄存款年末余额
合　计	**31782.10**
河　北	479.80
内蒙古	801.37
辽　宁	659.62
吉　林	1075.64
黑龙江	38.00
浙　江	30.97
湖　北	652.40
湖　南	779.32
广　东	78.87
广　西	10023.00
海　南	281.20
重　庆	385.24
四　川	1129.99
贵　州	1913.50
云　南	3775.35
西　藏	559.30
甘　肃	372.55
青　海	503.62
宁　夏	2054.65
新　疆	6187.70

主要统计指标解释

城镇家庭可支配收入 指城镇家庭成员得到可用于最终消费支出和其他非义务性支出以及储蓄的总和，即居民家庭可以用来自由支配的收入。它是家庭总收入扣除交纳的所得税、个人交纳的社会保障支出以及记账补贴后的收入。

城镇家庭消费性支出 指城镇家庭用于日常生活的支出，包括食品、衣着、家庭设备用品及服务、医疗保健、交通和通信、娱乐教育文化服务、居住、杂项商品和服务八大类支出。

农村居民家庭纯收入 指农村常住居民家庭总收入中，扣除从事生产和非生产经营费用支出、缴纳税款和上交承包集体任务金额以后剩余的，可直接用于生产性、非生产性建设投资、生活消费和积蓄的那一部分收入。农村居民家庭纯收入包括从事生产性和非生产性的经营收入，取自在外人口寄回、带回和国家财政救济、各种补贴等非经营性收入；既包括货币收入，又包括自产自用的实物收入。但不包括向银行、信用社和亲友借款等属于借贷性的收入。

农村居民家庭生活消费支出 指农村常住居民家庭用于日常生活的全部开支，是反映和研究农民家庭实际生活消费水平高低的重要指标。

城乡居民储蓄存款余额 指某一时点城乡居民存入银行及农村信用社的储蓄金额，包括城镇居民储蓄存款和农民个人储蓄存款，不包括居民的手持现金和工矿企业、部队、机关、团体等单位存款。

八、城市概况

8-1 民族自治地方分地区城市情况(2014年)

地区	城市数(个)	#地级市	#县级市
合计	**106**	**33**	**73**
河北			
内蒙古	20	9	11
辽宁			
吉林	6		6
黑龙江			
浙江			
湖北	2		2
湖南	1		1
广东			
广西	21	14	7
海南			
重庆			
四川	1		1
贵州	4		4
云南	10		10
西藏	3	3	
甘肃	2		2
青海	3		3
宁夏	7	5	2
新疆	26	2	24

8-2 民族自治地方分地区城市市区情况(2014年)

地 区	市区面积（平方公里）	市区人口（万人）	市区暂住人口（万人）
合 计	**688967.59**	**5386.24**	**761.51**
河 北			
内蒙古	147096.24	976.16	211.23
辽 宁			
吉 林	27270.36	173.47	14.71
黑龙江			
浙 江			
湖 北	8572.82	172.95	9.80
湖 南	1086.80	29.90	5.02
广 东			
广 西	57089.60	2003.26	205.34
海 南			
重 庆			
四 川	2655.20	65.29	8.97
贵 州	8185.00	224.00	14.66
云 南	25866.49	374.45	49.03
西 藏	5355.00	35.18	30.66
甘 肃	2774.33	36.30	5.01
青 海	146873.50	30.89	5.59
宁 夏	22380.08	364.87	51.02
新 疆	233762.17	899.52	150.47

8-3 民族自治地方分地区城市城区面积和人口情况(2014年)

地　区	城区面积 (平方公里)	城区人口 (万人)	城区暂住人口 (万人)
合　计	**18684.74**	**2879.44**	**663.96**
河　北			
内蒙古	6764.56	691.12	182.34
辽　宁			
吉　林	513.78	132.00	22.10
黑龙江			
浙　江			
湖　北	159.20	44.00	7.30
湖　南	87.10	41.00	3.80
广　东			
广　西	5886.63	799.98	191.10
海　南			
重　庆			
四　川	38.59	35.10	6.42
贵　州	504.10	94.56	7.79
云　南	472.65	152.51	38.76
西　藏	343.40	29.13	27.62
甘　肃	33.46	20.94	4.30
青　海	132.28	16.41	5.28
宁　夏	2110.95	229.62	43.83
新　疆	1638.04	593.07	123.32

8-4 民族自治地方分地区城市用地情况(2014年)

地　　区	建成区面积（平方公里）	城市建设用地（平方公里）	本年征用土地面积（平方公里）
合　　计	**4754.59**	**4645.44**	**141.90**
河　　北			
内 蒙 古	1184.81	1265.68	25.21
辽　　宁			
吉　　林	117.02	105.46	1.19
黑 龙 江			
浙　　江			
湖　　北	53.16	51.60	0.30
湖　　南	28.80	28.80	
广　　东			
广　　西	1192.82	1141.25	62.02
海　　南			
重　　庆			
四　　川	37.62	36.24	
贵　　州	153.60	125.13	2.57
云　　南	251.21	233.61	25.66
西　　藏	119.84	118.24	
甘　　肃	32.18	27.65	1.96
青　　海	51.74	51.37	0.22
宁　　夏	441.31	376.37	2.89
新　　疆	1090.48	1084.04	19.88

8-5 民族自治地方分地区城市供水、液化气供气情况(2014年)

地区	城市供水综合生产能力(万立方米/日)	供水管道长度(公里)	城市液化石油气储气能力(吨)	液化石油气供气管道长度(公里)
合计	**2051.69**	**47069.68**	**100341.32**	**322.67**
河北				
内蒙古	425.47	10619.36	10158.00	73.26
辽宁				
吉林	58.27	1385.66	2312.50	0.50
黑龙江				
浙江				
湖北	17.70	696.40	619.60	
湖南	10.80	612.59	106.00	15.00
广东				
广西	644.58	15856.92	65549.67	11.67
海南				
重庆				
四川	12.00	526.94	962.00	63.10
贵州	37.37	1657.86	5625.50	30.13
云南	72.07	2995.08	2939.95	47.70
西藏	58.50	1031.10	688.60	0.50
甘肃	6.53	268.18	378.50	
青海	39.60	624.01	1001.00	
宁夏	146.80	2308.71	4377.00	
新疆	522.00	8486.87	5623.00	80.81

8-6 民族自治地方分地区城市道路情况(2014年)

地　区	城市道路长度（公里）	城市道路面积（万平方米）
合　计	**30336.85**	**61099.83**
河　北		
内蒙古	8612.28	18432.34
辽　宁		
吉　林	885.67	1377.50
黑龙江		
浙　江		
湖　北	303.96	379.74
湖　南	226.23	315.50
广　东		
广　西	7638.38	15613.51
海　南		
重　庆		
四　川	208.71	448.59
贵　州	732.22	1467.91
云　南	1935.34	3092.09
西　藏	502.10	929.76
甘　肃	154.44	339.57
青　海	321.70	749.76
宁　夏	2134.15	6332.18
新　疆	6681.67	11621.38

8-7 民族自治地方分地区城市绿化面积(2014年)

地区	绿化覆盖面积（公顷）	建成区	绿地面积（公顷）	建成区
合计	**262217.5**	**179302.9**	**237850.2**	**160437.3**
河北				
内蒙古	62720.3	47147.6	57371.7	43089.5
辽宁				
吉林	4927.1	4631.1	4378.0	4286.0
黑龙江				
浙江				
湖北	2205.0	1721.0	2021.0	1521.0
湖南	642.0	638.5	568.0	568.0
广东				
广西	79420.7	46834.3	72413.8	40245.5
海南				
重庆				
四川	1523.5	1507.5	1472.4	1472.4
贵州	6298.0	3419.0	3407.5	2737.0
云南	12089.5	9061.1	11026.8	8001.3
西藏	5533.0	5433.0	4120.9	4069.9
甘肃	414.0	398.0	242.7	168.6
青海	1392.5	1328.5	1313.2	1221.9
宁夏	24944.0	16760.0	23195.3	16075.7
新疆	60107.98	40423.3	56319.0	36980.5

8-8 民族自治地方分地区城市公园情况(2014年)

地　　区	公园绿地面积（公顷）	公园个数（个）	公园面积（公顷）
合　　计	**46992.6**	**944**	**31668.4**
河　　北			
内 蒙 古	16422.9	260	12089.9
辽　　宁			
吉　　林	1464.2	30	707.0
黑 龙 江			
浙　　江			
湖　　北	416.8	9	226.0
湖　　南	242.5	5	218.0
广　　东			
广　　西	11085.5	196	7767.5
海　　南			
重　　庆			
四　　川	473.9	34	478.6
贵　　州	1096.0	21	945.0
云　　南	2208.4	90	1818.7
西　　藏	689.2	59	723.1
甘　　肃	131.2	5	107.2
青　　海	151.8	5	65.0
宁　　夏	4896.8	73	2282.2
新　　疆	7713.5	157	4240.4

8-9 民族自治地方分地区城市环境卫生情况(2014年)

地　区	生活垃圾处理量（万吨）	垃圾无害化处理厂(场)数（座）	公厕数（座）
合　计	**1382.60**	**99**	**11400**
河　北			
内蒙古	311.83	26	4075
辽　宁			
吉　林	69.49	5	565
黑龙江			
浙　江			
湖　北	17.62	2	140
湖　南	11.52	1	68
广　东			
广　西	331.62	19	2129
海　南			
重　庆			
四　川	16.98	1	189
贵　州	36.07	4	183
云　南	84.81	9	516
西　藏	25.56		297
甘　肃	14.89	2	46
青　海	14.91	1	103
宁　夏	110.42	8	687
新　疆	336.88	21	2402

8-10 民族自治地方分地区城市市政公用设施水平情况(2014年)(一)

地　　区	人口密度 (人/平方公里)	人均日生活 用水量 (升)	用水普及率 (%)	燃气普及率 (%)
合　　计	**3468.99**	**183.51**	**92.61**	**78.41**
河　　北				
内 蒙 古	1291.23	103.49	97.79	92.28
辽　　宁				
吉　　林	2648.91	143.89	91.64	93.87
黑 龙 江				
浙　　江				
湖　　北	2561.62	163.29	89.47	86.73
湖　　南	4831.93	297.19	82.61	72.96
广　　东				
广　　西	1683.61	234.97	94.40	92.99
海　　南				
重　　庆				
四　　川	10759.26	199.17	79.48	73.22
贵　　州	2030.35	143.53	94.60	62.24
云　　南	4046.76	145.26	96.54	57.65
西　　藏	1652.59	345.04	94.82	62.31
甘　　肃	6282.10	70.63	87.54	56.72
青　　海	1639.70	219.26	99.68	82.11
宁　　夏	1295.39	148.60	97.26	89.23
新　　疆	4373.46	171.31	98.15	97.01

8-10 民族自治地方分地区城市市政公用设施水平情况(2014年)(二)

地　　区	建成区供水管道密度（公里/平方公里）	人均道路面积（平方米）	建成区排水管道密度（公里/平方公里）	人均公园绿地面积（平方米）
合　　计	**11.32**	**16.33**	**6.87**	**11.29**
河　　北				
内 蒙 古	8.96	21.10	10.23	18.80
辽　　宁				
吉　　林	11.84	10.99	8.13	11.68
黑 龙 江				
浙　　江				
湖　　北	13.10	8.01	5.32	8.80
湖　　南	21.27	13.72	10.60	10.54
广　　东				
广　　西	13.29	15.75	7.35	11.19
海　　南				
重　　庆				
四　　川	14.01	10.80	4.94	11.41
贵　　州	10.79	14.34	5.43	10.71
云　　南	11.92	16.17	10.20	11.55
西　　藏	8.60	16.38	4.75	12.14
甘　　肃	8.33	11.02	4.72	4.26
青　　海	12.06	34.57	9.00	7.00
宁　　夏	5.23	23.16	3.31	17.91
新　　疆	7.78	16.22	5.38	10.77

8-10 民族自治地方分地区城市市政公用设施水平情况(2014年)(三)

地　区	建成区绿化覆盖率(%)	建成区绿地率(%)	生活垃圾处理率(%)	生活垃圾无害化处理率(%)
合　计	**33.08**	**29.00**	**96.38**	**93.00**
河　北				
内蒙古	39.79	36.37	96.00	96.00
辽　宁				
吉　林	39.57	36.63	96.00	89.00
黑龙江				
浙　江				
湖　北	32.37	28.61	100.00	100.00
湖　南	22.17	19.72	100.00	100.00
广　东				
广　西	39.26	33.74	96.00	95.00
海　南				
重　庆				
四　川	40.07	39.14	100.00	100.00
贵　州	22.26	17.82	89.00	89.00
云　南	36.07	31.85	100.00	100.00
西　藏	45.34	33.96	94.00	
甘　肃	12.37	5.24	96.00	96.00
青　海	25.68	23.62	99.00	76.00
宁　夏	37.98	36.43	93.00	93.00
新　疆	37.07	33.91	94.00	82.00

主要统计指标解释

供水管道长度 指从送水泵至用户水表之间所有管道的长度。在同一条街道埋设两条或两条以上管道时，应按每条管道的长度计算。

供水总量 指报告期供水企业（单位）供出的全部水量。包括有效供水量和漏损水量。有效供水量指水厂将水供出厂外后，各类用户实际使用到的水量。包括售水量和免费供水量。售水量指收费供应的水量。免费供水量指无偿供应的水量。漏损水量指在供水过程中由于管道及附属设施破损而造成的漏水量、失窃水量以及水表失灵少计算的水量。

城市道路 指城市供车辆、行人通行的，具备一定技术条件的道路、桥梁、隧道及其附属设施。城市道路由车行道和人行道等组成。在统计时只统计路面宽度在 3.5 米（含 3.5 米）以上的各种铺装道路，包括开放型工业区和住宅区道路在内。

道路长度 指道路长度和与道路相通的桥梁、隧道的长度，按车行道中心线计算。

道路面积 指道路面积和与道路相通的广场、桥梁、隧道的面积（统计时，将人行道面积单独统计）。人行道面积按道路两侧面积相加计算，包括步行街和广场，不含人车混行的道路。

建成区面积 城市行政区内实际已成片开发建设、市政公用设施和公共设施基本具备的区域。对核心城市，它包括集中连片的部分以及分散的若干个已经成片建设起来，市政公用设施和公共设施基本具备的地区组成。因此建成区范围，一般是指建成区外轮廓线所能包括的地区，也就是这个城市实际建设用地所达到的范围。

绿地面积 指报告期末用作园林和绿化的各种绿地面积。包括公园绿地、生产绿地、防护绿地、附属绿地和其他绿地的面积。

公园绿地 城市中向公众开放的、以游憩为主要功能，有一定的游憩设施和服务设施，同时兼有健全生态、美化景观、防灾减灾等综合作用的绿化用地。它是城市建设用地、城市绿地系统和城市市政公用设施的重要组成部分。

人口密度 指地区内的人口疏密程度。

人均日生活用水量 指每一用水人口平均每天的生活用水量。

用水普及率 指报告期末城区内用水人口与总人口的比率。

燃气普及率 指报告期末城区内使用燃气的人口与总人口的比率。

人均公园绿地面积 指报告期末城区内平均每人拥有的公园绿地面积。

建成区绿化覆盖率 指报告期末建成区内绿化覆盖面积与区域面积的比率。

建成区绿化率 指报告期末建成区内绿地面积与建成区面积的比率。

生活垃圾处理率 指报告期内生活垃圾处理量与生活垃圾产生量的比率。

生活垃圾无害化处理率 指报告期内生活垃圾无害化处理量与生活垃圾产生量的比率。

九、资源和环境

9-1 民族自治地方自然资源及状况(2014年)

项　　目	2014年	民族自治地方占全国比重(%)
土地资源		
土地总面积　(万平方公里)	613	63.9
耕地面积　(万公顷)(2014)	3185.76	23.6
草原面积　(万公顷)(2014)	28303.84	72.1
#可利用草原面积(2014)	23668.21	71.5
森林资源		
森林面积　(万公顷)	9036.14	43.5
森林蓄积量　(亿立方米)	64.97	42.9
水资源		
水资源总量　(亿立方米)	11415.6	41.9
人均水资源量　(立方米/人)	5920.97	296.3
主要矿产资源基础储量		
煤　(亿吨)	853.73	35.6
铁矿石　(亿吨)	35.33	17.1
硫铁矿　(万吨)	31717.94	23.7
石油　(万吨)	77081.90	22.5
天然气　(亿立方米)	19583.47	39.6
铜矿　(万吨)	1225.22	43.2
铝土矿　(万吨)	61443.88	62.5
锰矿　(万吨)	15183.69	70.9
铬矿　(万吨)	273.87	65.2
铅矿　(万吨)	1084.16	63.0
锌矿　(万吨)	2648.00	65.6
高岭土　(万吨)	37053.77	64.4

9-2 民族自治地方分地区面积(2014年)

地　　区	*总面积(平方公里)	#民族自治地方面积	民族自治地方面积占总面积(%)	民族自治地方人口密度(人/平方公里)
全国总计	**9600000**	**6133277**	**63.89**	
合　　计	**8362920**	**6133277**	**73.34**	**22.43**
河　　北	187700	24005	12.79	11.23
内 蒙 古	1183000	1183000	100.00	21.17
辽　　宁	145900	34200	23.44	22.71
吉　　林	187400	54849	29.27	17.41
黑 龙 江	454600	6054	1.33	0.53
浙　　江	101800	1950	1.92	1.70
湖　　北	185900	29444	15.84	25.12
湖　　南	211800	30946	14.61	24.84
广　　东	177900	4622	2.60	2.83
广　　西	236000	236000	100.00	201.44
海　　南	33920	11462	33.79	53.08
重　　庆	82400	14629	17.75	33.71
四　　川	485000	303813	62.64	16.01
贵　　州	176000	97844	55.59	102.40
云　　南	394000	275547	69.94	61.98
西　　藏	1228400	1228400	100.00	2.59
甘　　肃	454000	171459	37.77	8.55
青　　海	721200	709053	98.32	5.52
宁　　夏	66000	66000	100.00	100.30
新　　疆	1650000	1650000	100.00	13.93

注：1.合计为全国民族自治地方面积合计数。
　　2.总面积为全省区面积数。

9-3 流经民族自治地方主要河流及流域面积

流域名称	流域面积（平方公里）
外流河	
黑龙江及绥芬河	934802
辽河、鸭绿江及沿海诸河	314146
黄河	752773
长江	1782715
元江及澜沧江	240389
怒江及滇西诸河	157392
雅鲁藏布江及藏南诸河	387550
藏西诸河	58783
额尔齐斯河	48779
内陆河	
内蒙内陆河	311378
河西内陆河	469843
准噶尔内陆河	323621
中亚细亚内陆河	77757
塔里木内陆河	1079643
青海内陆河	321161
羌唐内陆河	730077
松花江、黄河、藏南闭流区	42271

9-4 民族自治地方主要山脉基本情况

名　称	山峰高程（米）	雪线高程（米）	冰川面积（平方公里）
阿尔泰山	4374	3000—3200	287
天山	7435	3600—4400	9548
祁连山	5826	4300—5240	2063
帕米尔	7579		2258
昆仑山			11639
喀喇昆仑山	8611	5100—5400	3265
唐古拉山	6137		2082
羌塘高原	6596		3566
念青唐古拉山	7111	4500—5700	7536
横断山	7556	4600—5500	1456
喜玛马拉雅山	8844	4300—6200	11055
冈底斯山	7095	5800—6000	2188

9-5 民族自治地方主要城市气候情况(2014年)

城　　市	年平均气温 (摄氏度)	年平均相对湿度 (%)	年降水量 (毫米)	年日照时数 (小时)
呼和浩特	7.7	46	394.8	2517.2
南　　宁	21.6	82	1234.7	1416.4
拉　　萨	9.4	36	637.8	3053.5
银　　川	10.7	50	169.2	2738.8
乌鲁木齐	7.4	54	297.0	2986.9

9-6 民族自治区水资源总量和总供水量(2014年)

地　　区	水资源总量 (亿立方米)	#地表水 资源量	#地下水 资源量	人均水资源量 (立方米/人)	总供水量 (亿立方米)	地表水	地下水	其　他
全　　国	**27266.9**	**26263.9**	**7745.0**	**1998.6**	**6094.9**	**4920.5**	**1116.9**	**57.5**
内 蒙 古	537.8	397.6	236.3	2149.9	182.0	89.1	90.8	2.2
广　　西	1990.9	1989.6	403.0	4203.3	307.6	295.2	11.6	0.8
西　　藏	4416.3	4416.3	985.1	140200.0	30.5	26.7	3.8	
宁　　夏	10.1	8.2	21.3	153.0	70.3	64.7	5.5	0.2
新　　疆	726.9	686.6	443.9	3186.9	581.8	449.4	131.4	1.1

注：水资源总量等于地表水资源量加地下水资源量减两者之间的重复计算水量。

9-7 民族自治区总用水量和人均生活用水量(2014年)

地　　区	总用水量 (亿立方米)	农　业	工　业	生　活	生　态	人均生活 用水量 (立方米/人)
全　　国	**6094.9**	**3869.0**	**1356.1**	**766.6**	**103.2**	**446.7**
内 蒙 古	182.0	137.5	19.7	10.5	14.3	727.6
广　　西	307.6	209.2	56.8	39.2	2.4	649.4
西　　藏	30.5	27.7	1.7	1.1	0.1	967.3
宁　　夏	70.3	61.3	5.0	1.7	2.3	1068.6
新　　疆	581.8	551.0	13.3	12.3	5.3	2550.7

9-8 民族自治地方分地区工业废水排放及处理情况和工业固体废物产生和综合利用情况（2014年）

单位：万吨

地区	工业废水排放总量	工业固体废物产生量	工业固体废物综合利用量
合计	**196752**	**65615**	**33863**
河北	427	7087	429
内蒙古	39325	23191	13260
辽宁	1407	1377	1155
吉林	6156	1409	506
黑龙江			
浙江	33	5	5
湖北	1978	61	27
湖南	1594	90	47
广东	551	4	3
广西	72936	8038	5058
海南	1444	306	127
重庆	1033	70	57
四川	1205	266	134
贵州	8296	1973	1019
云南	19186	8257	3655
西藏		383	8
甘肃	1274	1078	730
青海	1304	536	381
宁夏	15147	3694	2928
新疆	23457	7790	4334

主要统计指标解释

自然资源 指人类可以直接从自然界获得，并用于生产和生活的物质资源。自然资源一般可以分成可再生资源和非再生资源两大类。可再生资源是指在较短时间内可以再生、可以循环利用的资源，包括土地资源、水资源、气候资源、生物资源和海洋资源等。非再生资源是指在使用后不能再生的资源，包括矿产资源和地热资源。

土地资源 土地指陆地的表层部分，主要由岩石、岩石的风化物和土壤构成。土地资源按利用类型可以分为农用地、建筑用地和未利用地。

森林资源 指森林、林木、林地以及依托森林、林木、林地生存的野生动物、植物和微生物。

森林面积 指由乔木树种构成，郁闭度 0.2 以上（含 0.2）的林地或冠幅宽度 10 米以上的林带的面积，即有林地面积。

森林蓄积量 指一定森林面积上存在着的林木树干部分的总材量。它是反映一个国家或地区森林资源总规模和水平的基本指标之一，也是反映森林资源的丰富程度、衡量森林生态环境优劣的重要依据。

水利资源 水在自然界中以固态、液态和气态三种聚集状态存在，分布于海洋、陆地（包括土壤）以及大气之中，通过水循环形成水利资源。水利资源包括经人类控制并直接可供灌溉、发电、给水、航运、养殖等用途的地表水和地下水，以及江河、湖泊、井、泉、潮汐、港湾和养殖水域等。水利资源是发展国民经济不可缺少的重要自然资源。

矿产资源 矿产指由地质作用形成，富集于地壳中或出露于地表，达到工农业利用要求的有用矿物。矿产是一种人类需要的自然资源，是社会发展的重要物质基础。

矿产保有储量 指探明的矿产储量（包括工业储量和远景储量），扣除已开采部分和地下损失量后的年末实有储量，是反映国家矿产资源现状的重要指标。

气温 指空气的温度，我国一般以摄氏度（℃）为单位表示。气象观测的温度表是放在离地面 1.5 米处通风良好的百叶箱里测量温度的，因此，通常所说的气温指的是离地面 1.5 米处百叶箱中的温度。其统计计算方法为:

月平均气温是将12个月的月平均气温累加后除以12而得。

降水量 指从天空降到地面的液态或固态（经融化后）水，未经蒸发、渗透、流失而在地面上积聚的深度。

耕地面积 指经过开垦用以种植农作物并经常进行耕耘的土地面积。包括种有作物的土地面积、休闲地、新开荒地和抛荒未满三年的土地面积。

相对湿度 指空气中实际所含水蒸气密度的百分比值。其统计计算方法与气温相同。

日照时数 指太阳实际照射地面的时间。其统计方法与降水量相同。

流域 每条河都有自己的干流和支流，干支流共同组成这条河流的水系。每条河流都有自己的集水区域，这个集水区域就称为该河流的流域。

外流河 指直接或间接流入海洋的河流。供给外流河河水的区域称为外流区。

内陆河 指在陆地内部干燥地区，河水沿途消失于沙漠或注入内陆湖泊的河流。供给内陆河河水的区域称为内陆区。

十、农 业

10-1 民族自治地方农村基层组织情况

年 份	乡镇个数（个）	乡村户数（万户）	乡村人口（万人）
1983	10129	2024.28	10269
1984	17742	2083.79	10444
1985	18429	2189.20	10968
1986	19165	2303.86	11198
1987	18776	2361.84	11794
1988	11594	2451.26	12034
1989	11792	2575.50	12998
1990	11295	2591.42	12358
1991	11149	2700.09	12446
1992	11031	2741.34	12511
1993	10501	2750.84	12602
1994	10645	2865.33	12652
1995	10491	2869.52	12677
1996	9660	2803.80	12495
1997	9943		12782
1998	9972		12544
1999	9630		12856
2000	9534		11414
2001	9045		12959
2002	8916		13027
2003	8747		13104
2004	8737		13243
2005	8275		13331
2006	7796		9193
2007	7743		13262
2008	7802		13362
2009	7757		11853
2010	7794		11087
2011	7832		11459
2012	7987		10885
2013	7906		10741
2014	7684		10082

10-2 民族自治地方分地区农村基层组织情况(2014年)

地　区	乡镇个数（个）	村民委员会（个）	乡村人口（万人）	乡个数（个）	镇个数（个）
合　计	**7684**	**80539**	**10082.48**	**4216**	**3468**
河　北	126	1327	128.71	81	45
内蒙古	769	11245	1014.20	278	491
辽　宁	151	1514	225.91	31	120
吉　林	111	1550	95.37	33	78
黑龙江	11	79	17.74	6	5
浙　江	19	254	7.98	15	4
湖　北	102	2611	321.45	41	61
湖　南	305	4051	321.10	188	117
广　东	23	219	39.22		23
广　西	1123	14323	2567.00	350	773
海　南	60	588	119.09	16	44
重　庆	129	927	206.07	61	68
四　川	1221	8524	551.81	1005	216
贵　州	599	8567	1471.27	228	371
云　南	859	7672	1709.65	433	426
西　藏	684	5255	235.78	544	140
甘　肃	309	2757	195.27	220	89
青　海	347	2998	241.08	240	107
宁　夏	193	2276	306.89	91	102
新　疆	543	3802	306.89	355	188

10-3 民族自治地方农、林、牧、渔业总产值及指数(一)

年 份	绝对数(亿元)				
	农林牧渔业总产值	#农业	#林业	#牧业	#渔业
1981					
1982					
1983					
1984					
1985					
1986					
1987					
1988	733.21	422.84	50.37	171.42	7.48
1989	653.47	372.19	45.26	156.61	7.11
1990					
1991	1070.63	612.22	71.14	291.41	19.88
1992	1208.49	675.72	85.39	336.87	27.51
1993	1400.64	859.91	92.13	412.92	35.68
1994	1994.17	1210.66	111.28	615.86	56.37
1995	2536.60	1538.41	124.65	795.14	78.40
1996	2947.22	1796.40	137.89	918.38	94.55
1997	3175.11	1911.99	138.79	1014.52	109.81
1998	3210.06	1990.68	145.76	951.34	122.28
1999	3159.95	1898.60	157.68	974.90	128.77
2000	3199.77	1853.04	165.19	1038.43	143.12
2001	3327.71	1899.61	170.36	1110.98	146.77
2002	3501.22	1981.90	187.22	1179.83	152.26
2003	4014.59	2136.46	264.58	1342.09	166.64
2004	4803.39	2509.73	277.23	1708.31	193.54
2005	5349.47	2830.56	290.25	1900.65	210.20
2006	5905.76	3148.31	327.92	2073.17	229.49
2007	7104.18	3693.64	399.90	2552.73	263.07
2008	8260.45	4157.44	470.71	3103.73	306.18
2009	8670.89	4470.73	521.74	3118.90	331.07
2010	10374.44	5647.96	586.69	3506.11	379.30
2011	12125.67	6471.01	712.44	4185.01	467.53
2012	13631.28	7350.19	831.81	4595.38	530.13
2013	15012.66	8083.35	900.53	4972.54	586.22
2014	11333.18	6052.91	662.82	4132.33	251.97

10-3 民族自治地方农、林、牧、渔业总产值及指数(二)

年 份	指数(上年=100)				
	农林牧渔业总产值	#农业	#林业	#牧业	#渔业
1981	107.4	105.1	120.1	111．4	115.3
1982					
1983	107.8	106.7	111.9	106.4	114.6
1984	109.4	107.1	122.7	108.4	108.2
1985	110.8	108.1	114.2	116.3	120.2
1986	103.5	101.7	95.5	107.5	114.7
1987	105.7	106.1	99.4	105.4	113.4
1988	105.8	105.2	102.7	105.7	111.8
1989	106.1	104.8	107.1	108.7	113.0
1990	110.2	115.3	105.8	104.6	146.8
1991	105.9	99.5	130.2	124.0	145.4
1992	107.6	107.6	107.0	108.4	115.4
1993	105.1				
1994	107.1	104.9	106.2	109.8	134.2
1995	108.7	106.1	102.6	114.2	126.2
1996	109.0	108.2	102.2	111.2	118.4
1997	105.7	105.0	99.2	107.2	115.0
1998	106.9	110.4	105.1	99.7	114.1
1999	104.6	104.0	102.9	105.5	109.1
2000	101.9	99.1	103.7	106.6	106.1
2001	104.5	104.1	99.1	106.3	104.8
2002	105.4	105.2	108.7	105.5	104.0
2003	105.8				
2004	108.2				
2005	108.1	106.9	102.6	110.7	106.5
2006	107.4	106.4	109.0	108.0	107.5
2007	106.9	105.9	104.3	105.3	101.0
2008	107.6	107.1	111.8	108.1	105.5
2009	105.8	104.6	103.7	106.6	107.2
2010	106.8	106.3	98.7	106.9	106.0
2011	106.6	107.2	107.6	103.2	107.7
2012	106.5	107.1	107.5	106.0	107.1
2013	105.9	106.8	107.6	103.7	106.7
2014	105.2	105.2	106.2	105.0	108.0

注：1992年以前农业总产值包括副业，2003年执行新国民经济行业分类标准，总产值包括农林牧渔服务业产值。下表同。

10-4 民族自治地方分地区农、林、牧、渔业总产值及指数(2014年)(一)

地区	绝对数(亿元)				
	农林牧渔业总产值	#农业	#林业	#牧业	#渔业
合计	**11352.35**	**6058.66**	**662.97**	**4145.15**	**249.08**
河北	217.70	100.00	15.04	95.56	4.00
内蒙古	2779.81	1408.44	96.44	1205.65	29.07
辽宁	519.21	206.86	70.55	200.17	32.91
吉林	358.89	203.86	24.53	117.95	6.05
黑龙江	65.80	22.35	0.23	40.26	2.90
浙江	10.07	7.06	1.51	1.26	0.13
湖北	325.23	175.67	11.30	127.59	6.62
湖南	268.52	162.62	25.89	73.26	4.46
广东	28.50	16.40	5.28	4.76	0.53
广西	258.10	139.40	25.32	78.51	8.71
海南	257.64	140.51	34.81	30.87	39.30
重庆	126.87	69.59	6.86	47.46	1.48
四川	584.55	283.31	29.96	255.01	5.31
贵州	847.87	502.69	53.31	240.72	27.11
云南	2099.05	1072.46	214.17	714.48	55.35
西藏	138.70	63.30	2.60	69.30	0.20
甘肃	99.67	61.54	2.16	32.28	0.34
青海	234.18	104.14	5.32	119.31	2.90
宁夏	445.47	273.96	10.00	126.78	14.93
新疆	1667.37	1038.76	27.53	551.15	9.67

10-4 民族自治地方分地区农、林、牧、渔业总产值及指数(2014年)(二)

地 区	指数(上年=100)				
	农林牧渔业总产值	#农业	#林业	#牧业	#渔业
合 计	**105.4**	**105.3**	**106.3**	**105.4**	**106.8**
河 北	103.4	101.5	111.0	104.8	100.6
内蒙古	103.1	102.7	100.1	103.6	105.0
辽 宁	103.5	90.6	129.4	107.5	102.3
吉 林	108.4	94.1	102.3	148.4	108.8
黑龙江	110.5	104.5	101.7	114.0	118.0
浙 江	101.9	103.6	100.3	95.2	98.2
湖 北	105.1	103.2	107.3	107.6	105.0
湖 南	104.4	104.8	105.7	103.3	105.7
广 东	104.7	107.2	100.5	101.9	106.8
广 西	104.9	105.2	106.8	103.8	105.4
海 南	105.5	107.3	98.5	104.6	107.1
重 庆	105.3	105.1	109.1	104.5	115.2
四 川	104.7	105.2	104.7	104.2	104.2
贵 州	109.6	115.8	104.7	99.5	117.4
云 南	106.6	107.3	106.5	107.7	110.8
西 藏	104.2	105.0	95.6	103.9	100.0
甘 肃	107.3	108.5	104.5	104.8	116.4
青 海	98.3	102.8	113.5	94.6	126.8
宁 夏	106.1	104.0	101.7	110.0	113.1
新 疆	105.8	108.7	97.5	101.4	98.4

注：本表绝对数按当年价格计算，指数按可比价格计算。

10-5 民族自治地方农、林、牧、渔业总产值构成

单位：%

年 份	农、林、牧、渔业总产值	农业	林业	牧业	副业	渔业
1980	100	65.94	4.82	22.17	6.62	0.45
1981	100	64.53	5.38	22.99	6.62	0.48
1982	100	62.11	6.78	22.02	8.37	0.72
1983	100	61.49	7.04	21.75	8.96	0.76
1984	100	60.20	7.90	21.56	9.59	0.75
1985	100	58.77	8.15	22.62	9.65	0.81
1986	100	57.75	7.51	23.49	10.35	0.90
1987	100	57.99	7.06	23.41	10.57	0.97
1988	100	57.67	6.87	23.38	11.06	1.02
1989	100	56.96	6.92	23.97	11.06	1.09
1990	100	59.60	6.65	22.75	9.55	1.45
1991	100	55.99	8.19	26.64	7.19	1.99
1992	100	56.02	8.13	26.84	6.68	2.15
1993	100	61.61	8.09	27.84		2.46
1994	100	60.03	8.03	28.55		3.08
1995	100	58.87	7.58	29.98		3.57
1996	100	58.43	7.11	30.58		3.88
1997	100	60.22	4.37	31.95		3.46
1998	100	62.01	4.54	29.64		3.81
1999	100	60.08	4.99	30.85		4.08
2000	100	57.91	5.16	32.45		4.47
2001	100	57.08	5.12	33.39		4.41
2002	100	56.60	5.35	33.70		4.35
2003	100	53.22	6.59	33.43	2.61	4.15
2004	100	52.25	5.77	35.56	2.39	4.03
2005	100	52.91	5.43	35.53	2.20	3.93
2006	100	53.31	5.55	35.10	2.15	3.89
2007	100	51.99	5.63	35.93	2.74	3.70
2008	100	50.33	5.70	37.57	2.69	3.71
2009	100	51.56	6.02	35.97	2.63	3.82
2010	100	54.44	5.66	33.80	2.44	3.66
2011	100	53.37	5.88	34.51	2.39	3.86
2012	100	53.92	6.10	33.71	2.38	3.89
2013	100	54.78	5.97	32.60	2.52	4.14
2014	100	53.41	5.85	36.46	2.06	2.22

注：1.本表按当年价格计算。
2.2003年后，总产值包括农林牧渔业服务业。

10-6 民族自治地方分地区农、林、牧、渔业总产值构成(2014年)

(以农、林、牧、渔业和农林牧渔服务业总产值为100)

地　区	农业	林业	牧业	渔业
合　计	**53.37**	**5.84**	**36.51**	**2.19**
河　北	45.93	6.91	43.90	1.84
内蒙古	50.67	3.47	43.37	1.05
辽　宁	39.84	13.59	38.55	6.34
吉　林	56.80	6.84	32.87	1.69
黑龙江	33.96	0.35	61.19	4.41
浙　江	70.14	15.05	12.51	1.31
湖　北	54.01	3.48	39.23	2.04
湖　南	60.56	9.64	27.28	1.66
广　东	57.54	18.52	16.71	1.87
广　西	54.01	9.81	30.42	3.37
海　南	54.54	13.51	11.98	15.25
重　庆	54.85	5.40	37.41	1.17
四　川	48.47	5.13	43.62	0.91
贵　州	59.29	6.29	28.39	3.20
云　南	51.09	10.20	34.04	2.64
西　藏	45.64	1.87	49.96	0.14
甘　肃	61.74	2.16	32.39	0.34
青　海	44.47	2.27	50.95	1.24
宁　夏	61.50	2.25	28.46	3.35
新　疆	62.30	1.65	33.06	0.58

注：本表按当年价格计算。

10-7 民族自治地方耕地面积、总播种面积和粮食播种面积

单位：万公顷

年 份	耕地面积	总播种面积	#粮食播种面积	粮食播种面积占总播种面积比例
1952	1347.97	1548.56	1344.16	86.80
1957	1536.43	1846.69	1568.33	84.93
1962	1629.33	1770.48	1531.27	86.49
1965	1672.33	1897.81	1637.43	86.28
1975	1635.47	1962.02	1659.29	84.57
1978	1639.60	2018.10	1674.34	82.97
1980	1657.56	1939.90	1583.71	81.64
1981	1650.33	1898.34	1544.39	81.35
1982	1651.91	1933.57	1561.88	80.78
1983	1685.61	1972.06	1609.35	81.61
1984	1661.42	1965.80	1576.22	80.18
1985	1747.06	2022.08	1542.37	76.28
1986	1697.07	2061.43	1579.60	76.63
1987	1698.51	2084.79	1622.16	77.81
1988	1725.04	2139.69	1619.59	75.69
1989	1751.54	2231.22	1685.37	75.54
1990	1763.39	2274.08	1717.69	75.53
1991	1743.00	2266.62	1666.78	73.54
1992	1766.25	2352.48	1697.90	72.17
1993	1776.09	2424.17	1341.07	55.32
1994	1805.89	2410.23	1281.97	53.19
1995	1508.00	2439.00	1726.78	70.80
1996	1804.98	2469.04	1742.38	70.57
1997	2069.84	2620.54	1832.01	69.91
1998	2068.50	2667.96	1862.78	69.82
1999	2095.99	2684.13	1831.14	68.22
2000	2086.44	2660.02	1754.33	65.95
2001	2062.60	2645.44	1721.52	65.07
2002	2006.63	2691.71	1719.73	63.89
2003	1967.68	2624.32	1614.21	61.51
2004	2048.18	2699.24	1660.58	61.52
2005	2033.13	2766.88	1695.65	61.28
2006	2087.60	2797.27	1696.06	60.63
2007	2287.60	2802.92	1718.69	61.32
2008	2302.55	2866.25	1746.29	60.93
2009	2306.86	2964.58	1854.66	62.56
2010	2380.48	3051.75	1911.16	62.63
2011	2375.66	3109.74	1912.17	61.49
2012	2374.57	3168.26	1922.39	60.68
2013	2589.61	3317.19	2026.51	61.09
2014	2130.12	3289.30	1986.87	60.40

10-8 民族自治地方分地区耕地面积和农作物播种面积(2014年)

单位: 千公顷

地　区	年末实有耕地面积	农作物总播种面积	#粮　食	#油　料	#棉　花
合　计	**21301.19**	**32892.97**	**19868.67**	**2470.34**	**1961.22**
河　北	284.29	256.13	200.80	6.95	0.52
内蒙古	9154.67	7356.00	5651.00	862.29	1.00
辽　宁	685.11	617.26	451.42	103.09	1.70
吉　林	807.33	833.49	743.90	40.64	
黑龙江	161.82	153.14	149.51	0.13	
浙　江	7.67	15.95	8.10	0.32	
湖　北	375.37	889.85	505.39	80.27	0.02
湖　南	360.30	684.48	347.84	110.47	0.90
广　东	29.55	57.07	30.18	5.51	
广　西	339.84	5929.94	3067.68	237.10	2.30
海　南	149.50	218.12	79.89	7.93	
重　庆	244.65	461.79	282.26	51.35	
四　川	554.62	950.88	663.06	40.60	
贵　州	1263.22	2373.43	1312.03	233.62	1.45
云　南	1910.92	4233.50	2682.46	185.39	0.03
西　藏	233.43	251.00	176.40	24.50	
甘　肃	255.91	365.07	258.55	38.79	
青　海	469.83	475.06	230.98	140.75	
宁　夏	1289.00	1253.20	771.33	80.15	
新　疆	2724.17	5517.60	2255.90	220.50	1953.30

10-9 民族自治地方主要农产品产量

单位：万吨

年 份	粮 食	棉 花	油 料	烟 叶	#烤烟	糖 料	甜 菜	甘 蔗
1949	1155.50	1.02						
1952	1581.50	3.14	21.47	1.90	1.90	109.52	0.16	109.36
1957	1882.50	5.98	28.79	3.68	3.68	156.86	24.48	132.38
1962	1717.50	3.02	13.03			62.13	12.41	49.72
1965	2217.00	8.87	27.49	5.47	5.47	271.99	39.43	232.56
1975	3069.50	5.39	32.01	10.62	10.62	417.70	56.83	360.87
1978	3123.50	5.97	36.15	12.29	12.29	578.46	65.68	512.78
1980	3300.10	8.33	36.68	8.53	8.53	694.20	133.14	561.06
1981	3371.00	11.73	106.79	17.33	13.51	855.15	127.21	727.94
1982	3744.15	15.21	129.40	27.58	21.51	1208.71	196.50	1012.21
1983	4026.64	16.83	140.51	17.72	13.61	1227.15	207.68	1019.47
1984	4114.67	20.92	153.95	26.22	20.79	1338.80	235.36	1103.44
1985	4006.33	19.36	192.82	46.40	33.72	1780.68	243.59	1537.09
1986	4065.04	22.40	198.79	31.32	23.15	1954.26	270.50	1683.76
1987	4338.74	28.58	175.58	35.14	26.66	2008.29	306.06	1702.23
1988	4361.40	28.26	174.16	51.67	41.43	2335.47	397.04	1938.43
1989	4662.37	29.80	169.33	53.65	42.29	2139.35	335.89	1803.46
1990	5372.98	47.37	208.13	48.76	39.30	2673.98	532.30	2141.68
1991	5516.37	65.24	230.06	63.69	51.96	3404.49	655.32	2749.17
1992	5612.34	67.89	235.23	85.11		3840.06	652.16	3187.90
1993	5157.09	68.93	226.29	90.50	77.08	3657.16	571.25	3085.91
1994	5092.17	89.14	242.91	60.79	49.36	4211.21	1080.18	3131.03
1995	5800.83	94.60	264.09	65.32	55.34	3317.69	613.93	2703.76
1996	6799.13	94.99	252.63	89.82	75.01	4560.67	722.92	3837.75
1997	6640.68	115.85	255.21	158.62		5190.36	822.67	4367.69
1998	7150.42	141.05	290.60	85.92				
1999	6873.84	136.14	332.87	68.57				
2000	6381.36	146.24	353.16	69.19				
2001	6492.55	157.66	313.36	63.34				
2002	6586.77	148.20	355.39	66.94		6656.91		
2003	6480.24	160.81	359.22	65.63		7972.26		
2004	6764.42	179.94	397.36	70.40		6446.32		
2005	7186.78	187.93	372.02	80.30		6511.64		
2006	7202.07	219.46	359.47	82.49		8074.50		
2007	7321.31	302.14	286.54	77.02		9905.47		
2008	7925.39	303.34	396.60	94.68		10427.56		
2009	8005.93	252.97	397.31	103.40		9389.06		
2010	8307.91	248.47	422.40	104.38		9118.30		
2011	8691.24	290.42	416.65	110.68		9360.30		
2012	9141.60	354.53	454.67	120.98		10097.28		
2013	9589.16	352.46	478.59	120.37		10381.90		
2014	9780.23	368.40	485.54	108.88		10497.37		

10-10 民族自治地方分地区主要农产品产量(2014年)

单位：万吨

地区	粮食	油料	棉花	麻类	糖料	烟叶	茶叶	水果
合计	**9780.23**	**485.54**	**368.40**	**3.48**	**10497.37**	**108.88**	**43.22**	**4902.85**
河北	78.21	1.19	0.05					48.93
内蒙古	2753.00	170.30	0.20		160.18	1.05		322.30
辽宁	216.52	13.91				0.99		33.49
吉林	437.64	15.31			0.29	1.11		20.15
黑龙江	90.75	0.04						1.54
浙江	4.31	0.06					0.22	1.00
湖北	184.32	12.15			0.02	5.48	9.69	35.97
湖南	174.22	16.13	0.05	0.02	2.53	4.13	0.27	157.34
广东	13.60	1.39			0.45	0.18	0.09	3.92
广西	1534.41	61.30	0.30	1.16	7952.57	3.40	5.88	1560.60
海南	38.34	2.55			139.58		0.05	112.56
重庆	125.46	9.62		0.13	0.06	3.22	0.70	10.64
四川	268.43	7.25		0.01	8.39	13.44	1.06	133.16
贵州	524.84	24.16	0.10	0.03	165.63	18.89	4.50	80.81
云南	1124.44	29.43		0.34	1595.44	56.78	20.76	605.03
西藏	98.00	6.40						1.40
甘肃	128.96	10.57		0.18	0.22			15.09
青海	192.36	27.95			0.12	0.01		1.77
宁夏	377.89	16.52				0.20		290.24
新疆	1414.50	59.30	367.70	1.60	471.90			1466.90

10-11 民族自治地方牲畜年末头(只)数及比重

年 份	牲畜总头数（万头/只）				比重(%)		
		大牲畜	猪	羊	大牲畜	猪	羊
1949	4108.00	1646.00	796.00	1666.00	40.07	19.38	40.55
1952	7606.50	2439.20	1136.90	4030.00	32.07	14.95	52.98
1957	9914.20	2926.30	1589.00	5398.90	29.52	16.03	54.45
1962	10424.60	2560.60	1255.30	6605.70	24.57	12.05	63.38
1965	14119.70	3372.90	2151.40	8595.40	23.89	15.24	60.87
1975	16226.95	3848.53	3031.85	9346.57	23.72	18.68	57.60
1978	16656.50	3807.20	3256.70	9579.60	22.87	19.58	57.55
1980	17168.30	3928.32	3286.26	9983.72	22.88	18.97	58.15
1981	17713.95	4057.86	3314.11	10314.98	22.91	18.71	58.38
1982	18026.93	4244.84	3635.67	10146.42	23.55	20.17	56.28
1983	17983.04	4339.77	3970.58	9672.69	24.13	22.08	53.79
1984	18198.34	4462.62	4047.20	9688.52	24.52	22.24	53.24
1985	19038.77	4748.79	4532.86	9757.12	24.94	23.81	51.25
1986	19808.61	4950.94	4869.33	9988.34	24.99	23.58	50.43
1987	20260.96	5046.00	4968.82	10246.14	24.91	24.52	50.57
1988	20938.16	5130.19	5085.00	10722.97	24.50	24.29	51.21
1989	21948.68	5229.87	5434.73	11284.08	23.83	24.76	51.41
1990	22312.78	5285.92	5668.05	11361.81	23.69	25.39	50.92
1991	22151.91	5308.61	5564.71	11278.59	23.96	25.12	50.91
1992	23039.85	5391.81	6726.06	10921.98	23.40	29.19	47.41
1993	22779.51	5429.58	6443.30	10926.63	23.81	28.26	47.93
1994	23449.37	5480.15	6729.43	11239.79	23.37	28.70	47.93
1995	24763.73	5618.25	7239.62	11905.86	22.69	29.23	48.08
1996	24891.68	5545.03	7138.86	12207.79	22.28	28.68	49.04
1997	25884.50	5636.80	7517.70	12690.00	21.81	29.09	49.10
1998	25455.63	5564.79	7046.73	12844.11	21.86	27.68	50.46
1999	26015.82	5688.57	7291.72	13035.53	21.87	28.03	50.10
2000	26842.63	5565.95	8200.84	13075.84	20.74	30.55	48.71
2001	27039.50	5549.57	8251.87	13238.06	20.52	30.51	48.97
2002	27572.94	5570.19	8062.49	13940.26	20.20	29.24	50.56
2003	28326.20	5797.61	7728.94	14799.65	20.47	27.29	52.25
2004	30155.18	5973.76	7955.65	16225.77	19.81	26.38	53.81
2005	31069.89	6152.63	8526.44	16390.83	19.80	27.44	52.75
2006	30868.69	6265.13	8143.88	16459.68	20.30	26.38	53.32
2007	29010.23	5744.65	7972.45	15293.12	19.80	27.48	52.72
2008	27762.38	5598.60	7696.79	14467.00	20.17	27.72	52.11
2009	28433.52	5683.81	7943.70	14806.01	19.99	27.94	52.07
2010	29094.29	6067.84	8141.22	14885.23	20.86	27.98	51.16
2011	28790.25	6023.70	8098.93	14667.63	20.92	28.13	50.95
2012	29170.85	5485.62	8554.60	15130.63	18.81	29.33	51.87
2013	29028.95	5368.30	8511.18	15149.48	18.49	29.32	52.19
2014	30850.72	5768.55	8742.82	16339.36	18.70	28.34	52.96

10-12 民族自治地方大牲畜、猪、羊年末头(只)数占全国的比重

单位：%

年 份	牲畜总头数	大牲畜	猪	羊
1949	25.66	27.42	13.78	39.34
1952	33.36	31.90	12.66	65.24
1957	30.20	34.91	10.89	54.77
1962	34.19	36.48	12.56	49.06
1965	36.20	40.05	12.89	61.82
1975	30.75	39.63	10.78	57.21
1978	28.71	60.55	10.82	56.37
1980	29.20	41.24	10.66	53.30
1981	30.58	41.56	11.28	55.09
1982	30.89	41.17	13.19	61.16
1983	31.61	41.93	13.30	57.94
1984	31.73	41.17	13.19	61.16
1985	31.67	41.72	13.67	62.48
1986	31.83	41.64	14.45	60.23
1987	32.16	41.39	15.16	56.82
1988	31.34	31.04	14.87	53.35
1989	31.69	40.84	15.40	53.32
1990	31.76	40.59	15.63	54.10
1991	31.30	40.23	15.05	54.69
1992	31.72	39.98	17.51	52.68
1993	30.39	38.82	16.40	50.30
1994	29.12	36.70	16.20	46.70
1995	30.81	38.20	17.40	49.50
1996	28.67	43.50	15.60	40.10
1997	27.87	33.85	16.44	41.83
1998	30.32	37.59	16.68	47.74
1999	30.26	37.90	16.90	46.70
2000	30.20	36.74	18.35	45.04
2001	29.86	37.01	18.04	44.38
2002	29.61	36.60	17.42	44.03
2003	29.46	37.40	16.59	43.45
2004	29.99	37.96	16.51	44.29
2005	30.90	39.09	17.69	44.74
2006	30.23	39.74	16.47	44.61
2007	34.18	46.67	18.12	53.54
2008	32.05	45.70	16.63	51.51
2009	32.82	46.40	17.16	52.72
2010	33.59	49.53	17.59	53.00
2011	33.10	50.34	17.32	51.95
2012	33.54	45.84	18.29	53.59
2013	33.38	44.86	18.20	53.65
2014	34.69	47.98	18.77	53.90

10-13 民族自治地方分地区牲畜出栏数和年底存栏数(2014年)

单位: 万头(只)

地区	牲畜当年出栏数			牲畜年末存栏数		
	大牲畜	猪	羊	大牲畜	猪	羊
合计	**3913.60**	**11806.60**	**11212.78**	**5768.55**	**8742.82**	**16339.36**
河北	42.53	141.89	139.85	49.69	86.63	76.95
内蒙古	417.20	930.10	5665.70	839.90	669.40	5569.30
辽宁	63.32	368.21	359.45	88.58	210.03	244.08
吉林	47.90	132.17	71.49	96.08	104.65	84.27
黑龙江	9.90	9.70	13.40	24.50	12.20	20.90
浙江	0.27	4.93	2.01	0.62	3.41	1.94
湖北	14.68	616.88	160.45	46.58	520.33	154.70
湖南	14.58	300.74	64.14	84.59	258.25	50.83
广东	0.58	16.93	0.51	3.76	12.52	0.78
广西		3518.00		484.70	2360.30	201.60
海南	6.49	111.33	21.28	18.75	88.27	20.75
重庆	21.54	213.20	43.25	47.37	158.97	42.04
四川	89.86	622.97	389.48	660.29	504.02	807.79
贵州	77.10	811.39	131.92	306.14	695.39	194.51
云南	326.35	3287.31	606.87	939.89	2507.82	839.96
西藏		18.20		652.50	39.80	1457.10
甘肃	21.72	38.68	276.02	219.81	62.61	652.00
青海	2367.94	87.27	791.94	517.97	69.17	1423.89
宁夏	61.83	101.20	552.03	110.92	75.43	611.95
新疆	329.82	475.50	1922.98	575.90	303.60	3884.00

10-14 民族自治地方主要畜产品产量

单位：万吨

年 份	猪 肉	牛 肉	羊 肉	牛羊奶	羊 毛
1980	131.04	14.30	19.66	43.78	10.70
1981	124.29	19.34	20.56	54.41	11.66
1982	136.55	15.30	23.14	61.08	12.18
1983	135.20	18.58	29.08	65.02	12.59
1984	151.09	20.46	28.54	76.37	12.64
1985	179.85	27.41	31.13	86.76	15.76
1986	191.05	29.60	35.35	111.18	13.00
1987	212.84	30.18	36.32	123.15	13.86
1988	217.22	33.94	35.37	119.51	14.57
1989	235.76	39.12	43.31	126.07	15.62
1990	245.99	40.59	31.33	135.06	17.96
1991	301.63	45.97	51.21	129.32	15.82
1992	304.09	51.50	53.44	150.90	15.45
1993	336.61	56.56	37.20	159.31	15.15
1994	390.88	66.29	57.06	173.76	15.44
1995	454.16	78.77	65.07	185.79	19.34
1996	501.72	87.60	74.09	201.04	16.86
1997	506.74	101.14	84.34	216.85	17.89
1998	536.96	105.56	91.16	230.70	18.05
1999	583.74	111.47	97.72	243.49	18.19
2000	554.17	120.89	110.78	260.52	18.37
2001	616.96	125.44	111.71	304.57	18.66
2002	579.99	131.58	118.54	397.36	18.92
2003	589.18	152.46	138.54	595.35	20.95
2004	607.72	167.04	165.05	830.12	23.43
2005	672.40	185.08	189.69	1071.01	25.71
2006	717.14	204.48	209.96	1301.53	25.70
2007	696.04	194.50	203.38	1385.04	25.89
2008	705.04	199.44	188.94	1377.67	25.59
2009	752.96	208.68	196.13	1363.29	25.58
2010	801.87	220.45	216.09	1405.83	27.89
2011	810.44	219.82	213.68	1408.84	27.60
2012	865.29	220.69	206.87	1427.31	28.51
2013	866.87	220.97	205.07	1296.03	30.11
2014	911.87	211.75	207.38	1365.53	29.47

10-15 民族自治地方分地区畜产品和水产品产量(2014年)(一)

单位: 万吨

地　区	肉类总产量	#猪　肉	#牛　肉	#羊　肉	牛羊奶产量
合　计	**1667.13**	**911.87**	**211.75**	**207.38**	**1365.53**
河　北	26.27	11.00	6.60	1.80	13.35
内蒙古	252.30	73.30	54.50	93.30	797.10
辽　宁	72.71	30.58	7.59	5.57	21.98
吉　林	29.75	14.16	7.56	1.21	7.14
黑龙江	3.46	0.89	1.43	0.19	52.76
浙　江	0.52	0.39	0.03	0.03	
湖　北	59.46	51.07	2.30	3.56	0.06
湖　南	28.81	21.22	2.55	1.04	4.57
广　东	1.82	1.34	0.06	0.01	
广　西	420.03	266.29	14.38	3.24	9.65
海　南	12.22	9.00	0.56	0.29	
重　庆	21.05	15.72	2.80	0.59	
四　川	65.41	42.52	12.86	6.64	27.26
贵　州	72.19	58.40	6.16	1.87	0.47
云　南	344.84	262.05	36.30	11.61	64.95
西　藏	26.40	1.50	16.00	7.90	34.30
甘　肃	17.78	4.22	6.16	6.56	11.90
青　海	34.30	6.66	15.43	13.51	33.62
宁　夏	28.51	7.65	8.79	9.51	135.74
新　疆	149.30	33.90	9.68	38.94	150.70

10-15 民族自治地方分地区畜产品和水产品产量(2014年)(二)

单位：万吨

地区	羊毛	羊绒	水产品
合计	**29.47**	**1.22**	**495.25**
河北	0.18	0.01	3.29
内蒙古	13.20	0.83	14.79
辽宁	0.52	0.04	10.91
吉林	0.36	0.03	2.70
黑龙江	0.08		2.98
浙江			0.14
湖北	0.15		2.95
湖南			4.36
广东			0.57
广西			332.12
海南			22.52
重庆			0.82
四川	0.69	0.01	3.16
贵州	0.05		11.12
云南	0.07		50.71
西藏	0.84	0.09	
甘肃	0.78	0.01	0.63
青海	1.76	0.04	0.81
宁夏	1.11	0.05	16.26
新疆	9.68	0.12	14.40

10-16 民族自治地方人均农业总产值和主要农产品人均占有量

年　份	农林牧渔业总产值（元）	粮　食（公斤）	棉　花（公斤）	油　料（公斤）	大牲畜（头）	猪（头）	羊（只）
1980	139.27	287.96	0.73		0.34	0.28	0.87
1981	146.86	288.69	1.01	9.15	0.35	0.28	0.89
1982	225.09	313.39	1.28	10.83	0.36	0.30	0.85
1983	233.81	324.91	1.36	11.34	0.35	0.32	0.78
1984	248.10	321.97	1.64	12.05	0.35	0.32	0.76
1985	265.61	302.96	1.47	14.58	0.36	0.34	0.74
1986	264.63	295.91	1.63	14.47	0.36	0.35	0.73
1987	272.78	308.00	2.03	12.46	0.36	0.35	0.73
1988	282.05	302.60	1.96	12.08	0.36	0.35	0.74
1989	290.99	314.60	2.01	11.43	0.35	0.37	0.76
1990	303.10	342.70	3.00	13.30	0.34	0.36	0.72
1991	692.39	356.75	4.22	14.88	0.34	0.36	0.73
1992	773.18	359.10	4.30	15.00	0.34	0.40	0.70
1993	887.83	330.90	4.40	14.60	0.35	0.40	0.70
1994	1248.33	317.25	5.55	15.14	0.34	0.42	0.73
1995	1580.99	374.97	5.91	16.14	0.35	0.45	0.74
1996	1815.86	426.20	5.95	15.84	0.46	0.45	0.77
1997	1935.11	406.93	7.10	15.64	0.44	0.46	0.78
1998	1931.91	430.75	8.50	17.51	0.34	0.42	0.77
1999	1894.68	412.15	8.16	19.96	0.34	0.44	0.78
2000	1902.62	379.44	8.70	21.00	0.33	0.49	0.78
2001	1972.55	389.29	9.45	18.79	0.33	0.49	0.79
2002	2053.35	386.29	8.69	20.84	0.34	0.49	0.82
2003	2332.15	376.45	9.34	20.87	0.34	0.45	0.86
2004	2774.72	390.75	10.39	22.95	0.35	0.46	0.94
2005	3090.16	411.43	10.76	21.30	0.35	0.49	0.94
2006	3340.39	407.36	12.41	20.33	0.35	0.46	0.93
2007	3958.22	407.92	16.83	15.97	0.32	0.44	0.85
2008	4570.00	438.46	16.78	21.94	0.31	0.43	0.80
2009	4733.56	437.05	13.81	21.69	0.31	0.43	0.81
2010	5598.42	448.32	13.41	22.79	0.33	0.44	0.80
2011	6499.55	465.86	15.57	22.33	0.32	0.43	0.79
2012	7265.23	487.23	18.90	24.23	0.29	0.46	0.81
2013	7936.50	506.93	18.63	25.30	0.28	0.45	0.80
2014	6052.85	521.46	19.64	25.89	0.31	0.47	0.87

注：人均农林牧渔业总产值1980年、1981年按1970年不变价格计算，1982—1990年按1980年不变价格，1991年至现在按当年价格计算。

10-17 民族自治地方农业机械总动力和大中小型拖拉机拥有量

年 份	农业机械总动力	大中农用拖拉机		小型拖拉机	
		万台	万千瓦	万台	万千瓦
1980		12.08	410.0	20.75	183.2
1981		12.28	428.2	21.33	188.2
1982		12.45	452.5	23.25	207.1
1983	1869.9	13.07	454.1	27.85	245.8
1984	1964.5	13.25	480.5	33.83	301.3
1985	2144.4	14.37	492.7	40.27	360.3
1986	2468.7	15.25	501.0	51.46	478.0
1987	2643.8	15.27	473.0	58.15	568.8
1988	2908.4	16.41	562.2	75.53	668.6
1989	3329.5	16.10	564.3	84.86	783.8
1990	3817.1	15.89	646.0	90.74	1019.6
1991	3569.0	15.21	570.0	99.74	975.0
1992	3675.7	15.01	551.7	105.37	983.9
1993	4104.7	13.97	540.2	95.22	1049.1
1994	4137.4	12.89	529.1	107.78	1210.3
1995	4563.3	13.00	463.3	125.80	974.1
1996	5053.4	13.80	503.6	131.85	1394.4
1997	5166.3				
1998	5353.7				
1999	5857.5				
2000	6206.5				
2001	6547.2				
2002	7117.7				
2003	7369.8				
2004	7871.7				
2005	8611.3				
2006	9088.1				
2007	9900.2				
2008	11323.0				
2009	12186.7				
2010	13239.3				
2011	14099.9				
2012	15094.0				
2013	16029.5				
2014	16637.9				

10-18 民族自治地方机耕地面积、有效灌溉面积、农村用电量和化肥施用量

年 份	机耕地面积（万公顷）	有效灌溉面积（万公顷）	农村用电量（万千瓦小时）	化肥施用量（折纯）（万吨）
1980	538.73	684.39	237400	99.90
1981	439.34	677.29	260443	98.30
1982	411.99	672.67	278432	116.37
1983	393.42	689.30	292538	138.72
1984	424.71	673.01	328503	140.87
1985	377.02	685.53	335832	154.74
1986	399.10	705.20	422109	179.52
1987	456.23	717.61	463331	197.23
1988	529.07	723.44	485995	209.46
1989	577.02	736.79	568346	245.69
1990	700.36	764.37	702621	266.86
1991	732.08	749.85	691599	307.51
1992	798.16	825.83	927593	323.79
1993		821.52	991140	363.87
1994		841.44	947083	396.92
1995		837.80	1109215	458.42
1996		898.62	1146385	508.59
1997		879.69	1238268	501.17
1998		899.28	1230817	551.10
1999		918.00	1248000	528.40
2000		935.70	1273827	545.08
2001		962.36	1405697	572.80
2002		982.97	1438346	597.60
2003		975.49	1500085	623.23
2004		988.74	1645652	656.61
2005		1027.41	1892751	724.86
2006		1050.00	2059616	813.06
2007		1096.53	2191476	865.09
2008		1114.16	2506820	980.54
2009		1139.28	2712534	919.87
2010		1156.22	3085795	961.73
2011		1186.01	3271024	1006.52
2012		1235.25	3775199	1033.02
2013		1291.00	3689347	1102.97
2014		1053.81	4074455	1140.28

10-19 民族自治地方分地区农业机械总动力、化肥施用量及农村用电量(2014年)

地　区	农业机械总动力(万千瓦)	化肥施用量(折纯)(万吨)	农村用电量(万千瓦小时)
合　计	**16637.86**	**1140.28**	**4074455.29**
河　北	242.88	7.58	195300.00
内蒙古	3632.55	222.67	631227.00
辽　宁	386.10	14.44	188926.90
吉　林	417.81	42.39	109171.00
黑龙江	75.00	2.39	6162.00
浙　江	9.50	0.41	2554.00
湖　北	292.05	33.77	59079.52
湖　南	175.12	17.32	46897.81
广　东	17.07	1.58	7258.00
广　西	3567.50	258.67	762100.00
海　南	142.93	15.71	19098.23
重　庆	107.91	11.87	57347.00
四　川	511.76	17.24	113773.00
贵　州	847.04	48.15	251498.00
云　南	2020.50	147.61	447269.00
西　藏	570.80	5.30	233.05
甘　肃	122.77	5.74	54838.95
青　海	347.19	10.80	20917.00
宁　夏	813.02	39.67	135588.83
新　疆	2338.37	236.98	965216.00

10-20 民族自治地方分地区有效灌溉面积和当年造林面积(2014年)

地　区	有效灌溉面积（千公顷）	当年造林面积（千公顷）
合　计	**10538.14**	**1836.39**
河　北	85.33	31.23
内蒙古	3011.90	556.30
辽　宁	136.85	48.72
吉　林	196.83	9.65
黑龙江	84.10	1.11
浙　江	6.20	0.08
湖　北	72.60	29.90
湖　南	117.74	48.72
广　东	18.90	8.09
广　西	1600.00	163.60
海　南	41.51	5.29
重　庆	48.84	29.48
四　川	213.89	40.99
贵　州	434.92	143.88
云　南	1088.42	396.63
西　藏	244.00	35.89
甘　肃	80.62	45.54
青　海	103.37	8.00
宁　夏	498.90	84.19
新　疆	2453.23	149.10

主要统计指标解释

实用耕地面积 指种植农作物并经常进行耕锄的田地。包括热地、当年新开荒地、连续撂荒未满三年的耕地和当年的休闲地（轮歇地），也包括以种植农作物为主，附带种植桑、茶、果树和其他林木的土地以及沿海、沿湖地区已围垦利用的“海涂”、“湖田”等和小于 1 米宽的渠、路、田埂。不包括专业性的桑园、茶园、果园、果木苗圃、林地、芦苇地、天然草原等。

农业机械总动力 指主要用于农、林、牧、渔业生产经营活动的各种动力机械的动力总和。包括耕地机械、农用排灌机械、收获机械、植保机械、林业机械、畜牧机械、渔业机械、农用机械等。

农村用电总量 指调查年度内农村范围内所有企业、事业、行政单位和住房从事生产经营活动、工作和日常生活用电总量。

农用化肥施用量 指调查年度内实际用于农业生产的化学肥料数量。包括氮肥、磷肥、钾肥和混合肥。施用量要求按折纯法计算，即各类化学肥料的实施施用量按其含氮、五氧化二磷、氧化钾的比例折成 100% 计算。其计算公式为：折纯量=实物量 × 某种化肥有效成分含量的百分比。

地膜覆盖面积 指农作物播种面积中覆盖塑料薄膜的面积。包括地膜本身覆盖的面积和操作畦间的未覆盖面积。

农药使用量 指在农业生产过程中为防治病虫害使用的化学药物数量，按实物量计算。包括购买的和自产自用的杀虫剂、杀菌剂、除草剂等，不包括兽药、渔业用药以及土农药。

有效灌溉面积 指具有一定水源、地块比较平整、灌溉工程或设备已经配套、在一般年景下能够进行正常灌溉的耕地面积。

农作物总播种面积 指应该在调查年度内收获农作物产品的播种面积之和。其计算公式为：

本年农作物总播种面积=上年秋冬播种物面积+本年春播作物面积+本年夏播作物面积=本年夏收作物播种面积+本年秋收作物播种面积

农作物产量 指调查年度内全社会生产农产品的数量，不论耕地上与非耕地上的农作物产量，都应该统计在内。各种主要作物产量按国家的统一规定计算。谷物一律按脱粒后原粮计算（玉米按脱粒后的粒子计算）；薯类产量按五斤折一斤计算；豆类按去豆荚后干豆计算；棉花按去籽后的皮棉计算；麻类除亚麻以麻秆计算、苎麻以刮皮后的干麻计算、茼麻和线麻以熟麻皮计算外，其余一律以生麻计算；烤烟和晒烟均以干烟叶计算；花生以带壳的干花生计算；甘蔗以蔗秆计算；甜菜以根块计算。城市郊区按蔬菜计算的薯类和豆类产量按鲜品统计。

粮食产量 指全社会的产量。包括国有经济经营的、集体统一经营的和农民家庭经营的粮食产量，还包括工矿企业办的农场和其他生产单位的产量。粮食除包括稻谷、小麦、玉米、高粱、谷子及其他杂粮外，还包括薯类和豆类。

油料产量 指全部油料作物的生产量。包括花生、油菜子、芝麻、向日葵子、胡麻子（亚麻子）和其他油料。不包括大豆、木本油料和野生油料。花生以带壳干花生计算。

茶叶产量 指调查年度内生产的全部茶叶数量。包括从成片茶园和荒芜未垦土地上种植的以及零星种植的茶树上所采摘的全部产量，不论自食的或出售的，都应统计在内。茶叶产量按经过初步加工后的干毛茶计算。

水果产量 指调查年度内从果树上收获的全部水果数量。不论自食的或出售的，都应统计在内。但不包括果用瓜，如西瓜、甜瓜、白兰瓜、哈密瓜、脆瓜等以及主要作蔬菜用的藕、西红柿等；也不包括采集的野生水果。水果产量按鲜果计算，干枣、葡萄干、柿饼、橘饼等应统一折成鲜果计算。

造林面积 指在荒山、荒地、沙丘等一切可以造林的土地上，采用人工播种、植苗、飞机播种等方法新植的成片乔木林和灌木林，经验收符合“造林技术规程”要求株数，成活率达 85%以上的面积。四旁植树如一侧在 4 行以上，连续面积 0.0667 公顷（1 亩以上），应统计在造林面积内。不包括补植面积、治沙种草面积、经济林垦复面积、迹地更新面积和低产林改造面积。

禽畜出栏数 指报告期内各种类型生产单位和住户饲养的已屠宰或出售的全部畜禽数量。包括交售给国家、集市上出售以及自食的部分但出售或食用的仔畜不包括在内。

禽畜存栏数 指报告期初、期末各种类型生产单位和住户饲养的全部畜禽存栏量。

肉产量 指报告期内出栏并已屠宰的畜禽肉产量。畜禽肉产量按除去头、蹄、下水后的带骨肉重量计算。

水产品产量 指调查年度内捕捞的水产品（包括人工养殖并捕获的水产品和捕捞天然生长的水产品）数量。

农林牧渔业总产值 指以货币表现的农、林、牧渔业全部产品的总量，它反映一定时期内农业生产总规模和总成果。农林牧渔业总产值的计算方法通常是按农林牧渔业产品及其副产品的产量分别乘以各自单位产品价格，少数生产周期较长，当年没有产品或产品产量不易统计的则采用间接方法匡算其产值，然后将四业产品产值相加即为农业总产值。

1957 年以前，农业总产值中包括了厩肥和农民自给性手工业产值（如农民自制衣服、鞋、袜，自己从事粮食初步加工等）。1958 年及以后的农业总产值，林业中增加了村及村以下竹木采伐产值；牧业中取消了厩肥产值；副业中取消了农民自给性手工业产值，增加了村及村以下办的工业产值；渔业中增加了海洋捕捞水产品产值。1980 年及以后的农业总产值，在副业中增加了农民家庭兼营工业商品部分的产值。从 1984 年起，村及村以下工业产值划归工业。从 1993 年起取消副业，将野生动物的捕猎划入牧业，将野生植物采集和农民家庭兼营商品性工业划归农业。从2003 年起，农业总产值中增加了农林牧渔服务业产值。

农林牧渔业中间消耗 指各种经济类型的农业生产单位在农业生产经营过程中投入（或消耗）的各种物质产品和劳务价值的总和。包括中间物质消耗和中间劳动消耗两部分。计入中间消耗必须具备以下两个条件：一是与总产出相对应的生产过程中消耗的物质产品和劳务活动；二是本期投入并一次性消耗的不属于固定资产的非耐用品。

十一、工　业

11-1 民族自治地方年末工业企业单位数和工业总产值及指数

年 份	工业企业单位数（个）	工业总产值（亿元）	轻工业	重工业	工业总产值指数（上年=100）	轻工业	重工业
1980	37881						
1981	35526						
1982	37184						
1983	36838						
1984	39769						
1985	43762						
1986	46588						
1987	46435						
1988	53495						
1989	57443	1097.57					
1990	53451						
1991	48784	1521.60					
1992	48938	1880.17	841.46	1038.71	118.5	118.7	118.3
1993	50340	2757.41	1086.60	1670.81	122.3	112.8	131.1
1994	53191	3776.85	1639.59	2137.26	128.1	135.6	122.2
1995	59217	4248.39	1848.49	2399.90	105.1	102.3	107.6
1996	58419	4857.79	2078.64	2779.15	116.7	118.2	115.4
1997	55413	5119.40	2138.18	2981.22	111.6	99.8	121.4
1998	12838	3088.22	1092.32	1995.90			
1999	11757	3210.27	1091.12	2119.15			
2000	11040	3931.40					
2001	10803	4037.75					
2002	10385	4524.29					
2003	10499	5665.72					
2004	11761	7822.82					
2005	13161	10653.55					
2006	14819	14214.71					
2007	15661	19008.61					
2008	18531	25910.66					
2009	20370	29145.38					
2010	22459	38473.86					
2011	17728	51011.67					
2012	18916	57521.34					
2013	20070	65702.11					
2014	16003	64369.00					

注：工业企业1997年以前为乡及乡以上口径；
1998年至2006年为全部国有及年主营业务收入500万元及以上的非国有工业企业；
2007年至2010年为年主营业务收入500万元及以上的工业企业；
从2011年开始，为年主营业务收入2000万元及以上的工业企业(即规模以上工业企业)。

11-2 民族自治地方工业总产值

单位：亿元

年 份	工业总产值	国有经济	集体经济	私营经济	联营经济	城乡个体经济	其他经济
1980	240.14						
1981	245.24				11.27		
1982	296.01	238.75	56.52		12.06		0.74
1983	331.51	267.06	62.92		14.18		1.53
1984	364.63	283.58	75.96	12.11	15.02	2.59	2.50
1985	449.72	343.02	96.31	17.30	21.15	5.62	4.77
1986	508.84	378.07	125.70	23.02	33.51	3.72	1.35
1987	585.92	428.89	126.24	26.28	20.47	27.99	2.80
1988	685.93	487.73	154.15	31.21	25.74	35.73	8.32
1989	772.93	531.13	186.43	40.66	33.20	44.42	10.93
1990	814.99	558.24	193.00	42.95	33.96	53.62	10.13
1991	1548.96	1108.70	326.39	82.58	37.27	94.24	19.63
1992	1835.50	1266.64	401.67	111.72	51.37	141.15	26.04
1993	2245.70	1381.41	517.54	151.09	80.62	262.97	83.78
1994	2876.52	1422.95	766.83	166.80	14.02	410.25	22.43
1995	3024.36	1558.91	709.81	255.92	15.34	449.12	35.26
1996	3528.43	1323.68	1375.34	271.34	15.57	713.51	171.01
1997	3686.82	1430.52	897.91	33.46	13.27	987.39	314.27

注：1．工业总产值1980年、1981年按1970年不变价格计算；1982-1990年按1980年不变价格计算，
1991-1997年按1990年不变价格计算。
2．1994-1997年工业总产值按新口径统计。

11-3 民族自治地方工业总产值构成

单位：%

年 份	工业总产值	国有经济	集体经济	#乡办工业	#村办工业	城乡个体工业	其他经济类型工业
1980	100						
1981	100				4.60		
1982	100	80.66	19.09		4.07		0.25
1983	100	80.56	18.98		4.28		0.46
1984	100	77.77	20.83	3.32	4.12	0.71	0.69
1985	100	76.27	21.41	3.85	4.70	1.26	1.06
1986	100	74.30	24.70	4.52	6.58	0.73	0.27
1987	100	73.20	21.54	4.49	3.49	4.78	0.48
1988	100	71.11	22.47	4.55	3.75	5.21	1.21
1989	100	68.72	24.12	5.26	4.30	5.75	1.41
1990	100	68.50	23.68	5.27	4.17	6.58	1.24
1991	100	71.58	21.07	5.33	2.41	6.08	1.27
1992	100	69.01	21.88	6.09	2.80	7.69	1.42
1993	100	69.51	23.05	6.73	3.59	11.71	3.73
1994	100	55.28	24.43	7.40	3.88	14.33	5.96
1995	100	54.20	23.47	10.20	3.77	14.85	7.48
1996	100	46.13	14.47	7.42	5.77	21.86	4.25
1997	100	38.80	24.35	7.73	7.05	27.05	9.79

注：1990年以前的村办工业中包括城乡合作经营工业，比重偏大。

11-4 民族自治地方分地区规模以上工业企业单位数(2014年)

单位: 个

地 区	总 计	#国有企业	#集体企业	#股份合作企 业	#港、澳、台商投资企业	#外 商投资企业	#亏损企业
合 计	16003	609	542	1101	236	630	3674
河 北	353	11	1	108	2	12	122
内蒙古	4413	129	38	5	67	105	948
辽 宁	1112	8	59	13	18	27	83
吉 林	650	13	2	53	5	50	56
黑龙江	23	2		5	1	1	
浙 江	37					1	5
湖 北	547	9	1	52	7		65
湖 南	467	22	4	289	10		47
广 东	82	6		35	13	3	16
广 西	217	15	29	41	6	2	60
海 南	36	8.1		16	1		6
重 庆	188	5	1	31	5	1	36
四 川	588	3		101	6		176
贵 州	1635	152	59	132	13	9	347
云 南	1452	70	15	70	28	25	478
西 藏	76	4	2	66	3		26
甘 肃	162	23	5	44	1	1	44
青 海	318	50	318	39	6	318	115
宁 夏	1170	20	1	1	14	27	343
新 疆	2477	59	7		30	48	701

11-5 民族自治地方分地区规模以上工业企业主要财务指标(2014年)(一)

单位：亿元

地　　区	工业销售产　　值	本年应交增值税	主营业务收　　入	资产合计
合　　计	**61310.54**	**1960.16**	**59467.54**	**76212.28**
河　　北	857.10	17.98	849.37	962.00
内 蒙 古	19177.83	760.72	19556.56	27788.21
辽　　宁	2058.43	64.22	2038.77	788.38
吉　　林	1761.07	29.59	1659.71	1193.57
黑 龙 江	134.76	4.10	130.32	39.24
浙　　江	16.95	0.34	15.60	17.27
湖　　北	479.61	18.45	451.86	549.85
湖　　南	509.87	17.81	460.85	318.00
广　　东	116.00	3.28	115.15	130.49
广　　西	19505.82	12.18	18916.79	14225.92
海　　南	92.75	7.65	95.10	184.53
重　　庆	276.82	19.23	272.61	457.37
四　　川	1693.21	77.59	1567.89	3949.77
贵　　州	2450.57	60.19	1851.10	2379.94
云　　南	3517.92	165.98	3271.68	6054.83
西　　藏			91.73	102.24
甘　　肃	278.93	8.21	223.21	340.85
青　　海	1193.37	410.04	788.31	2719.26
宁　　夏	3584.14	103.21	3526.51	6976.46
新　　疆	3605.39	179.39	3584.41	7034.10

11-5 民族自治地方分地区规模以上工业企业主要财务指标(2014年)(二)

单位：亿元

地　区	负债合计	所有者权益合计	利润总额
合　计	**48392.52**	**27571.99**	**4022.23**
河　北	663.24	298.76	69.32
内蒙古	17698.22	10133.80	1299.32
辽　宁	386.58	365.98	98.89
吉　林	595.65	597.91	70.05
黑龙江	24.35	14.89	7.31
浙　江	8.88	8.40	1.53
湖　北	312.43	237.19	30.26
湖　南	171.93	146.07	15.54
广　东	78.35	51.34	7.44
广　西	8871.08	5285.64	1085.71
海　南	87.64	96.89	16.77
重　庆	314.57	130.66	26.22
四　川	2833.66	1099.00	136.26
贵　州	1371.98	927.59	97.27
云　南	3719.28	2334.74	179.05
西　藏	20.86	1.24	7.18
甘　肃	240.30	76.23	9.38
青　海	1747.82	1012.75	110.38
宁　夏	4677.35	2287.17	118.06
新　疆	4568.35	2465.74	636.29

11-6 民族自治地方主要工业产品产量(一)

年 份	纱 (吨)	布 (万米)	机制纸及纸板 (万吨)	成品糖 (万吨)	卷烟 (亿支)	原煤 (万吨)	原油 (万吨)
1952	483	3500	1.31		2.58	178	5
1957	4785	8100	3.97		3.57	545	10
1962	11521	8000	5.86			1631	101
1965	29278	18200	7.86	22.20	7.70	2029	97
1975	45542	25700	20.97	32.72	36.28	4561	441
1978	66554	37300	30.90	43.57	51.43	6081	578
1980	79400	44300	32.07	65.62	89.39	5418	624
1981	91907	45789	31.65	78.99	107.05	5430	617
1982	103619	52136	34.56	82.30	131.60	5799	625
1983	105025	52995	45.30	101.16	150.99	6521	672
1984	98992	47414	44.51	107.32	174.47	6993	705
1985	121984	54183	59.21	126.91	209.89	8597	805
1986	146097	67766	64.33	174.52	257.20	8875	862
1987	170916	67210	72.68	187.81	323.60	9261	899
1988	173602	69419	79.68	180.75	371.08	10995	973
1989	187615	77916	93.16	198.65	413.84	13924	1113
1990	220499	73705	94.10	222.62	443.10	12077	1265
1991	262900	71433	109.52	249.06	441.27	12227	1402
1992	272100	69287	131.85	372.82	444.05	13064	1405
1993	220850	66505	151.27	373.94	479.78	14157	1637
1994	316616	70072	153.00	280.20	491.60	14860	1466
1995	371319	69306	191.21	239.54	353.63	16639	1610
1996	328504	61689	172.84	312.42	271.45	17205	1813
1997	365347	69246	168.99	312.42	458.85	19038	2003
1998	334036	52548	155.82	519.48	446.28	17570	2047
1999	416571	52191	153.07	567.20	434.76	15361	2058
2000	457689	50096	175.46	498.22	376.49	14623	2292
2001	452315	47197	178.51	437.68	395.74	15930	2229
2002	428472	37000	177.95	669.09	417.34	15727	2460
2003	446235	29969	219.68	823.95	444.73	20614	2597
2004	407111	23135	224.94	813.02	1756.45	27127	2843
2005	481145	34786	272.85	678.09	2105.57	38038	2833
2006	471856	47193	258.73	758.48	2042.46	42931	2914
2007	613969	44604	283.39	1005.39	2077.56	50991	3033
2008	543640	32091	358.32	1174.42	1684.40	65284	3055
2009	542573	30885	500.22	1047.41	2620.44	83287	2975
2010	563125	36326	385.27	906.89	2672.64	103894	3059
2011	556483	37356	437.37	935.39	2762.32	107862	3186
2012	590192	20687	512.94	1102.30	2404.79	138050	3230
2013	600671	17489	508.86	1282.80	2509.31	134546	3345
2014	387205	12064	481.43	1616.04	2864.33	129248	3698

注：卷烟2003年及以前计量单位为万箱。

11-6 民族自治地方主要工业产品产量(二)

年 份	发电量（亿千瓦小时）	生铁（万吨）	粗钢（万吨）	水泥（万吨）	木材（万立方米）	农用化肥(折纯)（万吨）
1952	0.81	0.90			233	
1957	0.43	4.50			645	
1962	23.40	41.70	10.30	11.92	220	1.03
1965	33.40	55.80	39.40	91.01	858	36.43
1975	125.65	89.90	66.20	334.98	1034	48.67
1978	173.99	168.20	128.50	554.00	1212	
1980	193.36	177.52	166.60	576.09	1619	57.10
1981	202.24	190.02	166.15	587.12	1493	61.95
1982	221.25	182.76	167.59	699.87	1545	67.11
1983	239.30	195.66	173.38	843.38	1565	74.55
1984	260.90	214.98	197.82	940.78	1665	80.18
1985	389.01	258.12	232.45	1222.08	1826	85.72
1986	400.81	295.08	248.06	1343.15	2049	100.03
1987	518.97	346.23	291.09	1538.03	1903	131.85
1988	553.34	328.60	291.36	1667.50	1931	128.64
1989	675.57	362.88	320.04	1714.40	1763	153.93
1990	738.80	417.03	368.25	1957.83	1761	197.05
1991	712.72	376.86	414.14	2372.10	1808	203.59
1992	847.62	450.92	435.21	2828.96	1863	213.31
1993	992.09	515.34	489.40	3210.18	2008	205.37
1994	1107.87	536.70	493.48	3952.47	2042	205.25
1995	1186.46	554.68	699.57	4295.92	3257	218.75
1996	1228.93	663.67	722.14	4181.51	3453	189.47
1997	1230.44	841.30	663.72	4454.00	1895	227.50
1998	1356.79	701.73	632.76	4905.98	1637	299.79
1999	1428.87	696.44	643.34	5271.35	1230	314.57
2000	1712.00	725.00	647.05	5703.15	1052	388.65
2001	1777.00	853.00	738.45	5896.53	1155	431.86
2002	1957.00	988.00	899.82	6552.63	1023	517.24
2003	2243.24	1156.93	1082.34	7828.52	1097	554.61
2004	2363.18	1409.66	1321.02	8394.46	276	636.55
2005	3052.23	2086.77	1846.25	10155.90	169	717.29
2006	3740.15	2384.34	2150.20	11752.67	464	862.66
2007	4903.37	2907.68	2660.04	14011.36	131	932.08
2008	5500.95	3021.32	2980.87	15779.76	385	950.32
2009	5910.84	3945.56	3468.61	21375.54	401	1159.96
2010	6729.86	4447.49	4004.81	21652.56	417	1294.62
2011	7131.44	4799.34	3240.01	23235.36	342	889.79
2012	8989.47	5140.50	4018.94	31246.76	311	1091.50
2013	10455.23	5838.65	4471.60	35512.69	447	936.44
2014	11688.53	5399.95	5092.39	36174.12	447	667.23

11-7 民族自治地方分地区主要工业产品产量(2014年)(一)

地　区	纱（万吨）	布（万米）	机制纸及纸板（万吨）	原　盐（万吨）	成品糖（万吨）	卷　烟（亿支）
合　计	**38.72**	**12063.50**	**481.43**	**943.75**	**1616.04**	**2864.33**
河　北		156.00				
内蒙古	0.43		29.10	193.68	51.11	355.00
辽　宁						
吉　林	1.24					300.00
黑龙江			3.82			
浙　江						
湖　北		277.00	3.04			175.40
湖　南	1.43		10.33			
广　东						
广　西	10.81	4900.00	319.60	8.92	1077.11	784.00
海　南				3.08	11.59	
重　庆	0.24					
四　川			0.90			
贵　州	2.13	162.70	14.85			15.09
云　南	0.39	467.80	38.78	7.54	181.63	967.34
西　藏			2.90	125.30	250.08	
甘　肃						
青　海				222.15		
宁　夏	1.30		22.60			77.50
新　疆	20.77	6100.00	35.50	383.08	44.53	190.00

11-7 民族自治地方分地区主要工业产品产量(2014年)(二)

地区	原煤(万吨)	原油(万吨)	天然气(万立方米)	发电量(亿千瓦小时)	生铁(万吨)
合计	**38.72**	**12063.50**	**481.43**	**943.75**	**1616.04**
河北		156.00			
内蒙古	0.43		29.10	193.68	51.11
辽宁					
吉林	1.24				
黑龙江			3.82		
浙江					
湖北		277.00	3.04		
湖南	1.43		10.33		
广东					
广西	10.81	4900.00	319.60	8.92	1077.11
海南				3.08	11.59
重庆	0.24				
四川			0.90		
贵州	2.13	162.70	14.85		
云南	0.39	467.80	38.78	7.54	181.63
西藏			2.90	125.30	250.08
甘肃					
青海				222.15	
宁夏	1.30		22.60		
新疆	20.77	6100.00	35.50	383.08	44.53

11-7 民族自治地方分地区主要工业产品产量(2014年)(三)

地 区	粗钢 (万吨)	水泥 (万吨)	平板玻璃 (万箱)	木材 (万立方米)	农用化肥(折纯) (万吨)
合 计	**5092.39**	**36174.12**	**2999.69**	**446.95**	**667.23**
河 北	272.40	65.39			
内蒙古	1661.48	6404.50	567.59	187.29	126.10
辽 宁	32.01	279.13	994.03	25.36	2.75
吉 林	45.90	429.80			13.29
黑龙江					2.39
浙 江				5.42	
湖 北		625.56	28.21		7.05
湖 南	3.73	805.04	48.72	12.05	4.04
广 东	23.86			5.85	
广 西	2084.30	10752.28	623.00		111.49
海 南		476.76			
重 庆		503.21			4.23
四 川	357.20	889.88		2.28	3.00
贵 州	5.95	3064.40	457.47		194.65
云 南	444.06	3667.74	257.67	208.71	124.52
西 藏		342.20			
甘 肃		141.76			27.23
青 海		840.97			
宁 夏	161.50	1803.88	23.00		46.50
新 疆	1213.40	5081.63	457.92		323.60

主要统计指标解释

工业 指从事自然资源的开采，对采掘品和农产品进行加工和再加工的物质生产部门。具体包括：（1）对自然资源的开采，如采矿、晒盐、森林采伐等（但不包括禽兽捕猎和水产捕捞）。（2）对农副产品的加工、再加工，如粮油加工、食品加工、轧花、缫丝、纺织、制革等。（3）对采掘品的加工、再加工，如炼铁、炼钢、化工生产、石油加工、机器制造、木材加工等以及电力、自来水、煤气的生产和供应等。（4）对工业品的修理、翻新，如机器设备的修理、交通运输工具（包括小卧车）的修理等。

轻工业 指主要提供生活消费品和制作手工工具的工作。按其使用的原料不同，可分为两大类：（1）以农产品为原料的轻工业，是指直接或间接以农产品为基本原料的轻工业。主要包括食品制造、饮料制造、烟草加工、纺织、缝纫、皮革和皮毛制作、造纸以及印刷等工业。（2）以非农产品为原料的轻工业，是指以工业品为原料的轻工业。主要包括文教体育用品、化学药品、合成纤维、日用化学制品、日用玻璃制品、日用金属制品、手工工具、医疗器械、文化和办公用机械制造等工业。

重工业 指为国民经济各部门提供物质技术基础的主要生产资料的工业。按其生产性质和产品用途，可以分为下列三类：（1）采掘（伐）工业，是指对自然资源的开采，包括石油开采、煤炭开采、金属矿开采、非金属矿开采和木材采伐等工业。（2）原材料工业，指向国民经济各部门提供基本材料、动力和燃料的工业。包括金属冶炼及加工、炼焦及焦炭化学、化工原料、水泥、人造板以及电力、石油和煤炭加工等工业。（3）加工工业，是指对工业原材料进行再加工制造的工业。包括装备国民经济各部门的机械设备制造工业，金属结构、水泥制品等工业以及为农业提供生产资料如化肥、农药等工业。

1984 年以前农村的村及村以下办工业归属农业，1984 年以后划归工业。

工业总产值 指以货币表现的工业企业在报告期内生产的工业产品总量。

工业总产值包括：生产成品价值、对外加工费收入以及自制半成品、在产品期末期初差额价值。

工业总产值不包括：非本企业生产的工业产品价值、本企业工业生产过程中产生的废料（如锯末、切屑、矸石等）的出售价值。

工业总产值计算价格：

（1）不变价格：又称固定价格，指在计算不同时期的总产值时，采用同一时点的工业产品出厂价格。采用不变价格计算工业总产值，主要是为消除不同时期价格变动影响，以保证计算工业发展速度时可比。

新中国成立以来，我国已编制过 5 次工业产品不变价格：1952 年不变价格，1957 年不变价格，1970 年不变价格，1980 年不变价格，1990 年不变价格。目前采用的是 1990 年不变价格。

（2）当年价格：指计算工业总产值时，采用的报告期内的产品实际销售价格。报告期的产品销售价格前后有变动，或同一种产品在同一时期有几种销售价格的，应分别按不同价格计算总产值，如生产完成时还不能确定按哪一种价格销售，可按报告期实际平均销售价格计算。实际销售价格指产品销售时的实际出厂价格不含增值税销项税额）。工业总产值中有些项目，如自制设备、提供本企业基本建设和生活福利部门的产品和工业性作业等，没有出厂价格，可以把它们的实际成本作为当年价格。

工业增加值 指工业企业在报告期内以货币表现的工业生产活动的最终成果。工业增加值有两种计算方法：一是生产法，即工业总产值减去工业中间投入加上应交增值税；二是收入法，即从收入的角度出发，根据生产要素在生产过程中应得到的收入份额计算，具体构成项目有固定资产折旧、劳动者报酬、生产税净额、营业盈余。

生产法：工业增加值=工业总产值-工业中间投入+应交增值税

工业中间投入 指工业企业在工业生产活动中消耗的外购物质产品和对外支付的服务费用。服务费用包括支付物质生产部门（工业、农业、批发零售贸易业、建筑业、运输邮电业）的服务费用和支付给非物质生产部门（保险、金融、文化教育、科学研究、医疗卫生、行政管理等）的服务费用。

工业中间投入包括外购材料、燃料、动力的消耗以及向外单位支付的运输费、邮电费、修理费、仓储费、利息支出、保险费、职工教育费等各种服务费。不包括外购产品和服务时支付的增值税进项税额。工业中间投入按购买价格计算。

固定资产折旧 指固定资产在使用过程中，通过逐渐损耗（包括有形损耗和无形损耗）而转移到产品成本的部分价值，即为补偿生产中所耗用的固定资产而提取的价值。固定资产折旧由两部分组成，一部分是按规定比率提取的基本折旧，另一部分是为恢复固定资产在使用过程中已损耗部分的价值而发生的大修理费用。

工业销售产值 指以货币表现的工业企业在一定时间内销售的本企业生产的工业产品总量。包括已销售的成品、半成品价值，对外提供的工业性作业价值。工业销售产值按现行价格计算。

产品销售收入 指企业销售产品的销售收入和提供劳务等主要经营业务取得的收入总额。

资产 指企业拥有或控制的能以货币计量的经济资源，包括各种财产、债权和其他权利。资产按其流动性（即资产的变现能力和支付能力）划分为：流动资产、长期投资、固定资产、无形资产、递延资产和其他资产。

负债 指企业所承担的能以货币计量，将以资产或劳务偿还的债务。偿还形式包括货币、资产或提供劳务。负债一般按偿还期长短分为流动负债和长期负债。

所有者权益 指企业投资人对企业净资产的所有权。企业净资产为企业全部资产与企业全部负债的差额，包括实收资本、资本公积、盈余公积、未分配利润等。

利润总额 指企业实现的利润。

全员劳动生产率 指根据产品的价值量指标计算的平均每一个从业人员在单位时间内的产品生产量，是考核企业经济活动的重要指标，是企业生产技术水平、经营管理水平、职工技术熟练程度和劳动积极性的综合表现。目前我国的全员劳动生产率是将工业企业的工业增加值除以同一时期全部从业人员的平均人数来计算的。计算公式为：

全员劳动生产率=工业增加值÷全部从业人员平均人数

十二、建筑业

12-1 民族自治地方分地区建筑业基本情况

年份 地区	单位数 （个）	建筑业 总产值 （亿元）	房屋建筑 施工面积 （万平方米）	房屋建筑 竣工面积 （万平方米）	年末 从业人数 （万人）
1998	5333	584.72	8587.33	4573.54	130.04
1999	5092	639.67	9148.76	5408.04	133.80
2000	4828	754.30	9231.85	5325.88	131.59
2001	4587	916.49	10448.20	6149.86	133.77
2002	4148	1064.46	11547.41	6480.94	138.67
2003	4108	1227.17	13420.09	7221.96	138.10
2004	4361	1358.38	14100.68	6893.58	132.56
2005	4508	1610.27	15964.37	8072.09	141.73
2006	4694	1927.93	18543.61	9183.23	151.85
2007	4945	2500.49	22694.59	11234.59	162.61
2008	5198	3082.89	24600.04	11857.88	165.28
2009	5250	3961.73	28156.47	13167.00	183.97
2010	5380	5202.99	35052.18	15418.48	194.24
2011	5407	6391.76	42752.82	17483.12	190.14
2012	5207	6823.22	49143.97	19199.42	195.96
2013	5471	8221.44	60197.25	20339.00	224.42
2014	4634	6434.90	64161.58	20943.78	206.63
合计	**4634**	**6434.90**	**64161.58**	**20943.78**	**206.63**
河北	68	58.96	278.25	151.77	1.96
内蒙古	863	1402.90	25542.30	5640.00	33.42
辽宁	134	183.41	1007.69	841.86	4.55
吉林	268	186.39	1176.56	842.54	5.52
黑龙江	11	5.31	12.00	7.80	0.16
浙江	13	9.74	43.87	20.43	0.42
湖北	18	118.24	813.21	418.27	0.56
湖南	79	61.46	477.81	183.75	2.69
广东	7	8.40	76.57	46.27	0.33
广西	42	36.36	233.65	182.27	75.50
海南	11	2.66	204.40	27.98	0.06
重庆	61	76.60	369.70	101.22	1.84
四川	97	105.19	396.08	35.34	3.46
贵州	212	261.57	3240.99	1036.60	7.10
云南	708	667.34	3960.34	1786.89	20.92
西藏	172	71.25	225.20	157.50	2.53
甘肃	90	150.43	1495.54	1035.15	4.46
青海	110	71.36	772.03	410.06	3.66
宁夏	524	625.20	9495.10	1902.70	11.01
新疆	1146	2332.12	14340.27	6115.37	26.48

12-2 民族自治地方分地区建筑业主要财务指标(2014年)

单位: 亿元

地　区	企业资产合计	企业负债合计	企业所有者权益	企业利润总额	建筑业增加值
合　计	**5981.25**	**3922.10**	**2059.15**	**261.02**	**2990.93**
河　北	45.59	23.04	22.56	4.32	37.05
内蒙古	1796.31	1170.39	625.92	73.25	1217.62
辽　宁	207.32	108.99	98.33	8.09	62.26
吉　林	128.47	77.98	50.49	7.35	49.07
黑龙江	23.35	7.78	15.57	0.61	1.43
浙　江	6.47	2.97	3.50	0.63	5.01
湖　北	9.40	3.80	5.60	0.75	5.73
湖　南	42.63	19.50	23.13	4.20	39.82
广　东	2.63	1.94	0.68	0.50	10.29
广　西	17.77	6.50	11.28	0.89	40.90
海　南	0.57	0.45	0.12		37.40
重　庆	59.93	36.92	23.01	7.16	62.13
四　川	82.33	52.04	30.28	1.50	199.34
贵　州	370.98	162.63	208.35	39.73	174.44
云　南	483.49	279.47	204.02	27.73	547.75
西　藏	120.95	57.66	63.29	4.59	
甘　肃	58.18	26.10	32.08	5.56	28.80
青　海	75.47	53.43	22.04	1.06	35.83
宁　夏	636.34	450.10	186.23	21.14	368.37
新　疆	1813.08	1380.41	432.67	51.97	67.68

主要统计指标解释

建筑业统计单位 指从事房屋、构筑物建造和设备安装活动的法人企业。建筑业法人企业应同时具备的条件是：（1）依法成立，有自己的名称、组织机构和场所，能够承担民事责任。（2）独立拥有和使用资产，承担负责，有权与其他单位签订合同。（3）独立核算盈亏，能够编制资产负债表。

建筑业总产值（自行完成施工产值） 是以货币表现的建筑安装企业在一定时期内生产的建筑业产品的总和。建筑业总产值包括：

1. 建筑工程产值：指列入建筑工程预算内的各种工程价值。

2. 设备安装工程产值：指列入建筑工程预算内的各种工程价值。

3. 房屋、构筑物修理产值：指房屋、构筑物修理所完成的价值，但不包括被修理房屋、构筑物本身的价值和生产设备的修理价值。

4. 非标准设备制造产值：指加工制造没有定型的、非标准的生产设备的加工费和原材料价值以及附属加工厂为本企业承建工程制作的非标准设备的价值。

房屋建筑施工面积 指在报告期内施工的全部房屋建筑面积，包括本期新开工的房屋面积、上期停缓建在本期恢复施工的房屋面积、本期竣工的房屋面积以及本期施工后又停缓建的房屋面积。

房屋建筑竣工面积 指在报告期内房屋建筑按照设计要求全部完工，达到住人和使用条件，经验收鉴定合格，正式移交使用单位的房屋建筑面积。

十三、运输和邮电

13-1 民族自治地方运输、邮电情况

年 份	铁路营业里程（万公里）	公路里程（万公里）	全年铁路货运量（万吨）	全年公路货运量（万吨）	邮电局、所（个）	邮路及农村投递线路（万公里）
1949	0.35	1.14				
1952	0.38	2.59		355	3499	13.13
1957	0.55	6.27		1425	4452	39.72
1962	0.72	12.57			5174	45.73
1965		12.55		4165	5272	36.37
1975		17.71		10695		
1978	0.90	20.80		13448	7222	94.75
1980	0.20	21.16		10266	7136	88.68
1981	1.22	21.21		12059	7121	84.61
1982	1.23	21.65	9999	14960	7226	86.19
1983	1.21	23.00	11014	11885	7482	88.11
1984	1.21	23.54	12066	12864	7578	87.04
1985	1.25	25.41	13101	22013	8075	90.40
1986	1.26	25.09	13212	31628	8809	88.37
1987	1.27	27.57	12283	38566	8219	87.27
1988	1.27	27.68	14045	53937	8276	86.61
1989	1.29	30.05	15599	61385	8443	95.10
1990	1.31	29.37	18078	58371	8436	88.02
1991	1.33	28.67	17066	76352	9589	90.51
1992	1.35	28.30	17651	68366	8509	84.25
1993	1.45	30.84	27038	122362	8422	85.61
1994	1.67	31.19	23117	128162	8814	83.29
1995	1.70	33.21	20385	111060	9076	106.82
1996	1.76	36.33			9082	108.00
1997	1.69	36.49	22250	113947	9836	100.38
1998	1.71	37.64	18909	110164	12664	102.56
1999	1.75	40.26	19294	120064	13564	106.07
2000	1.42	42.36	21248	181784	10893	109.52
2001	1.43	49.57	22734	136983	12574	109.04
2002	1.44	52.70	23045	119536	7855	100.37
2003	1.51	54.78	24246	133128	8812	108.53
2004	1.68	55.67	35285	154040	9049	108.06
2005	1.69	58.96	34170	171842	9321	109.67
2006	1.80	77.28	39932	333614	9110	114.23
2007	1.83	84.25	45027	214636	9171	112.29
2008	2.00	86.35	58892	264528	8814	115.59
2009	2.09	88.01	65509	292338	9124	123.06
2010	2.12	91.19	81690	343776	9083	125.75
2011	2.30	96.14	92350	430562	9064	139.18
2012	2.37	102.46	98221	445176	10358	161.24
2013	2.56	102.99	100804	424938	8142	190.12
2014	2.39	111.97	98692	490947	6909	135.72

注：1.本表未扣除区域变动因素，年度之间不可比。
2.2000年后铁路营业里程指国有铁路营业里程。
3.2002年后邮电局、所数据仅指邮政局所数。

13-2 民族自治地方分地区运输条件(2014年)

单位：公里

地　区	公路线路里　程	#等级路	国有铁路营业里程	内河航道里　程	民用机场数(个)
合　计	**1119731**	**831034**	**23902**	**16238**	**55**
河　北	12552	7598	83		
内蒙古	172167	160123	10226	2403	17
辽　宁	15557	14372	167	144	
吉　林	14505	12048	650		2
黑龙江	1670	148	50	147	
浙　江	1920	1910		94	
湖　北	26698	22654	221	728	1
湖　南	23658	14151	507	1202	1
广　东	4406	2419			
广　西	114900	100647	475	5704	7
海　南	6062	5698	267		
重　庆	12556	11222	242	110	
四　川	74664	63272	398	74	5
贵　州	102546	40055	1212	3901	5
云　南	178285	112490	1074	916	5
西　藏	75470	54443	786		4
甘　肃	17378	13134		294	1
青　海	57994	31705	792	391	1
宁　夏	31276	31057	1290	130	3
新　疆	175468	131889	5463		3

13-3 民族自治地方分地区公路、铁路旅客、货物运输量(2014年)

地 区	客运量合计（万人）	#公 路	#铁 路	货运量合计（万吨）	#公 路	#铁 路
合 计	**305627**	**251707**	**23218**	**620062**	**490947**	**98692**
河 北	758	711	47	4242	4229	13
内蒙古	18283	13494	4789	191869	126704	65165
辽 宁	4582	4879	4	11032	11032	
吉 林	3894	3428	466	7335	6462	873
黑龙江	8922	8623	128	8961	8741	23
浙 江	168	165		138	129	
湖 北	4519	3938	474	4548	4461	18
湖 南	10699	9844	539	7048	6070	891
广 东	1230	1230		433	433	
广 西	51905	46623	4770	163023	134330	6684
海 南	5182	4905		3422	2523	900
重 庆	4234	3854	380	1507	1443	64
四 川	3530	3530		3541	3541	
贵 州	89241	56098	8282	41422	32289	9033
云 南	38835	37506	192	42374	41456	586
西 藏	1571	1408	163	1914	1871	43
甘 肃	5780	3419		9888	2578	
青 海	5932	4895		3888	3580	
宁 夏	9187	8311	657	41308	34318	6990
新 疆	37176	34847	2329	72168	64758	7410

13-4 民族自治地方分地区公路、铁路旅客、货物周转量(2014年)

地 区	旅客周转量（亿人公里）	#公 路	#铁 路	货物周转量（亿吨公里）	#公 路	#铁 路
合 计	**2643.23**	**1931.20**	**735.18**	**12860.67**	**7276.94**	**4354.36**
河 北	4.35	3.32	1.03	27.15	26.13	1.03
内蒙古	363.00	161.40	201.70	4471.00	2103.50	2367.60
辽 宁	24.56	29.05		40.20	47.46	
吉 林	5.70	25.98		47.98	112.76	
黑龙江	1.98	1.36	0.62	1.63	1.12	0.51
浙 江	0.92	0.91		1.29	1.29	
湖 北	3.57	23.59		90.06	89.79	
湖 南	59.30	57.50	0.85	66.80	57.81	6.33
广 东	27.70	27.70		2.16	2.16	
广 西	652.68	413.23	236.96	4090.06	2068.51	770.40
海 南	20.13	20.13		21.15	21.14	
重 庆	21.58	21.12	0.46	10.50	10.50	
四 川	49.44	49.44		83.46	83.46	
贵 州	407.00	391.87	8.69	472.49	452.29	20.20
云 南	294.97	284.34	3.87	474.20	458.18	11.54
西 藏	45.12	32.78	12.34	110.38	85.96	24.42
甘 肃	25.04	14.87		72.38	28.70	2.34
青 海	22.20	27.14		59.78	58.39	
宁 夏	114.00	65.68	48.47	837.00	530.50	306.40
新 疆	500.00	279.80	220.20	1881.00	1037.30	843.60

13-5 民族自治地方分地区邮电业情况(2014年)

地　　区	邮电业务总量（亿元）	邮政局所（处）	邮路总长度（万公里）	农村投递线路（万公里）	移动电话年末用户（万户）	固定电话年末用户（万户）	互联网接入用户（万户）
合　　计	**778.43**	**6909**	**63.49**	**72.22**	**14331.59**	**2184.94**	**3678.93**
河　　北	9.16	54	0.40	0.87	136.37	19.90	16.04
内 蒙 古	337.84	1506	7.52	11.52	2634.60	359.10	1989.21
辽　　宁	8.70	186	1.37	1.86	130.15	91.68	32.00
吉　　林	4.02	146	0.28	0.20	215.75	55.68	46.25
黑 龙 江	0.26	12	0.11	0.10	9.43	5.09	
浙　　江	0.28	22	0.13	0.13	15.50	1.67	2.33
湖　　北	25.91	411	0.61	2.74	350.45	31.13	38.09
湖　　南	29.49	295	1.15	0.81	229.02	38.66	48.19
广　　东	2.37	28	0.06	0.05	24.99	4.73	11.27
广　　西	18.40	148	23.48	11.37	3553.78	499.85	592.43
海　　南	4.78	102	0.21	0.33	87.03	14.43	11.39
重　　庆	9.44	146	0.33	0.22	148.54	18.50	11.59
四　　川	43.97	1024	3.26	3.02	501.77	61.20	52.86
贵　　州	61.99	552	4.04	4.21	942.53	94.84	42.45
云　　南	163.82	1161	9.39	15.30	1758.11	178.11	346.14
西　　藏	1.64	281	5.31	10.43	291.80	35.90	22.10
甘　　肃	7.40	129	0.46	1.31	259.11	30.44	9.99
青　　海	18.54	174	1.48	0.81	276.96	28.01	22.71
宁　　夏	0.01		1.22	1.14	688.30	102.70	78.20
新　　疆	30.40	532	2.69	5.78	2077.40	513.30	305.70

主要统计指标解释

铁路营业里程　又称营业长度，指办理客货运输业务的铁路正线总长度。凡是全线或部分建成双线及以上的线路，以第一线的实际长度计算；复线、站线、段管线、岔线和特殊用途以及不计算运费的联络线都不计算营业里程。铁路营业里程是反映铁路运输业基础设施发展水平的重要指标，也是计算客货周转量、运输密度和机车车辆运用效率等指标的基础资料。

公路里程　指在一定时期内实际达到《公路工程（WTBZ）技术标准 JTJ00-88》规定的等级公路，并经公路主管部门正式验收交付使用的公路里程数。包括大中城市的郊区公路以及通过小城镇街道部分的公路里程，包括桥梁、渡口的长度，不包括大中城市的街道和厂矿、林区生产用道的里程。两条或多条公路共同经由同一路段，只计算一次，不得重复计算里程长度。它是反映公路建设发展规模的重要指标，也是计算运输网密度等指标的基础资料。

内河航道里程　也称内河通航里程，指在一定时期内，能通航运输船舶及排筏的天然河流、湖泊、水库、运河及通航渠道的长度。包括全年季节性通航累计三个月以上的航道，不包括仅供零散流放竹、木排的河道。它是反映内河水运网规模、水平和发展情况的主要指标。

铁路旅客运量　指一定时期内使用铁路客车运送的旅客人数。铁路旅客运量的计算方法：不论票价多少或行程长短，均按单程计算为一人次；不足购票年龄免购客票的儿童不计算运量；月、季票按每月往返各 25 人次计算。

铁路旅客周转量　指一定时期内使用铁路客车运送的旅客人数与运输距离的乘积之总和。

铁路货物运量　指使用铁路货车实际运送的货物数量。

铁路货物周转量　指一定时期内使用铁路货车完成的货物运量与运送距离的乘积之总和。

公路货运量　指在一定时期内由各种公路运输工具实际运送到目的地并卸完的货物数量。反映公路货运量的指标有发送货物吨数、到达货物吨数和运送货物吨数。

公路货物周转量　指一定时期内由各种公路运输工具实际完成运送过程的货物总运输量。

公路客运量　指公路运输企业及由其组织的其他单位在一定时期内实际运送的旅客人数。公路客运量的计算方法：不论乘车路程远近和票价多少，以客票为依据，“人”为计量单位；不足购票年龄的免票儿童不计算客运量。

公路旅客周转量　指在报告期内实际运送的旅客人数与其相应的旅客运送距离的乘积。

邮电业务总量　指以价值量形式表现的邮电通信企业为社会提供各类邮电通信服务的总数量。

移动电话用户　指通过移动电话交换机进入移动电话网、占有移动电话号码的各类电话用户。

国际互联网用户　国际互联网是一个连接计算机的网络，范围遍及全世界，包括局域网、城域网和广域网，旨在实现计算机资源共享。

城市电话用户　指直辖市、省辖市、地级市、县级市的市区、市郊区及县城（包括县人民政府所在地的县城关区或行政建制相当于县人民政府所在地的镇）范围内接入局用交换机的电话用户数，包括分布在农村地区的独立工矿区、林区、驻军等接入局用交换机的电话用户数。

邮路　指各邮电局、所、代办所之间，邮电局、所与代办所、车站、码头、机场、转运站、报刊社之间，有自编或委办人员按固定班期规定路线交换邮件、报刊的路线。包括农村地区运邮兼投递的路线，不包括城市、农村地区纯投递路线。

农村投递路线　指农村局、所自编或委办人员按固定班期、规定路线至农村乡（镇）、行政村等收件单位投递邮件、报刊的路线。

十四、国内贸易

14-1 民族自治地方社会消费品零售总额、国内纯购进总额

单位：亿元

年 份	社会消费品零售总额	国内纯购进总额	#农副产品购进
1952	17.10	4.80	4.46
1957	37.35	24.00	14.37
1965	58.79	42.90	24.51
1975	102.70	82.20	36.74
1978	125.07	103.30	41.97
1980	176.67	131.23	58.09
1981	196.75	145.87	63.73
1982	217.43	163.57	75.05
1983	247.39	185.50	85.55
1984	290.28	199.69	87.16
1985	370.45	237.74	94.31
1986	415.45	277.65	105.92
1987	476.60	360.12	133.50
1988	607.27	497.83	185.76
1989	633.72	554.74	197.82
1990	681.84	618.58	227.01
1991	762.96	696.60	260.52
1992	890.41	744.32	258.28
1993	1205.10	1056.60	153.29
1994	1356.42	2027.85	280.86
1995	1169.29	2541.73	394.75
1996	1867.40	2535.08	385.49
1997	2063.72	2470.81	296.82
1998	2332.10	1406.92	
1999	2378.23	1173.70	
2000	2569.84	1321.45	
2001	2809.35	1420.59	
2002	2832.01	1479.99	
2003	3108.98	1919.62	
2004	3677.93		
2005	4874.17		
2006	5665.30		
2007	6712.45		
2008	8243.07		
2009	9857.15		
2010	11685.76		
2011	13780.51		
2012	15930.13		
2013	17987.68		
2014	20995.95		

注：1998年以后国内纯购进总额为限额以上社会商品购进总额。

14-2 民族自治地方分地区社会消费品零售总额(2014年)

单位: 亿元

地区	社会消费品零售总额	批发零售贸易业	餐饮住宿业	其他
合计	**20995.95**	**18014.37**	**2507.10**	**337.54**
河北	180.66	160.36	20.07	0.23
内蒙古	5657.60	4950.30	707.30	
辽宁	821.41	604.10	38.11	179.19
吉林	690.66	562.30	128.37	
黑龙江	17.04	15.27	1.77	
浙江	22.34	19.83	2.51	
湖北	298.99	264.00	34.99	
湖南	335.29	215.73	33.09	86.46
广东	28.53	25.29	3.24	
广西	5772.83	5168.87	547.73	56.23
海南	68.29	53.07	15.22	
重庆	184.50	160.83	23.67	
四川	621.84	512.82	109.03	
贵州	705.05	638.35	61.43	5.27
云南	1645.94	1375.39	267.19	3.36
西藏	364.51	307.60	56.91	
甘肃	143.03	104.27	31.95	6.80
青海	263.78	107.65	19.20	
宁夏	737.18	628.46	108.72	
新疆	2436.50	2139.88	296.62	

14-3 民族自治地方分地区限额以上批发零售贸易业商品购进、销售、库存总额(2014年)(一)

单位：亿元

地　区	法人企业（个）	年末从业人员（人）	购进总额（亿元）	年末库存总额（亿元）
合　计	**10961**	**662424**	**19627.19**	**2033.13**
河　北	83	5474	36.81	2.94
内蒙古	1939	138695	3773.00	416.47
辽　宁	195	4863	67.97	6.27
吉　林	177	11486	180.35	44.73
黑龙江	6	97	1.74	0.22
浙　江	14	2024	100.78	0.68
湖　北	382	18370	204.16	25.31
湖　南	148	10119	96.94	11.36
广　东	19	294	17.85	0.85
广　西	2705	175267	4642.00	414.89
海　南	20	881	7.92	0.42
重　庆	302	8923	162.10	15.08
四　川	280	18168	310.97	47.53
贵　州	689	27517	425.33	59.77
云　南	1394	64699	1474.81	198.10
西　藏	97	10283	166.00	22.21
甘　肃	51	2795	36.53	2.12
青　海			6.93	0.19
宁　夏	473	40411	1111.00	84.00
新　疆	1987	122058	6804.00	680.00

14-3 民族自治地方分地区限额以上批发零售贸易业商品购进、销售、库存总额(2014年)(二)

单位：亿元

地　区	销售总额	批发合计	零售合计
合　计	**22244.16**	**15892.77**	**6353.07**
河　北	52.56	32.32	20.24
内蒙古	4392.00	2583.46	1808.57
辽　宁	71.76	36.80	36.96
吉　林	269.07	79.88	189.19
黑龙江	1.94	0.85	1.09
浙　江	115.01	113.84	1.17
湖　北	245.14	129.29	115.84
湖　南	123.00	64.78	58.22
广　东	18.41	16.98	1.43
广　西	5192.00	3570.23	1621.71
海　南	12.17	8.16	4.00
重　庆	174.27	92.00	82.27
四　川	457.66	338.81	118.85
贵　州	536.96	344.40	192.66
云　南	1726.84	1192.62	534.21
西　藏	224.00	111.23	112.53
甘　肃	86.59	52.76	33.83
青　海	8.00	6.96	1.04
宁　夏	1181.00	797.09	383.77
新　疆	7355.80	6320.31	1035.49

14-4 民族自治地方分地区限额以上批发零售贸易业企业财务状况(2014年)

单位: 亿元

地区	资产合计	负债合计	企业所有者权益
合计	**10914.56**	**8056.25**	**2858.31**
河北	32.24	21.98	10.26
内蒙古	2469.00	1850.00	619.00
辽宁	36.11	22.90	13.21
吉林	117.82	84.41	33.41
黑龙江	1.32	1.21	0.10
浙江	40.24	37.53	2.71
湖北	113.43	69.92	43.52
湖南	52.35	25.37	26.98
广东	5.69	3.56	2.14
广西	2557.00	1847.00	710.00
海南	5.85	4.37	1.48
重庆	53.93	37.53	16.40
四川	190.81	106.88	83.93
贵州	362.34	241.56	120.79
云南	840.79	554.67	286.13
西藏	115.00	71.00	44.00
甘肃	13.07	5.06	8.02
青海	3.56	2.31	1.26
宁夏	580.00	429.00	151.00
新疆	3324.00	2640.00	684.00

主要统计指标解释

社会消费品零售总额 指批发和零售业、餐饮业、新闻出版业、邮政业和其他服务业等，售与城乡居民用于生活消费的商品和社会集团用于公共消费的商品之总量。社会消费品零售总额包括:

一、批发和零售业企业（单位）。

1. 售与城乡居民的各种生活消费品。

2. 售与入境旅游的外国人、华侨、港澳台同胞的各类商品。

3. 售与行政事业单位、社会团体、军队和武警等机构的商品以及以零售方式售与各类企业的商品。具体包括：用于非生产和社会交往的办公用品，如通信设备、计算器具和设备、电信网络设备、文印设备、音像视听器材和设备、纸张、本册、文具及装订文印材料、家具、日用电器、针纺织品、清洁卫生用品、文体用品、奖品、纪念品、礼品等；供内部人员使用的交通工具和燃料；用于办公设施修缮的各类配件、材料、工具等；用于取暖和防暑降温的设备、燃料、材料及食品等；专用于教学的用品和设备；非盈利医疗机构的中、西药品、中药材和医疗设备器材；非专用的劳动保护用品；不对外营业的内部食堂用的餐具、炊具、设备、清洁卫生工具和食品、燃料等；军队、武警用于其人员生活的衣着品和个人用品；其他各类非生产性设备和用品。

二、餐饮业出售的主食、菜肴、烟酒饮料和其他商品。

三、新闻出版业、邮政业售与城乡居民、企事业单位、军队和武警等机构的书报杂志、音像制品、邮品等。

四、其他服务业出售的食品、烟酒饮料、服装鞋帽、日常生活用品、医药保健用品、艺术品、工艺美术品、玩具、殡葬用品以及其他消费品。

批发零售贸易业商品购、销、存总额 指各种登记注册类型的批发、零售业企业（单位）以本企业（单位）为总体的，从国内、国外市场购进的商品总量、销售和出口的商品总量、库存商品总量等情况。该指标可以反映商品流转过程中商品的购进、销售、库存之间的比例关系和存在的问题。

商品购进总额 指从本企业（单位）以外的单位和个人购进（包括从境外直接进口）作为转卖或加工后转卖的商品总额。它反映批发零售贸易业从国内、国外市场上购进商品的总量。商品购进总额包括：（1）从工农业生产者购进的商品；（2）从出版社、报社的出版发行部门购进的图书、杂志和报纸；（3）从各种登记注册类型的批发零售贸易企业（单位）购进的商品；（4）从其他单位购进的商品，如从机关、团体、企业等单位购进的剩余物资，从餐饮业、服务业购进的商品，从海关、市场管理部门购进的缉私和没收的商品，从居民手中收购的废旧商品等；（5）从国（境）外直接进口的商品。不包括企业（单位）为自身经营用和未通过买卖行为而收入的商品以及销售退回、商品升溢等。

商品销售总额 指对本企业（单位）以外的单位和个人出售（包括对境外直接出口）的商品总额。它反映批发零售贸易业在国内市场上销售商品以及出口商品的总量。商品销售总额包括：（1）售给城乡居民和社会集团消费用的商品；（2）售给工业、农业、建筑业、运输邮电业、批发零售贸易业、餐饮业、服务业等作为生产、经营使用的商品；（3）售给批发零售贸易业作为转卖或加工后转卖的商品；（4）对国（境）外直接出口的商品。不包括出售本企业（单位）自用的废旧包装用品；未通过买卖行为付出的商品经本单位介绍，由买卖方直接结算，本单位只收取手续费的业务；购货退回的商品以及商品损耗和损失等。

批发和零售贸易业库存 指报告期末各种登记注册类型的批发零售贸易企业（单位）已取得所有权的商品。它反映批发零售贸易企业（单位）的商品库存情况和对市场商品供应的保证程度。期末库存包括：（1）存放在批发零售贸易业经营单位（如门市部、批发站、经营处）仓库、货场、货棋局和货架中的商品；（2）挑选、整理包括装中的商品；（3）已记入购进而尚未运到本单位的商品，即发货单或银行承兑凭证已到而货未到的部分；（4）寄放他处的商品，如因购货方拒绝承付而暂时存放在购货方的商品和已办完加工成品收回手续而未提回的商品；（5）委托其他单位代销（未作销售或调出）尚未售出的商品；（6）代其他单位购进尚未交付的商品。不包括所有权不属于本单位的商品、拨付除批发零售贸易业以外的其他行业所属独立核算加工厂等加工生产尚未收回成品的商品、代国家物资储备部门保管的商品等。

库存总额采用的计算价格是：农副产品采购单位按购进价计算；批发单位按进货价计算；零售单位按核算价格计算，即按什么价格核算就按什么价格计算。

餐饮业商品零售额 指餐饮企业、产业活动单位或个体户直接对居民和社会集团零售的各种商品。包括：（1）经烹饪、调制加工后出售的各种食品，如主食、炒菜、凉拌菜等；（2）不经加工直接转卖的各种外购商品，如卷烟、酒、饮料、熟食、水果等；（3）附设非独立核算的专门销售商品的小卖部出售的各种食品及其他商品。

限额以上批发零售贸易业、餐饮业统计限额标准 批发业，年末从业人员 20 人及以上，年销售额 2000 万元及以上；零售业，年末从业人员 60 人及以上，年销售额 500 万元及以上；餐饮业，年末从业人员 40 人及以上，年销售额 200 万元及以上。

十五、对外经济贸易

15-1 民族自治地方分地区对外贸易和利用外资情况

单位：万美元

年份 地区	进出口总额	进口总额	出口总额	当年新签利用外资协议(合同)项目(个)	本年实际利用外资额	年末实有外商投资企业(户)
1997	670200	213000	457200	1132	164000	6416
1998	613000	211800	401200	874	130600	7503
1999	621900	245000	376900	775	141100	6029
2000	856410	359631	496779	1137	150441	5942
2001	757372	354831	402541	1162	164514	5366
2002	1010576	460291	550285	794	167082	5252
2003	1357730	573371	784359	1036	200541	3203
2004	1733122	809524	923599	1002	185468	5310
2005	2214873	951257	1263616	969	265772	5637
2006	2752293	1035358	1718724	753	340745	2931
2007	3818965	1353481	2465484	1009	416601	5520
2008	5313640	1634242	3679399	669	693933	5073
2009	4158091	1500897	2657194	903	547223	5618
2010	5332648	2018237	3314412	871	679044	12919
2011	6984261	2727511	4256750	895	671598	11720
2012	8211217	3081398	5129819	496	713917	10259
2013	9265293	3161500	6087708	1927	953712	8612
2014	10810032	3562562	7245852	1592	713898	4080
合计	**10810032**	**3562562**	**7245852**	**1592**	**713898**	**4080**
河北	10388	654	9734	2	20952	42
内蒙古	1455632	816277	639355	44	417182	3036
辽宁	33692	228	33464	11	40666	63
吉林	227683	56771	170912	40	22099	450
黑龙江	15		15			
浙江	7558	301	7257		700	4
湖北	52213	45674	6540		3081	
湖南	32250	502	31748		14005	23
广东	14981	3435	11545	1	2254	47
广西	4054885	1622143	2432743	138	100119	
海南						5
重庆	25883	1899	23986	2	482	6
四川	14737	3069	11668	2	4459	10
贵州	86363	11234	75129	1236	41682	82
云南	1248709	452576	796133	88	33552	288
西藏	225495	15408	210087			
甘肃	7175		7175			
青海	1620					
宁夏	543521	113236	430285	22	9244	18
新疆	2767232	419155	2348076	6	3420	6

注：进出口总额按经营单位所在地分。

主要统计指标解释

进出口总额 指实际进出我国国境的货物总金额。包括对外贸易实际进出口货物，来料加工装配进出口货物，国家间、联合国及国际组织无偿援助物资和赠送品，华侨、港澳台同胞和外籍人员捐赠品，租赁期满归承租人所有的租赁货物，进料加工进出口货物，边境地方贸易及边境地区小额贸易进出口货物（边民互市贸易除外），中外合资经营企业、中外合作经营企业、外商独资经营企业进出口货物和公用物品，到、离岸价格在规定限额以上的进出口货样的广告品（无商业价值、无使用价值和免费提供出口的除外），从保税仓库提取在中国境内销售的进口货物以及其他进出口货物。进出口总额用以观察一个国家在对外贸易方面的总规模。我国规定出口货物按离岸价格统计，进口货物按到岸价格统计。

进口 指直接从国外进口的商品和委托外贸部门代理进口的商品，不包括从国内有关单位（包括对外贸易部门和其他单位）购进的进口商品。对外贸易企业只统计自主经营进口的商品，不包括受托代理进口的商品。

出口 指直接向国（境）外出口商品和委托外贸部门代理出口的商品，不包括售给外贸部门出口或加工后出口的商品以及在国内市场以外币销售的商品。

商品经营单位所在地进出口额 指所在地海关注册登记的有进出口经营权的企业实际进出口额。

利用外资 指我国各级政府、部门、企业和其他经济组织通过对外借款、吸收外商直接投资以及用其他方式筹措的境外现汇、设备、技术等。

十六、旅　游

16-1 民族自治地方分地区世界遗产情况(2014年)

单位:个

地　　区	世　　界 自然遗产	世　　界 文化遗产	世界自然与 文化遗产	人类口述和 非物质遗产
全　　国	**11**	**35**	**4**	**26**
合　　计	**6**	**4**		**10**
河　　北				
内 蒙 古		1		2
辽　　宁				
吉　　林				1
黑 龙 江				
浙　　江				
湖　　北				
湖　　南				
广　　东				
广　　西				
海　　南				
重　　庆				
四　　川	3			
贵　　州	1			1
云　　南	2	1		
西　　藏		1		2
甘　　肃				1
青　　海				1
宁　　夏				
新　　疆		1		2

16-2 民族自治地方分地区重点文物保护单位(2014年)

单位：个

地区	全国重点文物保护单位	古遗址	古墓葬	古建筑及历史纪念建筑物	近现代重要史迹及代表性建筑	石窟寺石刻及其他
合计	**154**	**67**	**22**	**44**	**10**	**11**
河北						
内蒙古	28	21	3	4		
辽宁	4	3	1			
吉林	7	3	3	1		
黑龙江						
浙江						
湖北						
湖南	2	1		1		
广东						
广西	17	3	1	6	6	1
海南						
重庆						
四川	3			2	1	
贵州	2			2		
云南	14	4		6	2	2
西藏	21	3	3	14	1	
甘肃	4	1		1		2
青海	6	4	1	1		
宁夏	9	2	1	4		2
新疆	37	22	9	2		4

16-3 民族自治地方分地区国家A级旅游区(2014年)

单位：个

地　区	国家AAAAA级旅游区	国家AAAA级旅游区	国家AAA级旅游区	国家AA级旅游区	国家A级旅游区
合　计	**30**	**180**	**143**	**200**	**43**
河　北		3	3	4	
内蒙古	2	28	29	41	6
辽　宁		10	3	10	3
吉　林		1	6	10	1
黑龙江				3	
浙　江				2	
湖　北	2	3	2	9	
湖　南		5	5	2	
广　东					
广　西	4	46	36	5	
海　南	2	1			
重　庆	1	1		3	1
四　川	4	7		1	
贵　州		3		3	
云　南	2	22	11	45	7
西　藏	2	9	1	2	1
甘　肃		6	2	6	1
青　海		7	11	1	
宁　夏	3	13	3	8	1
新　疆	8	15	31	45	22

16-4 民族自治地方分地区国家级重点风景名胜区和全国历史文化名城、名镇、名村(2014年)

单位：个

地　区	国家级风景名胜区	全国历史文化名城	全国历史文化名镇	全国历史文化名村
合　计	**43**	**26**	**34**	**54**
河　北		1		
内蒙古		1	4	2
辽　宁	2		1	
吉　林	2			1
黑龙江				
浙　江			1	
湖　北				5
湖　南		1	4	5
广　东				
广　西	3	3	7	9
海　南				
重　庆			2	
四　川	4	1		2
贵　州	11	2	3	9
云　南	9	5	6	6
西　藏	4	3	2	3
甘　肃		2	1	2
青　海	1	1		5
宁　夏	2	1		1
新　疆	5	5	3	4

16-5 民族自治地方分地区国家重点自然保护区(2014年)

地　　区	国家重点自然保护区（个）	面　　积（千公顷）
合　　计	**125**	**81581.2**
河　　北	3	78.0
内 蒙 古	25	4048.9
辽　　宁	3	33.7
吉　　林	7	508.2
黑 龙 江		
浙　　江		
湖　　北	4	183.7
湖　　南	1	24.8
广　　东		
广　　西	17	333.8
海　　南	4	82.0
重　　庆		
四　　川	11	1730.6
贵　　州	5	152.3
云　　南	12	951.5
西　　藏	9	37153.1
甘　　肃	4	2015.1
青　　海	5	20252.5
宁　　夏	6	426.9
新　　疆	9	13606.2

16-6 民族自治地方分地区旅行社单位数和旅游人数(2014年)

地区	旅行社数（个）	旅游人次合计（万人次）		
			国际旅游	国内旅游
合计	**2616**	**93957.5**	**2607.8**	**99725.0**
河北	14	547.9	0.1	547.7
内蒙古	897	7582.0	167.1	7414.9
辽宁	45	3571.9	19.5	3552.4
吉林	166	1734.7	62.9	1671.9
黑龙江	5	114.6	0.3	114.3
浙江	6	556.5	1.0	555.5
湖北	77	3790.8	35.5	3755.3
湖南	51	3662.8	32.3	3630.5
广东	7	522.1		522.1
广西	608	28986.2	421.2	28565.0
海南	11	1055.0	39.1	1015.9
重庆	20	1771.3	0.5	1770.8
四川	89	7408.6	1037.5	6371.1
贵州	63	10075.3	248.9	9826.4
云南	267	15885.4	508.7	15376.7
西藏	13	1553.1	24.4	1528.7
甘肃	20	1549.0	0.1	1548.8
青海	39	1915.2	0.7	1643.4
宁夏	119	1675.0	3.4	1671.6
新疆	99		4.6	8641.8

16-7 民族自治地方分地区旅游收入(2014年)

地　区	国际旅游收入（万美元）	国内旅游收入（亿元）
合　计	**772120.9**	**10404.7**
河　北	213.4	36.0
内蒙古	100295.0	1745.0
辽　宁	8866.5	310.3
吉　林	27391.6	203.1
黑龙江	30.1	4.6
浙　江	404.1	23.5
湖　北	7402.8	247.3
湖　南	4469.4	217.0
广　东		33.7
广　西	157207.0	2495.0
海　南	1630.2	22.1
重　庆	247.9	92.8
四　川	4997.3	547.0
贵　州	8188.0	2052.3
云　南	160453.0	1308.7
西　藏	14469.0	195.0
甘　肃	5.8	66.1
青　海	224298.0	44.0
宁　夏	1848.0	141.6
新　疆	49704.0	619.5

主要统计指标解释

旅游人数 包括入境国际旅游者人数、出境居民人数和国内旅游者人数。

1. 入境国际旅游者人数：指来中国参观、访问、旅行、探亲、访友、休养、考察、参加会议和从事经济、科技、文化、教育、宗教等活动的外国人、华侨、港澳同胞和台湾同胞的人数。不包括外国在我国的常驻机构，如使领馆、通讯社、企业办事处的工作人员，以及来我国常住的外国专家、留学生、在岸逗留不过夜人员。

2. 出境居民人数：指我国大陆居民因公务活动或私人事务短期出境的人数。公务活动出境居民人数包括在国际交通工具上的中国服务员工，因私出境居民人数不包括在国际交通工具上的中国服务员工。

3. 国内旅游者人数：指我国大陆居民和在我国常住 1 年以上的外国人、华侨、港澳台同胞离开常住地在境内其他地方的旅游设施内至少停留 1 夜、最长不超过 6 个月的人数。

国际旅游（外汇）收入 指入境旅游的外国人、华侨、港澳同胞和台湾同胞在中国内地旅游过程中发生的一切旅游支出，对于国家来说就是国际旅游（外汇）收入。

国际旅行社 指经营对外招徕并接待外国人、华侨、港澳同胞和台湾同胞来中国、归国或回内地旅游业务的旅行社。

国内旅行社 指负责经营招徕、组团、接待国内旅客的旅游业务，以及不对外招徕，负责经营接待国际旅行社或其他涉外部门组织的外国人、华侨、港澳同胞和台湾同胞来中国、归国或回内地旅游业务的旅行社。

十七、银行和金融

17-1 民族自治地方金融机构存贷款年末余额

单位：亿元

年 份	各项存款	各项贷款
1989	824.19	1041.28
1990	1048.99	1449.71
1991	1226.48	1525.62
1992	1671.64	2012.49
1993	2048.81	2451.69
1994	2654.01	2961.95
1995	3865.71	4035.72
1996	4483.19	4728.59
1997	5325.62	5770.71
1998	5975.78	6188.96
1999	6918.26	6738.41
2000	7905.79	6548.01
2001	8954.49	7288.37
2002	10238.64	8039.72
2003	11749.93	9339.76
2004	13545.97	10613.63
2005	16323.84	11299.73
2006	19897.89	13419.65
2007	24208.78	15696.98
2008	30144.33	19318.35
2009	37097.90	24493.96
2010	46621.78	30578.95
2011	54671.94	37299.12
2012	64118.39	44516.93
2013	72956.77	52450.98
2014	66684.90	51456.19

注：1997年以前的信贷数为国家银行信贷数，1998年以后为全部金融机构数。

17-2　民族自治地方分地区金融机构信贷(2014年)

单位: 亿元

地　区	各项存款	各项贷款
合　计	**66684.90**	**51456.19**
河　北	696.81	489.48
内蒙古	16217.57	14947.07
辽　宁	927.84	512.99
吉　林	1622.02	924.63
黑龙江	55.19	38.30
浙　江	76.88	56.88
湖　北	1104.46	637.13
湖　南	1152.74	504.89
广　东	129.81	56.61
广　西	20298.54	16070.95
海　南	662.14	197.28
重　庆	542.67	351.90
四　川	2582.99	1237.56
贵　州	3208.88	2225.05
云　南	6978.94	4329.97
西　藏		
甘　肃	763.33	577.54
青　海	1245.59	720.43
宁　夏	4209.06	4578.49
新　疆	4209.45	2999.04

17-3 民族自治地方上市公司股本结构及主要财务指标(一)

指　标	2000年	2001年	2002年	2003年	2004年	2006年	2007年
上市公司数目　(家)	**77**	**84**	**87**	**95**	**98**	**100**	**102**
A股上市公司	76	83	86	94	96	98	101
B股上市公司	1	1	1	1	2	2	1
A、B股上市公司							
总股本　(亿股)	**171.42**	**207.76**	**237.09**	**266.15**	**305.73**	**488.97**	**431.47**
主要财务指标(亿元)							
资产总额	865.32	1130.03	1394.94	1740.22	2084.15	2706.59	3499.36
所有者权益合计	474.28	562.33	640.89	711.40	790.75	928.46	1220.79
营业收入	331.63	468.72	598.93	808.65	1061.60	1609.15	2088.04
利润总额	92.91	109.76	145.12	185.04	234.23	328.23	221.12
净利润	41.48	31.06	32.06	26.82	32.19	70.24	141.55
每股收益(元)						0.32	0.33
净资产收益率(%)	8.75	5.52	5.00	3.77	4.07	7.57	11.60

17-3 民族自治地方上市公司股本结构及主要财务指标(二)

指　标	2008年	2009年	2010年	2011年	2012年	2013年	2014年
上市公司数目　(家)	**106**	**111**	**111**	**117**	**125**	**124**	**124**
A股上市公司	104	109	109	115	123	122	122
B股上市公司	2	2	2	2	2	2	2
A、B股上市公司							
总股本　(亿股)	**525.52**	**437.25**	**729.95**	**834.85**	**830.19**	**888.62**	**1123.71**
主要财务指标(亿元)							
资产总额	4166.06	3839.89	4146.09	7894.34	8846.31	9651.69	12563.50
所有者权益合计	1447.81	1288.68	1345.76	2988.67	3401.07	3648.37	4363.66
营业收入	2706.37	2231.63	2729.53	4879.50	4789.87	4805.97	5429.45
利润总额	152.17	147.67	779.22	342.79	324.58	309.17	318.17
净利润	97.78	92.90	263.42	276.19	269.84	255.05	249.66
每股收益(元)	15.30	0.24	0.62	1.16	0.95	0.88	0.22
净资产收益率(%)	6.75	7.21	19.57	9.24	7.93	6.99	5.72

17-4 民族自治地方分地区上市公司数(2014年)

地　区	总　计（个）	A股上市公司	B股上市公司
合　计	**124**	**122**	**2**
河　北			
内蒙古	25	23	2
辽　宁			
吉　林	1	1	
黑龙江			
浙　江			
湖　北			
湖　南	1	1	
广　东			
广　西	29	29	
海　南			
重　庆			
四　川	1	1	
贵　州			
云　南	3	3	
西　藏	10	10	
甘　肃			
青　海	2	2	
宁　夏	12	12	
新　疆	40	40	

17-5 民族自治地方分地区上市公司主要财务指标(2014年)(一)

地　区	总股本 (亿股)	资产总额 (亿元)	所有者权益合计 (亿元)	营业收入 (亿元)
合　计	**1123.71**	**12563.50**	**4363.66**	**5429.45**
河　北				
内蒙古	425.16	4383.19	1516.59	1803.43
辽　宁				
吉　林	5.34	4.30	3.20	2.89
黑龙江				
浙　江				
湖　北				
湖　南	3.25	21.07	16.84	3.88
广　东				
广　西	202.78	2146.82	759.52	1208.12
海　南				
重　庆				
四　川	3.65	18.19	10.18	7.63
贵　州				
云　南	8.90	59.14	34.45	28.55
西　藏	71.04	462.08	201.99	187.74
甘　肃				
青　海	20.41	704.02	215.04	118.30
宁　夏	58.54	493.04	203.30	229.33
新　疆	324.65	4271.65	1402.54	1839.58

17-5 民族自治地方分地区上市公司主要财务指标(2014年)(二)

地 区	利润总额(亿元)	净利润(亿元)	每股收益(元)	净资产收益率(%)
合 计	**318.17**	**249.66**	**0.22**	**5.72**
河 北				
内蒙古	141.18	116.89	0.29	0.08
辽 宁				
吉 林	0.02	0.02		0.01
黑龙江				
浙 江				
湖 北				
湖 南	-1.29	-1.04	-0.30	-0.06
广 东				
广 西	50.70	36.67	0.18	0.05
海 南				
重 庆				
四 川	0.75	0.60	0.17	0.07
贵 州				
云 南	3.69	2.97	0.28	0.07
西 藏	15.61	13.21	0.18	0.06
甘 肃				
青 海	21.26	16.49	0.79	0.08
宁 夏	-0.76	-3.53	-0.06	-0.02
新 疆	87.00	67.36	0.19	0.04

17-6 民族自治地方上市公司总股本及财务指标(2014年)(一)

上市公司名称	总股本 (亿股)	资产总额 (万元)	所有者权益合计 (万元)	营业收入 (万元)
内蒙古	**425.16**	**43831928.63**	**15165902.27**	**18034264.15**
金河生物	2.18	151862.79	95612.73	83980.58
蒙草抗旱	4.40	350538.55	158478.18	162614.34
内蒙君正	20.48	1224402.72	651141.79	478380.43
东宝生物	1.98	53056.96	34055.58	25105.39
金宇集团	2.86	209799.48	163049.39	106293.20
内蒙华电	58.08	3877320.39	1432203.66	1363393.21
伊利股份	30.64	3949429.88	1882155.45	5395929.87
四海股份	3.22	70779.91	54537.28	6717.71
包钢股份	160.05	10366616.34	1915685.08	2979189.36
*ST明科	3.37	121529.41	28711.24	2134.01
包钢稀土	24.22	1708620.08	1014909.67	583782.64
华资实业	4.85	264922.60	192377.74	27697.56
平庄能源	10.14	563133.74	467177.62	255449.24
福瑞股份	1.30	133119.39	91509.61	64551.77
北方股份	1.70	325491.26	116834.11	147974.15
兴业矿业	5.97	403919.34	278737.20	115938.73
北方创业	8.23	343101.88	244516.80	298364.09
西水股份	3.84	4874953.95	869609.39	5037.42
亿利能源	20.90	2016163.60	990985.27	1201001.65
鄂尔多斯	10.32	4397157.74	1323022.16	1556840.02
伊泰B股	32.54	5874407.86	2749665.30	2539360.49
远兴能源	16.19	1953003.12	854945.62	719972.55
兰太实业	3.59	682270.63	139469.48	271687.80
露天煤业	16.34	1393577.11	843155.07	625388.41
鄂资B股	10.32	4397157.74	1323022.16	1556840.02
吉　林	**5.34**	**42986.63**	**32049.56**	**28932.69**
*ST石岘	5.34	42986.63	32049.56	28932.69
湖　南	**3.25**	**210691.50**	**168356.88**	**38848.24**
酒鬼酒	3.25	210691.50	168356.88	38848.24
广　西	**202.78**	**21468194.92**	**7595154.55**	**12081173.40**
百洋股份	1.76	170746.05	99510.49	178081.51
丰林集团	4.69	203283.67	175652.75	119947.42
八菱科技	2.49	164093.10	132161.49	63883.02

17-6(一) 续表 1

上市公司名称	总股本（亿股）	资产总额（万元）	所有者权益合计（万元）	营业收入（万元）
桂冠电力	22.80	2214229.19	581682.16	570338.44
五洲交通	8.34	1395389.42	313998.68	328978.41
南化股份	2.35	141516.47	-21582.34	64290.66
南宁百货	5.45	207928.46	108206.65	249748.09
阳光股份	7.50	1123852.80	435662.10	135859.80
*ST南纺	2.59	201784.24	34165.05	279166.16
南宁糖业	2.87	450706.48	119598.24	269288.54
两面针	4.50	410896.72	228666.95	118698.92
柳化股份	3.99	533525.12	130260.71	310013.32
莱茵生物	1.30	150050.21	23909.99	63759.44
广陆数测	1.44	111901.87	80278.91	24283.87
柳钢股份	25.63	2500007.40	570020.23	3561858.08
柳工	11.25	2080190.16	912605.16	1029340.61
国海证券	23.10	2642006.90	716165.68	254498.19
桂林旅游	3.60	306693.08	160515.79	99137.57
中恒集团	11.58	802622.34	591782.72	321440.64
索芙特	2.88	82993.21	57443.23	49943.20
*ST河化	2.94	159360.13	23962.56	55528.84
*ST国发	4.64	99115.83	72958.65	41541.22
北海港	8.32	859635.10	356685.86	423772.77
银河科技	6.99	220478.32	84279.49	80192.37
桂东电力	2.76	926254.06	419623.87	211453.47
皇氏乳业	2.66	227838.28	168368.02	113030.43
桂林三金	5.90	278363.88	232057.03	146635.18
贵糖股份	2.96	124035.10	84871.67	105472.06
恒逸石化	11.54	2673250.07	701444.58	2806254.29
北生药业	3.95	5447.26	198.20	4736.88
四　川	**3.65**	**181867.63**	**101821.66**	**76313.49**
西昌电力	3.65	181867.63	101821.66	76313.49
云　南	**8.90**	**591404.19**	**344540.04**	**285471.44**
文山电力	4.79	288476.49	139514.97	201603.30
丽江旅游	2.82	261313.31	204406.90	74275.42
景谷林业	1.30	41614.39	618.18	9592.73

17-6(一)　续表 2

上市公司名称	总股本（亿股）	资产总额（万元）	所有者权益合计（万元）	营业收入（万元）
西　藏	**71.04**	**4620806.84**	**2019947.21**	**1877400.39**
海思科	10.80	287491.67	210736.99	121059.54
西藏药业	1.46	104644.37	41418.35	166803.60
西藏天路	5.47	317065.11	143400.00	141582.74
ST珠峰	1.58	49930.86	6173.62	154160.33
西藏旅游	1.89	133651.46	63981.17	16001.76
西藏城投	7.29	1084506.07	243882.15	104919.02
梅花集团	31.08	2060167.32	838201.63	986496.74
奇正藏药	4.06	179188.71	154968.35	95010.56
西藏发展	2.64	137807.76	118536.70	39897.71
西藏矿业	4.76	266353.50	198648.25	51468.38
青　海	**20.41**	**7040186.42**	**2150419.53**	**1182950.52**
青青稞酒	4.50	250255.81	222434.27	135514.21
盐湖股份	15.91	6789930.62	1927985.26	1047436.32
宁　夏	**58.54**	**4930417.93**	**2032989.90**	**2293340.61**
大元股份	2.00	29574.28	21304.91	2162.12
宁夏恒力	2.74	240079.47	92432.59	134316.57
赛马实业	4.78	812991.42	449972.37	389263.97
新华百货	2.26	395835.36	172972.34	681754.46
ST广夏	6.86	27595.44	14106.32	838.60
美利纸业	3.17	-16914.76		62201.34
中银绒业	18.05	1270918.64	423309.32	310353.36
银星能源	5.42	952816.07	186363.98	143847.13
英力特	3.03	309714.24	276796.69	193264.54
东方钽业	4.41	208749.45		245259.59
*ST西轴	2.48	104603.06	29245.76	44499.58
青龙管业	3.35	85433051.86	28050766.03	36791675.58
新　疆	**324.65**	**42716525.93**	**14025383.02**	**18395837.79**
天山生物	0.91	61001.24	43643.69	12194.30
新疆浩源	2.35	94323.77	76325.80	34544.80
新研股份	3.61	127467.27	113058.91	56091.14
新疆天业	4.39	366830.32	201981.88	427004.29
啤酒花	3.68	135001.44	78135.03	113216.49
广汇股份	52.21	3763626.43	1258710.27	671726.88
美克股份	6.47	399649.54	285067.28	271377.15

17-6(一) 续表 3

上市公司名称	总股本（亿股）	资产总额（万元）	所有者权益合计（万元）	营业收入（万元）
新疆城建	6.76	958024.97	217358.21	566500.15
八一钢铁	7.66	2122825.54	160033.13	2063634.05
百花村	2.69	416574.70	99728.21	110887.01
友好集团	3.11	784512.63	208201.40	827654.06
新疆众和	6.41	880390.26	319933.25	532875.03
国际实业	4.81	296825.85	218322.13	117660.28
渤海租赁	17.74	6772068.40	1259810.70	685195.50
宏源证券				
天山纺织	4.67	203172.40	135197.77	55937.18
天山股份	8.80	2162763.13	808455.66	654357.26
新中基	7.71	197101.95	76755.65	41677.23
中泰化学	13.90	3171405.50	1022306.56	1117695.30
天康生物	4.34	301110.04	187006.81	401462.71
北新路桥	5.57	1003839.52	137255.95	580779.56
ST天宏	0.86	49167.91	29700.41	32651.49
天富热电	9.06	1429508.25	453897.14	355895.54
天利高新	5.78	393385.05	106512.04	262640.25
伊力特	4.41	230918.30	165351.41	162829.34
新农开发	3.82	244805.85	85427.10	66772.97
特变电工	32.40	5929171.12	2102037.02	3607475.63
中粮屯河	20.52	1438946.82	597480.22	893938.58
新赛股份	3.62	336095.35	140398.98	110326.50
冠农股份	3.92	365555.07	204353.24	115359.78
ST香梨	1.48	28778.85	27181.05	11180.97
青松建化	13.79	1205898.34	587112.63	273137.70
金风科技	26.95	4577732.57	1522700.95	1770421.80
国统股份	1.16	175968.39	104110.35	80344.76
准油股份	2.39	102363.42	58870.07	41083.06
西部建设	5.16	1087289.34	402402.92	1021104.05
*ST中葡	11.24	396371.37	238253.64	52345.36
光正钢构	5.03	203706.73	103749.00	62630.52
西部牧业	1.64	174881.03	75497.64	77137.98
新研股份	3.61	127467.27	113058.91	56091.14

17-6 民族自治地方上市公司总股本及财务指标(2014年)(二)

上市公司名称	利润总额 (万元)	净利润 (万元)	每股收益 (元)	净资产收益率 (%)
内蒙古	**1411769.82**	**1168934.55**	**0.29**	**8.00**
金河生物	9421.67	8007.91	0.35	8.00
蒙草抗旱	22477.87	18104.73	0.38	12.00
内蒙君正	86509.94	75492.28	0.37	12.00
东宝生物	649.17	488.81	0.02	1.00
金宇集团	48296.53	40211.70	1.44	25.00
内蒙华电	255282.28	206903.03	0.23	13.00
伊利股份	478588.55	416653.81	1.35	22.00
四海股份	-4827.39	-5023.85	-0.16	-9.00
包钢股份	42224.79	20130.87	0.01	1.00
*ST明科	-16145.92	-16145.92	-0.48	-56.00
包钢稀土	42701.88	26345.79	0.26	8.00
华资实业	1004.20	1286.61	0.03	1.00
平庄能源	6730.83	2738.25	0.03	1.00
福瑞股份	12182.62	8480.51	0.70	10.00
北方股份	13487.33	10736.62	0.73	10.00
兴业矿业	16409.83	15794.07	0.27	6.00
北方创业	23476.84	20318.68	0.24	9.00
西水股份	15947.12	41188.97	0.22	3.00
亿利能源	30354.51	23173.08	0.12	3.00
鄂尔多斯	106938.90	86747.92	0.41	6.00
伊泰B股	340007.46	276131.69	0.69	10.00
远兴能源	48560.76	27670.01	0.15	3.00
兰太实业	-10414.26	-9333.59	0.04	1.00
露天煤业	74972.88	62216.33	0.38	7.00
鄂资B股	106938.90	86747.92	0.41	6.00
吉　林	**220.10**	**220.10**		**1.00**
*ST石岘	220.10	220.10		1.00
湖　南	**-12874.61**	**-10366.20**	**-0.30**	**-6.00**
酒鬼酒	-12874.61	-10366.20	-0.30	-6.00
广　西	**507030.94**	**366695.62**	**0.18**	**4.71**
百洋股份	6689.35	6027.69	0.32	8.00
丰林集团	8880.95	8584.29	0.18	5.00
八菱科技	10509.68	9460.31	0.49	7.00

17-6(二) 续表 1

上市公司名称	利润总额（万元）	净利润（万元）	每股收益（元）	净资产收益率（%）
桂冠电力	114447.10	95067.21	0.26	15.00
五洲交通	7870.96	2084.55	0.09	2.00
南化股份	-31786.43	-31786.43	-1.03	
南宁百货	2602.05	1625.82	0.03	2.00
阳光股份	-45080.70	-52205.50	-0.78	-18.00
*ST南纺	1569.60	1272.11	0.06	4.00
南宁糖业	-30680.92	-27437.46	-1.00	-27.00
两面针	-23.84	-3238.18	0.05	1.00
柳化股份	1804.91	860.85	0.02	1.00
莱茵生物	4318.09	4158.76	0.32	17.00
广陆数测	2480.19	2174.51	0.16	3.00
柳钢股份	19617.46	16872.58	0.07	3.00
柳工	29677.42	19315.88	0.18	2.00
国海证券	96374.24	71530.92	0.30	10.00
桂林旅游	3894.00	2897.64	0.11	3.00
中恒集团	198130.70	159447.75	1.45	27.00
索芙特	872.55	624.54	0.03	2.00
*ST河化	1783.43	1783.43	0.06	7.00
*ST国发	-6458.76	-6479.35	-0.13	-7.00
北海港	70795.45	60827.74	0.72	17.00
银河科技	3323.38	2299.82	0.04	3.00
桂东电力	13187.20	4222.99	0.14	1.00
皇氏乳业	10879.57	8987.19	0.35	5.00
桂林三金	53119.85	44486.64	0.75	19.00
贵糖股份	-208.80	2814.59	0.10	3.00
恒逸石化	-41799.78	-39645.95	-0.31	-7.00
北生药业	242.05	60.68		31.00
四　川	**7506.76**	**6011.10**	**0.17**	**7.00**
西昌电力	7506.76	6011.10	0.17	7.00
云　南	**36921.45**	**29742.72**	**0.28**	**7.00**
文山电力	13331.61	10379.72	0.22	7.00
丽江旅游	28260.66	24033.81	0.66	10.00
景谷林业	-4670.81	-4670.81	-0.35	-446.00

17-6(二) 续表 2

上市公司名称	利润总额（万元）	净利润（万元）	每股收益（元）	净资产收益率（%）
西 藏	**156148.02**	**132128.01**	**0.18**	**6.00**
海思科	50454.75	45054.11	0.42	21.00
西藏药业	2651.36	2020.89	0.14	5.00
西藏天路	14674.67	11120.54	0.12	6.00
ST珠峰	1432.47	1037.11	0.05	23.00
西藏旅游	-3467.45	-3457.89	-0.18	-5.00
西藏城投	9018.94	4969.15	0.13	3.00
梅花集团	54249.20	50634.24	0.16	6.00
奇正藏药	28606.43	23546.95	0.59	16.00
西藏发展	8714.48	7088.89	0.10	3.00
西藏矿业	-10186.82	-9885.98	-0.19	-5.00
青 海	**212606.83**	**164864.21**	**0.79**	**8.00**
青青稞酒	40590.64	31726.00	0.70	14.00
盐湖股份	172016.19	133138.21	0.82	7.00
宁 夏	**-7635.29**	**-35284.17**	**-0.06**	**-2.00**
大元股份	512.56	512.56	0.07	9.00
宁夏恒力	-11314.83	-11408.23	-0.39	-12.00
赛马实业	43704.04	32985.74	0.57	6.00
新华百货	27119.74	15850.67	0.87	11.00
ST广夏	176.57	105.86		1.00
美利纸业	-64908.04	-64909.73	-2.05	
中银绒业	10745.22	8948.38	0.05	2.00
银星能源	3670.66	2858.33	0.04	1.00
英力特	7496.70	5229.45	0.17	2.00
东方钽业	-35119.61	-33671.35	-0.76	-16.00
*ST西轴	2136.92	2058.65	0.08	7.00
青龙管业	1739965.25	1347239.17	0.17	3.00
新 疆	**869982.62**	**673619.58**	**0.19**	**4.00**
天山生物	392.07	210.62	0.02	
新疆浩源	12361.64	10493.18	0.45	14.00
新研股份	12865.81	11204.63	0.31	10.00
新疆天业	5600.02	4037.02	0.09	3.00
啤酒花	11922.12	9470.60	0.10	8.00
广汇股份	191545.37	168387.70	0.31	15.00
美克股份	30828.65	23356.57	0.36	8.00

17-6(二) 续表 3

上市公司名称	利润总额（万元）	净利润（万元）	每股收益（元）	净资产收益率（%）
新疆城建	19891.09	15313.83	0.14	5.00
八一钢铁	-207076.97	-203466.27	-2.65	-127.00
百花村	-34462.31	-35345.70	-0.87	-32.00
友好集团	38711.43	26457.70	0.30	5.00
新疆众和	-52214.03	-52918.68	-0.83	-17.00
国际实业	19746.22	13257.88	0.27	6.00
渤海租赁	140039.10	117864.40	0.55	9.00
宏源证券				
天山纺织	9578.08	5131.14	0.05	2.00
天山股份	31496.37	25479.56	0.29	4.00
新中基	10880.30	10816.51	0.01	1.00
中泰化学	40101.95	33711.57	0.25	4.00
天康生物	22966.10	20163.83	0.48	11.00
北新路桥	2755.71	1081.97	0.05	2.00
ST天宏	2188.89	1820.10	0.15	5.00
天富热电	40729.05	35905.88	0.38	8.00
天利高新	-17613.59	-19595.16	-0.29	-17.00
伊力特	39320.29	26881.61	0.61	16.00
新农开发	-47.41	-484.50	0.06	2.00
特变电工	205092.26	181141.85	0.52	8.00
中粮屯河	3360.55	2646.39	0.02	1.00
新赛股份	-834.96	-1052.51	0.05	1.00
冠农股份	13534.54	17907.91	0.43	9.00
ST香梨	-1775.54	-1631.97	-0.10	-6.00
青松建化	-10035.58	-11840.19		
金风科技	210898.65	185351.32	0.68	12.00
国统股份	7860.98	6015.90	0.58	7.00
准油股份	1207.20	989.80	0.04	2.00
西部建设	47451.58	36552.86	0.64	9.00
*ST中葡	953.14	840.80	0.01	
光正钢构	-6400.56	-6826.33	-0.17	-11.00
西部牧业	3298.63	3083.14	0.14	4.00
新研股份	12865.81	11204.63	0.31	1.00

主要统计指标解释

信贷资金 指金融机构以信用方式积聚和分配的货币资金。金融机构信贷资金的来源有各项存款、金融债券、对国际金融机构负债、流通中现金、其他项目等；信贷资金的运用有各项贷款、有价证券及投资、金银占款、外汇占款、财政借款以及在国际金融机构中的资产等。

存款 指企业、机关、团体或居民根据资金必须收回的原则，把货币资金存入银行或其他信贷机构保管并取得一定利息的一种信用活动形式。根据存款对象或性质的不同可划分为企业存款、财政存款、机关团体存款、城乡储蓄存款、农业存款、信托及委托类存款、其他存款等科目。它是银行信贷资金的主要来源。

贷款 指银行或其他信贷机构根据资金必须归还的原则，按一定利率，为企业、个人等提供资金的一种信用活动形式。我国银行贷款分为短期贷款、委托及信托类贷款、其他类贷款等。

十八、教育和科技

18-1 民族自治地方各类学校

单位：所

年 份	高等学校	中等学校	#中等专业学校	#普通中学	小 学
1952	11	531			59597
1957	14	1115			57480
1965	37	4777			140056
1975	35	8353			121110
1978	56	14277			142865
1979	63	12249	545	11704	139256
1980	63	11765	588	11177	131123
1981	67	11072	563	10509	117581
1982	68	11056	586	10470	114164
1983	76	11493	516	10977	119418
1984	74	11406	567	10839	117643
1985	86	11644	560	11084	121712
1986	93	11677	547	11130	119874
1987	100	11849	541	11308	119879
1988	101	12038	583	11455	119614
1989	106	14441	815	11626	120118
1990	105	12273	648	11625	117717
1991	104	12882	571	11563	103139
1992	102	12148	560	11588	99916
1993	101	12051	570	11481	97858
1994	104	12677	559	11880	99160
1995	105	13550	584	11606	97650
1996	96	13460	570	11484	90982
1997	92	13466	579	11486	90704
1998	94	13323	578	11364	88869
1999	95	13034	554	11209	87150
2000	97	12841	515	11208	84710
2001	105	12926	472	11433	75386
2002	116	13196	450	11862	73577
2003	135	13094	419	11711	70497
2004	149	12975	425	11653	66757
2005	155	12771	384	11559	67056
2006	167	12469	647	11247	63149
2007	171	12220	721	10885	58223
2008	192	11925	738	10622	55374
2009	196	11334		10261	52283
2010	209	11063		9944	49367
2011	211	10848		9751	46510
2012	210	10668		9469	44912
2013	212	10179		9043	41584
2014	221	10179		20591	42286

注：本表未扣除区域变动因素，年度之间不可比，下同。中等学校包括职业中学，下同。

18-2 民族自治地方各类学校专任教师

单位：万人

年 份	高等学校	中等学校	#中等专业学校	#普通中学	小 学
1952	0.06	1.02			
1957	0.26	2.22			
1965	0.62	5.30			
1975	0.79	27.47			
1978	1.49	37.70			
1979	1.68	34.78	1.63	33.15	61.25
1980	1.51	35.10	1.94	33.16	73.01
1981	1.51	31.87	1.93	29.94	72.29
1982	1.67	32.05	2.02	30.03	74.23
1983	1.90	32.41	2.09	30.32	77.12
1984	2.03	31.08	2.17	28.91	75.85
1985	2.18	33.53	2.39	31.14	60.03
1986	2.39	35.66	2.58	33.09	80.58
1987	2.55	37.39	2.78	34.61	80.71
1988	2.67	39.86	3.20	36.66	83.21
1989	3.40	47.57	10.36	37.21	84.01
1990	2.77	41.55	3.30	38.25	84.78
1991	2.70	43.09	3.24	38.90	83.96
1992	2.71	42.53	3.19	39.34	83.39
1993	2.69	42.92	3.17	39.75	83.68
1994	2.80	43.96	3.28	40.67	86.11
1995	3.69	48.90	4.07	41.47	85.83
1996	2.92	49.41	3.47	42.40	83.83
1997	2.95	52.29	3.57	44.65	88.55
1998	3.01	52.79	3.56	45.65	87.77
1999	3.10	54.29	3.59	46.97	89.89
2000	3.64	54.50	3.33	47.89	89.94
2001	3.87	55.74	3.12	49.32	86.43
2002	4.22	60.14	4.91	53.73	89.68
2003	4.88	61.54	2.67	55.51	87.69
2004	5.76	63.06	2.40	57.46	86.80
2005	6.26	66.80	2.49	61.15	88.05
2006	7.12	68.33	3.32	62.57	88.23
2007	7.59	71.55	5.29	63.66	89.21
2008	8.22	72.50	5.15	64.73	89.98
2009	8.70	71.52		66.19	90.59
2010	9.47	74.19		67.44	90.73
2011	9.69	76.84		69.88	89.39
2012	10.06	76.46		69.33	88.94
2013	10.32	75.68		68.65	86.07
2014	10.75	75.68		74.29	77.35

18-3 民族自治地方各类学校在校学生

单位：万人

年 份	高等学校	中等学校	#中等专业学校	#普通中学	小 学
1952	0.45	20.94			467.31
1957	1.20	49.39			599.45
1965	3.05	95.41			1124.44
1975	3.11	362.46			1416.10
1978	5.65	682.00			1705.24
1979	6.20	628.39	7.50	610:19	1685.50
1980	7.08	601.14	18.56	582.57	1701.73
1981	7.79	509.15	15.38	493.76	1629.57
1982	7.18	469.15	13.75	455.41	1645.07
1983	7.76	486.41	14.52	471.89	1711.15
1984	8.73	508.38	17.62	490.76	1752.13
1985	10.44	573.29	20.65	516.64	1836.90
1986	11.61	595.60	21.83	573.77	1875.90
1987	12.38	608.72	22.83	585.89	1840.70
1988	13.23	610.86	25.64	585.22	1833.20
1989	13.98	707.17	27.33	579.84	1997.00
1990	13.55	509.64	25.25	584.40	1852.90
1991	13.16	665.44	27.39	589.30	1877.44
1992	14.17	627.99	28.37	599.62	1913.65
1993	16.11	606.52	32.04	574.48	1844.30
1994	18.06	643.52	35.89	607.62	1998.69
1995	18.60	721.09	39.14	631.88	1889.49
1996	18.66	767.21	48.16	667.66	2014.76
1997	20.47	819.15	43.40	721.75	2061.79
1998	22.13	867.75	47.75	763.75	2030.69
1999	26.00	918.84	51.31	809.76	1927.46
2000	34.23	978.33	52.71	872.97	1886.01
2001	44.89	999.89	49.03	901.20	1806.05
2002	56.70	1093.22	48.89	996.11	1813.33
2003	69.54	1134.98	46.62	1036.74	1738.25
2004	83.53	1169.83	49.71	1064.90	1692.94
2005	100.00	1386.97	52.38	1082.39	1667.69
2006	113.02	1218.80	85.74	1092.61	1653.10
2007	123.46	1254.29	122.80	1081.43	1645.80
2008	137.47	1231.45	115.90	1061.57	1615.53
2009	148.51	1224.75		1050.15	1580.89
2010	161.88	1248.64		1050.35	1536.29
2011	165.92	1220.30		1039.64	1484.42
2012	171.87	1218.81		1021.47	1478.70
2013	179.68	1186.71		1002.21	1445.96
2014	185.31	1186.71		1024.95	1471.65

18-4 民族自治地方各类学校毕业生

单位：万人

年 份	高等学校	口等学校	#中等专业学校	#普通中学	小 学
1952	0.03	2.93			22.56
1957	0.14	7.44			69.43
1965	0.82	15.70			60.82
1975	0.76	103.71			158.30
1978	1.06	182.31			254.10
1979	1.05	219.68	3.49	216.19	224.69
1980	0.74	183.56	6.66	176.90	222.16
1981	1.21	132.36	8.17	124.19	217.55
1982	2.57	142.33	6.90	135.44	203.81
1983	2.04	143.89	5.33	129.56	214.51
1984	1.77	127.88	4.97	122.92	215.58
1985	2.04	143.00	5.40	137.60	228.02
1986	2.37	152.17	6.56	145.61	243.31
1987	3.54	162.64	7.26	155.38	251.29
1988	3.64	175.96	7.65	168.31	244.39
1989	3.63	185.75	41.33	144.42	283.60
1990	4.04	182.76	9.06	173.70	218.97
1991	3.98	177.71	8.98	161.98	237.50
1992	3.81	173.80	8.39	165.41	306.08
1993	3.65	178.64	8.80	169.84	261.09
1994	4.07	170.43	8.71	161.73	258.53
1995	5.29	193.86	9.94	171.16	257.68
1996	5.32	201.74	11.12	176.89	262.93
1997	4.99	213.64	11.26	187.72	278.73
1998	5.39	234.91	12.01	207.31	294.22
1999	5.58	244.89	13.73	215.24	313.09
2000	5.99	225.31	14.81	193.85	324.57
2001	6.69	255.77	14.27	227.53	314.90
2002	8.38	286.18	15.06	368.12	325.85
2003	12.00	312.38	16.77	281.22	315.90
2004	14.69	330.09	14.25	302.14	300.02
2005	19.26	357.83	14.01	327.41	289.12
2006	23.92	372.13	19.44	341.66	276.14
2007	28.33	384.38	26.65	346.46	271.21
2008	30.96	373.97	29.53	332.14	274.46
2009	32.98	377.46		336.00	269.58
2010	40.01	377.37		330.75	264.95
2011	40.03	375.80		331.61	258.05
2012	42.29	387.96		330.29	249.65
2013	44.74	110.13		321.83	245.45
2014	45.80	110.13		282.88	216.98

18-5 民族自治地方分地区高等学校基本情况(2014年)

单位：人

地区	学校数（所）	在校研究生数	在校本、专科学生数	招生数	毕业生数	教职工数	#专任教师数
合计	**221**	**53051**	**1800030**	**501743**	**458001**	**159527**	**107493**
河北							
内蒙古	50	17276	406414	122755	111723	37691	25000
辽宁							
吉林	2	3592	20145	6450	5446	2635	1959
黑龙江							
浙江							
湖北	3	338	7122	9166	8262	2077	1486
湖南	3	816	42649	16318	12612	2341	1545
广东							
广西	70	25888	701900	227700	174050	57474	37680
海南							
重庆							
四川	3		30946	9479	7802	1977	1577
贵州	10	71	67488	27596	17574	5086	4095
云南	12	874	77240	21664	19473	5331	4220
西藏	6		33474		9109	3640	2601
甘肃			10802			637	490
青海							
宁夏	18	3601	111432	35094	24456	11261	7759
新疆	44	595	290418	25521	67494	29377	19081

18-6 民族自治地方分地区各类中等学校基本情况(2014年)

单位：人

地　区	学校数(所)	在校学生数	招生数	毕业生数	教职工数	#专任教师数
合　计	**10179**	**11867112**	**4116441**	**1101322**	**581062**	**756771**
河　北	89	97962	35484	11626	9126	7614
内蒙古	1290	1428121	475646	95508	20109	109769
辽　宁	174	137144	42688	18616	15447	12861
吉　林	239	125264	41970	19416	18482	15244
黑龙江	17	12634	3304	1383	1334	1181
浙　江	7	6729	2290	931	620	370
湖　北	204	231565	79819	26564	17637	15759
湖　南	372	263014	99386	31285	22025	19401
广　东	32	25918	8725	2667	2489	2236
广　西	2598	3591880	1289864	267471	28219	184168
海　南	112	85370	28878	10156	9490	8497
重　庆	112	166497	56728	13042	11386	10599
四　川	375	397598	42251	43288	29169	24341
贵　州	858	1291020	515365	78366	61678	55559
云　南	1210	1311249	471424	150124	105077	90325
西　藏	130	196700	68565	20037	14388	13583
甘　肃	166	160063	54548	14942	14084	12196
青　海	207	199129	55391	19114	12343	9896
宁　夏	339	543948	183047	65222	37160	32012
新　疆	1648	1595307	561068	211564	150799	131160

18-7 民族自治地方分地区普通中学基本情况(2014年)

单位: 人

地 区	学校数(所)	在校学生数	招生数	毕业生数	教职工数	#专任教师数
合 计	**20591**	**10249490**	**3128669**	**2828828**	**646035**	**742871**
河 北	81	88835	31040	28417	8143	6774
内蒙古	1003	1153699	374991	389732	131663	94360
辽 宁	146	126819	38628	41324	14421	9702
吉 林	225	116050	38305	38773	16165	13367
黑龙江	12	12429	3241	1452	1282	1149
浙 江	6	5470	1796	1845	540	433
湖 北	191	190200	63588	64561	15419	13604
湖 南	335	240549	84642	70042	20265	18448
广 东	28	20392	6471	5924	2034	1856
广 西	2288	2789075	968900	871900	70347	166162
海 南	101	67957	23064	22542	8588	7475
重 庆	69	117120	35875	40447	8309	7925
四 川	364	366815	130048	113687	27956	26672
贵 州	1054	1207708	427813	353217	77426	69721
云 南	1133	1246857	440538	370041	97951	87796
西 藏	125	179964	18398	16182	5037	13908
甘 肃	220	304105	48559	55811	21678	15135
青 海	11451	199170	70537	55478	21461	34182
宁 夏	296	441836	148373	146121	31517	29354
新 疆	1463	1374440	173862	141332	65833	124848

18-8 民族自治地方分地区职业中学基本情况(2014年)

单位：人

地　区	学校数(所)	在校学生数	招生数	毕业生数	教职工数	#专任教师数
合　计	**1204**	**2956105**	**1027546**	**943886**	**99748**	**74851**
河　北	6	11371	3537	3553	1036	790
内蒙古	258	1290072	423973	439463	19784	14645
辽　宁	9	9464	2594	3327	856	566
吉　林	28	13455	4513	9476	2941	2166
黑龙江	1	1114	361	279	152	132
浙　江	1	1286	459	427	92	80
湖　北	14	34265	12194	10814	1556	1336
湖　南	38	34043	12544	10207	2009	1654
广　东	3	2091	394	446	287	250
广　西	295	782675	271153	230497	28173	20417
海　南	6	2584	1201	1069	423	358
重　庆	5	13783	5829	3952	1029	931
四　川	27	41276	14837	15383	2809	2216
贵　州	73	147358	72086	31255	5799	4861
云　南	143	154745	54789	44764	10411	8409
西　藏	9	16990	7087	6408	1125	993
甘　肃	19	7508	2872	2504	1130	858
青　海	60	90576	20798	22464	3450	1850
宁　夏	33	81966	30388	36834	3203	2477
新　疆	176	219483	85937	70764	13483	9862

18-9 民族自治地方分地区小学基本情况(2014年)

单位：人

地　区	学校数（所）	在校学生数	招生数	毕业生数	教职工数	#专任教师数
合　计	**42286**	**14716534**	**2213240**	**2169803**	**694048**	**773539**
河　北	263	149171	27620	20283	9800	8876
内蒙古	2174	1296454	224453	221107	122202	107262
辽　宁	477	151486	23388	28007	14644	11167
吉　林	493	146393	22328	24348	14880	12806
黑龙江	36	11641	3198	2542	1461	1352
浙　江	19	9118	1518	1388	773	636
湖　北	561	268009	46738	39259	14829	14871
湖　南	648	342382	64124	61934	22449	21647
广　东	52	32612	6004	4694	2440	2274
广　西	12946	4318063	749700	675400		217311
海　南	431	131387	23104	20570	9857	9260
重　庆	577	200659	32955	33116	13119	12782
四　川	2400	757491	139292	100922	47540	41040
贵　州	4645	1505223	225559	293316	86680	81125
云　南	7196	1898223	308451	339377	122736	119977
西　藏	829	295142			20267	
甘　肃	2302	339589	60495	52712	81242	17285
青　海	923	331850	51096	55385	16045	27154
宁　夏	1763	588694	93204	100594	33949	33357
新　疆	3551	1942947	110013	94849	59135	33357

18-10 民族自治地方分地区教育经费支出情况(2014年)

地 区	教育经费支出 (万元)
合 计	**26980594**
河 北	220132
内蒙古	4777716
辽 宁	306727
吉 林	450292
黑龙江	25027
浙 江	34349
湖 北	556185
湖 南	546610
广 东	82721
广 西	6605347
海 南	282181
重 庆	359156
四 川	1330577
贵 州	2708439
云 南	3482142
西 藏	
甘 肃	441579
青 海	899094
宁 夏	1233100
新 疆	2639220

18-11 民族自治地方分地区县及县以上政府部门所属研究与开发机构及情报文献机构和人员(2014年)

地　　区	机构数（个）	从业人员（人）	#从事科技活动人员	#大学本科及以上学历
合　　计	**658**	**46853**	**32925**	**23608**
内 蒙 古	128	10085	7614	5163
辽　　宁	9	162	129	60
吉　　林	11	291	255	186
湖　　北	19	280	227	131
湖　　南	6	166	107	63
广　　东	4	29	10	1
广　　西	199	17065	10476	7519
海　　南	6	500	56	15
重　　庆	2	11	8	6
四　　川	19	711	579	374
贵　　州	12	466	272	177
云　　南	42	2443	2078	1415
西　　藏	20	1516	875	538
甘　　肃	5	427	396	179
青　　海	9	192	173	105
宁　　夏	44	4211	2321	1701
新　　疆	123	8298	7349	5975

18-12 民族自治地方分地区县及县以上政府部门所属研究与开发机构及情报文献机构经费(2014年)

单位：千元

地 区	经费收入	#科技活动收入	经费支出	#科技经费支出
合 计	**16173452**	**8121061**	**15670036**	**8194270**
内蒙古	3247100	1581192	3147166	1772962
辽 宁	21544	16691	20476	15969
吉 林	59323	42260	49795	32465
湖 北	64658	22381	57295	37610
湖 南	14796	14536	15161	10406
广 东	1444	719	1429	698
广 西	7082057	2842214	6800699	2933449
海 南	13247	3302	14481	3801
重 庆	1570	1200	1530	4263
四 川	165945	158700	151124	109243
贵 州	93059	55719	93269	44394
云 南	662882	515885	658210	504430
西 藏	494473	288982	491989	280723
甘 肃	60270	47776	54885	42867
青 海	49928	39188	49414	38160
宁 夏	1032408	515336	1158305	489377
新 疆	3103748	1974980	2904808	1873453

18-13 民族自治地方分地区县及县以上政府部门所属研究与开发机构及情报文献机构科技活动成果情况（2014年）

单位：篇

地区	发表科技论文	#国外发表	出版科技著作	有效发明专利总数（项）	专利申请数	#发明专利	专利授权数	#发明专利
合计	**9469**	**907**	**334**	**1435**	**1307**	**864**	**679**	**331**
内蒙古	1201	65	14	72	111	44	65	13
辽宁	23							
吉林	54	5	6	2	1	1	2	2
湖北	82	2	1	9	15	11	5	5
湖南	7							
广东								
广西	3868	396	102	621	620	477	274	155
海南	1							
重庆								
四川	176	4	10	7	35	6	33	4
贵州	84	1	1	3	5	3	5	3
云南	424	131	7	50	38	33	11	8
西藏	149	5	19	28	24	9	9	9
甘肃	63	1						
青海	31							
宁夏	706	5	56	68	44	32	27	19
新疆	2600	292	118	575	414	248	248	113

主要统计指标解释

普通高等学校　指按照国家规定的设置标准和审批程序批准举办，通过国家统一招生教育，招收高中毕业生为主要培养对象，实施高等教育的全日制大学、独立设置的学院和高等专科学校、短期职业大学。

独立研究与开发机构　指有明确的任务和研究方向，有一定学术水平的业务骨干和一定数量的研究人员，具有研究、开发、开展学术工作的基本条件，主要进行科学研究与技术开发活动，并且在行政上有独立的组织形式，财务上独立核算盈亏，有权与其他单位签订合同，在银行有单独户头的单位。包括国务院各部门、中国科学院、中国社会科学院和各省、自治区、协调以及地（市）以上［含地（市）］各部门所属的国有科学研究与技术开发机构。

独立研究与开发机构职工　指在独立研究与开发机构工作，并由其支付工资的人员。包括长期职工、临时职工和招聘人员，不包括编制以外的离休、退休人员和停薪留职人员。

研究与发展经费支出　指用于研究与发展课题活动（基础研究、应用研究、实验发展）的全部实际支出，包括用于研究与发展课题活动的直接支出和间接用于研究与发展活动的支出［如研究院（所）管理费、维持研究院（所）正常运转的必需费用和与研究发展有关的基本建设支出］。

科学家和工程师　指具有大学本科及以上学历和不具备上述学历但有高、中级职称的人员。

十九、文化和出版

19-1 民族自治地方艺术事业机构

单位：个

年 份	合 计	艺术表演团体	#少数民族歌舞团	艺术表演场馆	#剧场、影剧院	艺术创作机构
1979	645	589	24		56	
1980	672	603	37		69	
1981	682	603	34		79	
1982	690	600	43		90	
1983	703	608	39		95	
1984	709	614	43		95	
1985	726	630	46		96	
1986	887	616	56		180	91
1987	889	607	64		184	98
1988	923	592	67		182	149
1989	843	565	52		177	101
1990	846	557	54		184	105
1991	843	545	59		182	113
1992	828	540	59		175	111
1993	820	530	60		179	109
1994	821	535	62		176	108
1995	827	535	63		179	113
1996	834	516	61		183	135
1997	856	526	59		188	142
1998	825	534	58		194	97
1999	831	511	58		180	140
2000	829	510	58		182	137
2001	819	508	55		167	144
2002	846	512	55		193	141
2003	845	513	69		188	144
2004	761	501	59		173	81
2005	764	525	55		166	67
2006	773	538	73		164	66
2007	859	651	127		157	25
2008	866	651	127		163	24
2009	953	748	122	186	145	19
2010	1006	806	137	177	134	23
2011	985	805	134	164	127	16
2012	1050	823	157	195	146	32
2013	971	848	165	115	98	8
2014	1093	975	89	111	93	7

注：本表未扣除区域变动因素，年度之间不可比。下同。

19-2 民族自治地方艺术事业机构职工

年 份	合 计	艺术表演团体	#少数民族歌舞团	艺术表演场馆	#剧场、影剧院	艺术创作机构
1979	28466	27883	2322		583	
1980	29516	28661	3861		855	
1981	30291	29319	3504		972	
1982	29665	28590	4528		1075	
1983	29013	27909	4053		1104	
1984	28967	27821	4411		1146	
1985	27961	26831	4168		1130	
1986	32299	28429	4855		2702	1168
1987	32370	28216	5214		2798	1356
1988	31047	26518	5098		2848	1681
1989	29237	24930	3770		2931	1379
1990	29419	25105	3790		2996	1308
1991	29528	24650	4753		3151	1663
1992	28836	24097	4728		3099	1599
1993	28196	23323	4762		3174	1653
1994	27491	22881	4908		2972	1601
1995	27160	22470	4786		3044	1646
1996	26307	21240	4401		3261	1806
1997	27197	21729	3801		3472	1996
1998	26410	21573	3711		3594	1243
1999	25758	20705	3897		3277	1776
2000	24818	20456	4125		2671	1691
2001	25519	21139	4022		2694	1686
2002	25697	21230	3882		2840	1627
2003	24990	20849	4550		2445	1696
2004	24065	20760	3430		2313	902
2005	24193	21012	3052		2272	811
2006	24417	21169	3349		2319	819
2007	34021	30131	5598		2571	188
2008	29393	25912	5912		2272	187
2009	31144	28201	5557	2809	1798	134
2010	32492	29328	5825	3000	1881	164
2011	32312	29633	6211	2556	1677	123
2012	32841	29228	7006	3371	2636	242
2013	34195	32911	7801	1216	1130	68
2014	35813	34585	4533	1163	1051	65

19-3 民族自治地方群众文化事业、图书馆事业机构

单位：个

年 份	群众文化机构	群众艺术馆	文化馆	文化站	图书馆
1979	2568		544	2024	
1980	3158		568	2590	
1981	3436		582	2854	331
1982	3974		562	3412	332
1983	5008		566	4442	407
1984	7169		856	6313	469
1985	7699		579	7120	494
1986	8164	73	614	7476	533
1987	8030	77	620	7333	547
1988	7980	77	623	7280	549
1989	7866	80	670	7114	551
1990	7994	79	637	7278	556
1991	8295	79	626	7590	561
1992	7531	78	635	6818	573
1993	8231	79	629	7523	573
1994	8222	81	630	7511	577
1995	8323	79	639	7605	584
1996	7624	79	653	6892	573
1997	7867	80	658	7129	596
1998	8079	82	679	7318	661
1999	7847	79	645	7123	670
2000	7812	79	655	7078	563
2001	7671	84	637	6950	563
2002	7698	83	633	8082	567
2003	7617	81	642	6894	566
2004	7925	80	632	7213	575
2005	7757	83	630	7044	591
2006	7423	82	631	6710	602
2007	7429	96	618	6715	605
2008	7582	80	643	6859	604
2009	7945		738	7207	619
2010	8618		776	7842	636
2011	8937		784	8153	653
2012	8994		789	8205	749
2013	9326		793	8533	757
2014	9496		795	8701	758

19-4 民族自治地方群众文化事业、图书馆事业机构职工

单位：人

年 份	群众文化事业				图书馆事业
	合 计	群众艺术馆	文化馆	文化站	
1979	7101		4896	2205	
1980	8436		5441	2995	
1981	9408		6147	3261	2853
1982	10655		6282	4373	3031
1983	11928		6527	5401	3722
1984	14682		7153	7529	4278
1985	15198		6657	8541	4698
1986	18717	1702	7495	9517	5411
1987	19162	1837	7392	9933	5775
1988	19058	1858	7451	9749	6124
1989	19180	1973	7814	9393	6241
1990	19934	1949	8221	9764	6507
1991	20313	2001	8264	10048	6794
1992	19651	1995	8182	9474	7024
1993	20425	1971	8176	10278	7088
1994	20076	1970	8106	10000	7052
1995	22305	1991	8159	12155	7165
1996	16459	1855	7614	6990	7002
1997	17556	1897	7746	7913	7311
1998	17873	1957	7771	8145	7363
1999	16969	1881	7157	7931	7202
2000	17429	1839	7183	8407	7065
2001	19072	2017	7152	9903	7204
2002	19602	2020	7083	10499	7177
2003	19734	1799	6904	11031	7024
2004	20317	1829	6894	11594	6993
2005	20215	1891	7039	11285	9598
2006	20496	1939	7047	11510	7256
2007	20458	1890	7093	11475	7432
2008	21107	1725	7314	12068	7285
2009	21982		9179	12803	7439
2010	22525		9131	13394	7499
2011	23834		9288	14546	7590
2012	25999		10500	15499	7761
2013	27794		11110	16684	7977
2014	31166		11225	19941	7877

19-5 民族自治地方文物事业机构和职工

单位：个、人

年 份	文物事业机构		#文物保护管理机构		#博物馆	
	机构数	职工人数	机构数	职工人数	机构数	职工人数
1983	122	1379	95	665	27	714
1984	156	1504	115	701	41	803
1985	201	1919	152	1004	49	915
1986	263	2692	204	1605	59	1087
1987	311	3020	244	1886	67	1134
1988	333	3376	256	1966	77	1410
1989	367	3478	284	2060	83	1418
1990	418	3534	327	2032	91	1502
1992	337	2959	269	1775	68	1184
1993	315	3390	243	2118	72	1272
1994	334	3349	259	2067	75	1282
1995	398	4217	317	2776	81	1441
1996	544	6884	401	2189	121	1945
1997	571	8988	415	2349	134	2099
1998	607	10461	430	2474	155	2344
1999	602	9598	435	2312	144	2183
2000	617	12240	444	2422	151	2206
2001	622	9486	441	5159	156	2417
2002	644	5652	458	2774	162	2310
2003	630	6139	445	3291	163	2391
2004	636	8896	438	5126	175	2724
2005	659	9598	456	5717	184	2808
2006	678	7176	471	3399	190	2821
2007	701	9310	467	5217	212	3219
2008	732	7943	470	3417	240	3567
2009	833	8495	499	3113	312	4437
2010	1056	12755	689	7021	344	4765
2011	1376	14791	968	7929	385	5664
2012	1387	16047	955	8506	410	6138
2013	1761	16525	1023	7820	456	7019
2014	2241	19200	1496	9840	475	7316

19-6 民族自治地方分类别按登记注册类型分的主要文化事业机构(2014年)

单位：个

类　　别	合　计	文化部门				其他部门
		小　计	国有经济	集体经济	其他经济	
总　　计	**49131**	**13751**	**13564**	**56**	**131**	**35380**
艺术事业	1093	593	535	2	56	500
1.艺术表演团体	975	482	429	2	51	493
#少数民族歌舞团	89	80	72		8	9
2.艺术表演场馆	111	104	99		5	7
#剧场、影剧院	93	87	82		5	6
3. 艺术创作机构	7	7	7			
图书馆事业	758	758	758			
群众文化事业	9496	9496	9496			
文化馆	795	795	795			
文化站	8701	8701	8701			
文物事业机构	2241	2135	2043	57	35	106
#文物保护管理机构	1496	1447	1389	54	4	49
#博物馆	475	463	429	3	31	12
文化休闲娱乐服务	32971				32971	146
1.娱乐场所	16114				16114	93
2.其他计算机服务(网吧)	16857				16857	53
动漫企业	25	18			18	7
其他文化产业及相关产业	1440	1431	1417		14	9

19-7 民族自治地方分类别按登记注册类型分的主要文化事业机构职工(2014年)

单位：人

类别	合计	文化部门				其他部门
		小计	国有经济	集体经济	其他经济	
总计	**500929**	**179653**	**172960**	**268**	**6425**	**321276**
艺术事业	35813	22178	19950	53	2175	13635
1.艺术表演团体	34585	21001	18895	53	2053	13584
#少数民族歌舞团	4533	4264	3965		299	269
2.艺术表演场馆	1163	1112	990		122	51
#剧场、影剧院	1051	1029	907		122	22
3. 艺术创作机构	65	65	65			
图书馆事业	7877	7877	7877			
群众文化事业	31166	31166	31166			
文化馆	11225	11225	11225			
文化站	19941	19941	19941			
文物事业机构	19200	18974	18595	81	298	226
#文物保护管理机构	9840	9831	9757	68	6	9
#博物馆	7316	7112	6807	13	292	204
文化休闲娱乐服务	146560					146560
1.娱乐场所	93339					93339
2.其他计算机服务(网吧)	53221					53221
动漫企业	667	564			564	103
其他文化产业及相关产业	23367	23314	22820		494	53

19-8 民族自治地方分地区按登记注册类型分的主要文化事业机构(2014年)

单位: 个

地 区	合 计	文化部门				其他部门
		小 计	国有经济	集体经济	其他经济	
合 计	**48025**	**14432**	**14249**	**60**	**123**	**33593**
河 北	467	152	149	2	1	315
内蒙古	8376	1860	1853		7	6516
辽 宁	578	202	200		2	376
吉 林	1026	224	222		2	802
黑龙江	61	21	21			40
浙 江	49	29	28	1		20
湖 北	641	175	174		1	466
湖 南	2149	514	510		4	1635
广 东	121	39	39			82
广 西	8827	1946	1901		45	6881
海 南	502	129	128		1	373
重 庆	560	191	191			369
四 川	2580	1469	1468		1	1111
贵 州	2299	849	844	2	3	1450
云 南	7064	1339	1331		8	5725
西 藏	3037	2075	1996	53	26	962
甘 肃	800	447	442	1	4	353
青 海	1283	542	536	1	5	741
宁 夏	1864	378	370		8	1486
新 疆	5741	1851	1846		5	3890

19-9 民族自治地方分地区按登记注册类型分的主要文化事业机构职工（2014年）

单位：人

地　区	合　计	文化部门				其他部门
		小　计	国有经济	集体经济	其他经济	
合　计	**264655**	**104078**	**100408**	**137**	**3533**	**160577**
河　北	1860	608	490	53	65	1252
内蒙古	41973	19271	19073		198	22702
辽　宁	1972	1005	923		82	967
吉　林	4728	2377	2300		77	2351
黑龙江	347	166	166			181
浙　江	299	157	154	3		142
湖　北	4824	1390	1369		21	3434
湖　南	9447	2708	2585		123	6739
广　东	650	277	277			373
广　西	55625	15361	14308		1053	40264
海　南	3393	932	929		3	2461
重　庆	3453	926	926			2527
四　川	11007	4398	4392		6	6609
贵　州	14279	5430	5324	8	98	8849
云　南	36384	9830	9587		243	26554
西　藏	19014	13029	12326	67	636	5985
甘　肃	5123	3633	3212	5	416	1490
青　海	5800	2415	2372	1	42	3385
宁　夏	12203	4317	3982		335	7886
新　疆	32274	15848	15713		135	16426

19-10 民族自治地方分地区艺术事业机构(2014年)

单位：个、座

地　区	合　计	艺术表演团体	艺术表演场馆	艺术创作机构
合　计	**1093**	**975**	**111**	**7**
河　北	35	34	1	
内蒙古	196	177	19	
辽　宁	26	24	2	
吉　林	9	5	4	
黑龙江	1	1		
浙　江	6	6		
湖　北	35	35		
湖　南	26	22	4	
广　东	4	4		
广　西	89	67	17	5
海　南	14	12	2	
重　庆	9	9		
四　川	40	38	2	
贵　州	56	54	2	
云　南	176	168	8	
西　藏	102	88	14	
甘　肃	19	16	3	
青　海	77	62	15	
宁　夏	35	31	3	1
新　疆	138	122	15	1

19-11 民族自治地方分地区艺术事业机构职工(2014年)

单位：人

地区	合计	艺术表演团体	艺术表演场馆	其他
合计	**35813**	**34585**	**1163**	**65**
河北	620	612	8	
内蒙古	7755	7428	327	
辽宁	164	154	10	
吉林	467	422	45	
黑龙江	64	64		
浙江	92	92		
湖北	934	934		
湖南	1271	1253	18	
广东	126	126		
广西	3212	3042	134	36
海南	432	353	79	
重庆	130	130		
四川	1626	1611	15	
贵州	1639	1603	36	
云南	5400	5368	32	
西藏	2475	2420	55	
甘肃	805	786	19	
青海	1593	1531	62	
宁夏	1376	1331	27	18
新疆	5632	5325	296	11

19-12 民族自治地方分地区群众文化事业、图书馆事业机构(2014年)

单位: 个、座

地区	群众文化事业			图书馆事业
	合计	文化馆	文化站	
合计	**9496**	**795**	**8701**	**758**
河北	124	7	117	6
内蒙古	1156	118	1038	116
辽宁	164	8	156	8
吉林	145	13	132	12
黑龙江	15	1	14	1
浙江	22	1	21	1
湖北	120	12	108	11
湖南	405	20	385	19
广东	26	3	23	3
广西	1290	123	1167	112
海南	86	8	78	8
重庆	171	5	166	5
四川	1266	54	1212	52
贵州	656	40	616	40
云南	921	88	833	87
西藏	772	82	690	78
甘肃	294	24	270	24
青海	346	45	301	42
宁夏	253	26	227	26
新疆	1264	117	1147	107

19-13 民族自治地方分地区群众文化事业、图书馆事业机构职工(2014年)

单位：人

地区	群众文化事业			图书馆事业
	合计	文化馆	文化站	
合计	**31166**	**11225**	**19941**	**7877**
河北	248	58	190	28
内蒙古	5008	1953	3055	1964
辽宁	354	159	195	105
吉林	999	658	341	289
黑龙江	42	14	28	14
浙江	56	12	44	16
湖北	404	133	271	93
湖南	1046	297	749	194
广东	77	45	32	24
广西	5109	2142	2967	1508
海南	246	89	157	67
重庆	727	77	650	58
四川	1916	537	1379	218
贵州	1931	551	1380	260
云南	3743	1296	2447	868
西藏	2044	403	1641	113
甘肃	802	317	485	235
青海	820	413	407	226
宁夏	1308	675	633	536
新疆	4286	1396	2890	1061

19-14　民族自治地方分地区文物事业机构和职工(2014年)

单位：个、人

地　区	文物事业机构		#文物保护管理机构		#博物馆	
	机构数	职工人数	机构数	职工人数	机构数	职工人数
合　计	**1971**	**17156**	**1496**	**9840**	**475**	**7316**
河　北	10	64	6	14	4	50
内蒙古	164	2113	89	643	75	1470
辽　宁	15	280	7	172	8	108
吉　林	28	252	12	18	16	234
黑龙江	2	34	1	17	1	17
浙　江	2	23	1	5	1	18
湖　北	9	101	2	10	7	91
湖　南	24	431	9	89	15	342
广　东	3	31			3	31
广　西	173	2038	67	335	106	1703
海　南	5	28			5	28
重　庆	9	56	5	26	4	30
四　川	53	612	29	147	24	465
贵　州	60	396	32	113	28	283
云　南	108	889	73	414	35	475
西　藏	1030	7269	1026	7184	4	85
甘　肃	39	430	8	39	31	391
青　海	37	114	23	29	14	85
宁　夏	34	552	22	286	12	266
新　疆	166	1443	84	299	82	1144

19-15 民族自治地方分地区文化休闲娱乐服务机构和职工(2014年)

单位: 个、人

地　区	文化休闲娱乐服务		娱乐场所		其他计算机服务(网吧)	
	机构数	职工人数	机构数	职工人数	机构数	职工人数
合　计	**32971**	**146560**	**16114**	**93339**	**16857**	**53221**
河　北	284	764	110	413	174	351
内蒙古	6442	20812	3041	11497	3401	9315
辽　宁	353	877	183	545	170	332
吉　林	799	2236	446	1362	353	874
黑龙江	40	181	18	136	22	45
浙　江	15	81	7	57	8	24
湖　北	434	2725	163	1767	271	958
湖　南	1624	5768	307	2850	1317	2918
广　东	81	357	59	297	22	60
广　西	6833	38992	2843	23926	3990	15066
海　南	367	2291	196	1714	171	577
重　庆	359	2373	147	1375	212	998
四　川	1077	5374	488	3558	589	1816
贵　州	1412	7730	766	5301	646	2429
云　南	5613	23097	3789	17656	1824	5441
西　藏	865	5912	501	4647	364	1265
甘　肃	348	1327	161	838	187	489
青　海	688	2334	410	1376	278	958
宁　夏	1469	7287	844	4717	625	2570
新　疆	3868	16042	1635	9307	2233	6735

19-16 民族自治地方分地区动漫企业机构和职工(2014年)

单位：个、人

地区	动漫企业	
	机构数	职工人数
合计	**25**	**667**
河北		
内蒙古	6	190
辽宁		
吉林		
黑龙江		
浙江		
湖北		
湖南		
广东		
广西	9	301
海南		
重庆		
四川		
贵州		
云南		
西藏		
甘肃		
青海		
宁夏	3	71
新疆	7	105

19-17 民族自治地方广播、电视事业机构

单位 个

年 份	广播电视台	广播电台	电视台
1952		5	
1957		6	
1965		14	
1975		42	
1978		50	
1979		25	
1980		25	
1981		34	
1982		34	
1983		33	
1984		42	16
1985		54	44
1986		64	69
1987		75	69
1988		133	88
1989		107	94
1990		111	96
1991		133	96
1992		189	106
1993		152	126
1994		209	142
1995		247	206
1996		205	215
1997		202	189
1998		261	225
1999		193	193
2000		277	206
2001		84	85
2002		73	90
2003		73	94
2004	389	41	50
2005	444	41	50
2006	381	91	117
2007	348	49	65
2008	447	47	59
2009	599	47	59
2010	564	46	56
2011	523	47	58
2012	537	38	45
2013	539	27	35
2014	542	26	34

注：1.2001年后广播电台、电视中心台数据由国家广电总局提供，与以前数据不可比。
2.2004年及以后数据中，广播电视台指既可对外广播又可播放电视的机构，广播电台仅含播放广播的机构，电视台仅含播放电视的机构。

19-18 民族自治地方分地区广播电视机构设置情况(2014年)(一)

单位：个

地　区	合　计	广播电台	电视台	广播电视台
合　计	**602**	**26**	**34**	**542**
河　北	6			6
内蒙古	91	1	2	88
辽　宁	8			8
吉　林	13	1	1	11
黑龙江	1			1
浙　江	1			1
湖　北	11	1	1	9
湖　南	17	1	1	15
广　东	3			3
广　西	98	8	7	83
海　南	6			6
重　庆	4			4
四　川	53			53
贵　州	47		1	46
云　南	83	4	4	75
西　藏	9	1	2	6
甘　肃	16			16
青　海	11	2	6	3
宁　夏	21	1	1	19
新　疆	103	6	8	89

19-18 民族自治地方分地区广播电视机构设置情况(2014年)(二)

单位：个

地区	省			
	合计	广播电台	电视台	广播电视台
合计	**12**	**6**	**5**	**1**
内蒙古	2	1	1	
广西	3	2	1	
西藏	2	1	1	
宁夏	3	1	1	1
新疆	2	1	1	

19-18 民族自治地方分地区广播电视机构设置情况(2014年)(三)

单位：个

地区	地			
	合计	广播电台	电视台	广播电视台
合计	**94**	**18**	**27**	**49**
内蒙古	13		1	12
吉林	2	1	1	
湖北	2	1	1	
湖南	2	1	1	
广西	20	6	6	8
四川	3			3
贵州	3		1	2
云南	11	3	3	5
西藏	7		1	6
甘肃	2			2
青海	8	2	6	
宁夏	3			3
新疆	18	4	6	8

19-18 民族自治地方分地区广播电视机构设置情况(2014年)(四)

单位：个

地　　区	县			
	合　计	广播电台	电视台	广播电视台
合　　计	**496**	**2**	**2**	**492**
河　　北	6			6
内 蒙 古	76			76
辽　　宁	8			8
吉　　林	11			11
黑 龙 江	1			1
浙　　江	1			1
湖　　北	9			9
湖　　南	15			15
广　　东	3			3
广　　西	75			75
海　　南	6			6
重　　庆	4			4
四　　川	50			50
贵　　州	44			44
云　　南	72	1	1	70
西　　藏				
甘　　肃	14			14
青　　海	3			3
宁　　夏	15			15
新　　疆	83	1	1	81

19-19 民族自治地方使用民族语言广播播出机构(2014年)(一)

单位：个

地　区	总 计	蒙古语	藏语	维吾尔语	苗语	彝语	壮语	朝鲜语
合　计	**121**	**37**	**12**	**53**	**1**	**1**	**11**	**6**
内蒙古	27	27						
辽　宁	2	2						
吉　林	7	1						6
黑龙江	1	1						
广　西	11	1					10	
四　川	2		2					
云　南	3				1	1	1	
西　藏	6		6					
甘　肃	1		1					
青　海	4	1	3					
新　疆	57	4		53				

19-19 民族自治地方使用民族语言广播播出机构(2014年)(二)

单位：个

地　区	总 计	哈尼语	哈萨克语	傣语	傈僳语	拉祜语	景颇语	柯尔克孜语
合　计	**28**	**2**	**14**	**3**	**2**	**1**	**2**	**4**
内蒙古								
辽　宁								
吉　林								
黑龙江								
广　西								
四　川								
云　南	10	2		3	2	1	2	
西　藏								
甘　肃								
青　海								
新　疆	18		14					4

19-20 民族自治地方广播节目制作情况(2014年)(一)

单位：小时

地区	全年制作广播节目时间	全年制作新闻资讯类广播节目时间	全年制作专题服务类广播节目时间	全年制作综艺类广播节目时间
合计	**1022014**	**198933**	**291939**	**312360**
河北	3124	68	875	1884
内蒙古	268899	43961	91411	76629
辽宁	14517	2074	4597	5295
吉林	39279	5054	13337	15498
黑龙江	113	70	37	6
浙江	636	91	194	91
湖北	6982	1253	1572	1840
湖南	7461	2253	1126	1675
广东	1095	1095		
广西	221850	42419	39173	74868
海南	1927	1020	502	20
重庆	1452	704	233	295
四川	3092	1764	434	254
贵州	19295	5024	3814	5605
云南	47072	11522	15174	11918
西藏	32378	5460	11409	11316
甘肃	4950	1991	1472	638
青海	3348	1173	886	745
宁夏	52092	11883	15021	14119
新疆	292452	60054	90672	89664

19-20 民族自治地方广播节目制作情况(2014年)(二)

单位：小时

地　区	全年制作广播剧类广播节目时间	全年制作广告类广播节目时间	全年制作其他类广播节目时间
合　计	**32794**	**93078**	**92826**
河　北		253	44
内蒙古	15890	29113	11882
辽　宁		1433	1118
吉　林	467	4426	492
浙　江		30	230
湖　北		1080	1237
湖　南	659	661	1087
广　西	1131	18137	46109
海　南		89	294
重　庆			220
四　川		86	554
贵　州	1703	976	2172
云　南	680	2654	5119
西　藏	1114	2644	427
甘　肃		149	699
青　海			544
宁　夏	1898	6994	2169
新　疆	9252	24353	18429

19-21 民族自治地方广播覆盖情况(2014年)(一)

地 区	广播综合人口覆盖		中央节目		省级节目	
	人 口（万人）	覆盖率（%）	人 口（万人）	覆盖率（%）	人 口（万人）	覆盖率（%）
合 计	**18018.42**	**95.27**	**17858.09**	**94.43**	**17526.66**	**92.67**
河 北	203.95	96.71	203.95	96.71	202.08	95.82
内蒙古	2458.06	98.42	2448.86	98.05	2303.22	92.22
辽 宁	315.59	95.29	314.02	94.82	309.82	93.55
吉 林	324.14	99.30	319.45	97.86	320.02	98.04
黑龙江	23.21	92.07	23.21	92.07	23.21	92.07
浙 江	17.34	100.00	17.34	100.00	17.34	100.00
湖 北	461.78	99.06	461.78	99.06	457.82	98.21
湖 南	358.12	76.65	346.27	74.11	335.71	71.85
广 东	48.81	100.00	48.81	100.00	48.81	100.00
广 西	5237.75	96.60	5158.86	95.15	5106.86	94.19
海 南	170.11	94.68	170.06	94.66	153.29	85.32
重 庆	263.00	95.48	263.00	95.48	263.00	95.48
四 川	635.33	85.34	635.33	85.34	605.06	81.28
贵 州	1584.62	90.58	1583.28	90.50	1581.33	90.39
云 南	2205.73	96.02	2203.73	95.94	2154.28	93.78
西 藏	295.75	94.78	272.10	87.20	293.81	94.16
甘 肃	350.98	96.95	337.61	93.25	321.74	88.87
青 海	359.28	96.15	359.28	96.15	355.35	95.09
宁 夏	629.00	96.15	629.00	96.15	628.19	96.03
新 疆	2075.87	96.48	2062.15	95.85	2045.72	95.08

19-21 民族自治地方广播覆盖情况(2014年)(二)

地区	广播综合人口覆盖				无线广播综合覆盖			
	地市级节目		县级节目				中央节目	
	人口(万人)	覆盖率(%)	人口(万人)	覆盖率(%)	人口(万人)	覆盖率(%)	人口(万人)	覆盖率(%)
合计	**12586.69**	**66.55**	**6373.68**	**33.70**	**17377.60**	**91.89**	**17235.07**	**91.13**
河北	189.89	90.04	76.87	36.45	159.09	75.44	155.21	73.60
内蒙古	2319.40	92.86	1244.56	49.83	2453.66	98.24	2444.46	97.87
辽宁	266.33	80.42	286.50	86.51	312.33	94.31	306.45	92.53
吉林	284.65	87.20	245.60	75.24	324.07	99.28	319.40	97.85
黑龙江	23.21	92.07	23.15	91.83	23.21	92.07	23.21	92.07
浙江	8.10	46.71	8.10	46.71	17.34	100.00	17.34	100.00
湖北	398.65	85.52	145.09	31.12	457.67	98.18	457.67	98.18
湖南	258.97	55.43	166.63	35.66	343.28	73.47	331.29	70.91
广东	31.82	65.19	31.82	65.19	48.81	100.00	48.81	100.00
广西	4160.59	76.74	1925.69	35.52	5090.21	93.88	5044.32	93.04
海南			113.25	63.04	169.98	94.61	169.55	94.37
重庆			126.48	45.92	240.00	87.13	240.00	87.13
四川	410.33	55.12	83.80	11.26	605.23	81.30	605.23	81.30
贵州	637.00	36.41	130.97	7.49	1321.08	75.51	1312.32	75.01
云南	1585.46	69.02	180.36	7.85	2136.74	93.02	2133.32	92.87
西藏	56.37	18.06			291.90	93.55	270.13	86.57
甘肃	180.24	49.78	109.66	30.29	334.33	92.35	324.84	89.72
青海	27.33	7.31	59.60	15.95	359.19	96.12	359.19	96.12
宁夏	608.58	93.03	277.24	42.38	625.40	95.60	625.40	95.60
新疆	1139.77	52.97	1138.31	52.91	2064.08	95.94	2046.93	95.14

19-22 民族自治地方使用民族语言电视播出机构(2014年)(一)

单位：个

地　区	合　计	蒙古语	藏语	维吾尔语	彝语
合　计	**173**	**32**	**17**	**63**	**2**
内蒙古	25	25			
辽　宁	1	1			
吉　林	12	1			
黑龙江	1	1			
山　东	1				
广　西	11				
四　川	6		6		
云　南	15				2
西　藏	5		5		
甘　肃	1		1		
青　海	6	1	5		
新　疆	89	3		63	

19-22 民族自治地方使用民族语言电视播出机构(2014年)(二)

单位：个

地　区	壮语	朝鲜语	哈萨克语	傣语	景颇语	柯尔克孜语
合　计	**11**	**12**	**20**	**9**	**4**	**3**
内蒙古						
辽　宁						
吉　林		11				
黑龙江						
山　东		1				
广　西	11					
四　川						
云　南				9	4	
西　藏						
甘　肃						
青　海						
新　疆			20			3

19-23 民族自治地方电视节目制作情况(2014年)(一)

单位: 小时

地　区	全年制作电视节目时间	#新闻资讯类	#专题服务类	#综艺益智类	#影视剧类	#广告类
合　计	**424476**	**147704**	**102444**	**47149**	**11114**	**81536**
河　北	2865	690	542	261		684
内蒙古	71587	24518	17770	8322	10	16889
辽　宁	5593	1038	974	813	1273	1046
吉　林	10066	1715	3212	2198	196	2191
黑龙江	215	102	37	6		70
浙　江	469	86	54	98		110
湖　北	8093	2300	1447	619		2341
湖　南	9278	3420	1459	857		1694
广　东	291	231				60
广　西	104139	34526	27103	12849	89	20574
重　庆	1716	770	578	181		155
四　川	17341	6986	2230	932	5029	1078
贵　州	10179	4700	1218	1294		1239
云　南	36697	14234	8316	2938	74	6570
西　藏	11611	4562	3231	761	1300	828
甘　肃	5698	2097	2120	640		520
青　海	5507	2150	2049	499		243
宁　夏	29966	7513	7257	3433	4	9337
新　疆	93165	36066	22847	10448	3139	15907

19-23 民族自治地方电视节目制作情况(2014年)(二)

单位：小时

地区	全年制作其他类电视节目时间（小时）	全年制作电视剧数量	
		部	集
合计	**34419**	**13**	**370**
河北	688		
内蒙古	4077		
辽宁	449		
吉林	543	9	262
浙江	121		
湖北	1385		
湖南	1847		
广西	8957	4	108
重庆	30		
四川	1085		
贵州	1725		
云南	4561		
西藏	929		
甘肃	318		
青海	565		
宁夏	2419		
新疆	4720		

19-24 民族自治地方电视覆盖情况(2014年)(一)

地区	电视人口综合覆盖		中央节目		省级节目	
	人口（万人）	覆盖率（%）	人口（万人）	覆盖率（%）	人口（万人）	覆盖率（%）
合计	**18414.82**	**97.37**	**18180.47**	**96.13**	**17705.84**	**93.62**
河北	207.74	98.51	207.74	98.51	163.84	77.69
内蒙古	2461.96	98.57	2459.90	98.49	2245.94	89.92
辽宁	318.42	96.15	316.79	95.65	315.21	95.18
吉林	320.61	98.22	315.03	96.51	312.32	95.68
黑龙江	23.36	92.66	23.36	92.66	23.36	92.66
浙江	17.34	100.00	17.34	100.00	17.34	100.00
湖北	461.59	99.02	461.59	99.02	459.11	98.49
湖南	445.04	95.25	444.56	95.15	407.25	87.17
广东	48.81	100.00	48.81	100.00	48.81	100.00
广西	5324.35	98.20	5165.44	95.27	5190.93	95.74
海南	168.48	93.78	168.04	93.53	165.06	91.87
重庆	269.42	97.81	269.42	97.81	269.42	97.81
四川	696.24	93.53	696.24	93.53	652.97	87.71
贵州	1664.02	95.12	1663.66	95.10	1653.21	94.50
云南	2241.05	97.56	2239.83	97.51	2119.90	92.29
西藏	299.28	95.91	273.12	87.53	296.54	95.03
甘肃	352.31	97.31	340.51	94.05	321.12	88.70
青海	360.65	96.51	360.65	96.51	359.42	96.18
宁夏	648.36	99.11	648.36	99.11	647.31	98.95
新疆	2085.79	96.94	2060.08	95.75	2036.78	94.67

19-24 民族自治地方电视覆盖情况(2014年)(二)

地区	电视人口综合覆盖率							
	地市级节目		县级节目		无线电视综合覆盖		中央节目	
	人口(万人)	覆盖率(%)	人口(万人)	覆盖率(%)	人口(万人)	覆盖率(%)	人口(万人)	覆盖率(%)
合计	**12894.13**	**68.18**	**9103.95**	**48.14**	**17305.18**	**91.50**	**17065.97**	**90.24**
河北	185.49	87.96	131.83	62.51	193.63	91.82	193.63	91.82
内蒙古	2124.56	85.06	1175.00	47.04	2336.55	93.55	2334.14	93.45
辽宁	292.18	88.22	278.75	84.17	284.09	85.78	278.91	84.22
吉林	275.32	84.35	291.01	89.15	259.88	79.62	247.47	75.81
黑龙江	20.36	80.76	12.60	49.98	23.36	92.66	23.36	92.66
浙江	8.43	48.62	8.43	48.62	17.34	100.00	17.34	100.00
湖北	443.19	95.07	306.06	65.66	460.20	98.72	460.20	98.72
湖南	269.47	57.68	199.61	42.72	427.93	91.59	427.73	91.55
广东	31.82	65.19	31.82	65.19	48.81	100.00	48.81	100.00
广西	4184.59	77.18	2611.70	48.17	5156.52	95.10	4998.70	92.19
海南					167.50	93.23	167.27	93.10
重庆			93.55	33.96	241.27	87.59	241.27	87.59
四川	468.60	62.95	393.66	52.88	665.48	89.39	665.48	89.39
贵州	633.21	36.19	249.44	14.26	1290.31	73.75	1289.04	73.68
云南	1645.64	71.64	1369.34	59.61	2028.92	88.33	2028.09	88.29
西藏	55.67	17.84			293.79	94.15	271.19	86.91
甘肃	109.86	30.34	98.68	27.26	336.43	92.93	326.04	90.06
青海	268.83	71.94	231.59	61.98	360.38	96.44	360.38	96.44
宁夏	631.08	96.47	307.04	46.93	641.85	98.11	641.85	98.11
新疆	1245.83	57.90	1313.84	61.07	2070.94	96.25	2045.07	95.05

19-25 民族自治地方出版物情况

单位：种数：种；印数：万册(份)

年份	图书		杂志		报纸	
	种数	印数	种数	印数	种数	印数
1978	1336	14279.4	78	1306.4	44	28271.3
1979	2018	13332.5	76	1226.8	62	47739.6
1980	2084	16162.5	114	2250.5	68	45109.9
1981	2343	23964.6	160	3770.7	67	52678.2
1982	3242	28089.6	163	8385.6	68	54594.5
1983	2613	17477.9	165	2480.7	79	49894.6
1984	2859	28065.2	231	8606.7	117	63627.4
1985	3365	35906.9	321	7818.8	175	76847.2
1986	3435	29287.8	332	7171.9	176	150281.9
1987	4507	29167.4	358	7273.6	214	92964.4
1988	5107	30754.8	445	8620.4	236	93274.4
1989	5696	30127.0	447	6502.9	239	76404.0
1990	5784	30166.3	544	17866.4	227	79119.6
1991	6662	39810.3	507	6561.9	245	87342.0
1992	6707	41277.0	487	6705.0	334	89412.0
1993	5907	42263.3	502	9833.3	248	71607.1
1994	8052	60986.3	631	8541.2	350	101678.5
1995	7647	42275.0	633	7881.0	340	94984.8
1996	7979	44497.3	560	7482.1	298	102861.1
1997	8417	45876.7	559	7824.4	322	116203.9
1998	10154	48507.5	542	7509.9	293	108276.7
1999	11208	48394.4	592	8069.4	347	111943.9
2000	11402	42310.0	650	8332.0	356	123277.0
2001	10089	42599.0	693	8892.0	441	132611.0
2002	10856	45564.0	750	9085.0	383	139467.0
2003	12431	43214.6	778	9981.9	381	163731.6
2004	12332	39510.9	731	8341.7	311	173632.6
2005	12592	41957.6	738	10279.5	311	169518.4
2006	15082	45838.7	580	10223.1	265	143372.3
2007	13482	45627.4	657	7729.8	315	177110.0
2008	19086	48929.1	675	7256.7	313	159786.3
2009	21518	47689.9	733	7366.0	334	165394.8
2010	20635	43098.9	739	8276.2	329	174847.8
2011	24106	49303.3	752	11088.3	333	171832.5
2012	27832	54793.5	875	12120.9	405	187051.3
2013	31065	64113.7	842	14582.7	316	191760.0
2014	33506	68877.2	5685	22164.9	353	240263.3

19-26 民族自治地方分地区图书、杂志、报纸出版情况(2014年)

单位：种数：种；印数：万册(份)

地　　区	图书		杂志		报纸	
	种数	印数	种数	印数	种数	印数
合　　计	**33506**	**68877**	**5685**	**22165**	**353**	**240263**
河　　北						
内 蒙 古	3157	7000	147	2000	58	34000
辽　　宁	7	220	8		7	234
吉　　林	7466	6614	21	37	14	2537
黑 龙 江			1	1	2	2
浙　　江					1	69
湖　　北	60	7			42	2062
湖　　南						
广　　东						
广　　西	7871	40000	185	5000	14	73000
海　　南				1		
重　　庆			2		3	646
四　　川			28	17	9	5049
贵　　州	79	22	155	21	29	3008
云　　南	217	49	9	20	12	5042
西　　藏	547	1000	35		25	8000
甘　　肃			1			
青　　海	4383	8966	4842	12068	21	41615
宁　　夏	1987	4000	37	1000	14	11000
新　　疆	7732	1000	214	2000	102	54000

主要统计指标解释

文化产业机构 指专门从事文化工作具有法人资格、独立核算的事业、企业单位以及单独核算、附属于事业单位的经营性专业文化活动单位。

文化产业机构包括艺术业、图书馆业、群众文化业、文物业、文化艺术教育业、出版业、娱乐业、文化艺术经纪与代理业以及不属于以上分类的其他文化产业。

艺术业 包括戏剧、舞蹈、音乐、美术等各种艺术团及艺术家的活动。如演员、音乐家、作家、雕刻家、画家、漫画家、雕塑家的活动等。也包括剧场、音乐厅、美术展览馆等演出、展出设施的管理。

在制度中，将艺术业分为艺术表演团体、艺术表演场所和其他艺术三类。

艺术表演团体赛 指话剧团、方言话剧团、滑稽剧团、儿童剧团、歌剧团、舞剧团、歌舞剧团、歌舞团、轻音乐团、乐团、合唱团、文工团、文宣队、乌兰牧骑、戏曲剧团、曲艺团、说唱团、杂技团、马戏团、木偶团、皮影团等专业艺术表演团体。不包括半工半艺、半艺半农和民间职业剧团。

艺术表演场所 指由各级文化主管部门或文化单位举办的和除部队系统外其他部门兴办的，具有观众厅、舞台、灯光设备，经常供专业艺术表演团体演出，在工商、税务部门登记，公开售票的营业场所。艺术表演场所共分为两类：第一类为剧场、影剧院，包括独立核算的专业剧场和属文化部门主管的能演出戏剧的影剧院、兼映电影的剧场，以及附属在剧院、公开营业的非独立核算的剧场、排演场；第二类为其他艺术表演场所，包括不论是否独立核算的书场、曲艺场、杂技场、马戏场、音乐厅等。

图书馆业 包括公共图书馆和除部队系统外的各类单位内部举办的或单独举办的图书馆。不包括群众艺术馆、文化馆、文化站内设的图书室。目前制度仅统计公共图书馆。

群众文化业 包括群众艺术馆、文化馆、文化站、文化宫、少年宫等群众文化活动。在制度中，目前暂时不统计文化系统外的文化宫和少年宫。

群众艺术馆、文化馆、文化站指从事群众文化工作的专业机构。不包括临时抽调人员组成、没有编制的农村和街道文化工作队、服务站等。

广播电台 经国家广播电影电视总局（原广播电影电视部，下同）批准设置并颁发许可证，独立建制，财务上独立核算，有自办节目并正式播出的无线广播播出机构。

广播节目套数 经国家广播电影电视总局批准，并在颁发许可证中载明的，用固定频率自办播出节目并编有整套节目时间表，定期向听众公布广播节目名称和播出时间和节目的套数。

广播覆盖人口数 按一定的技术标准在对象区内能接收广播节目的人口数。

电视台 经国家广播电影电视总局批准设置，并颁发许可证，独立建制，财务上独立核算，有自办节目并正式播出的无线电视播出机构。

电视节目套数 经国家广播电影电视总局批准，并在颁发许可证中载明的，用固定频道自办电视节目，并编有整套节目时间表，定期向观众公布电视节目名称和播出时间的节目的套数。

电视覆盖人口数 按一定的技术标准在对象区内能接收电视节目的人口数。

电视发射台和转播台 经广播电影电视行政主管部门批准设置正式开播的电视发射台和转播台。

电影放映单位 指具有放映机器设备、固定或不固定的放映场所与专职或兼职的放映技术人员，经有关部门登记批准，经常为一定的观众对象放映电影的机构。包括经批准对外开放进行营业，并与电影发行放映管理机构分账的专用放映单位和军委系统租片单位。

二十、卫　生

20-1 民族自治地方卫生机构、床位、人员

年 份	机 构（个）	#医院、卫生院	床位(张)	#医院、卫生院	卫生技术人员（人）	#医 生
1949	361	230	3310		3531	
1952	1176	378	5711		17877	
1957	13819	603	26470	20773	65649	26825
1962	19763	3203	94769	71356	129818	59086
1965	25306	6275	120781	89497	156889	72832
1975	21575	9749	219055	190980	232218	97957
1978	23934	10191	253520	22927	279387	120711
1980	26073	10433	271463	241679	324300	140752
1981	27604	10735	276119	246922	353395	154439
1982	28237	10803	281555	251805	468850	159927
1983	28800	11349	290067	267382	387690	169141
1984	29794	11659	302321	279259	406880	176305
1985	30432	10061	312137	288732	423733	182503
1986	31168	10012	318144	294676	435882	186717
1987	31838	10129	332116	307350	451429	192597
1988	31931	10520	338892	313677	463900	215187
1989	31081	10342	347555	321659	478304	224851
1990	31973	10574	359382	331955	488661	230088
1991	32142	10680	365439	338425	500254	232819
1992	31075	10210	375377	347194	512996	236402
1993	30642	10389	419873	380079	545934	253329
1994	30588	12482	415203	380626	554220	259481
1995	28957	12331	387139	357024	527438	250733
1996	15706	12201	370171	349457	455220	209508
1997	16111	12461	378905	357059	475731	220647
1998	16724	12859	392671	370449	498720	233290
1999	16733	12464	379121	357972	482722	230138
2000	16009	12492	381979	361235	485181	231024
2001	15904	12372	385995	365274	486749	235750
2002	15319	11832	362185	346818	460043	207999
2003	15230	11768	381534	359090	463382	208246
2004	15519	11884	400448	375029	475313	213882
2005	15488	11846	409938	384466	478320	214447
2006	15463	11796	425361	399690	485766	216159
2007	47081	12198	458316	430786	578875	249957
2008	44429	11872	501968	471146	603747	256811
2009	44209	11840	550535	515809	637850	263924
2010	44681	11961	596342	557305	680547	274046
2011	45598	12049	643035	601446	720489	279269
2012	46664	12103	703973	660410	770095	289904
2013	50127	12457	767838	722156	839336	308774
2014	51892	13734	824417	782197	894210	318132

注：1.本表未扣除区域变动因素，年度之间不可比。下同。
2.1996-2006年机构数不含诊所数、村卫生室、社区卫生服务中心。下同。
3.2002年卫生机构数为登记注册数。下同。
4.2002年后医生系执业(助理)医师数，故有所减少。

20-2 民族自治地方卫生机构

单位：个

年 份	合 计	医 院	卫生院	疗养院、所	门诊部	专科防治所、站	卫生防疫站	妇幼保健所、站	其 他
1957	13819	603		17	5541		146	641	6871
1962	19763	3203		69	15279		387	363	462
1965	25306	6275		43	17626		485	427	450
1975	21575	9749		25	10292		633	412	464
1978	23934	10191		30	11866		649	478	720
1979	25027	10254		30	12676	124	635	478	830
1980	26073	10433		34	13457	140	672	497	840
1981	27604	10735		36	14661	146	694	505	827
1982	28237	10803		41	15175	164	720	511	
1983	28800	11349		44	15130	173	727	522	855
1984	29794	11659		43	15713	187	763	545	884
1985	30432	10061		47	17761	221	817	559	966
1986	31168	10012		47	18342	249	847	591	1080
1987	31838	10129		49	18817	277	873	600	1093
1988	31931	10520		48	18488	283	862	603	1127
1989	31081	10342		46	17744	291	892	606	1160
1990	31973	10574		48	18312	300	910	625	1204
1991	32142	10680		48	18307	313	915	634	1245
1992	31075	10210		49	11568	315	930	640	1363
1993	30642	10389		64	16772	309	1004	649	1423
1994	30588	12482		65	14651	350	994	643	1403
1995	28957	12331		45	13282	331	995	630	1343
1996	15706	2548	9653	44	377	311	881	593	1299
1997	16111	2606	9855	44	435	320	893	609	1349
1998	16724	2691	10168	41	543	340	920	624	1397
1999	16733	2681	9783	38	1124	329	887	529	1362
2000	16009	2685	9807	37	339	323	884	525	1409
2001	15904	2695	9677	38	401	319	881	525	1368
2002	15319	2671	9161	36	698	278	740	387	1348
2003	15230	2603	9165	35	645	262	672	371	1477
2004	15519	2739	9145	35	571	238	502	364	1925
2005	15488	2739	9107	34	487	216	411	363	2131
2006	15463	2780	9016	33	479	190	305	361	2299
2007	47081	2907	9291	34	502	181	910	690	32566
2008	44429	2868	9004	27	495	171	893	675	30296
2009	44209	2901	8939	25	517	165	889	669	30104
2010	44681	2994	8967	23	585	162		668	31282
2011	45598	3095	8954	22	596	159		674	32098
2012	46664	3249	8854	22	646	160		675	33058
2013	50127	3459	8777	22	669	163		670	36367
2014	51892	3698	8777	20	761	162		669	37805

注：1995年以前卫生院数字含在医院数中。

20-3 民族自治地方卫生机构床位

单位：张

年 份	合 计	医 院	卫生院	疗养院、所	门诊部	专科防治所、站	卫生防疫站	妇幼保健所、站	其 他
1957	26470	20773		1277					4420
1962	94769	71356		4954					18459
1965	120781	89497		3732					27552
1975	219055	190980		3178					24897
1978	253520	220927		3482					29111
1979	263202	230877		3736	25127	1035	60	426	1941
1980	271463	241679		4318	21471	1248	60	661	
1981	276119	246922		4844	19735	1299	60	882	2377
1982	281555	251805		5436	19811	1174	60	1063	2206
1983	290067	267382		5651	12034	1234	60	1376	2321
1984	302321	279259		5851	12120	1113	60	1530	2388
1985	312137	288732		6213	11972	770	75	1536	2839
1986	318144	294676		6367	11191	944	75	1824	3067
1987	332116	307350		6681	11589	1090	84	1994	3328
1988	338892	313677		6294	11756	967	118	2130	3950
1989	347555	321659		5981	11757	1384	116	2261	4391
1990	359382	331955		6262	12051	1717	117	2509	4771
1991	365439	338425		6157	11548	1772	216	2533	4788
1992	375377	347194		6508					
1993	416259	380079		12187	12709	1761	146	3464	5913
1994	415203	380626		11464	12087	1087	68	3478	5593
1995	387139	357024		6511	12017	1621	241	4076	5649
1996	370171	257701	91756	6588	2720	1308	238	4578	5282
1997	378905	260708	96351	6667	2957	1571	286	5276	5089
1998	392671	272202	98247	6637	2600	1550	293	5697	5445
1999	379121	261838	96084	6256	3266	1465	317	4696	5149
2000	381979	264963	96272	5591	2673	1570	347	5018	5545
2001	385995	268103	97171	5567	2695	1563	490	5347	5059
2002	362185	257800	89018	2249	1379	2158		3234	6347
2003	381534	269155	89935	128	1523	1480		3384	15929
2004	400448	282239	92790	2872	2127	2265		3789	14364
2005	409938	289726	94740	2804	1795	1867		3819	15173
2006	425361	299743	99947	4066	1228	1539		4001	14836
2007	458316	318697	112089	3846	1116	1235		15743	5590
2008	501968	343568	127578	3143	1063	1280		17942	6944
2009	550535	371645	144164	3601	994	1343		19089	9699
2010	596342	402269	155036	3154	1193	1453		20463	12774
2011	643035	440033	161413	2752	998	1450		21926	14463
2012	703973	491432	168978	2697	1167	1615		24188	13896
2013	767838	542952	178818	2797	1105	1890		26023	14253
2014	824417	588756	188406	2308	857	1686		27351	15053

注：1995年以前卫生院数字含在医院数中。

20-4 民族自治地方专业卫生人员

单位：人

年 份	专业卫生人员	#卫生技术人员	#中 医	#西医师	#西医士	#中、西医结合高级医师
1957	77221	65649	15014	2997	8814	
1962	152872	129818	25980	10360	22764	
1965	184446	156889	26448	17860	28524	
1975	288559	232218	16126	35498	46333	
1978	349249	279387	20575	42574	57562	
1979	379396	302034	22663	45174	61018	
1980	407629	324300	24770	52258	63724	
1981	443076	353395	28562	58808	66940	129
1982	461245	368850	30106	60692	68954	175
1983	482042	387690	32706	65544	70723	168
1984	505994	406880	37010	65707	73377	211
1985	526965	432733	39634	64999	77710	160
1986	544777	435882	39909	66237	80391	180
1987	562349	451429	41722	69372	81304	199
1988	573682	463900	43647	114098	57023	419
1989	592461	478304	44250	123978	65180	443
1990	606085	488661	44266	127894	57470	458
1991	621172	500254	42922	129825	59664	408
1992	638230	512996	42764	130294	62864	480
1993	693651	548899	44089	143005	61875	755
1994	696548	554240	43862	152530	62169	920
1995	657512	527438	41406	146031	62171	1125
1996	579693	455220				
1997	601826	475731				
1998	629331	498720				
1999	606016	482722				
2000	606447	485181				
2001	606776	486749				
2002	568754	460043				
2003	569326	463382				
2004	581723	475313				
2005	585216	478320				
2006	592094	485766				
2007	697774	578875				
2008	726526	603747				
2009	765433	637850				
2010	816549	680547				
2011	861713	720489				
2012	919409	770095				
2013	1012319	839336				
2014	1081167	894210				

20-5 民族自治地方分地区卫生机构数(2014年)(一)

单位：个

地 区	卫生机构数	医 院	卫生院	门诊部	疗养院、所	专科防治所、站	疾病预防控制中心	妇幼保健所、站
合 计	**51892**	**3698**	**8777**	**761**	**20**	**162**	**884**	**669**
河 北	574	19	117	3			6	9
内蒙古	9591	639	1335	181	6	53	119	117
辽 宁	1113	35	158	9	1	11	8	8
吉 林	1610	73	127	62	2	11	13	12
黑龙江	95	3	11	1			1	1
浙 江	52	2	23				1	1
湖 北	665	39	108	13		1	11	11
湖 南	1432	92	350	8		6	16	16
广 东	103	8	31	2		3	3	3
广 西	12750	486	1270	108	5	41	113	104
海 南	81	15	13	5			2	1
重 庆	282	27	130			3	4	4
四 川	2303	176	1230	9		3	54	54
贵 州	2326	264	639	5		1	44	42
云 南	4989	515	844	41		22	89	85
西 藏	1429	112	678		1		82	54
甘 肃	1538	53	296	1	1	1	24	23
青 海	874	101	265			1	40	10
宁 夏	1800	161	223	22	1		25	22
新 疆	8285	878	929	291	3	5	229	92

20-5 民族自治地方分地区卫生机构数(2014年)(二)

单位：个

地　区	社区卫生服务中心(站)	诊所、卫生所、医务室	急救中心(站)	采供血机构	卫生监督所(中心)	医学科学研究机构	医学在职培训机构	健康教育所(站、中心)	其　他卫生机构
合　计	**2802**	**28965**	**32**	**116**	**705**	**33**	**27**	**34**	**4207**
河　北	39	330			6				45
内蒙古	1180	5522	7	18	114	8	4	23	265
辽　宁	23	699		1	5	1			154
吉　林	18	1211	2	8	6		1		64
黑龙江	1	62			1		1		13
浙　江	3	18			1				3
湖　北	39	414		2	11		1		15
湖　南	14	565		1	16	1			347
广　东	1	24			3				25
广　西	269	8933	2	27	110	14	1	1	1266
海　南	1	40		1	1				2
重　庆	7	100			4		1		2
四　川	29	531	2	5	53	1	7		149
贵　州	91	713	1	8	44	1	2		471
云　南	72	2661	10	8	84	3	4	3	548
西　藏	9	489		2	1		1		
甘　肃	39	645	1	2	23	3	3	2	421
青　海	54	333		7	40	1		1	21
宁　夏	122	1096	2	5	24		1	4	92
新　疆	791	4579	5	21	158				304

20-6 民族自治地方分地区卫生机构床位数(2014年)(一)

单位：张

地区	卫生机构	医院	市	县	卫生院	乡卫生院
合计	**824417**	**588756**	**318068**	**270688**	**189121**	**188406**
河北	7508	4692		4692	2422	2422
内蒙古	129011	99050	67857	31193	18960	18945
辽宁	11980	7137		7137	4133	4133
吉林	14529	11433	8008	3425	2567	2567
黑龙江	735	512		512	132	132
浙江	497	438		438	47	47
湖北	23403	13923	6867	7056	8532	8311
湖南	25550	17263	3922	13341	7378	7378
广东	1324	717		717	511	511
广西	201600	129383	79570	49813	58319	58319
海南	969	834		834	135	135
重庆	8420	4147		4147	3754	3754
四川	31316	20461	4667	15794	9771	9771
贵州	50932	36057	11656	24401	12774	12301
云南	103657	75551	30738	44813	23249	23249
西藏	11929	7984	2871	5113	3305	3305
甘肃	12974	8562	2352	6210	3621	3621
青海	12621	9762	1906	7856	2347	2341
宁夏	32506	28493	22887	5606	2799	2799
新疆	142956	112357	74767	37590	24365	24365

20-6 民族自治地方分地区卫生机构床位数(2014年)(二)

单位: 张

地　区	门诊部	疗养院、所	专科防治所、站	妇幼保健所、站	其　他卫生机构
合　计	**857**	**2308**	**1686**	**27351**	**14338**
河　北				265	129
内蒙古	267	690	340	3471	6233
辽　宁		300	100	135	175
吉　林	68	68	62	196	135
黑龙江				91	
浙　江					12
湖　北			10	774	164
湖　南	38		17	494	360
广　东			46	50	
广　西	56	801	416	11267	1358
海　南					
重　庆			35	148	336
四　川	10			837	237
贵　州	15		65	1508	513
云　南	115		461	3617	664
西　藏		40		531	69
甘　肃		100		472	219
青　海			35	103	374
宁　夏	30	100		861	223
新　疆	258	209	99	2531	3137

20-7 民族自治地方分地区专业卫生人员(2014年)(一)

单位：人

地区	卫生人员合计	#卫生技术人员	#执业(助理)医师
合计	**1081167**	**894210**	**318132**
河北	7941	6584	3073
内蒙古	182366	152272	60271
辽宁	12861	10239	4119
吉林	23654	19588	8096
黑龙江	1036	855	381
浙江	818	691	269
湖北	23428	20295	7110
湖南	27146	22339	7493
广东	2265	1911	662
广西	316473	254207	82480
海南	1393	1116	399
重庆	8524	7121	2516
四川	36357	29932	10528
贵州	54435	47099	16498
云南	109033	92285	30962
西藏	15394	12854	5602
甘肃	16576	12658	5046
青海	11897	10468	3962
宁夏	46630	39646	14876
新疆	182940	152050	53789

20-7 民族自治地方分地区专业卫生人员(2014年)(二)

单位: 人

地区	市属卫生人员	#卫生技术人员	#执业(助理)医生	县属专业卫生人员	#卫生技术人员	#执业(助理)医生
合计	**338013**	**280224**	**92912**	**411347**	**345630**	**116978**
河北				6886	5636	2550
内蒙古	67102	55795	19607	54107	46016	19476
辽宁				9400	7416	2953
吉林	8768	7245	2701	5990	4696	1910
黑龙江				865	716	314
浙江				744	621	236
湖北	7006	5869	1851	9764	8538	2885
湖南	4443	3746	1139	18953	15702	5138
广东				1299	1092	355
广西	116877	95325	29333	113631	93430	26673
海南				727	587	166
重庆				7476	6321	2176
四川	7352	5969	2101	23744	19925	6775
贵州	11674	9761	3357	22312	19909	6781
云南	31121	26592	8285	52352	44588	14500
西藏	3204	2547	1186	4604	3890	1800
甘肃	2448	1934	863	8888	7322	2974
青海	3126	2623	928	5290	4746	1673
宁夏	15678	13402	4852	7837	6871	2605
新疆	59214	49416	16709	56478	47608	15038

20-8 民族自治地方少数民族专业卫生人员

单位：人

年 份	专业卫生人员	#卫生技术人员	#中 医	#西医师	#西医士	#中、西医结合高级医师
1980	71694	56823	5815	8656	13782	
1981	96115	74843	7318	11197	18556	9
1982	100672	80521	8083	12038	18943	19
1983	108287	87216	8803	13509	20104	30
1984	117473	95310	10928	13818	22252	36
1985	135745	105656	11884	14926	22792	23
1986	139196	112058	12051	15516	25284	35
1987	147783	118748	12464	15360	24550	32
1988	154894	123586	13736	31191	18347	115
1989	163731	189603	14758	34717	18569	114
1990	170738	141448	14957	36825	20570	129
1991	178890	145406	11689	37943	21402	109
1992	187543	149635	14235	38438	22800	156
1993	172504	143744	13136	39007	19931	101
1994	180811	151953	14220	41238	20391	118
1995	180049	152523	13379	41363	20999	141
1996	174537	144575				
1997	183469	155803				
1998	185412	158121				
1999	185458	159199				
2000	186494	160113				
2001	184132	158169				
2002	184132	158169				
2003	196725	177110				
2004	194686	175213				

20-9 民族自治地方分地区中医中的民族医生

单位：人

年份 / 地区	合计	蒙医	藏医	维医	傣医
1991	5584	3325	1787	439	33
1992	4759	3325	1014	420	
1993	5649	3361	1706	525	57
1994	6098	3537	1815	707	39
1995	5702	3095	1804	767	36
1996	5557	3202	1801	461	93
1997	5857	3076	1961	660	160
1998	6252	3312	1995	736	209
1999	5970	2827	2109	853	181
2000	6744	3386	2169	934	255
2001	6440	2766	2307	1124	243
2002	6440	2766	2307	1124	243
2003	4302	2136	1723	417	26
2004	4544	2314	1759	438	33
合计	**4544**	**2314**	**1759**	**438**	**33**
河北	1				1
内蒙古	2107	2094	10		3
辽宁	125	124		1	
吉林	1				1
黑龙江	2	2			
浙江					
湖北	1	1			
湖南	2				2
广东					
广西	4	1		3	
海南					
重庆					
四川	307		304		3
贵州	2				2
云南	67	2	57	1	7
西藏	651		651		
甘肃	418	1	417		
青海	363	46	317		
宁夏	2				2
新疆	491	43	3	433	12

20-10 民族自治地方分地区卫生机构万元以上设备台数(2014年)

单位：台

地　区	合　计	10万元以下	10-49万元	50—99万元	100万元以上
合　计	**535606**	**411145**	**97438**	**14968**	**12055**
河　北	3131	2577	449	56	49
内蒙古	88984	66866	17022	2670	2426
辽　宁	5147	3973	922	142	110
吉　林	11488	8708	2195	286	299
黑龙江	490	433	45	9	3
浙　江	780	600	152	14	14
湖　北	13045	10390	2063	365	227
湖　南	11341	9265	1573	260	243
广　东	665	532	116	10	7
广　西	145427	111890	26000	4227	3310
海　南	701	542	136	15	8
重　庆	4057	3002	875	110	70
四　川	18703	14928	3084	445	246
贵　州	23833	18904	3929	579	421
云　南	58874	45584	10682	1421	1187
西　藏	5731	4117	1207	274	133
甘　肃	4973	4056	732	102	83
青　海	5113	3860	999	154	100
宁　夏	27300	20065	5613	875	747
新　疆	105823	80853	19644	2954	2372

20-11 民族自治地方农村村级卫生组织

单位：个

年　份	村总数	有卫生机构的村数	占村总数的比重(%)	无医疗点的村数	占村总数的比重(%)
1978	67937	56655	83.4	11282	16.6
1979	68783	44324	64.4	24459	35.6
1980	68916	39325	55.6	30591	44.4
1981	75257	53434	71.0	21823	29.0
1982	75523	54240	71.8	21283	28.2
1983	79105	64006	80.9	15099	19.1
1984	80406	60790	75.6	19616	24.4
1985	86764	65426	75.4	21338	24.6
1986	92575	67353	72.8	25222	27.2
1987	92822	69005	74.3	23817	25.7
1988	96096	65248	67.9	30848	32.1
1989	97459	65665	67.4	31794	32.6
1990	91092	68843	75.6	22249	24.4
1991	96525	70045	72.6	26480	27.4
1992	76188	59356	77.9	16832	22.1
1993	93939	74260	79.1	19679	20.9
1994	97287	76244	78.4	21043	21.6
1995	96685	74375	76.9	29310	23.1
1996	97140	76059	78.3	21081	21.7
1997	100012	79368	79.4	20644	20.6
1998	101644	83571	82.2	18073	17.8
1999	98496	82023	83.3	16473	16.7
2000	99621	83442	83.8	16179	16.2
2001	98091	82995	84.6	15096	15.4

20-12 民族自治地方乡村医生、卫生员、农村接生员

单位：人

年 份	乡村医生和卫生员	乡村医生	卫生员	#少数民族乡村医生和卫生员	农村接生员
1982	116965	47933	69032	49743	86158
1983	116754	55580	61174	49228	88703
1984	118730	58109	60621	52630	96148
1985	131381	62255	69129	55914	101291
1986	135634	68480	68154	57423	106411
1987	139901	72374	67527	56634	107692
1988	135751	73106	62645	55188	106464
1989	136780	75228	61552	56304	141857
1990	135424	75935	59489	54594	107261
1991	139332	79709	59623	58054	104869
1992	146472	83518	62954	44695	97374
1993	163129	100993	62136	63582	98064
1994	154147	96347	57800	63573	94585
1995	158014	102376	55639	64290	91630
1996	159529	101416	58113	66865	84919
1997	165976	108712	57264	71229	86735
1998	172286	115367	56919	68872	81786
1999	169759	116520	53239	69098	80421
2000	173025	119979	53046	70989	73321
2001	171341	120976	50365	68431	68870
2002	171341	120976	50365	68431	68870
2008	117401	106046	11255		
2009	133541	119579	13962		
2010	138114	123545	14569		
2011	149727	132385	17342		
2012	150365	132408	17957		
2013	150720	132870	17850		
2014	150205	133545	16660		

20-13 民族自治地方分地区乡村医生、卫生员(2014年)

单位：人

地区	乡村医生和卫生员	乡村医生	卫生员
合计	**150205**	**133545**	**16660**
河北	2487	2422	65
内蒙古	18422	17312	1110
辽宁	3435	3333	102
吉林	1933	1748	185
黑龙江	222	187	35
浙江	54	54	
湖北	3737	3553	184
湖南	4627	3815	812
广东	232	222	10
广西	36757	33173	3584
海南	35	35	
重庆	2032	1796	236
四川	9559	8627	932
贵州	11770	8560	3210
云南	18815	17572	1243
西藏	11109	9020	2089
甘肃	2722	2441	281
青海	2985	2598	387
宁夏	3930	3170	760
新疆	15342	13907	1435

20-14 民族自治地方分地区民族医院情况(2014年)

单位：个

地区	机构个数	床位数	人员数				
			合计	卫生技术人员		其他技术人员	管理人员
				小计	医生		
合计	**211**	**21169**	**17788**	**14866**	**6096**	**937**	**783**
河北	55	5898	5717	4884	2174	286	252
内蒙古	1	300	153	111	55	1	38
辽宁	1	80	110	92	38	7	11
吉林	1	100	62	51	26	5	
黑龙江	3	869	538	434	145	18	46
浙江	3	106	68	48	19	12	4
湖北	4	355	529	449	151	21	21
湖南	23	778	699	583	336	30	46
广东	9	521	543	432	90	58	27
广西	3	362	256	206	102	6	23
海南	20	1298	1347	1066	601	29	83
重庆	11	738	596	530	278	15	25
四川	29	1878	1038	890	365	51	33
贵州	3	115	56	48	19	2	3
云南	45	7771	6076	5042	1697	396	171
西藏	20	1298					
甘肃	13	818					
青海	36	2767					
宁夏	3	115					
新疆	45	7771					

主要统计指标解释

医院 指设有固定床位，能收容病人住院并能为病人提供医疗、护理服务的医疗机构，包括县及县以上医院、农村乡卫生院和其他医院三部分。医院按所属性质不同分为卫生部门、工业及其他部门和集体经济单位三类。县及县以上医院按业务性质不同分为综合医院和专科医院。

医院包括综合医院、中医医院、中西医结合医院、各类专科医院（含专科病防治院）、妇幼保健院。

卫生院 指名称为“乡（镇）中心卫生院”、“乡（镇）卫生院”和“街道卫生院”的医疗机构。包括无床的乡卫生院和独立核算的乡卫生院分院。

门诊部 指名称为“门诊部”的医疗机构。

专科防治所、站 不包括各类专科病防治院，各类专科病防治院计入相应的专科医院中。

村卫生室总数 应与当地卫生厅行政部门注册登记的个数相等。

床位数 指本年10月底的固定实有床位（非编制床位数）。包括正规床、简易床、监护床和正在消毒、修理的床位及因扩建或大修理而停用的床位，不包括产科新生儿床、库存床、观察床、临时加床、病人家属陪侍床、接产室待产床。

卫生员 指村卫生室中未获得乡村医生证书的卫生人员。

卫生技术人员 指卫生机构中医生、护理人员、药剂人员、检验人员等卫生技术人员。

医生 指在医疗、预防保健机构工作且取得《执业医师证书》的执业医师和执业助理医师。

二十一、社会服务

21-1 民族自治地方分地区收养单位、民间组织和社区建设情况(2014年)

地区	收养单位		民间组织		社区建设	
	福利类收养单位床位数(万张)	福利类收养单位收养救助人数(万人)	单位数(个)	#社会团体	城镇社区服务设施数(个)	城镇便民、利民服务网点(个)
合　计	**36.25**	**22.45**	**87309**	**55451**	**8388**	**18512**
河　北	0.57	0.34	470	310	-873	6
内蒙古	8.70	4.53	13248	7538	2384	6721
辽　宁	0.89	0.56	868	516	94	520
吉　林	0.83	0.56	2431	1403	233	
黑龙江	0.60	0.41	2292	1292	210	
浙　江	0.03	0.02	53	25	8	
湖　北	0.24	0.13	486	248	28	
湖　南	1.71	1.28	2642	1157	76	168
广　东	0.93	0.64	1542	756	-57	
广　西	4.24	2.62	22196	12949	911	1302
海　南	0.07	0.05	607	415	38	
重　庆	0.13	0.06	968	580	-60	757
四　川	1.70	1.18	2632	1939	124	351
贵　州	1.63	1.07	2654	1906	869	1730
云　南	2.47	1.50	10175	7759	644	26
西　藏	0.04	0.03	67	67		
甘　肃	2.81	2.13	3033	2709	17	1404
青　海	0.38	0.23	1453	1179	350	43
宁　夏	0.01		234	188	75	
新　疆	4.71	3.05	9566	5993	2202	3624

21-2 民族自治地方分地区城镇居民最低生活保障情况(2014年)

地　区	城镇居民最低生活保障人数（人）	城镇居民最低生活保障户数（户）	城镇居民最低生活保障支出（万元）	城镇居民最低生活保障年支出水平（元/人、年）
合　计	**4053540**	**2160351**	**1692122**	**4174**
河　北	25930	12718	9630	3714
内蒙古	602708	364139	332372	5515
辽　宁	39024	22988	17682	4531
吉　林	101470	68203	58194	5735
黑龙江	81465	54900	49492	6075
浙　江	6040	3037	3066	5077
湖　北	4734	3334	2723	5753
湖　南	51525	37449	24562	3992
广　东	67539	33010	22229	3291
广　西	385308	198698	144350	3746
海　南	28070	11446	9534	3397
重　庆	24306	13064	10284	4231
四　川	165844	90301	46050	2777
贵　州	124911	72688	52363	4192
云　南	549640	333913	215739	3925
西　藏	7573	4202	2283	3015
甘　肃	241983	94534	79823	3299
青　海	128620	60684	56785	4415
宁　夏	20286	9769	10699	5274
新　疆	865119	411770	339609	3926

21-3 民族自治地方分地区农村居民最低生活保障情况(2014年)

地　区	农村居民最低生活保障人数(人)	农村居民最低生活保障户数(户)	农村居民最低生活保障支出(万元)	农村居民最低生活保障年支出水平(元/人、年)
合　计	**14962155**	**7274050**	**2613422**	**4174**
河　北	132347	115993	25472	3714
内蒙古	1164224	907009	311842	5515
辽　宁	108461	65449	24685	4531
吉　林	108108	78372	23106	5735
黑龙江	56583	38820	13295	6075
浙　江	9709	6275	2295	5077
湖　北	30555	21385	6529	5753
湖　南	317659	211376	54198	3992
广　东	262170	127274	35040	3291
广　西	2921414	1179258	440176	3746
海　南	59680	24839	12060	3397
重　庆	46101	24260	10038	4231
四　川	1025126	434449	124422	2777
贵　州	1499683	724448	257154	4192
云　南	3169093	1544487	533747	3925
西　藏	52062	15135	7508	3015
甘　肃	1190472	376161	166860	3299
青　海	332377	116493	78394	4415
宁　夏	5096	2304	1475	5274
新　疆	1317586	631562	260993	3926

主要统计指标解释

城镇低保人数 指在实施居民最低生活保障制度地区，领取最低生活保障费的城镇人员总数。包括“三无”对象、失业人员和在职、下岗、退休人员等。

城镇保障资金 指在报告期内实施最低生活保障制度的城市（县），国家财政用于救济城镇低保人员支出的资金总数。

农村低保人数 指报告期内实施农村最低生活保障制度的地区，领取最低生活保障费或救济的农业人口数。

农村保障资金 指在报告期内实施农村最低生活保障制度的城市（县），国家财政用于救济农村低保人员支出的资金和实物折款总数。

城镇社区服务设施数 指报告期末城镇（街道办事处、居委会）设立以非盈利为目的，为本社区居民服务，特别是为老年人、残疾人、儿童服务的社区服务中心、活动站、服务站、养老院、老年公寓（托老所）、残疾人工作站、残疾儿童日托所、家务服务站、婚姻介绍所等福利性设施以及职工社会保险管理服务的机构数。几种不同类型的社区服务单位共用一个场所的，只能统计为一个社区服务设施。成为社区服务设施的条件：（1）是独立核算单位；（2）有固定的从业人员；（3）有一定的服务项目；（4）有一定的场所。

城镇便民、利民服务网点 指报告期末居委会设立的、方便本社区居民生活服务的网点。

农村社会保障网络数 指设有社会保障委员会或领导小组，在其统一管理和指导下已有各种福利院、社会福利厂，优待和五保实行集体统筹三项或三项以上农村社会保障项目的乡（镇）个数。

陆地边境县

1-1 陆地边境县经济发展主要指标

指　　标	2013年	占全国比重(%)	2014年	占全国比重(%)
人口与就业				
年底总人口　（万人）	2306.74	1.70	2369.54	1.73
#少数民族人口	1137.19		1189.57	
单位就业人员数（万人）	197.13	1.09	192.60	0.25
地区生产总值　（亿元）	**8108.42**	**1.43**	**8678.92**	**1.36**
第一产业	1629.00	2.86	1813.59	3.11
第二产业	3680.46	1.47	3585.30	1.32
第三产业	2798.96	1.07	3275.52	1.07
人均地区生产总值　（元）	**35389.81**	**82.51**	**36902.65**	**79.14**
固定资产　（亿元）				
全社会固定资产投资总额	6849.99	1.83	7500.04	1.46
财政　（亿元）				
地方财政收入	595.82	0.98	613.24	0.44
地方财政支出	2090.33	1.95	2317.95	1.53
农业				
耕地面积　（万公顷）	550.38	4.52	542.79	4.02
灌溉面积　（万公顷）	249.41	3.96	228.92	3.55
农林牧渔总产值（亿元）	2431.08	2.72	2782.69	2.72
主要农产品产量				
粮食产量　（万吨）	2207.65	4.09	2306.34	3.80
棉花产量　（万吨）	20.80	4.79	29.73	4.81
油料产量　（万吨）	84.22	6.01	77.54	2.21
大牲畜年底头数(万头)	819.56	6.91	735.15	8.44
羊年底头数　（万只）	3008.21	10.88	3160.97	10.43
猪年底头数　（万头）	1102.20	2.32	981.38	2.11
肉类总产量　（万吨）	224.61	2.68	230.15	3.56
工业				
规模以上工业企业资产总计(亿元)	6526.64		8635.29	
教育				
普通中学				
学校数　（个）	1238	1.86	1111	1.67
在校学生数　（人）	992884	1.37	1000162	1.47
专任教师数　（人）	89518	1.76	84406	1.64
普通小学				
学校数　（个）	5185	2.27	5338	2.65
在校学生数　（人）	1551703	1.60	1568352	1.66
专任教师数　（人）	115027	2.06	116233	2.06
医疗卫生				
医院、卫生院数　（个）	1997	0.20	1939	0.20
医院、卫生院床位数(张)	80918	1.31	83178	1.26
卫生技术人员数　（人）	91108	0.93	94126	1.00

2-1 陆地边境县行政区划(2014年末)

地　区	合计	自治县	县	旗	市	市辖区
合　计	**136**	**17**	**71**	**15**	**27**	**6**
内蒙古	19			15	4	
辽　宁	5	1			1	3
吉　林	10	1	2		6	1
黑龙江	18		12		5	1
广　西	8		5		2	1
云　南	25	9	12		4	
西　藏	18		18			
甘　肃	1	1				
新　疆	32	5	22		5	

2-2 我国陆地边境县(旗)、市(市辖区)分布（2014年）

地区	个数	县、旗、市(市辖区)
内蒙古自治区	4 市 15 旗	包头市：达尔罕茂明安联合旗 乌兰察布市：四子王旗 锡林郭勒盟：二连浩特市、阿巴嘎旗、东乌珠穆沁旗 苏尼特左旗、苏尼特右旗 呼伦贝尔市：满洲里市、额尔古纳市、陈巴尔虎旗 新巴尔虎左旗　新巴尔虎右旗 巴彦淖尔市：乌拉特中旗、乌拉特后旗 阿拉善盟：阿拉善左旗、阿拉善右旗、额济纳旗 兴安盟：阿尔山市、科尔沁右翼前旗
辽宁省	1 市 3 市辖区 1 自治县	丹东市：振安区、元宝区、振兴区、东港市、宽甸满族自治县
吉林省	6 市 1 市辖区 2 县 1 自治县	通化市：集安市 白山市：浑江区、临江市、抚松县、长白朝鲜族自治县 延边朝鲜族自治州：图们市、龙井市、珲春市、和龙市、安图县
黑龙江省	5 市 1 市辖区 12 县	鹤岗市：萝北县、绥滨县 双鸭山市：饶河县 鸡西市：密山市、虎林市、鸡东县 伊春市：嘉荫县 牡丹江市：穆棱市、绥芬河市、东宁县 佳木斯市：同江市、抚远县 黑河市：爱辉区、逊克县、孙吴县 大兴安岭地区：呼玛县、塔河县、漠河县

2-2 续表

地区	个数	县、旗、市(市辖区)
广西壮族自治区	2 市 1 市辖区 5 县	防城港市：防城区、东兴市 崇左市：凭祥市、大新县、宁明县、龙州县 百色市：靖西县、那坡县
云南省	3 市 13 县 9 自治县	普洱市：澜沧拉祜族自治县、江城哈尼族彝族自治县 西盟佤族自治县、孟连傣族拉祜族佤族自治县 临沧市：镇康县、沧源佤族自治县、耿马傣族佤族自治县 保山市：龙陵县、腾冲县 文山壮族苗族自治州：麻栗坡县、马关县、富宁县 红河哈尼族彝族自治州：绿春县、金平苗族瑶族傣族自治县、河口瑶族自治县 西双版纳傣族自治州：景洪市、勐海县、勐腊县 德宏傣族景颇族自治州：芒市、瑞丽市、盈江县、陇川县 怒江傈僳族自治州：泸水县、福贡县、贡山独龙族怒族自治县
西藏自治区	18 县	山南地区：洛札县、错那县、浪卡子县 日喀则地区：定结县、定日县、康马县、聂拉木县、吉隆县、亚东县、 岗巴县、仲巴县、萨嘎县 阿里地区：噶尔县、普兰县、日土县、札达县 林芝地区：墨脱县、察隅县
甘肃省	1 自治县	酒泉市：肃北蒙古族自治县
新疆维吾尔自治区	5 市 22 县 5 自治县	哈密地区：哈密市、伊吾县、巴里坤哈萨克自治县 和田地区：和田县、皮山县 阿克苏地区：温宿县、乌什县 喀什地区：叶城县、塔什库尔干塔吉克自治县 克孜勒苏柯尔克孜自治州：阿图什市、阿合奇县、乌恰县、阿克陶县 昌吉回族自治州：奇台县、木垒哈萨克自治县 博尔塔拉蒙古自治州：博乐市、温泉县 伊犁哈萨克自治州：昭苏县、霍城县、察布查尔锡伯自治县 塔城地区：塔城市、额敏县、裕民县、托里县、和布克赛尔蒙古自治县 阿勒泰地区：阿勒泰市、青河县、吉木乃县、 富蕴县、布尔津县、福海县、哈巴河县

3-1 陆地边境县分地区年末总人口和少数民族人口(2014年)

单位：万人

地　　区	年底总人口	#少数民族人口	乡村人口	城镇人口
合　　计	**2369.54**	**1189.57**	**1434.40**	**935.14**
内 蒙 古	174.29	59.76	87.03	87.25
辽　　宁	177.02	41.43	94.08	82.95
吉　　林	201.05	49.26	76.17	124.88
黑 龙 江	298.20	16.62	126.52	171.68
广　　西	263.91	212.34	216.32	47.59
云　　南	670.99	403.45	450.99	220.00
西　　藏	35.15	28.21	30.19	4.96
甘　　肃	1.20	0.49	0.58	0.61
新　　疆	547.75	378.01	352.51	195.24

4-1 陆地边境县分地区生产总值(2014年)

单位：亿元

地　　区	地区生产总值	第一产业	第二产业	第三产业	人均地区生产总值（元）
合　　计	**8678.92**	**1813.59**	**3585.30**	**3275.52**	**36903**
内 蒙 古	1829.13	179.78	1141.32	508.04	94418
辽　　宁	731.62	109.78	312.34	309.49	62385
吉　　林	925.62	81.85	505.52	339.25	45114
黑 龙 江	1473.33	531.53	199.56	742.23	50166
广　　西	653.79	132.93	327.70	193.15	29953
云　　南	1323.50	356.70	425.74	535.40	19169
西　　藏	64.21	12.93	22.01	29.27	16573
甘　　肃	34.15	0.45	27.14	6.56	226156
新　　疆	1643.57	407.64	623.96	612.13	29927

4-2 陆地边境县分地区生产总值指数(2014年)

地区	地区生产总值（以2012年为100）	第一产业	第二产业	第三产业
合计	**111.4**	**106.5**	**111.0**	**107.1**
内蒙古	109.2	104.7	110.8	106.0
辽宁	104.5	103.8	103.3	106.8
吉林	107.1	104.2	107.5	107.4
黑龙江	121.8	108.1	105.0	104.1
广西	109.6	104.5	113.1	107.5
云南	110.2	106.2	113.1	109.7
西藏	114.5	104.4	125.1	106.2
甘肃	109.0	105.0	109.6	106.5
新疆	112.9	107.4	118.3	109.7

4-3 陆地边境县分地区生产总值构成(2014年)

单位：%

地区	地区生产总值	第一产业	第二产业	第三产业
合计	**100**	**20.9**	**41.3**	**37.7**
内蒙古	100	9.8	62.4	27.8
辽宁	100	15.0	42.7	42.3
吉林	100	8.8	54.6	36.7
黑龙江	100	36.1	13.5	50.4
广西	100	20.3	50.1	29.5
云南	100	27.0	32.2	40.5
西藏	100	20.1	34.3	45.6
甘肃	100	1.3	79.5	19.2
新疆	100	24.8	38.0	37.2

5-1 陆地边境县单位从业人员和劳动报酬（2014年）

地区	单位从业人员数（万人）	劳动报酬（亿元）	平均劳动报酬（元）
合计	**192.60**	**774.06**	**40190**
内蒙古	17.14	91.80	53554
辽宁	25.30	79.38	31378
吉林	22.51	100.54	44667
黑龙江	23.44	82.12	35040
广西	13.80	49.60	35947
云南	43.88	171.38	39060
西藏	1.42	7.56	53305
甘肃	0.24	1.18	48653
新疆	44.88	190.50	42447

5-2 陆地边境县在岗职工和劳动报酬（2014年）

地区	在岗职工人数（万人）	工资总额（亿元）	平均工资（元）
合计	**186.36**	**760.74**	**40820**
内蒙古	22.70	127.89	56326
辽宁	22.95	71.18	31019
吉林	19.70	76.39	38780
黑龙江	22.41	79.55	35493
广西	12.85	46.88	36493
云南	40.40	163.20	40394
西藏	1.95	9.39	48112
甘肃	0.24	1.18	48653
新疆	43.15	185.07	42886

6-1 陆地边境县分地区全社会固定资产投资、社会消费品零售总额和进出口总额(2014年)

单位：亿元

地　区	全社会固定资产投资	社会消费品零售总额	进出口总额（亿美元）
合　计	**7500.04**	**2242.89**	**693.52**
内蒙古	1190.18	368.35	109.80
辽　宁	645.64	392.63	18.30
吉　林	812.65	356.89	22.28
黑龙江	688.48	260.24	169.30
广　西	677.36	145.01	174.22
云　南	1331.05	409.21	123.58
西　藏	77.80	9.97	2.64
甘　肃	74.83	1.69	
新　疆	2002.06	298.89	73.38

7-1 陆地边境县分地区财政收入情况(2014年)

单位：亿元

地　区	财政总收入	#地方财政收入	#各项税收
合　计	**1084.13**	**613.24**	**401.65**
内蒙古	193.25	111.87	64.16
辽　宁	118.94	71.95	60.04
吉　林	84.23	64.82	37.71
黑龙江	121.78	52.13	31.11
广　西	93.73	54.39	38.58
云　南	179.78	102.29	69.00
西　藏	28.83	4.24	2.47
甘　肃	5.67	2.88	0.89
新　疆	257.91	148.66	97.69

7-2 陆地边境县分地区各项税收情况(2014年)

单位：亿元

地　区	各项税收	#增值税	#营业税	#企业所得税	#个人所得税
合　计	**401.65**	**49.20**	**123.49**	**36.08**	**13.99**
内蒙古	64.16	8.07	16.39	6.34	1.76
辽　宁	60.04	3.17	13.12	5.68	1.08
吉　林	37.71	3.66	11.52	4.14	2.06
黑龙江	31.11	6.34	9.74	4.85	2.17
广　西	38.58	2.74	5.77	1.60	0.41
云　南	69.00	10.86	25.53	3.54	1.03
西　藏	2.47	0.11	0.96	0.31	0.05
甘　肃	0.89	0.01	0.46	0.16	0.03
新　疆	97.69	14.26	40.01	9.45	5.40

7-3 陆地边境县分地区财政支出情况(2014年)

单位：亿元

地　区	地方财政支出	#一般公共服务	#教　育	#科学技术
合　计	**2317.95**	**238.84**	**347.25**	**14.35**
内蒙古	349.85	35.73	31.16	1.76
辽　宁	110.20	7.15	15.26	0.36
吉　林	205.11	17.32	30.87	1.23
黑龙江	364.11	29.45	39.47	1.66
广　西	171.99	21.71	30.54	1.49
云　南	501.55	50.31	81.49	1.61
西　藏	50.37	12.22	6.10	0.14
甘　肃	7.85	0.97	1.24	0.03
新　疆	556.93	63.98	111.14	6.07

8-1 陆地边境县分地区农村居民生活水平情况(2014年)(一)

单位: 元

地　　区	农村居民人均纯收入	农村居民人均生活费支出合计	#食　品	#衣　着	#居　住
合　　计	**8401**	**6450**	**2157**	**453**	**957**
内蒙古	8466	9482	2566	721	1163
辽　　宁	11888	9530	3722	730	1427
吉　　林	9111	6819	2132	524	1059
黑龙江	11308	7768	2593	834	1263
广　　西	7302	6582	2719	194	1185
云　　南	7035	5167	1806	277	735
西　　藏	6242	3790	665	255	218
甘　　肃	18000	17720	8975	798	1081
新　　疆	8848	6095	1709	562	858

8-1 陆地边境县分地区农村居民生活水平情况(2014年)(二)

单位: 元

地　　区	农村居民人均生活费支出			
	#家庭设备及服务	#医疗保健支出	#交通和通讯	#娱乐教育文化服务
合　　计	**375**	**614**	**805**	**550**
内蒙古	440	1108	1289	927
辽　　宁	397	1079	1039	1043
吉　　林	475	970	743	668
黑龙江	537	725	927	858
广　　西	329	431	635	455
云　　南	347	416	863	436
西　　藏	350	247	199	139
甘　　肃	1083	318	1871	1694
新　　疆	340	649	675	427

9-1 陆地边境县分地区农村基层组织情况(2014年)

地 区	乡镇个数（个）	乡村人口（万人）	村民委员会（个）
合 计	**1236**	**1434.40**	**10814**
内蒙古	149	87.03	1166
辽 宁	47	94.08	452
吉 林	81	76.17	957
黑龙江	157	126.52	1415
广 西	87	216.32	1005
云 南	253	450.99	2082
西 藏	138	30.19	869
甘 肃	4	0.58	26
新 疆	320	352.51	2842

9-2 陆地边境县分地区农、林、牧、渔业总产值及指数(2014年)

单位 亿元

地 区	农林牧渔业总产值	#农业	#林业	#牧业	#渔业	农林牧渔业总产值指数
合 计	**2782.69**	**1426.07**	**245.20**	**696.97**	**132.65**	**106.1**
内蒙古	304.88	78.03	7.94	117.54	4.21	103.8
辽 宁	155.51	56.12	4.94	41.52	48.58	103.4
吉 林	148.03	99.75	23.53	19.48	4.05	104.3
黑龙江	720.13	363.86	57.56	97.38	16.47	108.8
广 西	206.73	105.99	24.86	34.24	37.25	104.2
云 南	594.36	309.30	116.01	138.63	18.12	106.9
西 藏	16.27	5.53	0.15	9.90	0.09	108.6
甘 肃	0.92	0.20		0.73		105.1
新 疆	635.84	407.30	10.20	237.56	3.86	108.2

9-3 陆地边境县分地区耕地面积和有效灌溉面积(2014年)

单位：千公顷

地　区	年末实有耕地面积	有效灌溉面积
合　计	**5427.87**	**2289.24**
内蒙古	995.72	281.47
辽　宁	134.55	56.90
吉　林	140.05	42.11
黑龙江	1637.16	389.57
广　西	356.62	67.64
云　南	674.83	295.33
西　藏	32.43	30.39
甘　肃	0.78	0.65
新　疆	1455.74	1125.19

9-4 陆地边境县分地区主要农产品产量(2014年)

单位：万吨

地　区	粮食	油料	棉花
合　计	**2306.34**	**77.54**	**29.73**
内蒙古	262.35	36.72	0.15
辽　宁	73.82	0.87	
吉　林	74.01	0.56	
黑龙江	771.10	4.04	
广　西	69.86	1.23	0.01
云　南	324.12	9.00	
西　藏	10.96	0.72	0.08
甘　肃	0.55	0.04	
新　疆	719.56	24.36	29.49

9-5 陆地边境县分地区牲畜年末存栏数(2014年)

单位：万头(只)

地区	牲畜年末存栏数		
	大牲畜	猪	羊
合计	**735.15**	**981.38**	**3160.97**
内蒙古	114.72	19.72	1141.59
辽宁	7.87	46.07	19.77
吉林	24.12	22.97	12.02
黑龙江	59.84	120.24	111.64
广西	31.31	117.83	9.03
云南	183.92	597.96	80.66
西藏	49.17	8.49	278.79
甘肃	1.65	0.16	35.72
新疆	262.54	47.95	1471.75

9-6 陆地边境县分地区畜产品产量(2014年)

单位：万吨

地区	肉类总产量	#猪肉	#牛肉	#羊肉
合计	**230.15**	**94.97**	**41.85**	**49.94**
内蒙古	33.90	2.09	7.75	23.05
辽宁	19.54	7.57	0.73	0.32
吉林	5.08	2.69	1.99	0.14
黑龙江	22.70	13.13	5.12	1.46
广西	14.22	9.81	0.97	0.15
云南	66.02	51.55	7.03	1.06
西藏	2.34	0.12	1.04	1.19
甘肃	0.21	0.01	0.01	0.14
新疆	66.14	8.01	17.20	22.44

9-7 陆地边境县分地区农业机械总动力和农村用电量(2014年)

地　　区	农业机械总动力 (万千瓦)	农村用电量 (万千瓦小时)
合　　计	**2675.62**	**624985.41**
内 蒙 古	355.52	46411.00
辽　　宁	132.44	186726.00
吉　　林	130.90	51231.20
黑 龙 江	654.27	62697.00
广　　西	212.68	45388.46
云　　南	545.24	71296.64
西　　藏	99.20	844.98
甘　　肃	3.60	110.08
新　　疆	541.76	160280.05

10-1 陆地边境县分地区规模以上工业企业单位数和资产总计(2014年)

地　　区	工业企业单位数 (个)	资产总计 (亿元)
合　　计	**3170**	**8635.29**
内 蒙 古	625	2847.98
辽　　宁	510	428.46
吉　　林	540	776.11
黑 龙 江	326	442.35
广　　西	181	411.02
云　　南	418	1465.31
西　　藏	26	1.54
甘　　肃	20	111.86
新　　疆	524	2150.65

11-1 陆地边境县分地区普通中学和普通小学基本情况(2014年)

单位:人

地区	普通中学			普通小学		
	学校数(所)	在校学生数	#专任教师数	学校数(所)	在校学生数	#专任教师数
合计	**1111**	**1000162**	**84406**	**5338**	**1568352**	**116233**
内蒙古	99	67185	7752	127	80783	8392
辽宁	63	33286	4717	330	71637	6130
吉林	49	33294	4166	237	68950	7158
黑龙江	148	134231	9158	285	138656	9964
广西	98	100315	6287	1043	196243	11116
云南	314	333337	23209	2241	563819	34852
西藏	14	15123	1244	149	30531	2072
甘肃	2	668	87	2	667	91
新疆	324	282723	27786	924	417066	36458

12-1 陆地边境县分地区卫生机构情况(2014年)

单位:个、张、人

地区	医院、卫生院数	医院、卫生院床位数	卫生技术人员数
合计	**1939**	**83178**	**94126**
内蒙古	292	6088	11138
辽宁	81	7136	5437
吉林	145	7320	9774
黑龙江	227	9914	12064
广西	128	6730	8243
云南	414	23859	24525
西藏	155	1126	1266
甘肃	7	150	139
新疆	490	20855	21540

13-1 陆地边境县分地区收养单位、民间组织和社区建设情况(2014年)

地 区	收养单位		民间组织		社区建设	
	福利类收养单位床位数(万张)	福利类收养单位收养救助人数(万人)	单位数(个)	#社会团体	城镇社区服务设施数(个)	城镇便民、利民服务网点(个)
合 计	**4.97**	**3.6**	**5733**	**4323**	**972**	**1394**
内蒙古	0.35	0.22	560	461	246	1095
辽 宁	0.78	0.52	358	209	102	1
吉 林	0.83	0.50	939	640	200	236
黑龙江	0.87	0.74	561	311	88	7
广 西	0.26	0.15	532	411	15	
云 南	0.95	0.74	1525	1297	104	1
西 藏	0.06	0.05	5	5	3	2
甘 肃			19	19	4	11
新 疆	0.87	0.68	1234	970	210	41

13-2 陆地边境县分地区城镇居民最低生活保障情况(2014年)

地 区	城镇居民最低生活保障人数(人)	城镇居民最低生活保障户数(户)	城镇居民最低生活保障支出(万元)	城镇居民最低生活保障年支出水平(包括春节等一次性补助)(元/人、年)
合 计	**730936**	**423059**	**312279**	**3789**
内蒙古	63032	39301	33805	5363
辽 宁	28178	17235	11482	4075
吉 林	119607	77299	54778	4580
黑龙江	100088	53084	49117	4907
广 西	30540	15455	9248	3028
云 南	140161	78757	46501	3318
西 藏	1644	797	749	4558
甘 肃	602	303	324	5382
新 疆	247084	108385	86282	3492

13-3 陆地边境县分地区农村居民最低生活保障情况(2014年)

地　　区	农村居民最低生活保障人数(人)	农村居民最低生活保障户数(户)	农村居民最低生活保障支出(万元)	农村居民最低生活保障年支出水平(元/人、年)
合　　计	**2401374**	**1137127**	**399699**	**1565**
内 蒙 古	95137	70694	29791	3131
辽　　宁	33466	18881	6056	1810
吉　　林	68763	51281	14569	2119
黑 龙 江	109373	61474	21995	2011
广　　西	247899	90194	33752	1362
云　　南	1431471	632317	214441	1498
西　　藏	15407	6887	1910	1240
甘　　肃	590	343	129	2183
新　　疆	399268	189474	65464	1640

14-1 各陆地边境县主要经济社会指标(2014年)(一)

地　区	年　末 总人口 (万人)	地　区 生产总值 (亿元)	人均地区 生产总值 (元)	规模以上工业 企业资产总计 (亿元)	农林牧渔业 总产值 (亿元)
内蒙古自治区					
达尔罕茂明安联合旗	9.78	202.39	205785	281.83	27.35
四子王旗	21.48	53.58	24911	91.98	27.21
二连浩特市	2.97	88.40	119132	44.67	0.97
阿巴嘎旗	4.51	61.02	141566	94.81	13.08
东乌珠穆沁旗	8.10	140.80	147437	129.19	35.74
苏尼特左旗	3.46	44.84	134866	33.24	9.77
苏尼特右旗	6.90	54.26	76746	90.18	8.80
满洲里市	17.31	212.44	84976	198.98	6.24
额尔古纳市	8.32	44.27	53159	33.64	25.60
陈巴尔虎旗	5.87	89.04	151626	226.85	16.82
新巴尔虎左旗	4.30	34.97	44535	38.89	12.10
新巴尔虎右旗	3.57	77.16	217796	218.82	7.91
乌拉特中旗	14.42	98.07	73371	275.19	26.58
乌拉特后旗	6.00	66.07	100947	264.38	5.18
阿拉善左旗	14.33	371.48	193352	697.67	13.44
阿拉善右旗	2.55	37.20	140539	58.32	3.97
额济纳旗	1.83	49.19	269148	19.50	2.86
阿尔山市	4.83	15.14	22030	10.41	4.12
科尔沁右翼前旗	33.74	88.82	29964	39.42	57.14
辽宁省					
振安区	17.40	46.74	26868	140.06	12.70
元宝区	18.43	58.59	31733	30.22	2.16
振兴区	37.32	125.13	33524	32.20	3.19
东港市	60.81	348.90	36089	167.43	87.83
宽甸满族自治县	43.06	152.26	35335	58.56	49.63
吉林省					
集安市	21.79	95.37	43687	73.08	17.14
浑江区	33.89	200.11	52982	158.14	16.82

粮　食 总产量 （万吨）	肉　类 总产量 （万吨）	全社会固定 资产投资 （亿元）	社会消费品 零售总额 （亿元）	农民人均 纯收入 （元）	地方财政 收　　入 （亿元）	地方财政 支　　出 （亿元）
9.76	1.87	169.03	19.59	10534	14.41	24.81
11.40	3.57	33.10	19.30	5027	1.69	25.82
	0.17	32.84	28.31	17390	4.38	17.27
	3.58	38.03	9.32	14786	1.84	8.66
7.56	4.56	73.88	18.66	16800	12.17	19.39
	1.78	2.68	6.04	14463	2.02	9.32
0.03	2.02	26.19	15.46	8655	2.72	13.93
0.13	0.34	94.35	122.11		13.93	38.36
43.50	0.82	24.00	12.92	17310	2.29	12.35
12.47	1.80	17.60	5.23	14850	5.54	12.47
7.83	2.16	23.00	5.87	14310	1.30	8.81
0.86	1.72	24.21	5.57	14420	4.80	11.30
34.27	1.69	120.19	13.24	10730	8.43	23.25
7.00	0.58	80.00	0.72	9727	6.94	14.38
16.30	1.15	238.30	44.54	11122	20.31	45.15
1.55	0.30	25.14		12904	1.04	10.45
0.19	0.17	49.24	11.60	13708	4.65	11.93
6.26	0.17	30.81	6.21	5779	0.90	14.90
103.25	5.45	87.57	23.66	5745	2.51	27.29
3.51	2.61	86.13	18.04	11528	4.70	6.98
0.40	0.45	79.22	85.25		4.97	5.50
1.15	0.31	115.17	106.28		12.51	10.11
52.50	9.97	212.50	117.85	12449	33.55	56.42
16.26	6.21	152.62	65.20	11219	16.22	31.19
6.95	0.56	100.13	43.40	10654	7.57	22.73
2.45	0.63	123.34	105.69	9315	4.69	13.95

14-1(一) 续表 1

地　　区	年　末 总人口 （万人）	地　　区 生产总值 （亿元）	人均地区 生产总值 （元）	规模以上工业 企业资产总计 （亿元）	农林牧渔业 总产值 （亿元）
临江市	16.66	93.82	56012	77.41	14.14
抚松县	29.98	169.97	56582	109.08	37.91
长白朝鲜族自治县	8.19	37.13	45175	20.27	9.77
图们市	12.06	40.95	34555	37.08	3.30
龙井市	16.71	37.15	22062	14.87	8.28
珲春市	22.66	135.81	60039	163.65	10.84
和龙市	18.26	50.66	27584	69.13	13.71
安图县	20.84	64.65	30946	53.39	16.12
黑龙江省					
萝北县	8.66	86.90	39952	17.52	18.77
绥滨县	13.29	48.13	17155	11.93	20.89
饶河县	14.32	48.02	33195	6.08	28.41
密山市	41.57	131.85	32689	33.92	60.22
虎林市	28.49	129.14	50104	68.45	51.31
鸡东县	28.90	90.91	35650	20.19	49.49
嘉荫县	7.33	24.78	33167	10.33	21.57
绥芬河市	6.95	125.58	192819	22.79	1.65
东宁县	21.00	150.95	72435	28.01	53.29
同江市	21.17	100.38	47417	28.68	34.88
抚远县	15.60	47.89	40466	7.05	35.45
爱辉区	18.90	21.14	27336	12.04	14.78
逊克县	10.06	24.52	24140	11.72	22.15
孙吴县	10.25	13.86	13463	6.05	11.78
呼玛县	5.20	14.99		12.19	194.47
塔河县	9.00	20.73	28134	5.53	23.55
漠河县	8.40	29.27	53396	23.63	23.55
穆棱市	29.10	175.70	60695	116.24	53.92
广西壮族自治区					
防城区	42.61	110.91	29276	44.54	40.93
东兴市	14.13	80.98	53309	31.25	22.92

粮　食 总产量 （万吨）	肉　类 总产量 （万吨）	全社会固定 资产投资 （亿元）	社会消费品 零售总额 （亿元）	农民人均 纯收入 （元）	地方财政 收　　入 （亿元）	地方财政 支　　出 （亿元）
4.31	0.43	84.98	33.26	10421	6.02	21.06
7.60	0.50	126.87	46.21	11298	11.24	30.14
1.97	0.22	51.11	9.70	8005	3.31	14.46
4.15	0.20	40.05	21.87	8051	2.48	13.41
13.42	0.55	40.05	13.20	6728	3.24	17.18
10.92	0.71	133.08	48.93	9981	17.70	36.46
12.05	0.63	49.84	17.19	6851	3.52	18.95
10.20	0.66	63.20	17.43	7194	5.06	16.77
36.04	1.69	10.77	12.12	13989	3.04	14.20
45.56	0.73	8.45	8.03	4206	1.18	13.43
50.13	0.42	22.17	4.27	4641	0.90	11.84
112.70	4.87	38.15	33.57	13251	3.90	24.25
97.61	1.26	35.42	24.49	14448	4.53	21.08
76.23	2.86	21.97	17.69	12851	2.55	16.54
2.53	0.47	4.39	5.75	12210	1.11	11.23
0.81	0.27	125.35	22.91	15444	5.67	22.09
20.25	0.84	94.68	33.38	18090	7.24	19.50
86.47	1.42	60.43	17.30	5201	2.13	19.72
90.82	1.07	18.08	8.78	3468	1.84	19.89
29.87	0.98	32.04	5.41	11401	1.65	14.08
39.54	0.69	12.42	5.49	11203	1.67	13.28
24.78	0.57	8.86	6.09	7570	0.93	11.99
15.63	0.26	4.61	3.58	10920	0.81	85.53
1.15	0.33	9.73	6.08	9162	1.27	7.34
0.43	0.35	22.70	1.19	12802	2.23	9.33
40.54	3.61	158.26	44.11	13899	9.48	28.78
11.08	2.60	104.04	36.76	9906	7.84	21.52
2.46	0.77	105.37	20.19	11860	10.73	21.15

14-1(一) 续表 2

地 区	年 末 总人口 (万人)	地 区 生产总值 (亿元)	人均地区 生产总值 (元)	规模以上工业 企业资产总计 (亿元)	农林牧渔业 总产值 (亿元)
凭祥市	11.18	45.24	39479	4.61	7.60
大新县	37.83	93.90	31087	79.98	32.74
宁明县	44.02	95.08	27620	49.17	45.66
龙州县	26.96	78.03	34953	8.40	21.65
靖西县	65.84	129.92	25402	190.04	24.14
那坡县	21.32	19.73	12613	3.04	11.09
云南省					
澜沧县	49.78	51.87	10746	286.03	27.08
江城县	12.56	23.27	18520	64.94	14.43
西盟县	9.34	9.85	10588	5.95	4.47
孟连县	13.88	21.27	15272	5.38	14.41
镇康县	18.16	36.13	18204	43.28	16.11
沧源县	18.56	32.71	16772	23.25	16.20
耿马县	30.46	69.87	22490	44.46	42.09
龙陵县	29.58	55.17	19834	65.23	25.07
腾冲县	67.21	133.37	20369	80.87	49.28
麻栗坡县	28.37	46.18	16113	57.92	17.43
马关县	37.53	65.65	17539	73.42	27.66
富宁县	41.68	66.60	16010	39.99	31.06
绿春县	22.92	23.56	10318	3.87	13.83
金平县	36.88	38.01	10340	37.73	16.68
河口县	10.71	33.85	31756	2.76	12.66
景洪市	41.64	163.21	30376	169.97	60.68
勐海县	33.90	78.32	23164	61.18	34.13
勐腊县	24.04	70.16	23300	11.39	51.95
芒市	41.21	69.65	15360	109.36	30.63
瑞丽市	19.75	73.32	37755	28.02	13.51
盈江县	31.39	71.02	22788	161.15	35.73
陇川县	18.91	33.91	18165	36.47	23.19

粮　食 总产量 （万吨）	肉　类 总产量 （万吨）	全社会固定 资产投资 （亿元）	社会消费品 零售总额 （亿元）	农民人均 纯收入 （元）	地方财政 收　入 （亿元）	地方财政 支　出 （亿元）
1.76	0.56	74.83	19.03	7664	6.79	14.40
12.05	3.11	83.17	10.68	8063	5.58	20.55
7.15	2.03	80.59	12.66	7613	6.12	24.53
5.18	0.87	75.26	15.71	6763	5.97	20.90
23.61	3.04	131.61	23.19	5423	9.48	33.69
6.56	1.23	22.48	6.80	4548	1.89	15.25
24.61	2.96	36.09	14.67	6537	4.63	29.42
4.35	0.76	23.74	5.40	6841	1.50	12.80
4.22	0.42	8.70	2.20	6567	0.63	9.33
5.92	0.89	7.13	7.68	6790	1.33	11.04
8.55	1.95	69.55	7.27	7129	3.00	18.96
7.60	1.33	51.50	7.96	7046	2.18	19.25
11.60	2.40	72.09	14.68	7489	3.54	20.05
14.66	3.18	49.21	11.74	7094	4.21	21.71
41.51	11.80	145.01	31.06	7502	15.30	41.86
11.85	5.00	32.14	15.98	6836	3.28	19.49
17.14	5.72	29.43	27.03	6918	5.25	23.30
15.80	6.12	59.29	34.79	7182	4.10	27.50
10.50	2.79	50.31	6.70	5680	1.63	17.30
14.20	3.66	50.40	8.29	5748	2.44	20.17
2.91	0.75	40.40	5.42	8511	2.23	13.50
10.37	1.46	204.73	59.44	10278	11.73	31.27
28.90	1.31	41.96	16.64	8121	4.21	20.76
8.04	1.11	53.48	19.09	7456	3.48	18.46
23.23	3.09	76.54	29.20	7656	7.11	23.41
9.38	2.14	100.40	34.84	8230	9.13	20.83
21.98	3.01	57.03	24.48	7343	5.59	30.60
15.44	1.51	16.63	7.09	5506	2.13	13.70

14-1(一) 续表 3

地　区	年　末 总人口 (万人)	地　区 生产总值 (亿元)	人均地区 生产总值 (元)	规模以上工业 企业资产总计 (亿元)	农林牧渔业 总产值 (亿元)
泸水县	18.71	37.39	20016	44.53	9.43
福贡县	9.98	10.32	10353	5.59	3.86
贡山县	3.84	8.85	23108	2.58	2.80
西藏自治区					
洛札县	2.02	3.67	18155		0.65
错那县	1.59	3.74	23518	0.48	0.36
浪卡子县	3.86	4.41	11505		0.77
定结县	2.27	2.73	12129		0.86
定日县	5.63	6.26	12422		2.36
康马县	2.27	3.48	6846		1.09
聂拉木县	1.88	3.68	24900		1.10
吉隆县	1.53	4.01	25357		0.87
亚东县	1.34	4.49	33739		0.92
岗巴县	1.12	2.44	21544		0.51
仲巴县	2.36	4.84	20170		1.83
萨嘎县	1.53	2.93	19375		0.84
噶尔县	1.13	2.23	23577	0.04	0.55
普兰县	0.95	2.06	21701	0.09	0.50
日土县	1.04	2.45	23676	0.07	0.80
札达县	0.76	1.91	25348	0.09	0.36
墨脱县	1.00	3.70	10400		0.39
察隅县	2.87	6.67	17943		1.49
甘肃省					
肃北蒙古族自治县	1.20	34.15	226156	111.86	0.92
新疆维吾尔自治区					
哈密市	48.79	308.94	65335	815.02	25.50
伊吾县	2.35	45.37	195004	170.39	7.69
巴里坤哈萨克自治县	10.55	47.71	45308	126.73	16.59
和田县	30.16	25.61	8721	45.00	21.33

粮　食 总产量 （万吨）	肉　类 总产量 （万吨）	全社会固定 资产投资 （亿元）	社会消费品 零售总额 （亿元）	农民人均 纯收入 （元）	地方财政 收　　入 （亿元）	地方财政 支　　出 （亿元）
6.71	1.74	35.70	12.34	4409	2.38	15.86
3.52	0.67	7.81	2.97	3944	0.67	12.47
1.14	0.23	11.77	2.23	3960	0.60	8.51
0.97	0.11	7.03	0.68	7740	0.18	3.87
0.47	0.11	6.33	0.66	6790	0.18	4.42
0.79	0.29	6.64	0.78	7175	0.49	4.48
0.61	0.07	1.93	0.51	5017	0.07	1.55
2.61	0.25	5.98	0.78	5284	0.40	6.16
1.08	0.12	2.05	0.41	6142	0.06	3.09
0.60	0.06	3.68	1.76	6494	0.14	3.22
0.45	0.06		0.65	3678	0.04	1.71
0.14	0.08	4.93	1.06	7039	0.47	4.11
0.28	0.09	1.77	0.31	5968	0.06	2.55
	0.36	3.04	0.32	7221	0.23	3.82
0.13	0.07	2.63	1.22	5410	0.09	4.30
0.06	0.13	1.98		7468	0.51	
0.27	0.07	2.66		7112	0.25	
0.10	0.24	3.34		7642	0.22	
0.09	0.05	2.58		6631	0.13	
0.46	0.04	8.92	0.26	6512	0.46	
1.85	0.13	12.29	0.90	5891	0.26	3.99
0.55	0.21	74.83	1.69	18000	2.88	7.85
3.80	3.02	476.69	67.33	12380	36.35	45.74
0.81	0.93	102.91	1.99	12969	4.42	9.41
9.44	2.18	79.23	6.02	9771	4.01	14.63
14.43	1.61	30.22	2.02	5730	1.41	20.52

14-1(一)　续表 4

地　区	年　末 总人口 (万人)	地　区 生产总值 (亿元)	人均地区 生产总值 (元)	规模以上工业 企业资产总计 (亿元)	农林牧渔业 总产值 (亿元)
皮山县	26.65	19.40	6967	4.84	14.32
温宿县	26.13	65.19	24950	45.32	52.31
乌什县	22.88	26.30	11495	3.68	15.83
叶城县	51.90	70.20	14210	19.34	60.94
塔什库尔干塔吉克自治县	4.04	10.02	25296	18.89	2.29
阿图什市	27.11	38.95	14583	39.13	12.70
阿合奇县	4.46	7.77	17577	1.71	1.90
乌恰县	6.12	18.72	30917	20.90	1.89
阿克陶县	21.95	23.80	11067	53.25	12.03
奇台县	24.33	115.64	47588	92.61	72.20
木垒哈萨克自治县	8.94	26.15	29381	8.11	23.22
博乐市	27.18	129.72	49513	80.88	30.68
温泉县	7.58	21.07	27887	0.48	12.32
昭苏县	19.25	39.46	20535	6.69	19.81
霍城县	41.76	102.23	24618	62.15	32.64
察布查尔锡伯自治县	19.97	45.93	23236	41.12	28.08
塔城市	15.65	73.38	44074	4.45	33.81
额敏县	16.40	65.43	30081	32.64	35.50
裕民县	5.47	14.74	24607		10.13
托里县	9.69	41.63	43431	52.29	11.74
和布克赛尔蒙古自治县	5.49	35.23	53788	87.20	9.19
阿勒泰市	19.75	55.17	28612	23.95	13.21
青河县	6.55	13.95	20612	18.71	7.69
吉木乃县	3.94	10.26	26642	24.01	3.18
富蕴县	9.77	54.12	57698	132.23	10.38
布尔津县	7.28	18.82	27231	50.08	6.96
福海县	6.74	37.19	46782	24.09	17.45
哈巴河县	8.91	35.49	41046	44.76	12.34

粮　食 总产量 （万吨）	肉　类 总产量 （万吨）	全社会固定 资产投资 （亿元）	社会消费品 零售总额 （亿元）	农民人均 纯收入 （元）	地方财政 收　入 （亿元）	地方财政 支　出 （亿元）
13.95	1.24	20.01	1.98	5260	1.24	18.78
25.70	2.61	71.61	9.58	13395	3.60	18.84
20.91	2.20	19.50	1.70	6550	0.85	16.68
45.78	5.51	57.96	12.51	7680	4.35	39.78
1.80	0.58	26.80	1.59	5153	1.47	11.93
9.52	1.70	38.39	9.90	5207	3.36	20.87
1.46	0.49	7.57	1.08	4565	0.77	10.55
0.97	0.61	26.20	1.69	5412	2.45	13.17
19.85	1.45	38.23	3.75	4264	2.30	23.64
81.33	12.87	246.86	23.93	14768	8.12	21.18
23.97	1.64	33.20	6.98	11989	2.96	12.65
34.49	1.16	108.23	26.07	12498	8.09	21.36
38.43	0.73	15.63	2.51	7365	1.03	9.72
16.10	2.85	36.02	5.10	10680	1.43	15.11
28.20	3.97	66.13	15.53	11774	4.18	20.30
48.84	2.08	103.41	3.04	11150	3.80	17.37
84.89	2.06	43.00	16.25	13300	4.58	17.58
90.33	2.59	53.31	13.78	11522	3.82	17.45
24.84	1.18	7.50	2.78	11480	0.70	8.76
18.99	1.61	26.62	3.93	8462	2.86	11.86
1.68	1.37	35.92	3.22	9998	9.46	15.04
6.61	1.92	54.59	23.09	10015	6.17	21.51
4.85	0.52	24.35	2.79	7237	2.29	12.87
2.84	0.48	19.02	1.11	6422	0.77	8.08
8.59	1.36	46.16	5.95	9956	10.26	21.42
5.78	1.05	40.03	11.54	9516	2.87	12.45
19.23	1.31	19.32	5.63	10238	2.84	12.28
11.14	1.26	27.43	4.55	10176	5.85	15.39

14-1 各陆地边境县主要经济社会指标(2014年)(二)

地　区	普通中学在校学生(人)	普通中学专任教师(人)	普通小学在校学生(人)	普通小学专任教师(人)	文化馆(个)	图书馆(个)	博物馆(个)
内蒙古自治区							
达尔罕茂明安联合旗	2192	341	3322	341	1	1	1
四子王旗	8266	541	6780	784	1	1	1
二连浩特市	3764	364	5307	270	1	1	1
阿巴嘎旗	1107	172	1724	258	1	1	1
东乌珠穆沁旗	3953	276	5940	447	1	1	1
苏尼特左旗	1080	109	1622	197	1	1	1
苏尼特右旗	2963	262	3435	391	1	1	
满洲里市	10919	1116	8535	656		1	2
额尔古纳市	3454	311	3242	397	1	1	2
陈巴尔虎旗	1153	251	2199	420	1	1	1
新巴尔虎左旗	651	144	1819	201	1	1	
新巴尔虎右旗	749	117	1674	171	1		2
乌拉特中旗	3981	387	4384	453	1	1	1
乌拉特后旗	2421	232	2704	299	1	1	1
阿拉善左旗	9352	1213	9970	579	1	1	
阿拉善右旗	1164	134	1021	170	1	1	1
额济纳旗	485	135	1148	78	1	1	1
阿尔山市	669	155	1234	185			
科尔沁右翼前旗	8862	1492	14723	2095	1	1	1
辽宁省							
振安区	2480	425	6295	707	1	1	
元宝区	708	89	4790	367	1	1	
振兴区	791	128	11023	894	1	1	
东港市	18969	2900	28139	1909	1	1	1
宽甸满族自治县	10338	1175	21390	2253	1	1	1
吉林省							
集安市	8091	1161	8729	740	2	1	1
浑江区	5957	902	8287	906	1		1

医院、卫生院机构数（个）	医院、卫生院床位数（张）	卫生技术人员（人）	城镇居民最低生活保障人数（人）	城镇居民最低生活保障支出（万元）	农村居民最低生活保障人数（人）	农村居民最低生活保障支出（万元）
23	373	460	1168	833	4331	1956
29	14	667	7406	4078	24822	7985
3	140	419	962	514		
13	184	299	1165	608	997	304
20	259	483	3498	1961	2771	1387
13	115	228	759	454	1499	467
14	150	364	2930	1726	4431	1313
9	915	2010	2678	1734		
10	441	618	5109	3136		
13	290	355	3620	1950	727	325
14	136	330	2406	1240	2100	671
14	160	336	2114	1204	1351	480
19	440	494	4235	2155	9751	4290
12	210	353	8810	3908	5977	2160
34	695	1509	2712	1764	2023	931
10	97	196	351	267	256	132
10	215	162	759	483		
6	152	296	8349	3766		
26	1102	1559	4001	2026	34101	7391
9	370	346	2886	1531	2204	435
1	2400	1040	7276	3303	810	154
13	390	420	8158	3136	2298	771
25	1774	2169	2994	1025	14626	2526
33	2202	1462	6864	2487	13528	2171
21	904	901	8227	3901	7914	1318
14	556	377	27860	11070	9224	1550

14-1(二)　续表 1

地　　区	普通中学在校学生（人）	普通中学专任教师（人）	普通小学在校学生（人）	普通小学专任教师（人）	文化馆（个）	图书馆（个）	博物馆（个）
临江市	2870	212	5567	483	1	1	2
抚松县	6063	554	13173	1234		1	1
长白朝鲜族自治县	1076	131	3144	455	1	1	
图们市	1004	160	2849	345	1	1	1
龙井市	1199	186	3828	444	1	1	1
珲春市	3117	343	10082	1005	1	1	1
和龙市	1555	266	4575	756	1	1	1
安图县	2362	251	8716	790	1	1	1
黑龙江省							
萝北县	13717	324	8423	423	1	1	1
绥滨县	6603	555	7512	480	1	1	
饶河县	5189	436	7190	410		1	1
密山市	21439	1569	16250	924	1	1	1
虎林市	13154	656	12559	538	1	1	1
鸡东县	12306	578	9429	678	1	1	
嘉荫县	2853	44	3369	279	1	1	2
绥芬河市	6181	492	7342	423	1	1	1
东宁县	9416	706	10080	810	1	1	
同江市	7294	367	11397	972	1		1
抚远县	3897	465	6470	592	1	1	
爱辉区	8757	579	9416	735	1	1	1
逊克县	3676	226	4542	395	1	1	1
孙吴县	3455	260	5439	546	1	1	3
呼玛县	2018	287	1944	148	1	1	1
塔河县	2656	275	2102	429	1	1	
漠河县	2210	414	2424	165			
穆棱市	9410	925	12768	1017	2	1	2
广西壮族自治区							
防城区	16866	926	34500	1639	1	1	1
东兴市	9184	518	19244	841	1	1	1

医院、卫生院机构数（个）	医院、卫生院床位数（张）	卫　　生技术人员（人）	城镇居民最低生活保障人数（人）	城镇居民最低生活保障支出（万元）	农村居民最低生活保障人数（人）	农村居民最低生活保障支出（万元）
17	1061	1258	11639	4899	7254	1082
19	1192	2325	18567	7524	10772	1631
12	291	408	6651	2941	5296	1040
7	348	388	6357	3997	3072	811
11	714	702	7781	3790	5954	1302
13	884	1403	12806	5816	4209	1152
15	805	740	10621	6394	5515	2739
16	565	1272	9098	4446	9553	1944
10	400	630	6208	2803	5009	1083
11	398	439	4077	1832	8588	1755
11	389	21	1921	951	4359	967
29	1809	2183	8344	4363	18279	3258
19	1023	984	9933	4905	5384	1401
17	610	770	5371	2849	9332	1696
11	317	339	4192	1651	3588	537
6	697	350	1293	495	1292	366
10	656	672	3494	1908	2384	599
14	493	471	5569	2406	12733	2565
10	188	413	4193	1692	8203	1616
13	418	560	7494	4132	3010	664
11	377	234	3250	1856	4475	953
14	264	451	3395	1901	4169	911
10	207	230	2449	1335	1649	331
8	540	526	4831	2728	1119	243
8	380	617	7274	4601		46
15	748	2174	16800	6711	15800	3003
12	730	917	10005	2416	40353	4598
7	408	704	1274	310	5581	1744

14-1(二) 续表 2

地　区	普通中学在校学生（人）	普通中学专任教师（人）	普通小学在校学生（人）	普通小学专任教师（人）	文化馆（个）	图书馆（个）	博物馆（个）
凭祥市	4405	336	9715	637	1	1	1
大新县	12291	839	22210	1586	1	1	1
宁明县	13397	1062	34368	2070	1	1	
龙州县	8785	562	15038	1151	1	1	1
靖西县	27205	1556	44643	2258	1	1	1
那坡县	8182	488	16525	934	1	1	1
云南省							
澜沧县	20894	1273	30846	1732	1	1	
江城县	5355	335	9143	575	1	1	
西盟县	4292	332	7101	534	1	1	1
孟连县	5799	388	11332	722	1	1	1
镇康县	9556	541	15488	1131	1	1	
沧源县	8726	641	12893	1140	1	1	
耿马县	12009	744	26461	1555	1	1	1
龙陵县	16326	1134	23582	1622	1	1	
腾冲县	52674	3312	56939	2925	1	2	2
麻栗坡县	14142	1080	21884	1841	1	1	
马关县	11818	1087	28480	1714	1	1	
富宁县	24009	1253	43800	3200	1	1	1
绿春县	11894	846	19467	953	1	1	1
金平县	18060	1434	35824	1659	1	1	
河口县	3961	494	7245	591	1	1	
景洪市	27454	1815	41688	2353	1	2	2
勐海县	12022	762	23204	1390	1	1	
勐腊县	12979	857	26288	1427	1	1	
芒市	13478	1249	33408	2080	1	3	1
瑞丽市	9648	672	17093	871	1	1	1
盈江县	11989	904	28242	1696	1	1	
陇川县	10734	769	15510	1017	1	1	

医院、卫生院机构数（个）	医院、卫生院床位数（张）	卫生技术人员（人）	城镇居民最低生活保障人数（人）	城镇居民最低生活保障支出（万元）	农村居民最低生活保障人数（人）	农村居民最低生活保障支出（万元）
6	270	705	2617	726	4405	468
21	991	1258	1410	394	33122	3663
21	1036	1215	5458	1775	17749	2830
18	940	1231	2346	1172	11738	1932
27	1742	1532	4497	1559	103060	13044
16	613	681	2933	895	31891	5475
25	1078	491	9006	2962	172345	25606
9	437	481	2517	913	32509	4837
8	279	227	2558	831	37098	5161
8	301	460	3012	1035	41708	6186
11	711	629	2941	895	67434	9725
17	521	663	5164	1736	66379	9638
19	980	979	6892	2085	69483	10230
16	765	529	5802	1827	62413	9137
30	1569	2757	5221	1494	87131	12917
14	905	741	8490	2629	75986	11039
19	908	935	5473	1943	90739	13502
20	612	655	7782	2603	87208	12976
12	480	288	3795	1219	88070	13701
18	738	625	4929	1661	115447	17179
12	508	648	10543	3530	12788	1907
42	3788	4440	4663	3914	10290	2072
19	1272	604	3072	2922	26225	7762
17	1218	1665	1882	752	17656	2991
14	2571	2797				
16	954	1226	5481	1462	14638	1907
17	889	538	8762	1808	54736	6735
14	960	743	8709	2085	41651	6223

14-1(二) 续表 3

地　区	普通中学在校学生（人）	普通中学专任教师（人）	普通小学在校学生（人）	普通小学专任教师（人）	文化馆（个）	图书馆（个）	博物馆（个）
泸水县	9522	784	16026	1308	1	1	1
福贡县	4436	353	9089	604	1	1	
贡山县	1560	150	2786	212	1	1	1
西藏自治区							
洛札县	786	61	1583	202	1	1	
错那县	559		866		1		
浪卡子县	1709	136	3030	227	10	1	
定结县	698	59	1786	129		1	
定日县	2294	175	5794	325	14	14	
康马县	757	79	1944	156	1	1	
聂拉木县	885	172	1546	120		2	
吉隆县	2704	207	1761	135		1	
亚东县	354	52	952	97			
岗巴县	396	54	1017	96	1		
仲巴县	1186	79	2489	177			
萨嘎县	676	58	1544	159	8	9	
噶尔县			731		5	1	
普兰县			870		3	1	
日土县			1113		5	1	
札达县			500		6	1	
墨脱县	629	45	298	36	1	1	1
察隅县	1490	67	2707	213	1	1	
甘肃省							
肃北蒙古族自治县	668	87	667	91	1	1	1
新疆维吾尔自治区							
哈密市	27760	2406	26703	2391	2	2	1
伊吾县	1222	212	1519	217	1	1	1
巴里坤哈萨克自治县	3596	401	4694	763	1	1	1
和田县	18976	1606	31404	1711	1	1	

医院、卫生院机构数（个）	医院、卫生院床位数（张）	卫　　生技术人员（人）	城镇居民最低生活保障人数（人）	城镇居民最低生活保障支出（万元）	农村居民最低生活保障人数（人）	农村居民最低生活保障支出（万元）
20	919	1039	3712	1078	58880	8610
11	320	213	3603	1303	46006	6845
6	176	152	1059	455	18118	2562
8	87	98	259	130	2165	319
10	63	47	99	64	2089	234
11	70	104	244	150	4015	556
11	60	79				
15	181	120				
9	62	90				
8	88	155				
8	56	101				
8	48	59				
2	42	110				
14	140	97				
9	75	86				
7			706	239	1175	116
4			52	34	1358	117
7			58	32	1348	158
8			91	28	1014	103
9	50	36	45	26	915	101
7	104	84	90	47	1328	207
7	150	139	602	324	590	129
31	2313	3174	6169	3448	9306	2454
7	225	131	740	436	1387	446
16	199	366	3287	1511	9221	2755
15	1080	613	8091	2920	56532	9403

14-1(二) 续表 4

地　区	普通中学在校学生（人）	普通中学专任教师（人）	普通小学在校学生（人）	普通小学专任教师（人）	文化馆（个）	图书馆（个）	博物馆（个）
皮山县	14315	1288	22844	1189	1	1	
温宿县	13048	1220	21107	1684	1	1	
乌什县	12413	880	19982	1456	1	1	1
叶城县	34589	1896	58606	3589	1	1	1
塔什库尔干塔吉克自治县	2419	135	3977	411	14	14	1
阿图什市	10524	1585	22268	2340	1	1	
阿合奇县	1962	187	4516	463	1	1	
乌恰县	1948	308	5316	890	1	1	1
阿克陶县	13217	1506	22383	2622	1	1	
奇台县	11294	973	11593	1237	1	1	1
木垒哈萨克自治县	3214	348	4406	860	1	1	1
博乐市	20466	2254	14104	1316	2	1	1
温泉县	1938	411	3486	544	1	1	
昭苏县	7118	899	12810	1146	1	1	
霍城县	14967	1402	24706	2132	1	1	
察布查尔锡伯自治县	9116	1351	13300	1077	1	1	1
塔城市	10970	602	10322	1169	1	1	7
额敏县	8819	934	12037	802	1	1	1
裕民县	2579	475	3843	420	1	1	1
托里县	5901	577	8748	635	1	1	1
和布克赛尔蒙古自治县	2425	201	4052	599	1	1	1
阿勒泰市	5208	906	11624	1284	1	1	1
青河县	3645	481	5448	536	1	1	1
吉木乃县	1915	212	2872	438	1	1	1
富蕴县	5142	725	9342	565	1	1	1
布尔津县	3596	657	5946	578	1	1	1
福海县	3377	285	5129	674	1	1	
哈巴河县	5044	463	7979	720	1	1	1

医院、卫生院机构数（个）	医院、卫生院床位数（张）	卫　生技术人员（人）	城镇居民最低生活保障人数（人）	城镇居民最低生活保障支出（万元）	农村居民最低生活保障人数（人）	农村居民最低生活保障支出（万元）
23	859	659	10734	3961	30877	5370
21	752	658	7684	3065	7110	1158
11	635	665	11220	3604	26500	4579
32	1588	1081	24504	8367	47430	7896
14	206	258	2920	1063	13796	2339
16	395	828	12724	4472	14717	2265
8	243	411	6503	2324	7618	1179
13	335	387	7619	2690	8003	1252
18	781	806	10889	3831	23083	3587
19	1504	1033	2478	1268	3301	533
11	339	500	2369	977	2484	429
16	1980	1684	17164	4914	7546	842
9	215	359	6536	1771	3693	531
16	591	576	8476	2646	10227	1746
19	1117	856	10886	3422	18502	3200
21	595	712	8254	2275	9087	1102
9	279	549	9609	3438	6049	840
22	522	667	9738	3372	12120	1892
20	420	419	2764	976	4012	576
10	503	367	4793	1882	4860	812
15	496	648	2998	1125	3905	669
18	896	1065	10066	4337	12037	1524
10	230	248	6441	1891	10730	1104
9	134	216	4859	1588	6458	963
11	400	417	7811	2355	8545	1034
9	298	521	6249	1955	4727	804
14	337	338	7124	2604	6041	829
7	388	328	5385	1795	9364	1354

牧区半牧区县

1-1 牧区半牧区县经济社会发展主要指标

指 标	2013年	占全国比重(%)	2014年	占全国比重(%)
人口				
年底总人口 (万人)	4523.18	3.34	4978.38	3.64
地区生产总值 (亿元)	**19390.95**	**3.36**	**20181.19**	**3.17**
第一产业	3384.90	6.46	3579.03	6.14
第二产业	10186.04	3.57	10147.19	3.73
第三产业	5820.00	2.44	6454.96	2.11
人均地区生产总值 (元)	42151.64	98.99	44944.08	96.39
固定资产 (亿元)				
全社会固定资产投资总额	16471.26	4.40	15477.88	3.02
财政 (亿元)				
地方财政收入	1191.26	1.95	1332.31	0.95
地方财政支出	4194.95	3.91	4566.76	3.01
农业				
农林牧渔总产值 (亿元)	5598.31	6.26	5909.98	5.78
粮食产量 (万吨)	6641.69	11.27	6689.38	11.02
大牲畜年底头数 (万头)	3371.22	28.35	3236.44	37.17
羊年底头数 (万只)	10471.79	37.33	11025.83	36.37
猪年底头数 (万头)	2844.31	5.98	3033.46	6.51
肉类总产量 (万吨)	622.84	7.43	628.08	9.72
工业				
规模以上工业企业资产总计(亿元)	19023.28		25697.67	
教育				
普通中学				
学校数 (个)	2235	3.35	2301	3.46
在校学生数 (人)	2107176	2.91	2125658	3.13
专任教师数 (人)	197906	3.88	205773	3.99
普通小学				
学校数 (个)	9945	4.35	10184	5.06
在校学生数 (人)	3259644	3.36	3004269	3.18
专任教师数 (人)	250624	4.49	290575	5.16
医疗卫生				
医院、卫生院数 (个)	5113	8.40	5142	0.52
医院、卫生院床位数 (张)	141441	2.69	163320	2.47
卫生技术人员数 (人)	159499	2.39	187227	1.83
人民生活				
农村居民人均纯收入 (元)	7819	98.76	8937	85.21

2-1 牧区半牧区县行政区划(2014年末)

地区	合计	自治县	县	旗	市	市辖区
合计	**268**	**19**	**184**	**46**	**18**	**1**
河北	6	2	4			
山西	1	1				
内蒙古	53		4	46	2	1
辽宁	6	2	3		1	
吉林	8	1	4		3	
黑龙江	15	1	10		4	
四川	48	1	46		1	
云南	3	1	2			
西藏	38		38			
甘肃	20	4	15		1	
青海	30	2	26		2	
宁夏	3		3			
新疆	37	4	29		4	

2-2 我国牧区半牧区县(旗)、市(市辖区)分布

地区	个数	县、旗、市(市辖区)
河北省	4 县 2 自治县	张家口市：张北县、康保县、沽源县、尚义县 承德市：丰宁满族自治县、围场满族蒙古族自治县
山西省	1 县	朔州市：右玉县
内蒙古自治区	46 旗 4 县 2 市辖区 2 市	包头市：达尔罕茂明安联合旗 赤峰市：阿鲁科尔沁旗、巴林左旗、巴林右旗、林西县、克什克腾旗、翁牛特旗、敖汉旗 通辽市：科尔沁左翼中旗、科尔沁左翼后旗、开鲁县、库伦旗、扎鲁特旗、奈曼旗 鄂尔多斯市：东胜区、达拉特旗、准格尔旗、鄂托克旗、鄂托克前旗、杭锦旗、乌审旗、伊金霍洛旗 呼伦贝尔市：阿荣旗、莫力达瓦达斡尔旗、鄂温克旗、陈巴尔虎旗、新巴尔虎左旗、新巴尔虎右旗、扎兰屯市 巴彦淖尔市：磴口县、乌拉特前旗、乌拉特中旗、乌拉特后旗 乌兰察布市：察哈尔右翼中旗、察哈尔右翼后旗、四子王旗 兴安盟：科尔沁右翼前旗、科尔沁右翼中旗、扎赉特旗、突泉县 锡林郭勒盟：锡林浩特市、阿巴嘎旗、苏尼特左旗、苏尼特右旗、东乌珠穆沁旗、西乌珠穆沁旗、太仆寺旗、镶黄旗、正镶白旗、正蓝旗 阿拉善盟：阿拉善左旗、阿拉善右旗、额济纳旗
辽宁省	1 市 3 县 2 自治县	沈阳市：康平县 阜新市：阜新蒙古族自治县、彰武县 朝阳市：建平县、喀喇沁左翼蒙古族自治县、北票市
吉林省	3 市 4 县 1 自治县	四平市：双辽市 松原市：前郭尔罗斯蒙古族自治县、长岭县、乾安县 白城市：镇赉县、通榆县、洮南市、大安市
黑龙江省	10 县 1 自治县 4 市	齐齐哈尔市：龙江县、泰来县、甘南县、富裕县 鸡西市：虎林市 大庆市：肇州县、肇源县、林甸县、杜尔伯特蒙古族自治县 佳木斯市：同江市 绥化市：兰西县、青冈县、明水县、安达市、肇东市

2-2 续表

地区	个数	县、旗、市(市辖区)
四川省	46 县 1 自治县 1 市	阿坝藏族羌族自治州：汶川县、理县、茂县、松潘县、九寨沟县、金川县、小金县、黑水县、马尔康县、壤塘县、阿坝县、若尔盖县、红原县 甘孜藏族自治州：康定县、泸定县、丹巴县、九龙县、雅江县、道孚县、炉霍县、甘孜县、新龙县、德格县、白玉县、石渠县、色达县、理塘县、巴塘县、乡城县、稻城县、得荣县 凉山彝族自治州：西昌市、木里藏族自治县、盐源县、德昌县、会理县、会东县、宁南县、普格县、布拖县、金阳县、昭觉县、喜德县、冕宁县、越西县、甘洛县、美姑县、雷波县
云南省	2 县 1 自治县	迪庆藏族自治州：香格里拉县、德钦县、维西傈僳族自治县
西藏自治区	38 县	拉萨市：林周县、当雄县 昌都地区：昌都县、江达县、贡觉县、类乌齐县、丁青县、察雅县、八宿县 山南地区：曲松县、措美县、错那县、浪卡子县 日喀则地区：昂仁县、谢通门县、康马县、仲巴县、亚东县、萨嘎县、岗巴县 那曲地区：那曲县、嘉黎县、比如县、聂荣县、安多县、申扎县、索县、班戈县、巴青县、尼玛县 阿里地区：普兰县、札达县、噶尔县、日土县、革吉县、改则县、措勤县 林芝地区：工布江达县
甘肃省	15 县 4 自治县 1 市	兰州市：永登县 金昌市：永昌县 白银市：靖远县 武威市：民勤县、天祝藏族自治县 张掖市：肃南裕固族自治县、山丹县 酒泉市：瓜州县、肃北蒙古族自治县、阿克塞哈萨克族自治县 庆阳市：环县、华池县 定西市：漳县、岷县 甘南藏族自治州：合作市、卓尼县、迭部县、玛曲县、碌曲县、夏河县
青海省	26 县 2 自治县 2 市	海北藏族自治州：门源回族自治县、祁连县、海晏县、刚察县 黄南藏族自治州：同仁县、尖扎县、泽库县、河南蒙古族自治县 海南藏族自治州：共和县、同德县、贵德县、兴海县、贵南县 果洛藏族自治州：玛沁县、班玛县、甘德县、达日县、久治县、玛多县 玉树藏族自治州：玉树市、杂多县、称多县、治多县、囊谦县、曲麻莱县 海西蒙古族藏族自治州：格尔木市、德令哈市、乌兰县、都兰县、天峻县
宁夏回族自治区	3 县	吴忠市：盐池县、同心县 中卫市：海原县
新疆维吾尔自治区	29 县 4 自治县 4 市	乌鲁木齐市：乌鲁木齐县 哈密地区：哈密市、巴里坤哈萨克自治县、伊吾县 昌吉回族自治县：奇台县、木垒哈萨克自治县 博尔塔拉蒙古自治州：博乐市、精河县、温泉县 巴音郭楞蒙古自治州：尉犁县、且末县、和静县、和硕县 阿克苏地区：温宿县、沙雅县 克孜勒苏柯尔克孜自治州：阿克陶县、阿合奇县、乌恰县 喀什地区：塔什库尔干塔吉克自治县 和田地区：民丰县 伊犁哈萨克自治州：巩留县、新源县、昭苏县、特克斯县、尼勒克县 塔城地区：塔城市、额敏县、托里县、裕民县、和布克赛尔蒙古自治县 阿勒泰地区：阿勒泰市、布尔津县、富蕴县、福海县、哈巴河县、青河县、吉木乃县

3-1 牧区半牧区县分地区年末总人口和少数民族人口(2014年)

单位：万人

地 区	年底总人口	城镇人口	乡村人口
合 计	**4978.38**	**1457.02**	**3441.37**
河 北	200.70	54.18	146.53
山 西	11.47	5.83	5.63
内蒙古	1397.39	376.54	1020.85
辽 宁	307.36	82.93	224.43
吉 林	336.86	95.71	238.64
黑龙江	622.39	216.02	384.28
四 川	715.33	208.96	509.64
云 南	40.70	7.24	32.72
西 藏	140.57	15.76	98.05
甘 肃	376.84	70.65	303.00
青 海	200.10	49.76	135.89
宁 夏	101.63	53.24	48.37
新 疆	527.04	220.21	293.35

注：因部分省份城镇人口与乡村人口为户籍人口数，故与总人口数不等。

4-1 牧区半牧区县分地区生产总值(2014年)

单位：亿元

地 区	地区生产总值	第一产业	第二产业	第三产业	人均地区生产总值
合 计	**20181.19**	**3579.03**	**10147.19**	**6454.96**	**44944**
河 北	387.99	132.62	140.56	114.81	22264
山 西	52.70	5.30	26.30	21.10	46129
内蒙古	9623.90	1035.91	5521.54	3066.45	82153
辽 宁	959.91	266.05	398.91	294.95	34965
吉 林	1482.04	303.76	671.84	506.44	44115
黑龙江	1940.01	639.01	769.02	531.99	34100
四 川	1767.85	337.67	896.53	533.66	26536
云 南	147.17	10.39	51.32	85.46	33017
西 藏	206.67	46.69	59.26	100.71	21369
甘 肃	857.42	143.90	411.56	301.96	25647
青 海	811.65	152.98	458.63	200.03	39237
宁 夏	139.92	26.93	59.66	53.32	16058
新 疆	1803.96	477.81	682.07	644.08	34831

4-2 牧区半牧区县分地区生产总值指数(2014年)

地　区	地区生产总值(以2010年为100)	第一产业	第二产业	第三产业
合　计	**109.0**	**106.2**	**110.8**	**107.0**
河　北	106.0	104.1	107.2	106.9
山　西	97.3	105.1	107.4	85.7
内蒙古	109.6	105.5	112.2	106.5
辽　宁	104.2	101.3	104.1	106.9
吉　林	104.4	103.8	104.8	104.1
黑龙江	109.3	110.0	109.9	107.5
四　川	107.9	104.5	110.0	106.6
云　南	110.7	114.1	114.5	108.2
西　藏	157.3	104.6	107.6	110.4
甘　肃	108.5	105.5	110.3	107.7
青　海	105.1	113.8	106.7	109.2
宁　夏	110.2	105.8	118.3	104.3
新　疆	111.9	106.8	114.5	111.3

4-3 牧区半牧区县分地区生产总值构成(2014年)

单位: %

地　区	地区生产总值	第一产业	第二产业	第三产业
合　计	**100**	**17.7**	**50.3**	**32.0**
河　北	100	34.2	36.2	29.6
山　西	100	10.1	49.9	40.0
内蒙古	100	10.8	57.4	31.9
辽　宁	100	27.7	41.6	30.7
吉　林	100	20.5	45.3	34.2
黑龙江	100	32.9	39.6	27.4
四　川	100	19.1	50.7	30.2
云　南	100	7.1	34.9	58.1
西　藏	100	22.6	28.7	48.7
甘　肃	100	16.8	48.0	35.2
青　海	100	18.8	56.5	24.6
宁　夏	100	19.2	42.6	38.1
新　疆	100	26.5	37.8	35.7

5-1 牧区半牧区县分地区在岗职工和劳动报酬（2014年）

地　区	在岗职工人数（万人）	工资总额（亿元）	平均工资（元）
合　计	**327.59**	**1726.38**	**52700**
河　北	8.43	32.28	38298
山　西	1.08	5.65	52297
内蒙古	118.32	678.16	57315
辽　宁	13.41	49.22	36717
吉　林	24.54	80.22	32689
黑龙江	25.42	128.06	50385
四　川	34.33	188.37	54879
云　南	3.34	19.31	57828
西　藏	5.25	20.78	39588
甘　肃	24.32	158.61	65217
青　海	14.86	139.74	94026
宁　夏	7.12	17.18	24141
新　疆	47.18	208.79	44257

5-2 牧区半牧区县分地区农村居民生活水平情况(2014年)(一)

单位: 元

地　区	农村居民人均纯收入	农村居民人均生活费支出合计	#食　品	#衣　着	#居　住
合　计	**8937.22**	**8046.37**	**2807.43**	**680.47**	**963.28**
河　北	6126.75	6187.08	2094.94	567.81	906.35
山　西	5809.00	5170.00	2702.00	323.00	426.00
内蒙古	10579.27	8805.55	2807.03	722.29	939.92
辽　宁	10734.56	7574.50	2059.87	497.40	934.26
吉　林	7745.09	6724.51	2262.40	524.76	1017.63
黑龙江	9605.25	5762.95	2032.53	498.36	723.78
四　川	7463.78	5017.43	2766.64	453.22	439.85
云　南	5869.06	3657.54	1269.70	301.73	594.43
西　藏	7159.30	5483.43	2033.69	688.37	450.94
甘　肃	6190.18	5348.58	2020.92	478.81	773.37
青　海	7552.91	6979.30	2703.85	553.02	896.48
宁　夏	6092.50	5679.03	1862.98	577.78	792.14
新　疆	10850.55	7116.36	1836.81	639.86	1078.58

5-2 牧区半牧区县分地区农村居民生活水平情况(2014年)(二)

单位：元

地区	农村居民人均生活费支出			
	#家庭设备及服务	#医疗保健支出	#交通和通讯	#娱乐教育文化服务
合计	**470.10**	**649.16**	**926.45**	**705.82**
河北	389.96	675.34	616.80	546.43
山西	156.00	466.00	552.00	444.00
内蒙古	629.36	758.72	1307.24	1169.00
辽宁	340.40	1138.24	1136.14	1048.33
吉林	348.25	673.09	857.34	807.24
黑龙江	285.43	661.27	742.74	467.79
四川	312.23	238.18	447.56	194.13
云南	273.89	273.50	764.57	165.08
西藏	1432.33	182.86	517.71	201.41
甘肃	312.91	541.84	685.57	390.94
青海	422.72	832.46	1003.64	326.13
宁夏	337.69	421.60	713.60	596.79
新疆	425.73	607.11	824.80	546.88

6-1 牧区半牧区县分地区财政收支、城乡居民储蓄存款、全社会固定资产投资和社会消费品零售总额(2014年)

单位：亿元

地区	公共财政预算收入	公共财政预算支出	城乡居民储蓄存款年末余额	全社会固定资产投资	社会消费品零售总额
合计	**1332.31**	**4566.76**	**8009.93**	**15477.88**	**4494.11**
河北	23.05	111.38	299.23	487.37	138.12
山西	4.30	11.42	34.37	85.37	13.90
内蒙古	629.78	1442.07	3084.48	5724.87	1821.64
辽宁	83.84	196.42	591.27	872.67	261.52
吉林	59.03	228.69	485.75	1122.97	472.31
黑龙江	76.59	346.15	668.81	854.66	452.15
四川	128.95	664.68	915.26	1751.01	585.32
云南	9.55	74.87	72.42	195.99	38.44
西藏	23.34	159.88	26.22	156.46	23.83
甘肃	47.07	333.60	516.24	1188.11	218.94
青海	59.99	327.61	313.26	816.71	109.24
宁夏	12.13	95.15	96.70	224.22	29.46
新疆	174.69	574.84	905.92	1997.46	329.23

7-1 牧区半牧区县分地区农业经济和规模以上工业企业资产总计(2014年)

地　区	农林牧渔业总产值(亿元)	粮食总产量(万吨)	规模以上工业企业资产总计(亿元)
合　计	**5909.98**	**6689.38**	**25697.67**
河　北	235.25	79.40	729.80
山　西	11.78	3.36	141.82
内蒙古	1712.33	2189.60	14613.81
辽　宁	560.28	363.54	856.71
吉　林	572.80	898.70	974.80
黑龙江	1034.43	1885.64	965.43
四　川	524.86	248.89	2422.50
云　南	18.48	17.72	122.31
西　藏	65.02	25.06	10.96
甘　肃	225.40	176.71	858.49
青　海	144.16	34.61	1496.85
宁　夏	56.37	67.01	184.54
新　疆	748.82	699.12	2319.65

7-2 牧区半牧区县分地区牲畜年末存栏数和奶产量(2014年)

单位：万头(只)

地　区	牲畜年末存栏数			奶产量(万吨)
	大牲畜	猪	羊	
合　计	**3236.44**	**3033.46**	**11025.83**	**973.19**
河　北	60.04	64.75	131.06	58.17
山　西	0.52	2.70	34.13	1.84
内蒙古	655.80	483.14	4475.27	254.29
辽　宁	115.39	403.51	331.66	40.38
吉　林	90.97	188.88	285.03	38.87
黑龙江	314.03	479.66	418.07	374.17
四　川	499.98	457.20	759.22	26.77
云　南	29.70	49.91	22.34	1.47
西　藏	426.67	86.14	807.17	15.46
甘　肃	198.90	88.76	893.78	12.38
青　海	405.20	660.51	1007.43	24.84
宁　夏	10.63	7.18	225.21	0.24
新　疆	428.61	61.12	1635.46	124.32

7-3　牧区半牧区县分地区肉产量(2014年)

单位：万吨

地　　区	肉类总产量	#猪肉	#牛肉	#羊肉
合　　计	**628.08**	**245.31**	**143.31**	**141.66**
河　　北	18.06	7.57	6.13	2.12
山　　西	1.10	0.19	0.22	0.65
内 蒙 古	171.05	51.18	38.00	65.25
辽　　宁	102.19	49.22	10.26	6.50
吉　　林	39.33	20.06	5.47	3.40
黑 龙 江	96.08	51.22	18.86	5.11
四　　川	59.88	38.67	12.16	5.95
云　　南	3.06	2.07	0.49	0.14
西　　藏	18.91	0.04	14.35	5.01
甘　　肃	20.23	7.17	4.71	7.22
青　　海	22.44	1.59	11.06	12.64
宁　　夏	5.75	0.62	1.31	3.51
新　　疆	70.01	15.71	20.29	24.15

8-1　牧区半牧区县分地区普通中学和普通小学基本情况(2014年)

单位：人

地　　区	普通小学			普通中学		
	学校数(所)	在校学生数	专任教师数	学校数(所)	在校学生数	专任教师数
合　　计	**10184**	**3004269**	**290575**	**2301**	**2125658**	**205773**
河　　北	210	111899	8107	58	70077	6341
山　　西	14	5295	720	5	4409	546
内 蒙 古	1201	567528	110184	502	512228	55571
辽　　宁	311	155582	12185	146	135490	13743
吉　　林	977	172420	15446	212	122867	13280
黑 龙 江	668	255336	22511	301	234509	31109
四　　川	2728	701855	38274	317	340756	21955
云　　南	78	28066	2269	7	20213	1487
西　　藏	1019	117643	6681	28	40301	2758
甘　　肃	1317	234755	20833	274	227364	18308
青　　海	420	190364	10891	122	107305	7228
宁　　夏	490	95055	5361	44	43555	4133
新　　疆	751	368471	37113	285	266584	29314

9-1 牧区半牧区县分地区医疗卫生情况(2014年)

地　区	医院、卫生院机构数 (个)	医院、卫生院床位数 (张)	卫生技术人员 (人)
合　计	**5142**	**163320**	**187227**
河　北	157	6535	4518
山　西	13	489	769
内蒙古	1175	48154	64406
辽　宁	244	9519	10977
吉　林	189	10707	14020
黑龙江	289	15520	15855
四　川	1339	27954	28096
云　南	38	1057	1635
西　藏	486	2211	3799
甘　肃	339	12040	11798
青　海	305	6470	6350
宁　夏	46	2009	2547
新　疆	522	20655	22457

10-1 牧区分地区城镇居民最低生活保障情况(2014年)

地　区	城镇居民最低生活保障人数 (人)	城镇居民最低生活保障户数 (户)	城镇居民最低生活保障支出 (万元)	城镇居民最低生活保障年支出水平 (元/人、年)
合　计	**1312645**	**693954**	**510636**	**53142**
河　北	43387	24482	12564	2896
山　西	4069	1832	1506	8221
内蒙古	290063	174126	151076	5208
辽　宁	46666	24072	17720	3797
吉　林	79683	48547	34124	4282
黑龙江	156595	93243	66449	4243
四　川	155935	84450	39880	2557
云　南	12052	6159	3463	2873
西　藏	10331	5400	5392	5220
甘　肃	96127	40921	33404	3475
青　海	93444	46162	35011	3747
宁　夏	42502	18505	13599	3200
新　疆	281791	126055	96448	3423

10-2 牧区分地区农村居民最低生活保障情况(2014年)

地　　区	农村居民最低生活保障人数（人）	农村居民最低生活保障户数（户）	农村居民最低生活保障支出（万元）	农村居民最低生活保障年支出水平（元/人、年）
合　　计	**3811009**	**1986016**	**618603**	**21860**
河　　北	201693	169898	30351	1505
山　　西	5824	5585	1393	2392
内 蒙 古	719053	530297	175876	2446
辽　　宁	104423	52123	17394	1666
吉　　林	156036	123655	22455	1439
黑 龙 江	303177	167131	55763	1839
四　　川	970038	403359	106617	1099
云　　南	73776	19776	11010	1492
西　　藏	90239	32975	10703	1186
甘　　肃	607269	183925	87500	1441
青　　海	140816	56359	30488	2165
宁　　夏	100402	82203	16398	1633
新　　疆	338263	158730	52655	1557

11-1 各牧区半牧区县主要经济社会指标(2014年)(一)

地　　区	年末总人口 (万人)	地　　区 生产总值 (亿元)	人均地区 生产总值 (元)	规模以上工业 企业资产总计 (亿元)	农林牧渔业 总产值 (亿元)
河北省	**169.05**	**387.99**	**22264**	**729.80**	**235.25**
张北县	36.52	85.84	23090	729.80	38.73
康保县	27.61	41.88	21064	729.80	37.22
沽源县	22.39	40.37	23016	729.80	31.68
尚义县	19.27	33.30	20608	729.80	20.45
丰宁满族自治县	40.86	91.62	22424	729.80	39.54
围场满族蒙古族自治县	22.39	94.98	22268	729.80	67.63
山西省	**11.47**	**52.70**	**46129**	**141.82**	**11.78**
右玉县	11.47	52.70	46129	141.82	11.78
内蒙古自治区	**1397.39**	**9622.90**	**82153**	**14613.81**	**1712.33**
达尔罕茂明安联合旗	9.78	202.39	205785	281.83	27.35
阿鲁科尔沁旗	30.13	101.27	37873	57.07	30.12
巴林左旗	35.77	118.84	37178	124.21	35.41
巴林右旗	18.64	72.06	41640	74.08	18.50
林西县	24.09	70.89	35453	46.05	20.46
克什克腾旗	25.30	139.95	69851	154.38	29.23
翁牛特旗	48.21	138.79	33109	105.52	66.66
敖汉旗	60.17	156.53	29439	58.81	40.42
科尔沁左翼中旗	53.25	152.25	29871	139.75	63.92
科尔沁左翼后旗	40.86	154.74	41686	94.48	56.85
开鲁县	39.81	205.84	52410	221.29	88.75
库伦旗	18.01	65.64	40134	30.18	27.81
扎鲁特旗	30.45	188.00	69012	110.71	57.99
奈曼旗	44.51	144.18	36856	70.66	48.77
东胜区	27.41	856.77	153502	1638.19	2.64
达拉特旗	36.37	495.02	149689	579.76	55.21
准格尔旗	32.04	1106.67	298790	2497.58	16.09
鄂托克旗	9.77	459.42	287857	1241.20	13.64
鄂托克前旗	7.83	127.34	180624	152.18	19.53
杭锦旗	14.26	84.23	74540	60.60	29.82
乌审旗	11.05	403.52	300798	433.45	22.33
伊金霍洛旗	17.16	675.52	148709	1482.06	12.39
阿荣旗	33.16	157.18	47432	47.77	83.39
莫力达瓦达斡尔旗	32.78	103.64	31489	24.03	81.39
鄂温克旗	14.30	109.03	76144	231.86	13.69

粮食总产量（万吨）	肉类总产量（万吨）	全社会固定资产投资（亿元）	社会消费品零售总额（亿元）	农牧民人均纯收入（元）	地方财政收入（亿元）	地方财政支出（亿元）
79.40	**18.06**	**487.37**	**138.12**	**6127**	**23.05**	**111.38**
10.83	2.06	102.44	23.76	6859	6.44	20.79
13.71	2.95	46.49	16.55	6574	1.73	14.04
11.70	1.03	64.83	13.84	6522	2.61	14.42
4.62	1.28	16.49	10.24	5985	1.34	11.62
13.71	4.90	154.62	35.24	5544	6.62	25.67
24.82	5.83	102.50	38.50	5742	4.32	24.85
3.36	**1.10**	**85.37**	**13.90**	**5809**	**4.30**	**11.42**
3.36	1.10	85.37	13.90	5809	4.30	11.42
2189.60	**171.05**	**5724.87**	**1821.64**	**10579**	**629.78**	**1442.07**
9.76	1.87	169.03	19.59	10942	14.41	24.81
51.05	2.32	42.59	27.80	6830	3.25	24.37
44.52	1.83	88.49	35.73	7240	4.65	24.00
17.45	3.20	53.95	20.68	7436	3.87	20.11
25.51	2.35	60.28	27.39	6818	3.35	20.46
17.95	1.90	71.45	27.73	8021	7.20	24.10
71.51	4.49	88.50	37.40	7406	3.95	30.21
77.35	7.30	95.01	39.48	8005	5.19	29.79
169.35	6.46	75.29	40.82	8304	3.38	30.71
100.75	5.00	75.86	32.93	8798	1.01	27.55
102.01	9.70	101.68	35.60	11127	4.23	41.35
51.50	3.45	55.87	13.79	7796	3.02	15.14
52.50	7.88	112.95	28.27	10881	14.61	35.05
75.05	4.49	85.00	34.35	8043	5.08	28.15
1.22	0.17	440.41	295.28		89.17	105.93
58.69	4.17	189.98	54.05	13378	20.19	38.81
8.54	1.20	445.14	91.01	13450	76.71	87.44
10.45	2.14	265.07	36.12	13437	33.05	41.01
9.95	1.86	200.12	19.02	13447	14.70	23.53
38.86	2.03	135.79	34.05	13313	12.02	27.93
12.63	5.43	330.47	35.24	13437	23.99	35.64
9.21	0.55	345.29	44.70	13450	75.01	73.78
156.60	4.72	91.35	30.04	12966	5.19	23.64
165.95	3.36	28.03	29.32	19708	2.82	26.24
2.07	1.85	49.00	14.68	23226	8.11	18.06

11-1(一) 续表 1

地　　区	年末总人口（万人）	地　区 生产总值（亿元）	人均地区 生产总值（元）	规模以上工业 企业资产总计（亿元）	农林牧渔业 总产值（亿元）
陈巴尔虎旗	5.87	89.04	151626	226.85	16.82
新巴尔虎左旗	4.30	34.97	81663	38.89	12.10
新巴尔虎右旗	3.57	77.16	217796	218.82	7.91
扎兰屯市	42.15	178.01	42217	85.41	73.80
磴口县	11.68	59.96	51936	55.20	14.50
乌拉特前旗	34.47	135.85	46207	143.30	54.18
乌拉特中旗	14.42	98.07	73371	275.19	26.58
乌拉特后旗	6.00	66.07	100947	264.38	5.18
察哈尔右翼中旗	22.24	47.86	21400	188.60	26.23
察哈尔右翼后旗	21.36	75.62	35223	104.17	16.43
四子王旗	21.48	53.58	24911	91.98	27.21
科尔沁右翼前旗	33.74	88.82	29964	39.42	57.14
科尔沁右翼中旗	26.12	57.55	23127	74.41	30.85
扎赉特旗	39.20	84.01	21575	62.24	59.28
突泉县	31.32	66.36	24802	53.00	37.34
锡林浩特市	18.31	207.50	81118	582.28	23.39
阿巴嘎旗	4.51	61.02	141566	94.81	13.08
苏尼特左旗	3.46	44.84	134866	33.24	9.77
苏尼特右旗	6.90	54.26	76746	90.18	8.80
东乌珠穆沁旗	8.10	140.80	147437	129.19	35.74
西乌珠穆沁旗	8.01	103.80	115595	314.78	25.70
太仆寺旗	21.18	45.41	40814	31.74	22.16
镶黄旗	3.14	48.30	165989	46.78	5.86
正镶白旗	7.29	27.90	52289	28.03	8.57
正蓝旗	8.38	67.11	80658	143.64	11.70
阿拉善左旗	14.33	371.48	193352	697.67	13.44
阿拉善右旗	2.55	37.20	140539	58.32	3.97
额济纳旗	1.83	49.19	269148	19.50	2.86
科尔沁区	84.36	661.45	233130	464.09	99.37
辽宁省	**307.36**	**959.91**	**34965**	**856.71**	**560.28**
康平县	34.98	198.55	57300	275.76	64.09
阜新蒙古族自治县	72.54	152.09	23044	123.43	145.09
彰武县	41.26	117.81	28734	84.63	108.09
建平县	58.44	168.24	34703	124.04	77.86
喀喇沁左翼蒙古族自治县	42.55	122.94	34938	99.60	67.98
北票市	57.61	200.28	40694	149.27	97.16

粮　食 总产量 (万吨)	肉　类 总产量 (万吨)	全社会 固定资产投资 (亿元)	社会消费品 零售总额 (亿元)	农牧民人均 纯收入 (元)	地方财政 收　入 (亿元)	地方财政 支　出 (亿元)
12.47	1.80	17.60	5.23	15868	5.54	12.47
7.83	2.12	23.00	5.87	15570	1.30	8.81
0.86	1.72	24.21	5.57	16078	4.80	11.30
108.32	5.35	102.02	56.29	12138	4.57	29.91
23.84	1.12	30.00	12.87	12744	2.20	11.23
84.41	2.53	90.39	28.49	12459	8.85	22.70
34.27	1.69	120.19	13.24	12064	8.43	23.25
7.00	0.58	80.00	7.11	10896	6.94	14.38
8.92	2.65	37.44	10.71	6403	1.26	17.42
9.69	1.28	44.38	21.91	7730	2.33	18.31
11.40	3.57	33.10	19.13	7806	1.69	25.82
103.25	5.45	87.57	23.76	7250	2.51	27.29
65.00	2.99	47.53	16.83	6751	1.79	21.96
111.21	7.24	33.62	26.35	7172	1.56	26.16
100.78	2.34	56.00	18.95	6976	0.93	20.12
3.37	2.00	122.26	53.10	19036	24.53	27.41
	3.67	38.03	9.46	18588	1.84	8.66
	1.78	3.68	6.13	10919	2.02	9.32
0.03	2.02	26.19	14.77	7739	2.72	13.93
7.56	4.56	73.88	24.39	21935	12.17	19.39
	3.49	66.89	17.26	18749	17.64	20.03
16.60	1.44	25.06	16.72	8480	1.03	16.90
0.03	0.76	11.18	5.22	10382	2.17	8.28
0.31	1.08	19.12	7.16	7598	1.14	9.45
3.15	2.99	42.30	11.57	10599	4.72	12.35
16.30	1.15	238.30	44.54	13702	20.31	45.15
1.55	0.30	25.14	6.21	15817	1.04	10.45
0.19	0.17	49.24	11.60	15353	4.65	11.93
110.82	13.47	459.94	216.10	17368	40.91	59.88
363.54	**102.19**	**872.67**	**261.52**	**10735**	**83.84**	**196.42**
51.74	12.72	233.77	46.94	11462	14.00	24.17
107.00	32.27	103.67	43.86	11689	11.85	39.75
75.05	19.49	100.58	17.00	9800	9.28	28.44
75.50	9.92	133.46	54.11	9756	21.50	39.46
14.00	8.83	120.87	37.76	9655	7.85	23.64
40.25	18.96	180.32	61.85	10758	19.35	40.95

11-1(一) 续表 2

地　　区	年末总人口 (万人)	地　　区 生产总值 (亿元)	人均地区 生产总值 (元)	规模以上工业 企业资产总计 (亿元)	农林牧渔业 总产值 (亿元)
吉林省	**336.86**	**1482.04**	**44115**	**974.80**	**572.80**
双辽市	39.96	157.43	42549	140.72	78.09
前郭尔罗斯蒙古族自治县	57.80	342.74	59094	141.21	129.76
长岭县	63.69	275.30	43423	158.98	135.27
乾安县	27.50	192.40	66690	190.22	45.52
镇赉县	27.54	129.85	46375	64.90	55.00
通榆县	36.68	114.85	31040	40.50	38.15
洮南市	43.24	133.55	30885	104.04	55.88
大安市	40.46	135.92	33595	134.22	35.13
黑龙江省	**622.39**	**1940.01**	**34100**	**965.43**	**1034.43**
龙江县	59.65	81.66	15192	56.39	82.88
泰来县	31.80	47.41	12583	15.34	41.74
甘南县	38.70	62.81	15786	33.85	45.26
富裕县	29.12	62.76	96700	40.36	48.66
虎林市	28.49	129.14	50104	86.31	51.31
肇州县	44.07	213.39	48415	138.03	96.02
肇源县	45.80	188.38	40357	64.15	87.50
林甸县	27.68	69.22	25700	30.39	49.71
杜尔伯特蒙古族自治县	24.29	133.41	54902	59.47	65.80
同江市	17.60	100.38	47417	36.79	34.88
兰西县	49.80	54.98	10834	14.59	53.21
青冈县	51.32	53.54	10463	38.78	65.13
明水县	34.65	55.58	16446	41.71	43.25
安达市	47.49	318.91	81037	102.75	103.33
肇东市	91.90	368.44	54824	206.53	165.75
四川省	**715.33**	**1767.85**	**26536**	**2202.84**	**524.86**
汶川县	9.99	54.99	54127	117.74	4.30
理县	4.54	20.10	42147	100.20	2.68
茂县	11.27	31.82	29826	83.16	6.97
松潘县	7.62	16.02	21710	22.56	4.46
九寨沟县	6.80	22.34	27412	57.02	2.74
金川县	7.40	10.44	15156	0.38	3.72
小金县	8.15	11.94	15194	24.32	3.77
黑水县	6.17	19.57	31667	119.06	2.92
马尔康县	5.62	20.03	33941	2.90	3.18
壤塘县	4.32	6.73	16697		3.36

粮 食 总产量 （万吨）	肉 类 总产量 （万吨）	全社会 固定资产投资 （亿元）	社会消费品 零售总额 （亿元）	农牧民人均 纯收入 （元）	地方财政 收 入 （亿元）	地方财政 支 出 （亿元）
898.70	**39.33**	**1122.97**	**472.31**	**7745**	**59.03**	**228.69**
113.63	11.12	83.00	51.86	9210	4.63	22.63
202.70	10.41	228.05	139.43	8063	12.49	34.95
162.90	7.08	200.01	103.61	8044	5.35	28.62
89.11	2.08	159.01	52.59	9169	8.08	22.91
101.76	1.84	118.60	27.25	6508	6.27	26.56
59.25	1.76	97.29	30.58	6636	7.05	29.94
90.30	2.99	132.00	34.30	8060	6.15	30.78
79.05	2.06	105.01	32.70	5790	9.01	32.29
1885.64	**96.08**	**854.66**	**452.15**	**9605**	**76.59**	**346.15**
255.43	8.84	55.42	26.69	11039	4.17	26.43
81.00	0.72	70.03	8.20	8550	2.48	19.29
113.22	6.06	45.96	9.19	5170	3.29	17.42
92.75	2.40	42.92	16.99	11525	3.19	20.72
97.61	1.26	35.42	24.49	14448	4.53	21.08
122.81	8.12	54.03	19.36	10805	7.00	20.88
130.81	9.95	48.03	22.30	10785	6.29	22.60
123.34	6.34	24.31	18.30	5344	4.10	17.98
90.60	3.46	52.35	17.04	10897	4.31	18.05
86.47	1.42	60.43	17.30	5201	2.13	19.72
117.61	5.28	38.14	19.28	5992	2.17	22.06
130.09	7.08	26.04	17.35	7543	1.51	23.32
96.92	3.15	11.51	13.98	6892	2.03	18.27
111.73	8.37	135.01	103.40	11810	13.71	35.09
235.26	23.63	155.06	118.28	12058	15.65	43.25
248.89	**59.88**	**1751.01**	**585.32**	**7464**	**128.95**	**664.68**
1.19	0.41	42.24	8.75	8835	3.72	15.39
0.80	0.24	32.67	3.35	7624	1.23	7.69
3.12	0.64	37.25	6.79	7894	1.35	11.05
2.01	0.49	40.33	6.15	7972	1.39	10.80
1.01	0.36	30.24	10.86	7952	2.00	11.02
1.81	0.53	38.29	3.75	7640	0.48	12.68
2.24	0.51	19.09	4.77	7168	0.54	11.91
1.59	0.46	17.75	3.40	6577	0.82	8.85
0.95	0.67	33.34	7.25	8897	1.27	9.43
0.30	0.52	14.23	1.85	6244	0.17	9.15

11-1(一)　续表 3

地　　区	年末总人口（万人）	地　　区生产总值（亿元）	人均地区生产总值（元）	规模以上工业企业资产总计（亿元）	农林牧渔业总产值（亿元）
阿坝县	7.79	8.82	11866		4.60
若尔盖县	7.85	13.91	18258	2.91	8.98
红原县	4.73	10.01	21721	3.80	4.87
康定县	11.37	50.30	37793	111.81	4.30
泸定县	8.84	18.53	21101	91.15	3.01
丹巴县	6.11	12.21	17462	25.66	3.31
九龙县	6.75	22.43	35319	128.14	2.56
雅江县	5.08	8.96	17469		2.34
道孚县	5.73	6.76	11894		2.12
炉霍县	4.79	5.16	10778	1.30	2.17
甘孜县	7.08	7.70	11021		3.98
新龙县	5.14	7.60	14813		3.18
德格县	8.87	6.72	8021		3.07
白玉县	5.48	9.84	17169	9.39	3.03
石渠县	9.63	7.07	7228		3.94
色达县	5.38	5.60	9357		2.82
理塘县	6.86	8.96	12688		3.43
巴塘县	5.35	10.58	21066	4.04	2.68
乡城县	3.01	7.08	21200	0.80	1.97
稻城县	3.22	5.54	17264		1.77
得荣县	2.61	5.78	21724		1.79
西昌市	65.29	418.69	56011	528.84	63.78
木里藏族自治县	13.88	26.12	19866	224.92	9.07
盐源县	39.23	84.89	23880	83.48	26.56
德昌县	21.10	57.87	26669	59.81	25.54
会理县	46.51	215.99	49313	2.22	62.42
会东县	42.37	120.58	32679	72.44	60.34
宁南县	19.33	49.19	27479	38.52	22.06
普格县	19.90	21.84	13777	19.30	12.21
布拖县	19.12	23.78	14543	11.30	10.40
金阳县	20.28	28.06	16755	9.08	11.40
昭觉县	31.45	23.37	9385	16.38	14.91
喜德县	22.97	19.15	11499	6.79	9.59
冕宁县	39.81	93.14	26498	90.02	31.89
越西县	35.26	33.38	12340	17.04	17.96
甘洛县	22.77	24.99	12781	27.96	9.48
美姑县	26.87	18.72	8570	35.08	12.90
雷波县	25.64	54.54	24347	53.33	16.32

粮　食 总产量 (万吨)	肉　类 总产量 (万吨)	全社会 固定资产投资 (亿元)	社会消费品 零售总额 (亿元)	农牧民人均 纯收入 (元)	地方财政 收　入 (亿元)	地方财政 支　出 (亿元)
0.92	0.70	18.28	4.28	8265	0.41	12.56
0.54	1.57	18.28	4.30	8063	0.41	11.78
	0.68	15.27	2.56	9175	0.29	9.51
2.15	0.46	114.95	14.29	7564	4.10	18.92
1.39	0.47	32.84	19.48	6656	1.60	11.85
1.11	0.39	16.78	3.68	7317	0.94	10.67
1.66	0.31	18.47	1.91	8055	2.42	12.25
0.97	0.21	40.00	2.15	6240	1.74	10.82
1.41	0.29	9.77	1.66	5885	0.57	9.73
1.26	0.31	7.69	2.09	5808	0.36	8.69
3.54	0.43	15.52	4.31	6014	0.47	10.66
1.15	0.34	14.88	1.04	5867	0.62	8.88
1.34	0.48	7.70	1.58	5695	0.26	10.92
1.12	0.42	13.21	1.88	5929	1.20	9.40
0.78	0.45	8.37	2.47	5681	0.38	12.55
0.26	0.57	12.01	1.43	5478	0.46	10.16
1.25	0.46	15.08	3.91	5737	0.69	13.35
1.48	0.24	35.09	3.30	5999	0.94	9.65
1.00	0.21	12.90	1.76	6084	0.53	7.40
1.16	0.16	24.93	1.57	6438	0.72	12.65
1.16	0.20	13.41	0.92	5900	0.31	10.27
28.43	5.78	283.40	201.37	11561	32.58	54.53
4.98	1.10	80.91	5.88	5963	4.94	15.93
16.83	3.14	42.04	17.77	7458	8.74	23.58
9.10	2.45	60.31	21.63	11253	4.84	14.63
27.02	7.85	77.10	45.84	11178	11.44	26.27
24.00	4.98	79.36	38.62	10840	8.80	22.73
7.81	2.18	80.07	16.43	10123	3.09	14.55
7.06	1.17	15.02	7.53	6287	1.60	12.90
6.78	1.11	16.51	3.81	5368	1.26	12.37
6.11	1.33	15.22	5.71	5318	1.47	13.15
10.10	2.23	19.34	5.99	5611	1.34	17.04
7.62	1.32	12.05	6.11	5329	0.96	13.08
16.36	3.16	50.01	34.29	9470	6.37	19.17
11.66	2.47	24.06	13.85	5930	1.70	15.94
7.77	1.47	13.51	7.99	5265	1.56	14.23
7.85	2.29	16.08	4.74	5244	1.04	14.18
8.73	1.69	95.16	10.24	5980	4.81	19.77

11-1(一) 续表 4

地　　区	年末总人口（万人）	地　　区 生产总值（亿元）	人均地区 生产总值（元）	规模以上工业 企业资产总计（亿元）	农林牧渔业 总产值（亿元）
云南省	**40.70**	**147.17**	**33017**	**122.31**	**18.48**
香格里拉县	17.60	90.94	46397	100.40	7.00
德钦县	6.80	22.47	28666	11.38	2.58
维西傈僳族自治县	16.30	33.76	19703	10.53	8.90
西藏自治区	**140.57**	**300.38**	**21369**	**10.96**	**65.02**
林周县	6.32	14.04	8196	1.33	3.68
当雄县	5.13	10.88	21209	7.88	3.51
昌都县	11.44	27.90	22427		2.45
江达县	7.63	12.86	16854		3.65
贡觉县	4.25	4.92	11580		1.73
类乌齐县	4.00	6.24	12480		2.76
丁青县	8.48	12.75			4.60
察雅县	6.35	77.31	12780		2.36
八宿县	4.69	5.20	11092		1.76
曲松县	1.69	4.44	26327		0.55
措美县	1.49	2.51	16703		0.41
错那县	1.59	3.74	23518	0.48	0.36
浪卡子县	3.86	4.41	11505		0.77
昂仁县	3.06	5.02	9194		2.31
谢通门县	3.00	6.88	13760		2.40
康马县	2.26	2.97	13141		1.09
仲巴县	2.36	4.33	18618		1.83
亚东县	1.34	4.49	33739		0.92
萨嘎县	1.53	2.93			0.84
岗巴县	1.13	2.44	21544		0.51
那曲县	8.31	12.21	10490		2.91
嘉黎县	3.50	4.98	10824		1.90
比如县	7.04	6.55	9309		3.50
聂荣县	3.46	4.07	11763		1.15
安多县	4.15	5.99	14420		1.19
申扎县	2.04	6.24	17637		0.75
索县	4.95	5.22	10551		1.73
班戈县	4.16	2.36	5673		1.38

粮　食 总产量 （万吨）	肉　类 总产量 （万吨）	全社会 固定资产投资 （亿元）	社会消费品 零售总额 （亿元）	农牧民人均 纯收入 （元）	地方财政 收　　入 （亿元）	地方财政 支　　出 （亿元）
17.72	**3.06**	**195.99**	**38.44**	**5869**	**9.55**	**74.87**
7.38	1.48	98.21	27.86	5923	5.04	33.12
2.65	0.35	42.05	4.62	5899	1.80	18.32
7.69	1.22	55.74	5.96	5806	2.71	23.43
25.06	**19.61**	**156.46**	**23.83**	**7159**	**23.34**	**159.88**
6.65	0.40	15.99	1.32	8196	1.07	7.10
	0.70	30.75		10185	2.82	7.47
0.04	1.10	5.61	1.53	7253	1.03	8.53
1.38	1.39			5570	0.51	6.08
1.35	0.64	3.57		6239		5.66
0.85	0.80	5.46	1.81		0.30	6.12
2.49	0.82	7.49	2.90	6848	0.54	6.69
1.38	0.76			6411		
1.04	0.63	2.32		6417	0.34	5.76
0.73	0.19	5.41	0.34	7811	0.37	3.30
0.34	0.23	4.32	0.46	7192	0.12	3.27
0.47	0.11	6.33		6790	0.18	4.42
0.79	0.29	6.64	0.78	7175	4.88	4.88
1.86	0.32	4.50	0.94	4892	0.13	4.59
1.47	0.35	4.56		5938	1.04	5.38
1.08	0.12	2.05	0.41	6142	0.06	3.09
	0.36	3.04	0.19	7221	0.23	3.82
0.14	0.08	4.93	1.06	7039	0.47	4.11
0.13	0.07	2.63		5410	0.09	4.30
0.28	0.09	2.06	0.41	6952	0.09	3.57
	1.35	3.43	2.87	7341	0.36	7.59
0.09	0.64	3.86	1.14	7275	0.15	3.87
0.33	0.98	5.11	1.35	9169	0.12	5.24
	0.92	3.96	0.48	5939	0.07	3.19
	1.36	3.07	0.99	6732	5.87	5.87
	0.64	3.63		6626	0.14	
0.69	0.57		1.60	5997		3.53
	0.52	4.40	0.90	5411	0.10	3.70

11-1(一) 续表 5

地区	年末总人口（万人）	地区生产总值（亿元）	人均地区生产总值（元）	规模以上工业企业资产总计（亿元）	农林牧渔业总产值（亿元）
巴青县	5.18	5.15	9950		2.39
尼玛县	3.12	4.91	15944		1.58
普兰县	0.95	2.06		0.09	0.50
札达县	0.76	1.91		0.09	0.36
噶尔县	0.96	2.23		0.04	0.55
日土县	1.04	2.45		0.07	
革吉县	1.84	2.85		0.89	1.32
改则县	2.47	4.17		0.08	2.25
措勤县	1.56	2.21		0.01	0.91
工布江达县	3.47	8.53	24582		2.13
甘肃省	**376.84**	**857.42**	**25647**	**858.49**	**225.40**
永登县	53.50	103.70	30461	141.40	17.72
永昌县	24.98	65.59	27574	184.00	24.49
靖远县	47.75	63.42	13953		21.22
民勤县	27.34	64.41	26715	72.64	38.08
天祝藏族自治县	20.83	43.76	25077	31.53	10.41
肃南裕固族自治县	3.81	30.14	87879	66.72	7.06
山丹县	20.01	41.83	25631	25.57	13.05
瓜州县	12.66	69.49	46886	59.51	18.61
肃北蒙古族自治县	1.20	34.15	226156	111.86	0.92
阿克塞哈萨克族自治县	3.40	15.07	166598	24.78	0.84
环县	35.23	82.41	26900	44.57	16.92
华池县	13.20	99.40	80829	2.42	8.62
漳县	21.09	18.78	9618	12.68	8.48
岷县	49.03	31.20	6869		14.63
合作市	8.49	31.37	33730	21.17	2.30
卓尼县	10.83	14.33	13885	26.15	5.03
迭部县	5.66	10.16	19288	16.32	3.19
玛曲县	5.32	13.18	23292	11.47	5.49
碌曲县	3.62	9.21	25049	5.70	3.22
夏河县	8.90	15.83	15243		5.11
青海省	**200.10**	**785.15**	**39237**	**59.06**	**29.73**
门源回族自治县	16.23	33.78	20993	5.94	11.13
祁连县	5.20	20.68	40071	7.77	5.88
海晏县	2.60	8.70	33556	13.81	1.71

粮　食 总产量 （万吨）	肉　类 总产量 （万吨）	全社会 固定资产投资 （亿元）	社会消费品 零售总额 （亿元）	农牧民人均 纯收入 （元）	地方财政 收　入 （亿元）	地方财政 支　出 （亿元）
0.09	0.64	2.03		6604	0.08	3.72
0.02	0.70	1.09	0.70	7418		
0.27	0.07			7112	0.25	3.06
0.09	0.05			6631	0.13	2.88
0.06	0.13			7468	0.51	3.48
0.10	0.24			7643	0.22	3.00
0.01	0.39			6998	0.19	2.73
	0.46			7058	0.15	3.35
	0.27			6839	0.11	2.50
0.86	0.24	8.20	1.65	9222	0.62	4.04
176.71	**20.23**	**1188.11**	**218.94**	**6190**	**47.07**	**333.60**
16.38	1.08	62.12	21.17	6382	3.47	17.96
29.66	0.97	73.08	22.03	9457	3.24	21.05
19.84	2.08	73.36	21.22	6213	2.87	23.33
13.40	1.82	124.82	21.37	8875	2.75	25.59
4.71	1.49	77.59	22.41	5050	3.44	27.95
2.48	0.99	36.20	3.93	11973	3.17	12.19
19.20	0.88	36.29	15.11	9307	2.52	14.67
2.54	0.72	175.38	18.67	11828	3.77	14.15
0.55	0.21	74.83	1.75	18000	2.88	7.85
0.07	0.18	32.30	1.72	19251	0.99	4.69
38.06	1.52	105.93	14.90	4782	3.77	25.01
13.36	0.57	78.08	10.19	5349	2.94	15.67
6.14	0.79	37.27	3.25	4430	1.34	19.19
6.22	1.25	61.76	9.91	4351	2.18	32.69
1.02	0.46	35.41	13.36	4648	1.80	10.82
0.82	1.07	23.72	3.66	4168	1.15	17.66
1.02	0.39	23.89	3.09	4613	1.71	11.24
	1.70	12.18	3.22	5959	1.62	10.00
0.30	0.74	10.52	2.68	5524	0.54	8.33
0.96	1.30	33.36	5.30	4637	0.92	13.55
5.39	**5.76**	**116.31**	**14.66**	**7553**	**59.99**	**327.61**
4.17	1.53	35.63	7.43	8754	1.26	18.45
0.38	1.61	25.19	0.38	11725		13.13
0.51	0.76	16.37	1.12	10091	0.67	7.74

11-1(一) 续表 6

地　　区	年末总人口 (万人)	地　　区 生产总值 (亿元)	人均地区 生产总值 (元)	规模以上工业 企业资产总计 (亿元)	农林牧渔业 总产值 (亿元)
刚察县	4.59	13.59	29691	29.80	5.47
同仁县	9.40	22.03		1.74	5.54
尖扎县	5.66	21.94	3875		1.57
泽库县	7.51	12.90	13525		7.28
河南蒙古族自治县	3.95	9.33	30618		8.03
共和县	13.59	48.53	37647	94.07	10.87
同德县	6.44	12.65			8.49
贵德县	11.09	28.77	27959	10.53	5.29
兴海县	8.18	22.72	28795	8.70	9.47
贵南县	7.99	14.75	15400		9.85
玛沁县	5.35	17.47		16.35	
班玛县	2.82	2.93			1.04
甘德县	3.70	2.33	6292		1.06
达日县	3.33	2.67	8007		0.94
久治县	2.72	2.94	10790		1.36
玛多县	1.49	1.98	13343		0.62
玉树县	11.12	7.35	6604		5.40
杂多县	6.28	9.10			
称多县	6.73	8.56	19289		2.61
治多县	4.05	5.83			4.15
囊谦县	11.20	7.04			
曲麻莱县	4.56	5.71			4.15
格尔木市	13.29	318.88	138997	849.12	
德令哈市	7.66	45.98	60269	161.77	8.30
乌兰县	3.70	22.56	61143	60.21	4.35
都兰县	7.39	29.04	32739	45.70	16.68
天峻县	2.26	24.42	67402	191.35	2.91
宁夏回族自治区	**101.63**	**139.92**	**16058**	**184.54**	**56.37**
盐池县	17.23	57.35	37808	87.04	12.23
同心县	37.80	44.41	13665	49.78	22.38
海原县	46.60	38.16	9669	47.71	21.76
新疆维吾尔自治区	**527.04**	**1813.98**	**34831**	**2319.65**	**748.82**
乌鲁木齐县	6.23	21.02	33576	32.83	11.34
哈密市	48.79	308.94	65335	752.90	25.50
巴里坤哈萨克自治县	10.55	47.71	45308	102.43	16.59

粮　食 总产量 （万吨）	肉　类 总产量 （万吨）	全社会 固定资产投资 （亿元）	社会消费品 零售总额 （亿元）	农牧民人均 纯收入 （元）	地方财政 收　　入 （亿元）	地方财政 支　　出 （亿元）
0.16	1.23	21.37	2.96	1847	1.34	11.14
0.16	0.64	17.75	2.77	5938	13.92	13.74
1.53	0.27	16.27	1.17	4567	0.70	8.56
	1.67	12.43	1.35	4742	0.21	11.16
		12.47	1.03	7636	0.23	10.07
3.95	1.77	101.84	11.31	8705	1.78	17.53
1.60	0.91	13.99	1.34	7363	0.42	12.03
3.04	0.62	31.99	4.46	7524	1.86	17.96
1.93	1.42	24.10	1.65	8779	1.02	0.13
5.41	1.13	13.30		9354	0.50	12.10
		21.57			0.78	10.45
0.01	0.34	6.58	0.40	4360	0.13	7.67
	0.18	7.65	0.44	3758		
	0.44	6.44	0.44	3448	8.44	8.72
		6.23	0.63	4821	0.15	7.66
	0.13	6.95	0.45	4607	0.22	6.98
0.27	0.82	4.62	2.62	5252		12.28
				4889	0.24	7.82
		4.33	0.97		0.19	8.18
	0.53	6.98			0.17	7.88
1.05	0.85	9.20	0.93		0.40	11.18
	0.42	6.00	0.90	5246	0.17	7.88
0.93	2.79	251.69	44.32	11249	18.01	29.35
2.41	0.45	58.46	8.42	12128	2.80	15.07
1.13	0.47	27.35	2.23	9143	1.54	9.84
5.96	0.80	26.01	4.49	9357	2.85	13.19
	0.67	23.95	5.02	12613		9.70
67.01	**5.75**	**224.22**	**29.46**	**6093**	**12.13**	**95.15**
10.60	1.88	102.37	10.69	6975	8.52	26.26
31.32	2.35	65.51	10.47	5803	2.02	31.55
25.09	1.52	56.34	8.30	5428	1.58	37.34
699.12	**70.01**	**1997.46**	**329.23**	**10851**	**174.69**	**574.84**
0.85	1.34	19.36	7.32	13598	5.51	12.84
3.80	3.02	476.69	67.33	12380	36.35	45.74
9.44	2.18	79.23	6.02	9771	4.01	14.63

11-1(一) 续表 7

地　　区	年末总人口（万人）	地　区生产总值（亿元）	人均地区生产总值（元）	规模以上工业企业资产总计（亿元）	农林牧渔业总产值（亿元）
伊吾县	2.35	45.37	195004	182.35	7.69
奇台县	24.33	115.64	47588	73.91	72.20
木垒哈萨克自治县	8.94	26.15	29381	8.11	23.22
博乐市	27.18	129.72	49513	45.37	30.68
精河县	14.63	62.83	43323	33.80	39.76
温泉县	7.58	21.07	27887	0.93	12.32
尉犁县	10.92	45.81	41555	11.82	32.09
且末县	6.99	23.69	32367	11.34	18.87
和静县	19.71	74.92	34995	185.38	27.69
和硕县	7.78	31.92	41108	19.45	31.99
温宿县	26.13	65.19	24950	38.31	52.31
沙雅县	27.76	46.86	16880	67.82	30.13
阿克陶县	21.95	23.80	11067	53.24	12.03
阿合奇县	4.46	7.77	17577		1.90
乌恰县	6.12	18.72	30917	20.90	1.89
塔什库尔干塔吉克自治县	4.04	10.02	25296		2.29
民丰县	3.91	7.76	20068		3.19
巩留县	20.78	38.69	19035	122.30	23.67
新源县	32.56	78.99	24643	95.94	38.84
昭苏县	19.25	39.46	20535	5.09	19.81
特克斯县	17.53	23.74	13547	7.13	16.79
尼勒克县	18.84	42.80	22680	86.35	24.46
塔城市	17.28	73.38	44074	3.85	33.81
额敏县	21.46	65.43	30081	16.22	35.50
托里县	9.92	41.63	41562	40.39	11.74
裕民县	6.00	14.74	24607	1.03	10.13
和布克赛尔蒙古自治县	5.49	35.23	53788		9.19
阿勒泰市	23.49	55.17	28612	12.72	13.21
布尔津县	7.28	18.82	27231	50.08	6.96
富蕴县	9.77	54.12	57698	129.13	10.38
福海县	7.64	37.19	46782	21.08	17.45
哈巴河县	8.91	35.49	41046	44.76	12.34
青河县	6.55	13.95	20612	18.70	7.69
吉木乃县	3.94	10.26	26642	24.01	3.18

粮 食 总产量 （万吨）	肉 类 总产量 （万吨）	全社会 固定资产投资 （亿元）	社会消费品 零售总额 （亿元）	农牧民人均 纯收入 （元）	地方财政 收 入 （亿元）	地方财政 支 出 （亿元）
0.81	0.93	102.91	1.99	12969	4.42	9.41
81.33	12.87	246.86	23.93	14768	8.11	21.18
23.97	1.89	3.32	6.98	11989	2.96	12.65
34.49	1.19	108.23	26.07	12498	8.09	21.36
2.22	0.56	56.26	5.88	9567	2.99	13.13
38.43	0.63	15.63	2.51	7365	1.03	9.72
0.41	0.71	23.12	2.06	14398	2.11	12.57
6.46	1.09	31.90	1.11	14328	2.77	11.67
14.79	2.50	47.09	4.75	13983	5.98	18.78
6.03	0.77	18.72	1.93	13225	1.48	10.75
25.70	2.63	71.61	9.58	13395	3.60	18.84
18.70	1.41	49.59	9.10	11527	10.12	20.50
19.85	1.45	38.23	3.75	4264	2.30	23.64
1.46	0.49	7.57	1.08	4565	0.77	10.55
0.97	0.59	26.20	1.69	5412	2.45	13.17
1.80	0.54	26.80	1.59	5135	1.47	11.93
1.58	0.52	8.81	1.02	6622	0.71	8.08
30.51	3.40	26.43	5.73	11153	1.92	15.71
45.35	4.58	49.68	22.49	11689	6.33	19.43
16.10	3.01	35.93	5.10	10680	1.43	15.11
13.38	1.95	24.65	8.51	10116	1.90	13.91
20.91	3.60	41.30	7.12	10726	3.41	14.83
84.89	1.63	43.00	16.25	13300	4.58	17.58
90.33	2.52	53.31	13.78	11522	3.82	17.45
18.99	1.53	26.62	3.93	8462	2.86	11.86
24.84	1.14	7.50	2.78	11480	0.70	8.76
1.68	1.37		3.22	9998	9.46	15.04
6.61	1.92	54.59	23.09	10015	6.17	21.51
5.78	1.05	40.03	11.54	9516	2.87	12.45
8.59	1.36	46.16	5.95	9956	10.26	21.42
19.23	1.31	19.32	5.63	10238	2.84	12.28
11.14	1.29	27.43	4.55	10176	5.85	15.39
4.85	0.52	24.35	2.79	7237	2.29	12.87
2.84	0.50	19.02	1.11	6422	0.77	8.08

11-1 各牧区半牧区县主要经济社会指标(2014年)(二)

地　　区	普通中学在校学生（人）	普通中学专任教师（人）	普通小学在校学生（人）	普通小学专任教师（人）	医院、卫生院机构数（个）
河北省	**70077**	**6341**	**111899**	**8107**	**9961**
张北县	9831	1548	20623	1403	9831
康保县	5747	666	7241	1191	18
沽源县	7238	713	10465	890	17
尚义县	4442	416	7030	877	17
丰宁满族自治县	18292	1541	28239	1907	30
围场满族蒙古族自治县	24527	1457	38301	1839	48
山西省	**4409**	**546**	**5295**	**720**	**13**
右玉县	4409	546	5295	720	13
内蒙古自治区	**496571**	**54337**	**540859**	**108019**	**1142**
达尔罕茂明安联合旗	2192	251	3322	341	23
阿鲁科尔沁旗	13107	1362	1636	3072	26
巴林左旗	16271	1243	19748	1750	27
巴林右旗	8992	792	9504	1311	18
林西县	6658	9992	10861	1695	21
克什克腾旗	9455	832	9270	1066	23
翁牛特旗	17817	1533	20651	2756	31
敖汉旗	27051	2239	32006	2261	31
科尔沁左翼中旗	15743	1430	23552	1948	33
科尔沁左翼后旗	18541	1538	21585	1970	25
开鲁县	8077	718	10618	1216	19
库伦旗	14725	1197	16544	2200	30
扎鲁特旗	21604	1409	25174	2122	29
奈曼旗	30071	2507	35545	2103	46
东胜区	14588	1068	19536	1147	31
达拉特旗	12106	1453	23169	1465	23
准格尔旗	5125	553	9218	729	18
鄂托克旗	3188	274	4690	304	11
鄂托克前旗	4647	570	5773	461	15
杭锦旗	4097	438	7749	554	14
乌审旗	6035	695	10385	825	25
伊金霍洛旗	9844	1179	17272	1368	24
阿荣旗	9680	1169	15152	1743	25
莫力达瓦达斡尔旗	3892	727	4927	591	14
鄂温克旗	1153	251	2199	420	13

医院、卫生院床位数（张）	卫生技术人员（人）	城镇居民最低生活保障人数（人）	城镇居民最低生活保障支出（万元）	农村居民最低生活保障人数（人）	农村居民最低生活保障支出（万元）
6535	**4518**	**43387**	**12564**	**201693**	**30351**
1399	845	6682	2045	37158	5669
489	422	9296	2601	32955	5185
611	322	5593	1597	29638	4582
688	429	6343	1787	21794	3422
1624	1284	7427	2058	41964	6647
1724	1216	8046	2476	38184	4846
489	**769**	**4069**	**1506**	**5824**	**1393**
489	769	4069	1506	5824	1393
47157	**63262**	**290063**	**151076**	**719053**	**175876**
373	460	1168	833	4331	1956
1395	1232	3887	1622	22225	3543
1274	1411	6420	2836	25472	3928
563	943	4888	2203	14032	2629
1155	1111	7580	4183	19924	3687
1093	1554	4633	2262	22464	4682
1085	1284	6225	2693	32805	5641
1867	1486	6864	3507	45013	7401
857	1178	13540	7250	36648	8841
1143	1101	6356	3833	17054	4665
510	733	6560	3097	15172	3619
760	1101	5226	2986	10324	2952
1055	1524	11843	5780	25883	6238
3880	7002	6999	3889	20484	6329
1327	2218	3405	1960	3238	1155
1604	2668	1397	975	9343	2639
711	1010	4891	3183	10880	3792
339	637	1763	915	4473	1663
410	842	1938	1040	4277	1468
372	867	905	444	6121	1553
1037	1451	2423	1695	6480	2652
761	881	1066	839	4896	1874
907	1170	11429	5363	25199	4705
707	895	15970	7679	30066	6649
290	355	29922	16828	3911	946

11-1(二) 续表 1

地 区	普通中学在校学生（人）	普通中学专任教师（人）	普通小学在校学生（人）	普通小学专任教师（人）	医院、卫生院机构数（个）
陈巴尔虎旗	651	251	1819	420	14
新巴尔虎左旗	117	144	171	201	14
新巴尔虎右旗	12192	1486	17559	1657	30
扎兰屯市	4058	287	3925	388	10
磴口县	13639	912	12763	1232	26
乌拉特前旗	3981	387	4384	453	19
乌拉特中旗	2421	232	2704	299	12
乌拉特后旗	6121	421	3994	594	27
察哈尔右翼中旗	4687	341	6832	538	20
察哈尔右翼后旗	8266	541	6780	784	29
四子王旗	8862	1492	14723	2095	26
科尔沁右翼前旗	10732	1079	14952	1763	27
科尔沁右翼中旗	11309	1024	19447	2060	28
扎赉特旗	9788	1095	8788	997	14
突泉县	22050	1711	16623	1129	16
锡林浩特市	1107	172	1724	258	13
阿巴嘎旗	918	109	1622	197	13
苏尼特左旗	2963	362	3435	391	14
苏尼特右旗	3953	276	5940	447	20
东乌珠穆沁旗	3140	178	5080	435	16
西乌珠穆沁旗	5732	510	4678	998	13
太仆寺旗	1301	126	1357	153	5
镶黄旗	1067	208	2216	260	9
正镶白旗	1837	203	3235	346	15
正蓝旗	9352	1213	9970	579	34
阿拉善左旗	1164	134	1021	170	10
阿拉善右旗	885	135	1148	78	10
额济纳旗	59619	3888	3883	53679	63
辽宁省	**135490**	**13743**	**155582**	**12185**	**244**
康平县	13890	2150	16300	425	19
阜新蒙古族自治县	31688	3537	32934	2288	38
彰武县	14397	1568	29014	2783	28
建平县	26422	2245	30393	2281	40
喀喇沁左翼蒙古族自治县	23544	1891	21384	2030	35
北票市	25549	2352	25557	2378	84

医院、卫生院床位数（张）	卫　生技术人员（人）	城镇居民最低生活保障人数（人）	城镇居民最低生活保障支出（万元）	农村居民最低生活保障人数（人）	农村居民最低生活保障支出（万元）
136	330	3620	1950	727	325
160	336	2406	1240	2100	671
1675	2261	2114	1204	1351	480
650	748	14495	7760	31419	7467
1102	1493	5461	2788	6261	1622
440	494	4775	2811	17589	4170
210	353	4235	2155	9751	4290
353	297	8810	3908	5977	2160
377	486	6010	2542	25988	7038
602	667	6217	2784	22930	7146
1102	1559	7406	4078	24822	7985
1434	1484	4001	2026	34101	7391
1082	1195	8928	4103	20959	4569
722	979	8407	3615	37775	7899
1290	2565	7535	3103	29078	6058
184	299	5510	3428	1002	672
115	228	1165	608	997	304
150	364	759	454	1499	467
259	483	2930	1726	4431	1313
328	374	3498	1961	2771	1387
338	451	3465	2164	3218	1219
200	248	4500	2095	19800	4405
187	236	1620	1014	2151	768
265	290	2141	1118	6840	1772
695	1509	2822	1659	4747	1577
97	195	2712	1764	2023	931
215	162	351	267	256	132
7314	8056	759	483		
9519	**10977**	**46666**	**17720**	**104423**	**17394**
959	1350	3457	1009	11055	1729
1206	1430	4439	2000	37116	4777
1455	1270	2460	1101	16663	2555
1802	2292	3843	3160	12354	3256
1377	2211	5640	1856	8971	1772
2720	2424	26827	8594	18264	3305

11-1(二) 续表 2

地　　区	普通中学在校学生（人）	普通中学专任教师（人）	普通小学在校学生（人）	普通小学专任教师（人）	医院、卫生院机构数（个）
吉林省	**122867**	**13280**	**172420**	**15446**	**189**
双辽市	15668	1424	24429	2131	17
前郭尔罗斯蒙古族自治县	23623	2457	34820	2929	27
长岭县	22281	1703	35143	2332	31
乾安县	9165	1042	12585	1247	18
镇赉县	10887	1153	12988	1545	17
通榆县	13392	2376	17130	1219	25
洮南市	15053	1230	20073	1843	24
大安市	12798	1895	15252	2200	30
黑龙江省	**234509**	**31109**	**255336**	**22511**	**289**
龙江县	20704	1542	29642	2096	21
泰来县	12099	9447	12818	472	18
甘南县	12828	953	21231	828	19
富裕县	9476	866	13901	986	22
虎林市	13154	656	12559	538	19
肇州县	18490	1570	16624	1539	19
肇源县	18201	2213	18427	2354	16
林甸县	8828	811	12418	1328	15
杜尔伯特蒙古族自治县	12440	1149	10770	1352	14
同江市	7294	367	11397	972	14
兰西县	18825	3865	16412	2012	19
青冈县	18101	1640	15108	2064	23
明水县	11065	1244	10077	1329	16
安达市	15787	1753	20619	1857	29
肇东市	37217	3033	33333	2784	25
四川省	**340756**	**21955**	**701855**	**38274**	**1339**
汶川县	6605	623	4789	698	19
理县	1595	237	2186	390	14
茂县	5750	550	7235	674	26
松潘县	2899	310	4430	600	24
九寨沟县	4139	362	4757	503	20
金川县	2879	319	3497	585	25
小金县	4340	333	4594	505	23
黑水县	1837	170	3937	430	19
马尔康县	3884	380	3464	430	18
壤塘县	1307	85	4170	317	14
阿坝县	2098	130	8816	647	23

医院、卫生院床位数（张）	卫生技术人员（人）	城镇居民最低生活保障人数（人）	城镇居民最低生活保障支出（万元）	农村居民最低生活保障人数（人）	农村居民最低生活保障支出（万元）
10707	**14020**	**79683**	**34124**	**156036**	**22455**
1352	2028	5915	2223	12549	1640
1513	2080	7922	3728	19784	3510
1248	2067	9816	4659	30608	3972
1250	2178	6895	4202	8554	1831
623	1251	9623	4188	22268	3042
1178	1164	10044	4509	18597	2550
2103	1529	15069	5549	21049	3058
1440	1723	14399	5066	22627	2853
15520	**15855**	**156595**	**66449**	**303177**	**55763**
1353	1136	5367	2501	14997	2610
702	700	5050	2419	5700	1105
783	1254	6341	3096	8013	1577
1472	1113	5750	2847	13825	2435
1023	984	9933	4905	5384	1401
964	791	13762	5463	19511	3418
910	736	16751	7254	15783	3348
415	983	6537	2615	14546	2789
657	631	6475	2878	9571	1954
493	471	5569	2406	12733	2565
1202	1238	13001	5360	52791	8584
1185	1145	16981	5876	34606	5661
705	908	11086	4315	27575	5172
1580	2199	15597	7234	25152	5259
2076	1566	18395	7281	42990	7886
27954	**28096**	**155935**	**39880**	**970038**	**106617**
451	543	1905	700	3268	568
163	229	1216	300	3769	446
470	643	14419	3468	6207	705
254	358	8531	2047	12300	1403
324	407	7189	1692	7835	853
267	343	1042	270	9457	1228
333	293	3823	933	14320	1630
165	240	1901	419	17168	1777
681	845	3945	962	11276	1316
185	263	1414	342	18990	2024
412	338	2250	660	29519	3367

11-1(二) 续表 3

地　　区	普通中学在校学生（人）	普通中学专任教师（人）	普通小学在校学生（人）	普通小学专任教师（人）	医院、卫生院机构数（个）
若尔盖县	5839	363	8298	660	19
红原县	2885	184	4475	417	13
康定县	8035	676	8961	733	29
泸定县	5485	391	6089	516	15
丹巴县	3136	235	4444	468	18
九龙县	5160	212	7385	531	19
雅江县	2375	117	4986	357	19
道孚县	1586	103	4869	338	24
炉霍县	1881	157	5631	386	20
甘孜县	2763	230	5673	401	24
新龙县	830	64	4199	459	25
德格县	1187	120	7428	511	28
白玉县	607	70	4312	349	18
石渠县	1137	113	8616	338	25
色达县	793	82	3820	329	19
理塘县	1631	122	7133	503	25
巴塘县	3297	269	5812	494	21
乡城县	1351	111	2819	319	14
稻城县	1146	101	2914	284	18
得荣县	997	100	2223	266	13
西昌市	55698	3493	71987	3140	63
木里藏族自治县	6452	603	13206	956	32
盐源县	26094	1245	37535	1735	39
德昌县	10812	700	18501	958	24
会理县	25839	1636	30774	1703	53
会东县	22950	1110	40638	1551	58
宁南县	10480	628	17104	949	27
普格县	6766	280	27086	988	36
布拖县	3707	183	25002	990	32
金阳县	5126	373	24840	1020	36
昭觉县	10025	508	35777	1432	48
喜德县	8112	424	27277	1251	27
冕宁县	21628	1051	38087	1797	52
越西县	11392	776	42753	1505	44
甘洛县	9720	527	24692	1131	29
美姑县	7142	478	34377	1359	47
雷波县	9359	621	30257	1371	61

医院、卫生院床位数（张）	卫生技术人员（人）	城镇居民最低生活保障人数（人）	城镇居民最低生活保障支出（万元）	农村居民最低生活保障人数（人）	农村居民最低生活保障支出（万元）
186	295	1673	388	11957	1374
191	263	1018	309	10788	1298
1208	1197	3987	987	13358	1374
415	412	3697	900	14073	1438
249	252	1496	334	11893	1206
178	240	1250	249	10130	1109
215	214	1810	512	13221	1368
179	258	1415	378	15385	1683
246	246	1271	351	11601	923
289	294	1472	364	21459	1414
132	213	1674	473	11906	1306
339	299	1401	282	17617	1562
224	227	792	201	12354	727
196	262	1264	243	38821	2919
142	206	800	305	13352	1945
182	312	1181	402	16040	2189
233	295	764	313	11000	1027
159	187	941	332	7404	870
119	263	1179	495	8372	909
117	163	1365	202	7594	722
5201	6061	8789	2168	17355	1967
465	476	3758	1086	20875	3484
1040	723	4881	1167	55160	6050
983	868	1985	751	10032	1278
1493	1357	8295	2360	21785	2443
1524	1079	9259	2146	27775	3017
745	719	3054	721	17574	1868
473	357	4402	1124	25990	2771
487	495	4437	1030	35702	3835
610	457	2852	686	35193	2976
688	541	4806	1354	55687	7515
456	415	4514	1037	42497	4670
1659	1213	2624	782	32729	3707
836	796	6166	1429	44598	4913
554	597	2001	581	38185	4155
793	493	2171	644	47108	5186
1043	849	3856	1004	29359	4103

11-1(二) 续表 4

地　　区	普通中学在校学生（人）	普通中学专任教师（人）	普通小学在校学生（人）	普通小学专任教师（人）	医院、卫生院机构数（个）
云南省	**715572**		**20213**	**1487**	**4**
香格里拉县	575936		13010	970	2
德钦县	74509		1818	191	1
维西傈僳族自治县	65127		5385	326	1
西藏自治区	**40301**	**2758**	**117643**	**6681**	**486**
林周县	2107	185	4465	356	11
当雄县	2116	150	5212	339	8
昌都县	575	118	4856	401	173
江达县	3613	164	7311	299	12
贡觉县	1671	54	4232	294	15
类乌齐县	2144	123	295		10
丁青县	3410	118	7843	387	14
察雅县	1050	132	3321		14
八宿县					15
曲松县	638	62	1501	149	6
措美县	513	47	935	122	5
错那县	559	57	866	103	10
浪卡子县	1709	136	3030	227	11
昂仁县	2317	154	5845	277	20
谢通门县					
康马县	757	79	1944	156	9
仲巴县	1186	79	2489	177	14
亚东县	354	52	952	97	8
萨嘎县	676	58	1544	159	1
岗巴县	510	55	1003	127	6
那曲县	2721	152	10468	537	21
嘉黎县	1408	80	3688	11	12
比如县	1951	114	6536	366	12
聂荣县	1547	91	3146	246	13
安多县	1416	109	4078	139	14
申扎县	983	85	2238	164	10
索县	1407	115	6166	327	13
班戈县					

医院、卫生院床位数（张）	卫　生技术人员（人）	城镇居民最低生活保障人数（人）	城镇居民最低生活保障支出（万元）	农村居民最低生活保障人数（人）	农村居民最低生活保障支出（万元）
38	**1093**	**12052**	**3463**	**73776**	**11010**
18	631				
8	182	4479	1374	21714	3242
12	280	7573	2089	52062	7768
2211	**3799**	**10331**	**5392**	**90239**	**10703**
38	185	1171	682	4519	677
73	90	685	425	4778	648
62	134				
98					
155	107				
35					
148	136				
	101				
50	64				
18	121	172	80	1374	221
46	69	161	82	1436	236
63	47	99	64	2089	234
70	104	244	150	4015	556
153	73				
62	90				
140	97				
48	59				
75	86				
35	31				
130	409	1965	1037	10832	1261
120	184	400	207	4302	493
135		721	375	8481	1057
91	113	471	245	5015	574
98	1089	639	332	5193	605
60	180	354	164	3136	291
110	74	256	150	5636	635
		677	352	5637	657

11-1(二) 续表 5

地　　区	普通中学在校学生（人）	普通中学专任教师（人）	普通小学在校学生（人）	普通小学专任教师（人）	医院、卫生院机构数（个）
巴青县	1575	96	5926	254	13
尼玛县	1388	93	2956	178	16
普兰县			1435	81	
札达县			859	57	
噶尔县			1038	77	
日土县			1488	101	
革吉县			2510	140	
改则县			4827	183	
措勤县			2640	150	
工布江达县					
甘肃省	**227364**	**18308**	**234755**	**20833**	**339**
永登县	27262	2302	27205	2414	18
永昌县	14910	1062	13851	1002	12
靖远县	34918	3039	27393	3023	21
民勤县	19422	1419	11091	1144	32
天祝藏族自治县	12319	1167	10888	1569	21
肃南裕固族自治县	1282	201	1703	216	23
山丹县	9609	699	11152	926	14
瓜州县	9028	613	10311	730	16
肃北蒙古族自治县	688	87	667	91	7
阿克塞哈萨克族自治县	557	53	812	70	4
环县	21299	1718	24255	1894	23
华池县	6604	568	8948	862	21
漳县	13139	913	14411	1039	15
岷县	26261	2037	40204	1910	26
合作市	9112	626	1299	724	13
卓尼县	7283	613	8487	848	20
迭部县	4073	404	5240	631	17
玛曲县	2557	214	5598	453	12
碌曲县	2717	219	3763	559	9
夏河县	4324	354	7477	728	15
青海省	**107305**	**7228**	**190364**	**10891**	**305**
门源回族自治县	11209	655	13350	576	18
祁连县	2911	211	4135	245	2
海晏县	2903	258	3064	414	7

医院、卫生院床位数（张）	卫　生技术人员（人）	城镇居民最低生活保障人数（人）	城镇居民最低生活保障支出（万元）	农村居民最低生活保障人数（人）	农村居民最低生活保障支出（万元）
98	62	311	161	5249	594
	94	323	168	4577	508
		52	34	1358	117
		91	28	1014	103
		706	239	1175	116
		58	32	1348	158
		121	70	2535	310
		280	100	3537	368
		145	83	2278	208
		229	133	725	77
12040	**11798**	**96127**	**33404**	**607269**	**87500**
1040	700	3999	1617	33023	5171
676	1174	6899	2660	9614	1821
947	833	7900	2526	65445	9632
958	984	7838	2494	27954	3800
674	988	8062	2863	54600	8729
404	97	1670	1093	4520	853
1042	1224	10117	3837	17455	2408
673	675	2921	1181	44558	5747
150	139	602	324	590	129
82	77	718	383		
740	796	3719	835	86077	11909
693	564	3565	1161	18976	2613
358	405	4276	1054	51945	7589
2200	999	7732	2696	101383	14350
61	259	11992	3977	8777	997
440	499	3920	1131	29333	3784
247	315	2882	922	13222	1884
218	326	1835	690	10312	1435
235	339	1244	461	7607	1146
202	405	4236	1500	21878	3503
6470	**6350**	**93444**	**35011**	**140816**	**30488**
400	425	7459	2213	2825	1551
120	238	1749	698	3731	743
240	174	1066	1116	1895	399

11-1(二) 续表 6

地区	普通中学在校学生（人）	普通中学专任教师（人）	普通小学在校学生（人）	普通小学专任教师（人）	医院、卫生院机构数（个）
刚察县	1284	93	4006	218	9
同仁县	7251	483	9229	497	21
尖扎县	4206	134	6603	455	10
泽库县	3680	226	7990	455	9
河南蒙古族自治县	1775	155	3663	288	11
共和县	5632	398	11278	637	13
同德县	3297	216	6343	405	8
贵德县	7999	592	8564	564	9
兴海县	2182	169	8190	431	9
贵南县	3381	230	7291	452	9
玛沁县	4805	226	5803	261	12
班玛县	1317	67	2790	192	12
甘德县					
达日县	1425	92	3225	207	12
久治县	1499	82	2997	165	7
玛多县	481	12	960	30	4
玉树县	5804	346	14141	838	10
杂多县	2547	132	7760	332	11
称多县	2244	142	6172	362	11
治多县	1114	106	5090	184	10
囊谦县	3241	167	9275	475	22
曲麻莱县	1114	106	3257	184	8
格尔木市	11698	979	18646	941	9
德令哈市	4972	344	6132	354	9
乌兰县	2064	212	2215	209	8
都兰县	3979	303	6101	363	13
天峻县	1291	92	2094	157	12
宁夏回族自治区	**43555**	**4133**	**95055**	**5361**	**46**
盐池县	10586	838	12345	853	10
同心县	25220	1535	39171	1994	15
海原县	7749	1760	43539	2514	21
新疆维吾尔自治区	**266584**	**29314**	**368471**	**37113**	**522**
乌鲁木齐县	1519	175	3866	382	8
哈密市	27760	2406	26703	2391	31
巴里坤哈萨克自治县	3596	401	4694	763	16

医院、卫生院床位数（张）	卫 生 技术人员（人）	城镇居民最低生活保障人数（人）	城镇居民最低生活保障支出（万元）	农村居民最低生活保障人数（人）	农村居民最低生活保障支出（万元）
153	193	3384	1259	2670	586
114	171	6461	2458	8270	1716
265	204	1410	539	6600	1347
131	172	2129	694	8100	1675
233	252	1247	508	3860	789
356	336	10102	3841	7900	1521
241	226	3969	1268	8100	1594
700	237	4879	1948	8378	1653
279	213	2828	1185	5868	1160
317	216	7859	2506	4409	851
	116	2918	1060	3210	653
	108	1233	498	2920	606
		1223	524	3440	723
124	85	1029	412	3410	718
71	55	630	289	3020	627
28	53	1326	569	2300	478
280	201				
132	130	1921	684	7462	1580
184	125	2039	726	10301	2181
66	214	1368	487	5251	1112
334	168	2801	997	13193	2793
	170	1445	514	4870	1031
1052	1125	6140	2343	901	204
90	255	8041	3089	612	510
180	126	2584	965	2032	405
270	219	2779	1094	3690	966
110	143	1425	529	1598	317
2009	**2547**	**42502**	**13599**	**100402**	**16398**
575	559	4263	1281	11646	2004
700	1075	23391	8535	44828	7237
734	913	14848	3783	43928	7157
20655	**22457**	**281791**	**96448**	**338263**	**52655**
70	164	716	263	2024	486
2313	3174	6169	3448	9306	2454
199	366	3287	1511	9221	2755

11-1(二) 续表 7

地　　区	普通中学在校学生（人）	普通中学专任教师（人）	普通小学在校学生（人）	普通小学专任教师（人）	医院、卫生院机构数（个）
伊吾县	1222	212	1519	217	7
奇台县	11294	973	11593	1237	19
木垒哈萨克自治县	3214	348	4406	860	11
博乐市	10466	2254	14104	1316	16
精河县	5792	877	9433	966	9
温泉县	1938	750	3486	411	9
尉犁县	3621	323	6624	584	9
且末县	3422	323	5155	613	15
和静县	6996	589	11433	1544	20
和硕县	2915	332	4619	532	9
温宿县	13048	1220	21107	1684	21
沙雅县	11397	1300	25312	1664	17
阿克陶县	13217	1506	22383	2622	18
阿合奇县	1962	187	4516	463	8
乌恰县	1948	308	5136	890	13
塔什库尔干塔吉克自治县	2419	135	3977	411	14
民丰县	1939	337	3220	451	9
巩留县	6459	751	17353	1683	21
新源县	45788	3919	26640	1941	17
昭苏县	7118	899	12810	1146	16
特克斯县	10993	753	16063	1794	14
尼勒克县	7920	765	14977	1455	21
塔城市	10970	602	10322	1169	9
额敏县	8819	1415	12037	1103	22
托里县	5901	577	8748	943	10
裕民县	2579	475	3843	420	20
和布克赛尔蒙古自治县	2425	357	4052	786	15
阿勒泰市	5208	906	11624	1284	18
布尔津县	3596	657	5946	578	9
富蕴县	5142	725	9342	565	11
福海县	3377	401	5129	551	14
哈巴河县	5044	463	7979	720	7
青河县	3645	481	5448	536	10
吉木乃县	1915	212	2872	438	9

医院、卫生院床位数（张）	卫生技术人员（人）	城镇居民最低生活保障人数（人）	城镇居民最低生活保障支出（万元）	农村居民最低生活保障人数（人）	农村居民最低生活保障支出（万元）
225	131	740	436	1387	446
1504	1033	2478	1268	3301	533
339	167	2369	977	2484	429
2089	1634	17164	4914	7546	842
370	636	7334	1607	3492	498
215	359	6536	1771	3693	531
356	357	3882	1306	3581	539
457	399	6059	1595	7890	1080
762	470	6934	2280	7557	1361
	447	2980	1010	2152	399
752	658	7684	3065	7110	1158
1157	894	6876	2255	10766	1428
781	806	10889	3831	23083	3587
243	411	6503	2324	7618	1179
335	387	7619	2690	8003	1252
206	258	2920	1063	13796	2339
296	243	1849	774	3274	630
740	1076	8856	2723	9326	1629
792	1044	7461	2205	6900	983
591	576	8476	2646	10227	1746
435	386	8660	2430	11462	1508
639	548	8245	2707	12053	1802
279	549	9609	3438	6049	840
408	667	9738	3372	12120	1892
503	367	4793	1882	4860	812
420	419	2764	976	4012	576
496	648	2998	1125	3905	669
896	1065	10066	4337	12037	1524
298	521	6249	1955	4727	804
400	417	7811	2355	8545	1034
337	338	7124	2604	6041	829
388	328	5385	1795	9364	1354
230	248	6441	1891	10730	1104
134	216	4859	1588	6458	963

民族乡镇

1-1 全国民族乡镇基本情况

年 份	民族乡（个）	#实际汇总数	年末总人口（万人）	#少数民族人口	农业总产值（亿元）	工业总产值（亿元）	粮食总产量（万吨）	财政收入（万元）	人均纯收入（元）
1991	1246	1031	1250.92	597.32	91.93	87.13	1195.85	396135	
1992	1260	1153	1933.72	770.83	128.22	89.90	719.58	63573	
1993	1262	1238	1759.87	868.28	157.20	187.99	1120.81	103445	
1994	1711	1258	1710.63	860.64	206.01	257.88	1511.17	94085	
1995	1267	1263	1729.24	878.93	282.15	348.92	1408.46	112923	
1996	1272	1264	1714.58	889.13	326.34	451.45	953.93	141068	
1997	1256	1207	1676.70	1011.90	382.20	547.90	2246.70	213727	
1998	1252	1249	1690.90	894.64	382.96	561.72	957.88	259527	
1999	1252	1248	1738.64	901.89	521.12	543.93	751.81	310977	1466
2000	1231	1247	1851.20	947.70	415.32	595.45	901.05	191942	1674
2001		1204	1769.59	900.31	316.89	388.90	873.52	184372	1510
2002	1190	1190	1745.18	894.94	386.73	432.13	832.92	221046	1611
2003	1173	1165	1716.13	883.20	398.29	520.42	792.69	235592	1740
2004	1159	1151	1731.21	899.91	462.84	607.36	943.47	286062	2148
2005	1159	1123	1754.05	891.21	516.15	714.99	1092.77	368015	2361
2006	1125	1125	1767.66	905.81	594.21	902.16	1067.36	414099	2648
2007	1131	1123	1800.32	923.76	827.18	1132.60	1076.59	495824	3092
2008	1135	1135	1815.38	935.07	898.62	1344.95	1161.39	682219	3420
2009	1140	1140	1830.82	943.05	932.41	1464.63	1160.58	693493	4028
2010	1137	1137	1863.43	962.30	909.96	1795.83	1233.64	819400	4526
2011	1132	1132	1890.16	972.29	949.35	1805.84	1233.77	863904	5229
2012	1120	1120	1851.80	957.78	1115.71	2048.44	1296.20	1105110	6184
2013	1086	1120	1804.30	923.40	1202.99	2159.45	1490.32	1400714	6940
2014	1091	1091	1760.00	903.60	1249.84	2225.52	1453.69	1252690	8014

2-1 全国分地区民族乡镇基本情况(2014年)

地 区	民族乡镇数（个）	#民族镇	#民族苏木	行政区划面积（平方公里）	年末总人口（万人）	#少数民族
合 计	**1091**	**40**	**1**	**341466**	**1760.00**	**903.60**
北 京	5			621	7.38	2.09
天 津	2			25	0.72	0.24
河 北	50			5109	88.13	34.47
内蒙古	18		1	28086	21.06	7.73
辽 宁	76			7628	92.53	54.32
吉 林	33	5		7273	64.39	19.17
黑龙江	65	11		58180	101.25	42.05
江 苏	1			54	2.36	0.73
浙 江	18	4		1245	19.28	4.09
安 徽	9			430	20.02	6.15
福 建	19			2145	44.83	14.66
江 西	8			1083	10.83	2.89
山 东	4	3		216	15.17	3.08
河 南	21	9		437	78.27	18.66
湖 北	12	2		44099	24.58	12.48
湖 南	99	1		9705	118.13	82.71
广 东	7			1377	8.25	3.74
广 西	59			15596	113.93	78.54
重 庆	14			1415	16.69	7.19
四 川	98			16690	75.76	35.71
贵 州	208			21901	448.83	229.56
云 南	150	2		43139	292.67	177.80
西 藏	8			3579	0.91	0.47
陕 西	3	3		746	3.85	1.12
甘 肃	34			16648	32.25	20.97
青 海	28			5950	22.45	14.55
新 疆	42			48090	35.48	28.45

2-2 全国分地区民族乡镇村民委员会情况(2014年)

地 区	村民委员会(个)	#已通公路的 村	#已通自来水的村	#已通电的 村	#已通电话的 村	#已通邮的 村
合 计	**10563**	**10375**	**8437**	**10491**	**9968**	**8668**
北 京	62	62	62	62	62	62
天 津	13	13	11	13	13	13
河 北	655	649	544	655	653	653
内蒙古	174	175	91	187	161	137
辽 宁	525	525	352	525	525	525
吉 林	395	377	291	395	395	395
黑龙江	535	534	467	535	535	535
江 苏	6	6	6	6	6	6
浙 江	245	245	245	245	245	245
安 徽	74	67	50	69	69	69
福 建	321	321	310	321	321	321
江 西	71	71	55	71	71	71
山 东	127	127	121	127	127	127
河 南	206	206	179	206	206	206
湖 北	192	192	150	192	191	191
湖 南	1250	1234	732	1250	1217	1190
广 东	50	50	49	50	50	48
广 西	595	588	466	594	561	520
重 庆	99	96	70	99	99	73
四 川	638	627	450	630	587	515
贵 州	2273	2173	1796	2212	1871	807
云 南	1111	1111	1064	1108	1108	1102
西 藏	24	23	24	24	24	17
陕 西	25	25	25	25	25	25
甘 肃	306	296	283	306	300	271
青 海	344	338	331	344	309	302
新 疆	247	244	213	240	237	242

3-1　全国分地区民族乡镇乡镇企业情况(2014年)

地　区	乡镇企业从业人员(万人)	乡镇企业总产值(万元)	#工业企业总产值(万元)	乡镇企业年净利润总额(万元)
合　计	**84.14**	**29851434**	**22255166**	**2236175**
北　京	1.22	635057	282918	12302
天　津	0.05	2198	1192	385
河　北	12.39	4726734	3336339	509346
内蒙古	0.83	334409	277342	25477
辽　宁	6.52	5615891	4304735	300580
吉　林	4.11	996696	806016	135826
黑龙江	3.95	1901001	912834	70595
江　苏	1.03	1761169	1518169	103928
浙　江	1.63	411222	404108	25991
安　徽	0.84	218646	169058	15841
福　建	4.74	2349257	2169602	90862
江　西	1.56	289215	265923	20356
山　东	1.76	2133646	1945476	31416
河　南	11.52	2595603	1494134	176922
湖　北	4.08	571239	506764	73157
湖　南	4.10	344917	216358	46638
广　东	0.20	98756	72879	15464
广　西	2.45	535713	375598	85082
重　庆	0.38	65373	33877	13376
四　川	2.52	488405	413378	52902
贵　州	7.87	1596664	1191522	194189
云　南	7.15	1604145	1153018	152196
西　藏	0.01	59	59	59
陕　西	0.22	97070	82013	9873
甘　肃	0.91	177363	151417	16698
青　海	0.99	50410	43024	1964
新　疆	1.11	250576	127413	54753

4-1 全国分地区民族乡镇农业基本情况(2014年)(一)

地　　区	农作物总播种面积（公顷）	#粮食播种面　　积
合　　计	**3238272**	**2340567**
北　　京	4107	2833
天　　津	267	211
河　　北	95933	78250
内 蒙 古	217509	167591
辽　　宁	173167	132842
吉　　林	162323	145319
黑 龙 江	497820	488822
江　　苏	4833	4104
浙　　江	17159	9497
安　　徽	36026	27827
福　　建	39419	22298
江　　西	9585	6665
山　　东	18769	15216
河　　南	46830	32111
湖　　北	41335	24891
湖　　南	120724	76391
广　　东	9014	4880
广　　西	141841	78839
重　　庆	34229	20335
四　　川	120606	83929
贵　　州	565633	378389
云　　南	609141	369711
西　　藏	1134	836
陕　　西	5272	4157
甘　　肃	70024	45749
青　　海	60343	31884
新　　疆	135229	86988

4-1 全国分地区民族乡镇农业基本情况(2014年)(二)

地　区	农林牧渔业总产值（万元）	粮食产量（吨）	肉类总产量（吨）
合　计	**12498413**	**14536868**	**2739258**
北　京	34738	14054	7622
天　津	10968	700	587
河　北	827036	531427	127118
内蒙古	222906	672925	78065
辽　宁	1174400	767679	293377
吉　林	636904	1296608	101699
黑龙江	1424444	4695560	843692
江　苏	57728	29020	6288
浙　江	126237	54687	12093
安　徽	212696	186096	21077
福　建	330069	117565	21397
江　西	47334	41701	6032
山　东	141014	148903	48060
河　南	219765	206448	43201
湖　北	283467	150852	42089
湖　南	808393	540784	95757
广　东	60709	24980	3681
广　西	622730	533857	77386
重　庆	138546	80625	14668
四　川	490977	349136	89082
贵　州	1545683	1445355	246226
云　南	2217957	1563130	424934
西　藏	6066	4086	303
陕　西	15893	12105	2302
甘　肃	107019	213298	23767
青　海	119236	116294	16505
新　疆	615498	738993	92252

5-1 全国分地区民族乡镇财政收支和人均纯收入情况(2014年)

地　区	财政收入(万元)	财政支出(万元)	人均纯收入(元)
合　计	**1252690**	**1197415**	**8014**
北　京	68377	72155	19837
天　津	1214	1214	14500
河　北	99945	44976	6408
内蒙古	20926	19887	10495
辽　宁	95594	91353	9513
吉　林	51720	48433	9473
黑龙江	49108	51811	13100
江　苏	7850	4741	23746
浙　江	30502	28943	9885
安　徽	6140	7760	10727
福　建	36628	36671	11139
江　西	26614	13099	9983
山　东	20252	17122	10601
河　南	39948	42459	8395
湖　北	60331	63999	7981
湖　南	41543	41576	3423
广　东	3725	3687	7683
广　西	32446	42541	5758
重　庆	16004	16787	7087
四　川	62525	62899	7745
贵　州	226509	223636	5983
云　南	164825	166403	5702
西　藏	331	35	17590
陕　西	1538	1370	7284
甘　肃	15499	16745	4563
青　海	11760	12051	6915
新　疆	60835	65063	11141

6-1 全国分地区民族乡镇教育情况(2014年)

地区	学校总数（所）	在校学生数（人）	教师总数（人）
合计	**6805**	**1724137**	**125747**
北京	17	12360	1020
天津	3	520	62
河北	310	68551	5673
内蒙古	39	8642	1456
辽宁	233	63716	6345
吉林	165	36956	5000
黑龙江	181	37121	5991
江苏	3	2077	164
浙江	21	10184	860
安徽	58	15642	1273
福建	89	31604	2734
江西	67	8390	554
山东	35	14730	1102
河南	203	156820	9727
湖北	75	22953	1638
湖南	390	84930	6495
广东	17	4265	493
广西	631	104684	6612
重庆	45	11049	816
四川	216	74935	4611
贵州	1874	509039	31837
云南	1408	357161	22840
西藏	6	2196	228
陕西	20	3878	334
甘肃	245	32315	2584
青海	112	18702	1302
新疆	342	30717	3996

7-1 全国分地区民族乡镇文化情况(2014年)

地　区	图书馆	文化站	村文化活动室
合　计	**1085**	**1169**	**9619**
北　京	3	5	68
天　津		1	13
河　北	75	53	472
内蒙古	12	18	145
辽　宁	69	56	476
吉　林	40	33	344
黑龙江	95	82	426
江　苏	1	1	6
浙　江	53	20	231
安　徽	25	9	56
福　建	3	21	293
江　西	4	8	72
山　东	9	11	152
河　南	49	24	151
湖　北	38	12	166
湖　南	110	98	1116
广　东	5	7	37
广　西	61	66	442
重　庆	18	14	88
四　川	68	124	568
贵　州	110	244	1900
云　南	71	145	1655
西　藏	8	8	17
陕　西	3	3	30
甘　肃	30	30	265
青　海	51	26	218
新　疆	74	50	212

8-1 全国分地区民族乡镇卫生情况（2014年）

地　区	医院、卫生院			村卫生室	
	个　数（个）	医生数（人）	病床数（张）	个　数（个）	医生数（人）
合　计	**1202**	**16926**	**25376**	**9835**	**12793**
天　津	1	6	12	17	12
河　北	67	911	1399	710	882
内蒙古	23	257	354	149	200
辽　宁	59	580	1463	593	706
吉　林	38	527	721	398	578
黑龙江	77	971	1402	549	774
江　苏	1	32	28	6	27
浙　江	22	205	245	83	88
安　徽	10	134	284	69	171
福　建	18	143	428	346	329
江　西	9	130	172	87	124
山　东	5	132	300	81	191
河　南	48	3687	3714	206	309
湖　北	13	443	546	184	222
湖　南	115	1206	2017	892	908
广　东	7	48	127	45	50
广　西	69	948	1486	605	678
重　庆	15	181	288	105	133
四　川	98	741	1113	453	608
贵　州	227	2178	3760	2310	2572
云　南	152	2201	3871	1134	2360
西　藏	8	37	55	15	31
陕　西	4	56	58	38	38
甘　肃	42	356	439	225	225
青　海	30	208	325	337	308
新　疆	44	608	769	198	269

9-1 全国分地区民族乡镇农业科技情况(2014年)

地　区	农业科技与服务单位数	中高级农业技术人员数
合　计	**1929**	**9886**
北　京	4	17
天　津	1	5
河　北	131	344
内蒙古	42	177
辽　宁	228	801
吉　林	117	465
黑龙江	106	490
江　苏	7	29
浙　江	40	126
安　徽	18	35
福　建	23	213
江　西	19	69
山　东	37	133
河　南	109	566
湖　北	38	122
湖　南	125	376
广　东	14	20
广　西	95	285
重　庆	15	97
四　川	107	228
贵　州	238	1648
云　南	218	1735
西　藏		4
陕　西	5	17
甘　肃	85	1533
青　海	35	84
新　疆	72	267

10-1 全国各民族乡镇基本情况(2014年)(一)

民族乡镇名称	行政区划面积(平方公里)	村民委员会(个)	#已通公路的村(个)	#已通自来水的村(个)
北京				
朝阳区常营回族乡	9			
通州区于家务回族乡	66	23	23	23
密云县檀营满族蒙古族乡	3			
怀柔区喇叭沟门满族乡	302	15	15	15
怀柔区长哨营满族乡	241	24	24	24
天津市				
东丽区么六桥回族乡				
蓟县孙各庄满族乡	25	13	13	11
河北省				
石家庄市新乐市彭家庄回族乡	31	8	8	8
石家庄市藁城市九门回族乡	47	13	13	13
石家庄市无极县高头回族乡	32	15	15	15
唐山市遵化市汤泉满族乡	22	10	10	10
唐山市遵化市西下营满族乡	33	14	14	9
唐山市遵化市东陵满族乡	78	27	27	27
邯郸市邱县陈村回族乡	12	5	5	5
邯郸市大名县营镇回族乡	20	17	17	17
保定市易县凌云册满族回族乡	62	19	19	3
保定市定州市号头庄回族乡	43	17	17	17
保定市涞水县娄村满族乡	181	22	18	11
张家口市沽源县大二号回族乡	55	4	4	4
张家口市怀来县王家楼回族乡	132	16	14	14
廊坊市永清县管家务回族乡	33	12	12	12
廊坊市文安县大围河回族满族乡	62	24	24	24
承德市丰宁南关蒙古族乡	351	14	14	14
承德市滦平县平坊满族乡	68	8	8	1
承德市滦平县安纯沟门满族乡	157	11	11	9
承德市滦平县五道营子满族乡	124	6	6	6
承德市滦平县邓厂满族乡	74	3	3	2
承德市滦平县马营子满族乡	141	10	10	5
承德市滦平县付家店满族乡	81	6	6	2

#已通电的村(个)	#已通电话的村(个)	#已通邮的村(个)	年末总人口(人)	#少数民族(人)	乡镇企业从业人员(人)
			27092	8196	5216
23	23	23	24428	3420	5566
			5150	1331	
15	15	15	7061	3541	
24	24	24	10108	4412	1369
13	13	13	7246	2411	538
8	8	8	22079	6182	5738
13	13	13	44429	6103	17820
15	15	15	38669	15207	9827
10	10	10	9324	7460	520
14	14	14	11664	5280	1078
27	27	27	23587	14334	4527
5	5	5	6421	5681	1516
17	17	17	16462	5082	2899
19	19	19	31121	9635	3016
17	17	17	39676	13095	5600
22	22	22	29473	15325	912
4	4	4	3231	787	38
16	14	14	8176	1929	413
12	12	12	11729	3020	1565
24	24	24	32028	5707	7026
14	14	14	18741	9856	549
8	8	8	7417	5367	162
11	11	11	13319	10309	367
6	6	6	4978	3907	274
3	3	3	2675	2208	260
10	10	10	9696	6855	300
6	6	6	5593	2843	920

10-1(一) 续表 1

民族乡镇名称	行政区划面积（平方公里）	村民委员会（个）	#已通公路的村（个）	#已通自来水的村（个）
承德市滦平县西地满族乡	113	10	10	10
承德市滦平县小营满族乡	118	10	10	1
承德市滦平县大屯满族乡	154	14	14	7
承德市滦平县西沟满族乡	154	9	9	6
承德市承德县岗子满族乡	80	10	10	6
承德市承德县两家满族乡	101	9	9	7
承德市兴隆县八卦岭满族乡	102	8	8	1
承德市兴隆县南天门满族乡	110	10	10	2
承德市隆化县尹家营满族乡	82	11	11	2
承德市隆化县庙子沟蒙古族满族乡	95	6	6	6
承德市隆化县偏坡营蒙古族乡	183	14	14	8
承德市隆化县八达营蒙古族乡	189	12	12	12
承德市隆化县太平庄满族乡	173	11	11	11
承德市隆化县旧屯满族乡	174	11	11	8
承德市隆化县西阿超满族蒙古族乡	189	10	10	10
承德市隆化县白虎沟蒙古族满族乡	92	6	6	6
承德市平泉县七家岱满族乡	115	4	4	4
承德市平泉县平房满族蒙古族乡	127	13	13	13
承德市平泉县茅兰沟满族蒙古族乡	170	10	10	10
沧州市黄骅市羊二庄回族乡	330	48	48	48
沧州市黄骅市新村回族乡	43	4	4	4
沧州市河间市果子洼回族乡	26	20	20	20
沧州市献县本斋回族乡	24	11	11	11
沧州市沧县大褚村回族乡	55	26	26	26
沧州市沧县杜林回族乡	79	39	39	39
沧州市沧县李天木回族乡	100	14	14	14
沧州市沧县捷地回族乡	39	16	16	16
沧州市黄骅市杨三木回族乡	55	8	8	8
内蒙古自治区				
莫力达瓦旗巴彦鄂温克民族乡	1500	17	17	8
莫力达瓦旗杜拉尔鄂温克民族乡	530	10	10	10
扎兰屯市达斡尔民族乡	417	7	7	1

#已通电的村（个）	#已通电话的村（个）	#已通邮的村（个）	年末总人口（人）	#少数民族（人）	乡镇企业从业人员（人）
10	10	10	20936	7720	1586
10	10	10	14753	13015	4478
14	14	14	21088	14175	915
9	9	9	7641	6335	470
10	10	10	8547	3168	100
9	9	9	10669	3962	466
8	8	8	15070	11321	451
10	10	10	7348	2146	508
11	11	11	8930	5861	150
6	6	6	6953	3574	150
14	14	14	13582	6340	110
12	12	12	14308	8108	364
11	11	11	12307	7860	340
11	11	11	8147	6355	22
10	10	10	12347	7452	135
6	6	6	8942	7276	135
4	4	4	9535	5916	628
13	13	13	17576	16109	216
10	10	10	19927	9776	415
48	48	48	52432	6631	13340
4	4	4	10006	1784	230
20	20	20	22974	6323	4092
11	11	11	14085	3895	3458
26	26	26	26274	4462	2420
39	39	39	45716	3985	3688
14	14	14	39528	3545	7811
16	16	16	31930	6374	8654
8	8	8	9230	5072	3197
17	17	1	15727	5876	42
10	10	10	8020	1741	85
7	5	7	13568	3298	102

10-1(一) 续表 2

民族乡镇名称	行政区划面积（平方公里）	村民委员会（个）	#已通公路的村（个）	#已通自来水的村（个）
扎兰屯市萨马街鄂温克民族乡	2596	6	6	5
扎兰屯市南木鄂伦春民族乡	2260	9	9	2
阿荣旗查巴奇鄂温克民族乡	726	11	8	2
阿荣旗新发朝鲜族民族乡	162	7	7	5
阿荣旗音河达斡尔鄂温克民族乡	558	8	8	3
阿荣旗得力其尔鄂温克民族乡	384	9	9	5
根河市敖鲁古雅鄂温克民族乡	1741	1	4	1
陈巴尔虎旗鄂温克苏木	6037	7		
额尔古纳市三河回族乡	3535	17	17	1
额尔古纳市室韦俄罗斯民族乡	2068	7	7	
科右前旗满族屯满族乡	4318	8	8	1
赤峰市松山区当铺地满族乡	386	25	25	25
赤峰市喀喇沁旗十家满族乡	341	14	14	5
乌盟凉城县曹碾满族乡	108	4	12	17
鄂温克旗巴彦塔拉达斡尔族乡	418	7	7	
辽宁省				
沈阳市康平县柳树屯蒙古族满族乡	105	9	9	9
沈阳市康平县沙金台蒙古族满族乡	150	11	11	11
沈阳市沈北新区黄家锡伯族乡				
沈阳市沈北新区石佛寺朝鲜族锡伯族乡				
沈阳市法库县四家子蒙古族乡	95	9	9	9
沈阳市康平县东升满族蒙古族乡	123	10	10	10
沈阳市康平县西关屯蒙古族满族乡	88	9	9	9
大连市瓦房店市三台满族乡	130	10	10	5
大连市瓦房店市杨家满族乡	108	11	11	4
大连市庄河市太平岭满族乡	105	6	6	6
大连市庄河市桂云花满族乡	214	5	5	5
抚顺市抚顺县拉古满族乡	104	10	10	4
抚顺市抚顺县汤图满族乡	149	9	9	9
本溪市桓仁县雅河朝鲜族乡	212	8	8	8
本溪市南芬区思山岭满族乡				
锦州市义县聚粮屯满族乡				

#已通电的村（个）	#已通电话的村（个）	#已通邮的村（个）	年末总人口（人）	#少数民族（人）	乡镇企业从业人员（人）
6	6	6	6978	1718	
9	9	9	14757	9470	145
11	11	11	11338	2497	160
7	7	7	11622	1526	275
8	8	8	13400	2690	439
9	9	9	16621	2041	156
4	2	4	1591	455	94
			2609	1664	
17	17	17	11168	5703	132
7	7	1	2393	1105	143
8	8	8	4854	4821	72
25	25	25	41913	15070	3200
13	13	14	28341	12404	3100
22			3298	2968	
7	7		2409	2251	177
9	9	9	15602	8113	195
11	11	11	18052	15510	196
9	9	9	16280	7815	665
10	10	10	18325	7147	1157
9	9	9	15309	8929	200
10	10	10	26025	11282	9872
11	11	11	23124	7564	3497
6	6	6	21478	4830	2730
5	5	5	19963	7985	4072
10	10	10	17389	4711	1352
9	9	9	7598	7062	811
8	8	8	19822	10242	998

10-1(一) 续表 3

民族乡镇名称	行政区划面积（平方公里）	村民委员会（个）	#已通公路的村（个）	#已通自来水的村（个）
锦州市义县地藏寺满族乡	116	5	5	2
锦州市义县留龙沟满族乡				
锦州市义县大定堡满族乡	109	8	8	1
锦州市义县头台满族乡				
锦州市义县头道河满族乡				
锦州市黑山县镇安满族乡				
锦州市凌海市温滴楼满族乡				
阜新市彰武县西六家子蒙古族满族乡	138	10	10	5
阜新市彰武县二道河子蒙古族乡	93	8	8	8
阜新市彰武县苇子沟蒙古族乡				
阜新市彰武县大 冷蒙古族乡				
辽阳市辽阳县吉洞峪满族乡	282	12	12	12
辽阳市辽阳县甜水满族乡	314	14	14	14
铁岭市开原市黄旗寨满族乡				
铁岭市开原市上肥地满族乡				
铁岭市开原市下肥地满族乡				
铁岭市开原市林丰满族乡	147	10	10	3
铁岭市铁岭县白旗寨满族乡	166	9	9	9
铁岭市铁岭县横道河子满族乡				
铁岭市西丰县成平满族乡	142	10	10	2
铁岭市西丰县德兴满族乡	126	7	7	3
铁岭市西丰县和隆满族乡	265	10	10	10
铁岭市西丰县金星满族乡	134	9	9	9
铁岭市西丰县明德满族乡	116	7	7	5
铁岭市西丰县营厂满族乡	179	9	9	9
铁岭市清河区聂家满族乡	132	10	10	
朝阳市北票市马友营蒙古族乡	210	9	9	6
朝阳市北票市凉水河蒙古族乡	112	6	6	
朝阳市建平县三家蒙古族乡	160	14	14	8
朝阳市凌源县三家子蒙古族乡	233	17	17	13
朝阳市朝阳县松岭门蒙古族乡	83	6	6	6
朝阳市朝阳县乌兰河硕蒙古族乡	66	7	7	3

#已通电的村（个）	#已通电话的村（个）	#已通邮的村（个）	年末总人口（人）	#少数民族（人）	乡镇企业从业人员（人）
5	5	5	7261	3542	894
8	8	8	8318	4571	835
10	10	10	18333	7102	112
8	8	8	13445	3958	182
12	12	12	19996	13097	3852
14	14	14	21242	18035	472
10	10	10	10686	8563	560
9	9	9	12683	6165	3266
10	10	10	12734	10220	265
7	7	7	9886	8455	450
10	10	10	17369	10856	780
9	9	9	14657	9380	362
7	7	7	10341	7238	120
9	9	9	10237	6775	649
10	10	10	11505	9865	105
9	9	9	15075	3452	1180
6	6	6	6770	618	235
14	14	14	30000	3845	1385
17	17	17	29485	2916	456
6	6	6	10402	3008	496
7	7	7	9698	3029	170

10-1(一)　续表 4

民族乡镇名称	行政区划面积（平方公里）	村民委员会（个）	#已通公路的村（个）	#已通自来水的村（个）
葫芦岛市绥中县西平坡满族乡	116	10	10	10
葫芦岛市绥中县范家满族乡	129	10	10	7
葫芦岛市绥中县高甸子满族乡	107	9	9	8
葫芦岛市绥中县葛家满族乡	104	10	10	6
葫芦岛市绥中县明水满族乡	112	8	8	8
葫芦岛市绥中县网户满族乡	75	14	14	5
葫芦岛市兴城市白塔满族乡	68	6	6	2
葫芦岛市兴城市大寨满族乡	77	13	13	2
葫芦岛市兴城市高家岭满族乡				
葫芦岛市兴城市海滨满族乡				
葫芦岛市兴城市红崖子满族乡				
葫芦岛市兴城市碱厂满族乡	161	7	7	1
葫芦岛市兴城市旧门满族乡	83	8	8	7
葫芦岛市兴城市刘台子满族乡	40	10	10	10
葫芦岛市兴城市南大山满族乡	130	15	15	13
葫芦岛市兴城市望海满族乡	84	10	10	8
葫芦岛市兴城市围屏满族乡	112	8	8	1
葫芦岛市兴城市羊安满族乡	80	11	11	11
葫芦岛市兴城市药王庙满族乡	138	11	11	1
葫芦岛市兴城市三道沟满族乡	170	11	11	6
葫芦岛市兴城市元台子满族乡	112	9	9	
葫芦岛市建昌二道湾子蒙古族乡	91	12	12	4
盘锦市大洼县荣兴朝鲜族乡				
丹东市宽甸满族自治县下露河朝鲜族乡	259	6	6	6
丹东市东港市合隆满族乡	99	10	10	7
锦州市义县城关满族乡				
大连市普兰店市乐甲满族乡	109	5	5	4
丹东市凤城市大堡蒙古族乡	266	8	8	8
吉林省				
延边州珲春市三家子满族乡	59	8	8	8
延边州珲春市杨泡满族乡	226	7	7	7
吉林市昌邑区土城子满族朝鲜族乡	96	12	12	8

#已通电的村（个）	#已通电话的村（个）	#已通邮的村（个）	年末总人口（人）	#少数民族（人）	乡镇企业从业人员（人）
10	10	10	19860	18784	282
10	10	10	16633	14930	70
9	9	9	19262	16454	900
10	10	10	14454	12269	452
8	8	8	14628	13816	1430
14	14	14	21580	10502	620
6	6	6	11846	9940	528
13	13	13	20032	18339	3071
7	7	7	11492	8765	1639
8	8	8	9763	5671	680
10	10	10	15079	7355	105
15	15	15	21232	18651	242
10	10	10	20249	15358	1000
8	8	8	13321	11747	295
11	11	11	21455	17413	2092
11	11	11	16588	11045	478
11	11	11	20321	19258	1795
9	9	9	18225	10960	1350
12	12	12	23565	6427	5
6	6	6	11340	7456	98
10	10	10	21323	13226	2319
5	5	5	20810	8324	1071
8	8	8	23105	20630	2077
8	8	8	8743	5323	426
7	7	7	3893	2470	198
12	12	12	21050	11140	96

10-1(一) 续表 5

民族乡镇名称	行政区划面积（平方公里）	村民委员会（个）	#已通公路的村（个）	#已通自来水的村（个）
吉林市龙潭区乌拉街满族镇	188	28	28	14
吉林市龙潭区大口钦满族镇	105	12	12	6
吉林市昌邑区两家子满族乡	161	13	13	13
吉林市永吉县金家满族乡	160	7	7	7
吉林市蛟河市乌林朝鲜族乡	278	20	20	20
通化市梅河口小杨满族朝鲜族乡	180	17	17	16
通化市集安市凉水朝鲜族乡	178	9	9	9
通化市通化县金斗朝鲜族满族乡	106	5	5	5
通化市通化县大泉源满族朝鲜族乡	339	21	21	21
通化市辉南县楼街朝鲜族乡	119	12	12	11
通化市柳河县姜家店朝鲜族乡	92	10	10	10
通化市柳河县三元浦朝鲜族镇	385	20	20	20
辽源市东丰县三合满族朝鲜族乡	167	16	16	5
长春市双阳区双营子回族乡	76	6	6	2
榆树市延和朝鲜族乡	20	3	3	3
九台市胡家回族乡	169	9	9	1
九台市莽卡满族乡	153	12	12	2
白城市通榆县包拉温都蒙古族乡	236	4	4	4
白城市通榆县向海蒙古族乡	1175	16	16	16
白城市洮南市呼和车力蒙古族乡	260	7	7	7
白城市洮南市胡力吐蒙古族乡	150	10	10	10
白城市镇赉县哈吐气蒙古族乡	156	5	5	5
白城市镇赉县莫莫格蒙古族乡	527	13	9	6
白城市大安市新艾里蒙古族乡	83	5	5	5
白城市洮北区德顺蒙古族乡	388	19	19	19
松原市三骏满族蒙古族锡伯族乡	296	29	15	19
铁东区叶赫满族镇	265	13	13	5
公主岭市二十家子满族镇	113	9	9	
公主岭市龙山满族乡	146	8	8	3
双辽县那木斯蒙古族乡	222	10	10	4
黑龙江省				
哈尔滨市南岗区红旗满族乡	60	8	8	8

#已通电的 村（个）	#已通电话的 村（个）	#已通邮的 村（个）	年 末总人口（人）	#少数民族（人）	乡镇企业从业人员（人）
28	28	28	64624	14880	3877
12	12	12	21700	6714	2187
13	13	13	19585	5257	194
7	7	7	21050	7800	46
20	20	20	18001	5420	2053
17	17	17	15825	3846	570
9	9	9	6213	1891	46
5	5	5	7612	2588	281
21	21	21	24736	8075	815
12	12	12	25181	2852	1342
10	10	10	12230	4114	580
20	20	20	35806	5725	6167
16	16	16	26017	5761	6950
6	6	6	16755	5793	3280
3	3	3	3180	3021	36
9	9	9	23398	9300	5100
12	12	12	33627	13452	1127
4	4	4	5100	2865	21
16	16	16	28500	9223	136
7	7	7	7020	1900	
10	10	10	8618	1816	
5	5	5	5100	1900	
13	13	13	13130	6360	
5	5	5	5144	1017	
19	19	19	21481	3762	435
29	29	29	50225	6364	90
13	13	13	31484	12908	1124
9	9	9	23506	9910	2401
8	8	8	14720	4526	1320
10	10	10	20619	3700	230
8	8	8	2300	8740	5600

10-1(一) 续表 6

民族乡镇名称	行政区划面积（平方公里）	村民委员会（个）	#已通公路的村（个）	#已通自来水的村（个）
哈尔滨市双城市幸福满族乡	86	8	8	8
哈尔滨市双城市乐群满族乡	88	9	9	9
哈尔滨市双城市同心满族乡	91	7	7	5
哈尔滨市双城市希勤满族乡	122	8	8	6
哈尔滨市双城市联兴满族乡	92	8	8	6
哈尔滨市双城市青岭满族乡	102	9	9	9
哈尔滨市双城市农丰满族锡伯族镇	139	9	9	8
哈尔滨市五常市拉林满族镇	156	13	13	13
哈尔滨市五常市红旗满族乡	209	12	12	3
哈尔滨市五常市营城子满族乡	112	7	7	7
哈尔滨市五常市牛家满族镇	189	15	15	15
哈尔滨市五常市民乐朝鲜族乡	55	6	6	6
哈尔滨市尚志市河东朝鲜族乡	120	9	9	9
哈尔滨市尚志市鱼池朝鲜族乡	460	7	7	7
哈尔滨市依兰县迎兰朝鲜族乡	470	15	15	9
齐齐哈尔市梅里斯区卧牛吐达斡尔族镇	473	7	7	7
齐齐哈尔市梅里斯区莽格吐达斡尔族乡	330	3	3	3
齐齐哈尔市泰来县宁姜蒙古族乡	417	7	7	7
齐齐哈尔市泰来县胜利蒙古族乡	332	5	5	5
齐齐哈尔市泰来县江桥蒙古族镇	267	6	6	6
齐齐哈尔市昂昂溪区水师营满族镇	129	6	6	6
齐齐哈尔市富裕县友谊达满柯族乡	673	14	14	12
齐齐哈尔市讷河市兴旺鄂温克族乡	412	12	12	12
齐齐哈尔市富拉尔基区杜尔门沁达族乡	100	3	3	2
牡丹江市海林市新安朝鲜族镇	131	17	17	17
牡丹江市西安区海南朝鲜族乡	105	11	11	11
牡丹江市宁安市江南朝、满族乡	540	25	25	21
牡丹江市宁安市卧龙朝鲜族乡	1247	13	13	9
牡丹江市东宁县三岔口朝鲜族镇	243	13	12	13
牡丹江市穆棱市福禄朝鲜族满族乡	466	16	16	16
佳木斯市同江市街津口赫哲族乡	286	6	6	6
佳木斯市同江市八岔赫哲族乡	327	4	4	4

#已通电的村（个）	#已通电话的村（个）	#已通邮的村（个）	年末总人口（人）	#少数民族（人）	乡镇企业从业人员（人）
8	8	8	19453	10437	968
9	9	9	22146	18256	398
7	7	7	19919	12948	1608
8	8	8	21090	13400	520
8	8	8	20256	6639	2159
9	9	9	20873	14900	88
9	9	9	22134	12439	235
13	13	13	55480	31518	4032
12	12	12	44723	23541	635
7	7	7	30911	21638	480
15	15	15	47627	15657	3500
6	6	6	12216	6152	273
9	9	9	15987	5967	312
7	7	7	9706	2615	290
15	15	15	24540	3492	3200
7	7	7	12408	4150	320
3	3	3	7650	3240	352
7	7	7	17900	3184	206
5	5	5	17509	2700	399
6	6	6	23200	3586	805
6	6	6	17999	4052	
14	14	14	22945	3441	1900
12	12	12	36868	1868	690
3	3	3	14011	4125	1020
17	17	17	19050	8050	265
11	11	11	18072	6465	1250
25	25	25	25714	8571	882
13	13	13	15716	5200	600
13	13	13	15949	6822	458
16	16	16	18759	4896	170
6	6	6	3909	537	43
4	4	4	3906	502	

10-1(一) 续表 7

民族乡镇名称	行政区划面积（平方公里）	村民委员会（个）	#已通公路的村（个）	#已通自来水的村（个）
佳木斯市桦川县星火朝鲜族乡	34	6	6	6
佳木斯市汤原县汤旺朝鲜族乡	54	14	14	14
大庆市肇源县超等蒙古族乡	244	7	7	7
大庆市肇源县浩德蒙古族乡	152	5	5	5
大庆市肇源县义顺蒙古族乡	283	7	7	7
黑河市逊克县新鄂鄂伦春族乡	7561	5	5	4
黑河市逊克县新兴鄂伦春族乡	389	4	4	2
黑河市爱辉区新生鄂伦春族乡	1700	3	3	2
黑河市爱辉区四嘉子满族乡	225	6	6	6
黑河市爱辉区坤河达、满族乡	88	6	6	6
黑河市北安市主星朝鲜族乡	60	4	4	3
黑河市孙吴县沿江达、满族乡	576	8	8	8
绥化市北林区兴和朝鲜族乡	21	2	2	2
绥化市北林区绥胜满族镇	99	5	5	5
绥化市北林区永安满族镇	108	7	7	7
绥化市北林区红旗满族乡	100	5	5	5
绥化市望奎县惠七满族镇	150	8	8	8
绥化市望奎县厢白满族乡	150	7	7	7
绥化市望奎县灵山满族乡	129	5	5	5
伊春市铁力市年丰朝鲜族乡	226	10	10	10
鹤岗市萝北县东明朝鲜族乡	49	7	7	4
鹤岗市绥滨县福兴满族乡	92	3	3	3
大兴安岭地区呼玛县白银纳鄂伦春族乡	514	6	6	2
大兴安岭地区塔河县十八站鄂伦春族乡	253	6	6	4
双鸭山市饶河县四排赫哲族乡	52	4	4	4
双鸭山市友谊县成富朝鲜族满族乡	88	9	9	9
七台河市勃利县杏树朝鲜族乡	105	11	11	11
七台河市勃利县吉兴朝鲜族、满族乡	121	14	14	14
鸡西市密山市和平朝鲜族乡	191	12	12	1
鸡西市鸡东县鸡林朝鲜族乡	50	6	6	2
鸡西市鸡东县明德朝鲜族乡	61	8	8	2
鸡西市城子河区永丰朝鲜族乡	74	7	7	7

#已通电的村（个）	#已通电话的村（个）	#已通邮的村（个）	年末总人口（人）	#少数民族（人）	乡镇企业从业人员（人）
6	6	6	5009	5009	112
14	14	14	11546	8129	
7	7	7	18890	6220	136
5	5	5	9809	1432	
7	7	7	14768	4658	1965
5	5	5	2239	649	18
4	4	4	1616	287	13
3	3	3	1072	162	27
6	5	6	4578	1628	23
6	6	6	2561	1461	64
4	4	4	4358	1893	
8	8	8	7413	2814	192
2	2	2	3758	3685	20
5	5	5	19687	12036	452
7	7	7	24017	18012	216
5	5	5	18492	15024	772
8	8	8	23540	9248	112
7	7	7	27950	8530	
5	5	5	17310	5178	326
10	10	10	11245	2292	148
7	7	7	3418	3365	67
3	3	3	4329	1991	
6	6	6	2078	393	105
6	6	6	5009	567	
4	4	4	1868	200	180
9	9	9	5305	912	
11	11	11	20705	2783	185
14	14	14	15881	1993	
12	12	12	12908	4722	425
6	6	6	10200	10180	
8	8	8	10050	2861	110
7	7	7	9973	2480	135

10-1(一) 续表 8

民族乡镇名称	行政区划面积（平方公里）	村民委员会（个）	#已通公路的村（个）	#已通自来水的村（个）
江苏省				
扬州市高邮市菱塘回族乡	54	6	6	6
浙江省				
杭州市桐庐县莪山畲族乡	29	7	7	7
温州市平阳县青街畲族乡	22	11	11	11
温州市苍南县岱岭畲族乡	21	8	8	8
温州市苍南县凤阳畲族乡	21	6	6	6
温州市文成县西坑畲族镇	134	27	27	27
温州市文成县周山畲族乡	14	9	9	9
温州市泰顺县司前畲族镇	208	13	13	13
温州市泰顺县竹里畲族乡	47	3	3	3
金华市兰溪市水亭畲族乡	47	36	36	36
金华市武义县柳城畲族镇	172	53	53	53
衢州市龙游县沐尘畲族乡	83	10	10	10
丽水市莲都区老竹畲族镇	84	12	12	12
丽水市莲都区丽新畲族乡	83	9	9	9
丽水市龙泉市竹垟畲族乡	102	10	10	10
丽水市云和县雾溪畲族乡	33	6	6	6
丽水市云和县安溪畲族乡	34	8	8	8
丽水市遂昌县三仁畲族乡	79	8	8	8
丽水市松阳县板桥畲族乡	32	9	9	9
安徽省				
淮南市谢家集区孤堆回族乡	38	8	8	8
合肥市肥东县牌坊回族满族乡	90	13	13	13
滁州市定远县二龙回族乡	41	5	3	3
淮南市凤台县李冲回族乡	23	6	6	6
淮南市潘集区古沟回族乡	41	12	12	4
六安市寿县陶店回族乡	38	4	4	4
宣城市宁国市云梯畲族乡	51	4	4	4
蚌埠市五河县临北回族乡	60	11	11	4
阜阳市颍上县赛涧回族乡	49	11	6	4

#已通电的村（个）	#已通电话的村（个）	#已通邮的村（个）	年末总人口（人）	#少数民族（人）	乡镇企业从业人员（人）
6	6	6	23640	7252	10257
7	7	7	9550	2711	3289
11	11	11	10187	2078	
8	8	8	3818	2591	21
6	6	6	5902	3095	
27	27	27	20582	3365	172
9	9	9	5189	1789	215
13	13	13	18597	2908	2885
3	3	3	2997	1224	65
36	36	36	21542	3080	3052
53	53	53	29901	3605	3756
10	10	10	11885	1655	1610
12	12	12	16020	3312	390
9	9	9	10567	2270	192
10	10	10	7756	2398	173
6	6	6	2157	533	47
8	8	8	2734	734	72
8	8	8	8469	2083	160
9	9	9	4954	1431	245
8	8	8	16143	5630	94
13	13	13	46100	6455	3876
5	5	5	15750	11990	300
6	6	6	18004	7286	1008
12	12	12	31484	6307	872
4	4	4	14159	4333	360
4	4	4	6146	1848	252
11	11	11	27615	9392	1604
6	6	6	24827	8290	76

10-1(一) 续表 9

民族乡镇名称	行政区划面积（平方公里）	村民委员会（个）	#已通公路的村（个）	#已通自来水的村（个）
福建省				
福州市罗源县霍口畲族乡	197	24	24	24
福州市连江县小沧畲族乡	58	5	5	5
宁德市福安市坂中畲族乡	76	19	19	19
宁德市福安市康厝畲族乡	114	32	32	32
宁德市福安市穆云畲族乡	119	33	33	30
宁德市霞浦县盐田畲族乡	154	22	22	22
宁德市霞浦县崇儒畲族乡	142	27	27	27
宁德市霞浦县水门畲族乡	149	23	23	22
宁德市蕉城区金涵畲族乡	62	16	16	9
宁德市福鼎市硖门畲族乡	56	9	9	9
宁德市福鼎市佳阳畲族乡	73	12	12	12
漳州市漳浦县赤岭畲族乡	120	9	9	9
漳州市漳浦县湖西畲族乡	79	10	10	10
漳州市龙海市隆教畲族乡	79	10	10	10
三明市永安市青水畲族乡	258	21	21	21
三明市宁化县治平畲族乡	178	12	12	12
龙岩市上杭县官庄畲族乡	90	18	18	18
龙岩市上杭县庐丰畲族乡	124	14	14	14
泉州市惠安县百崎回族乡	17	5	5	5
江西省				
鹰潭市贵溪樟坪畲族乡	122	5	5	5
上饶市铅山县太源畲族乡	79	4	4	4
上饶市铅山县篁碧畲族乡	81	4	4	3
吉安市永丰县龙冈畲族乡	144	11	11	11
赣州市南康赤土畲族乡	157	17	17	5
吉安市青原区东固畲族乡	243	15	15	15
抚州市乐安县金竹畲族乡	248	10	10	10
吉安市峡江县金坪民族乡	10	5	5	2
山东省				
淄博市临淄区金岭回族镇	19	10	10	10
聊城市莘县张鲁回族镇	83	51	51	51
菏泽市曹县侯集回族镇	58	32	32	26
德州市禹城市十里望回族乡	57	34	34	34

#已通电的村（个）	#已通电话的村（个）	#已通邮的村（个）	年末总人口（人）	#少数民族（人）	乡镇企业从业人员（人）
24	24	24	20219	4073	135
5	5	5	4374	2605	286
19	19	19	26422	9988	8012
32	32	32	30640	7542	1320
33	33	33	26541	9413	874
22	22	22	32809	6790	4518
27	27	27	26101	5807	1435
23	23	23	22325	4811	1542
16	16	16	29746	6691	4382
9	9	9	18580	3735	2332
12	12	12	23702	8298	32
9	9	9	16308	13252	553
10	10	10	27058	9480	316
10	10	10	26906	8985	2078
21	21	21	18693	5778	1903
12	12	12	14101	4450	2565
18	18	18	32420	13419	2445
14	14	14	28690	7615	356
5	5	5	22618	13842	12347
5	5	5	4484	1216	2012
4	4	4	2068	874	420
4	4	4	4098	1404	200
11	11	11	14992	4708	3516
17	17	17	47972	9893	4965
15	15	15	19289	5400	3800
10	10	10	11995	4302	212
5	5	5	3392	1077	480
10	10	10	14422	5129	8513
51	51	51	55972	6635	987
32	32	32	47013	13320	2880
34	34	34	34310	5685	5232

10-1(一) 续表 10

民族乡镇名称	行政区划面积（平方公里）	村民委员会（个）	#已通公路的村（个）	#已通自来水的村（个）
河南省				
郑州市荥阳市金寨回族乡	6	2	2	2
周口市太康县城关回族镇	13	16	16	16
周口市淮阳县城关回族镇	41	15	15	15
周口市沈丘县槐店回族镇	29	19	19	19
商丘市宁陵县城关回族镇	11	5	5	5
商丘市睢县城关回族镇	25	7	7	7
商丘市民权县伯党回族乡	25	9	9	9
商丘市民权县胡集回族乡	22	13	13	11
平顶山市叶县马庄回族乡	7	8	8	8
平顶山市郏县姚庄回族乡	9	6	6	6
新乡市封丘县荆乡回族乡	8	5	5	5
许昌市许昌县艾庄回族乡	13	9	9	9
许昌市禹州市山货回族乡	12	6	6	6
许昌市襄城县颖桥回族镇	10	5	5	5
南阳市镇平县郭庄回族乡	18	9	9	4
南阳市方城县袁店回族乡	35	9	9	7
驻马店市西平县蔡寨回族乡	20	6	6	3
驻马店新蔡县李桥回族镇	41	10	10	10
漯河市临颍县繁城回族镇	54	32	32	17
洛阳市洛宁县王范回族镇	15	4	4	4
洛阳市廛河回族乡	24	11	11	11
湖北省				
荆门市钟祥市九里回族乡	100	9	9	9
荆州市洪湖市老湾回族乡	40	10	10	10
荆州市松滋市卸甲坪土家族乡	110	9	9	9
宜昌市宜都潘家湾土家族乡	148	9	9	9
十堰市郧西县湖北口回族乡	251	19	19	17
恩施州恩施市芭蕉侗族乡	303	18	18	15
恩施州宣恩县长潭河侗族乡	440	39	39	39
恩施州宣恩县晓关侗族乡	420	40	40	6

#已通电的村（个）	#已通电话的村（个）	#已通邮的村（个）	年末总人口（人）	#少数民族（人）	乡镇企业从业人员（人）
2	2	2	6920	5636	3151
16	16	16	86157	18136	2924
15	15	15	134748	22920	29210
19	19	19	118500	21523	26880
5	5	5	46711	8900	4130
7	7	7	68651	13213	12501
9	9	9	22490	9780	1800
13	13	13	19560	9380	1820
8	8	8	11597	6146	637
6	6	6	8369	4820	779
5	5	5	6344	6199	546
9	9	9	14015	1823	1850
6	6	6	13167	5581	3203
5	5	5	9887	3088	1423
9	9	9	12862	5213	1472
9	9	9	16812	6542	1988
6	6	6	17200	5316	1241
10	10	10	29855	6150	4052
32	32	32	62037	3568	12032
4	4	4	41286	4721	1386
11	11	11	35523	17985	2165
9	9	9	12811	2793	2871
10	10	10	17632	4689	2877
9	9	9	14234	8754	132
9	9	9	15428	6297	5747
19	19	19	21806	4520	315
18	18	18	64687	40364	1181
39	39	39			22050
40	40	40	42986	30090	322

10-1(一) 续表 11

民族乡镇名称	行政区划面积（平方公里）	村民委员会（个）	#已通公路的村（个）	#已通自来水的村（个）
仙桃市沔城回族镇	38	12	12	12
神农架林区下谷坪土家族乡	216	6	6	6
咸宁市赤壁市周郎嘴回族镇	82	9	9	9
恩施州鹤峰县铁炉白族乡	233	12	12	9
湖南省				
怀化市罗子山瑶族乡	51	10	10	5
怀化市苏木溪瑶族乡	52	13	13	6
怀化市上蒲溪瑶族乡	63	12	12	5
怀化市后塘瑶族乡	69	17	17	7
怀化市仙人湾瑶族乡	132	20	20	6
怀化市深渡苗族乡	87	13	12	13
怀化市龙船塘瑶族乡	104	9	9	1
怀化市炮团侗族苗族乡	81	12	12	6
怀化市宝田侗族苗族乡	65	10	10	3
怀化市蒲稳侗族苗族乡	56	9	9	2
怀化市金子岩侗族苗族乡	92	13	13	4
怀化市溴滨侗族苗族乡	76	10	7	4
怀化市青朗侗族苗族乡	58	9	9	7
怀化市二酉苗族乡	366	40	40	28
怀化市火场土家族乡	101	9	9	3
怀化市蒿吉坪瑶族乡	59	7	7	7
怀化市大高坪苗族乡	28	4	4	4
怀化市锅冲苗族乡	22	3	3	3
怀化市传素瑶族乡	51	5	5	5
怀化市步头降苗族乡	83	14	14	14
怀化市米贝苗族乡	74	16	16	16
邵阳党坪苗族乡	100	12	12	2
邵阳河口苗族乡	69	7	7	2
邵阳麻塘苗族乡	134	13	13	13
邵阳竹江舟苗族乡	70	9	9	3
邵阳东山侗族乡	116	19	19	5
邵阳朝仪侗族乡	42	13	13	6

#已通电的村（个）	#已通电话的村（个）	#已通邮的村（个）	年末总人口（人）	#少数民族（人）	乡镇企业从业人员（人）
12	12	12	25096	8055	3233
6	6	6	5136	4219	26
9	9	9	11532	3288	1701
12	11	11	14448	11710	296
10	10	10	7375	5035	
13	13	13	9585	6309	
12	12	12	9591	6455	
17	17	17	18771	12096	
20	20	20	23712	10585	255
13	13	13	11018	8968	30
9	9	9	8689	7385	119
12	12	12	13667	13067	190
10	4	10	10200	8762	189
9	9	9	9887	9446	35
13	13	13	13298	11248	38
10	10	10	13909	12432	
9	9	9	10068	7350	
40	40	40	42011	37674	
9	8	9	7851	7617	
7	6	7	6175	3460	22
4	4	4	3912	3759	
3	1	3	1555	1496	
5	1	1	1572	1100	
14	14	14	11820	11200	
16	16	16	11483	9867	15
12	12	12	11268	10479	147
7	7	7	6551	4299	88
13	13	13	10365	7461	119
9	9	9	8697	6896	201
19	19	19	17998	17609	245
13	13	13	8497	7711	8

10-1(一) 续表 12

民族乡镇名称	行政区划面积（平方公里）	村民委员会（个）	#已通公路的村（个）	#已通自来水的村（个）
邵阳鹅公岭侗族苗族乡	73	17	17	3
邵阳寨市苗族侗族乡	132	20	20	17
邵阳乐安铺苗族侗族乡	106	11	11	11
邵阳联民苗族侗族乡	116	8	8	1
邵阳枫木团苗族侗族乡	168	10	10	4
邵阳黄桑坪苗族乡	236	11	11	11
邵阳关峡苗族乡	210	19	19	19
邵阳长铺子苗族乡	251	24	24	24
邵阳山界回族乡	47	25	25	25
邵阳虎形山瑶族乡	93	15	15	15
邵阳那溪瑶族乡	298	17	17	1
邵阳大屋瑶族乡	76	11	11	2
邵阳长塘瑶族乡	64	10	10	
邵阳黄金瑶族乡	143	15	15	3
邵阳麻林瑶族乡	183	15	15	
永州荆竹 瑶族乡	183	8	8	8
永州紫良瑶族乡	56	5	5	5
永州浆洞瑶族乡	78	9	9	2
永州汇源瑶族乡	50	5	5	4
永州大桥瑶族乡	128	10	10	5
永州松柏瑶族乡	127	14	14	9
永州千家洞瑶族乡	68	10	10	1
永州兰溪瑶族乡	59	10	10	3
永州源口瑶族乡	29	7	7	5
永州九疑山瑶族乡	328	31	26	23
永州棉花坪瑶族乡	52	4	2	1
永州桐木漯瑶族乡	74	7	7	5
永州荒塘瑶族乡	168	15	15	6
永州横岭瑶族乡	100	15	15	5
永州洪塘营瑶族乡	244	17	15	5
永州井塘瑶族乡	39	7	7	6
永州审章塘瑶族乡	66	17	17	4

#已通电的 村（个）	#已通电话的 村（个）	#已通邮的 村（个）	年 末 总人口（人）	#少数民族（人）	乡镇企业从业人员（人）
17	17	17	12891	12395	53
20	20	20	16976	15185	431
11	11	11	10012	9261	897
8	8	8	6088	4028	243
10	10	10	7375	5991	498
11	11	11	6057	5024	43
19	19	19	25813	23610	1788
24	24	24	19839	17855	4631
25	25	25	26463	9608	598
15	15	15	16300	6081	230
17	17	17	11462	6877	500
11	11	11	5214	3462	110
10	10	10	5218	2813	178
15	15	15	8826	6706	264
15	15	15	13491	9063	721
8	8	8	4472	4246	315
5	5	5	3380	3314	49
9	9	3	5560	4968	381
5	5	5	3172	1912	10
10	10	1	9240	4440	550
14	14	14	13681	13451	762
10	10	10	10077	9573	
10	10	10	7172	6885	8
7	7	7	6033	5719	125
31	31	26	33863	6870	212
4	4	4	5972	4207	67
7	7	7	5636	2809	5
15	15	15	11766	4386	34
15	15	15	10340	5423	391
17	13	15	14506	9678	396
7	7	7	10465	4307	308
17	17	17	17967	8131	617

10-1(一) 续表 13

民族乡镇名称	行政区划面积（平方公里）	村民委员会（个）	#已通公路的村（个）	#已通自来水的村（个）
永州晒北滩瑶族乡	155	11	11	5
永州门楼下瑶族乡	127	20	20	7
永州上梧江瑶族乡	196	23	23	8
永州清塘壮族乡	40	12	12	12
永州犁头瑶族乡	39	4	4	4
张家界刘家坪白族乡	38	13	13	9
张家界马合口白族乡	79	16	15	6
张家界走马坪白族乡	68	11	11	5
张家界淋溪河白族乡	92	11	9	2
张家界芙蓉桥白族乡	70	13	13	12
张家界麦地坪白族乡	50	8	8	3
张家界洪家关白族乡	91	25	25	25
张家界索溪峪土家族乡	166	11	11	11
张家界三关寺土家族乡	114	26	26	12
张家界高峰土家族乡	144	25	25	6
张家界金岩土家族乡	135	19	19	1
张家界许家坊土家族乡	81	16	16	9
张家界阳和土家族乡	74	16	16	16
张家界甘堰土家族乡	97	21	21	5
张家界赵家岗土家族乡	76	19	19	3
郴州华山瑶族乡	38	6	6	6
郴州杨柳瑶族乡	28	3	3	3
郴州月峰瑶族乡	46	8	8	8
郴州大塘瑶族乡	32	4	4	4
郴州盈洞瑶族乡	74	11	11	11
郴州延寿瑶族乡	87	17	17	17
郴州小垣瑶族镇	89	7	7	7
郴州岭秀瑶族乡	115	12	12	12
郴州三江口瑶族镇	112	11	11	11
郴州西山瑶族乡	121	6	6	6
郴州团结瑶族乡	70	7	7	7
郴州连坪瑶族乡	95	4	4	4

#已通电的村（个）	#已通电话的村（个）	#已通邮的村（个）	年末总人口（人）	#少数民族（人）	乡镇企业从业人员（人）
11	11	2	7188	3045	56
20	5	14	9124	6021	55
23	23	23	14490	4301	18
12	12	12	7426	5172	436
4	4	4	2917	1258	20
13	13	13	11976	11370	
16	16	16	10517	9991	
11	11	3	8337	8208	
11	11	1	4983	4632	
13	13	12	11590	10970	890
8	8	8	5204	5099	
25	25	25	25830	23241	
11	11	11	14586	10034	
26	26	26	25977	23894	85
25	25	25	17705	15409	89
19	19	19	19090	15824	31
16	16	16	21562	19403	63
16	16	16	19500	18525	50
21	21	21	22272	20162	235
19	19	19	18490	15372	320
6	6	6	3553	872	80
3	3	3	2683	596	99
8	8	8	7362	2126	3350
4	4	4	4638	905	53
11	11	11	7488	6834	27
17	17	17	18560	15529	165
7	7	7	11855	7141	562
12	12	12	11365	9370	512
11	11	11	9824	6877	2801
6	6	6	2435	838	
7	7	7	2778	964	
4	4	4	2342	961	367

10-1(一) 续表 14

民族乡镇名称	行政区划面积（平方公里）	村民委员会（个）	#已通公路的村（个）	#已通自来水的村（个）
郴州莽山瑶族乡	89	7	7	2
常德许家桥回族维吾尔族乡	60	16	16	4
常德毛家滩回族维吾尔族乡	54	17	17	13
常德枫树维吾尔族回族乡	59	12	12	11
常德青林回族维吾尔族乡	51	8	8	8
株洲龙渣瑶族乡	98	4	4	1
衡阳塔山瑶族乡	88	13	13	13
益阳鲜埠回族乡	48	10	10	10
广东省				
惠州市龙门县蓝田瑶族乡	132	7	7	7
清远市连州市三水瑶族乡	139	4	4	4
清远市连州市瑶安瑶族乡	220	10	10	10
清远市阳山县秤架瑶族乡	588	10	10	10
肇庆市怀集县下帅壮族瑶族乡	77	5	5	4
韶关市始兴县深渡水瑶族乡	153	4	4	4
河源市东源县漳溪畲族乡	68	10	10	10
广西壮族自治区				
梧州市蒙山县长坪瑶族乡	132	5	5	5
梧州市蒙山县夏宜瑶族乡	117	6	6	6
贺州市八步区黄洞瑶族乡	189	4	4	
贺州市平桂管理区大平瑶族乡	217	6	6	1
贺州市昭平县仙回瑶族乡	169	6	6	6
贺州市钟山县两安瑶族乡	130	6	6	6
贺州市钟山县花山瑶族乡	154	6	6	6
贵港市平南县马练瑶族乡	240	12	12	9
贵港市平南县国安瑶族乡	117	10	10	10
防城港市上思县南屏瑶族乡	527	9	9	
防城港市防城区十万山瑶族乡	79	6	5	
南宁市马山县古寨瑶族乡	152	9	9	9
南宁市马山县里当瑶族乡	146	10	10	1
南宁市上林县镇圩瑶族乡	113	11	11	11
柳州市三江县同乐苗族乡	182	19	19	19

#已通电的村（个）	#已通电话的村（个）	#已通邮的村（个）	年末总人口（人）	#少数民族（人）	乡镇企业从业人员（人）
7	7	7	9035	5249	1905
16	16	16	21580	8852	298
17	17	17	22759	7859	700
12	12	12	32917	9390	1461
8	8	8	23200	8360	1380
4	4	4	2325	1210	130
13	13	13	8990	5049	1
10	10	10	21954	9653	7600
7	7	7	10878	9975	491
4	4	2	4311	1668	111
10	10	10	12639	4000	160
10	10	10	17450	4846	338
5	5	5	11391	7913	223
4	4	4	5533	2018	178
10	10	10	20285	6998	521
5	5	5	3063	2879	
6	6	6	6859	5802	
4	4	4	7407	5542	986
6	6	6	14150	4692	2401
6	6	6	15835	6050	361
6	6	6	17323	16630	763
6	6	6	8157	6961	640
12	12	12	46253	30934	460
10	10	10	23686	21496	360
9	9	9	13213	13213	56
5			11725	4672	258
9	9	9	21139	20925	48
10	10	10	21316	19832	92
11	11	11	25147	24866	97
19	19	19	45291	45274	

10-1(一) 续表 15

民族乡镇名称	行政区划面积（平方公里）	村民委员会（个）	#已通公路的村（个）	#已通自来水的村（个）
柳州市三江县福禄苗族乡	158	14	14	14
柳州市三江县高基苗族乡	162	8	8	8
柳州市融水县滚贝侗族乡	278	11	11	11
柳州市融水县同练瑶族乡	204	6	6	6
柳州市柳城县古砦仫佬族乡	248	13	13	9
桂林市临桂县宛田瑶族乡	330	15	15	15
桂林市临桂县黄沙瑶族乡	198	5	5	5
桂林市灵川县大境瑶族乡	264	8	8	8
桂林市灵川县兰田瑶族乡	117	3	3	3
桂林市全州县蕉江瑶族乡	230	8	8	8
桂林市全州县东山瑶族乡	420	16	16	16
桂林市兴安县华江瑶族乡	422	9	9	7
桂林市灌阳县洞井瑶族乡	212	9	9	9
桂林市灌阳县西山瑶族乡	188	10	10	10
桂林市资源县车田苗族乡	309	12	12	11
桂林市资源县两水苗族乡	133	6	6	6
桂林市资源县河口瑶族乡	110	5	5	5
桂林市平乐县大发瑶族乡	456	10	5	3
桂林市荔浦县蒲芦瑶族乡	259	9	9	9
桂林市雁山区草坪回族乡	34	3	3	3
百色市右江区汪甸瑶族乡	547	13	13	13
百色市田东县作登瑶族乡	376	21	21	3
百色市田林县潞城瑶族乡	777	19	19	19
百色市田林县利周瑶族乡	263	9	9	9
百色市田林县八桂瑶族乡	382	12	12	12
百色市田林县八渡瑶族乡	701	17	17	17
百色市凌云县伶站瑶族乡	212	9	9	9
百色市凌云县朝里瑶族乡	181	6	6	6
百色市凌云县沙里瑶族乡	227	12	12	12
百色市凌云县玉洪瑶族乡	316	18	18	18
百色市西林县足别瑶族苗族乡	282	6	6	6
百色市西林县普合苗族乡	188	7	7	7

#已通电的村（个）	#已通电话的村（个）	#已通邮的村（个）	年末总人口（人）	#少数民族（人）	乡镇企业从业人员（人）
14	14	14	32400	31080	110
8	8	1	7787	5964	131
11	11	11	19556	18455	105
6	6	6	10916	10800	60
13	13	13	36507	17016	152
15	15	15	22769	12887	588
5	5	5	5469	1989	25
8	8	8	12695	4715	460
3	3	3	6393	3327	192
8	8	8	15779	5680	334
16	16	16	34000	29000	986
9	9	9	17876	4453	2826
9	9	9	9316	3633	676
10	10	10	13047	4553	1136
12	12	12	24786	15191	1678
6	6	6	11115	7230	503
5	5	5	5423	2915	750
10	10	10	18619	9220	263
9	9	9	10169	7052	915
3	3	3	5272	2005	273
13	13	6	27531	26633	300
21	3	3	38186	11730	97
19	19	19	26973	23480	
9	9	1	16940	14647	
12	12	12	15122	13988	
17	17	17	21571	19391	
9	9	9	17911	15803	1123
6	6	2	9630	9228	
12	12	1	20170	14522	
18	18	18	23338	14109	256
6	6	6	9379	9169	60
7	4	7	11738	11403	280

10-1(一) 续表 16

民族乡镇名称	行政区划面积（平方公里）	村民委员会（个）	#已通公路的村（个）	#已通自来水的村（个）
百色市西林县那佐苗族乡	527	18	18	18
河池市南丹县八圩瑶族乡	496	16	16	2
河池市南丹县里湖瑶族乡	363	13	12	1
河池市南丹县中堡苗族乡	165	6	6	1
河池市天峨县八腊瑶族乡	326	9	9	6
河池市凤山县平乐瑶族乡	175	10	10	10
河池市凤山县江洲瑶族乡	107	7	7	5
河池市凤山县金牙瑶族乡	240	12	12	12
河池市东兰县三弄瑶族乡	89	5	5	2
河池市环江县驯乐苗族乡	480	12	12	3
河池市宜州市北牙瑶族乡	367	19	19	19
河池市宜州市福龙瑶族乡	413	14	14	1
重庆市				
奉节县云雾土家族乡	81	3	3	3
奉节县长安土家族乡	274	8	8	3
奉节县龙桥土家族乡	118	6	6	3
奉节县太和土家族乡	135	8	8	8
万州区恒合土家族乡	82	14	14	14
万州区地宝土家族乡	44	4	4	4
云阳县清水土家族乡	102	15	15	15
巫山县红椿土家族乡	110	5	5	4
巫山县邓家土家族乡	58	5	5	2
忠县磨子土家族乡	31	7	7	4
武隆县石桥苗族土家族乡	103	6	3	
武隆县文复苗族土家族乡	105	6	6	6
武隆县后坪苗族土家族乡	87	6	6	2
武隆县浩口苗族仡佬族乡	85	6	6	2
四川省				
甘孜州九龙县子耳彝族乡	352	5	5	5
甘孜州九龙县三垭彝族乡	108	4	4	4
甘孜州九龙县俄尔彝族乡	115	3	3	3
甘孜州九龙县小金彝族乡	42	3	3	3

#已通电的村（个）	#已通电话的村（个）	#已通邮的村（个）	年末总人口（人）	#少数民族（人）	乡镇企业从业人员（人）
18	18	18	27007	24600	191
16	16	16	24936	19097	11
13	13	13	22658	18236	503
6	6	1	7929	6073	28
9	9	9	22117	6953	
10	10	1	24459	15306	366
7	7	7	12343	8683	230
12	12	12	27408	8673	509
5	5	5	5657	4739	52
12	5	12	26475	2523	1176
19	19	19	60976	47598	397
14	14	14	38371	11895	192
3	3	1	4785	3540	
8	8	1	16205	5400	13
6	6	6	11424	5376	275
8	8	8	14502	6665	900
14	14	14	28129	15465	532
4	4	4	8102	6752	32
15	15	4	18672	4154	356
5	5	5	7434	3701	112
5	5	5	4202	1797	218
7	7	7	18856	6450	1200
6	6		11144	4325	106
6	6	6	9475	3645	51
6	6	6	7598	2272	
6	6	6	6406	2377	
5	5		4157	2963	
4	4		3504	3499	
3	3		3128	3125	
3	3		2867	2574	

10-1(一) 续表 17

民族乡镇名称	行政区划面积（平方公里）	村民委员会（个）	#已通公路的村（个）	#已通自来水的村（个）
甘孜州九龙县朵落彝族乡	125	3	3	3
甘孜州九龙县踏卡彝族乡	269	4	4	4
甘孜州九龙县湾坝彝族乡	630	5	5	5
阿坝州松潘县十里回族乡	38	6	6	6
阿坝州松潘县进安回族乡	28	10	10	6
攀枝花市仁和区大龙潭彝族乡	278	8	8	2
攀枝花市仁和区啊喇彝族乡	178	6	6	1
攀枝花市米易县麻陇彝族乡	228	8	8	8
攀枝花市米易县白坡彝族乡	343	10	10	10
攀枝花市米易县湾丘彝族乡	132	7	7	7
攀枝花市米易县新山傈僳族乡	79	4	4	4
攀枝花市盐边县敢鱼彝族乡	272	14	14	10
攀枝花市盐边县红果彝族乡	246	11	11	4
攀枝花市盐边县温泉彝族乡	168	7	7	7
攀枝花市盐边县箐河傈僳族乡	150	6	6	1
攀枝花市盐边县格萨拉彝族乡	340	11	11	1
攀枝花市盐边县和爱彝族乡	65	4	4	
攀枝花市盐边县红宝苗族彝族乡	314	7	7	7
泸州市叙永县白蜡苗族乡	150	7	7	4
泸州市叙永县合乐苗族乡	91	5	5	2
泸州市叙永县枧槽苗族乡	81	6	6	1
泸州市叙永县石坝彝族乡	35	5	5	5
泸州市叙永县水潦彝族乡	83	11	11	11
泸州市古蔺县箭竹苗族乡	163	8	8	8
泸州市古蔺县大寨苗族乡	64	3	3	3
泸州市古蔺县马嘶苗族乡	91	5	5	2
广元市青川县蒿溪回族乡	112	6	6	6
广元市青川县大院回族乡	50	6	6	6
乐山市金口河区和平彝族乡	41	6	6	6
乐山市金口河区共安彝族乡	171	7	7	7
南充市阆中市博树回族乡	23	8	8	3
宜宾市筠连县高坪苗族乡	35	5	5	5

#已通电的村（个）	#已通电话的村（个）	#已通邮的村（个）	年末总人口（人）	#少数民族（人）	乡镇企业从业人员（人）
3	3		1556	1246	
4	4		4670	4338	
5	5		7542	6926	
6	6	6	3505	2140	
10	10	10	5193	3170	129
8	8	8	15772	11040	333
6	6	6	9290	5126	48
8	8	8	8738	7903	12
10	10	10	10347	4202	102
7	7	7	17215	6452	1573
4	4	4	7191	1984	617
14	14	1	7911	3385	28
11	11	8	13193	6687	2170
7	7	1	7627	6046	
6	6	6	6104	1803	108
11	10		12703	12319	132
4	4	4	5493	1818	215
7	7	1	5251	4316	56
7	7	7	20265	5367	172
5	5	5	13017	5405	52
6	6	6	13001	4953	40
5	5	5	9449	3820	70
11	11	11	21748	10958	32
8	8	8	15338	3501	689
3	3	3	7518	1954	110
5	5	1	13458	1632	269
6	6	4	4071	1485	50
6	6	1	5868	1400	22
6	4	4	9570	2071	115
7	7	7	6105	2816	133
8	7	2	7027	3745	155
5	5	5	7692	2398	500

10-1(一) 续表 18

民族乡镇名称	行政区划面积(平方公里)	村民委员会(个)	#已通公路的村(个)	#已通自来水的村(个)
宜宾市筠连县联合苗族乡	39	8	8	7
宜宾市筠连县团林苗族乡	44	8	8	8
宜宾市屏山县屏边彝族乡	96	7	7	7
宜宾市屏山县清平彝族乡	100	11	11	11
宜宾市兴文县大坝苗族乡	128	16	16	8
宜宾市兴文县毓秀苗族乡	87	5	5	2
宜宾市兴文县大河苗族乡	125	17	17	17
宜宾市兴文县麒麟苗族乡	113	25	25	6
宜宾市兴文县仙峰苗族乡	111	12	12	4
宜宾市珙县罗渡苗族乡	41	10	10	2
宜宾市珙县玉和苗族乡	25	4	4	4
宜宾市珙县观斗苗族乡	21	4	4	1
雅安市汉源县小堡藏族彝族乡	58	3	3	3
雅安市汉源县坭美彝族乡	67	5	5	5
雅安市汉源县永利彝族乡	109	6	6	6
雅安市汉源县顺河彝族乡	77	4	4	4
雅安市汉源县片马彝族乡	55	6	6	6
雅安市石棉县安顺彝族乡	195	6	6	6
雅安市石棉县先锋藏族乡	70	7	7	7
雅安市石棉县蟹螺藏族乡	197	7	7	7
雅安市石棉县回隆彝族乡	224	6	6	6
雅安市石棉县擦罗彝族乡	76	5	5	5
雅安市石棉县栗子坪彝族乡	509	7	7	7
雅安市石棉县新民藏族彝族乡	123	9	9	8
雅安市石棉县挖角彝族藏族乡	187	3	3	3
雅安市石棉县田湾彝族乡	149	6	6	6
雅安市石棉县草科藏族乡	341	5	5	5
雅安市宝兴县跷碛藏族乡	889	5	5	5
雅安市荥经县宝峰彝族民族乡	14	3	3	3
雅安市荥经县民建彝族民族乡	21	5	5	5
凉山州西昌市高草回族乡	25	7	7	7
凉山州西昌市裕隆回族乡	44	9	9	2

#已通电的村（个）	#已通电话的村（个）	#已通邮的村（个）	年末总人口（人）	#少数民族（人）	乡镇企业从业人员（人）
8	7	8	8929	3236	34
8	8	8	7362	2194	145
7	7	1	10526	5833	52
11	11	11	8336	2100	48
16	13	16	31699	7044	578
5	5	2	6883	1768	108
17	17	17	43090	7412	1325
25	25	25	31171	7070	343
12	11	12	12246	3678	3747
10	10	11	14090	3605	308
4	4	4	5786	1776	
4	3	4	5313	1324	672
3	3	3	2678	905	47
5	5	5	2119	1308	
6	6	6	3602	830	129
4	4	4	5048	1230	90
6	5	1	5473	1851	22
6	6	6	9312	3446	1310
7	7	3	6617	2583	57
7	7	7	3960	1718	178
6	6	6	7677	2725	2160
5	5	3	4277	3370	221
7	7	7	5599	5039	725
9	9	9	7084	2340	289
3	3	3	3296	1712	167
6	6	1	2518	1153	70
5	5	5	2461	1110	533
5	5	5	5435	5259	2180
3	1	3	3268	947	
5	5	5	4815	1282	
7	7	7	14398	2682	418
9	9	9	19563	5336	815

10-1(一)　续表 19

民族乡镇名称	行政区划面积（平方公里）	村民委员会（个）	#已通公路的村（个）	#已通自来水的村（个）
凉山州木里县屋脚蒙古族乡	307	2	2	2
凉山州木里县俄亚纳西族乡	591	6	4	6
凉山州木里县白碉苗族乡	380	4	4	4
凉山州木里县项脚蒙古族乡	142	3	3	3
凉山州木里县固增苗族乡	472	4	4	4
凉山州盐源县大坡蒙古族乡	149	5	2	2
凉山州德昌县金沙傈僳族乡	74	3	2	
凉山州德昌县南山傈僳族乡	39	3	3	1
凉山州会理县新安傣族乡	82	5	5	1
凉山州冕宁县和爱藏族乡	96	6	5	6
凉山州越西县保安藏族乡	35	3	3	
绵阳市平武县木皮藏族乡	250	3	3	3
绵阳市平武县木座藏族乡	465	3	3	3
绵阳市平武县白马藏族乡	715	4	4	4
绵阳市平武县黄羊关藏族乡	199	6	6	1
绵阳市平武县虎牙藏族乡	484	5	5	5
绵阳市平武县泗耳藏族乡	548	3	3	1
绵阳市平武县徐塘羌族乡	121	5	4	1
绵阳市平武县锁江羌族乡	249	10	10	10
绵阳市平武县平南羌族乡	98	5	5	5
绵阳市北川县桃龙藏族乡	69	6	6	6
绵阳市盐亭县大兴回族乡	24	8	8	2
达州市宣汉渡口土家族乡	105	8	7	3
达州市宣汉龙泉土家族乡	224	14	12	2
达州市宣汉三墩土家族乡	91	7	7	6
达州市宣汉漆树土家族乡	42	4	4	2
绵阳市平武县水田羌族乡	111	7	7	1
绵阳市平武县旧堡羌族乡	123	6	6	6
绵阳市平武县阔达藏族乡	137	6	6	6
绵阳市平武县土城藏族乡	222	9	9	1
贵州省				
贵阳市花溪区高坡苗族乡	119	19	19	19

#已通电的村（个）	#已通电话的村（个）	#已通邮的村（个）	年末总人口（人）	#少数民族（人）	乡镇企业从业人员（人）
2		2	2406	2396	
1		6	5830	5114	
4		4	6116	5478	
3	3	3	3514	3162	
4		4	3609	3069	
5	5	3	3798	2458	
3	3	3	3192	3180	
3			2041	2007	
5	5	5	4396	2980	
4	4	6	3385	1292	23
3	3	3	5099	4289	
3	3	3	1170	870	
3	3	3	1653	1121	
4	4	4	1524	1328	
6	6	2	1519	495	
5	5	5	2572	1223	
3	3	3	858	289	
5	5	5	2715	2552	45
10	10	10	6315	6068	60
5	5	5	2221	2110	
6	4	1	3331	2629	
8	8	8	7312	2480	
8	3	8	8038	7662	
13	3	14	11728	10860	
7	7	7	15195	14790	418
4	4	4	7216	6870	
7	7	7	3978	2866	
6	6	6	3513	2110	
6	6	6	5215	2686	
9	9	9	5964	4244	
19	19	19	23005	11502	

10-1(一) 续表 20

民族乡镇名称	行政区划面积(平方公里)	村民委员会(个)	#已通公路的村(个)	#已通自来水的村(个)
贵阳市花溪区马铃布依族苗族乡	82	3	3	3
贵阳市花溪区孟关苗族布依族乡	69	8	8	8
贵阳市花溪区黔陶布依族苗族乡	74	7	7	7
贵阳市花溪区湖潮布依族苗族乡	111	19	19	19
贵阳市花溪区小碧布依族苗族乡	66	12	12	12
贵阳市乌当区偏坡布依族乡	22	2	2	2
贵阳市乌当区新堡布依族乡	54	7	7	7
贵阳市白云区都拉布依族乡	37	7	7	7
贵阳市白云区牛场布依族乡	67	13	13	13
贵阳市清镇市麦格苗族布依族乡	125	15	15	15
贵阳市清镇市王庄布依族苗族乡	75	10	10	10
贵阳市清镇市流长苗族乡	158	26	26	26
贵阳市息烽市青山苗族乡	49	5	5	5
贵阳市开阳县禾丰布依族苗族乡	83	7	7	7
贵阳市开阳县南江布依族苗族乡	120	6	6	6
贵阳市开阳县高寨苗族布依族乡	177	8	8	8
贵阳市修文县大石布依族乡	51	7	7	7
六盘水市六枝特区落别布依族彝族乡	95	13	13	1
六盘水市六枝特区折溪彝族乡	55	9	6	9
六盘水市六枝特区牛场苗族彝族乡	83	9	9	9
六盘水市六枝特区中寨苗族彝族布依族乡	220	21	19	18
六盘水市六枝特区箐口彝族仡佬族布布依族苗族乡	56	7	7	1
六盘水市六枝特区洒志彝族布依族苗族乡	108	9	9	1
六盘水市六枝特区毛口布依族苗族乡	105	6	6	1
六盘水市六枝特区梭戛苗族彝族乡	57	7	7	3
六盘水市六枝特区陇脚布依族乡	55	8	8	8
六盘水市盘县特区普田回族乡	76	6	6	6
六盘水市盘县特区鸡场坪彝族乡	111	13	13	13
六盘水市盘县特区旧营白族彝族苗族乡	101	11	11	11
六盘水市盘县特区马场彝族苗族乡	109	11	11	11
六盘水市盘县特区羊场布依族白族苗族乡	136	16	16	14
六盘水市盘县特区保基苗族彝族乡	147	7	7	7

#已通电的村（个）	#已通电话的村（个）	#已通邮的村（个）	年末总人口（人）	#少数民族（人）	乡镇企业从业人员（人）
3	3	3	9378	4970	
8	8	8	19795	9502	
7	7	7	10476	3507	
19	19	19	36698	13923	
12	12	12	17118	6599	
2	2	2	1967	1813	148
7	7	7	5583	3118	1633
7	7	7	9766	4604	1530
13	13	13	13514	5219	31
15	15	15	24548	10808	
10	10	10	22732	9054	
26	26	26	50772	28207	
5	5	5	7167	1773	
7	7	7	16984	6127	1066
6	6	6	20793	7181	377
8	8	8	26123	8770	135
7	7	7	13634	3693	72
13	9	13	41121	22565	4720
9	9	1	19011	18644	133
9	9	1	24321	9631	44
21	10	1	46149	45232	339
7	7	2	14033	8354	1300
9	1	1	19329	16226	135
6	6	6	11466	7942	2058
7	7	1	20056	7783	14
8	8	2	14992	8186	248
6	6	1	14090	4691	85
13	13	1	42791	15609	590
11	5	1	30456	11941	80
11	11	1	15860	6039	140
16	16	1	38295	16259	490
7	7	1	15022	13409	960

10-1(一) 续表 21

民族乡镇名称	行政区划面积（平方公里）	村民委员会（个）	#已通公路的村（个）	#已通自来水的村（个）
六盘水市盘县特区四格彝族乡	109	10	10	1
六盘水市盘县特区松河彝族乡	80	7	7	7
六盘水市盘县特区坪地彝族乡	152	15	15	6
六盘水市盘县特区淤泥彝族乡	175	19	19	18
六盘水市盘县特区普古彝族苗族乡	155	19	19	16
六盘水市水城县坪寨彝族乡	97	4	4	4
六盘水市水城县陡箐苗族彝族乡	146	9	9	9
六盘水市水城县董地苗族彝族乡	95	9	9	9
六盘水市水城县双戛彝族乡	55	5	5	4
六盘水市水城县南开苗族彝族乡	136	14	14	14
六盘水市水城县青林苗族彝族乡	64	7	7	7
六盘水市水城县金盆苗族彝族乡	107	9	9	9
六盘水市水城县发箐苗族彝族乡	45	5	5	1
六盘水市水城县纸厂彝族乡	76	5	5	5
六盘水市水城县杨梅彝族苗族回族乡	160	13	13	13
六盘水市水城县新街彝族苗族布依族乡	52	5	5	5
六盘水市水城县野钟苗族彝族布依族乡	142	7	7	7
六盘水市水城县果布嘎彝族苗族布依族乡	107	5	5	5
六盘水市水城县龙场苗族白族彝族乡	101	14	14	14
六盘水市水城县营盘苗族彝族白族乡	114	6	6	6
六盘水市水城县顺场苗族彝族布依族乡	119	11	11	11
六盘水市水城县花戛苗族布依族彝族乡	160	18	18	18
六盘水市水城县米箩布依族苗族彝族乡	137	5	5	5
六盘水市水城县猴场苗族布依族乡	155	11	11	11
六盘水市水城县红岩布依族彝族苗族乡	93	8	8	8
黔东南州麻江县坝芒布依族乡	127	7	7	7
黔东南州镇远县尚寨土家族乡	70	4	4	4
黔东南州岑巩县杨桥土家族乡	161	9	9	9
黔东南州黎平县顺化瑶族乡	59	4	1	4
黔东南州黎平县雷洞瑶族水族乡	82	12	12	1
黔东南州从江县秀塘壮族乡	178	13	13	6
黔东南州从江县刚边壮族乡	145	15	15	6

#已通电的村（个）	#已通电话的村（个）	#已通邮的村（个）	年末总人口（人）	#少数民族（人）	乡镇企业从业人员（人）
10	1	1	25025	5268	460
7	7	1	25628	8102	3317
15	10	1	35975	12169	1339
19	19	1	30165	18617	8266
19	8	1	25427	16793	745
4	4	1	11020	2873	35
9	3	1	24784	7723	243
9	9	1	17670	7455	1440
5	2	4	14250	4548	459
14	14	1	45014	22521	150
7	7	1	18225	11135	
9	9	1	29113	16410	121
5	1	1	9697	3679	115
5	5	1	12113	5276	565
13	13	1	23522	11365	110
5	5	1	15661	10767	80
7	7	1	19661	8821	130
5	5	1	16458	12569	165
14	14	1	22894	16463	150
6	6	1	19356	12555	275
11	1	1	23567	19606	112
18	18	1	16661	16006	55
5	2	1	30569	16786	650
11	11	1	21433	13723	311
8	8	1	18673	9698	1056
7	7	7	16540	11728	64
4	4	4	8113	7523	
9	9	9	28041	21591	152
4	4	1	5263	5190	
12	12	1	12804	12804	
13	10	1	8256	7430	15
15	15	1	11224	11111	98

10-1(一)　续表 22

民族乡镇名称	行政区划面积（平方公里）	村民委员会（个）	#已通公路的村（个）	#已通自来水的村（个）
黔东南州从江县翠里瑶族壮族乡	165	20	20	11
黔东南州榕江县三江水族乡	199	13	13	13
黔东南州榕江县塔石瑶族水族乡	86	4	4	4
黔东南州榕江县仁里水族乡	82	4	4	4
黔东南州榕江县定威水族乡	147	3	3	3
黔东南州榕江县兴华水族乡	177	9	9	9
黔东南州榕江县水尾水族乡	175	5	5	4
黔东南州雷山县达地水族乡	107	10	10	10
黔南州都匀市基场水族乡	150	12	12	12
黔南州平塘县卡蒲毛南族	108	6	6	6
黔南州荔波县瑶山瑶族乡	206	8	7	4
黔南州荔波县水利水族乡	488	14	14	14
黔西南州晴隆县三宝彝族乡	24	3	3	
黔西南州兴仁县鲁础营回族乡	145	8	8	8
黔西南州望谟县油迈瑶族乡	169	8	8	8
遵义市遵义县洪关苗族乡	65	3	3	3
遵义市遵义县平正仡佬族乡	145	6	6	4
遵义市桐梓县马鬃苗族乡	109	10	10	9
遵义市余庆县花山苗族乡	106	4	4	4
遵义市仁怀后山苗族布依族乡	72	4	4	4
遵义市正安县谢坝仡佬族苗族乡	93	6	6	6
遵义市正安县市坪苗族仡佬族乡	111	4	4	4
遵义市道真县上坝土家族乡	100	3	3	3
安顺市西秀区新场布依族苗族乡	70	8	8	8
安顺市西秀区鸡场布依族苗族乡	110	5	5	5
安顺市西秀区岩腊苗族布依族乡	114	8	8	8
安顺市西秀区杨武布依族苗族乡	152	11	11	11
安顺市西秀区黄腊布依族苗族乡	77	7	7	7
安顺市平坝县十字回族乡	110	11	11	11
安顺市平坝县羊昌布依族苗族乡	73	7	7	7
安顺市普定县补郎苗族乡	81	11	11	11
安顺市普定县猫洞苗族仡佬族乡	89	15	15	15

#已通电的村（个）	#已通电话的村（个）	#已通邮的村（个）	年末总人口（人）	#少数民族（人）	乡镇企业从业人员（人）
20	20	1	13758	13112	20
13	13	1	14601	13199	5
4	4	4	11023	9670	7
4	4	1	12506	11173	
3	3	1	6474	6032	
9	9	1	11385	11249	135
5	3	5	4290	4240	46
10	3	1	11276	9702	
12	12	12	32684	31208	50
6	5	6	14064	13769	103
8	8	5	10076	9774	47
14	14	14	21141	18870	471
3	3	1	5639	5550	23
8	8	1	18929	7329	150
8	8	5	13420	13321	
3	3	3	11219	963	24
6	6	6	24535	4018	738
10	10	10	9401	2488	114
4	4	4	15362	8492	306
4	4	1	10750	4984	241
6	6	6	15760	10923	482
4	4	4	22818	19852	243
3	3	3	18661	16924	2771
8	1	8	17163	6699	65
5	5	5	18973	7232	395
8	8	8	20534	9965	60
11	11	11	31688	16145	136
7	7	7	18619	16312	87
11	11	11	35700	11424	360
7	7	7	24147	15091	2126
11	11	11	26843	8550	382
15	15	16	30541	10231	1060

10-1(一) 续表 23

民族乡镇名称	行政区划面积（平方公里）	村民委员会（个）	#已通公路的村（个）	#已通自来水的村（个）
安顺市普定县猴场苗族仡佬族乡	93	10	10	10
毕节地区毕节市田坎彝族乡	58	7	7	7
毕节地区毕节市大屯彝族乡	56	8	8	8
毕节地区毕节市阿市苗族彝族乡	102	13	13	13
毕节地区毕节市团结彝族苗族乡	84	13	13	13
毕节地区毕节市干溪彝族苗族白族乡	58	5	5	5
毕节地区毕节市阴底彝族苗族白族乡	117	12	12	12
毕节地区黔西县花溪彝族苗族乡	78	10	10	10
毕节地区黔西县定新彝族苗族乡	95	12	12	12
毕节地区黔西县绿化白族彝族乡	62	10	10	6
毕节地区黔西县新仁苗族乡	69	9	9	9
毕节地区黔西县红林彝族苗族乡	118	20	20	12
毕节地区黔西县中建苗族彝族乡	62	6	4	6
毕节地区黔西县仁和彝族苗族乡	103	12	12	12
毕节地区黔西县永燊彝族苗族乡	95	13	13	10
毕节地区黔西县太来彝族苗族乡	100	13	13	7
毕节地区黔西县铁石苗族彝族乡	90	10	10	10
毕节地区黔西县金波苗族彝族满族乡	71	10	10	6
毕节地区黔西县五里布依族苗族乡	84	10	7	8
毕节地区大方县竹园彝族苗族乡	53	9	9	2
毕节地区大方县响水白族彝族仡佬族乡	112	14	14	14
毕节地区大方县鼎新彝族苗族乡	110	12	12	12
毕节地区大方县牛场苗族彝族乡	106	10	10	10
毕节地区大方县理化苗族彝族乡	131	10	10	5
毕节地区大方县安乐彝族仡佬族乡	68	8	8	8
毕节地区大方县风山彝族蒙古族乡	79	9	9	8
毕节地区大方县白纳彝族乡	96	2	2	2
毕节地区大方县三元彝族苗族白族乡	94	8	8	4
毕节地区大方县普底彝族苗族白族乡	189	18	18	4
毕节地区大方县沙厂彝族乡	97	8	8	8
毕节地区大方县大水彝族苗族布依族乡	91	8	8	1
毕节地区大方县黄泥彝族苗族满族乡	89	8	8	8

#已通电的村（个）	#已通电话的村（个）	#已通邮的村（个）	年末总人口（人）	#少数民族（人）	乡镇企业从业人员（人）
10	10	10	26315	9474	281
7	7	7	19118	5190	16
8	8	8	23175	4835	63
13	13	7	26658	8862	66
13	13	7	24660	5000	21
5	1	1	22798	6816	252
12	12	12	44546	12027	166
10	10	4	17897	11367	1174
12	12	1	23722	7487	467
10	7	1	21385	8500	807
9	9	1	25221	7014	170
20	20	1	44062	13576	121
6	6	1	12342	2221	493
12	12	1	22962	11457	420
13	13	2	24730	7198	682
13	4	1	33538	9431	362
10	10	1	23345	13234	142
10	6	1	20295	14170	252
10	10	3	22716	8905	212
9	9	1	24968	9856	186
14	14	1	36890	11310	70
12	12	1	43115	20320	34
10	10	1	43746	13165	80
10	10	1	49318	19239	26
8	8	1	15432	12250	29
9	9	1	18216	7506	130
2	2	1	9902	4538	182
8	8	1	19461	10996	202
18	1	2	35052	17123	570
8	8	1	15782	3735	35
8	1	1	13875	8967	50
8	8	1	13472	4629	278

10-1(一)　续表 24

民族乡镇名称	行政区划面积（平方公里）	村民委员会（个）	#已通公路的村（个）	#已通自来水的村（个）
毕节地区大方县核桃彝族白族乡	86	9	9	9
毕节地区大方县八堡彝族苗族乡	107	9	9	9
毕节地区大方县兴隆苗族乡	103	8	8	8
毕节地区大方县大山苗族彝族乡	85	11	11	11
毕节地区大方县星宿苗族彝族仡佬族乡	127	10	10	10
毕节地区金沙县石场苗族彝族乡	121	10	10	6
毕节地区金沙县太平彝族苗族乡	86	5	5	5
毕节地区金沙县马路彝族苗族乡	83	8	7	2
毕节地区金沙县安洛苗族彝族满族乡	107	8	8	3
毕节地区金沙县新华苗族彝族满族乡	94	10	10	10
毕节地区金沙县大田彝族苗族布依族乡	84	8	8	2
毕节地区织金县官寨苗族乡	63	16	16	10
毕节地区织金县金龙苗族彝族布依族乡	109	20	20	20
毕节地区织金县鸡场苗族彝族布依族乡	105	24	24	23
毕节地区织金县自强苗族乡	53	11	11	3
毕节地区织金县茶店布依族苗族彝族乡	106	21	21	21
毕节地区织金县太平苗族彝族乡	56	13	12	3
毕节地区织金县后寨苗族乡	110	13	13	13
毕节地区纳雍县新房彝族苗族乡	95	25	25	25
毕节地区纳雍县库东关彝族苗族白族乡	65	10	2	10
毕节地区纳雍县董地苗族彝族乡	95	17	17	17
毕节地区纳雍县化作苗族彝族乡	88	21	21	14
毕节地区纳雍县姑开苗族彝族乡	80	11	11	11
毕节地区纳雍县羊场苗族彝族乡	117	16	16	12
毕节地区纳雍县锅圈岩苗族彝族乡	92	15	15	15
毕节地区纳雍县昆寨苗族彝族白族乡	80	20	20	20
毕节地区纳雍县左鸠戛彝族苗族乡	59	10	10	8
毕节地区纳雍县猪场苗族彝族乡	93	13	13	13
毕节地区威宁县新发布依族乡	110	31	31	25
毕节地区赫章县兴发苗族彝族回族乡	187	16	16	16
毕节地区赫章县松林坡白族彝族苗族乡	113	16	16	16
毕节地区赫章县雉街彝族苗族乡	140	10	10	10

#已通电的村（个）	#已通电话的村（个）	#已通邮的村（个）	年末总人口（人）	#少数民族（人）	乡镇企业从业人员（人）
9	9	1	32499	11290	654
9	9	1	39531	11354	145
8	8	1	29198	8659	46
11	11	1	18963	5103	18
10	10	1	13098	4468	291
10	10	10	29419	6952	195
5	1	1	14868	3962	120
7	1	1	16671	3786	90
8	3	1	20268	8485	3350
10	10	10	28403	6567	410
8	8	1	9910	3875	875
16	16	1	31739	16152	210
20	11	6	50860	21602	341
24	24	1	51346	23127	300
11	11	1	16967	10174	52
21	21	1	37117	19108	210
13	1	2	21983	10280	228
13	10	2	27024	8151	920
25	25	1	40965	12492	473
10	10	2	22660	9025	390
17	17	2	31290	19370	158
21	21	1	36143	17740	310
11	11	1	33250	10250	420
16	16	1	31978	12075	34
15	15	1	30650	14405	120
20	20	1	25857	11212	183
10	10	1	12306	4288	88
13	13	1	20851	15812	486
31	31	1	46171	14346	150
16	2	1	27096	10968	468
16	8	1	28645	12793	1185
10	1	1	18160	7652	281

10-1(一) 续表 25

民族乡镇名称	行政区划面积（平方公里）	村民委员会（个）	#已通公路的村（个）	#已通自来水的村（个）
毕节地区赫章县朱市彝族乡	160	18	18	9
毕节地区赫章县双坪彝族乡	193	26	26	21
毕节地区赫章县辅处彝族苗族乡	83	9	9	9
毕节地区赫章县铁匠苗族乡	92	10	10	3
毕节地区赫章县可乐彝族满族乡	137	19	19	19
毕节地区赫章县河镇彝族苗族乡	173	20	20	13
毕节地区赫章县结构彝族苗族乡	105	8	8	8
毕节地区赫章县水塘堡彝族苗族乡	120	14	14	13
毕节地区赫章县古达苗族彝族乡	129	25	25	12
铜仁地区铜仁市桐木坪侗族乡	66	2	2	2
铜仁地区铜仁市鱼塘侗族土家族苗族乡	144	12	12	12
铜仁地区铜仁市大坪侗族土家族苗族乡	155	10	10	10
铜仁地区铜仁市和平土家族侗族乡	117	8	8	4
铜仁地区铜仁市滑石侗族苗族土家族乡	73	6	6	6
铜仁地区铜仁市瓦屋侗族乡	115	5	5	5
铜仁地区铜仁市六龙山侗族土家族乡	96	3	3	3
铜仁地区江口县德旺土家族苗族乡	267	10	10	10
铜仁地区江口县官和侗族土家族苗族乡	120	5	5	5
铜仁地区石阡县青羊苗族仡佬族侗族乡	135	14	14	14
铜仁地区石阡县枫香仡佬族侗族乡	70	12	12	3
铜仁地区石阡县坪地仡佬族侗族乡	123	18	13	3
铜仁地区石阡县龙井侗族仡佬族乡	100	23	23	7
铜仁地区石阡县石固仡佬族侗族乡	167	14	14	2
铜仁地区石阡县坪山仡佬族侗族乡	124	8	8	2
铜仁地区石阡县甘溪仡佬族侗族乡	158	9	9	4
铜仁地区石阡县聚凤仡佬族侗族乡	157	18	18	6
铜仁地区石阡县大沙坝仡佬族侗族乡	63	15	15	3
铜仁地区思南县思林土家族苗族乡	56	13	4	9
铜仁地区思南县胡家湾苗族土家族乡	59	14	6	6
铜仁地区思南县宽坪土家族苗族乡	68	14	5	4
铜仁地区思南县亭子坝土家族苗族乡				
铜仁地区思南县枫芸土家族苗族乡	68	15	5	4

#已通电的村（个）	#已通电话的村（个）	#已通邮的村（个）	年末总人口（人）	#少数民族（人）	乡镇企业从业人员（人）
18	12	1	22757	12903	1012
26	1	1	43200	8700	295
9	1	1	17948	4489	720
10	7	1	16368	3987	60
19	3	1	40414	12195	78
20	3	1	36918	17900	250
8	3	1	19513	10891	157
14	2	1	20789	4309	274
25	10	1	27244	6741	185
2	2	2	9510	5490	160
12	12	12	30123	27891	38
10	10	10	25171	21757	26
8	4	8	22274	21467	
6	6	6	19600	11640	
5	5	5	11900	10770	260
3	3	2	4583	4550	75
10	10	4	18470	9470	140
5	5	5	9901	6830	105
14	14	1	12259	10080	87
12	12	1	9643	7714	62
18	18	1	21306	17046	183
23	23	2	29453	24562	86
14	14	1	14131	11306	48
8	8	1	7979	6983	231
9	9		14992	12056	176
18	18	1	20586	16429	134
15	15	4	20863	16689	65
10	4	3	14480	6820	123
6	4	2	15428	10220	102
6	4	2	15650	8176	152
5	4	2	17536	8612	120

10-1(一) 续表 26

民族乡镇名称	行政区划面积（平方公里）	村民委员会（个）	#已通公路的村（个）	#已通自来水的村（个）
铜仁地区思南县三道水土家族苗族乡	62	17	6	5
铜仁地区思南县天桥土家族苗族乡	69	12	5	5
铜仁地区思南县兴隆土家族苗族乡	56	13	6	5
铜仁地区思南县杨家坳乡	76	18	8	7
铜仁地区德江县楠杆土家族乡	124	13	13	13
铜仁地区德江县沙溪土家族乡	119	14	14	14
铜仁地区德江县桶井土家族乡	94	25	25	7
铜仁地区德江县荆角土家族乡	98	15	15	6
铜仁地区德江县长丰土家族乡	95	14	14	13
铜仁地区德江县钱家土家族乡	80	13	13	13
铜仁地区德江县龙泉土家族乡	81	12	12	12
铜仁地区德江县堰塘土家族乡	102	13	13	13
铜仁地区万山特区下溪侗族乡	65	8	8	8
铜仁地区万山特区熬寨侗族乡	91	5	5	4
铜仁地区万山特区高楼坪侗族乡	76	14	14	14
铜仁地区万山特区黄道侗族乡	92	10	10	10
云南省				
昆明市五华区沙朗白族乡				
昆明市晋宁县夕阳彝族乡	157	10	10	10
昆明市晋宁县双河彝族乡	152	6	6	6
昆明市宜良县九乡彝族回族乡	302	8	8	8
昆明市宜良县耿家营彝族苗族乡	194	9	9	9
昭通市守望回族乡	73	7	7	7
昭通市小龙洞回族彝族乡	123	6	6	6
昭通市布嘎回族乡	97	5	5	3
昭通市青岗岭回族彝族乡	111	7	7	7
昭通市鲁甸县桃源回族乡	60	7	7	6
昭通市鲁甸县茨院回族乡	43	5	5	4
昭通市大关县上高桥回族彝族苗族乡	104	6	6	6
昭通市永善县马楠苗族彝族乡	193	6	6	6
昭通市永善县伍寨彝族苗族乡	174	5	5	5
昭通市镇雄县坡头彝族苗族白族镇	153	12	12	12

#已通电的村（个）	#已通电话的村（个）	#已通邮的村（个）	年末总人口（人）	#少数民族（人）	乡镇企业从业人员（人）
7	7	2	20588	11721	243
6	4	3	16150	7720	356
10	5	1	16640	9050	102
6	7	5	21278	10028	140
13	13	7	15800	13400	21
14	14	6	14983	11094	45
25	25	25	24161	23677	220
15	15	11	17298	11375	100
14	14	6	20912	17775	20
13	13	13	14355	14355	200
12	12	9	15100	12042	65
13	13	8	18300	13628	86
8	8	8	9825	8845	1200
5	5	5	10444	8564	502
14	14	14	17596	14604	440
10	10	10	15438	13415	656
10	10	10	9732	7591	1968
6	6	6	9410	7639	1180
8	8	8	19200	5516	786
9	9	9	18923	6431	2512
7	7	7	43157	31923	3165
6	6	6	36287	29721	1000
5	5	5	32980	21930	
7	7	7	30370	10784	150
7	7	7	41464	39904	1622
5	5	5	27790	8956	
6	6	6	18545	6019	
6	6	6	13861	3721	
5	5	5	15287	4044	
12	12	12	72829	15624	235

10-1(一) 续表 27

民族乡镇名称	行政区划面积（平方公里）	村民委员会（个）	#已通公路的村（个）	#已通自来水的村（个）
昭通市镇雄县果珠彝族乡	91	5	5	5
昭通市镇雄县林口彝族苗族乡	117	8	8	8
昭通市镇雄县以古彝族苗族乡	157	8	8	8
昭通市彝良县龙街苗族彝族乡	238	12	12	8
昭通市彝良县奎香苗族彝族乡	229	8	8	8
昭通市彝良县树林彝族苗族乡	124	4	4	4
昭通市彝良县柳溪苗族乡	96	5	5	5
昭通市彝良县洛旺苗族乡	169	8	8	8
昭通市威信县双河苗族彝族乡	144	8	8	8
曲靖市师宗县龙庆彝族壮族乡	481	14	14	14
曲靖市师宗县五龙壮族乡	476	13	13	13
曲靖市师宗县高良壮族苗族瑶族乡	561	11	11	11
曲靖市罗平县长底布依族乡	89	6	6	6
曲靖市罗平县旧屋基彝族乡	120	7	7	7
曲靖市罗平县鲁布革布依族苗族乡	249	9	9	8
曲靖市富源县古敢水族乡	83	3	3	3
曲靖市会泽县新街回族乡	263	16	16	16
楚雄州南华县雨露白族乡	243	7	7	7
楚雄州大姚县湾碧傈僳傣族乡	557	12	12	12
楚雄州永仁县永兴傣族乡	539	12	12	12
楚雄州武定县东坡傣族乡	168	8	8	8
玉溪市红塔区小石桥彝族乡	73	3	3	3
玉溪市红塔区洛河彝族乡	176	5	5	5
玉溪市江川县安化彝族乡	96	4	4	4
玉溪市通海县高大傣族彝族乡	110	5	5	5
玉溪市通海县里山彝族乡	100	5	5	5
玉溪市兴蒙蒙古族乡	5			
玉溪市通红甸彝族苗族乡	115	6	6	6
玉溪市易门县十街彝族乡	159	8	8	8
玉溪市易门县浦贝彝族乡	179	7	7	7
玉溪市易门县铜厂彝族乡	293	9	9	9
红河州河口县桥头瑶族乡	175	8	8	8

			年末总人口（人）		乡镇企业从业人员（人）
#已通电的村（个）	#已通电话的村（个）	#已通邮的村（个）		#少数民族（人）	
5	5	5	40821	9524	316
8	8	8	45899	11563	1565
8	8	8	34000	6987	
12	12	12	47639	12603	
8	8	8	53092	9301	
4	4	4	26121	7657	
5	5	5	22301	5752	133
8	8	8	32024	8562	97
8	8	8	31584	8183	
14	14	14	38092	16748	777
13	13	13	35211	13812	370
11	11	11	28746	21032	910
6	6	6	17534	6205	496
7	7	7	11442	3787	132
9	6	9	19460	16939	668
3	3	3	16723	5799	123
16	16	16	42928	17796	2367
7	7	7	14537	11909	652
12	12	12	18305	10393	549
12	12	12	12424	8153	70
8	8	8	14600	11980	1181
3	3	3	6472	2872	1088
5	5	5	10037	9109	1611
4	4	4	9392	9012	43
5	5	5	11472	7521	1546
5	5	5	8784	4392	1474
			5684	5497	987
6	6	6	10582	4514	292
8	8	8	12806	7169	1372
7	7	7	17837	9528	2090
9	9	9	22238	14421	611
8	8	8	19942	14986	435

10-1(一) 续表 28

民族乡镇名称	行政区划面积（平方公里）	村民委员会（个）	#已通公路的村（个）	#已通自来水的村（个）
红河州金平县拉祜族乡	376	4	4	4
红河州蒙自县期路白苗族乡	212	6	6	6
红河州蒙自县老寨苗族乡	157	4	4	4
红河州开远市大庄回族乡	104	5	5	5
文山州文山县东山彝族乡	129	4	4	3
文山州文山县红甸回族乡	91	4	4	4
文山州文山县秉烈彝族乡	294	10	10	8
文山州文山县柳井彝族乡	173	7	7	7
文山州文山县坝心彝族乡	87	5	5	5
文山州砚山县阿舍彝族乡	273	6	6	3
文山州砚山县维末彝族乡	581	10	10	10
文山州砚山县盘龙彝族乡	238	5	5	5
文山州砚山县干河彝族乡	232	4	4	4
文山州丘北县舍得彝族乡	288	7	7	
文山州丘北县新店彝族乡	472	6	6	6
文山州丘北县树皮彝族乡	580	9	9	9
文山州丘北县八道哨彝族乡	214	5	5	1
文山州丘北县腻脚彝族乡	414	7	7	1
文山州麻栗坡县猛硐瑶族乡	215	5	5	5
文山州富宁县洞波瑶族乡	535	12	12	12
普洱市澜沧县酒井哈尼族乡	381	4	4	4
普洱市澜沧县发展河哈尼族乡	468	4	4	4
普洱市澜沧县惠民哈尼族乡				
普洱市澜沧县谦六彝族乡	896	15	15	15
普洱市澜沧县文东佤族乡	180	6	6	6
普洱市澜沧县安康佤族乡	197	5	5	5
普洱市澜沧县雪林佤族乡	227	7	7	7
普洱市思茅区云仙彝族乡	667	12	12	12
普洱市思茅区龙潭彝族傣族乡	330	6	6	6
普洱市墨江县孟弄彝族乡	211	7	7	7
普洱市墨江县鱼塘彝族乡				
普洱市西盟县力所拉祜族乡	186	5	5	5

#已通电的村（个）	#已通电话的村（个）	#已通邮的村（个）	年末总人口（人）	#少数民族（人）	乡镇企业从业人员（人）
4	4	4	22930	22899	70
6	6	6	18706	14104	
4	4	4	11106	6568	423
5	5	5	18869	15662	1721
4	4	4	10806	9711	300
4	4	4	14735	11435	1057
10	10	10	23199	22006	
7	7	7	15770	10221	
5	5	5	8068	4151	
6	6	6	23969	19528	634
10	10	10	56217	38052	121
5	5	5	32038	20110	511
4	4	4	23966	19659	336
7	7	7	18835	16296	
6	6	6	20143	18589	
9	9	9	44518	26412	126
5	5	5	32516	22424	216
7	7	7	26813	15681	60
5	5	5	14885	14277	1204
12	12	12	37900	33873	662
4	4	4	14109	13400	121
4	4	4	16910	13196	408
15	15	15	45766	36028	358
6	6	6	17950	11935	15
5	5	5	13107	12919	45
7	7	7	15083	15032	1480
12	12	12	17160	6430	63
6	6	6	11265	4670	160
7	7	7	12948	10775	
5	5	5	11813	11222	140

10-1(一) 续表 29

民族乡镇名称	行政区划面积（平方公里）	村民委员会（个）	#已通公路的村（个）	#已通自来水的村（个）
大理州大理市太邑彝族乡	107	5	5	5
大理州鹤庆县六合彝族乡	250	13	13	13
大理州宾川县钟英傈僳族彝族乡	292	6	6	6
大理州宾川县拉乌彝族乡	242	7	7	7
大理州祥云县东山彝族乡	316	8	8	8
大理州弥渡县牛街彝族乡	264	11	11	11
大理州永平县北斗彝族乡	483	9	9	9
大理州永平县厂街彝族乡	363	11	11	11
大理州永平县水泄彝族乡	396	9	9	9
大理州云龙县表村傈僳族乡	662	8	8	8
大理州云龙县团结彝族乡	302	5	5	5
丽江市华坪县永兴傈僳族乡	315	7	7	7
丽江市华坪县通达傈僳族乡	152	5	5	5
丽江市华坪县新庄傈僳族傣族乡	277	7	7	7
丽江市华坪县石龙坝彝族傣族乡				
丽江市华坪县船房傈僳族傣族乡	177	4	4	4
丽江市永胜县羊坪彝族乡	164	5	5	5
丽江市永胜县东山傈僳族彝族乡	379	5	5	2
丽江市永胜县东风傈僳族乡	488	9	9	5
丽江市永胜县六德傈僳族彝族乡	331	8	8	8
丽江市永胜县大安彝族纳西族乡	241	8	8	8
丽江市永胜县光华傈僳族彝族乡	170	8	8	8
丽江市永胜县松坪傈僳族彝族乡	291	8	8	
丽江市宁蒗县翠玉傈僳族普米族乡	618	6	6	6
丽江市古城区金山白族乡				
丽江市古城区金江白族乡	89	5	5	5
丽江市玉龙县九河白族乡	359	11	11	11
丽江市玉龙县石头白族乡	574	5	5	5
丽江市玉龙县黎明傈僳族乡	812	7	7	7
保山市隆阳区瓦马彝族白族乡	307	21	21	21
保山市隆阳区瓦房彝族苗族乡	300	19	19	19
保山市隆阳区杨柳白族彝族乡	492	18	18	18

#已通电的村（个）	#已通电话的村（个）	#已通邮的村（个）	年末总人口（人）	#少数民族（人）	乡镇企业从业人员（人）
5	5	5	9062	8765	364
13	13	13	16054	15836	3055
6	6	6	9030	5509	221
7	7	7	10516	4633	126
8	8	8	9899	9475	
11	11	11	20260	7250	92
9	9	9	13524	10283	85
11	11	11	19734	10845	386
9	9	9	17182	13268	1561
8	8	8	18643	15808	1219
5	5	5	11054	10613	115
7	7	7	13756	5421	326
5	5	5	8401	6333	125
7	7	7	17663	8692	95
4	4	4	10297	3178	598
5	5	5	7826	7826	
5	5	1	8120	8057	
6	9	9	12663	11016	
8	8	8	14380	11126	350
8	8	8	15529	11495	227
8	8	3	14435	7970	
8	8	8	8146	7706	
6	6	6	15330	11755	
5	5	5	3483	3215	
11	11	11	28018	27037	950
5	5	5	9391	8804	
7	7	7	15878	12811	194
21	21	21	25805	13032	43
19	19	19	33752	13943	389
18	18	18	39241	26700	640

10-1(一) 续表 30

民族乡镇名称	行政区划面积（平方公里）	村民委员会（个）	#已通公路的村（个）	#已通自来水的村（个）
保山市隆阳区潞江傣族镇	790	29	29	29
保山市隆阳区芒宽彝族傣族乡	510	12	12	12
保山市施甸县摆榔彝族布朗族乡	80	4	4	4
保山市施甸县木老元布朗族彝族乡	77	4	4	4
保山市龙陵县木城彝族傈僳族乡	226	5	5	5
保山市昌宁县朱街彝族乡	281	10	10	10
保山市昌宁县苟街彝族苗族乡	358	11	11	11
保山市昌宁县湾甸傣族乡	316	5	5	5
德宏州陇川户撒阿昌族乡	252	11	11	11
德宏州潞西市三台山德昂族乡	158	4	4	4
德宏州梁河县曩宋阿昌族乡	111	9	9	9
德宏州梁河县九保阿昌族乡	146	6	6	6
德宏州盈江县苏典傈僳族乡	428	4	4	4
怒江州福贡县匹河怒族乡	401	9	9	9
怒江州泸水洛本卓白族乡	267	8	8	8
怒江州泸水县老窝白族乡	312	6	6	6
迪庆州香格里拉县三坝纳西族乡	979	7	7	7
迪庆州德钦县霞若傈僳族乡	1414	7	7	7
迪庆州德钦县拖顶傈僳族乡	374	5	5	5
临沧市凤庆县新华彝族苗族乡	335	11	11	11
临沧市凤庆县腰街彝族乡	93	6	6	6
临沧市凤庆县郭大寨彝族白族乡	176	11	11	11
临沧市云县栗树彝族傣族乡	250	16	16	16
临沧市云县忙怀彝族布朗族乡	238	11	11	11
临沧市云县后箐彝族乡	187	11	11	11
临沧市永德县大雪山彝族拉祜族傣族乡	391	8	8	8
临沧市永德县乌木龙彝族乡	204	10	10	10
临沧市临翔区平村彝族傣族乡	297	5	5	5
临沧市临翔区南美拉祜乡	121	4	4	4
临沧市耿马县芒洪拉祜族布朗族乡	259	5	5	5
临沧市沧源县勐角傣族彝族拉祜族乡	217	9	9	9
临沧市镇康县军赛佤族拉祜族傈僳族德昂族乡	180	6	6	6

			年末总人口（人）		乡镇企业从业人员（人）
#已通电的村（个）	#已通电话的村（个）	#已通邮的村（个）		#少数民族（人）	
29	29	29	79432	22065	2318
12	12	12	38346	24934	844
4	4	4	7298	5301	
4	4	4	6107	2901	
5	5	5	9126	3799	60
10	10	10	14205	13184	518
11	11	11	23736	6077	1860
5	5	5	18353	5574	1880
11	11	11	24640	18165	948
4	4	4	7193	5595	
9	9	9	25187	6969	843
6	6	6	15129	6676	46
4	4	4	8201	5925	120
9	9	9	11795	11079	120
8	8	8	13700	10919	46
6	6	6	15288	11466	1690
7	7	7	18758	17765	176
7	7	7	8750	8710	330
5	5	5	10126	9782	153
11	11	11	24693	18466	
6	6	6	9015	7757	252
11	11	11	22086	8426	125
16	16	16	21993	17259	557
11	11	11	20033	15777	
11	11	11	21264	15463	
8	8	8	20785	6443	209
10	10	10	27898	20533	263
5	5	5	9135	5189	192
4	4	4	4655	3947	53
5	5	5	8719	6000	
9	9	9	13861	12745	119
6	6	6	14330	5932	130

10-1(一)　续表 31

民族乡镇名称	行政区划面积(平方公里)	村民委员会(个)	#已通公路的村(个)	#已通自来水的村(个)
西双版纳州景洪市基诺山基诺族乡	623	7	7	7
西双版纳州景洪市景哈哈尼族乡	399	6	6	6
西双版纳州勐腊县瑶区瑶族乡	483	4	4	4
西双版纳州勐腊县象明彝族乡	1066	5	5	5
西双版纳州勐海县格朗和哈尼族乡	321	5	5	5
西双版纳州勐海县布朗山布朗族乡	1001	7	7	7
西双版纳州勐海县西定哈尼族乡	592	11	11	11
西藏省				
错那县麻玛门巴族乡	83	1	1	1
错那县贡日门巴族乡	251	2	2	2
错那县基巴门巴族乡	421	2	2	2
错那县勒布区勒门巴族乡	363	2	1	2
林芝县更章门巴族乡	619	6	6	6
米林县南伊珞巴乡	648	3	3	3
墨脱县达木珞巴族乡	820	4	4	4
芒康县下盐井纳西族乡	375	4	4	4
陕西省				
商洛市镇安县西口回族镇	168	10	10	10
商洛市镇安县茅坪回族镇	105	7	7	7
安康市宁陕县江口回族镇	473	8	8	8
甘肃省				
临夏州广河县阿里麻土东乡族乡	35	6	6	6
甘南州临潭县长川回族乡	87	10	1	10
甘南州临潭县卓洛回族乡	25	3	3	3
甘南州临潭县古战回族乡	44	5	5	5
甘南州卓尼县勺哇土族乡	37	2	2	2
陇南市文县铁楼藏族乡	324	16	16	16
陇南市武都县坪垭藏族乡	95	9	8	6
陇南市武都县磨坝藏族乡	74	8	8	8
陇南市宕昌县新城子藏族乡	91	10	10	9
酒泉市肃州区黄泥堡裕固族乡	396	3	3	3
酒泉市玉门市小金湾东乡族乡	22	5	5	5

#已通电的村（个）	#已通电话的村（个）	#已通邮的村（个）	年末总人口（人）	#少数民族（人）	乡镇企业从业人员（人）
7	7	7	14324	13457	720
6	6	6	16410	15540	144
4	4	4	8440	7813	60
5	5	5	10849	10624	65
5	5	5	17232	16095	425
7	7	7	21935	20106	97
11	11	11	25980	24317	188
1	1	1	162	102	
2	2	1	173	158	
2	2	1	211	196	
2	2	1	133	92	
6	6	6	1322	1322	
3	3	3	529	389	66
4	4		1064	1048	
4	4	4	5477	1347	60
10	10	10	17937	3520	50
7	7	7	11258	5184	180
8	8	8	9267	2484	1978
6	6		15415	15415	234
10	10	10	10867	5439	
3	3	3	2914	2273	
5	5	1	5683	2050	300
2	2	2	1884	1884	
16	16	16	10891	3292	237
9	9	9	5816	5816	49
8	8	1	5366	1825	13
10	10	10	7651	2333	231
3	3	3	1675	1089	
5	5	5	5575	5575	12

10-1(一) 续表 32

民族乡镇名称	行政区划面积（平方公里）	村民委员会（个）	#已通公路的村（个）	#已通自来水的村（个）
白银市会宁县新添堡回族乡	218	13	13	1
庆阳市正宁县五倾源回族乡	55	5	5	4
平凉市峡门回族乡	209	24	24	20
平凉市华亭县神峪回族乡	101	11	11	11
平凉市华亭县山寨回族乡	82	8	8	8
平凉市白庙回族乡	66	9	9	9
平凉市大秦回族乡	58	12	12	12
平凉市寨河回族乡	84	12	12	12
平凉市大寨回族乡	236	24	24	24
平凉市西阳回族乡	89	13	13	13
平凉市上杨回族乡	45	7	7	7
张掖市肃南县祁丰藏族乡	10202	13	13	12
张掖市肃南县马蹄藏族乡	1998	23	23	22
张掖市肃南县白银蒙古族乡	450	3	3	3
张掖市甘州区平山湖蒙古族乡	1040	3	3	3
临夏州临夏县井沟东乡族乡	64	13	13	13
临夏州和政县梁家寺东乡族乡	39	8	8	8
临夏州临夏县安家坡东乡族乡	16	4	4	4
酒泉市瓜州县七墩回族东乡族乡	28	3	3	3
酒泉市瓜州县腰站子东乡族乡	137	6	6	6
酒泉市瓜州县广至藏族乡	135	6	6	6
酒泉市瓜州县沙河回族乡	21	5	5	5
酒泉市玉门市独山子东乡族乡	45	4	4	4
青海省				
西宁市大通县朔北藏族乡	84	18	18	18
西宁市大通县向化藏族乡	172	9	9	9
西宁市湟中县群加藏族乡	96	5	5	5
西宁市湟中县大才回族乡	72	19	19	19
西宁市湟中县汉东回族乡	38	4	4	4
海东地区民和县杏儿藏族乡	40	7	7	7
海东地区乐都县下营藏族乡	75	10	10	10
海东地区乐都县中坝藏族乡	76	14	14	14

#已通电的村（个）	#已通电话的村（个）	#已通邮的村（个）	年末总人口（人）	#少数民族（人）	乡镇企业从业人员（人）
13	13	13	19258	14835	154
5	2	5	6638	2289	60
24	24	24	21394	19254	3700
11	11	11	12500	3905	995
8	8	8	14198	3198	1062
9	9	9	13712	6581	630
12	12	12	11445	10141	120
12	12	12	14832	11124	280
24	24	24	23812	17063	310
13	13	13	12796	12796	55
7	7	7	7288	6761	360
13	13	4	3080	2649	
23	23	23	4243	2586	
3	3	3	625	330	
3	3	3	826	208	7
13	13	13	18520	10987	120
8	8	8	14281	13341	70
4	4	4	11676	5988	150
3	3	3	4100	2278	
6	6	6	8142	3024	
6	6		9187	3222	
5	5	5	8755	2670	
4	1	1	7470	7470	
18	18	18	19062	7838	
9	9	9	8367	4518	
5	5	5	2369	1361	
19	19	19	25121	16328	5809
4	4	4	5847	5847	68
7	7	7	4491	4226	42
10	10	10	5395	1416	
14	14	14	8348	2665	

10-1(一) 续表 33

民族乡镇名称	行政区划面积（平方公里）	村民委员会（个）	#已通公路的村（个）	#已通自来水的村（个）
海东地区乐都县达拉土族乡	112	21	21	21
海东地区互助县松多藏族乡	207	8	8	8
海东地区化隆县雄先藏族乡	224	24	24	24
海东地区化隆县查甫藏族乡	125	12	11	11
海东地区化隆县金源藏族乡	343	14	14	12
海东地区化隆县塔加藏族乡	194	9	9	1
海东地区循化县道帏藏族乡	563	27	27	27
海东地区循化县尕楞藏族乡	208	11	9	9
海东地区循化县岗察藏族乡	420	3	3	3
海东地区循化县文都藏族乡	218	16	16	16
海北州门源县皇城蒙古族乡	740	4	4	4
海东地区平安县沙沟回族乡	90	10	10	10
海东地区平安县巴藏沟回族乡	69	13	13	13
海东地区平安县石灰窑回族乡	84	14	14	14
海东地区平安县洪水泉回族乡	73	15	15	15
海东地区平安县古城回族乡	112	14	14	14
海东地区互助县巴扎藏族乡	523	8	8	8
海南州贵德县新街回族乡	63	9	9	9
海北州海晏县哈勒景蒙古乡	448	3		3
湟源县日月藏族乡	482	23	23	23
新疆维吾尔自治区				
吐鲁番地区鄯善县东巴扎回族乡	19	4	4	4
和田地区皮山县瑙阿巴提塔吉克族乡	6000	3	3	1
和田地区皮山县康克尔柯尔克孜族乡	2480	2	2	2
巴音郭楞州和硕县乌什塔拉回族乡	443	8	8	8
昌吉州奇台县大泉塔塔尔族乡	1400	2	2	2
昌吉州奇台县五马场哈萨克族乡	1838	2	2	2
昌吉州奇台县乔仁哈萨克族乡	125	1	1	1
昌吉州木垒县大南沟乌孜别克族乡	1393	3	3	3
昌吉州玛纳斯县旱卡子滩哈萨克族乡	245	5	5	5
昌吉州玛纳斯县塔西河哈萨克族乡	840	6	6	5
昌吉州玛纳斯县清水河哈萨克族乡	2876	6	6	3

#已通电的村（个）	#已通电话的村（个）	#已通邮的村（个）	年末总人口（人）	#少数民族（人）	乡镇企业从业人员（人）
21	21	21	9843	5486	
8	8	8	6548	4779	
24	24	24	9980	6476	18
12	12	12	6488	4163	
14	14	14	6997	6997	15
9	9	9	4401	4401	
27	27	27	12440	12000	56
11	3	3	5226	5226	
3			2018	2018	
16	5		8242	8184	12
4			1925	1503	39
10	10	10	11544	7273	94
13	13	13	4285	2228	
14	14	14	8269	4277	
15	13	15	8403	3921	
14	14	14	11438	7119	432
8	4	8	5223	3656	201
9	9	1	6255	3190	3120
3			1679	1379	
23	23	23	14254	6984	
4	4	4	4645	4258	248
3	3	3	1034	1030	
2	2	2	1689	1685	
8	8	8	11010	5390	
2	2	2	4436	3520	36
2	2	2	8680	7976	
1	1	1	3415	3265	
3	3	3	3454	3430	20
5	5	5	4727	3125	1330
6	6	6	4630	4286	368
6	6	6	7208	6207	267

10-1(一) 续表 34

民族乡镇名称	行政区划面积(平方公里)	村民委员会(个)	#已通公路的村(个)	#已通自来水的村(个)
昌吉州阜康市三工河哈萨克族乡	1320	3	3	3
昌吉州阜康市上户沟哈萨克族乡	3780	7	7	7
昌吉州昌吉市阿什里哈萨克族乡	3000	7	7	7
昌吉州呼图壁县石梯子哈萨克族乡	1226	6	6	6
乌鲁木齐市米东区柏杨河哈萨克族乡	762	6	6	5
克孜勒苏州阿克陶县塔尔塔吉克族乡	1010	8	8	3
喀什地区塔什库尔干县科克亚尔柯尔克孜族乡	602	2	2	2
喀什地区泽普县布依鲁克塔吉克族乡	24	4	4	4
喀什地区莎车县孜热普夏提塔吉克族乡	122	12	12	12
伊犁地区察布查尔县米粮泉回族乡	40	3	3	3
伊犁地区特克斯县科克铁热克柯尔克孜族乡	863	7	5	4
伊犁地区特克斯县呼吉尔特蒙古族乡	238	6	6	6
伊犁地区伊宁县愉群翁回族乡	155	15	15	10
伊犁地区尼勒克县科克浩特浩尔蒙古族乡	1013	10	10	8
伊犁地区霍城县伊车嘎善锡伯族乡	80	5	5	5
伊犁地区霍城县三宫回族乡	72	5	5	4
伊犁地区昭苏县胡松图喀尔逊蒙古族乡	347	8	8	7
伊犁地区昭苏县察汗乌苏蒙古族乡	646	7	7	7
伊犁地区昭苏县夏特柯尔克孜族乡	1022	8	8	8
塔城地区塔城市阿西尔达斡尔族乡	402	20	20	20
塔城地区乌苏市塔布勒合特蒙古族乡	1854	4	3	3
塔城地区乌苏市吉尔格勒特郭楞蒙古族乡	306	9	9	9
塔城地区额敏县额玛勒郭楞蒙古族乡	123	10	10	10
塔城地区额敏县霍吉尔特蒙古族乡	600	5	5	5
阿克苏地区乌什县雅曼苏柯尔克孜族乡	1806	7	7	6
阿克苏地区温宿县博孜东柯尔克孜族乡	1178	5	5	5
哈密地区伊吾县前山哈萨克族乡	1744	4	4	4
哈密地区哈密市德外都如克哈萨克族乡	2000	2	2	1
哈密地区哈密市乌拉台哈萨克族乡	156	1	1	1
阿勒泰地区布尔津县禾木哈纳斯蒙古族乡	3040	2	2	2
阿勒泰地区阿勒泰市汗德尕特蒙古族乡	900	7	7	

#已通电的村（个）	#已通电话的村（个）	#已通邮的村（个）	年末总人口（人）	#少数民族（人）	乡镇企业从业人员（人）
3	3	3	4862	4035	403
7	7	7	11209	7186	1311
7	7	7	8957	8389	692
6	6	6	7496	6065	96
6	6	6	5052	2977	1715
3	5	8	5025	5025	
2	2		1097	1047	
4	4	4	4053	2973	
12	12	12	11090	10063	100
3	3	3	5903	5305	135
6	6	4	18459	15989	2
6	6	5	8137	5614	56
15	15	15	56911	54355	1350
10	10	10	23135	16440	1438
5	5	5	13817	5698	581
5	5	5	17351	15692	101
7	8	8	11948	8331	21
7	7	8	11886	9791	160
8	6	8	17272	15289	126
20	20	20	10170	4686	174
4	4	4	2915	2623	54
9	9	9	6209	2421	40
10	10	10	4720	2552	
5	5	5	4171	3093	
7	7	7	9812	9710	
5	5	5	4622	2473	
4	1	4	3001	2924	
2	1	2	3168	3035	
1	1	1	952	952	
2	2	2	2364	2247	
7	7	7	4117	3347	275

10-1 全国各民族乡镇基本情况(2014年)(二)

民族乡镇名称	乡镇企业总产值(万元)	#工业企业(万元)	乡镇企业年净利润总额(万元)	农林牧渔业总产值(万元)
北京				
朝阳区常营回族乡	164042	1708	3521	697
通州区于家务回族乡	450000	275810	9325	20740
密云县檀营满族蒙古族乡				
怀柔区喇叭沟门满族乡				8284
怀柔区长哨营满族乡	21015	5400	-544	5017
天津市				
东丽区么六桥回族乡				
蓟县孙各庄满族乡	2198	1192	385	10968
河北省				
石家庄市新乐市彭家庄回族乡	337800	238000	28000	31013
石家庄市藁城市九门回族乡	702960	632664	70606	59952
石家庄市无极县高头回族乡	39487	33091	5376	44365
唐山市遵化市汤泉满族乡	30900	28100	1444	7571
唐山市遵化市西下营满族乡	16200	15309	3771	9605
唐山市遵化市东陵满族乡	102315	56332	30917	13706
邯郸市邱县陈村回族乡	40520	23365	780	15375
邯郸市大名县营镇回族乡	10611	8866	662	1866
保定市易县凌云册满族回族乡	29750	19210	2442	31934
保定市定州市号头庄回族乡	94200	21600	9048	69136
保定市涞水县娄村满族乡	6291	1495	750	11754
张家口市沽源县大二号回族乡	260	260	100	5126
张家口市怀来县王家楼回族乡	17870	16909	3079	10839
廊坊市永清县管家务回族乡	29935	26369	2033	18548
廊坊市文安县大围河回族满族乡	388625	328011	32962	14305
承德市丰宁南关蒙古族乡	26063	26063	2252	11370
承德市滦平县平坊满族乡	6930	5043	242	16146
承德市滦平县安纯沟门满族乡	4300	1170	789	16252
承德市滦平县五道营子满族乡	1439	1430	282	5112
承德市滦平县邓厂满族乡	4500	4500	300	4110
承德市滦平县马营子满族乡	7300	7300	1171	12372
承德市滦平县付家店满族乡	16612	15612	2113	14576

农作物总播种面积（亩）	#粮食播种面积（亩）	粮食产量（吨）	肉类总产量（吨）	农民合作社个数（个）	农民合作社成员数（户）	农业技术服务机构个数（个）	农业技术服务机构从业人员数（人）
39267	21620	9142	2495	22	970	1	10
8600	8435	1855	3574	56	590	2	4
13736	12445	3058	1553	20	2213	1	3
4010	3166	700	587	12	750	1	5
54690	38010	19172	7029	6	270	2	5
64245	54000	33289	5266	4	230	3	15
59250	54883	26723	4901	5	330	6	40
11175	8295	3294	725	1	50	5	5
6930	4350	1753	689	2	30	5	1
26775	18855	8768	4932	6	159	2	5
13625	1950	863	7280	5	500	1	3
37260	24680	4310	815	4	113	2	5
65895	64025	26271	7108	6	10	1	1
115143	78633	39365	3740	47	1350	1	4
21650	17490	11887	983	24	144	1	2
27705	17055	1100	180	19	40		
16620	10035	3136	777	15	368	3	6
23355	15450	9376	2252			10	10
47655	43800	21885	2336			2	3
42015	37987	6759	733	23	556	1	1
9380	8325	1604	4846	2	192	2	4
13470	13400	3548	5570	9	54	1	3
9300	7216	1285	2269	6	520	1	3
2600	2585	1100	400	1	71	1	2
10296	8580	2132	3745	3	40	1	2
4350	4350	1423	3586	3	15	1	2

10-1(二) 续表 1

民族乡镇名称	乡镇企业总产值（万元）	#工业企业（万元）	乡镇企业年净利润总额（万元）	农林牧渔业总产值（万元）
承德市滦平县西地满族乡	70451	58150	1800	6039
承德市滦平县小营满族乡	721611	498225	139503	8680
承德市滦平县大屯满族乡	100308	97500	28000	24804
承德市滦平县西沟满族乡	7945	5735	2392	12381
承德市承德县岗子满族乡	7932	7932	61	6800
承德市承德县两家满族乡	8306	5760	635	9658
承德市兴隆县八卦岭满族乡	78795	78795	581	20182
承德市兴隆县南天门满族乡	40648	35003	2237	10451
承德市隆化县尹家营满族乡	2280	1860	360	11500
承德市隆化县庙子沟蒙古族满族乡	839	800	260	9513
承德市隆化县偏坡营蒙古族乡	5560	570	2410	13450
承德市隆化县八达营蒙古族乡	6350	660	920	13815
承德市隆化县太平庄满族乡	4500	4500	1850	9421
承德市隆化县旧屯满族乡	150		60	10710
承德市隆化县西阿超满族蒙古族乡	1790	1205	280	3500
承德市隆化县白虎沟蒙古族满族乡	1800	950	350	8916
承德市平泉县七家岱满族乡	28589	28589	7250	12129
承德市平泉县平房满族蒙古族乡	3750	3750	300	8381
承德市平泉县茅兰沟满族蒙古族乡	2536	1736	345	22010
沧州市黄骅市羊二庄回族乡	503000	89000	29250	42150
沧州市黄骅市新村回族乡	1100	600	500	17955
沧州市河间市果子洼回族乡	117826	65787	6192	12920
沧州市献县本斋回族乡	251670	233860	27571	22640
沧州市沧县大褚村回族乡	65500	40630	2200	25720
沧州市沧县杜林回族乡	206600	193167	15130	25100
沧州市沧县李天木回族乡	344234	218219	22314	7358
沧州市沧县捷地回族乡	87984	30879	7360	18370
沧州市黄骅市杨三木回族乡	139812	121778	10116	7450
内蒙古自治区				
莫力达瓦旗巴彦鄂温克民族乡	45		14	5743
莫力达瓦旗杜拉尔鄂温克民族乡	520	18	340	997
扎兰屯市达斡尔民族乡	4600	4600	4594	21600

农作物总播种面积（亩）	#粮食播种面积（亩）	粮食产量（吨）	肉类总产量（吨）	农民合作社个数（个）	农民合作社成员数（户）	农业技术服务机构个数（个）	农业技术服务机构从业人员数（人）
16125	15265	5355	1489	31	185	3	3
18005	13035	4295	1241	1	60	1	2
24060	13710	6622	4990	15	75	4	6
8815	8624	3252	4688	1	120	2	3
9480	9320	4988	1176	6	79	6	18
14185	11475	4619	780	8	45	3	7
5241	4375	1091	970	6	650	2	10
5724	5175	1551	695	17	255	4	16
18705	17930	8245	2100	3	36	3	6
8890	8890	6099	1587	2	15	1	2
13140	10780	13245	3410	12	130	1	3
17250	17095	11820	2102	4	80	1	3
15800	15800	9148	2229	2	175	1	2
16734	16660	8130	1800	3	30	1	4
12900	10960	7700	1850	6	500	1	1
12250	12195	7197	1569	3	100	1	1
9765	9765	6059	387	8	118	2	6
24075	22830	10312	249	23	3613	4	7
29325	29325	13558	547	35	1586	3	6
125000	94850	34788	7430	73	750	12	51
28600	16280	9770	1215	31	165	1	5
50070	27990	13226	3650	15	100	3	12
57675	43635	15900	2588	21	110	1	3
50235	46845	30020	1425	13	349	2	8
98912	98678	33455	2601	3	1120	9	14
30548	30515	22866	3082	10	120	2	8
34097	27800	9073	1106	10	101	5	15
509280	506474	47861	695	52	570	1	7
247995	197000	28000	2023	54	98	1	2
176550	162531	92148	2751	31	158	1	9

10-1(二) 续表 2

民族乡镇名称	乡镇企业总产值（万元）	#工业企业（万元）	乡镇企业年净利润总额（万元）	农林牧渔业总产值（万元）
扎兰屯市萨马街鄂温克民族乡				1200
扎兰屯市南木鄂伦春民族乡	1210		510	16527
阿荣旗查巴奇鄂温克民族乡	150	42	25	31000
阿荣旗新发朝鲜族民族乡	1250	760	880	8400
阿荣旗音河达斡尔鄂温克民族乡	510		121	31367
阿荣旗得力其尔鄂温克民族乡	926		231	35000
根河市敖鲁古雅鄂温克民族乡	360	349	170	772
陈巴尔虎旗鄂温克苏木				
额尔古纳市三河回族乡	313	313	199	47000
额尔古纳市室韦俄罗斯民族乡	673		181	4930
科右前旗满族屯满族乡	980	410	500	9700
赤峰市松山区当铺地满族乡	175000	135000	12250	8670
赤峰市喀喇沁旗十家满族乡	147000	135000	5300	
乌盟凉城县曹碾满族乡				
鄂温克旗巴彦塔拉达斡尔族乡	872	850	162	
辽宁省				
沈阳市康平县柳树屯蒙古族满族乡	1750	1750	90	35900
沈阳市康平县沙金台蒙古族满族乡	193	132	110	31050
沈阳市沈北新区黄家锡伯族乡				
沈阳市沈北新区石佛寺朝鲜族锡伯族乡				
沈阳市法库县四家子蒙古族乡	15000	14500	279	39000
沈阳市康平县东升满族蒙古族乡	245616	226219	5320	40915
沈阳市康平县西关屯蒙古族满族乡	2200	500	230	30100
大连市瓦房店市三台满族乡	1162800	322900	23410	69880
大连市瓦房店市杨家满族乡	730316	711332	29376	26199
大连市庄河市太平岭满族乡	99690	77470	6819	38327
大连市庄河市桂云花满族乡	291350	235472	14565	28796
抚顺市抚顺县拉古满族乡	978320	978320	25240	17418
抚顺市抚顺县汤图满族乡	45904	39445	12592	16792
本溪市桓仁县雅河朝鲜族乡	192258	159238	2074	15522
本溪市南芬区思山岭满族乡				
锦州市义县聚粮屯满族乡				

农作物总播种面积（亩）	#粮食播种面积（亩）	粮食产量（吨）	肉类总产量（吨）	农民合作社个数（个）	农民合作社成员数（户）	农业技术服务机构个数（个）	农业技术服务机构从业人员数（人）
17125	16580	33149	610	37	387	1	4
83100	28500	19290	13848	50	251	2	14
283208	270278	83992	8991	138	720	1	8
125000	90000	47000		72	1245	1	9
209633	185980	48100	7300	47	1339	4	14
296124	250000	24600	4940	90	991	1	6
33975	2161	5094	245			1	4
13827	11877	28324	3068	5	87	1	7
780000	470000	93000	121	15	65	1	3
180000	100000	36010	597	3	11	1	6
6575	5100	300	420	18	482	2	22
203895	128901	51400	29222	96	1651	21	49
85740	77884	33592	3184	55	280	1	8
10605	10605	1065	50	1	5	1	5
				42	350		
87195	79245	37500	6500	38	1600	5	7
95000	86000	44500	2320	26	1650	1	6
69485	55065	30150	9000	40	470	5	15
94005	66885	54000	1125	15	300	1	2
77000	62000	30100	1550	29	231	40	230
77425	60848	12958	10337	36	1050	1	15
62634	53070	7868	13085	30	1948	1	15
50043	46409	18484	8048	31	1255	5	17
31315	25880	4268	4800	21	2190	5	8
32010	26640	16321	1409			1	3
21285	17925	7969	533	19	236	1	2
31860	26265	9395	1697	12	186	1	3

10-1(二) 续表 3

民族乡镇名称	乡镇企业总产值（万元）	#工业企业（万元）	乡镇企业年净利润总额（万元）	农林牧渔业总产值（万元）
锦州市义县地藏寺满族乡	120509	120509	27886	7526
锦州市义县留龙沟满族乡				
锦州市义县大定堡满族乡	225000	190000	25000	10500
锦州市义县头台满族乡				
锦州市义县头道河满族乡				
锦州市黑山县镇安满族乡				
锦州市凌海市温滴楼满族乡				
阜新市彰武县西六家子蒙古族满族乡	61992	53443	2064	44544
阜新市彰武县二道河子蒙古族乡	52226	41392	2112	45184
阜新市彰武县苇子沟蒙古族乡				
阜新市彰武县大 冷蒙古族乡				
辽阳市辽阳县吉洞峪满族乡	115299	102112	26231	12300
辽阳市辽阳县甜水满族乡	104889	99645	19918	15270
铁岭市开原市黄旗寨满族乡				
铁岭市开原市上肥地满族乡				
铁岭市开原市下肥地满族乡				
铁岭市开原市林丰满族乡	6800	1200	367	13620
铁岭市铁岭县白旗寨满族乡	52713	51530	1450	15000
铁岭市铁岭县横道河子满族乡				
铁岭市西丰县成平满族乡	20200	10005	1050	19000
铁岭市西丰县德兴满族乡	38183	27477	1650	15720
铁岭市西丰县和隆满族乡	22000	17500	1734	20000
铁岭市西丰县金星满族乡	9981	7504	570	21229
铁岭市西丰县明德满族乡	85	85	30	19500
铁岭市西丰县营厂满族乡	18400	8500	325	18000
铁岭市清河区聂家满族乡	4500	3700	2000	11020
朝阳市北票市马友营蒙古族乡	29623	18400	8472	24700
朝阳市北票市凉水河蒙古族乡	14910	14910	1491	4500
朝阳市建平县三家蒙古族乡	39252	37691	3814	62900
朝阳市凌源县三家子蒙古族乡	58399	45650	10511	46425
朝阳市朝阳县松岭门蒙古族乡	331500	331500	9585	24175
朝阳市朝阳县乌兰河硕蒙古族乡	552	221	33	25463

农作物总播种面积（亩）	#粮食播种面积（亩）	粮食产量（吨）	肉类总产量（吨）	农民合作社个数（个）	农民合作社成员数（户）	农业技术服务机构个数（个）	农业技术服务机构从业人员数（人）
35775	28500	5339	1986	2	21	2	3
24838	16650	12000	4000	5	60	1	5
96972	35159	26709	5596	30	750	1	8
75306	43356	30925	15529	21	105	5	40
27570	23201	5800	1200	45	370	11	22
39000	37410	7572	2316	24	765	1	6
24205	17760	10110	2410	6	576	1	2
23295	19305	6100	5291	24	430	4	13
37725	36105	18400	10323	15	300	1	7
30222	24870	12435	3932	13	122	7	23
39585	31500	17560	390	10	450	1	14
43455	34965	20516	7496	21	3893	5	17
29300	27890	15697	4100	10	145	5	20
26484	22540	12300	7500	9	360	1	3
42755	41500	23030	5000	2	150	1	2
74902	57757	35084	8486	51	1721	1	5
17394	16730	8365	4500	5	56	1	4
128110	118526	47424	3996	22	110	1	5
45960	39600	6249	11009	15	660	8	36
20063	18750	4320	10125	1	5	1	4
40114	36019	15171	7037	3	41	4	9

10-1(二) 续表 4

民族乡镇名称	乡镇企业总产值（万元）	#工业企业（万元）	乡镇企业年净利润总额（万元）	农林牧渔业总产值（万元）
葫芦岛市绥中县西平坡满族乡	14205	3097	785	14363
葫芦岛市绥中县范家满族乡	1350	375	450	4750
葫芦岛市绥中县高甸子满族乡	11245	9797	380	12000
葫芦岛市绥中县葛家满族乡	15000	9200	710	14988
葫芦岛市绥中县明水满族乡	14250	4420	520	9980
葫芦岛市绥中县网户满族乡	30080	6790	1350	21000
葫芦岛市兴城市白塔满族乡	8207	8103	715	1749
葫芦岛市兴城市大寨满族乡	39560	34358	2149	19455
葫芦岛市兴城市高家岭满族乡				
葫芦岛市兴城市海滨满族乡				
葫芦岛市兴城市红崖子满族乡				
葫芦岛市兴城市碱厂满族乡	26324	24351	2178	3354
葫芦岛市兴城市旧门满族乡	22022	20020	5047	9055
葫芦岛市兴城市刘台子满族乡	4955	3150	550	8770
葫芦岛市兴城市南大山满族乡	4200	2800	187	7820
葫芦岛市兴城市望海满族乡	35049	32049	2351	23000
葫芦岛市兴城市围屏满族乡	2985	2065	97	9252
葫芦岛市兴城市羊安满族乡	54162	42820	4551	17898
葫芦岛市兴城市药王庙满族乡	74782	39498	1109	5483
葫芦岛市兴城市三道沟满族乡	14580	638	448	6952
葫芦岛市兴城市元台子满族乡	72970	52750	4460	9980
葫芦岛市建昌二道湾子蒙古族乡				10875
盘锦市大洼县荣兴朝鲜族乡				
丹东市宽甸满族自治县下露河朝鲜族乡	620		220	6700
丹东市东港市合隆满族乡	36532	30015	2316	31450
锦州市义县城关满族乡				
大连市普兰店市乐甲满族乡	19752	18560	2506	38430
丹东市凤城市大堡蒙古族乡	20651	9627	1103	20621
吉林省				
延边州珲春市三家子满族乡	3800	2220	286	7600
延边州珲春市杨泡满族乡	7300	7000	790	13000
吉林市昌邑区土城子满族朝鲜族乡	8920	4998	412	18102

农作物总播种面积（亩）	#粮食播种面积（亩）	粮食产量（吨）	肉类总产量（吨）	农民合作社个数（个）	农民合作社成员数（户）	农业技术服务机构个数（个）	农业技术服务机构从业人员数（人）
43080	23565	2356	9248	12	260	7	10
40065	28440	7023	7850	23	164	4	12
43650	23940	7120	10960	28	140	4	16
19425	13680	5900	3800	13	90	2	5
9630	9541	3840	3430	13	392	4	26
59520	46875	11552	12363	43	260	3	13
19737	17145	803	2872	2	14	7	11
87240	61755	13168	5155	6	261	5	6
33045	18240	474	791	9	103	8	12
19695	15967	417	5161	8	41	5	7
31450	24995	3555	2144	12	65	3	8
64920	39240	2163	3654	26	185	4	6
65330	29906	3154	7583	23	345	6	15
36645	17400	3953	6307	13	170	7	13
38877	31382	3336	2228	20	192	2	5
29291	26018	2051	2988	11	475	6	7
24725	21465	8640	958	13	199	5	20
37737	35150	7978	2443	9	260	5	6
38370	38190	4585	3850	14	132	5	19
16431	12000	12000	2010	8	400	1	2
78685	49240	21450	4170	34	1325	3	3
32000	23415	7860	7145	36	2504	1	6
75675	50760	19682	3641	28	1600	1	2
37289	35731	24528	780	31	56	2	5
38670	32475	5820	306	32	70	5	15
60782	59650	44782	3172	11	301	7	5

10-1(二) 续表 5

民族乡镇名称	乡镇企业总产值（万元）	#工业企业（万元）	乡镇企业年净利润总额（万元）	农林牧渔业总产值（万元）
吉林市龙潭区乌拉街满族镇	175204	168414	6455	58660
吉林市龙潭区大口钦满族镇	110240	92897	4312	32888
吉林市昌邑区两家子满族乡	2800	1800	580	42000
吉林市永吉县金家满族乡	426	124	20	34300
吉林市蛟河市乌林朝鲜族乡	8012	6750	615	23004
通化市梅河口小杨满族朝鲜族乡	11400	9420	1845	10170
通化市集安市凉水朝鲜族乡	4230	3260	450	7362
通化市通化县金斗朝鲜族满族乡	4883	3006	385	9968
通化市通化县大泉源满族朝鲜族乡	14260	9600	2020	20105
通化市辉南县楼街朝鲜族乡	48146	48146	2940	29318
通化市柳河县姜家店朝鲜族乡	37500	18400	3680	13580
通化市柳河县三元浦朝鲜族镇	101149	90584	8402	11480
辽源市东丰县三合满族朝鲜族乡	306940	288769	86265	22861
长春市双阳区双营子回族乡	28800	7000	3600	13500
榆树市延和朝鲜族乡	7500		3600	5000
九台市胡家回族乡	7000	8500	1820	35100
九台市莽卡满族乡	18721	4920	997	24290
白城市通榆县包拉温都蒙古族乡	130		60	6080
白城市通榆县向海蒙古族乡	1310	1223	15	24212
白城市洮南市呼和车力蒙古族乡				6500
白城市洮南市胡力吐蒙古族乡				2200
白城市镇赉县哈吐气蒙古族乡				6200
白城市镇赉县莫莫格蒙古族乡				5200
白城市大安市新艾里蒙古族乡				3300
白城市洮北区德顺蒙古族乡	3550	3100	280	31250
松原市三骏满族蒙古族锡伯族乡	19600	15510	1900	33800
铁东区叶赫满族镇	9665	730	83	30618
公主岭市二十家子满族镇	25320	4695	2489	39600
公主岭市龙山满族乡	8890	2550	475	15650
双辽县那木斯蒙古族乡	21000	2400	1050	6
黑龙江省				
哈尔滨市南岗区红旗满族乡	380225	322715	16353	28400

农作物总播种面积（亩）	#粮食播种面积（亩）	粮食产量（吨）	肉类总产量（吨）	农民合作社个数（个）	农民合作社成员数（户）	农业技术服务机构个数（个）	农业技术服务机构从业人员数（人）
141200	112700	96515	23300	88	1577	5	40
64725	51565	36916	7790	32	124	1	4
91440	86890	56000	9150	10	102	3	9
92300	89090	5900	2000	23	1480	3	9
110900	110000	55493	3980	18	345	2	11
55515	41760	28338	1602	46	591	6	18
18225	8235	2630	236	9	246	1	3
19343	16476	7248	176	16	412	6	13
59865	50805	19131	1962	38	2139	5	43
97410	90765	41383	1737	65	2000	4	10
62160	57855	47590	2640	38	670	5	15
105645	95595	32932	698	77	245	6	38
64210	64210	72277	8800	66	386	3	10
63000	57000	50400	6218	51	447	1	6
12135	12135	6796		5	36	3	4
87150	87150	56000	760	29	1450	2	17
106455	102585	69870	1580	54	527	7	13
33612	28500	6100	635	17	268	1	5
155100	90000	25520	1250	82	456	1	10
45500	34000	21350	510	20	210	1	3
40380	39000	11767	720	14	336	1	4
20600	19500	6700	500	5	80	5	6
48750	40500	15000	300	10	150	4	14
38300	31000	20000	300	8	86	2	5
168285	155000	70000	1420	32	800	3	15
233895	232200	135800	5865	55	1241	1	10
89430	88560	43500	1457	13	550	3	18
104220	94920	55077	9530	34	211	6	16
56505	53210	33455	2005	43	2310	6	7
11850	10730	90690	320	53	1277	6	64
3278	2322	18835	2360	50	50	1	12

10-1(二) 续表 6

民族乡镇名称	乡镇企业总产值（万元）	#工业企业（万元）	乡镇企业年净利润总额（万元）	农林牧渔业总产值（万元）
哈尔滨市双城市幸福满族乡	34256	19380	3947	24600
哈尔滨市双城市乐群满族乡	3580	3580	1660	13920
哈尔滨市双城市同心满族乡	68036	65988	4686	39983
哈尔滨市双城市希勤满族乡	9500	4000	470	51000
哈尔滨市双城市联兴满族乡	90354	89728	3942	27793
哈尔滨市双城市青岭满族乡	83600	84652	423	124262
哈尔滨市双城市农丰满族锡伯族镇	13850	1360	970	35000
哈尔滨市五常市拉林满族镇	201514	50130	5075	59810
哈尔滨市五常市红旗满族乡	1850	1060	70	29724
哈尔滨市五常市营城子满族乡	20330	8500	800	40300
哈尔滨市五常市牛家满族镇	40000	19500	2500	20000
哈尔滨市五常市民乐朝鲜族乡	5980	3762	1028	22135
哈尔滨市尚志市河东朝鲜族乡	50000			20000
哈尔滨市尚志市鱼池朝鲜族乡	59750			42894
哈尔滨市依兰县迎兰朝鲜族乡	47800	29200	682	32000
齐齐哈尔市梅里斯区卧牛吐达斡尔族镇	2200	1500	850	12775
齐齐哈尔市梅里斯区莽格吐达斡尔族乡	1537	667	309	5113
齐齐哈尔市泰来县宁姜蒙古族乡	1203	65	37	13097
齐齐哈尔市泰来县胜利蒙古族乡	2596	2596	155	18342
齐齐哈尔市泰来县江桥蒙古族镇	1203	2823	500	17055
齐齐哈尔市昂昂溪区水师营满族镇				2518
齐齐哈尔市富裕县友谊达满柯族乡	21860	9280	1450	35778
齐齐哈尔市讷河市兴旺鄂温克族乡	7500	27	980	46800
齐齐哈尔市富拉尔基区杜尔门沁达族乡	6010	5815	145	19097
牡丹江市海林市新安朝鲜族镇	368	160	36	17942
牡丹江市西安区海南朝鲜族乡	19630	19000	8500	13229
牡丹江市宁安市江南朝、满族乡	15989	12595	2560	53760
牡丹江市宁安市卧龙朝鲜族乡	9200	7910	584	21866
牡丹江市东宁县三岔口朝鲜族镇	16000	15000	3200	29384
牡丹江市穆棱市福禄朝鲜族满族乡	35000	2000	1500	42202
佳木斯市同江市街津口赫哲族乡	1460		537	11750
佳木斯市同江市八岔赫哲族乡				13859

农作物总播种面积（亩）	#粮食播种面积（亩）	粮食产量（吨）	肉类总产量（吨）	农民合作社个数（个）	农民合作社成员数（户）	农业技术服务机构个数（个）	农业技术服务机构从业人员数（人）
101550	101550	87182	1450	51	2810	1	9
120915	119200	106000	280	72	800	1	10
140925	96705	84658	1004	85	1410	1	8
136400	100000	900000	9500	47	280	9	63
103650	102867	81826	7124	55	281	1	5
132825	12960	110000	1034	46	240	1	7
117300	100380	84600	710	71	369	1	6
163551	111085	88510	9430	52	214	5	17
235840	235840	174732	731260	88	510	1	15
108000	103500	70400	2000	78	1700	1	4
243165	241000	208243	1811	125	750	1	16
51398	49270	3824	80	43	2120	4	18
64455	532473	40000		15	1210	2	4
57564	22407	21937		6	550	1	3
213715	213480	83670	2300	21	1310	1	5
288000	280000	175000	300	69	355	1	2
192112	191015	86750	337	40	262	1	3
209300	192990	35005	1421	59	3165	1	3
209715	196589	102200	2259	34	3377	1	14
167650	159000	98780	800	16	1400	1	4
33000	33000	14431	50	45	450	2	11
247320	227850	120000	2309	81	6440	18	20
342000	330000	110100	1820	10	265	1	32
92195	92195	60481	2015	35	2592	1	7
106468	105845	53234	1105	25	1025	2	13
59068	57842	33300	1230	13	200	1	10
217500	165000	76500	5629			1	6
5127	4018	40813	2800	15	500	1	2
82680	76440	31200	624	29	230	1	1
172515	138945	42737	3725	35	690	1	2
124860	120600	28760	120	18	120	1	2
211000	206800	44350	145	11	135	1	7

10-1(二) 续表 7

民族乡镇名称	乡镇企业总产值（万元）	#工业企业（万元）	乡镇企业年净利润总额（万元）	农林牧渔业总产值（万元）
佳木斯市桦川县星火朝鲜族乡	1540	1540	160	5029
佳木斯市汤原县汤旺朝鲜族乡				11170
大庆市肇源县超等蒙古族乡	150		30	23206
大庆市肇源县浩德蒙古族乡				32568
大庆市肇源县义顺蒙古族乡	535131	36271	679	31643
黑河市逊克县新鄂鄂伦春族乡	195		37	2410
黑河市逊克县新兴鄂伦春族乡	133		26	2013
黑河市爱辉区新生鄂伦春族乡	135		89	1180
黑河市爱辉区四嘉子满族乡	86	23	3	4728
黑河市爱辉区坤河达、满族乡	80		45	5334
黑河市北安市主星朝鲜族乡				8050
黑河市孙吴县沿江达、满族乡	850		310	13820
绥化市北林区兴和朝鲜族乡	500	500	100	6900
绥化市北林区绥胜满族镇	6832	2030	760	25299
绥化市北林区永安满族镇	4134	3200	403	38149
绥化市北林区红旗满族乡	5500	2000	1100	9000
绥化市望奎县惠七满族镇	3610	330	684	22560
绥化市望奎县厢白满族乡				23600
绥化市望奎县灵山满族乡	1410	983	343	22200
伊春市铁力市年丰朝鲜族乡	5485	5485	438	34351
鹤岗市萝北县东明朝鲜族乡	2630	2630	373	6886
鹤岗市绥滨县福兴满族乡				2290
大兴安岭地区呼玛县白银纳鄂伦春族乡	1839	1839	346	3640
大兴安岭地区塔河县十八站鄂伦春族乡				3907
双鸭山市饶河县四排赫哲族乡	270			2198
双鸭山市友谊县成富朝鲜族满族乡				10786
七台河市勃利县杏树朝鲜族乡	1400	560	240	18918
七台河市勃利县吉兴朝鲜族、满族乡				21097
鸡西市密山市和平朝鲜族乡	73800	69890	100	27064
鸡西市鸡东县鸡林朝鲜族乡				7950
鸡西市鸡东县明德朝鲜族乡	1410	1410	380	1230
鸡西市城子河区永丰朝鲜族乡	1500	1150		8880

农作物总播种面积（亩）	#粮食播种面积（亩）	粮食产量（吨）	肉类总产量（吨）	农民合作社个数（个）	农民合作社成员数（户）	农业技术服务机构个数（个）	农业技术服务机构从业人员数（人）
33869	33869	19336	17	15	252	3	8
63383	63383	30160	680	15	215	1	3
94640	79870	58630	3120	9	673	1	5
62310	50637	31155	673	5	367	1	4
104850	98560	64170	1032	12	796	1	5
45735	45735	8770	346	9	207	1	3
29835	29835	10586	457	8	176	1	2
41880	41880	6512	98	10	55	1	3
77175	70485	81780	605	44	689	1	1
56220	55335	36590	239	9	404	1	
64825	64825	33000		3	28	1	1
145320	141860	98000	5800	68	1953	1	3
24480	24480	12694		1	981	1	2
129375	121830	74211	5888	24	190	1	13
167535	167535	78964	3637	30	2600	1	18
124650	113220	62561	3700	17	370	1	20
174700	173500	61320	1200	132	1175	1	3
170691	165400	64000	1100	75	446	1	2
105000	89500	61400	860	37	426	4	7
77985	77116	38992	2856	3	18	1	3
39928	39928	21000	358	11	79	1	5
51840	51840	15937	375	8	55	1	5
76014	75255	12194	190	15	241	1	3
38640	38640	5140	630	12	14	1	2
57636	57636	20888		6	90	2	4
83940	80940	53000	3899			1	3
149925	142770	72315	4713	66	330	1	5
134663	134663	53500	42	46	812	1	4
147735	143865	64900	1880	88	1014	1	4
53000	53000	26500		2	30	1	2
67275	65475	41000	65	5	40	1	1
17212	16302	8298	2201	10	20	1	5

10-1(二) 续表 8

民族乡镇名称	乡镇企业总产值（万元）	#工业企业（万元）	乡镇企业年净利润总额（万元）	农林牧渔业总产值（万元）
江苏省				
扬州市高邮市菱塘回族乡	1761169	1518169	103928	57728
浙江省				
杭州市桐庐县莪山畲族乡	115444	115444	7794	9030
温州市平阳县青街畲族乡				1189
温州市苍南县岱岭畲族乡	450	450	80	4589
温州市苍南县凤阳畲族乡				2701
温州市文成县西坑畲族镇	7996	5670	1159	5580
温州市文成县周山畲族乡	513	513	215	1252
温州市泰顺县司前畲族镇	19541	17677	1002	3500
温州市泰顺县竹里畲族乡	1597	1472	165	821
金华市兰溪市水亭畲族乡	174055	174055	9000	15520
金华市武义县柳城畲族镇	37698	37698	1891	20079
衢州市龙游县沐尘畲族乡	27030	27030	2165	8464
丽水市莲都区老竹畲族镇	6100	6100	610	13126
丽水市莲都区丽新畲族乡	4017	4017	401	12595
丽水市龙泉市竹垟畲族乡	5821	4871	464	12124
丽水市云和县雾溪畲族乡	2144	2144	193	1855
丽水市云和县安溪畲族乡	984	984	120	2753
丽水市遂昌县三仁畲族乡	3036	3036	146	8200
丽水市松阳县板桥畲族乡	4796	2947	586	2859
安徽省				
淮南市谢家集区孤堆回族乡	29862	29862	1997	11120
合肥市肥东县牌坊回族满族乡	23252	13409	1338	94944
滁州市定远县二龙回族乡	6600	4500	260	14950
淮南市凤台县李冲回族乡	31212	20666	5310	12023
淮南市潘集区古沟回族乡	89600	70511	4530	15484
六安市寿县陶店回族乡	11200	7300	730	19465
宣城市宁国市云梯畲族乡	14120	12810	731	7180
蚌埠市五河县临北回族乡	12000	9200	880	26800
阜阳市颍上县赛涧回族乡	800	800	65	10730

农作物总播种面积（亩）	#粮食播种面积（亩）	粮食产量（吨）	肉类总产量（吨）	农民合作社个数（个）	农民合作社成员数（户）	农业技术服务机构个数（个）	农业技术服务机构从业人员数（人）
72495	61560	29020	6288	47	11326	7	29
16324	7497	3693	376	8	800	1	7
3465	1905	856	29	22	530	1	2
5280	3975	1980	74	45	271	1	1
4275	2595	1131	116	34	139	1	3
13751	6904	2655	115	21	105	3	11
4931	3077	933	72	11	75	1	6
12685	8610	3055	68	118	1898	7	26
2331	1794	552	611	16	117	3	6
51135	27030	8905	5197	40	6000	4	7
46245	25770	8103	906	55	3800	10	13
20398	11506	4340	248	10	3997	1	3
28095	11430	4683	1794	70	425	1	9
1173	815	3562	585	26	615	1	5
19125	12930	5166	533	22	208	1	3
3731	1701	549	14	12	103	1	7
5614	4047	1387	455	12	70	1	4
12800	7853	2008	560	30	160	1	8
6030	3015	1129	341	20	569	1	5
62328	53310	25561	503	7	326	1	4
103402	60824	27926	8051	25	720	1	2
64470	55620	25267	1415	17	340	1	1
33945	19725	8516	1264	18	435	9	16
70100	61900	27928	1173	11	52	1	3
49462	49025	22761	2450	13	110	1	3
7201	3495	1259	1478	8	22	1	3
122475	87450	34378	3943	26	2000	1	2
27000	26060	12500	800	6	650	2	1

10-1(二) 续表 9

民族乡镇名称	乡镇企业总产值(万元)	#工业企业(万元)	乡镇企业年净利润总额(万元)	农林牧渔业总产值(万元)
福建省				
福州市罗源县霍口畲族乡	12351	12351	1114	22971
福州市连江县小沧畲族乡	3305	86	180	2570
宁德市福安市坂中畲族乡	530124	516311	13687	17171
宁德市福安市康厝畲族乡	101990	98650	2059	33967
宁德市福安市穆云畲族乡	56271	43591	1046	18982
宁德市霞浦县盐田畲族乡	205446	164357	2019	11879
宁德市霞浦县崇儒畲族乡	44975	43119	211	18073
宁德市霞浦县水门畲族乡	40246	34353	758	16366
宁德市蕉城区金涵畲族乡	446870	418871	15111	10050
宁德市福鼎市硖门畲族乡	224000	224000	4023	11300
宁德市福鼎市佳阳畲族乡	7593	7593	404	18714
漳州市漳浦县赤岭畲族乡	8510	4660	822	17813
漳州市漳浦县湖西畲族乡	31050	30846	3150	20112
漳州市龙海市隆教畲族乡	50010	38500	3769	21952
三明市永安市青水畲族乡	112035	108955	2119	26069
三明市宁化县治平畲族乡	24561	24241	1520	6520
龙岩市上杭县官庄畲族乡	35107	19824	1122	13470
龙岩市上杭县庐丰畲族乡	6813	5364	836	30632
泉州市惠安县百崎回族乡	408000	373930	36912	11458
江西省				
鹰潭市贵溪樟坪畲族乡	204000	198700	11000	6618
上饶市铅山县太源畲族乡	9692	6050	4900	1100
上饶市铅山县篁碧畲族乡	1870	1100	350	1924
吉安市永丰县龙冈畲族乡	26122	19750	1176	19587
赣州市南康赤土畲族乡	12586	7040	1680	9950
吉安市青原区东固畲族乡	21500	20505	500	850
抚州市乐安县金竹畲族乡	4419	4072	508	4975
吉安市峡江县金坪民族乡	9680	8810	340	2380
山东省				
淄博市临淄区金岭回族镇	1615460	1558760	23687	4947
聊城市莘县张鲁回族镇	27160	21882	1545	84582
菏泽市曹县侯集回族镇	109820	99520	5211	22500
德州市禹城市十里望回族乡	381206	265314	973	28985

农作物总播种面积（亩）	#粮食播种面积（亩）	粮食产量（吨）	肉类总产量（吨）	农民合作社个数（个）	农民合作社成员数（户）	农业技术服务机构个数（个）	农业技术服务机构从业人员数（人）
24965	18380	6904	353	26	450	1	9
4575	2595	1320	21	2	15	1	2
37592	14470	2960	585	49	403	1	8
43482	26155	8938	1279	55	336	3	12
45645	23850	6940	754	42	210	1	12
20064	11751	3742	326	41	1929	1	9
33779	21294	6390	544	34	1431	1	14
29467	19047	5772	1757	33	314	1	5
15337	7464	1691	163	26	194	1	16
14609	11906	3673	556	2	450	1	9
19594	11577	3719	337	27	272	1	35
28550	14490	5390	2203	18	107	1	4
49020	28900	11530	628	16	712	2	2
34810	14502	5796	1420	8	160	1	3
55365	25560	10842	1631	53	268	2	45
24090	14370	4952	695	8	650	1	7
41730	24165	8566	1465	10	180	1	5
61005	39345	16925	6308	12	304	1	11
7599	4653	1515	372	2	20	1	5
3170	2567	1027	9	10	265	1	3
1115	970	560	132	12	282	1	3
3300	2800	1200	180	7	86	1	8
39795	29565	11600	1248	23	85	6	23
41000	27630	11690	3180	14	1065	1	12
40000	26000	10500	470	21	1115	1	6
10642	8021	3373	276	17	313	7	8
4750	3260	1575	530	8	689	1	6
8085	8010	3386	4612	13	381	4	32
73516	50503	65507	22076	88	1027	16	54
104193	97072	44450	3721	60	2231	7	30
95745	72650	35560	17651	25	260	10	17

10-1(二) 续表 10

民族乡镇名称	乡镇企业总产值（万元）	#工业企业（万元）	乡镇企业年净利润总额（万元）	农林牧渔业总产值（万元）
河南省				
郑州市荥阳市金寨回族乡	48080	48080	6500	6211
周口市太康县城关回族镇	192500	70300	15910	3850
周口市淮阳县城关回族镇	332587	326809	4265	31713
周口市沈丘县槐店回族镇	323516	178147	7320	6755
商丘市宁陵县城关回族镇	85500	40750	5770	5793
商丘市睢县城关回族镇	330108	234041	5102	6968
商丘市民权县伯党回族乡	7230	5740	1450	15900
商丘市民权县胡集回族乡	10020	7320	1650	15950
平顶山市叶县马庄回族乡	43785	43785	3215	6235
平顶山市郏县姚庄回族乡	7107	4419	526	3446
新乡市封丘县荆乡回族乡	9380	5400	540	1798
许昌市许昌县艾庄回族乡	24280	18020	910	10435
许昌市禹州市山货回族乡	52239	44401	7881	9648
许昌市襄城县颖桥回族镇	33742	20147	1130	6651
南阳市镇平县郭庄回族乡	5082	4632	310	6505
南阳市方城县袁店回族乡	9957	7106	2405	10193
驻马店市西平县蔡寨回族乡	6035	4150	213	14160
驻马店新蔡县李桥回族镇	72750	58792	6335	21953
漯河市临颍县繁城回族镇	143555	71386	4875	26867
洛阳市洛宁县王范回族镇	42500	35681	16353	4453
洛阳市廛河回族乡	815650	265028	84262	4281
湖北省				
荆门市钟祥市九里回族乡	78123	69881	5692	27458
荆州市洪湖市老湾回族乡	11210	11210	1287	13721
荆州市松滋市卸甲坪土家族乡	19550	15450	328	4275
宜昌市宜都潘家湾土家族乡	228251	206994	11874	47628
十堰市郧西县湖北口回族乡	3190	3000	1650	13655
恩施州恩施市芭蕉侗族乡	123303	114586	38314	64570
恩施州宣恩县长潭河侗族乡	20000	15300	3500	
恩施州宣恩县晓关侗族乡	25685	25685	629	35200

农作物总播种面积（亩）	#粮食播种面积（亩）	粮食产量（吨）	肉类总产量（吨）	农民合作社个数（个）	农民合作社成员数（户）	农业技术服务机构个数（个）	农业技术服务机构从业人员数（人）
11464	9798	3800	572			1	4
13200	9000	2680	824	6	186	8	28
41295	22680	9235	3858	19	1200	21	220
19200	14100	7080	2390	7	325	5	29
12953	9000	5257	898			4	42
10770	9225	3942	2293	16	81	4	32
53700	32550	16488	4750	7	50	6	31
48750	36750	19920	1120	7	180	4	27
15150	14175	3460	2160	3	23	1	2
18915	11895	4624	960	4	23	2	8
13680	12300	5975	1700	9	46	5	8
21000	17785	8089	1158	5	96	9	12
24465	20565	9494	1065	11	85	1	7
14610	10680	5130	1295	5	75	5	24
40305	27840	9427	172	18	109	1	6
41670	17130	7433	2548	18	156	1	11
43770	36990	17201	2386	25	126	2	12
76820	61020	25155	5289	7	500	1	10
164670	97365	38317	5258	61	397	27	41
2625	2415	1100	2250	2	546	1	12
13440	8400	2641	255				
64189	44092	25470	4156	42	1898	6	12
33493	22549	9463	302	17	100	4	4
29319	15948	4938	2210	9	58	14	17
44893	32115	8911	6724	39	535	2	16
3766	2426	8689	2024	6	400	1	7
120192	77032	21964	6687	35	3074	1	27
9468	5195	17194	8710	27	1348	1	4
134825	82651	20353	6326	36	1931	1	12

10-1(二) 续表 11

民族乡镇名称	乡镇企业总产值（万元）	#工业企业（万元）	乡镇企业年净利润总额（万元）	农林牧渔业总产值（万元）
仙桃市沔城回族镇	11955	10253	5137	21486
神农架林区下谷坪土家族乡	5588	4	385	227
咸宁市赤壁市周郎嘴回族镇	35634	25901	4251	46022
恩施州鹤峰县铁炉白族乡	8750	8500	110	9222
湖南省				
怀化市罗子山瑶族乡				1335
怀化市苏木溪瑶族乡				1618
怀化市上蒲溪瑶族乡				1566
怀化市后塘瑶族乡				2930
怀化市仙人湾瑶族乡	1300	605	560	8997
怀化市深渡苗族乡	150	110		3885
怀化市龙船塘瑶族乡	120	83	40	1600
怀化市炮团侗族苗族乡	780		48	253
怀化市宝田侗族苗族乡	2563	190	190	3245
怀化市蒲稳侗族苗族乡	222		58	2890
怀化市金子岩侗族苗族乡	80		29	2979
怀化市漠滨侗族苗族乡				4225
怀化市青朗侗族苗族乡				2985
怀化市二酉苗族乡				16500
怀化市火场土家族乡				136
怀化市蒿吉坪瑶族乡	348	342	41	2339
怀化市大高坪苗族乡				690
怀化市锅冲苗族乡				864
怀化市传素瑶族乡				1348
怀化市步头降苗族乡				3245
怀化市米贝苗族乡	315	315	49	2082
邵阳党坪苗族乡	867	779	282	3987
邵阳河口苗族乡	2217	2011	230	3211
邵阳麻塘苗族乡	5323	1310	1014	4715
邵阳竹江舟苗族乡	1712	1007	318	5296
邵阳东山侗族乡	7879	6548	361	27000
邵阳朝仪侗族乡	231	145	76	2914

农作物总播种面积（亩）	#粮食播种面积（亩）	粮食产量（吨）	肉类总产量（吨）	农民合作社个数（个）	农民合作社成员数（户）	农业技术服务机构个数（个）	农业技术服务机构从业人员数（人）
23124	19501	10325	1608	25	172	1	4
12426	8281	1899	405	6	1103	1	3
106680	38676	13870	1657	19	162	5	10
37650	24900	7276	1280	11	254	1	6
7710	3206	1700	251	3	60	1	3
5822	2297	2435	225	3	55	1	3
6111	5415	2495	255	2	50	1	2
12195	8556	6185	701	5	125	1	3
32855	22118	8565	563	5	65	1	3
1800	1350	5300	700	5	300	1	1
903	800	5068	689	4	210	1	2
21120	6675	30000	59	4	40	1	2
11566	8158	3256	460	1	200		3
14188	6547	2570	769	3	70	1	2
20235	11340	4680	970	2	36	1	1
14820	8175	4497	543	2	12	1	3
13000	7120	2590	515	3	250	1	4
42060	39526	19802	2500	2	102	1	19
12980	6780	2657	521	5	41	1	6
5428	3794	1920	239	5	250	1	4
2424	2330	1843	89	2	45	1	2
3434	1282	508	45	5	150	1	1
4221	1586	525	129	2	63	1	1
16071	11320	3599	480	1	20	1	1
16470	10902	3441	818	1	10	1	5
27683	11500	5199	1321	12	155	1	6
10900	5834	2610	634	15	95	1	4
13868	9467	4579	1724	2	25	1	6
16985	9669	4667	1420	19	193	1	2
16739	15137	10679	1722	15	251	1	3
9014	6694	2600	264	8	32	1	3

10-1(二) 续表 12

民族乡镇名称	乡镇企业总产值（万元）	#工业企业（万元）	乡镇企业年净利润总额（万元）	农林牧渔业总产值（万元）
邵阳鹅公岭侗族苗族乡	375	320	48	5771
邵阳寨市苗族侗族乡	1990	1338	185	7472
邵阳乐安铺苗族侗族乡	9214	7653	428	6592
邵阳联民苗族侗族乡	194	143	31	470
邵阳枫木团苗族侗族乡	647	552	66	2982
邵阳黄桑坪苗族乡	265	116	35	1053
邵阳关峡苗族乡	11434	2663	1647	4381
邵阳长铺子苗族乡	46555	18256	461	13263
邵阳山界回族乡	7650	3260	90	5018
邵阳虎形山瑶族乡	2000	1600	400	6209
邵阳那溪瑶族乡	24000	1735	1750	600
邵阳大屋瑶族乡	1800	700	15	100
邵阳长塘瑶族乡	1110	814	21	1099
邵阳黄金瑶族乡	6578	5124	1876	2987
邵阳麻林瑶族乡	7084	5794	271	2761
永州荆竹 瑶族乡	5230	1420	3380	3670
永州紫良瑶族乡	1510	1246	396	2746
永州浆洞瑶族乡	2000	1400	230	2699
永州汇源瑶族乡	1554	412	141	685
永州大桥瑶族乡	11500	10821	3931	13565
永州松柏瑶族乡	976	432	23	12431
永州千家洞瑶族乡				6535
永州兰溪瑶族乡	56		9	3972
永州源口瑶族乡	1650	210	55	3108
永州九疑山瑶族乡	929	515	435	8240
永州棉花坪瑶族乡	80	30	25	903
永州桐木漯瑶族乡	1176	692	145	53
永州荒塘瑶族乡	389	163	63	555
永州横岭瑶族乡	1643	1325	295	7638
永州洪塘营瑶族乡	1940	190	955	8353
永州井塘瑶族乡	1788	1590	620	12800
永州审章塘瑶族乡	7359	7035	2113	14972

农作物总播种面积（亩）	#粮食播种面积（亩）	粮食产量（吨）	肉类总产量（吨）	农民合作社个数（个）	农民合作社成员数（户）	农业技术服务机构个数（个）	农业技术服务机构从业人员数（人）
12765	8996	6595	1425	11	98	1	1
16931	13689	6789	2775	131	708	1	7
12003	9708	4391	1007	24	65	6	8
423	335	2155	30	8	56	1	1
4524	4162	2120	434	33	93	1	1
14625	8640	3975	745	22	302	1	6
21562	18656	7018	1339	34	232	1	3
24805	18930	1116	1297	108	1225	1	5
58526	31000	9000	983	1	5	1	5
54643	16627	6794	1347	10	443	1	6
17750	7920	3700	1312	2	15	1	2
3750	3570	1496	594	2	34	1	2
2388	2110	1338	260	1	22	1	2
15045	9182	3770	684	1	12	1	6
21032	11287	4845	1100	4	158	1	5
2565	1200	1371	460	3	32	1	3
4816	2910	1314	780	1	106	1	2
5200	3680	240	74	1	45	1	1
930	912	832	553			1	1
17231	8850	4221	195	4	40	1	1
50165	21006	7412	1902	10	420	1	6
8520	3630	2495	600	2	36	1	4
9837	5896	2882	27	1	21	1	3
18158	11225	3818	1175	1	75	1	5
18980	14200	14050	6890	3	78	1	12
1842	1232	1856	1732				2
2815	1305	718	195				
9774	5550	1672	912			1	2
32306	17690	7029	1429	2	54	2	3
27080	16580	5875	445	3	20	1	1
19250	12100	5010	408	3	470	5	6
48937	29395	10296	570	1	36	2	4

10-1(二) 续表 13

民族乡镇名称	乡镇企业总产值（万元）	#工业企业（万元）	乡镇企业年净利润总额（万元）	农林牧渔业总产值（万元）
永州晒北滩瑶族乡	290	290	142	2870
永州门楼下瑶族乡	1500	1420	165	1772
永州上梧江瑶族乡	127		118	3016
永州清塘壮族乡	923	923	230	1815
永州犁头瑶族乡	61	22	14	848
张家界刘家坪白族乡				2200
张家界马合口白族乡				1650
张家界走马坪白族乡				1805
张家界淋溪河白族乡				443
张家界芙蓉桥白族乡	7600	1900	520	2490
张家界麦地坪白族乡				1172
张家界洪家关白族乡				4621
张家界索溪峪土家族乡				12654
张家界三关寺土家族乡	830	750	380	7582
张家界高峰土家族乡	330	309	108	9011
张家界金岩土家族乡	32	2	10	3947
张家界许家坊土家族乡	937	861	140	4758
张家界阳和土家族乡	460	395	210	4100
张家界甘堰土家族乡	541	400	180	3800
张家界赵家岗土家族乡	1280	1000	384	3641
郴州华山瑶族乡	343	187	73	2343
郴州杨柳瑶族乡	510	405	103	761
郴州月峰瑶族乡	1320	2700	950	5200
郴州大塘瑶族乡	370	370	79	6629
郴州盈洞瑶族乡	571	549	72	3920
郴州延寿瑶族乡	4623	2930	260	306581
郴州小垣瑶族镇	18718	17499	6502	13173
郴州岭秀瑶族乡	6500	2278	236	1903
郴州三江口瑶族镇	7912	6000	2253	3941
郴州西山瑶族乡				2094
郴州团结瑶族乡				2892
郴州连坪瑶族乡	7925	3210	2100	7781

农作物总播种面积（亩）	#粮食播种面积（亩）	粮食产量（吨）	肉类总产量（吨）	农民合作社个数（个）	农民合作社成员数（户）	农业技术服务机构个数（个）	农业技术服务机构从业人员数（人）
7390	4728	1712	318			1	1
4068	1865	1520	57	1	6	1	5
2691	12206	4340	920	4	600	1	7
20500	16298	6335	1425	2	11	1	2
4580	2040	606	351			1	1
12500	11200	3240	330	2	50	1	2
9400	8800	4400	1000	1	5	1	3
16568	12719	4136	420	3	16	1	2
10228	8530	3213	466	4	82	1	1
24000	18000	3100	540	2	40	2	4
11423	7187	2178	297	2	69	1	2
36006	24473	9901	1120	8	40	1	2
5600	4000	1958	630	5	820	3	3
49781	28243	11962	1856	5	193	3	7
49901	31130	13094	1645	9	1323	1	4
31594	18777	7177	568	2	420	1	3
36758	18750	8437	1475	4	78	2	4
32880	24651	11093	920	4	204	1	2
51000	30300	15208	900	3	240	3	6
29895	18705	6657	2760	3	95	5	13
3658	2181	759	384			1	1
3022	1754	514	144	2	298	3	14
17350	5950	2400	570	7	30	1	3
6500	3400	1175	575	6	65	1	1
18509	8087	3169	494	9	347	1	2
45087	27162	11710	810	13	78	1	3
7922	3860	1573	697	3	150	1	2
23070	12989	13639	632	7	200	1	4
20070	15821	6592	496	4	202	1	3
6296	3083	1101	185	5	148	1	3
5020	2643	323	329	3	650	1	4
8067	1477	657	970	12	500	1	2

10-1(二) 续表 14

民族乡镇名称	乡镇企业总产值（万元）	#工业企业（万元）	乡镇企业年净利润总额（万元）	农林牧渔业总产值（万元）
郴州荞山瑶族乡	6509	831	1252	2738
常德许家桥回族维吾尔族乡	9800	8500	301	10187
常德毛家滩回族维吾尔族乡	28000	20000	3000	15000
常德枫树维吾尔族回族乡	25306	25306	895	27125
常德青林回族维吾尔族乡	9215	9215	391	26754
株洲龙渣瑶族乡	6800	6612	536	1900
衡阳塔山瑶族乡				520
益阳鲜埠回族乡	10800	10500	1600	17000
广东省				
惠州市龙门县蓝田瑶族乡	22156	14578	10135	17248
清远市连州市三水瑶族乡	68	68	49	1421
清远市连州市瑶安瑶族乡	21075	21075	327	6823
清远市阳山县秤架瑶族乡	30335	16235	751	14101
肇庆市怀集县下帅壮族瑶族乡	5235	1995	785	9500
韶关市始兴县深渡水瑶族乡	982	386	392	3820
河源市东源县漳溪畲族乡	18905	18542	3025	7796
广西壮族自治区				
梧州市蒙山县长坪瑶族乡				3234
梧州市蒙山县夏宜瑶族乡				4168
贺州市八步区黄洞瑶族乡	13442	8810	2156	8217
贺州市平桂管理区大平瑶族乡	572	572	152	10787
贺州市昭平县仙回瑶族乡	1547	644	233	9377
贺州市钟山县两安瑶族乡	1712	1712	367	9899
贺州市钟山县花山瑶族乡	2890	1100	650	3750
贵港市平南县马练瑶族乡	1330	1170	118	8875
贵港市平南县国安瑶族乡	6500	5000	780	14733
防城港市上思县南屏瑶族乡	2000	2000	520	9200
防城港市防城区十万山瑶族乡	20999	20999		1867
南宁市马山县古寨瑶族乡	2573	2573	500	8954
南宁市马山县里当瑶族乡	882	72	396	7606
南宁市上林县镇圩瑶族乡	2250	2250		10643
柳州市三江县同乐苗族乡				17845

农作物总播种面积（亩）	#粮食播种面积（亩）	粮食产量（吨）	肉类总产量（吨）	农民合作社个数（个）	农民合作社成员数（户）	农业技术服务机构个数（个）	农业技术服务机构从业人员数（人）
17261	10385	3653	541	20	582	1	1
72855	53288	18115	1700	6	417	1	5
62000	60000	32000	266	7	150	1	8
90193	53247	15360	6890	8	850	1	9
5460	3510	19210	4120	10	895	1	4
3810	3011	1300	451	2	53	1	2
6162	3665	1100	400	12	480	5	18
22000	18000	8000	5420	3	500	1	2
22796	14220	4746	783	9	143	6	6
3811	1619	246	152	4	124	1	1
9375	4688	2358	575	11	61	2	2
43052	17969	4862	391	5	26	2	5
17460	11175	4190	588	4	70	1	4
13870	7700	2591	346	6	260	1	1
24839	15828	5987	846	27	183	1	1
9420	3780	1015	108	8	37	1	2
19650	6810	1951	556	2	52	1	2
16022	6530	1925	502	4	195	3	8
28920	15870	47933	460	3	86	1	5
25650	15450	9270	1244	8	163	1	4
21990	16560	6628	2160	5	135	1	2
6500	3200	1680	678	2	230	1	2
60300	26452	93350	2700	2	46	2	3
45696	15000	5500	1497	1	25	1	2
56000	9430	2900	70			1	4
7905	6630	1544	343	1	10		
34455	28770	6926	1994	8	309	2	4
16714	15600	5474	2741	1	68	2	4
23820	21645	4921	1763	12	201	1	6
41715	22125	6789	2008	11	8	1	3

10-1(二) 续表 15

民族乡镇名称	乡镇企业总产值（万元）	#工业企业（万元）	乡镇企业年净利润总额（万元）	农林牧渔业总产值（万元）
柳州市三江县福禄苗族乡	1760		930	10000
柳州市三江县高基苗族乡	720	720	35	
柳州市融水县滚贝侗族乡	3285	3285	2160	7680
柳州市融水县同练瑶族乡	302	302	100	2060
柳州市柳城县古砦仫佬族乡	560	129	39	31980
桂林市临桂县宛田瑶族乡	29800	3789	379	14700
桂林市临桂县黄沙瑶族乡	5304	5304	1752	5437
桂林市灵川县大境瑶族乡	10125	9028	730	5293
桂林市灵川县兰田瑶族乡	10269	10269	120	4649
桂林市全州县蕉江瑶族乡	9900	9900	1025	16700
桂林市全州县东山瑶族乡	68122	58104	3060	12832
桂林市兴安县华江瑶族乡	153201	84500	23558	14138
桂林市灌阳县洞井瑶族乡	8095	6751	1642	4800
桂林市灌阳县西山瑶族乡	24676	21083	21083	18147
桂林市资源县车田苗族乡	12114	5079	2816	22427
桂林市资源县两水苗族乡	4800	2436	850	16469
桂林市资源县河口瑶族乡	4898	2664	486	5836
桂林市平乐县大发瑶族乡	8800	5000	400	15743
桂林市荔浦县蒲芦瑶族乡	21000	16636	1621	8170
桂林市雁山区草坪回族乡	3795		121	6321
百色市右江区汪甸瑶族乡	8000	8000	67	34988
百色市田东县作登瑶族乡	264	77	70	20100
百色市田林县潞城瑶族乡				10529
百色市田林县利周瑶族乡				7602
百色市田林县八桂瑶族乡				9389
百色市田林县八渡瑶族乡				15890
百色市凌云县伶站瑶族乡	55602	53897	11319	
百色市凌云县朝里瑶族乡				
百色市凌云县沙里瑶族乡				11343
百色市凌云县玉洪瑶族乡	3100	190	1750	19950
百色市西林县足别瑶族苗族乡	500	500		
百色市西林县普合苗族乡	8500	6368	1250	2596

农作物总播种面积（亩）	#粮食播种面积（亩）	粮食产量（吨）	肉类总产量（吨）	农民合作社个数（个）	农民合作社成员数（户）	农业技术服务机构个数（个）	农业技术服务机构从业人员数（人）
1939	927	4973	884	5	40	1	2
15495	8550	2768	212	6	460	1	2
22368	13108	3983	901	1	65	1	7
11000	5780	4500	2100	4	31	2	2
118965	50430	19486	2254	13	191	3	13
32040	25110	8528	2459	7	420	1	4
18360	8850	2785	204			1	4
1762	920	4409	813	2	30	4	19
12083	6908	1962	500	1	30	4	11
35865	17475	6442	2339	4	300	1	1
37162	26267	17410	3217	3	15	6	11
22845	13412	6255	1637	3	162	1	5
34230	20820	7931	982	17	126	3	4
30495	17100	6901	962	6	30	2	4
47580	22005	28360	1285	1	55	1	10
38730	19350	8576	1100	1	6	1	8
1061	408	1537	393	2	25	1	3
58455	24225	7954	1193	9	125	1	10
24555	9585	3657	937	6	90	1	7
11490	5175	1601	626	3	55	1	6
108321	37576	12158	3471	10	60	10	10
68296	36523	9218	1670	8	47	1	2
40514	34378	10235	2076	10	80	1	1
38853	20222	6796	1489	8	185	1	2
44794	21088	6728	1043	4		1	2
43933	26563	8028	1799	4	34	1	5
31425	21840	4049	1851			1	16
803	448	2408	220			1	1
42555	26685	5997	735	14	177	1	1
42420	32325	5785	2105			2	4
23175	17865	4306	671	6	32	1	2
37875	18540	5047	931	10	80	1	2

10-1(二)　续表 16

民族乡镇名称	乡镇企业总产值（万元）	#工业企业（万元）	乡镇企业年净利润总额（万元）	农林牧渔业总产值（万元）
百色市西林县那佐苗族乡	18	18		
河池市南丹县八圩瑶族乡	500		15	11073
河池市南丹县里湖瑶族乡	200		47	13339
河池市南丹县中堡苗族乡	3251	2830	62	3570
河池市天峨县八腊瑶族乡				11463
河池市凤山县平乐瑶族乡	2980	2401	254	4403
河池市凤山县江洲瑶族乡	3377	1834	225	10250
河池市凤山县金牙瑶族乡	8403	5931	734	7415
河池市东兰县三弄瑶族乡	1124			
河池市环江县驯乐苗族乡	2	2	510	15378
河池市宜州市北牙瑶族乡	1263	1263		60915
河池市宜州市福龙瑶族乡	406	406		
重庆市				
奉节县云雾土家族乡				4485
奉节县长安土家族乡	120		25	14329
奉节县龙桥土家族乡	3456		1458	6759
奉节县太和土家族乡				12000
万州区恒合土家族乡	18450	14470	2765	14670
万州区地宝土家族乡	170		35	6137
云阳县清水土家族乡	8720	3800	2396	22085
巫山县红椿土家族乡	2683	368	920	18100
巫山县邓家土家族乡	8127	6500	1700	4020
忠县磨子土家族乡	17609	3036	3403	9966
武隆县石桥苗族土家族乡	5703	5368	590	6984
武隆县文复苗族土家族乡	335	335	84	8703
武隆县后坪苗族土家族乡				5089
武隆县浩口苗族仡佬族乡				5219
四川省				
甘孜州九龙县子耳彝族乡				1350
甘孜州九龙县三垭彝族乡				1750
甘孜州九龙县俄尔彝族乡				1210
甘孜州九龙县小金彝族乡				1120

农作物总播种面积（亩）	#粮食播种面积（亩）	粮食产量（吨）	肉类总产量（吨）	农民合作社个数（个）	农民合作社成员数（户）	农业技术服务机构个数（个）	农业技术服务机构从业人员数（人）
62775	43500	11690	1761	9	22	6	6
53051	31275	6977	1929	3	15	1	3
48045	31290	6057	1321	4	114	1	3
18540	10185	1974	391			1	3
64305	44220	9833	1025	14	71	1	3
43605	27150	6648	1058	1	30	1	10
25697	16123	2962	674			1	3
40910	26510	5000	1348	1	2	1	10
4635	4390	1029	354	3	20	1	1
4126	2049	9500	2278	4	20	1	7
147525	68040	24591	2456	4	4	1	1
100200	73545	18018	908	1	10	1	3
20443	9247	2669	238	20	20	1	3
57455	31538	11950	525	8	820	2	10
39300	22105	5620	697	9	97	1	1
42306	17560	6046	1132	7	89	1	12
73650	45480	13782	1225	8	136	1	5
16165	13200	3012	234			1	8
50200	38900	8000	3668	15	268	1	7
13650	3650	1200	238	31	214	1	2
18000	17130	2978	1248	5	143	1	4
32229	25301	8320	807	9	250	1	13
53715	28605	5791	1266	11	1360	1	9
46125	22620	4493	2078	11	2695	1	10
26940	13725	3176	954	3	3	1	5
23250	15960	3588	358	8	160	1	8
5055	4260	1103	143			1	2
5625	4260	1381	122	2	22	2	4
4395	3435	866	154			2	2
3435	2505	594	142			2	4

10-1(二) 续表 17

民族乡镇名称	乡镇企业总产值（万元）	#工业企业（万元）	乡镇企业年净利润总额（万元）	农林牧渔业总产值（万元）
甘孜州九龙县朵落彝族乡				1020
甘孜州九龙县踏卡彝族乡				1760
甘孜州九龙县湾坝彝族乡				2560
阿坝州松潘县十里回族乡				2069
阿坝州松潘县进安回族乡	534			4107
攀枝花市仁和区大龙潭彝族乡	1454	823	114	16868
攀枝花市仁和区啊喇彝族乡	3178	1100	231	9413
攀枝花市米易县麻陇彝族乡	228	228	89	10108
攀枝花市米易县白坡彝族乡	415	415	62	14320
攀枝花市米易县湾丘彝族乡	88163	88163	1637	11009
攀枝花市米易县新山傈僳族乡	9568	214	788	9032
攀枝花市盐边县敢鱼彝族乡	560		200	6164
攀枝花市盐边县红果彝族乡	18816	10586	-4933	9373
攀枝花市盐边县温泉彝族乡				7428
攀枝花市盐边县箐河傈僳族乡	4430	2517	1012	3050
攀枝花市盐边县格萨拉彝族乡	9230	2519	2245	13300
攀枝花市盐边县和爱彝族乡	896	586	30	5312
攀枝花市盐边县红宝苗族彝族乡	1012	1012	105	3800
泸州市叙永县白蜡苗族乡	2245	1521	210	7017
泸州市叙永县合乐苗族乡	1138	1002	76	5100
泸州市叙永县枧槽苗族乡	552	552	60	3929
泸州市叙永县石坝彝族乡	1859	1540	170	3214
泸州市叙永县水潦彝族乡	600	580	47	6560
泸州市古蔺县箭竹苗族乡	15326	14022	2327	8257
泸州市古蔺县大寨苗族乡	614	207	67	6074
泸州市古蔺县马嘶苗族乡	743	477	101	5198
广元市青川县蒿溪回族乡	408	70	91	3421
广元市青川县大院回族乡	43	43	10	3659
乐山市金口河区和平彝族乡	1584	1248	117	4200
乐山市金口河区共安彝族乡	1485	1485	380	1750
南充市阆中市博树回族乡	780	462	72	5390
宜宾市筠连县高坪苗族乡	29494	26464	5939	2787

农作物总播种面积（亩）	#粮食播种面积（亩）	粮食产量（吨）	肉类总产量（吨）	农民合作社个数（个）	农民合作社成员数（户）	农业技术服务机构个数（个）	农业技术服务机构从业人员数（人）
1935	1590	503	32	1	65	2	2
3735	3225	860	168			2	4
7005	6405	2870	605	2	55	1	3
4240	3100	790	192			1	1
1300	1300	343	179				
76680	42330	12218	2522	33	621	1	2
24810	13890	5135	961	22	178	1	4
16807	11820	4039	1159	9	251	1	2
27180	12330	3861	1127	20	1215	1	2
17790	11870	6197	799	4	147	1	3
22080	9975	4176	1310	7	426	1	1
17455	9765	2596	688	15	200	1	2
22740	15280	3962	1150	7	153	1	3
18653	12720	2019	1922	6	386	1	4
15555	10245	2872	583	8	40	1	1
29495	18205	3947	1844	11	210	1	4
14940	6900	1627	427	3	270	1	3
9315	6435	1466	553	8	180	1	2
47681	34918	7888	1470	6	38	1	3
34980	22050	4893	1537	14	603	1	7
35886	21740	3613	864	4	65	1	3
18998	14760	2130	1526	2	69	1	3
53054	35061	5653	1360	5	173	1	2
37755	31500	8142	1736	6	130	1	4
36196	21034	5358	747	12	76	1	2
31402	27313	6774	1056	16	91	1	1
13383	10147	1499	566	7	112	1	1
19620	14340	2592	516	1	5	1	1
18842	16401	2484	1100	14	200	1	1
7854	5055	1038	710	5	25	1	1
18265	10545	3209	762	12	260	2	1
20415	19398	4458	1518	6	320	1	6

10-1(二) 续表 18

民族乡镇名称	乡镇企业总产值（万元）	#工业企业（万元）	乡镇企业年净利润总额（万元）	农林牧渔业总产值（万元）
宜宾市筠连县联合苗族乡	157	157	88	5150
宜宾市筠连县团林苗族乡	2860	560	230	2800
宜宾市屏山县屏边彝族乡	3200	3200	792	6532
宜宾市屏山县清平彝族乡	172	30	70	6184
宜宾市兴文县大坝苗族乡	31984	28700	775	15622
宜宾市兴文县毓秀苗族乡	3875	2900	169	3690
宜宾市兴文县大河苗族乡	42663	37266	2150	16190
宜宾市兴文县麒麟苗族乡	12588	6482	310	15836
宜宾市兴文县仙峰苗族乡	57299	51362	12301	9500
宜宾市珙县罗渡苗族乡	3620	3620	924	8162
宜宾市珙县玉和苗族乡				4790
宜宾市珙县观斗苗族乡	12885	12885	1334	2334
雅安市汉源县小堡藏族彝族乡	2900	2900	550	1520
雅安市汉源县坭美彝族乡				1655
雅安市汉源县永利彝族乡	157		115	2754
雅安市汉源县顺河彝族乡	200		4	4689
雅安市汉源县片马彝族乡	92		11	1707
雅安市石棉县安顺彝族乡	34600	28000	7310	5500
雅安市石棉县先锋藏族乡	141	50	35	4601
雅安市石棉县蟹螺藏族乡	17861	17861	3678	1947
雅安市石棉县回隆彝族乡	22650	22650	3300	5913
雅安市石棉县擦罗彝族乡	6664	6664	444	2085
雅安市石棉县栗子坪彝族乡	11360	11360	1860	2540
雅安市石棉县新民藏族彝族乡	1132	613	438	9629
雅安市石棉县挖角彝族藏族乡	5117	5117	1588	1582
雅安市石棉县田湾彝族乡	2726	2726	-51	2882
雅安市石棉县草科藏族乡	7650	5100	2100	2610
雅安市宝兴县跷碛藏族乡	1490	1020	110	2300
雅安市荥经县宝峰彝族民族乡				2125
雅安市荥经县民建彝族民族乡				1257
凉山州西昌市高草回族乡	3100	1834	218	17001
凉山州西昌市裕隆回族乡	780	405	120	21217

农作物总播种面积（亩）	#粮食播种面积（亩）	粮食产量（吨）	肉类总产量（吨）	农民合作社个数（个）	农民合作社成员数（户）	农业技术服务机构个数（个）	农业技术服务机构从业人员数（人）
23187	17310	4600	1472	3	115	1	5
8325	8319	5120	1780	3	15	1	5
21000	15930	4833	720	4	180	1	1
23310	18915	4020	820	2	8	1	4
46797	37627	20389	3612	25	260	1	1
20340	14610	2946	1486	2	208	1	3
92212	58025	20754	4102	19	2339	1	6
55932	37989	13935	4418	10	310	1	4
39718	24268	7907	4820	5	3200	1	4
35463	24960	6649	950	6	183	1	3
12226	5656	2640	886	7	215	1	1
6732	3899	2143	612	2	433	1	4
6280	4500	1180	260	6	38	1	3
17691	10522	1478	300	9	265	1	3
20580	13050	1800	456	7	720	1	2
7912	6044	1550	450	3	123	1	2
25897	21047	3531	947	15	122	1	1
13925	7920	1910	850	8	150	1	1
15469	10547	2242	354	8	117	1	3
12757	8054	1831	616	5	70	1	4
8900	2050	795	468	4	253	1	6
5598	3005	729	130	10	500	1	1
2107	2107	1132	400	2	60	1	1
21971	13346	3236	456	8	189	1	2
2670	2210	392	654	6	90	1	1
6195	2862	1138	437	2	342	1	1
10883	7443	1331	300	3	370	1	1
15625	12900	2930	920	13	310	1	1
7743	6375	2061	401	1	13	1	4
9416	6164	1403	387	4	21	1	3
43861	35680	13057	4238	15	178	1	2
53637	46623	17300	2565	8	128	1	5

10-1(二)　续表 19

民族乡镇名称	乡镇企业总产值（万元）	#工业企业（万元）	乡镇企业年净利润总额（万元）	农林牧渔业总产值（万元）
凉山州木里县屋脚蒙古族乡				1005
凉山州木里县俄亚纳西族乡				2421
凉山州木里县白碉苗族乡				2253
凉山州木里县项脚蒙古族乡				2079
凉山州木里县固增苗族乡				2099
凉山州盐源县大坡蒙古族乡				1017
凉山州德昌县金沙傈僳族乡				3856
凉山州德昌县南山傈僳族乡				3985
凉山州会理县新安傣族乡				7259
凉山州冕宁县和爱藏族乡	610	80	140	4923
凉山州越西县保安藏族乡				1942
绵阳市平武县木皮藏族乡				780
绵阳市平武县木座藏族乡				1112
绵阳市平武县白马藏族乡				488
绵阳市平武县黄羊关藏族乡				2210
绵阳市平武县虎牙藏族乡				1150
绵阳市平武县泗耳藏族乡				1496
绵阳市平武县徐塘羌族乡	80		20	2007
绵阳市平武县锁江羌族乡	320	320	85	11311
绵阳市平武县平南羌族乡				2285
绵阳市北川县桃龙藏族乡				4977
绵阳市盐亭县大兴回族乡				4870
达州市宣汉渡口土家族乡				2604
达州市宣汉龙泉土家族乡				6882
达州市宣汉三墩土家族乡	2117	1680	436	5430
达州市宣汉漆树土家族乡				1783
绵阳市平武县水田羌族乡				2086
绵阳市平武县旧堡羌族乡				3143
绵阳市平武县阔达藏族乡				2560
绵阳市平武县土城藏族乡				5984
贵州省				
贵阳市花溪区高坡苗族乡				19699

农作物总播种面积（亩）	#粮食播种面积（亩）	粮食产量（吨）	肉类总产量（吨）	农民合作社个数（个）	农民合作社成员数（户）	农业技术服务机构个数（个）	农业技术服务机构从业人员数（人）
3599	3597	852	207			1	1
13767	12767	2561	900	1	50	1	3
11775	11110	3369	309			1	3
5597	4527	930	357	1	10	1	2
10014	9278	1710	306			1	3
9236	5327	5690	1170	1	5	1	1
7155	4695	1568	218			1	1
7319	4200	1125	242	14	521	1	2
22280	11140	3444	653			1	1
9335	8464	2204	750	1	35	1	2
16318	12680	3816	668	1	11	1	4
233	233	53	70	3	40	1	1
204	204	87	83	5	21	1	1
430	430	26	121	15	97	1	1
14199	6050	798	253	2	45	1	1
3555	2301	1530	218	1	8	1	1
1096	1096	150	239	2	20	1	1
18405	11110	1100	409	2	20	1	1
45120	32250	4056	700	3	397	1	1
9996	9996	2073	394	2	29	1	1
22605	13905	1675	897	11	173	1	2
15404	10881	3644	615	4	200	5	3
20865	17318	7018	720	1	20	1	1
20231	17532	4250	930	10	120	1	1
29621	18182	6510	993	3	456	1	4
4750	3240	1150	761			1	1
18486	14678	2729	849			1	1
6424	4126	1370	582	5	150	1	1
8303	8127	1360	425			1	1
13849	13423	2171	526	4	426	1	2
52095	23850	8055	3034	4	76	1	2

10-1(二) 续表 20

民族乡镇名称	乡镇企业总产值（万元）	#工业企业（万元）	乡镇企业年净利润总额（万元）	农林牧渔业总产值（万元）
贵阳市花溪区马铃布依族苗族乡				15220
贵阳市花溪区孟关苗族布依族乡				19588
贵阳市花溪区黔陶布依族苗族乡				26785
贵阳市花溪区湖潮布依族苗族乡				15307
贵阳市花溪区小碧布依族苗族乡				26090
贵阳市乌当区偏坡布依族乡	329	50	179	3807
贵阳市乌当区新堡布依族乡	10540	1000	1581	11923
贵阳市白云区都拉布依族乡	315000	315000	4240	8608
贵阳市白云区牛场布依族乡	610	410	286	28299
贵阳市清镇市麦格苗族布依族乡				17148
贵阳市清镇市王庄布依族苗族乡				17159
贵阳市清镇市流长苗族乡				26357
贵阳市息烽市青山苗族乡				8915
贵阳市开阳县禾丰布依族苗族乡	7355	5700	5200	17261
贵阳市开阳县南江布依族苗族乡	5800	5500	1400	17220
贵阳市开阳县高寨苗族布依族乡	1286	1000	720	19046
贵阳市修文县大石布依族乡	630	630	510	12756
六盘水市六枝特区落别布依族彝族乡	51020	30676	4130	3811
六盘水市六枝特区折溪彝族乡	614	315	33	3373
六盘水市六枝特区牛场苗族彝族乡	84	78	12	6890
六盘水市六枝特区中寨苗族彝族布依族乡	94604	95011	159	4358
六盘水市六枝特区箐口彝族仡佬族布布依族苗族乡	1535	1100	482	16080
六盘水市六枝特区洒志彝族布依族苗族乡	364	34	112	9426
六盘水市六枝特区毛口布依族苗族乡	3603	2033	646	3538
六盘水市六枝特区梭戛苗族彝族乡	1004	220	166	1325
六盘水市六枝特区陇脚布依族乡	1244	994	113	3474
六盘水市盘县特区普田回族乡	320	320	220	5278
六盘水市盘县特区鸡场坪彝族乡	159850	143310	27346	7890
六盘水市盘县特区旧营白族彝族苗族乡	336	244	180	6696
六盘水市盘县特区马场彝族苗族乡	415	331	74	5705
六盘水市盘县特区羊场布依族白族苗族乡	989	737	189	10406
六盘水市盘县特区保基苗族彝族乡	4871	2027	739	5068

农作物总播种面积（亩）	#粮食播种面积（亩）	粮食产量（吨）	肉类总产量（吨）	农民合作社个数（个）	农民合作社成员数（户）	农业技术服务机构个数（个）	农业技术服务机构从业人员数（人）
37320	11490	3375	1074	10	214	1	5
30900	13245	4360	1193	1	15	1	6
29940	6045	1952	1047	8	79	1	4
23781	10997	5958	1324	17	330	1	5
43455	4650	1738	1467			1	5
7905	3360	346	226	2	20	1	6
28410	13200	3739	205	4	350	1	5
10095	2355	867	924	1	362	1	6
41235	16140	4747	973	19	478	1	13
57120	28155	8127	1884	12	123	1	10
69855	29580	5877	2056	11	235	1	9
74460	38220	8683	2939	8	75	1	45
32100	16770	4759	714	6	363	1	9
47880	20370	5223	1613	18	162	1	13
56595	28245	7156	2216	10	103	1	13
63885	30360	7581	2881	8	64	1	16
47385	18060	4006	1272	4	41	3	11
42210	32500	12495	1182	4	680	1	15
2814	1717	8252	1549	4	35	1	12
38635	42583	8035	1147	8	38	1	9
54030	36120	15885	1014	8	30	1	5
917	982	2950	1024	3	30	1	11
31500	26085	7944	685	11	131	1	8
1146	1021	3027	144	6	31	1	9
1663	1259	5315	770	8	30	1	13
2450	1450	7050	1093	4	57	1	12
14435	6251	4170	462	3	6	1	7
41520	45345	9990	3876	1	5	1	31
42700	19000	9090	1306	5	60	1	11
13505	11040	5506	673	3	102	1	6
36600	22451	7663	1320			3	36
38370	15811	7122	728	9	20	1	10

10-1(二) 续表 21

民族乡镇名称	乡镇企业总产值(万元)	#工业企业(万元)	乡镇企业年净利润总额(万元)	农林牧渔业总产值(万元)
六盘水市盘县特区四格彝族乡	1710	422	277	52
六盘水市盘县特区松河彝族乡	249009	19799	19210	2738
六盘水市盘县特区坪地彝族乡	19760	14599	2569	7693
六盘水市盘县特区淤泥彝族乡	41100	37579	28010	6155
六盘水市盘县特区普古彝族苗族乡	3684	3801	101	10445
六盘水市水城县坪寨彝族乡	120		12	2600
六盘水市水城县陡箐苗族彝族乡	46306	46306	12	2453
六盘水市水城县董地苗族彝族乡	6270	5280	512	4520
六盘水市水城县双戛彝族乡	750	475	550	2450
六盘水市水城县南开苗族彝族乡	2021	22315	835	5120
六盘水市水城县青林苗族彝族乡				3310
六盘水市水城县金盆苗族彝族乡	2310		65	2515
六盘水市水城县发箐苗族彝族乡	15000	14800	230	4200
六盘水市水城县纸厂彝族乡	15126	15000	3210	2711
六盘水市水城县杨梅彝族苗族回族乡	511	262	180	2330
六盘水市水城县新街彝族苗族布依族乡	905		550	2500
六盘水市水城县野钟苗族彝族布依族乡	2500		1580	5912
六盘水市水城县果布嘎彝族苗族布依族乡	210	55	155	3165
六盘水市水城县龙场苗族白族彝族乡	1500	809	50	3600
六盘水市水城县营盘苗族彝族白族乡	420		227	3650
六盘水市水城县顺场苗族彝族布依族乡	3500	1346	55	4166
六盘水市水城县花戛苗族布依族彝族乡	1500	1200	380	3166
六盘水市水城县米箩布依族苗族彝族乡	1800	510	950	6460
六盘水市水城县猴场苗族布依族乡	12165	11500	1350	7226
六盘水市水城县红岩布依族彝族苗族乡	4850	4122	2565	4550
黔东南州麻江县坝芒布依族乡	86	89	34	4867
黔东南州镇远县尚寨土家族乡				4960
黔东南州岑巩县杨桥土家族乡	200		80	15600
黔东南州黎平县顺化瑶族乡				731
黔东南州黎平县雷洞瑶族水族乡				3221
黔东南州从江县秀塘壮族乡	212	190	19	4210
黔东南州从江县刚边壮族乡	1100	395	620	1168

农作物总播种面积（亩）	#粮食播种面积（亩）	粮食产量（吨）	肉类总产量（吨）	农民合作社个数（个）	农民合作社成员数（户）	农业技术服务机构个数（个）	农业技术服务机构从业人员数（人）
1368	29686	7320	2596	2	137	6	25
18195	16635	6521	9779	1	10	1	9
56910	43545	9824	2459	2	6	6	13
31996	29957	8472	3050	16	277	3	30
37035	37035	11908	2140	7	409	1	7
13550	9560	2700	340	2	30	1	2
31230	27800	7800	512	2	125	1	4
22100	21000	3501	561	5	155	1	6
1093	468	320	740	6	53	1	8
63200	49500	11007	1809	13	1178	3	12
29400	21850	4220	850	1	30	1	3
51000	39650	8774	712	1	40	1	2
25000	16000	3584	750	5	135	1	6
22500	12500	4050	550	10	150	1	6
72350	51500	5401	220	20	1120	1	8
18900	13650	4995	806	16	165	3	5
39500	22800	6584	810	5	140	1	5
10310	9800	9410	225	16	184	2	8
24450	21200	9437	1010	9	234	2	8
9500	5550	1056	350	16	192	1	4
31120	24650	6562	1150	46	235	1	4
24200	21500	4816	716	16	450	1	4
37500	29200	11250	765	47	514	2	55
32850	25665	6771	725	26	1126	3	15
31200	26500	6761	465	11	170	3	11
41052	23550	5034	920	5	79	2	7
30360	17000	3100	450			1	2
60180	30795	9932	1400	38	152	1	7
9740	4785	956	184			1	2
12494	6458	3500	125			1	2
12607	4125	4787	720	2	85	1	3
4982	3996	2727	265	3	60	1	4

10-1(二) 续表 22

民族乡镇名称	乡镇企业总产值（万元）	#工业企业（万元）	乡镇企业年净利润总额（万元）	农林牧渔业总产值（万元）
黔东南州从江县翠里瑶族壮族乡	46		28	1121
黔东南州榕江县三江水族乡	17			4353
黔东南州榕江县塔石瑶族水族乡	40			5668
黔东南州榕江县仁里水族乡				2373
黔东南州榕江县定威水族乡				1871
黔东南州榕江县兴华水族乡	540	414	200	250
黔东南州榕江县水尾水族乡	13		7	1500
黔东南州雷山县达地水族乡				5264
黔南州都匀市基场水族乡	8563	5501	350	8184
黔南州平塘县卡蒲毛南族	7670	7430	3120	4330
黔南州荔波县瑶山瑶族乡	625	625	63	8274
黔南州荔波县水利水族乡	1329	1329	600	19961
黔西南州晴隆县三宝彝族乡	20		12	1458
黔西南州兴仁县鲁础营回族乡	1400	200	280	6702
黔西南州望谟县油迈瑶族乡				5003
遵义市遵义县洪关苗族乡	170	170	52	6207
遵义市遵义县平正仡佬族乡	15261	10754	802	9712
遵义市桐梓县马鬃苗族乡	500		200	6448
遵义市余庆县花山苗族乡	1146	1146	761	16167
遵义市仁怀后山苗族布依族乡	1300	600	210	5670
遵义市正安县谢坝仡佬族苗族乡	4850	793	2982	9035
遵义市正安县市坪苗族仡佬族乡	1836	1566	304	6798
遵义市道真县上坝土家族乡	51999	41599	20799	13967
安顺市西秀区新场布依族苗族乡	75	430	55	18600
安顺市西秀区鸡场布依族苗族乡	3442	2345	88	13211
安顺市西秀区岩腊苗族布依族乡	730	730	116	9113
安顺市西秀区杨武布依族苗族乡	176	450	216	330
安顺市西秀区黄腊布依族苗族乡	3568	3327	421	8350
安顺市平坝县十字回族乡	8000	4000	1600	4766
安顺市平坝县羊昌布依族苗族乡	61026	58756	4883	15000
安顺市普定县补郎苗族乡	40815	37680	2130	15120
安顺市普定县猫洞苗族仡佬族乡	11230	9150	223	10864

农作物总播种面积（亩）	#粮食播种面积（亩）	粮食产量（吨）	肉类总产量（吨）	农民合作社个数（个）	农民合作社成员数（户）	农业技术服务机构个数（个）	农业技术服务机构从业人员数（人）
18100	7565	6100	620	5	420	1	4
28575	19410	4505	393	5	26	1	4
9667	7885	3271	223	3	20	1	4
12635	12255	3701	209	3	15	1	5
15870	6915	1981	213	2	10	1	3
7320	3857	2255	257	1	6	1	3
1300	1000	704	17			1	2
24760	13680	4300	840	10	300	2	12
57180	40665	10497	2972	4	48	1	7
30668	19122	4712	700	5	105	1	8
21420	8340	2856	582	7	79	1	3
48951	24786	7100	2347	13	116	1	4
12500	10650(2013错)	1667	206			1	3
54930	30900	7273	1003	4	22	1	6
1789	1538	4235	1052	5	29	2	10
59020	30180	8737	995			1	6
61160	43455	11473	2125	2	455	1	16
15860	9890	5736	318	3	9	1	9
53086	8342	11868	1658	2	24	1	13
22890	14000	3600	724	4	20	1	3
30254	24863	3104	340	11	241	1	14
28600	12615	7514	950	5	75	1	5
59160	32100	7178	1822	6	30	1	30
30231	16500	97443	4589	6	42	1	4
48630	17220	5340	2295	15	495	1	9
41013	18910	6279	2367	2	15	1	9
61240	43754	39414	821	11	550	1	13
31620	18680	9908	2580	5	81	1	4
70442	40700	10655	3013	6	175	1	18
49800	24500	9505	2070	11	390	1	13
45800	20680	6452	2199	2	120	1	7
61509	33660	8621	2222	13	65	1	6

10-1(二) 续表 23

民族乡镇名称	乡镇企业总产值（万元）	#工业企业（万元）	乡镇企业年净利润总额（万元）	农林牧渔业总产值（万元）
安顺市普定县猴场苗族仡佬族乡	11970	10714	4715	11306
毕节地区毕节市田坎彝族乡	360	118	242	4000
毕节地区毕节市大屯彝族乡	212	48	14	4361
毕节地区毕节市阿市苗族彝族乡	4250	3056	945	6982
毕节地区毕节市团结彝族苗族乡	225	210	58	3380
毕节地区毕节市千溪彝族苗族白族乡	4150	3900	250	7150
毕节地区毕节市阴底彝族苗族白族乡	46	44	15	4120
毕节地区黔西县花溪彝族苗族乡	17270	10580	1800	4940
毕节地区黔西县定新彝族苗族乡	2299	1018	220	4996
毕节地区黔西县绿化白族彝族乡	8316	8197	970	6058
毕节地区黔西县新仁苗族乡	2559	1920	820	7935
毕节地区黔西县红林彝族苗族乡	518	130	45	11061
毕节地区黔西县中建苗族彝族乡	5410	1111	317	5244
毕节地区黔西县仁和彝族苗族乡	359	420	114	9598
毕节地区黔西县永燊彝族苗族乡	1782	1293	214	7758
毕节地区黔西县太来彝族苗族乡	9957	6126	456	7410
毕节地区黔西县铁石苗族彝族乡	2312	286	185	9890
毕节地区黔西县金波苗族彝族满族乡	17350	19000	1600	3500
毕节地区黔西县五里布依族苗族乡	1515	714	234	7851
毕节地区大方县竹园彝族苗族乡	820	615	140	5500
毕节地区大方县响水白族彝族仡佬族乡	178	85	20	8100
毕节地区大方县鼎新彝族苗族乡	810	850	85	8339
毕节地区大方县牛场苗族彝族乡	158	110	201	12443
毕节地区大方县理化苗族彝族乡	190	42	15	13160
毕节地区大方县安乐彝族仡佬族乡	975	855	163	8270
毕节地区大方县风山彝族蒙古族乡	1160	1100	114	5239
毕节地区大方县白纳彝族乡	2500	970	181	4410
毕节地区大方县三元彝族苗族白族乡	1222	120	5769	8872
毕节地区大方县普底彝族苗族白族乡	410	350	160	5231
毕节地区大方县沙厂彝族乡	220	145	21	5421
毕节地区大方县大水彝族苗族布依族乡	405	400	18	5800
毕节地区大方县黄泥彝族苗族满族乡	2490	3145	320	8980

农作物总播种面积（亩）	#粮食播种面积（亩）	粮食产量（吨）	肉类总产量（吨）	农民合作社个数（个）	农民合作社成员数（户）	农业技术服务机构个数（个）	农业技术服务机构从业人员数（人）
38142	20887	5805	1176	7	42	1	11
49200	38000	3600	756	3	36	1	3
55652	40053	2986	580	3	20	1	7
99600	83400	6320	790	8	64	1	5
86650	61280	5645	600	2	20	1	6
72350	48020	8460	856	7	35	1	7
108205	89000	12062	1155	9	46	1	8
49980	49100	6382	462	3	30	1	4
81252	44250	4841	519	3	33	1	11
59228	31935	5640	829	4	48	1	9
89164	59287	7280	1453	3	56	1	8
127060	79110	4759	1054	4	70	1	8
45458	25620	4070	773	4	58	1	5
85320	60620	7193	851	8	52	1	7
102530	73820	6063	1509	4	68	1	5
104555	78652	8300	920	4	76	1	8
108010	50960	6460	1587	3	48	1	8
15590	11357	3200	768	9	90	1	2
62301	35165	9536	969	4	70	1	11
57420	39456	5678	1043	5	136	1	8
85625	57353	5932	995	4	16	1	9
96571	71365	6817	1160	8	71	1	9
68055	48715	7051	1045	8	88	1	14
82013	56285	7986	1534	3	36	1	11
63105	51298	6645	689	5	78	1	10
46196	34086	4658	958	7	102	1	5
35146	26312	3290	481	6	83	1	4
89550	64036	6482	789	4	75	1	6
53723	47293	6271	556	10	46	1	4
33125	20623	4256	521	7	96	1	7
34500	21000	4100	310	12	55	1	2
74851	48909	5564	591	5	75	1	4

10-1(二) 续表 24

民族乡镇名称	乡镇企业总产值（万元）	#工业企业（万元）	乡镇企业年净利润总额（万元）	农林牧渔业总产值（万元）
毕节地区大方县核桃彝族白族乡	1260	1460	618	9170
毕节地区大方县八堡彝族苗族乡	6900	5300	543	12595
毕节地区大方县兴隆苗族乡	458	568	344	10150
毕节地区大方县大山苗族彝族乡	63	28	10	7250
毕节地区大方县星宿苗族彝族仡佬族乡	7540	8540	820	7753
毕节地区金沙县石场苗族彝族乡	3850	1980	850	7800
毕节地区金沙县太平彝族苗族乡	600	30	120	3100
毕节地区金沙县马路彝族苗族乡	55	23	10	4000
毕节地区金沙县安洛苗族彝族满族乡	32500	28000	590	4100
毕节地区金沙县新华苗族彝族满族乡	2164	1549	596	6141
毕节地区金沙县大田彝族苗族布依族乡	21500	9800	290	3200
毕节地区织金县官寨苗族乡	1320	631	93	4500
毕节地区织金县金龙苗族彝族布依族乡	1998	1234	181	11933
毕节地区织金县鸡场苗族彝族布依族乡	660	98	50	8760
毕节地区织金县自强苗族乡	1864	1964	116	4620
毕节地区织金县茶店布依族苗族彝族乡	300	110	40	6120
毕节地区织金县太平苗族彝族乡	546	488	170	6256
毕节地区织金县后寨苗族乡	7678	2986	1157	5368
毕节地区纳雍县新房彝族苗族乡	715	435	151	9307
毕节地区纳雍县库东关彝族苗族白族乡	2778	2774	215	5251
毕节地区纳雍县董地苗族彝族乡	1255	955	122	4294
毕节地区纳雍县化作苗族彝族乡	13560	12345	1350	6862
毕节地区纳雍县姑开苗族彝族乡	1953	1520	250	3510
毕节地区纳雍县羊场苗族彝族乡	410	150	30	4827
毕节地区纳雍县锅圈岩苗族彝族乡	502	290	152	4320
毕节地区纳雍县昆寨苗族彝族白族乡	656	324	236	3029
毕节地区纳雍县左鸠戛彝族苗族乡	870	170	61	1738
毕节地区纳雍县猪场苗族彝族乡	3387	1648	286	1678
毕节地区威宁县新发布依族乡	2810	1800	400	9000
毕节地区赫章县兴发苗族彝族回族乡	7126	5651	840	4300
毕节地区赫章县松林坡白族彝族苗族乡	4097	2097	325	4460
毕节地区赫章县雉街彝族苗族乡	590	410	113	4582

农作物总播种面积（亩）	#粮食播种面积（亩）	粮食产量（吨）	肉类总产量（吨）	农民合作社个数（个）	农民合作社成员数（户）	农业技术服务机构个数（个）	农业技术服务机构从业人员数（人）
86405	56565	5840	1310	5	45	1	5
95770	75170	9124	1360	6	36	1	4
88203	64692	7289	1078	5	45	1	10
77658	54033	5864	810	3	8	1	6
59893	45897	4808	699	9	168	1	4
28721	19030	9500	1750	5	60	1	8
22900	12000	5500	518	5	55	1	8
47270	34330	6800	768	5	35	1	3
22000	18300	8700	1000	2	8	1	8
23480	20756	4150	1057	7	86	1	6
10290	10500	4400	2645	3	18	1	7
80947	42460	3700	850	10	170	1	9
79960	54960	3686	1983	8	53	1	10
77000	53000	11500	1470	13	89	1	12
42531	35032	5859	481	13	36	1	4
61280	51100	8910	925	6	14	1	12
54825	39835	7640	883	6	18	1	4
68260	52082	8528	1321	5	25	1	9
79412	66443	8159	1015	12	107	1	11
71700	44800	4120	541	7	140	1	11
68150	45750	3495	470	4	22	1	8
74705	56680	4628	715	4	46	1	5
40525	38121	9500	700	7	121	1	6
79830	58900	5324	750	5	25	1	2
47650	32500	4850	718	6	31	1	1
44730	39180	4980	590	13	75	1	5
28440	17120	1624	308	5	58	1	9
59300	49080	4900	497	5	45	1	4
51256	38237	7745	3610	3	15	1	6
75770	54440	5708	1250	11	22	1	9
45310	41200	13400	674	15	144	1	2
48730	25802	9560	516	8	124	1	6

10-1(二) 续表 25

民族乡镇名称	乡镇企业总产值（万元）	#工业企业（万元）	乡镇企业年净利润总额（万元）	农林牧渔业总产值（万元）
毕节地区赫章县朱市彝族乡	883	718	215	7600
毕节地区赫章县双坪彝族乡	320	180	38	10523
毕节地区赫章县辅处彝族苗族乡	1020	680	202	2506
毕节地区赫章县铁匠苗族乡	236	100	60	3970
毕节地区赫章县可乐彝族满族乡	275	265	68	6835
毕节地区赫章县河镇彝族苗族乡	505	315	92	8053
毕节地区赫章县结构彝族苗族乡	982	660	94	5352
毕节地区赫章县水塘堡彝族苗族乡	915	510	174	4350
毕节地区赫章县古达苗族彝族乡	1750	940	745	8380
铜仁地区铜仁市桐木坪侗族乡	410	250	85	6378
铜仁地区铜仁市鱼塘侗族土家族苗族乡	1200		45	1800
铜仁地区铜仁市大坪侗族土家族苗族乡	130	130	80	715
铜仁地区铜仁市和平土家族侗族乡				9460
铜仁地区铜仁市滑石侗族苗族土家族乡				9350
铜仁地区铜仁市瓦屋侗族乡	2960	240	780	2800
铜仁地区铜仁市六龙山侗族土家族乡	330	180	40	850
铜仁地区江口县德旺土家族苗族乡	320	220	140	680
铜仁地区江口县官和侗族土家族苗族乡	389	300	55	2535
铜仁地区石阡县青羊苗族仡佬族侗族乡	654	252	94	8286
铜仁地区石阡县枫香仡佬族侗族乡	342	108	51	6228
铜仁地区石阡县坪地仡佬族侗族乡	599	236	89	12334
铜仁地区石阡县龙井侗族仡佬族乡	670	332	91	14567
铜仁地区石阡县石固仡佬族侗族乡	544	393	65	10322
铜仁地区石阡县坪山仡佬族侗族乡	883	807	136	6453
铜仁地区石阡县甘溪仡佬族侗族乡	775	459	72	8935
铜仁地区石阡县聚凤仡佬族侗族乡	95	11	14	11335
铜仁地区石阡县大沙坝仡佬族侗族乡	156	78	24	10311
铜仁地区思南县思林土家族苗族乡	860	342	88	8430
铜仁地区思南县胡家湾苗族土家族乡	422	435	91	8712
铜仁地区思南县宽坪土家族苗族乡	713	521	94	9656
铜仁地区思南县亭子坝土家族苗族乡				
铜仁地区思南县枫松土家族苗族乡	1656	1025	451	10928

农作物总播种面积（亩）	#粮食播种面积（亩）	粮食产量（吨）	肉类总产量（吨）	农民合作社个数（个）	农民合作社成员数（户）	农业技术服务机构个数（个）	农业技术服务机构从业人员数（人）
55730	49400	10275	1137	11	135	1	7
89486	57547	14367	667	8	50	1	9
46998	31783	4871	926	11	78	1	5
45345	30410	4681	764	3	18	1	8
68955	44410	6415	2397	3	25	1	13
81540	65100	12713	1642	11	118	1	7
44870	32930	4296	545	14	66	1	4
36450	28580	5920	483	4	8	1	12
54756	38470	7035	1029	16	230	1	6
3180	2500	4220	1850	12	165	1	5
52900	52400	37800	4860	10	58	1	8
13440	10080	10100	1100	22	120	1	10
32247	18280	6820	1390	3	50	1	12
38400	27200	29800	1285			1	7
8920	5100	4780	1200			1	4
8843	5680	1650	1640			1	6
28800	24250	7320	380	9	112	1	9
890	422	2123	330	5	54	1	3
10830	8220	3419	656	4	28	1	1
6765	5175	3036	561	5	30	1	3
28800	18825	7347	1284	6	34	1	3
20895	15870	7178	1633	2	14	1	1
16725	14700	4558	903	2	23	1	6
10320	8190	3427	576	3	45	1	5
10530	8820	3914	716	2	22	1	1
16290	13140	6205	1325	11	21	1	5
16560	13305	5139	1358	2	11	1	4
2860	1750	5654	1135	5	10	1	8
2611	1406	5278	1090	7	8	1	5
2826	1530	5326	1095	4	6	1	9
3288	2014	7146	1285	8	9	1	10

10-1(二) 续表 26

民族乡镇名称	乡镇企业总产值（万元）	#工业企业（万元）	乡镇企业年净利润总额（万元）	农林牧渔业总产值（万元）
铜仁地区思南县三道水土家族苗族乡	640	520	56	9188
铜仁地区思南县天桥土家族苗族乡	1330	350	140	10166
铜仁地区思南县兴隆土家族苗族乡	623	1120	104	8480
铜仁地区思南县杨家坳乡	570	538	38	12675
铜仁地区德江县楠杆土家族乡	120	90	51	5211
铜仁地区德江县沙溪土家族乡	780	600	100	1562
铜仁地区德江县桶井土家族乡	1420	900	240	1433
铜仁地区德江县荆角土家族乡	600	500	100	11814
铜仁地区德江县长丰土家族乡	400	400	70	7600
铜仁地区德江县钱家土家族乡	580	500	68	8746
铜仁地区德江县龙泉土家族乡	500	300	60	5200
铜仁地区德江县堰塘土家族乡	340	300	270	12642
铜仁地区万山特区下溪侗族乡	3010	3010	850	4512
铜仁地区万山特区熬寨侗族乡	4580		1986	8400
铜仁地区万山特区高楼坪侗族乡	1100	900	500	6300
铜仁地区万山特区黄道侗族乡	1300	1210	127	7220
云南省				
昆明市五华区沙朗白族乡				
昆明市晋宁县夕阳彝族乡	9986	7116	1054	12021
昆明市晋宁县双河彝族乡	26620	6125	1834	25085
昆明市宜良县九乡彝族回族乡	3533	104	697	19642
昆明市宜良县耿家营彝族苗族乡	33560	30010	3667	37388
昭通市守望回族乡	18967	12570	3870	16805
昭通市小龙洞回族彝族乡	2400	800	440	9300
昭通市布嘎回族乡				19200
昭通市青岗岭回族彝族乡	4550	3866	520	9820
昭通市鲁甸县桃源回族乡	60810	44110		8513
昭通市鲁甸县茨院回族乡				7294
昭通市大关县上高桥回族彝族苗族乡				7424
昭通市永善县马楠苗族彝族乡				3687
昭通市永善县伍寨彝族苗族乡				4905
昭通市镇雄县坡头彝族苗族白族镇	8363	7189	2545	14463

农作物总播种面积（亩）	#粮食播种面积（亩）	粮食产量（吨）	肉类总产量（吨）	农民合作社个数（个）	农民合作社成员数（户）	农业技术服务机构个数（个）	农业技术服务机构从业人员数（人）
2940	2145	7112	1121	10	11	1	5
2960	1820	6233	1160	4	5	1	4
2688	1702	6438	1302	11	13	1	12
3672	3120	8290	1270	3	5	1	7
13000	11111	6540	1498	9	428	1	4
25400	18700	4000	1510	20	842	1	5
30500	18720	3728	1020	2	15	1	4
55620	42795	7000	1169	10	165	1	15
47145	31515	3100	1551	14	1500	1	4
48728	31635	5596	1003	4	416	1	6
42105	18756	4037	2500	16	325	1	3
35301	21800	9275	941	23	856	1	6
13100	7416	3215	2150	12	65	1	2
9014	1995	1178	1511	27	248	1	5
35000	17450	7450	1700	35	648	1	5
12480	7840	3120	1150	26	120	1	3
29092	15341	4812	855	9	80	1	2
30162	10719	3849	3802	12	337	2	6
89475	54270	13790	4664	12	97	4	19
105364	75000	11020	4837	12	107	1	24
87460	47735	19493	2006	1	60	1	11
82770	62000	16510	1501	7	52	1	13
77800	35000	10500	360	2	750	1	9
78600	36305	13525	3607	8	62	1	22
76420	34940	10980	2340	7	480	1	7
23300	23300	8756	1407	5	761	1	8
63390	62990	8186	3193	7	200	1	3
38520	25960	4701	352	6	1210	1	8
65250	41100	6800	1687	1	5	1	14
102088	85253	17955	4771	3	23	1	9

10-1(二) 续表 27

民族乡镇名称	乡镇企业总产值（万元）	#工业企业（万元）	乡镇企业年净利润总额（万元）	农林牧渔业总产值（万元）
昭通市镇雄县果珠彝族乡	1348		417	18713
昭通市镇雄县林口彝族苗族乡	32491	32491	10113	16400
昭通市镇雄县以古彝族苗族乡				8557
昭通市彝良县龙街苗族彝族乡				10638
昭通市彝良县奎香苗族彝族乡				24915
昭通市彝良县树林彝族苗族乡				4108
昭通市彝良县柳溪苗族乡	331		39	3700
昭通市彝良县洛旺苗族乡	1433	587	637	6667
昭通市威信县双河苗族彝族乡				8016
曲靖市师宗县龙庆彝族壮族乡	4040	1996	963	33897
曲靖市师宗县五龙壮族乡	9380	3240	2420	52541
曲靖市师宗县高良壮族苗族瑶族乡	9000	1090	1560	14000
曲靖市罗平县长底布依族乡	1620	226	185	15071
曲靖市罗平县旧屋基彝族乡	195		74	6305
曲靖市罗平县鲁布革布依族苗族乡	1630	268	163	6020
曲靖市富源县古敢水族乡	2539	2472	210	12682
曲靖市会泽县新街回族乡	2536	1197	510	4618
楚雄州南华县雨露白族乡	8700	3543	1380	17119
楚雄州大姚县湾碧傈僳傣族乡	6407	724	876	18400
楚雄州永仁县永兴傣族乡	1226	1226	-510	14077
楚雄州武定县东坡傣族乡	7411	60	300	14906
玉溪市红塔区小石桥彝族乡	22000	16907	5561	17012
玉溪市红塔区洛河彝族乡	20391	3908	8678	21002
玉溪市江川县安化彝族乡	5829	5829	204	19549
玉溪市通海县高大傣族彝族乡	23141	16977	989	14000
玉溪市通海县里山彝族乡	109422	108907	1574	14854
玉溪市兴蒙蒙古族乡	17058	8976	921	6310
玉溪市通红甸彝族苗族乡	5484	4158	1267	12168
玉溪市易门县十街彝族乡	11600	4638	468	20376
玉溪市易门县浦贝彝族乡	69940	9846	1319	25198
玉溪市易门县铜厂彝族乡	12558		1964	28569
红河州河口县桥头瑶族乡	2120	1478	235	5122

农作物总播种面积（亩）	#粮食播种面积（亩）	粮食产量（吨）	肉类总产量（吨）	农民合作社个数（个）	农民合作社成员数（户）	农业技术服务机构个数（个）	农业技术服务机构从业人员数（人）
89003	62325	14952	2810	3	73	1	3
91945	78455	18899	2641	12	65	1	3
80953	76858	13084	3713	1	153	1	2
96780	42165	13548	3398	2	20	3	4
66015	42618	21438	2982	2	90	6	10
51000	41000	9899	1005			1	11
32658	26039	8136	2179	3	39	1	2
41300	25690	10963	2449	2	2	1	3
74296	65869	15214	3126			5	8
184830	81825	31572	13500	13	184	1	16
190995	39310	24210	9542	18	59	1	16
122360	52000	17419	7453	1	10	1	17
75612	26730	8706	3314	3	202	1	12
16900	14100	4710	2195	7	30	5	13
28060	14450	4003	2260	6	56	6	11
48150	21750	7505	4661	11	220	2	3
44670	36990	16741	3331	1	70	1	8
43744	26272	6836	2556	19	1065	1	10
38811	27712	9227	1575	13	949	1	15
42760	25583	7272	3327	9	546	1	20
31565	20220	7367	3232	7	194	2	11
39000	15700	8478	2836	1	267	4	9
25566	8391	3012	5012	2	165	1	14
47200	9000	4959	890	8	160	1	5
26740	13196	5619	2695	6	432	1	7
35528	16171	5135	2170	5	146	1	5
9770	655	290	541	5	321	1	2
38658	14812	4203	1569	4	102	3	8
49065	23773	8521	3502	21	608	1	5
48948	27778	7994	6760	16	634	1	5
80373	34493	10430	4814	22	1138	1	8
47828	38758	10813	2150	8	615	1	5

10-1(二) 续表 28

民族乡镇名称	乡镇企业总产值（万元）	#工业企业（万元）	乡镇企业年净利润总额（万元）	农林牧渔业总产值（万元）
红河州金平县拉祜族乡	1021		112	15049
红河州蒙自县期路白苗族乡				10714
红河州蒙自县老寨苗族乡	5982	1348	213	13938
红河州开远市大庄回族乡	21952	8815	1098	36365
文山州文山县东山彝族乡	3402		496	13500
文山州文山县红甸回族乡	8384		468	11980
文山州文山县秉烈彝族乡				13680
文山州文山县柳井彝族乡				12200
文山州文山县坝心彝族乡				9900
文山州砚山县阿舍彝族乡	105185	104692	10189	13301
文山州砚山县维末彝族乡	4440	3831	1050	38928
文山州砚山县盘龙彝族乡	54673	54673	3850	26556
文山州砚山县干河彝族乡	72411	69011	420	19291
文山州丘北县舍得彝族乡				11326
文山州丘北县新店彝族乡				16863
文山州丘北县树皮彝族乡	264	264	130	53686
文山州丘北县八道哨彝族乡	31689	29414	914	37806
文山州丘北县腻脚彝族乡	1000	260	802	31300
文山州麻栗坡县猛硐瑶族乡	20619	15867	1523	16067
文山州富宁县洞波瑶族乡	12320	4580	650	7490
普洱市澜沧县酒井哈尼族乡	309		26	1701
普洱市澜沧县发展河哈尼族乡	378	100	78	12170
普洱市澜沧县惠民哈尼族乡				
普洱市澜沧县谦六彝族乡	371	93	14	16908
普洱市澜沧县文东佤族乡	180		11	9990
普洱市澜沧县安康佤族乡	193		29	5188
普洱市澜沧县雪林佤族乡	504		119	4707
普洱市思茅区云仙彝族乡	205	60	30	7060
普洱市思茅区龙潭彝族傣族乡	600	270	150	4740
普洱市墨江县孟弄彝族乡				8142
普洱市墨江县鱼塘彝族乡				
普洱市西盟县力所拉祜族乡	150			6625

农作物总播种面积（亩）	#粮食播种面积（亩）	粮食产量（吨）	肉类总产量（吨）	农民合作社个数（个）	农民合作社成员数（户）	农业技术服务机构个数（个）	农业技术服务机构从业人员数（人）
56405	32593	10702	2084	5	112	4	10
52200	42000	8200	2909	4	105	1	12
59554	40750	8661	2658	2	443	1	15
55740	34150	11270	3139	32	293	7	20
56345	27428	6380	1993	2	27	1	4
68589	27835	7119	2154	9	710	1	3
95157	52790	12548	2699			1	14
52450	31725	8019	2274	3	51	1	9
39433	20412	5063	1475	6	110	1	3
89077	50971	13569	2928	10	167	1	19
280200	138026	42954	9252	23	2880	1	9
193365	93716	21680	4074	27	864	1	8
132900	52441	13879	4259	20	1260	1	6
96000	72000	16886	8244	5	270	1	3
88031	60757	13245	5806	7	76	1	4
309401	82001	18950	11180	33	2100	1	9
82739	73476	16346	14599	37	462	1	23
133789	56600	19441	10469	13	406	1	4
56609	30910	7532	3000	4	181	3	15
147414	59456	17055	6500	11	55	1	4
53748	35592	8394	683	4	80	1	11
48585	36819	9147	1795	8	283	1	14
123934	107736	23163	1894	11	406	1	26
65354	48840	11466	1192	14	369	1	13
53294	36218	5420	413	1	16	1	10
39695	31630	6213	476	2	320	1	10
4950	4133	11310	2100	4	755	3	40
2260	2020	4885	1110	3	620	4	26
43745	28126	6599	871	7	47	2	17
33816	26873	6363	550	12	819	1	29

10-1(二) 续表 29

民族乡镇名称	乡镇企业总产值(万元)	#工业企业(万元)	乡镇企业年净利润总额(万元)	农林牧渔业总产值(万元)
大理州大理市太邑彝族乡	33450	25784	500	8519
大理州鹤庆县六合彝族乡	2689	1287	240	6508
大理州宾川县钟英傈僳族彝族乡	2610	2610	956	11700
大理州宾川县拉乌彝族乡	447	400	105	7800
大理州祥云县东山彝族乡				10940
大理州弥渡县牛街彝族乡	1099	720	241	27078
大理州永平县北斗彝族乡	9822	8703	1500	21957
大理州永平县厂街彝族乡	14300	11857	2850	29590
大理州永平县水泄彝族乡	13253	11850	2872	22683
大理州云龙县表村傈僳族乡	27616	26354	3180	10918
大理州云龙县团结彝族乡	3508	2272	450	6500
丽江市华坪县永兴傈僳族乡	40017	5012	2000	11088
丽江市华坪县通达傈僳族乡	3340	3340	1550	6618
丽江市华坪县新庄傈僳族傣族乡	2714	2714	351	9682
丽江市华坪县石龙坝彝族傣族乡				
丽江市华坪县船房傈僳族傣族乡	8560	5437	1123	5431
丽江市永胜县羊坪彝族乡				3152
丽江市永胜县东山傈僳族彝族乡				9365
丽江市永胜县东风傈僳族乡				5855
丽江市永胜县六德傈僳族彝族乡	11447	11447	736	7560
丽江市永胜县大安彝族纳西族乡	1801	1801	1440	4997
丽江市永胜县光华傈僳族彝族乡				3760
丽江市永胜县松坪傈僳族彝族乡		3		3929
丽江市宁蒗县翠玉傈僳族普米族乡				8396
丽江市古城区金山白族乡				
丽江市古城区金江白族乡				701
丽江市玉龙县九河白族乡	1274	1104	38	19053
丽江市玉龙县石头白族乡				5047
丽江市玉龙县黎明傈僳族乡	5338	4150	277	10369
保山市隆阳区瓦马彝族白族乡	6294	944	116	31254
保山市隆阳区瓦房彝族苗族乡	10613	9639	896	39513
保山市隆阳区杨柳白族彝族乡	55612	55612	4068	56896

农作物总播种面积（亩）	#粮食播种面积（亩）	粮食产量（吨）	肉类总产量（吨）	农民合作社个数（个）	农民合作社成员数（户）	农业技术服务机构个数（个）	农业技术服务机构从业人员数（人）
16484	9690	8618	2514	3	35	1	7
30966	25306	5460	3148	15	800	1	23
28182	19650	5948	987	8	40	5	19
28320	18200	5920	800	3	92	1	6
27375	16695	5962	2033	13	933	2	19
54439	32995	16327	6412	12	512	1	5
46680	40000	9604	2936	49	1470	1	7
71620	53900	13262	3240	50	1036	1	11
63000	53300	13240	3260	57	1684	1	7
57500	43800	13042	3965	6	126	4	21
39450	28800	7963	3359	15	175	1	8
39565	31602	4900	540	5	300	1	12
25400	19034	2741	710	5	600	1	13
43890	36496	8915	1063	7	500	1	17
21530	20250	3503	1164	19	745	1	85
28220	26270	5650	563	4	226	1	6
30032	23777	4737	1467	8	98	1	20
27000	24198	4910	1216	4	72	1	5
31250	24217	6453	437	21	252	1	6
37675	25085	5511	1713	1	8	1	23
33195	28625	8147	35	17	352	1	7
34623	25513	4956	1649	20	110	1	6
25327	31734	4813	1443			1	15
9150	7065	1702	31	6	512	1	2
64197	49983	10537	4786	42	475	1	6
26280	15870	4103	864	14	560	1	3
57367	35173	9920	3145	26	205	1	4
78409	55806	22851	6823	15	3429	4	19
109275	69837	32426	9492	17	1615	2	22
145264	95516	43958	8674	39	5569	4	18

10-1(二) 续表 30

民族乡镇名称	乡镇企业总产值（万元）	#工业企业（万元）	乡镇企业年净利润总额（万元）	农林牧渔业总产值（万元）
保山市隆阳区潞江傣族镇	31824	30309	2285	85200
保山市隆阳区芒宽彝族傣族乡	42492	40647	957	56659
保山市施甸县摆榔彝族布朗族乡				6625
保山市施甸县木老元布朗族彝族乡				4665
保山市龙陵县木城彝族傈僳族乡	1441	128	136	15168
保山市昌宁县朱街彝族乡	10020	3275	280	14930
保山市昌宁县苟街彝族苗族乡	22540	6400	6762	28923
保山市昌宁县湾甸傣族乡	110740	99622	11000	32664
德宏州陇川户撒阿昌族乡	17345		5328	19071
德宏州潞西市三台山德昂族乡				10595
德宏州梁河县曩宋阿昌族乡	4837		886	6465
德宏州梁河县九保阿昌族乡				10428
德宏州盈江县苏典傈僳族乡	2000	2000	300	2560
怒江州福贡县匹河怒族乡	152	102	600	2902
怒江州泸水洛本卓白族乡	879	879	41	2063
怒江州泸水县老窝白族乡	105531	105298	15829	6566
迪庆州香格里拉县三坝纳西族乡	470	4	12	7355
迪庆州德钦县霞若傈僳族乡	4363	2	80	4961
迪庆州德钦县拖顶傈僳族乡	4707	3	723	4709
临沧市凤庆县新华彝族苗族乡				15420
临沧市凤庆县腰街彝族乡	2250		625	10224
临沧市凤庆县郭大寨彝族白族乡	7345	6280	517	12199
临沧市云县栗树彝族傣族乡	463		224	16500
临沧市云县忙怀彝族布朗族乡				16710
临沧市云县后箐彝族乡				14302
临沧市永德县大雪山彝族拉祜族傣族乡	15035	15035	-3100	16744
临沧市永德县乌木龙彝族乡	6059	674	238	9619
临沧市临翔区平村彝族傣族乡	1510		-20	6160
临沧市临翔区南美拉祜乡	1396		23	4631
临沧市耿马县芒洪拉祜族布朗族乡				10487
临沧市沧源县勐角傣族彝族拉祜族乡	798	368	126	6537
临沧市镇康县军赛佤族拉祜族傈僳族德昂族乡	10778	10778	984	17124

农作物总播种面积（亩）	#粮食播种面积（亩）	粮食产量（吨）	肉类总产量（吨）	农民合作社个数（个）	农民合作社成员数（户）	农业技术服务机构个数（个）	农业技术服务机构从业人员数（人）
98743	6388	42082	9150	45	235	6	55
102461	53289	29513	7015	36	4182	2	14
32868	17859	1392	1254	8	672	1	6
19866	15346	3920	1363	5	326	2	9
44833	24910	6735	1373	14	2217	1	7
75323	48910	11206	5793	15	2359	1	2
84657	49521	11817	8478	20	3520	1	13
85130	28640	13004	5122	33	3438	2	15
138977	73550	26306	2837	11	584	1	8
41167	22560	5074	586	15	374	1	19
45315	25712	8905	1827	11	177	1	12
38274	21279	6306	1155	18	608	2	16
50779	25492	5490	532	4	329	1	7
64300	30600	3247	689	15	450	1	17
49400	41200	3637	952	16	80	1	12
56070	42750	6500	1698	24	754	1	12
48345	44130	13535	1563	71	598	2	13
22870	16594	3883	569	7	66	1	4
29365	21065	6155	730	9	405	1	3
94682	77782	14053	2546	22	3210	1	18
31750	23640	3982	1239	8	2018	1	14
42055	42055	8095	3760	5	2090	1	14
68415	48780	12505	3200	16	165	1	3
46779	46779	11530	3277	11	120	1	11
75100	67900	13862	1450	11	120	1	5
104980	52700	14095	3900	13	527	1	12
98894	89595	13189	2075	17	14	1	5
36018	16510	3670	498	5	130	1	3
39887	18425	2882	259	15	201	1	3
47858	20753	5150	816			1	14
46978	38610	12230	1890	15	238	1	12
67311	51049	9408	2214	10	737	1	5

10-1(二) 续表 31

民族乡镇名称	乡镇企业总产值（万元）	#工业企业（万元）	乡镇企业年净利润总额（万元）	农林牧渔业总产值（万元）
西双版纳州景洪市基诺山基诺族乡	3259		794	20097
西双版纳州景洪市景哈哈尼族乡	20705		437	28443
西双版纳州勐腊县瑶区瑶族乡	3799	1800	270	19170
西双版纳州勐腊县象明彝族乡	7982		70	26181
西双版纳州勐海县格朗和哈尼族乡	1820	253	678	18500
西双版纳州勐海县布朗山布朗族乡	633		50	19814
西双版纳州勐海县西定哈尼族乡	318	209	56	21500
西藏省				
错那县麻玛门巴族乡				296
错那县贡日门巴族乡				23
错那县基巴门巴族乡				108
错那县勒布区勒门巴族乡				29
林芝县更章门巴族乡				2764
米林县南伊珞巴乡	59	59	59	581
墨脱县达木珞巴族乡				205
芒康县下盐井纳西族乡				2060
陕西省				
商洛市镇安县西口回族镇	8350	4457	330	10510
商洛市镇安县茅坪回族镇	11610	10610	630	5333
安康市宁陕县江口回族镇	77110	66946	8913	50
甘肃省				
临夏州广河县阿里麻土东乡族乡		2400		4522
甘南州临潭县长川回族乡				3200
甘南州临潭县卓洛回族乡				
甘南州临潭县古战回族乡				
甘南州卓尼县勺哇土族乡				1273
陇南市文县铁楼藏族乡	246	110	113	3563
陇南市武都县坪垭藏族乡	204			1350
陇南市武都县磨坝藏族乡	360	132	270	960
陇南市宕昌县新城子藏族乡	825	375	130	1208
酒泉市肃州区黄泥堡裕固族乡				3276
酒泉市玉门市小金湾东乡族乡				4780

农作物总播种面积（亩）	#粮食播种面积（亩）	粮食产量（吨）	肉类总产量（吨）	农民合作社个数（个）	农民合作社成员数（户）	农业技术服务机构个数（个）	农业技术服务机构从业人员数（人）
38359	35173	10265	685	4	326	1	9
11280	9294	3003	476	3	97	1	26
39649	19392	4162	516	3	34	1	15
35493	32196	6602	375	11	148	1	18
57677	34629	10136	775	59	300	1	18
61661	38274	10370	672	17	187	1	22
126335	85319	24664	810	25	225	1	26
68	68	29	4				
172	158	30	7	1	6		
242	242	48	13	2	62		4
32	16	25	6	1	54		
2855	1614	1065	117	1	29		
1443	929	13	61	7	47		
2588	2074	520	95	1	11		
9612	7433	2357					
43524	31768	5787	806	5	60	1	2
29905	24930	4388	916	7	53	3	12
5656	5656	1930	580	11	650	1	3
12766	11324	5436	200	8	205	5	7
27811	11908	2313	450	86		3	5
6370	1887	357		2			
16970	4751	559	174	18	136	3	6
4883	2461	371	298	4	21	1	3
30966	19394	4512	450	18	42	3	23
18765	11745	2610	153	1	10	4	5
19970	11030	2416	270	3	10	2	4
12650	8300	2815	3008	5	172	3	10
6366	2593	1321	294	10	50	4	4
21476	4500	3012	340	5	192	1	4

10-1(二) 续表 32

民族乡镇名称	乡镇企业总产值（万元）	#工业企业（万元）	乡镇企业年净利润总额（万元）	农林牧渔业总产值（万元）
白银市会宁县新添堡回族乡	3268	3268	559	6428
庆阳市正宁县五倾源回族乡	8710			4100
平凉市峡门回族乡	134642	132560	13173	5568
平凉市华亭县神峪回族乡	6245	5002	725	2701
平凉市华亭县山寨回族乡	5685	1996	395	2652
平凉市白庙回族乡	800	460	350	1956
平凉市大秦回族乡	490	218	78	2235
平凉市寨河回族乡	2890	480	202	1960
平凉市大寨回族乡	5660	592	255	5000
平凉市西阳回族乡	47	2	5	1574
平凉市上杨回族乡	1638	1638	32	1246
张掖市肃南县祁丰藏族乡				5751
张掖市肃南县马蹄藏族乡				7393
张掖市肃南县白银蒙古族乡				1094
张掖市甘州区平山湖蒙古族乡	172	172	51	560
临夏州临夏县井沟东乡族乡	3541	220	150	5481
临夏州和政县梁家寺东乡族乡	140	42	50	714
临夏州临夏县安家坡东乡族乡	1800	1750	160	3650
酒泉市瓜州县七墩回族东乡族乡				1390
酒泉市瓜州县腰站子东乡族乡				9325
酒泉市瓜州县广至藏族乡				3845
酒泉市瓜州县沙河回族乡				5619
酒泉市玉门市独山子东乡族乡				2644
青海省				
西宁市大通县朔北藏族乡				17961
西宁市大通县向化藏族乡				8838
西宁市湟中县群加藏族乡				2092
西宁市湟中县大才回族乡	650	4	201	12622
西宁市湟中县汉东回族乡				3267
海东地区民和县杏儿藏族乡	18	12		1859
海东地区乐都县下营藏族乡				4005
海东地区乐都县中坝藏族乡				3956

农作物总播种面积（亩）	#粮食播种面积（亩）	粮食产量（吨）	肉类总产量（吨）	农民合作社个数（个）	农民合作社成员数（户）	农业技术服务机构个数（个）	农业技术服务机构从业人员数（人）
94367	89792	12352	1490	19	90	1	7
27859	16239	5960	405	5	33	3	13
65204	42520	13928	1044	1	15	5	48
48513	33996	8752	274	6	420	7	5
36950	24820	6126	530	20	210	2	20
50950	38700	10652	3800	12	95	7	10
38180	24200	8314	912	6	45	1	4
64130	50330	12099	1380	5	335	3	5
139726	114750	20987	1332	8	48	4	4
60780	48580	13527	980	15	2896	4	16
31597	23140	5468	240	2	120	1	4
5734	4487	1990	1300	16	48	4	1271
17505	8457	1613	1621	12	76	4	20
920	835	482	336	7	23	1	3
387	387	228	389	4	50	1	2
29038	25320	8365	581	11	1546	1	3
17660	15025	40757	220	8	115	1	2
15570	9997	7760	174	4	1273	1	4
11930	5350	2645	99	8	131	1	5
33354	8974	3802	699	2	96	1	5
31200			29	2	108	1	1
23320	2050	453	79	3	16	1	6
26490	8400	1315	214	2	522	1	4
40620	15250	3875	795	30	150	1	4
42132	11621	4228	622	13	93	1	2
6200	4200	1680	13	3	21	1	1
38000	22300	5485	1134	124	5589	1	3
5926	4741	1185	685	9	78	1	1
10933	10433	5715	330	1	5	2	3
6380	4680	1561		14	71	2	3
17930	14090	14385	737	8	40	1	2

10-1(二) 续表 33

民族乡镇名称	乡镇企业总产值（万元）	#工业企业（万元）	乡镇企业年净利润总额（万元）	农林牧渔业总产值（万元）
海东地区乐都县达拉土族乡				5525
海东地区互助县松多藏族乡				2802
海东地区化隆县雄先藏族乡	179	179	2	5473
海东地区化隆县查甫藏族乡				3616
海东地区化隆县金源藏族乡	202	202	2	5608
海东地区化隆县塔加藏族乡				3203
海东地区循化县道帏藏族乡	340		120	4498
海东地区循化县尕楞藏族乡				3795
海东地区循化县岗察藏族乡				
海东地区循化县文都藏族乡	4827		1207	
海北州门源县皇城蒙古族乡	530		80	4250
海东地区平安县沙沟回族乡	41362	41362	120	
海东地区平安县巴藏沟回族乡				
海东地区平安县石灰窑回族乡				2254
海东地区平安县洪水泉回族乡				
海东地区平安县古城回族乡	628	491	75	4476
海东地区互助县巴扎藏族乡	1532	632	130	3234
海南州贵德县新街回族乡	142	142	27	2220
海北州海晏县哈勒景蒙古乡				
湟源县日月藏族乡				13680
新疆维吾尔自治区				
吐鲁番地区鄯善县东巴扎回族乡	280	59	410	10602
和田地区皮山县瑙阿巴提塔吉克族乡				766
和田地区皮山县康克尔柯尔克孜族乡				702
巴音郭楞州和硕县乌什塔拉回族乡				46700
昌吉州奇台县大泉塔塔尔族乡	445	445	185	19376
昌吉州奇台县五马场哈萨克族乡				35563
昌吉州奇台县乔仁哈萨克族乡				19560
昌吉州木垒县大南沟乌孜别克族乡				4641
昌吉州玛纳斯县旱卡子滩哈萨克族乡	14450	14450	4928	20355
昌吉州玛纳斯县塔西河哈萨克族乡	20624	20624	9764	9787
昌吉州玛纳斯县清水河哈萨克族乡				15228

农作物总播种面积（亩）	#粮食播种面积（亩）	粮食产量（吨）	肉类总产量（吨）	农民合作社个数（个）	农民合作社成员数（户）	农业技术服务机构个数（个）	农业技术服务机构从业人员数（人）
22226	18826	20898		9	42	1	4
23079	13003	253		5	186	1	2
37030	19955	6425	536	14	84	2	6
30278	16167	2171	480	8	51	2	5
21042	12200	2327	1184	6	42	2	4
11145	8244	1866	652	1	8	2	4
30654	20654	3098	773	98	705		
18190	9932	303	272				
				1	6		
16960	16960	4977	801	34	1701	1	
9188			690	7	118	1	4
21500	13685	4410	800	14	53	1	9
20836	13200	4260	80	9	13	1	3
58100	136845	10129	125	31			
65000	13200	4500	383	39	170	1	2
39267	24266	7068	522	38	128	1	3
7896	3214	788	543	1	11	1	6
272000	24266	4383	165	12	63	1	2
585			980	21	385	1	1
32054	26331	323	3203	21	122	6	10
5467	170	69	637	2	29	5	38
1220	1220	225	14				
1010	1010	300	25			1	2
254030	26578	13890	1034	42	1800	2	5
59732	36800	18652	3917	18	775	3	3
122400	90954	45720	2990	32	1113	1	4
26000	23340	14040	1900	4	582	1	2
11000	4500	3325	340	34	520	2	10
19300	8933	11893	4115	12	232	1	4
14707	10136	4836	1523	9	150	1	2
18103	5857	3840	3226	8	195	1	3

10-1(二) 续表 34

民族乡镇名称	乡镇企业总产值（万元）	#工业企业（万元）	乡镇企业年净利润总额（万元）	农林牧渔业总产值（万元）
昌吉州阜康市三工河哈萨克族乡	1891		873	11567
昌吉州阜康市上户沟哈萨克族乡	25561	25132	3995	28486
昌吉州昌吉市阿什里哈萨克族乡	15164	12185	2941	29531
昌吉州呼图壁县石梯子哈萨克族乡	8450	5780	653	54926
乌鲁木齐市米东区柏杨河哈萨克族乡	58320	13288	13288	5750
克孜勒苏州阿克陶县塔尔塔吉克族乡				189
喀什地区塔什库尔干县科克亚尔柯尔克孜族乡				1225
喀什地区泽普县布依鲁克塔吉克族乡				2300
喀什地区莎车县孜热普夏提塔吉克族乡	2075	1670	720	13956
伊犁地区察布查尔县米粮泉回族乡	1500	870	175	12278
伊犁地区特克斯县科克铁热克柯尔克孜族乡				17932
伊犁地区特克斯县呼吉尔特蒙古族乡	3130	2800	2000	16587
伊犁地区伊宁县愉群翁回族乡	45270	6548	487	43778
伊犁地区尼勒克县科克浩特浩尔蒙古族乡	5015	4105	543	35494
伊犁地区霍城县伊车嘎善锡伯族乡	8233	8200	2881	15501
伊犁地区霍城县三宫回族乡	19102	7746	2190	19800
伊犁地区昭苏县胡松图喀尔逊蒙古族乡	36		21	17854
伊犁地区昭苏县察汗乌苏蒙古族乡	2664	2011	1074	6251
伊犁地区昭苏县夏特柯尔克孜族乡	760			19200
塔城地区塔城市阿西尔达斡尔族乡	826		895	23920
塔城地区乌苏市塔布勒合特蒙古族乡	1500	1500	230	5448
塔城地区乌苏市吉尔格勒特郭楞蒙古族乡	2200			13000
塔城地区额敏县额玛勒郭楞蒙古族乡				9200
塔城地区额敏县霍吉尔特蒙古族乡				6600
阿克苏地区乌什县雅曼苏柯尔克孜族乡				7964
阿克苏地区温宿县博孜东柯尔克孜族乡				1952
哈密地区伊吾县前山哈萨克族乡				4086
哈密地区哈密市德外都如克哈萨克族乡				3247
哈密地区哈密市乌拉台哈萨克族乡				1338
阿勒泰地区布尔津县禾木哈纳斯蒙古族乡				
阿勒泰地区阿勒泰市汗德尕特蒙古族乡	13080		6500	2860

农作物总播种面积（亩）	#粮食播种面积（亩）	粮食产量（吨）	肉类总产量（吨）	农民合作社个数（个）	农民合作社成员数（户）	农业技术服务机构个数（个）	农业技术服务机构从业人员数（人）
24000	18000	4900	800	35	1187	1	2
203800	162600	83333	1027	62	720	1	6
30524	9677	3824	6256	21	1010	1	7
97282	56283	35175	12198	15	743	6	16
2275	7010	3493	1022	23	500	1	2
71632	3800	2397	162	1	51	1	8
2108	2108	479	209	3	45	1	2
11000	3200	2150	230	2	200	4	5
75800	25800	12275	350	1	40	5	17
36352	34895	14191	808	13	134	1	2
45000	28000	14798	2743	5	347	1	7
27695	18103	4199	1536	7	305	1	5
112860	107068	92538	11528	10	170	6	28
89606	68472	36532	4297	16	240	6	21
53906	45820	33153	2180	12	853	1	8
28415	22615	14676	2400	6	452	3	8
68000	55000	10300	255	5	600	1	3
64500	62700	14217	2441	15	460	2	5
78170	66908	30002	2320	16	520	1	2
208000	206980	82642	2442	68	686	1	4
17323	6977	3087	574	5	175		
54604	9182	7712	580	26	175	1	5
50000	20400	82642	2442	5	45	1	4
41449	20420	17866	661	13	30	1	5
23724	17680	9760	4230	11	60	1	3
12822	8089	2977	2164	3	284	1	5
6271	471	37	104	1	22	1	1
9243			212	1	20	1	4
5306	50	18	95	3	15	1	5
			5101				
15433	7020	1830	1164	16	117	1	4

10-1 全国各民族乡镇基本情况(2014年)(三)

民族乡镇名称	公共财政收入(万元)	公共财政支出(万元)	农民人均纯收入(元)	学校数(个)	在校学生数(人)
北京					
朝阳区常营回族乡	14729	13612	24465	8	9110
通州区于家务回族乡	37217	37217	20216	4	1739
密云县檀营满族蒙古族乡	2188	2188		1	939
怀柔区喇叭沟门满族乡	5915	10611	18037	2	262
怀柔区长哨营满族乡	8329	8526	17881	2	310
天津市					
东丽区么六桥回族乡					
蓟县孙各庄满族乡	1214	1214	14500	3	520
河北省					
石家庄市新乐市彭家庄回族乡	830	830	8900	9	1170
石家庄市藁城市九门回族乡	2230	2230	11670	12	3758
石家庄市无极县高头回族乡	486	486	8903	8	1985
唐山市遵化市汤泉满族乡	516	536	7235	5	968
唐山市遵化市西下营满族乡	342	342	7240	1	807
唐山市遵化市东陵满族乡	1364	1364	6612	7	1271
邯郸市邱县陈村回族乡	225	225	7350	1	596
邯郸市大名县营镇回族乡	75	75	5850	6	2235
保定市易县凌云册满族回族乡	238	238	3357	2	1462
保定市定州市号头庄回族乡	382	382	6814	10	3200
保定市涞水县娄村满族乡	389	389	3066	7	1410
张家口市沽源县大二号回族乡	155	155	3139	1	80
张家口市怀来县王家楼回族乡	834	519	6670	3	1166
廊坊市永清县管家务回族乡	788	788	7562	4	1019
廊坊市文安县大围河回族满族乡	3630	908	8770	14	4081
承德市丰宁南关蒙古族乡	352	352	1514	15	1440
承德市滦平县平坊满族乡	529	453	2437	3	186
承德市滦平县安纯沟门满族乡	807	607	2950	6	642
承德市滦平县五道营子满族乡	337	294	2650	1	191
承德市滦平县邓厂满族乡	346	239	2320	1	135
承德市滦平县马营子满族乡	365	354	3180	1	386
承德市滦平县付家店满族乡	394	298	3740	6	201

教师数（人）	图书馆（个）	文化站（个）	村文化活动室（个）	医院、卫生院（个）	#医生数（人）	#病床数（张）	村卫生室（个）	#医生数（人）
632	1	1	6	1	44			
187	1	1	23	1	20	50	24	31
66		1						
50	1	1	15	1	32	6	15	22
85		1	24	1	10	9	26	28
62		1	13	1	6	12	17	12
120	1	1	4	1	15	20	8	8
252	8	3	11	1	30	36	13	42
215	1	1	15	1	21	20	15	37
72	1	1	9	2	10	58	20	27
63		1	10	1	11	10	20	19
105	1	1	26	2	36	59	26	26
40	1	1	2	1	12	28	2	5
135		1	5	1	13	27	17	19
63		1	19	1	14	31	19	42
204		1	12	1	26	38	17	35
164		1	7	1	15	18	22	22
17	2	1	4	1	6	16	4	4
129	1	1	14	1	5	10	11	12
95	1	1	12	1	15	36	8	12
291	1	1	24	2	39	46	24	24
138	1	1	9	1	15	30	14	15
27	1	1	8	1	5	10	8	8
67		1		2	17	15	13	13
17		1	6	1	7	10	6	6
12	1	1	3	1	3	4	3	3
30	1	1	3	1	11	13	9	9
16	1	1	6	1	5	5	6	6

10-1(三) 续表 1

民族乡镇名称	公共财政收入（万元）	公共财政支出（万元）	农民人均纯收入（元）	学校数（个）	在校学生数（人）
承德市滦平县西地满族乡	6144	1176	5068	8	1027
承德市滦平县小营满族乡	32331	546	6011	5	763
承德市滦平县大屯满族乡	683	683	3870	9	1355
承德市滦平县西沟满族乡	630	528	2800	4	389
承德市承德县岗子满族乡	515	478	4009	1	439
承德市承德县两家满族乡	861	440	3848	1	438
承德市兴隆县八卦岭满族乡	467	471	7458	3	985
承德市兴隆县南天门满族乡	346	346	5560	2	454
承德市隆化县尹家营满族乡	612	596	4500	7	520
承德市隆化县庙子沟蒙古族满族乡	562	562	4800	5	352
承德市隆化县偏坡营蒙古族乡	678	678	5350	6	710
承德市隆化县八达营蒙古族乡	610	610	4500	9	710
承德市隆化县太平庄满族乡	517	517	4580	9	580
承德市隆化县旧屯满族乡	573	573	4386	2	405
承德市隆化县西阿超满族蒙古族乡	500	500	3870	8	466
承德市隆化县白虎沟蒙古族满族乡	582	582	4620	5	444
承德市平泉县七家岱满族乡	2009	261	5329	5	498
承德市平泉县平房满族蒙古族乡	385	301	2100	13	1005
承德市平泉县茅兰沟满族蒙古族乡	862	299	4450	10	1495
沧州市黄骅市羊二庄回族乡	13931	6738	11080	11	3625
沧州市黄骅市新村回族乡	529	533	10087	2	2719
沧州市河间市果子洼回族乡	1103	939	7860	3	1325
沧州市献县本斋回族乡	3016	3016	7260	6	1195
沧州市沧县大褚村回族乡	1287	1635	5600	12	2190
沧州市沧县杜林回族乡	2879	2879	8358	15	3875
沧州市沧县李天木回族乡	4076	2907	6845	11	3512
沧州市沧县捷地回族乡	1786	2688	4000	10	8002
沧州市黄骅市杨三木回族乡	5857	1430	10088	5	684
内蒙古自治区					
莫力达瓦旗巴彦鄂温克民族乡	130	130	5500	1	69
莫力达瓦旗杜拉尔鄂温克民族乡	2350	2350	8500	4	450
扎兰屯市达斡尔民族乡	1240	1240	11540	2	496

教师数（人）	图书馆（个）	文化站（个）	村文化活动室（个）	医院、卫生院（个）	#医生数（人）	#病床数（张）	村卫生室（个）	#医生数（人）
99		1	5	1	19	16	10	10
55	1	1	10	2	18	15	11	11
124		1	1	2	25	29	14	14
38		1	9	1	8	20	11	11
32		1	10	1	3	20	10	10
42		1	9	1	8	25	8	8
59	1	1	8	1	9	18	8	14
41		1	10	1	11	15	7	7
36	1	1	1	1	28	24	2	2
29		1	6	1	20	20	6	6
72	2	1	2	1	30	24	8	10
58	2	1	12	1	24	21	9	14
36	1	1	9	1	15	15	9	15
55	1	1	11	1	11	10	8	8
45		1	1	1	16	8	9	12
42	1	1	2	1	18	12	4	4
60	1	1	5	1	6	10	5	5
102	1	1	14	3	14	20	14	14
119	1	1	11	2	11	24	11	11
429	5	1	6	3	52	53	20	25
175			2	2	40	120	9	12
119	21	1	20	1	26	20	25	36
75	1	1	11	1	12	15	14	14
192		1	26	2	20	40	45	52
371		1	30	2	24	68	45	47
241	3	3	14	3	55	73	42	54
596	8	1	10	2	48	112	48	48
59	1	1	8	1	9	12	13	14
55		1	20	1	10	20	17	17
20	1	1	10	1	3	7	10	10
86	1	1	6	1	8	8	6	12

10-1(三) 续表 2

民族乡镇名称	公共财政收入（万元）	公共财政支出（万元）	农民人均纯收入（元）	学校数（个）	在校学生数（人）
扎兰屯市萨马街鄂温克民族乡	80	80	15030	1	245
扎兰屯市南木鄂伦春民族乡	1397	1393	11200	3	435
阿荣旗查巴奇鄂温克民族乡	1193	970	15266	1	560
阿荣旗新发朝鲜族民族乡	2134	1904	13000		
阿荣旗音河达斡尔鄂温克民族乡	791	740	12800	2	579
阿荣旗得力其尔鄂温克民族乡	523	523	13750	2	724
根河市敖鲁古雅鄂温克民族乡	629	629	7200	1	687
陈巴尔虎旗鄂温克苏木	1495	996	9163		
额尔古纳市三河回族乡	660	600	8500	3	891
额尔古纳市室韦俄罗斯民族乡	480	435	12915	1	22
科右前旗满族屯满族乡	560	560	9800	1	436
赤峰市松山区当铺地满族乡	1657	2875	10153	9	1783
赤峰市喀喇沁旗十家满族乡	3391	2246	8287	8	1265
乌盟凉城县曹碾满族乡	749	749	4500		
鄂温克旗巴彦塔拉达斡尔族乡	1467	1467	8600		
辽宁省					
沈阳市康平县柳树屯蒙古族满族乡	400	400	12402	1	916
沈阳市康平县沙金台蒙古族满族乡	2571	2571	12400	1	1550
沈阳市沈北新区黄家锡伯族乡					
沈阳市沈北新区石佛寺朝鲜族锡伯族乡					
沈阳市法库县四家子蒙古族乡	1800	1800	12900	1	740
沈阳市康平县东升满族蒙古族乡	2358	2358	11000	2	1311
沈阳市康平县西关屯蒙古族满族乡	3150	3150	12224	1	1121
大连市瓦房店市三台满族乡	7966	7966	19000	5	1000
大连市瓦房店市杨家满族乡	4573	4573	12601	4	912
大连市庄河市太平岭满族乡	5292	5292	12032	5	1478
大连市庄河市桂云花满族乡	3964	3964	11360	5	1326
抚顺市抚顺县拉古满族乡	9991	7162	9652	1	931
抚顺市抚顺县汤图满族乡	3872	2085	10011	1	528
本溪市桓仁县雅河朝鲜族乡	2429	2429	12002	1	221
本溪市南芬区思山岭满族乡					
锦州市义县聚粮屯满族乡					

教师数（人）	图书馆（个）	文化站（个）	村文化活动室（个）	医院、卫生院（个）	#医生数（人）	#病床数（张）	村卫生室（个）	#医生数（人）
49			6	1	8	20	8	8
110		1	6	2	28	18	6	6
84	1	1	11	1	6	18	11	11
		1	7	1	8	6	7	17
113	8	1	8	1	27	29	8	8
123		1	9	1	24	20	9	9
131		1		1	4	4		
		1	7	1	6	10		
114		1	1	2	30	60	15	15
24		1	1	1	16	8	6	4
87	1	1	7	1	18	30	7	7
268		1	25	3	34	56	25	47
192		1	14	2	23	30	13	28
		2	1	1	1	2		
		1	6	1	3	8	1	1
120	1	1	9	1	13	20	9	9
199	1	1	11	1	22	18	11	14
62	1	1	9	1	14	20	9	28
103	1	1	10	1	7	26	10	10
119		1	9	1	11	20	9	16
102		1	10	1	22	30	19	20
142	1	1	11	1	29	68	11	11
125		1	6	1	15	36	6	6
168	6	1	5	2	12	40	5	10
113	1	1	10	1	3	12	14	14
56	1	1	9	1	11	12	8	8
33	1	1	8	1	4	9	9	26

10-1(三) 续表 3

民族乡镇名称	公共财政收入（万元）	公共财政支出（万元）	农民人均纯收入（元）	学校数（个）	在校学生数（人）
锦州市义县地藏寺满族乡	2002	1964	5120	5	385
锦州市义县留龙沟满族乡					
锦州市义县大定堡满族乡	3000	3000	8300	1	470
锦州市义县头台满族乡					
锦州市义县头道河满族乡					
锦州市黑山县镇安满族乡					
锦州市凌海市温滴楼满族乡					
阜新市彰武县西六家子蒙古族满族乡	2145	2145	9391	1	768
阜新市彰武县二道河子蒙古族乡	2007	2007	9742	1	1102
阜新市彰武县苇子沟蒙古族乡					
阜新市彰武县大 冷蒙古族乡					
辽阳市辽阳县吉洞峪满族乡	2595	1496	11700	10	1473
辽阳市辽阳县甜水满族乡	1307	1307	7020	8	1186
铁岭市开原市黄旗寨满族乡					
铁岭市开原市上肥地满族乡					
铁岭市开原市下肥地满族乡					
铁岭市开原市林丰满族乡	628	628	9015	3	514
铁岭市铁岭县白旗寨满族乡	735	735	11373	2	809
铁岭市铁岭县横道河子满族乡					
铁岭市西丰县成平满族乡	361	476	6800	4	604
铁岭市西丰县德兴满族乡	271	271	6188	1	326
铁岭市西丰县和隆满族乡	370	590	7900	4	869
铁岭市西丰县金星满族乡	445	467	9300	3	546
铁岭市西丰县明德满族乡	600	841	8400	2	373
铁岭市西丰县营厂满族乡	708	984	9350	3	576
铁岭市清河区聂家满族乡	605	605	11810	1	696
朝阳市北票市马友营蒙古族乡	258	258	13000	7	1084
朝阳市北票市凉水河蒙古族乡	240	240	7750	3	162
朝阳市建平县三家蒙古族乡	2838	2838	12500	9	3998
朝阳市凌源县三家子蒙古族乡	5132	5132	7690	9	2594
朝阳市朝阳县松岭门蒙古族乡	1224	1224	10350	5	550
朝阳市朝阳县乌兰河硕蒙古族乡	1250	1250	6636	5	887

教师数（人）	图书馆（个）	文化站（个）	村文化活动室（个）	医院、卫生院（个）			村卫生室（个）	
					#医生数（人）	#病床数（张）		#医生数（人）
69	1	1	5	1	6	20	5	5
41	1	1	8	1	8	58	8	8
129		1	10	1	4		17	17
115		1	8	1	10	10	7	7
124	1	1	12	1	7	70	12	13
145	14	1	14	1	12	70	17	19
73	1	1	3	1	3	18	9	13
74	1	1	9	1	20	20	9	11
79		1	10	1	3	18	20	24
35	1	1	9	1	10	10	10	11
108	1	1	10	1	9	18	10	20
63	1	1	5	1	3	8	11	19
41	1	1	7	1	13	15	12	12
67		1	9	1	3	21	9	9
72	1	1	10	1	8	10	10	10
148		1	5	1	11	30	18	20
47	1	1	6	1	5	32	10	14
235		1	14	1	8	20	14	14
195	17	1	17	2	7	38	17	17
82	1	1	6	1	14	15	17	24
87		1	5	1	4	18	7	7

10-1(三) 续表 4

民族乡镇名称	公共财政收入（万元）	公共财政支出（万元）	农民人均纯收入（元）	学校数（个）	在校学生数（人）
葫芦岛市绥中县西平坡满族乡	585	585	8357	7	1980
葫芦岛市绥中县范家满族乡	746	744	8904	3	1239
葫芦岛市绥中县高甸子满族乡	888	888	9630	6	1336
葫芦岛市绥中县葛家满族乡	285	285	3600	1	1680
葫芦岛市绥中县明水满族乡	545	545	5876	4	1261
葫芦岛市绥中县网户满族乡	645	645	9295	4	1563
葫芦岛市兴城市白塔满族乡	498	498	9800	6	1150
葫芦岛市兴城市大寨满族乡	522	522	11200	8	2240
葫芦岛市兴城市高家岭满族乡					
葫芦岛市兴城市海滨满族乡					
葫芦岛市兴城市红崖子满族乡					
葫芦岛市兴城市碱厂满族乡	146	146	2172	4	1060
葫芦岛市兴城市旧门满族乡	521	521	7761	4	975
葫芦岛市兴城市刘台子满族乡	419	419	9800	5	1089
葫芦岛市兴城市南大山满族乡	199	199	7565	7	1483
葫芦岛市兴城市望海满族乡	538	538	9140	9	1724
葫芦岛市兴城市围屏满族乡	488	488	7435	6	1073
葫芦岛市兴城市羊安满族乡	818	818	11638	5	1224
葫芦岛市兴城市药王庙满族乡	626	626	3418	8	1375
葫芦岛市兴城市三道沟满族乡	594	594	2480	4	1475
葫芦岛市兴城市元台子满族乡	490	490	9268	5	1193
葫芦岛市建昌二道湾子蒙古族乡	498	498	9300	7	2024
盘锦市大洼县荣兴朝鲜族乡					
丹东市宽甸满族自治县下露河朝鲜族乡	1060	1060	5481	1	784
丹东市东港市合隆满族乡	1023	1096	5136	5	1140
锦州市义县城关满族乡					
大连市普兰店市乐甲满族乡	1900	2245	7940	2	1283
丹东市凤城市大堡蒙古族乡	4473	4696	12296	7	1359
吉林省					
延边州珲春市三家子满族乡	432	390	9860	1	65
延边州珲春市杨泡满族乡	538	538	8600	1	58
吉林市昌邑区土城子满族朝鲜族乡	402	402	10500	4	1125

教师数（人）	图书馆（个）	文化站（个）	村文化活动室（个）	医院、卫生院（个）	#医生数（人）	#病床数（张）	村卫生室（个）	#医生数（人）
110	1	1		1	7	20	11	11
83	1	1	3	1	20	70	10	10
117	1	1	9	1	26	50		
123	1	1	1	1	6	12	1	1
87	1	1	8	1	24	36	8	8
102		1	14	1	22	35	14	14
130		1	6	1	6	17	6	6
216		1	3	1	15	20	13	13
107		1	7	1	8	30	6	6
110		1	8	1	17	26	10	10
99		1	10	1	2	10	18	18
143	1	1	17	2	13	30	10	10
159	1	1	10	1	2	20	10	10
91		1	8	1	8	20		
179		1	11	1	5	22	15	17
161		1	11	1	9	24	11	11
141		1	11	1	4	20	15	15
139	1	1	9	1	3	20	18	18
171		1	12	1	20	35	13	13
104	1	1	6	1	6	14	8	8
113	1	1	10	1	10	32	10	10
133	1	1	5	1	8	46	7	7
156	1	1	8	1	8	24	10	24
46	1	1	8	1	6	12	8	7
25	1	1	7	1	4	8	6	6
100	1	1	12	1	4	12	10	33

10-1(三) 续表 5

民族乡镇名称	公共财政收入（万元）	公共财政支出（万元）	农民人均纯收入（元）	学校数（个）	在校学生数（人）
吉林市龙潭区乌拉街满族镇	2010	2010	11500	6	3285
吉林市龙潭区大口钦满族镇	765	765	12639	2	1078
吉林市昌邑区两家子满族乡	155	155	11590	6	1250
吉林市永吉县金家满族乡	370	370	8100	2	709
吉林市蛟河市乌林朝鲜族乡	359	359	10083	4	812
通化市梅河口小杨满族朝鲜族乡	471	471	8360	5	436
通化市集安市凉水朝鲜族乡	860	860	9667	1	245
通化市通化县金斗朝鲜族满族乡	494	494	12175	1	127
通化市通化县大泉源满族朝鲜族乡	2451	2451	10470	4	1145
通化市辉南县楼街朝鲜族乡	2239	2239	11672	3	1620
通化市柳河县姜家店朝鲜族乡	3041	3041	13070	2	403
通化市柳河县三元浦朝鲜族镇	5507	5507	12981	3	1715
辽源市东丰县三合满族朝鲜族乡	4501	1301	12328	16	2620
长春市双阳区双营子回族乡	16453	16453	11500	5	1164
榆树市延和朝鲜族乡	427	427	16280	1	11
九台市胡家回族乡	1091	1091	7210	1	2160
九台市莽卡满族乡	1001	1001	7520	3	2237
白城市通榆县包拉温都蒙古族乡	58	58	4862	1	323
白城市通榆县向海蒙古族乡	500	500	5100	3	1856
白城市洮南市呼和车力蒙古族乡	183	183	5240	6	450
白城市洮南市胡力吐蒙古族乡	120	120	4900	2	470
白城市镇赉县哈吐气蒙古族乡	28	28	4800	6	385
白城市镇赉县莫莫格蒙古族乡	60	60	4900	19	1300
白城市大安市新艾里蒙古族乡	360	315	5500	1	312
白城市洮北区德顺蒙古族乡	300	300	7600	9	1020
松原市三骏满族蒙古族锡伯族乡	3600	3600	9630	12	3255
铁东区叶赫满族镇	1566	1566	7880	11	2027
公主岭市二十家子满族镇	395	395	7110	6	831
公主岭市龙山满族乡	141	141	6005	8	1155
双辽县那木斯蒙古族乡	842	842	9500	10	1307
黑龙江省					
哈尔滨市南岗区红旗满族乡	2391	2391	13871	2	744

教师数（人）	图书馆（个）	文化站（个）	村文化活动室（个）	医院、卫生院（个）			村卫生室（个）	
					#医生数（人）	#病床数（张）		#医生数（人）
394		1	16	1	39	40	30	79
113	10	1	12	1	20	36	12	19
115	2	1	13	1	16	12	12	22
98	1	1	7	1	4	20	7	25
168	1	1	20	2	32	30	20	25
71	1	1	17	1	14	18	13	13
56		1	9	1	9	10	3	3
26	1	1	5	1	6	15	5	5
199	1	1	20	2	35	77	15	22
214	1	1	12	1	16	28	21	30
58		1	10	1	4	16	10	10
219		1	20	1	70	60	20	20
259	1	1	16	3	54	65	13	13
175	1	1	6	1	14	10	13	17
19	1	1	3	1	1	8		
187		1	9	1	9	9	2	17
313		1	7	1	1	22	12	12
77	1	1	4	1	5	7	4	4
391	1	1	14	2	19	37	12	12
110	2	1	7	1	5	4	7	7
120	1	1	10	1	3	8	10	10
73	1	1	5	1	5	11	5	5
240	1	1	13	1	30	25	13	13
97	2	1	5	1	15	22	2	3
127	1	1	19	1	9	12	19	19
279		1	5	1	28	18	42	42
211	1	1	13	1	20	30	17	42
163	1	1	9	1	8	8	7	8
111	1	1	1	1	9	22	8	15
146	3	1	10	1	13	9	20	20
145	2	1	8	1	13	70	12	12

10-1(三) 续表 6

民族乡镇名称	公共财政收入（万元）	公共财政支出（万元）	农民人均纯收入（元）	学校数（个）	在校学生数（人）
哈尔滨市双城市幸福满族乡	1236	1236	13707	5	812
哈尔滨市双城市乐群满族乡	817	817	20000	2	1240
哈尔滨市双城市同心满族乡	660	660	15580	5	1033
哈尔滨市双城市希勤满族乡	1100	1100	14800	1	1820
哈尔滨市双城市联兴满族乡	1283	1283	14236	1	661
哈尔滨市双城市青岭满族乡	683	677	14432	2	910
哈尔滨市双城市农丰满族锡伯族镇	957	957	16400	3	1179
哈尔滨市五常市拉林满族镇	2098	2098	17314	5	2236
哈尔滨市五常市红旗满族乡	340	340	17000	2	1604
哈尔滨市五常市营城子满族乡	611	611	15576	5	800
哈尔滨市五常市牛家满族镇	1400	1073	17500	10	2290
哈尔滨市五常市民乐朝鲜族乡	325	325	18120	2	53
哈尔滨市尚志市河东朝鲜族乡	993	993	19243	1	70
哈尔滨市尚志市鱼池朝鲜族乡	116	116	13745	2	300
哈尔滨市依兰县迎兰朝鲜族乡			12700	4	530
齐齐哈尔市梅里斯区卧牛吐达斡尔族镇	2288	2288	9000	4	685
齐齐哈尔市梅里斯区莽格吐达斡尔族乡	1575	1575	7500	1	245
齐齐哈尔市泰来县宁姜蒙古族乡	750	750	5998	4	1091
齐齐哈尔市泰来县胜利蒙古族乡	850	850	6829	5	943
齐齐哈尔市泰来县江桥蒙古族镇	682	682	7000	4	956
齐齐哈尔市昂昂溪区水师营满族镇			13024	2	940
齐齐哈尔市富裕县友谊达满柯族乡	570	570	9950	2	226
齐齐哈尔市讷河市兴旺鄂温克族乡	750	750	10900	9	1634
齐齐哈尔市富拉尔基区杜尔门沁达族乡	1149	1149	12793	3	965
牡丹江市海林市新安朝鲜族镇	534	564	16800	1	755
牡丹江市西安区海南朝鲜族乡	85	85	17918	2	179
牡丹江市宁安市江南朝、满族乡	880	880	15547	7	1567
牡丹江市宁安市卧龙朝鲜族乡	358	358	15800	2	850
牡丹江市东宁县三岔口朝鲜族镇	1576	430	19034	6	454
牡丹江市穆棱市福禄朝鲜族满族乡	324	280	15650	4	196
佳木斯市同江市街津口赫哲族乡	330	330	13450	1	16
佳木斯市同江市八岔赫哲族乡	153	153	12163	1	60

教师数（人）	图书馆（个）	文化站（个）	村文化活动室（个）	医院、卫生院（个）	#医生数（人）	#病床数（张）	村卫生室（个）	#医生数（人）
105	8	1	8	1	24	19	8	8
122	1	1	3	1	18	19	8	13
108	1	1	1	1	6	20	10	20
110	2	2	8	1	32	33	14	29
106	1	1	8	1	2	19	8	8
133	2	1	5	1	50	30	9	25
341		1	7	1	31	23	9	9
149	2	1	1	2	93	80	13	13
170	1	1	10	1	15	18	10	12
176	1	1	1	8	38	20	7	18
237	1	1		1	38	30	15	15
83	1	6	6	1	36	30	6	6
36	1	1	4	2	6	16	4	6
68	1	1	4	1	13	30	30	4
103	1	1	4	2	7	28	12	13
103		1	7	1	12	32	11	11
71		1	3	1	8	23	3	3
149	1	1	7	1	7	33	7	21
80	5	1	5	1	25	36	10	10
124	1	1	6	1	60	38	17	17
90	7	1	6	1	16	24	6	13
20		1	14				14	38
228		1	12	2	20	16	12	24
136	3	3	1	1	14	20	3	8
106		1	17	1	8	40	15	15
67		1	11	1	6	20	7	7
274	1	1	25	1	15	20	25	25
110	2	1	6	1	25	18	12	12
127	1	1	9	1	22	25	17	18
66		1	16	1	4	10	15	
21	1	1	6	1	10	8	6	6
37	4	1	4	1	8	8	4	4

10-1(三) 续表 7

民族乡镇名称	公共财政收入（万元）	公共财政支出（万元）	农民人均纯收入（元）	学校数（个）	在校学生数（人）
佳木斯市桦川县星火朝鲜族乡	283	283	10600	1	32
佳木斯市汤原县汤旺朝鲜族乡	394	394	10340	1	2
大庆市肇源县超等蒙古族乡	340	340	9850	3	1032
大庆市肇源县浩德蒙古族乡	370	370	13000	1	569
大庆市肇源县义顺蒙古族乡	934	963	11957	7	964
黑河市逊克县新鄂鄂伦春族乡	424	424	9674		
黑河市逊克县新兴鄂伦春族乡	419	419	9039		
黑河市爱辉区新生鄂伦春族乡	412	412	10600	1	5
黑河市爱辉区四嘉子满族乡	476	476	9859	2	124
黑河市爱辉区坤河达、满族乡	468	468	14094	1	6
黑河市北安市主星朝鲜族乡	312	312	9500		
黑河市孙吴县沿江达、满族乡	240	240	16000	1	131
绥化市北林区兴和朝鲜族乡	686	686	13750	1	
绥化市北林区绥胜满族镇	1662	1662	10043	4	1180
绥化市北林区永安满族镇	1218	2140	8216	4	830
绥化市北林区红旗满族乡	850	1508	9512	2	305
绥化市望奎县惠七满族镇	853	853	7420	8	157
绥化市望奎县厢白满族乡	821	821	7215	9	262
绥化市望奎县灵山满族乡	2100	2100	7400	8	527
伊春市铁力市年丰朝鲜族乡	351	351	10654	1	267
鹤岗市萝北县东明朝鲜族乡	287	287	14900	1	86
鹤岗市绥滨县福兴满族乡	160	160	4890	1	30
大兴安岭地区呼玛县白银纳鄂伦春族乡	1040	881	12039	1	136
大兴安岭地区塔河县十八站鄂伦春族乡	218	2967	9991	1	240
双鸭山市饶河县四排赫哲族乡	179	179	10670	1	26
双鸭山市友谊县成富朝鲜族满族乡			10325	1	6
七台河市勃利县杏树朝鲜族乡	842	839	8805	5	982
七台河市勃利县吉兴朝鲜族、满族乡	874	874	8628	2	846
鸡西市密山市和平朝鲜族乡	911	911	14042	1	171
鸡西市鸡东县鸡林朝鲜族乡	929	929	15493	1	71
鸡西市鸡东县明德朝鲜族乡	525	525	12974	1	90
鸡西市城子河区永丰朝鲜族乡	1666	1666	13762		

教师数（人）	图书馆（个）	文化站（个）	村文化活动室（个）	医院、卫生院（个）	#医生数（人）	#病床数（张）	村卫生室（个）	#医生数（人）
35		1	6	1	2	20	2	2
10		1	14	1	4	12	13	13
195	3	1	7	1	18	19	7	16
119	1	1	5	1	2	8	5	7
152	1	1	7	1	12	18	7	11
	1	1	4	1	3	5	5	4
	1	1	3	1	6	6	1	1
15	1	1	1	1	3	4	1	3
61		1	5	1	17	5	5	7
9	1	1	6	1	6	2	6	6
	4	1	4	1	5	8	2	2
26	1	1	8	1	20	15	8	8
14		1	2	1	5	24		
178		1	1	1	5	12	8	42
95	1	1	7	1	25	35	8	8
93	1	1	1	1	6	27	5	24
111	1	1	8	1	15	20	8	16
175	1	1	5	1	20	10	7	28
127	1	1	5	1	6	15	6	20
57	10	10	10	1	17	15	10	10
43		1	7	1	10	17	2	2
23		1	3	1	5	4	3	4
27	1	1	6	1	2	8	2	2
62	1	1	6	4	23	80	2	2
13		1	4	1	2	4	4	4
14	1	1	2	1	28	40	9	9
91		1	11	1	4	20	10	23
76	1	1	14	1	5	12	15	15
94	1	1	12	1	9	31	12	18
29	1	1	6	1	3	20	3	3
46	1	1	8	1	1	30	6	6
	7	1	5				8	15

10-1(三) 续表 8

民族乡镇名称	公共财政收入（万元）	公共财政支出（万元）	农民人均纯收入（元）	学校数（个）	在校学生数（人）
江苏省					
扬州市高邮市菱塘回族乡	7850	4741	23746	3	2077
浙江省					
杭州市桐庐县莪山畲族乡	2309	2066	14996	1	340
温州市平阳县青街畲族乡	501	498	7874	1	141
温州市苍南县岱岭畲族乡	1855	1855	9508	1	208
温州市苍南县凤阳畲族乡	1698	1698	9510	1	77
温州市文成县西坑畲族镇	3022	2593	8565	1	758
温州市文成县周山畲族乡	415	522	8985		
温州市泰顺县司前畲族镇	1650	1920	8436	2	1503
温州市泰顺县竹里畲族乡	492	527	9200		
金华市兰溪市水亭畲族乡	3156	3156	9765	2	1212
金华市武义县柳城畲族镇	2776	3191	8020	4	3232
衢州市龙游县沐尘畲族乡	759	713	10307	2	309
丽水市莲都区老竹畲族镇	4620	4211	11629	1	1403
丽水市莲都区丽新畲族乡	3394	2347	12195	1	283
丽水市龙泉市竹垟畲族乡	614	614	10856	1	158
丽水市云和县雾溪畲族乡	396	365	10458		
丽水市云和县安溪畲族乡	1642	1511	10713	1	74
丽水市遂昌县三仁畲族乡	1096	1047	12060	1	300
丽水市松阳县板桥畲族乡	108	110	11450	1	186
安徽省					
淮南市谢家集区孤堆回族乡	104	104	9220	6	1908
合肥市肥东县牌坊回族满族乡	3098	3098	12625	15	2250
滁州市定远县二龙回族乡	490	485	9700	1	456
淮南市凤台县李冲回族乡	225	433	9155	7	1252
淮南市潘集区古沟回族乡	369	560	10140	7	3387
六安市寿县陶店回族乡	606	606	9494	4	690
宣城市宁国市云梯畲族乡	223	431	16020	1	136
蚌埠市五河县临北回族乡	906	1520	10200	12	2003
阜阳市颍上县赛涧回族乡	120	523	10700	5	3560

教师数（人）	图书馆（个）	文化站（个）	村文化活动室（个）	医院、卫生院（个）	#医生数（人）	#病床数（张）	村卫生室（个）	#医生数（人）
164	1	1	6	1	32	28	6	27
27	1	1	7	1	8	10	7	8
24	2	1	9	1	5	3	2	4
27	1	1	8	1	4	3		
13	1	1	6	1	6	5		
69	9	3	27	4	15	25	4	4
		1	6	1	1	1	2	
105	1	1	13	1	12	10	9	9
		1	2	1	3	5	1	1
92		1	36	2	43	18	19	19
270	1	1	40	1	56	110	8	11
33	10	1	10	1	5	5	7	8
108	1	1	12	1	14	30	13	13
18	10	1	9	1	4	12	3	3
20		1	10	1	6	2	2	2
	4	1	6	1	4			
11	2	1	8	1	4	3		
25		1	13	1	10	2	5	5
18	10	1	9	1	5	1	1	1
92		1	8	1	15	32	8	12
320	14	1	13	2	26	30	13	20
71	1	1		1	7	10	5	20
101	6	1	6	1	18	30	6	24
257	1	1	4	1	16	36	12	17
70		1	4	1	10	20	4	8
22	1	1	4	1	8	8	4	4
164	1	1	11	1	14	18	11	29
176	1	1	6	1	20	100	6	37

10-1(三) 续表 9

民族乡镇名称	公共财政收入（万元）	公共财政支出（万元）	农民人均纯收入（元）	学校数（个）	在校学生数（人）
福建省					
福州市罗源县霍口畲族乡	1646	1646	6512	3	853
福州市连江县小沧畲族乡	294	292	7715		
宁德市福安市坂中畲族乡	6959	6766	14216	11	9322
宁德市福安市康厝畲族乡	587	1792	12310	2	2321
宁德市福安市穆云畲族乡	533	2405	12398	2	370
宁德市霞浦县盐田畲族乡	1993	1904	11960	4	1362
宁德市霞浦县崇儒畲族乡	2168	2120	10337	3	345
宁德市霞浦县水门畲族乡	1271	1186	10881	2	555
宁德市蕉城区金涵畲族乡	2537	2426	11529	3	1716
宁德市福鼎市硖门畲族乡	2180	1950	12900	4	900
宁德市福鼎市佳阳畲族乡	1851	400	12410	4	265
漳州市漳浦县赤岭畲族乡	650	640	10318	3	1368
漳州市漳浦县湖西畲族乡	1136	1125	12460	7	2273
漳州市龙海市隆教畲族乡	6369	6369	9280	10	1926
三明市永安市青水畲族乡	710	1631	12630	3	1256
三明市宁化县治平畲族乡	570	570	7815	3	660
龙岩市上杭县官庄畲族乡	2134	545	10064	10	2376
龙岩市上杭县庐丰畲族乡	1785	1649	8693	11	1042
泉州市惠安县百崎回族乡	1255	1255	12687	4	2694
江西省					
鹰潭市贵溪樟坪畲族乡	12408	360	11621	4	315
上饶市铅山县太源畲族乡	838	220	10088	1	153
上饶市铅山县篁碧畲族乡	560	560	9910	1	308
吉安市永丰县龙冈畲族乡	2000	2000	10063	11	1086
赣州市南康赤土畲族乡	5040	4380	10065	19	3339
吉安市青原区东固畲族乡	1730	1491	9820	12	1289
抚州市乐安县金竹畲族乡	1460	1460	9258	18	1483
吉安市峡江县金坪民族乡	2601	2612	9800	1	297
山东省					
淄博市临淄区金岭回族镇	9101	6241	16589	2	861
聊城市莘县张鲁回族镇	3578	3578	10870	11	4348
菏泽市曹县侯集回族镇	2413	2413	8007	14	3600
德州市禹城市十里望回族乡	5160	4890	11200	8	5921

教师数（人）	图书馆（个）	文化站（个）	村文化活动室（个）	医院、卫生院（个）	#医生数（人）	#病床数（张）	村卫生室（个）	#医生数（人）
117		1	24	1	9	15	24	24
		1	5	1	2	10	2	2
540	1	1	19	1	10	23	19	19
144		1	32	1	5	8	32	32
27		1	33				33	11
155		2	22	1	9	12	22	22
105		1	27	1	18	128	27	19
97		1	23	1	6	15	23	12
226	1	1	16	1	14	10	23	25
119	1	1	9	1	3	10	9	9
66		2	12	1	4	15	12	12
91		1	9	1	5	18	9	9
156		1	10	1	5	18	14	14
164		1	4	1	4	20	20	20
110		1	1	1	7	20	21	21
80		1	10	1	4	21	12	12
186		1	18	1	19	30	25	28
217		1	14	1	10	30	14	18
134		1	5	1	9	25	5	20
53		1	5	1	3	18	3	3
20	1	1	4	1	8	16	3	1
28	1	1	4	1	15	14	1	2
59	1	1	11	1	19	28	17	22
186		1	18	1	33	40	36	57
91	1	1	15	1	26	30	15	19
100		1	10	2	12	16	10	15
17		1	5	1	11	12	2	2
82	1	1	10	2	36	63	5	15
390	1		51	1	40	88	42	51
210		3	32	1	24	80	16	65
420	7	7	59	1	32	69	18	60

10-1(三)　续表 10

民族乡镇名称	公共财政收入(万元)	公共财政支出(万元)	农民人均纯收入(元)	学校数(个)	在校学生数(人)
河南省					
郑州市荥阳市金寨回族乡	865	688	13355	1	357
周口市太康县城关回族镇	12700	12700	8675	16	18400
周口市淮阳县城关回族镇	6500	6500	7887	26	12580
周口市沈丘县槐店回族镇	7388	7388	10220	22	22925
商丘市宁陵县城关回族镇	1033	1733	6658	11	26580
商丘市睢县城关回族镇	969	1910	7552	18	42610
商丘市民权县伯党回族乡	180	210	5700	7	2038
商丘市民权县胡集回族乡	183	256	5300	7	1940
平顶山市叶县马庄回族乡	638	646	4215	7	1369
平顶山市郏县姚庄回族乡	1422	1228	5756	5	561
新乡市封丘县荆乡回族乡	101	152	4903	3	1529
许昌市许昌县艾庄回族乡	365	520	8040	3	1420
许昌市禹州市山货回族乡	833	780	12010	3	1056
许昌市襄城县颖桥回族镇	685	950	8847	3	800
南阳市镇平县郭庄回族乡	81	344	7595	9	1442
南阳市方城县袁店回族乡	848	866	6893	9	1750
驻马店市西平县蔡寨回族乡	548	548	8137	7	2096
驻马店新蔡县李桥回族镇	226	226	7200	13	4387
漯河市临颖县繁城回族镇	1411	1842	8946	26	7251
洛阳市洛宁县王范回族镇	1945	1945	8012	5	5326
洛阳市廛河回族乡	1027	1027	12800	2	403
湖北省					
荆门市钟祥市九里回族乡	1193	1193	13302	2	560
荆州市洪湖市老湾回族乡	192	192	6902	1	1683
荆州市松滋市卸甲坪土家族乡	3587	3587	6150	3	1012
宜昌市宜都潘家湾土家族乡	6527	7482	12089	2	557
十堰市郧西县湖北口回族乡	478	478	5605	9	1677
恩施州恩施市芭蕉侗族乡	2149	2149	7020	18	4447
恩施州宣恩县长潭河侗族乡	42186	43081	5959	11	2815
恩施州宣恩县晓关侗族乡	1290	3263	5639	15	2589

教师数（人）	图书馆（个）	文化站（个）	村文化活动室（个）	医院、卫生院（个）	#医生数（人）	#病床数（张）	村卫生室（个）	#医生数（人）
33	1	1	2	1	5	20	3	6
954	2	1	12	7	837	571	11	33
1026	3	1	15	7	745	410	17	21
2280	1	1	9	3	280	240	9	14
1139	1	1	5	9	868	760	5	5
2031	1	1	7	6	578	1162	14	19
160	9	1	1	1	28	40	13	13
136		1	3	1	18	40	13	13
161		1		1	20	35	8	10
44	1	1	6	1	15	19	6	7
82	5	1	5	1	8	20	3	3
80	1	1	9	1	20	20	9	9
65	6	1	6	1	11	18	6	6
85		1	5	1	21	60	5	5
127		1	1	1	18	22	9	13
156	1	1	9	1	21	35	9	12
110		1	6	1	11	20	6	24
290	1	1	10	1	50	50	10	46
487	1	1	27	1	105	80	32	32
236	4	4	2	1	23	57	7	7
45	11	1	11	1	5	35	11	11
104		1	7	2	16	20	9	9
81	1	1	10	1	45	25	11	22
67		1	9	1	15	20	9	24
72	1	1	9	1	6	25	9	19
101	1	1	17	1	32	50	19	19
265	1	1	19	1	118	150	27	27
155	31	1	35	1	52	50	31	31
188		1	21	1	72	70	32	34

10-1(三) 续表 11

民族乡镇名称	公共财政收入（万元）	公共财政支出（万元）	农民人均纯收入（元）	学校数（个）	在校学生数（人）
仙桃市沔城回族镇	1046	1046	12732	4	4789
神农架林区下谷坪土家族乡	824	785	5873	2	502
咸宁市赤壁市周郎嘴回族镇	589	473	12588	5	1127
恩施州鹤峰县铁炉白族乡	270	270	5673	3	1195
湖南省					
怀化市罗子山瑶族乡	312	305	1475	5	285
怀化市苏木溪瑶族乡	330	325	1701	10	526
怀化市上蒲溪瑶族乡	302	295	1822	4	500
怀化市后塘瑶族乡	690	685	1690	7	1005
怀化市仙人湾瑶族乡	615	590	1770	8	1200
怀化市深渡苗族乡	407	407	3027	1	412
怀化市龙船塘瑶族乡	269	269	1927	1	451
怀化市炮团侗族苗族乡	670	623	1700	1	645
怀化市宝田侗族苗族乡	480	480	2175	2	435
怀化市蒲稳侗族苗族乡	260	260	1537	5	908
怀化市金子岩侗族苗族乡	500	445	2098	12	985
怀化市漠滨侗族苗族乡	560	675	1585	5	1014
怀化市青朗侗族苗族乡	290	290	1520	4	1068
怀化市二酉苗族乡	785	785	2298	5	2150
怀化市火场土家族乡	368	368	2037	1	456
怀化市蒿吉坪瑶族乡	306	306	2105	1	310
怀化市大高坪苗族乡	153	153	1583	3	312
怀化市锅冲苗族乡	264	253	1874	1	8
怀化市传素瑶族乡	156	183	1890	1	11
怀化市步头降苗族乡	380	380	1559	1	680
怀化市米贝苗族乡	681	681	2080	2	657
邵阳党坪苗族乡	143	205	3517	1	171
邵阳河口苗族乡	91	123	2995	2	690
邵阳麻塘苗族乡	63	121	4755	1	468
邵阳竹江舟苗族乡	257	257	3761	1	267
邵阳东山侗族乡	150	186	2887	1	908
邵阳朝仪侗族乡	51	217	3362	1	419

教师数（人）	图书馆（个）	文化站（个）	村文化活动室（个）	医院、卫生院（个）	#医生数（人）	#病床数（张）	村卫生室（个）	#医生数（人）
351	1	1	12	1	20	70	12	12
56	1	1	6	1	9	10	6	6
113		1	9	1	32	21	9	9
85	1	1	12	1	26	35	10	10
55	1	1	10	1	7	15	10	10
50	1	1	13	1	7	16	13	13
45	1	1	12	1	9	15	12	12
91	1	1	17	1	23	45	17	17
130	1	1	20	1	16	45	20	20
39	1	1	6	1	12	12	6	6
46		1	9	1	14	20	1	1
36	1	1	12	1	8	16	10	10
46		1		1	6	20	10	12
63		1	9	1	10	15	10	9
76	1	1	13	1	28	40	13	13
66		1	10	1	12	26	10	12
51	1	1	9	1	8	22	9	9
267	10	1	1	3	76	55	40	40
50		1	6	1	13	25	4	6
42		1	7	1	9	6	6	6
27	5	1	4	1	3	12	4	4
1				1	1	4	1	3
2		1	5	1	1	7		
64	1	1	14	1	5	18	4	
54	1	1	16	1	16	20	3	3
34	1	1	8	1	3	6	7	7
55		1	7	1	13	20	6	6
41		1	13	1	4	10	7	7
51	9	1	9	1	8	8	7	7
61		1	19	1	26	30	19	19
43		1	6	1	7	8	13	13

10-1(三) 续表 12

民族乡镇名称	公共财政收入（万元）	公共财政支出（万元）	农民人均纯收入（元）	学校数（个）	在校学生数（人）
邵阳鹅公岭侗族苗族乡	288	281	2415	2	596
邵阳寨市苗族侗族乡	428	290	2623	2	778
邵阳乐安铺苗族侗族乡	144	171	4765	2	685
邵阳联民苗族侗族乡	162	185	2658	1	127
邵阳枫木团苗族侗族乡	581	587	4105	1	148
邵阳黄桑坪苗族乡	65	95	3714	1	220
邵阳关峡苗族乡	284	312	3588	8	1263
邵阳长铺子苗族乡	487	342	4912	2	1912
邵阳山界回族乡	1296	1291	2280	6	2020
邵阳虎形山瑶族乡	576	570	1688	9	1556
邵阳那溪瑶族乡	385	390	3850	11	1190
邵阳大屋瑶族乡	50	180	2580	1	196
邵阳长塘瑶族乡	59	162	2700	3	345
邵阳黄金瑶族乡	842	842	1599	3	793
邵阳麻林瑶族乡	1067	1054	1089	4	1146
永州荆竹 瑶族乡	260	252	3200	1	124
永州紫良瑶族乡	301	297	2186	3	103
永州浆洞瑶族乡	260	241	1700	1	230
永州汇源瑶族乡	170	168	2200	2	137
永州大桥瑶族乡	374	293	4260	1	625
永州松柏瑶族乡	240	240	1380	2	1054
永州千家洞瑶族乡	107	126	1597	5	767
永州兰溪瑶族乡	46	131	1698	1	515
永州源口瑶族乡	82	90	1511	1	661
永州九疑山瑶族乡	339	341	2894	7	2563
永州棉花坪瑶族乡	206	206	1892	4	610
永州桐木漯瑶族乡	216	216	2350	4	625
永州荒塘瑶族乡	399	399	2180	5	632
永州横岭瑶族乡	171	171	3450	5	923
永州洪塘营瑶族乡	166	166	2520	6	1038
永州井塘瑶族乡	138	138	3100	7	1025
永州审章塘瑶族乡	168	168	3196	10	1279

教师数（人）	图书馆（个）	文化站（个）	村文化活动室（个）	医院、卫生院（个）	#医生数（人）	#病床数（张）	村卫生室（个）	#医生数（人）
57		1	17	1	11	16	14	14
70		1	16	1	27	30	16	16
68	1	1	11	1	10	12	5	5
28		1	4	1	5	20	5	5
29		1	10	1	4	8	10	10
35	1	1	11	1	4	6	4	4
129	3	1	19	1	10	10	19	19
138		1	24	1	23	6	24	24
91	1	1	25	1	20	20	24	24
75	1	1	15	1	14	12	14	14
75		1	17	1	20	12	12	12
25		1	11	1	3	4	6	6
34		1	10	1	6	6	6	6
60	1	1	14	1	14	15	7	7
79	2	1	9	1	15	20	15	15
16	9	1	8	1	5	6	5	5
15	5	1	5	1	5	1	2	2
24	1	1	9	1	6	10	2	2
14	1	1	5	1	3	2	1	1
33	1	1	10	1	13	14	11	11
81		1	14	1	16	10	11	11
68		1	10	1	14	12	8	8
33		1	10	1	4	8	8	9
48		1	6	1	11	32	6	6
166		1	30	3	18	15	32	32
18	1	1	4	1	2	4	1	1
52	1	1	7	1	8	4	7	7
62	1	1	14	2	16	16	10	10
62		1	15	1	12	8	9	9
53		1	17	1	14	10	13	13
85		1	7	1	7	5	9	9
72		1	14	1	18	30	10	10

10-1(三) 续表 13

民族乡镇名称	公共财政收入（万元）	公共财政支出（万元）	农民人均纯收入（元）	学校数（个）	在校学生数（人）
永州晒北滩瑶族乡	385	380	5833	4	290
永州门楼下瑶族乡	220	220	1800	1	275
永州上梧江瑶族乡	828	825	2238	2	245
永州清塘壮族乡	205	205	1343	3	768
永州犁头瑶族乡	230	230	1530	2	110
张家界刘家坪白族乡	2016	2010	5056	7	628
张家界马合口白族乡	307	307	1809	7	734
张家界走马坪白族乡	582	456	2378	2	259
张家界淋溪河白族乡	194	194	1932	1	168
张家界芙蓉桥白族乡	425	425	1900	6	1120
张家界麦地坪白族乡	355	355	2428	1	202
张家界洪家关白族乡	530	530	3090	11	3190
张家界索溪峪土家族乡	1045	1045	7568	12	2724
张家界三关寺土家族乡	340	340	4131	19	2565
张家界高峰土家族乡	801	801	5236	7	1240
张家界金岩土家族乡	482	465	2890	12	1403
张家界许家坊土家族乡	420	420	3045	5	1653
张家界阳和土家族乡	443	443	5501	6	1556
张家界甘堰土家族乡	389	389	4156	6	1583
张家界赵家岗土家族乡	280	280	3304	14	1573
郴州华山瑶族乡	11	11	4620	1	156
郴州杨柳瑶族乡	12	12	4812	1	123
郴州月峰瑶族乡	500	520	8350	1	880
郴州大塘瑶族乡	265	265	12897	1	552
郴州盈洞瑶族乡	740	795	1663	1	924
郴州延寿瑶族乡	680	660	1676	5	3521
郴州小垣瑶族镇	711	709	1251	1	926
郴州岭秀瑶族乡	860	850	1872	3	1375
郴州三江口瑶族镇	850	820	1986	2	1020
郴州西山瑶族乡	262	255	5665	2	38
郴州团结瑶族乡	289	219	12553	1	68
郴州连坪瑶族乡	252	221	14425	1	72

教师数（人）	图书馆（个）	文化站（个）	村文化活动室（个）	医院、卫生院（个）	#医生数（人）	#病床数（张）	村卫生室（个）	#医生数（人）
36		1	11	1	5	5	4	4
32		1	20	1	5	10	13	13
51		1	23	2	10	9	5	10
47		1	7	1	5	8	3	3
12		1	4	1	3	13	1	1
46		1	13	1	11	27	5	5
56	1	1	15	2	18	24	7	7
24		1	5	1	16	16	1	1
26		1	7	1	8	8	3	3
89		1	13	8	18	18	7	7
22		1	8	1	9	10	3	3
310	1	1	22	1	36	39	20	20
115		1	11				11	11
165	1	1	26	1	30	25	18	18
80		1	25	1	6	18	12	12
76	1	1	19	1	5	15	15	15
91		1	16	1	20	25	16	16
80		1	16	1	11	26	12	12
92		1	21	1	17	15	12	12
105		1	19	1	8	12	9	9
16	1	1	6	1	3	4	1	1
11	1	1	3	1	3	4		
48		1	8	1	9	18	4	4
22	5	1	1	1	7	6	3	3
45		1	11	1	9	10	7	7
124	1	1	17	1	12	18	9	9
52	1	1	7	1	10	21	4	4
62	1	1	12	1	12	14	5	5
66	1	1	11	2	12	16	11	18
3	3	1		1	1	3		
15		1	7	1	3	2		
23	1	1	4	1	3	4	2	2

10-1(三) 续表 14

民族乡镇名称	公共财政收入（万元）	公共财政支出（万元）	农民人均纯收入（元）	学校数（个）	在校学生数（人）
郴州莽山瑶族乡	384	351	2768	6	550
常德许家桥回族维吾尔族乡	450	450	7039	1	1107
常德毛家滩回族维吾尔族乡	488	488	7368	3	1289
常德枫树维吾尔族回族乡	1099	1099	5261	4	2232
常德青林回族维吾尔族乡	1405	1405	9055	4	1389
株洲龙渣瑶族乡	221	221	3800	1	142
衡阳塔山瑶族乡	230	230	2130	8	800
益阳鲜埠回族乡	1466	1413	10200	7	2653
广东省					
惠州市龙门县蓝田瑶族乡	1358	1346	10360	2	690
清远市连州市三水瑶族乡	139	141	3120	1	139
清远市连州市瑶安瑶族乡	281	281	7015	1	378
清远市阳山县秤架瑶族乡	667	644	8645	3	743
肇庆市怀集县下帅壮族瑶族乡	405	405	6155	1	1188
韶关市始兴县深渡水瑶族乡	316	310	9452	1	121
河源市东源县漳溪畲族乡	559	559	7180	8	1006
广西壮族自治区					
梧州市蒙山县长坪瑶族乡	202	189	3861	1	72
梧州市蒙山县夏宜瑶族乡	552	552	3560	6	648
贺州市八步区黄洞瑶族乡	671	599	7375	2	447
贺州市平桂管理区大平瑶族乡	425	425	7241	5	1506
贺州市昭平县仙回瑶族乡	323	322	5230	7	877
贺州市钟山县两安瑶族乡	315	315	6746	12	1319
贺州市钟山县花山瑶族乡	683	439	5008	7	640
贵港市平南县马练瑶族乡	474	865	7016	14	3455
贵港市平南县国安瑶族乡	412	250	5810	9	1520
防城港市上思县南屏瑶族乡	636	636	5869	28	1532
防城港市防城区十万山瑶族乡			4300	7	1159
南宁市马山县古寨瑶族乡	385	2272	4275	10	1877
南宁市马山县里当瑶族乡	176	2207	3869	9	1758
南宁市上林县镇圩瑶族乡	499	533	5846	10	2234
柳州市三江县同乐苗族乡	664	664	5545	24	5289

教师数（人）	图书馆（个）	文化站（个）	村文化活动室（个）	医院、卫生院（个）	#医生数（人）	#病床数（张）	村卫生室（个）	#医生数（人）
41	1	1	7	1	3	18	1	1
72	1	1	8	2	35	89	16	16
124		1	17	1	10	25	16	16
202	1	1	12	1	23	48	15	15
225	8	1	8	1	78	412	14	14
11	1	1	4	1	4	6	2	2
69	12	1	9	2	13	26	7	7
228	1	1	10	1	12	30	10	10
106		1	7	1	10	30	7	7
17		1	4	1	7	10	4	4
65	1	1	1	1	4	26	5	10
83	1	1	10	1	5	19	10	10
83	1	1	1	1	4	7	5	5
25	1	1	4	1	9	5	4	4
114	1	1	10	1	9	30	10	10
14		1	2	1	2	5	5	5
64	2	1	6	1	4	16	6	6
33	5	1	4	1	14	4	4	6
76		1	6	1	14	22	6	8
80	1	1	5	1	15	30	6	15
87		1	2	1	12	30	6	6
66		1	6	1	13	6	6	6
288		1	12	1	25	30	12	20
132		1	10	1	8	20	10	10
115	9	1	8	1	12	6	9	9
46		1	3	1	3	8	5	3
148		1	9	1	10	32	9	9
86		1		1	7	12	10	10
132		1	11	1	4	24	10	10
223	1	1		1	13	49	19	23

10-1(三) 续表 15

民族乡镇名称	公共财政收入（万元）	公共财政支出（万元）	农民人均纯收入（元）	学校数（个）	在校学生数（人）
柳州市三江县福禄苗族乡	503	503	5800	15	4662
柳州市三江县高基苗族乡	327	330	8675	9	451
柳州市融水县滚贝侗族乡	34	758	4716	11	1249
柳州市融水县同练瑶族乡	30	452	3800	6	400
柳州市柳城县古砦仫佬族乡	731	731	5953	14	2345
桂林市临桂县宛田瑶族乡	882	882	6878	4	1300
桂林市临桂县黄沙瑶族乡	731	731	5499	2	242
桂林市灵川县大境瑶族乡	1356	1081	5700	2	616
桂林市灵川县兰田瑶族乡	493	654	4483	1	300
桂林市全州县蕉江瑶族乡	287	287	5842	10	1147
桂林市全州县东山瑶族乡	650	596	4718	34	2419
桂林市兴安县华江瑶族乡	1262	890	10806	7	708
桂林市灌阳县洞井瑶族乡	216	404	5728	8	538
桂林市灌阳县西山瑶族乡	308	300	4128	11	711
桂林市资源县车田苗族乡	1139	1137	6653	26	2402
桂林市资源县两水苗族乡	760	760	5560	7	472
桂林市资源县河口瑶族乡	590	590	6905	4	166
桂林市平乐县大发瑶族乡	86	215	8302	4	908
桂林市荔浦县蒲芦瑶族乡	600	600	5542	15	502
桂林市雁山区草坪回族乡	351	351	7832	1	267
百色市右江区汪甸瑶族乡	558	632	8880	17	2783
百色市田东县作登瑶族乡	152	991	5260	21	3781
百色市田林县潞城瑶族乡	1285	1204	5612	10	3541
百色市田林县利周瑶族乡	71	71	5658	8	1820
百色市田林县八桂瑶族乡	900	900	5628	13	2683
百色市田林县八渡瑶族乡	98	2300	5639	8	2915
百色市凌云县伶站瑶族乡	615	615	4670	13	2212
百色市凌云县朝里瑶族乡	3936	3936	4087	7	1520
百色市凌云县沙里瑶族乡	1022	1022	5014	15	1942
百色市凌云县玉洪瑶族乡	468	468	5020	16	2680
百色市西林县足别瑶族苗族乡	293	293	4612	5	957
百色市西林县普合苗族乡	433	433	4100	8	1365

教师数（人）	图书馆（个）	文化站（个）	村文化活动室（个）	医院、卫生院（个）			村卫生室（个）	
					#医生数（人）	#病床数（张）		#医生数（人）
164	1	1	14	1	16	34	14	14
39		1	8	1	16	12	8	8
84	1	1	8	1	4	40	11	11
108	1	1	3	1	6	10	6	6
173	1	1	15	1	13	61	13	8
110		1	4	1	22	12	15	28
25		1	4	1	8	3	4	4
93		8	8	1	8	16		9
40	1	1	3	1	4	16	3	3
51	1	1	8	1	7	16	8	8
168	1	1		1	16	16	16	28
102	1	1	9	1	26	25	24	34
64		1	5	1	7	26	12	12
96	1	1	10	1	9	26	10	12
172	3	1	6	1	11	60	12	12
54		1	6	1	6	8	6	12
25		1	5	1	7	5	5	5
89	1	1	3	1	9	30	19	19
58	1	1	3	1	17	14	10	13
30	1	1	3	1	11	12	3	3
198	2	1	13	2	62	61	14	16
243		1	22	1	44	48	21	37
179		1	19	2	15	37	19	19
115	3	1	9	1	25	19	9	7
97	1	1	12	2	29	32	12	8
161	8	1	17	2	33	43	17	16
127	1	1	3	1	5	24	8	8
77	1	1	6	1	17	15	6	6
78		1	2	1	5	20	2	3
131	3	1	5	2	4	24	12	12
74		1	6	1	7	9	6	6
87	1	1	7	1	24	14	7	7

10-1(三) 续表 16

民族乡镇名称	公共财政收入（万元）	公共财政支出（万元）	农民人均纯收入（元）	学校数（个）	在校学生数（人）
百色市西林县那佐苗族乡	716	716	5294	4	2800
河池市南丹县八圩瑶族乡	314	314	5673	16	2930
河池市南丹县里湖瑶族乡	374	374	5500	14	2743
河池市南丹县中堡苗族乡	610	486	6399	7	799
河池市天峨县八腊瑶族乡	189	93	4500	13	2411
河池市凤山县平乐瑶族乡	498	498	3895	13	2344
河池市凤山县江洲瑶族乡	300	300	3150	7	1918
河池市凤山县金牙瑶族乡	659	659	4031	16	2675
河池市东兰县三弄瑶族乡	115	115	4031	2	355
河池市环江县驯乐苗族乡	884	2037	4888	13	2099
河池市宜州市北牙瑶族乡	81	930	8241	27	5988
河池市宜州市福龙瑶族乡	123	635	5502	16	3285
重庆市					
奉节县云雾土家族乡	1663	1663	6855	1	272
奉节县长安土家族乡	985	985	7179	5	1403
奉节县龙桥土家族乡	801	801	6656	3	987
奉节县太和土家族乡	1555	1555	6605	4	629
万州区恒合土家族乡	1280	1680	6250	2	2115
万州区地宝土家族乡	45	681	6350	1	407
云阳县清水土家族乡	886	886	7185	16	2282
巫山县红椿土家族乡	1786	1860	7205	2	426
巫山县邓家土家族乡	1537	1210	7309	2	286
忠县磨子土家族乡	945	945	7997	1	640
武隆县石桥苗族土家族乡	1514	1514	8080	3	501
武隆县文复苗族土家族乡	1033	1033	8095	2	363
武隆县后坪苗族土家族乡	965	965	6719	2	433
武隆县浩口苗族仡佬族乡	1009	1009	7456	1	305
四川省					
甘孜州九龙县子耳彝族乡	331	331	7731	1	429
甘孜州九龙县三垭彝族乡	337	337	7552	1	402
甘孜州九龙县俄尔彝族乡	296	296	7366	1	329
甘孜州九龙县小金彝族乡	319	319	7620	1	180

教师数（人）	图书馆（个）	文化站（个）	村文化活动室（个）	医院、卫生院（个）	#医生数（人）	#病床数（张）	村卫生室（个）	#医生数（人）
126		1	4	2	8	48	18	18
150	1	1	16	1	8	18	15	17
137	1	1	13	1	6	16	13	
67	1	1	6	1	11	8	5	5
165	1	1	9	3	22	31	9	18
148	1	1	10	1	10	35	10	10
117	1	1	7	1	13	12	7	7
166	1	1	8	2	45	48	12	12
24		1	5	1	3	15	5	
128	1	1	12	1	32	30	10	10
300		1	19	2	118	98	32	32
182		1	3	1	23	45	14	9
22	5	1	3	1	8	10	3	3
87	1	1	8	1	14	20	5	5
38	7	1	6	1	7	20	5	5
41	1	1	8	1	16	20	3	3
205	1	1	14	1	54	65	14	32
30	1	1		1	5	20	4	4
141	1	1	8	2	23	57	27	35
30		1	5	1	11	8	5	5
30		1	5	1	6	6	5	7
44	1	1	7	1	24	20	13	13
56		1	6	1	5	15	5	5
31		1	6	1	2	8	6	6
30		1	6	1	5	11	4	4
31		1	6	1	1	8	6	6
26				1	3	4		
19				1	13	8		
16				1	2	4		
15				1	3	2		

10-1(三) 续表 17

民族乡镇名称	公共财政收入（万元）	公共财政支出（万元）	农民人均纯收入（元）	学校数（个）	在校学生数（人）
甘孜州九龙县朵落彝族乡	245	245	7105	1	144
甘孜州九龙县踏卡彝族乡	365	365	7655	1	348
甘孜州九龙县湾坝彝族乡	475	475	7969	3	868
阿坝州松潘县十里回族乡	371	310	9050	1	296
阿坝州松潘县进安回族乡	470	470	9099	1	769
攀枝花市仁和区大龙潭彝族乡	1020	960	11600	7	743
攀枝花市仁和区啊喇彝族乡	140	136	11140	1	501
攀枝花市米易县麻陇彝族乡	1139	1139	10835	1	343
攀枝花市米易县白坡彝族乡	1463	1463	11390	3	457
攀枝花市米易县湾丘彝族乡	1973	1703	10149	2	2188
攀枝花市米易县新山傈僳族乡	1118	1118	10945	1	407
攀枝花市盐边县敢鱼彝族乡	738	868	9509	3	280
攀枝花市盐边县红果彝族乡	948	1046	9588	3	1378
攀枝花市盐边县温泉彝族乡	258	258	9486	2	920
攀枝花市盐边县箐河傈僳族乡	589	589	9098	1	552
攀枝花市盐边县格萨拉彝族乡	841	841	9797	1	570
攀枝花市盐边县和爱彝族乡	339	525	9504	1	442
攀枝花市盐边县红宝苗族彝族乡	587	677	9423	1	106
泸州市叙永县白蜡苗族乡	3510	3037	4920	1	3081
泸州市叙永县合乐苗族乡	2045	2045	5004	1	1776
泸州市叙永县枧槽苗族乡	1270	2182	5340	5	2211
泸州市叙永县石坝彝族乡	590	590	5260	4	1340
泸州市叙永县水潦彝族乡	1080	1080	5103	5	2847
泸州市古蔺县箭竹苗族乡	1109	1240	7400	6	1632
泸州市古蔺县大寨苗族乡	434	897	6482	4	674
泸州市古蔺县马嘶苗族乡	1011	1089	6398	6	1967
广元市青川县蒿溪回族乡	278	278	7322	1	259
广元市青川县大院回族乡	472	472	6752	1	349
乐山市金口河区和平彝族乡	445	445	7310	4	1148
乐山市金口河区共安彝族乡	542	534	8275	3	628
南充市阆中市博树回族乡	430	430	7658	1	248
宜宾市筠连县高坪苗族乡	573	573	8230	2	1002

教师数（人）	图书馆（个）	文化站（个）	村文化活动室（个）	医院、卫生院（个）	#医生数（人）	#病床数（张）	村卫生室（个）	#医生数（人）
12				1	2	4		
25				1	2	3		
73				1	12	8		
32		1	6	1	4	2	3	1
61			9				1	1
70	1	1	8	2	36	45	8	8
50	1	1	6	1	20	32	6	6
29		1	6	1	9	9	7	7
44		1	10	1	15	8	7	7
106		7	7	1	45	23	7	7
39		1	4	1	10	5	4	6
28	1	1	14	1	8	6	3	3
67	13	1	12	1	14	20	7	7
51		1	7	1	8	6	7	8
42	1	1	6	1	5	9	6	10
77	1	1	11	1	18	40	10	10
29	1	1	4	1	5	16	4	4
21	1	1	7	1	10	4	5	5
126	1	1	7	1	10	35	7	14
80		1	5	1	6	30	5	5
108		1	5	1	6	30	2	3
61	2	4	4	1	16	25	4	3
104	1	1	10	1	14	50	6	6
96	1	1	8	1	10	25	6	6
48		1	3	1	6	15	7	7
105		1	5	1	4	20	8	9
25	1	1	5	1	3	6	5	5
36	1	1	1	1	7	6	6	6
98		1	6	1	8	5	6	6
88	1	1	7	1	4	4	6	6
43		1	7	1	8	10	3	3
58		1	5	1	4	10	4	7

10-1(三)　续表 18

民族乡镇名称	公共财政收入（万元）	公共财政支出（万元）	农民人均纯收入（元）	学校数（个）	在校学生数（人）
宜宾市筠连县联合苗族乡	533	533	7723	5	1314
宜宾市筠连县团林苗族乡	478	478	9985	6	808
宜宾市屏山县屏边彝族乡	765	765	6524	1	1026
宜宾市屏山县清平彝族乡	943	753	6683	5	1275
宜宾市兴文县大坝苗族乡	1058	1058	7834	1	3933
宜宾市兴文县毓秀苗族乡	1185	1185	7446	1	646
宜宾市兴文县大河苗族乡	2030	2030	8540	5	4763
宜宾市兴文县麒麟苗族乡	2300	2300	7555	4	3646
宜宾市兴文县仙峰苗族乡	1627	1627	8428	7	1142
宜宾市珙县罗渡苗族乡	388	388	6247	7	1400
宜宾市珙县玉和苗族乡	293	293	7959	3	709
宜宾市珙县观斗苗族乡	296	296	8332	1	522
雅安市汉源县小堡藏族彝族乡	270	270	7300	2	221
雅安市汉源县坭美彝族乡	562	562	7347	2	251
雅安市汉源县永利彝族乡	713	387	6065	1	90
雅安市汉源县顺河彝族乡	373	373	7662	1	102
雅安市汉源县片马彝族乡	421	421	8089	2	417
雅安市石棉县安顺彝族乡	490	490	8231	4	665
雅安市石棉县先锋藏族乡	626	626	8533	2	855
雅安市石棉县蟹螺藏族乡	556	556	8372	1	273
雅安市石棉县回隆彝族乡	436	436	8322	4	560
雅安市石棉县擦罗彝族乡	838	838	7547	2	611
雅安市石棉县栗子坪彝族乡	1140	1140	7957	1	630
雅安市石棉县新民藏族彝族乡	1090	1090	7555	2	803
雅安市石棉县挖角彝族藏族乡	601	601	7736	1	389
雅安市石棉县田湾彝族乡	640	640	7514	1	171
雅安市石棉县草科藏族乡	295	295	7517	1	170
雅安市宝兴县跷碛藏族乡	660	660	9210	7	332
雅安市荥经县宝峰彝族民族乡	223	223	6949	1	190
雅安市荥经县民建彝族民族乡	422	422	6881	2	293
凉山州西昌市高草回族乡	401	401	11268	2	1169
凉山州西昌市裕隆回族乡	520	520	10997	2	2808

教师数（人）	图书馆（个）	文化站（个）	村文化活动室（个）	医院、卫生院（个）	#医生数（人）	#病床数（张）	村卫生室（个）	#医生数（人）
67		1	8	1	5	3	2	2
48		1	8	1	6	5	4	4
42		1	7	1	2	13	3	3
98	1	1	9	1	8	18	3	3
192		1	16	1	21	50	16	19
31		1	5	1	4	7	5	10
249	1	1	17	1	6	38	17	34
190	1	1	25	1	10	15	25	38
71		1	12	1	17	20	12	12
92		1	10	1	6	12	10	14
36	1	1	4	1	5	10	5	8
31		1	4	1	6	10	5	5
16		1	3	1	5	6	1	1
12		5	5	1	6	4	1	1
14	1	6	6	1	5	4	1	1
10		1	4	1	9	4	1	1
30	1	1	6	1	7	7	3	1
44	1	1	2	1	12	10	5	4
73	1	1	6	1	10	8	4	4
24	1	1	7	1	10	5	5	4
47	1	1	6	1	8	10	6	6
39		1	5	1	6	5	1	1
29		1	7	1	10	9	7	76
41		1	5	1	13	15	2	3
17	1	1	3	1	6	11	3	3
16	1	1	6	1	4	9	1	1
21	1	1	5	1	5	5	5	5
48	1	1	5	1	12	11	4	4
18		1	3	1	5	5	1	1
28	1	1	5	1	8	15	5	5
99		1	7	1	4	14	7	8
131	1	1	9	1	10	18	17	23

10-1(三) 续表 19

民族乡镇名称	公共财政收入（万元）	公共财政支出（万元）	农民人均纯收入（元）	学校数（个）	在校学生数（人）
凉山州木里县屋脚蒙古族乡	324	324	5583	1	265
凉山州木里县俄亚纳西族乡	397	397	3965	1	620
凉山州木里县白碉苗族乡	461	461	5843	1	881
凉山州木里县项脚蒙古族乡	397	373	5741	1	312
凉山州木里县固增苗族乡	419	419	4785	1	300
凉山州盐源县大坡蒙古族乡	137	137	2817	1	247
凉山州德昌县金沙傈僳族乡	195	187	7680	1	364
凉山州德昌县南山傈僳族乡	134	134	7325	1	235
凉山州会理县新安傣族乡	150	150	3150	1	224
凉山州冕宁县和爱藏族乡	238	238	6820	1	211
凉山州越西县保安藏族乡	232	232	4793	3	360
绵阳市平武县木皮藏族乡	376	247	7380	1	28
绵阳市平武县木座藏族乡	276	300	6296	1	50
绵阳市平武县白马藏族乡	504	360	5650	1	25
绵阳市平武县黄羊关藏族乡	205	205	7232	1	18
绵阳市平武县虎牙藏族乡	220	220	6788	1	64
绵阳市平武县泗耳藏族乡	310	310	4820	1	6
绵阳市平武县徐塘羌族乡	292	292	7189	1	113
绵阳市平武县锁江羌族乡	426	426	7911	2	288
绵阳市平武县平南羌族乡	323	337	7348	1	84
绵阳市北川县桃龙藏族乡	532	532	7105	1	83
绵阳市盐亭县大兴回族乡	430	430	9692	1	212
达州市宣汉渡口土家族乡	585	585	5440	6	728
达州市宣汉龙泉土家族乡	867	867	5103	7	1520
达州市宣汉三墩土家族乡	529	529	5347	2	2691
达州市宣汉漆树土家族乡	430	430	5100	1	436
绵阳市平武县水田羌族乡	404	317	7350	1	114
绵阳市平武县旧堡羌族乡	403	433	6563	1	110
绵阳市平武县阔达藏族乡	489	489	7499	2	178
绵阳市平武县土城藏族乡	519	519	7374	2	170
贵州省					
贵阳市花溪区高坡苗族乡	1571	1245	8273	11	2384

教师数（人）	图书馆（个）	文化站（个）	村文化活动室（个）	医院、卫生院（个）	#医生数（人）	#病床数（张）	村卫生室（个）	#医生数（人）
22	2	2	2	1	6	3	1	1
38	7	7	6	1	3	3	2	3
48	5	5	4	1	4	5	1	2
24	3	3	3	1	3	3	1	2
24	4	4	4	1	5	12	1	4
11		1	2	1	4	8	3	3
17		1	3	1	3	1	1	1
23		1	3	1	6	5	1	1
11		1	5	1	1	6		
15	1	1	1	1	5	10		
18		1	3	1	5	4	3	4
9		1	3	1	3	2		
10		1	3	1	2	3		
4		1	4	1	4	10		
8		1	6	1	4	6	5	
6		1	3	1	2	5	5	5
2		1	1	1	1	4		
16		1	5	1	4	2	4	4
31		[illegible]	10	1	6	6	10	10
13	1	1	5	1	3	5	3	3
11		1	6	1	2	1	1	1
30		1	8	1	10	19	8	8
38		1	8	1	8	12	7	13
71		1	6	1	9	16	14	19
102		1	7	1	9	18	7	7
28		1	4	1	8	11	4	12
14		1	7	1	3	4	6	6
15	1	1	6	1	4	6	4	5
20		1	6	1	5	10	5	4
20		1	9	1	8	8	9	9
152	1	1	19	1	5	10	16	16

10-1(三) 续表 20

民族乡镇名称	公共财政收入（万元）	公共财政支出（万元）	农民人均纯收入（元）	学校数（个）	在校学生数（人）
贵阳市花溪区马铃布依族苗族乡	1481	911	8874	3	365
贵阳市花溪区孟关苗族布依族乡	17526	1613	11498	7	3081
贵阳市花溪区黔陶布依族苗族乡	1808	974	11176	1	538
贵阳市花溪区湖潮布依族苗族乡	10510	8756	13370	7	5484
贵阳市花溪区小碧布依族苗族乡	15644	1659	12722	7	1100
贵阳市乌当区偏坡布依族乡	515	548	11423	1	245
贵阳市乌当区新堡布依族乡	344	1418	11568	3	500
贵阳市白云区都拉布依族乡	3073	2802	10379	4	824
贵阳市白云区牛场布依族乡	526	1212	9631	3	778
贵阳市清镇市麦格苗族布依族乡	1789	2213	8754	2	1544
贵阳市清镇市王庄布依族苗族乡	558	1070	8726	4	1827
贵阳市清镇市流长苗族乡	607	1963	8760	11	4476
贵阳市息烽市青山苗族乡	1160	1243	9484	3	546
贵阳市开阳县禾丰布依族苗族乡	583	1350	8419	3	1354
贵阳市开阳县南江布依族苗族乡	750	2824	8564	7	1524
贵阳市开阳县高寨苗族布依族乡	420	1785	7780	6	1747
贵阳市修文县大石布依族乡	66	981	7006	1	1757
六盘水市六枝特区落别布依族彝族乡	874	1530	4800	14	4022
六盘水市六枝特区折溪彝族乡	120	616	5455	8	1528
六盘水市六枝特区牛场苗族彝族乡	498	626	5120	6	3230
六盘水市六枝特区中寨苗族彝族布依族乡	2323	1465	5058	10	4440
六盘水市六枝特区箐口彝族仡佬族布布依族苗族乡	616	616	5023	4	1289
六盘水市六枝特区洒志彝族布依族苗族乡	315	614	5010	6	1881
六盘水市六枝特区毛口布依族苗族乡	269	566	5095	7	901
六盘水市六枝特区梭戛苗族彝族乡	230	762	5108	10	3068
六盘水市六枝特区陇脚布依族乡	490	724	5828	4	1310
六盘水市盘县特区普田回族乡	303	1273	4834	7	1293
六盘水市盘县特区鸡场坪彝族乡	2764	2930	6138	11	4960
六盘水市盘县特区旧营白族彝族苗族乡	218	1400	5191	10	1837
六盘水市盘县特区马场彝族苗族乡	316	1177	4069	5	1527
六盘水市盘县特区羊场布依族白族苗族乡	3041	2256	6369	11	4007
六盘水市盘县特区保基苗族彝族乡	602	1264	4032	4	1537

教师数（人）	图书馆（个）	文化站（个）	村文化活动室（个）	医院、卫生院（个）	#医生数（人）	#病床数（张）	村卫生室（个）	#医生数（人）
34	1	1	3	1	3	6	5	5
191	1	1	8	2	15	60	6	6
37	1	1	7	1	4	6	8	10
343		1	19	1	23	11	19	19
92	12	1	12	1	9	10	13	13
27		1	2	1	3	4	1	1
56	1	1	7	1	5	5	6	6
66	1	1	7	1	6	16	7	7
64	4	1	13	1	30	20	13	13
122		1	15	1	14	22	18	22
124		1	10	1	17	18	13	13
289		1	26	1	14	36	33	33
50	1	1	5	1	9	20	5	7
70		1	6	1	9	20	11	11
108		1	6	1	5	10	16	21
99		1	8	1	4	10	23	31
78		1	7	1	3	7	7	10
242	1	1	13	1	16	27	13	13
91	1	1	9	1	13	13	9	9
144		1	9	1	14	23	9	9
266	1	1	21	1	30	30	21	21
95		1	7	1	7	6	7	7
116	1	1	6	1	14	8	9	9
96	1	1	6	1	9	9	6	6
117	1	1	7	1	20	26	7	7
108	1	1	8	1	8	12	8	8
102	1	1	6	1	6	22	6	18
253		2	13	1	27	78	13	26
143		1	11	1	14	25	11	11
92		1	11	1	16	26	11	11
221	1	1	16	1	25	45	16	36
98	1	1	7	1	10	14	7	7

10-1(三) 续表 21

民族乡镇名称	公共财政收入（万元）	公共财政支出（万元）	农民人均纯收入（元）	学校数（个）	在校学生数（人）
六盘水市盘县特区四格彝族乡	798	3153	4259	7	1940
六盘水市盘县特区松河彝族乡	2392	2712	7341	6	3102
六盘水市盘县特区坪地彝族乡	2455	3304	5563	13	3177
六盘水市盘县特区淤泥彝族乡	3454	5607	7255	10	3220
六盘水市盘县特区普古彝族苗族乡	319	1672	5846	7	2207
六盘水市水城县坪寨彝族乡	323	875	5600	5	1425
六盘水市水城县陡箐苗族彝族乡	1232	3015	6210	9	2565
六盘水市水城县董地苗族彝族乡	1320	1233	6204	11	2213
六盘水市水城县双戛彝族乡	2781	2781	7350	6	519
六盘水市水城县南开苗族彝族乡	908	1431	6388	19	6012
六盘水市水城县青林苗族彝族乡	312	812	6102	9	3512
六盘水市水城县金盆苗族彝族乡	750	505	6122	11	4318
六盘水市水城县发箐苗族彝族乡	750	1300	6028	6	945
六盘水市水城县纸厂彝族乡	1435	1097	6699	6	1334
六盘水市水城县杨梅彝族苗族回族乡	425	1133	5868	12	4468
六盘水市水城县新街彝族苗族布依族乡	655	3410	6220	8	2054
六盘水市水城县野钟苗族彝族布依族乡	420	1012	5980	9	3635
六盘水市水城县果布嘎彝族苗族布依族乡	360	736	5908	6	1811
六盘水市水城县龙场苗族白族彝族乡	850	1150	5715	8	2081
六盘水市水城县营盘苗族彝族白族乡	952	1159	6055	7	2490
六盘水市水城县顺场苗族彝族布依族乡	1186	1824	6081	10	2217
六盘水市水城县花戛苗族布依族彝族乡	426	962	6032	7	1756
六盘水市水城县米箩布依族苗族彝族乡	683	1468	5585	13	3976
六盘水市水城县猴场苗族布依族乡	4064	1302	6320	8	2697
六盘水市水城县红岩布依族彝族苗族乡	320	897	6010	10	2836
黔东南州麻江县坝芒布依族乡	432	430	5764	2	970
黔东南州镇远县尚寨土家族乡	1640	1498	5833	5	918
黔东南州岑巩县杨桥土家族乡	890	890	6037	13	3920
黔东南州黎平县顺化瑶族乡	379	362	2146	1	333
黔东南州黎平县雷洞瑶族水族乡	520	520	3586	9	868
黔东南州从江县秀塘壮族乡	320	320	5486	6	799
黔东南州从江县刚边壮族乡	685	477	5875	7	1474

教师数（人）	图书馆（个）	文化站（个）	村文化活动室（个）	医院、卫生院（个）	#医生数（人）	#病床数（张）	村卫生室（个）	#医生数（人）
161		1	9	1	27	43	9	22
178	1	1	6	1	16	35	6	20
237		1	15	1	16	30	15	30
202		1	19	1	19	80	19	32
169		1	19	1	14	14	19	28
71		1	4	1	7	5	4	7
156	7	1	6	1	12	13	9	12
149		1	6	1	10	15	9	9
53	6	1	5	1	7	15	5	5
294	1	1	14	1	15	36	14	14
166	1	1	7	1	10	15	7	7
226		1	9	1	9	15	9	9
71		1	5	1	11	22	5	8
97		1	5	1	7	6	5	10
198		1	13	1	14	34	8	8
141		1	5	1	5	10	5	5
203		1	7	1	8	10	7	7
101		1	5	1	4	14	5	5
153		1	14	1	10	25	14	14
131		1	6	1	10	10	6	6
145		1	11	1	7	26	11	11
112		1	18	1	9	26	18	18
216		1	5	1	12	10	5	5
146		1	11	1	4	15	5	5
156		1	8	1	7	16	8	8
78		1	7	1	9	10	9	9
61		1	4	1	6	14	3	3
256		1	9	1	10	35	9	16
20		1	1	1	7	7	3	4
38	1	1		1	15	12	15	15
67	1	1	3	1	8	25	7	5
86		1	8	1	13	13	7	7

10-1(三)　续表 22

民族乡镇名称	公共财政收入（万元）	公共财政支出（万元）	农民人均纯收入（元）	学校数（个）	在校学生数（人）
黔东南州从江县翠里瑶族壮族乡	763	557	5886	12	1563
黔东南州榕江县三江水族乡	591	501	5468	15	1839
黔东南州榕江县塔石瑶族水族乡	458	458	5400	8	1419
黔东南州榕江县仁里水族乡	517	517	4929	8	1052
黔东南州榕江县定威水族乡	517	681	5058	5	908
黔东南州榕江县兴华水族乡	461	431	4981	9	1515
黔东南州榕江县水尾水族乡	313	313	4720	1	788
黔东南州雷山县达地水族乡	466	532	6186	5	813
黔南州都匀市基场水族乡	2673	2649	6395	14	2799
黔南州平塘县卡蒲毛南族	1652	1652	6598	8	1287
黔南州荔波县瑶山瑶族乡	227	751	6590	4	1207
黔南州荔波县水利水族乡	340	475	6754	12	958
黔西南州晴隆县三宝彝族乡	661	510	4315	1	848
黔西南州兴仁县鲁础营回族乡	606	1028	5950	11	2040
黔西南州望谟县油迈瑶族乡	225	235	5677	5	1144
遵义市遵义县洪关苗族乡	672	1088	6724	4	1066
遵义市遵义县平正仡佬族乡	1730	1730	6015	10	1783
遵义市桐梓县马鬃苗族乡	639	639	5508	5	890
遵义市余庆县花山苗族乡	1700	1700	7728	6	1495
遵义市仁怀后山苗族布依族乡	750	750	7032	2	1568
遵义市正安县谢坝仡佬族苗族乡	1750	1750	6019	6	1059
遵义市正安县市坪苗族仡佬族乡	500	500	5800	6	1702
遵义市道真县上坝土家族乡	1152	1152	6756	8	2256
安顺市西秀区新场布依族苗族乡	232	1247	6579	3	1223
安顺市西秀区鸡场布依族苗族乡	1287	1287	6702	4	3336
安顺市西秀区岩腊苗族布依族乡	2208	2156	6138	10	2401
安顺市西秀区杨武布依族苗族乡	1742	1742	7406	11	2015
安顺市西秀区黄腊布依族苗族乡	1119	1119	6412	4	1511
安顺市平坝县十字回族乡	1322	1298	6465	19	4111
安顺市平坝县羊昌布依族苗族乡	812	812	6289	11	3316
安顺市普定县补郎苗族乡	1841	1097	5650	12	2531
安顺市普定县猫洞苗族仡佬族乡	4922	1396	6979	11	1626

教师数（人）	图书馆（个）	文化站（个）	村文化活动室（个）	医院、卫生院（个）	#医生数（人）	#病床数（张）	村卫生室（个）	#医生数（人）
86		1	20	1	7	15	18	26
86		1	13	1	5	18	9	11
70	1	1	4	1	11	10	4	
95	1	1	8	1	5	10	7	7
53		1	7	1	8	12	5	
94		1	6	1	12	12	4	4
39		1	5	1	7	6	5	5
57		1	10	1	10	12	9	
261		3	12	3	42	6	12	12
103	1	1	6	1	10	10	6	1
74	1	1	8	2	22	22	7	4
54	3	1	14	3	27	24	12	12
46		1	2	1	5	4	3	3
125		1	8	1	8	6	8	8
97	1	1	8	1	6	10	7	7
87	1	1	3	1	5	12	3	3
149		1	5	1	5	9	17	17
38	1	1	10	1	17	15	8	9
95		1	4	1	17	62	4	13
98		1	4	1	9	12	4	4
159		1	5	1	5	15	6	6
166		1	4	1	17	20	4	7
172	1	1	3	1	20	20	8	19
119		1	8	1	5	11	8	13
160	1	1	5	1	9	20	11	11
153		1	8	1	5	9	13	16
136	1	1	11	1	13	36	11	12
121		1	7	1	8	15	14	13
287		1		1	14	10	11	25
197		1	12	1	11	20	15	15
194		1	11	1	11	23	15	14
143	1	1	1	1	15	10	20	20

10-1(三) 续表 23

民族乡镇名称	公共财政收入（万元）	公共财政支出（万元）	农民人均纯收入（元）	学校数（个）	在校学生数（人）
安顺市普定县猴场苗族仡佬族乡	1535	1568	5533	12	3034
毕节地区毕节市田坎彝族乡	939	939	4800	6	1842
毕节地区毕节市大屯彝族乡	236	256	4925	8	3015
毕节地区毕节市阿市苗族彝族乡	135	120	4620	10	3100
毕节地区毕节市团结彝族苗族乡	1240	1115	5050	14	4200
毕节地区毕节市千溪彝族苗族白族乡	850	850	5895	7	3505
毕节地区毕节市阴底彝族苗族白族乡	256	350	4910	15	5847
毕节地区黔西县花溪彝族苗族乡	1263	1263	5412	11	1955
毕节地区黔西县定新彝族苗族乡	235	235	5487	10	2037
毕节地区黔西县绿化白族彝族乡	1136	1136	6468	5	1547
毕节地区黔西县新仁苗族乡	159	139	5498	10	2798
毕节地区黔西县红林彝族苗族乡	232	1232	6164	17	3389
毕节地区黔西县中建苗族彝族乡	799	560	5574	7	1215
毕节地区黔西县仁和彝族苗族乡	1502	1943	5963	10	2257
毕节地区黔西县永燊彝族苗族乡	439	590	5616	8	1898
毕节地区黔西县太来彝族苗族乡	1284	1284	5746	14	3889
毕节地区黔西县铁石苗族彝族乡	186	552	5743	9	1952
毕节地区黔西县金波苗族彝族满族乡	1225	1045	6016	12	2539
毕节地区黔西县五里布依族苗族乡	2287	1287	5692	11	3259
毕节地区大方县竹园彝族苗族乡	1140	1011	6001	12	3470
毕节地区大方县响水白族彝族仡佬族乡	688	1180	5788	13	3277
毕节地区大方县鼎新彝族苗族乡	1161	261	5682	14	6128
毕节地区大方县牛场苗族彝族乡	1254	1254	5821	13	7256
毕节地区大方县理化苗族彝族乡	1380	1180	6401	16	4051
毕节地区大方县安乐彝族仡佬族乡	999	899	5551	6	1218
毕节地区大方县凤山彝族蒙古族乡	608	308	5665	9	2008
毕节地区大方县白纳彝族乡	761	761	6282	7	2525
毕节地区大方县三元彝族苗族白族乡	780	780	5800	10	2894
毕节地区大方县普底彝族苗族白族乡	2958	2749	6642	18	4751
毕节地区大方县沙厂彝族乡	871	871	6034	11	1934
毕节地区大方县大水彝族苗族布依族乡	1084	977	5400	9	1202
毕节地区大方县黄泥彝族苗族满族乡	834	834	5829	6	1270

教师数（人）	图书馆（个）	文化站（个）	村文化活动室（个）	医院、卫生院（个）	#医生数（人）	#病床数（张）	村卫生室（个）	#医生数（人）
221		1	10	1	16	20	16	16
144		1	7	1	2	15	10	10
174		1	8	1	7	25	8	8
202		1	3	1	6	25	13	13
220		1	13	1	5	30	13	17
200		1	5	1	5	25	9	9
280		1	12	1	8	17	12	12
143		1	10	1	3	18	10	10
149		1	14	2	10	18	15	18
105		1	7	1	6	25	13	15
198		1	9	1	6	14	12	12
297		1	20	1	7	14	21	23
97		1	6	1	4	18	4	4
184		1	10	1	13	11	16	16
145		1	13	1	4	12	13	13
235		1	12	1	4	14	14	17
169		1	11	1	4	14	10	10
154		1	10	1	16	18	10	10
187		1	7	1	7	10	10	10
188		1	1	1	11	14	9	9
214		1	14	2	18	18	15	16
384		1	12	2	12	24	13	13
359		1	1	1	20	14	9	12
270		1	10	1	18	24	10	13
96		1	2	1	12	14	8	8
143		1	9	1	14	14	7	7
211		1	1	2	11	18	4	4
124		1	1	1	7	11	8	8
282		1	18	2	14	14	18	18
118		1	9	1	13	24	6	8
101		1	8	1	6	14	10	10
101		1	6	1	6	14	4	4

10-1(三)　续表 24

民族乡镇名称	公共财政收入（万元）	公共财政支出（万元）	农民人均纯收入（元）	学校数（个）	在校学生数（人）
毕节地区大方县核桃彝族白族乡	1156	1256	6284	9	3172
毕节地区大方县八堡彝族苗族乡	1185	1185	6102	8	4215
毕节地区大方县兴隆苗族乡	874	874	6044	10	4474
毕节地区大方县大山苗族彝族乡	874	874	5959	10	3268
毕节地区大方县星宿苗族彝族仡佬族乡	730	730	6191	11	2246
毕节地区金沙县石场苗族彝族乡	850	850	5950	15	2928
毕节地区金沙县太平彝族苗族乡	195	185	5870	7	1297
毕节地区金沙县马路彝族苗族乡	1035	1100	6096	11	2328
毕节地区金沙县安洛苗族彝族满族乡	1639	1439	7000	10	2800
毕节地区金沙县新华苗族彝族满族乡	1336	1136	5100	9	4301
毕节地区金沙县大田彝族苗族布依族乡	1592	1492	6980	5	1772
毕节地区织金县官寨苗族乡	412	412	6210	14	3651
毕节地区织金县金龙苗族彝族布依族乡	531	727	5821	14	5181
毕节地区织金县鸡场苗族彝族布依族乡	280	300	5070	12	6051
毕节地区织金县自强苗族乡	527	395	5533	7	1370
毕节地区织金县茶店布依族苗族彝族乡	157	654	4519	10	4215
毕节地区织金县太平苗族彝族乡	407	517	5645	8	2514
毕节地区织金县后寨苗族乡	381	314	5572	8	2621
毕节地区纳雍县新房彝族苗族乡	728	648	5144	10	4100
毕节地区纳雍县库东关彝族苗族白族乡	1458	1241	5831	10	2229
毕节地区纳雍县董地苗族彝族乡	1515	815	4869	14	4834
毕节地区纳雍县化作苗族彝族乡	1543	1343	5460	14	4645
毕节地区纳雍县姑开苗族彝族乡	1153	453	5150	15	4852
毕节地区纳雍县羊场苗族彝族乡	1420	420	5098	16	4688
毕节地区纳雍县锅圈岩苗族彝族乡	1267	467	5215	15	4020
毕节地区纳雍县昆寨苗族彝族白族乡	982	362	5305	22	3952
毕节地区纳雍县左鸠戛彝族苗族乡	1025	566	4705	7	2018
毕节地区纳雍县猪场苗族彝族乡	928	428	4974	9	3248
毕节地区威宁县新发布依族乡	975	918	5969	22	8676
毕节地区赫章县兴发苗族彝族回族乡	546	405	5572	15	4841
毕节地区赫章县松林坡白族彝族苗族乡	295	279	5676	14	3775
毕节地区赫章县雉街彝族苗族乡	1765	1841	6048	11	2747

教师数（人）	图书馆（个）	文化站（个）	村文化活动室（个）	医院、卫生院（个）	#医生数（人）	#病床数（张）	村卫生室（个）	#医生数（人）
211		1	9	1	10	14	9	9
283		1	9	2	11	14	9	9
264		1	1	1	10	14	8	8
182		1	11	1	10	14	11	11
141		1	10	1	7	14	10	10
209	1	1	11	2	12	25	11	11
196		1	5	1	15	14	5	5
126		1	7	1	18	14	7	7
140	1	1	8	1	4	14	8	8
228		1	10	1	15	14	10	10
102	1	1	7	1	7	14	8	8
154		1	16	1	11	14	16	16
231		1	20	1	6	7	20	20
286		1	24	1	8	9	24	24
108		1	11	1	9	5	11	11
204		1	5	1	22	7	21	22
124		1	13	1	6	9	12	12
179		1	13	1	14	4	13	13
221	1	1	24	1	7	22	18	18
147	1	1	10	1	6	17	10	10
272	1	1	17	1	13	45	17	17
225	1	1	19	1	4	25	16	16
242	1	1	2	1	6	17	12	12
262	1	1	14	1	8	14	16	16
212	1	1	2	1	5	25	15	16
205	1	1	21	1	6	28	15	15
123	1	1	10	1	7	28	10	9
184	1	1	1	1	5	17	13	13
418		1	19	1	30	23	31	31
271		1	16	2	16	30	16	16
200		1	16	1	8	16	16	16
146		1	10	1	15	20	10	10

10-1(三) 续表 25

民族乡镇名称	公共财政收入（万元）	公共财政支出（万元）	农民人均纯收入（元）	学校数（个）	在校学生数（人）
毕节地区赫章县朱市彝族乡	2321	558	5706	13	4379
毕节地区赫章县双坪彝族乡	530	469	5722	22	6808
毕节地区赫章县辅处彝族苗族乡	439	628	5306	10	2151
毕节地区赫章县铁匠苗族乡	265	885	5807	9	3830
毕节地区赫章县可乐彝族满族乡	510	529	6064	20	6567
毕节地区赫章县河镇彝族苗族乡	218	291	5846	12	5858
毕节地区赫章县结构彝族苗族乡	2295	2166	6005	11	3540
毕节地区赫章县水塘堡彝族苗族乡	1105	1185	5572	12	4652
毕节地区赫章县古达苗族彝族乡	1255	1256	5783	14	3538
铜仁地区铜仁市桐木坪侗族乡	720	720	6259	6	685
铜仁地区铜仁市鱼塘侗族土家族苗族乡	470	470	5200	15	2915
铜仁地区铜仁市大坪侗族土家族苗族乡	510	510	5700	12	2440
铜仁地区铜仁市和平土家族侗族乡	310	310	5985	8	1640
铜仁地区铜仁市滑石侗族苗族土家族乡	410	410	8100	10	1180
铜仁地区铜仁市瓦屋侗族乡	380	360	6446	3	895
铜仁地区铜仁市六龙山侗族土家族乡	428	428	5885	4	146
铜仁地区江口县德旺土家族苗族乡	288	645	3000	7	1540
铜仁地区江口县官和侗族土家族苗族乡	30	398	2855	5	811
铜仁地区石阡县青羊苗族仡佬族侗族乡	451	732	5122	11	1210
铜仁地区石阡县枫香仡佬族侗族乡	150	512	4884	9	967
铜仁地区石阡县坪地仡佬族侗族乡	187	642	5030	13	2211
铜仁地区石阡县龙井侗族仡佬族乡	180	741	5332	10	2988
铜仁地区石阡县石固仡佬族侗族乡	898	1071	5279	15	1689
铜仁地区石阡县坪山仡佬族侗族乡	196	558	4874	5	583
铜仁地区石阡县甘溪仡佬族侗族乡	139	598	4872	9	1456
铜仁地区石阡县聚凤仡佬族侗族乡	406	783	5200	19	2249
铜仁地区石阡县大沙坝仡佬族侗族乡	163	682	4888	5	2044
铜仁地区思南县思林土家族苗族乡	320	840	4020	6	1160
铜仁地区思南县胡家湾苗族土家族乡	458	987	4320	6	1644
铜仁地区思南县宽坪土家族苗族乡	418	640	3068	8	1288
铜仁地区思南县亭子坝土家族苗族乡					
铜仁地区思南县枫柼土家族苗族乡	320	688	4280	6	1340

教师数（人）	图书馆（个）	文化站（个）	村文化活动室（个）	医院、卫生院（个）	#医生数（人）	#病床数（张）	村卫生室（个）	#医生数（人）
213		1	18	1	6	10	18	18
396		1	26	1	8	10	26	26
163		1	9	1	6	10	9	9
187		1	10	1	8	21	10	10
385		1	19	2	19	30	19	19
278		1	20	2	6	18	20	20
172		1	8	1	14	15	8	8
236		1	14	1	16	26	14	14
202		1	25	1	8	40	25	25
102	1	1	3	1	11	10	4	6
218	1	1	12	1	17	38	14	16
144	9	8	10	1	9	24	10	20
95	1	1	9	1	8	15	18	18
156	1	1	7	1	12	14	12	12
90	1	1	6	1	8	5	6	6
25	1	1	6	1	6	4	4	4
98	1	1	8	1	11	17	10	10
72	1	1	4	1	6	10	5	5
101	1	1	5	1	12	20	13	13
74		1	5	1	6	21	5	5
147	1	1	1	1	8	30	17	17
224	1	1	6	1	13	20	23	23
142		1	5	1	9	20	13	13
78		1	6	1	13	13	3	3
134		1	6	1	14	17	7	7
181		1	6	1	16	10	18	18
146	1	4	5	1	10	12	8	8
80	1	1	1	1	1	10	12	12
91	1	1	2	1	2	18	12	12
92	1	1	1	1	1	10	13	13
86	1	1	3	1	2	12	14	14

10-1(三)　续表 26

民族乡镇名称	公共财政收入（万元）	公共财政支出（万元）	农民人均纯收入（元）	学校数（个）	在校学生数（人）
铜仁地区思南县三道水土家族苗族乡	252	1032	3586	7	1556
铜仁地区思南县天桥土家族苗族乡	122	538	4270	6	1036
铜仁地区思南县兴隆土家族苗族乡	120	420	4266	8	1160
铜仁地区思南县杨家坳乡	220	784	4520	9	1988
铜仁地区德江县楠杆土家族乡	340	841	5610	5	2314
铜仁地区德江县沙溪土家族乡	1104	1100	5702	11	1304
铜仁地区德江县桶井土家族乡	698	698	5132	8	3288
铜仁地区德江县荆角土家族乡	93	700	5689	11	1689
铜仁地区德江县长丰土家族乡	130	654	5678	6	2298
铜仁地区德江县钱家土家族乡	853	853	5689	11	1430
铜仁地区德江县龙泉土家族乡	753	606	4800	7	2100
铜仁地区德江县堰塘土家族乡	320	1392	6915	9	1627
铜仁地区万山特区下溪侗族乡	641	641	6581	7	755
铜仁地区万山特区敖寨侗族乡	1142	1142	6102	8	670
铜仁地区万山特区高楼坪侗族乡	1236	1236	6500	7	1044
铜仁地区万山特区黄道侗族乡	967	967	6100	10	1320
云南省					
昆明市五华区沙朗白族乡					
昆明市晋宁县夕阳彝族乡	1305	1433	7738	3	769
昆明市晋宁县双河彝族乡	1964	1584	8559	2	996
昆明市宜良县九乡彝族回族乡	931	931	5665	5	2536
昆明市宜良县耿家营彝族苗族乡	891	891	5529	11	2514
昭通市守望回族乡	1929	1837	5480	8	5437
昭通市小龙洞回族彝族乡	1179	1212	4340	10	4831
昭通市布嘎回族乡	260	275	4625	6	4500
昭通市青岗岭回族彝族乡	671	671	2900	11	4146
昭通市鲁甸县桃源回族乡	4460	4460	5834	11	5368
昭通市鲁甸县茨院回族乡	1257	1257	5821	7	4186
昭通市大关县上高桥回族彝族苗族乡	631	631	3240	13	2229
昭通市永善县马楠苗族彝族乡	1020	1020	2620	4	2124
昭通市永善县伍寨彝族苗族乡	478	1172	3577	1	1854
昭通市镇雄县坡头彝族苗族白族镇	1007	1007	4050	35	10311

教师数（人）	图书馆（个）	文化站（个）	村文化活动室（个）	医院、卫生院（个）	#医生数（人）	#病床数（张）	村卫生室（个）	#医生数（人）
120	1	1	4	2	4	40	17	17
82	1	1	4	1	2	10	12	12
98	1	1	2	1	1	12	13	13
108	1	1	2	1	2	14	18	18
157		1	5	1	16	18	13	12
98		1	14	1	10	30	8	15
186		1	25	1	17	19	14	26
131		1	15	2	12	25	12	16
151		1	14	1	14	27	14	14
141		1	13	1	12	15	13	14
148		12	12	1	8	50	12	18
162		1	13	2	10	25	13	16
65		1	7	1	17	9	8	18
98		1	5	1	8	7	8	8
65	2	13	13	1	7	5	16	16
90	1	1	10	1	10	10	10	10
74		1	10	1	8	10	10	20
82	1	1	6	1	16	16	6	12
164		1	8	1	9	21	8	14
161		1	9	1	7	30	9	17
346	1	1	3	1	13	26	7	14
254		1	4	1	30	47	6	26
263		1	5	1	15	19	5	22
224		1	7	1	12	31	7	16
416		1	5	1	28	65	5	18
342	1	1	5	1	30	70	5	23
143	2	1	6	1	7	20	6	14
119		1	6	1	9	28	6	8
87		1	5	1	13	15	5	7
492		1	12	1	31	60	12	42

10-1(三) 续表 27

民族乡镇名称	公共财政收入(万元)	公共财政支出(万元)	农民人均纯收入(元)	学校数(个)	在校学生数(人)
昭通市镇雄县果珠彝族乡	329	329	5027	24	8627
昭通市镇雄县林口彝族苗族乡	3370	3370	4746	18	8223
昭通市镇雄县以古彝族苗族乡	2310	2310	3948	24	6490
昭通市彝良县龙街苗族彝族乡	1252	1252	4113	18	8198
昭通市彝良县奎香苗族彝族乡	800	800	4776	14	8525
昭通市彝良县树林彝族苗族乡	451	436	3675	13	4425
昭通市彝良县柳溪苗族乡	562	562	4417	20	2648
昭通市彝良县洛旺苗族乡	840	1174	4798	19	4041
昭通市威信县双河苗族彝族乡	1790	1790	4493	14	3259
曲靖市师宗县龙庆彝族壮族乡	1556	1556	5371	15	6162
曲靖市师宗县五龙壮族乡	980	980	3801	14	2928
曲靖市师宗县高良壮族苗族瑶族乡	1213	1502	3887	13	4451
曲靖市罗平县长底布依族乡	1243	1213	4211	7	2236
曲靖市罗平县旧屋基彝族乡	293	804	3980	9	1807
曲靖市罗平县鲁布革布依族苗族乡	1246	1380	3560	25	3479
曲靖市富源县古敢水族乡	336	1078	8338	12	2221
曲靖市会泽县新街回族乡	1692	1672	7132	18	6524
楚雄州南华县雨露白族乡	894	894	7990	8	1415
楚雄州大姚县湾碧傈僳傣族乡	854	628	4983	7	1861
楚雄州永仁县永兴傣族乡	1990	1045	6216	4	582
楚雄州武定县东坡傣族乡	518	997	6356	9	1207
玉溪市红塔区小石桥彝族乡	1630	1078	11827	4	796
玉溪市红塔区洛河彝族乡	1433	1393	11995	4	935
玉溪市江川县安化彝族乡	1228	1142	7920	3	640
玉溪市通海县高大傣族彝族乡	735	735	9512	4	973
玉溪市通海县里山彝族乡	593	668	6749	2	678
玉溪市兴蒙蒙古族乡	108	587	8531	1	484
玉溪市通红甸彝族苗族乡	1314	898	5730	6	1394
玉溪市易门县十街彝族乡	980	980	8793	9	1143
玉溪市易门县浦贝彝族乡	1360	1360	9500	8	2236
玉溪市易门县铜厂彝族乡	1165	1165	8320	10	2399
红河州河口县桥头瑶族乡	188	3395	2805	11	1759

教师数（人）	图书馆（个）	文化站（个）	村文化活动室（个）	医院、卫生院（个）	#医生数（人）	#病床数（张）	村卫生室（个）	#医生数（人）
305		1	5	1	9	20	5	15
328		1	8	1	19	65	8	34
295		1	8	2	11	15	8	21
422		1		1	17	30	12	23
452		1	1	1	15	18	8	23
182		1	4	1	18	30	4	12
157	1	1	5	1	8	18	5	14
189	1	1	8	1	18	30	9	26
260		1	6	1	18	10	8	24
255		1	12	1	19	31	14	44
197		1	13	1	32	68	13	21
228		1	36	1	51	34	11	17
163		1	7	1	17	12	6	10
118		1	7	1	10	20	7	7
209		1	4	3	32	65	8	16
165		1	3	1	18	10	4	10
271	1	1	5	1	16	20	16	
78	1	1	19	1	12	10	6	8
140		1	13	1	14	15	13	22
63	1	1	27	1	19	15	12	19
82	1	1	15	1	11	25	7	14
89	1	1	3	1	10	17	3	5
109	1	1	5	1	7	10	3	5
46		1	5	1	11	8	5	11
62	1	1	6	1	4	12	6	13
60		1	6	1	6	8	6	14
31		1	6	1	5	25	2	6
102		1	6	1	6	12	6	7
154		1	8	1	20	20	8	8
178		1	7	1	10	12	6	12
236		1	9	1	17	10	8	23
258		1	8	1	5	30	8	16

10-1(三) 续表 28

民族乡镇名称	公共财政收入（万元）	公共财政支出（万元）	农民人均纯收入（元）	学校数（个）	在校学生数（人）
红河州金平县拉祜族乡	20	997	4316	9	3416
红河州蒙自县期路白苗族乡	707	707	4343	9	2032
红河州蒙自县老寨苗族乡	618	595	5578	6	1358
红河州开远市大庄回族乡	1968	1469	10272	14	1701
文山州文山县东山彝族乡		548	6124	5	1298
文山州文山县红甸回族乡		623	6776	7	2164
文山州文山县秉烈彝族乡		621	5815	7	3523
文山州文山县柳井彝族乡		528	4186	6	1657
文山州文山县坝心彝族乡		479	4717	7	717
文山州砚山县阿舍彝族乡	871	871	6417	14	3518
文山州砚山县维末彝族乡	654	1164	7706	30	8705
文山州砚山县盘龙彝族乡	1210	822	5964	13	3726
文山州砚山县干河彝族乡	1213	661	6870	13	2841
文山州丘北县舍得彝族乡	1264	1246	5787	10	1899
文山州丘北县新店彝族乡	1092	1092	5899	5	3228
文山州丘北县树皮彝族乡	1584	1532	6580	15	7868
文山州丘北县八道哨彝族乡	1848	1840	6247	14	4829
文山州丘北县腻脚彝族乡	1537	1489	6427	11	4719
文山州麻栗坡县猛硐瑶族乡	686	1967	5909	12	2124
文山州富宁县洞波瑶族乡	1552	1552	6885	16	4747
普洱市澜沧县酒井哈尼族乡	1527	1588	2474	3	986
普洱市澜沧县发展河哈尼族乡	1607	1607	2675	4	986
普洱市澜沧县惠民哈尼族乡					
普洱市澜沧县谦六彝族乡	2925	3367	2900	17	3263
普洱市澜沧县文东佤族乡	1768	1768	2783	8	976
普洱市澜沧县安康佤族乡	1117	1435	1700	6	1096
普洱市澜沧县雪林佤族乡	1347	1347	1508	8	1124
普洱市思茅区云仙彝族乡	620	1035	2900	7	1540
普洱市思茅区龙潭彝族傣族乡	550	816	2860	7	1728
普洱市墨江县孟弄彝族乡	582	582	4836	3	519
普洱市墨江县鱼塘彝族乡					
普洱市西盟县力所拉祜族乡	721	704	6567	3	757

教师数（人）	图书馆（个）	文化站（个）	村文化活动室（个）	医院、卫生院（个）	#医生数（人）	#病床数（张）	村卫生室（个）	#医生数（人）
132		1	4	1	6	33	6	12
154		1	6	1	7	6	9	20
84		1	5	1	4	16	4	19
135		1	20	1	6	42	5	18
92	1	1	4	1	10	5	4	11
133	1	1	2	1	27	50	3	14
168	1	1	10	1	14	47	10	22
102	1	1	7	1	12	41	7	12
62	1	1	18	1	13	20	4	10
189		1	81	1	25	23	6	24
481		1	96	1	42	91	8	30
296		1	67	1	40	20	9	20
247	1	1	35	1	30	20	7	17
153	1	1	7	1	17	17	7	20
167	2	1	6	1	14	11	6	18
376	10	1	9	1	28	52	9	15
330		1	22	1	5	46	5	17
276		1	7	1	15	50	7	21
161		1	5	1	11	30	5	13
264	1	1	38	1	29	63	12	36
24		1	4	1	2	28	4	4
53		1	4	1	5	15	4	4
184		1	15	1	6	30	15	15
64		1	6	1	1	12	6	6
73		1	5	1	2	10	5	5
54		1	7	1	3	10	7	7
215		1	12	1	23	15	9	9
106		1	5	1	20	10	6	6
51		1	3	1	10	7	7	3
76	1	1	5	1	6	14	5	8

10-1(三) 续表 29

民族乡镇名称	公共财政收入（万元）	公共财政支出（万元）	农民人均纯收入（元）	学校数（个）	在校学生数（人）
大理州大理市太邑彝族乡	987	812	6148	7	805
大理州鹤庆县六合彝族乡	565	530	3255	17	1480
大理州宾川县钟英傈僳族彝族乡	680	680	4548	7	831
大理州宾川县拉乌彝族乡	713	713	8421	6	1104
大理州祥云县东山彝族乡	758	847	4457	9	1117
大理州弥渡县牛街彝族乡	819	1918	3017	11	2078
大理州永平县北斗彝族乡	958	690	6554	7	1244
大理州永平县厂街彝族乡	2800	698	7394	12	2333
大理州永平县水泄彝族乡	2637	682	6414	10	1781
大理州云龙县表村傈僳族乡	9512	1047	5158	9	1434
大理州云龙县团结彝族乡	581	716	5556	8	1375
丽江市华坪县永兴傈僳族乡	130	760	4600	12	1420
丽江市华坪县通达傈僳族乡	816	734	6082	4	602
丽江市华坪县新庄傈僳族傣族乡	1045	955	8606	8	1214
丽江市华坪县石龙坝彝族傣族乡					
丽江市华坪县船房傈僳族傣族乡	839	838	5042	15	863
丽江市永胜县羊坪彝族乡	780	674	4138	5	600
丽江市永胜县东山傈僳族彝族乡	552	649	4705	5	866
丽江市永胜县东风傈僳族乡	1004	1026	3539	9	1295
丽江市永胜县六德傈僳族彝族乡	878	878	5404	9	1486
丽江市永胜县大安彝族纳西族乡	887	887	5387	10	1501
丽江市永胜县光华傈僳族彝族乡	800	587	5643	9	1026
丽江市永胜县松坪傈僳族彝族乡	420	903	5260	9	910
丽江市宁蒗县翠玉傈僳族普米族乡	765	720	4798	7	1584
丽江市古城区金山白族乡					
丽江市古城区金江白族乡	1102	1102	7792	5	175
丽江市玉龙县九河白族乡	1804	1804	7393	12	2226
丽江市玉龙县石头白族乡	443	441	5576	5	735
丽江市玉龙县黎明傈僳族乡	1288	1270	7088	8	1270
保山市隆阳区瓦马彝族白族乡	220	220	5921	20	2967
保山市隆阳区瓦房彝族苗族乡	498	1303	5288	20	3453
保山市隆阳区杨柳白族彝族乡	1175	1175	7156	20	3241

教师数（人）	图书馆（个）	文化站（个）	村文化活动室（个）	医院、卫生院（个）	#医生数（人）	#病床数（张）	村卫生室（个）	#医生数（人）
97	1	1	5	1	8	20	5	22
99	1	1	13	1	15	20	13	30
104	1	1	13	1	12	7	6	15
79		1	7	1	7	20	7	32
65		1	8	1	4	20	8	14
134	1	1	14	1	14	24	11	33
80	1	1	9	1	9	19	9	9
162	1	1	11	1	12	30	11	24
163	1	1	9	1	6	22	9	10
110	1	1	8	1	18	20	8	21
85	1	1	5	1	14	20	5	6
138	1	1	7	1	22	25	7	7
42	1	1	5	1	13	10	5	12
155	1	1	7	1	12	20	7	7
99	1	1	4	1	6	20	4	4
55		1	5	1	5	10	5	5
68	1	1	5	1	6	15	5	5
99	1	1	9	1	9	3	9	9
125	1	1	8	1	12	12	7	24
131	1	1	8	2	13	10	8	20
92		1	8	1	5	10	6	24
77	1	1	6	1	10	10	8	24
107		1	1	1	8	17	6	16
40	3	1	25	1	5	4	4	4
230	1	1	11	2	26	20	11	11
68		1	8	1	7	10	5	5
147		1	7	1	6	14	8	10
224	1	1	21	2	20	84	21	26
232		1	19	1	9	50	19	55
199	1	1	18	1	33	55	18	38

10-1(三) 续表 30

民族乡镇名称	公共财政收入（万元）	公共财政支出（万元）	农民人均纯收入（元）	学校数（个）	在校学生数（人）
保山市隆阳区潞江傣族镇	3609	2944	8125	37	11100
保山市隆阳区芒宽彝族傣族乡	1949	2483	9961	14	4362
保山市施甸县摆榔彝族布朗族乡	308	707	4780	6	967
保山市施甸县木老元布朗族彝族乡	1735	1735	3908	6	721
保山市龙陵县木城彝族傈僳族乡	2067	2067	6751	6	1153
保山市昌宁县朱街彝族乡	1600	2118	5228	11	1741
保山市昌宁县苟街彝族苗族乡	2316	1991	6774	21	3396
保山市昌宁县湾甸傣族乡	1491	1065	9366	5	2061
德宏州陇川户撒阿昌族乡	1609	1010	5649	12	2883
德宏州潞西市三台山德昂族乡	253	633	4518	2	833
德宏州梁河县曩宋阿昌族乡	1208	1256	5197	14	2089
德宏州梁河县九保阿昌族乡	783	805	5116	8	1785
德宏州盈江县苏典傈僳族乡	379	330	2854	9	1703
怒江州福贡县匹河怒族乡		600	3790	2	1231
怒江州泸水洛本卓白族乡	1637	900	2857	9	1345
怒江州泸水县老窝白族乡	1212	901	4650	6	1510
迪庆州香格里拉县三坝纳西族乡	3142	2922	5055	2	1072
迪庆州德钦县霞若傈僳族乡	1624	1624	6657	1	1195
迪庆州德钦县拖顶傈僳族乡	1288	1288	7453		
临沧市凤庆县新华彝族苗族乡	742	742	7203	21	3207
临沧市凤庆县腰街彝族乡	606	606	7041	8	1004
临沧市凤庆县郭大寨彝族白族乡	498	498	6973	17	2777
临沧市云县栗树彝族傣族乡		786	7207	16	2728
临沧市云县忙怀彝族布朗族乡		909	7802	11	2210
临沧市云县后箐彝族乡		621	6940	12	2233
临沧市永德县大雪山彝族拉祜族傣族乡	1084	1048	7742	8	3440
临沧市永德县乌木龙彝族乡	863	1625	4962	16	3342
临沧市临翔区平村彝族傣族乡	1643	1643	6380	4	1268
临沧市临翔区南美拉祜乡	1500	467	5084	6	711
临沧市耿马县芒洪拉祜族布朗族乡	471	417	4398	7	959
临沧市沧源县勐角傣族彝族拉祜族乡	1693	1056	6321	9	1400
临沧市镇康县军赛佤族拉祜族傈僳族德昂族乡	693	693	6912	8	2032

教师数（人）	图书馆（个）	文化站（个）	村文化活动室（个）	医院、卫生院（个）	#医生数（人）	#病床数（张）	村卫生室（个）	#医生数（人）
586	1	1	8	2	150	360	29	87
257	1	1	12	1	56	60	12	45
87	1	1	4	1	11	20	4	4
63		1	4	1	9	8	5	7
54		1	5	1	14	20	5	7
123		1	12	1	14	30	10	16
233		1	11	1	22	53	11	26
132	1	1	5	1	16	20	5	15
204	1	1	55	1	4	20	11	11
74		1	4	1	10	14	4	4
249	1	1	43	1	27	20	9	21
170	1	1	38	1	18	20	10	12
105		1	4	1	10	15	1	1
80	1	1	9	1	11	20	9	19
104	1	1	8	1	6	15	8	13
154		1	7	1	18	43	11	11
113	1	1	7	1	18	8	6	10
117	1	1	7	1	17	20	7	11
	1	1	5	1	21	32	5	10
189		1	11	1	14	17	11	11
85		1	6	1	11	10	6	9
156		1	11	1	16	10	11	14
141		1	16	1	11	10	16	28
163		1	11	1	14	28	11	16
154		1	11	1	12	18	11	22
158		1	8	1	33	30	15	18
179		1	10	1	9	15	10	15
93		1	5	1	8	8	3	3
47		1	4	1	9	10	4	6
63		1	5	1	6	15	5	5
146		1	36	1	15	20	9	15
124		1	6	1	7	50	6	6

10-1(三) 续表 31

民族乡镇名称	公共财政收入（万元）	公共财政支出（万元）	农民人均纯收入（元）	学校数（个）	在校学生数（人）
西双版纳州景洪市基诺山基诺族乡	386	1476	9308	1	521
西双版纳州景洪市景哈哈尼族乡	1671	1749	10711	4	3542
西双版纳州勐腊县瑶区瑶族乡	2136	955	6214	3	1245
西双版纳州勐腊县象明彝族乡	50	1418	5516	3	1563
西双版纳州勐海县格朗和哈尼族乡	841	800	6900	2	651
西双版纳州勐海县布朗山布朗族乡	1257	1536	5235	5	3031
西双版纳州勐海县西定哈尼族乡	1202	1119	5215	3	1542
西藏省					
错那县麻玛门巴族乡	4	4	10061	1	36
错那县贡日门巴族乡	286		9414		34
错那县基巴门巴族乡			9160		51
错那县勒布区勒门巴族乡			10053		34
林芝县更章门巴族乡			89300	1	151
米林县南伊珞巴乡			12339	1	120
墨脱县达木珞巴族乡	41	31	8529	1	151
芒康县下盐井纳西族乡			3537	2	1619
陕西省					
商洛市镇安县西口回族镇	64	60	6318	7	1612
商洛市镇安县茅坪回族镇	650	448	7385	6	1123
安康市宁陕县江口回族镇	824	862	9032	7	1143
甘肃省					
临夏州广河县阿里麻土东乡族乡			3556	9	1785
甘南州临潭县长川回族乡			3825	10	1250
甘南州临潭县卓洛回族乡			3059	2	199
甘南州临潭县古战回族乡	400	400	4050	5	1829
甘南州卓尼县勺哇土族乡	264	263	4475	2	171
陇南市文县铁楼藏族乡	310	310	3516	10	1123
陇南市武都县坪垭藏族乡	241	241	3156	8	627
陇南市武都县磨坝藏族乡	210	210	3195	11	356
陇南市宕昌县新城子藏族乡	1112	1112	3450	5	1020
酒泉市肃州区黄泥堡裕固族乡	569	413	9760	1	112
酒泉市玉门市小金湾东乡族乡	458	458	7570	1	940

教师数（人）	图书馆（个）	文化站（个）	村文化活动室（个）	医院、卫生院（个）	#医生数（人）	#病床数（张）	村卫生室（个）	#医生数（人）
76		1	44	1	14	34	7	14
214		1	25	1	17	80	8	18
76		1	4	1	7	12	5	13
77		1	4	1	7	18	8	20
60		1	7	1	14	14	8	18
190		1	7	1	11	24	7	26
85		1	11	1	21	12	13	42
9	1	1		1	5	3	1	1
	2	1	2	1	2	2	1	4
	2	1		1	2	2	1	3
	2	1	2	1	1	3	1	3
19	1	1	6	1	7	23	6	6
30		1	3	1	4		3	6
23		1		1	6	8	2	8
147		1	4	1	10	14		
118		1	13	2	28	20	15	15
78		1	7	1	7	18	12	12
138	3	1	10	1	21	20	11	11
82		1	6	1	12	20	4	4
90	1	1	10	1	6	13	10	10
26		1	3	4	4	3	3	3
93	6	1	6	1	10	12	2	3
19	1			1	2	3		
86	2	1	16	1	8	12	16	16
36		1	9	1	8	8	9	9
27		1	8	1	2	10	8	8
68		1	10	1	6	6	1	1
12		1	3	1	2	10	1	
55		1	5	1	9	15	5	

10-1(三) 续表 32

民族乡镇名称	公共财政收入（万元）	公共财政支出（万元）	农民人均纯收入（元）	学校数（个）	在校学生数（人）
白银市会宁县新添堡回族乡	3	1309	4143	14	1595
庆阳市正宁县五倾源回族乡	668	668	4141	1	503
平凉市峡门回族乡	650	650	6604	25	1470
平凉市华亭县神峪回族乡	543	543	3760	11	1674
平凉市华亭县山寨回族乡	600	600	2680	9	1061
平凉市白庙回族乡	420	420	5205	10	1330
平凉市大秦回族乡	587	587	4297	7	1108
平凉市寨河回族乡	414	414	5464	13	2326
平凉市大寨回族乡	536	536	3300	22	1580
平凉市西阳回族乡	433	433	4750	13	1455
平凉市上杨回族乡	122	122	5210	7	547
张掖市肃南县祁丰藏族乡	1723	1721	13178	1	193
张掖市肃南县马蹄藏族乡	1574	1641	10845	2	307
张掖市肃南县白银蒙古族乡	507	538	11829		
张掖市甘州区平山湖蒙古族乡	105	105	7038	1	
临夏州临夏县井沟东乡族乡			3495	14	1580
临夏州和政县梁家寺东乡族乡	539	539	3308	8	1790
临夏州临夏县安家坡东乡族乡			5102	5	892
酒泉市瓜州县七墩回族东乡族乡	253	253	4825	1	384
酒泉市瓜州县腰站子东乡族乡	500	500	7979	4	712
酒泉市瓜州县广至藏族乡	924	924	3048	6	727
酒泉市瓜州县沙河回族乡	446	446	5518	5	727
酒泉市玉门市独山子东乡族乡	389	389	4180	2	942
青海省					
西宁市大通县朔北藏族乡	759	759	8913	8	2386
西宁市大通县向化藏族乡	437	427	7895	2	879
西宁市湟中县群加藏族乡	202	202	6678	1	226
西宁市湟中县大才回族乡	503	464	7200	4	1824
西宁市湟中县汉东回族乡	253	253	9256		
海东地区民和县杏儿藏族乡	86	86	6418	7	479
海东地区乐都县下营藏族乡		347	6333	2	275
海东地区乐都县中坝藏族乡	473	473	6218	1	385

教师数（人）	图书馆（个）	文化站（个）	村文化活动室（个）	医院、卫生院（个）	#医生数（人）	#病床数（张）	村卫生室（个）	#医生数（人）
158		1	13	1	6	15	10	10
54	1	1	5	1	8	6	5	5
150	1	1	15	1	22	14	20	20
163			11	1	48	39	11	12
158	1	1	8	1	26	14	8	8
134	1	1	9	1	14	22	9	9
90	1		9	1	11	18	12	12
114	1		12	1	13	16	12	12
146	1	1	6	2	21	17	18	18
93	1	1	13	1	10	11	3	3
71	1	1	7	1	9	16	7	8
44	1	1	13	2	15	20	5	6
66	1	1	15	3	8	10	3	6
		1	3	2	2	3	2	2
3	1	1	3	1	7	10		
148		1	13	1	23	20	13	13
80	1	1	8	1	8	15	8	8
102		1	4	1	18	20	4	4
14		1	1	1	3	3	2	1
38	1	1	6	1	7	12	4	4
60	6	1	6	1	1	1	6	6
47		1	5	1	2	16	3	3
57		1	4	1	5	9	1	1
130		1	16	4	25	75	18	18
54	1	1	9	1	7	6	9	9
28		5	5	1	3	8	5	5
132		1	16	1	18	16	16	32
							1	1
25		1	7	1	1	5	7	7
28		1		1	3	4		10
37		1	14	1	5	6	14	14

10-1(三)　续表 33

民族乡镇名称	公共财政收入（万元）	公共财政支出（万元）	农民人均纯收入（元）	学校数（个）	在校学生数（人）
海东地区乐都县达拉土族乡			6956	3	561
海东地区互助县松多藏族乡	437	437	5058	5	554
海东地区化隆县雄先藏族乡	192	192	6678	5	633
海东地区化隆县查甫藏族乡	146	146	6572	5	589
海东地区化隆县金源藏族乡	116	116	5899	4	463
海东地区化隆县塔加藏族乡	108	108	6023	4	382
海东地区循化县道帏藏族乡	173	173	3884	7	1571
海东地区循化县尕楞藏族乡	496	496	5850	8	856
海东地区循化县岗察藏族乡			6784	1	182
海东地区循化县文都藏族乡	4980	4980	5524	15	1301
海北州门源县皇城蒙古族乡	42	39	15644		
海东地区平安县沙沟回族乡	341	341	6956	4	795
海东地区平安县巴藏沟回族乡			6562	3	363
海东地区平安县石灰窑回族乡			6061	9	531
海东地区平安县洪水泉回族乡	433	412	6458	4	120
海东地区平安县古城回族乡	327	308	6223	3	1131
海东地区互助县巴扎藏族乡	159	159	6788	3	476
海南州贵德县新街回族乡	256	293	6357	1	310
海北州海晏县哈勒景蒙古乡	262	262	16887		
湟源县日月藏族乡	579	579	8140	3	1430
新疆维吾尔自治区					
吐鲁番地区鄯善县东巴扎回族乡	522	444	10050	1	328
和田地区皮山县瑙阿巴提塔吉克族乡	16	16	5224	1	53
和田地区皮山县康克尔柯尔克孜族乡	20	20	4737	1	262
巴音郭楞州和硕县乌什塔拉回族乡	1155	1833	13994	1	1061
昌吉州奇台县大泉塔塔尔族乡	358	358	13768	1	218
昌吉州奇台县五马场哈萨克族乡	105	105	13630	2	556
昌吉州奇台县乔仁哈萨克族乡	356	356	13250	1	150
昌吉州木垒县大南沟乌孜别克族乡	310	310	10588	1	296
昌吉州玛纳斯县旱卡子滩哈萨克族乡	630	630	13968	1	200
昌吉州玛纳斯县塔西河哈萨克族乡	532	532	12585	1	285
昌吉州玛纳斯县清水河哈萨克族乡	7385	7385	13500	2	365

教师数（人）	图书馆（个）	文化站（个）	村文化活动室（个）	医院、卫生院（个）	#医生数（人）	#病床数（张）	村卫生室（个）	#医生数（人）
		1	21	1	5	13	21	21
47		1	8	1	8	8	8	8
51				1	4	10	24	
26				1	3	8	12	
24				1	3	7	14	
19				1	3	7	9	
139	7	1	27	1	4	22	27	27
64				1	8	6	9	11
12	1	1	3	1	5	5	1	3
50	16	1	16	1	13	18	16	16
		1	4	1	8	6	4	4
56	1	1	9	1	7	9	9	9
46	1	1	4	1	10	4	13	13
57		1	4	1	11	8	12	12
16	1	1	15	1	3	4	12	12
79	1	1	14	1	7	8	12	12
54	1	1	8	1	5	13	8	8
23		1	9	1	11	30	9	9
	1	1	3	1	12	8	3	3
105	20	1	6	1	16	11	44	44
40	5	1	4	1	6			
6	1	1	3	1	6	12	3	
23	1	1	2	1	5	8	2	
146	1	1	7	1	25	34	5	5
63	1	1	2	1	19	15	5	5
130	1	1	2	1	17	10	5	12
43	1	1	1	1	6	8	1	1
50	1	1	1	1	10	8	2	2
54		1	5	1	20	15	3	3
60		1	6	1	18	10	5	6
118		1	6	1	25	20	6	11

10-1(三) 续表 34

民族乡镇名称	公共财政收入（万元）	公共财政支出（万元）	农民人均纯收入（元）	学校数（个）	在校学生数（人）
昌吉州阜康市三工河哈萨克族乡	1231	1231	13740		
昌吉州阜康市上户沟哈萨克族乡	1909	1909	14401	2	505
昌吉州昌吉市阿什里哈萨克族乡	2401	2401	13592	1	619
昌吉州呼图壁县石梯子哈萨克族乡	1167	1167	12886	1	551
乌鲁木齐市米东区柏杨河哈萨克族乡	3332	3178	10134	1	227
克孜勒苏州阿克陶县塔尔塔吉克族乡		743	2558	4	632
喀什地区塔什库尔干县科克亚尔柯尔克孜族乡			7228	1	98
喀什地区泽普县布依鲁克塔吉克族乡	68	130	5854	1	330
喀什地区莎车县孜热普夏提塔吉克族乡	335	335	6107	6	1963
伊犁地区察布查尔县米粮泉回族乡	488	488	13359	1	1170
伊犁地区特克斯县科克铁热克柯尔克孜族乡	4500	7530	2233	245	12
伊犁地区特克斯县呼吉尔特蒙古族乡	3200	3200	9455	4	647
伊犁地区伊宁县愉群翁回族乡	7746	7646	11662	17	6382
伊犁地区尼勒克县科克浩特浩尔蒙古族乡	1349	1349	12453	5	1736
伊犁地区霍城县伊车嘎善锡伯族乡	1058	1223	13153	4	1012
伊犁地区霍城县三宫回族乡	1073	1073	11531	5	1695
伊犁地区昭苏县胡松图喀尔逊蒙古族乡	653	641	12131	2	1106
伊犁地区昭苏县察汗乌苏蒙古族乡	803	803	13152	3	1781
伊犁地区昭苏县夏特柯尔克孜族乡	1162	1162	13041	5	1831
塔城地区塔城市阿西尔达斡尔族乡	840	839	11028	2	342
塔城地区乌苏市塔布勒合特蒙古族乡	450	450	14598	1	61
塔城地区乌苏市吉尔格勒特郭楞蒙古族乡	2180	2180	14380	1	648
塔城地区额敏县额玛勒郭楞蒙古族乡	1300	1300	11028	2	342
塔城地区额敏县霍吉尔特蒙古族乡	1150	1150	10288	2	750
阿克苏地区乌什县雅曼苏柯尔克孜族乡	4093	4107	5837	3	1080
阿克苏地区温宿县博孜东柯尔克孜族乡	1646	1644	2648	2	516
哈密地区伊吾县前山哈萨克族乡	795	795	13666	1	337
哈密地区哈密市德外都如克哈萨克族乡	1297	1135	10151	2	200
哈密地区哈密市乌拉台哈萨克族乡	430	430	10030	1	68
阿勒泰地区布尔津县禾木哈纳斯蒙古族乡	1945	1926	24000	2	169
阿勒泰地区阿勒泰市汗德尕特蒙古族乡	846	910	9949	2	133

教师数（人）	图书馆（个）	文化站（个）	村文化活动室（个）	医院、卫生院（个）	#医生数（人）	#病床数（张）	村卫生室（个）	#医生数（人）
		1	3	1	18	21	1	2
158		8	7	1	12	5	5	5
108	1	1	7	1	23	25	7	6
87	1	1	6	1	14	8	4	4
82	1	1	6	1	20	15	6	6
120		1	4	2	16	20	7	18
17	3	1	2	1	10	20	2	2
39	1	1	1	1	2	10	3	
136	1	1		1	11	30	12	
90	1	1	3	1	17	12	2	2
1	7	1	7	1	22	12	5	5
106	1	1	5	1	18	5	4	4
662		1	15	1	25	180	15	15
227	1	1	10	1	20	18	10	17
125	1	1	5	1	18	15	5	12
138		1	4	1	9	22	4	6
45		1	8	1	28	20	1	1
149		1	7	1	18	33	1	4
211		1	3	1	6	10	3	8
80	20	1	20	1	17	9	20	40
16	1	1	4	1	4	4		
60	1	1	9	1	6	22	9	9
80		1	7	1	3	9	7	7
127		1	5	2	12	10	5	5
93	7	1	7	1	16	31	6	6
77	5	1	5	1	4	10	5	
53	1	1	2	1	26	15	2	2
32		2	2	1	22	3	4	4
25		1	1	1	5	10		
59	2	1	2	1	16	10	2	17
60	6	1	6	1	13	15	4	17

全国少数民族
发展情况

一、人 口

1-1 历次人口普查全国分民族人口

单位：人

民　族	历次普查人口数					
	1953年	1964年	1982年	1990年	2000年	2010年
全国总计	**577856141**	**691220104**	**1003913927**	**1130510638**	**1242612226**	**1332810869**
汉族	542824056	651296368	936674944	1039187548	1137386112	1220844520
蒙古族	1451035	1965766	3411367	4802407	5813947	5981840
回族	3530498	4473147	7228398	8612001	9816805	10586087
藏族	2753081	2501174	3847875	4593072	5416021	6282187
维吾尔族	3610462	3996311	5963491	7207024	8399393	10069346
苗族	2490874	2782088	5021175	7383622	8940116	9426007
彝族	3227750	3380960	5453564	6578524	7762272	8714393
壮族	6864585	8386140	13383086	15555820	16178811	16926381
布依族	1237714	1348055	2119345	2548294	2971460	2870034
朝鲜族	1111275	1339569	1765204	1923361	1923842	1830929
满族	2399228	2695675	4304981	9846776	10682262	10387958
侗族	712802	836123	1426400	2508624	2960293	2879974
瑶族	665933	857265	1411967	2137033	2637421	2796003
白族	567119	706623	1132224	1598052	1858063	1933510
土家族		524755	2836814	5725049	8028133	8353912
哈尼族	481220	628727	1058806	1254800	1439673	1660932
哈萨克族	509375	491637	907546	1110758	1250458	1462588
傣族	478966	535389	839496	1025402	1158989	1261311
黎族	360950	438813	887107	1112498	1247814	1463064
傈僳族	317465	270628	481884	574589	634912	702839
佤族	286158	200272	298611	351980	396610	429709
畲族		234167	371965	634700	709592	708651
高山族	329	366	1650	2877	4461	4009
拉祜族	139060	191241	304256	411545	453705	485966
水族	133566	156099	286908	347116	406902	411847
东乡族	155761	147443	279523	373669	513805	621500
纳西族	143453	156796	251592	277750	308839	326295
景颇族	101852	57762	92976	119276	132143	147828

注：1. 各年度人口均为中国大陆人口普查数，不包括现役军人。
2. 少数民族人口合计数中不包括其他未识别的民族人口和外国人加入中国籍人口数。
3. 1982年人口数未包括西藏间接调查的28 601人，据有关资料计算，如包括间接调查人口数，1982年门巴族约为6 248人，珞巴族约为2 065人。
4. 2010年人口数为人口普查机器汇总数据。

1-1 续表

单位：人

民 族	历次普查人口数					
	1953年	1964年	1982年	1990年	2000年	2010年
柯尔克孜族	70944	70151	113386	143537	160823	186708
土族	53277	77349	159632	192568	241198	289565
达斡尔族		63394	94126	121463	132394	131992
仫佬族		52819	90357	160648	207352	216257
羌族	35660	49105	102815	198303	306072	309576
布朗族		39411	58473	82398	91882	119639
撒拉族	30658	34664	69135	87546	104503	130607
毛南族		22382	38159	72370	107166	101192
仡佬族		26852	54164	438192	579357	550746
锡伯族	19022	33438	83683	172932	188824	190481
阿昌族		12032	20433	27718	33936	39555
普米族		14298	24238	29721	33600	42862
塔吉克族	14462	16236	26600	33223	41028	51069
怒族		15047	22896	27190	28759	37524
乌孜别克族	13626	7717	12213	14763	12370	10569
俄罗斯族	22656	1326	2917	13500	15609	15393
鄂温克族	4957	9681	19398	26379	30505	30875
德昂族		7261	12297	15461	17935	20556
保安族	4957	5125	9017	11683	16505	20074
裕固族	3861	5717	10568	12293	13719	14378
京族		4293	13108	18749	22517	28199
塔塔尔族	6929	2294	4122	5064	4890	3556
独龙族		3090	4633	5825	7426	6930
鄂伦春族	2262	2709	4103	7004	8196	8659
赫哲族		718	1489	4254	4640	5354
门巴族		3809	1140	7498	8923	10561
珞巴族			1066	2322	2965	3682
基诺族			11962	18022	20899	23143
其他未识别民族	1017299	32411	799705	752347	734438	640101
外国人加入中国籍	1004	7416	4937	3498	941	1448

1-2 历次人口普查少数民族人口的分布情况(一)

单位：人，%

地区	1953年			1964年		
	绝对数	占该地区总人口的比重(%)	占全国少数民族人口的比重(%)	绝对数	占该地区总人口的比重(%)	占全国少数民族人口的比重(%)
全国	**34013782**	**5.89**	**100**	**39883909**	**5.77**	**100**
北京	168404	6.08	0.50	283524	3.75	0.71
天津	79857	2.96	0.23	115613	2.70	0.29
河北	715752	1.75	2.10	621926	1.50	1.56
山西	20316	0.14	0.06	40100	0.22	0.10
内蒙古	959336	15.73	2.82	1604756	13.00	4.02
辽宁	1482619	8.07	4.36	1858900	6.90	4.66
吉林	1193237	10.67	3.51	1342170	8.57	3.37
黑龙江	944328	7.98	2.78	1087045	5.40	2.73
上海	31461	0.51	0.90	43591	0.40	0.11
江苏	66362	0.16	0.20	83002	9.19	0.21
浙江	30854	0.14	0.09	106411	0.38	0.27
安徽	133801	0.45	0.39	155256	0.50	0.39
福建	19979	0.15	0.06	147017	0.88	0.37
江西	2001	0.01	0.01	9300	0.04	0.02
山东	252506	0.52	0.74	294643	0.53	0.74
河南	405715	0.93	1.19	517195	1.03	1.30
湖北	35434	0.13	0.10	183035	0.54	0.46
湖南	586737	1.78	1.72	1275719	3.43	3.20
广东	430279	1.25	1.27	747181	1.75	1.87
广西	7337944	37.51	21.57	8553300	41.03	21.45
海南						
四川	2022315	3.11	5.95	1728955	2.54	4.33
贵州	3562493	23.69	10.47	4009683	23.39	10.05
云南	5411883	31.59	15.91	6384114	31.13	16.01
西藏	1273969	100.00	3.75	1213796	97.01	3.04
陕西	56272	0.36	0.17	93978	0.45	0.24
甘肃	1486775	11.71	4.37	955396	7.56	2.40
青海	854136	50.95	20.51	829318	38.65	2.18
宁夏				650366	30.86	1.63
新疆	4449017	93.01	13.08	4948619	68.07	12.41

1-2 历次人口普查少数民族人口的分布情况(二)

单位：人，%

地区	1982年			1990年		
	绝对数	占该地区总人口的比重(%)	占全国少数民族人口的比重(%)	绝对数	占该地区总人口的比重(%)	占全国少数民族人口的比重(%)
全　国	**66434341**	**6.62**	**100**	**90567245**	**8.01**	**100**
北　京	322320	3.49	0.49	413937	3.83	0.46
天　津	164241	2.12	0.25	202642	2.31	0.22
河　北	853275	1.61	1.28	2408876	3.94	2.66
山　西	63760	0.25	0.10	82061	0.29	0.09
内蒙古	2996477	15.55	4.51	4166260	19.42	4.60
辽　宁	2909615	8.15	4.38	6165508	15.62	6.81
吉　林	1829555	8.11	2.75	2525212	10.24	2.79
黑龙江	1613043	4.94	2.43	1997934	5.67	2.21
上　海	49748	0.42	0.07	62171	0.47	0.07
江　苏	110559	0.18	0.17	153060	0.23	0.07
浙　江	161546	0.42	0.24	212582	0.51	0.23
安　徽	261760	0.53	0.39	324227	0.58	0.36
福　建	250449	0.97	0.38	465995	1.55	0.51
江　西	22052	0.07	0.03	101144	0.27	0.11
山　东	407849	0.55	0.61	505694	0.60	0.56
河　南	799338	1.07	1.20	1008972	1.18	1.11
湖　北	1778494	3.72	2.68	2140188	3.97	2.36
湖　南	2201087	4.08	3.31	4823649	7.95	5.33
广　东	1057527	1.78	1.59	354625	0.56	0.39
广　西	13933250	38.26	20.97	16577113	39.24	18.3
海　南				1114803	17.01	1.23
四　川	3660402	3.67	5.51	4889295	4.56	5.40
贵　州	6675360	23.38	10.05	10504828	32.43	11.6
云　南	10277069	31.57	15.47	12351834	33.41	13.64
西　藏	1769935	94.97	2.66	2112168	96.18	2.33
陕　西	133098	0.46	2.20	156403	0.48	0.17
甘　肃	1555186	7.95	2.34	1857467	8.30	2.05
青　海	1535774	39.42	2.31	1878028	42.14	2.07
宁　夏	1244238	31.94	1.87	1549067	33.27	1.71
新　疆	7797344	59.61	11.74	9961202	62.42	10.45

1-2 历次人口普查少数民族人口的分布情况(三)

单位：万人

地区	2000年			2010年		
	总人口	少数民族人口	占总人口比例(%)	总人口	少数民族人口	占总人口比例(%)
全国	**126583**	**10643**	**8.41**	**133972**	**11379**	**8.49**
北京	1382	59	4.26	1961	80	4.08
天津	1001	26	2.64	1294	33	2.55
河北	6744	291	4.31	7185	299	4.16
山西	3297	10	0.29	3571	9	0.25
内蒙古	2376	493	20.76	2471	506	20.48
辽宁	4238	678	16.02	4375	664	15.18
吉林	2728	246	9.03	2746	219	7.97
黑龙江	3689	185	5.02	3831	137	3.58
上海	1674	10	0.6	2302	28	1.22
江苏	7438	25	0.33	7866	38	0.48
浙江	4677	40	0.85	5443	121	2.22
安徽	5986	38	0.63	5950	40	0.67
福建	3471	58	1.67	3689	80	2.17
江西	4140	11	0.27	4457	15	0.34
山东	9079	62	0.68	9579	73	0.76
河南	9256	113	1.22	9402	113	1.20
湖北	6028	262	4.34	5724	247	4.32
湖南	6440	658	10.21	6568	655	9.97
广东	8642	123	1.42	10430	206	1.98
广西	4489	1721	38.34	4603	1711	37.17
海南	787	136	17.29	867	145	16.72
重庆	3090	198	6.42	2885	194	6.73
四川	8329	415	4.98	8042	491	6.11
贵州	3525	1334	37.85	3475	1255	36.12
云南	4288	1433	33.41	4597	1534	33.37
西藏	262	246	94.07	300	276	91.93
陕西	3605	18	0.49	3733	19	0.51
甘肃	2562	223	8.69	2558	241	9.42
青海	518	236	45.51	563	264	46.92
宁夏	562	194	34.53	630	223	35.39
新疆	1925	1143	59.39	2181	1307	59.92

1-3 全国少数民族分布的主要地区

民 族	分布的主要地区
蒙古族	内蒙古、辽宁、吉林、河北、 黑龙江、新疆
回族	宁夏、甘肃、河南、新疆、青海、云南、 河北、山东、安徽、辽宁、北京、内蒙古、 天津、黑龙江、陕西、贵州、吉林、 江苏、四川
藏族	西藏、四川、青海、甘肃、云南
维吾尔族	新疆
苗族	贵州、湖南、云南、广西、重庆、湖北、 四川
彝族	云南、四川、贵州
壮族	广西、云南、广东
布依族	贵州
朝鲜族	吉林、黑龙江、辽宁
满族	辽宁、河北、黑龙江、吉林、内蒙古、 北京
侗族	贵州、湖南、广西
瑶族	广西、湖南、云南、广东
白族	云南、贵州、湖南
土家族	湖南、湖北、重庆、贵州
哈尼族	云南
哈萨克族	新疆
傣族	云南
黎族	海南
傈僳族	云南、四川
佤族	云南
畲族	福建、浙江、江西、广东
高山族	台湾、福建
拉祜族	云南
水族	贵州、广西

1-3 续表

民　族	分布的主要地区
东乡族	甘肃、新疆
纳西族	云南
景颇族	云南
柯尔克孜族	新疆
土族	青海、甘肃
达斡尔族	内蒙古、黑龙江
仫佬族	广西
羌族	四川
布朗族	云南
撒拉族	青海
毛南族	广西
仡佬族	贵州
锡伯族	辽宁、新疆
阿昌族	云南
普米族	云南
塔吉克族	新疆
怒族	云南
乌孜别克族	新疆
俄罗斯族	新疆、黑龙江
鄂温克族	内蒙古
德昂族	云南
保安族	甘肃
裕固族	甘肃
京族	广西
塔塔尔族	新疆
独龙族	云南
鄂伦春族	黑龙江、内蒙古
赫哲族	黑龙江
门巴族	西藏
珞巴族	西藏
基诺族	云南

1-4 2010年全国人口普查各民族分城市、镇、乡村的人口

单位：人，%

民 族	总人口	城市人口	镇人口	乡村人口
全国总计	**1332810869**	**403760040**	**266245506**	**662805323**
汉族	1220844520	386027166	247209627	587607727
少数民族合计	**111324800**	**17680203**	**18916027**	**74728570**
少数民族占全国比重	8.35	4.38	7.10	11.27
蒙古族	5981840	1351092	1411757	3218991
回族	10586087	3606760	2057256	4922071
藏族	6282187	315622	923177	5043388
维吾尔族	10069346	1161024	1092195	7816127
苗族	9426007	958670	1457396	7009941
彝族	8714393	523907	1120997	7069489
壮族	16926381	2685283	3132374	11108724
布依族	2870034	347835	404996	2117203
朝鲜族	1830929	999237	271198	560494
满族	10387958	2608600	1935398	5843960
侗族	2879974	291661	585784	2002529
瑶族	2796003	258966	393313	2143724
白族	1933510	273943	388571	1270996
土家族	8353912	1132394	1785132	5436386
哈尼族	1660932	83289	204994	1372649
哈萨克族	1462588	125800	211905	1124883
傣族	1261311	116239	291357	853715
黎族	1463064	120068	262798	1080198
傈僳族	702839	14950	60685	627204
佤族	429709	16036	63211	350462
畲族	708651	113750	118551	476350
高山族	4009	1593	826	1590
拉祜族	485966	16305	62724	406937
水族	411847	32688	47784	331375
东乡族	621500	41258	62481	517761
纳西族	326295	78456	39339	208500
景颇族	147828	11615	17536	118677
柯尔克孜族	186708	12099	23428	151181

1-4 续表

单位：人

民族	总人口	城市人口	镇人口	乡村人口
土族	289565	41623	52268	195674
达斡尔族	131992	38755	37252	55985
仫佬族	216257	44439	51264	120554
羌族	309576	21506	74048	214022
布朗族	119639	4896	13622	101121
撒拉族	130607	17270	22019	91318
毛南族	101192	15408	18982	66802
仡佬族	550746	65389	130285	355072
锡伯族	190481	74997	25881	89603
阿昌族	39555	3090	5960	30505
普米族	42862	2530	6139	34193
塔吉克族	51069	1865	7784	41420
怒族	37524	1865	4319	31340
乌孜别克族	10569	4906	2317	3346
俄罗斯族	15393	10888	2133	2372
鄂温克族	30875	6003	10720	14152
德昂族	20556	1196	1911	17449
保安族	20074	1510	2375	16189
裕固族	14378	3000	3879	7499
京族	28199	9251	6217	12731
塔塔尔族	3556	1416	702	1438
独龙族	6930	326	828	5776
鄂伦春族	8659	2298	2794	3567
赫哲族	5354	2356	1269	1729
门巴族	10561	520	1890	8151
珞巴族	3682	122	398	3162
基诺族	23143	3638	1608	17897
其他未识别的民族	640101	52304	119571	468226
外国人加入中国籍	1448	367	281	800

1-5　2010年全国人口普查各民族6岁及6岁以上人口的受教育状况(一)

单位：人，%

民族	合计	未上过学	小学	初中
全国总计	**1242546122**	**62136405**	**357211733**	**518176222**
汉族	1140804980	53726722	317175239	482244975
少数民族合计	**101741142**	**8409683**	**40036494**	**35931247**
少数民族占全国比重(%)	8.19	13.53	11.21	6.93
蒙古族	5493484	181845	1576111	2092137
回族	9684824	829803	3451225	3256837
藏族	5652093	1727358	2593670	751132
维吾尔族	8911219	312376	3705107	3741470
苗族	8509677	872566	3919856	2722963
彝族	7792892	1114281	4190993	1744197
壮族	15450124	734370	5587561	6601655
布依族	2598781	317940	1169545	824977
朝鲜族	1764882	22789	236872	766999
满族	9644853	206212	2635047	4433743
侗族	2619132	173293	1023789	1013249
瑶族	2496825	166437	1097493	874247
白族	1785320	104148	693269	649936
土家族	7630400	466043	2790562	2887431
哈尼族	1495794	217182	807352	341877
哈萨克族	1305071	20763	473830	535399
傣族	1154883	130337	613322	293869
黎族	1317322	85524	411397	639645
傈僳族	640339	118004	358140	122790
佤族	398890	54899	232864	83034
畲族	643415	40412	259014	235542
高山族	3674	95	751	1287
拉祜族	446816	70495	278976	69673
水族	370377	48543	174757	109644
东乡族	551196	97262	357318	68468
纳西族	307242	23495	105359	103015

1-5(一) 续表

单位：人，%

民 族	合 计	未上过学	小 学	初 中
景颇族	132808	12534	72498	34975
柯尔克孜族	165498	5220	75643	54936
土族	266248	28772	103264	78400
达斡尔族	121946	1414	25607	51541
仫佬族	195734	8194	74142	73733
羌族	289490	20394	122080	90504
布朗族	108074	15420	63324	20384
撒拉族	113873	24119	58679	19217
毛南族	91706	3876	35010	36031
仡佬族	497661	45033	208655	162617
锡伯族	176497	1972	36721	77860
阿昌族	34844	2794	17424	10518
普米族	39094	5688	15467	10921
塔吉克族	45716	1601	22758	13707
怒族	34002	5117	15952	8259
乌孜别克族	9596	196	2809	2857
俄罗斯族	14516	183	2125	4420
鄂温克族	28111	348	6261	11070
德昂族	18251	3530	10389	3269
保安族	17517	1930	10442	3041
裕固族	13441	822	5056	3765
京族	25159	1392	6674	10191
塔塔尔族	3244	46	710	967
独龙族	6220	1018	2623	1681
鄂伦春族	7884	109	1407	3017
赫哲族	4940	94	820	1827
门巴族	9509	3559	3466	1214
珞巴族	3213	882	1554	413
基诺族	21014	1911	8616	7162

1-5 2010年全国人口普查各民族6岁及6岁以上人口的受教育状况(二)

单位：人，%

民 族	高 中	大学专科	大学本科	研 究 生
全国总计	**186646865**	**68610519**	**45625793**	**4138585**
汉族	176525992	64353701	42822692	3955659
少数民族合计	**10120873**	**4256818**	**2803101**	**182926**
少数民族占全国比重(%)	5.42	6.20	6.14	4.42
蒙古族	860899	420682	335274	26536
回族	1240522	504660	371555	30222
藏族	270620	192834	111515	4964
维吾尔族	586636	382935	178129	4566
苗族	619448	235032	132635	7177
彝族	448569	183627	106949	4276
壮族	1653720	560431	296407	15980
布依族	168197	72622	43878	1622
朝鲜族	456566	130639	141342	9675
满族	1273292	576376	477022	43161
侗族	247176	101127	57878	2620
瑶族	220155	81596	53343	3554
白族	195778	79341	59298	3550
土家族	936733	330121	204943	14567
哈尼族	84070	29350	15456	507
哈萨克族	159961	79416	34739	963
傣族	70756	30213	15860	526
黎族	128694	35779	15722	561
傈僳族	24620	10959	5654	172
佤族	17969	7289	2746	89
畲族	68856	21606	16961	1024
高山族	742	385	374	40
拉祜族	15415	7680	4425	152
水族	23003	8911	5291	228
东乡族	17049	7041	3926	132
纳西族	39320	20933	14308	812

1-5(二) 续表

单位：人，%

民 族	高 中	大学专科	大学本科	研 究 生
景颇族	7859	3435	1467	40
柯尔克孜族	16131	10030	3443	95
土族	30221	13319	11726	546
达斡尔族	21767	11807	9132	678
仫佬族	22281	9977	6952	455
羌族	32378	15323	8395	416
布朗族	5083	2289	1528	46
撒拉族	6051	3427	2287	93
毛南族	9597	4376	2677	139
仡佬族	43041	21667	16020	628
锡伯族	29729	15525	13495	1195
阿昌族	2386	1051	650	21
普米族	3870	1836	1274	38
塔吉克族	4137	2979	519	15
怒族	2571	1451	630	22
乌孜别克族	1692	1079	919	44
俄罗斯族	3531	2272	1847	138
鄂温克族	5318	2998	1987	129
德昂族	674	263	124	2
保安族	1202	601	291	10
裕固族	1788	1186	774	50
京族	3963	1658	1219	62
塔塔尔族	643	426	433	19
独龙族	497	282	108	11
鄂伦春族	1511	1011	764	65
赫哲族	920	574	637	68
门巴族	597	373	290	10
珞巴族	175	83	105	1
基诺族	1973	942	390	20

1-6 2010年全国人口普查各民族15岁及15岁以上的文盲人口状况

单位：人，%

民 族	15岁及15岁以上人口	文盲人口	文盲人口占15岁及以上人口比例
全国总计	**1111488248**	**54190864**	**4.88**
汉族	1024636211	47108426	4.60
少数民族合计	**86852037**	**7082438**	**8.15**
少数民族占全国比重	7.81	13.07	
蒙古族	4805740	156455	3.26
回族	8345262	749916	8.99
藏族	4671710	1382295	29.59
维吾尔族	7464351	256724	3.44
苗族	7025185	754482	10.74
彝族	6340355	919980	14.51
壮族	13496217	600570	4.45
布依族	2109850	285427	13.53
朝鲜族	1677260	17216	1.03
满族	8632096	170832	1.98
侗族	2228281	151472	6.80
瑶族	2125293	136168	6.41
白族	1526504	84352	5.53
土家族	6475074	414066	6.39
哈尼族	1276730	178784	14.00
哈萨克族	1115037	12446	1.12
傣族	1008297	112823	11.19
黎族	1128234	75775	6.72
傈僳族	541808	100448	18.54
佤族	344456	47085	13.67
畲族	561607	32922	5.86
高山族	3270	84	2.57
拉祜族	389618	56991	14.63
水族	298766	43409	14.53
东乡族	450604	82038	18.21
纳西族	271264	20515	7.56

1-6　续表

单位：人，%

民　族	15岁及15岁以上人口	文盲人口	文盲人口占15岁及以上人口比例
景颇族	111711	10014	8.96
柯尔克孜族	138037	4161	3.01
土族	228647	26212	11.46
达斡尔族	108406	947	0.87
仫佬族	170896	6557	3.84
羌族	251028	18618	7.42
布朗族	90914	11444	12.59
撒拉族	93341	22520	24.13
毛南族	78306	3107	3.97
仡佬族	394113	39694	10.07
锡伯族	156598	1368	0.87
阿昌族	28325	2303	8.13
普米族	32685	5037	15.41
塔吉克族	37678	1411	3.74
怒族	28781	4138	14.38
乌孜别克族	8224	129	1.57
俄罗斯族	13013	142	1.09
鄂温克族	24543	254	1.03
德昂族	15293	3271	21.39
保安族	14207	1667	11.73
裕固族	11714	729	6.22
京族	21482	1151	5.36
塔塔尔族	2869	33	1.15
独龙族	5205	887	17.04
鄂伦春族	6828	71	1.04
赫哲族	4436	70	1.58
门巴族	7634	2759	36.14
珞巴族	2538	790	31.13
基诺族	18332	1785	9.74

1-7 2010年全国人口普查各民族分产业的人口

单位：人，%

民族	总计	第一产业	第二产业	第三产业
全国总计	**71547989**	**34584219**	**17284443**	**19679327**
汉族	65539943	30416927	16553309	18569707
少数民族合计	**5978017**	**4144630**	**727539**	**1105848**
少数民族占全国比重	8.36	11.98	4.21	5.62
蒙古族	302690	192045	27118	83527
回族	512837	270396	73806	168635
藏族	320211	262995	10460	46756
维吾尔族	545158	449906	21541	73711
苗族	502575	353974	87130	61471
彝族	511991	422672	37748	51571
壮族	965994	669288	136494	160212
布依族	151167	104854	27244	19069
朝鲜族	72332	19133	14607	38592
满族	557607	325949	81427	150231
侗族	159794	101525	31794	26475
瑶族	155806	114989	21977	18840
白族	108565	72575	14387	21603
土家族	418466	252259	83056	83151
哈尼族	101348	79930	9499	11919
哈萨克族	63313	49574	2492	11247
傣族	78770	63746	4517	10507
黎族	81296	65968	4570	10758
傈僳族	45768	41066	1640	3062
佤族	27923	21815	3262	2846
畲族	36129	18063	9544	8522
高山族	218	95	42	81
拉祜族	33055	29040	1385	2630
水族	22627	17040	3321	2266
东乡族	40761	35883	1300	3578
纳西族	19443	13119	853	5471
景颇族	8811	7252	445	1114

1-7 续表

单位：人，%

民 族	总 计	第一产业	第二产业	第三产业
柯尔克孜族	8546	6942	283	1321
土族	15978	11032	2141	2805
达斡尔族	5796	3042	516	2238
仫佬族	10431	5821	2029	2581
羌族	18297	13345	1613	3339
布朗族	7402	6327	401	674
撒拉族	5589	3650	291	1648
毛南族	5758	3662	1070	1026
仡佬族	26501	16389	4968	5144
锡伯族	9934	5339	1356	3239
阿昌族	2138	1688	204	246
普米族	2433	1892	148	393
塔吉克族	2119	1881	46	192
怒族	2215	1773	137	305
乌孜别克族	375	124	49	202
俄罗斯族	617	113	85	419
鄂温克族	1352	791	84	477
德昂族	1255	1127	40	88
保安族	1009	780	63	166
裕固族	800	527	65	208
京族	1293	633	117	543
塔塔尔族	188	103	14	71
独龙族	453	400	17	36
鄂伦春族	340	103	31	206
赫哲族	244	79	50	115
门巴族	603	509	19	75
珞巴族	182	159	3	20
基诺族	1514	1248	40	226
其他未识别的民族	29951	22616	3583	3752
外国人加入中国籍	78	46	12	20

1-8 2010年全国人口普查各民族分年龄的人口

单位：人，%

民 族	人口总计	0-14岁	15-60岁	61岁以上
全国总计	**1332810869**	**221322621**	**933893808**	**177594440**
汉族	1220844520	196208309	858795454	165840757
少数民族合计	**111324800**	**24906147**	**74725436**	**11693217**
少数民族占全国比重	8.35	11.25	8.00	6.58
蒙古族	5981840	1176100	4351233	454507
回族	10586087	2240825	7172993	1172269
藏族	6282187	1610477	4117366	554344
维吾尔族	10069346	2604995	6664484	799867
苗族	9426007	2400822	6019521	1005664
彝族	8714393	2374038	5578659	761696
壮族	16926381	3430164	11371698	2124519
布依族	2870034	760184	1768421	341429
朝鲜族	1830929	153669	1365732	311528
满族	10387958	1755862	7544429	1087667
侗族	2879974	651693	1858387	369894
瑶族	2796003	670710	1842364	282929
白族	1933510	407006	1307009	219495
土家族	8353912	1878838	5373544	1101530
哈尼族	1660932	384202	1128229	148501
哈萨克族	1462588	347551	1024109	90928
傣族	1261311	253014	892225	116072
黎族	1463064	334830	1004243	123991
傈僳族	702839	161031	479809	61999
佤族	429709	85253	306638	37818
畲族	708651	147044	477440	84167
高山族	4009	739	2896	374
拉祜族	485966	96348	347918	41700
水族	411847	113081	255321	43445
东乡族	621500	170896	395139	55465
纳西族	326295	55031	228744	42520
景颇族	147828	36117	101059	10652

1-8 续表

单位：人，%

民　族	人口总计	0-14岁	15-60岁	61岁以上
柯尔克孜族	186708	48671	123555	14482
土族	289565	60918	207268	21379
达斡尔族	131992	23586	98926	9480
仫佬族	216257	45361	147537	23359
羌族	309576	58548	217159	33869
布朗族	119639	28725	81517	9397
撒拉族	130607	37266	82562	10779
毛南族	101192	22886	65777	12529
仡佬族	550746	156633	330184	63929
锡伯族	190481	33883	138387	18211
阿昌族	39555	11230	25499	2826
普米族	42861	10176	28958	3727
塔吉克族	51069	13391	33895	3783
怒族	37523	8742	25109	3672
乌孜别克族	10569	2345	7237	987
俄罗斯族	15393	2380	11208	1805
鄂温克族	30875	6332	23159	1384
德昂族	20556	5263	13882	1411
保安族	20074	5867	12473	1734
裕固族	14378	2664	10212	1502
京族	28199	6717	18421	3061
塔塔尔族	3556	687	2509	360
独龙族	6930	1725	4649	556
鄂伦春族	8659	1831	6438	390
赫哲族	5354	918	4051	385
门巴族	10561	2927	6891	743
珞巴族	3682	1144	2292	246
基诺族	23143	4811	16071	2261
其他未识别的民族	640101	207992	371899	60210
外国人加入中国籍	1448	173	1019	256

1-9 2010年全国人口普查各民族分性别出生人口和死亡人口(2009.11.1-2010.10.31)

单位：人，%

民 族	出生人数			死亡人数		
	小 计	男	女	小 计	男	女
全国总计	**1190060**	**652073**	**537987**	**7421990**	**4293783**	**3128207**
汉族	1059649	582390	477259	6823973	3937020	2886953
少数民族合计	**129819**	**69336**	**60483**	**595028**	**354912**	**240116**
少数民族占全国比重	10.91	10.63	11.24	8.02	8.27	7.68
蒙古族	5504	2877	2627	24817	15455	9362
回族	12113	6501	5612	47198	27664	19534
藏族	6812	3490	3322	39143	21133	18010
维吾尔族	17132	8741	8391	52855	31018	21837
苗族	11714	6436	5278	52259	31466	20793
彝族	12041	6348	5693	52195	31585	20610
壮族	19946	11047	8899	92308	55667	36641
布依族	3758	2124	1634	18944	11321	7623
朝鲜族	684	378	306	10337	6133	4204
满族	7439	3992	3447	46716	28915	17801
侗族	3498	1937	1561	17354	10245	7109
瑶族	3329	1841	1488	14343	8997	5346
白族	1850	928	922	11687	6690	4997
土家族	7871	4175	3696	45272	26593	18679
哈尼族	2337	1220	1117	10540	6367	4173
哈萨克族	2331	1195	1136	6809	4403	2406
傣族	1508	780	728	7627	4341	3286
黎族	2053	1110	943	6456	3961	2495
傈僳族	986	536	450	5045	2982	2063
佤族	545	270	275	3132	1873	1259
畲族	591	332	259	4072	2616	1456
高山族	1		1	10	7	3
拉祜族	603	298	305	3657	2201	1456
水族	633	357	276	3481	2137	1344
东乡族	1103	611	492	2632	1440	1192
纳西族	255	134	121	2036	1128	908
景颇族	301	151	150	1062	640	422

1-9 续表

单位：人，%

民族	出生人数			死亡人数		
	小计	男	女	小计	男	女
柯尔克孜族	246	134	112	881	517	364
土族	282	150	132	1663	983	680
达斡尔族	118	57	61	547	363	184
仫佬族	254	137	117	859	539	320
羌族	325	161	164	1535	896	639
布朗族	164	91	73	671	393	278
撒拉族	240	115	125	467	268	199
毛南族	113	67	46	559	346	213
仡佬族	562	287	275	3109	1931	1178
锡伯族	105	62	43	682	463	219
阿昌族	60	33	27	202	127	75
普米族	49	26	23	236	145	91
塔吉克族	75	43	32	233	131	102
怒族	43	26	17	324	185	139
乌孜别克族	8	3	5	30	21	9
俄罗斯族	7	2	5	57	34	23
鄂温克族	34	20	14	121	86	35
德昂族	42	23	19	141	81	60
保安族	41	26	15	84	43	41
裕固族	11	6	5	63	39	24
京族	27	16	11	186	110	76
塔塔尔族	2	1	1	17	10	7
独龙族	8	4	4	64	41	23
鄂伦春族	3	2	1	35	21	14
赫哲族	3	1	2	10	5	5
门巴族	15	10	5	119	71	48
珞巴族	11	5	6	44	28	16
基诺族	33	19	14	102	57	45
其他未识别的民族	582	340	242	2956	1829	1127
外国人加入中国籍	10	7	3	33	22	11

二、教 育

2-1 全国分地区少数民族教职工(2014年)(一)

单位：人

地　区	普通高等学校	成人高等学校	中等职业教育
全　国	**125741**	**3117**	**48008**
北　京	7417	165	501
天　津	1774	42	191
河　北	4343	41	1706
山　西	310	22	52
内蒙古	11368	117	4379
辽　宁	10856	290	3614
吉　林	6076	32	1865
黑龙江	3914	106	495
上　海	1636	19	141
江　苏	2713		208
浙　江	1537	6	253
安　徽	938	10	178
福　建	959	4	192
江　西	729	2	34
山　东	2076	8	298
河　南	2469	63	492
湖　北	4158	30	1124
湖　南	5747	19	2377
广　东	3551	31	822
广　西	11847	449	6598
海　南	587	11	381
重　庆	1600	26	832
四　川	3144	60	911
贵　州	10047	142	5192
云　南	8702	9	5408
西　藏	1472		687
陕　西	1523	12	74
甘　肃	1936	15	1054
青　海	1381	43	730
宁　夏	2071	21	404
新　疆	8860	1322	6815

2-1 全国分地区少数民族教职工(2014年)(二)

单位：人

地　区	普通中学	特殊教育学校	小　学	幼儿园
全　国	**549859**	**4369**	**591996**	**188406**
北　京	4632	76	3063	2233
天　津	1506	28	1006	411
河　北	15836	198	17513	4910
山　西	280	6	190	74
内蒙古	36198	411	35508	12350
辽　宁	40361	389	28668	10396
吉　林	11547	144	8121	2052
黑龙江	7477	69	5319	949
上　海	1068	14	425	284
江　苏	1043	18	673	433
浙　江	1987	16	2134	1081
安　徽	1402	14	1209	481
福　建	1887	29	2289	925
江　西	421	2	364	205
山　东	2630	19	1912	958
河　南	3903	34	4068	1864
湖　北	12875	100	11345	4594
湖　南	39238	239	28968	13301
广　东	8589	81	3199	4905
广　西	72179	774	90980	38933
海　南	4612	13	6927	1954
重　庆	11662	97	13191	3605
四　川	11997	92	25073	3576
贵　州	79197	574	83778	22806
云　南	50509	380	75143	19311
西　藏	9798	127	18431	2717
陕　西	762	6	514	462
甘　肃	9514	30	13269	2571
青　海	10340	41	10750	2958
宁　夏	8445	66	9351	3278
新　疆	87964	282	88615	23829

2-2 全国少数民族专任教师

单位：万人

年 份	高等学校	中等技术学校	中等师范学校	普通中学	职业中学	小 学
1951				0.27		
1952	0.06			0.45		5.98
1957	0.19			1.17		9.82
1963	0.10	0.12	0.05	1.32	0.06	7.24
1965	0.33	0.11	0.04	1.46	0.28	13.32
1975	0.27			6.85		27.17
1978	0.59	0.27	0.2	11.23		31.02
1979	0.72	0.29	0.22	10.82		31.30
1980	0.78	0.35	0.26	11.23	0.07	32.94
1981	0.84	0.38	0.24	10.52	0.09	33.06
1982	0.92	0.44	0.27	10.42	0.13	34.32
1983	1.08	0.49	0.27	10.72	0.23	34.49
1984	1.08	0.52	0.28	11.24	0.36	37.80
1985	1.28	0.60	0.32	12.56	0.56	39.78
1986	1.42	0.78	0.36	13.92	0.68	42.13
1987	1.54	0.81	0.42	15.05	0.84	43.68
1988	1.69	0.85	0.44	15.85	1.63	42.12
1989	1.75	0.92	0.47	17.39	1.03	46.25
1990	1.78	0.97	0.51	18.30	1.09	45.87
1991	1.89	1.01	0.53	19.21	1.19	46.41
1992	1.94	1.05	0.51	20.00	1.29	47.63
1993	1.94	1.04	0.52	20.21	1.39	47.72
1994	2.11	1.10	0.52	20.76	1.40	47.88
1995	2.20	1.16	0.58	22.25	1.50	50.19
1996	2.20	1.22	0.60	23.34	1.82	51.55
1997	2.28	1.27	0.62	24.69	1.66	52.79
1998	2.32	1.26	0.62	26.03	1.64	53.69
1999	2.33	1.25	0.61	27.14	1.68	54.51
2000	2.51	1.26	0.53	28.16	1.63	55.30
2001	2.87	1.16	0.47	30.04	1.63	57.47
2002	3.35	1.05	0.46	31.70	1.65	57.23
2003	3.63	0.87	0.37	33.35	0.30	57.09
2004	4.30	0.82	0.35	34.61	0.28	56.86
2005	4.65			36.18	0.21	56.93
2006	5.03			37.44	0.17	57.20
2007	5.52			38.18	0.12	57.79
2008	5.83			38.93	0.08	58.11
2009	6.20			39.90	0.05	58.52
2010	6.48			40.62	0.04	58.39
2011	6.86			46.15		53.58
2012	7.16			42.19		58.56
2013	7.94			47.88		54.38
2014	8.23			49.30		59.56

注：2003年以后职业中学数仅指职业初中数。（下同）

2-3 全国少数民族专任教师占全国专任教师总数的比重

单位：%

年 份	高等学校	中等技术学校	中等师范学校	普通中学	职业中学	小 学
1951				2.6		
1952				2.9		
1957	2.8			3.9		4.3
1963	2.2	2.5	4.1	3.1	3.9	2.8
1965	2.4	2.5	3.5	3.2	1.4	3.5
1975	1.7	4.2		3.3		5.2
1978	2.9	3.9	6.6	3.5		5.9
1979	3.0	3.7	6.4	3.5		5.8
1980	3.2	3.9	6.9	3.7	3.2	6.0
1981	3.4	3.9	6.4	3.7	3.0	5.9
1982	3.2	4.0	6.7	3.9	3.3	6.2
1983	3.6	4.2	6.9	4.1	3.1	6.4
1984	3.4	4.3	6.6	4.4	3.5	7.0
1985	3.7	4.7	6.9	4.7	3.9	7.4
1986	3.8	5.4	7.3	5.0	4.2	7.8
1987	4.0	5.2	7.8	5.2	4.5	8.0
1988	4.3	5.1	7.7	5.4	8.0	7.7
1989	4.4	5.4	8.2	5.8	4.8	8.3
1990	4.4	5.5	8.7	6.0	4.9	8.2
1991	4.8	5.7	9.3	6.2	5.1	8.4
1992	5.0	5.9	8.9	6.4	5.2	8.6
1993	5.0	5.7	9.0	6.4	5.3	8.6
1994	5.3	5.9	8.7	5.3	5.1	8.5
1995	5.5	5.9	9.4	6.7	5.1	8.9
1996	5.5	6.0	9.5	6.7	5.9	9.0
1997	5.6	6.0	9.8	6.9	5.2	9.1
1998	5.7	6.1	5.7	7.0	4.9	9.2
1999	5.5	6.2	9.9	7.1	5.0	9.3
2000	5.4	6.2	9.9	7.0	5.1	9.4
2001	5.4	6.3	10.4	7.2	5.3	9.7
2002	5.4	6.2	12.2	7.2	5.3	9.9
2003	5.0			7.4		10.0
2004	5.0			7.4		10.1
2005	4.8			7.6		10.2
2006	4.6			7.7		10.2
2007	4.7			7.8		10.3
2008	4.7			7.9		10.3
2009	4.8			8.0		10.4
2010	5.0			8.1		10.4
2011	4.9			9.1		10.4
2012	5.0			8.3		10.5
2013	5.5			9.4		9.7
2014	5.4			9.6		10.6

2-4 全国分地区少数民族专任教师(2014年)(一)

单位：人

地区	普通高等学校	成人高等学校	中等职业教育
全国	**82341**	**1886**	**36627**
北京	3875	89	344
天津	1026	27	133
河北	3008	28	1160
山西	208	17	30
内蒙古	7569	53	3352
辽宁	7301	182	2676
吉林	3702	15	1352
黑龙江	2337	73	374
上海	1129	11	106
江苏	1517		163
浙江	1119	4	232
安徽	642	4	131
福建	647		174
江西	441	1	32
山东	1427	5	209
河南	1656	34	368
湖北	2295	22	859
湖南	3847	11	1867
广东	2416	16	678
广西	7906	287	4828
海南	351	5	250
重庆	1091	13	714
四川	2211	43	709
贵州	7105	98	4030
云南	6235	2	4208
西藏	906		606
陕西	847	8	47
甘肃	1308	14	812
青海	949	33	589
宁夏	1446	11	300
新疆	5824	780	5294

2-4 全国分地区少数民族专任教师(2014年)(二)

单位：人

地区	普通中学	特殊教育学校	小学	幼儿园
全国	**493009**	**3715**	**595635**	**122912**
北京	3683	63	3110	1454
天津	1302	19	953	272
河北	13460	160	16531	3297
山西	256	6	190	46
内蒙古	29545	351	32656	8673
辽宁	34434	316	30021	7295
吉林	9617	118	8081	1182
黑龙江	6645	57	5484	572
上海	953	11	452	206
江苏	947	15	716	279
浙江	1849	14	2300	646
安徽	1276	13	1312	314
福建	1739	27	2280	542
江西	396	2	408	117
山东	2419	15	2050	625
河南	3490	30	4090	1189
湖北	11871	95	11655	2279
湖南	36280	197	34466	7534
广东	7954	72	4304	3281
广西	63384	636	87168	21935
海南	4151	11	7332	1145
重庆	10716	88	13132	2048
四川	11074	77	24933	2707
贵州	73328	507	81409	15727
云南	46213	323	74359	12786
西藏	9429	108	18373	2123
陕西	668	5	529	284
甘肃	8652	23	13499	1945
青海	9736	40	11514	1747
宁夏	7992	66	9657	2135
新疆	79550	250	92671	18527

2-5 全国少数民族在校学生

单位：万人

年 份	高等学校	中等技术学校	中等师范学校	普通中学	职业中学	小 学
1950	0.13					
1951		0.07	0.45	4.03		94.30
1952	0.29	0.26	1.62	7.32		147.40
1957	1.61	1.77	1.97	27.69		319.40
1962	2.87	1.31	0.94	29.47		
1963					1.21	299.20
1965	2.19	1.09	0.81	37.18	1.35	521.90
1975	3.06			155.69		770.80
1978	3.60	2.84	3.03	246.75		768.60
1979	3.74	3.22	3.97	205.87		737.80
1980	4.29	3.93	4.47	199.30	1.46	752.20
1981	5.12	3.91	3.90	177.06	1.36	735.60
1982	5.39	4.10	3.46	177.96	1.77	823.90
1983	5.96	4.48	3.74	182.97	3.62	821.90
1984	6.93	5.24	4.21	202.07	6.17	910.10
1985	9.41	6.65	4.98	224.47	8.74	954.80
1986	9.95	7.57	5.62	254.06	10.32	1033.70
1987	11.87	8.50	6.22	280.07	12.43	1051.30
1988	12.54	8.83	6.18	281.64	26.39	983.60
1989	13.16	9.95	6.28	283.54	13.65	1052.10
1990	13.79	11.41	6.77	294.62	15.06	1069.50
1991	14.18	11.93	6.70	308.59	16.51	980.60
1992	15.29	12.71	7.09	320.88	18.37	1122.30
1993	16.32	14.30	7.67	313.69	18.62	1140.20
1994	17.79	15.69	7.52	324.23	18.98	1149.20
1995	18.76	18.43	8.84	346.65	23.78	1200.20
1996	19.68	21.05	9.02	370.19	24.57	1251.10
1997	21.68	23.71	9.13	403.93	22.93	1248.20
1998	22.63	25.25	9.72	449.16	22.86	1240.20
1999	24.77	27.96	9.71	463.29	24.15	1214.20
2000	31.99	28.98	9.47	498.91	23.88	1181.60
2001	40.97	27.60	8.70	482.84	25.07	1172.00
2002	52.39	27.17	7.82	613.16	26.55	1149.70
2003	65.52	18.88	5.10	654.46	8.74	1120.70
2004	75.59	18.72	3.71	676.11	8.95	1097.15
2005	95.32			684.74	8.55	1078.07
2006	107.55			689.38	3.47	1081.28
2007	115.35			685.46	3.10	1074.18
2008	127.99			680.23	2.19	1070.79
2009	141.05			679.94	1.61	1059.12
2010	150.83			680.34	1.15	1048.24
2011	167.62			683.67		1044.02
2012	176.88			678.26		1037.54
2013	183.74			681.93		1040.95
2014	198.57			696.94		1058.97

2-6 全国少数民族在校学生占全国在校学生总数的比重

单位：%

年 份	高等学校	中等技术学校	中等师范学校	普通中学	职业中学	小 学
1951	1.4	0.4	2.1	2.6		2.2
1952	1.5	0.9	4.7	2.9		2.9
1957	3.7	3.7	6.7	4.4		5.0
1962	3.5	3.7	5.2	3.9	3.9	4.1
1965	3.2	2.8	5.2	4.0	2.3	4.5
1975	6.1	7.6		3.5	5.0	5.1
1978	4.2	5.4	8.4	3.8		5.3
1979	3.7	4.5	8.2	3.5		5.0
1980	3.8	5.2	9.3	3.6	3.2	5.1
1981	4.0	6.2	8.9	3.6	2.8	5.1
1982	4.7	6.5	8.4	3.9	2.5	5.9
1983	4.9	6.5	8.2	4.2	3.0	6.0
1984	5.0	6.5	8.2	4.4	3.5	6.7
1985	5.3	6.6	8.9	4.8	3.8	7.1
1986	5.3	6.6	9.2	5.2	4.0	7.8
1987	6.1	7.0	9.5	5.7	4.7	8.2
1988	6.1	6.5	9.0	5.9	9.4	7.8
1989	6.3	6.7	9.2	6.3	4.8	11.2
1990	6.6	7.3	10.0	6.4	5.1	8.7
1991	6.9	7.4	10.1	6.6	5.2	8.1
1992	7.0	7.3	10.7	6.7	5.4	9.2
1993	6.4	6.8	10.6	6.6	5.1	9.2
1994	6.4	6.5	9.6	5.5	4.7	9.0
1995	6.5	6.4	10.4	6.5	5.3	9.1
1996	6.5	6.3	10.3	6.5	5.2	9.2
1997	6.8	6.3	10.0	6.7	4.5	8.9
1998	6.6	6.2	10.6	7.1	4.2	8.9
1999	6.0	6.6	10.7	6.8	4.5	9.0
2000	5.8	7.0	12.3	6.8	4.7	9.1
2001	5.7	7.0	13.1	7.5	5.4	9.3
2002	5.8	6.9	13.0	9.3	5.2	9.5
2003	5.9			7.6		9.6
2004	5.7			7.8		9.8
2005	6.1			8.0		9.9
2006	6.2			8.2		10.1
2007	6.1			8.3		10.2
2008	6.3			8.4		10.4
2009	6.6			8.6		10.5
2010	7.0			8.6		10.4
2011	6.8			9.1		10.5
2012	7.4			9.4		10.7
2013	7.7			9.4		10.7
2014	7.8			10.3		11.2

2-7 全国分地区少数民族在校学生(2014年)(一)

单位：人

地区	博士生(含科研机构)	硕士生(含科研机构)	普通高等学校(普通本、专科)	成人高等学校(成人本、专科)	中等职业教育
全国	**17089**	**87585**	**1985658**	**31258**	**1208509**
北京	5120	14678	64581	1184	7919
天津	520	1986	34482	782	2216
河北	127	1740	66160	677	29331
山西	26	261	8089		272
内蒙古	341	4789	107878	267	47377
辽宁	1298	7743	155769	2364	55546
吉林	1104	5897	66972	611	8694
黑龙江	633	2600	39422	538	5557
上海	892	3585	26309	92	2453
江苏	965	4517	33692	55	2501
浙江	300	1005	19419	159	6077
安徽	148	704	11987	49	3139
福建	191	963	23165	254	6333
江西	18	380	38835	8	1146
山东	162	1345	36436	50	5272
河南	42	1042	39620	439	6252
湖北	1238	5208	95943	164	29730
湖南	432	3432	107390	454	67903
广东	594	2235	22631	145	8221
广西	155	3468	220097	2458	228438
海南	12	217	15801	2	27096
重庆	418	2360	53899	3494	37732
四川	675	3369	83524	5063	49304
贵州	63	2266	169124	4449	194642
云南	272	3573	149955	1921	153525
西藏	19	351	20852		14057
陕西	777	2334	34231	613	2763
甘肃	325	1722	47745	177	10610
青海	18	496	25385	1486	27758
宁夏	29	608	36568	986	24445
新疆	175	2711	129697	2317	142200

2-7 全国分地区少数民族在校学生(2014年)(二)

单位：人

地　区	普通中学	特殊教育学校	小　学	幼儿园
全　国	**6969437**	**31521**	**10589734**	**3469144**
北　京	40572	353	57793	22753
天　津	18122	75	21150	4112
河　北	183089	603	294252	100060
山　西	3660	19	3569	960
内蒙古	314353	1318	362478	140632
辽　宁	331639	908	381892	97608
吉　林	82298	255	78150	19624
黑龙江	58900	134	57030	8627
上　海	12991	68	11946	4271
江　苏	17803	84	20074	3386
浙　江	37858	172	95445	30356
安　徽	20144	26	20681	5788
福　建	42401	340	75896	18952
江　西	5623	38	6181	1304
山　东	38513	141	53164	14467
河　南	75559	65	86968	26494
湖　北	150651	563	207123	75321
湖　南	386022	1352	583581	228954
广　东	55666	178	122439	29083
广　西	1003926	4572	1648538	668628
海　南	81089	175	132392	32423
重　庆	168382	900	203922	68810
四　川	264779	1950	636598	150751
贵　州	1233687	3841	1491503	482283
云　南	881287	5832	1442617	414923
西　藏	172166	1167	286360	75418
陕　西	9147	33	11027	4713
甘　肃	135947	500	249266	55747
青　海	160814	1223	282592	89691
宁　夏	166509	1014	283624	67986
新　疆	815840	3622	1381483	525019

2-8 全国民族学院(大学)教职工(一)

单位:人

年 份	合 计	中央民族大学	内蒙古民族大学	大连民族学院	中南民族大学
1978	4888	11731			
1979	5616	1380			
1980	6241	1674			
1981	7652	1849			674
1982	7997	1911			718
1983	8255	1933			803
1984	8466	1945			877
1985	9431	2125			1000
1986	9902	2200			1085
1987	10403	2386			1145
1988	10377	2248			1218
1989	10641	2034			1231
1990	10593	1938			1265
1991	10612	2034			1264
1992	10570	1877			1264
1993	10584	1837			1254
1994	10629	1791			1210
1995	10752	1821			1215
1996	10452	1551			1220
1997	10668	1544			1128
1998	11342	1776		205	1129
1999	10621	1763		289	1126
2000	10549	1591		330	1124
2001	11041	1587		469	1395
2002	11939	1536		515	1371
2003	13691	1501	1664	574	1325
2004	14469	1547	1678	642	1430
2005	15355	1638	1821	713	1545
2006	16457	1813	1837	807	1673
2007	16819	1879	1755	841	1725
2008	17171	1918	1793	919	1807
2009	17430	2029	1762	982	1767
2010	18102	1897	1769	1288	1891
2011	18507	1730	1754	1305	1941
2012	18726	2008		1349	2021
2013	19650	1943	1760	1335	2042
2014	21632	2008		1349	2021

2-8 全国民族学院(大学)教职工(二)

单位: 人

年 份	湖北民族学院	广东民族学院	广西民族大学	西南民族大学	贵州民族学院
1978		145	759	630	139
1979		179	808	738	186
1980		240	845	803	224
1981		279	917	829	335
1982		338	918	950	378
1983		364	914	992	415
1984		394	295	1046	402
1985		411	970	1127	906
1986		436	1007	1168	654
1987		429	1055	1204	722
1988		423	1054	948	780
1989	477	434	1045	1206	792
1990	512	421	1049	1192	792
1991	518	410	1033	1170	753
1992	550	399	1018	1161	843
1993	540	419	1049	1164	882
1994	558	439	1047	1157	888
1995	591	463	1050	1143	920
1996	601	467	1048	1108	956
1997	611	491	1052	1252	934
1998	1079	510	1028	1192	923
1999	1066		1003	993	880
2000	1080		1008	1004	890
2001	1086		967	1006	898
2002	1119		1007	1382	851
2003	1163		1043	1316	909
2004	1221		1120	1436	986
2005	1281		1158	1497	1049
2006	1451		1202	1564	1084
2007	1428		1185	1608	1124
2008	1365		1156	1667	1135
2009	1396		1134	1696	1129
2010	1433		1200	1795	1136
2011	1473		1209	1857	1191
2012	1477		1653	1974	1347
2013	1468		1217	1920	1283
2014	1477		1653	1974	1347

2-8 全国民族学院(大学)教职工(三)

单位:人

年 份	云南民族大学	西藏民族学院	西北民族大学	青海民族大学	北方民族大学
1978	416	568	586	472	
1979	484	633	634	574	
1980	509	630	655	661	
1981	624	641	828	676	
1982	725	650	844	565	
1983	776	609	873	576	
1984	783	609	903	582	
1985	554	562	941	654	181
1986	915	559	1011	639	228
1987	953	597	1011	654	247
1988	948	873	971	655	268
1989	956	581	958	659	268
1990	960	561	970	646	281
1991	944	567	981	648	290
1992	953	574	998	614	319
1993	928	575	996	616	324
1994	980	577	1010	594	378
1995	984	591	1000	589	385
1996	918	601	1006	570	406
1997	977	596	995	582	402
1998	975	577	984	546	418
1999	911	561	979	554	496
2000	909	553	986	568	506
2001	943	554	990	580	566
2002	867	667	1087	902	635
2003	864	549	1056	1023	704
2004	911	581	1115	1030	772
2005	947	627	1183	1045	851
2006	1004	661	1286	1193	882
2007	985	699	1466	1215	909
2008	1027	729	1503	1221	931
2009	1067	775	1532	1198	963
2010	1152	823	1579	1165	974
2011	1216	881	1721	1144	1075
2012	1431	971	2078	1087	1330
2013	1336	945	1992	1135	1274
2014	1431	971	1992	2078	1330

2-9 全国民族学院(大学)专任教师(一)

单位：人

年 份	合 计	中央民族大学	内蒙古民族大学	大连民族学院	中南民族大学
1978	2121	563			
1979	2430	673			
1980	2891	818			185
1981	3253	732			306
1982	3334	775			302
1983	3479	781			344
1984	3516	809			363
1985	3874	804			419
1986	4092	834			439
1987	4208	855			432
1988	4557	821			525
1989	4484	800			462
1990	4393	763			472
1991	4241	720			471
1992	4332	687			503
1993	4466	678			522
1994	4486	701			512
1995	4629	740			526
1996	4702	797			530
1997	4755	760			516
1998	4897	730		73	509
1999	4780	722		129	512
2000	4816	700		156	511
2001	5361	698		281	709
2002	6171	714		367	731
2003	7223	734	806	403	758
2004	8073	751	803	467	837
2005	8933	859	939	490	957
2006	9952	959	1021	573	998
2007	10180	1003	955	634	1044
2008	10902	1040	1004	640	1093
2009	11096	1175	1034	672	1131
2010	11589	1036	1048	808	1201
2011	12621	1052	1045	817	1255
2012	12700	1197		858	1317
2013	13273	1106	1152	852	1329
2014	14789	1197		858	1317

2-9 全国民族学院(大学)专任教师(二)

单位：人

年　份	湖北民族学院	广东民族学院	广西民族大学	西南民族大学	贵州民族学院
1978		68	307	318	34
1979		84	315	324	56
1980		96	327	347	68
1981		113	410	356	119
1982		129	381	426	156
1983		153	400	461	157
1984		160	410	432	163
1985		167	435	488	388
1986		181	449	464	283
1987		182	445	468	302
1988		182	446	495	386
1989	197	189	447	490	359
1990	228	180	441	444	375
1991	225	177	424	442	306
1992	243	174	426	440	385
1993	233	192	453	518	418
1994	282	202	470	439	420
1995	296	202	500	448	430
1996	326	211	431	473	429
1997	325	225	491	452	436
1998	529	247	440	412	469
1999	532		462	408	449
2000	524		460	426	447
2001	521		481	498	469
2002	555		521	774	490
2003	564		534	713	512
2004	655		605	914	562
2005	692		616	984	611
2006	834		717	1010	645
2007	819		741	1064	655
2008	783		758	1156	655
2009	801		777	1229	694
2010	812		849	1307	719
2011	988		867	1375	718
2012	1095		910	1596	932
2013	1021		841	1519	857
2014	1095		910	1596	932

2-9 全国民族学院(大学)专任教师(三)

单位：人

年　份	云南民族大学	西藏民族学院	西北民族大学	青海民族大学	北方民族大学
1978	163	193	246	229	
1979	182	223	272	301	
1980	209	203	314	314	
1981	272	226	289	330	
1982	321	209	376	259	
1983	340	185	400	258	
1984	336	185	401	257	
1985	219	235	424	211	84
1986	403	235	438	270	96
1987	436	224	474	287	103
1988	442	389	436	298	137
1989	445	244	431	292	128
1990	422	234	429	274	131
1991	406	229	439	271	131
1992	389	232	444	241	168
1993	376	238	443	226	169
1994	377	232	449	209	193
1995	396	233	437	222	199
1996	416	243	427	217	202
1997	424	243	438	221	193
1998	420	233	442	194	199
1999	428	241	449	200	248
2000	433	235	459	209	256
2001	442	240	483	218	321
2002	446	239	564	419	351
2003	464	259	577	477	422
2004	513	303	683	541	439
2005	560	354	754	610	507
2006	642	488	806	731	528
2007	686	468	874	702	535
2008	732	519	883	717	564
2009	762	564	910	714	633
2010	872	592	942	707	696
2011	946	596	1060	697	758
2012	1119	729	1365	616	966
2013	1072	657	1299	640	928
2014	1119	729	1365	616	966

2-10 全国民族学院(大学)在校学生(一)

单位: 人

年 份	合 计	中央民族大学	内蒙古民族大学	大连民族学院	中南民族大学
1978	6902	1337			
1979	7384	1474			
1980	8477	1778			
1981	10059	2126			161
1982	9556	1977			514
1983	11337	2135			1078
1984	14045	2487			1591
1985	18369	3255			2060
1986	21497	3211			3826
1987	20267	3171			2760
1988	22144	3374			3004
1989	22932	2983			3039
1990	22095	2723			3064
1991	21400	2416			2952
1992	22836	2366			2997
1993	26638	2726			3532
1994	30782	2871			4393
1995	32625	3512			4750
1996	33516	3948			5536
1997	35081	3995			5695
1998	39332	3850		650	5848
1999	42751	3799		1533	6478
2000	52098	3881		2543	7037
2001	71096	4784		4237	8997
2002	86681	6373		5595	11764
2003	115966	8100	13185	7238	13198
2004	133865	9715	16402	8571	15551
2005	146716	10766	16013	9277	16817
2006	154992	11127	15653	10196	17837
2007	162947	11237	17169	10996	18477
2008	178566	11305	16563	11868	19027
2009	190116	11271	17867	13089	19757
2010	194458	11236	19686	13883	20697
2011	204368	11247	19892	14747	21601
2012	207484	11310		15126	17726
2013	223553	11312	20664	14859	23433
2014	223553	11310		15126	23860

2-10 全国民族学院(大学)在校学生(二)

单位：人

年 份	湖北民族学院	广东民族学院	广西民族大学	西南民族大学	贵州民族学院
1978		402	1306	933	178
1979		532	1316	1198	176
1980		123	1586	1439	260
1981		547	1584	1436	241
1982		395	1366	1513	391
1983		518	1493	1674	638
1984		737	1933	1924	910
1985		1041	2562	2315	1338
1986		1266	2479	2386	1603
1987		1144	2285	2471	1728
1988		1569	2302	2680	1764
1989	1639	1850	2204	2572	1728
1990	1792	1204	2188	2480	1654
1991	1834	1052	2022	2649	1477
1992	2099	1298	2492	2740	1450
1993	2143	1594	2942	3197	1726
1994	2178	2215	3464	3708	2173
1995	2211	2464	3602	3585	2663
1996	2348	2530	3634	3664	2181
1997	2586	2551	4040	3901	2349
1998	4093	2620	4620	4353	2655
1999	4701		5423	4445	3489
2000	5682		6624	5445	4489
2001	6584		7713	7211	6073
2002	7570		9074	9804	7239
2003	8391		9996	12871	8791
2004	9574		11270	15115	8682
2005	11114		12410	16660	9926
2006	12095		13599	17558	9440
2007	12504		14337	18130	8249
2008	13453		14689	19023	8757
2009	12938		14795	20090	9925
2010	13498		15237	21850	11613
2011	14910		15329	22950	12422
2012	23860		15854	26850	14709
2013	17556		15766	25942	14035
2014	17726		15854	26850	14709

2-10 全国民族学院(大学)在校学生(三)

单位: 人

年 份	云南民族大学	西藏民族学院	西北民族大学	青海民族大学	北方民族大学
1978	793	496	514	943	
1979	854	201	790	843	
1980	895	314	734	1108	
1981	1167	438	1006	1353	
1982	858	418	1005	1119	
1983	1068	409	1118	1206	
1984	1432	409	1302	1320	
1985	1979	559	1631	1363	266
1986	2344	838	1909	1241	394
1987	2366	837	1949	1185	371
1988	2665	1098	2067	1218	403
1989	2489	697	2046	1141	544
1990	2526	663	2009	1149	643
1991	2557	586	2006	1100	689
1992	2562	618	2299	1124	891
1993	2653	951	2731	1248	1195
1994	2618	1184	2879	1376	1723
1995	2528	1539	2613	1450	1708
1996	2624	1283	2640	1508	1620
1997	2835	1244	2807	1520	1558
1998	3103	1317	2873	1566	1784
1999	3764	1588	3573	1690	2268
2000	4612	2098	4329	2229	3129
2001	5437	2494	6051	2915	4363
2002	6866	3199	7265	6640	5292
2003	7993	3781	9484	6655	6283
2004	8988	5604	10920	6372	7101
2005	8845	7497	12756	6781	7854
2006	9019	8435	13908	7155	8970
2007	9430	9334	15262	7662	10160
2008	10451	10024	16802	8036	11470
2009	12662	9813	18413	8442	12830
2010	15194	9074	19833	8587	14070
2011	17743	8699	21057	8401	15370
2012	20899	9297	24427	8380	19046
2013	20500	8950	23708	8533	18295
2014	20899	9297	24427	8380	19046

2-11　全国民族学院(大学)教职工基本情况(2014年)(一)

单位：人

单　位	总　计	校本部职工	专任教师	正高级	副高级	中　级	初　级
合　计	**18726**	**18205**	**12700**	**2191**	**4199**	**4552**	**1187**
中央民族大学	2008	1885	1197	316	379	425	34
内蒙古民族大学							
大连民族学院	1349	1226	858	137	299	391	31
中南民族大学	2021	1963	1317	217	463	425	113
湖北民族学院	1477	1337	1095	142	329	438	176
广西民族大学	1653	1633	910	175	249	381	30
西南民族大学	1974	1974	1596	214	454	709	135
贵州民族学院	1347	1313	932	134	424	213	159
云南民族大学	1431	1416	1119	174	334	412	195
西藏民族学院	971	971	729	110	302	249	15
西北民族大学	2078	2078	1365	276	456	431	133
青海民族学院	1087	1087	616	156	222	149	34
北方民族大学	1330	1322	966	140	288	329	132

2-11　全国民族学院(大学)教职工基本情况(2014年)(二)

单位：人

单　位	无职称	行政人员	教辅人员	工勤人员	科研机构人　员	校办企业人　员	其　他附设机构
合　计	**571**	**2748**	**1680**	**1077**	**129**	**123**	**269**
中央民族大学	43	445	152	91	46		77
内蒙古民族大学							
大连民族学院		220	106	42		123	
中南民族大学	99	334	204	108	32		26
湖北民族学院	10	130	102	10	7		133
广西民族大学	75	214	166	343	1		19
西南民族大学	84	242	78	58			
贵州民族学院	2	187	130	64	20		14
云南民族大学	4	176	61	60	15		
西藏民族学院	53	81	88	73			
西北民族大学	69	354	289	70			
青海民族学院	55	214	128	129			
北方民族大学	77	151	176	29	8		

2-12 全国民族学院(大学)学生基本情况(2014年)

单位：人

单 位	本、专科生		
	在校学生	招生数	毕业生数
合 计	**207484**	**52851**	**47655**
中央民族大学	11310	2802	2742
内蒙古民族大学			
大连民族学院	15126	4203	3667
湖北民族学院	23860	6050	5501
中南民族大学	17726	4191	4319
广西民族学院	15854	4123	4064
西南民族大学	26850	6732	5878
贵州民族学院	14709	3710	3198
云南民族大学	20899	5448	4812
西藏民族学院	9297	2418	2111
西北民族大学	24427	6170	5134
青海民族学院	8380	2141	2129
北方民族大学	19046	4863	4100

2-13 全国内地西藏班和新疆班招生情况

单位：人

年 份	合 计	西藏班						新疆班
		小 计	初 中	高 中	中 师	中 专	大 学	高 中
1985	1300	1300	1300					
1986	1240	1240	1240					
1987	1320	1320	1320					
1988	1400	1400	1400					
1989	2176	2176	1180	200	295	501		
1990	2485	2485	1277	300	302	606		
1991	2444	2444	1242	261	250	691		
1992	2654	2654	1222	300	270	605	257	
1993	2654	2654	1300	294	200	612	248	
1994	2646	2646	1235	333	240	576	262	
1995	2815	2815	1420	360	280	544	211	
1996	3151	3151	1621	390	310	550	280	
1997	3161	3161	1735	400	336	489	201	
1998	3365	3365	1855	455	369	347	339	
1999	3442	3442	1782	505	375	380	400	
2000	4487	3487	1520	953	205	387	422	1000
2003	5574	4039	2568	1471				1535
2004	5281	3144	2012	2137				2304
2005	5992	3073	1873	1200				2919
2006	7288	3385	2042	1343				3903
2007	8404	3750	2115	1635				4654
2008	9648	3677	2026	1651				5971
2009	10668	3865	1969	1896				6803
2010	11432	4675	1884	2791				6757
2011	12261	4688	1946	2742				7573
2012	14273	4746	2233	2513				9527
2013	15490	5001	2032	2969				10489
2014	15287	4667	2073	2594				10620

2-14 全国分地区内地西藏班和新疆班招生情况(2014年)

单位: 人

地　区	合　计	西藏班			新疆班
		小　计	初　中	高　中	高　中
总　计	**15287**	**4667**	**2073**	**2594**	**10620**
北　京	1524	360		360	1164
天　津	986	150		150	836
河　北	160	160		160	
山　西	94	94		94	
辽　宁	328	210	180	30	118
吉　林	248				248
黑龙江	248				248
上　海	1786	550	260	290	1236
江　苏	1561	352	245	107	1209
浙　江	2111	383	200	183	1728
安　徽	253	253	111	142	
福　建	492	160	80	80	332
江　西	263	163	83	80	100
山　东	1784	263	166	97	1521
河　南	424	180		160	344
湖　北	401	169	64	105	232
湖　南	240	180		180	60
广　东	1612	368	224	144	1244
重　庆	280	280	160	120	
四　川	112	112		112	
陕　西	300	300	300		

2-15 全国分地区内地西藏班和新疆班在校学生数(2014年)

单位：人

地区	合计	西藏班			新疆班
		小计	初中	高中	高中
总计	**40858**	**14343**	**6022**	**8321**	**26515**
北京	1115	1115		1115	
天津	3807	1086		1086	2721
河北	478	478		478	
山西	311	311		311	
辽宁	1093	668	578	90	425
吉林	643				643
黑龙江	769				769
上海	5426	1526	790	736	3900
江苏	4871	1214	756	458	3657
浙江	5603	1081	600	481	4522
安徽	688	688	300	388	
福建	1583	503	238	265	1080
江西	797	497	268	229	300
山东	3464	846	536	310	2618
河南	1435	560		560	875
湖北	1072	336	143	193	736
湖南	725	545		545	180
广东	5167	1078	595	483	4089
重庆	1032	1032	623	409	
四川	184	184		184	
陕西	595	595	595		

三、文　化

3-1 全国少数民族文字出版物情况

单位：种数：种；印数：万册(份)

年份	图书		期刊		报纸	
	种数	印数	种数	印数	种数	印数
1952	621	661	15	169	20	2933
1957	1763	1462	35	244	32	2434
1962	942	910	27	170	32	2252
1965	1694	2480	36	268	36	3955
1970	312	1331	5	93	5	3262
1975	1226	3365	18	237	10	6461
1978	1386	3179	35	313	11	7072
1980	1921	3427	42	575	18	7384
1981	1904	2652	63	590	18	6631
1982	2270	3330	75	631	18	7063
1983	2327	3358	74	616	19	7927
1984	2524	3514	76	748	42	15175
1985	2759	3629	109	1035	57	11402
1986	2972	3635	126	1085	56	12561
1987	3157	4184	128	1148	70	13306
1988	3294	3816	541	1350	76	13411
1989	3260	3853	153	1280	75	9031
1990	3251	3867	131	1027	79	14837
1991	3575	4922	142	1006	81	11983
1992	3065	4326	167	1354	83	11981
1993	3500	5090	173	1291	87	11513
1994	3248	4552	178	1247	92	12526
1995	3342	4791	185	1197	92	16833
1996	3209	5060	183	1011	89	14917
1997	3429	4999	184	970	88	10527
1998	4108	5376	184	1099	83	9651
1999	4591	6021	185	1009	81	10486
2000	5062	5640	193	863	84	10116
2001	4779	5306	202	990	92	12396
2002	5125	5729	211	978	89	10229
2003	4787	5034	205	781	88	13130
2004	5457	6355	193	584	89	14404
2005	5295	6755	192	466	82	10966
2006	5931	6518	192	651	82	11809
2007	5561	6444	192	758	82	12740
2008	5563	3797	192	650	82	14964
2009	8535	6689	192	612	82	12184
2010	7593	4925	207	850	82	19846
2011	9275	7310	222	894	84	20070
2012	9119	6659	228	1240	98	20828
2013	9511	7168	231	1272	101	20989
2014	8031	5853	227	1255	103	21443

3-2 全国少数民族文字出版的图书(一)

单位：种数：种；印数：万册(份)；印张：万印张

年份	总计				书籍			
	种数		印数	印张	种数		印数	印张
	合计	#新出			合计	#新出		
1952	621	534	661	1714	391	341	281	739
1957	1763	1504	1462	6320	1204	1120	685	3122
1962	942	627	910	4111	361	341	202	1230
1965	1694	1290	2480	9276	644	560	1002	4650
1970	312	247	1331	4874	159	134	797	3556
1975	1226	1072	3365	12428	762	720	1868	8514
1978	1386	1120	3179	12346	750	689	874	4914
1979	1544	1290	2707	14166	803	791	716	5571
1980	1921	1456	3427	16854	1047	976	905	6449
1981	1904	1471	2652	16249	1038	973	776	6991
1982	2270	1713	3330	18882	1232	1132	1033	7919
1983	2237	1683	3358	19783	1267	1182	1113	8974
1984	2524	1931	3514	21177	1483	1379	1142	9854
1985	2759	2075	3629	20253	1602	1478	1111	8168
1986	2972	2108	3635	21030	1679	1567	1021	8158
1987	3157	2022	4184	22878	1752	1532	1215	9134
1988	3294	1975	3816	21647	1842	1580	1046	7958
1989	3260	1783	3853	22059	1709	1385	1124	8088
1990	3251	1869	3867	21673	1734	1422	1049	7853
1991	3575	1913	4922	25103	1700	1369	1201	8220
1992	3065	1556	4326	2549	1536	1207	1096	8104
1993	3500	1995	5090	26069	1704	1353	1398	9087
1994	3428	1827	4552	25869	2277	1535	2136	12926
1995	3342	1473	4791	24943	1547	1085	1411	8521
1996	3209	1431	5060	26523	1607	1080	1648	8635
1997	3429	1361	4999	27022	1959	1143	1784	9027
1998	4108	1548	5376	30291	2412	1341	2164	11418
1999	4591	1828	6021	34557	2367	1473	1896	11156
2000	5062	2078	5640	33514	2598	1741	1510	9965
2001	4779	2374	5306	32241	2451	1933	1412	9254
2002	5125	2329	5729	34765	2548	1840	1552	10524
2003	4787	2275	5034	31947	2624	1683	1501	9289
2004	5457	2430	6355	40022	2832	1798	1458	10137
2005	5295	2522	6755	44154	2606	1669	1424	9902
2006	5931	2811	6518	47302	3324	2156	1382	12493
2007	5561	2175	6444	42347	4543	1821	5264	35770
2008	5563	2543	3797	26679	4734	2285	2780	21057
2009	8535	3163	6689	45988	5361	2687	2705	19106
2010	7593	3173	4925	35335	6050	2828	3362	24323
2011	9275	3675	7310	53867	5586	3091	2559	23236
2012	9119	3629	6659	51739	5652	3113	3013	24889
2013	9511	3824	7168	52675	6117	3351	3521	26940
2014	8031	3883	5853	47467	4838	3391	2554	24851

3-2 全国少数民族文字出版的图书(二)

单位：种数：种；印张：万印(份);印张：万印张

年 份	课本				图片			
	种数		印数	印张	种数		印数	印张
	合计	#新出			合计	#新出		
1952	230	193	380	975	41	41	29	18
1957	509	341	759	3180	50	43	18	18
1962	550	256	640	2820	31	30	68	61
1965	787	561	1150	4404	263	169	328	222
1970	75	35	316	1144	78	78	218	174
1975	358	246	939	3481	106	106	558	433
1978	537	340	1629	6829	99	91	676	603
1980	808	414	1958	9713	66	66	564	692
1981	803	436	1692	8998	63	62	184	260
1982	974	517	2170	10820	64	64	27	143
1983	975	420	2020	10499	85	81	225	310
1984	946	464	2198	11145	95	88	174	121
1985	1084	525	2326	11885	73	72	192	201
1986	1263	515	2561	12686	30	26	53	179
1987	1330	416	2847	13566	75	74	124	154
1988	1400	345	2669	13197	52	50	101	299
1989	1509	356	2624	13644	42	42	105	154
1990	1482	413	2754	13582	35	34	64	226
1991	1828	497	3671	16616	47	47	50	233
1992	1488	309	3154	14261	41	40	76	163
1993	1780	628	3623	16837	16	14	71	97
1994	1137	283	2361	12843	14	9	55	99
1995	1780	373	3346	16283	15	15	34	20
1996	1592	343	3403	17860	10	8	9	10
1997	1464	213	3204	17908	6	5	11	24
1998	1677	193	3199	18805	19	14	13	67
1999	2204	337	4100	22871	20	18	25	108
2000	2455	334	4124	23838	9	3	6	11
2001	2311	427	3886	22978	17	14	8	9
2002	2555	472	4163	24137	22	17	14	89
2003	2142	583	3521	22623	21	9	12	18
2004	2611	619	4890	29873	14	13	7	12
2005	2689	853	5331	34239				
2006	2605	653	5134	34802				
2007	1009	347	1175	6545				
2008	826	257	1015	5620				
2009	3154	470	3962	26811				
2010	1523	327	1548	10948	4	2	2	4
2011	3665	562	4703	30559				
2012	3457	510	3639	26834				
2013	3390	473	3643	25721				
2014	3187	489	3295	22599				

3-3 全国分地区少数民族文字出版的图书(2014年)(一)

单位：种数：种；印数：万册(份)；印张：千印张

地区	总计				书籍			
	种数合计	#新出	印数	印张	种数合计	#新出	印数	印张
全国合计	**8031**	**3883**	**5853**	**474667**	**4838**	**3391**	**2554**	**248507**
中央合计	**476**	**319**	**199**	**42928**	**460**	**310**	**195**	**42199**
民族出版社	440	283	178	34640	424	274	174	33911
国家图书馆出版社	2	2		3	2	2		3
中国农业出版社	3	3	2	118	3	3	2	118
知识产权出版社	1	1	1	15	1	1	1	15
中央民族大学出版社	2	2		27	2	2		27
中国人民公安大学出版社	2	2	3	1675	2	2	3	1675
中国藏学出版社	24	24	14	6364	24	24	14	6364
华龄出版社	2	2	1	86	2	2	1	86
地　方	**7555**	**3564**	**5654**	**431739**	**4378**	**3081**	**2359**	**206308**
内蒙古	1688	787	1253	92481	935	660	429	32438
辽　宁	177	109	53	2957	154	99	43	2530
吉　林	866	334	261	20318	478	282	135	10591
黑龙江	96	81	20	2606	89	75	18	2114
上　海	2	2	1	89	2	2	1	89
广　西	74	71	17	1399	62	61	10	993
四　川	402	160	262	24521	188	129	102	14374
贵　州	13	13	2	265	13	13	2	265
云　南	102	101	65	5363	62	61	47	3407
西　藏	451	181	505	37411	287	173	190	17593
陕　西	2			30				
甘　肃	138	130	34	4586	138	130	34	4586
青　海	318	56	324	25476	98	56	27	2815
新　疆	3226	1539	2857	214237	1872	1340	1321	114513

3-3 全国分地区少数民族文字出版的图书(2014年)(二)

单位：种数：种；印数：万册(份)；印张：千印张

地区	课本			
	种数合计	#新出	印数	印张
全国合计	**3187**	**489**	**3295**	**225990**
中央合计	**16**	**9**	**4**	**729**
民族出版社	16	9	4	729
中国农业出版社				
地质出版社				
中央民族大学出版社				
社会科学文献出版社				
中国藏学出版社				
中国方正出版社				
宗教文化出版社				
地方	**3171**	**480**	**3291**	**225261**
内蒙古	753	127	824	60043
辽宁	18	7	8	408
吉林	388	52	126	9727
黑龙江	7	6	2	492
上海				
广西	12	10	7	406
四川	214	31	160	10147
贵州				
云南	40	40	16	1852
西藏	164	8	315	19818
陕西	2			30
甘肃				
青海	220		297	22661
新疆	1353	199	1536	99677

注：本年出版少数民族文字图书的文种有：布依文、朝鲜文、德宏傣文、侗文、规范彝文、哈尼文、哈萨克文、景颇文、柯尔克孜文、拉祜文、傈僳文、满文、蒙古文、苗文、纳西文、佤文、维吾尔文、西双版纳文、锡伯文、瑶文、载佤文、藏文、壮文等23种。

3-4 全国少数民族文字出版的期刊、报纸

单位：种数：种；印数：万册(份)；印张：万印张

年份	期刊			报纸		
	种数	印数	印张	种数	印数	印张
1950				14	259	205
1952	15	169	311	20	2933	2043
1957	35	244	757	32	2434	2432
1962	27	170	617	32	2252	2002
1965	36	268	846	36	3955	4159
1970	5	93	659	5	3262	3880
1975	18	237	1346	10	6461	6211
1978	35	313	2022	11	7072	7416
1979	41	392	2084	12	6078	6291
1980	42	575	2441	18	7384	6231
1981	63	590	2462	18	6631	5541
1982	75	631	2432	18	7063	6598
1983	74	616	2495	19	7927	8377
1984	76	748	3123	42	15175	13657
1985	109	1035	4745	57	11402	9331
1986	126	1085	4991	56	12561	11070
1987	128	1148	4742	70	13306	11571
1988	154	1350	5823	76	13411	11829
1989	153	1280	5188	75	9031	7998
1990	131	1027	4221	79	14837	13957
1991	142	1006	4151	81	11983	10819
1992	167	1354	5124	83	11981	10410
1993	173	1291	5011	87	11513	8831
1994	178	1247	4577	92	12526	12102
1995	185	1197	4544	92	16833	14078
1996	183	1011	3983	89	14917	10728
1997	184	970	3723	88	10527	9596
1998	184	1099	4207	83	9651	9227
1999	185	1009	3919	81	10486	11996
2000	193	863	3349	84	10116	10133
2001	202	990	3759	92	12396	12705
2002	211	978	3693	89	10229	11001
2003	205	781	3037	88	13130	15149
2004	193	584	2383	89	14404	17495
2005	192	466	2186	82	10966	12131
2006	192	651	2655	82	11809	12800
2007	192	758	3130	82	12740	14526
2008	192	650	2889	82	14964	30570
2009	192	612	2742	82	12184	15329
2010	207	850	3754	82	19846	24427
2011	222	894	4090	84	20070	32599
2012	228	1240	5380	98	20828	31650
2013	231	1272	5515	101	20989	33431
2014	227	1255	5849	103	21443	31768

3-5 全国分地区少数民族文字出版的期刊(2014年)(一)

单位：种数：种；印数：万册(份)；印张：千印张

地区	合计				综合类			
	种数	平均期印数	总印数	总印张	种数	平均期印数	总印数	总印张
总计	**227**	**130**	**1255**	**58489**	**11**	**3**	**40**	**1921**
中央	**21**	**20**	**126**	**6663**	**5**	**2**	**18**	**779**
地方	**206**	**110**	**1128**	**51826**	**6**	**2**	**22**	**1142**
内蒙古	42	35	398	17128				
吉林	13	4	42	2650				
黑龙江	2	1	4	218				
广西	1		1	38				
四川	4	1	4	178				
云南	3		2	80				
西藏	14	5	39	1587	1		1	60
甘肃	3	1	2	145				
青海	12	3	12	908				
新疆	112	61	623	28894	5	1	21	1083

3-5 全国分地区少数民族文字出版的期刊(2014年)(二)

单位：种数：种；印数：万册(份)；印张：千印张

地区	哲学、社会科学类				自然科学、技术类			
	种数	平均期印数	总印数	总印张	种数	平均期印数	总印数	总印张
总计	**76**	**81**	**844**	**36448**	**38**	**13**	**123**	**5719**
中央	**11**	**17**	**99**	**5174**				
地方	**65**	**64**	**744**	**31274**	**38**	**13**	**123**	**5719**
内蒙古	19	31	362	14750	8	1	10	440
吉林	4	3	33	1671	2		2	114
黑龙江								
广西								
四川	2	1	3	160				
云南								
西藏	5	3	32	1076	1			24
甘肃	2			32				
青海	4	1	4	211	2		1	50
新疆	29	26	310	13375	25	11	111	5092

3-5 全国分地区少数民族文字出版的期刊(2014年)(三)

单位：种数：种；印数：万册(份)；印张：千印张

地 区	文化、教育类				文学、艺术类			
	种 数	平均期印 数	总印数	总印张	种 数	平均期印 数	总印数	总印张
总 计	**38**	**15**	**135**	**5666**	**64**	**18**	**113**	**8734**
中 央					**5**	**1**	**9**	**710**
地 方	**38**	**15**	**135**	**5666**	**59**	**16**	**104**	**8024**
内蒙古	3	1	7	374	12	2	19	1565
吉 林	2		3	188	5	1	5	678
黑龙江					2	1	4	218
广 西					1		1	38
四 川					2			18
云 南					3		2	80
西 藏	4	1	4	293	3		2	135
甘 肃					1	1	2	112
青 海	3	1	3	254	3	1	4	393
新 疆	26	12	117	4558	27	10	65	4787

3-5 全国分地区少数民族文字出版的期刊(2014年)(四)

单位：种数：种；印数：万册(份)；印张：千印张

地 区	少儿读物类				画刊类			
	种 数	平均期印 数	总印数	总印张	种 数	平均期印 数	总印数	总印张
总 计	**5**	**24**	**277**	**10403**	**7**	**2**	**21**	**908**
中 央					**5**	**2**	**18**	**779**
地 方	**5**	**24**	**277**	**10403**	**2**	**1**	**3**	**129**
内蒙古	2	18	217	8617				
吉 林	1	1	9	512				
黑龙江								
广 西								
四 川								
云 南								
西 藏								
甘 肃								
青 海								
新 疆	2	5	50	1274	2	1	3	129

3-6 全国分地区少数民族文字出版的报纸(2014年)

单位：种数：种；印数：万册(份)；印张：千印张

地区	合计			
	种数	平均期印数	总印数	总印张
总计	**103**	**118**	**21443**	**317683**
中央	**4**	**11**	**1897**	**19330**
地方	**99**	**107**	**19546**	**298353**
内蒙古	13	10	2262	32506
辽宁	2	1	54	1003
吉林	8	6	684	12317
黑龙江	2	2	369	6880
广西	1		20	200
四川	3	2	252	2518
云南	7	2	127	1024
西藏	11	15	2841	51733
甘肃	1		50	504
青海	7	4	169	1232
新疆	44	64	12718	188435

3-7 全国少数民族文字期刊出版数量与上年相比增减的百分比(2014年)

地区	种数	总印数	总印张
总计	**-1.73%**	**-1.36%**	**6.06%**
中央		10.23%	5.11%
地方	-1.90%	-2.50%	6.19%

3-8 全国少数民族文字报纸出版数量与上年相比增减的百分比(2014年)

地区	合计			
	种数	平均期印数	总印数	总印张
总计	**1.98%**	**7.12%**	**2.16%**	**-4.97%**
中央	33.33%	83.03%	2534.36%	1689.48%
地方	1.02%	2.72%	-6.55%	-10.47%

3-9 主要少数民族语言广播播出基本情况(2014年)

地区	广播使用语言	合计	转中央台节目	转省级台节目	转地市级台节目	制作节目播出时间
	(种)	时:分	时:分	时:分	时:分	时:分
合计	蒙古语	**171770 : 28**	**54888 : 25**	**17304 : 40**	**9108 : 48**	**79179 : 35**
内蒙古		136458 : 28	48394 : 25	12428 : 40	7511 : 48	61435 : 35
辽宁		4110 : 00	365 : 00	182 : 00	730 : 00	1693 : 00
吉林		5312 : 00	183 : 00	183 : 00		2839 : 00
黑龙江		2298 : 00	465 : 00	596 : 00	867 : 00	350 : 00
青海		4200 : 00		780 : 00		2765 : 00
新疆		19392 : 00	5481 : 00	3135 : 00		10097 : 00
合计	朝鲜语	**32991 : 10**	**1522 : 30**	**16 : 00**		**22097 : 00**
辽宁						
吉林		32991 : 10	1522 : 30	16 : 00		22097 : 00
合计	藏语	**51954 : 15**	**4905 : 00**	**8376 : 30**		**31528 : 15**
四川		8669 : 30	1146 : 20	5234 : 30		2155 : 40
云南						
西藏		31147 : 40	2190 : 00	2362 : 00		20838 : 40
甘肃		3285 : 00	365 : 00			2320 : 00
青海		8852 : 35	1203 : 40	780 : 00		6213 : 55
合计	维吾尔语	**243529 : 30**	**29701 : 35**	**79632 : 20**	**8803 : 30**	**114703 : 23**
新疆		243529 : 03	29701 : 35	79632 : 20	8803 : 30	114703 : 23

3-10 主要少数民族语言电视播出基本情况(2014年)

地　区	电视节目播出语种种类	合　计	转中央台节　目	转省级台节　目	转地市级台节　目	制作节目播出时间
	(种)	时:分	时:分	时:分	时:分	时:分
合　计	蒙古语	**170130 : 27**	**28887 : 30**	**16969 : 50**	**12720 : 48**	**45338 : 80**
内蒙古		134602 : 27	27774 : 30	12355 : 50	7112 : 48	37494 : 80
辽　宁		2575 : 00	183 : 00			1297 : 00
吉　林		7300 : 00	198 : 00	356 : 00		2787 : 00
黑龙江		6651 : 00			5608 : 00	310 : 00
青　海		6010 : 00	360 : 00			1890 : 00
新　疆		12992 : 00	372 : 00	4258 : 00		1560 : 00
合　计	朝鲜语	**68931 : 31**	**1658 : 30**	**30 : 00**		**23651 : 56**
吉　林		68931 : 31	1658 : 30	30 : 00		23651 : 56
合　计	藏语	**59487 : 25**	**7215 : 10**	**6055 : 00**	**456 : 00**	**16682 : 45**
四　川		16202 : 00	2184 : 40	223 : 00	36 : 00	6446 : 20
云　南						
西　藏		16468 : 00	1758 : 00	1546 : 00	420 : 00	3749 : 00
甘　肃		3251 : 30				1608 : 30
青　海		23565 : 55	3273 : 00	4286 : 00		4878 : 55
合　计	维吾尔语	**319186 : 45**	**27879 : 21**	**45717 : 19**	**10318 : 10**	**63381 : 42**
新　疆		319186 : 45	27879 : 21	45717 : 19	10318 : 10	63381 : 42
合　计	哈萨克语	**77435 : 52**	**2480 : 30**	**14339 : 10**	**643 : 00**	**10341 : 55**
新　疆		77435 : 52	2480 : 30	14339 : 10	643 : 00	10341 : 55

四、体　育

4-1 全国少数民族传统体育运动会情况

届 次	时 间	地 点	参加代表团（个）	运动员人数（个）	比赛项目（个）	表演项目（个）
1	1953.11	天津	15	395	6	414
2	1982.9	呼和浩特	29	863	2	68
3	1986.8	乌鲁木齐	29	1097	7	115
4	1991.11	南宁	30	1740	9	120
5	1995.11	昆明	31	2342	11	129
6	1999.8—9	拉萨、北京	31	3390	14	150
7	2003.9	银川、石嘴山	34	3735	14	125
8	2007.11	广州	34	6381	15	149
9	2011.9	贵阳	34	6790	16	185

4-2 全国少数民族在队运动员和教练员

单位：人

年 份	少数民族运动员	少数民族教练员
1991	1120	296
1992	1197	306
1993	954	289
1994	998	326
1995	941	262
1996	1018	258
1997	1049	261
1998	1064	269
1999	1026	242
2000	1105	252
2001	1137	247
2002	1063	239
2003	1234	1791
2004	1195	1846
2005	1204	1804
2006	1150	1840
2007	1400	2268
2008	1756	1950
2009	1729	1631
2010	2103	1712
2011	2261	2089
2012	2224	457
2013	2141	511
2014	2078	411

注：2002年以前少数民族教练员为一线教练员，2003年后教练员指一、二、三线教练员。

4-3 全国分地区少数民族在队运动员和教练员(2014年)

单位: 人

地　区	少数民族运动员	少数民族教练员
全　国	**2078**	**411**
中　央	**1**	**7**
地　方	**2077**	**404**
北　京	61	8
天　津	23	5
河　北	36	2
山　西	12	2
内蒙古	309	48
辽　宁	180	27
吉　林	36	18
黑龙江	31	16
上　海	6	4
江　苏	16	7
浙　江	21	8
安　徽	10	3
福　建	6	4
江　西	3	2
山　东	21	17
河　南	28	20
湖　北	23	3
湖　南	47	11
广　东	24	12
广　西	213	37
海　南	5	3
四　川	7	1
贵　州	92	4
云　南	29	8
西　藏	113	22
重　庆	168	25
陕　西	27	9
甘　肃	119	21
青　海	77	8
宁　夏	78	7
新　疆	256	42

备注：1.在队运动员：在各级运动项目管理部门及其所属从事专业体育训练的优秀运动队的在队运动员。
2.教练员：在国家队、国家集训队、中青队和各省、市、自治区优秀运动队执教的教练员。

五、民族贸易和民族用品生产

5-1　全国分地区定点边销茶企业生产情况(2014年)

地　区	企业数(个)	从业人员年末数(人)	#专业技术人员(人)	边销茶产量(吨)	边销茶产量占企业产品总产量的比重(%)
合　计	**41**	**10400**	**1372**	**102104**	**2727**
内蒙古	**1**	**12**	**3**	**300**	**100**
包头市容兴茶叶精制厂		12	3	300	100
浙　江	**3**	**392**	**67**	**13799**	**291**
武义骆驼九龙砖茶有限公司		120	18	6792	96
新昌县江南诚茂砖茶有限公司		104	24	3800	100
宁波赤岩峰茶业有限公司		168	25	3207	95
湖　北	**5**	**1221**	**213**	**15555**	**423**
赵李桥茶厂有限责任公司		477	120	6000	80
富华茶业有限公司		72	5	425	100
柏墩砖茶厂		150	35	1780	90
羊楼洞茶业有限公司		480	45	5700	73
赵李桥锦合茶业有限公司		42	8	1650	80
湖　南	**11**	**2745**	**616**	**30098**	**655**
安华怡清源茶业有限公司		436	36	1940	60
紫艺茶业有限公司		78	23	1372	74
益阳茶厂有限公司		325	45	2476	69
白沙溪茶厂有限责任公司		687	287	5430	69
安化茶厂有限公司		380	65	171	7
益阳香炉山茶业有限公司		160	10	3100	80
临湘市茶业有限责任公司		80	22	3000	100
临湘永巨茶业有限公司		142	28	3980	95
临湘市明伦茶业有限公司		282	69	7819	40
浩茗茶业食品有限公司		100	10	460	31
阿香茶果食品有限公司		75	21	350	30

边销茶销售量（吨）	边销茶产 值（万元）	边销茶产值占企业产品总产值的比重(%)	边销茶销售收入（万元）	边销茶销售利润（万元）	全年流动资金贷款额（万元）	享受流动资金贷款利率优惠额（万元）	减 免增值税（万元）
84969	**129679**	**2465**	**104971**	**11018**	**67785**	**7724**	**4628**
120	**120**	**100**	**120**	**5**	**120**		**4**
120	120	100	120	5	120		4
11243	**12939**	**276**	**10533**	**655**	**9910**	**206**	**642**
5276	6539	81	4923	476	3800	95	140
3500	3050	100	2800	100	4450	63	406
2467	3350	95	2810	79	1660	48	96
10902	**21236**	**430**	**11967**	**1181**	**7500**	**29**	**392**
5600	6720	80	5864	530	2000	29	380
412	417	100	403	31			12
1630	1109	90	998	162			
2060	9690	72	3502	338	5500		
1200	3300	88	1200	120			
23912	**39232**	**593**	**32786**	**2215**	**22300**	**464**	**1161**
1898	8152	58	4555	245	1200	33	97
1372	2059	72	2268	137	1200	31	5
2240	2679	30	2621	-177	6000	168	189
4030	13068	61	11335	1170	5000	90	569
162	170	4	146	5	3850	16	21
2010	1880	80	1306	65			52
2700	2600	100	2200	200	400	8	110
3780	3830	95	3860	275	450	13	96
5184	4053	40	4044	283	500	14	
186	431	32	142	13	1400	28	22
350	310	20	310		2300	64	

5-1 续表

地区	企业数（个）	从业人员年末数（人）	#专业技术人员（人）	边销茶产量（吨）	边销茶产量占企业产品总产量的比重(%)
四　川	**11**	**1517**	**284**	**39561**	**870**
雅安茶厂有限公司		119	19	11400	94
雅安市友谊茶叶有限公司		135	16	2910	100
吉祥茶业有限公司		136	38	4730	76
雅安市名山县西藏朗赛茶厂		98	6	3896	100
雅安市蔡龙茶厂		197	15	3800	98
平武雪宝顶茶叶(集团)有限责任公司		80	10	1450	65
洪雅县松潘民族茶厂		46	11	1590	100
宜宾市外贸金叶茶业有限责任公司		138	42	3275	83
茶业集团股份有限公司		346	84	3660	27
巴山雀舌名茶实业有限公司		137	25	2800	62
炉霍雪域俄色有限责任公司		85	18	50	65
贵　州	**4**	**230**	**50**	**1035**	**245**
桐梓县金龙茶叶有限责任公司					
湄江印象茶业有限责任公司		80	13		83
镇宁县金瀑农产品开发有限责任公司		65	10	900	80
梵锦茶业有限公司		85	27	135	82
云　南	**6**	**4283**	**139**	**1757**	**144**
下关沱茶(集团)股份有限公司		290	36	761	14
龙生茶叶股份有限公司		260	50	110	4
普洱市江城牛洛河茶叶股份能限公司		3549	28	158	7
耿马县国营洛凌茶厂		124	11	518	48
双江自治县双龙古茶厂		28	6	65	35
陇川县纵歌茶厂		32	8	145	36

边销茶销售量（吨）	边销茶产值（万元）	边销茶产值占企业产品总产值的比重(%)	边销茶销售收入（万元）	边销茶销售利润（万元）	全年流动资金贷款额（万元）	享受流动资金贷款利率优惠额（万元）	减免增值税（万元）
35830	**40622**	**726**	**36411**	**2264**	**15425**	**1325**	**1571**
11000	8800	87	7288	356	1080	10	87
2675	1531	100	1502	138	835		97
4257	3878	58	2490	57	3810	1180	111
4509	3459	100	4568	223	1100	30	275
3500	2835	93	2835	284			85
1200	960	40	900	50	1350		40
1040	500	100	500	60			104
3106	4689	76	4539	427	3100	40	772
3300	5700	27	5587	190	2000	65	
1200	7400	15	5500	350	1950		
43	870	30	702	130	200		
1215	**11199**	**212**	**8969**	**4200**	**5330**	**4000**	
210	6199	80	3984	776			
870	800	50	735	74	330		
135	4200	82	4250	3350	5000	4000	
1747	**4332**	**128**	**4184**	**498**	**7200**	**1700**	**859**
765	2106	4	1999	153	3000	1700	157
105	200	3	190	1	1250		
149	231	5	248	6	1450		702
518	887	45	887	300			
65	618	35	600	3	1400		
145	290	36	260	36	100		

5-2 国家专项安排用于民族贸易和民族用品生产的主要原材料和技术改造贷款

年份	专项原材料		技术改造专项贷款及贴息(万元)		
	黄金(两)	白银(万两)	贷款	贴息	
					#中央
1991	8000	23.23			
1992	8100	23.23			
1993	14600	23.23	4000		
1994	24000	23.23	4000		
1995	25600	25.36	4000		
1996	24000	25.36			
1997	25600	25.36	7050		
1998	27520	25.36	8230		
1999	28000		14329		
2000	28000		10000	596	298
2001	1300(公斤)		10000	598	299
2002			10000	598	299
2003			10000	598	299
2004			10000	598	299
2005			10000	598	299
2006			50000	2796	1398
2007			50000	3126	1563
2008			50000	3126	1563
2009			50000	3184	1592
2010			50000	2656	1328
2011			100000		2753
2012			100000		3000
2013			100000		3000
2014			100000		3000

六、其　他

6-1 历届中国共产党全国代表大会少数民族中央委员、候补中央委员人数

届 次	时 间	地 点	代表总数	#少数民族代表	中央委员、中央候补委员总数	#少数民族中央委员、中央候补委员人数
第一届	1921.7.23—31	上 海	12	1		
第二届	1922.7.16—23	上 海	12	1	5	
第三届	1923.6.12—20	广 州	30余人		14	
第四届	1925.1.11—22	上 海	20		14	
第五届	1927.4.27—5.9	武 汉	80	1	45	
第六届	1928.6.18—7.11	莫 斯 科	118		36	1
第七届	1945.4.23—6.11	延 安	755		77	2
第八届	1956.9.15—27	北 京	1133		170	10
第九届	1969.4.1—24	北 京	1512		279	
第十届	1973.8.24—28	北 京	1249		319	15
第十一届	1977.8.12—18	北 京	1510		333	16
第十二届	1982.9.1—11	北 京	1749	104	348	31
第十三届	1987.10.25—11.1	北 京	1936		285	32
第十四届	1992.10.12—18	北 京	1989	198	319	32
第十五届	1997.9.12—18	北 京	2048	219	344	38
第十六届	2002.11.8—14	北 京	2114	230	356	35
第十七届	2007.10.15—21	北 京	2213	242	371	40
第十八届	2012.11.8—14	北 京	2270	249	376	39

6-2 历届全国人民代表大会少数民族代表人数

届　次	时　间	代表总数		少数民族代表比例（%）	少数民族（个）
			#少数民族代表数		
第一届	1954年	1226	178	14.50	30
第二届	1959年	1226	179	14.60	30
第三届	1964年	3040	372	12.20	53
第四届	1975年	2885	270	9.40	54
第五届	1978年	3497	381	10.90	54
第六届	1983年	2978	403	13.60	55
第七届	1988年	2970	445	14.90	55
第八届	1993年	2898	554	18.60	55
第九届	1998年	2979	428	14.37	55
第十届	2003年	2985	415	13.90	55
第十一届	2008年	2987	411	13.76	55
第十二届	2013年	2987	409	13.69	55

6-3 历届中国人民政治协商会议全国委员会少数民族委员人数

届　次	时　间	委员总数		少数民族委员比例（%）	少数民族（个）
			#少数民族委员数		
第一届	1949年	198	19	9.60	10
第二届	1954年	753	61	8.10	16
第三届	1959年	1071	78	7.29	19
第四届	1965年	1199	81	6.76	20
第五届	1978年	2268	147	6.49	31
第六届	1983年	2228	185	8.31	37
第七届	1988年	2180	222	10.19	45
第八届	1993年	2172	101	4.65	55
第九届	1998年	2196	259	11.80	55
第十届	2003年	2238	262	11.70	55
第十一届	2008年	2237	250	11.18	55
第十二届	2013年	2237	258	11.53	55

6-4 国务院历次全国民族团结进步表彰情况(一)

单位: 个，人

地区	总计			1988年第一次表彰			1994年第二次表彰			1999年第三次表彰		
	集体	个人	#女	集体	个人	#女	集体	个人	#女	集体	个人	#女
合计	**1833**	**1842**	**330**	**565**	**601**	**106**	**642**	**613**	**106**	**626**	**628**	**118**
北京	36	24	5	12	5	2	12	9	2	12	10	1
天津	27	23	6	9	5	1	8	8	1	10	10	4
河北	42	42	7	11	14	3	15	13	1	16	15	3
山西	12	17	3	3	4	1	4	5		5	8	2
内蒙古	93	98	18	34	34	8	29	33	5	30	31	5
辽宁	75	62	12	26	16	4	25	22	4	24	24	4
吉林	52	71	12	15	26	4	18	22	3	19	23	5
黑龙江	47	47	5	18	12	2	16	16	2	13	19	1
上海	31	20	7	8	6	2	11	7	1	12	7	4
江苏	19	22	2	5	7	1	7	7	1	7	8	
浙江	21	17	5	7	5	2	7	6	2	7	6	1
安徽	17	20	2	5	5		6	8	1	6	7	1
福建	27	16	3	8	4	1	11	6	1	8	6	1
江西	15	10	2	4	3	1	4	3	1	7	4	
山东	32	34	7	10	9	2	11	12	1	11	13	4
河南	37	31	3	15	7		10	13	2	12	11	1
湖北	49	46	12	13	15	5	19	14	3	17	17	4
湖南	71	55	9	25	16	3	22	20	1	24	19	5
广东	21	21	2	4	8		8	7	2	9	6	
广西	128	119	26	46	39	6	41	41	10	41	39	10
海南	35	30	6	11	9	2	12	10	1	12	11	3
重庆	15	11	3							15	11	3
四川	67	87	12	18	37	5	29	30	4	20	20	3
贵州	97	81	24	33	29	7	33	23	8	31	29	9
云南	127	113	16	45	39	3	47	30	7	35	44	6
西藏	50	80	21	10	38	9	19	21	5	21	21	7
陕西	17	18	3	3	7	1	7	5	1	7	6	1
甘肃	63	60	8	18	24	1	22	19	3	23	17	4
青海	57	52	10	26	16	5	17	16	2	14	20	3
宁夏	49	64	12	17	25	4	17	17	2	15	22	6
新疆	108	163	33	24	61	15	40	45	10	44	57	8
其他	296	288	34	82	76	6	115	125	19	99	87	9

6-4 国务院历次全国民族团结进步表彰情况(二)

单位：个，人

地区	2005年第四次表彰			2009年第五次表彰			2014年第六次表彰		
	集体	个人	#女	集体	个人	#女	集体	个人	#女
合计	**642**	**676**	**135**	**739**	**749**	**161**	**678**	**818**	**192**
北京	12	10	3	15	13	5	14	15	5
天津	9	10	4	10	11	6	9	12	4
河北	17	18	2	19	19	4	17	22	5
山西	5	7	2	7	8	2	6	8	
内蒙古	32	31	4	32	34	4	31	38	8
辽宁	22	23	5	25	24	4	25	26	9
吉林	19	23	5	20	22	3	19	24	8
黑龙江	17	15	2	17	18	2	15	20	8
上海	13	7	3	16	7	3	13	10	4
江苏	10	8	2	11	10	6	11	11	1
浙江	8	8	1	9	10	4	8	13	4
安徽	7	8	3	9	9	2	8	9	
福建	8	10	1	10	11	1	9	14	2
江西	8	4	2	8	7	3	7	8	3
山东	13	11	2	14	13	2	13	15	3
河南	13	12	3	17	12	3	14	16	3
湖北	17	18	2	19	19	6	17	21	5
湖南	24	22	4	28	25	4	25	30	4
广东	11	11	1	15	11	2	17	19	3
广西	42	42	11	44	44	11	40	49	22
海南	11	12	2	13	13	3	12	15	4
重庆	16	13	2	16	15	5	14	17	5
四川	23	23	3	29	27	4	26	34	5
贵州	33	32	5	35	34	11	32	38	14
云南	39	40	8	39	40	7	37	44	12
西藏	21	21	9	24	28	5	22	31	9
陕西	6	6		8	8	3	8	7	1
甘肃	21	21	4	24	21	3	19	26	2
青海	17	18	3	18	20	3	17	21	3
宁夏	18	19	6	21	21	7	18	24	7
新疆	40	52	13	40	53	16	44	61	14
其他	90	121	18	127	142	17	111	123	15

主要统计指标解释

普通高等学校 指按照国家规定的设置标准和审批程序批准举办的，通过全国普通高等学校统一招生考试，招收高中毕业生为主要培养对象，实施高等教育的全日制大学、独立设置的学院和高等专科学校、高等职业学校和其他机构。大学、独立设置的学院主要实施本科层次以上教育，高等专科学校、高等职业学校实施专科层次教育，其他机构是承担国家普通招生计划任务不计校数的机构。包括普通高等学校分校和批准筹建的普通高等学校等。

成人高等学校 指按照国家规定的设置标准和审批程序批准举办的，通过全国成人高等学校统一招生考试，招收具有高中毕业或同等学力的在职从业人员为主要培养对象，利用函授、业余、脱产等多种形式对其实施高等学历教育的学校。包括职工高等学校、农民高等学校、管理干部学院、教育学院、独立函授学院、广播电视大学、其他机构等。其他机构是承担国家成人招生计划任务不计校数的机构。

文化事业机构 指从事专业文化工作和为专业文化工作服务的独立建制的单位。不包括这些单位另外举办独立核算的其他机构和各部门的业余文化组织。该指标主要反映文化事业机构发展规模水平。

艺术表演团体 指从事戏曲、音乐、舞蹈、杂技等专业艺术表演，有独立账户的单位，不包括半工半艺、半农半艺和民间职业剧团。该指标主要反映全国专业艺术表演团体发展规模水平。

少数民族教练员 指在聘的一线专职的少数民族教练员。

乡镇企业 指所有乡镇办、村办、村民小组办、联户办和农户办企业（单位）。具体包括：（1）领取企业法人执照的集体、私营、联营、股份制、外商投资和港澳台投资企业；（2）未领取企业法人执照，但满足以下四条标准的乡镇办、村办、村民小组办和联户办的非农企业：a.有固定的生产经营组织、场所、设备和从事经营活动的人员；b.常年从事经营活动，季节性生产经营活动全年开工时间在 3 个月以上；c.有独立核算制度和账目；d.有当地工商行政管理部门颁布发的营业执照；（3）虽然领取的是农村个体工商营业执照，但雇工 8 人（含 8 人）以上的户。

文化站 指乡镇人民政府、城市街道办事处设立的全民所有制文化事业单位，同时又是当地群众进行各种文化娱乐活动的场所，是国家最基层的文化事业机构。

其他资料

其他资料一　全国行政区划（2014年底）

单位：个

省级区划名称	地级区划数	#地级市	县级区划数	#市辖区	#县级市	#县	#自治县	乡镇级区划数	#镇	#乡级	#街道办事处
全国	**333**	**288**	**2854**	**897**	**361**	**1425**	**117**	**40381**	**20401**	**12282**	**7696**
北京市			16	14		2		329	144	38	147
天津市			16	13		3		240	121	6	113
河北省	11	11	171	39	20	106	6	2246	1050	907	288
山西省	11	11	119	23	11	85		1398	564	632	202
内蒙古自治区	12	9	102	22	11	17		1010	495	275	240
辽宁省	14	14	100	56	17	19	8	1530	645	217	668
吉林省	9	8	60	21	20	16	3	900	434	184	282
黑龙江省	13	12	128	65	17	45	1	1231	513	380	338
上海市			17	16		1		209	107	2	100
江苏省	13	13	99	55	23	21		1274	780	79	415
浙江省	11	11	90	35	20	34	1	1321	629	258	434
安徽省	16	16	105	43	6	56		1505	938	315	252
福建省	9	9	85	28	13	44		1104	628	301	175
江西省	11	11	100	20	10	70		1548	816	587	145
山东省	17	17	137	51	28	58		1826	1114	81	631
河南省	17	17	158	50	21	87		2420	1103	718	599
湖北省	13	12	103	39	24	37	2	1233	761	170	302
湖南省	14	13	122	35	16	64	7	2414	1153	902	359
广东省	21	21	119	61	21	34	3	1587	1128	11	448
广西壮族自治区	14	14	110	36	7	55	12	1243	773	350	120
海南省	3	3	22	8	6	4	6	218	176	21	21
重庆市			38	21		13	4	1023	610	207	206
四川省	21	18	183	49	14	116	4	4648	1937	2382	329
贵州省	9	6	88	14	7	55	11	1396	762	500	134
云南省	16	8	129	13	13	74	29	1389	665	561	163
西藏自治区	7	3	74	3		71		694	140	544	10
陕西省	10	10	107	25	3	79		1420	1142	74	204
甘肃省	14	12	86	17	4	58	7	1351	526	702	123
青海省	8	2	43	5	3	28	7	399	140	225	34
宁夏回族自治区	5	5	22	9	2	11		237	102	91	44
新疆维吾尔自治区	14	2	103	11	24	62	6	1038	305	562	170
香港特别行政区											
澳门特别行政区											
台湾省											

其他资料二　全国国民经济和社会发展总量与速度指标

指　　标		总量指标			
		1978	2000	2013	2014
人口	(万人)				
总人口	(年末)	96259	126743	136072	136782
城镇人口		17245	45906	73111	74916
乡村人口		79014	80837	62961	61866
就业	(万人)				
就业人员数		40152	72085	76977	77253
第一产业		28318	36043	24171	22790
第二产业		6945	16219	23170	23099
第三产业		4890	19823	29636	31364
城镇登记失业人数		530	595	926	952
国民经济核算					
国民总收入	(元)	3650.2	98562.2	583196.7	634043.4
国内生产总值	(元)	3650.2	99776.3	588018.8	636138.7
第一产业		1018.4	14716.2	55321.7	58336.1
第二产业		1736.0	45326.0	256810.0	271764.5
第三产业		895.8	39734.1	275887.0	306038.2
人均国内生产总值	(元)	382	7902	43320	46629
人民生活					
城镇居民人均可支配收入	(元)	343	6280	26955	29381
农村居民人均纯收入	(元)	134	2253	8896	9892
城乡人民币储蓄存款余额	(元)	211	64332	447602	485261
财政	(元)				
一般公共预算收入		1132.3	13395.2	129209.6	140370.0
一般公共预算支出		1122.1	15886.5	140212.1	151785.6
环境、灾害					

指数(%)(2014为以下各年)			平均增长速度(%)	
1978	2000	2013	1979-2014	2001-2014
142.1	107.9	100.5	1.0	0.5
434.4	163.2	102.5	4.2	3.6
78.3	76.5	98.3	-0.7	-1.9
192.4	107.2	100.4	1.8	0.5
80.5	63.2	94.3	-0.6	-3.2
332.6	142.4	99.7	3.4	2.6
641.4	158.2	105.8	5.3	3.3
179.6	160.0	102.8	1.6	3.4
2813.9	373.4	107.8	9.7	9.9
2823.2	370.1	107.3	9.7	9.8
481.6	174.9	104.1	4.5	4.1
4441.1	411.0	107.3	11.1	10.6
3856.6	399.8	107.8	10.7	10.4
1978.7	342.5	106.7	8.6	9.2
1310.5	341.5	106.8	7.4	9.2
1404.7	290.6	109.2	7.6	7.9
230418.5	754.3	108.4	24.0	15.5
12402.0	1048.2	108.6	14.3	18.3
13505.2	956.5	108.3	14.6	17.5

其他资料二　续表 1

指　　标	总量指标			
	1978	2000	2013	2014
废水中化学需氧量排放量　(万吨)			2353	2295
废气中二氧化硫排放量　(万吨)			2044	1974
能源　(万吨标准煤)				
能源生产总量	62770	138570	358784	360000
能源消费总量	57144	146964	416913	426000
固定资产投资				
全社会固定资产投资总额　(元)		32917.7	446294.1	512020.7
#房地产开发		4984.1	86013.4	95035.6
全社会住宅投资		7594.1	74870.7	80615.1
全社会房屋施工面积(万平方米)		265294	1336288	1355560
#住宅		180634	673163	689041
全社会房屋竣工面积(万平方米)		181974	349896	355068
#住宅		134529	193328	192545
对外经济贸易　(美元)				
货物进出口总额	206.4	4742.9	41589.9	43015.3
出口额	97.5	2492.0	22090.0	23422.9
进口额	108.9	2250.9	19499.9	19592.3
外商直接投资		407.2	1175.9	1195.6
外商其他投资		86.4	11.3	1.4
农业				
农林牧渔业总产值　(元)	1397.0	24915.8	96995.3	102226.1
主要农产品产量　(万吨)				
粮　食	30476.5	46217.5	60193.8	60702.6
棉　花	216.7	441.7	629.9	617.8
油　料	521.8	2954.8	3517.0	3507.4
肉　类	943.0	6013.9	8535.0	8706.7
水产品	465.4	3706.2	6172.0	6461.5

指数(%) (2014为以下各年)			平均增长速度(%)	
1978	2000	2013	1979–2014	2001–2014
		97.5		
		96.6		
573.5	259.8	100.5	5.0	7.1
745.5	289.9	102.2	5.7	7.9
		115.2		22.4
		110.5		24.7
	511.0	101.4		12.4
	381.5	102.4		10.0
	195.1	101.5		4.9
	143.1	99.6		2.6
20840.7	906.9	103.4	16.0	17.1
24023.5	939.9	106.0	16.4	17.4
17991.1	870.4	100.5	15.5	16.7
	293.7	101.7		8.0
	1.7	12.7		-25.4
760.1	194.0	104.2	5.8	4.8
199.2	131.3	100.8	1.9	2.0
285.1	139.9	98.1	3.0	2.4
672.2	118.7	99.7	5.4	1.2
923.3	144.8	102.0	6.4	2.7
1388.5	174.3	104.7	7.6	4.1

其他资料二　续表 2

指　　标	总量指标			
	1978	2000	2013	2014
工业				
主要工业产品产量				
原　煤　（吨）	6.2	13.8	39.7	38.7
原　油　（万吨）	10405.0	16300.0	20991.9	21142.9
天然气　（立方米）	137.3	272.0	1208.6	1301.6
水　泥　（吨）	0.7	6.0	24.2	24.9
粗　钢　（万吨）	3178.0	12850.0	81313.9	82230.6
钢　材　（万吨）	2208.0	13146.0	108200.5	112513.1
汽　车　（万辆）	14.9	207.0	2212.1	2372.5
发电机组　（万千瓦）	483.8	1249.0	14197.7	15053.0
金属切削机床　（万台）	18.3	17.7	87.6	85.8
发电量　（千瓦小时）	2566.0	13556.0	54316.4	56495.8
规模以上工业企业				
主要指标　（元）				
资产总计		126211	870751	956777
主营业务收入		84152	1038659	1107033
利润总额		4393	68379	68155
建筑业				
建筑业总产值　（元）		12498	160366	176713
房地产业				
房地产企业房屋施工面积　（万平方米）		65897	665572	726482
房地产企业房屋竣工面积　（万平方米）		25105	101435	107459
房地产企业商品房销售面积　（万平方米）		18637	130551	120649
#住宅		16570	115723	105188
房地产企业商品房销售额　（元）		3935	81428	76292
#住宅		3229	67695	62411

指数(%) (2014为以下各年)			平均增长速度(%)	
1978	2000	2013	1979-2014	2001-2014
626.8	279.9	97.5	5.2	7.6
203.2	129.7	100.7	2.0	1.9
948.0	478.5	107.7	6.4	11.8
3819.9	417.4	103.0	10.6	10.7
2587.5	639.9	101.1	9.5	14.2
5095.7	855.9	104.0	11.5	16.6
15912.3	1146.1	107.3	15.1	19.0
3111.4	1205.2	106.0	10.0	19.5
468.3	485.8	98.0	4.4	12.0
2201.7	416.8	104.0	9.0	10.7
	758.1	109.9		15.6
	1315.5	106.6		20.2
	1551.3	99.7		21.6
	1414.0	110.2		20.8
	1102.5	109.2		18.7
	428.0	105.9		10.9
	647.4	92.4		14.3
	634.8	90.9		14.1
	1938.6	93.7		23.6
	1933.1	92.2		23.6

其他资料二　续表 3

指　　标		总量指标			
		1978	2000	2013	2014
批发、零售和旅游业					
社会消费品零售总额	(元)	1559	39106	242843	271896
外国入境旅客	(万人次)	23	1016	2629	2636
国内旅客	(人次)		7.44	32.62	36.11
国际旅游收入	(美元)	2.6	162.2	516.6	569.1
国内旅游总花费	(元)		3175.5	26276.1	30311.9
交通运输业					
客运量	(万人)	253993	1478573	2122992	2209391
铁　路		81491	105073	210597	235704
公　路		149229	1347392	1853463	1908198
水　运		23042	19386	23535	26293
民　航		231	6722	35397	39195
货运量	(万吨)	319431	1358682	4098900	4386800
铁　路		110119	178581	396697	381334
公　路		151602	1038813	3076648	3332838
水　运		47357	122391	559785	598283
民　航		6	197	561	594
管　道		10347	18700	65209	73752
沿海规模以上港口货物吞吐量	(万吨)	19834	125603	728098	769557
民用汽车拥有量	(万辆)	135.8	1608.9	12670.1	14598.1
#私人汽车			625.3	10501.7	12339.4
邮政、电信和信息软件业					
邮电业务总量	(元)	34.1	4792.7	18432.2	21834.4

指数(%) (2014为以下各年)			平均增长速度(%)	
1978	2000	2013	1979-2014	2001-2014
17444.9	695.3	112.0	15.4	14.9
11461.2	259.4	100.3	14.1	7.0
	485.3	110.7		11.9
21639.9	350.8	110.2	16.1	9.4
	954.5	115.4		17.5
		104.1	6.2	2.9
289.2	224.3	111.9	3.0	5.9
		103.0	7.3	2.5
114.1	135.6	111.7	0.4	2.2
16967.5	583.1	110.7	15.3	13.4
1373.3	322.9	107.0	7.5	8.7
346.3	213.5	96.1	3.5	5.6
2198.4	320.8	108.3	9.0	8.7
1263.3	488.8	106.9	7.3	12.0
9282.8	302.0	105.9	13.4	8.2
712.8	394.4	113.1	5.6	10.3
3880.0	612.7	105.7	10.7	13.8
10746.5	907.3	115.2	13.9	17.1
	1973.3	117.5		23.7
239912.6	1706.5	118.5	24.1	22.5

其他资料二　续表 4

指　　标		总量指标			
		1978	2000	2013	2014
移动电话年末用户	(万户)		8453.3	122911.3	128609.3
固定电话年末用户	(万户)	192.5	14482.9	26698.5	24943.0
局用交换机容量	(万门)	405.9	17825.6	41089.3	40517.1
互联网宽带接入用户	(万户)			18890.9	20048.3
软件业务收入	(元)			30587	37026
金融业					
社会融资规模增量	(万亿元)			17.3	16.5
货币和准货币(M2)	(万亿元)		13.5	110.7	122.8
货币(M1)	(万亿元)		5.3	33.7	34.8
流通中现金(M0)	(万亿元)		1.5	5.9	6.0
金融机构人民币各项存款余额	(万亿元)	0.1	12.4	104.4	113.9
金融机构人民币各项贷款余额	(万亿元)	0.2	9.9	71.9	81.7
股票筹资额	(元)		2103	3869	7087
保险公司保费金额	(元)		1598	17222	20235
保险公司赔款及给付金额	(元)		526	6213	7216
科学技术					
研究与试验发展经费支出	(元)		895.7	11846.6	13015.6
发明专利授权数	(万件)		1.3	20.8	23.3
技术市场成交额	(元)		650.8	7469.0	8577.0
教育					
专任教师数	(万人)				
#普通高等学校		20.6	46.3	149.7	153.5
普通高中		74.1	75.7	162.9	166.3
初中		244.1	328.7	348.1	348.8
普通小学		522.6	586.0	558.5	563.4
在校学生数	(万人)				
#普通本专科		85.6	556.1	2468.1	2547.7
普通高中		1553.1	1201.3	2435.9	2400.5
普通初中		4995.2	6256.3	4440.1	4384.6
普通小学		14624.0	13013.3	9360.5	9451.1

指数(%)(2014为以下各年)			平均增长速度(%)	
1978	2000	2013	1979-2014	2001-2014
	1521.4	104.6		21.5
12954.5	172.2	93.4	14.5	4.0
9982.5	227.3	98.6	13.6	6.0
		106.1		
		121.1		
		95.2		
	878.0	112.2		16.8
	643.1	103.2		14.2
	411.6	102.9		10.6
98583.1	919.7	109.1	21.1	17.2
43205.7	821.9	113.6	18.4	16.2
	337.0	183.2		9.1
	1266.3	117.5		19.9
	1371.9	116.1		20.6
	1453.1	109.9		21.1
	1838.9	112.3		23.1
	1318.0	114.8		20.2
744.9	331.6	102.5	5.7	8.9
224.4	219.7	102.1	2.3	5.8
142.9	106.1	100.2	1.0	0.4
107.8	96.1	100.9	0.2	-0.3
2976.3	458.1	103.2	9.9	11.5
154.6	199.8	98.5	1.2	5.1
87.8	70.1	98.8	-0.4	-2.5
64.6	72.6	101.0	-1.2	-2.3

其他资料二 续表 5

指 标	总量指标			
	1978	2000	2013	2014
教育经费支出 (元)		3849.1	30364.7	
卫生				
医院 (个)	9293	16318	24709	25860
医院床位数 (万张)	110.0	216.7	457.9	496.1
执业(助理)医师 (万人)	97.8	207.6	279.5	289.3
卫生总费用 (元)	110.2	4586.6	31669.0	35312.4
文化				
图书出版总印数 (册、亿张)	37.7	62.7	83.1	81.8
电视节目制作时间 (万小时)		58.5	339.8	327.7
故事影片产量 (部)	46	91	638	618
社会保险				
社会保险基金收入 (元)		2645	35253	39828
社会保险基金支出 (元)		2386	27916	33003
参加城镇职工基本养老保险人数 (万人)		13617	32218	34124
参加失业保险人数 (万人)		10408	16417	17043
参加城镇职工基本医疗保险人数 (万人)		3787	27443	28296

注：1.本表价值指标除邮电业务总量按不变价格计算外，其余均按当年价格计算。邮电业务总量2000年及以前按1990年不变价格计算，2001-2010年按2000年不变价格计算，2011年起按2010年不变价格计算。
2.本表速度指标中，国民总收入、国内生产总值及三次产业增加值、农林牧渔业总产值、邮电业务总量和城乡居民收入指标均按可比价格计算。固定资产投资平均增长速度按累计法计算。
3.2011年起，固定资产投资除房地产投资、农村个人投资外，统计起点由50万元提高至500万元，城镇固定资产投资数据发布口径改为固定资产投资(不含农户)，即原口径的城镇固定资产投资加上农村企事业组织的项目投资。

指数(%) (2014为以下各年)			平均增长速度(%)	
1978	2000	2013	1979- 2014	2001- 2014
278.3	158.5	104.7	2.9	3.3
451.0	229.0	108.4	4.3	6.1
295.7	139.3	103.5	3.1	2.4
32041.0	769.9	111.5	17.4	15.7
216.9	130.5	98.5	2.2	1.9
	560.2	96.5		13.1
1343.5	679.1	96.9	7.5	14.7
	1505.8	113.0		21.4
	1383.4	118.2		20.6
	250.6	105.9		6.8
	163.7	103.8		3.6
	747.2	103.1		15.4

附录

收编了各类少数民族方面的资料。

全国人大、政协少数民族领导人名单

■历届全国人大常委会少数民族副委员长、全国政协常委会少数民族副主席简表

届次	年份	全国人大常委会副委员长	年份	全国政协常委会副主席
第一届	1954	达赖喇嘛·丹增嘉措(藏)、赛福鼎·艾则孜(维吾尔)	1949	
第二届	1959	达赖喇嘛·丹增嘉措(藏)、赛福鼎·艾则孜(维吾尔)、班禅额尔德尼·确吉坚赞(藏)	1954	班禅额尔德尼·确吉坚赞(藏)、包尔汉(维吾尔)
第三届	1964	赛福鼎·艾则孜(维吾尔)、阿沛·阿旺晋美(藏)	1959	包尔汉(维吾尔)、帕巴拉·格列朗杰(藏)、阿沛·阿旺晋美(藏)
第四届	1975	韦国清(壮)、赛福鼎·艾则孜(维吾尔)、乌兰夫(蒙古)、阿沛·阿旺晋美(藏)	1965	韦国清(壮)、帕巴拉·格列朗杰(藏)
第五届	1978	乌兰夫(蒙古)、韦国清(壮)、赛福鼎·艾则孜(维 吾尔)、阿沛·阿旺晋美(藏)	1978	乌兰夫(蒙古)、韦国清(壮)、杨静仁(回)、帕巴拉·格列朗杰(藏)
第六届	1983	韦国清(壮)、阿沛·阿旺晋美(藏)、班禅额尔德尼·确吉坚赞(藏)、赛福鼎·艾则孜(维吾尔)	1983	杨静仁(回)、帕巴拉·格列朗杰(藏)、包尔汉(维吾尔)
第七届	1988	乌兰夫(蒙古)、韦国清(壮)、阿沛·阿旺晋美(藏)、班禅额尔德尼·确吉坚赞(藏)、赛福鼎·艾则孜(维吾尔)、廖汉生(土家)	1988	杨静仁(回)、帕巴拉·格列朗杰(藏)、司马义·艾买提(维吾尔)
第八届	1993	帕巴拉·格列朗杰(藏)、布赫(蒙古)、铁木尔·达瓦买提(维吾尔)	1993	阿沛·阿旺晋美(藏)、赛福鼎·艾则孜(维吾尔)
第九届	1998	帕巴拉·格列朗杰(藏)、布赫(蒙古)、铁木尔·达 瓦买提(维吾尔)	1998	阿沛·阿旺晋美(藏)、赵南起(朝鲜)、白 立忱(回)
第十届	2003	司马义·艾买提(维吾尔)、热地(藏)、乌云其木格(女，蒙古)	2003	帕巴拉·格列朗杰(藏)、阿沛·阿旺晋美(藏)、阿不来提·阿不都热西提(维吾尔)、白 立忱(回)、李兆焯(壮)
第十一届	2008	乌云其木格(女，蒙古)、司马义·铁力瓦尔地(维吾尔族)	2008	帕巴拉·格列朗杰(藏)、阿沛·阿旺晋美(藏)、阿不来提·阿不都热西提(维吾尔)、白 立忱(回)
第十二届	2013	向巴平措(藏族)、艾力更·依明巴海(维吾尔族)	2013	帕巴拉·格列朗杰(藏)、王正伟(回)、马飚(壮)、齐续春(满)

全国人大民委、国家民委、全国政协民委主要领导人名单

■历届全国人大民委、国家民委和全国政协民委主任简表

<table>
<tr><th>届次</th><th>时间</th><th>全国人大民委主任</th><th>时间</th><th>国家民委主任</th><th>时间</th><th>全国政协民委主任</th></tr>
<tr><td>第一届</td><td>1954.9</td><td>刘格平(回)</td><td>1949.10</td><td>李维汉</td><td>1949.9</td><td>乌兰夫(蒙古)</td></tr>
<tr><td>第二届</td><td>1959.4</td><td>刘格平(回)</td><td>1954.9</td><td>乌兰夫(蒙古)</td><td>1954.12</td><td>卢汉(彝)</td></tr>
<tr><td>第三届</td><td>1965.4</td><td>谢扶民(壮)</td><td>1959.4</td><td>乌兰夫(蒙古)</td><td>1964.12</td><td>卢汉(彝)</td></tr>
<tr><td>第四届</td><td></td><td></td><td>1965.1</td><td>乌兰夫(蒙古)</td><td>1964.12</td><td>卢汉(彝)</td></tr>
<tr><td>第五届</td><td>1979.7</td><td>阿沛·阿旺晋美(藏)</td><td>1978.3</td><td>杨静仁(回)</td><td>1978.2</td><td>萨空了(蒙古)</td></tr>
<tr><td>第六届</td><td>1983.6</td><td>阿沛·阿旺晋美(藏)</td><td>1986.1</td><td>司马义·艾买提(维吾尔)</td><td>1983.6</td><td>马信(回)</td></tr>
<tr><td>第七届</td><td>1988.3</td><td>阿沛·阿旺晋美(藏)</td><td>1988.4</td><td>司马义·艾买提(维吾尔)</td><td>1988.3</td><td>杨静仁(回)</td></tr>
<tr><td rowspan="2">第八届</td><td rowspan="2">1993.3</td><td rowspan="2">王朝文(苗)</td><td rowspan="2">1993.3</td><td rowspan="2">司马义·艾买提(维吾尔)</td><td>1993.3</td><td>金鉴(满)</td></tr>
<tr><td>1995.3</td><td>赵朴初</td></tr>
<tr><td>第九届</td><td>1998.3</td><td>王朝文(苗)</td><td>1998.3</td><td>李德洙(朝鲜)</td><td>1998.3</td><td>乌力吉(蒙古)</td></tr>
<tr><td>第十届</td><td>2003.3</td><td>多吉才让（藏）</td><td>2003.3</td><td>李德洙(朝鲜)</td><td>2003.3</td><td>钮茂生（满）</td></tr>
<tr><td>第十一届</td><td>2008.3</td><td>马启智（回）</td><td>2008.3</td><td>杨晶(蒙古)</td><td>2008.3</td><td>田聪明</td></tr>
<tr><td rowspan="2">第十二届</td><td rowspan="2">2013.3</td><td rowspan="2">李景田（满）</td><td rowspan="2">2013.3</td><td>王正伟（回）</td><td>2013.3–2016.3</td><td rowspan="2">朱维群</td></tr>
<tr><td>巴特尔(蒙古)</td><td>2016.3</td></tr>
</table>

注：1．历届人大民委所设为主任委员。

2．政协一至六届设民族组，从第七届起设民族委员会，第八届常委会第十二次会议将民族委员会与宗教委员会合并为民族和宗教委员会。

3．一至四届称中央民委，从第五届起称国家民委；第一届中央民委主任由中央人民政府委员会任命，从第二届起由全国人大或其常委会任命。

中国共产党第十六届至十八届中央委员会少数民族委员、候补委员及中央纪律检查委员会少数民族委员名单

■中国共产党第十六届中央委员会少数民族委员名单（15 人）（按姓氏笔画为序）

马启智(回族)	乌云其木格(女，蒙古族)	石宗源(回族)
白立忱(回族)	司马义·艾买提(维吾尔族)	列确(藏族)
回良玉(回族)	多吉才让(藏族)	李兆焯(壮族)
李德洙(朝鲜族)	杨正午(土家族)	阿不来提·阿不都热西提(维吾尔族)
钮茂生(满族)	热地(藏族)	戴秉国(土家族)

■中国共产党第十六届中央委员会少数民族候补委员名单（20 人）
（按得票多少排序，票数相同的按姓氏笔画为序）

艾斯海提·克里木拜(哈萨克族)	王正伟(回族)	全哲洙(朝鲜族)
黄瑶(布依族)	彭祖意(瑶族)	杨晶(蒙古族)
黄选平(回族)	符桂花(女，黎族)	管国忠(傣族)
石玉珍(女，苗族)	白春礼(满族)	向巴平措(藏族)
李景田(满族)	罗正富(彝族)	李克(壮族)
仁青加(藏族)	司马义·铁力瓦尔地(维吾尔族)	李成玉(回族)
欧泽高(藏族)	王正福(苗族)	

■中国共产党第十六届中央纪律检查委员会少数民族委员名单（7 人）（按姓氏笔画为序）

马子龙(回族)	王正福(苗族)	巴特尔(蒙古族)
司马义·铁力瓦尔地(维吾尔族)	布穷(藏族)	李成玉(回族)
欧泽高(藏族)		

■中国共产党第十七届中央委员会少数民族委员名单(16 人)(按姓氏笔画为序)

王正伟（回族）	乌云其木格(女，蒙古族)	艾斯海提·克里木拜（哈萨克族）
石宗源（回族）	白立忱（回族）	司马义·铁力瓦尔地（维吾尔族）
列确（藏族）	回良玉（回族）	向巴平措（藏族）
李成玉（回族）	李兆焯（壮族）	李景田（满族）
杨晶（蒙古族）	陆兵（壮族）	阿不来提·阿不都热西提（维吾尔族）
戴秉国（土家族）		

■中国共产党第十七届中央委员会少数民族候补委员名单(24 人)

（按得票多少排序，票数相同的按姓氏笔画为序）

符跃兰（女，黎族）	马飚（壮族）	旦科（藏族）
全哲洙（朝鲜族）	罗正富（彝族）	刘慧（女，回族）
余远辉（瑶族）	努尔·白克力（维吾尔族）	黄康生（布依族）
刘学普（土家族）	刘振来（回族）	金振吉（朝鲜族）
巴音朝鲁（蒙古族）	刘晓凯（苗族）	咸辉（女，回族）
谌贻琴（女，白族）	白春礼（满族）	多吉（藏族）
李克（壮族）	李康（女，壮族）	武吉海（苗族）
刀林荫（女，傣族）	雷春美（女，畲族）	乌兰（女，蒙古族）

■中国共产党第十七届中央纪律检查委员会少数民族委员名单(8 人)(按姓氏笔画为序)

王正福（苗族）	仁青加（藏族）	巴特尔(蒙古族)
朱明国（黎族）	李汉柏（白族）	欧泽高（藏族）
金道铭（满族）	贺邦靖（女，白族）	

■中国共产党第十八届中央委员会少数民族委员名单(10人)(按姓氏笔画为序)

马飚（壮族）	王正伟（回族）	巴音朝鲁（蒙古族）
巴特尔（蒙古族）	白玛赤林（藏族）	白春礼（满族）
全哲洙（朝鲜族）	杨晶（蒙古族）	陈求发（苗族）
努尔·白克力（维吾尔族）		

■中国共产党第十八届中央委员会少数民族候补委员名单(29人)

(按得票多少排序，票数相同的按姓氏笔画为序)

刘晓凯（苗族）	陈志荣（黎族）	金振吉（朝鲜族）
咸辉（女，回族）	马顺清（回族）	朱明国（黎族）
刘学普（土家族）	杨崇勇（满族）	余远辉（瑶族）
陈武（壮族）	陈鸣明（布依族）	赵金（彝族）
赵立雄（白族）	洛桑江村（藏族）	谌贻琴（女，白族）
蓝天立（壮族）	旦科（藏族）	刘慧（女，回族）
夏杰（女，回族）	叶红专（土家族）	尔肯江·吐拉洪（维吾尔族）
李康（女，壮族）	李昌平（藏族）	努尔兰·阿不都满金（哈萨克族）
欧阳坚（白族）	刀林荫（女，傣族）	公保扎西（藏族）
雷春美（女，畲族）	乌兰（女，蒙古族）	

■中国共产党第十八届中央纪律检查委员会少数民族委员名单(4人)(按姓氏笔画为序)

马勇霞（女，回族）	丹珠昂奔（藏族）	石生龙（满族）
多杰热旦（藏族）		

中国少数民族文化资料

■中国少数民族语言系属

汉藏语系	藏缅语族	藏语、门巴语、珞巴语、彝语、哈尼语、白语、羌语、傈僳语、纳西语、拉祜语、景颇语、土家语、普米语、怒语、独龙语、阿昌语、基诺语
	壮侗语族	壮语、侗语、布依语、傣语、水语、黎语、毛南语、仫佬语
	苗瑶语族	苗语、瑶语、畲语
	语族未定	仡佬语
阿尔泰语系	突厥语族	维吾尔语、哈萨克语、柯尔克孜语、撒拉语、乌孜别克语、塔塔尔语、裕固(尧乎尔)语
	蒙古语族	蒙古语、达斡尔语、东乡语、土族语、保安语、裕固(恩格尔)语
	通古斯-满语族	满语、鄂温克语、鄂伦春语、锡伯语、赫哲语
	语族未定	朝鲜语
印欧语系	斯拉夫语族	俄罗斯语
	伊朗语族	塔吉克语
南亚语系	孟高棉语族	佤语、德昂语、布朗语
南岛语系	印尼语族	高山语

注：1．京族语的系属尚未确定。

2．回族、满族大部通用汉语(满语只在极少数满族人口中使用)。

■中国各民族文字类型

象形文字	纳西族东巴文
汉字及其变体	汉文、方块壮字、方块侗字、水书、白文。
音节文字	纳西族哥巴文、彝文。
拼音文字	(一)印度字母体系—藏文、傣文。 (二)阿拉伯字母体系—老维吾尔文、老哈萨克文以及乌孜别克文、柯尔克孜文、塔塔尔文。 (三)回鹘文字母体系—蒙古文、“托忒蒙古文”、锡伯文。 (四)朝鲜文字母体系—朝鲜文。 (五)拉丁字母体系—壮文、景颇文、拉祜文、佤文、傈僳文、新维吾尔文、新哈萨克文以及布依、苗、黎、纳西、侗、哈尼各族的文字方案。 (六)斯拉夫字母体系—俄罗斯族的俄文。

■中国各民族名称的罗马字母拼写法

民族	罗马字母拼写法	字母代码	民族	罗马字母拼写法	字母代码
汉族	Han	HA	柯尔克孜族	Kirgiz	KG
蒙古族	Mongol	MG	土族	Tu	TU
回族	Hui	HU	达斡尔族	Daur	DU
藏族	Zang	ZA	仫佬族	Mulao	ML
维吾尔族	Uygur	UG	羌族	Qiang	QI
苗族	Miao	MH	布朗族	Blang	BL
彝族	Yi	YI	撒拉族	Salar	SL
壮族	Zhuang	ZH	毛南族	Maonan	MN
布依族	Buyei	BY	仡佬族	Gelao	GL
朝鲜族	Chosen	CS	锡伯族	Xibe	XB
满族	Man	MA	阿昌族	Achang	AC
侗族	Dong	DO	普米族	Pumi	PM
瑶族	Yao	YA	塔吉克族	Tajik	TA
白族	Bai	BA	怒族	Nu	NU
土家族	Tujia	TJ	乌孜别克族	Uzbek	UZ
哈尼族	Hani	HN	俄罗斯族	Russ	RS
哈萨克族	Kazak	KZ	鄂温克族	Ewenki	EW
傣族	Dai	DA	德昂族	Deang	DE
黎族	Li	LI	保安族	Bonan	BN
傈僳族	Lisu	LS	裕固族	Yugur	YG
佤族	Va	VA	京族	Gin	GI
畲族	She	SH	塔塔尔族	Tatar	TT
高山族	Gaoshan	GS	独龙族	Derung	DR
拉祜族	Lahu	LH	鄂伦春族	Oroqen	OR
水族	Sui	SU	赫哲族	Hezhen	HZ
东乡族	Dongxiang	DX	门巴族	Monba	MB
纳西族	Naxi	NX	珞巴族	Lhoba	LB
景颇族	Jingpo	JP	基诺族	Jino	JN

■中国少数民族主要节日

民族	主要节日	时间	民族	主要节日	时间
阿昌族	火把节	农历六月二十五日	德昂族	泼水节	农历四月十五日
	会街节	农历九月初十	东乡族	圣纪节	伊斯兰教历三月十二日
	泼水节	农历二月二十九日		开斋节	伊斯兰教历九月三十日
	撒　神	农历七月初一		古尔邦节	伊斯兰教历十二月十日
	尝新节	农历八月十五日	侗　族	芦笙节	农历六月至九月
白　族	三月街	农历三月十五日		侗　年	农历十一月十九日
	火把节	农历六月二十四日		斗牛节	农历二月
	渔潭会	农历八月十五日		吃新节	农历六月至七月
保安族	圣纪节	伊斯兰教历三月十二日	独龙族	卡雀哇	农历十月中下旬
	开斋节	伊斯兰教历九月三十日	俄罗斯族	复活节	公历三、四月
	古尔邦节	伊斯兰教历十二月十日	鄂伦春族	春节	农历正月初一
布郎族	开门节	傣历十二月十五日	鄂温克族	米阔鲁节	农历五月二十二日
	关门节	傣历九月十五日	高山族	新年祭	农历十二月
	泼火节	农历二月十九日	仡佬族	灯杆节	农历正月初一
布依族	六月六	农历六月初六		仡佬节	农历三月初三
	三月三	农历三月初三		尝新节	农历六、七月
	四月八	农历四月初八	拉祜族	库扎节	傣历三月
朝鲜族	元　日	农历正月初一		火把节	农历六月二十四日
	上元节	农历正月初五		尝新节	傣历十二月
	寒食节	农历四月初五	黎族	三月三	农历三月初三
	端　午	农历五月初五	傈僳族	收获节	农历九月
哈尼族	十月节	农历十月初一		澡塘节	农历正月初三
	六月节	农历六月二十四日		过年节	农历正月初一
哈萨克族	圣纪节	伊斯兰教历三月十二日		刀杆节	农历二月初八
	开斋节	伊斯兰教历九月三十日	珞巴族	旭独龙节	藏历二月
	古尔邦节	伊斯兰教历十二月十日		隆德节	藏历四月
赫哲族	赫哲年	农历正月初一	满　族	颁金节	阴历十一月十三日
回　族	圣纪节	伊斯兰教历三月十二日		庙　会	农历四月
	开斋节	伊斯兰教历九月三十日	景颇族	目脑节	农历正月十五日
	古尔邦节	伊斯兰教历十二月十日	柯尔克孜族	圣纪节	伊斯兰教历三月十二日
基诺族	打铁节	农历一月		开斋节	伊斯兰教历九月三十日
	火把节	农历六月		古尔邦节	伊斯兰教历十二月十日
京　族	哈　节	农历六月初十		诺劳孜	农历正月初一

续表

民族	主要节日	时间	民族	主要节日	时间
达斡尔族	春节(阿涅)	农历正月初一	蒙古族	蒙古族新年	农历正月初一
傣族	泼水节	傣历六月六日		那达慕大会	农历七～八月
	开门节	傣历十二月十五日	苗族	苗年节	农历十月初五
	关门节	傣历九月十五日		四月八	农历四月初八
苗族	龙船节	农历五月二十四日	门巴族	藏历年	藏历正月初一
	吃新节	农历六月初六		望果节	藏历八月间
	赶秋节	农历九月	羌族	羌族大年	农历正月初一
仫佬族	依饭节	农历十月		青苗会	农历三月十二日
	后生节	农历正月或七月		端午节	农历五月初五日
纳西族	正月农具会	农历正月二十日	撒拉族	开斋节	伊斯兰教历九月三十日
	三月龙王庙会	农历三月十五日		圣纪节	伊斯兰教历三月十二日
	七月骡马会	农历七月十五日		古尔邦节	伊斯兰教历十二月十日
怒族	鲜花节	农历三月十五日	畲族	分龙节	农历五月十五日
普米族	大过年	农历正月初七	水族	借额节	农历九月
	大十五节	农历十二月十五日		卯节	农历五、六月
	尝新节	农历九月	塔吉克族	古尔邦节	伊斯兰教历十二月十日
	转山节	农历七月十五日		迄脱迄迪	
					农历三月间
	过赶节	农历十二月二十九日		尔爱脱节	
土家族	祈禳节	农历正月初三		肉孜节	伊斯兰教历九月三十日
	牛王会	农历八月初八	塔塔尔族	古尔邦节	伊斯兰教历十二月十日
土族	擂台会	农历二月初二		开斋节	伊斯兰教历九月三十日
	火神节	农历正月二十九日		圣纪节	伊斯兰教历三月十二日
	端阳	农历五月初五	瑶族	盘王节	农历十月十六日
佤族	火把节	农历六月二十四日		尝新节	农历八、九月
	播种节	农历三月十五日		歌节	农历三月初三
	新米节	农历七、八月	彝族	二月八	农历二月初八
维吾尔族	古尔邦节	伊斯兰教历十二月十日		送年节	农历三月初七
	开斋节	伊斯兰教历九月三十日	裕固族	春节	农历正月初五
	努鲁斯节	伊斯兰教历八月十四日		端午节	农历五月初五
乌孜别克族	古尔邦节	伊斯兰教历十二月十日		中秋节	农历八月十五
	开斋节	伊斯兰教历九月三十日	藏族	藏历年	藏历正月初一
	圣纪节	伊斯兰教历三月十二日		望果节	藏历八月间
		农历十二月二十三日			
	春节			雪顿节	藏历七月一日
		至次年正月初二	壮族		
毛南族	庙节	农历五月		三月三	农历三月初三
	南瓜节	农历九月初九		中元节	农历七月十四日

■民族自治地方全国重点文物保护单位

（截至 2013 年）

地　区	数量	名　　称	时　　代	地　　址
（一）古遗址：222 处				
内蒙古自治区	70	辽上京遗址	辽	巴林左旗
		辽中京遗址	辽	宁城县
		大窑遗址	旧石器时代	呼和浩特市
		居延遗址	汉	额济纳旗
		嘎仙洞遗址	北魏	鄂伦春自治旗
		元上都遗址	元	正蓝旗
		兴隆洼遗址	新石器时代	敖汉旗
		大甸子遗址	青铜时代	敖汉旗
		固阳秦长城遗址	秦	固阳县
		缸瓦窑遗址	辽	赤峰市
		敖伦苏木城遗址	元	达尔罕茂明安联合旗
		萨拉乌苏遗址	旧石器时代	乌审旗
		岱海遗址群	新石器时代	凉城县
		庙子沟遗址	新石器时代	察哈尔右翼前旗
		架子山遗址群	青铜时代	喀喇沁旗
		大井古铜矿遗址	青铜时代	林西县
		城子山遗址	青铜时代	敖汉旗
		和林格尔土城子遗址	汉至唐	和林格尔县
		黑山头城址	金、元	额尔古纳市
		金界壕遗址	金	呼伦贝尔盟、兴安盟、通辽市、赤峰市、乌兰察布盟、包头市
		应昌路故城遗址	元	克什克腾旗
		阿善遗址	新石器时代	包头市
		赵宝沟遗址	新石器时代	敖汉旗
		红山遗址群	新石器时代至青铜时代	赤峰市
		夏家店遗址群	新石器时代至战国	赤峰市
		朱开沟遗址	新石器时代至商	伊金霍洛旗
		秦直道遗址	秦	鄂尔多斯市
		麻池城遗址和召湾墓群	汉	包头市
		黑城遗址	汉	宁城县
		朔方郡故城	汉	磴口市、巴彦淖尔市
		霍洛柴登城址	汉	杭锦旗
		克里孟城址	汉至南北朝	察哈尔右翼后旗
		沃野镇故城	汉至南北朝	乌拉特前旗

续表 1

地　区	数量	名　　称	时　　代	地　　址
内蒙古自治区	70	白灵淖尔城址	南北朝	固阳县
		十二连城城址	隋至唐	准格尔旗
		城川城址	唐	鄂托克前旗
		查干浩特城址	辽至明	阿鲁科尔沁旗
		安答堡子城址	金至元	达尔罕茂明安联合旗
		净州路故城	金至元	四子王旗
		砂井路总管府故城	元	四子王旗
		巴彦乌拉城址	元	鄂温克族自治旗
		蘑菇山北遗址	旧石器时代	内蒙古自治区呼伦贝尔市满洲里市
		金斯太洞穴遗址	旧石器时代、商	内蒙古自治区锡林郭勒盟东乌珠穆沁旗
		辉河水坝遗址	新石器时代	内蒙古自治区呼伦贝尔市鄂温克族自治旗
		哈克遗址	新石器时代	内蒙古自治区呼伦贝尔市海拉尔区
		白音长汗遗址	新石器时代	内蒙古自治区赤峰市林西县
		兴隆沟遗址	新石器时代	内蒙古自治区赤峰市敖汉旗
		魏家窝铺遗址	新石器时代	内蒙古自治区赤峰市红山区
		富河沟门遗址	新石器时代	内蒙古自治区赤峰市巴林左旗
		寨子圪旦遗址	新石器时代	内蒙古自治区鄂尔多斯市准格尔旗
		草帽山遗址	新石器时代	内蒙古自治区赤峰市敖汉旗
		马架子遗址	新石器时代、夏、商、周	内蒙古自治区赤峰市喀喇沁旗
		三座店石城遗址	夏至商	内蒙古自治区赤峰市松山区
		二道井子遗址	夏至商	内蒙古自治区赤峰市红山区
		太平庄遗址群	夏至商	内蒙古自治区赤峰市松山区
		尹家店山城遗址	夏至商	内蒙古自治区赤峰市松山区
		南山根遗址	周	内蒙古自治区赤峰市宁城县
		奈曼土城子城址	战国至秦汉	内蒙古自治区通辽市奈曼旗
		云中郡故城	战国至隋唐	内蒙古自治区呼和浩特市托克托县
		浩特陶海城址	辽	内蒙古自治区呼伦贝尔市陈巴尔虎旗
		灵安州遗址	辽	内蒙古自治区通辽市库伦旗
		豫州城遗址及墓地	辽	内蒙古自治区通辽市扎鲁特旗
		韩州城遗址	辽	内蒙古自治区通辽市科尔沁左翼后旗
		饶州故城址	辽	内蒙古自治区赤峰市林西县
		武安州遗址	辽、金、元	内蒙古自治区赤峰市敖汉旗
		宁昌路遗址	辽、金、元	内蒙古自治区赤峰市敖汉旗

续表 2

地　区	数量	名　　称	时　　代	地　　址
内蒙古自治区	70	吐列毛杜古城遗址	金	内蒙古自治区兴安盟科尔沁右翼中旗
		四郎城古城	金、元、明	内蒙古自治区锡林郭勒盟正蓝旗
		燕家梁遗址	元	内蒙古自治区包头市九原区
		新忽热古城址	元、明	内蒙古自治区巴彦淖尔市乌拉特中旗
辽宁省	8	查海遗址	新石器时代	阜新蒙古族自治县
		庙后山遗址	旧石器时代	本溪满族自治县
		永陵南城址	汉至魏晋	辽宁省抚顺市新宾满族自治县
		高俭地山城	汉至唐	辽宁省本溪市桓仁满族自治县
		下古城子城址	汉至唐	辽宁省本溪市桓仁满族自治县
		赫图阿拉故城	明	新宾满族自治县
		五女山山城	高句丽（公元前 37- 668 年）	桓仁满族自治县
		东山嘴遗址	新石器时代	喀左自治县
吉林省	9	渤海中京城遗址	渤海（公元 698-926 年）	和龙市
		八连城遗址	唐、五代	珲春市
		塔虎城	辽、金	前郭尔罗斯蒙古族自治县
		百草沟遗址	战国至晋	汪清县
		城山子山城	唐	敦化市
		磨盘村山城	唐至金	图们市
		石人沟遗址	旧石器时代	吉林省延边朝鲜族自治州和龙市
		萨其城址	唐	吉林省延边朝鲜族自治州珲春市
		温特赫部城址与裴优城址	唐、金	吉林省延边朝鲜族自治州珲春市
湖北省	9	建始直立人遗址	旧石器时代	建始县
		施州城址	宋	恩施市
		唐崖土司城址	元至清	咸丰县
		容美土司遗	明至清	鹤峰县
		长阳人遗址	旧石器时代	湖北省宜昌市长阳土家族自治县
		不二门遗址	商、周	湖南省湘西土家族苗族自治州永顺县
		魏家寨古城遗址	汉	湖南省湘西土家族苗族自治州保靖县
		里耶大板遗址与墓群	汉	湖南省湘西土家族苗族自治州龙山县
		四方城遗址	战国至汉	湖南省湘西土家族苗族自治州保靖县
湖南省	1	老司城遗址	五代至清	永顺县

续表 3

地　区	数量	名　　称	时　　代	地　　址
广西壮族自治区	16	百谷和高岭坡遗址	旧石器时代	百色市、田东县
		甑皮岩遗址	新石器时代	桂林市
		顶蛳山遗址	新石器时代	邕宁县
		白莲洞遗址	旧石器至新石器时代	柳州市
		鲤鱼嘴遗址	旧石器至新石器时代	柳州市
		感驮岩遗址	新石器时代至战国	那坡县
		秦城遗址	秦至晋	兴安县
		智城城址	唐	上林县
		柳城巨猿洞	旧石器时代	广西壮族自治区柳州市柳城县
		布兵盆地洞穴遗址群	旧石器时代	广西壮族自治区百色市田东县
		那赖遗址	旧石器时代	广西壮族自治区百色市田阳县
		晓锦遗址	新石器时代	广西壮族自治区桂林市资源县
		大浪古城遗址	汉	广西壮族自治区北海市合浦县
		草鞋村遗址	汉	广西壮族自治区北海市合浦县
		越州故城	南朝	广西壮族自治区钦州市浦北县
		中和窑址	宋	广西壮族自治区梧州市藤县
海南省	1	信冲洞遗址	旧石器时代	海南省昌江黎族自治县
重庆市	1	重庆冶锌遗址群	明至清	重庆市丰都县、石柱土家族自治县
四川省	5	营盘山和姜维城遗址	新石器时代	茂县、汶川县
		大洋堆遗址	周至战国	西昌市
		哈休遗址	新石器时代	四川省阿坝藏族羌族自治州马尔康县
		罕额依新石器时代文化遗址和汉代石棺葬墓群	新石器时代、汉	四川省甘孜藏族自治州丹巴县
		永平堡古城	明	四川省绵阳市北川羌族自治县
贵州省	2	龙广观音洞遗址	旧石器时代至新石器时代	贵州省黔西南布依族苗族自治州安龙县
		普安铜鼓山遗址	战国至西汉	贵州省黔西南布依族苗族自治州普安县
云南省	11	太和城遗址	南诏（公元 649–902 年）	大理白族自治州大理市
		元谋猿人遗址	旧石器时代	元谋县
		腊玛古猿化石地点		禄丰县
		石佛洞遗址	新石器时代	耿马傣族佤族自治县
		白羊村遗址	新石器时代	宾川县
		山龙山于图山城址	唐	巍山彝族回族自治县
		元谋古猿化石地点	旧石器时代	云南省楚雄彝族自治州元谋县
		玉水坪遗址	旧石器时代至新石器时代	云南省怒江傈僳族自治州兰坪白族普米族自治县

续表 4

地　区	数量	名　　称	时　　代	地　　址
云南省	11	大墩子遗址	新石器时代	云南省楚雄彝族自治州元谋县
		海门口遗址	新石器时代至夏、商、周	云南省大理白族自治州剑川县
		银梭岛遗址	新石器时代至商	云南省大理白族自治州大理市
西藏自治区	5	古格王国遗址	约为公元十世纪前后	扎达县
		卡若遗址	新石器时代	昌都县
		拉加里王宫遗址	13 世纪至 18 世纪	曲松县
		小恩达遗址	新石器时代	西藏自治区昌都地区昌都县
		皮央和东嘎遗址	宋至明	西藏自治区阿里地区札达县
甘肃省	13	齐家坪遗址	新石器时代	广河县
		林家湾遗址	新石器时代	东乡县
		八角城城址	唐至明	夏河县
		半山遗址	新石器时代	甘肃省临夏回族自治州广河县
		然闹遗址	新石器时代	甘肃省甘南藏族自治州迭部县
		磨沟遗址（含墓群）	新石器时代至商	甘肃省甘南藏族自治州临潭县
		新庄坪遗址	新石器时代至商	甘肃省临夏回族自治州积石山保安族东乡族撒拉族自治县
		边家林遗址	新石器时代至商	甘肃省临夏回族自治州康乐县
		马家塬遗址	新石器时代、战国	甘肃省天水市张家川回族自治县
		草沟井城址	汉至明	甘肃省张掖市肃南裕固族自治县
青海省	8	马厂塬(yuán)遗址	新石器时代	民和回族土族自治县
		西海郡故城遗址	汉至南北朝	海晏县
		喇家遗址	新石器时代	民和回族土族自治县
		塔温搭里哈遗址	青铜时代	都兰县
		宗日遗址	新石器时代	青海省海南藏族自治州同德县
		塔里他里哈遗址	商至周	青海省海西蒙古族藏族自治州都兰县
		门源古城	宋	青海省海北藏族自治州门源回族自治县
		贡萨寺旧址与宗喀巴大殿	清	青海省玉树藏族自治州治多县
宁夏回族自治区	14	水洞沟遗址	旧石器时代	灵武县
		开城遗址	元	固原县
		鸽子山遗址	旧石器时代	青铜峡市
		菜园遗址	新石器时代	海原县
		照壁山铜矿遗址	汉	中卫市
		灵武窑址	宋至明	灵武市
		张家场城址	汉	盐池县
		页河子遗址	新石器时代	宁夏回族自治区固原市隆德县

续表 5

地　区	数量	名　　称	时　　代	地　　址
宁夏回族自治区	14	固原古城遗址	汉至清	宁夏回族自治区固原市原州区
		省嵬城址	宋	宁夏回族自治区石嘴山市惠农区
		七营北嘴城址	宋至明	宁夏回族自治区中卫市海原县
		柳州城址	宋至明	宁夏回族自治区中卫市海原县
		大营城址	宋至明	宁夏回族自治区固原市原州区
		兴武营城址	明	宁夏回族自治区吴忠市盐池县
新疆维吾尔族自治区	49	高昌故城	高昌（公元 500–640 年）	吐鲁番县
		雅尔湖故城	高昌（公元 500–640 年）	吐鲁番县
		楼兰故城遗址	汉至晋	若羌县
		北庭故城遗址	唐	吉木萨尔县
		尼雅遗址	西汉－西晋	民丰县
		苏巴什佛寺遗址	南北朝－唐	库车县
		奴拉赛铜矿遗址	青铜时代	尼勒克县
		圆沙古城	汉	于田县
		克孜尔尕哈烽燧	汉	库车县
		孔雀河烽燧群	汉至晋	尉犁县
		罗布泊南古城遗址	汉至晋	若羌县
		莫尔寺遗址	汉至唐	疏附县
		托库孜萨来遗址	汉至唐	巴楚县
		米兰遗址	汉至唐	若羌县
		安迪尔古城遗址	汉至唐	民丰县
		石头城遗址	晋至清	塔什库尔干塔吉克自治县
		七个星佛寺遗址	晋至宋	焉耆回族自治县
		热瓦克佛寺遗址	南北朝	洛浦县
		白杨沟佛寺遗址	唐	哈密市
		大河古城	唐	巴里坤县
		乌拉泊古城	唐至元	乌鲁木齐县
		台藏塔遗址	唐至宋	吐鲁番市
		丹丹乌里克遗址	南北朝至唐	策勒县
		麻扎塔格戍堡址	唐	墨玉县
		通古斯巴西城址	唐	新和县
		骆驼石旧石器遗址	旧石器时代	新疆维吾尔自治区塔城地区和布克赛尔蒙古自治县
		岳公台一西黑沟遗址群	春秋至战国	新疆维吾尔自治区哈密地区巴里坤哈萨克自治县
		龟兹故城	西汉至宋	新疆维吾尔自治区阿克苏地区库车县
		石人子沟遗址群	汉	新疆维吾尔自治区哈密地区巴里坤哈萨克自治县

续表 6

地　区	数量	名　　称	时　　代	地　　址
新疆维吾尔族自治区	49	营盘古城古墓群及古墓群	汉至晋	新疆维吾尔自治区巴音郭楞蒙古自治州尉犁县
		喀拉墩遗址	汉至南北朝	新疆维吾尔自治区和田地区于田县
		乌什喀特古城遗址	汉至唐	新疆维吾尔自治区阿克苏地区新和县
		石城子遗址	东汉	新疆维吾尔自治区昌吉回族自治州奇台县
		达玛沟佛寺遗址	南北朝	新疆维吾尔自治区和田地区策勒县
		克斯勒塔格佛寺遗址	唐	新疆维吾尔自治区阿克苏地区柯坪县
		兰城遗址	唐	新疆维吾尔自治区巴音郭楞蒙古自治州和硕县
		唐王城遗址	唐	新疆维吾尔自治区阿克苏地区库车县
		阿萨古城遗址	唐至宋	新疆维吾尔自治区吐鲁番地区鄯善县
		达勒特古城遗址	唐至元	新疆维吾尔自治区博尔塔拉蒙古自治州博乐市
		唐朝墩古城遗址	唐至元	新疆维吾尔自治区昌吉回族自治州奇台县
		夏塔古城遗址	唐至元	新疆维吾尔自治区伊犁哈萨克自治州昭苏县
		昌吉州境内烽燧群	唐至清	新疆维吾尔自治区昌吉回族自治州木垒哈萨克自治县、奇台县、吉木萨尔县、阜康市、昌吉市、呼图壁县、玛纳斯县
		古代吐鲁番盆地军事防御遗址	唐至清	新疆维吾尔自治区吐鲁番地区吐鲁番市、托克逊县、鄯善县
		哈密境内烽隧遗址	唐至清	新疆维吾尔自治区哈密地区哈密市、巴里坤哈萨克自治县、伊吾县
		柳中古城遗址	唐至清	新疆维吾尔自治区吐鲁番地区鄯善县
		道尔本厄鲁特森木古城遗址	明	新疆维吾尔自治区塔城地区和布克赛尔蒙古自治县
		惠远新、老古城遗址	清	新疆维吾尔自治区伊犁哈萨克自治州霍城县
		阔纳齐兰遗址	清	新疆维吾尔自治区阿克苏地区柯坪县
		伊犁清代卡伦遗址	清	新疆维吾尔自治区伊犁哈萨克自治州霍城县、察布查尔锡伯自治县
（二）石窟寺、石刻及其他：26 处				
内蒙古自治区	2	阴山岩画	新石器至青铜时代	乌拉特前旗、乌拉特后旗、乌拉特中旗、磴口县
		真寂之寺石窟	辽	巴林左旗
湖北省	1	仙佛寺石窟	唐	来凤县
湖南省	2	溪州铜柱	五代	湘西土家族苗族自治州永顺县
		阳华岩摩崖	唐至清	江华瑶族自治县

续表 7

地　区	数量	名　　称	时　　代	地　　址
广西壮族自治区	3	花山岩画	战国至东汉	宁明县
		桂林石刻	唐至清	桂林市
		柳侯祠碑刻	宋至民国	柳州市
四川省	1	博什瓦黑岩画	唐至宋	昭觉县
云南省	4	石钟山石窟	南诏、大理（公元 649—1094 年）	大理白族自治州剑川县
		南诏铁柱	南　诏	弥渡县
		元世祖平云南碑	元	大理市
		沧源崖画	新石器时代	沧源县
甘肃省	3	炳灵寺石窟	北魏至明	临夏县
		马蹄寺石窟群	十六国～清	肃南裕固族自治县
		文殊山石窟	北朝～西夏	肃南裕固族自治县
青海省	1	贝大日如来佛石窟寺和勒巴沟摩崖	唐	玉树县
宁夏回族自治区	2	须弥山石窟	北朝至唐	固原县
		贺兰山岩画	元	贺兰县
新疆维吾尔族自治区	7	克孜尔千佛洞	唐至宋	拜城县
		库木吐喇千佛洞	唐至宋	库车县
		柏孜克里克千佛洞	唐至元	吐鲁番县
		森木塞姆千佛洞	晋－宋	库车县
		克孜尔尕哈石窟	北朝至唐	库车县
		平定准噶尔勒铭碑	清	昭苏县
		吐峪沟石窟	南北朝至唐	鄯善县
（三）古墓葬：82 处				
内蒙古自治区	21	辽陵及奉陵邑(含怀凌陵及奉陵)	辽	巴林右旗、巴林左旗
		成吉思汗陵	1954 年迁建	伊金霍洛旗
		宝山、罕苏木墓群	辽	阿鲁科尔沁旗
		扎赉诺尔墓群	汉	满洲里市
		王昭君墓	汉	呼和浩特市
		韩匡嗣家族墓地	辽	巴林左旗
		吐尔基山墓	辽	科尔沁左翼后旗
		萧氏家族墓	辽	奈曼旗
		张应瑞家族墓地	元	翁牛特旗
		南宝力皋吐古墓地	新石器时代	内蒙古自治区通辽市扎鲁特旗
		小黑石沟墓群	西周至战国	内蒙古自治区赤峰市宁城县
		团结墓地	东汉	内蒙古自治区呼伦贝尔市海拉尔区
		和林格尔东汉壁画墓	东汉	内蒙古自治区呼和浩特市和林格尔县

续表 8

地区	数量	名称	时代	地址
内蒙古自治区	21	谢尔塔拉墓地	唐至五代	内蒙古自治区呼伦贝尔市海拉尔区
		奈林稿辽墓群	辽	内蒙古自治区通辽市库伦旗
		耶律祺家族墓	辽	内蒙古自治区赤峰市阿鲁科尔沁旗
		耶律琮墓	辽	内蒙古自治区赤峰市喀喇沁旗
		沙日宝特墓群	辽	内蒙古自治区赤峰市阿鲁科尔沁旗
		砧子山古墓群	元	内蒙古自治区锡林郭勒盟多伦县
		恩格尔河墓群	元	内蒙古自治区锡林郭勒盟苏尼特左旗
		和硕端静公主墓	清	内蒙古自治区赤峰市喀喇沁旗
辽宁省	6	永陵	清	新宾满族自治县
		马城子墓地	夏至西周	辽宁省本溪市本溪满族自治县
		望江楼墓地	西汉王东汉	辽宁省本溪市桓仁满族自治县
		雅河流域墓群	汉至唐	辽宁省本溪市桓仁满族自治县
		冯家堡子墓地	汉至唐	辽宁省本溪市桓仁满族自治县
		关山辽墓	辽	辽宁省阜新市阜新蒙古族自治县
吉林省	4	干沟子墓群	战国至西汉	长白朝鲜族自治县
		龙头山古墓群	渤海	和龙市
		六顶山古墓	渤海(公元 698—927 年)	延边朝鲜族自治州敦化市
		鸭绿江上游积石墓群	汉至唐	吉林省白山市浑江区、江源区、临江市、长白朝鲜族自治县
湖南省	1	里耶麦茶战国墓群	战国	湖南省湘西土家族苗族自治州龙山县
广西壮族自治区	2	合浦汉墓群	汉	合浦县
		凤腾山古墓群	清	广西壮族自治区河池市环江毛南族自治县
四川省	1	凉山大石墓群	战国至汉	德昌县、喜德县
贵州省	6	交乐墓群	汉	兴仁县
		务川大坪墓群	汉	贵州省遵义市务川仡佬族苗族自治县
		兴义万屯墓群	东汉	贵州省黔西南布依族苗族自治州兴义市
		惠水仙人桥洞葬	明至清	贵州省黔南布依族苗族自治州惠水县
		黔南水族墓群	明至清	贵州省黔南布依族苗族自治州三都水族自治县、荔波县
		明十八先生墓	清	贵州省黔西南布依族苗族自治州安龙县
云南省	2	万家坝古墓群	明	云南省楚雄彝族自治州楚雄市
		顺荡火葬墓群	明	云南省大理白族自治州云龙县
西藏自治区	4	藏王墓	公元七世纪	穷结县
		烈山墓地	唐	朗县
		吉堆吐蕃墓群	唐	洛扎县
		查木钦墓群	唐	拉孜县

续表 9

地　区	数量	名　　称	时　　代	地　　址
青海省	4	杂涅墓群	唐	青海省玉树藏族自治州玉树县
		玉树古墓群	唐	青海省玉树藏族自治州治多县、玉树县、称多县
		街子拱北	清	青海省海东地区循化撒拉族自治县
		热水墓群	唐	都兰县
宁夏回族自治区	3	西夏陵	西夏	银川市
		固原北朝隋唐墓地	北朝至唐	宁夏回族自治区固原市原州区
		窨子梁唐墓	唐	宁夏回族自治区吴忠市盐池县
新疆维吾尔族自治区	28	小河墓地	公元前 2000 年~公元前 1500 年	新疆维吾尔自治区巴音郭楞蒙古自治州若羌县
		阔科克古墓群	青铜时代	新疆维吾尔自治区阿勒泰地区布尔津县
		拜其尔墓地	青铜时代	新疆维吾尔自治区哈密地区伊吾县
		大喀纳斯景区墓葬群	青铜时代至铁器时代	新疆维吾尔自治区阿勒泰地区布尔津县
		赛里木湖古墓群	青铜时代、汉至唐	新疆维吾尔自治区博尔塔拉蒙古自治州博乐市
		阿日夏特科克石围及石堆墓群	春秋至战国	新疆维吾尔自治区博尔塔拉蒙古自治州温泉县
		阿敦乔鲁石棚古墓群及岩画群	春秋至战国	新疆维吾尔自治区博尔塔拉蒙古自治州温泉县
		库车友谊路墓群	晋、十六国	新疆维吾尔自治区阿克苏地区库车县
		小洪纳海石人墓	隋、唐	新疆维吾尔自治区伊犁哈萨克自治州昭苏县
		默拉纳额什丁麻扎	明	新疆维吾尔自治区阿克苏地区库车县
		阿斯塔纳古墓群	晋至唐	吐鲁番市
		阿巴和明麻札	清	喀什市
		三海子墓葬及鹿石	青铜时代	青河县
		焉不拉克古墓群	青铜时代	哈密市
		察乌乎古墓群	青铜时代	和静县
		切木尔切克石人及石棺墓群	青铜时代至汉、魏	阿勒泰市
		扎滚鲁克石墓群	青铜时代至汉、晋	且末县
		山普拉古墓群	汉、晋	洛浦县
		楼兰墓群	新石器时代至晋	若羌县
		五堡墓群	青铜时代	哈密市
		洋海墓群	青铜时代至唐	鄯善县
		阿日夏特石人墓	隋至唐	温泉县
		麻赫穆德·喀什噶里墓	元	疏附县
		速檀·歪思汗麻扎	明	伊宁县
		叶尔羌汗国王陵	明	莎车县

续表 10

地　区	数量	名　　称	时　　代	地　　址
新疆维吾尔族自治区	28	艾比甫•艾洁木麻扎	清	阿图什市
		哈密回王墓	清至民国	哈密市
		吐虎鲁克 · 铁木尔汗麻扎	元	霍城县
（四）古建筑及历史纪念建筑物：128 处				
内蒙古自治区	21	万部华严经塔	辽	呼和浩特市
		金刚座舍利宝塔	清	呼和浩特市
		美岱召	明	土默特右旗
		五当召	清	包头市
		汇宗寺	清	多伦县
		福会寺	清	喀喇沁旗
		喀喇沁亲王府及家庙	清	喀喇沁旗
		和硕恪靖公主府	清	呼和浩特市
		开鲁县佛塔	元	开鲁县
		清水河县长城	明	清水河县
		纳林塔秦国长城遗址	战国	伊金霍洛旗
		锦山龙泉寺	清	喀喇沁旗
		大召	明至清	呼和浩特市
		绥远城墙和将军衙署	清	呼和浩特市
		贝子庙	清	锡林浩特市
		定远营	清	阿拉善左旗
		灵悦寺	清	喀喇沁旗
		诺尔古建筑群	清	多伦县
		库伦三大寺	清	库伦旗
		僧格林沁王府	清	科尔沁左翼后旗
		宝善寺	清	阿鲁科尔沁旗
吉林省	1	灵光塔	渤　海	长白朝鲜族自治县
浙江省	1	时思寺	元至清	景宁畲族自治县
湖北省	2	鱼木寨	明至清	利川市
		大水井古建筑群	清	利川市
湖南省	4	马田鼓楼	清	通道侗族自治县
		芋头侗寨古建筑群	明、清	通道侗族自治县
		坪坦风雨桥	清	通道侗族自治县
		凤凰古城堡	清	凤凰县
广西壮族自治区	12	经略台真武阁	明	容县
		程阳永济桥	民国	三江县
		灵渠	秦	兴安县

续表 11

地　区	数量	名　　称	时　　代	地　　址
广西壮族自治区	12	大土阁	明	合浦县
		莫土司衙署	明、清	忻城县
		靖江王府及王陵	明	桂林市
		岜团桥	清	三江侗族自治县
		临贺故城	汉至清	贺州市
		江头村和长岗岭村古建筑群	明至民国	灵川县
		马殷庙	明至清	富川瑶族自治县
		燕窝楼	明至清	全州县
		恭城古建筑群	明至清	恭城瑶族自治县
四川省	10	卓克基土司官寨	清	马尔康县
		德格印经院	清	德格县
		直波碉楼	清	马尔康县
		松潘古城墙	明	松潘县
		棒托寺	明、清	壤塘县
		丹巴古碉群	唐至清	丹巴县
		措尔机寺	元至清	壤塘县
		日斯满巴碉房	元至明	壤塘县
		松格嘛呢石经城和巴格嘛呢石经墙	明至清	石渠县
		波日桥	清	新龙县
贵州省	9	增冲鼓楼	清	从江县
		青龙洞	清	镇远县
		福泉城墙	明	福泉市
		郎德上寨古建筑群	明、清	雷山县
		地坪风雨桥	清	黎平县
		寨英村古建筑群	明至清	松桃苗族自治县
		飞云崖古建筑群	明至清	黄平县
		旧州古建筑群	明至清	黄平县
		葛镜桥	明	福泉市
云南省	22	崇圣寺三塔	唐、五代	大理白族自治州大理市
		广允缅寺	清	沧源佤族自治县
		景真八角亭	清	勐海县
		曼飞龙塔	清	景洪市
		大宝积宫与琉璃殿	明	玉龙纳西族自治县
		中心镇公堂	清	香格里拉县
		喜洲白族古建筑群	明、清	大理市

续表 12

地　区	数量	名　　称	时　　代	地　　址
云南省	22	建水文庙	明、清	建水县
		水目寺塔	唐至明	祥云县
		佛图寺塔	唐	大理市
		大姚白塔	唐	大姚县
		指林寺大殿	元至清	建水县
		宝山石头城	元	玉龙纳西族自治县
		州城文庙和武庙	明至清	宾川县
		龙华寺	明至清	姚安县
		朝阳楼	明	建水县
		西门街古建筑群	明	剑川县
		沙溪兴教寺	明至民国	剑川县
		孟连宣抚司署	清	孟连傣族拉祜族佤族自治县
		曼短佛寺	清	勐海县
		双龙桥	清	建水县
		长春洞	清	巍山彝族回族自治县
		寿国寺	清	维西傈僳族自治县
西藏自治区	27	大昭寺		拉萨市
		昌珠寺		乃东县
		萨迦寺	元	萨迦县
		布达拉宫	明至民国	拉萨市
		噶丹寺	明初至清	拉萨市
		扎什伦布寺	明初至清	日喀则县
		哲蚌寺	明	拉萨市
		色拉寺	明	拉萨市
		罗布林卡	清	拉萨市
		夏鲁寺	元至清	日喀则市
		桑耶寺	789—799 年	扎囊县
		托林寺	宋	扎达县
		扎塘寺	1081—1093 年	扎囊县
		白居寺	明	江孜县
		朗色林庄园	明	扎囊县
		曲德寺、卓玛拉康	公元 10 世纪、公元 1274 年	吉隆县（大唐天竺使出铭公元 658 年）
		色喀古托寺	公元 1080 年	洛扎县
		科迦寺	公元 996 年	普兰县
		小昭寺	公元 641 年	拉萨市

续表 13

地　区	数量	名　　称	时　　代	地　　址
西藏自治区	27	吉如拉康	唐至清	乃东县
		松卡石塔	唐	扎囊县
		聂塘卓玛拉康	宋	曲水县
		敏竹林寺	明	扎囊县
		查杰玛大殿	元至清	昌都地区
		平措林寺	明	拉孜县
		邦纳寺	明	索县
		康松桑卡林	清	扎囊县
甘肃省	1	拉卜楞寺	清	夏河县
青海省	5	隆务寺	明、清	同仁县
		贵德文庙及玉皇阁	明、清	贵德县
		藏娘佛塔及桑周寺	北宋至清	玉树县
		格萨尔三十大将军灵塔和达那寺	宋、元	囊谦县
		却藏寺	清	互助土族自治县
宁夏回族自治区	7	海宝塔	清	银川市
		同心清真大寺	清	同心县
		拜寺口双塔	西　夏	贺兰县
		一百零八塔	元	青铜峡市
		承天寺塔	清	银川市
		董府	清	吴忠市
		宁夏秦长城遗址	战国	彭阳县、西吉县、固原县
新疆维吾尔自治区	5	苏公塔	清	吐鲁番市
		伊犁将军府	清	伊宁市
		昭苏圣佑庙	清	昭苏县
		艾提尕尔清真寺	明	喀什市
		靖远寺	明	察布查尔锡伯自治县
（五）革命遗址、革命纪念建筑物及近现代重要史迹和代表性建筑：55 处				
内蒙古自治区	5	乌兰夫故居	清至民国	土默特左旗
		成吉思汗庙	民国	乌兰浩特市
		“独贵龙”运动旧址	1919～1921 年	乌审旗
		百灵庙起义旧址	1936 年	达尔罕茂明安联合旗
		内蒙古自治政府成立大会会址	1947 年	乌兰浩特市
湖北省	1	五里坪革命旧址	1929～1933 年	鹤峰县
湖南省	3	沈从文故居	清	凤凰县
		湘鄂川黔革命根据地旧址	1934～1935 年	张家界市、永顺县、龙山县
		抗日胜利芷江洽降旧址	1945 年	芷江侗族自治县

续表 14

地　区	数量	名　称	时　代	地　址
广西壮族自治区	18	金田起义地址	1851 年	桂平县金田村
		中国工农红军第七军、第八军军部旧址	1929−1930 年	百色市、龙州县
		李宗仁故居(包括李宗仁府邸)	1921、1948 年	临桂县、桂林市
		李济深故居	民国	苍梧县
		右江工农民主政府旧址	1929 年	田东县
		八路军桂林办事处旧址	1938 年	桂林市
		北海近代建筑	近代	北海市
		刘永福、冯子材旧居建筑群	清	钦州市
		连城要塞遗址和友谊关	明至清	北海市、防城港市、宁明县、凭祥市、龙州县、大新县、靖西县、那坡县
		容县近代建筑	清至民国	容县
		太平天国永安活动旧址	1851 年	蒙山县
		马胖鼓楼	民国	三江侗族自治县
		梧州中山纪念堂	民国	梧州市
		广西农民运动讲习所旧址	1925 年	东兰县
		红军标语楼	1930 年	河池市
		湘江战役旧址	1934 年	兴安县、 全州县、灌阳县
		昆仑关战役旧址	1939～1940 年	南宁市、宾阳县、柳州市
		胡志明旧居	1942～1954 年	柳州市
海南省	1	陵水县苏维埃政府　旧址	1927～1928 年	陵水黎族自治县
重庆市	1	赵世炎故居	1904 年至 1914 年	酉阳自治县
四川省	3	泸定桥	1935 年	甘孜藏族自治州泸定县
		阿坝红军长征遗迹	1935 年	小金县、黑水县、松潘县、若尔盖县、茂县、红原县
		白利寺	1936～1950 年	甘孜藏族自治州泸定县
贵州省	4	黔东特区革命委员会旧址	1934 年	沿河土家族自治县、德江县、印江土家族苗族自治县
		黎平会议会址	1934 年	黎平县
		“二十四道拐”抗战公路	1936 年	晴隆县
		和平村旧址	1941～1944 年	镇远县
云南省	10	纳楼长官司署	清	建水县
		南甸宣抚司署	清、民国	梁河县
		五家寨铁路桥	清	屏边苗族自治县
		茨中教堂	清	德钦县
		蒙自海关旧址	清至民国	蒙自县
		鸡街火车站	民国	个旧市
		企鹤楼	民国	石屏县

续表 15

地　区	数量	名　　称	时　　代	地　　址
云南省	10	陈氏宗祠	民国	石屏县
		允燕塔	民国	盈江县
		民族团结誓词碑	1951 年	普洱哈尼族彝族自治县
西藏自治区	1	江孜宗山抗英遗址	1904 年	江孜县
甘肃省	1	俄界会议旧址	1935 年	迭部县
青海省	3	第一个核武器研制基地旧址	1957 年至 1995 年	海晏县
		新寨嘉那嘛呢	清	玉树县
		循化西路红军革命旧址	1939～1946 年	循化撒拉族自治县
宁夏回族自治区	1	将台堡革命旧址	1936 年	西吉县
新疆维吾尔自治区	3	坎尔井地下水利工程	清	吐鲁番市
		塔城红楼	清至民国	塔城市
		三区革命政府政治文化活动中心旧址	民国	伊宁市

■民族自治地方全国历史文化名城

(截至 2014 年）

河北	承德市
内蒙古自治区	呼和浩特市
湖南	凤凰县
广西壮族自治区	桂林市　柳州市　北海市
四川	会理县
贵州	遵义市　镇远县
云南	昆明市　大理市　丽江市　巍山彝族回族自治县　建水县
西藏自治区	拉萨市　日喀则市　江孜县
甘肃	天水市　张掖市
青海	同仁县
宁夏回族自治区	银川市
新疆维吾尔自治区	喀什市　吐鲁番市　库车县　伊宁市　特克斯县

■民族自治地方中国历史文化名镇

（截至 2014 年）

内蒙古自治区	多伦县多伦淖尔镇
	丰镇市隆盛庄镇
	喀喇沁旗王爷府镇
	库伦旗库伦镇
辽宁省	新宾满族自治县永陵镇
浙江省	景宁畲族自治县鹤溪镇
湖北省	宣恩县椒园镇
湖南省	龙山县里耶镇
	永顺县芙蓉镇
	泸溪县浦市镇
	花垣县边城镇
广西壮族自治区	昭平县黄姚镇
	灵川县大圩镇
	阳朔县兴坪镇
	兴安县界首镇
	恭城瑶族自治县恭城镇
	贺州市八步区贺街镇
	鹿寨县中渡镇
重庆市	石柱县西沱镇
	酉阳土家族苗族自治县龙潭镇
贵州省	黄平县旧州镇
	雷山县西江镇
	松桃苗族自治县寨英镇
云南省	禄丰县黑井镇
	剑川县沙溪镇
	孟连县娜允镇
	洱源县凤羽镇
	蒙自市新安所镇
	宾川县州城镇
西藏自治区	乃东县昌珠镇
	日喀则市萨迦镇
甘肃省	临潭县新城镇
青海省	循化撒拉族自治县街子镇
新疆维吾尔自治区	鄯善县鲁克沁镇
	霍城县惠远镇
	富蕴县可可托海镇

■民族自治地方中国历史文化名村

（截至 2014 年）

内蒙古自治区	土默特右旗美岱召镇美岱召村
	包头市石拐区五当召镇五当召村
吉林	图们市月晴镇白龙村
湖北省	恩施市崔家坝镇滚龙坝村
	恩施市宣恩县沙道沟镇两河口村
	宣恩县沙道沟镇两河口村
	宣恩县椒园镇庆阳坝村
	利川市谋道镇鱼木村
湖南省	祁阳县潘市镇龙溪村
	龙山县苗儿滩镇捞车村
	通道侗族自治县坪坦乡坪坦村
	通道侗族自治县双江镇芋头村
	永顺县灵溪镇老司城村
广东省	连南瑶族自治县三排镇南岗古排村
广西壮族自治区	富川瑶族自治县朝东镇秀水村
	灵山县佛子镇大芦村
	南宁市江南区江西镇扬美村
	玉林市玉州区城北街道办事处高山村
	富川瑶族自治县朝东镇福溪村
	灌阳县文市镇月岭村
	灵川县青狮潭镇江头村
	兴安县漠川乡榜上村
	阳朔县白沙镇旧县村
四川省	丹巴县梭坡乡莫洛村
	汶川县雁门乡萝卜寨村
贵州省	锦屏县隆里乡隆里村
	黎平县肇兴乡肇兴寨村
	从江县往洞乡增冲村
	三都县都江镇怎雷村
	雷山县郎德镇上郎德村
	从江县丙妹镇岜沙村
	黎平县茅贡乡地扪村
	榕江县栽麻乡大利村
	务川仡佬族苗族自治县大坪镇龙潭村
云南省	云龙县诺邓镇诺邓村
	石屏县宝秀镇郑营村

续表

云南省	巍山县永建镇东莲花村
	祥云县云南驿镇云南驿村
	弥渡县密祉乡文盛街村
	永平县博南镇曲硐村
西藏自治区	吉隆县吉隆镇帮兴村
	尼木县吞巴乡吞达村
	工布江达县错高乡错高村
甘肃	天水市麦积区麦积镇街亭村
	天水市麦积区新阳镇胡家大庄村
青海省	同仁县年都乎乡郭麻日村
	玉树县仲达乡电达村
	循化撒拉族自治县清水乡大庄村
	玉树县安冲乡拉则村
	班玛县灯塔乡班前村
宁夏回族自治区	中卫市香山乡南长滩村
新疆维吾尔自治区	鄯善县吐峪沟乡麻扎村
	哈密市回城乡阿勒屯村
	哈密市五堡乡博斯坦村
	特克斯县喀拉达拉乡琼库什台村

中国少数民族文学、少数民族题材作品"骏马奖"资料

■历届全国少数民族文学"骏马奖"获奖作品

	第一届	第二届	第三届	第四届	第五届	第六届	第七届	第八届	第九届	第十届
长篇小说	7	4	6	6	8	7	7	5	5	5
中、短篇小说集(中、短篇小说)	29	51	14	28	14	15	17	6	5	5
诗歌集(诗集、长诗、短诗)	59	33	10	25	13	14	10	5	7	5
散文、报告文学集(散文、报告文学)	17	12	5	11	10	12	12	10	8	10
评论集(评论)		6	1	4	4	4	4	5	5	
儿童文学集(儿童文学)	8		3	3	1	4	2			
电影文学	4									
剧　本	5									
翻译奖		8(人)	4(人)	6(人)	3(人)	6(人)	4(人)	1（人）	4（人）	4（人）
新人新作			18	16	10					
特别奖			22			1				
荣誉奖	11	13								
人口较少民族特别奖									5	
合　计	140	127	83	99	63	63	56	32	39	29

■历届全国少数民族题材电视"骏马奖"评奖活动

届数	时间	地点	主办单位	协办单位	承办单位
第一届	1986 年	呼和浩特	国家民委　文化部　中国文联　中国视协		内蒙古自治区广电厅、民委、视协
第二届	1988 年	昆明	国家民委　文化部　中国文联　中国视协		云南省广电厅、民委、视协
第三届	1990 年	乌鲁木齐	国家民委　文化部　中国文联　中国视协		新疆维吾尔自治区广电厅、民委、视协
第四届	1992 年	南宁	国家民委　广电部　文化部　中国文联	中国视协	广西壮族自治区广电厅、民委、视协
第五届	1994 年	成都	国家民委　广电部　文化部　中国文联	中国视协	四川省广电厅、民委、视协
第六届	1996 年	北京	国家民委　广电部　文化部　中国文联	中国视协	国家民委文化宣传司
第七届	1998 年	广州	国家民委　广电部　文化部　中国文联	中国视协	广州市广电局广州电视台、广东省民委
第八届	2000 年	北京	国家民委　广电部　文化部　中国文联	中国视协	北京电视台
第九届	2002 年	济南	国家民委　广电部　文化部　中国文联	中国视协	山东省民委、广电局、文化厅、文联承办、山东电视综艺频道具体承办
第十届	2004 年	呼和浩特	国家民委　广电部　文化部　中国文联	中国视协	内蒙古自治区民委、广电厅、文化厅、文联承办

■历届全国少数民族题材电视“骏马奖”获奖作品

(单位：部)

	第一届	第二届	第三届	第四届	第五届	第六届	第七届	第八届	第九届	总计
北　京			1			3	1	4	6	15
天　津					1	1				2
河　北				2	1		1	2	1	7
山　西	1		1					1		3
吉　林	1	4	5	4	4	4	4	5	5	36
内蒙古	2	3	11	5	10	7	14	14	14	80
辽　宁	1				1	2				4
吉　林	1	4	5	4	4	4	4	5	5	36
黑龙江	1			1	2	2	2	3	5	16
上　海			1	1	1		3	4	1	11
江　苏				1		1			2	4
浙　江		1	1							2
安　徽				1					1	2
福　建					1	1		1	1	4
江　西										
山　东				1	1	2	2	6	17	29
河　南										
湖　北			2	4	1	1	2	3	4	17
湖　南		2	3	3	3	5	3	4	4	27
广　东			1	1	1	2	1	1		7
广　西	1	2	7	17	4	3	2	9	11	56
海　南				1		1		2		4
重　庆										
四　川		1	2	2	15	2	3	2	5	32
贵　州	2	1	1	3			2	3	3	15
云　南	2	5	4	4	3	7	10	14	16	65
西　藏	1	1	4	4	4	4	5	2		25
陕　西	1		1							2
甘　肃	1	1	2	2	6	2		6	2	22
青　海		1	1	4	3	4	9	10	15	47
宁　夏	1	1	1	2	2	2	2	3	1	15
新　疆	1	5	14	20	14	14	19	27	33	147
中央电视台			5	1	3	5	4	17	33	68
中国电视剧制作中心		2			1	1			2	6
中央电视台新影制作中心									4	4
中国广播艺术团								1	2	3
中国农业电影电视中心									2	2
合计	17	34	73	88	86	80	93	149	195	815

■历届全国少数民族题材电影“骏马奖”获奖作品

(单位：部，人)

	第一届(1994 年)	第二届(1998 年)	第三届(2002 年)
故事片一等奖	1	1	1
故事片二等奖	3	1	2
故事片三等奖	6	1	1
故事片评委会特别奖	1		
故事片评委会提名奖(纪念奖)	23		5
儿童片一等奖			
儿童片二等奖			
儿童片三等奖			2
儿童片评委会提名奖			2
纪录片一等奖	1		
纪录片二等奖	2		
纪录片三等奖	3		
优秀纪录片奖			2
美术片一等奖	1		
美术片二等奖	2	1	
美术片三等奖	1	1	
优秀美术片奖			2
科教片一等奖	1		
优秀电视电影奖			2
最佳编剧(优秀编剧)	1(人)	2(人)	4(人)
最佳导演(优秀导演)	2(人)	2(人)	2(人)
最佳摄影(优秀摄影)		1(人)	1(人)
最佳男演员(优秀男演员)	1(人)	1(人)	1(人)
最佳女演员(优秀女演员)	1(人)	1(人)	1(人)
少数民族语优秀译制片奖	36		
少数民族语优秀译制片奖(蒙古语)		3	2
少数民族语优秀译制片奖(藏语)		1	3
少数民族语优秀译制片奖(维吾尔语)		4	2
少数民族语优秀译制片奖(哈萨克语)		1	1
少数民族语优秀译制片奖(彝语)		2	2
少数民族语优秀译制片奖(壮语)		2	6
少数民族语优秀译制片奖(傣语)		1	2
少数民族语优秀译制片奖(侗语)		1	2
少数民族语优秀译制片奖(佤语)			1
少数民族语优秀译制片奖(傈僳语)		1	
少数民族语优秀译制片奖(苗语)		2	
少数民族语译制片综合技术奖(蒙古语)		1	1
少数民族语译制片综合技术奖(藏语)		1	2
少数民族语译制片综合技术奖(维吾尔语)		1	2
少数民族语译制片综合技术奖(哈萨克语)			
少数民族语译制片综合技术奖(彝语)		1	
少数民族语译制片综合技术奖(壮语)		1	
少数民族语译制片综合技术奖(侗语)		1	
少数民族语译制片综合技术奖(鄂温克语)		1	
少数民族语译制片综合技术奖(佤语)		1	
少数民族语译制片综合技术奖(苗语)			1

中国少数民族传统体育运动会资料

■历届全国少数民族传统体育运动会

项目	第一届	第二届	第三届	第四届
时间	1953 年 11 月 8 日—12 日	1982 年 9 月 2 日—8 日	1986 年 8 月 10 日—17 日	1991 年 11 月 10 日—17 日
地点	天津市	呼和浩特市	乌鲁木齐市	南宁市
参加单位	华北、东北、西北、中南、西南、东南等 6 大行政区和内蒙古、解放军、铁路系统共 9 个单位	29 个省、自治区、直辖市代表团	29 个省、自治区、直辖市代表团	30 个省、自治区、直辖市代表团
民族及人数	蒙古、回、藏、维吾尔、哈萨克、苗、满、朝鲜、傣、纳西、塔塔尔等 12 个民族，395 名运动员	55 个少数民族，863 名运动员、教练员，其中：少数民族运动员 593 人；2 个观摩团，400 多人；300 多名中外记者	55 个少数民族，1097 名运动员、教练员，其中：少数民族运动员 777 人；29 个观摩团，872 人；中外记者 580 人；港澳同胞及外国朋友 45 人	55 个少数民族，1740 名运动员。29 个观摩团，有教练员、裁判员、工作人员、少数民族体育先进地区和单位代表、新闻工作者共 4500 人
比赛项目	举重、拳击、石锁、摔跤、击剑和步射(弓箭射准)	射箭邀请赛、中国式摔跤比赛	摔跤、射箭、赛马、叼羊、射弩、抢花炮、秋千	龙舟、抢花炮、秋千、射弩、珍珠球、木球、摔跤、赛马和武术
表演项目	武术(分棒术和器械，共 383 项)、民间体育(分石提、爬杆等 22 项)、骑术(各种马上技巧表演 9 项)	傣族的孔雀拳、蒙古族的赛骆驼、赛马等 68 项	表演项目 115 项	表演项目 120 项

续表

项目	第五届	第六届	
时间	1995 年 11 月 5 日—12 日	1999 年 9 月 24 日—30 日	1999 年 8 月 18 日—23 日
地点	昆明市	北京市(主赛场)	拉萨市(分赛场)
参加单位	31 个省、自治区、直辖市代表团，新疆生产建设兵团、解放军代表团、台湾少数民族代表团	31 个省、自治区、直辖市代表团，新疆生产建设兵团、解放军代表团、台湾少数民族代表团	31 个省、自治区、直辖市代表团、新疆生产建设兵团、解放军代表团
民族及人数	55 个少数民族，2342 名运动员。30 个省、自治区、直辖市组织了观摩团。运动员、教练员、工作人员、观摩人员、少数民族体育模范代表，中外记者及来宾共 7000 人参加了运动会。	55 个少数民族，2626 名运动员。各省、自治区、直辖市组织了观摩团、运动员、教练员、工作人员、观摩人员、少数民族体育模范代表及记者共计 6000 人。	35 个少数民族，764 名运动员。各省、自治区、直辖市组织了 33 个代表团和 40 个观摩团。运动员、教练员、工作人员、观摩人员及记者共计 2386 人。
比赛项目	抢花炮、珍珠球、木球、民族式摔跤(博克、且里西、格、北嘎、绊跤)、秋千、武术、射弩、龙舟、马上项目(速度赛马、走马、跑马、射击、跑马射箭、跑马拣哈达、叼羊)、打陀螺、毽球等共 11 项	抢花炮、珍珠球、毽球、蹴球、木球、秋千、武术、龙舟、民族式摔跤(博克、格、且里西、北嘎、绊跤)、马上项目(速度赛马、走马、跑马、射击、跑马射箭、跑马拾哈达)等 10 个项目	马上项目、射弩、打陀螺、押加等 4 个项目。
表演项目	表演项目 129 项	表演项目 11 项	表演项目 39 项
项目	第九届	第十届	
时间	2011 年 9 月 10 日—18 日	2015 年 8 月 9 日-17 日	
地点	贵阳	鄂尔多斯市	
参加单位	31 个省、自治区、直辖市代表团，新疆生产建设兵团、解放军代表团、台湾少数民族代表团	全国各省、自治区、直辖市及中国人民解放军、新疆生产建设兵团	
民族及人数	55 个少数民族，6771 名运动员。31 个省、自治区、直辖市组织了观摩团。运动员、教练员、工作人员、观摩人员、少数民族体育模范代表，中外记者及来宾近万人参加了运动会。	由 56 个少数民族，运动员、教练员、裁判员及工作人员的总人数预计将达到 9000 人。	
比赛项目	抢花炮、珍珠球、木球、蹴球、毽球、龙舟、独竹漂、秋千、射弩、打陀螺、押加、高脚竞速、板鞋竞速、武术、民族式摔跤(博克、且里西、格、北嘎、绊跤)、马术(速度赛马、走马、跑马射箭、跑马射击、跑马拾哈达)等共 16 项	抢花炮、珍珠球、木球、蹴球、毽球、龙舟、独竹漂、秋千、射弩、陀螺、押加、高脚竞速、板鞋竞速、少数民族武术、民族式摔跤、马术、民族健身操等 17 项	
表演项目	表演项目 188 项。	表演项目 140 项。	

■中国少数民族传统体育运动竞赛项目

项目名称	项目内容	
1．花炮	男子	16 人集体项目
2．珍珠球	男子	14 人集体项目
	女子	14 人集体项目
3．木球	男子	10 人集体项目
4．蹴球	男子	单蹴、双蹴
	女子	单蹴、双蹴
	男女混合	双蹴
5．毽球	男子	6 人集体项目
	女子	6 人集体项目
6．龙舟	男子	直道竞速：250 米、500 米、800 米
	女子	直道竞速：250 米、500 米、800 米
	男女混合	直道竞速：250 米、500 米、800 米
7．秋千	女子	团体赛
		双人触铃、双人高度
		单人触铃、单人高度
8．射弩	男女混合	团体
	男子	全能
		20 米双轮跪姿
		20 米双轮立姿
	女子	全能
		15 米双轮跪姿
		15 米双轮立姿
9．陀螺	男子	3 人团体赛
		个人赛
	女子	3 人团体赛
		个人赛

续表

项目名称	项目内容	
10．押加	男子	55 公斤、60 公斤、70 公斤、80 公斤、80 公斤以上级
11．高脚竞速	男子	200 米竞速、2×200 米接力
	女子	200 米竞速、2×200 米接力
	男女混合	4×100 米混合接力
12．武术	男子、女子拳术	A 组：各种长拳、南拳、太极拳
		B 组：形意拳、八卦拳、八极拳、通臂拳、翻子拳、劈挂拳、地躺拳、象形拳、查拳、华拳、花拳、炮拳、洪拳、红拳、少林拳
		C 组：除 A、B 外的各种拳术套路
	男子、女子器械	A 组：长拳类刀、剑、枪、棍
		B 组：各种双、软器械
		C 组：除 A、B 外的各种单器械
	男子、女子对练	3 人以内各种对练套路(不允许混合)
13．民族式摔跤(男子项目)	博克(蒙式)团体、个人赛	
	且里西(维式)52 公斤、62 公斤、74 公斤、90 公斤、90 公斤以上	
	格(彝式)52 公斤、62 公斤、74 公斤、90 公斤、90 公斤以上	
	北嘎(藏式)52 公斤、62 公斤、74 公斤、90 公斤、90 公斤以上	
	绊跤(回式)52 公斤、62 公斤、74 公斤、90 公斤、90 公斤以上	
14．马术	速度赛马：1000 米、2000 米、3000 米、5000 米、10000 米	
	走马：1000 米、2000 米、5000 米	
	跑马射击	
	跑马射箭	
	跑马拾哈达	
15.独竹漂	男子直道竞速 60 米、100 米	
	女子直道竞速 60 米、100 米	
16.板鞋竞速	男子三人板鞋	
	女子三人板鞋	
	三人板鞋 4×100 米混合接力	
17.民族健身操	由国家民委为第十届全国少数传统体育运动会民族健身操比赛组织创编的规定套路。	

中国民族自治地方世界遗产、国家级自然保护区、风景名胜区和旅游区名单

■民族自治地方世界遗产（截至 2014 年）

	省区	名称	地　址
世界文化遗产	内蒙古自治区	元上都遗址	内蒙古自治区锡林郭勒
	西藏自治区	布达拉宫（大昭寺、罗布林卡）	西藏自治区拉萨市
	云南省	红河哈尼梯田	云南省红河哈尼族彝族自治州元阳县
	新疆维吾尔自治区	丝绸之路中国部分	新疆维吾尔自治区高昌故城、交河故城、克孜尔尕哈峰燧、克孜尔石窟、苏巴什佛寺遗址、北庭故城遗址
世界自然遗产	四川省	九寨沟	四川省阿坝藏族羌族自治州九寨沟县
		黄龙	四川省阿坝藏族羌族自治州松潘县
		四川大熊猫栖息地	四川省阿坝藏族羌族自治州小金县
	云南省	三江并流	云南省迪庆藏族自治州、怒江傈僳族自治州
	云南省、贵州省	中国南方喀斯特	云南省石林彝族自治县、贵州省黔南布依族苗族自治州荔波县
	新疆维吾尔自治区	新疆天山	新疆维吾尔自治区
世界人类口述和非物质遗产	内蒙古自治区	蒙古族长调民歌	内蒙古自治区
		蒙古族呼麦	内蒙古自治区、阿拉泰、哈卡斯
	吉林省、黑龙江省、辽宁省	朝鲜族农乐舞	吉林省、黑龙江省、辽宁省等朝鲜族聚居区
	贵州省、湖北省、广西省、四川省、云南省	贵州侗族大歌	贵州、湖北、广西、湖南等省区
	西藏自治区	藏戏	西藏自治区、青海、甘肃、四川、云南等藏语地区
		《格萨尔》史诗	西藏自治区、青海省、甘肃省、四川省、新疆维吾尔自治区
	甘肃省	甘肃花儿	临夏回族自治州
	青海省	青海热贡艺术	青海省同仁县地区
	新疆维吾尔族自治区	新疆《玛纳斯》	新疆维吾尔自治区
		新疆维吾尔木卡姆艺术	新疆维吾尔自治区

民族自治地方国家级自然保护区名录

(截至 2014 年)

地区	保护区名称	行政区域	面积(公顷)	主要保护对象	类型	建立时间
河北省	红松洼草原	围场县	7300	草原生态系统	草原草甸	1994-8-1
	塞罕坝	围场县	20029.8	森林-草原交错带生态系统	草原草甸	2007-4-6
	滦河上游	围场县	50637.4	滦河上游的自然生态环境、森林生态系统及其生物多样性和珍稀濒危的野生动植物物种	森林和野生动物	2008-1-14
内蒙古自治区	赛罕乌拉	巴林左旗	100400	森林及马鹿等野生动物	森林生态	1997-4-1
	达里诺尔鸟类	克什克腾旗	119413	珍稀鸟类	野生动物	1987-9-8
	白音敖包云杉林	克什克腾旗	13862	沙地云杉林	森林生态	1979-10-4
	黑里河	宁城县	27638	森林生态系统	森林生态	1996-12-31
	大黑山	敖汉旗	86799	天然阔叶林	森林生态	1996-9-1
	汗玛	根河市	107348	森林生态系统	森林生态	1996-11-29
	红花尔基樟子松林	额温克旗	20085	樟子松林	森林生态	1998-5-1
	辉河	鄂温克族自治旗	346848	湿地、珍禽、草原	内陆湿地	1997-12-1
	达赉湖	新巴尔虎右旗	740000	湖泊、湿地、草原生态系统	内陆湿地	1987-1-1
	科尔沁	科尔沁右翼中旗	126987	湿地珍禽、灌丛及疏林草原	野生动物	1986-6-1
	图牧吉	扎赉特旗	94830	草原生态系统及大鸨等珍禽	草原草甸	1996-8-1
	大青沟	科尔沁左翼后旗	8183	针阔混交林	森林生态	1988-5-9
	锡林郭勒草原	锡林浩特市	580000	草甸草原、沙地疏林	草原草甸	1985-8-8
	鄂尔多斯遗鸥	鄂尔多斯市东胜区	14770	遗鸥及其生境	野生动物	1991-1-1
	西鄂尔多斯	鄂托克旗、乌海市	555849	古老残遗濒危植物	野生植物	1986-12-1
	乌拉特梭梭林－蒙古野驴	乌拉特后旗	68000	梭梭林、蒙古野驴及荒漠生态系统	荒漠生态	1985-10-1
	内蒙古贺兰山	阿拉善左旗	67710	水源涵养林、野生动植物	森林生态	1992-10-27
	额济纳胡杨林	额济纳旗	26253	胡杨林	荒漠生态	1968-6-1
	阿鲁科尔沁	阿鲁科尔沁旗	136793	沙地草原、湿地生态系统及珍稀鸟类	森林生态	2005-7-23
	哈腾套海	磴口县	123600	荒漠植被和野生动植物	荒漠生态	2005-7-23
	额尔古纳	额尔古纳市	124527	寒温带针叶林	森林生态	2006-2-11
	鄂托克恐龙遗迹化石	鄂托克旗查布苏木	46410	多种类型的恐龙足迹化石，以及恐龙骨骼化石	地质遗迹	2007-4-6
	大青山	乌兰察布市卓资县、呼和浩特市、包头市	388577	山地森林灌丛珍稀野生动植物及水源涵养地	森林生态	2008-1-14
辽宁省	老秃顶子	桓仁、新宾县	15219	长白植物区系原生型森林及紫杉、人参等珍稀物种	森林生态	1981-9-18
	白石砬子	宽甸县	7467	原生型红松阔叶混交林	森林生态	1981-9-9
	海棠山	阜新蒙古族自治县	11002.7	油松栎类混交的顶极群落及野生动物	森林生态	2007-4-6

续表 1

地区	保护区名称	行政区域	面积(公顷)	主要保护对象	类型	建立时间
吉林省	伊通火山群	伊通自治县	765	火山地质遗迹	地质遗迹	1984-6-27
	鸭绿江上游	长白县	20306	冷水性鱼类	野生动物	1996-10-1
	天佛指山松茸	龙井市	77317	松茸及森林生态系统	野生植物	1996-8-22
	长白山	安图县	196465	森林及野生动物	森林生态	1960-4-1
	珲春东北虎	珲春市	108700	东北虎、豹及其栖息地	野生动物	2005-7-23
	查干湖	吉林省西部前郭、乾安和大安 2 县 1 市	50684	半干旱地区湖泊水生生态系统、湿地生态系统和野生珍稀、濒危鸟类	内陆湿地和水域生态	2007-4-6
	雁鸣湖	敦化	53940	牡丹江上游湿地及黑鹳、东方白鹳、丹顶鹤、中华秋沙鸭等濒危水禽及东北虎迁移的重要生态通道	内陆湿地和水域生态	2007-4-6
湖北省	神农架	房县、兴山、巴东	70467	森林生态系统及珍稀动物金丝猴等	森林生态	1986-7-9
	后河	五峰自治县	10340	原始森林珍稀动植物	森林生态	2000-4-1
	星斗山	利川、咸丰、恩施市	68339	水杉、珙桐及森林植被	野生植物	1988-1-1
	七姊妹山	宣恩县	34550	典型的中亚热带山地常绿阔叶林生态系统、珙桐为主的珍稀濒危植物及群落、大型猫科动物为主的珍稀濒危动物及其栖息环境和亚高山泥炭藓沼泽湿地	野生植物	2008-1-14
湖南省	小溪	永顺县	24800	原始次生林	森林生态	1985-7-16
广西壮族自治区	大明山	武鸣、马山、上林县	16994	季风常绿阔叶林、水源涵养林及自然景观	森林生态	1981-8-1
	花坪	龙胜、临桂县	17400	银杉及典型常绿阔叶林生态系统	野生植物	1961-11-1
	猫儿山	资源、兴安县	17009	典型常绿阔叶林生态系统、水源涵养林	森林生态	1976-5-1
	山口红树林	合浦县	8000	红树林生态系统	海洋海岸	1990-9-30
	岑王老山	田林县、凌云县	18994	南亚热带中山常绿阔叶混交林、垂直带谱森林生态系统和黑颈长尾雉、叉孢苏铁、伯乐树等珍稀濒危物种	森林生态	2007-4-6
	九万山	融水苗族自治县、罗城仫佬族自治县、环江毛南族自治县	25212.8	水源涵养林	森林生态	2007-4-6
广西壮族自治区	合浦儒艮	合浦县	35000	儒艮及海洋生态系统	野生动物	1986-4-27
	北仑河口海洋	防城市防城区	3000	红树林生态系统	海洋海岸	1990-3-4
	防城上岳金花茶	防城市防城区	9195	金花茶及森林生态系统	野生植物	1986-4-5
	十万大山	上思、钦州、防城	58277	水源涵养林	森林生态	1982-6-1
	弄岗	龙州、宁明县	10080	石灰岩季节雨林生态系统、白头叶猴、黑叶猴等	森林生态	1978-1-1

续表 2

地区	保护区名称	行政区域	面积(公顷)	主要保护对象	类型	建立时间
广西壮族自治区	大瑶山	金秀自治县	24907	水源林及瑶山鳄蜥、银杉	森林生态	1982-6-1
	木论	环江自治县	8969	中亚热带石灰岩、常绿阔叶混交林生态系统	森林生态	1991-8-18
	千家洞	灌阳县	12231	亚热带常绿阔叶林	森林生态	2006-2-11
	金钟山黑颈长尾雉	隆林各族自治县、西林县	20924.4	黑颈长尾雉	野生动物	2008-1-14
海南省	尖峰岭	乐东自治县	20170	热带雨林生态系统	森林生态	1976-10-1
	五指山	琼中自治县	13435.9	热带原始林生态系统	森林生态	1985-11-1
	霸王岭	昌江自治县	29980	黑冠长臂猿及生境	野生动物	1980-4-9
	吊罗山	陵水县、保亭县、琼中县	18389	森林生态系统及珍稀动植物	森林生态	2008-1-14
四川省	马边大风顶	马边自治县	30164	大熊猫及森林生态系统	野生动物	1977-5-1
	卧龙	汶川县	200000	大熊猫及森林生态系统	野生动物	1975-1-1
	九寨沟	九寨沟县	64297	大熊猫及森林生态系统	野生动物	1978-1-1
	四姑娘山	小金县	48500	野生动物及高山生态系统	野生动物	1996-11-29
	若尔盖湿地	若尔盖县	166571	高寒沼泽湿地及黑颈鹤等野生动物	内陆湿地	1994-8-18
	贡嘎山	康定、泸定县	400000	珍稀动物及高山生物多样性	森林生态	1997-12-8
	察青松多	白玉县	143682.6	白唇鹿、金钱豹等野生动物	野生动物	1995-1-1
	亚丁	稻城县	134400	森林生态系统、野生动植物、冰川	森林生态	1997-12-16
	美姑大风顶	美姑县	50655	大熊猫及森林生态系统	野生动物	1982-1-1
	长江上游珍稀、特有鱼类国家级自然保护区	33174	33174	珍稀鱼类	野生动物	1987-12-4
	海子山	甘孜藏族自治州稻城县、理塘县	459161	高寒湿地生态系统	内陆湿地	2008-1-14
贵州省	梵净山	江口、印江、松涛	41900			1986-7-9
	麻阳河黑叶猴	沿河自治县	31113	黑叶猴等珍稀动物及生境	野生动物	1987-8-1
	草海	威宁自治县	12000	高原湿地生态系统及黑颈鹤等	内陆湿地	1985-1-1
	雷公山	黔东南自治州	47300	中亚热带森林及秃杉等珍稀植物	森林生态	1982-6-1
	茂兰	荔波县	20000	喀斯特地貌为主的森林生态系统	森林生态	1986-4-9
云南省	哀牢山	新平县	67700	原始森林、黑长臂猿等珍稀动植物	森林生态	1986-3-1
	高黎贡山					
	大围山	屏边自治县	43993	南亚热带常绿阔叶林及珍稀动物	森林生态	1986-6-1
	金平分水岭	金平自治县	42027	热带半山山地苔藓常绿阔叶林以及珍稀动植物	森林生态	1986-6-1

续表 3

地区	保护区名称	行政区域	面积(公顷)	主要保护对象	类型	建立时间
	绿春黄连山	绿春县	65058	亚热带常绿阔叶林生态系统、野生动植物	森林生态	1983-4-1
	文山老君山	文山县	26867	原始阔叶林	森林生态	1958-10-8
	无量山	景东、南涧县	30938	亚热带常绿阔叶林及长臂猿等	森林生态	1988-3-1
	西双版纳	西双版纳自治州	241776	热带森林生态系统及珍稀野生动植物	森林生态	1958-10-9
	纳板河	景洪县	26100	森林和野生动植物	森林生态	1992-7-1
	苍山洱海	大理市	79700	断层湖泊、古代冰川遗迹、弓鱼、苍山冷杉、杜鹃林	内陆湿地	1981-11-5
	白马雪山	德钦县	276432	高山针叶林、滇金丝猴	森林生态	1984-1-1
	南滚河	沧源自治县	50887	亚洲象及其栖息的热带季雨林	野生动物	1980-1-1
西藏自治区	雅鲁藏布江中游黑颈鹤	林周县	614350	黑颈鹤及其越冬生境	野生动物	1993-1-1
	芒康滇金丝猴	芒康县	185300	滇金丝猴及其生态系统	野生动物	1993-1-1
	珠穆朗玛峰	日喀则地区	3381000	高山森林及荒漠生态系统	森林生态	1988-4-5
	色林错	申扎县	2032380	黑颈鹤繁殖地、高原湿地生态系统	野生动物	1993-1-1
	羌塘	双湖、文南、改则等	29800000	藏羚羊、野牦牛等野生动物及高原荒漠生态系统	荒漠生态	1993-4-4
	雅鲁藏布大峡谷	墨脱县	916800	热带山地垂直带植被及珍贵动植物	森林生态	1985-7-9
	察隅慈巴沟	察隅县	101400	羚羊、山地亚热带森林生态系统	森林生态	1985-1-1
	拉鲁湿地	拉萨市	1220	高寒湿地生态系统	内陆湿地	2005-7-23
	类乌齐马鹿	类乌齐县	120614	马鹿、白唇鹿等野生动物及其生境、自然植被	野生动物	2005-7-23
甘肃省	莲花山	卓尼、康乐县	11691	森林生态系统	森林生态	1982-12-1
	尕海－则岔	碌曲县	247431	候鸟等野生动物、森林生态、石林等	野生动物	1995-10-1
	盐池湾	肃北蒙古族自治县	1360000	白唇鹿及过渡带生态系统	荒漠生态	2006-2-11
	安南坝野骆驼	阿克塞哈萨克族自治县	396000	野骆驼及其荒漠生态系统	野生动物	2006-2-11
青海省	孟达	循化自治县	17290	森林生态系统及珍稀生物物种	森林生态	1980-4-1
	青海湖	刚察县	495200	斑头雁、棕头鸥等水禽及生态系统	野生动物	1975-8-8
	可可西里	玉树自治州	4500000	藏羚羊、野驴、野牦牛等有蹄类动物及生态系统	野生动物	1995-10-8
	隆宝	玉树县	10000	黑颈鹤、天鹅等水禽及草甸生态系统	野生动物	1986-8-9
	三江源	玉树县	15230000	珍稀动物、湿地、森林、高寒草甸、冰川等生态系统	内陆湿地	2000-5-1
宁夏回族自治区	贺兰山	银川市	206266	森林生态系统、野生动植物资源	森林生态	1982-7-1
	沙坡头	中卫县	13722	自然沙生植被及人工植被、野生动物	荒漠生态	1984-9-1

续表 4

地区	保护区名称	行政区域	面积(公顷)	主要保护对象	类型	建立时间
宁夏回族自治区	罗山	同心县	33710	水源涵养林	森林生态	1982-7-1
	白芨滩	灵武市	74843	天然柠条母树林及沙生植被	荒漠生态	1985-1-4
	六盘山	固原县	26667	野生动物及水源涵养林	森林生态	1982-5-9
	哈巴湖	盐池县	84000	过渡区荒漠-湿地生态系统	内陆湿地	2006-2-11
新疆维吾尔自治区	阿尔金山	若羌县	4500000	三大有蹄类野生动物	荒漠生态	1983-1-1
	罗布泊野骆驼	若羌县	7800000	野骆驼及其生境	野生动物	1986-1-1
	巴音布鲁克	和静县	100000	天鹅等珍稀水禽、沼泽	野生动物	1980-5-9
	托木尔峰	温宿县	237600	野生动植物	森林生态	1980-1-1
	西天山	巩留县	31217	雪岭云杉林森林生态系统	森林生态	1983-1-2
	甘家湖梭梭林	乌苏县	54667	梭梭林及生境	荒漠生态	1983-10-1
	哈纳斯	布尔津、哈巴河县	220162	西伯利亚动植物区系及自然景观	森林生态	1980-5-1
	塔里木胡杨	尉犁县、轮台县	395420	胡杨林及其荒漠生态系统	森林生态	2006-2-11
	艾比湖湿地	博乐市、精河县	267085	湿地及珍稀野生动植物	内陆湿地	2007-4-6

■民族自治地方国家 AAAAA 级旅游区（点）名单

（截至 2014 年）

地 区	数量（个）	名 称
内蒙古自治区	2	鄂尔多斯达拉特旗响沙湾旅游景区
		鄂尔多斯伊金霍洛旗成吉思汗陵旅游区
湖北省	2	宜昌长阳县清江画廊景区
		恩施州巴东神农溪纤夫文化旅游区
广西	4	桂林市漓江景区
		桂林市乐满地度假世界
		桂林独秀峰·靖江王城景区
		南宁市青秀山旅游区
海南省	2	保亭县呀诺达雨林文化旅游区
		陵水县分界洲岛旅游区
重庆	1	酉阳桃花源景区
四川	4	绵阳北川羌城旅游区
		阿坝藏族羌族自治州九寨沟旅游景区
		阿坝藏族羌族自治州松潘县黄龙风景名胜区
		阿坝藏族羌族自治州汶川特别旅游区

续表

云南	2	迪庆藏族自治州香格里拉普达措国家公园
		中国科学院西双版纳热带植物园
西藏自治区	2	拉萨布达拉宫景区
		拉萨大昭寺景区
宁夏	3	石嘴山市沙湖旅游景区
		中卫市沙坡头旅游景区
		银川镇北堡西部影视城
新疆	8	新疆天山天池风景名胜区
		吐鲁番市葡萄沟风景区
		阿勒泰地区喀纳斯景区
		喀什地区泽普县金湖杨景区
		伊犁地区新源县那拉提旅游风景区
		阿勒泰地区富蕴县可可托海景区
		乌鲁木齐天山大峡谷
		巴音郭楞蒙古自治州博湖县博斯腾湖景区

■民族自治地方国家AAAA级旅游区（点）名单

（截至2014年）

地　区	数量（个）	名　　称
河北省	3	承德塞罕坝国家森林公园
		承德御道口草原森林风景区
		丰宁京北第一草原
内蒙古自治区	28	内蒙古格根塔拉草原旅游中心
		成吉思汗陵旅游区
		满洲里中俄互市贸易旅游区
		包头五当召
		阿拉善盟贺兰山南寺生态旅游区
		鄂尔多斯响沙湾旅游区
		阿尔山海神圣泉旅游度假区
		通辽大青沟国家级自然保护区

续表 1

地　区	数量（个）	名　　称
内蒙古自治区	28	赤峰市喀喇沁亲王府
		赤峰市克什克腾世界地质公园阿斯哈图花岗岩石林园区
		阿拉善盟腾格里达来·月亮湖沙漠生态探险度假营地
		巴彦淖尔市维信国际高尔夫度假村
		鄂尔多斯市鄂尔多斯文化旅游村
		鄂尔多斯市恩格贝生态旅游区
		呼伦贝尔市扎兰屯吊桥公园
		包头市北方兵器城
		鄂尔多斯市成吉思汗陵旅游区
		满洲里俄罗斯套娃广场
		呼伦贝尔市陈巴尔虎旗呼和诺尔旅游景区
		包头市南海湿地景区
		鄂尔多斯市库布齐沙漠公园七星湖景区
		锡林郭勒盟锡林浩特市贝子庙景区
		锡林郭勒盟西乌旗蒙古汗城
		呼伦贝尔市内蒙古世界反法西斯战争海拉尔纪念园
		呼和浩特市昭君博物馆
		呼和浩特市蒙牛工业旅游景区
		阿尔山市柴河旅游景区
		满洲里市红色国际秘密交通线教育基地暨国门景区
辽宁省	10	本溪关门山国家森林公园
		阜新海棠山风景名胜区
		抚顺赫图阿拉城
		桓仁五女山风景区
		新宾猴石国家森林公园
		宽甸天华山风景名胜区
		宽甸天桥沟国家级森林公园
		本溪大雅河漂流景区
		本溪关门山风景区
		清原红河峡谷漂流区

续表 2

地　区	数量（个）	名　　称
吉林省	1	长白山国家级自然保护区
湖北省	3	恩施咸丰唐崖河景区
		恩施建始野三河旅游区
		恩施利川佛宝山大峡谷漂流景区
湖南省	5	湘西州吉首市乾州古城景区
		湘西州凤凰奇梁洞景区
		湘西州芙蓉镇景区
		湘西州猛洞河漂流景区
		湘西州凤凰古城景区
		恩施州恩施土司城景区
广西壮族自治区	46	七星景区
		芦笛景区
		北海银滩旅游区
		南宁青秀山风景旅游区
		象山景区（原象山公园、滨江公园）
		桂林世外桃源旅游区
		北海海底世界
		柳州龙潭景区
		柳侯公园
		柳州立鱼峰风景区
		桂林冠岩景区
		玉林容县"三名"旅游景区
		桂平西山风景名胜区
		桂林市荔浦银子岩风景旅游度假区
		南宁嘉和城景区
		百色乐业大石围天坑群景区
		百色起义纪念馆
		靖西县古龙山峡谷群生态旅游景区
		钦州八寨沟旅游景区
		梧州市骑楼城-龙母庙景区

续表 3

地　区	数量（个）	名　　称
广西壮族自治区	46	兴业鹿峰山风景区
		大新德天跨国瀑布景区
		桂林愚自乐园艺术园
		桂林市两江四湖景区
		南宁九曲湾温泉景区
		北海海洋之窗
		钦州三娘湾旅游区
		钦州刘冯故居景区
		贺州姑婆山旅游区
		靖西通灵大峡谷景区
		桂林古东瀑布景区
		桂林靖江王城景区
		兴安灵渠景区
		桂林市穿山景区
		桂林市荔浦丰鱼岩田园旅游度假区
		桂林市龙胜温泉旅游度假区
		南宁市八桂田园景区
		南宁市动物园
		南宁市广西药用植物园
		柳州市三江程阳侗族八寨景区
		桂林市尧山景区
		桂林市荔浦荔江湾景区
		梧州市藤县石表山休闲旅游景区
		百色市大王岭景区
		玉林市陆川谢鲁温泉休闲景区
		贺州市昭平黄姚古镇风景名胜区
海南省	1	陵水南湾猴岛生态景区
重庆市	1	酉阳县龚滩古镇
四川省	7	阿坝州汶川大禹农庄
		阿坝州汶川大禹祭坛

续表 4

地　区	数量（个）	名　　称
四川省	7	阿坝州小金四姑娘山
		凉山州邛海泸山国家级风景名胜区
		凉山州冕宁县灵山旅游景区
		凉山州螺髻山旅游景区
		凉山州泸沽湖旅游景区
贵州省	3	黔南州荔波樟江风景名胜区
		黔南州平塘掌布“藏子石”景区
		黔西南州万峰林景区
云南省	22	中科院西双版纳热带植物园
		西双版纳傣族园
		西双版纳原始森林公园
		大理南诏风情岛
		泸西阿庐古洞景区
		大理崇圣寺三塔
		建水燕子洞风景名胜区
		大理宾川鸡足山景区
		德宏南甸宣抚司署
		西双版纳野象谷景区
		西双版纳热带花卉园
		德宏州潞西市勐巴娜西珍奇园
		德宏州瑞丽市莫里热带雨林景区
		迪庆州梅里雪山景区
		迪庆州普达措国家公园
		楚雄州禄丰世界恐龙谷
		楚雄州彝人古镇
		楚雄州元谋土林
		红河州建水文庙
		文山州丘北普者黑景区
		西双版纳州景洪曼听公园
		西双版纳州勐泐文化园

续表 5

地　区	数量（个）	名　　称
西藏自治区	9	西藏博物馆
		西藏布达拉宫
		西藏大昭寺
		西藏罗布林卡
		林芝雅鲁藏布大峡谷旅游景区
		林芝鲁朗风景区
		日喀则扎什伦布寺
		日喀则地区珠穆朗玛峰国家级自然保护区
		山南地区桑耶寺
甘肃省	6	肃南马蹄寺风景名胜区
		松鸣岩风景名胜区
		冶力关风景区
		拉卜楞寺
		卓尼县大峪沟景区
		黄河三峡风景名胜区
青海省	7	格尔木昆仑旅游区
		互助土族故土园旅游区
		塔尔寺旅游区
		青海湖景区
		循化撒拉族绿色家园
		青海藏医药文化博物馆
		青海金银滩景区
宁夏回族自治区	13	黄沙古渡生态旅游区
		宁夏贺兰山苏峪口国家森林公园
		西夏陵
		贺兰山岩画
		水洞沟
		中华回乡文化园
		宁夏科技馆
		六盘山国家森林公园
		鸣翠湖国家湿地公园
		滚钟口
		黄河大峡谷·中华黄河坛旅游区
		固原博物馆
		须弥山石窟风景名胜区

续表 6

地　区	数量（个）	名　　称
新疆维吾尔族自治区	15	布尔津县喀纳斯风景名胜区
		乌鲁木齐市红山公园景区
		新疆民街民俗博物馆
		新疆那拉提旅游风景区
		乌鲁木齐市水磨沟风景区
		新疆生产建设兵团军垦博物馆
		中国彩棉科技园
		艾提尕民俗文化旅游风景区
		察布查尔县锡伯民俗风情园
		库车王府
		龟兹绿洲生态园
		和硕县金沙滩旅游景区
		乌鲁木齐市新疆维吾尔自治区博物馆
		吐鲁番地区库木塔格沙漠风景区
		昌吉回族自治州杜氏旅游景区
新疆生产建设兵团	2	乌鲁木齐西山老君庙
		农五师怪石峪风景区

■民族自治地方国家 AAA 级旅游区（点）名单

（截至 2014 年）

地　区	数量（个）	名　　称
河北省	3	丰宁白云古洞景区
		桃林口水库
		祖山风景区
内蒙古自治区	29	包头新世纪青年生态园
		希拉穆仁草原旅游中心
		鄂尔多斯世珍园
		鄂尔多斯恩格贝旅游区
		内蒙古敕勒川哈素海旅游区
		阿拉善盟通湖草原旅游区
		乌兰察布市辉腾锡勒草原明珠接待中心
		锡林郭勒盟赛汗塔拉旅游娱乐园
		锡林郭勒盟西乌旗蒙古汗城旅游区
		兴安盟成吉思汗庙景区
		兴安盟科右前旗万豪蒙古大营
		鄂尔多斯市七星湖沙漠生态旅游区
		鄂尔多斯草原旅游区
		鄂尔多斯市九成功生态园

续表 1

地　区	数量（个）	名　　称
内蒙古自治区	29	鄂尔多斯市巴图湾旅游区
		呼伦贝尔市莫尔道嘎国家森林公园
		呼伦贝尔市红花尔基森林公园
		呼伦贝尔市中国达斡尔民族园
		呼伦贝尔市呼和诺尔草原旅游度假区
		呼伦贝尔市海拉尔国家森林公园
		呼伦贝尔市扎兰屯秀水山庄
		呼伦贝尔市布苏里度假山庄
		赤峰市曼坨山庄
		包头市石门风景区
		包头市美岱召文物旅游点
		包头市梅力更风景旅游区
		呼和浩特市乌兰夫纪念馆
		呼和浩特市乌素图森林旅游开发区
		呼和浩特市大召寺
辽宁省	3	本溪桓仁县望天洞
		本溪观音阁水库景区
		宽甸黄椅山森林公园
吉林省	6	长白县长白朝鲜族民俗村
		伊通满族自治县南山风景区
		长白朝鲜族自治县望天鹅旅游风景区
		和龙仙境台风景区
		汪清县满天星国家森林公园
		安图县长白山和平滑雪场
湖北省	2	恩施州龙麟宫景区
		恩施市梭布垭风景区
湖南省	5	麻阳滕代远纪念馆
		邵阳城步南山牧场景区
		怀化通道龙底生态漂流景区
		湘西花垣边城
		皇都侗文化村
广西壮族自治区	36	南宁良凤江国家森林公园
		南宁武鸣伊岭岩风景区
		桂林阳朔文化古迹山水园
		桂林丰鱼岩旅游度假区
		桂林漓江民俗风情园

续表 2

地　区	数量（个）	名　　称
广西壮族自治区	36	桂林银子岩旅游度假区
		桂林尧山景区
		桂林龙胜温泉旅游度假区
		柳州都乐岩风景区
		桂林资江景区
		桂林刘三姐景观园
		阳朔聚龙潭度假公园
		百色澄碧湖风景区
		南宁乡村大世界
		柳州花果山生态景区
		阳朔图腾古道景区
		临桂十二滩漂流景区
		桂林会仙岩景区
		钦州龙门群岛海上生态公园
		桂平龙潭国家森林公园
		南丹温泉公园
		宜州金浪湾景区
		宜州会仙山景区
		隆安龙虎山风景区
		横县九龙瀑布群景区
		昆仑关旅游风景区
		宾阳蔡氏书香古宅群景区
		融水贝江景区
		阳朔鉴山寺景区
		阳朔九马画山景区
		桂林雁山园景区
		荔浦天河瀑布景区
		东兴陈公馆景区
		平桂十八水景区
		田东十里莲塘景区
		武宣百崖大峡谷景区
云南省	11	大理蝴蝶泉公园
		武定狮子山景区
		腾冲火山国家公园
		红河州建水朱家花园景区
		西双版纳州勐景来旅游景区

续表 3

地　区	数量（个）	名　　称
云南省	11	迪庆州霞给藏族文化村旅游景区
		丽江东巴谷生态民族村
		楚雄州博物馆
		楚雄黑井古镇
		西双版纳勐泐文化园
		迪庆州香格里拉硕都湖旅游景区
西藏自治区	1	拉萨市娘热度假村
甘肃省	2	肃南马蹄寺风光旅游区
		临夏枹罕山庄
青海省	11	大通老爷山风景名胜区
		贵德黄河奇石苑
		龙羊峡旅游景区
		青海茶卡盐湖旅游景区
		可鲁克湖——托素湖高原生态旅游景区
		玛多黄河源旅游区
		玉树新寨嘉那嘛呢景区
		勒巴沟——文成公主庙景区
		玉树当卡寺旅游景区
		玉树结古寺旅游景区
		玉树称多拉布民俗村
宁夏回族自治区	3	宁夏平罗玉皇阁景区
		宁夏青铜峡旅游区
		宁夏中卫高庙保安寺
新疆维吾尔自治区	31	哈密地区天山风景名胜区
		巴州和硕县金沙滩旅游度假区
		巴州博湖县阿洪口旅游风景区
		阿勒泰地区福海海滨旅游区
		乌鲁木齐水磨沟生态旅游区
		新疆阿勒泰市桦林公园
		昌吉黑马科技园
		阜康市恒泰齐鲁山庄
		吐鲁番坎儿井游乐园
		哈密亚尔丹风景旅游区
		沙湾县温泉旅游区
		喀什地区泽普县金湖杨国家森林公园区
		喀什市艾提噶尔民俗文化旅游区

续表 4

地　区	数量（个）	名　　称
新疆维吾尔族自治区	31	喀什市西山民族风情园
		伊犁州伊宁市城市海景
		巩留县库尔德宁生态旅游区
		察布查尔锡伯自治县锡伯民俗风情园
		阿勒泰五指泉景区
		富蕴县可可托海景区
		裕民县塔斯特风景旅游区
		乌鲁木齐市植物园
		乌鲁木齐雅马里克山旅游风景区
		鄯善县吐峪沟景区
		吐鲁番火焰山景区
		吐鲁番沙漠生态旅游风景区
		吐鲁番大漠土艺馆
		巴州莲花湖风景旅游区
		巴州相思湖旅游度假区
		乌鲁木齐东白杨沟风景区
		青格达湖旅游风景区
		一万泉旅游度假村

■民族自治地方国家 AA 级旅游区（点）名单

（截至 2014 年）

地　区	数量（个）	名　　称
河北省	4	承德宽城县塞外"潘龙湖"景区
		承德九龙松景区
		承德市丰宁千松坝森林公园
		承德市云雾山省级森林公园
内蒙古	41	赤峰市布日敦沙漠旅游区
		鄂尔多斯市绿洲宾馆旅游区
		呼伦贝尔盟巴彦呼硕草原旅游区
		呼伦贝尔盟侵华日军海拉尔要塞遗址
		呼伦贝尔盟牙克石凤凰山庄
		呼伦贝尔盟满洲里市达赉湖旅游区
		兴安蒙古包旅游村
		兴安盟阿尔山国家森林公园
		锡林郭勒盟锡日塔拉草原旅游度假村
		锡林郭勒盟葛根敖包草原旅游度假村

续表 1

地　区	数量（个）	名　　称
内蒙古	41	锡林郭勒盟多伦县南沙梁旅游区
		锡林郭勒盟多伦县滦源殿旅游度假村
		乌兰察布盟辉腾锡勒铁骑旅游中心
		乌兰察布盟辉腾锡勒外事旅游中心
		巴彦淖尔市镜湖生态旅游区
		乌兰察布市铁骑草原旅游中心
		乌兰察布市辉腾锡勒草原旅游中心
		乌兰察布市岱海自然生态旅游度假区
		乌兰察布市阿贵庙旅游点
		乌兰察布市集宁老虎山公园
		兴安盟科右中旗翰嘎利湖生态景区
		兴安盟科右中旗蒙格罕山生态旅游景区
		鄂尔多斯市陶亥召
		鄂尔多斯市柒开淖旅游区
		鄂尔多斯市昭君城旅游区
		呼伦贝尔市牙克石凤凰山滑雪场
		呼伦贝尔市鹿鸣山庄
		呼伦贝尔市绰源国家森林公园
		呼伦贝尔市扎兰屯吊桥公园
		呼伦贝尔市陈巴尔虎旗金帐汗蒙古部落
		呼伦贝尔市鄂伦春博物馆
		呼伦贝尔市嘎仙洞景区
		赤峰市达里湖旅游区
		赤峰市赤峰市植物园
		赤峰市巴林左旗召庙
		赤峰市翁牛特旗红山湖
		赤峰市红山区红山公园
		包头市庙法寺
		通辽市珠日河草原旅游区
		通辽市霍林郭勒市静湖度假村
		通辽市霍林郭勒市怪山风景旅游区
辽宁省	10	本溪铁刹山风景区
		鞍山岫岩药山风景区
		岫岩龙潭湾风景区

续表 2

地　区	数量（个）	名　　称
辽宁省	10	抚顺夏湖军旅生活旅游度假区
		阜新瑞应寺风景区
		阜新关山风景区
		本溪天龙洞风景区
		朝阳喀左天成观
		阜新三塔沟自然生态旅游区
		阜新乌兰木图山风景区
吉林省	10	长白石林风景区
		长白塔山公园
		敦化六项山风景区
		珲春防川风景区
		安图县红旗朝鲜族民俗村
		安图县福满生态沟
		安图县长白山文化博览城
		安图县长白山峡谷浮石林景区
		伊通县满族民俗馆
		伊通满族自治县大孤山旅游风景区
黑龙江省	3	大庆市杜尔伯特蒙古族自治县寿山民俗休闲度假村
		连环湖狩猎场
		大庆市杜尔伯特蒙古族自治县草原赛马场
浙江省	2	景宁县草鱼塘森林公园
		景宁“畲乡之窗”旅游区
湖北省	9	来凤龙嘴峡景区
		鹤峰湘鄂边苏区鹤峰革命烈士陵园
		利川市朝阳洞景区
		利川市福宝山生态综合开发区
		利川大水井古建筑群
		利川玉龙洞景区
		恩施州枫香坡侗族风情寨
		建始县朝阳观旅游区
		巴东县无源洞景区
湖南省	2	通道独岩公园
		靖州苗族侗族自治县文峰塔景区
广西壮族自治区	5	防城港十万大山国家森林公园

续表 3

地　区	数量（个）	名　　称
广西壮族自治区	5	宜州市白龙公园
		宜州市刘三姐故居
		宜州市古龙河漂流景区
		防城港火山岛景区
重庆市	3	酉阳龚滩古镇
		石柱县毕兹卡绿宫
		重庆市酉阳县赵世炎烈士故居
贵州省	3	黔南州都匀西山公园
		黔南州东山公园
		黔西南州贵州奇香园旅游区
云南省	45	楚雄太阳历公园
		紫溪山风景区
		永仁方山景区
		大理市洱海公园
		大理天镜阁景区
		上关花——天龙洞景区
		剑川满贤林景区
		鹤庆县新华民族村
		弥度县东山森林公园
		漾鼻石门关景区
		丽江文笔山景区
		玉柱擎天景点
		丽江东巴王国文化旅游景点
		丽江东巴万神园
		依拉草原旅游景区
		迪庆州博物馆
		藏经堂旅游景区
		迪庆州民族服饰旅游展演中心
		中甸纳帕海景区
		中甸天生桥温泉景区
		砚山浴仙湖景区
		富宁驮娘江景区
		弥勒白龙洞景区
		石屏焕文公园

续表 4

地区	数量（个）	名称
云南省	45	开远市南洞名胜风景保护区
		大槟榔园民族文化生态旅游村
		新化古州野林
		高香生态茶文化旅游区
		新平哀牢山陇西世族庄园
		元江世界第一高桥旅游风景区
		澜沧拉祜风情旅游区
		西盟佤族生态旅游区
		孟连土司边境旅游区
		普洱茶马古道源旅游区
		景谷佛迹仙踪、芒玉峡谷康体旅游区
		墨江北回归线标志园
		西双版纳州民族风情园
		西双版纳猴山景区
		西双版纳雨林谷
		德宏民族风情浏览区
		瑞丽独树成林景点
		瑞丽旅游淘宝场
		临沧茶文化风景园
		临沧五老山国家森林公园
		沧源崖画景区
西藏自治区	2	西藏昌都地区然乌湖
		西藏昌都地区查杰玛大殿
甘肃省	6	临夏市人民公园
		临夏市东郊公园
		夏河桑科草原
		甘南州合作市当州草原风景区
		甘南州安多合作米拉日巴佛阁
		甘南州玛曲天下黄河第一弯旅游风景区
青海省	1	民和桃花园林
宁夏回族自治区	8	银川金水园
		银川海宝塔寺
		银川贺兰山滚中口
		宁夏华夏珍奇艺术城

续表 5

地　区	数量（个）	名　称
宁夏回族自治区	8	宁夏青铜峡旅游区
		固原须弥山石窟
		宁夏兵沟旅游区
		宁夏大武口北武当生态旅游区
新疆维吾尔自治区	45	哈密天宝康乐中心
		石河子市北湖旅游风景区
		石河子市周恩来总理纪念碑馆
		石河子市高新农业技术示范园区
		博州博格达温泉度假村
		伊犁州阿克塔斯避暑山庄
		伊犁州尼勒克次森林度假村
		阿克苏天山神木园
		阿克苏天山神秘大峡谷
		克州喀拉库勒湖
		喀什阿帕尔霍加墓
		乌鲁木齐市水上乐园
		乌鲁木齐市植物园
		乌鲁木齐市银都度假村
		昌吉市人民公园
		石河子市屯垦第一连
		石河子市巴音山庄
		哈密天山之夏狩猎场
		巴里坤县怪石山旅游度假村
		喀什盘橐城
		克拉玛依市展览馆
		克拉玛依市阳光水世界
		克拉玛依市大漠高尔夫球场
		克拉玛依市白杨河大峡谷
		阿勒泰大小东沟景区
		米泉市天地园农庄
		乌鲁木齐市盐湖生态旅游区
		疏附县大众旅游度假村
		喀什市玉素甫·哈斯·哈吉甫墓
		伊宁市伊犁河民族文化旅游村

续表 6

地　区	数量（个）	名　　称
新疆维吾尔自治区	45	察布查尔锡伯自治县清水湖生态旅游度假村
		阿勒泰市塘巴湖水上乐园
		阿勒泰市齐背岭旅游区
		阿勒泰地区文物博物馆
		阿勒泰市金山葡萄风景区
		阿勒泰市驼峰景区
		中科院生地所标本馆
		乌鲁木齐天牧玫瑰园
		乌鲁木齐板房沟科技示范基地
		乌鲁木齐燕尔窝风景区
		巴州金海湾疗养培训中心
		阿克苏塔里木祥龙湖风景区
		巴州罗布人村寨
		沙湾县三道河子林场森林公园
		怪石峪旅游风景区

■民族自治地方国家 A 级旅游区（点）名单

（截至 2014 年）

地　区	数量（个）	名　　称
内蒙古自治区	6	包头市美岱召文物旅游点
		赤峰市勃隆克沙漠旅游区
		鄂尔多斯市转龙湾旅游度假村
		锡林郭勒盟苏尼特右旗社保局旅游点
		赤峰市巴林右旗巴林蒙古部落
		包头市西河水库旅游度假村
辽宁省	3	鞍山岫岩清凉山风景区
		鞍山岫岩罗圈背风景区
		抚顺红河谷风景旅游度假区
吉林省	1	松原市孝庄祖陵旅游区
云南省	7	牟定化佛山景区
		文山西华公园
		思茅小黑江森林公园
		勐海景真八角亭景点

续表

地　区	数量（个）	名　　称
云南省	7	勐海打洛独树成林景点
		盈江凯棒亚湖景区
		临沧西门公园
西藏自治区	1	西藏拉萨市热堆寺卓玛拉康
甘肃省	1	肃北县人民公园
宁夏回族自治区	1	泾源胭脂峡
新疆维吾尔自治区	22	塔城市垂钓公园
		昌吉州杜氏旅游度假村
		博州怪石沟
		博州青格里度假村
		昌吉州玛纳斯县北公园
		昌吉州清水泉旅游度假村
		沙湾县森林公园
		巴里坤县古民宅
		布尔津县阳光沙滩
		昌吉市绿野山庄
		呼图壁县公园
		乌鲁木齐市六十户乡生态渔村
		塔城地区沙湾县东大塘旅游区
		阿勒泰市额河奇石古城
		青河县白桦公园
		青河县天林度假村
		阿勒泰地区矿产陈列馆
		乌鲁木齐卧龙岗庄园
		温宿县稻香园度假村
		沙雅县园中园休闲度假村
		阿克苏市多浪公园
		乌鲁木齐市雷鸣山庄

■民族自治地方国家级风景名胜区名单

（截至 2014 年）

地　区	数量（个）	风景名胜区名单
内蒙古自治区	3	扎兰屯风景名胜区
		赤峰市巴林右旗巴林蒙古部落
		包头市西河水库旅游度假村
辽宁省	2	鸭绿江风景名胜区
		本溪水洞风景名胜区

续表 1

地　区	数量（个）	风景名胜区名单
吉林省	2	仙景台风景名胜区
		防川风景名胜区
湖南省	4	猛洞河风景名胜区
		德夯风景名胜区
		万佛山—侗寨风景名胜区
		湖南省凤凰风景名胜区
广西壮族自治区	3	桂林漓江风景名胜区
		桂平西山风景名胜区
		花山风景名胜区
四川省	4	黄龙寺—九寨沟风景名胜区
		贡嘎山风景名胜区
		四姑娘山风景名胜区
		邛海－螺髻山风景名胜区
贵州省	11	黄果树风景名胜区
		潕阳河风景名胜区
		荔波樟江风景名胜区
		马岭河峡谷风景名胜区
		都匀斗篷山—剑江风景名胜区
		黎平侗乡风景名胜区
		紫云格凸河穿洞风景名胜区
		平塘风景名胜区
		榕江苗山侗水风景名胜区
		沿河乌江山峡风景名胜区
		瓮安江界河风景名胜区
云南省	9	路南石林风景名胜区
		西双版纳风景名胜区
		大理风景名胜区
		三江并流风景名胜区
		丽江玉龙雪山风景名胜区
		瑞丽江—大盈江风景名胜区
		省建水风景名胜区
		普者黑风景名胜区
		阿庐风景名胜区

续表 2

地　区	数量（个）	风景名胜区名单
西藏自治区	5	雅砻河风景名胜区
		拉萨市热堆寺卓玛拉康
		纳木措－念青唐古拉山风景名胜区
		唐古拉山－怒江源风景名胜区
		西藏自治区土林－古格风景名胜区
青海省	1	青海湖风景名胜区
宁夏回族自治区	2	西夏王陵风景名胜区
		宁夏回族自治区须弥山石窟风景名胜区
新疆维吾尔自治区	19	天山天池风景名胜区
		库木塔格沙漠风景名胜区
		博斯腾湖风景名胜区
		赛里木湖风景名胜区
		布尔津县阳光沙滩
		昌吉市绿野山庄
		呼图壁县公园
		乌鲁木齐市六十户乡生态渔村
		塔城地区沙湾县东大塘旅游区
		阿勒泰市额河奇石古城
		青河县白桦公园
		青河县天林度假村
		阿勒泰地区矿产陈列馆
		乌鲁木齐卧龙岗庄园
		温宿县稻香园度假村
		沙雅县园中园休闲度假村
		阿克苏市多浪公园
		乌鲁木齐市雷鸣山庄
		罗布人村寨风景名胜区

中国民族自治区、自治州、自治县（旗）、民族乡镇、市辖民族区名单

■中国民族自治区、自治州、自治县一览表

民族自治地方	建立时间	首府驻地	面积(万平方公里)
自治区			
内蒙古自治区	1947.5.1	呼和浩特市	118.3000
广西壮族自治区	1958.3.15	南宁市	23.6660
西藏自治区	1965.9.1	拉萨市	122.8400
宁夏回族自治区	1958.10.25	银川市	6.6400
新疆维吾尔自治区	1955.10.1	乌鲁木齐市	166.0400
自治州			
吉林省			
延边朝鲜族自治州	1952.9.3	延吉市	4.3559
湖北省			
恩施土家族苗族自治州	1983.12.1	恩施市	2.3902
湖南省			
湘西土家族苗族自治州	1957.9.20	吉首市	1.5461
四川省			
甘孜藏族自治州	1950.11.24	康定县城关镇	15.1078
凉山彝族自治州	1952.10.1	西昌市	6.0111
阿坝藏族羌族自治州	1953.1.1	马尔康镇	8.3201
贵州省			
黔东南苗族侗族自治州	1956.7.23	凯里市	3.0339
黔南布依族苗族自治州	1956.8.8	都匀市	2.6207
黔西南布依族苗族自治州	1982.5.1	兴义市	1.6804
云南省			
西双版纳傣族自治州	1953.1.24	允景洪镇	1.9700
德宏傣族景颇族自治州	1953.7.24	芒市镇	1.1526
怒江傈僳族自治州	1954.8.23	鲁掌镇	1.4703
大理白族自治州	1956.11.22	大理市	2.9460
迪庆藏族自治州	1957.9.13	中心镇	2.3870
红河哈尼族彝族自治州	1957.11.18	蒙自市	3.2929

续表 1

民族自治地方	建立时间	首府驻地	面积(万平方公里)
文山壮族苗族自治州	1958.4.1	开化镇	3.2239
楚雄彝族自治州	1958.4.15	楚雄市	2.9256
甘肃省			
甘南藏族自治州	1953.10.1	合作镇	4.0898
临夏回族自治州	1956.11.19	临夏市	0.8166
青海省			
玉树藏族自治州	1951.12.25	结古镇	18.8794
海南藏族自治州	1953.12.6	恰卜恰镇	4.5895
黄南藏族自治州	1953.12.22	隆务镇	1.7921
海北藏族自治州	1953.12.31	浩门镇	3.9354
果洛藏族自治州	1954.1.1	大武镇	7.6312
海西蒙古族藏族自治州	1954.1.25	德令哈市	32.5785
新疆维吾尔自治区			
巴音郭楞蒙古自治州	1954.6.23	库尔勒市	46.2700
博尔塔拉蒙古自治州	1954.7.13	博乐市	2.5074
克孜勒苏柯尔克孜自治州	1954.7.14	阿图什市	6.9112
昌吉回族自治州	1954.7.15	昌吉市	7.7129
伊犁哈萨克自治州	1954.11.27	伊宁市	49.0039
自治县(旗)			
河北省			
孟村回族自治县	1955.11.30	孟村镇	0.0393
大厂回族自治县	1955.12.7	大厂镇	0.0176
青龙满族自治县	1987.5.10	青龙镇	0.3309
丰宁满族自治县	1987.5.15	大阁镇	0.8747
围场满族蒙古族自治县	1990.6.12	围场镇	0.9058
宽城满族自治县	1990.6.16	宽城镇	0.1933
内蒙古自治区			
鄂伦春自治旗	1951.10.1	阿里河镇	6.0378
鄂温克族自治旗	1958.8.1	巴彦托海镇	1.8750
莫力达瓦达斡尔族自治旗	1958.8.15	尼尔基镇	1.0985
辽宁省			
喀喇沁左翼蒙古族自治县	1958.4.1	大城子镇	0.2238
阜新蒙古族自治县	1958.4.7	阜新镇	0.6284
新宾满族自治县	1985.6.7	新宾镇	0.4287
岫岩满族自治县	1985.6.11	岫岩镇	0.4507
清原满族自治县	1990.6.6	清原镇	0.3926

续表 2

民族自治地方	建立时间	首府驻地	面积(万平方公里)
本溪满族自治县	1990.6.8	小市镇	0.3362
桓仁满族自治县	1990.6.10	桓仁镇	0.3548
宽甸满族自治县	1990.6.12	宽甸镇	0.6125
吉林省			
前郭尔罗斯蒙古族自治县	1956.9.1	前郭镇	0.7076
长白朝鲜族自治县	1958.9.15	长白镇	0.2498
伊通满族自治县	1989.8.30	伊通镇	0.2523
黑龙江省			
杜尔伯特蒙古族自治县	1956.12.5	泰康镇	0.6427
浙江省			
景宁畲族自治县	1984.12.24	鹤溪镇	0.1950
湖北省			
长阳土家族自治县	1984.12.8	龙舟坪镇	0.3430
五峰土家族自治县	1984.12.12	五峰镇	0.2072
湖南省			
通道侗族自治县	1954.5.7	双江镇	0.2225
江华瑶族自治县	1955.11.25	沱江镇	0.3216
城步苗族自治县	1956.11.30	儒林镇	0.2620
新晃侗族自治县	1956.12.5	新晃镇	0.1511
芷江侗族自治县	1987.9.24	芷江镇	0.2096
靖州苗族侗族自治县	1987.9.27	渠阳镇	0.2211
麻阳苗族自治县	1990.4.1	高村镇	0.1561
广东省			
连南瑶族自治县	1953.1.25	三江镇	0.1231
连山壮族瑶族自治县	1962.9.26	吉田镇	0.1264
乳源瑶族自治县	1963.10.1	乳城镇	0.2125
广西壮族自治区			
龙胜各族自治县	1951.8.19	龙胜镇	0.2537
金秀瑶族自治县	1952.5.28	金秀镇	0.2517
融水苗族自治县	1952.11.26	融水镇	0.4665
三江侗族自治县	1952.12.3	古宜镇	0.2455
隆林各族自治县	1953.1.1	新州镇	0.3542
都安瑶族自治县	1955.12.15	安阳镇	0.4092
巴马瑶族自治县	1956.2.6	巴马镇	0.1966
富川瑶族自治县	1984.1.1	富阳镇	0.1572
罗城仫佬族自治县	1984.1.10	东门镇	0.2639
环江毛南族自治县	1987.11.24	思恩镇	0.4558

续表 3

民族自治地方	建立时间	首府驻地	面积(万平方公里)
大化瑶族自治县	1987.12.23	大化镇	0.2754
恭城瑶族自治县	1990.10.15	恭城镇	0.2149
海南省			
乐东黎族自治县	1987.12.28	抱由镇	0.2746
琼中黎族苗族自治县	1987.12.28	营根镇	0.2693
保亭黎族苗族自治县	1987.12.30	保城镇	0.1161
昌江黎族自治县	1987.12.30	石碌镇	0.1596
白沙黎族自治县	1987.12.30	牙叉镇	0.2118
陵水黎族自治县	1987.12.30	陵城镇	0.1128
重庆市			
秀山土家族苗族自治县	1983.11.7	中和镇	0.2450
酉阳土家族苗族自治县	1983.11.11	钟多镇	0.5173
彭水苗族土家族自治县	1984.11.10	汉葭镇	0.3903
石柱土家族自治县	1984.11.18	南宾镇	0.3031
四川省			
北川羌族自治县	2003.10.25	曲山镇	0.2865
木里藏族自治县	1953.2.19	博瓦镇	1.3246
峨边彝族自治县	1984.10.5	沙坪镇	0.2395
马边彝族自治县	1984.10.9	民建镇	0.2383
贵州省			
威宁彝族回族苗族自治县	1954.11.11	城关镇	0.6294
松桃苗族自治县	1956.12.31	城关镇	0.2861
三都水族自治县	1957.1.2	三合镇	0.2384
镇宁布依苗族自治县	1963.9.11	城关镇	0.1721
紫云苗族布依族自治县	1966.2.11	松山镇	0.2284
关岭布依族苗族自治县	1981.12.31	关索镇	0.1468
玉屏侗族自治县	1984.11.7	平溪镇	0.0517
印江土家族苗族自治县	1987.11.20	印江镇	0.1961
沿河土家族自治县	1987.11.23	和平镇	0.2469
务川仡佬族苗族自治县	1987.11.26	都濡镇	0.2773
道真仡佬族苗族自治县	1987.11.29	玉溪镇	0.2156
云南省			
峨山彝族自治县	1951.5.12	双江镇	0.1972
澜沧拉祜族自治县	1953.4.7	勐朗镇	0.8807
江城哈尼族彝族自治县	1954.5.18	勐烈镇	0.3476
孟连傣族拉祜族佤族自治县	1954.6.16	孟连镇	0.1957
耿马傣族佤族自治县	1955.10.16	耿宣镇	0.3837
宁蒗彝族自治县	1956.9.20	大兴镇	0.0206

续表 4

民族自治地方	建立时间	首府驻地	面积(万平方公里)
贡山独龙族怒族自治县	1956.10.1	茨开镇	0.4506
巍山彝族回族自治县	1956.11.9	文华镇	0.2266
石林彝族自治县	1956.12.31	鹿阜镇	0.1777
玉龙纳西族自治县	1961.4.10	黄山镇	0.6521
屏边苗族自治县	1963.7.1	玉屏镇	0.1906
河口瑶族自治县	1963.7.11	河口镇	0.1313
沧源佤族自治县	1964.2.28	勐董镇	0.2539
西盟佤族自治县	1965.3.5	西盟镇	0.1391
南涧彝族自治县	1965.11.27	南涧镇	0.1802
墨江哈尼族自治县	1979.11.28	玖联镇	0.5459
寻甸回族彝族自治县	1979.12.20	仁德镇	0.3966
元江哈尼族彝族傣族自治县	1980.11.12	澧江镇	0.2858
新平彝族傣族自治县	1980.11.25	桂山镇	0.4223
维西傈僳族自治县	1985.10.13	保和镇	0.4661
漾濞彝族自治县	1985.11.1	上街镇	0.1957
禄劝彝族苗族自治县	1985.11.25	屏山镇	0.4378
金平苗族瑶族傣族自治县	1985.12.7	金河镇	0.3677
普洱哈尼族彝族自治县	1985.12.15	宁洱镇	0.367
景东彝族自治县	1985.12.20	锦屏镇	0.4532
景谷傣族彝族自治县	1985.12.25	威远镇	0.7777
双江拉祜族佤族布朗族傣族自治县	1985.12.30	勐勐镇	0.2292
兰坪白族普米族自治县	1988.5.25	金顶镇	0.4555
镇沅彝族哈尼族拉祜族自治县	1990.5.15	按板镇	0.4223
甘肃省			
天祝藏族自治县	1950.5.6	华藏寺镇	0.7147
肃北蒙古族自治县	1950.7.29	党城湾镇	6.6748
东乡族自治县	1950.9.25	锁南镇	0.151
张家川回族自治县	1953.7.6	张家川镇	0.1293
肃南裕固族自治县	1954.4.20	红湾寺镇	2.3041
阿克塞哈萨克族自治县	1954.4.27	博罗转井镇	3.3333
积石山保安族东乡族撒拉族自治县	1981.9.30	吹麻滩镇	0.091
青海省			
门源回族自治县	1953.12.19	浩门镇	0.6896
互助土族自治县	1954.2.17	威远镇	0.332

续表 5

民族自治地方	建立时间	首府驻地	面积(万平方公里)
化隆回族自治县	1954.3.1	巴燕镇	0.2740
循化撒拉族自治县	1954.3.1	积石镇	0.1749
河南蒙古族自治县	1954.10.16	优干宁	0.6250
民和回族土族自治县	1986.6.27	上川口镇	0.1780
大通回族土族自治县	1986.7.10	桥头镇	0.3090
新疆维吾尔自治区			
焉耆回族自治县	1954.3.15	焉耆镇	0.2439
察布查尔锡伯自治县	1954.3.25	察布查尔镇	0.4469
木垒哈萨克自治县	1954.7.17	木垒镇	1.3235
和布克赛尔蒙古自治县	1954.9.10	和布克赛尔镇	3.2000
塔什库尔干塔吉克自治县	1954.9.17	塔什库尔干镇	5.2300
巴里坤哈萨克自治县	1954.9.30	巴里坤镇	3.5714

■中国民族乡镇一览表

地　区	数　量	乡镇名称
北京市	4	密云县檀营满族蒙古族乡、怀柔区喇叭沟门满族乡、通州区于家务回族乡、朝阳区常营回族乡
天津市	1	蓟县孙各庄满族乡、东丽区么六桥回族乡
河北省	49	新乐市彭家庄回族乡、藁城市九门回族乡、无极县高头回族乡、遵化市汤泉满族乡、遵化市西下营满族乡、遵化市东陵满族乡、邱县陈村回族乡、大名县营镇回族乡、易县凌云册满族回族乡、定州市号头庄回族乡、涞水县娄村满族乡、沽源县大二号回族乡、怀来县王家楼回族乡、永清县管家务回族乡、文安县大围河回族满族乡、丰宁满族自治县南关蒙古族乡、滦平县平坊满族乡、滦平县安纯沟门满族乡、滦平县五道营子满族乡、滦平县邓厂满族乡、滦平县马营子满族乡、滦平县付家店满族乡、滦平县西地满族乡、滦平县小营满族乡、滦平县大屯满族乡、滦平县西沟满族乡、承德县岗子满族乡、承德县两家满族乡、兴隆县八卦岭满族乡、兴隆县南天门满族乡、隆化县尹家营满族乡、隆化县庙子沟蒙古族满族乡、隆化县偏坡营满族乡、隆化县八达营蒙古族乡、隆化县太平庄满族乡、隆化县旧屯满族乡、隆化县西阿超满族蒙古族乡、隆化县白虎沟蒙古族满族乡、平泉县七家岱满族乡、平泉县平房满族蒙古族乡、平泉县茅兰沟满族蒙古族乡、黄骅市羊二庄回族乡、黄骅市新村回族乡、河间市果子洼回族乡、献县本斋回族乡、沧县大褚村回族乡、沧县杜林回族乡、沧县李天木回族乡、沧县捷地回族乡、黄骅市杨三木回族乡
内蒙古自治区	18	莫力达瓦达斡尔族自治旗巴彦鄂温克族乡、莫力达瓦达斡尔族自治旗杜拉尔鄂温克族乡、鄂温克族自治旗巴彦塔拉达斡尔族乡、扎兰屯市南木鄂伦春族乡、扎兰屯市萨马街鄂温克族乡、扎兰屯市达斡尔族乡、阿荣旗查巴奇鄂温克族乡、阿荣旗新发朝鲜族乡、阿荣旗音河达斡尔族鄂温克族乡、阿荣旗得力其尔鄂温克族乡、根河市敖鲁古雅鄂温克族乡、陈巴尔虎旗鄂温克苏木、额尔古纳市苏心回族乡、额尔古纳市恩和俄罗斯族乡、科右前旗满族屯满族乡、赤峰市松山区当铺地满族乡、喀喇沁旗十家满族乡、凉城县曹碾满族乡

续表 1

地 区	数 量	乡镇名称
辽宁省	70	沈阳市沈北新区黄家锡伯族乡、沈阳市沈北新区石佛寺朝鲜族锡伯族乡、康平县柳树屯蒙古族满族乡、康平县沙金台蒙古族满族乡、法库县四家子蒙古族乡、康平县东升满族蒙古族乡、康平县西关屯蒙古族满族乡、大连市普兰店市乐甲满族乡、瓦房店市三台满族乡、瓦房店市杨家满族乡、庄河市太平岭满族乡、庄河市桂云花满族乡、抚顺市抚顺县拉古满族乡、抚顺市抚顺县汤图满族乡、桓仁满族自治县雅河朝鲜族乡、本溪市南芬区思山岭满族乡、丹东市凤城市大堡蒙古族乡、丹东市合隆满族乡、丹东市宽甸满族自治县下露河朝鲜族乡、锦州市义县聚粮屯满族乡、锦州市义县地藏寺满族乡、锦州市义县留龙沟满族乡、锦州市义县大定堡满族乡、锦州市义县头台满族乡、锦州市义县头道河满族乡、锦州市黑山县镇安满族乡、锦州市凌海市温滴楼满族乡、锦州市义县城关满族乡、阜新市西六家子蒙古族满族乡、阜新市彰武县二道河子蒙古族乡、阜新市彰武县苇子沟蒙古族乡、彰武县大冷蒙古族乡、辽阳县吉洞峪满族乡、辽阳县甜水满族乡、开原县上肥地满族乡、开原县下肥地满族乡、开原县林丰满族乡、开原市黄旗寨满族乡、铁岭市清河区聂家河满族乡、铁岭县白旗寨满族乡、铁岭县横道河子满族乡、西丰县成平满族乡、西丰县德兴满族乡、西丰县和隆满族乡、西丰县金星满族乡、西丰县明德满族乡、西丰县营厂满族乡、朝阳市北票市马友营蒙古族乡、朝阳市北票市凉水河蒙古族乡、朝阳市建平县三家蒙古族乡、朝阳市凌源县三家子蒙古族乡、朝阳县松岭门蒙古族乡、朝阳县乌兰河硕蒙古族乡、绥中县西平坡满族乡、绥中县范家满族乡、绥中县高甸子满族乡、绥中县葛家满族乡、绥中县明水满族乡、绥中县网户满族乡、兴城市三道沟满族乡、兴城市白塔满族乡、兴城市大寨满族乡、兴城市高家岭满族乡、兴城市海滨满族乡、兴城市红崖子满族乡、兴城市碱厂满族乡、兴城市旧门满族乡、兴城市刘台子满族乡、兴城市南大山满族乡、兴城市望海满族乡、兴城市围屏满族乡、兴城市羊安满族乡、兴城市药王庙满族乡、兴城市元台子满族乡、建昌县二道湾子蒙古族乡、盘锦市大洼县荣兴朝鲜族乡
吉林省	33(其中民族镇 5)	九台市胡家回族乡、九台市莽卡满族乡、长春市双阳区双营子回族乡、榆树市延河朝鲜族乡、梨树县叶赫满族镇、公主岭市龙山满族乡、公主岭市二十家子满族乡、双辽市那木斯蒙古族乡、大安市新艾里蒙古族乡、洮南市胡力吐蒙古族乡、洮南市呼河车力蒙古族乡、镇赉县莫莫格蒙古族乡、镇赉县哈吐气蒙古族乡、通榆县向海蒙古族乡、通榆县包拉温都蒙古族乡、通榆县西艾力蒙古族乡、白城市洮北区德顺蒙古族乡、珲春市三家子满族乡、珲春市杨泡满族乡、吉林市昌邑区土城子满族朝鲜族乡、吉林市昌邑区乌拉街满族镇、吉林市龙潭区大口钦满族镇、吉林市龙潭区两家子满族乡、永吉县金家满族乡、蛟河市乌林朝鲜族乡、梅河口市小杨满族朝鲜族乡、集安市凉水朝鲜族乡、通化县金斗朝鲜族满族乡、通化县大泉源朝鲜族满族乡、辉南县楼街朝鲜族乡、柳河县姜家店朝鲜族乡、柳河县三源浦朝鲜族镇、梅河口市山城镇、东丰县三合满族朝鲜族乡
黑龙江省	63(其中民族镇 10)	哈尔滨市红旗满族乡、双城市幸福满族乡、双城市乐群满族乡、双城市同心满族乡、双城市希勤满族乡、双城市联兴满族乡、双城市青岭满族乡、双城市农丰满族镇、五常市拉林满族镇、五常市红旗满族乡、五常市营城子满族乡、五常市牛家满族镇、五常市民乐朝鲜族乡、尚志市河东朝鲜族乡、尚志市鱼池朝鲜族乡、依兰县迎兰朝鲜族乡、卧牛吐达斡尔族镇、齐齐哈尔市梅里斯区达斡尔族区、齐齐哈尔市梅里斯区莽格吐达斡尔族乡、泰来县宁姜蒙古族乡、泰来县胜利蒙古族乡、泰来县江桥蒙古族镇、齐齐哈尔市昂昂溪区水师营满族镇、富裕县友谊达斡尔族满族柯尔克孜族乡、讷河市兴旺鄂温克族乡、齐齐哈尔市富拉尔基区杜尔门沁达斡尔族乡、海林市新安朝鲜族镇、海林市海南朝鲜族乡、宁安市江南朝鲜族满族乡、宁安市卧龙朝鲜族乡、东宁县三岔口朝鲜族镇、同江市街津口赫哲族乡、同江市八岔赫哲族乡、桦川县星火朝鲜族乡、汤原县汤旺朝鲜族乡、肇源县义顺蒙古族乡、肇源县浩德蒙古族乡、肇源县超等蒙古族乡、逊克县新鄂鄂伦春族乡、逊克县新兴鄂伦春族乡、黑河市爱辉区新生鄂伦春族乡、黑河市爱辉区四嘉子满族乡、黑河市爱辉区坤河达斡尔族满族乡、北安市主星朝鲜族乡、孙吴县沿江达斡尔族满族乡、绥化市北林区兴和朝鲜族乡、绥化市北林区绥胜满族镇、绥化市北林区永安满族镇、绥化市北林区红旗满族乡、望奎县惠七满族镇、望奎县厢白满族乡、望奎县灵山满族乡、铁力市年丰朝鲜族乡、萝北县东明朝鲜族乡、绥滨县福兴满族乡、呼玛县白银纳鄂伦春族乡、塔河县十八站鄂伦春族乡、友谊县成富朝鲜族满族乡、饶河县四排赫哲族乡、勃利县杏树朝鲜族乡、密山市和平朝鲜族乡、鸡东县鸡林朝鲜族乡、鸡东县明德朝鲜族乡、鸡西市城子河区永丰朝鲜族乡

续表 2

地　区	数　量	乡镇名称
江苏省	1	高邮市菱塘回族乡
浙江省	18(其中民族镇 4)	兰溪市水亭畲族乡、武义县柳城畲族镇、龙游县沐尘畲族乡、丽水市连都区老竹畲族镇、丽水市连都区丽新畲族乡、龙泉市竹垟畲族乡、云和县雾溪畲族乡、云和县安溪畲族乡、遂昌县三仁畲族乡、松阳县板桥畲族乡、桐庐县莪山畲族乡、平阳县青街畲族乡、苍南县岱岭畲族乡、苍南县凤阳畲族乡、文成县西坑畲族镇、文成县周山畲族乡、泰顺县司前畲族镇、泰顺县竹里畲族乡
安徽省	9	淮南市谢家集区孤堆回族乡、肥东县牌坊回族满族乡、定远县二龙回族乡、凤台县李冲回族乡、淮南市潘集区古沟回族乡、寿县陶店回族乡、宁国市云梯畲族乡、五河县临北回族乡、颍上县赛涧回族乡
福建省	19	罗源县霍口畲族乡、连江县小沧畲族乡、福安市坂中畲族乡、福安市康厝畲族乡、福安市穆云畲族乡、霞浦县盐田畲族乡、福安市崇儒畲族乡、福安市水门畲族乡、宁德市金涵畲族乡、福鼎县硖门畲族乡、福鼎市佳阳畲族乡、漳浦县赤岭畲族乡、漳浦县湖西畲族乡、龙海市隆教畲族乡、永安市青水畲族乡、宁化县治平畲族乡、上杭县官庄畲族乡、上杭县庐丰畲族乡、惠安县百崎回族乡
江西省	9	南康市赤土畲族乡、永丰县龙岗畲族乡、铅山县太源畲族乡、铅山县篁碧畲族乡、鹰潭市贵溪市樟坪畲族乡、青原区东固畲族乡、乐安县金竹畲族乡、吉安市峡江县金坪民族乡
山东省	4(其中民族镇 3)	淄博市临淄区金岭回族镇、莘县张鲁回族镇、曹县侯集回族镇、禹城市十里望回族乡
河南省	21(其中民族镇 9)	荥阳市金寨回族乡、太康县城关回族镇、淮阳县城关回族镇、沈丘县槐店回族镇、宁陵县城关回族镇、睢县城关回族镇、民权县伯党回族乡、民权县胡集回族乡、叶县马庄回族乡、郏县姚庄回族乡、封丘县荆乡回族乡、许昌县艾庄回族乡、禹州市山货回族乡、襄城县颖桥回族镇、镇平县郭庄回族乡、方城县袁店回族乡、西平县蔡寨回族乡、新蔡县李桥回族镇、临颍县繁城回族镇、洛宁县王范回族镇、洛阳市廛河回族区廛河回族乡
湖北省	12(其中民族镇 2)	钟祥市九里回族乡、洪湖市老湾回族乡、松滋市卸甲坪土家族乡、宜都市潘家湾土家族乡、郧西县湖北口回族乡、恩施市芭蕉侗族乡、宣恩县长潭河侗族乡、宣恩县晓关侗族乡、仙桃市沔城回族镇、神农架林区下谷坪土家族乡、咸宁市赤壁市周郎嘴回族镇、恩施州鹤峰县铁炉白族乡
湖南省	99(其中民族镇 1)	怀化市罗子山瑶族乡、怀化市苏木溪瑶族乡、怀化市上蒲溪瑶族乡、怀化市后塘瑶族乡、怀化市仙人湾瑶族乡、怀化市深渡苗族乡、怀化市龙船塘瑶族乡、怀化市炮团侗族苗族乡、怀化市宝田侗族苗族乡、怀化市蒲稳侗族苗族乡、怀化市金子岩侗族苗族乡、怀化市漠滨侗族苗族乡、怀化市青朗侗族苗族乡、怀化市二酉苗族乡、怀化市火场土家族乡、怀化市蒿吉坪瑶族乡、怀化市大高坪苗族乡、怀化市锅冲苗族乡、怀化市传素瑶族乡、怀化市步头降苗族乡、怀化市米贝苗族乡、邵阳市党坪苗族乡、邵阳市河口苗族乡、邵阳市麻塘苗族乡、邵阳市竹舟江苗族乡、邵阳市东山侗族乡、邵阳市朝仪侗族乡、邵阳市鹅公岭侗族苗族乡、邵阳市寨市苗族侗族乡、邵阳市乐安铺苗族侗族乡、邵阳市联民苗族侗族乡、邵阳市枫木团苗族侗族乡、邵阳市黄桑坪苗族乡、邵阳市关峡苗族乡、邵阳市长铺子苗族乡、邵阳市山界回族乡、邵阳市虎形山瑶族乡、邵阳市那溪瑶族乡、邵阳市大屋瑶族乡、邵阳市长塘瑶族乡、邵阳市黄金瑶族乡、邵阳市麻林瑶族乡、

续表 3

地 区	数 量	乡镇名称
湖南省	99(其中民族镇 1)	永州市荆竹瑶族乡、永州市紫良瑶族乡、永州市浆洞瑶族乡、永州市汇源瑶族乡、永州市大桥瑶族乡、永州市松柏瑶族乡、永州市千家洞瑶族乡、永州市兰溪瑶族乡、永州市源口瑶族乡、永州市九嶷山瑶族乡、永州市棉花坪瑶族乡、永州市桐木漯瑶族乡、永州市荒塘瑶族乡、永州市横岭瑶族乡、永州市洪塘营瑶族乡、永州市井塘瑶族乡、永州市审章塘瑶族乡、永州市晒北滩瑶族乡、永州市门楼下瑶族乡、永州市上梧江瑶族乡、永州市清塘壮族乡、永州市犁头瑶族乡、张家界市刘家坪白族乡、张家界市马合口白族乡、张家界市走马坪白族乡、张家界市淋溪河白族乡、张家界市芙蓉桥白族乡、张家界市麦地坪白族乡、张家界市洪家关白族乡、张家界市索溪峪土家族乡、张家界市三关寺土家族乡、张家界市高峰土家族乡、张家界市金岩土家族乡、张家界市许家坊土家族乡、张家界市阳和土家族乡、张家界市甘堰土家族乡、张家界市赵家岗土家族乡、郴州市华山瑶族乡、郴州市杨柳瑶族乡、郴州市月峰瑶族乡、郴州市大塘瑶族乡、郴州市莽山瑶族乡、郴州市盈洞瑶族乡、郴州市延寿瑶族乡、郴州市小垣瑶族镇、郴州市岭秀瑶族乡、郴州市三江口瑶族乡、郴州市西山瑶族乡、郴州市团结瑶族乡、郴州市连坪瑶族乡、常德市许家桥回族维吾尔族乡、常德市毛家滩回族维吾尔族乡、常德市枫树维吾尔族回族乡、常德市青林回族维吾尔族乡、株洲市龙渣瑶族乡、衡阳市塔山瑶族乡、益阳市鲜埠回族乡
广东省	7	龙门县蓝田瑶族乡、连州市三水瑶族乡、连州市瑶安瑶族乡、阳山县秤架瑶族乡、怀集县下帅壮族瑶族乡、始兴县深渡水瑶族乡、东源县漳溪畲族乡
广西壮族自治区	57	蒙山县长坪瑶族乡、蒙山县夏宜瑶族乡、贺州市黄洞瑶族乡、贺州市大平瑶族乡、昭平县仙回瑶族乡、钟山县两安瑶族乡、钟山县花山瑶族乡、平南县马练瑶族乡、平南县国安瑶族乡、上思县南屏瑶族乡、马山县古寨瑶族乡、马山县里当瑶族乡、上林县镇圩瑶族乡、三江侗族自治县同乐苗族乡、三江侗族自治县福禄苗族乡、三江侗族自治县高基苗族乡、融水苗族自治县滚贝侗族乡、融水苗族自治县同练瑶族乡、柳州市古砦仡佬族乡、临桂县宛田瑶族乡、临桂县黄沙瑶族乡、灵川县大境瑶族乡、灵川县兰田瑶族乡、全州县蕉江瑶族乡、全州县东山瑶族乡、兴安县华江瑶族乡、灌阳县洞井瑶族乡、灌阳县西山瑶族乡、资源县车田苗族乡、资源县两水苗族乡、资源县河口瑶族乡、平乐县大发瑶族乡、荔浦县蒲芦瑶族乡、桂林市雁山区草坪回族乡、百色市汪甸瑶族乡、田东县作登瑶族乡、田林县潞城瑶族乡、田林县利周瑶族乡、田林县八桂瑶族乡、田林县八渡瑶族乡、凌云县伶站瑶族乡、凌云县朝里瑶族乡、凌云县沙里瑶族乡、凌云县玉洪瑶族乡、西林县足别瑶族苗族乡、西林县普合苗族乡、西林县那佐苗族乡、南丹县八圩瑶族乡、南丹县里湖瑶族乡、南丹县中堡苗族乡、天峨县八腊瑶族乡、凤山县平乐瑶族乡、凤山县江洲瑶族乡、凤山县金牙瑶族乡、东兰县三弄瑶族乡、环江毛南族自治县驯乐苗族乡、宜州市北牙瑶族乡、宜州市福龙瑶族乡
重庆市	14	奉节县云雾土家族乡、奉节县龙桥土家族乡、奉节县长安土家族乡、奉节县太和土家族乡、万州区恒河土家族乡、万州区地宝土家族乡、云阳县清水土家族乡、巫山县红椿土家族乡、巫山县邓家土家族乡、忠县磨子土家族乡、文复苗族土家族乡、石桥苗族土家族乡、浩口苗族仡佬族乡、后坪苗族土家族乡

续表 4

地　区	数　量	乡镇名称
四川省	98	九龙县子耳彝族乡、九龙县三垭彝族乡、九龙县俄尔彝族乡、九龙县小金彝族乡、九龙县朵洛彝族乡、九龙县踏卡彝族乡、九龙县湾坝彝族乡、松潘县十里回族乡、松潘县进安回族乡、攀枝花市仁和区大龙潭彝族乡、攀枝花市仁和区啊喇彝族乡、米易县麻陇彝族乡、米易县白坡彝族乡、攀枝花市米易县湾丘彝族乡、米易县新山傈僳族彝族乡、攀枝花市盐边县敢鱼彝族乡、攀枝花市盐边县红果彝族乡、盐边县温泉彝族乡、攀枝花市盐边县箐河傈僳族乡、攀枝花市盐边县格萨拉彝族乡、盐边县红宝苗族乡、攀枝花市盐边县和爱彝族乡、叙永县白蜡苗族乡、叙永县合乐苗族乡、叙永县枧槽苗族乡、叙永县石坝苗族乡、叙永县水潦苗族乡、古蔺县箭竹苗族乡、古蔺县乌龙苗族乡、古蔺县大寨苗族乡、古蔺县马嘶苗族乡、青川县蒿溪回族乡、青川县大院回族乡、金口河区和平彝族乡、金口河区共安彝族乡、阆中市博树回族乡、筠连县高坪苗族乡、筠连县联合苗族乡、筠连县团林苗族乡、屏山县屏边彝族乡、屏山县清平彝族乡、兴文县大坝苗族乡、兴文县毓秀苗族乡、兴文县大河苗族乡、兴文县麒麟苗族乡、兴文县仙峰苗族乡、珙县罗渡苗族乡、珙县玉河苗族乡、珙县观斗苗族乡、汉源县小堡藏族彝族乡、汉源县坭美彝族乡、汉源县永利彝族乡、汉源县顺河彝族乡、汉源县片马彝族乡、石棉县安顺彝族乡、石棉县先锋彝族乡、石棉县蟹螺彝族乡、石棉县回隆彝族乡、石棉县擦罗彝族乡、石棉县栗子坪彝族乡、石棉县新民藏族彝族乡、石棉县挖角彝族藏族乡、石棉县田湾彝族乡、石棉县草科藏族乡、宝兴县跷碛藏族乡、雅安市宝兴县跷碛藏族乡、雅安市荥经县宝峰彝族民族乡、西昌市高草回族乡、西昌市裕隆回族乡、木里藏族自治县屋脚蒙古族乡、木里藏族自治县俄亚纳西族乡、木里藏族自治县白碉苗族乡、木里藏族自治县项脚蒙古族乡、木里藏族自治县固增苗族乡、盐源县大坡蒙古族乡、德昌县金沙傈僳族乡、德昌县南山傈僳族乡、会理县新安傣族乡、冕宁县和爱藏族乡、越西县保安藏族乡、平武县木皮藏族乡、平武县木座藏族乡、平武县白马藏族乡、平武县黄羊关藏族乡、平武县虎牙藏族乡、平武县泗耳藏族乡、平武县徐塘羌族乡、平武县锁江羌族乡、平武县平南羌族乡、北川县桃龙藏族乡、盐亭县大兴回族乡、达州市渡口土家族乡、达州市龙泉土家族乡、达州市三墩土家族乡、达州市漆树土家族乡、绵阳市平武县水田羌族乡、绵阳市平武县旧堡羌族乡、绵阳市平武县阔达藏族乡、绵阳市平武县土城藏族乡
贵州省	241	榕江县三江水族乡、榕江县塔石瑶族水族乡、榕江县仁里水族乡、榕江县定威水族乡、榕江县兴华水族乡、榕江县水尾水族乡、雷山县达地水族乡、都匀市基场水族乡、都匀市阳和水族乡、都匀市奉和水族乡、平塘县卡蒲毛南族乡、荔波县瑶山瑶族乡、荔波县水利水族乡、荔波县水尧水族乡、荔波县永康水族乡、荔波县瑶麓瑶族乡、兴仁县鲁础营回族乡、晴隆县三宝彝族乡、望谟县油迈瑶族乡、遵义市洪关苗族乡、遵义市平正仡佬族乡、桐梓县马鬃苗族乡、余庆县花山苗族乡、仁怀县后山苗族布依族乡、正安县谢坝仡佬族苗族乡、正安县市坪苗族仡佬族乡、道真县上坝土家族乡、安顺市西秀区新场布依族苗族乡、安顺市西秀区鸡场布依族苗族乡、安顺市西秀区岩腊苗族布依族乡、安顺市西秀区杨武布依族苗族乡、安顺市西秀区黄腊布依族苗族乡、平坝县十字回族苗族乡、平坝县羊昌布依族苗族乡、普定县坪上苗族彝族布依族乡、普定县补郎苗族乡、普定县猫洞苗族仡佬族乡、普定县猴场苗族仡佬族乡、毕节市田坎彝族乡、毕节市大屯彝族乡、毕节市阿市苗族彝族乡、毕节市团结彝族苗族乡、毕节市千溪彝族苗族白族乡、毕节市阴底彝族苗族白族乡、黔西县花溪彝族苗族乡、黔西县定新彝族苗族乡、黔西县协和彝族苗族乡、黔西县钟山布依族彝族乡、黔西县绿化白族彝族乡、黔西县新仁苗族乡、黔西县红林彝族苗族乡、黔西县沙井苗族彝族仡佬族乡、黔西县中建苗族彝族乡、黔西县仁和彝族苗族乡、黔西县永燊彝族苗族乡、黔西县太来彝族苗族乡、黔西县铁石苗族彝族乡、黔西县金坡苗族彝族满族乡、黔西县五里布依族苗族乡、大方县竹园彝族苗族乡、大方县响水白族彝族仡佬族乡、大方县鼎新彝族苗族乡、大方县牛场苗族彝族乡、大方县理化苗族彝族乡、大方县安乐彝族仡佬族乡、大方县凤山彝族蒙古族乡、大方县百纳彝族乡、大方县三元彝族苗族白族乡、大方县普底彝族苗族白族乡、大方县沙厂彝族乡、大方县大水彝族苗族布依族乡、大方县黄泥彝族苗族蒙古族乡、大方县核桃苗族白族乡、大方县八堡彝族苗族乡、大方县兴隆苗族乡、大方县大山苗族彝族乡、大方县星宿苗族彝族仡佬族乡、金沙县石场苗族彝族乡、金沙县太平彝族苗族乡、金沙县箐门苗族彝族仡佬族乡、金沙县马路彝族苗族乡、金沙县安洛苗族彝族满族乡、金沙县绿化苗族彝族满族乡、金沙县大田彝族苗族布依族乡、织金县三甲白族苗族乡、织金县宫寨苗族乡、织金县金龙苗族彝族布依族乡、织金县鸡场苗族彝族布依族乡、织金县自强苗族乡、织金县茶店

续表 5

地 区	数 量	乡镇名称
贵州省	241	布依族苗族彝族乡、织金县太平苗族彝族乡、织金县后寨苗族乡、纳雍县新房彝族苗族乡、纳雍县库东关彝族苗族白族乡、纳雍县董地苗族彝族乡、纳雍县化作苗族彝族乡、纳雍县姑开苗族彝族乡、纳雍县羊场苗族彝族乡、纳雍县锅圈岩苗族彝族乡、纳雍县昆寨苗族彝族白族乡、纳雍县左鸠戛彝族苗族乡、纳雍县猪场苗族彝族乡、威宁县新发布依族乡、赫章县兴发苗族彝族回族乡、赫章县松林白族彝族苗族乡、赫章县雉街彝族苗族乡、赫章县珠市彝族乡、赫章县双坪彝族乡、赫章县辅处彝族苗族乡、赫章县铁匠苗族乡、赫章县可乐彝族满族乡、赫章县河镇彝族苗族乡、赫章县结构彝族苗族乡、赫章县水塘堡彝族苗族乡、赫章县古达苗族彝族乡、铜仁市桐木坪侗族乡、铜仁市鱼塘侗族土家族苗族乡、铜仁市大坪侗族土家族苗族乡、铜仁市和平土家族侗族乡、铜仁市滑石侗族苗族土家族乡、铜仁市瓦屋侗族乡、铜仁市六龙山侗族土家族乡、江口县太平土家族苗族乡、江口县桃映土家族苗族乡、江口县民和侗族土家族苗族乡、江口县德旺土家族苗族乡、江口县官和侗族土家族苗族乡、江口县怒溪土家族苗族乡、江口县坝盘土家族侗族苗族乡、石阡县青阳苗族仡佬族侗族乡、石阡县枫香仡佬族侗族乡、石阡县坪地仡佬族侗族乡、石阡县龙井侗族仡佬族乡、石阡县石固仡佬族侗族乡、石阡县坪山仡佬族侗族乡、石阡县甘溪仡佬族侗族乡、石阡县聚凤仡佬族侗族乡、石阡县大沙坝仡佬族侗族乡、思南县大河坝土家族苗族乡、思南县思林土家族苗族乡、思南县东华土家族苗族乡、思南县胡家湾苗族土家族乡、思南县宽坪土家族苗族乡、思南县亭子坝土家族苗族乡、思南县枫芸土家族苗族乡、思南县香坝土家族苗族乡、思南县长坝苗族土家族乡、思南县板桥苗族土家族乡、思南县三道水土家族苗族乡、思南县天桥土家族苗族乡、思南县兴隆土家族苗族乡、思南县杨家坳苗族土家族乡、德江县楠杆土家族乡、德江县沙溪土家族乡、德江县桶井土家族乡、德江县荆角土家族乡、德江县长丰土家族乡、德江县钱家土家族乡、德江县龙泉土家族乡、德江县堰塘土家族乡、万山特区下溪侗族乡、万山特区熬寨侗族乡、万山特区高楼坪侗族乡、万山特区黄道侗族乡
云南省	142	昆明市五华区沙朗白族乡、晋宁县夕阳彝族乡、晋宁县双河彝族乡、宜良县九乡彝族回族乡、宜良县耿家彝族苗族乡、昭通市昭阳区守望回族乡、昭通市昭阳区小龙洞回族彝族乡、昭通市昭阳区布嘎回族乡、昭通市昭阳区青冈岭回族彝族乡、鲁甸县桃源回族乡、鲁甸县茨院回族乡、大关县上高桥回族彝族苗族乡、永善县马楠苗族彝族乡、永善县伍寨彝族苗族乡、镇雄县坡头彝族苗族白族乡、镇雄县果珠彝族乡、镇雄县林口彝族苗族乡、镇雄县以古彝族苗族乡、彝良县龙街苗族彝族乡、彝良县奎香苗族彝族乡、彝良县树林彝族苗族乡、彝良县柳溪苗族乡、彝良县洛旺苗族乡、威信县双河苗族彝族乡、师宗县龙庆彝族壮族乡、师宗县五龙壮族乡、师宗县高良壮族苗族瑶族乡、罗平县长底布依族乡、罗平县旧屋基彝族乡、罗平县鲁布革布依族苗族乡、富源县古敢水族乡、会泽县新街回族乡、南华县雨露白族乡、大姚县湾碧傈僳族傣族乡、永仁县永兴傣族乡、武定县东坡傣族乡、玉溪市红塔区小石桥彝族乡、玉溪市红塔区洛河彝族乡、江川县安化彝族乡、通海县高大傣族彝族乡、通海县里山彝族乡、通海县兴蒙蒙古族乡、华宁县通红甸彝族苗族乡、易门县十街彝族乡、易门县浦贝彝族乡、易门县铜厂彝族乡、河口瑶族自治县桥头苗族壮族乡、金平苗族瑶族傣族自治县者米拉祜族乡、蒙自县期路白苗族乡、蒙自县老寨苗族乡、开远市大庄回族乡、文山县东山彝族乡、文山县红甸回族乡、文山县秉烈彝族乡、文山县柳井彝族乡、文山县坝心彝族乡、砚山县阿舍彝族乡、砚山县维末彝族乡、砚山县盘龙彝族乡、砚山县干河彝族乡、丘北县舍得彝族乡、丘北县新店彝族乡、丘北县树皮彝族乡、丘北县八道哨彝族乡、丘北县腻脚彝族乡、麻栗坡县猛硐瑶族乡、富宁县洞波瑶族乡、澜沧拉祜族自治县酒井哈尼族乡、澜沧拉祜族自治县发展河哈尼族乡、澜沧拉祜族自治县惠民哈尼族乡、澜沧拉祜族自治县谦六彝族乡、澜沧拉祜族自治县文东佤族乡、澜沧拉祜族自治县安康佤族乡、澜沧拉祜族自治县雪林佤族乡、思茅市云仙彝族乡、思茅市龙潭彝族傣族乡、墨江哈尼族自治县孟弄彝族乡、墨江哈尼族自治县鱼塘彝族乡、西盟佤族自治县力所拉祜族乡、大理市太邑彝族乡、鹤庆县六合彝族乡、宾川县拉乌彝族乡、祥云县东山彝族乡、弥渡县牛街彝族乡、永平县北斗彝族乡、永平县厂街彝族乡、永平县水泄彝族乡、

续表 6

地　区	数　量	乡镇名称
云南省	142	云龙县表村傈僳族乡、云龙县团结彝族乡、华坪县永兴傈僳族乡、华坪县通达傈僳族乡、华坪县新庄傈僳族傣族乡、华坪县船房傈僳族傣族乡、永胜县羊坪彝族乡、永胜县东山傈僳族彝族乡、永胜县东风傈僳族乡、永胜县六德傈僳族彝族乡、永胜县大安彝族纳西族乡、永胜县光华傈僳族彝族乡、永胜县松坪傈僳族彝族乡、宁蒗彝族自治县翠玉傈僳族普米族乡、丽江市古城区金江白族乡、玉龙纳西族自治县九河白族乡、玉龙纳西族自治县石头白族乡、玉龙纳西族自治县黎明傈僳族乡、保山市隆阳区瓦马彝族白族乡、保山市隆阳区瓦房彝族乡、保山市隆阳区杨柳白族彝族乡、保山市隆阳区潞江傣族乡、保山市隆阳区芒宽彝族傣族乡、施甸县摆榔彝族布朗族乡、施甸县木老元布朗族彝族乡、腾冲县荷花傣族佤族乡、龙陵县木城彝族傈僳族乡、昌宁县朱街彝族乡、昌宁县苟街彝族苗族乡、保山市昌宁县湾甸傣族乡、陇川县户撒阿昌族乡、潞西县三台山德昂族乡、梁河县囊宋阿昌族乡、梁河县九保阿昌族乡、福贡县匹河怒族乡、泸水县洛本卓白族乡、泸水县老窝白族乡、中甸县三坝纳西族乡、德钦县霞若傈僳族乡、德钦县拖顶傈僳族乡、凤庆县新华彝族苗族乡、凤庆县腰街彝族乡、凤庆县郭大寨彝族白族乡、云县栗树彝族傣族乡、云县忙怀彝族布朗族乡、云县后箐彝族乡、永德县大雪山彝族拉祜族傣族乡、永德县乌木龙彝族乡、临翔区平村彝族傣族乡、临翔区霖南美拉祜族乡、耿马傣族佤族自治县芒洪拉祜族布朗族乡、沧源佤族自治县勐角傣族彝族拉祜族乡、镇康县军赛佤族拉祜族傈僳族德昂族乡、景洪市基诺山基诺族乡、景洪市景哈哈尼族乡、勐腊县瑶区瑶族乡、勐腊县象明彝族乡、勐海县格朗和哈尼族乡、勐海县布朗山布朗族乡、勐海县西定哈尼族乡
西藏自治区	8	错那县麻玛门巴族乡、错那县贡日门巴族乡、错那县基巴门巴族乡、错那县勒布区勒门巴族乡、林芝县排龙门巴族乡、米林县南伊珞巴族乡、墨脱县达木珞巴族乡、芒康县下盐井纳西族乡
陕西省	3(其中民族镇 3)	安县西口回族镇、镇安县茅坪回族镇、宁陕县江口回族镇
甘肃省	29	临夏县井沟东乡族乡、和政县梁家寺东乡族乡、临夏县安家坡东乡族乡、广河县阿里麻土东乡族乡、临潭县长川回族乡、临潭县卓洛回族乡、临潭县古战回族乡、卓尼县勺哇土族乡、文县铁楼藏族乡、武都县坪垭藏族乡、武都县磨坝藏族乡、宕昌县新城子藏族乡、酒泉市黄泥堡裕固族乡、玉门市小金湾东乡族乡、会宁县新添堡回族乡、正宁县五顷源回族乡、平凉市峡门回族乡、华亭县神峪回族乡、华亭县山寨回族乡、平凉市白庙回族乡、平凉市大秦回族乡、平凉市寨河回族乡、平凉市大寨回族乡、平凉市西阳回族乡、平凉市上杨回族乡、肃南裕固族自治县祁丰藏族乡、肃南裕固族自治县马蹄藏族乡、肃南裕固族自治县白银蒙古族乡、张掖市平山湖蒙古族乡、酒泉市瓜州县七墩回族东乡族乡、酒泉市瓜州县腰站子东乡族乡、酒泉市瓜州县广至藏族乡、酒泉市瓜州县沙河回族乡、酒泉市玉门市独山子东乡族乡

续表 7

地　区	数　量	乡镇名称
青海省	23	大通回族土族自治县朔北藏族乡、大通回族土族自治县向化藏族乡、湟中县群加藏族乡、湟中县大才回族乡、湟中县汉东回族乡、平安县古城回族乡、平安县沙沟回族乡、平安县巴藏沟回族乡、平安县石灰窑回族乡、平安县洪水泉回族乡、民和回族土族自治县杏儿藏族乡、乐都县下营藏族乡、乐都县中坝藏族乡、乐都县达拉土族乡、互助土族自治县松多藏族乡、互助土族自治县巴扎藏族乡、化隆回族自治县雄先藏族乡、化隆回族自治县查甫藏族乡、化隆回族自治县金源藏族乡、化隆回族自治县塔加藏族乡、循化撒拉族自治县道帏藏族乡、循化撒拉族自治县尕楞藏族乡、循化撒拉族自治县岗察藏族乡、循化撒拉族自治县文都藏族乡、贵德县新街回族乡、门源回族自治县皇城蒙古族乡
新疆维吾尔自治区	42	鄯善县东巴回族乡、皮山县瑙阿巴提塔吉克族乡、皮山县康克尔柯尔克孜族乡、和硕县乌什塔拉回族乡、奇台县大泉塔塔尔族乡、奇台县五马场哈萨克族乡、奇台县乔仁哈萨克族乡、木垒哈萨克自治县大南沟乌孜别克族乡、玛纳斯县旱卡子滩哈萨克族乡、玛纳斯县塔西河哈萨克族乡、玛纳斯县清水河哈萨克族乡、阜康市三工河哈萨克族乡、阜康市上户沟哈萨克族乡、昌吉市阿什里哈萨克族乡、呼图壁县石梯子哈萨克族乡、米泉市白杨河哈萨克族乡、阿克陶县塔尔塔吉克族乡、塔什库尔干塔吉克自治县科克亚柯尔克孜族乡、泽普县布依鲁克塔吉克族乡、莎车县孜热普提塔吉克族乡、察布查尔锡伯自治县米粮泉回族乡、特克斯县科克铁热克柯尔克孜族乡、特克斯县呼吉尔特蒙古族乡、伊宁县愉群翁回族乡、尼勒克县科克浩特浩尔蒙古族乡、霍城县伊车嘎善锡伯族乡、霍城县三宫回族乡、昭苏县胡松图喀尔逊蒙古族乡、昭苏县察汗乌苏蒙古族乡、昭苏县夏特柯尔克孜族乡、塔城市阿西尔达斡尔族乡、乌苏市塔布勒合特蒙古族乡、乌苏市吉尔格勒特郭楞蒙古族乡、额敏县额玛勒特郭楞蒙古族乡、额敏县霍吉尔特蒙古族乡、乌什县雅曼苏柯尔克孜族乡、温宿县博孜东柯尔克孜族乡、伊吾县前山哈萨克族乡、哈密市德外里克哈萨克族乡、哈密市乌拉台哈萨克族乡、布尔津县乔木哈纳斯蒙古族乡、阿勒泰市汗德尕特蒙古族乡

■中国市辖民族区一览表

地　区	市辖民族区名称
内蒙古自治区	呼和浩特市回族区
黑龙江省	齐齐哈尔市梅里斯达斡尔族区
河南省	郑州市管城回族区
	洛阳市廛河回族区
	开封市顺河回族区

注：全国现有市辖“民族区”5个。

中国陆地边境县、牧区半牧区县、民族贸易县、民族自治地方国家扶贫工作重点县

■中国陆地边境县(旗)、市(市辖区)一览表

地区	自治州(盟、地、市)	县、旗、市(市辖区)
内蒙古自治区	包头市	达尔罕茂明安联合旗
	乌兰察布市	四子王旗
	锡林郭勒盟	二连浩特市　阿巴嘎旗
		东乌珠穆沁旗　苏尼特左旗　苏尼特右旗
	呼伦贝尔市	满洲里市　额尔古纳市
		陈巴尔虎旗　新巴尔虎左旗　新巴尔虎右旗
	巴彦淖尔市	乌拉特中旗　乌拉特后旗
	阿拉善盟	阿拉善左旗　阿拉善右旗　额济纳旗
	兴安盟	阿尔山市　科尔沁右翼前旗
	丹东市	振安区　元宝区　振兴区　东港市　宽甸满族自治县
吉林省	通化市	集安市
	白山市	浑江区　临江市　抚松县　长白朝鲜族自治县
	延边朝鲜族自治州	图们市　龙井市　珲春市　和龙市　安图县
黑龙江省	鹤岗市	萝北县　绥滨县
	双鸭山市	饶河县
	鸡西市	虎林市 密山市 鸡东县
	伊春市	嘉荫县
	牡丹江市	穆棱市　绥芬河市　东宁县
	佳木斯市	同江市　抚远县
	黑河市	爱辉区　逊克县　孙吴县
	大兴安岭地区	呼玛县　塔河县　漠河县
广西壮族自治区	防城港市	防城区　东兴市
	崇左市	凭祥市　大新县　宁明县　龙州县
	百色市	靖西县　那坡县
云南省	思茅市	澜沧拉祜族自治县　江城哈尼族彝族自治县
		西盟佤族自治县　孟连傣族拉祜族佤族自治县
	临沧市	镇康县　沧源佤族自治县　耿马傣族佤族自治县
	保山市	龙陵县　腾冲县
	文山壮族苗族自治州	麻栗坡县　马关县　富宁县
	红河哈尼族彝族自治州	绿春县　金平苗族瑶族傣族自治县　河口瑶族自治县

续表

<table>
<tr><th>地区</th><th>自治州(盟、地、市)</th><th colspan="2">县、旗、市(市辖区)</th></tr>
<tr><td rowspan="3">云南省</td><td>西双版纳傣族自治州</td><td colspan="2">景洪市　勐海县　勐腊县</td></tr>
<tr><td>德宏傣族景颇族自治州</td><td colspan="2">芒市　瑞丽市　盈江市　陇川县</td></tr>
<tr><td>怒江傈僳族自治州</td><td colspan="2">泸水县　福贡县　贡山独龙族怒族自治县</td></tr>
<tr><td rowspan="4">西藏自治区</td><td>山南地区</td><td colspan="2">洛札县　错那县　浪卡子县</td></tr>
<tr><td>日喀则地区</td><td colspan="2">定结县　定日县　康马县　聂拉木县　吉隆县　亚东县　岗巴县　仲巴县　萨嘎县</td></tr>
<tr><td>阿里地区</td><td colspan="2">噶尔县　普兰县　日土县　札达县</td></tr>
<tr><td>林芝地区</td><td colspan="2">墨脱县　察隅县</td></tr>
<tr><td>甘肃省</td><td>酒泉市</td><td colspan="2">肃北蒙古族自治县</td></tr>
<tr><td rowspan="11">新疆维吾尔自治区</td><td>哈密地区</td><td colspan="2">哈密市　伊吾县　巴里坤哈萨克自治县</td></tr>
<tr><td>和田地区</td><td colspan="2">和田县　皮山县</td></tr>
<tr><td>阿克苏地区</td><td colspan="2">温宿县　乌什县</td></tr>
<tr><td>喀什地区</td><td colspan="2">叶城县　塔什库尔干塔吉克自治县</td></tr>
<tr><td>克孜勒苏柯尔克孜自治州</td><td colspan="2">阿图什市　阿合奇县　乌恰县　阿克陶县</td></tr>
<tr><td>昌吉回族自治州</td><td colspan="2">奇台县　木垒哈萨克自治县</td></tr>
<tr><td>博尔塔拉蒙古自治州</td><td colspan="2">博乐市　温泉县</td></tr>
<tr><td rowspan="4">伊犁哈萨克自治州</td><td colspan="2">昭苏县　霍城县　察布查尔锡伯自治县</td></tr>
<tr><td>塔城地区</td><td>塔城市　额敏县　裕民县　托里县　和布克赛尔蒙古自治县</td></tr>
<tr><td rowspan="2">阿勒泰地区</td><td>阿勒泰市　青河县　吉木乃县</td></tr>
<tr><td>富蕴县　布尔津县　福海县　哈巴河县</td></tr>
</table>

注：1.名单顺序按民政部编《中华人民共和国行政区划简册》排列。
2.统计口径以沿陆地国境线的县级行政区划为单位。
3.资料截止时间为 2006 年 12 月 31 日。
4.新疆建设兵团 58 个边境团场暂未列入本表。

■中国牧区、半牧区县(旗)一览表

地　区	分　类	县　数	县(旗)名单
河北	半牧区	6	张北、康保、沽源、尚义、丰宁、围场
山西	半牧区	1	右玉
内蒙古	牧区	33	阿鲁科尔沁、巴林右、巴林左、克什克腾、翁牛特、鄂温克、新巴尔虎右、新巴尔虎左、陈巴尔虎、科尔沁右翼中、科尔沁左翼中、科尔沁左翼后、扎鲁特、锡林浩特市、阿巴嘎、苏尼特左、苏尼特右、东乌珠穆沁、西乌珠穆沁、镶黄、正镶白、正蓝、达茂、四子王、鄂托克前、鄂托克、杭锦、乌审、乌拉特中、乌拉特后、阿拉善左、阿拉善右、额济纳
	半牧区	20	林西、敖汉、扎兰屯市、阿荣、莫力达瓦、科尔沁右翼前、扎赉特、突泉、开鲁、库伦、奈曼、太仆寺、察右中、察右后、东胜区、达拉特、准格尔、伊金霍洛、磴口、乌拉特前
辽宁	半牧区	6	阜新、彰武、康平、北票市、建平、喀左
吉林	牧区	1	通榆
	半牧区	7	双辽、扶余、长岭、前郭尔罗斯、大安、镇赉、乾安

续表

地　区	分　类	县　数	县(旗)名单
黑龙江	牧区	7	龙江、甘南、杜尔伯特、富裕、安达、青冈、肇源
	半牧区	8	泰来、林甸、同江、虎林、肇东、兰西、肇州、明水
四川	牧区	10	松潘、壤塘、阿坝、若尔盖、红原、德格、白玉、石渠、色达、理塘
	半牧区	38	汶川、理县、茂县、九寨沟、金川、小金、黑水、马尔康、康定、泸定、丹巴、九龙、雅江、道孚、炉霍、甘孜、新龙、巴塘、乡城、稻城、得荣、西昌市、木里、盐源、德昌、会理、会东、宁南、普格、布拖、金阳、昭觉、喜德、冕宁、越西、甘洛、美姑、雷波
云南	牧区	3	香格里拉、德钦、维西
西藏	牧区	13	当雄、仲巴、萨嘎、那曲、嘉黎、聂荣、安多、申扎、班戈、巴青、革吉、改则、措勤
	半牧区	25	林周、昌都、江达、贡觉、类乌齐、丁青、察雅、八宿、曲松、措美、错那、昂仁、谢通门、比如、索县、普兰、札达、噶尔、日土、工布江达、浪卡子、康马、亚东、岗巴、尼玛
甘肃	牧区	7	肃北、阿克塞、肃南、天祝、玛曲、碌曲、夏河
	半牧区	13	永登、永昌、靖远、瓜州、山丹、民勤、漳县、岷县、环县、华池、合作、卓尼、迭部
青海	牧区	26	祁连、海晏、刚察、泽库、河南、共和、同德、兴海、贵南、玛沁、班玛、甘德、达日、久治、玛多、玉树、杂多、称多、治多、囊谦、曲麻莱、格尔木市、德令哈市、乌兰、都兰、天峻
	半牧区	4	门源、同仁、尖扎、贵德
宁夏	牧区	1	盐池
	半牧区	2	同心、海原
新疆	牧区	22	伊吾、木垒、温泉、和静、阿合奇、乌恰、塔什库尔干、民丰、新源、昭苏、特克斯、尼勒克、托里、裕民、和布克赛尔、阿勒泰市、布尔津、富蕴、福海、哈巴河、青河、吉木乃
	半牧区	15	乌鲁木齐、哈密、巴里坤、奇台、博乐市、精河、尉犁、且末、和硕、温宿、沙雅、阿克陶、巩留、塔城市、额敏

注：全国共有牧区县和半牧区县 268 个。

■民族自治地方国家扶贫工作重点县一览表

地　区	数　量	县(旗、市)名称
河北	5	丰宁满族自治县、宽城满族自治县、围场满族蒙古族自治县、青龙满族自治县、孟村回族自治县
内蒙古	31	托克托县、武川县、和林格尔县、清水河县、固阳县、达尔罕茂明安联合旗、宁城县、林西县、巴林左旗、巴林右旗、克什克腾旗、翁牛特旗、喀喇沁旗、敖汉旗、库伦旗、奈曼旗、科尔沁右翼中旗、扎赉特旗、多伦县、太仆寺旗、化德县、商都县、察哈尔右翼前旗、察哈尔右翼中旗、察哈尔右翼后旗、四子王旗、准格尔旗、鄂托克前旗、杭锦旗、乌审旗、伊金霍洛旗
吉林	4	龙井市、和龙市、汪清县、安图县
黑龙江	1	杜尔伯特蒙古族自治县
湖北	9	长阳土家族自治县、恩施市、利川市、建始县、巴东县、宣恩县、咸丰县、来凤县、鹤峰县
湖南	11	桑植县、江华瑶族自治县、城步苗族自治县、通道侗族自治县、泸溪县、凤凰县、花垣县、保靖县、古丈县、永顺县、龙山县

续表

地　区	数　量	县(旗、市)名称
广西	28	龙胜各族自治县、隆安县、马山县、天等县、龙州县、田东县、平果县、德保县、靖西县、那坡县、凌云县、乐业县、西林县、田林县、隆林各族自治县、南丹县、天峨县、凤山县、东兰县、巴马瑶族自治县、都安瑶族自治县、大化瑶族自治县、罗城仫佬族自治县、环江毛南族自治县、忻城县、三江侗族自治县、融水苗族自治县、金秀瑶族自治县
海南	5	五指山市、白沙黎族自治县、琼中黎族苗族自治县、陵水黎族自治县、保亭黎族苗族自治县
重庆	5	黔江区、石柱土家族自治县、彭水苗族土家族自治县、酉阳土家族苗族自治县、秀山土家族苗族自治县
四川	20	马边彝族自治县、小金县、黑水县、壤塘县、雅江县、新龙县、石渠县、色达县、理塘县、盐源县、普格县、布拖县、金阳县、昭觉县、喜德县、越西县、甘洛县、美姑县、雷波县、木里藏族自治县
贵州	36	道真仡佬族苗族自治县、务川仡佬族苗族自治县、关岭布依族苗族自治县、镇宁布依族苗族自治县、紫云苗族布依族自治县、威宁彝族回族苗族自治县、印江土家族苗族自治县、沿河土家族自治县、松桃苗族自治县、黄平县、施秉县、三穗县、岑巩县、天柱县、锦屏县、剑河县、台江县、黎平县、榕江县、从江县、雷山县、麻江县、丹寨县、荔波县、独山县、平塘县、罗甸县、长顺县、三都水族自治县、兴仁县、普安县、晴隆县、贞丰县、望谟县、册亨县、安龙县
云南	51	禄劝彝族苗族自治县、寻甸回族彝族自治县、宁蒗彝族自治县、普洱哈尼族彝族自治县、墨江哈尼族自治县、景东彝族自治县、镇沅彝族哈尼族拉祜族自治县、江城哈尼族彝族自治县、孟连傣族拉祜族佤族自治县、澜沧拉祜族自治县、西盟佤族自治县、双江拉祜族佤族布朗族傣族自治县、沧源佤族自治县、梁河县、泸水县、福贡县、贡山独龙族怒族自治县、兰坪白族普米族自治县、香格里拉县、德钦县、维西傈僳族自治县、弥渡县、永平县、云龙县、洱源县、剑川县、鹤庆县、漾濞彝族自治县、南涧彝族自治县、巍山彝族回族自治县、双柏县、南华县、姚安县、大姚县、永仁县、武定县、绿春县、泸西县、元阳县、红河县、金平苗族瑶族傣族自治县、屏边苗族自治县、文山县、砚山县、西畴县、麻栗坡县、马关县、丘北县、广南县、富宁县、勐腊县
甘肃	14	张家川回族自治县、天祝藏族自治县、临夏县、康乐县、永靖县、广河县、和政县、东乡族自治县、积石山保安族东乡族撒拉族自治县、合作市、临潭县、卓尼县、舟曲县、夏河县
青海	12	大通回族土族自治县、民和回族土族自治县、化隆回族自治县、循化撒拉族自治县、尖扎县、泽库县、甘德县、达日县、玉树县、杂多县、治多县、囊谦县
宁夏	8	盐池县、同心县、固原县、海原县、西吉县、隆德县、泾源县、彭阳县
新疆	27	疏附县、疏勒县、英吉沙县、莎车县、叶城县、岳普湖县、伽师县、塔什库尔干塔吉克自治县、乌什县、柯坪县、和田县、墨玉县、皮山县、洛浦县、策勒县、于田县、民丰县、巴里坤哈萨克自治县、阿图什市、阿克陶县、阿合奇县、乌恰县、尼勒克县、察布查尔锡伯自治县、托里县、青河县、吉木乃县
西藏	74	拉萨市城关区、林周县、当雄县、尼木县、曲水县、堆龙德庆县、达孜县、墨竹工卡县、那曲县、嘉黎县、比如县、聂荣县、安多县、申扎县、索县、班戈县、巴青县、尼玛县、昌都县、江达县、贡觉县、类乌齐县、丁青县、察雅县、八宿县、左贡县、芒康县、洛隆县、边坝县、林芝县、工布江达县、米林县、墨脱县、波密县、察隅县、朗县、乃东县、扎囊县、贡嘎县、桑日县、琼结县、曲松县、措美县、洛扎县、加查县、隆子县、错那县、浪卡子县、日喀则市、南木林县、江孜县、定日县、萨迦县、拉孜县、昂仁县、谢通门县、白朗县、仁布县、康马县、定结县、仲巴县、亚东县、吉隆县、聂拉木县、萨嘎县、岗巴县、樟木口岸办事处、噶尔县、普兰县、札达县、日土县、革吉县、改则县、措勤县

■中国民族贸易县(旗)、市一览表

地　区	数　量	县(旗、市)名称
河北	5	青龙满族自治县、丰宁满族自治县、围场满族蒙古族自治县、宽城满族自治县、孟村回族自治县
内蒙古	57	苏尼特左旗、阿巴嘎旗、西乌珠穆沁旗、镶黄旗、正镶白旗、正蓝旗、苏尼特右旗、东乌珠穆沁旗、多伦县、太仆寺旗、达尔罕茂明安联合旗、四子王旗、商都县、化德县、察哈尔右翼前旗、察哈尔右翼右旗、察哈尔右翼后旗、乌拉特中旗、乌拉特后旗、鄂托克旗、杭锦旗、准格尔旗、乌审旗、伊金霍洛旗、鄂托克前旗、林西县、巴林右旗、阿鲁科尔沁旗、克什克腾旗、翁牛特旗、巴林左旗、宁城县、敖汉旗、喀喇沁旗、科尔沁右翼前旗、扎赉特旗、科尔沁左翼后旗、科尔沁右翼中旗、库伦旗、奈曼旗、扎鲁特旗、陈巴尔虎旗、新巴尔虎左旗、新巴尔虎右旗、额尔古纳左旗、鄂温克族自治旗、莫力达瓦达斡尔族自治旗、鄂伦春自治旗、阿拉善左旗、阿拉善右旗、额济纳旗、科尔沁左翼中旗、托克托县、清水河县、武川县、和林格尔县、固阳县
辽宁	5	阜新蒙古族自治县、喀喇沁左翼蒙古族自治县、新宾满族自治县、岫岩满族自治县、桓仁满族自治县
吉林	5	安图县、长白朝鲜族自治县、龙井市、和龙市、汪清县
黑龙江	1	杜尔伯特蒙古族自治县
浙江	1	景宁畲族自治县
湖北	10	来凤县、鹤峰县、咸丰县、利川市、巴东县、建始县、宣恩县、恩施市、五峰土家族自治县、长阳土家族自治县
湖南	12	龙山县、桑植县、永顺县、保靖县、花垣县、古丈县、泸溪县、凤凰县、新晃侗族自治县、通道侗族自治县、城步苗族自治县、江华瑶族自治县
广东	3	连山壮族瑶族自治县、连南瑶族自治县、乳源瑶族自治县
广西	34	那坡县、凌云县、乐业县、西林县、隆林各族自治县、平果县、田林县、德保县、靖西县、田东县、马山县、上林县、天等县、大新县、龙州县、宁明县、隆安县、上思县、巴马瑶族自治县、环江毛南族自治县、罗城仫佬族自治县、东兰县、凤山县、都安瑶族自治县、天峨县、南丹县、大化瑶族自治县、金秀瑶族自治县、融水苗族自治县、三江侗族自治县、忻城县、资源县、龙胜各族自治县、富川瑶族自治县
海南	8	保亭黎族苗族自治县、白沙黎族自治县、乐东黎族自治县、琼中黎族苗族自治县、东方黎族自治县、陵水黎族自治县、昌江黎族自治县、通什市
重庆	5	酉阳土家族苗族自治县、秀山土家族苗族自治县、黔江区、彭水苗族土家族自治县、石柱土家族自治县
四川	51	马尔康县、茂县、红原县、阿坝县、汶川县、若尔盖县、理县、黑水县、小金县、松潘县、金川县、九寨沟县、壤塘县、峨边彝族自治县、马边彝族自治县、冕宁县、宁南县、德昌县、会东县、会理县、昭觉县、金阳县、甘洛县、布拖县、普格县、喜德县、雷波县、越西县、美姑县、木里藏族自治县、盐源县、米易县、盐边县、康定县、九龙县、炉霍县、甘孜县、雅江县、新龙县、道孚县、白玉县、理塘县、德格县、乡城县、石渠县、稻城县、色达县、巴塘县、泸定县、德荣县、丹巴县
贵州	51	道真仡佬族苗族自治县、剑河县、台江县、黎平县、榕江县、从江县、雷山县、丹寨县、黄平县、锦屏县、天柱县、麻江县、施秉县、镇远县、三穗县、岑巩县、荔波县、罗甸县、惠水县、三都水族自治县、平塘县、独山县、长顺县、贵定县、龙里县、福泉县、瓮安县、松桃苗族自治县、沿河土家族自治县、印江土家族苗族自治县、卢丰县、望谟县、册亨县、安龙县、晴隆县、兴仁县、普安县、威宁彝族回族苗族自治县、赫章县、纳雍县、镇宁布依族苗族自治县、紫云苗族布依族自治县、关岭布依族苗族自治县、大方县、黔西县、织金县、金沙县、水城县、盘县特区、六枝特区、务川仡佬族苗族自治县

续表

地 区	数 量	县(旗、市)名称
云南	68	富宁县、麻栗坡县、马关县、文山县、砚山县、丘北县、广南县、西畴县、屏边苗族自治县、河口瑶族自治县、金平苗族瑶族傣族自治县、绿春县、元阳县、红河县、泸西县、石屏县、武定县、禄劝彝族自治县、石林彝族自治县、巍山彝族回族自治县、南涧彝族自治县、漾濞彝族自治县、剑川县、鹤庆县、云龙县、弥渡县、洱源县、祥云县、宾川县、永平县、景谷傣族彝族自治县、江城哈尼族彝族自治县、孟连傣族拉祜族佤族自治县、西盟佤族自治县、澜沧拉祜族自治县、墨江哈尼族自治县、峨山彝族自治县、新平彝族傣族自治县、元江哈尼族彝族傣族自治县、勐海县、勐腊县、潞西县、陇川县、盈江县、梁河县、福贡县、泸水县、贡山独龙族怒族自治县、兰坪白族普米族自治县、香格里拉县、维西傈僳族自治县、德钦县、宁蒗彝族自治县、丽江纳西族自治县、耿马傣族佤族自治县、镇康县、沧源佤族自治县、双江拉祜族佤族布朗族傣族自治县、寻甸回族彝族自治县、景东彝族自治县、镇源彝族哈尼族拉祜族自治县、龙陵县、南华县、牟定县、大姚县、双柏县、永仁县、姚安县
甘肃	20	张家川回族自治县、临潭县、舟曲县、玛曲县、夏河县、卓尼县、迭部县、碌曲县、临夏市、临夏县、永靖县、和政县、康乐县、广河县、东乡族自治县、积石山保安族东乡族撒拉族自治县、天祝藏族自治县、肃南裕固族自治县、肃北蒙古族自治县、阿克塞哈萨克族自治县
青海	33	门源回族自治县、祁连县、刚察县、海晏县、尖扎县、同仁县、河南蒙古族自治县、泽库县、贵德县、同德县、兴海县、贵南县、共和县、玛沁县、班玛县、甘德县、达日县、久治县、玛多县、玉树县、杂多县、称多县、治多县、囊谦县、曲麻莱县、乌兰县、都兰县、天峻县、循化撒拉族自治县、化隆回族自治县、互助土族自治县、民和回族土族自治县、大通回族土族自治县
宁夏	9	同心县、盐池县、固原县、西吉县、泾源县、海原县、隆德县、灵武县、彭阳县
新疆	53	且末县、若羌县、和静县、和田市、和田县、皮山县、洛浦县、民丰县、策勒县、墨玉县、于田县、坷坪县、乌什县、温宿县、喀什市、巴楚县、伽师县、疏附县、疏勒县、英吉沙县、岳普湖县、麦盖提县、莎车县、泽普县、塔什库尔干塔吉克自治县、叶城县、尼勒克县、新源县、巩留县、伊吾县、巴里坤哈萨克自治县、阿图什市、阿克陶县、阿合奇县、乌恰县、奇台县、木垒哈萨克自治县、温泉县、察布查尔锡伯自治县、霍城县、昭苏县、特克斯县、和布克赛尔蒙古自治县、裕民县、额敏县、托里县、阿勒泰市、布尔津县、青河县、哈巴河县、富蕴县、福海县、吉木乃县

注：吉林省珲春市和新疆维吾尔自治区博乐市、塔城市、焉耆回族自治县境内距县城(市区)100 公里以上，交通不便，少数民族聚居的 16 个乡镇按民族贸易县内的乡镇对待，享受国家有关民族贸易优惠政策。

中国民族特需商品定点生产企业、产品名录

■中国民族特需商品定点生产企业、产品一览表

“十二五”期间全国少数民族特需商品定点生产企业名单及其生产的少数民族特需商品目录

定点企业名称	民族特需用品名称
北京市（20 家）	
北京月盛斋清真食品有限公司	清真食品
北京老马清真食品有限责任公司	清真食品
北京民族印务有限责任公司	少数民族文体用品
北京金维福仁清真食品有限公司	清真食品
北京祥聚斋食品有限公司	清真食品
北京祥益斋食品厂	清真食品
北京薛家赢清真肉类食品加工配送中心	清真食品
北京剧装厂	少数民族服装
北京东来顺集团有限责任公司	清真食品
北京市珐琅厂有限责任公司	少数民族工艺美术品
北京工美集团有限责任公司	少数民族工艺美术品
北京市美术红灯厂有限责任公司	少数民族工艺美术品
北京金漆镶嵌有限责任公司	少数民族工艺美术品
北京象牙雕刻厂有限责任公司	少数民族工艺美术品
北京三江宏利牧业有限公司	清真食品
北京窦店益生清真肉业有限公司	清真食品
北京卓宸畜牧有限公司	清真食品
北京隆昊肉类食品有限公司	清真食品
北京市如意食品有限责任公司	清真食品
北京大顺斋食品有限责任公司	清真食品
天津市（35 家）	
天津市春合体育用品厂	少数民族文体用品
天津市天发重型水电设备制造有限公司	少数民族生产工具
天津市天塑科技集团有限公司第二塑料制品厂	少数民族生产工具
天津华韵乐器有限公司	少数民族文体用品
天津市华龙餐具有限公司	少数民族日用杂品

续表 1

定点企业名称	民族特需用品名称
天津市远东科技工艺发展有限公司	少数民族日用杂品
天津市中环电子计算机有限公司	少数民族文体用品
天津市鑫海地毯有限公司	少数民族针纺织
天津斯必得服装集团有限公司	少数民族服装
天津名都皮革制品有限公司	少数民族鞋帽
天津市兴凯体育器械有限公司	少数民族文体用品
天津市澳玛化妆品有限公司	少数民族日用杂品
天津市金锚集团有限责任公司	少数民族生产工具
天津市兴华森亚迪服饰有限公司	少数民族服装
天津市第三食品加工厂	清真食品
天津伊利康业冷冻食品有限公司	清真食品
天津市北辰区顺义清真牛羊肉综合加工厂	清真食品
天津市天方清真食品有限公司	清真食品
天津耳朵眼炸糕餐饮有限责任公司	清真食品
天津市桂顺斋糕点有限公司	清真食品
天津市桂顺斋糕点食品二厂	清真食品
天津市古兰斋清真食品有限公司	清真食品
天津市河东鸿起顺饭庄有限公司	清真食品
天津津河乳业有限公司	清真食品
天津市全兴源牛羊肉类食品有限公司	清真食品
天津大宇食品科技有限公司	清真食品
天津市顺峰工贸有限公司	少数民族生产工具
天津竟成家纺饰品有限公司	少数民族针纺织
天津天星科生皮革制品有限公司	少数民族鞋帽
天津市佳世通金属制品有限公司	少数民族生产工具
天津市凯达重型水电设备制造有限公司	少数民族生产工具
天津伊利乳业有限责任公司	清真食品
天津市春升清真食品有限公司	清真食品
天津神农种业有限责任公司	清真食品
天津金土地食品有限公司	清真食品
河北省(51 家)	
河北健民淀粉糖业有限公司	清真食品
宁晋县福兰德服装有限公司	少数民族服装

续表 2

定点企业名称	民族特需用品名称
河北宁纺集团有限责任公司	少数民族针纺织
玉锋实业集团有限公司	清真食品
今麦郎食品有限公司	清真食品
河北德凯纺织有限公司	少数民族针纺织
河北御芝林药业有限公司	少数民族药
河北华香清真肉类加工有限责任公司	清真食品
河北天赐调料有限公司	清真食品
邯郸市名福植物油有限责任公司	清真食品
河北美佳食品有限公司	清真食品
河北康远清真食品有限公司	清真食品
邯郸摩罗丹药业股份有限公司	少数民族药
河北鼎康粮油有限公司	清真食品
邯郸隆润纺织有限责任公司	少数民族针纺织
河北东明牛皮制革有限公司	少数民族服装
益海（石家庄）粮油工业有限公司	清真食品
河北古城香业集团股份有限公司	少数民族日用杂品
沧州伊杰清真肉类食品有限公司	清真食品
石家庄华莹玻璃制品有限公司	少数民族日用杂品
张北县祥云食品有限公司	清真食品
保定津海服装有限公司	少数民族服装
唐山法立德清真食品有限公司	清真食品
石家庄常山纺织股份有限公司	少数民族针纺织
河北美客多食品集团有限公司	清真食品
黄骅市和顺伊城清真肉食有限公司	清真食品
阜城县华兴服装有限公司	少数民族服装
衡水一壶斋工艺品有限公司	少数民族工艺美术品
秦皇岛正大有限公司	清真食品
河北三环太阳能有限公司	少数民族日用杂品
河北巴迈隆实业集团有限公司	少数民族服装
承德华富玻璃器皿有限公司	少数民族日用杂品
河北正先食品有限公司	清真食品
河北唐龙纺织集团有限公司	少数民族针纺织
定州伊利乳业有限责任公司	清真食品

续表 3

定点企业名称	民族特需用品名称
宁晋县诚宏铜业有限公司	少数民族日用杂品
河北宝泰食品有限公司	清真食品
光为绿色新能源股份有限公司	少数民族日用杂品
河北蓝鸟家具股份有限公司	少数民族家具
河北强盛风电设备有限公司	少数民族日用杂品
廊坊伊利乳品有限公司	清真食品
唐山中红三融畜禽有限公司	清真食品
大厂回族自治县福华肉类有限公司	清真食品
滦县伊利乳业有限责任公司	清真食品
承德格林食品有限公司	清真食品
张北顺达油脂有限责任公司	清真食品
衡水遨宇纺织有限公司	少数民族针纺织
大厂回族自治县跃华食品有限公司	清真食品
承德开源地毯有限公司	少数民族针纺织
河北荣达畜禽有限公司	清真食品
秦皇岛市牧羊源食品有限公司	清真食品
山西省(29家)	
山西省平遥县龙海实业有限公司	清真食品
山西绿洲纺织有限责任公司	少数民族针纺织
晋城东方玻璃制品有限公司	少数民族日用杂品
山西大象农牧集团有限公司	清真食品
山西粟海集团有限公司	清真食品
山西忠民集团有限公司	清真食品
山西永济晋美油脂有限公司	清真食品
山西华晋纺织印染有限公司	少数民族针纺织
山西卓里集团有限公司	少数民族生产工具
山西卫氏鱼康实业有限公司	少数民族药
山西迎太塑料有限公司	少数民族生产工具
新绛县鸿远纺织有限责任公司	少数民族针纺织
山西金绛食品有限公司	清真食品
山西宏艺玻璃器皿有限责任公司	少数民族日用杂品
山西红萍服饰有限公司	少数民族服装
山西兵娟制衣有限公司	少数民族服装

续表 4

定点企业名称	民族特需用品名称
山西中德塑钢型材有限责任公司	少数民族生产工具
山西华晟果蔬饮品有限公司	清真食品
祁县红海玻璃有限公司	少数民族日用杂品
翼城县华煜离心球墨铸管有限责任公司	少数民族生产工具
山西吉利尔潞绸集团织造股份有限公司	少数民族服装
山西汤荣机械制造股份有限公司	少数民族生产工具
山西双银电热能有限公司	少数民族生产工具
山西光宇半导体照明股份有限公司	少数民族日用杂品
汾州裕源土特产品有限公司	清真食品
山西胡兰食品有限公司	清真食品
山西兴业绿源农牧业开发有限公司	清真食品
太原市牛羊肉类加工厂	清真食品
长治市雄丰清真养殖屠宰有限公司	清真食品
内蒙古自治区(120 家)	
内蒙古鹿王羊绒有限公司	少数民族针纺织
内蒙古圣鹿源生物科技股份有限公司	少数民族工艺美术品
内蒙古伊德清真肉业食品有限公司	清真食品
包头市都仁装饰工程有限公司	少数民族日用杂品
四子王旗民族贸易有限责任公司	清真食品
赤峰凯兰羊绒制品有限公司	少数民族针纺织
赤峰昭乌达羊绒制品有限责任公司	少数民族服装
内蒙古苏尼特肉业有限责任公司	清真食品
内蒙古蒙元牧业有限责任公司	清真食品
阿巴嘎旗百吉乐民族置业有限责任公司	少数民族工艺美术品
察哈尔右翼后旗察哈尔民族服饰服装有限责任公司	少数民族服装
内蒙古赛罕安达羊绒制品有限公司	少数民族针纺织
通辽今日印刷有限公司	少数民族文体用品
鄂托克旗景程皮毛制品厂	少数民族针纺织
内蒙古乌拉美羊业有限责任公司	清真食品
内蒙古鲁花葵花仁油有限公司	清真食品
阿拉善右旗民族工艺地毯有限责任公司	少数民族针纺织
包头市那日苏马头琴文化传播有限公司	少数民族文体用品
呼伦贝尔市中荣食品有限公司	清真食品

续表 5

定点企业名称	民族特需用品名称
赤峰宝山能源（集团）贺麒铜业有限责任公司	少数民族日用杂品
内蒙古乌兰布和乳业有限公司	清真食品
二连浩特市策格文化传播有限公司	少数民族工艺美术品
内蒙古金川伊利乳业有限责任公司	清真食品
内蒙古伊利实业集团股份有限公司	清真食品
扎兰屯伊利乳业有限责任公司	清真食品
内蒙古蒙药股份有限公司	少数民族药
内蒙古通辽岳泰股份有限公司	少数民族生产工具
奈曼旗华宝麦饭石系列产品有限公司	少数民族日用杂品
奈曼旗金秋农牧业科技发展有限公司	少数民族生产工具
内蒙古重鹤畜牧有限公司	清真食品
通辽市锦绣木业有限公司	少数民族家具
通辽市草原旭日食品有限责任公司	清真食品
内蒙古谷道粮原农产品有限责任公司	清真食品
通辽东北六药业有限公司	少数民族药
内蒙古科尔沁民族文化服饰有限公司	少数民族服装
内蒙古兴雅包装有限公司	少数民族文体用品
内蒙古科尔沁牛业股份有限公司	少数民族生产工具
扎鲁特旗北方食品有限公司	少数民族生产工具
内蒙古清谷新禾有机食品集团有限责任公司	清真食品
通辽市泽强医药有限责任公司	少数民族药
通辽朵兰纺织品有限公司	少数民族服装
内蒙古维尔农业有限公司	清真食品
通辽谷润肉业有限公司	清真食品
内蒙古蒙古王实业股份有限公司	少数民族文体用品
通辽市大漠绿洲养殖有限公司	少数民族生产工具
奈曼旗天兴民族木业有限公司	少数民族家具
通辽市阳光畜牧发展有限责任公司	清真食品
通辽绿丰肉食品有限公司	清真食品
天蒙羊绒有限公司	少数民族针纺织
通辽市润旺生物质加工有限责任公司	少数民族生产工具
通辽市东蒙肉业有限公司	清真食品
内蒙古联亿羊业有限公司	少数民族鞋帽

续表 6

定点企业名称	民族特需用品名称
内蒙古元丰木业有限公司	少数民族家具
通辽余粮畜业开发有限公司	少数民族生产工具
扎鲁特旗鑫诚肉食品有限公司	少数民族生产工具
扎鲁特旗罕山肉业有限责任公司	清真食品
扎鲁特旗希日莫羊绒纺织品有限责任公司	少数民族针纺织
内蒙古王峰拖拉机制造有限公司	少数民族生产工具
通辽卓衡机械制造有限公司	少数民族生产工具
包头万青网围栏有限公司	少数民族生产工具
阿鲁科尔沁旗塔山食品有限责任公司	清真食品
克什克腾旗天太皮毛皮革有限责任公司	少数民族鞋帽
内蒙古蒙都羊业食品有限公司	清真食品
内蒙古东方万旗肉牛产业有限公司	清真食品
内蒙古塞飞亚农业科技发展股份有限公司	清真食品
内蒙古独伊佳食品有限公司	清真食品
赤峰天奇制药有限责任公司	少数民族药
赤峰金碧药业有限公司	少数民族药
内蒙古中敖食品有限公司	清真食品
巴林左旗福山食品有限责任公司	清真食品
内蒙古草原金峰集团霞光肉类营销有限责任公司	清真食品
赤峰丹龙药业有限公司	少数民族药
赤峰他林草都清真肉业有限责任公司	清真食品
翁牛特旗路路通商贸有限责任公司	少数民族针纺织
巴林右旗巴林广告印刷有限责任公司	少数民族文体用品
赤峰市新州中药饮片有限公司	少数民族药
内蒙古茂源国际绒业有限公司	少数民族针纺织
二连市长青民族服装有限责任公司	少数民族服装
二连浩特市元兴民族文化发展有限责任公司	少数民族生产工具
阿拉善左旗驼中王绒毛制品有限责任公司	少数民族针纺织
内蒙古大盛业羊绒制品有限公司	少数民族针纺织
内蒙古大唐药业有限公司	少数民族药
内蒙古森木民族用品有限责任公司	少数民族生产工具
呼和浩特市苏鲁锭皮业有限责任公司	少数民族工艺美术品
呼和浩特市舞美艺术服装厂	少数民族服装

续表 7

定点企业名称	民族特需用品名称
呼和浩特市御盛斋食品有限责任公司	清真食品
内蒙古伊鑫源肉业有限责任公司	清真食品
内蒙古蒙伊萨食品有限责任公司	清真食品
包头伊利乳业有限责任公司	清真食品
内蒙古华德牧草机械有限责任公司	少数民族生产工具
呼伦贝尔绿祥清真肉食品有限责任公司	清真食品
鄂温克族自治旗伊赫塔拉畜牧业发展有限责任公司	清真食品
陈巴尔虎旗夏家食品有限责任公司	清真食品
内蒙古蒙犇畜牧有限责任公司	清真食品
内蒙古安达牧业有限公司	清真食品
内蒙古草原兴牧肉类有限公司	清真食品
乌兰浩特中蒙制药有限公司	少数民族药
乌兰浩特兴安岭拖拉机有限公司	少数民族生产工具
内蒙古扎赉特旗鑫神峰制衣厂	少数民族服装
内蒙古科右中旗兴华高级服装厂	少数民族服装
锡林郭勒盟穆兴皮毛制品有限公司	少数民族针纺织
锡林郭勒盟正林畜产品有限责任公司	清真食品
锡林郭勒盟伊顺清真肉类有限责任公司	清真食品
锡林郭勒盟伊荣清真肉食品有限责任公司	清真食品
锡林浩特伊利乳品有限责任公司	清真食品
锡林郭勒盟云华民族文化服饰发展有限公司	少数民族服装
苏尼特左旗盛草网围栏有限责任公司	少数民族生产工具
内蒙古西乌珠穆沁旗沁绿肉类食品有限责任公司	清真食品
正镶白旗伊盛肉类有限责任公司	清真食品
内蒙古福瑞中蒙药科技股份有限公司	少数民族药
内蒙古马志全清真食品有限公司	清真食品
乌兰察布市草原肉食品有限责任公司	清真食品
鄂尔多斯市阿腾莎民族用品有限责任公司	少数民族工艺美术品
鄂尔多斯市锡尼绒毛厂	少数民族针纺织
巴彦淖尔伊利乳业有限责任公司	清真食品
内蒙古美洋洋食品有限公司	清真食品
内蒙古草原宏宝食品有限公司	清真食品
阿拉善左旗善玉雕刻有限公司	少数民族工艺美术品

续表 8

定点企业名称	民族特需用品名称
阿拉善右旗腾飞民族工艺品有限责任公司	少数民族文体用品
内蒙古奥特奇蒙药股份有限公司	少数民族药
辽宁省(91 家)	
沈阳萃华金银珠宝股份有限公司	少数民族工艺美术品
大连东风纺织工艺品有限公司	少数民族针纺织
瓦房店市欣惠达装饰品有限公司	少数民族服装
岫岩满族自治县万金润玉雕有限公司	少数民族工艺美术品
本溪湘泉建陶有限责任公司	少数民族日用杂品
辽宁超懿工贸集团有限公司	少数民族针纺织
阜新福棉纺织有限责任公司	少数民族针纺织
辽宁中泽集团朝阳纺织有限责任公司	少数民族针纺织
朝阳市新隆毛纺织集团有限公司	少数民族针纺织
北票新元纺织有限公司	少数民族针纺织
沈阳宏发企业集团家俱有限公司	少数民族家具
大连俊铭服装有限公司	少数民族服装
大连天益玻璃制品有限公司	少数民族生产工具
辽宁伊利乳业有限公司	清真食品
瓦房店龙城肉食品加工有限公司	清真食品
大连华富食品有限公司	清真食品
辽宁振隆特产股份有限公司	清真食品
鞍山市晋丰达牧业有限公司	清真食品
北票市宏发食品有限公司	清真食品
辽宁宏达牛业发展有限公司	清真食品
丹东药业集团有限公司	少数民族药
阜新蒙药有限责任公司	少数民族药
辽宁康博士制药有限公司	少数民族药
海城柏仙太子服饰有限公司	少数民族服装
辽宁柞蚕丝绸科学研究院有限责任公司	少数民族针纺织
阜新天祺玛瑙玉器开发有限责任公司	少数民族工艺美术品
调兵山宏大肉禽加工有限责任公司	清真食品
雪龙黑牛股份有限公司	清真食品
辽宁宏达费氏食品工业有限公司	清真食品
阜新维远食品科技有限公司	清真食品

续表 9

定点企业名称	民族特需用品名称
辽宁佳泰实业有限公司	少数民族服装
阜新霍氏兄弟鞋业有限责任公司	少数民族鞋帽
铁岭市永发茧产品有限公司	少数民族服装
朝阳朝工机械有限公司	少数民族生产工具
大连四方电泵有限公司	少数民族生产工具
朝阳宾朋毛巾有限责任公司	少数民族针纺织
建平县臣龙机械有限责任公司	少数民族生产工具
喀左永达民族陶业有限公司	少数民族日用杂品
辽宁通达泵业集团有限公司	少数民族生产工具
海城市海富染整印花有限公司	少数民族针纺织
本溪满族自治县鑫盛陶瓷厂	少数民族日用杂品
辽宁飞天针织品有限责任公司	少数民族服装
喀左县民族地毯厂	少数民族针纺织
朝阳飞马集团机械制造有限公司	少数民族生产工具
大连丽豪硕服装辅料有限公司	少数民族服装
岫岩满族自治县万客来玉石床垫有限公司	少数民族工艺美术品
鞍山中通发展有限公司	少数民族日用杂品
大连俊峰热工工程设备有限公司	少数民族日用杂品
辽宁兴达金属钢网有限公司	少数民族生产工具
桓仁鑫艺有限公司	少数民族日用杂品
抚顺市立营木业有限责任公司	少数民族生产工具
丹东市唐人服饰有限公司	少数民族服装
本溪天龙古洞旅游开发有限责任公司	少数民族工艺美术品
锦州市夏氏满族工艺发展有限公司	少数民族针纺织
朝阳市龙泉家俱有限责任公司	少数民族家具
朝阳黑猫伍兴岐炭黑有限责任公司	少数民族针纺织
葫芦岛佰宏制衣有限公司	少数民族服装
清原满族自治县鹏发木制品有限公司	少数民族家具
大连俊铭时装有限公司	少数民族日用杂品
抚顺海源肉禽加工有限公司	清真食品
阜新东祥油脂有限责任公司	清真食品
大连明达食品有限公司	清真食品
阜新六和农牧有限公司	清真食品

续表 10

定点企业名称	民族特需用品名称
辽宁鑫枫牧业股份有限公司	清真食品
清原得胜禽业有限公司	清真食品
开原市赢得肉禽有限责任公司	清真食品
辽宁宏福肉类集团有限公司	清真食品
沈阳福来食品实业有限公司	清真食品
沈阳冠卓牧业有限公司	清真食品
中敖西丰清真食品有限公司	清真食品
抚顺顺意清真食品有限公司	清真食品
本溪万顺达发展有限公司	清真食品
辽阳市真乐回族食品有限公司	清真食品
辽宁绿源肉业有限公司	清真食品
鞍山市九股河食品有限责任公司	清真食品
朝阳华瑞棉业有限责任公司	少数民族针纺织
辽宁宏兴包装制品有限公司	少数民族文体用品
朝阳小平五丰木业有限公司	少数民族家具
本溪冶炼集团有限公司	少数民族日用杂品
丹东优耐特纺织品有限公司	少数民族针纺织
辽宁北方曲轴有限公司	少数民族日用杂品
鞍山永安包装工业有限公司	少数民族文体用品
葫芦岛市天天清真牛羊定点屠宰有限公司	清真食品
辽宁成大木业有限公司	少数民族家具
阜新市联成裘革制衣有限公司	少数民族鞋帽
辽宁东明工艺品有限公司	少数民族工艺美术品
本溪九鲲鹏制衣有限公司	少数民族服装
辽宁龙江工艺品有限公司	少数民族日用杂品
海城鸿尊达牧业有限公司	清真食品
喀左飞鹏机械制造有限公司	少数民族日用杂品
凌源市鑫晟木业有限公司	少数民族家具
吉林省(102 家)	
吉林省长春皓月清真肉业股份有限公司	清真食品
吉林华康药业股份有限公司	少数民族药
延边路兴沥青贮运有限责任公司	少数民族日用杂品
伊通满族自治县芮来满族服饰有限公司	少数民族服装

续表 11

定点企业名称	民族特需用品名称
延边大学草仙药业有限公司	少数民族药
吉林市吉东木业有限公司	少数民族家具
长春老韩头清真食品有限公司	清真食品
吉林市东福实业有限公司	清真食品
吉林市宏林陶瓷有限责任公司	少数民族日用杂品
延边白头山制药有限公司	少数民族药
吉林省东明清真食品有限公司	清真食品
修正药业集团股份有限公司	少数民族药
吉林丽美坚木业股份有限公司	少数民族家具
吉林省天地美清真食品有限公司	清真食品
白城天福粮油食品集团有限公司	清真食品
大森林食品有限公司	清真食品
吉林市红阳农业开发有限公司	清真食品
延边新华印刷有限公司	少数民族文体用品
长春市紫玉木兰工艺有限公司	少数民族鞋帽
吉林华商建设集团有限公司	少数民族日用杂品
吉林龙鑫药业有限公司	少数民族药
延边天元机械有限公司	少数民族生产工具
敦化市洪源木业有限公司	少数民族家具
珲春弘丰制衣有限公司	少数民族服装
敦化市鸿发食品有限责任公司	清真食品
吉林奥箭集团大成木业有限责任公司	少数民族家具
敦化市中信木业有限责任公司	少数民族家具
吉林康乃尔药业有限公司	少数民族药
吉林市富薪木业有限责任公司	少数民族日用杂品
长春大华实业集团有限公司	少数民族家具
吉林福源馆食品集团有限责任公司	清真食品
吉林吉春制药股份有限公司	少数民族药
长春市桥霖木业有限公司	少数民族家具
吉林省东丰药业股份有限公司	少数民族药
东丰县鹏翔牧业有限责任公司	清真食品
前郭尔罗斯蒙古族自治县哈萨尔王食品有限公司	清真食品
松原市弘晟喷灌喷泉工程有限公司	少数民族生产工具

续表 12

定点企业名称	民族特需用品名称
白城电力镇赉变压器有限责任公司	少数民族日用杂品
大安市安大牧业有限责任公司	清真食品
延边恒达实业集团有限公司	少数民族日用杂品
吉林三三零五机械厂	少数民族日用杂品
吉林延边林业集团珲春森林山木业有限公司	少数民族家具
图们市华仁塑料制品有限公司	少数民族日用杂品
吉林正方农牧股份有限公司	清真食品
吉林卓越实业股份有限公司	清真食品
吉林一正药业集团有限公司	少数民族药
敦化市金诚实业有限责任公司	少数民族文体用品
地球卫士环保新材料股份有限公司	少数民族文体用品
吉林延边林业集团八家子林业有限公司	少数民族家具
吉林宝信清真食品有限公司	清真食品
吉林草还丹药业有限公司	少数民族药
吉林省东北亚药业股份有限公司	少数民族药
延吉市明珠实业有限公司	少数民族服装
延吉新树杰木业有限公司	少数民族家具
敦化市金海木业有限公司	少数民族家具
白山市喜丰塑业有限公司	少数民族生产工具
吉林天力泰药业有限公司	少数民族药
吉林天宇建设集团股份有限公司	少数民族日用杂品
吉林福敦木业有限公司	少数民族家具
延吉市海金蒲民族被有限公司	少数民族针纺织
吉林郭尔罗斯生物饲料有限公司	少数民族生产工具
延边石岘白麓纸业股份有限公司	少数民族文体用品
敦化市吉森木业有限责任公司	少数民族家具
延边宝利祥蜂业有限公司	清真食品
吉林益民堂制药有限公司	少数民族药
敦化市中联木业有限公司	少数民族家具
延边泛西方塑料有限公司	少数民族日用杂品
延边海宇服饰有限公司	少数民族服装
延边阿里郎包装有限责任公司	少数民族文体用品
延边畜牧开发集团有限公司	清真食品

续表 13

定点企业名称	民族特需用品名称
延边方园木业有限责任公司	少数民族家具
敦化市德信木业有限责任公司	少数民族家具
敦化市大福门业有限公司	少数民族家具
天成玉米开发有限公司	清真食品
敦化市森泰木业有限责任公司	少数民族家具
安图亚鑫木制品有限公司	少数民族家具
延边瑞迪神高新技术开发有限公司	少数民族日用杂品
吉林福康医药生物科技有限公司	少数民族药
珲春运达针织服装有限公司	少数民族服装
延边大宗实业有限公司	少数民族服装
吉林新元木业有限公司	少数民族家具
吉林省长春清真肉业集团有限公司	清真食品
延边商业集团有限公司	少数民族文体用品
敦化市北营木业有限责任公司	少数民族家具
敦化市森翔木业有限责任公司	少数民族家具
吉林成达食品有限公司	清真食品
吉林九江潮集团有限公司	清真食品
吉林市吉兴粮业有限公司	清真食品
敦化市振鑫钢铁改制有限责任公司	少数民族日用杂品
伊通满族自治县盛世服饰有限公司	少数民族服装
吉林省鸿乔木业有限责任公司	少数民族家具
吉林六鼎山实业有限公司	少数民族服装
敦化市广晟油脂生物科技有限责任公司	少数民族生产工具
敦化市亚联机械制造有限公司	少数民族日用杂品
吉林敖东药业集团延吉股份有限公司	少数民族药
吉林延边林业集团和龙林业有限公司	少数民族家具
吉林敖东延边药业股份有限公司	少数民族药
敦化市敖东食品开发有限责任公司	清真食品
吉林敖东集团金海发药业股份有限公司	少数民族药
通钢集团敦化塔东矿业有限责任公司	少数民族日用杂品
四平成达食品有限公司	清真食品
珲春兴业木业有限责任公司	少数民族家具

续表 14

定点企业名称	民族特需用品名称
黑龙江省(29 家)	
牡丹江北方水泥有限公司	少数民族日用杂品
黑龙江天顺源清真食品有限公司	清真食品
大庆市杜尔伯特伊利乳业有限责任公司	清真食品
绥化市肇东市伊利乳业有限责任公司	清真食品
黑龙江宾西牛业	清真食品
东宁县吉信木业有限责任公司	少数民族家具
齐齐哈尔市瑞盛食品制造有限公司	清真食品
黑河市嫩江县清真肉类加工厂	清真食品
哈尔滨常皓清真牧业有限公司	清真食品
齐齐哈尔市再志清真屠宰场	清真食品
黑龙江源和盛清真食品有限公司	清真食品
齐齐哈尔三义成清真食品有限公司	清真食品
鹤岗市丰荟回民食品有限责任公司	清真食品
鹤岗市清真定点屠宰厂	清真食品
哈尔滨市冰城牧业有限公司	清真食品
双鸭山饶河脉动珍稀动物繁育有限公司	少数民族服装
黑龙江赛路恩电子产品开发有限公司	少数民族文体用品
齐齐哈尔市龙江县伊龙清真食品有限责任公司	清真食品
黑龙江省大庆皓月清真食品工业有限公司	清真食品
牡丹江市王旺回民食品有限公司	清真食品
集贤县晨光牧业有限公司	清真食品
大庆市国康木业有限公司	少数民族家具
佳木斯富锦市明达牧业有限责任公司	清真食品
牡丹江市回回顺清真食品有限公司	清真食品
大庆市怡丽美服装服饰有限公司	少数民族服装
齐齐哈尔市伊旺食品有限公司	清真食品
安达市伊利乳业有限责任公司	清真食品
黑龙江省蓝艺地毯集团有限公司	少数民族针纺织
双鸭山黑龙江农垦北大荒牛业有限公司	清真食品
上海市(8 家)	
上海民族乐器一厂	少数民族文体用品
中国第一铅笔有限公司	少数民族文体用品

续表 15

定点企业名称	民族特需用品名称
上海老凤祥有限公司	少数民族工艺美术品
上海东亚食品工业有限公司	清真食品
上海伊利爱贝食品有限公司	清真食品
上海牛羊肉公司	清真食品
上海爱普食品工业有限公司	清真食品
上海圣华副食品有限公司	清真食品
江苏省(59 家)	
江苏华佳丝绸有限公司	少数民族针纺织
江苏宏健粮油科技发展有限公司	清真食品
江苏省华扬太阳能有限公司	少数民族日用杂品
江苏泗绢集团有限公司	少数民族针纺织
江苏玖久丝绸股份有限公司	少数民族针纺织
江苏龙嫂绿色食品有限公司	清真食品
南京云锦研究所股份有限公司	少数民族针纺织
南京金箔集团有限责任公司	少数民族工艺美术品
南京绿柳居清真食品有限公司	清真食品
南京清真安乐园菜馆	清真食品
南京韩复兴清真食品有限公司	清真食品
南京清真桃源村食品厂有限公司	清真食品
徐州益客食品有限公司	清真食品
徐州澳华肉食品有限公司	清真食品
常州环球地毯制造有限公司	少数民族针纺织
苏州市青田企业发展有限公司	少数民族针纺织
苏州华思丝绸印染有限公司	少数民族针纺织
苏州剧装戏具合作公司	少数民族服装
南通市苏中纺织有限公司	少数民族针纺织
南通罗盖特生物科技有限公司	清真食品
益海（连云港）粮油工业有限公司	清真食品
连云港天明自然纤维制品有限公司	少数民族针纺织
扬州纪元纺织有限公司	少数民族针纺织
扬州玉器厂	少数民族工艺美术品
扬州漆器厂	少数民族工艺美术品
扬州神州风力发动机有限公司	少数民族日用杂品

续表 16

定点企业名称	民族特需用品名称
宿迁洋河纺织有限公司	少数民族针纺织
宿迁天辰纺织有限公司	少数民族针纺织
吴江市新申织造有限公司	少数民族针纺织
吴江赴东纺织集团有限公司	少数民族针纺织
吴江飞翔印染有限公司	少数民族针纺织
大丰市佳丰油脂有限责任公司	清真食品
丹阳市通泰纺织有限公司	少数民族针纺织
泗阳县嘉泰纺织有限公司	少数民族针纺织
江苏伟楼生物科技有限公司	清真食品
江苏康乃馨织造有限公司	少数民族针纺织
江苏玉人服装有限公司	少数民族针纺织
江苏高和机电股份有限公司	少数民族日用杂品
金海新源电气江苏有限公司	少数民族日用杂品
江苏东佳木业有限公司	少数民族家具
江苏宝宝宿迁国民生物科技有限公司	清真食品
南京海锚电器织造有限公司	少数民族日用杂品
南京双峰油泵油嘴有限公司	少数民族生产工具
南京朝中食品有限责任公司	清真食品
苏州民族乐器一厂有限公司	少数民族文体用品
连云港飞雁毛毯有限责任公司	少数民族针纺织
盐城顶益食品有限公司	清真食品
张家港市大新毛纺有限公司	少数民族针纺织
吴江市震洲喷气织造厂	少数民族针纺织
仪征苏豪制衣有限公司	少数民族服装
江苏箭鹿毛纺股份有限公司	少数民族针纺织
江苏春绿粮油有限公司	清真食品
江苏苏龙纺织科技集团有限公司	少数民族针纺织
江苏宝龙集团有限公司	清真食品
扬州市华光双瑞实业有限公司	少数民族生产工具
吴江市双益化纺实业有限公司	少数民族针纺织
盐城蓝多特纺织原料有限公司	少数民族针纺织
江苏海利达纺织有限公司	少数民族针纺织
江苏柏泰集团有限公司	少数民族服装

续表 17

定点企业名称	民族特需用品名称
浙江省(6家)	
杭州翠沁斋清真食品有限公司	清真食品
景宁畲族自治县龙凤民族服饰有限公司	少数民族针纺织
衢州安康民族工艺饰品有限公司	少数民族工艺美术品
新昌县江南诚茂砖茶有限公司	边销茶(紧压茶)
浙江武义骆驼九龙砖茶有限公司	边销茶(紧压茶)
宁波赤岩峰茶业有限公司	边销茶(紧压茶)
安徽省(18家)	
安庆市清怡针纺织品有限责任公司	少数民族针纺织
铜陵锦鹏工艺品有限责任公司	少数民族针纺织
安庆市柏兆记工贸实业发展有限公司	清真食品
安徽省林锦记食品工业有限公司	清真食品
安徽华卫集团禽业有限公司	清真食品
安徽协和成药业饮片有限公司	清真食品
安徽鑫河清真牛羊肉加工有限公司	清真食品
安徽康尔美油脂有限公司	清真食品
安徽远旺清真食品有限责任公司	清真食品
全椒县礼庚管坝牛肉有限公司	清真食品
合肥桂和农牧渔发展有限公司	清真食品
合肥新晟天工贸有限公司	少数民族鞋帽
安徽省凤阳县御膳油脂有限公司	清真食品
滁州市琅琊米源斋清真食品厂	清真食品
天长市鑫光民族服饰有限公司	少数民族服装
亳州市永刚饮片厂有限公司	清真食品
淮南市碗碗香豆业有限公司	清真食品
安徽金丰粮油股份有限公司	清真食品
福建省(4家)	
福安市珍华工艺品有限公司	少数民族工艺美术品
福建盈盛号金银饰品有限公司	少数民族工艺美术品
福建省满园春茶业有限公司	边销茶(紧压茶)
正大（中国）服饰有限公司	少数民族服装
江西省(13家)	
江西桐青金属工艺品有限公司	少数民族工艺美术品

续表 18

定点企业名称	民族特需用品名称
余干县民族乐器有限公司	少数民族文体用品
德兴市百勤异 VC 钠有限公司	清真食品
景德镇远景瓷业有限公司	少数民族日用杂品
景德镇佳洋陶瓷有限公司	少数民族日用杂品
九江市清真梁启发食品厂	清真食品
九江市清真梁义隆食品有限公司	清真食品
九江市清真牛羊禽蛋加工厂	清真食品
江西牛牛乳业有限责任公司	清真食品
江西南方黑芝麻食品有限责任公司	清真食品
江西绿源油脂实业有限公司	清真食品
江西仙客来生物科技有限公司	清真食品
景德镇诺耐新材料科技有限公司	少数民族日用杂品
山东省(94 家)	
青岛九联集团股份有限公司	清真食品
青岛清光食品有限公司	清真食品
泰山石膏股份有限公司	少数民族日用杂品
山东康平纳集团有限公司	少数民族针纺织
肥城市龙祥纺织有限公司	少数民族针纺织
山东金马工业集团股份有限公司	少数民族生产工具
山东银凤股份有限公司	少数民族日用杂品
山东神龙毯业有限公司	少数民族针纺织
中澳控股集团有限公司	清真食品
谷神生物科技集团有限公司	清真食品
山东鼎力枣业食品集团有限公司	清真食品
山东鑫亚工业股份有限公司	少数民族生产工具
临清三和纺织集团有限公司	少数民族针纺织
山东泉林纸业有限责任公司	少数民族文体用品
山东凤祥股份有限公司	清真食品
阳谷县鲁信清真食业有限公司	清真食品
山东冠洲股份有限公司	少数民族生产工具
冠县冠星纺织有限责任公司	少数民族针纺织
山东东阿钢球集团有限公司	少数民族日用杂品
山东汇通纺织有限公司	少数民族针纺织

续表 19

定点企业名称	民族特需用品名称
山东省阳信广富畜产品有限公司	清真食品
山东渤海油脂工业有限公司	清真食品
山东滨州亚光毛巾有限公司	少数民族针纺织
山东鲁花浓香花生油有限公司	清真食品
山东达驰电气有限公司	少数民族生产工具
淄博兰雁集团有限责任公司	少数民族针纺织
金乡县华光食品进出口有限公司	清真食品
山东明胜纺织有限公司	少数民族针纺织
山东齐旺达包装制品有限公司	少数民族生产工具
东辰控股集团有限公司	清真食品
希森三和集团有限公司	清真食品
三阳纺织有限公司	少数民族针纺织
莱阳鲁花浓香花生油有限公司	清真食品
烟台龙源油食品有限公司	清真食品
山东春雪食品有限公司	清真食品
山东圣豪家纺有限公司	少数民族针纺织
山东黎明纺织有限公司	少数民族针纺织
山东禹王实业有限公司	清真食品
山东益寿食品股份有限公司	清真食品
无棣伊德圆畜牧有限公司	清真食品
山东峰宇面粉有限公司	清真食品
山东胜通化工有限公司	少数民族生产工具
莱芜泰禾生化有限公司	清真食品
山东常林机械集团股份有限公司	少数民族生产工具
山东华盛农业药械有限责任公司	少数民族生产工具
中通客车控股股份有限公司	少数民族生产工具
中冶纸业银河有限公司	少数民族文体用品
山东润源实业有限公司	少数民族生产工具
山东奥克特化工有限公司	少数民族药
山东省曹普工艺有限公司	少数民族家具
威海毛纺织集团有限公司	少数民族针纺织
日照东升地毯有限公司	少数民族针纺织
山东华誉集团有限公司	清真食品

续表 20

定点企业名称	民族特需用品名称
山东龙大植物油有限公司	清真食品
山东宇泰光电科技有限公司	少数民族日用杂品
山东华兴纺织集团有限公司	少数民族针纺织
山东中奥毯业有限公司	少数民族针纺织
青岛东生集团股份有限公司	清真食品
山东超越纺织有限公司	少数民族针纺织
山东巨益新能源有限公司	少数民族日用杂品
山东中谷淀粉糖有限公司	清真食品
青岛长寿食品有限公司	清真食品
山东智德纺织有限公司	少数民族针纺织
泰安鲁普耐特塑料有限公司	少数民族生产工具
山东桑乐太阳能有限公司	少数民族日用杂品
山东洪丰面粉有限公司	清真食品
金猴集团有限公司	少数民族服装
山东如意科技集团有限公司	少数民族针纺织
山东飞泰纺织有限公司	少数民族针纺织
诸城外贸有限责任公司	清真食品
山东岱银纺织集团股份有限公司	少数民族针纺织
招远市针织厂有限公司	少数民族针纺织
山东香驰粮油有限公司	清真食品
山东绿健生物技术有限公司	清真食品
阳信亿利源清真肉类有限公司	清真食品
蓬莱汇洋食品有限公司	清真食品
淄博欧木特种纸业有限公司	少数民族日用杂品
山东新光股份有限公司	少数民族针纺织
山东招金银楼有限公司	少数民族工艺美术品
山东万得福实业集团有限公司	清真食品
日照海通丝业有限公司	少数民族针纺织
武城县英潮经贸有限公司	清真食品
淄博大染坊丝绸集团有限公司	少数民族针纺织
邹平三星油脂工业有限公司	清真食品
山东清田塑工有限公司	少数民族生产工具
山东兴泉油脂有限公司	清真食品

续表 21

定点企业名称	民族特需用品名称
昌邑华晨纺织印染有限公司	少数民族针纺织
山东鸿润油脂有限公司	清真食品
山东红叶地毯有限公司	少数民族针纺织
山东呈祥电工电气有限公司	少数民族日用杂品
山东环球印铁制罐有限公司	少数民族日用杂品
青岛春明调味品有限公司	清真食品
齐鲁宏业纺织集团有限公司	少数民族针纺织
青岛品品好粮油有限公司	清真食品
河南省(87家)	
焦作隆丰皮草企业有限公司	少数民族针纺织
河南阿凡提食品股份有限公司	清真食品
中牛集团有限公司	少数民族鞋帽
河南华英农业发展股份有限公司	清真食品
河南羚锐制药股份有限公司	少数民族药
南阳纺织集团有限公司	少数民族针纺织
河南新野纺织股份有限公司	少数民族针纺织
河南大用实业有限公司	清真食品
焦作大用实业有限公司	清真食品
河南大用邦杰食品有限公司	清真食品
河南省淇县永达食业有限公司	清真食品
鹤壁朝歌纺织有限公司	少数民族针纺织
濮阳新三强纺织有限公司	少数民族针纺织
新乡景弘印染有限公司	少数民族针纺织
河南太行振动机械股份有限公司	少数民族生产工具
郑州天方食品集团有限公司	清真食品
郑州泰阳纺织有限公司	少数民族针纺织
河南省中原皓月清真食品工业有限公司	清真食品
洛阳金香斋食品有限公司	清真食品
河南省金牛足食品有限公司	清真食品
河南省天鹅型材有限公司	少数民族日用杂品
沁阳市金牛皮业有限公司	少数民族针纺织
河南伊赛牛肉股份有限公司	清真食品
沁阳市亚中皮毛制品有限公司	少数民族针纺织

续表 22

定点企业名称	民族特需用品名称
河南省诚实人食品有限公司	清真食品
开开援生制药股份有限公司	少数民族药
邓州雪阳集团股份有限公司	少数民族针纺织
河南省星河油脂有限公司	清真食品
河南梦想食品有限公司	清真食品
漯河市永利食品有限公司	清真食品
漯河市永光电气设备有限公司	少数民族日用杂品
河南九华纺织有限公司	少数民族针纺织
河南尚正食品有限公司	清真食品
沁阳市大扬鞋材有限公司	少数民族鞋帽
河南省武陟县亨威皮毛服装有限公司	少数民族针纺织
沁阳市星月工贸实业有限公司	少数民族针纺织
沁阳市协和皮业有限公司	少数民族针纺织
河南粤禽农牧有限公司	清真食品
安阳市健丰食品有限公司	清真食品
鹤壁市豫光面粉有限公司	清真食品
河南豪丰机械制造有限公司	少数民族生产工具
河南银丰机械制造有限公司	少数民族生产工具
尉氏县凯华皮革有限公司	少数民族服装
河南昌泰电力设备有限公司	少数民族日用杂品
漯河双汇万中禽业加工有限公司	清真食品
淮阳县辉华面业有限公司	清真食品
河南辅仁堂制药有限公司	少数民族药
驻马店联顺食品有限公司	清真食品
河南启明肉食品有限公司	清真食品
河南天瀛食品科技有限公司	清真食品
河南省宛西制药股份有限公司	少数民族药
河南三源粮油食品有限责任公司	清真食品
河南黄国粮业有限公司	清真食品
河南山信粮业有限公司	清真食品
民权县科农食品贸易有限公司	清真食品
河南五环彩印包装股份有限公司	少数民族文体用品
河南义江民族服饰有限公司	少数民族服装

续表 23

定点企业名称	民族特需用品名称
河南花仙子粮油加工有限公司	清真食品
漯河市天味食品有限公司	清真食品
河南省隆庆祥服饰有限公司	少数民族针纺织
河南永达清真食品有限公司	清真食品
内黄县意隆纺织有限责任公司	少数民族针纺织
河南省淇花食用油有限公司	清真食品
新野县康园纺织有限公司	少数民族针纺织
商丘市农家源粮油有限公司	清真食品
信阳市四季香茶业有限公司	边销茶(紧压茶)
焦作市金厨食品有限公司	清真食品
修武县顾氏畜产制品有限责任公司	少数民族针纺织
罗山县高盛瓷业有限公司	少数民族日用杂品
河南帮太食品有限公司	清真食品
河南省华鹏棉业有限公司	少数民族针纺织
商丘市银河棉业股份有限公司	少数民族针纺织
夏邑县淮海铸造有限公司	少数民族日用杂品
鄢陵县鑫鑫肠衣有限公司	清真食品
河南米多奇食品有限公司	清真食品
河南永达生物食品有限公司	清真食品
河南森源集团有限公司	少数民族日用杂品
淅川县豫西清真肉业有限公司	清真食品
河南新能光伏有限公司	少数民族日用杂品
河南七点半食品有限公司	清真食品
洛阳市伊伊清真食品有限公司	清真食品
南乐县大乐面粉有限公司	清真食品
尉氏纺织有限公司	少数民族针纺织
河南省新野鹏升纺织有限公司	少数民族针纺织
新野县华星棉纺织有限责任公司	少数民族针纺织
河南九华山茶业有限公司	边销茶(紧压茶)
河南一加一面粉有限公司	清真食品
湖北省(44 家)	
湖北采花茶业有限公司	少数民族日用杂品
湖北新桥生物科技有限责任公司	少数民族日用杂品

续表 24

定点企业名称	民族特需用品名称
湖北任森农业科技发展有限公司	清真食品
枝江步步升布艺有限公司	少数民族鞋帽
远安县德中茧丝有限责任公司	少数民族针纺织
宜昌雅佳明妃家具有限公司	少数民族家具
宜昌市雅尊服饰有限公司	少数民族服装
恩施新佰佳民族工艺开发有限公司	少数民族日用杂品
恩施州青山木业有限公司	少数民族家具
湖北龙船调服饰有限公司	少数民族服装
湖北锐强农机制造有限公司	少数民族生产工具
湖北香连药业有限责任公司	少数民族药
湖北爱茵木塑制品有限责任公司	少数民族日用杂品
建始永恒太阳能光电科技有限公司	少数民族日用杂品
恩施州鑫鑫麻织品有限责任公司	少数民族针纺织
湖北宝石花工艺品有限公司	少数民族工艺美术品
来凤金凤建材工业有限责任公司	少数民族日用杂品
荆门市奥斯曼复合材料有限公司	少数民族日用杂品
十堰市伊兰清真实业有限公司	清真食品
武当山特区有宏精铸有限公司	少数民族工艺美术品
神农架神农御酒有限责任公司	少数民族针纺织
武汉清真牛羊加工有限公司	清真食品
武汉市副食品商业储备有限公司	清真食品
唐古拉汉藏文化交流有限公司	少数民族工艺美术品
松滋市银舟棉业有限公司	少数民族针纺织
襄阳新襄棉纺织有限公司	少数民族针纺织
襄阳市天佐农牧有限公司	清真食品
宜城市天鑫油脂有限公司	清真食品
湖北雪美实业股份有限公司	少数民族针纺织
湖北巨源油业有限公司	清真食品
房县昂欣布业有限责任公司	少数民族针纺织
宜昌三峡制药有限公司	少数民族药
湖北省赵李桥茶厂有限责任公司	边销茶(紧压茶)
湖北富华茶业有限公司	边销茶(紧压茶)
宣恩县安居建材有限公司	少数民族日用杂品

续表 25

定点企业名称	民族特需用品名称
湖北宏远药业有限公司	少数民族药
恩施州土司皇宫刺绣有限公司	少数民族鞋帽
恩施州百贝木业有限公司	少数民族家具
宜昌市形成服饰有限公司	少数民族服装
山泰水电设备制造有限责任公司	少数民族生产工具
湖北瑞源纺织有限责任公司	少数民族针纺织
咸宁市柏墩生甡川砖茶厂	边销茶(紧压茶)
羊楼洞茶业有限公司	边销茶(紧压茶)
湖北赵李桥锦合茶叶有限公司	边销茶(紧压茶)
湖南省(72 家)	
吉首诚成纺织有限公司	少数民族针纺织
湘西自治州长丰纺织有限责任公司	少数民族针纺织
酒鬼酒股份有限公司	少数民族日用杂品
湘西土家族苗族自治州民族中医院	少数民族药
湘西宏成制药有限责任公司	少数民族药
湘西土家族苗族自治州人民医院	少数民族药
湖南湘泉药业股份有限公司	少数民族药
湘西自治州锦绣湘西民族文化产业有限公司	少数民族家具
湘西自治州毕果民族服饰研制中心	少数民族服装
吉首银世界珠宝首饰有限公司	少数民族工艺美术品
古丈县卓良木业有限责任公司	少数民族家具
湖南永顺锦帛钰纺织有限责任公司	少数民族针纺织
湖南本草制药有限责任公司	少数民族药
湖南省泸溪县金旭冶化有限责任公司	少数民族日用杂品
花垣县民族民间工艺美术厂	少数民族针纺织
凤凰古城文化旅游投资股份有限公司	少数民族服装
凤凰县长松投资有限公司	少数民族服装
湘西自治州丰达合金科技有限公司	少数民族服装
湘西自治州天源建材有限责任公司	少数民族日用杂品
湘西芙蓉镇景点圈旅游投资开发股份有限公司	少数民族鞋帽
龙山县叶氏民族工艺有限公司	少数民族针纺织
吉首市宗南重工制造有限公司	少数民族生产工具
湘西自治州兄弟玻璃有限公司	少数民族日用杂品

续表 26

定点企业名称	民族特需用品名称
湖南恒兴木业有限公司	少数民族家具
永顺县土家村姑实业有限责任公司	少数民族针纺织
泸溪县鑫兴冶化有限公司	少数民族工艺美术品
泸溪县金瑞冶化有限责任公司	少数民族工艺美术品
湖南省花垣苗河文化产品有限公司	少数民族工艺美术品
凤凰县铭城旅游设施维护建设有限责任公司	少数民族工艺美术品
湖南金丰纺织集团有限公司	少数民族针纺织
怀化市安江纺织有限责任公司	少数民族针纺织
怀化市恒裕实业有限公司	少数民族日用杂品
新晃老蔡食品有限责任公司	清真食品
怀化正好制药有限公司	少数民族药
湖南佳惠百货有限责任公司	少数民族服装
湖南正清制药集团股份有限公司	少数民族药
洪江市华宇竹业有限公司	少数民族家具
怀化华宏印务有限公司	少数民族文体用品
湖南绿步科技有限责任公司	少数民族日用杂品
湖南恒伟药业股份有限公司	少数民族药
湖南敬和堂制药有限公司	少数民族药
张家界惊梦酒业食品有限责任公司	少数民族日用杂品
张家界金鲵生物工程股份有限公司	少数民族针纺织
张家界三木能源开发有限公司	少数民族日用杂品
张家界康华实业有限公司	少数民族工艺美术品
靖州苗族侗族自治县人民医院	少数民族药
桃江县湘益木业有限责任公司	少数民族家具
桃源县义哥清真牛肉食品厂	清真食品
黄龙洞投资股份有限公司	少数民族服装
湖南省恒鑫饰品有限公司	少数民族工艺美术品
张家界永兴玻璃有限公司	少数民族日用杂品
城步苗族自治县玉兰民族服装厂	少数民族服装
长沙沙坪金球湘绣有限公司	少数民族针纺织
湖南永州奔腾彩印有限公司	少数民族文体用品
湖南省回春堂药业有限公司	少数民族药
靖州县金茶油科技开发有限责任公司	少数民族服装

续表 27

定点企业名称	民族特需用品名称
湖南华洋铜业股份有限公司	少数民族日用杂品
张家界康茜置业有限公司	少数民族日用杂品
怀化湘鹤（集团）电缆科技有限公司	少数民族生产工具
桃江县牛魔王食品有限公司	清真食品
城步苗族自治县银河纸业有限责任公司	少数民族文体用品
安化怡清源茶业有限公司	边销茶(紧压茶)
湖南紫艺茶业有限公司	边销茶(紧压茶)
益阳茶厂有限公司	边销茶(紧压茶)
湖南省白沙溪茶厂有限责任公司	边销茶(紧压茶)
湖南省安化茶厂	边销茶(紧压茶)
湖南益阳香炉山茶业有限公司	边销茶(紧压茶)
临湘市茶业有限责任公司	边销茶(紧压茶)
湖南省临湘永巨茶业有限公司	边销茶(紧压茶)
临湘市明伦茶业有限公司	边销茶(紧压茶)
湖南浩茗茶业食品有限公司	边销茶(紧压茶)
湖南阿香茶果食品有限公司	边销茶(紧压茶)
广东省(8 家)	
广州市回民饭店有限公司	清真食品
广州市塞俩目食品实业发展有限公司	清真食品
广州江村多营禽畜肉业有限公司	清真食品
连南瑶族自治县鹿鸣茧丝绸有限责任公司	少数民族针纺织
乳源瑶族自治县粮食购销有限责任公司	少数民族针纺织
龙门县南昆山乳业有限公司	清真食品
东源县黄龙岩旅游发展有限公司	少数民族服装
连山壮族瑶族自治县山韵民族文化传媒发展有限公司	少数民族服装
广西壮族自治区(132 家)	
广西五丰粮食集团有限公司	清真食品
南宁锦虹棉纺织有限责任公司	少数民族针纺织
广西南方黑芝麻食品股份有限公司	清真食品
南南铝业股份有限公司	少数民族日用杂品
广西横县鸿达茧丝绸有限公司	少数民族针纺织
广西皇氏甲天下乳业股份有限公司	清真食品
广西万通制药有限公司	少数民族药

续表 28

定点企业名称	民族特需用品名称
广西博科药业有限公司	少数民族药
广西集盛食品有限公司	清真食品
广西上林大染坊茧丝绸有限公司	少数民族针纺织
广西南宁德致药业有限公司	少数民族药
广西立盛茧丝绸有限公司	少数民族针纺织
广西万寿堂药业有限公司	少数民族药
广西金花茶业有限公司	边销茶(紧压茶)
广西百大丝绸集团有限公司	少数民族针纺织
广西千珍制药有限公司	少数民族药
横县桂华茧丝绸有限责任公司	少数民族针纺织
广西南宁百洋食品有限公司	清真食品
广西桂西制药有限公司	少数民族药
南宁市八桂纸业有限公司	少数民族文体用品
广西恒拓医药投资集团有限公司	少数民族药
南宁市维威制药有限公司	少数民族药
广西健丰药业有限公司	少数民族药
广西乐达包装有限公司	少数民族生产工具
广西莫老爷食品有限公司	清真食品
南宁五菱桂花车辆有限公司	少数民族生产工具
横县万力隆皮业有限责任公司	少数民族服装
广西南宁百会药业集团有限公司	少数民族药
南宁市上英印刷有限责任公司	少数民族文体用品
宾阳县民族织锦厂	少数民族针纺织
广西金海堂药业有限责任公司	少数民族药
广西金嗓子有限责任公司	少数民族药
广西银钢南益制造有限公司	少数民族生产工具
柳州两面针股份有限公司	少数民族日用杂品
鹿寨县贵盛茧丝工贸有限公司	少数民族针纺织
柳州华晟纺织有限公司	少数民族针纺织
广西壮族自治区花红药业股份有限公司	少数民族药
柳州中皓油脂工业有限公司	清真食品
柳州市润澄针织有限公司	少数民族针纺织
广西天天乐药业股份有限公司	少数民族药

续表 29

定点企业名称	民族特需用品名称
柳州市汇利丰茧丝绸有限责任公司	少数民族针纺织
广西正堂药业有限责任公司	少数民族药
广西日田丝业有限责任公司	少数民族针纺织
广西三江艺尚民族工艺商贸有限公司	少数民族工艺美术品
柳州市柳城鹏鑫源茧丝绸有限公司	少数民族针纺织
广西日田药业集团有限责任公司	少数民族药
柳州市柳城县石门山丝绸有限公司	少数民族针纺织
广西圣特药业有限公司	少数民族药
广西亿康药业股份有限公司	少数民族药
广西柳城县鸿艺丝绸有限公司	少数民族针纺织
广西仙草堂制药有限责任公司	少数民族药
融安桂华茧丝绸有限责任公司	少数民族针纺织
广西柳州长安制药有限公司	少数民族药
柳州市明盈针织服装厂	少数民族服装
广西鹿寨县华顺贸易有限责任公司	少数民族针纺织
广西柳州金杉木业有限公司	少数民族日用杂品
柳城县鼎铭金属制品有限公司	少数民族生产工具
广西融安县金鼎制丝有限责任公司	少数民族针纺织
桂林南药股份有限公司	少数民族药
桂林三金药业股份有限公司	少数民族药
桂林兄弟木业有限责任公司	少数民族家具
广西荔浦桂邦家居有限公司	少数民族家具
桂林金色雨林木业有限责任公司	少数民族家具
广西荔浦肥涛食品饮料有限公司	清真食品
桂林裕祥家居用品有限公司	少数民族家具
桂林中族中药股份有限公司	少数民族药
广西梧州制药(集团)股份有限公司	少数民族药
广西梧州冰泉实业股份有限公司	清真食品
广西华虹蚕丝股份有限公司	少数民族针纺织
广西梧州茂圣茶业有限公司	边销茶(紧压茶)
梧州神冠蛋白肠衣有限公司	清真食品
广西玉兰制药有限公司	少数民族药
广西壮族自治区梧州茶厂	边销茶(紧压茶)

续表 30

定点企业名称	民族特需用品名称
蒙山县五丰丝绸有限公司	少数民族针纺织
蒙山县辉明丝绸制品有限公司	少数民族针纺织
广西华虹绢纺有限公司	少数民族针纺织
北海洪恩水产有限公司	清真食品
北海保通冷冻食品有限公司	清真食品
广西恒拓集团仁盛制药有限公司	少数民族药
广西灵山县宇峰保健食品有限公司	清真食品
广西桂合集团有限公司	少数民族针纺织
广西钦州力顺机械有限公司	少数民族生产工具
广西半宙天龙制药有限公司	少数民族药
广西世彪药业有限公司	少数民族药
钦州承坭斋陶艺有限公司	少数民族日用杂品
广西中和兽药厂	少数民族药
广西源安堂药业有限公司	少数民族药
平南县兽药厂	少数民族药
广西清隆机械制造有限公司	少数民族生产工具
广西平南新马工艺品有限公司	少数民族工艺美术品
广西三环企业集团股份有限公司	少数民族日用杂品
广西容县美柏工艺品有限公司	少数民族工艺美术品
广西开元机器制造有限责任公司	少数民族生产工具
广西北流仲礼瓷业有限公司	少数民族日用杂品
广西玉林制药集团有限责任公司	少数民族药
广西南山瓷器有限公司	少数民族日用杂品
广西中医药大学制药厂	少数民族药
广西玉林大金大药业有限公司	少数民族药
广西博白东美工艺品有限公司	少数民族日用杂品
靖西县壮锦厂	少数民族针纺织
广西高山茧丝绸科技有限公司	少数民族针纺织
广西灵峰药业有限公司	少数民族药
广西贺州市美仪瓷业有限责任公司	少数民族日用杂品
广西江缘茧丝绸有限公司	少数民族针纺织
广西嘉联丝绸有限公司	少数民族针纺织
广西都安建兴机械有限公司	少数民族生产工具

续表 31

定点企业名称	民族特需用品名称
广西东兰花神丝绸有限公司	少数民族针纺织
广西华佳丝绸有限公司	少数民族针纺织
广西双蚁药业有限公司	少数民族药
广西方略集团龙州制药有限公司	少数民族药
广西汇工印业有限公司	少数民族文体用品
宾阳县茧丝工贸有限责任公司	少数民族针纺织
广西天景山丝绸有限公司	少数民族针纺织
广西金鼎家具集团有限公司	少数民族家具
广西方略药业集团有限公司	少数民族药
广西北斗星动物保健品有限公司	少数民族药
广西圣保堂药业有限公司	少数民族药
南宁市宾阳县嘉利丝业有限公司	少数民族针纺织
广西康华药业有限责任公司	少数民族药
南宁桂通连印务有限责任公司	少数民族文体用品
广西潘多拉科工贸有限公司	少数民族文体用品
广西隆鑫工贸发展有限公司	少数民族服装
忻城县瑞龙丝业有限责任公司	少数民族针纺织
广西古方药业有限公司	少数民族药
广西盛世鸿霞玻璃钢制品有限公司	少数民族工艺美术品
广西志光办公家具有限公司	少数民族家具
鹿寨古典桑蚕丝织有限公司	少数民族针纺织
广西中天药业有限公司	少数民族药
广西鸿博药业有限公司	少数民族药
广西金茶王油脂有限公司	清真食品
广西民族印刷包装集团有限公司	少数民族文体用品
上林海润丝业有限公司	少数民族针纺织
海南省(3家)	
海南锦绣织贝有限公司	少数民族针纺织
海南美裕营销有限公司	少数民族工艺美术品
陵水藤竹工艺品有限公司	少数民族家具
重庆市(15家)	
重庆周君记火锅食品有限公司	清真食品
重庆市天润食品开发有限公司	清真食品

续表 32

定点企业名称	民族特需用品名称
重庆市双河丝绸有限公司	少数民族针纺织
重庆市万州区三峡绣手工艺品有限公司	少数民族针纺织
重庆市海伦地毯有限公司	少数民族针纺织
重庆长宏木业有限公司	少数民族家具
大足石刻艺术品公司	少数民族工艺美术品
重庆市七妹民族工艺品开发有限公司	少数民族针纺织
重庆市乐尔佳机械有限公司	少数民族日用杂品
重庆德庄农产品开发有限公司	清真食品
重庆天宏鞋业有限公司	少数民族针纺织
重庆鸿庆食品有限公司	清真食品
重庆宏普食品有限公司	清真食品
重庆峰谷美地生态养蜂有限公司	清真食品
重庆建容木制品有限公司	少数民族家具
四川省(54家)	
成都永业有限公司	少数民族家具
四川鑫利达皮具伞业有限责任公司	少数民族家具
雅安市名山县西藏朗赛茶厂	边销茶(紧压茶)
四川省洪雅县松潘民族茶厂	边销茶(紧压茶)
四川吉祥茶业有限公司	边销茶(紧压茶)
雅安市友谊茶叶有限公司	边销茶(紧压茶)
四川省雅安茶厂有限公司	边销茶(紧压茶)
雅安市蔡龙茶厂	边销茶(紧压茶)
四川省叙府茶业有限公司	边销茶(紧压茶)
宜宾市外贸金叶茶业有限责任公司	边销茶(紧压茶)
四川巴山雀舌名茶实业有限公司	边销茶(紧压茶)
四川省平武茶业有限责任公司	边销茶(紧压茶)
凉山彝族自治州民政民族工艺厂	少数民族工艺美术品
凉山阿英莫彝族精品服饰有限公司	少数民族服装
凉山州鸿腾清真食品有限公司	清真食品
甘孜州华康进出口有限责任公司	少数民族工艺美术品
石渠县太阳部落土特产品有限责任公司	少数民族服装
康定青藏谷地农牧业生物科技有限公司	清真食品
甘孜州神螺藏医药研究开发中心	少数民族药

续表 33

定点企业名称	民族特需用品名称
道孚县雪域安巴民间工艺品有限责任公司	少数民族工艺美术品
九寨沟天然药业集团有限责任公司	少数民族药
阿坝县联营民族特需用品工艺厂	少数民族工艺美术品
九寨沟高原食品有限公司	清真食品
阿坝州新希望牦牛产业有限公司	清真食品
成都伊利乳业有限责任公司	清真食品
成都天和银楼有限责任公司	少数民族工艺美术品
自贡市扎染工艺有限公司	少数民族针纺织
四川荣州动物药业有限公司	少数民族药
自贡市博宏丝绸有限公司	少数民族针纺织
四川自贡百味斋食品有限公司	清真食品
乐山市金源纺织有限责任公司	少数民族针纺织
四川省犍为罗城忠烈塑料有限责任公司	少数民族生产工具
四川罗城牛肉食品有限公司	清真食品
四川省美宁实业集团清真食品有限公司	清真食品
四川华峰总公司成都公司	少数民族家具
绵阳市永隆清真食品有限责任公司	清真食品
四川省邛崃市冉义镇新民民族用品有限责任公司	少数民族针纺织
成都弘光工艺品有限公司	少数民族工艺美术品
四川阳光教学设备有限公司	少数民族家具
四川洪兴工贸有限公司	少数民族家具
四川嘎玛博秀雪艺文化发展有限公司	少数民族工艺美术品
炉霍雪域俄色有限责任公司	边销茶(紧压茶)
四川康定金珠制药有限责任公司	少数民族药
康定康藏工艺品制造有限公司	少数民族工艺美术品
道孚亚姆热旅游开发有限责任公司	少数民族工艺美术品
四川宇妥藏药药业有限责任公司	少数民族药
阿坝州红祥民族工艺品开发有限责任公司	少数民族工艺美术品
阿坝州雪松牦牛肉干有限公司	清真食品
成都市棒棒娃实业有限公司	清真食品
四川省丹丹调味品有限公司	清真食品
四川金宫川派味业有限公司	清真食品
成都市荣泰清真食品有限责任公司	清真食品

续表 34

定点企业名称	民族特需用品名称
四川省阿坝州茂县兄弟牦牛肉制品厂	清真食品
犍为县罗城海氏回族食品有限责任公司	清真食品
贵州省(80家)	
贵阳德昌祥药业有限公司	少数民族药
贵州恒霸药业有限责任公司	少数民族药
贵州健兴药业有限公司	少数民族药
贵州绿太阳制药有限公司	少数民族药
贵州益康制药有限公司	少数民族药
贵州太和制药有限公司	少数民族药
贵州威门药业股份有限公司	少数民族药
贵阳新天药业股份有限公司	少数民族药
贵州汉方制药有限公司	少数民族药
贵州万顺堂药业有限公司	少数民族药
贵州远程制药有限责任公司	少数民族药
贵州维康药业有限公司	少数民族药
贵州地道药业有限公司	少数民族药
贵州同济堂制药有限公司	少数民族药
际华 3537 制鞋有限责任公司	少数民族鞋帽
贵州多彩民族民间文化发展有限公司	少数民族工艺美术品
贵州金芦笙有限公司	少数民族针纺织
贵州高原彝药厂	少数民族药
贵州百祥制药有限责任公司	少数民族药
贵州三力制药有限责任公司	少数民族药
贵州百灵企业集团和仁堂药业有限公司	少数民族药
贵州科辉制药有限公司	少数民族药
贵州好一多乳业股份有限公司	清真食品
贵州伊然红清真食品有限公司	清真食品
贵州多彩雪飞文化旅游商品有限公司	少数民族针纺织
贵州益佰制药有限公司	少数民族药
贵州百灵企业集团制药股份有限公司	少数民族药
贵州顺健制药有限公司	少数民族药
贵州牛来香实业有限公司	清真食品
平坝县杨平清真食品厂	清真食品

续表 35

定点企业名称	民族特需用品名称
安顺市鸿泰蜡染开发有限公司	少数民族针纺织
安顺大明屯堡文化艺术发展有限公司	少数民族工艺美术品
安顺市屯堡雕刻艺术有限公司	少数民族工艺美术品
贵州万胜药业有限责任公司	少数民族药
贵州旭阳食品（集团）有限公司	清真食品
贵州三仁堂药业有限公司	少数民族药
贵州宏奇药业有限公司	少数民族药
六盘水民艺苑商贸有限公司	少数民族服装
贵州榜香郁苗绣服饰开发有限公司	少数民族服装
贵州仰阿莎民族工艺品有限责任公司	少数民族工艺美术品
锦屏县打岩塘鸿发石材有限责任公司	少数民族日用杂品
黔东南州九黎苗妹工艺品有限公司	少数民族工艺美术品
雷山县津龙民族商贸有限责任公司	少数民族工艺美术品、针纺织
剑河县章氏古典家具有限公司	少数民族日用杂品
黔东南朵碟朵阿旅游商品开发有限公司	少数民族针纺织
黔东南州太阳鼓苗侗刺绣有限责任公司	少数民族针纺织
贵阳杏林堂制药有限公司	少数民族药
贵州飞云岭药业股份有限公司	少数民族药
贵州奥特药业有限公司	少数民族药
贵州信邦制药股份有限公司	少数民族药
贵州盛世龙方制药股份有限公司	少数民族药
贵州省都匀瑞祥民族纺织品有限公司	少数民族针纺织
贵州特色制药有限责任公司	少数民族药
贵州永红食品有限公司	清真食品
平塘县禄麒牙舟古陶文化有限公司	少数民族日用杂品
贵州良济药业有限公司	少数民族药
兴仁县马大姐食品有限公司	清真食品
贵州苗药药业有限公司	少数民族药
贵州省兴义市布谷鸟民族实业发展有限公司	少数民族服装
黔西南州金艺商贸发展有限公司	清真食品
贵州兴诚华英食品有限公司	清真食品
黔西南州晶晶民族文化旅游产品发展有限公司	少数民族服装
贵州百灵企业集团世禧制药有限公司	少数民族药

续表 36

定点企业名称	民族特需用品名称
威宁县毛纺有限责任公司	少数民族针纺织
大方彝族漆器工艺品发展有限公司	少数民族工艺美术品
贵州千红万紫民族工艺开发有限公司	少数民族服装、针纺织
贵州省玉屏侗族自治县箫笛厂	少数民族文体用品
贵州省松桃梵净山苗族文化旅游产品开发有限公司	少数民族针纺织
关岭布依族苗族自治县蒙固祯民族服装厂	少数民族服装
六盘水市钟山区德付木雕工艺厂	少数民族日用杂品
黎平民族刺绣服饰厂	少数民族服装、针纺织
贵州省凯里锦天纺织有限公司	少数民族针纺织
台江县锦绣图腾工艺品有限公司	少数民族针纺织
贵州省施秉县舞水云台旅游商品开发有限公司	少数民族服装
贵州省福泉市机械厂	少数民族生产工具
镇宁自治县瀑乡蜡妹民族旅游商品有限公司	少数民族工艺美术品
贵州省关岭鹏强银饰工艺品有限公司	少数民族工艺美术品
水城县金来民族服饰加工厂	少数民族服装
贵州丹寨宁航蜡染有限公司	少数民族针纺织
贵州苗珍堂生物科技有限公司	少数民族针纺织
云南省(116 家)	
昆明鸿运玖久丝绸有限公司	少数民族针纺织
石林毕氏民族服装服饰有限公司	少数民族针纺织
云南龙布瑞农特产品有限公司	少数民族针纺织
玉溪市桦星织带有限责任公司	少数民族针纺织
云南省通海民族织染厂	少数民族针纺织
姚安县麻纺织厂	少数民族针纺织
云南海润茧丝绸有限公司	少数民族针纺织
云南大姚棉织有限责任公司	少数民族针纺织
云南嘉宏纺织集团有限公司	少数民族针纺织
文山钰幅戎民族刺绣有限公司	少数民族针纺织
西双版纳民族文化传播有限公司	少数民族针纺织
巍山县三彝扎染工贸有限公司	少数民族针纺织
巍山县蓝龙扎染有限责任公司	少数民族针纺织
巍山县兴国扎染有限公司	少数民族针纺织
大理滇西纺织有限责任公司	少数民族针纺织

续表 37

定点企业名称	民族特需用品名称
弥渡县民族线带厂	少数民族针纺织
鹤庆县茧丝有限责任公司	少数民族针纺织
丽江毛纺织品有限责任公司	少数民族针纺织
丽江七星民族用品纺织服饰有限公司	少数民族针纺织
云南长秀服装厂	少数民族服装
楚雄红枫叶制衣有限公司	少数民族服装
楚雄四喜服饰文化有限责任公司	少数民族服装
楚雄市振翼实业有限公司	少数民族服装
开远市跃进彩妹手工制绣有限责任公司	少数民族服装
建水县民族金银首饰有限责任公司	少数民族服装
澜沧兰花花民族服饰文化有限公司	少数民族服装
西盟佤山服饰有限公司	少数民族服装
巍山县民族工艺服装厂	少数民族服装
贡山县民族服装厂	少数民族服装
丽江涵蜜金民族服饰工贸有限公司	少数民族服装
丽江丽雪民族服装有限公司	少数民族服装
丽江纳西人民族服装工贸有限公司	少数民族服装
丽江市宁蒗县阿妈六斤民族服饰有限公司	少数民族服装
丽江市古城区皮毛皮革厂	少数民族鞋帽
石林瓷业有限责任公司	少数民族日用杂品
曲靖珠源瓷业有限公司	少数民族日用杂品
曲靖石林锦达瓷业有限公司	少数民族日用杂品
云南省易门益兴瓷业有限公司	少数民族日用杂品
云南省易门华盛瓷业有限公司	少数民族日用杂品
澜沧盛鑫陶瓷制品有限责任公司	少数民族日用杂品
鹤庆县走夷方文化传播有任公司	少数民族日用杂品
瑞丽市荣丰现代装饰装璜有限责任公司	少数民族日用杂品
德钦县益西藏文化产业有限公司	少数民族日用杂品
香格里拉县尼西乡黑陶开发有限责任公司	少数民族日用杂品
丽江市宁蒗县再生木业有限责任公司	少数民族日用杂品
香格里拉县尼西黑土陶开发有限责任公司	少数民族日用杂品
新平美坚新型竹材有限公司	少数民族家具
澜沧县桂华家具有限公司	少数民族家具

续表 38

定点企业名称	民族特需用品名称
镇沅县祥惠木业有限责任公司	少数民族家具
剑川县狮河木雕有限公司	少数民族家具
剑川县方圆石雕石材有限责任公司	少数民族家具
剑川狮河金达木器木雕有限公司	少数民族家具
剑川县宏盛古建筑工程有限责任公司	少数民族家具
新平鹏源彩印包装厂	少数民族文体用品
石屏县坝心印刷厂	少数民族文体用品
西双版纳报社印刷厂	少数民族文体用品
德宏民族出版社印刷厂	少数民族文体用品
怒江报社民族印刷有限责任公司	少数民族文体用品
丽江印刷有限责任公司	少数民族文体用品
丽江华丽印刷有限责任公司	少数民族文体用品
石林印象柿子食品文化有限公司	少数民族工艺美术品
华宁县宁州舒氏陶艺有限责任公司	少数民族工艺美术品
保山市金齿永子文化传媒有限责任公司	少数民族文体用品
云南通海民族银饰制品有限公司	少数民族工艺美术品
新平彝族傣族自治县综合厂	少数民族工艺美术品
楚雄彝艺民族文化旅游产品开发公司	少数民族工艺美术品
武定县民族工艺饰品厂	少数民族工艺美术品
永仁县天彝苴却砚文化开发有限责任公司	少数民族工艺美术品
石屏县恒誉实业有限公司	少数民族工艺美术品
广南县跃升民族银饰工艺有限公司	少数民族工艺美术品
大理文州银都水乡旅游投资有限公司	少数民族工艺美术品
芒市海华开发有限公司民族金银首饰厂	少数民族工艺美术品
德钦县民族用品开发有限责任公司	少数民族工艺美术品
丽江市古城区民族首饰有限公司	少数民族工艺美术品
曲靖市寥廓鑫源工贸有限公司	少数民族生产工具
曲靖市塑料集团公司	少数民族生产工具
马龙县佳誉塑料制品有限公司	少数民族生产工具
宣威市中博塑料有限公司	少数民族生产工具
曲靖市麒麟金叶塑料有限公司	少数民族生产工具
云南科地塑胶有限公司	少数民族生产工具
玉溪市兴红太阳能设备有限公司	少数民族生产工具

续表 39

定点企业名称	民族特需用品名称
玉溪市旭日塑料有限公司	少数民族生产工具
云南大姚机械配件厂	少数民族生产工具
云南省前所机制农具厂	少数民族生产工具
沧源自治县佤山旅游产品开发有限责任公司	少数民族生产工具
云南生物谷灯盏花药业有限公司	少数民族药
昆明群芳药业有限公司	少数民族药
云南永孜堂制药有限公司	少数民族药
滇虹药业集团玉溪生物制药有限公司	少数民族药
云南维和药业股份有限公司	少数民族药
云南龙发制药有限公司	少数民族药
楚雄云中制药有限责任公司	少数民族药
云南盘龙云海药业有限公司	少数民族药
云南金碧制药有限公司	少数民族药
昆明制药集团金泰得药业股份有限公司	少数民族药
云南特安呐制药股份有限公司	少数民族药
西双版纳版纳药业有限责任公司	少数民族药
西双版纳雨林制药有限责任公司	少数民族药
大理州中药制药有限公司	少数民族药
云南大理瑞鹤药业有限公司	少数民族药
昆明华曦牧业集团有限公司	清真食品
云南寻甸仁德食品有限公司	清真食品
寻甸县东发食品有限公司	清真食品
云南海潮集团天牧肉牛产业有限公司	清真食品
云南省鲁甸县理世实业有限公司	清真食品
云南滇回马氏食品有限公司	清真食品
玉溪市回族糕点糖果厂	清真食品
云南天方食品有限公司	清真食品
云南保山同心食品有限公司	清真食品
腾冲县高黎贡山生态茶业有限责任公司	清真食品
楚雄市树苴乡农业技术综合开发公司	清真食品
云南开远泰昌清真食品有限公司	清真食品
开远市坤杰清真食品有限责任公司	清真食品
文山华博贸易有限责任公司	清真食品

续表 40

定点企业名称	民族特需用品名称
永平县阿巧孃清真食品有限责任公司	清真食品
云南下关沱茶集团股份有限公司	边销茶(紧压茶)
西藏自治区(50 家)	
西藏自治区拉萨皮革厂	少数民族鞋帽
西藏康曲民族经济文化发展有限公司	少数民族针纺织、工艺美术品
西藏银桥股份有限公司	少数民族工艺美术品
西藏阿卓商贸有限公司	少数民族工艺美术品
拉萨唐杰工艺品有限责任公司	少数民族日用杂品、工艺美术品
西藏蓝雪工贸有限公司	少数民族针纺织、工艺美术品
西藏日喀则地区亚美民族手工业产品有限责任公司	少数民族工艺美术品
西藏仁布县玉石雕刻厂	少数民族工艺美术品
拉孜旅游文化发展有限责任公司	少数民族日用杂品
改则县鑫隆乡镇企业民族手工艺厂	少数民族针纺织
洛扎县洛扎扎镇门当居委会民族手工艺编织厂	少数民族针纺织
西藏琼结县水晶玉石厂	少数民族工艺美术品
山南地区扎囊县阳光氆氇编织厂	少数民族针纺织
西藏那曲兴达民族产品开发股份合作有限责任公司	少数民族工艺美术品
西藏自治区藏药厂	少数民族药
西藏藏药集团股份有限公司	少数民族药
西藏藏医学院藏药有限公司	少数民族药
西藏神猴药业有限责任公司	少数民族药
西藏山南雍布拉康藏药厂	少数民族药
西藏金哈达药业有限公司	少数民族药
西藏昌都日通藏医药研制中心藏药厂	少数民族药
西藏昌都光宇利民药业有限责任公司	少数民族药
西藏龙凤地毯加工有限公司	少数民族针纺织
西藏卓玛民族手工艺品有限公司	少数民族针纺织
西藏帮锦镁朵工贸有限公司	少数民族针纺织
西藏日喀则市康帕地毯厂	少数民族针纺织
西藏自治区江孜县地毯厂	少数民族针纺织
山南乃东县地毯厂	少数民族针纺织
西藏浪卡子地毯厂	少数民族针纺织
西藏拉萨地毯有限责任公司	少数民族针纺织

续表 41

定点企业名称	民族特需用品名称
拉萨市城关区地毯厂	少数民族针纺织
西藏那曲地区纳木措地毯实业有限责任公司	少数民族针纺织
西藏优格仓工贸有限公司	少数民族日用杂品
西藏珠穆拉瑞商贸发展有限公司	少数民族日用杂品
西藏日喀则市得勒棉崇藏香有限责任公司	少数民族日用杂品
扎囊县敏珠林寺藏香厂	少数民族日用杂品
西藏圣海螺民族产品开发有限公司	少数民族日用杂品
西藏吞柏古藏香有限公司	少数民族日用杂品
西藏洛卓龙商贸有限公司	少数民族日用杂品
拉萨彩泉福利民族手工业有限公司	少数民族服装
江孜县民族服装厂	少数民族服装
拉萨荣恒服装有限责任公司	少数民族服装
西藏自治区江孜铁木家具厂	少数民族家具
日喀则市扎西吉彩金银铜器加工厂	少数民族工艺美术品
西藏自治区日喀则市铁器厂	少数民族日用杂品
拉萨市城关区古艺建筑美术公司	少数民族工艺美术品
拉萨市茂源家具装潢有限责任公司	少数民族家具
西藏童嘎家私有限公司	少数民族家具
西藏柒木家私有限公司	少数民族家具
拉萨市城关区毛纺二厂	少数民族针纺织
陕西省(23家)	
西安市凯丽思清真食品有限责任公司	清真食品
陕西顶麦食品有限公司	清真食品
华丰食品（咸阳）有限公司	清真食品
陕西心特软食品有限公司	清真食品
陕西子祺食品有限公司	清真食品
陕西蒲城华星食品有限公司	清真食品
定边县付翔食品有限责任公司	清真食品
陕西建忠佳家乐食品有限公司	清真食品
陕西华祥食品（集团）有限公司	清真食品
宝鸡惠民奶业有限公司	清真食品
宝鸡华龙牧业集团有限公司	清真食品
西北二棉纺织有限公司	少数民族针纺织

续表 42

定点企业名称	民族特需用品名称
陕西怡泽茯茶有限公司	边销茶(紧压茶)
陕西德富祥食品餐饮有限公司	清真食品
陕西雍城面业有限公司	清真食品
宝鸡同盛食品有限公司	清真食品
陕西三原兴邦油品有限公司	清真食品
西安三宝双喜清真食品有限公司	清真食品
西安哈牙食品有限公司	清真食品
岐山华祥纸箱有限公司	少数民族文体用品
陕西福万家食品有限公司	清真食品
西安嘉奥调味食品有限公司	清真食品
陕西三秦香食品有限公司	清真食品
甘肃省(105 家)	
兰州庄园牧场股份有限公司	清真食品
甘肃雅赛尼工贸有限公司	少数民族服装
兰州国智民贸有限公司	少数民族工艺美术品
兰州马大胡子餐饮服务有限公司	清真食品
兰州吉祥斋西饼食品有限公司	清真食品
兰州依果商贸有限公司	少数民族服装
兰州东方宫清真餐饮有限公司	清真食品
兰州忠华商贸有限公司	清真食品
兰州小二黑食品有限公司	清真食品
兰州伊利乳业有限公司	清真食品
甘肃阿敏生物清真明胶有限公司	清真食品
兰州百味全清真食品有限公司	清真食品
兰州市永登吉福清真肉食品有限公司	清真食品
肃北县温格金民族贸易有限公司	少数民族工艺美术品
肃南县草原惠成食品有限公司	清真食品
肃南县富达民族服饰工艺有限公司	少数民族服装
山丹县康源清真牛羊肉食品有限公司	清真食品
民勤县德兴食品有限公司	清真食品
武威天润白牦牛绿色食品开发有限公司	清真食品
甘肃伊真堂药业有限公司	少数民族药
甘肃伊发药业有限公司	少数民族药

续表 43

定点企业名称	民族特需用品名称
岷县瑞丰药业有限公司	少数民族药
定西伊兰纯牛业有限公司	清真食品
临洮巍雅斯名表眼镜有限公司	少数民族工艺美术品
甘肃德煌炘园食品有限公司	清真食品
白银特澳特番茄制品有限公司	清真食品
天水市康宁生物科技有限公司	少数民族药
平凉市凯沣贸易进出口有限公司	清真食品
平凉市景兴清真肉品有限公司	清真食品
华亭县宏源牧业有限公司	清真食品
庆阳北地红调味食品有限公司	清真食品
甘肃华羚酪蛋白股份有限责任公司	清真食品
甘南藏族自治州燎原乳业有限责任公司	清真食品
甘南州澎曹民族产品开发有限责任公司	少数民族服装
甘南州恒达商贸开发有限责任公司	少数民族日用杂品
甘南州晟羚肉类加工有限责任公司	清真食品
甘南州科瑞乳品开发有限公司	清真食品
甘南州玛曲雪原肉业有限公司	清真食品
甘肃安多清真绿色食品有限公司	清真食品
甘南州夏河县雪域藏香厂	少数民族日用杂品
甘南州恒发商贸有限责任公司	少数民族日用杂品
甘南州伊丰源商贸开发有限责任公司	清真食品
甘南州卡加曼藏药开发有限公司	少数民族药
甘南州临潭县金洮良种牛繁育有限责任公司	清真食品
甘南州羚城藏族文化科技开发有限责任公司	少数民族日用杂品、工艺美术品
甘南州玛曲县昌翔清真肉业有限公司	清真食品
甘南州玛曲县安泰旅游产品有限责任公司	少数民族日用杂品、工艺美术品
甘南州迭部迭山藏药有限责任公司	少数民族药
甘南州卓尼县鼎元艺术品开发有限责任公司	少数民族日用杂品
甘南藏药有限公司	少数民族药
临夏市兴强地毯有限责任公司	少数民族针纺织
临夏市友和商贸有限责任公司	少数民族日用杂品
甘肃临夏雪羚毛纺地毯有限责任公司	少数民族针纺织
临夏市协恒源副食品有限责任公司	清真食品

续表 44

定点企业名称	民族特需用品名称
临夏市什锦清真食品有限责任公司	清真食品
临夏市天宝食品有限责任公司	清真食品
临夏市清河源清真食品有限责任公司	清真食品
临夏市泉乳乳品有限责任公司	清真食品
临夏市南园清真食品有限责任公司	清真食品
临夏州顺发清真食品有限公司	清真食品
临夏州华安生物制品有限责任公司	清真食品
临夏州雪峰清真冷冻食品有限责任公司	清真食品
临夏回族自治州兰州穆斯林经济贸易公司	清真食品
临夏华羚酪蛋白有限公司	清真食品
临夏市维良毛纺织品有限公司	少数民族针纺织
临夏市鑫磊农具制造有限公司	少数民族生产工具
临夏市兴元皮毛制品有限责任公司	少数民族鞋帽
临夏伊尔雅有限责任公司	少数民族服装
临夏滨河物流有限责任公司	少数民族针纺织
临夏学和民族用品厂	少数民族鞋帽
甘肃佳家味清真食品有限公司	清真食品
临夏市树人商贸有限责任公司	少数民族服装
临夏银星清真餐饮有限责任公司	清真食品
临夏市盛德工贸有限责任公司	少数民族针纺织
临夏州福源豆业清真食品有限责任公司	清真食品
临夏八坊商贸有限责任公司	少数民族生产工具
临夏市临牛农机有限责任公司	少数民族生产工具
甘肃省临夏永恒实业有限公司	少数民族药
临夏恒丰实业有限责任公司	清真食品
临夏县莲花湖食品有限责任公司	清真食品
临夏县爱丽福清真食品有限责任公司	清真食品
临夏县绿康清真冷冻食品有限责任公司	清真食品
临夏润兴清真食品有限公司	清真食品
甘肃圣泽园清真食品生产集团有限公司	清真食品
临夏州燎源乳业有限责任公司	清真食品
临夏州汇通木业有限责任公司	少数民族家具
临夏县伊美清真食品有限责任公司	清真食品

续表 45

定点企业名称	民族特需用品名称
临夏县穆伊肉食品有限责任公司	清真食品
甘肃省宏良皮业有限公司	少数民族鞋帽
广河县顺发商贸有限公司	少数民族针纺织
广河县银河毛纺织有限公司	少数民族针纺织
广河县陇黔商贸有限公司	少数民族针纺织
甘肃清源皮业有限公司	少数民族鞋帽
广河县诚德民族用品公司	少数民族服装
广河县雪羚农产品有限公司	清真食品
广河县雪峰农产品有限公司	少数民族针纺织
甘肃伊朊生物制品有限公司	清真食品
广河县汇源畜产品有限公司	少数民族针纺织
甘肃丰源农业开发有限公司	清真食品
甘肃伊尊民族用品工贸有限公司	少数民族服装
积石山县进军药业有限责任公司	少数民族药
积石山县三联副食品经销有限责任公司	清真食品
积石山县保安民族腰刀制造有限公司	少数民族日用杂品
甘肃威宝淀粉有限公司	清真食品
甘肃康美现代牧产业集团有限责任公司	清真食品
青海省(54 家)	
青海藏羊地毯（集体）有限公司	少数民族针纺织
青海雪舟三绒集团	少数民族针纺织
金诃藏药股份有限公司	少数民族药
青海绿草原食品有限公司	清真食品
青海省海湖藏毯有限公司	少数民族针纺织
青海久美藏药药业有限公司	少数民族药
青海百德投资发展有限公司	清真食品
湟源县活力朔料制品有限责任公司	少数民族日用杂品
青海伊佳民族用品有限公司	少数民族鞋帽
青海省威乐木业有限责任公司	少数民族生产工具
民和县康益达有限公司	少数民族日用杂品
青海仙红辣椒开发集体有限公司	清真食品
同仁县热贡艺术有限公司	少数民族工艺美术品
青海柴达木高科技药业有限公司	少数民族药

续表 46

定点企业名称	民族特需用品名称
乌兰县蒙方民族用品有限公司	少数民族生产工具
丹噶尔皮绣研制开发有限公司	少数民族针纺织
柴达木羊绒有限公司	少数民族针纺织
青海塔尔寺旅游资源开发有限公司	少数民族工艺美术品
西宁泰诚工贸有限责任公司	少数民族日用杂品
青海藏之堂科贸有限公司	少数民族针纺织
青海可可西里食品有限公司	清真食品
青海伊佳民族服饰有限责任公司	少数民族服装
青海裕泰畜产品有限公司	清真食品
青海三江雪食品饮料有限公司	清真食品
青海芳谱精炼油有限公司	清真食品
青海吉友湟源醋实业有限公司	清真食品
青海青海湖乳业有限责任公司	清真食品
青海缘汇木雕工艺有限公司	少数民族工艺美术品
湟中县佛光工艺雕塑有限责任公司	少数民族工艺美术品
互助县塞纳文化发展有限公司	少数民族针纺织
海南州布绣嘎玛民族工艺品有限责任公司	少数民族针纺织
贵南县东格尔藏绣科技有限责任公司	少数民族针纺织
尖扎县宗喀民族藏香有限公司	少数民族日用杂品
刚察县草原肉食品有限公司	清真食品
青海省帝玛尔藏药药业有限公司	少数民族药
门源县伊源奶制品有限责任公司	清真食品
青海循化县博艺旅游文化有限公司	少数民族工艺美术品
青海博热工贸有限公司	少数民族日用杂品
海晏县夏华清真肉食品有限公司	清真食品
循化县甲秀畜产品开发有限公司	清真食品
泽库县民族服饰加工厂	少数民族服装
青海伊之堂文化旅游开发有限公司	少数民族针纺织
循化县藏族服装加工开发公司	少数民族服装
循化县岗拉民族用品有限公司	少数民族工艺美术品
青海玉良工艺有限责任公司	少数民族工艺美术品
尖扎县衣之贵民族服装有限公司	少数民族服装
天峻县桑木纯精乳制品加工专业合作社	清真食品

续表 47

定点企业名称	民族特需用品名称
海南州五彩藏绣艺术有限公司	少数民族针纺织
西宁伊品园食品有限公司	清真食品
青海湖源牧开发有限公司	清真食品
河南县民族贸易有限公司	少数民族日用杂品
泽库县赛日龙藏文化工艺有限公司	少数民族工艺美术品
民和银昊工贸有限公司	少数民族日用杂品
海西州绿色能源有限公司	少数民族生产工具
宁夏回族自治区(88 家)	
宁夏圣雪绒羊绒有限公司	少数民族服装
宁夏中银绒业股份有限公司	少数民族服装
宁夏嘉源绒业集团有限公司	少数民族服装
宁夏荣昌绒业集团有限公司	少数民族服装
宁夏宏达羊绒制品有限公司	少数民族服装
宁夏灵武圣雪绒羊绒制品有限公司	少数民族服装
宁夏阿尔法绒业有限公司	少数民族服装
宁夏特米尔羊绒制品有限公司	少数民族服装
宁夏金海皮业有限责任公司	少数民族针纺织
吴忠市万绨旎民族服饰有限责任公司	少数民族服装
宁夏雄鹰皮草有限责任公司	少数民族服装
宁夏同心县生海绒业有限责任公司	少数民族服装
宁夏同心祥福绒毛制品有限公司	少数民族服装
盐池县忠信畜产品开发有限公司	少数民族服装
宁夏盐池恒纳地毯有限公司	少数民族针纺织
宁夏盛源绒业有限公司	少数民族服装
宁夏紫荆花纸业有限公司	少数民族文体用品
宁夏回乡文化实业有限公司	少数民族工艺美术品
宁夏全保家具有限公司	少数民族家具
宁夏天马冶化（集团）股份有限公司	少数民族工艺美术品
平罗县赛云建材有限公司	少数民族日用杂品
固原源通环保技术有限公司	少数民族生产工具
宁夏科豪陶瓷有限公司	少数民族日用杂品
宁夏夏进制箱包装有限公司	少数民族文体用品
宁夏泰瑞制药有限公司	少数民族药

续表 48

定点企业名称	民族特需用品名称
宁夏多维药业有限公司	少数民族药
银川市金河乳业有限公司	清真食品
银川伊布拉欣清真食品有限公司	清真食品
宁夏安优卜清真食品有限公司	清真食品
宁夏伊味清真食品有限公司	清真食品
宁夏伊品生物科技股份有限公司	清真食品
宁夏北方乳业有限责任公司	清真食品
宁夏大北农科技实业有限公司	清真食品
宁夏厚生记食品有限公司	清真食品
宁夏平顺源清真食品有限公司	清真食品
宁夏成玉植物油有限公司	清真食品
宁夏夏进乳业集团股份有限公司	清真食品
宁夏万胜生物工程有限公司	清真食品
宁夏吴忠市国军清真食品有限公司	清真食品
宁夏红果乳业有限公司	清真食品
宁夏涝河桥清真肉食品有限公司	清真食品
宁夏雪泉乳业有限公司	清真食品
宁夏红山河食品有限公司	清真食品
吴忠市兴达粮油有限公司	清真食品
宁夏国平油脂有限公司	清真食品
青铜峡市清真食品有限责任公司	清真食品
宁夏同心阿伊河清真肉食品有限公司	清真食品
宁夏夏华肉食品有限公司	清真食品
宁夏杞芽食品科技有限公司	清真食品
德泓（宁夏）国际纺织有限公司	少数民族服装
银川市富邦印刷包装有限公司	少数民族文体用品
宁夏汇川服装有限公司	少数民族服装
宁夏吴忠市精艺裘皮制品有限公司	少数民族服装
固原贤明民族服饰有限公司	少数民族服装
灵武市嘉艺科技有限公司	少数民族服装
宁夏海原国华农机制造有限责任公司	少数民族生产工具
宁夏启元国药有限公司	少数民族药
宁夏启元药业有限公司	少数民族药

续表 49

定点企业名称	民族特需用品名称
宁夏金岛食品有限公司	清真食品
宁夏家家食用油有限公司	清真食品
宁夏天人和豆制品有限公司	清真食品
银川原源食用油有限公司	清真食品
宁夏优素福清真食品有限公司	清真食品
宁夏鼎润清真食品有限公司	清真食品
宁夏伊顺园农工贸有限公司	清真食品
银川泰丰生物科技有限公司	清真食品
宁夏曼苏尔清真食品有限公司	清真食品
宁夏贺兰县红星粮油加工厂（有限公司）	清真食品
宁夏敬义泰清真食品有限公司	清真食品
宁夏乐口福食品有限公司	清真食品
宁夏亿美生物科技有限公司	清真食品
宁夏野娇娇食品有限公司	清真食品
宁夏沙湖清真食品有限公司	清真食品
宁夏周家八食品有限公司	清真食品
平罗县黄渠桥老豆腐制品有限公司	清真食品
宁夏华恩食品有限公司	清真食品
宁夏伊宁和清真豆制品有限公司	清真食品
宁夏宁杨清真食品有限公司	清真食品
宁夏肯萨清真方便面肉制品有限公司	清真食品
宁夏吴忠市金瑞清真食品有限公司	清真食品
吴忠市生利来清真食品有限公司	清真食品
吴忠市曼苏尔清真食品有限公司	清真食品
吴忠市嘉禾粮油食品有限公司	清真食品
宁夏伊友乳业有限公司	清真食品
宁夏顺宝现代农业有限公司	清真食品
中卫市金帝冷冻食品有限责任公司	清真食品
宁夏昊裕油脂有限公司	清真食品
青铜峡市明珠圆清真食品乳业有限责任公司	清真食品
新疆维吾尔自治区(268 家)	
中粮屯河股份有限公司	清真食品
新疆果业集团有限公司	清真食品

续表 50

定点企业名称	民族特需用品名称
麦趣尔集团股份有限公司	清真食品
新疆泰昆集团股份有限公司	清真食品
新疆康尤美粮油集团有限公司	清真食品
新疆金鑫生物科技发展有限公司	清真食品
精河县精棉棉业有限责任公司	清真食品
新疆九禾种业有限责任公司	清真食品
新疆哈巴河县雅居床服有限责任公司	少数民族服装
新疆震企生物科技有限公司	清真食品
精河县托里棉花加工厂	清真食品
新疆奎屯天康植物蛋白有限公司	清真食品
新和健鹰纺织有限公司	少数民族针纺织
哈密协力棉业有限公司	少数民族针纺织
疏勒县丰润油脂有限公司	清真食品
新疆麦趣尔食品有限公司	清真食品
新疆笑厨食品有限公司	清真食品
新疆仓麦园有限责任公司	清真食品
新疆江皓工贸有限公司	清真食品
新疆阿尔曼清真食品工业集团有限公司	清真食品
新疆玉泰驼绒纺织品有限公司	少数民族针纺织
新疆维吾尔药业有限责任公司	少数民族药
新疆帕尔拉克进出口贸易有限公司	少数民族针纺织
新疆海奥油脂科技发展有限公司	清真食品
新疆康尤美昭苏油脂有限公司	清真食品
安琪酵母（伊犁）有限公司	清真食品
福海县大尾羊有限责任公司	清真食品
昌吉市昌鼎工贸有限公司	清真食品
昌吉市沈派西域老回民饭庄	清真食品
新疆麦趣尔集团有限责任公司	清真食品
新疆华兴投资集团有限公司	清真食品
昌吉金西域棉业有限责任公司	少数民族针纺织
新疆天山毛纺织股份有限公司	少数民族服装
华凌畜牧产业开发有限公司	清真食品
新疆银朵兰维药股份有限公司	少数民族药

续表 51

定点企业名称	民族特需用品名称
新疆维阿堂制药有限公司	少数民族药
乌鲁木齐市古再丽文化艺术有限责任公司	少数民族服装
新疆五江兴华实业有限公司	少数民族日用杂品
新疆维吾尔自治区新华书店	少数民族文体用品
哈密市长青农牧有限公司	清真食品
哈密长河工贸集团长兴畜产品工贸有限责任公司	清真食品
新疆天娇红农业科技开发有限公司	清真食品
新疆阿克苏天康植物蛋白有限公司	清真食品
巴楚县金谷油脂有限公司	清真食品
喀什佰佳肉业有限责任公司	清真食品
喀什市新艺工艺美术有限责任公司	少数民族针纺织
喀什阿米娜清真食品有限公司	清真食品
喀什远东陶瓷有限公司	少数民族日用杂品
新疆南达乳业有限公司	清真食品
新疆西昆仑骨明胶有限公司	清真食品
新疆绿草原肉禽食品有限公司	清真食品
焉耆县三宇实业有限责任公司	清真食品
新疆博湖县万福食品有限责任公司	清真食品
新疆永升嘉轩食品有限责任公司	清真食品
西域旅游开发股份有限公司	少数民族工艺美术品
玛纳斯恒泰实业有限公司	清真食品
玛纳斯县来利塑料制品厂	少数民族生产工具
昌吉市银洋生物有限公司	清真食品
新疆天山骄子食品有限责任公司	清真食品
伊宁向新禽业有限责任公司	清真食品
伊犁百信草原蜂业有限责任公司	清真食品
新疆旺利隆商贸有限公司	清真食品
伊犁三润食品有限责任公司	清真食品
伊犁阿旺都食品有限责任公司	清真食品
伊犁德康粮贸有限责任公司	清真食品
伊犁德利发食品有限责任公司	清真食品
新疆绿洲国信植物蛋白有限公司	清真食品
新疆鸿锦枸杞实业有限公司	清真食品

续表 52

定点企业名称	民族特需用品名称
精河县鑫源油脂有限责任公司	清真食品
新疆精河县天顺祥棉花加工有限公司	少数民族针纺织
新疆伊犁巴口香实业有限责任公司	清真食品
伊犁雪莲乳业有限公司	清真食品
伊犁伊力特乳业有限责任公司	清真食品
新疆伊源乳业股份有限公司	清真食品
博湖县阿勒奇民族工艺品有限公司	少数民族工艺美术品
新疆盛康粮油有限公司	清真食品
伊犁万顺油脂有限公司	清真食品
昭苏县草原粮油实业有限责任公司	清真食品
新疆伊品酪蛋白有限公司	清真食品
新疆金汇食品有限公司	清真食品
新疆阳派食品有限公司	清真食品
伊犁天药生物科技有限公司	少数民族工艺美术品
新疆昌润商贸有限责任公司	清真食品
新疆芳草湖益民塑料化工有限公司	少数民族生产工具
呼图壁县天山气流纺有限公司	少数民族针纺织
吉木萨尔县二工乡天元粮油制品农民专业合作社	清真食品
昌吉市麦客来达氏回民食品厂	清真食品
阜康市金岭粮油工贸有限责任公司	清真食品
新疆开利地毯织造有限公司	少数民族针纺织
伊宁市塔斯布拉克民族服装公司	少数民族服装
霍城县代吾然地毯有限公司	少数民族针纺织
克拉玛依市阿丽米热商贸有限责任公司	清真食品
伊犁华蓝木业有限公司	少数民族家具
新疆天宝祥食品有限公司	清真食品
精河县康瑞棉花加工有限公司	少数民族针纺织
精河县力达纺织有限公司	少数民族针纺织
博乐市家乐油脂有限责任公司	清真食品
博乐市博水缘食品有限责任公司	清真食品
新疆福鑫粮油有限公司	清真食品
博尔塔拉蒙古自治州万力源科技开发有限责任公司	少数民族日用杂品
沙雅鸿兴油脂有限责任公司	清真食品

续表 53

定点企业名称	民族特需用品名称
新疆塔河明珠果业有限公司	清真食品
新疆旺源驼奶实业有限公司	清真食品
阿勒泰冰花食品有限责任公司	清真食品
阿克苏伊格尔食品有限公司	清真食品
阿克苏塔里木畜产品有限公司	清真食品
温宿县海川乳业有限公司	清真食品
沙雅富宏棉纺有限公司	少数民族针纺织
新疆多浪畜产品开发有限责任公司	清真食品
库车县亚地卡尔民族手工艺品制造有限公司	少数民族针纺织
阿克陶县益丰实业有限公司	清真食品
新疆锡力旦科技文化发展有限公司	少数民族文体用品
新疆雅徕维吾尔厨具有限公司	少数民族日用杂品
新疆香巴拉食品有限公司	清真食品
新疆西尔丹食品有限公司	清真食品
新疆紫罗兰食品有限公司	清真食品
新疆金派利尔食品有限公司	清真食品
新疆新粮油脂有限责任公司	清真食品
喀什德吾苒发展有限公司	清真食品
新疆阿布丹食品开发有限公司	清真食品
和田阳光沙漠玫瑰有限责任公司	清真食品
新疆西域玫瑰精细化工有限公司	少数民族工艺美术品
英吉沙县民族小刀制品有限责任公司	少数民族日用杂品
莎车县农工商民族食品有限责任公司	清真食品
喀什市古城民族用品有限责任公司	少数民族针纺织
麦盖提县古刀郎有限责任公司	清真食品
伽师县前程股份合作印刷厂	少数民族文体用品
福海县布伦托海水产养殖开发有限公司	清真食品
布尔津县卧龙湾旅游开发有限责任公司	少数民族工艺美术品
福海县海瑞有限责任公司	清真食品
阿勒泰地区金农农牧业开发有限责任公司	清真食品
哈巴河县桦林节水设备有限公司	少数民族生产工具
吉木乃县粮油收储有限责任公司	清真食品
新疆阿勒泰地区哈萨克医医院	少数民族药

续表 54

定点企业名称	民族特需用品名称
福海水产有限责任公司	清真食品
哈密金牛盖瑞乳业有限公司	清真食品
新疆和硕丁丁食品有限责任公司	清真食品
新疆瑞源乳业有限公司	清真食品
石河子汇昌油脂有限责任公司	清真食品
新疆石河子花园乳业有限公司	清真食品
哈密摆氏清真食品配送中心有限公司	清真食品
巴里坤老油坊粮油商业有限公司	清真食品
和田地毯有限责任公司	少数民族针纺织
和田维吾尔药业有限责任公司	少数民族药
新疆纳克西湾手工地毯开发有限公司	少数民族针纺织
吐鲁番地区民心工贸有限责任公司	清真食品
吐鲁番地区维吾尔医医院制药厂	少数民族药
鄯善县库木塔格农产品农民专业合作社	清真食品
新疆和静县羽彩民族工艺品有限公司	少数民族工艺美术品
和静利华食品有限责任公司	清真食品
新疆青鹤实业（集团）有限公司	清真食品
新疆博湖县红丰食品有限责任公司	清真食品
新疆博湖县蓝翔食品水产有限公司	清真食品
尉犁同丰油脂工贸有限责任公司	清真食品
新疆宏景清真食品股份有限公司	清真食品
新疆红帆生物科技有限公司	清真食品
新疆天意节水设备有限公司	少数民族生产工具
尉犁县永发塑业有限责任公司	少数民族生产工具
巴州友邦生物科技有限公司	清真食品
新疆新建番茄制品有限公司	清真食品
新疆绿翔牧业有限责任公司	清真食品
额敏县万通畜牧有限责任公司	清真食品
新疆红花缘科技有限公司裕民公司	清真食品
新疆谢利盖畜牧有限责任公司	清真食品
和布克赛尔县江格王绒制品有限公司	少数民族针纺织
沙湾县盖瑞乳业有限责任公司	清真食品
和布克赛尔蒙古自治县蒙哥尔肉类开发有限公司	清真食品

续表 55

定点企业名称	民族特需用品名称
克拉玛依独山子马合苏提商贸有限公司	清真食品
爱萨拉商贸有限责任公司	清真食品
新疆中太肉联有限责任公司	清真食品
新疆惠利灌溉科技有限公司	少数民族生产工具
新疆古丽汗手工地毯开发有限公司	少数民族针纺织
新疆塔里木震企生物科技有限公司	清真食品
哈密华艺文体发展有限公司	少数民族工艺美术品
国药集团新疆制药有限公司	少数民族药
新疆奇康哈博维药有限公司	少数民族药
巴州哈力馨蒙西医医院	少数民族药
新疆尤再尔农业科技发展有限公司	清真食品
新疆精河县永合力纺织有限公司	少数民族针纺织
新疆曼福农业科技开发有限公司	少数民族针纺织
鄯善县哈木热汗手工地毯厂	少数民族针纺织
察布查尔锡伯自治县沁源油脂有限责任公司	清真食品
新疆新华印刷厂	少数民族文体用品
新疆奥斯曼生物资源有限公司	少数民族日用杂品
新疆庄子实业有限公司	清真食品
新疆恒远中汇彩印包装有限公司	少数民族文体用品
新疆新华华龙印务有限责任公司	少数民族文体用品
塔城市鹏坤玉米食品有限责任公司	清真食品
乌鲁木齐市安卡维文软件开发有限公司	少数民族文体用品
哈密市新潮工贸有限公司	清真食品
乌市米娜娃时装商贸有限公司	少数民族服装
新疆亲努尔生物科技有限公司	少数民族日用杂品
哈密新世纪服装有限责任公司	少数民族服装
哈密市红柳清真家禽屠宰厂	清真食品
新疆壹俐绮服饰文化发展有限公司	少数民族服装
新疆银谷泰油脂有限公司	清真食品
岳普湖县大陆公司油脂化工厂	清真食品
伽师县鼎鑫油脂有限责任公司	清真食品
新疆百味餐饮食品有限公司	清真食品
喀什知心食品有限责任公司	清真食品

续表 56

定点企业名称	民族特需用品名称
昌吉市飞马财富商贸有限责任公司	清真食品
莎车县维吾尔医医院	少数民族药
巴楚县那斯尔实业有限公司	清真食品
巴州众恒油脂有限公司	清真食品
若羌银河油脂工贸有限公司	清真食品
吐鲁番市民族工艺玉器地毯厂	少数民族针纺织
新疆巴什格穆时尚服饰设计制作有限公司	少数民族服装
新疆爱勒塔记民族服装有限公司	少数民族服装
洛浦县民乐民族地毯有限责任公司	少数民族针纺织
和田县毛丹王地毯有限责任公司	少数民族针纺织
伊宁市漫紫拉民族产品编织厂	少数民族服装
和田市塔瓦热克地毯有限责任公司	少数民族针纺织
新疆天山水泥股份有限公司	少数民族日月杂品
新疆哈密长联肠衣有限公司	清真食品
新疆西部节水科技股份有限公司	少数民族生产工具
新疆锦德食品有限责任公司	清真食品
阿瓦提县永和油脂化工有限责任公司	清真食品
新疆康源番茄制品有限公司	清真食品
新疆云龙油脂有限公司	清真食品
新疆天玛生态食品有限公司	清真食品
新疆中德农业发展有限公司	清真食品
和田天王纺织有限公司	少数民族针纺织
若羌金丰源纺织有限公司	少数民族针纺织
新疆隆平高科弘安天然色素有限公司	清真食品
喀什昆仑维吾尔药业股份有限公司	少数民族药
尼勒克县美特尔乳业有限公司	清真食品
吉木萨尔县新明农牧机械制造厂	少数民族生产工具
玛纳斯县兴隆塑料制品厂	少数民族生产工具
麦盖提县青年油脂有限责任公司	清真食品
和田市友谊牛羊定点屠宰有限责任公司	清真食品
洛浦县白城地毯厂	少数民族针纺织
洛浦县故乡地毯有限公司	少数民族针纺织
新疆白花村金面王食品有限责任公司	清真食品

续表 57

定点企业名称	民族特需用品名称
伊犁霍尔果斯枣索制革厂	少数民族针纺织
新汶矿业集团（伊犁）泰山阳光新型建材有限公司	少数民族工艺美术品
和静县瑞和番茄制品有限责任公司	清真食品
和硕县天喜食品有限责任公司	清真食品
呼图壁县嘉泰油脂有限责任公司	清真食品
玛纳斯县金丰植物油工贸有限责任公司	清真食品
呼图壁县景泰番茄制品有限公司	清真食品
玛纳斯县胜旗塑化工贸有限公司	少数民族生产工具
伊犁大草原农牧有限责任公司	清真食品
伊犁西天山农牧发展有限责任公司	清真食品
伊犁蓝海食品有限公司	清真食品
库尔勒金阳光服装有限责任公司	少数民族服装
新疆意诺牧业科技有限公司	清真食品
巴州新州喀尔万食品开发有限公司	清真食品
新疆天盛实业有限公司	少数民族针纺织
于田县农佳乐地毯厂	少数民族针纺织
洛浦县时代地毯厂	少数民族针纺织
新疆秦星实业投资有限公司	清真食品
乌鲁木齐市一帆电子有限公司	少数民族文体用品
新疆富洋食品有限公司	清真食品
库车县天山畜产品有限责任公司	清真食品
新疆塔城储绿粮油集团面粉加工有限公司	清真食品
新疆娜尔格兰科技发展有限公司	清真食品
岳普湖益华纸业包装有限公司	少数民族文体用品
克拉玛依市奥兹库瓦提食品有限公司	清真食品
巴州中星油脂有限公司	清真食品
哈密市正商油脂有限公司	清真食品
新疆赛湖渔业科技开发有限公司	清真食品
阿勒泰市达尔汗农业开发有限责任公司	清真食品
阿克苏地区久久棉纺有限公司	少数民族针纺织
新疆红彤彤食品有限公司	清真食品
哈密市夏尔拉山食品有限公司	清真食品
托克逊县三源油脂有限责任公司	清真食品

续表 58

定点企业名称	民族特需用品名称
托克逊县地方国营牧场	清真食品
托克逊县天福食品有限责任公司	清真食品
新疆生产建设兵团(25 家)	
新疆中基番茄制品有限责任公司	清真食品
新疆新光油脂有限公司	清真食品
新疆绿翔牧业有限责任公司	清真食品
新疆弘生家纺有限公司	少数民族针纺织
新疆天润生物科技股份有限公司	清真食品
新疆昌恒纺织有限责任公司	少数民族针纺织
新疆奎屯绿源酱业有限公司	清真食品
沙湾盖瑞乳业有限责任公司	清真食品
新疆五家渠鑫宝农业科技开发有限公司	清真食品
新疆伊犁伊帕尔汗香料发展有限责任公司	少数民族工艺美术品
图木舒克市前海棉纺织有限责任公司	少数民族针纺织
图木舒克疆绒纺织有限公司	少数民族针纺织
福海县额河牧业有限责任公司	清真食品
石河子康隆油脂工贸有限责任公司	清真食品
和田昆仑山印业有限公司	少数民族文体用品
新疆震企油脂有限公司	清真食品
北屯额河草原食品有限责任公司	清真食品
乌苏市泉盛饲料有限责任公司	清真食品
新疆保康油脂有限公司	清真食品
新疆顶山食品有限公司	清真食品
奎屯润泽塑业科技有限公司	少数民族生产工具
银桥国际控股（新疆奎屯市）乳业有限公司	清真食品
焉耆天湖鹅业开发有限公司	清真食品
乌苏高泉天天乳业有限责任公司	清真食品
新疆绿翔纺织品有限责任公司	少数民族针纺织